江苏省一等质量年鉴

2023卷 第二卷

INNOVATION AND DEVELOPMENT YEARBOOK
OF NANJING METROPOLITAN COORDINATING REGION

南京都市圈创新与发展年鉴

主编 李扬 潘法强

执行主编 孙克强 戴楚怡 张春龙

江苏大学出版社
JIANGSU UNIVERSITY PRESS
镇江

图书在版编目(CIP)数据

南京都市圈创新与发展年鉴. 2023卷 / 李扬，潘法强主编. -- 镇江 ：江苏大学出版社，2024.3
ISBN 978-7-5684-2184-3

Ⅰ. ①南… Ⅱ. ①李… ②潘… Ⅲ. ①城市经济一经济发展一南京一2023一年鉴 Ⅳ. ①F299.275.31

中国国家版本馆CIP数据核字(2024)第064660号

南京都市圈创新与发展年鉴(2023卷)
Nanjing Dushiquan Chuangxin Yu Fazhan Nianjian(2023 Juan)

主　　编/李　扬　潘法强
责任编辑/米小鸽　李　娜
出版发行/江苏大学出版社
地　　址/江苏省镇江市京口区学府路301号(邮编：212013)
电　　话/0511-84446464(传真)
网　　址/http://press.ujs.edu.cn
排　　版/镇江市江东印刷有限责任公司
印　　刷/南京互腾纸制品有限公司
开　　本/889 mm×1 194 mm　1/16
印　　张/41.75　插页36面
字　　数/1 430千字
版　　次/2024年3月第1版
印　　次/2024年3月第1次印刷
书　　号/ISBN 978-7-5684-2184-3
定　　价/658.00元

学术指导委员会

镇江国家高新技术产业开发区

魅力高新区

镇江国家高新技术产业开发区（简称“镇江高新区”）位于镇江市主城区西侧，处于上海都市圈、南京都市圈交汇处，是宁镇扬一体化战略的核心区域，也是国家明确的建设苏南国家自主创新示范区所依托的9个国家高新区之一，于2017年6月6日正式实体化运作，

先后创成省级众创社区、全国首批国家级“双创”特色载体，获得全国“数字智慧园区”等称号。镇江高新区核心区面积44.03平方公里，常住人口6万人，下辖1个街道——蒋乔街道，共9个村（社区）。

区位交通四通八达。镇江高新区北临长江，位居长江与京杭大运河“十字黄金水道”交汇点，拥有7.7公里长江深水岸线，沪宁城际、京沪高铁、扬溧高速等8条交通干线穿境而过，并与南京禄口、常州奔牛等周边城市4个国际机场构成“一小时经济圈”，具有“公铁水航”交通组合优势，地理条件得天独厚。镇江高新区是宁镇扬一体化的“桥头堡”，是宁镇G312产业创新走廊的关键节点，连接了镇江大学城和南京仙林大学城，特别是到南京仙林大学城仅

镇江哈工大高端装备研究院

镇江高新区交通区位优势明显

镇江高新区航拍图

润扬长江大桥横贯镇江高新区

镇江高新区一景

江苏省镇江船厂（集团）有限公司全景图

需30分钟，可直接接受宁镇高校特别是镇江、仙林两个大学城的各类创新资源辐射，入驻企业在人才引进及科研创新等方面独具优势。

产业创新成果丰硕。加快形成新质生产力，持续壮大船舶海工、高端装备、新能源电池、半导体及通信产业集群，聚力发展百亿级优势产业。半导体及通信产业园经过两年多发展，基本形成半导体芯片设计—封装测试—产品应用的小型生态产业链，培育了1家准上市公司、3家潜在独角兽企业，海姆霍兹、光皓光学、矽佳测试、芯视达等企业保持细分行业领域领先地位，新能源汽车热管理系统、高端光学器件、柔性钙钛矿等多项企业创新成果

镇江海姆霍兹传热传动系统有限公司

中船动力镇江有限公司

填补国内技术空白。坚持创新引领产业发展，建设江苏科技大学海洋装备研究院、南京师范大学（镇江）创新发展研究院、黑龙江省科学院（镇江）智能制造研究院、中澳（镇江）人工智能研究院、哈尔滨工业大学（镇江）高端装备研究院等各类平台载体近 80 个。

综合实力日益增强。实体化运作以来，镇江高新区围绕“城市发展新空间、新兴产业承载地、创新驱动主引擎”的发展定位，持之以恒抓好规划引领、项目建设、功能配套、能力提升 4 项重点工作，经济社会发展取得长足进步。2023 年镇江高新区地区生产总值增长 6.5%，一般公共预算税收收入增长 17.8%，规模以上工业总产值增长 7.4%，制造业投资增长 20.1%，进出口总额增长 38.1%。全年净增“四上”企业 63 家，规模以上工业企业智改数转覆盖率近七成，获评全国“数字智慧园区”，数字经济增加值占地区生产总值比重达到 9.8%。

FT（成品测试）智能化生产线

江苏艾科半导体有限公司

江苏艾科半导体有限公司一景

CP（晶圆测试）智能化生产线

江苏艾科半导体有限公司（简称“艾科半导体”）成立于2011年5月，总部设于江苏省镇江经济技术开发区，在上海、香港设有分支机构，是一家专业从事IC测试及配套服务的科技企业。艾科半导体建有镇江市集成电路产业园，占地面积50亩，现已发展成为国内较大的IC测试服务基地。公司先后获得国家级高新技术企业、国家重点新产品、江苏省技术先进型服务企业、江苏省工程技术研究中心、江苏省企业技术研发中心等资质；荣获江苏省科技小巨人、江苏省示范智能车间、江苏省现代服务业高质量发展领军企业、江苏省两化融合试点企业等荣誉；承担国家“02”重大专项、国家火炬计划产业化示范、科技部科技型中小企业技术创新基金等项目并顺利验收。

公司拥有完整的中高端IC测试服务业务体系，主要提供测试解决方案开发与工程验证、ATE测试（晶圆测试与成品测试)、SLT测试、BI测试、In Tray Mark、Lead Scan等服务，已通过ISO9001、ISO14001、ISO45001、IATF16949体系认证，为客户提供定制化、一站式的IC测试服务及高质量的全过程管理支持，形成了晶圆测试量30万片/年、成品测试量30亿颗/年的测试产能，量产客户超过100家。

仓储库房

镇江市集成电路产业园鸟瞰图

五峰山长江大桥横贯镇江经济技术开发区

公司定位于中高端 IC 测试服务提供商，服务主打 12 英寸、8 英寸的晶圆测试，以及 QFP、BGA、DIP、SOP、QFN 等封装芯片测试，涉及通信、存储、逻辑、运算等多个功能类型，产品包括基带芯片、AI 芯片、射频前端芯片、射频芯片、SoC 芯片、高性能模拟芯片、FPGA 芯片、图像处理芯片、存储芯片等，广泛应用于 5G 通信、工业生产、汽车电子、信息安全、智能家居、智能穿戴装备等各个领域，先进工艺涵盖 7 纳米、14 纳米、28 纳米。

艾科半导体在上海张江设立工程中心，具有全频段、全接口标准的测试方案开发能力，可自主完成所有接口标准的测试方案开发，在 2 周内提交方案后投入量产，并在工程开发阶段，为客户提供丰富的机台选型和资源配置，在量产阶段，通过对测试方案和测试时间的优化，提升生产效率，实现最大效费比，围绕核心技术拥有 16 项国内发明专利、1 项美国发明专利及 46 项其他知识产权。

泓润公司大门

江苏泓润生物质能科技有限公司

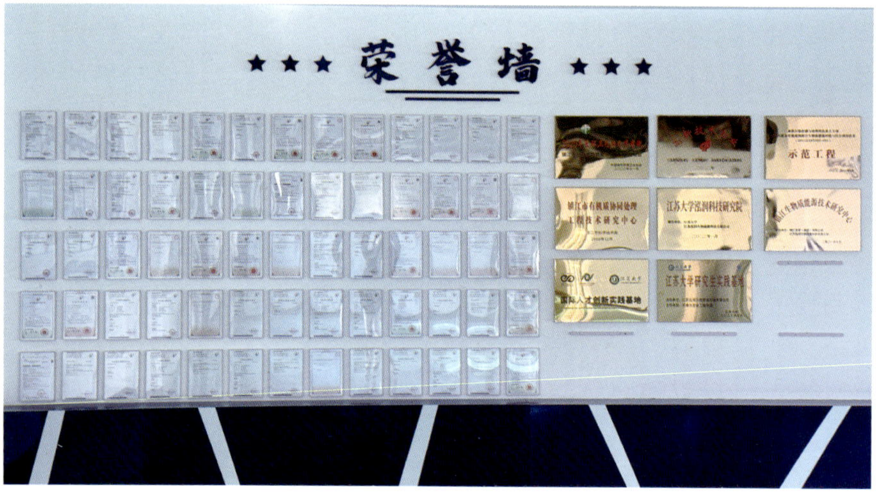

泓润公司部分荣誉和专利展示

泓润公司参加推动长江经济带发展领导小组办公室专题会暨三峡集团参与共抓长江大保护工作现场会

镇江市餐厨废弃物及生活污泥协同处理一期项目

江苏泓润生物质能科技有限公司（简称“泓润公司”）是一家专业从事城市有机质综合处理和环境保护设备专用制造的国家级高新技术企业，是镇江市餐厨废弃物收运处置特许经营主体，是镇江市国资委控股企业。自成立以来，公司以“泓澈环境，润泽民生”为中心价值，坚持绿色低碳的发展理念，在城市有机质综合处理行业的工程设计、系统集成、设备安装、信息系统开发、运营管理等方面进行了完整的工程实践和有效的技术、人才储备，形成了一支高水平的建设运营团队。公司具备市政工程、机电安装等相关资质，成立了镇江市有机质协同处理工程技术研究中心、镇江生物质能源技术研究中心和江苏大学泓润科技研究院，拥有包括工艺技术路线、关键装备、信息系统在内的40余项专利，能够独立承接各种规模餐厨废弃物、厨余垃圾、园林绿化垃圾、畜禽粪便等有机质综合处理项目建设和运营工作。

镇江市餐厨废弃物及市政污泥协同处理二期项目

九江市城镇污泥和餐厨垃圾处理处置中心

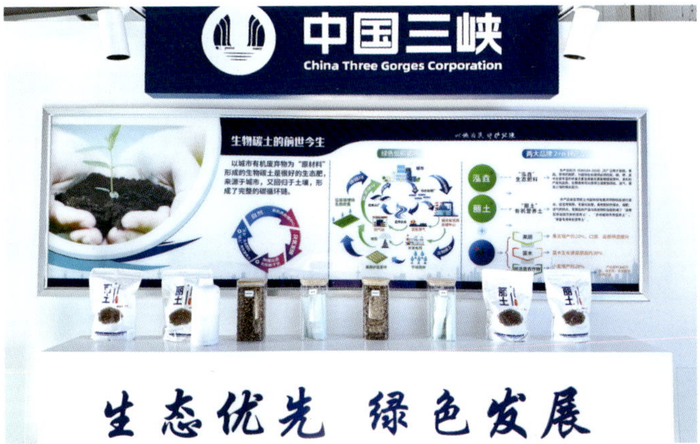

有机质协同处理实现绿色低碳循环

湖北荆门静脉产业园有机质协同处理项目

泓润公司运营的镇江市餐厨废弃物及生活污泥协同处理项目先后获评国家“水专项——城市污泥及有机质的联合生物质能源回收与综合利用技术”示范基地、“水体污染控制与治理科技重大专项——城市污泥及有机质的联合生物质能源回收与综合利用技术”示范工程、中国城镇供水排水协会2020年度优秀工程项目案例、中国城市环境卫生协会2020年度环卫行列示范案例；项目创新应用的有机固废协同处理技术获得江苏省科技创新成果三等奖和2022年国际水协项目创新奖国际银奖。

2019年8月，镇江市人民政府与长江生态环保集团签订《共抓长江大保护合作框架协议》，江苏泓润生物质能科技有限公司作为国内有机固废协同处置的示范者，率先引入三峡资本长江生态环保集团投资，形成了“资本+专业化技术平台”的合作模式，投身长江大保护工作。泓润公司充分发挥处理新工艺、技术集成和商业模式成熟的优势，为各地区城市有机废弃物处理利用提供一体化解决方案，共同为长江经济带“生态优先、绿色发展”提供示范案例。目前泓润公司探索形成的城市有机固废协同处置“镇江模式”已在湖北荆门、江西九江等地复制推广。

江苏联盟信息工程有限公司鸟瞰图

荣誉展示

江苏高新技术企业证书

江苏联盟信息工程有限公司创立于1996年，注册资本3520万元，位于镇江市丹徒区，占地30亩，是一家集建筑智能化设计与施工、信息系统集成设计与施工、信息安全及IT运维服务、软件开发为一体的高新技术企业。

公司深耕智能化工程及信息系统集成领域27年，是国家高新技术企业、江苏省首批“双化协同”服务资源池单位（数字产业绿色发展服务商—绿色数据中心建设）、江苏省制造业智能化改造数字化转型服务资源池单位（工业信息安全服务商/生产性服务业供应商）、数字安防百强工程商、镇江民营文化10强企业、镇江市软件10强企业、镇江市劳动关系和谐示范单位、镇江重合同守信用企业，连续4年担任镇江市网络和数据安全应急服务支撑单位，建有江苏省企业研究生工作站、镇江市企业技术中心、镇江市人才工作服务站、网络安全实训基地。在建筑智能化、安防工程、信息

江苏联盟信息工程有限公司

系统集成等主要业务领域处于行业领先地位，多次荣获省优质工程奖“扬子杯”、市优质工程奖“金山杯”、市安全技术防范行业“优质安防工程奖”、省优秀勘察设计、市优秀勘察设计等奖项。

公司拥有齐全的设计、施工和服务专业资质，具有建筑智能化系统设计与施工双甲、安防工程设计施工维护一级、音视频集成工程企业一级、CS 信息系统建设和服务能力二级、CCRC 信息安全服务风险评估二级、CCRC 信息安全服务（安全集成 / 安全运维 / 应急处理）三级、ITSS 信息技术服务二级等资质，同时通过 ISO9001、ISO27001、CMMI3 等 10 项管理体系认证。

公司以“科技提升建筑价值，智慧铸就信息利剑”为理念，坚持走自主创新、科学发展的道路，奉行与客户双赢的战略，追求完美，通过设计创新、集成创新和服务创新，不断超越用户期望，实现公司长远战略目标和社会价值。

江苏联盟信息工程有限公司研发中心大楼

公司生产车间

上海奥利来上海中心展示厅

帝高力装饰材料（江苏）有限公司

家居铺装效果图

2022 年 7 月 20 日长江江豚保护南京都市圈协同立法第三次会议现场

染治理、沿河污染管控等方面密切合作，通过加大治理力度、扩大补偿范围等措施，实现了跨界水体水质的显著改善。截至 2023 年 5 月，镇江市水环境中，国考断面优Ⅲ比例达 100%，省考断面优Ⅲ比例达 97.8%，长江干流 4 个断面均达Ⅱ类。

与此同时，马鞍山市也积极参与长江大保护工作，尤其是在与南京市的联合行动中，通过党建联盟平台加强了跨界水域的联防联控。针对长江宁马交界水域的非法采砂管理、长江“十年禁渔”新机制的落实等，双方采取了联动执法、信息共享、快速处置等机制，显著提升了执法效率和跨界水域的生态环境保护水平。

南京都市圈各城市通过创新立法、深化合作、联防联控等多种方式，共同构建起了长江大保护的立体网络，有力推动了区域水生态环境的整体改善和区域可持续发展。

长江苏皖交界水域守护党建联盟启动仪式

2023 年 2 月，南京都市圈环保专业委员会考察长江联合执法

金湖（南京）协同创新中心一角

南京、淮安共建
金湖（南京）协同创新中心

按照习近平总书记提出的“江苏要做好区域互补、跨江融合、南北联动大文章”重要指示精神，南京、淮安两市在新一轮挂钩合作中，明确提出“共推科技创新”，加快产学研金等方面合作。在两市科技、人才、发改等部门共同推进下，淮安市金湖县于2022年在宁设立金湖（南京）协同创新中心，并通过市场化方式委托南京中聚投资管理有限公司全面负责飞地内企业孵化、项目招引、

2022年10月13日南京工业职业技术大学与金湖（南京）科创飞地产学研合作研讨会现场

成果转化、人才招引等各项工作，积极探索“总部研发在南京、生产制造在金湖”的共建模式。

金湖（南京）协同创新中心是由金湖县结合本地发展需求，打破行政区划界限，到创新资源丰富的省会城市——南京设立的科创飞地，是有固定物理空间和管理人员，具备技术研发、人才招引、成果转化、企业孵化、产业联动等功能的跨区域创新合作平台。

金湖（南京）协同创新中心被江苏省发改委纳入南京都市圈省内合作重点项目和南北结对帮扶重点工作任务，被江苏省科技厅认定为江苏省首批科创飞地。2022 年正式运营以来，先后引进、孵化、培育了科技项目 10 余个，这些项目都被淮安市认定为市级新招引科技项目、市级新招引人才项目和市级新竣工高科技项目。协同创新中心与东南大学国家技术转移中心、南京农业大学资源与环境学院等高校院所建立了产学研合作，实现人才链、产业链、创新链、资金链深度融合，促进了地方经济发展。

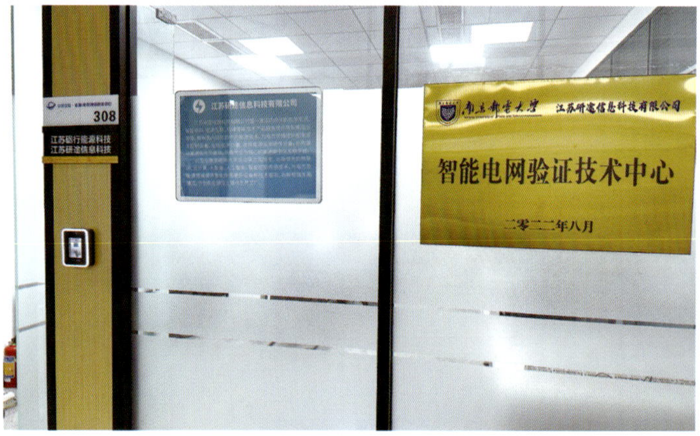

协同创新中心入驻企业

协同创新中心内部环境

协同创新中心共享区

2023 年 4 月 27 日科技型中小企业财税辅导班授课现场

宁马省际毗邻地区新型功能区一角

马鞍山市在博望区成立“宁马省际毗邻地区新型功能区”是南京都市圈城市融合发展的一项重要举措，体现了区域合作和一体化发展的新模式。自 2021 年 7 月成立以来，该功能区各项工作稳步推进，正成为跨省合作的新范例。

体制机制建设方面：马鞍山市与南京市建立了常态沟通和工作推进机制，成立了专门的指挥部和投资发展公司，形成了“领导推进小组 + 管委会 + 投资公司”的三层次工作架构。两地统筹推进规划编制，确保规划成果纳入国土空间规划，为功能区的发展提供了坚实的规划基础。

产业发展方面：功能区紧跟南京地标产业发展，推动产业链的延伸和强化。重点发展智能装备制造、集成电路、新能源汽车和软件互联网等产业。已签约的项目包括南京腾亚精工、旭淄机械等，总投资超过 366 亿元。这些项目预计达产后年产值约 498 亿元，年税收约 20 亿元。

交通及公共服务方面：功能区推动了交通网络的无缝衔接，实现了公交同城化通勤，轨道交通和高快速路网的建设也在稳步推进。教育和医疗资源的共享，进一步提升了公共服务水平，为两地居民提供了更多便利。

社会治理方面：宁马两地通过签订合作协议，建立了跨界一体化的公共法律服务中心和联合人民调解委员会，推动了社会治理的一体化。同时，功能区坚持生态联防联治，严格项目准入，确保了区域的可持续发展。

马鞍山加快推进宁马省际毗邻地区新型功能区建设

宁马省际毗邻地区新型功能区的建设和发展，不仅加强了南京与马鞍山之间的合作，也为其他城市间的跨省合作提供了可借鉴的经验。通过体制机制的创新、产业的协同发展、交通和公共服务的一体化及社会治理的联动，功能区正逐步成为推动区域一体化发展的重要平台。

宁马省际毗邻地区新型功能区鸟瞰图

滁州加速推进宁滁省际毗邻地区新型功能区建设

浦口—南谯片区高教科创城板块

浦口—南谯片区建设一角

总投资126亿元的捷泰科技有限公司

滁州宁滁省际毗邻地区新型功能区是响应长江三角洲区域一体化发展国家战略而设立的重要区域，于2019年被纳入国家规划，并于2021年正式设立管理委员会负责统筹建设和管理。该新型功能区包括顶山—汊河和浦口—南谯两个区域，旨在促进跨区域产城融合发展。

在组织架构方面，安徽省政府批准设立专门的管理委员会，借鉴一体化示范区模式构建“领导小组＋管委会＋开发主体”管理模式，确保高效决策和执行。同时，宁滁两市建立了紧密的合作机制，包括成立联合工作领导小组，省市领导多次到现场指导，积极推动产业协作、交通互联等关键领域合作。

在启动建设阶段，功能区迅速开展了一期启动区的土地征收、拆迁工作，完善了交通网络，实现了互联互通。启动区内基础配套设施和产业园区建设进展显著，包括标准化厂房、跨界合作产业园、科创综合体、污水处理厂和变电站等项目的快速推进。

围绕一体化发展目标，功能区深化产业合作，聚焦电子信息、生命健康等主导产业，与南京江北新区、浦口区和滁州来安县共建合作园区，通过“基金＋招商”方式吸引社会投资，形成多元化的产业发展格局，引进了一批重大投资项目，成为滁州经济增长的新引擎。

在空间规划和要素保障方面，功能区通过“三区三线”划定工作，大幅扩展了

浦口—南谯片区总投资100亿元的飞利浦智能家电产业园

顶山—汉河片区启动区一期

顶山—汉河片区总投资112亿元的捷泰太阳能电池片项目

发展空间，调整后的开发边界较初始规模有了大幅度扩大，为后续建设提供了充足的土地资源。同时，通过市级层面的支持，积极申报中央预算内资金、专项债，设立投资基金，增强资金保障，并优化政务服务，推行“拿地即开工”“最多跑一次”等服务措施，创造了高效的营商环境，确保重点项目快速落地、投产见效。

宁滁新型功能区正通过全方位、多层次的建设与改革，积极融入长三角一体化进程，推动区域高质量发展。

编 辑 说 明

一、《南京都市圈创新与发展年鉴》由江苏省社会科学院江苏区域现代化研究院、江苏华信区域经济发展研究院、安徽省社会科学院城乡经济研究所、上海品牌发展研究中心、江苏省镇江市社会科学专家协会共同主办，《南京都市圈创新与发展年鉴》编委会编辑出版，是一部具有年度区域性、专业性、研究性、资料性的文献。江苏省哲学社会科学界联合会是江苏华信区域经济发展研究院的业务主管单位。2023 年起出版第一卷，每年出版一卷，本卷为第二卷。

二、《南京都市圈创新与发展年鉴（2023 卷）》以马克思主义、毛泽东思想、邓小平理论、"三个代表"重要思想、科学发展观、习近平新时代中国特色社会主义思想为指导，坚持辩证唯物主义和历史唯物主义的立场、观点、方法，分区域、分专题记述和反映 2022 年南京都市圈 8 个设区市、1 个县级市和 1 个县级区的经济、社会、文化与生态建设方面的年度状况，深入分析和总结该区域在创新发展方面开展的主要工作与取得的进展。重点为社会各界了解和研究南京都市圈创新与发展提供有关资料和信息。

三、本卷记述时间主要为 2022 年 1 月 1 日至 12 月 31 日。为保持年鉴内容资料的完整性、连续性，部分图文资料根据需要做了上溯或下延。

四、卷首设"高新园区、高新企业风采""协同创新、共享发展案例"专题图片。

五、本卷主体内容分为都市圈总体发展、市域经济社会发展、县域经济发展、创新发展、开放发展、绿色发展、区域协同创新发展案例、长三角都市圈发展等 8 个方面内容。

六、本卷主体文字和统计资料主要根据江苏、安徽 2 省，以及南京都市圈 8 个设区市、1 个县级市和 1 个县级区的 2023 年政府工作报告、2023 年统计公报、历年统计年鉴、党报党刊和政府网站相关内容撰写。

七、由于统计来源、口径、方法和时间不同，正文数据尚有部分出入，使用时请以各地正式出版的统计年鉴为准。

八、本卷编写主要参照了国内主要年鉴的编写体例与规范，突出区域发展、创新发展、开放发展、绿色发展、协同创新案例、长三角都市圈发展等重点板块，展现了鲜明的编写特点，体现了年鉴的创新和特色。

序

Preface

南京都市圈地处长江下游，是长三角城市群的重要组成部分，是连通东部中部两大板块、衔接长江淮河两大流域的枢纽区域，也是我国最早启动建设的跨省都市圈，具有十分重要的战略地位。南京都市圈跨省级行政区区域治理新模式，为我国现代化都市圈建设积累了经验，提供了示范，作出了贡献。

2022 年，南京都市圈在提升基础设施互联互通、促进都市圈协同创新、促进城市间产业分工协作、促进更高水平开放合作、加快建设统一市场、推进公共服务便利共享、强化生态环境共保联治、率先实现城乡融合发展、健全同城化发展体制机制等方面，呈现出协同创新、一体化发展、资源共享、绿色转型等鲜明特色，经济发展稳中向好，实现地区生产总值 4.9 万亿元，占全国比重为 4%，初步显现出跨区域合作发展的强大生命力，展现了其作为国家批复的首个跨省都市圈的独特魅力和潜力。

在基础设施建设方面，南京都市圈加快了基础设施建设，包括交通、信息网络、能源供应等方面，提升了区域内的互联互通水平。通过共建轨道上的都市圈、完善过江通道布局等措施，加强了区域内的交通联系。

在经济一体化发展方面，南京都市圈加强了城市间的经济合作，推动了产业链的协同发展和资源的优化配置。通过共建现代产业体系，促进了先进制造业和现代服务业的融合发展，特别是在集成电路、新能源汽车、生物医药等战略性新兴产业领域取得了积极进展。

在区域合作与开放方面，南京都市圈加强知识产权区域合作，建立健全纠纷多元化解决机制，组建都市圈知识产权保护联盟，推动跨区域联合执法。同时，推动金融资本市场协同发展，推广“南京金服”平台在都市圈范围内应用，为都市圈企业提供综合金融服务。

在环境保护与治理方面，南京都市圈坚持生态优先，共同加强生态保护和环境治理，特别是在长江大保护方面取得了显著成效。通过建立跨界重要生态功能区的协同治理机制，推动了都市圈生态环境质量的整体提升。

在同城化发展体制机制建设方面，南京都市圈完善了各城市党政联席会议、人大常委会主任协商联席会议、相关职能部门联席会议等机制，组建了实体化推进机构，如南京都市圈建设办公室，共同选派工作人员，实行集中办公、实体化运作。

在政务服务水平提升方面，推进南京都市圈“一网通办、异地可办”，已实现 140 个事项南京都市圈通办，提升了高频事项办理便利度。同时，健全同城化发展体制机制，推动都市圈范围内要素价格市场决定、流动自主有序、配置高效公平。

未来一个时期，南京都市圈可以在以下几个方面进一步探索与推进跨行政区的改革与发展。

一是加快南京都市圈高质量一体化发展，在推动长三角构建新发展格局中实现更大作为。以南京为中心、横跨苏皖两省、由紧密联系的周边城市共同组成的南京都市圈，承东启西，连南接北，是长三角城市群的重要支点，是我国区域协调发展的重要枢纽。南京都市圈高质量一体化发展，是推动我国区域协调总体发展战略的一项重要举措，能为长三角高质量一体化发展提供强大动力，是苏皖两省协作联动的重要基础，有利于形成跨省级行政区区域治理新模式，为我国现代化都市圈建设积累经验，在推动长三角构建新发展格局中实现更大作为。

二是在区域利益平衡基础上推进同城化建设。客观而言，在区域竞争背景下，各区域、各城市趋利避害，破除行政壁垒，打破行政边界，加强城市间区域合作是有动力的。不可否认，各方诉求存在不同，积极性高低不一，推进都市圈建设不可能一帆风顺，难免会遇到各种问题。因此，在推进南京都市圈发展进程中，可以考虑设立跨界性都市圈合作治理机构，进行平等有效协商，进而达成合作基础；设立跨界性有效平等协商机构，从区域共同利益入手，建立各成员积极参与的利益分配机制，维护跨界合作的合理性；设立跨区域冲突仲裁机构，公平公正裁决各种问题，依法推动各项政策措施的落实。

三是构建数字经济赋能南京都市圈发展新动能。首先，以数字理念带动南京都市圈的耦合发展。南京都市圈成员需要持续推进各项传统功能与数字功能的深度耦合，注重顶层设计，全面统筹部署数字建设，以实现更好的发展。建立区域数字资源开放制度，提升数字资源共享价值；优化管理服务模式，加快南京都市圈治理智慧化。其次，以数字技术驱动南京都市圈创新发展。数字化发展的相关技术在不断冲击市场重构、产业生态分化，都市圈的协同需要各个创新单元进行内部协同和外部协同，形成一个跨学科大平台，引导产业发展空间格局，利用数字化推动区域产业实现由“智变”到“质变”的创新，驱动都市圈整体发展。要持续加大对数字技术项目的扶持力度，增强原始创新能力；强化数字技术对南京都市圈的赋能作用，优化城市功能和空间结构；推动数字技术开放合作，共筑区域创新生态环境。最后，以数字产业推动南京都市圈协同发展。数字经济的平台化、融合性发展需要大中型企业与初创期企业共生，生产型企业与服务型企业共荣，上下游、价值链协同，政产学研资合作共赢、协同创新。

四是从经济区与行政区适度分离改革的视角出发，探索都市圈的发展方向。都市圈发展战略的实施，需要加快推进经济区与行政区适度分离改革，需要更有约束力的制度基础，需要更有引导力的管理体系，需要更有内聚力的共享机制，需要更有支撑力的产业结构，需要更有突破力的合作模式，最终实现 1+1>2。积极探索行政区与经济区适度分离改革，不是把经济区与行政区强制分离，而是在现有行政区划变化的基础上，打破地方“自家一亩三分地”的思维定式和行政壁垒，破除行政区对经济区的条块分割，在更大区域范围内整合要素资源，发挥联合的优势，形成优势互补、高质量的区域经济布局。

自 2021 年《南京都市圈发展规划》实施以来，南京都市圈已经跨出了区域合作发展的重要一步。为全面贯彻落实习近平新时代中国特色社会主义思想，推进南京都市圈创新发展，江苏、上海、安徽等省、市社科理论界专家学者体现担当，顺势而为，以都市圈区域创新与发展的理论与案例研究为特色，以服务都市圈建设，服务都市圈各级党政机关、科研院所、企事业单位科学决策为宗旨，发挥自身优势，编撰出版《南京都市圈创新与发展年鉴》。《南京都市圈创新与发展年鉴（2023 卷）》分 8 个专题，忠实记述和全面反映 2022 年度南京都市圈的经济、社会、文化与生态建设等方面的创新与发展情况，用辩证唯物主义和历史唯物主义的立场、观点、方法，跟踪研究南京都市圈最新发展，总结成绩、分析形势、谋划未来，为社会各界全面了解和研究长三角区域都市圈的创新与发展提供支持。《南京都市圈创新与发展年鉴》是服务都市圈各界科学决策的重要参考书、专家学者研究的案头书、推进企业创新发展的必备书，其出版为推动长三角一体化发展、南京都市圈高质量发展贡献了一份智库力量。

我们坚信，在以习近平同志为核心的党中央坚强领导下，在苏皖两省的大力支持、鼎力推动和南京都市圈各界的共同努力下，南京都市圈未来的发展将更加美好！

目 录

Contents

第一篇

都市圈总体发展

第一章　2022 年全国经济社会发展情况

2022 年是党和国家历史上极为重要的一年。党的二十大胜利召开，描绘了全面建设社会主义现代化国家的宏伟蓝图。面对风高浪急的国际环境和艰巨繁重的国内改革发展稳定任务，以习近平同志为核心的党中央团结带领全国各族人民迎难而上，全面落实疫情要防住、经济要稳住、发展要安全的要求，加大宏观调控力度，实现了经济平稳运行、发展质量稳步提升、社会大局保持稳定。我国发展取得来之极为不易的新成就。

一、经济发展基本情况

（一）经济发展总体情况

2022 年国内生产总值 1210207 亿元，比上年增长 3%。其中，第一产业增加值 88345 亿元，比上年增长 4.1%；第二产业增加值 483164 亿元，增长 3.8%；第三产业增加值 638698 亿元，增长 2.3%。第一产业增加值占国内生产总值比重为 7.3%，第二产业增加值占国内生产总值比重为 39.9%，第三产业增加值占国内生产总值比重为 52.8%。全年最终消费支出拉动国内生产总值增长 1 个百分点，资本形成总额拉动国内生产总值增长 1.5 个百分点，货物和服务净出口拉动国内生产总值增长 0.5 个百分点。全年人均国内生产总值 85698 元，比上年增长 3%。国民总收入 1197215 亿元，比上年增长 2.8%。全员劳动生产率为 152977 元/人，比上年提高 4.2%。2018—2022 年国内生产总值及其增长速度见图 1-1-1，三次产业增加值占国内生产总值比重见图 1-1-2，全员劳动生产率见图 1-1-3。

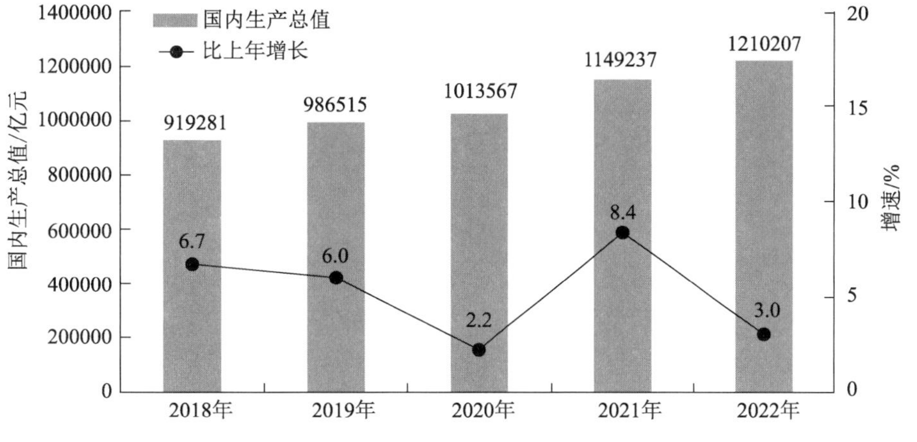

图 1-1-1　2018—2022 年国内生产总值及其增长速度

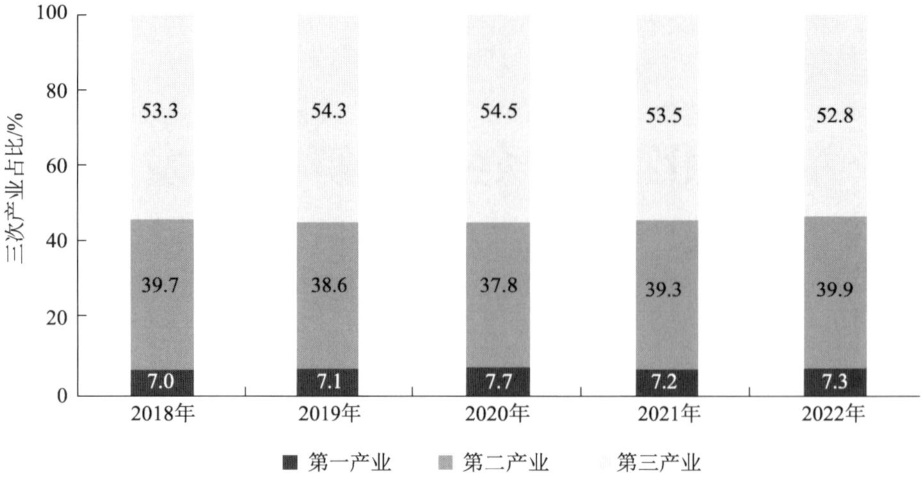

图 1-1-2　2018—2022 年三次产业增加值占国内生产总值比重

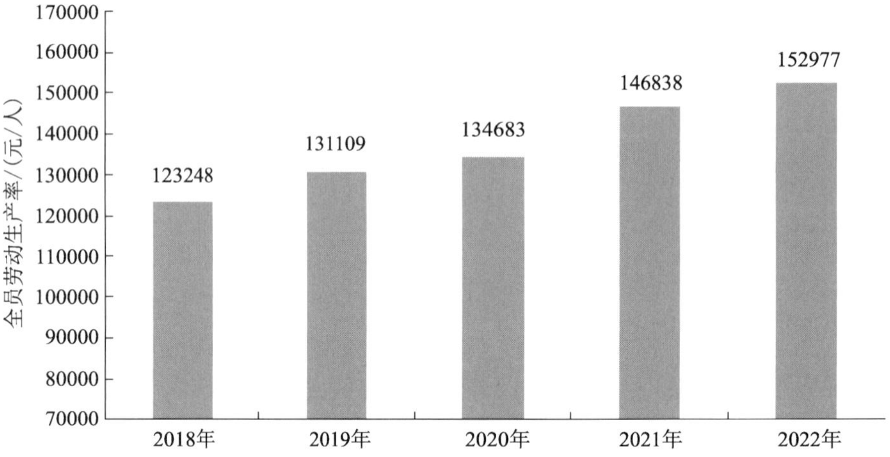

图 1-1-3　2018—2022 年全员劳动生产率

年末全国人口 141175 万人，比上年末减少 85 万人，其中城镇常住人口 92071 万人。全年出生人口 956 万人，出生率为 6. 77‰；死亡人口 1041 万人，死亡率为 7. 37‰；自然增长率为 -0. 6‰。2022 年末人口数及其构成见表 1-1-1。

表 1-1-1　2022 年末人口数及其构成

指标	年末数/万人	比重/%
全国人口	141175	100. 0
其中：城镇	92071	65. 2
乡村	49104	34. 8
其中：男性	72206	51. 1
女性	68969	48. 9
其中：0~15 岁（含不满 16 周岁）	25615	18. 1
16~59 岁（含不满 60 周岁）	87556	62. 0
60 周岁及以上	28004	19. 8
其中：65 周岁及以上	20978	14. 9

年末全国就业人员 73351 万人，其中城镇就业人员 45931 万人，占全国就业人员比重为 62.6%。全年城镇新增就业 1206 万人，比上年少增 63 万人。全年全国城镇调查失业率平均值为 5.6%。年末全国城镇调查失业率为 5.5%。全国农民工总量 29562 万人，比上年增长 1.1%。其中，外出农民工 17190 万人，增长 0.1%；本地农民工 12372 万人，增长 2.4%。2018—2022 年城镇新增就业人数见图 1-1-4。

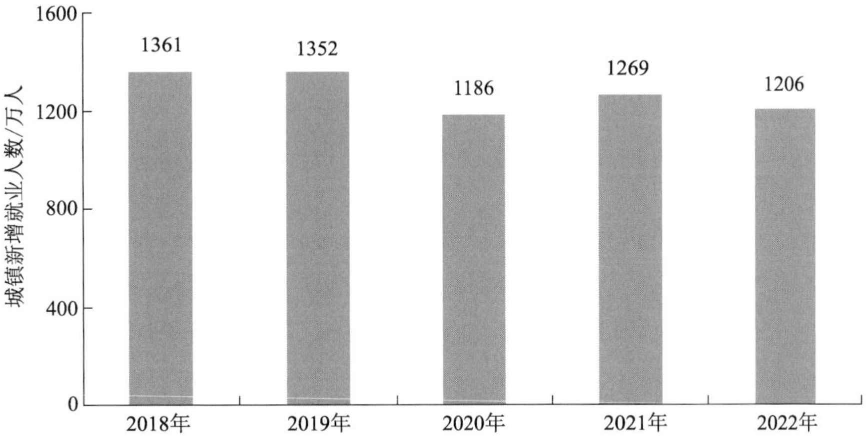

图 1-1-4　2018—2022 年城镇新增就业人数

全年居民消费价格比上年上涨 2%。工业生产者出厂价格上涨 4.1%。工业生产者购进价格上涨 6.1%。农产品生产者价格上涨 0.4%。12 月份，70 个大中城市中，新建商品住宅销售价格同比上涨的城市个数为 16 个，持平的为 1 个，下降的为 53 个；二手住宅销售价格同比上涨的城市个数为 6 个，下降的为 64 个。2022 年居民消费价格月度涨跌幅度见图 1-1-5，居民消费价格比上年涨跌幅度见表 1-1-2。

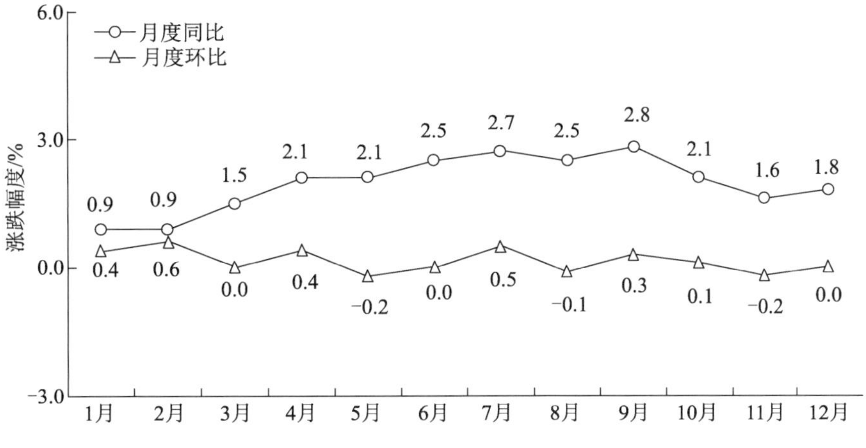

图 1-1-5　2022 年居民消费价格月度涨跌幅度

表 1-1-2　2022 年居民消费价格比上年涨跌幅度

单位:%

指标	全国		
		城市	农村
居民消费价格	2.0	2.0	2.0
其中：食品烟酒	2.4	2.6	2.1

续表

指标	全国		
		城市	农村
衣着	0.5	0.6	0.3
居住	0.7	0.5	1.3
生活用品及服务	1.2	1.2	1.0
交通通信	5.2	5.2	5.0
教育文化娱乐	1.8	1.9	1.7
医疗保健	0.6	0.6	0.8
其他用品及服务	1.6	1.5	2.0

年末国家外汇储备 31277 亿美元，比上年末减少 1225 亿美元。全年人民币平均汇率为 1 美元兑 6.7261 元人民币，比上年贬值 4.1%。2018—2022 年末国家外汇储备见图 1-1-6。

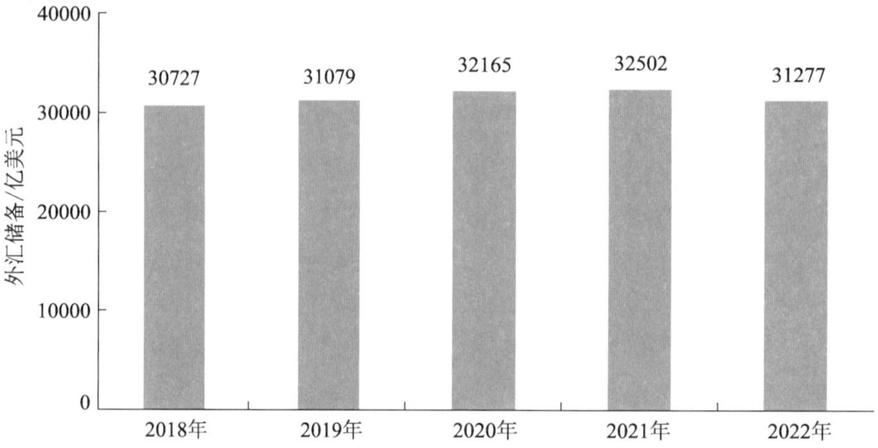

图 1-1-6　2018—2022 年末国家外汇储备

新产业新业态新模式较快成长。全年规模以上工业中，高技术制造业增加值比上年增长 7.4%，占规模以上工业增加值的比重为 15.5%；装备制造业增加值增长 5.6%，占规模以上工业增加值的比重为 31.8%。全年规模以上服务业中，战略性新兴服务业企业营业收入比上年增长 4.8%。全年高技术产业投资比上年增长 18.9%。全年新能源汽车产量 700.3 万辆，比上年增长 90.5%；太阳能电池（光伏电池）产量 3.4 亿千瓦，增长 46.8%。全年电子商务交易额 438299 亿元，按可比口径计算，比上年增长 3.5%。全年网上零售额 137853 亿元，按可比口径计算，比上年增长 4%。全年新登记市场主体 2908 万户，日均新登记企业 2.4 万户，年末市场主体总数近 1.7 亿户。

城乡区域协调发展稳步推进。年末全国常住人口城镇化率为 65.22%，比上年末提高 0.5 个百分点。分区域看，全年东部地区生产总值 622018 亿元，比上年增长 2.5%；中部地区生产总值 266513 亿元，增长 4%；西部地区生产总值 256985 亿元，增长 3.2%；东北地区生产总值 57946 亿元，增长 1.3%。全年京津冀地区生产总值 100293 亿元，比上年增长 2%；长江经济带地区生产总值 559766 亿元，增长 3%；长江三角洲地区生产总值 290289 亿元，增长 2.5%。粤港澳大湾区建设、黄河流域生态保护和高质量发展等区域重大战略扎实推进。2018—2022 年末常住人口城镇化率见图 1-1-7。

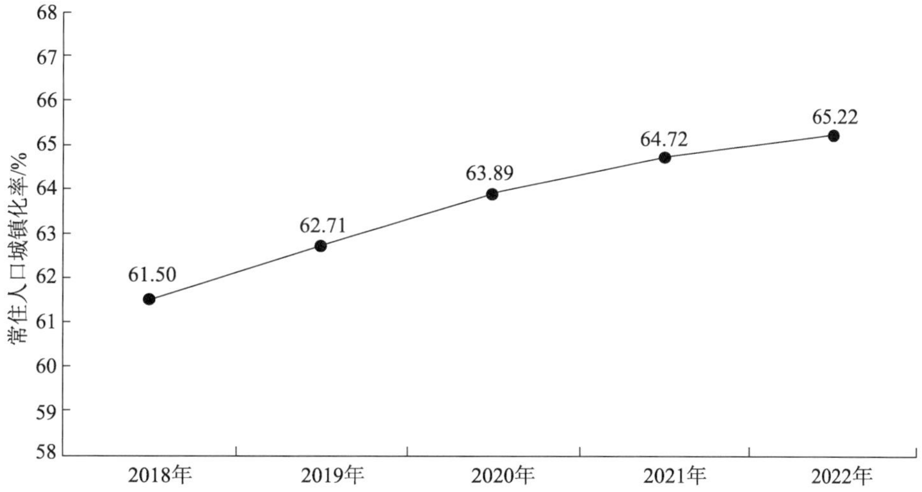

图 1-1-7　2018—2022 年末常住人口城镇化率

绿色转型发展迈出新步伐。全年全国万元国内生产总值能耗比上年下降 0.1%。全年水电、核电、风电、太阳能发电等清洁能源发电量 29599 亿千瓦时，比上年增长 8.5%。在监测的 339 个地级及以上城市中，全年空气质量达标的城市占 62.8%，未达标的城市占 37.2%；细颗粒物（$PM_{2.5}$）年平均浓度 29 微克/立方米，比上年下降 3.3%。3641 个国家地表水考核断面中，全年水质优良（Ⅰ～Ⅲ类）断面比例为 87.9%，Ⅳ类断面比例为 9.7%，Ⅴ类断面比例为 1.7%，劣Ⅴ类断面比例为 0.7%。

（二）农业

全年粮食种植面积 11833 万公顷，比上年增加 70 万公顷。其中，稻谷种植面积 2945 万公顷，减少 47 万公顷；小麦种植面积 2352 万公顷，减少 5 万公顷；玉米种植面积 4307 万公顷，减少 25 万公顷；大豆种植面积 1024 万公顷，增加 183 万公顷。棉花种植面积 300 万公顷，减少 3 万公顷。油料种植面积 1314 万公顷，增加 4 万公顷。糖料种植面积 147 万公顷，增加 1 万公顷。

全年粮食产量 68653 万吨，比上年增加 368 万吨，增产 0.5%。其中，夏粮产量 14740 万吨，增产 1%；早稻产量 2812 万吨，增产 0.4%；秋粮产量 51100 万吨，增产 0.4%。全年谷物产量 63324 万吨，比上年增产 0.1%。其中，稻谷产量 20849 万吨，减产 2%；小麦产量 13772 万吨，增产 0.6%；玉米产量 27720 万吨，增产 1.7%。大豆产量 2028 万吨，增产 23.7%。2018—2022 年粮食产量见图 1-1-8。

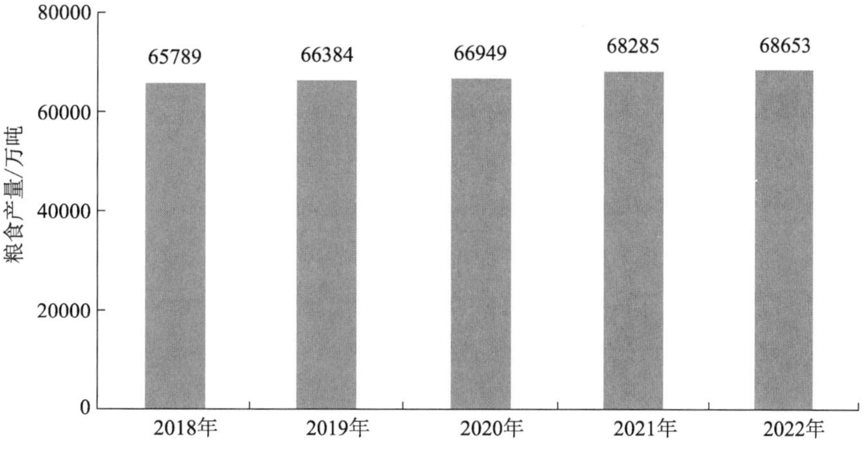

图 1-1-8　2018—2022 年粮食产量

全年棉花产量598万吨，比上年增产4.3%。油料产量3653万吨，增产1.1%。糖料产量11444万吨，减产0.1%。茶叶产量335万吨，增产5.7%。

全年猪牛羊禽肉产量9227万吨，比上年增长3.8%。其中，猪肉产量5541万吨，增长4.6%；牛肉产量718万吨，增长3%；羊肉产量525万吨，增长2%；禽肉产量2443万吨，增长2.6%。禽蛋产量3456万吨，增长1.4%。牛奶产量3932万吨，增长6.8%。年末生猪存栏45256万头，比上年末增长0.7%；全年生猪出栏69995万头，比上年增长4.3%。

全年水产品产量6869万吨，比上年增长2.7%。其中，养殖水产品产量5568万吨，增长3.2%；捕捞水产品产量1301万吨，增长0.4%。

全年木材产量10693万立方米，比上年下降7.7%。

全年新增耕地灌溉面积78万公顷，新增高效节水灌溉面积161万公顷。

（三）工业和建筑业

全年全部工业增加值401644亿元，比上年增长3.4%。规模以上工业增加值增长3.6%。在规模以上工业中，分经济类型看，国有控股企业增加值增长3.3%；股份制企业增长4.8%，外商及港澳台商投资企业下降1%；私营企业增长2.9%。分门类看，采矿业增长7.3%，制造业增长3%，电力、热力、燃气及水生产和供应业增长5%。2018—2022年全部工业增加值及其增长速度见图1-1-9。

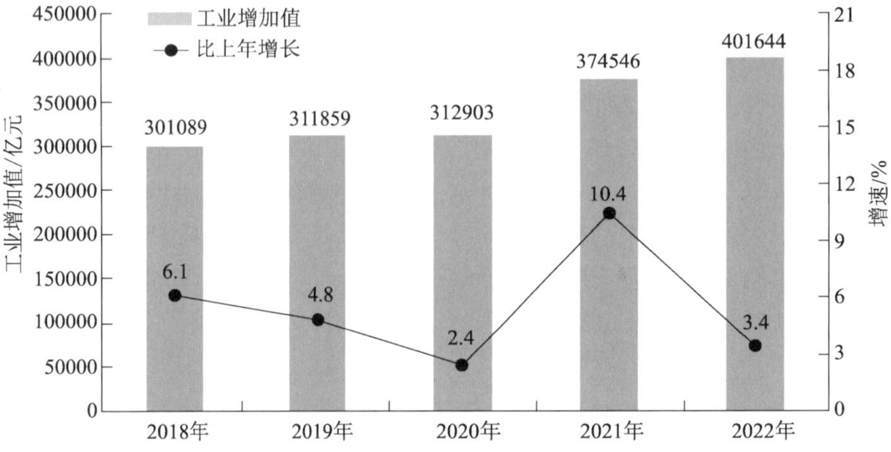

图1-1-9　2018—2022年全部工业增加值及其增长速度

全年规模以上工业中，农副食品加工业增加值比上年增长0.7%，纺织业下降2.7%，化学原料和化学制品制造业增长6.6%，非金属矿物制品业下降1.5%，黑色金属冶炼和压延加工业增长1.2%，通用设备制造业下降1.2%，专用设备制造业增长3.6%，汽车制造业增长6.3%，电气机械和器材制造业增长11.9%，计算机、通信和其他电子设备制造业增长7.6%，电力、热力生产和供应业增长5.1%。2022年主要工业产品产量及其增长速度见表1-1-3。

表1-1-3　2022年主要工业产品产量及其增长速度

产品名称	单位	产量	比上年增长/%
纱	万吨	2719.1	-5.4
布	亿米	467.5	-6.9
化学纤维	万吨	6697.8	-0.2
成品糖	万吨	1486.8	2.6
卷烟	亿支	24321.5	0.6

续表

产品名称	单位	产量	比上年增长/%
彩色电视机	万台	19578. 3	5. 8
家用电冰箱	万台	8664. 4	-3. 6
房间空气调节器	万台	22247. 3	1. 9
一次能源生产总量	亿吨标准煤	46. 6	9. 2
原煤	亿吨	45. 6	10. 5
原油	万吨	20472. 2	2. 9
天然气	亿立方米	2201. 1	6. 0
发电量	亿千瓦时	88487. 1	3. 7
其中：火电	亿千瓦时	58887. 9	1. 4
水电	亿千瓦时	13522. 0	1. 0
核电	亿千瓦时	4177. 8	2. 5
风电	亿千瓦时	7626. 7	16. 2
太阳能发电	亿千瓦时	4272. 7	31. 2
粗钢	万吨	101795. 9	-1. 7
钢材	万吨	134033. 5	0. 3
十种有色金属	万吨	6793. 6	4. 9
其中：精炼铜（电解铜）	万吨	1106. 3	5. 5
原铝（电解铝）	万吨	4021. 4	4. 4
水泥	亿吨	21. 3	-10. 5
硫酸（折 100%）	万吨	9504. 6	1. 3
烧碱（折 100%）	万吨	3980. 5	2. 3
乙烯	万吨	2897. 5	2. 5
化肥（折 100%）	万吨	5573. 3	0. 5
发电机组（发电设备）	万千瓦	18376. 1	15. 0
汽车	万辆	2718. 0	3. 5
其中：新能源汽车	万辆	700. 3	90. 5
大中型拖拉机	万台	40. 0	-2. 8
集成电路	亿块	3241. 9	-9. 8
程控交换机	万线	883. 8	26. 3
移动通信手持机	万台	156080. 0	-6. 1
微型计算机设备	万台	43418. 2	-7. 0
工业机器人	万套	44. 3	21. 0
太阳能电池（光伏电池）	万千瓦	34364. 2	46. 8
充电桩	万个	191. 5	80. 3

年末全国发电装机容量256405万千瓦，比上年末增长7.8%。其中，火电装机容量133239万千瓦，增长2.7%；水电装机容量41350万千瓦，增长5.8%；核电装机容量5553万千瓦，增长4.3%；并网风电装机容量36544万千瓦，增长11.2%；并网太阳能发电装机容量39261万千瓦，增长28.1%。

全年规模以上工业企业利润84039亿元，比上年下降4%。分经济类型看，国有控股企业利润23792亿元，比上年增长3%；股份制企业61611亿元，下降2.7%，外商及港澳台商投资企业20040亿元，下降9.5%；私营企业26638亿元，下降7.2%。分门类看，采矿业利润15574亿元，比上年增长48.6%；制造业64150亿元，下降13.4%；电力、热力、燃气及水生产和供应业4315亿元，增长41.8%。全年规模以上工业企业每百元营业收入中的成本为84.72元，比上年增加0.91元；营业收入利润率为6.09%，下降0.64个百分点。年末规模以上工业企业资产负债率为56.6%，比上年末上升0.3个百分点。全年全国工业产能利用率为75.6%。

全年建筑业增加值83383亿元，比上年增长5.5%。全国具有资质等级的总承包和专业承包建筑业企业利润8369亿元，比上年下降1.2%，其中国有控股企业3922亿元，增长8.4%。2018—2022年建筑业增加值及其增长速度见图1-1-10。

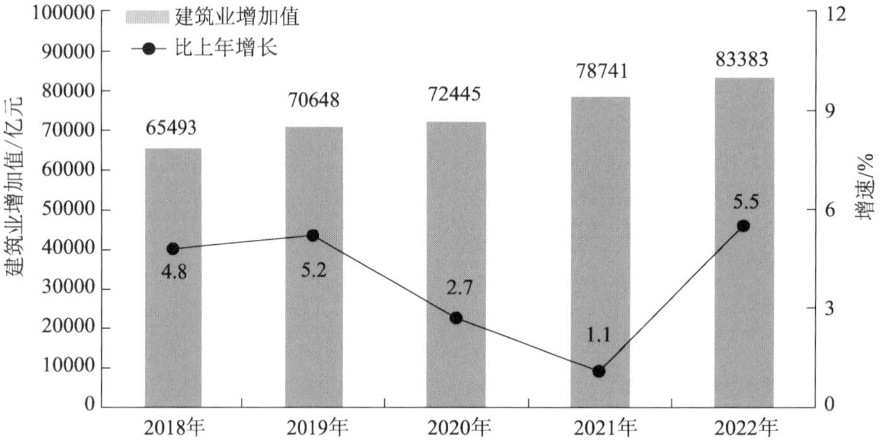

图1-1-10　2018—2022年建筑业增加值及其增长速度

（四）服务业

全年批发和零售业增加值114518亿元，比上年增长0.9%；交通运输、仓储和邮政业增加值49674亿元，下降0.8%；住宿和餐饮业增加值17855亿元，下降2.3%；金融业增加值96811亿元，增长5.6%；房地产业增加值73821亿元，下降5.1%；信息传输、软件和信息技术服务业增加值47934亿元，增长9.1%；租赁和商务服务业增加值39153亿元，增长3.4%。全年规模以上服务业企业营业收入比上年增长2.7%，利润总额增长8.5%。2018—2022年服务业增加值及其增长速度见图1-1-11。

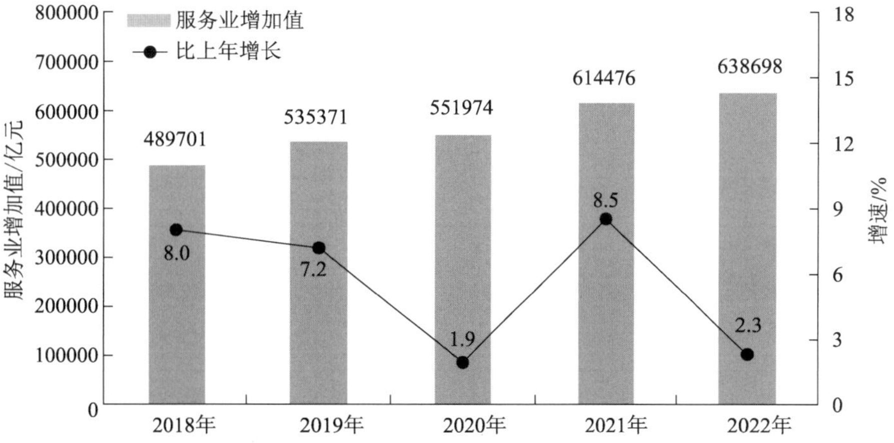

图 1-1-11　2018—2022 年服务业增加值及其增长速度

全年货物运输总量 514.7 亿吨，货物运输周转量 231743.5 亿吨公里。全年港口完成货物吞吐量 157 亿吨，比上年增长 0.9%，其中，外贸货物吞吐量 46 亿吨，下降 1.9%。港口集装箱吞吐量 29587 万标准箱，增长 4.7%。2022 年各种运输方式完成货物运输量及其增长速度见表 1-1-4。

表 1-1-4　2022 年各种运输方式完成货物运输量及其增长速度

指标	单位	绝对数	比上年增长/%
货物运输总量	亿吨	514.7	-3.0
铁路	亿吨	49.3	4.5
公路	亿吨	371.2	-5.5
水路	亿吨	85.5	3.8
民航	万吨	607.6	-17.0
管道	亿吨	8.6	3.1
货物运输周转量	亿吨公里	231743.5	3.4
铁路	亿吨公里	35906.5	8.2
公路	亿吨公里	68958.0	-1.2
水路	亿吨公里	121003.1	4.7
民航	亿吨公里	254.1	-8.7
管道	亿吨公里	5621.8	3.7

全年旅客运输总量 55.9 亿人次，比上年下降 32.7%。旅客运输周转量 12921.4 亿人公里，下降 34.6%。2022 年各种运输方式完成旅客运输量及其增长速度见表 1-1-5。

表 1-1-5　2022 年各种运输方式完成旅客运输量及其增长速度

指标	单位	绝对数	比上年增长/%
旅客运输总量	亿人次	55.9	-32.7
铁路	亿人次	16.7	-35.9
公路	亿人次	35.5	-30.3
水路	亿人次	1.2	-28.8

续表

指标	单位	绝对数	比上年增长/%
民航	亿人次	2.5	-42.9
旅客运输周转量	亿人公里	12921.4	-34.6
铁路	亿人公里	6577.5	-31.3
公路	亿人公里	2407.5	-33.7
水路	亿人公里	22.6	-31.7
民航	亿人公里	3913.7	-40.1

年末全国民用汽车保有量31903万辆（包括三轮汽车和低速货车719万辆），比上年末增加1752万辆，其中私人汽车保有量27873万辆，增加1627万辆。年末民用轿车保有量17740万辆，增加1003万辆，其中私人轿车保有量16685万辆，增加954万辆。

全年完成邮政行业业务总量14317亿元，比上年增长4.5%。邮政业全年完成邮政函件业务9.4亿件，包裹业务0.2亿件，快递业务量1105.8亿件，快递业务收入10567亿元。2018—2022年快递业务量及其增长速度见图1-1-12。

全年完成电信业务总量17498亿元，比上年增长21.3%。年末移动电话基站数1083万个，其中4G基站603万个，5G基站231万个。全国电话用户总数186286万户，其中移动电话用户168344万户。移动电话普及率为119.2部/百人。固定互联网宽带接入用户58965万户，比上年末增加5386万户，其中100M速率及以上的宽带接入用户55380万户，增加5513万户。蜂窝物联网终端用户18.45亿户，增加4.47亿户。互联网上网人数10.67亿人，其中手机上网人数10.65亿人。互联网普及率为75.6%，其中农村地区互联网普及率为61.9%。全年移动互联网用户接入流量2618亿GB，比上年增长18.1%。全年软件和信息技术服务业完成软件业务收入108126亿元，按可比口径计算，比上年增长11.2%。2018—2022年末固定互联网宽带接入用户数见图1-1-13。

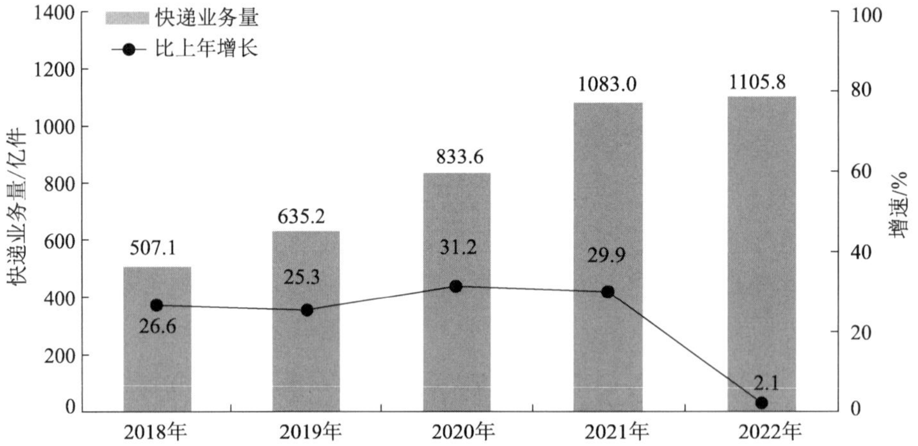

图1-1-12　2018—2022年快递业务量及其增长速度

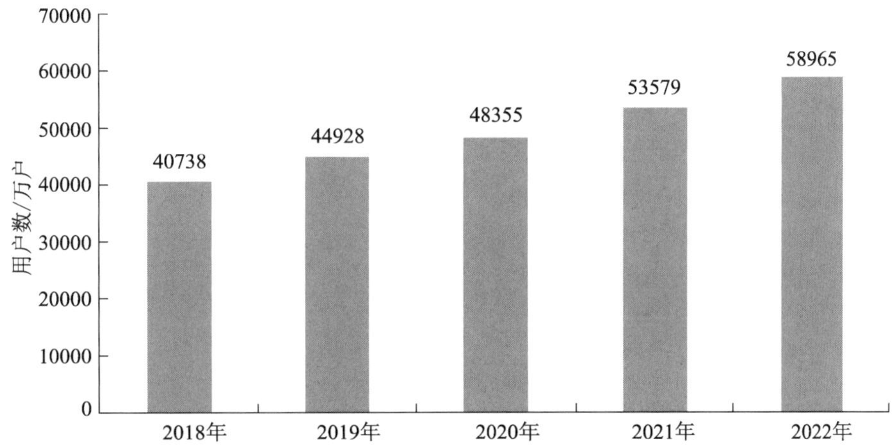

图 1-1-13　2018—2022 年末固定互联网宽带接入用户数

（五）国内贸易

全年社会消费品零售总额 439733 亿元，比上年下降 0.2%。按经营地统计，城镇消费品零售额 380448 亿元，下降 0.3%；乡村消费品零售额 59285 亿元，与上年基本持平。按消费类型统计，商品零售额 395792 亿元，增长 0.5%；餐饮收入额 43941 亿元，下降 6.3%。2018—2022 年社会消费品零售总额及其增长速度见图 1-1-14。

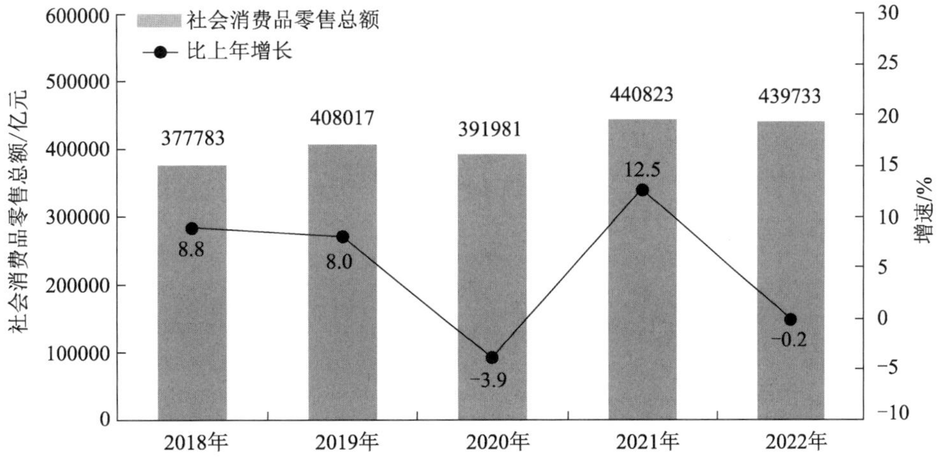

图 1-1-14　2018—2022 年社会消费品零售总额及其增长速度

全年限额以上单位商品零售额中，粮油、食品类零售额比上年增长 8.7%，饮料类增长 5.3%，烟酒类增长 2.3%，服装、鞋帽、针纺织品类下降 6.5%，化妆品类下降 4.5%，金银珠宝类下降 1.1%，日用品类下降 0.7%，家用电器和音像器材类下降 3.9%，中西药品类增长 12.4%，文化办公用品类增长 4.4%，家具类下降 7.5%，通讯器材类下降 3.4%，石油及制品类增长 9.7%，汽车类增长 0.7%，建筑及装潢材料类下降 6.2%。

全年实物商品网上零售额 119642 亿元，按可比口径计算，比上年增长 6.2%，占社会消费品零售总额的比重为 27.2%。

（六）固定资产投资

全年全社会固定资产投资 579556 亿元，比上年增长 4.9%。固定资产投资（不含农户）572138 亿元，增长 5.1%。在固定资产投资（不含农户）中，分区域看，东部地区投资增长 3.6%，中部地区投资增长 8.9%，西部地区投资增长 4.7%，东北地区投资增长 1.2%。

在固定资产投资（不含农户）中，第一产业投资 14293 亿元，比上年增长 0.2%；第二产业投资 184004 亿元，增长 10.3%；第三产业投资 373842 亿元，增长 3%。民间固定资产投资 310145 亿元，增长 0.9%。基础设施投资增长 9.4%。社会领域投资增长 10.9%。2022 年三次产业投资占固定资产投资（不含农户）比重见图 1-1-15，分行业固定资产投资（不含农户）增长速度见表 1-1-6，固定资产投资新增主要生产与运营能力见表 1-1-7。

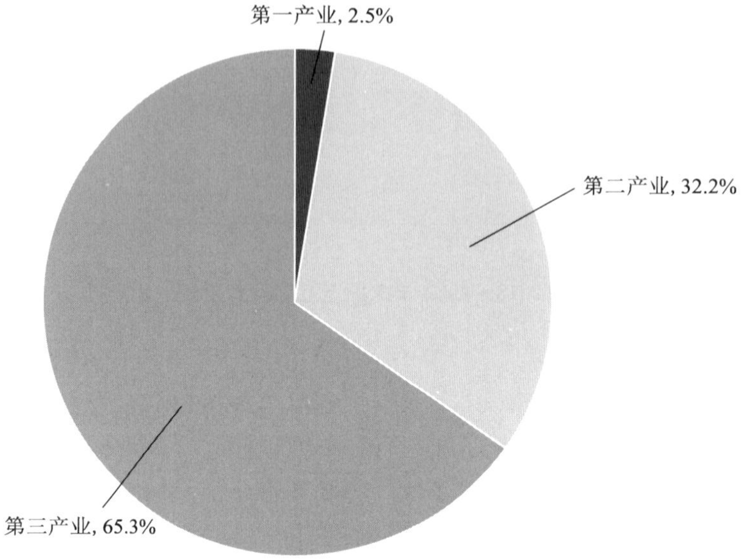

图 1-1-15　2022 年三次产业投资占固定资产投资（不含农户）比重

表 1-1-6　2022 年分行业固定资产投资（不含农户）增长速度

行业	比上年增长/%	行业	比上年增长/%
总计	5.1	金融业	10.5
农、林、牧、渔业	4.2	房地产业	-8.4
采矿业	4.5	租赁和商务服务业	14.5
制造业	9.1	科学研究和技术服务业	21.0
电力、热力、燃气及水生产和供应业	19.3	水利、环境和公共设施管理业	10.3
建筑业	2.0	居民服务、修理和其他服务业	21.8
批发和零售业	5.3	教育	5.4
交通运输、仓储和邮政业	9.1	卫生和社会工作	26.1
住宿和餐饮业	7.5	文化、体育和娱乐业	3.5
信息传输、软件和信息技术服务业	21.8	公共管理、社会保障和社会组织	42.1

表 1-1-7　2022 年固定资产投资新增主要生产与运营能力

指标	单位	绝对数
新增 220 千伏及以上变电设备	万千伏安	25839
新建铁路投产里程	公里	4100
其中：高速铁路	公里	2082
增、新建铁路复线投产里程	公里	2658
电气化铁路投产里程	公里	3452

续表

指标	单位	绝对数
新改建高速公路里程	公里	8771
港口万吨级及以上码头泊位新增通过能力	万吨/年	25561
新增民用运输机场	个	6
新增光缆线路长度	万公里	477

全年房地产开发投资132895亿元，比上年下降10%。其中住宅投资100646亿元，下降9.5%；办公楼投资5291亿元，下降11.4%；商业营业用房投资10647亿元，下降14.4%。年末商品房待售面积56366万平方米，比上年末增加5343万平方米，其中商品住宅待售面积26947万平方米，增加4186万平方米。2022年房地产开发和销售主要指标及其增长速度见表1-1-8。

全年全国各类棚户区改造开工134万套，基本建成181万套；全国保障性租赁住房开工建设和筹集265万套（间）。全年全国新开工改造城镇老旧小区5.25万个，涉及居民876万户。

表1-1-8 2022年房地产开发和销售主要指标及其增长速度

指标	单位	绝对数	比上年增长/%
投资额	亿元	132895	-10.0
其中：住宅	亿元	100646	-9.5
房屋施工面积	万平方米	904999	-7.2
其中：住宅	万平方米	639696	-7.3
房屋新开工面积	万平方米	120587	-39.4
其中：住宅	万平方米	88135	-39.8
房屋竣工面积	万平方米	86222	-15.0
其中：住宅	万平方米	62539	-14.3
商品房销售面积	万平方米	135837	-24.3
其中：住宅	万平方米	114631	-26.8
本年到位资金	亿元	148979	-25.9
其中：国内贷款	亿元	17388	-25.4
个人按揭贷款	亿元	23815	-26.5

（七）对外经济

全年货物进出口总额420678亿元，比上年增长7.7%。其中，出口239654亿元，增长10.5%；进口181024亿元，增长4.3%。货物进出口顺差58630亿元，比上年增加15330亿元。对“一带一路”沿线国家进出口总额138339亿元，比上年增长19.4%。其中，出口78877亿元，增长20%；进口59461亿元，增长18.7%。对《区域全面经济伙伴关系协定》（RCEP）其他成员国进出口额129499亿元，比上年增长7.5%。2018—2022年货物进出口总额见图1-1-16，2022年货物进出口总额及其增长速度见表1-1-9，2022年主要商品出口数量、金额及其增长速度见表1-1-10，2022年主要商品进口数量、金额及其增长速度见表1-1-11，2022年对主要国家和地区货物进出口金额、增长速度及其比重见表1-1-12。

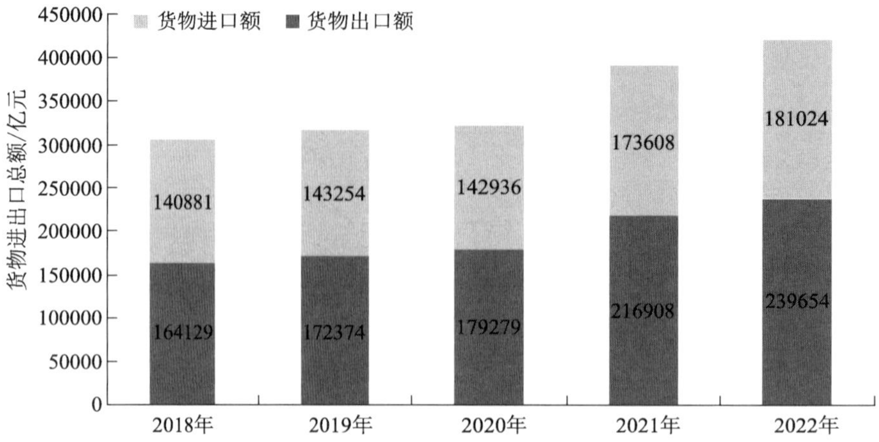

图 1-1-16　2018—2022 年货物进出口总额

表 1-1-9　2022 年货物进出口总额及其增长速度

指标	金额/亿元	比上年增长/%
货物进出口总额	420678	7.7
货物出口额	239654	10.5
其中：一般贸易	152468	15.4
加工贸易	53952	1.1
其中：机电产品	136973	7.0
高新技术产品	63391	0.3
货物进口额	181024	4.3
其中：一般贸易	115624	6.7
加工贸易	30574	-3.2
其中：机电产品	69661	-5.4
高新技术产品	50864	-6.0
货物进出口顺差	58630	35.4

表 1-1-10　2022 年主要商品出口数量、金额及其增长速度

商品名称	单位	数量	比上年增长/%	金额/亿元	比上年增长/%
钢材	万吨	6732	0.9	6427	22.3
纺织纱线、织物及制品	—	—	—	9836	4.9
服装及衣着附件	—	—	—	11713	6.7
鞋靴	万双	929318	6.6	3844	24.4
家具及其零件	—	—	—	4639	-2.5
箱包及类似容器	万吨	297	22.2	2378	32.6
玩具	—	—	—	3229	9.1
塑料制品	—	—	—	7188	12.7
集成电路	亿个	2734	-12.0	10254	3.5

续表

商品名称	单位	数量	比上年增长/%	金额/亿元	比上年增长/%
自动数据处理设备及其零部件	—	—	—	15701	-4.7
手机	万台	82224	-13.8	9527	0.9
集装箱	万个	321	-33.7	967	-36.1
液晶平板显示模组	万个	164560	—	1807	—
汽车（包括底盘）	万辆	332	56.8	4054	82.2

表 1-1-11　2022 年主要商品进口数量、金额及其增长速度

商品名称	单位	数量	比上年增长/%	金额/亿元	比上年增长/%
大豆	万吨	9108	-5.6	4085	18.1
食用植物油	万吨	648	-37.6	606	-14.1
铁矿砂及其精矿	万吨	110686	-1.5	8498	-27.9
煤及褐煤	万吨	29320	-9.2	2855	22.2
原油	万吨	50828	-0.9	24350	45.9
成品油	万吨	2645	-2.5	1309	21.2
天然气	万吨	10925	-9.9	4683	30.3
初级形状的塑料	万吨	3058	-10.0	3734	-5.5
纸浆	万吨	2916	-1.8	1492	15.1
钢材	万吨	1057	-25.9	1136	-6.1
未锻轧铜及铜材	万吨	587	6.2	3610	6.5
集成电路	亿个	5384	-15.3	27663	-0.9
汽车（包括底盘）	万辆	88	-6.5	3529	1.2

表 1-1-12　2022 年对主要国家和地区货物进出口金额、增长速度及其比重

国家和地区	出口额/亿元	比上年增长/%	占全部出口比重/%	进口额/亿元	比上年增长/%	占全部进口比重/%
东盟	37907	21.7	15.8	27247	6.8	15.1
欧盟	37434	11.9	15.6	19034	-4.9	10.5
美国	38706	4.2	16.2	11834	1.9	6.5
韩国	10843	13.0	4.5	13278	-3.7	7.3
日本	11537	7.7	4.8	12295	-7.5	6.8
中国台湾	5423	7.2	2.3	15840	-1.8	8.8
中国香港	19883	-12.0	8.3	527	-16.0	0.3
俄罗斯	5123	17.5	2.1	7638	48.6	4.2
巴西	4128	19.3	1.7	7294	2.6	4.0
印度	7896	25.5	3.3	1160	-36.2	0.6
南非	1615	18.6	0.7	2173	2.0	1.2

全年服务进出口总额59802亿元，比上年增长12.9%。其中，服务出口28522亿元，增长12.1%；服务进口31279亿元，增长13.5%。服务进出口逆差2757亿元。

全年外商直接投资新设立企业38497家，比上年下降19.2%。实际使用外商直接投资金额12327亿元，增长6.3%，折1891亿美元，增长8%。其中“一带一路”沿线国家对华直接投资（含通过部分自由港对华投资）新设立企业4519家，下降15.3%；对华直接投资金额891亿元，增长17.2%，折137亿美元，增长18.6%。全年高技术产业实际使用外资4449亿元，增长28.3%，折683亿美元，增长30.9%。2022年外商直接投资及其增长速度见表1-1-13。

表1-1-13　2022年外商直接投资及其增长速度

行业	企业数/家	比上年增长/%	实际使用金额/亿元	比上年增长/%
总计	38497	-19.2	12327	6.3
农、林、牧、渔业	420	-14.5	80	44.6
制造业	3570	-19.9	3237	46.1
电力、热力、燃气及水生产和供应业	523	12.5	276	10.8
交通运输、仓储和邮政业	602	-13.1	347	-1.1
信息传输、软件和信息技术服务业	3059	-24.5	1548	15.1
批发和零售业	10894	-18.6	961	-12.5
房地产业	581	-48.4	914	-41.8
租赁和商务服务业	7473	-19.6	2148	-2.1
居民服务、修理和其他服务业	411	-21.3	19	-38.6

全年对外非金融类直接投资额7859亿元，比上年增长7.2%，折1168.5亿美元，增长2.8%。其中，对“一带一路”沿线国家非金融类直接投资额1410亿元，增长7.7%，折210亿美元，增长3.3%。2022年对外非金融类直接投资额及其增长速度见表1-1-14。

表1-1-14　2022年对外非金融类直接投资额及其增长速度

行业	金额/亿美元	比上年增长/%
总计	1168.5	2.8
农、林、牧、渔业	8.3	-26.5
采矿业	50.1	0.6
制造业	216.0	17.4
电力、热力、燃气及水生产和供应业	35.2	-28.0
建筑业	64.0	14.9
批发和零售业	211.0	19.5
交通运输、仓储和邮政业	45.6	-10.6
信息传输、软件和信息技术服务业	54.9	-27.1
房地产业	24.2	-2.8
租赁和商务服务业	387.6	5.8

全年对外承包工程完成营业额10425亿元，比上年增长4.3%，折1550亿美元，与上年基本持平。其中，对“一带一路”沿线国家完成营业额849亿美元，下降5.3%，占对外承包工程完成营

业额比重为 54. 8%。对外劳务合作派出各类劳务人员 26 万人。

（八）财政和金融

全年全国一般公共预算收入 203703 亿元，比上年增长 0. 6%；其中税收收入 166614 亿元，下降 3. 5%。全国一般公共预算支出 260609 亿元，比上年增长 6. 1%。全年新增减税降费及退税缓税缓费超 4. 2 万亿元，其中累计退到纳税人账户的增值税留抵退税款 2. 46 万亿元，新增减税降费超 1 万亿元，办理缓税缓费超 7500 亿元。2018—2022 年全国一般公共预算收入见图 1-1-17。

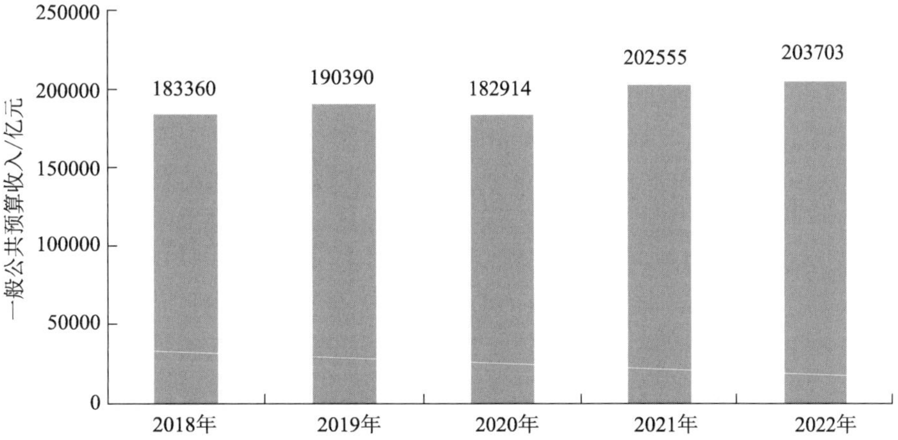

图 1-1-17　2018—2022 年全国一般公共预算收入

注：图中 2018 年至 2021 年数据为全国一般公共预算收入决算数，2022 年为执行数。

年末广义货币供应量（M_2）余额 266. 4 万亿元，比上年末增长 11. 8%；狭义货币供应量（M_1）余额 67. 2 万亿元，增长 3. 7%；流通中货币（M_0）余额 10. 5 万亿元，增长 15. 3%。

全年社会融资规模增量 32 万亿元，按可比口径计算，比上年多 0. 7 万亿元。年末社会融资规模存量 344. 2 万亿元，按可比口径计算，比上年末增长 9. 6%，其中对实体经济发放的人民币贷款余额 212. 4 万亿元，增长 10. 9%。年末全部金融机构本外币各项存款余额 264. 4 万亿元，比年初增加 25. 9 万亿元，其中人民币各项存款余额 258. 5 万亿元，增加 26. 3 万亿元。全部金融机构本外币各项贷款余额 219. 1 万亿元，增加 20. 6 万亿元，其中人民币各项贷款余额 214 万亿元，增加 21. 3 万亿元。人民币普惠金融贷款余额 32. 1 万亿元，增加 5. 6 万亿元。2022 年末全部金融机构本外币存贷款余额及其增长速度见表 1-1-15。

表 1-1-15　2022 年末全部金融机构本外币存贷款余额及其增长速度

指标	年末数/亿元	比上年末增长/%
各项存款	2644472	10. 8
其中：境内住户存款	1212110	17. 3
其中：人民币	1203387	17. 4
境内非金融企业存款	779398	6. 8
各项贷款	2191029	10. 4
其中：境内短期贷款	560304	7. 7
境内中长期贷款	1427739	10. 6

年末主要农村金融机构（农村信用社、农村合作银行、农村商业银行）人民币贷款余额 267195 亿元，比年初增加 24702 亿元。全部金融机构人民币消费贷款余额 560361 亿元，增加 11522 亿元。其中，住户短期消费贷款余额 93473 亿元，减少 90 亿元；住户中长期消费贷款余额

466888 亿元，增加 11613 亿元。

全年沪深交易所 A 股累计筹资 15109 亿元，比上年减少 1634 亿元。沪深交易所首次公开发行上市 A 股 341 只，筹资 5704 亿元，比上年增加 353 亿元，其中科创板股票 123 只，筹资 2520 亿元；沪深交易所 A 股再融资（包括公开增发、定向增发、配股、优先股、可转债转股）9405 亿元，减少 1986 亿元。北京证券交易所公开发行股票 83 只，筹资 164 亿元。全年各类主体通过沪深北交易所发行债券（包括公司债券、资产支持证券、国债、地方政府债券和政策性银行债券）筹资 64494 亿元，其中沪深交易所共发行上市基础设施领域不动产投资信托基金（REITs）13 只，募集资金 419 亿元。全国中小企业股份转让系统挂牌公司 6580 家，全年挂牌公司累计股票筹资 232 亿元。

全年发行公司信用类债券 13.7 万亿元，比上年减少 1 万亿元。

全年保险公司原保险保费收入 46957 亿元，按可比口径计算，比上年增长 4.6%。其中，寿险业务原保险保费收入 24519 亿元，健康险和意外伤害险业务原保险保费收入 9726 亿元，财产险业务原保险保费收入 12712 亿元。支付各类赔款及给付 15485 亿元。其中，寿险业务给付 3791 亿元，健康险和意外伤害险业务赔款及给付 3937 亿元，财产险业务赔款 7757 亿元。

二、社会发展基本情况

（一）居民收入消费和社会保障

全年全国居民人均可支配收入 36883 元，比上年增长 5%，扣除价格因素，实际增长 2.9%。全国居民人均可支配收入中位数 31370 元，增长 4.7%。按常住地分，城镇居民人均可支配收入 49283 元，比上年增长 3.9%，扣除价格因素，实际增长 1.9%。城镇居民人均可支配收入中位数 45123 元，增长 3.7%。农村居民人均可支配收入 20133 元，比上年增长 6.3%，扣除价格因素，实际增长 4.2%。农村居民人均可支配收入中位数 17734 元，增长 4.9%。城乡居民人均可支配收入比值为 2.45，比上年缩小 0.05。按全国居民五等份收入分组，低收入组人均可支配收入 8601 元，中间偏下收入组人均可支配收入 19303 元，中间收入组人均可支配收入 30598 元，中间偏上收入组人均可支配收入 47397 元，高收入组人均可支配收入 90116 元。全国农民工人均月收入 4615 元，比上年增长 4.1%。全年脱贫县农村居民人均可支配收入 15111 元，比上年增长 7.5%，扣除价格因素，实际增长 5.4%。2018—2022 年全国居民人均可支配收入及其增长速度见图 1-1-18。

全年全国居民人均消费支出 24538 元，比上年增长 1.8%，扣除价格因素，实际下降 0.2%。其中人均服务性消费支出 10590 元，比上年下降 0.5%，占居民人均消费支出的比重为 43.2%。按常住地分，城镇居民人均消费支出 30391 元，增长 0.3%，扣除价格因素，实际下降 1.7%；农村居民人均消费支出 16632 元，增长 4.5%，扣除价格因素，实际增长 2.5%。全国居民恩格尔系数为 30.5%，其中城镇为 29.5%，农村为 33%。2022 年全国居民人均消费支出及其构成见图 1-1-19。

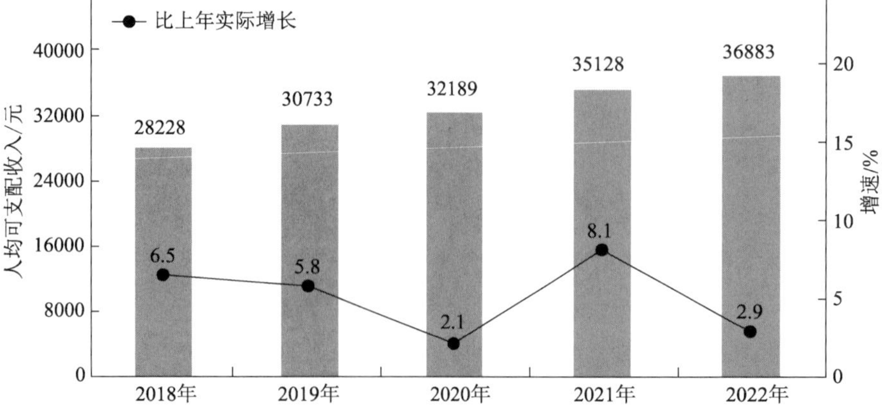

图 1-1-18　2018—2022 年全国居民人均可支配收入及其增长速度

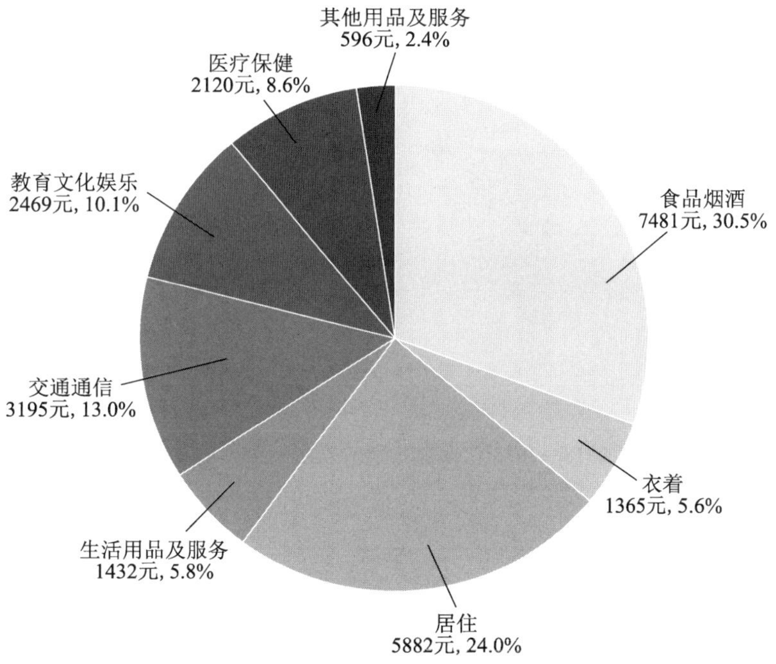

图 1-1-19　2022 年全国居民人均消费支出及其构成

年末全国参加城镇职工基本养老保险人数 50349 万人，比上年末增加 2275 万人。参加城乡居民基本养老保险人数 54952 万人，增加 155 万人。参加基本医疗保险人数 134570 万人，其中参加职工基本医疗保险人数 36242 万人，参加城乡居民基本医疗保险人数 98328 万人。参加失业保险人数 23807 万人，增加 849 万人。年末全国领取失业保险金人数 297 万人。参加工伤保险人数 29111 万人，增加 825 万人，其中参加工伤保险的农民工 9127 万人，增加 41 万人。参加生育保险人数 24608 万人，增加 856 万人。年末全国共有 683 万人享受城市最低生活保障，3349 万人享受农村最低生活保障，435 万人享受农村特困人员救助供养，全年临时救助 1083 万人次。全年领取国家定期抚恤金、定期生活补助金的退役军人和其他优抚对象 827 万人。

年末全国共有各类提供住宿的民政服务机构 4.3 万个，其中养老机构 4 万个，儿童福利和救助保护机构 899 个。民政服务床位 849.1 万张，其中养老服务床位 822.3 万张，儿童福利和救助保护机构床位 10 万张。年末共有社区服务中心 2.9 万个，社区服务站 50.9 万个。

（二）科学技术和教育

全年研究与试验发展（R&D）经费支出 30870 亿元，比上年增长 10.4%，与国内生产总值之比为 2.55%，其中基础研究经费 1951 亿元。国家自然科学基金共资助 5.19 万个项目。截至 2022 年末，正在运行的国家重点实验室 533 个，纳入新序列管理的国家工程研究中心 191 个，国家企业技术中心 1601 家，大众创业万众创新示范基地 212 家。国家科技成果转化引导基金累计设立 36 支子基金，资金总规模 624 亿元。国家级科技企业孵化器 1425 家，国家备案众创空间 2441 家。全年授予专利权 432.3 万件，比上年下降 6%；PCT 专利申请受理量 7.4 万件。截至 2022 年末，有效专利 1787.9 万件，其中境内有效发明专利 328 万件。每万人口高价值发明专利拥有量 9.4 件。全年商标注册量为 617.7 万件，比上年下降 20.2%。全年共签订技术合同 77 万项，技术合同成交金额 47791 亿元，比上年增长 28.2%。我国公民具备科学素质的比例达到 12.93%。2018—2022 年研究与试验发展经费支出及其增长速度见图 1-1-20，2022 年专利授权和有效专利情况见表 1-1-16。

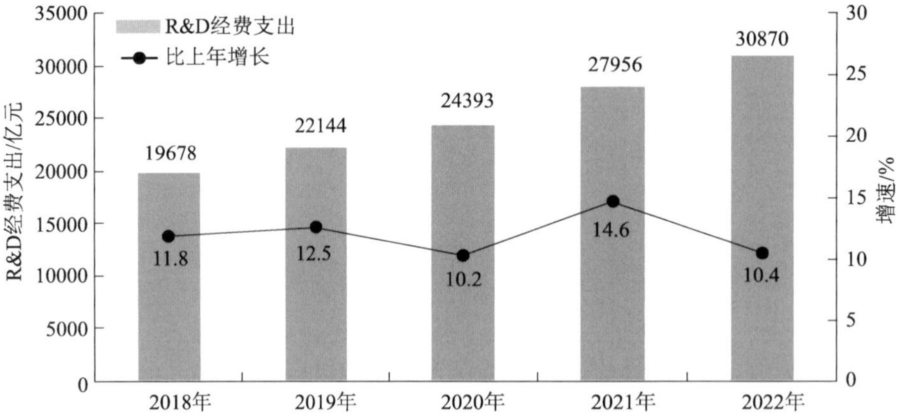

图 1-1-20　2018—2022 年研究与试验发展经费支出及其增长速度

表 1-1-16　2022 年专利授权和有效专利情况

指标	专利数/万件	比上年增长/%
专利授权数	432.3	-6.0
其中：境内专利授权	418.7	-5.9
其中：发明专利授权	79.8	14.7
其中：境内发明专利授权	68.9	19.2
年末有效专利数	1787.9	15.9
其中：境内有效专利	1671.9	17.0
其中：有效发明专利	421.2	17.1
其中：境内有效发明专利	328.0	21.3

全年成功完成 62 次宇航发射。问天实验舱、梦天实验舱发射成功，神舟十四号、十五号等任务相继实施，中国空间站全面建成。嫦娥五号发现月球新矿物“嫦娥石”。句芒号陆地生态系统碳监测卫星、大气环境监测卫星成功发射运行。长征八号运载火箭实现一箭 22 星发射。第三艘航空母舰福建舰下水。国产 C919 大型客机获得型号合格证并交付首架。投入商业运行的华龙一号自主三代核电机组保持安全稳定运行。

年末全国共有国家质检中心 869 家。全国现有产品质量、体系和服务认证机构 1128 个，累计完成对 94 万家企业的认证。全年制定、修订国家标准 2266 项，其中新制定 1382 项。全年制造业产品质量合格率为 93.29%。

全年研究生教育招生 124.2 万人，在学研究生 365.4 万人，毕业生 86.2 万人。普通、职业本专科招生 1014.5 万人，在校生 3659.4 万人，毕业生 967.3 万人。中等职业教育招生 650.7 万人，在校生 1784.7 万人，毕业生 519.2 万人。普通高中招生 947.5 万人，在校生 2713.9 万人，毕业生 824.1 万人。初中招生 1731.4 万人，在校生 5120.6 万人，毕业生 1623.9 万人。普通小学招生 1701.4 万人，在校生 10732 万人，毕业生 1740.6 万人。特殊教育招生 14.6 万人，在校生 91.9 万人，毕业生 15.9 万人。学前教育在园幼儿 4627.5 万人。九年义务教育巩固率为 95.5%，高中阶段毛入学率为 91.6%。2018—2022 年本专科、中等职业教育及普通高中招生人数见图 1-1-21。

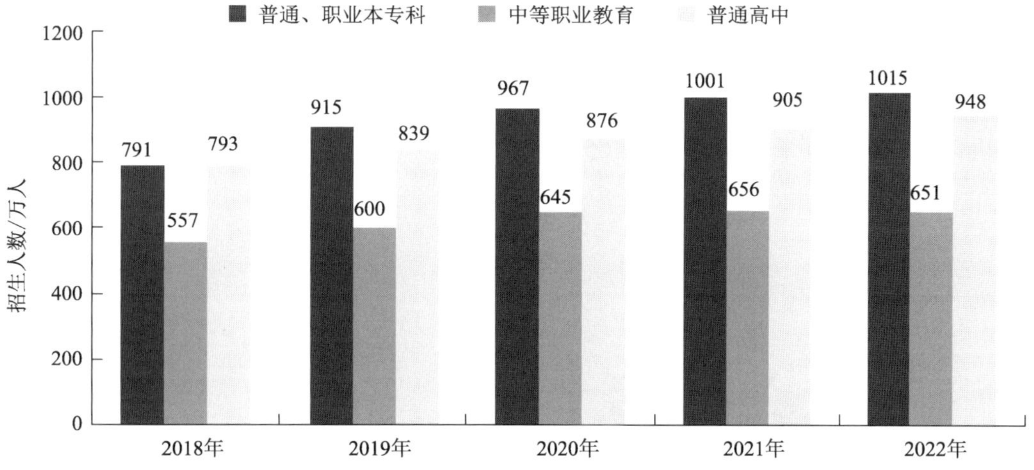

图 1-1-21　2018—2022 年本专科、中等职业教育及普通高中招生人数

（三）文化旅游、卫生健康和体育

年末全国文化和旅游系统共有艺术表演团体 2023 个。全国共有公共图书馆 3303 个，总流通 72375 万人次；文化馆 3503 个。有线电视实际用户 1.99 亿户，其中有线数字电视实际用户 1.9 亿户。年末广播节目综合人口覆盖率为 99.6%，电视节目综合人口覆盖率为 99.8%。全年生产电视剧 160 部 5283 集，电视动画片 89094 分钟。全年生产故事影片 380 部，科教、纪录、动画和特种影片 105 部。出版各类报纸 266 亿份，各类期刊 20 亿册，图书 114 亿册（张），人均图书拥有量 8.09 册（张）。年末全国共有档案馆 4136 个，已开放各类档案 20886 万卷（件）。全年全国规模以上文化及相关产业企业营业收入 121805 亿元，按可比口径计算，比上年增长 0.9%。

全年国内游客 25.3 亿人次，比上年下降 22.1%。其中，城镇居民游客 19.3 亿人次，下降 17.7%；农村居民游客 6 亿人次，下降 33.5%。国内旅游收入 20444 亿元，下降 30%。其中，城镇居民游客花费 16881 亿元，下降 28.6%；农村居民游客花费 3563 亿元，下降 35.8%。2018—2022 年国内游客人次及其增长速度见图 1-1-22。

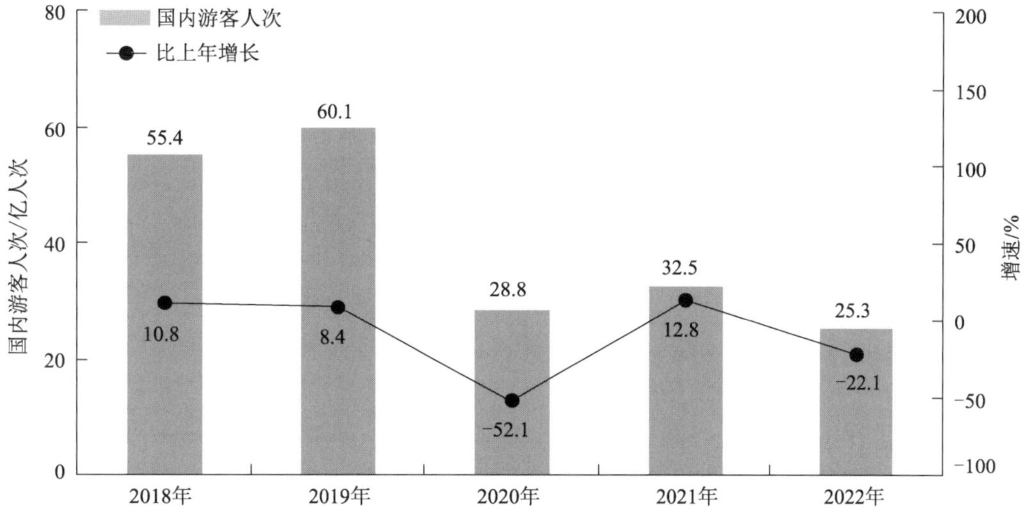

图 1-1-22　2018—2022 年国内游客人次及其增长速度

年末全国共有医疗卫生机构 103.3 万个，其中医院 3.7 万个，在医院中有公立医院 1.2 万个，民营医院 2.5 万个；基层医疗卫生机构 98 万个，其中乡镇卫生院 3.4 万个，社区卫生服务中心（站）3.6 万个，门诊部（所）32.1 万个，村卫生室 58.8 万个；专业公共卫生机构 1.3 万个，其中疾病预防控制中心 3385 个，卫生监督所（中心）2796 个。年末卫生技术人员 1155 万人，其中执业医师和执业助理医师 440 万人，注册护士 520 万人。医疗卫生机构床位 975 万张，其中医院 766 万张，乡镇卫生院 145 万张。全年诊疗总人次 84 亿人次，出院人数 2.5 亿人。2018—2022 年末卫生技术人员人数见图 1-1-23。

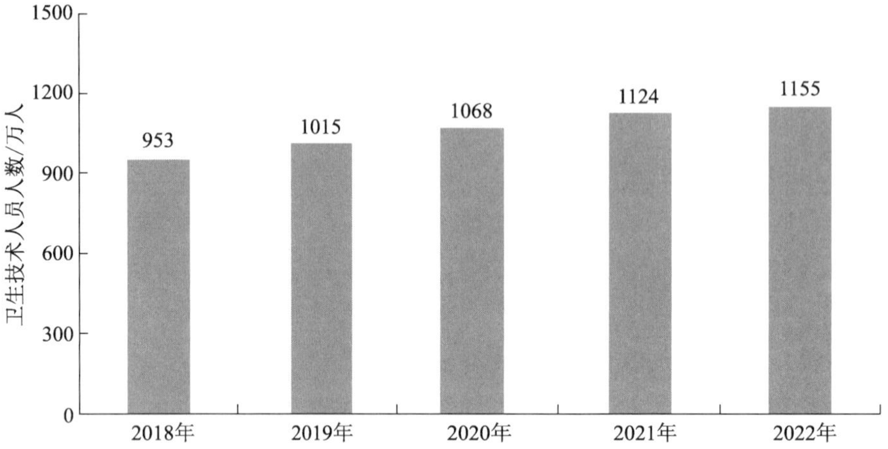

图 1-1-23　2018—2022 年末卫生技术人员人数

年末全国共有体育场地 422.7 万个，体育场地面积 37 亿平方米，人均体育场地面积 2.62 平方米。全年我国运动员在 15 个运动大项中获得 93 个世界冠军，共创 11 项世界纪录。在北京第 24 届冬奥会上，我国运动员共获得 9 枚金牌，奖牌总数 15 枚。全年我国残疾人运动员在 5 项国际赛事中获得 41 个世界冠军。在北京第 13 届冬残奥会上，我国运动员共获得 18 枚金牌，奖牌总数 61 枚，在金牌榜和奖牌榜上均位列第一。

（四）资源、环境和应急管理

全年全国国有建设用地供应总量 76.6 万公顷，比上年增长 10.9%。其中，工矿仓储用地 19.8 万公顷，增长 13.2%；房地产用地 11 万公顷，下降 19.4%；基础设施用地 45.8 万公顷，增长 20.7%。

全年水资源总量 26634 亿立方米。全年总用水量 5997 亿立方米，比上年增长 1.3%。其中，生活用水下降 0.5%，工业用水下降 7.7%，农业用水增长 3.7%，人工生态环境补水增长 8.3%。万元国内生产总值用水量 53 立方米，下降 1.6%。万元工业增加值用水量 27 立方米，下降 10.8%。人均用水量 425 立方米，增长 1.3%。

全年完成造林面积 383 万公顷，其中人工造林面积 120 万公顷，占全部造林面积的 31.4%。种草改良面积 321 万公顷。截至 2022 年末，我国共有国家公园 5 个。新增水土流失治理面积 6.3 万平方公里。

2022 年能源消费总量 54.1 亿吨标准煤，比上年增长 2.9%。煤炭消费量增长 4.3%，原油消费量下降 3.1%，天然气消费量下降 1.2%，电力消费量增长 3.6%。煤炭消费量占能源消费总量的 56.2%，比上年上升 0.3 个百分点；天然气、水电、核电、风电、太阳能发电等清洁能源消费量占能源消费总量的 25.9%，上升 0.4 个百分点。重点耗能工业企业单位电石综合能耗下降 1.6%，单位合成氨综合能耗下降 0.8%，吨钢综合能耗上升 1.7%，单位电解铝综合能耗下降 0.4%，每千瓦时火力发电标准煤耗下降 0.2%。全国万元国内生产总值二氧化碳排放下降 0.8%。2018—2022 年清洁能源消费量占能源消费总量的比重见图 1-1-24。

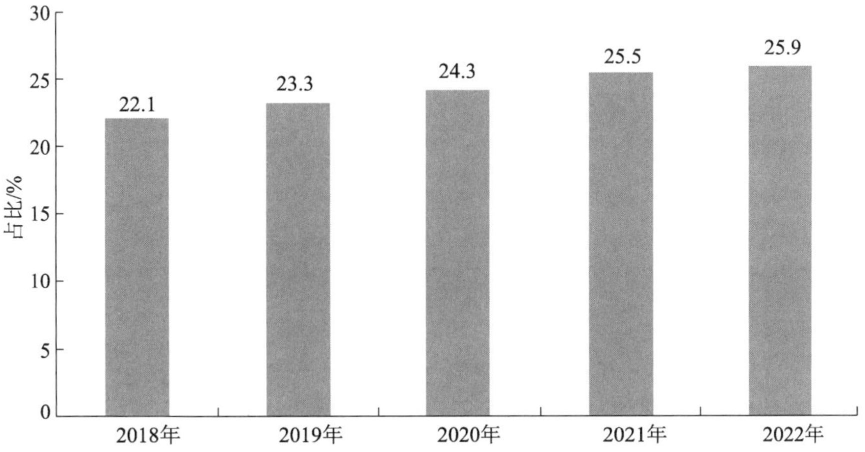

图 1-1-24　2018—2022 年清洁能源消费量占能源消费总量的比重

全年近岸海域海水水质达到国家一、二类海水水质标准的面积占 81.9%，三类海水占 4.1%，四类、劣四类海水占 14%。

在开展城市区域声环境监测的 320 个城市中，全年昼间声环境质量好的城市占 5%，较好的占 66.3%，一般的占 27.2%，较差的占 1.2%，差的占 0.3%。

全年平均气温为 10.51℃，比上年下降 0.02℃。共有 4 个台风登陆。

全年农作物受灾面积 1207 万公顷，其中绝收 135 万公顷。全年因洪涝和地质灾害造成直接经济损失 1303 亿元，因干旱灾害造成直接经济损失 513 亿元，因低温冷冻和雪灾造成直接经济损失 125 亿元，因海洋灾害造成直接经济损失 24 亿元。全年大陆地区共发生 5.0 级以上地震 27 次，造成直接经济损失 224 亿元。全年共发生森林火灾 709 起，受害森林面积约 0.5 万公顷。

全年各类生产安全事故共死亡 20963 人。工矿商贸企业就业人员 10 万人生产安全事故死亡人数 1.097 人，比上年下降 20.2%；煤矿百万吨死亡人数 0.054 人，上升 22.7%。道路交通事故万车死亡人数 1.46 人，下降 7%。

三、 2022 年主要工作

2022 年，我国经济发展遇到疫情等国内外多重超预期因素冲击。在党中央的坚强领导下，国家高效统筹疫情防控和经济社会发展，根据病毒变化和防疫形势，优化调整疫情防控措施。面对经济新的下行压力，果断应对、及时调控，动用近年储备的政策工具，靠前实施既定政策举措，坚定不移推进供给侧结构性改革，出台实施稳经济一揽子政策和接续措施，部署稳住经济大盘工作，加强对地方落实政策的督导服务，支持各地挖掘政策潜力，支持经济大省勇挑大梁，突出稳增长稳就业稳物价，推动经济企稳回升。我国经济在复杂多变的环境中基本完成全年发展主要目标任务，展现出坚强韧性。

第一，针对企业生产经营困难加剧的问题，加大纾困支持力度。受疫情等因素冲击，不少企业和个体工商户遇到特殊困难。全年增值税留抵退税超过 2.4 万亿元，新增减税降费超过 1 万亿元，缓税缓费超 7500 亿元。为有力支持减税降费政策落实，中央对地方转移支付大幅增加。引导金融机构增加信贷投放，降低融资成本，新发放企业贷款平均利率降至有统计以来最低水平，对受疫情影响严重的中小微企业、个体工商户和餐饮、旅游、货运等实施阶段性贷款延期还本付息，对普惠小微贷款实施阶段性减息。用改革办法激发市场活力。量大面广的中小微企业和个体工商户普遍受益。

第二，针对有效需求不足的突出矛盾，多措并举，扩投资促消费稳外贸。提前实施部分“十四五”规划重大工程项目，加快地方政府专项债券发行使用，依法盘活用好专项债务结存限额，分两期投放政策性开发性金融工具 7400 亿元，为重大项目建设补充资本金。运用专项再贷款、财政贴息等政策，支持重点领域设备更新改造。采取联合办公、地方承诺等办法，提高项目审批效率。全年基础设施、制造业投资分别增长9.4%、9.1%，带动固定资产投资增长5.1%，一定程度上弥补了消费收缩缺口。发展消费新业态新模式，采取减免车辆购置税等措施促进汽车消费，新能源汽车销量增长93.4%，开展绿色智能家电、绿色建材下乡，社会消费品零售总额保持基本稳定。出台金融支持措施，支持刚性和改善性住房需求，扎实推进保交楼稳民生工作。致力于帮助外贸企业解决原材料、用工、物流等难题，提高港口集疏运效率，并及时回应和解决外资企业的关切。通过这些努力，我国2022年货物进出口表现良好，实际使用外资稳定增长。

第三，针对就业压力凸显的问题，强化稳岗扩就业政策支持。财税、金融、投资等政策更加注重稳就业。对困难行业企业社保费实施缓缴，大幅提高失业保险基金稳岗返还比例，增加稳岗扩岗补助。落实担保贷款、租金减免等创业支持政策。突出做好高校毕业生就业工作，开展就业困难人员专项帮扶。在重点工程建设中推广以工代赈。脱贫人口务工规模超过3200万人，实现稳中有增。就业形势总体保持稳定。

第四，针对全球通胀高企带来的影响，以粮食和能源为重点做好保供稳价工作。有效应对洪涝、干旱等严重自然灾害，不误农时抢抓粮食播种和收获，督促和协调农机通行，保障农事活动有序开展，分三批向种粮农民发放农资补贴，保障粮食丰收和重要农产品稳定供给。发挥煤炭主体能源作用，增加煤炭先进产能，加大对发电供热企业支持力度，保障能源正常供应。在全球高通胀的背景下，我国物价保持较低水平，尤为难得。

第五，针对部分群众生活困难增多的问题，强化基本民生保障。阶段性扩大低保等社会保障政策覆盖面，将更多困难群体纳入保障范围。延续实施失业保险保障扩围政策，共向1000多万失业人员发放失业保险待遇。向更多低收入群众发放价格补贴，约6700万人受益。免除经济困难高校毕业生2022年国家助学贷款利息并允许延期还本。做好因疫因灾遇困群众临时救助工作，切实兜住民生底线。

第六，政府转变管理职能，全面落实中央经济工作会议部署，按照十三届全国人大五次会议批准的政府工作报告安排，统筹推进经济社会各领域工作。经过艰苦努力，消费需求、市场流通、工业生产、企业预期等明显向好，经济增长企稳向上，我国经济有巨大潜力和发展动力。

第二章　2022 年江苏省经济社会发展情况

2022 年，江苏省完整准确全面贯彻新发展理念，加快服务构建新发展格局，着力推动高质量发展，更好统筹疫情防控和经济社会发展，更好统筹发展和安全，全面落实“疫情要防住、经济要稳住、发展要安全”的重大要求，坚决担起“勇挑大梁”的重大责任，全省经济总量再上新台阶，物价水平温和上涨，民生福祉持续改善，“强富美高”新江苏现代化建设迈出坚实步伐。

第一节　经济发展基本情况

一、综合概况

经济总量再上新台阶。2022 年全年完成地区生产总值 122875.6 亿元，迈上 12 万亿元新台阶，增长 2.8%（图 1-2-1）。其中第一产业增加值 4959.4 亿元，增长 3.1%；第二产业增加值 55888.7 亿元，增长 3.7%；第三产业增加值 62027.5 亿元，增长 1.9%。三次产业结构比例为 4.0∶45.5∶50.5。全省人均地区生产总值 144390 元，增长 2.5%，居全国各省（区、市）第一。昆山、江阴、张家港、常熟、宜兴 5 市入选 2022 年全国地区生产总值县（市）十强，并且包揽前三。江苏省经济总量继续位列全国第二，全省国民经济各项主要指标占全国比重（表 1-2-1）、全省人均国民经济主要指标（表 1-2-2）都处于全国领先地位。

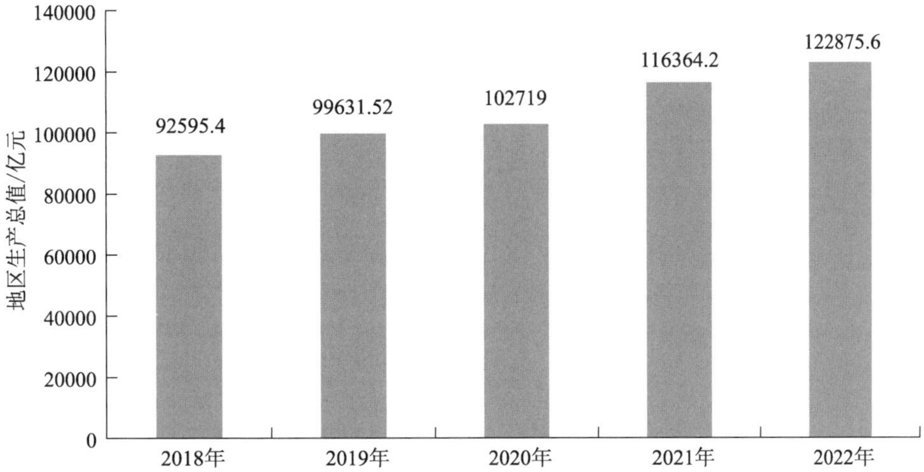

图 1-2-1　2018—2022 年江苏省地区生产总值

表 1-2-1　2022 年江苏省国民经济主要指标占全国比重

指标	单位	全国绝对数	江苏绝对数	江苏占全国的比重/%
土地面积	万平方公里	960	10.72	1.1
年末总人口	万人	141175	8515.00	6.0
地区生产总值	亿元	1210207	122875.60	10.2
其中：第一产业	亿元	88345	4959.40	5.6
第二产业	亿元	483164	55888.70	11.6
第三产业	亿元	638698	62027.50	9.7
人均地区生产总值	元	85698	144390.00	高 58692 元
一般公共预算收入	亿元	203703	9258.88	4.5
房地产开发投资	亿元	132895	12406.88	9.3
社会消费品零售总额	亿元	439732.5	42752.12	9.7
进出口总额	亿美元	420678	54454.92	12.9
其中：出口额	亿美元	239654	34815.68	14.5
普通高等学校本专科在校生	万人	3659	251.87	6.9
医疗卫生机构床位数	万张	975	56.30	5.8
卫生技术人员	万人	1166	71.37	6.1
其中：执业（助理）医师	万人	444	27.90	6.3
居民人均可支配收入	元	36883	49862.00	高 12979 元
其中：城镇常住居民人均可支配收入	元	49283	60178.00	高 10895 元
农村常住居民人均可支配收入	元	20133	28486.00	高 8353 元

表 1-2-2　江苏省人均国民经济主要指标主要年份对比

指标	单位	1978 年	2005 年	2010 年	2015 年	2020 年	2022 年
地区生产总值	元	430	23984	52787	89420	121231	144386
其中：第一产业	元	118	1934	3228	4960	5354	5828
第二产业	元	226	13553	27885	41881	52196	65673
第三产业	元	85	8496	21673	4258	63678	72886
其中：工业	元	202	12117	24723	36147	44546	57100
建筑业	元	24	1437	3162	5782	7708	8669
房地产业	元		1058	3254	6217	1055	9321
一般公共预算收入	元	105	1751	5204	10076	10691	10880
一般公共预算支出	元	49	2215	6268	12158	16147	17512
房地产开发投资	元		2045	5484	10233	15545	14579
社会消费品零售额	元	146	7591	17115	32475	43769	50236
进出口总额	美元	7	3017	5941	6847	7586	9609
其中：出口额	美元	7	1628	3451	4250	4677	6141

续表

指标	单位	1978 年	2005 年	2010 年	2015 年	2020 年	2022 年
城镇常住居民人均可支配收入	元	288	12319	22944	37173	53102	60178
农村常住居民人均可支配收入	元	155	5276	9118	16257	24198	28486
每万人在校大学生数	人	10	155	210	235	266	296
每万人拥有医疗机构床位	张	19	26	31	48	59	66
每万人拥有卫生技术人员数	人	24	34	42	61	79	84
其中：每万人拥有执业医师数	人	10	15	16	24	32	33

经济活力持续增强。2022 年末，全省有规模以上民营企业 47499 户，比上年末增加 6006 户，占全省规模以上工业企业总量的 82.4%。2022 年全年非公有制经济增加值 92402.5 亿元，占地区生产总值比重为 75.2%；民营经济增加值占地区生产总值比重为 57.7%，私营个体经济增加值占地区生产总值比重为 54.7%。年末工商部门登记的私营企业 372 万户，比上年末增加 15.7 万户，全年新登记私营企业 51 万户；年末个体经营户 988.8 万户，比上年末增加 38.3 万户，全年新登记个体经营户 115.2 万户。扬子江城市群、沿海经济带对全省经济增长的贡献率分别为 72%、18.4%。

新兴动能支撑有力。2022 年全年工业战略性新兴产业、高新技术产业产值占规模以上工业比重分别为 40.8%、48.5%，均比上年提高 1 个百分点。规模以上高技术服务业营业收入增长 10.1%，对规模以上服务业增长贡献率达 62.2%，其中互联网和相关服务增长 14.2%。全年数字经济核心产业增加值占地区生产总值比重达 11%。

就业创业形势稳定。2022 年全年城镇新增就业 131.6 万人。重点群体就业保障有力，帮扶 26.7 万名困难人员实现就业。累计开展政府补贴性技能培训 183.1 万人次。发放富民创业担保贷款、创业补贴 135.3 亿元，支持成功自主创业 42.8 万人。

居民消费价格温和上涨。2022 年全年居民消费价格上涨 2.2%。分城乡看，城市上涨 2.1%，农村上涨 2.3%。分类别看，食品烟酒价格上涨 2.6%，衣着价格上涨 1.2%，居住价格上涨 0.9%，生活用品及服务价格上涨 2%，交通通信价格上涨 4.9%，教育文化娱乐价格上涨 1.6%，医疗保健价格上涨 1.9%，其他用品及服务价格上涨 1.8%。食品中，粮食、鲜菜、鲜果价格分别上涨 2.8%、3%、12.3%，猪肉价格下降 6.9%。2022 年江苏省居民消费价格指数及其构成情况见表 1-2-3。

表 1-2-3　2022 年江苏省居民消费价格指数及其构成情况

（以上年为 100）

指标	全省价格指数	城市价格指数	农村价格指数
居民消费价格	102.2	102.1	102.3
食品烟酒	102.6	102.6	102.5
衣着	101.2	101.4	100.4
居住	100.9	100.8	101.2
生活用品及服务	102.0	102.0	102.2
交通通信	104.9	104.9	104.7
教育文化娱乐	101.6	101.5	101.7
医疗保健	101.9	101.9	101.8
其他用品及服务	101.8	101.6	102.4

工业品价格涨幅回落。2022年全年工业生产者出厂价格上涨3.2%，涨幅回落3.1个百分点，其中生产资料出厂价格上涨3.6%，生活资料出厂价格上涨1.8%。全年工业生产者购进价格上涨5.8%，涨幅回落8个百分点，其中燃料动力类购进价格上涨25.6%，农副产品类购进价格上涨9.8%。

全年全省经济社会发展面临的困难和挑战仍然较多，经济恢复的基础尚不牢固，需求收缩、供给冲击、预期转弱三重压力持续显现，一些重点领域“卡脖子”问题亟待解决，部分行业企业特别是中小微企业发展仍有不少困难，就业、教育、医疗、养老、托育、住房等民生领域还有一些短板。

二、农林牧渔业

粮食生产形势持续向好。2022年全年粮食总产量3769.1万吨，增产0.6%。其中夏粮产量1400.3万吨，增产1.4%；秋粮产量2368.8万吨，增产0.1%；粮食单产6922.9公斤/公顷，总产单产均创历史新高。全年粮食播种面积544.4万公顷，比上年增加1.7万公顷；棉花种植面积0.4万公顷，减少0.2万公顷；油料种植面积28.9万公顷，减少0.8万公顷；蔬菜种植面积147.1万公顷，增加1.8万公顷。

林牧渔业生产总体平稳。2022年全年造林面积0.3万公顷。全年猪牛羊禽肉产量316.1万吨，比上年增长3.9%；禽蛋产量238.6万吨，增长1.4%；牛奶产量68.8万吨，增长6%。水产品产量507.1万吨（不含远洋捕捞），比上年增长3.6%。其中淡水产品370.7万吨，增长4.4%；海水产品136.4万吨，增长1.7%。

现代农业加快发展。2022年全年完成400万亩高标准农田新建任务。农作物耕种收综合机械化率85%，农业科技进步贡献率71.8%。全省有效灌溉面积383.6万公顷，新增有效灌溉面积1万公顷。年末农业机械总动力达5200万千瓦，比上年末增长1%。

2022年江苏省主要农产品产量及其增长速度见表1-2-4。

表1-2-4　2022年江苏省主要农产品产量及其增长速度

产品名称	产量/万吨	比上年增长/%
粮食	3769.1	0.6
棉花	0.6	-26.4
油料	96.3	-1.6
#油菜籽	55.7	-1.3
花生	39.5	-1.9
蔬菜	5974.7	2.0
茶叶	1.1	-1.2
水果（含瓜果类）	1002.1	3.4
猪牛羊禽肉	316.0	3.9
水产品（不含远洋捕捞）	507.1	3.6

三、工业和建筑业

工业经济较快恢复。2022年全年规模以上工业增加值增长5.1%，高于全国1.5个百分点。分经济类型看，股份制企业增长7.4%，私营企业增长7.5%，外商及港澳台商投资企业增长0.9%，国有控股企业、集体企业增加值均与上年持平。分门类看，采矿业增长3.8%，制造业增长5.5%，电力、热力、燃气及水生产和供应业下降1.3%。

先进制造业增势良好。2022年，规模以上工业中，规模以上制造业完成增加值45832.6亿元，占地区生产总值比重37.3%，比上年提高0.5个百分点，占比居全国各省（区、市）第一。高技术、装备制造业增加值分别比上年增长10.8%、8.5%，对规模以上工业增加值增长贡献率分别为48.6%、85.2%，占规模以上工业比重分别为24%、52.6%，比上年均提高1.5个百分点。分行业看，电子、医药、汽车、电气、专用设备等先进制造业增加值分别增长6.3%、11%、14.8%、16.3%和6%。新能源、新型材料、新一代信息技术相关产品产量较快增长，其中新能源汽车、锂离子电池、太阳能电池、工业机器人、碳纤维及其复合材料、智能手机、服务器产量分别增长93.2%、23.4%、36.2%、11.3%、64.6%、49.5%和114.3%。2022年江苏省主要工业产品产量及其增长速度见表1-2-5，江苏省100强企业榜单见表1-2-6，江苏省民营企业200强名单见表1-2-7，江苏省民营企业制造业100强名单见表1-2-8。

表1-2-5　2022年江苏省主要工业产品产量及其增长速度

产品名称	单位	产量	比上年增长/%
纱	万吨	302.1	-15.3
布	亿米	48.7	-11.3
化学纤维	万吨	1632.0	0.6
卷烟	亿支	1054.3	0.4
智能手机	万台	5090.5	49.5
彩色电视机	万台	737.4	-1.7
#智能电视	万台	490.2	8.9
家用电冰箱	万台	1215.5	-9.6
房间空调器	万台	537.5	-10.8
粗钢	万吨	11905.0	-2.6
钢材	万吨	14882.2	-5.3
十种有色金属	万吨	91.3	3.9
水泥	万吨	14206.3	-8.5
硫酸	万吨	283.7	-14.4
纯碱	万吨	373.9	-21.1
乙烯	万吨	390.2	6.5
化肥	万吨	161.6	-7.1
汽车	万辆	94.4	10.9
#轿车	万辆	32.9	-3.4
#新能源汽车	万辆	44.8	93.2
太阳能电池	万千瓦	10907.9	36.2
光纤	万千米	17944.0	27.5
光缆	万芯千米	8659.5	-3.3
微型电子计算机	万台	3330.5	-39.1
集成电路	亿块	1004.4	-15.3
服务器	万台	2.9	114.3
工业机器人	万台（套）	7.1	11.3

表 1-2-6　2022 年江苏省 100 强企业榜单

排名	企业名称	2021 年营业收入/万元	主营行业类别	企业性质	所属地区
1	恒力集团有限公司	73234451	制造业	民营	苏州市
2	盛虹控股集团有限公司	34797926	制造业	民营	苏州市
3	江苏沙钢集团有限公司	30363121	制造业	民营	苏州市
4	中南控股集团有限公司	26025762	服务业	民营	南通市
5	中天钢铁集团有限公司	19038174	制造业	民营	常州市
6	南京钢铁集团有限公司	18749509	制造业	民营	南京市
7	苏美达股份有限公司	16868199	服务业	国有	南京市
8	无锡产业发展集团有限公司	14577969	制造业	国有	无锡市
9	苏宁易购集团股份有限公司	13890434	服务业	民营	南京市
10	南通三建控股有限公司	13593220	建筑业	民营	南通市
11	江苏德龙镍业有限公司	13538226	制造业	民营	盐城市
12	亨通集团有限公司	13100290	制造业	民营	苏州市
13	协鑫集团有限公司	13000528	制造业	民营	苏州市
14	江苏银行股份有限公司	12386344	服务业	国有	南京市
15	江苏永钢集团有限公司	12056078	制造业	民营	苏州市
16	海澜集团有限公司	11685025	制造业	民营	无锡市
17	徐工集团工程机械有限公司	11679619	制造业	国有	徐州市
18	江苏新长江实业集团有限公司	10700190	制造业	民营	无锡市
19	江阴兴澄特钢有限公司	9544050	制造业	国有	无锡市
20	江苏悦达集团有限公司	9391858	制造业	国有	盐城市
21	弘阳集团有限公司	8809122	服务业	民营	南京市
22	中天科技集团有限公司	8154688	制造业	民营	南通市
23	江苏南通二建集团有限公司	8094712	建筑业	民营	南通市
24	扬子江药业集团有限公司	7855309	制造业	民营	泰州市
25	南京银行股份有限公司	7848214	服务业	国有	南京市
26	南通四建集团有限公司	7830509	建筑业	民营	南通市
27	红豆集团有限公司	7695139	制造业	民营	无锡市
28	江苏省建筑工程集团有限公司	7062718	建筑业	国有	南京市
29	三房巷集团有限公司	6875277	制造业	民营	无锡市
30	江苏国泰国际集团股份有限公司	6785254	服务业	国有	苏州市
31	汇通达网络股份有限公司	6576317	服务业	民营	南京市
32	宝胜集团有限公司	6188836	制造业	国有	扬州市
33	远景能源有限公司	6156902	制造业	民营	无锡市
34	江苏省苏中建设集团股份有限公司	5607178	建筑业	民营	南通市

续表

排名	企业名称	2021年营业收入/万元	主营行业类别	企业性质	所属地区
35	东方润安集团有限公司	5579145	制造业	民营	常州市
36	南京新工投资集团有限责任公司	5493549	服务业	国有	南京市
37	龙信建设集团有限公司	5391451	建筑业	民营	南通市
38	通州建总集团有限公司	5012489	建筑业	民营	南通市
39	张家港市沃丰贸易有限公司	4974122	服务业	民营	苏州市
40	江苏省华建建设股份有限公司	4857132	建筑业	国有	扬州市
41	远东控股集团有限公司	4766858	制造业	民营	无锡市
42	徐州矿务集团有限公司	4748054	采掘业	国有	徐州市
43	江苏三木集团有限公司	4651957	制造业	民营	无锡市
44	江苏大明工业科技集团有限公司	4633540	制造业	民营	无锡市
45	双良集团有限公司	4594200	制造业	民营	无锡市
46	法尔胜泓昇集团有限公司	4580599	制造业	民营	无锡市
47	江苏华西集团有限公司	4578757	制造业	民营	无锡市
48	江苏华宏实业集团有限公司	4555556	制造业	民营	无锡市
49	江苏汇鸿国际集团股份有限公司	4527842	服务业	国有	南京市
50	通鼎集团有限公司	4525414	服务业	民营	苏州市
51	江苏阳光集团有限公司	4516216	制造业	民营	无锡市
52	天合光能股份有限公司	4448039	制造业	民营	常州市
53	江苏扬子江船业集团	4432530	制造业	民营	无锡市
54	金浦投资控股集团有限公司	4345099	制造业	民营	南京市
55	江苏金峰水泥集团有限公司	4321168	制造业	民营	常州市
56	江苏天工新材料科技集团有限公司	4162285	制造业	民营	镇江市
57	建华建材（中国）有限公司	4073487	制造业	民营	镇江市
58	攀华集团有限公司	4023069	制造业	民营	苏州市
59	江阴长三角钢铁集团有限公司	3968749	服务业	民营	无锡市
60	南通化工轻工股份有限公司	3966883	服务业	民营	南通市
61	江苏沃得机电集团有限公司	3903607	制造业	民营	镇江市
62	江苏江润铜业有限公司	3869516	制造业	民营	无锡市
63	常熟市龙腾特种钢有限公司	3722933	制造业	民营	苏州市
64	江苏江都建设集团有限公司	3661247	建筑业	民营	扬州市
65	中国中材国际工程股份有限公司	3624208	服务业	国有	南京市
66	波司登股份有限公司	3494721	制造业	民营	苏州市
67	阿特斯阳光电力集团有限公司	3400000	制造业	民营	苏州市
68	张家港保税区彬鹏贸易有限公司	3355652	服务业	民营	苏州市
69	江苏满运软件科技有限公司	3325607	服务业	民营	南京市

续表

排名	企业名称	2021年营业收入/万元	主营行业类别	企业性质	所属地区
70	江苏省镔鑫钢铁集团有限公司	3268030	制造业	民营	连云港市
71	中煤能源南京有限公司	3222374	服务业	国有	南京市
72	华芳集团有限公司	3207857	制造业	民营	苏州市
73	苏州东山精密制造股份有限公司	3179314	制造业	民营	苏州市
74	江苏国强镀锌实业有限公司	3121394	制造业	民营	常州市
75	张家港保税区立信投资有限公司	3079310	服务业	民营	苏州市
76	江苏长电科技股份有限公司	3050241	制造业	民营	无锡市
77	江苏邗建集团有限公司	3011144	建筑业	国有	扬州市
78	江苏无锡朝阳集团股份有限公司	3005431	服务业	民营	无锡市
79	大亚科技集团有限公司	2983612	制造业	民营	镇江市
80	澳洋集团有限公司	2958758	制造业	民营	苏州市
81	江苏上上电缆集团有限公司	2953127	制造业	民营	常州市
82	江苏吴中集团有限公司	2913585	制造业	民营	苏州市
83	江苏中超投资集团有限公司	2886250	制造业	民营	无锡市
84	震雄铜业集团有限公司	2880500	制造业	民营	苏州市
85	南京金鹰国际集团有限公司	2876766	服务业	民营	南京市
86	江苏中利控股集团有限公司	2873238	制造业	民营	苏州市
87	江苏新海石化有限公司	2867981	制造业	民营	连云港市
88	南通建工集团股份有限公司	2860624	建筑业	民营	南通市
89	兴达投资集团有限公司	2857844	制造业	民营	无锡市
90	江苏西城三联控股集团有限公司	2852191	制造业	民营	无锡市
91	南通五建控股集团有限公司	2834052	建筑业	民营	南通市
92	金东纸业（江苏）股份有限公司	2829358	制造业	民营	镇江市
93	江苏万帮金之星车业投资集团有限公司	2813223	服务业	民营	常州市
94	盐城联鑫钢铁有限公司	2808861	制造业	民营	盐城市
95	新阳科技集团有限公司	2755281	制造业	民营	常州市
96	长江润发集团有限公司	2735098	制造业	民营	苏州市
97	苏州金螳螂企业（集团）有限公司	2730375	服务业	民营	苏州市
98	张家港保税区昌荣贸易有限公司	2720199	服务业	民营	苏州市
99	无锡市不锈钢电子交易中心有限公司	2715163	服务业	民营	无锡市
100	雅迪科技集团有限公司	2705159	制造业	民营	无锡市

表 1-2-7　2022 年江苏省民营企业 200 强名单

序号	企业名称	营业收入/万元	所在市
1	恒力集团有限公司	73234451	苏州市
2	盛虹控股集团有限公司	34797926	苏州市
3	江苏沙钢集团有限公司	30275586	苏州市
4	中南控股集团有限公司	26025762	南通市
5	中天钢铁集团有限公司	19038174	常州市
6	南京钢铁集团有限公司	18749509	南京市
7	苏宁易购集团股份有限公司	13890434	南京市
8	江苏德龙镍业有限公司	13538226	盐城市
9	亨通集团有限公司	13100289	苏州市
10	协鑫集团有限公司	13000528	苏州市
11	江苏永钢集团有限公司	12056078	苏州市
12	海澜集团有限公司	11685025	无锡市
13	江苏新长江实业集团有限公司	10700190	无锡市
14	弘阳集团有限公司	8809122	南京市
15	中天科技集团有限公司	8154688	南通市
16	江苏南通二建集团有限公司	8094712	南通市
17	扬子江药业集团有限公司	7855309	泰州市
18	南通四建集团有限公司	7830509	南通市
19	红豆集团有限公司	7695139	无锡市
20	三房巷集团有限公司	6875277	无锡市
21	江苏国泰国际集团股份有限公司	6785254	苏州市
22	汇通达网络股份有限公司	6649490	南京市
23	远景能源有限公司	6156902	无锡市
24	东方润安集团有限公司	5579145	常州市
25	龙信建设集团有限公司	5391451	南通市
26	通州建总集团有限公司	5012489	南通市
27	江苏西城三联控股集团有限公司	4858387	无锡市
28	远东控股集团有限公司	4766858	无锡市
29	江苏三木集团有限公司	4651957	无锡市
30	江苏大明工业科技集团有限公司	4633540	无锡市
31	双良集团有限公司	4594200	无锡市
32	法尔胜泓昇集团有限公司	4580599	无锡市
33	通鼎集团有限公司	4525414	苏州市
34	江苏阳光集团有限公司	4516216	无锡市
35	天合光能股份有限公司	4448039	常州市

续表

序号	企业名称	营业收入/万元	所在市
36	江苏扬子江船业集团	4432530	无锡市
37	金浦投资控股集团有限公司	4345099	南京市
38	江苏金峰水泥集团有限公司	4325614	常州市
39	雅迪科技集团有限公司	4204774	无锡市
40	江苏天工新材料科技集团有限公司	4162285	镇江市
41	建华建材（中国）有限公司	4073487	镇江市
42	江苏满运软件科技有限公司	4065962	南京市
43	攀华集团有限公司	4023069	苏州市
44	江阴长三角钢铁集团有限公司	3968749	无锡市
45	南通化工轻工股份有限公司	3966883	南通市
46	江苏沃得机电集团有限公司	3903607	镇江市
47	江苏江润铜业有限公司	3869516	无锡市
48	常熟市龙腾特种钢有限公司	3722933	苏州市
49	江苏江都建设集团有限公司	3661247	扬州市
50	波司登股份有限公司	3494721	苏州市
51	永鼎集团有限公司	3446567	苏州市
52	阿特斯阳光电力集团股份有限公司	3400000	苏州市
53	江苏省镔鑫钢铁集团有限公司	3268030	连云港市
54	华芳集团有限公司	3207857	苏州市
55	苏州东山精密制造股份有限公司	3179314	苏州市
56	江苏国强镀锌实业有限公司	3121394	常州市
57	正太集团有限公司	3109383	泰州市
58	中亿丰控股集团有限公司	3106872	苏州市
59	江苏江中集团有限公司	3098529	南通市
60	江苏上上电缆集团有限公司	3041678	常州市
61	江苏无锡朝阳集团股份有限公司	3005431	无锡市
62	大亚科技集团有限公司	2983612	镇江市
63	澳洋集团有限公司	2958758	苏州市
64	江苏吴中集团有限公司	2913585	苏州市
65	江苏中超投资集团有限公司	2886250	无锡市
66	震雄铜业集团有限公司	2880500	苏州市
67	南京金鹰国际集团有限公司	2876766	南京市
68	江苏中利控股集团有限公司	2873238	苏州市
69	江苏新海石化有限公司	2867981	连云港市
70	江南集团有限公司	2865660	无锡市

续表

序号	企业名称	营业收入/万元	所在市
71	南通建工集团股份有限公司	2860624	南通市
72	兴达投资集团有限公司	2857844	无锡市
73	江苏华地国际控股集团有限公司	2855686	无锡市
74	无锡新三洲特钢有限公司	2838157	无锡市
75	江苏华宏实业集团有限公司	2835556	无锡市
76	南通五建控股集团有限公司	2834052	南通市
77	江阴市金桥化工有限公司	2831508	无锡市
78	雅鹿集团股份有限公司	2823327	苏州市
79	江阴市珢乐合金科技有限公司	2821301	无锡市
80	新华昌集团有限公司	2819045	常州市
81	江苏大经集团有限公司	2816340	无锡市
82	无锡市不锈钢电子交易中心有限公司	2815163	无锡市
83	江苏万帮金之星车业投资集团有限公司	2813223	常州市
84	盐城市联鑫钢铁有限公司	2808861	盐城市
85	新阳科技集团	2755281	常州市
86	长江润发集团有限公司	2735098	苏州市
87	东方恒信资本控股集团有限公司	2731905	苏州市
88	苏州金螳螂企业（集团）有限公司	2730375	苏州市
89	江苏东渡纺织集团有限公司	2703287	苏州市
90	连云港兴鑫钢铁有限公司	2680620	连云港市
91	连云港亚新钢铁有限公司	2678576	连云港市
92	南京新华海科技产业集团有限公司	2676520	南京市
93	东华能源股份有限公司	2636707	苏州市
94	红太阳集团有限公司	2636022	南京市
95	江苏恒瑞医药股份有限公司	2590553	连云港市
96	大全集团有限公司	2388076	镇江市
97	华新建工集团有限公司	2381593	南通市
98	无锡小天鹅电器有限公司	2310422	无锡市
99	江苏江南农村商业银行股份有限公司	2305583	常州市
100	江苏飞达控股集团有限公司	2132056	镇江市
101	启东建筑集团有限公司	2109638	南通市
102	常州市化工轻工材料总公司	2093619	常州市
103	江苏金昇控股有限公司	2093595	常州市
104	中国天楹股份有限公司	2059267	南通市
105	扬州恒润海洋重工有限公司	2007380	扬州市

续表

序号	企业名称	营业收入/万元	所在市
106	昆山联滔电子有限公司	1990798	苏州市
107	南通新华建筑集团有限公司	1980233	南通市
108	江苏鼎胜新能源材料股份有限公司	1916791	镇江市
109	江苏文峰集团有限公司	1777490	南通市
110	淮海控股集团有限公司	1713206	徐州市
111	南京金箔控股集团有限责任公司	1705525	南京市
112	京东五星电器集团有限公司	1679017	南京市
113	江苏江南实业集团有限公司	1652118	常州市
114	通富微电子股份有限公司	1581223	南通市
115	好孩子儿童用品有限公司	1473126	苏州市
116	江苏徐钢钢铁集团有限公司	1444007	徐州市
117	扬州市秦邮特种金属材料有限公司	1435077	扬州市
118	中如建工集团有限公司	1401212	南通市
119	中新钢铁集团有限公司	1396325	徐州市
120	阿尔法（江阴）沥青有限公司	1371927	无锡市
121	立铠精密科技（盐城）有限公司	1367227	盐城市
122	浙江天能电池（江苏）有限公司	1358390	宿迁市
123	香塘集团有限公司	1352280	苏州市
124	立讯电子科技（昆山）有限公司	1339529	苏州市
125	江苏省建工集团有限公司	1332068	南京市
126	同程控股集团股份有限公司	1322709	苏州市
127	江阴模塑集团有限公司	1320870	无锡市
128	科沃斯机器人股份有限公司	1308601	苏州市
129	苏华建设集团有限公司	1303396	常州市
130	瑞声光电科技（常州）有限公司	1292662	常州市
131	苏州市相城区江南化纤集团有限公司	1287186	苏州市
132	苏州汇川技术有限公司	1233074	苏州市
133	闻泰科技（无锡）有限公司	1201445	无锡市
134	江苏新龙兴建设集团有限公司	1188617	南通市
135	江苏信拓建设（集团）股份有限公司	1180746	南通市
136	鑫缘茧丝绸集团股份有限公司	1158094	南通市
137	南通市达欣工程股份有限公司	1136776	南通市
138	江苏文凤化纤集团有限公司	1132519	南通市
139	江苏兴邦建工集团有限公司	1122181	宿迁市
140	江苏立华牧业股份有限公司	1113173	常州市

续表

序号	企业名称	营业收入/万元	所在市
141	江苏卫岗集团有限公司	1112762	南京市
142	江苏瑞昕金属制品科技有限公司	1105006	常州市
143	江苏通州四建集团有限公司	1096874	南通市
144	无锡上机数控股份有限公司	1091531	无锡市
145	江苏省江建集团有限公司	1079903	扬州市
146	银城地产集团股份有限公司	1062619	南京市
147	江苏省金陵建工集团有限公司	1061290	南京市
148	益海（泰州）粮油工业有限公司	1060248	泰州市
149	江苏飞翔科技集团有限公司	1051000	淮安市
150	长江联合供应链管理（江苏）有限公司	1049219	苏州市
151	南京宏亚建设集团有限公司	1037887	南京市
152	德基广场有限公司	1003751	南京市
153	无锡先导智能装备股份有限公司	1003659	无锡市
154	江苏豪森药业集团有限公司	981481	连云港市
155	德尔集团有限公司	962070	苏州市
156	江苏华昌化工股份有限公司	941332	苏州市
157	江苏康缘集团有限责任公司	938671	连云港市
158	丹阳龙江钢铁有限公司	935717	镇江市
159	江苏恒立液压股份有限公司	930922	常州市
160	无锡市华美电缆有限公司	925945	无锡市
161	孩子王儿童用品股份有限公司	904888	南京市
162	江苏天裕能源科技集团有限公司	904333	徐州市
163	锦宸集团有限公司	904105	泰州市
164	江苏启安建设集团有限公司	895328	南通市
165	江苏骏马集团有限责任公司	893578	苏州市
166	江苏恒科新材料有限公司	865281	南通市
167	无锡安井食品营销有限公司	859164	无锡市
168	江苏新时代造船有限公司	851443	泰州市
169	宜兴市金啸铜业有限公司	850616	无锡市
170	南京天加环境科技有限公司	850000	南京市
171	沂州科技有限公司	849996	徐州市
172	江苏兴达钢帘线股份有限公司	849959	泰州市
173	江苏永通新材料科技有限公司	835383	南通市
174	苏州旭创科技有限公司	833556	苏州市
175	苏州嘉盛集团有限公司	830255	苏州市

续表

序号	企业名称	营业收入/万元	所在市
176	江苏金风科技有限公司	819013	盐城市
177	天顺风能（苏州）股份有限公司	817217	苏州市
178	梦百合家居科技股份有限公司	813925	南通市
179	南京云海特种金属股份有限公司	811656	南京市
180	江苏鱼跃科技发展有限公司	803125	镇江市
181	莱克电气股份有限公司	794576	苏州市
182	常州星宇车灯股份有限公司	790945	常州市
183	江苏京迅递供应链管理有限公司	790353	苏州市
184	江苏肯帝亚集团有限公司	785968	镇江市
185	南通华荣建设集团有限公司	782929	南通市
186	江苏常发实业集团有限公司	780598	常州市
187	连云港石化有限公司	778984	连云港市
188	江苏鸿泰钢铁有限公司	775331	镇江市
189	龙海建设集团有限公司	774120	常州市
190	江苏济川控股集团有限公司	763051	泰州市
191	东吴黄金集团有限公司	754300	苏州市
192	江苏顺通建设集团有限公司	732415	南通市
193	江苏南通三建建筑装饰集团有限公司	726035	南通市
194	江苏天目建设集团有限公司	725479	常州市
195	江苏先声药业有限公司	712014	南京市
196	江苏隆基乐叶光伏科技有限公司	707420	泰州市
197	江苏九州通医药有限公司	705343	南京市
198	江苏飞力达国际物流股份有限公司	695512	苏州市
199	中创新航科技股份有限公司	679144	常州市
200	正威科技集团有限公司	674328	泰州市

表1-2-8　2022年江苏省民营企业制造业100强名单

序号	企业名称	营业收入/万元	所在市
1	恒力集团有限公司	73234451	苏州市
2	盛虹控股集团有限公司	34797926	苏州市
3	江苏沙钢集团有限公司	30275586	苏州市
4	中天钢铁集团有限公司	19038174	常州市
5	南京钢铁集团有限公司	18749509	南京市
6	江苏德龙镍业有限公司	13538226	盐城市
7	亨通集团有限公司	13100289	苏州市
8	协鑫集团有限公司	13000528	苏州市

续表

序号	企业名称	营业收入/万元	所在市
9	江苏永钢集团有限公司	12056078	苏州市
10	海澜集团有限公司	11685025	无锡市
11	江苏新长江实业集团有限公司	10700190	无锡市
12	中天科技集团有限公司	8154688	南通市
13	扬子江药业集团有限公司	7855309	泰州市
14	红豆集团有限公司	7695139	无锡市
15	三房巷集团有限公司	6875277	无锡市
16	远景能源有限公司	6156902	无锡市
17	东方润安集团有限公司	5579145	常州市
18	江苏西城三联控股集团有限公司	4858387	无锡市
19	江苏三木集团有限公司	4651957	无锡市
20	江苏大明工业科技集团有限公司	4633540	无锡市
21	双良集团有限公司	4594200	无锡市
22	法尔胜泓昇集团有限公司	4580599	无锡市
23	通鼎集团有限公司	4525414	苏州市
24	江苏阳光集团有限公司	4516216	无锡市
25	天合光能股份有限公司	4448039	常州市
26	江苏扬子江船业集团	4432530	无锡市
27	金浦投资控股集团有限公司	4345099	南京市
28	江苏金峰水泥集团有限公司	4325614	常州市
29	雅迪科技集团有限公司	4204774	无锡市
30	江苏天工新材料科技集团有限公司	4162285	镇江市
31	建华建材（中国）有限公司	4073487	镇江市
32	攀华集团有限公司	4023069	苏州市
33	江苏沃得机电集团有限公司	3903607	镇江市
34	江苏江润铜业有限公司	3869516	无锡市
35	常熟市龙腾特种钢有限公司	3722933	苏州市
36	波司登股份有限公司	3494721	苏州市
37	永鼎集团有限公司	3446567	苏州市
38	阿特斯阳光电力集团股份有限公司	3400000	苏州市
39	江苏省镔鑫钢铁集团有限公司	3268030	连云港市
40	华芳集团有限公司	3207857	苏州市
41	苏州东山精密制造股份有限公司	3179314	苏州市
42	江苏国强镀锌实业有限公司	3121394	常州市
43	江苏上上电缆集团有限公司	3041678	常州市

续表

序号	企业名称	营业收入/万元	所在市
44	大亚科技集团有限公司	2983612	镇江市
45	澳洋集团有限公司	2958758	苏州市
46	江苏中超投资集团有限公司	2886250	无锡市
47	震雄铜业集团有限公司	2880500	苏州市
48	江苏中利控股集团有限公司	2873238	苏州市
49	江苏新海石化有限公司	2867981	连云港市
50	江南集团有限公司	2865660	无锡市
51	兴达投资集团有限公司	2857844	无锡市
52	无锡新三洲特钢有限公司	2838157	无锡市
53	江苏华宏实业集团有限公司	2835556	无锡市
54	雅鹿集团股份有限公司	2823327	苏州市
55	江阴市珢乐合金科技有限公司	2821301	无锡市
56	新华昌集团有限公司	2819045	常州市
57	盐城市联鑫钢铁有限公司	2808861	盐城市
58	新阳科技集团	2755281	常州市
59	长江润发集团有限公司	2735098	苏州市
60	东方恒信资本控股集团有限公司	2731905	苏州市
61	江苏东渡纺织集团有限公司	2703287	苏州市
62	连云港兴鑫钢铁有限公司	2680620	连云港市
63	连云港亚新钢铁有限公司	2678576	连云港市
64	红太阳集团有限公司	2636022	南京市
65	江苏恒瑞医药股份有限公司	2590553	连云港市
66	大全集团有限公司	2388076	镇江市
67	无锡小天鹅电器有限公司	2310422	无锡市
68	江苏飞达控股集团有限公司	2132056	镇江市
69	江苏金昇控股有限公司	2093595	常州市
70	扬州恒润海洋重工有限公司	2007380	扬州市
71	昆山联滔电子有限公司	1990798	苏州市
72	江苏鼎胜新能源材料股份有限公司	1916791	镇江市
73	淮海控股集团有限公司	1713206	徐州市
74	南京金箔控股集团有限责任公司	1705525	南京市
75	江苏江南实业集团有限公司	1652118	常州市
76	通富微电子股份有限公司	1581223	南通市
77	好孩子儿童用品有限公司	1473126	苏州市
78	江苏徐钢钢铁集团有限公司	1444007	徐州市

续表

序号	企业名称	营业收入/万元	所在市
79	扬州市秦邮特种金属材料有限公司	1435077	扬州市
80	中新钢铁集团有限公司	1396325	徐州市
81	阿尔法（江阴）沥青有限公司	1371927	无锡市
82	立铠精密科技（盐城）有限公司	1367227	盐城市
83	浙江天能电池（江苏）有限公司	1358390	宿迁市
84	香塘集团有限公司	1352280	苏州市
85	立讯电子科技（昆山）有限公司	1339529	苏州市
86	江阴模塑集团有限公司	1320870	无锡市
87	科沃斯机器人股份有限公司	1308601	苏州市
88	瑞声光电科技（常州）有限公司	1292662	常州市
89	苏州市相城区江南化纤集团有限公司	1287186	苏州市
90	苏州汇川技术有限公司	1233074	苏州市
91	闻泰科技（无锡）有限公司	1201445	无锡市
92	鑫缘茧丝绸集团股份有限公司	1158094	南通市
93	江苏文凤化纤集团有限公司	1132519	南通市
94	江苏瑞昕金属制品科技有限公司	1105006	常州市
95	无锡上机数控股份有限公司	1091531	无锡市
96	益海（泰州）粮油工业有限公司	1060248	泰州市
97	江苏飞翔科技集团有限公司	1051000	淮安市
98	无锡先导智能装备股份有限公司	1003659	无锡市
99	江苏豪森药业集团有限公司	981481	连云港市
100	德尔集团有限公司	962070	苏州市

工业企业经营有所承压。2022 年全年规模以上工业企业利润总额 9061. 9 亿元，下降 4. 2%。分经济类型看，国有控股、股份制、外商及港澳台商投资、私营企业利润分别下降 22. 7%、3. 8%、5%、0. 6%。2022 年江苏外商及港澳台商投资工业企业经济指标变化明显，江苏全省外商及港澳台商投资工业企业主要经济指标见表 1-2-9，全省外商及港澳台商投资工业企业主要经济效益指标见表 1-2-10。分门类看，采矿业利润增长 254. 8%，电力、热力、燃气及水生产和供应业增长 6. 1%，制造业下降 5. 1%。

表 1-2-9　2022 年江苏省外商及港澳台商投资工业企业主要经济指标

分类	项目	企业单位数/家	资产总计/亿元	负债合计/亿元	营业收入/亿元	营业成本/亿元	利润总额/亿元	平均用工人数/万人
按登记注册类型分	与港澳台商合资经营	971. 00	7457. 88	3938. 81	5382. 33	4282. 04	494. 93	29. 18
	与港澳台商合作经营	20. 00	130. 90	46. 97	61. 67	51. 00	6. 59	0. 42
	港澳台商独资	1839. 00	9838. 61	4667. 20	10065. 52	8645. 20	643. 90	74. 95
	港澳台商投资股份有限公司	87. 00	1694. 58	605. 65	959. 22	789. 67	106. 56	5. 12

续表

分类	项目	企业单位数/家	资产总计/亿元	负债合计/亿元	营业收入/亿元	营业成本/亿元	利润总额/亿元	平均用工人数/万人
按登记注册类型分	其他港澳台投资	44.00	230.35	104.74	92.44	71.22	7.05	0.64
	中外合资经营	1365.00	7634.74	4186.25	7057.88	5959.43	485.33	34.33
	中外合作经营	29.00	247.70	101.72	239.60	181.90	20.09	0.80
	外资企业	4340.00	20363.78	9479.41	24050.55	20393.61	1593.46	133.07
	外商投资股份有限公司	92.00	1858.41	915.97	965.59	807.26	74.72	5.03
	其他外商投资	25.00	147.20	98.84	196.93	173.50	7.34	0.50
按轻重工业分	轻工业	2838.00	11726.40	5539.40	10850.84	8740.93	803.50	75.97
	重工业	5974.00	37877.76	18606.15	38220.88	32613.91	2636.46	208.07
按企业规模分	大型企业	462.00	21855.04	11272.14	23360.33	19975.18	1570.18	129.94
	中型金业	1457.00	13400.16	6077.60	13012.85	10756.68	1042.63	78.96
	小微型企业	6893.00	14348.96	6795.81	12698.54	10622.97	827.15	75.13
按行业分	采矿业	5.00	24.31	10.58	23.10	20.70	0.32	0.03
	制造业	8587.00	47227.36	22789.42	47747.08	40188.03	3341.16	281.08
	电力、热力、燃气及水的生产和供应业	220.00	2352.49	1345.56	1301.55	1146.10	98.48	2.93
总计		8812.00	49604.16	24145.56	49071.72	41354.83	3439.96	284.04

资料来源：江苏省统计局。

表 1-2-10　2022 年江苏省外商及港澳台商投资工业企业主要经济效益指标

分类	项目	企业亏损面/%	资产负债率/%	流动资产周转次数/（次/年）	成本费用利润率/%	总资产贡献率/%
按登记注册类型分	与港澳台商合资经营	25.33	52.81	1.21	10.11	9.10
	与港澳台商合作经营	20.00	35.88	1.01	11.55	6.60
	港澳台商独资	25.60	47.44	1.60	6.83	8.12
	港澳台商投资股份有限公司	35.38	35.74	0.95	12.33	7.12
	其他港澳台投资	22.73	45.47	0.69	8.12	4.14
	中外合资经营	23.37	54.83	1.53	7.35	8.91
	中外合作经营	24.14	41.06	1.34	9.28	10.97
	外资企业	24.24	46.55	1.80	7.12	9.82
	外商投资股份有限公司	16.30	49.29	0.92	8.29	5.13
	其他外商投资	32.00	67.15	1.80	3.92	7.40
按轻重工业分	轻工业	27.55	47.24	1.50	7.95	9.10
	重工业	22.97	49.12	1.59	7.42	8.88
按企业规模分	大型企业	12.55	51.58	1.71	7.22	9.00
	中型企业	18.05	45.35	1.53	8.70	9.77
	小微型企业	26.59	47.36	1.41	6.95	8.05

续表

分类	项目	企业亏损面/%	资产负债率/%	流动资产周转次数/（次/年）	成本费用利润率/%	总资产贡献率/%
按行业分	采矿业	20.00	43.52	2.30	1.43	4.14
	制造业	24.70	48.25	1.57	7.53	9.07
	电力、热力、燃气及水的生产和供应业	14.55	57.20	1.71	8.05	6.20
总计		24.44	48.68	1.57	7.54	8.93

资料来源：江苏省统计局。

建筑业稳定健康发展。据江苏省统计局公布的资料，2022 年全省建筑业企业数 13040 家，从业人员达 877.23 万人，均居全国首位。全年建筑业总产值 4.38 万亿元，比上年增长 5.2%，全省建筑业总产值占全国比重 13%，产值规模连续 17 年保持全国第一。全年竣工产值 3.38 万亿元，同比增长 3.4%，竣工率为 77.3%。全年实现建筑业增加值 7377.8 亿元，按不变价格计算同比增长 4.9%，占全省地区生产总值的 6%，连续 17 年基本保持这一比例。继续领跑全国。全年签订建筑合同额 6.92 万亿元。建筑业劳动生产率 40.13 万元/人，增长 3.8%。

四、固定资产投资

固定资产投资增势平稳。2022 年全年固定资产投资增长 3.8%。分产业看，第一产业投资下降 19.6%；第二产业投资增长 9%，其中工业投资增长 9%；第三产业投资与上年持平。分领域看，基础设施投资增长 8.2%；制造业投资增长 8.8%；民间投资增长 2.9%，占全部投资比重为 68.6%；房地产开发投资下降 7.9%。

投资结构持续优化。2022 年全年高技术产业投资增长 9.2%，拉动全部投资增长 1.7 个百分点。主要行业中，科技成果转化服务、研发与设计服务、电子商务服务等行业投资增长较快，分别增长 26.4%、23.5%和 20.1%。制造业投资中，电气机械和器材制造增长 25.4%，计算机通信和其他电子设备增长 12%，通用设备制造增长 9.7%。服务业投资中，金融业增长 33%，卫生和社会工作增长 29.4%，文化、体育和娱乐业增长 24.5%。

重大工程项目推进力度加大。全省围绕国家 102 项重大工程，部署推进江苏省重大项目 264 项，其中当年实施项目 227 项，储备项目 37 项。当年实施项目中，重大创新载体 6 项，重大产业 173 项，民生保障 10 项，生态环保 10 项，基础设施 28 项。

五、国内贸易

消费品市场规模稳定。2022 年全年社会消费品零售总额 42752.1 亿元，增长 0.1%。江苏省社会消费品零售总额占全国总规模的 9.7%，居全国第二。从消费类型看，商品零售额 38676.2 亿元，增长 1.1%；餐饮收入额 4075.9 亿元，下降 8.4%。全年限额以上单位商品零售额中，汽车类、石油及制品类分别增长 2.8%、7.5%；中西药品类增长 15.9%；饮料类、烟酒类分别增长 5.1%、4.6%；金银珠宝类、化妆品类分别增长 6.3%、3.1%；文化办公用品类增长 8.8%；通讯器材类增长 5.1%。2022 年江苏省服务业 100 强企业有新提升，见表 1-2-11。

表 1-2-11　2022 年江苏省服务业 100 强企业名单

排名	企业名称	营业收入/亿元	企业性质	所属地区
1	中南控股集团有限公司	2602.58	民营	南通市
2	苏美达股份有限公司	1686.82	国有	南京市
3	苏宁易购集团股份有限公司	1389.04	民营	南京市
4	江苏银行股份有限公司	1238.63	国有	南京市

续表

排名	企业名称	营业收入/亿元	企业性质	所属地区
5	弘阳集团有限公司	880.91	民营	南京市
6	南京银行股份有限公司	784.82	国有	南京市
7	江苏国泰国际集团股份有限公司	678.53	国有	苏州市
8	汇通达网络股份有限公司	657.63	民营	南京市
9	南京新工投资集团有限责任公司	549.35	国有	南京市
10	张家港市沃丰贸易有限公司	497.41	民营	苏州市
11	江苏汇鸿国际集团股份有限公司	452.78	国有	南京市
12	通鼎集团有限公司	452.54	民营	苏州市
13	江阴长三角钢铁集团有限公司	396.87	民营	无锡市
14	南通化工轻工股份有限公司	396.69	民营	南通市
15	中国中材国际工程股份有限公司	362.42	国有	南京市
16	张家港保税区彬鹏贸易有限公司	335.57	民营	苏州市
17	江苏满运软件科技有限公司	332.56	民营	南京市
18	中煤能源南京有限公司	322.24	国有	南京市
19	张家港保税区立信投资有限公司	307.93	民营	苏州市
20	江苏无锡朝阳集团股份有限公司	300.54	民营	无锡市
21	南京金鹰国际集团有限公司	287.68	民营	南京市
22	江苏万帮金之星车业投资集团有限公司	281.32	民营	常州市
23	苏州金螳螂企业（集团）有限公司	273.04	民营	苏州市
24	张家港保税区昌荣贸易有限公司	272.02	民营	苏州市
25	无锡市不锈钢电子交易中心有限公司	271.52	民营	无锡市
26	南京新华海科技产业集团有限公司	267.65	民营	南京市
27	东华能源股份有限公司	263.67	民营	苏州市
28	张家港保税区旭江贸易有限公司	252.86	民营	苏州市
29	江阴市金桥化工有限公司	246.55	民营	无锡市
30	无锡市交通产业集团有限公司	238.11	国有	无锡市
31	江苏华地国际控股集团有限公司	232.57	民营	无锡市
32	江苏江南农村商业银行股份有限公司	230.56	民营	常州市
33	无锡市国联发展（集团）有限公司	229.32	国有	无锡市
34	江苏省粮食集团有限责任公司	215.03	国有	南京市
35	常州市化工轻工材料总公司	209.36	民营	常州市
36	江苏省苏豪控股集团有限公司	201.90	国有	南京市
37	中国江苏国际经济技术合作集团有限公司	195.46	国有	南京市
38	张家港保税区日祥贸易有限公司	194.49	民营	苏州市
39	江苏大经供应链股份有限公司	187.95	民营	无锡市

续表

排名	企业名称	营业收入/亿元	企业性质	所属地区
40	江苏文峰集团有限公司	177.75	民营	南通市
41	中国电子系统工程第二建设有限公司	168.30	国有	无锡市
42	京东五星电器集团有限公司	167.90	民营	南京市
43	徐州东方物流集团有限公司	156.89	民营	徐州市
44	苏州裕景泰控股有限公司	152.32	民营	苏州市
45	江苏省煤炭运销有限公司	150.44	国有	南京市
46	连云港港口控股集团有限公司	146.63	国有	连云港市
47	玖隆钢铁物流有限公司	139.96	国有	苏州市
48	同程控股集团股份有限公司	132.27	民营	苏州市
49	南通产业控股集团有限公司	127.80	国有	南通市
50	无锡市市政公用产业集团有限公司	118.94	国有	无锡市
51	江苏卫岗集团有限公司	111.28	民营	南京市
52	江苏省农垦农业发展股份有限公司	106.40	国有	南京市
53	银城地产集团股份有限公司	106.26	民营	南京市
54	南京红太阳跨境供应链有限公司	105.74	民营	南京市
55	长江联合供应链管理（江苏）有限公司	104.92	民营	苏州市
56	无锡城建发展集团有限公司	101.42	国有	无锡市
57	德基广场有限公司	100.38	民营	南京市
58	江苏易汇聚软件科技有限公司	97.66	民营	苏州市
59	盐城市国有资产投资集团有限公司	96.21	国有	盐城市
60	寰宇东方国际集装箱（启东）有限公司	94.85	国有	南通市
61	江苏嘉奕和铜业科技发展有限公司	92.01	民营	无锡市
62	无锡商业大厦集团股份有限公司	91.37	民营	无锡市
63	孩子王儿童用品股份有限公司	90.49	民营	南京市
64	无锡农村商业银行股份有限公司	86.72	国有	无锡市
65	无锡安井食品营销有限公司	85.92	民营	无锡市
66	江苏张家港农村商业银行股份有限公司	82.75	民营	苏州市
67	无锡市宝金石油化工有限公司	80.27	民营	无锡市
68	江阴达赛贸易有限公司	79.07	民营	无锡市
69	江苏京迅递供应链管理有限公司	79.03	民营	苏州市
70	江苏采木工业互联网科技有限公司	78.39	民营	无锡市
71	江苏新三中国际贸易有限公司	77.34	民营	苏州市
72	江阴市凯竹贸易有限公司	75.86	民营	无锡市
73	东吴黄金集团有限公司	75.43	民营	苏州市
74	江阴宝靖有色金属材料有限公司	74.17	民营	无锡市

续表

排名	企业名称	营业收入/亿元	企业性质	所属地区
75	张家港银贝贸易有限公司	73.20	民营	苏州市
76	江苏九州通医药有限公司	70.53	民营	南京市
77	江苏锡鹿国际贸易有限公司	69.82	民营	无锡市
78	江苏飞力达国际物流股份有限公司	69.55	民营	苏州市
79	南京大地建设集团有限责任公司	68.45	民营	南京市
80	江阴市川江化工有限公司	65.00	民营	无锡市
81	江苏江阴农村商业银行股份有限公司	63.76	民营	无锡市
82	村鸟网络科技有限责任公司	62.60	民营	南京市
83	常熟市交电家电有限责任公司	60.80	民营	苏州市
84	江苏中电豪信电子科技有限公司	56.22	民营	无锡市
85	连云港市交通控股集团有限公司	53.49	国有	连云港市
86	江苏百步国际贸易有限公司	50.56	民营	无锡市
87	朗新科技集团股份有限公司	46.39	民营	无锡市
88	江苏辉源供应链管理有限公司	41.25	民营	南京市
89	张家港保税区乐丰贸易有限公司	35.62	民营	苏州市
90	南京钢锋实业有限公司	32.35	民营	南京市
91	南京证券股份有限公司	27.42	国有	南京市
92	雅达国际健康产业园发展有限公司	26.60	民营	无锡市
93	无锡市新发集团有限公司	26.42	国有	无锡市
94	中通服咨询设计研究院有限公司	26.10	国有	南京市
95	南京地铁有限公司	26.08	国有	南京市
96	央视国际网络无锡有限公司	23.20	国有	无锡市
97	江苏宏信超市连锁股份有限公司	22.42	民营	扬州市
98	江苏信用行科技股份有限公司	16.26	民营	无锡市
99	友谊时光科技股份有限公司	16.16	民营	苏州市
100	江苏航天大为科技股份有限公司	15.42	国有	无锡市

资料来源：江苏省企业联合会、中商产业研究院整理。

新兴消费增势较好。2022 年全年限额以上单位商品零售额中，智能手机比上年增长 118.2%；能效等级为 1 级和 2 级的商品、智能家用电器和音像器材类分别增长 75.3%、129.4%；新能源汽车增长 164.4%。全年实物商品网上零售额 10782.8 亿元，比上年增长 7%，占社会消费品零售总额比重为 25.2%。

启动新型商业业态模式培育。认定首批县域电商产业集聚区 23 个，新增“江苏省数字商务企业”21 家，新增网络货运企业 26 家，加快培育一批网络视听独角兽企业，重点培育三星级以上信息消费体验中心 41 家。

六、开放型经济

对外及对港澳台贸易稳中提质。2022 年全年完成进出口总额 54454.9 亿元，规模再创历史新高，增长 4.8%。其中出口 34815.7 亿元，增长 7.5%；进口 19639.2 亿元，增长 0.4%。按美元计算，全省进出口 8177.5 亿美元，增长 1.7%。其中出口 5225.9 亿美元，增长 4.3%；进口 2951.6 亿美元，下降 2.5%。从贸易方式看，一般贸易进出口总额 31257.1 亿元，增长 7.1%，占进出口总额比重为 57.4%，比上年提升 1.2 个百分点。从出口主体看，私营企业、国有企业、外商投资企业出口额分别增长 12.2%、9.8%、2.9%。从出口市场看，对欧盟、日本出口分别增长 14.1%、4.2%，对印度、俄罗斯、东盟出口分别增长 29.7%、4.2%和 16.1%。从出口产品看，机电、高新技术产品出口额分别增长 7.1%、7.2%。对“一带一路”沿线国家进出口 14902.9 亿元，增长 13.1%，连续 7 年保持增长；占进出口总额比重为 27.4%，比上年提升 2 个百分点。2022 年江苏省货物进出口贸易主要分类情况见表 1-2-12，全年对主要国家和地区货物进出口情况见表 1-2-13。

表 1-2-12　2022 年江苏省货物进出口贸易主要分类情况

指标	绝对数/亿元	比上年增长/%
进出口总额	54454.9	4.8
出口总额	34815.7	7.5
# 一般贸易	20464.7	9.2
加工贸易	10875.1	8.7
# 机电产品	23045.8	7.1
# 高新技术产品	12074.0	7.2
# 国有企业	2781.4	9.8
外商投资企业	16035.7	2.9
私营企业	15641.9	12.2
进口总额	19639.2	0.4
# 一般贸易	10792.4	3.4
加工贸易	6032.9	-6.5
# 机电产品	10826.9	-2.1
# 高新技术产品	7823.4	-1.6
# 国有企业	2230.3	4.2
外商投资企业	11321.7	-3.9
私营企业	5804.9	9.7

表 1-2-13　2022 年江苏省对主要国家和地区货物进出口情况

国家和地区	出口额/亿元	比上年增长/%	进口额/亿元	比上年增长/%
欧盟	6291.1	14.1	2033.2	-5.3
美国	5913.7	-1.8	1285.4	18.8
东盟	5095.6	16.1	3205.8	7.3
韩国	2418.2	16.6	3260.9	-2.5
拉丁美洲	2376.7	14.9	1330.1	20.4
日本	2247.7	4.2	2104.2	-4.5
中国香港	1845.7	-18.5	9.1	-38.8
印度	1292.3	29.7	149.5	-29.8

续表

国家和地区	出口额/亿元	比上年增长/%	进口额/亿元	比上年增长/%
中国台湾	1113.4	-5.9	2744.2	-1.9
非洲	1051.6	6.3	405.1	22.3
俄罗斯	538.5	4.2	274.3	51.5

双向投资稳步增长。2022 年全年新设立外商投资企业 3303 家，实际使用外资 305 亿美元，增长 5.7%。全年新增境外投资项目 850 个，中方协议投资额 96.7 亿美元。对外承包工程（新签）合同额 42.9 亿美元，完成营业额 56 亿美元。全年新增“一带一路”沿线对外投资项目 262 个，增长 37.2%；中方协议投资额 34.7 亿美元，增长 116.3%。

七、交通、邮电和旅游业

交通运输业受疫情影响有所放缓。全省铁公水空管五种运输方式完成货物运输量下降 4.8%，货物周转量增长 0.3%；旅客运输量下降 29.9%，旅客周转量下降 36.9%。全省机场飞机起降 31.7 万架次，下降 27.5%；旅客吞吐量 2459.2 万人次，下降 37.6%；货邮吞吐量 59.5 万吨，下降 8.8%。全省港口完成货物吞吐量 32.4 亿吨，增长 1.1%。其中，外贸货物吞吐量 5.6 亿吨，下降 6.6%；集装箱吞吐量 2393.7 万标准集装箱，增长 9.8%。年末全省公路里程 15.9 万公里，比上年末增加 599 公里，其中高速公路里程 5089 公里。铁路营业里程 4276.9 公里，其中高速铁路里程 2217.6 公里。年末民用汽车保有量 2305.8 万辆，增长 5.8%，净增 126.4 万辆。其中私人汽车保有量 1967.5 万辆，增长 5.8%；私人轿车保有量 1316.1 万辆，增长 5.2%。2022 年江苏省各种运输方式完成运输量情况见表 1-2-14。

表 1-2-14　2022 年江苏省各种运输方式完成运输量情况

运输方式	货物周转量		货运量		旅客周转量		客运量	
	绝对数/亿吨公里	比上年增长/%	绝对数/万吨	比上年增长/%	绝对数/亿人公里	比上年增长/%	绝对数/万人	比上年增长/%
总计	12478.1	0.3	292304.8	-4.8	712.4	-36.9	46349.5	-29.9
铁路	368.7	6.8	8410.5	2.7	408.5	-39.8	11399.0	-40.2
公路	3207.6	-13.0	159935.5	-14.3	203.5	-32.5	32652.5	- 25.4
水路	8239.7	6.4	109197.4	11.2	0.6	-32.8	1582.1	-26.1
民航	2.7	-3.7	23.4	-0.6	99.9	-32.5	715.9	-37.9
管道	659.3	-0.5	14738.0	5.1	—	—	—	—

注：民航数据包括东方航空江苏分公司、深圳航空无锡分公司、邮政航空和吉祥航空江苏分公司等 4 家公司的统计数据。

邮政电信业快速发展。2022 年全年完成邮电业业务总量 2397.8 亿元，增长 14.6%；业务收入 2311.2 亿元，增长 8.2%。分行业看，邮政行业业务总量 1022.1 亿元，增长 5.1%，其中快递业务揽件量 87.1 亿件，增长 1.2%；业务收入 1059.5 亿元，增长 5.8%。电信业务总量 1375.7 亿元，增长 22.9%；业务收入 1251.6 亿元，增长 10.2%。全省固定电话用户 1165.7 万户；移动电话用户 10566.9 万户；电话普及率为 138.4 部/百人。年末长途光缆线路总长度 4.1 万公里，增加 1388.3 公里；互联网宽带接入用户 4451.6 万户，增长 9.3%，净增 380 万户；移动互联网传输流量增长 16.4%。

旅游业发展有待复苏。2022 年全年境内外游客 5.3 亿人次，下降 24.5%；旅游总收入 9263.8 亿元，下降 20.6%。入境过夜游客 48.5 万人次，下降 21.6%。其中外国人 31.2 万人次，下降 21.4%；港澳台同胞 17.3 万人次，下降 21.9%。

旅游外汇收入 9.1 亿美元，下降 20.8%。国内游客 5.3 亿人次，下降 24.5%；国内旅游收入 9201.43 亿元，下降 20.6%。

八、海洋经济

2022 年全年全省海洋生产总值（GOP）达到 9046.2 亿元，增长 7.4%（按现价计算），占地区生产总值的比重为 7.4%。其中海洋第一产业增加值 289.5 亿元，第二产业增加值 3767.1 亿元，第三产业增加值 4989.6 亿元，分别占海洋生产总值的 3.2%、41.6%和 55.2%。

2022 年全年江苏海洋产业延续恢复性增长态势，发展质量稳步提升，展现较强发展韧性。海洋渔业稳产保供水平提升，实现增加值 289.4 亿元，增长 2.8%。海洋船舶工业主要指标保持全国领先，全年造船完工量 1743.3 万载重吨，增长 6.1%，实现增加值 234.6 亿元，增长 5.1%。海洋交通运输业发展态势良好，实现增加值 1499.6 亿元，增长 9.3%。海洋战略性新兴产业保持较快增长，其中海洋电力业实现增加值 88.5 亿元，增长 18%。截至 2022 年底，海上风电装机容量累计达 1183.3 万千瓦，与上年持平；海上风电发电量 300.9 亿千瓦时，增长 62.2%。累计装机容量和年发电量均位居全国前列。海洋药物和生物制品业增势良好，增加值增长 10.9%。受疫情影响，海洋旅游业市场整体表现疲软，增加值下降 12.7%。

2022 年全年江苏省海洋产业增加值 3415.6 亿元，海洋科研教育增加值 557.5 亿元，海洋公共管理服务增加值 1417.2 亿元，海洋上游相关产业增加值 1869.6 亿元，海洋下游相关产业增加值 1786.3 亿元，占海洋经济总量的比重分别为 37.7%、6.2%、15.7%、20.7%和 19.7%。

九、自贸区建设

2019 年 8 月，江苏自贸试验区正式获批设立，南京、苏州、连云港 3 个片区贡献了全省 11.3%的外贸进出口、8.4%的实际使用外资、10%的税收，开放度和竞争力得到全面提升。3 年来，总体方案明确的 113 项改革试点任务落地实施率超过 97%；累计总结形成制度创新成果 196 项，其中 9 项在全国复制推广，6 项在国家部委完成备案，88 项在省内复制推广；303 项省级管理事项赋予自贸片区实施；积极推进生物医药全产业链开放创新发展试点。产业创新质态不断提升，获批建设国家生物药技术创新中心、第三代半导体技术创新中心、国家新一代人工智能创新发展试验区，新型离岸国际贸易、保税维修等新业态快速增长。

十、财政和金融

财政收入保持在合理区间。2022 年全年一般公共预算收入 9258.9 亿元，扣除全部增值税留抵退税后同口径增长 1.5%，其中税收收入 6803.2 亿元，同口径下降 5.4%（表 1-2-15）。

表 1-2-15　2022 年江苏省财政收入分项情况

指标	绝对量/亿元	比上年增长/%
一般公共预算收入	9258.9	1.5（同口径）
# 增值税	2242.7	-4.6（同口径）
企业所得税	1478.9	-5.6
个人所得税	518.4	13.6
上划中央四税	6248.9	-12.0
# 国内消费税	974.3	9.9

支出结构继续优化。2022 年全年一般公共预算支出 14903.2 亿元，增长 2.2%。其中社会保障和就业支出 1945.7 亿元，增长 2.9%；教育支出 2597.9 亿元，增长 1.3%；科学技术支出 679.4 亿元，增长 1.2%；农林水支出 1108.2 亿元，增长 0.2%；住房保障支出 840.5 亿元，增长 7.8%。

金融存贷款较快增长。2022 年末全省金融机构人民币存款余额 212225.2 亿元，比上年末增长 12%，比年初增加 22805.1 亿元。其中，住户存款增加 15799.2 亿元，非金融企业存款增加 4872.3

亿元。年末金融机构人民币贷款余额203925.5亿元，比上年末增长14.6%，比年初增加25955.4亿元。其中，中长期贷款增加14684.6亿元，短期贷款增加7837.3亿元。2022年末江苏省金融机构人民币存贷款情况见表1-2-16。

表1-2-16　2022年末江苏省金融机构人民币存贷款情况

指标	年末数/亿元	比年初增加/亿元	比上年末增长/%
各项存款余额	212225.2	22805.1	12.0
# 住户存款	90161.5	15799.2	21.2
非金融企业存款	73570.3	4872.3	7.1
各项贷款余额	203925.5	25955.4	14.6
# 短期贷款	57731.6	7837.3	15.7
中长期贷款	131145.8	14684.6	12.6
# 消费贷款	53030.3	1477.8	2.9
住房贷款	42297.6	115.7	0.3

证券市场平稳发展。2022年末全省境内上市公司637家，辅导企业数425家，省内企业通过发行、配股、增发、公司债在资本市场筹集资金7232.9亿元。江苏企业境内上市公司总股本4762.9亿股，增长6.4%；总市值64533亿元，下降14.6%。年末全省共有证券公司6家，证券营业部1051家；期货经纪公司9家，期货经纪公司营业部201家；证券投资咨询机构3家。全年证券交易额98.9万亿元，下降1.4%。全年期货经营机构代理交易额25.6万亿元，下降21.8%。

保险业持续稳定增长。2022年全年保费收入4317.7亿元，增长6.6%。分类型看，财产险收入1124.4亿元，增长12.2%；人寿险收入2466.2亿元，增长5.2%；健康险收入640.6亿元，增长5.1%；意外伤害险收入86.5亿元，下降8.3%。全年赔付支出1247.7亿元，下降0.6%。其中财产险赔付641亿元，增长2.4%；人寿险赔付307.6亿元，增长19.6%；健康险赔付273.3亿元，下降20.9%；意外伤害险赔付25.7亿元，下降2.3%。

第二节　社会发展基本情况

一、科学技术和教育

科技创新步伐加快。江苏是国内创新资源最密集、创新活力最活跃、创新成果最丰硕、创新氛围最浓厚的地区之一，是全国首个创新型省份建设试点省份。2022年全年全省专利授权量56万件，下降12.6%，其中发明专利授权量8.9万件，增长29.7%；PCT专利申请量6986件，下降2.5%。年末全省有效发明专利量42.9万件，增长22.8%；万人发明专利拥有量50.4件，增长22.4%。科技进步贡献率达67%，提高近1个百分点，区域创新能力连续多年居全国前列。全省签订技术合同8.74万项，增长5.8%；成交额3889亿元，增长29%。省级以上众创空间1176家，增长9.4%。知识产权管理力度加大。截至年末，全省有效商标注册量2685045件，同比增长287670件，增幅12%；全年全省新增地理标志商标33件，总量达411件；全年全省农业植物品种数累计授权量225件。在版权工作方面，完成作品版权登记334896件，通过率62.4%；全省完成著作权合同登记1400件，其中图书版权引进合同登记535份。

高新技术产业快速发展。全省高新技术企业年度新增超7000家，总数超4.4万家。新增国家制造业单项冠军企业48家，专精特新“小巨人”企业424家，科创板、北交所上市公司分别新增25家和14家，总数分别达到96家和27家。积极开展促进科技型中小企业研发“春风”行动，获得科技部入库登记编号的企业超 8.7 万家，约占全国的 1/4。全省已建国家高新技术产业化基地和火炬特色产业基地 182 个。2022 年江苏省民营企业创新 100 强名单见表 1-2-17。

表 1-2-17　2022 年江苏省民营企业创新 100 强名单

序号	企业名称	技术领域	所在市
1	江苏恒瑞医药股份有限公司	生物与新医药	连云港市
2	江苏亨通光电股份有限公司	电子信息	苏州市
3	江苏中天科技股份有限公司	电子信息	南通市
4	天合光能股份有限公司	新能源与节能	常州市
5	苏州旭创科技有限公司	电子信息	苏州市
6	江苏长电科技股份有限公司	电子信息	无锡市
7	江苏沙钢集团有限公司	新材料	苏州市
8	江苏康缘药业股份有限公司	生物与新医药	连云港市
9	通富微电子股份有限公司	电子信息	南通市
10	博众精工科技股份有限公司	先进制造与自动化	苏州市
11	江苏豪森药业集团有限公司	生物与新医药	连云港市
12	苏州苏大维格科技集团股份有限公司	电子信息	苏州市
13	苏州汇川技术有限公司	先进制造与自动化	苏州市
14	扬子江药业集团有限公司	生物与新医药	泰州市
15	江苏金风科技有限公司	新能源与节能	盐城市
16	常熟开关制造有限公司（原常熟开关厂）	先进制造与自动化	苏州市
17	南京钢铁股份有限公司	新材料	南京市
18	博瑞生物医药（苏州）股份有限公司	高技术服务	苏州市
19	江苏鱼跃医疗设备股份有限公司	生物与新医药	镇江市
20	科沃斯机器人股份有限公司	先进制造与自动化	苏州市
21	苏州华兴源创科技股份有限公司	先进制造与自动化	苏州市
22	苏州盛迪亚生物医药有限公司	生物与新医药	苏州市
23	远景能源有限公司	新能源与节能	无锡市
24	昆山国显光电有限公司	电子信息	苏州市
25	苏州东微半导体股份有限公司	高技术服务	苏州市
26	江苏卓胜微电子股份有限公司	电子信息	无锡市
27	好孩子儿童用品有限公司	先进制造与自动化	苏州市
28	江苏恒立液压股份有限公司	先进制造与自动化	常州市
29	苏州生益科技有限公司	电子信息	苏州市
30	江苏苏博特新材料股份有限公司	新材料	南京市
31	华设设计集团股份有限公司	高技术服务	南京市
32	信达生物制药（苏州）有限公司	高技术服务	苏州市

续表

序号	企业名称	技术领域	所在市
33	昆山联滔电子有限公司	电子信息	苏州市
34	江苏奥赛康药业有限公司	生物与新医药	南京市
35	万帮数字能源股份有限公司	电子信息	常州市
36	苏州纳芯微电子股份有限公司	高技术服务	苏州市
37	常州聚和新材料股份有限公司	新能源与节能	常州市
38	江苏硕世生物科技股份有限公司	生物与新医药	泰州市
39	苏州思必驰信息科技有限公司	电子信息	苏州市
40	无锡中感微电子股份有限公司	电子信息	无锡市
41	康力电梯股份有限公司	先进制造与自动化	苏州市
42	莱克电气股份有限公司	先进制造与自动化	苏州市
43	江苏博睿光电有限公司	新材料	南京市
44	江苏恩华药业股份有限公司	生物与新医药	徐州市
45	江苏林洋能源股份有限公司	先进制造与自动化	南通市
46	通鼎互联信息股份有限公司	电子信息	苏州市
47	华灿光电（苏州）有限公司	电子信息	苏州市
48	无锡先导智能装备股份有限公司	先进制造与自动化	无锡市
49	济川药业集团有限公司	生物与新医药	泰州市
50	江苏永钢集团有限公司	新材料	苏州市
51	苏州科达科技股份有限公司	电子信息	苏州市
52	江苏固德威电源科技股份有限公司	先进制造与自动化	苏州市
53	无锡新洁能股份有限公司	电子信息	无锡市
54	江苏上上电缆集团有限公司	新材料	常州市
55	天奇自动化工程股份有限公司	先进制造与自动化	无锡市
56	南微医学科技股份有限公司	新材料	南京市
57	瑞声光电科技（常州）有限公司	电子信息	常州市
58	江苏久吾高科技股份有限公司	新材料	南京市
59	扬州扬杰电子科技股份有限公司	电子信息	扬州市
60	亿嘉和科技股份有限公司	先进制造与自动化	南京市
61	南京诺唯赞生物科技股份有限公司	生物与新医药	南京市
62	维尔利环保科技集团股份有限公司	资源与环境	常州市
63	苏州天准科技股份有限公司	先进制造与自动化	苏州市
64	江苏丰尚智能科技有限公司	生物与新医药	扬州市
65	苏州长光华芯光电技术股份有限公司	电子信息	苏州市
66	江苏恒力化纤股份有限公司	新材料	苏州市
67	无锡小天鹅电器有限公司	先进制造与自动化	无锡市

续表

序号	企业名称	技术领域	所在市
68	太仓市同维电子有限公司	电子信息	苏州市
69	苏州迈为科技股份有限公司	新能源与节能	苏州市
70	江苏永鼎股份有限公司	电子信息	苏州市
71	苏州苏试试验集团股份有限公司	高技术服务	苏州市
72	同程网络科技股份有限公司	高技术服务	苏州市
73	企查查科技有限公司	高技术服务	苏州市
74	江苏新扬新材料股份有限公司	航空航天	扬州市
75	昆山东威科技股份有限公司	高技术服务	苏州市
76	法尔胜泓昇集团有限公司	新材料	无锡市
77	雅迪科技集团有限公司	先进制造与自动化	无锡市
78	中天钢铁集团有限公司	新材料	常州市
79	南京圣和药业股份有限公司	生物与新医药	南京市
80	江苏兴达钢帘线股份有限公司	新材料	泰州市
81	江苏紫米电子技术有限公司	电子信息	无锡市
82	江苏神马电力股份有限公司	先进制造与自动化	南通市
83	江苏时代新能源科技有限公司	新能源与节能	常州市
84	江苏奥莱特新材料股份有限公司	新材料	南京市
85	浩鲸云计算科技股份有限公司	电子信息	南京市
86	常州星宇车灯股份有限公司	先进制造与自动化	常州市
87	江苏和成显示科技有限公司	新材料	镇江市
88	江苏新美星包装机械股份有限公司	先进制造与自动化	苏州市
89	江苏沃得农业机械股份有限公司	生物与新医药	镇江市
90	苏州赛腾精密电子股份有限公司	电子信息	苏州市
91	江苏雷利电机股份有限公司	先进制造与自动化	常州市
92	苏州纽威阀门股份有限公司	先进制造与自动化	苏州市
93	快克智能装备股份有限公司	电子信息	常州市
94	江苏双星彩塑新材料股份有限公司	新材料	宿迁市
95	南京万德斯环保科技股份有限公司	资源与环境	南京市
96	江苏天士力帝益药业有限公司	生物与新医药	淮安市
97	扬力集团股份有限公司	先进制造与自动化	扬州市
98	江苏神通阀门股份有限公司	先进制造与自动化	南通市
99	凯龙高科技股份有限公司	资源与环境	无锡市
100	无锡奥特维科技股份有限公司	先进制造与自动化	无锡市

科研投入力度持续加大。全社会研究与试验发展活动经费支出与地区生产总值之比突破 3%，研究与试验发展人员达 77.7 万人年。全省拥有中国科学院和中国工程院院士 118 人。各类科学研究

与技术开发机构中，政府部门属独立研究与开发机构达 451 个。建设国家和省级重点实验室 190 个，省级以上科技公共服务平台 259 个，工程技术研究中心 4945 个，院士工作站 156 个。

教育事业稳步推进。2022 年末全省共有普通高等学校 168 所（含独立学院）。普通高等教育本专科招生数 71 万人，在校生数 221.9 万人，毕业生数 57.4 万人；研究生招生数 10 万人，在校生数 30 万人，毕业生数 6.7 万人。中等职业教育（不含技工学校）招生数 23.5 万人，在校生数 67.3 万人。特殊教育学校招生数 0.3 万人，在校生数 2 万人。全省共有幼儿园 8143 所，比上年增加 27 所；在园幼儿 237.1 万人，比上年减少 15.4 万人。2022 年江苏省各阶段教育学生情况见表 1-2-18。

表 1-2-18　2022 年江苏省各阶段教育学生情况

类别		招生数		在校生数		毕业生数	
		绝对数/万人	比上年增长/%	绝对数/万人	比上年增长/%	绝对数/万人	比上年增长/%
普通高等教育	本专科	71.0	9.0	221.9	5.1	57.4	9.5
	研究生	10.0	5.2	30.0	10.4	6.7	6.9
普通高中教育		48.7	8.3	135.1	7.9	38.1	10.0
普通初中教育		92.3	2.1	270.3	2.4	85.2	7.7
小学教育		93.5	-3.8	585.6	0.0	93.0	1.7

二、文化、卫生和体育

公共文化服务体系不断完善。2022 年全省共有文化馆、群众艺术馆 116 个，公共图书馆 122 个，博物馆 366 个，美术馆 48 个，综合档案馆 113 个，向社会开放档案 319.3 万卷。共有广播电台 4 座，电视台 4 座，广播电视台 10 座，县级融媒体中心（县广播电视台）64 个，中短波广播发射台和转播台 21 座，广播综合人口覆盖率和电视综合人口覆盖率均达 100%。全省有线电视用户 1248.2 万户，有线数字电视用户 1243.2 万户，有线电视数字化率 99.6%。全年生产电视剧 10 部 369 集；领取电影公映许可证影片 6 部，均为故事性电影；出版报纸 18.68 亿份，出版期刊 1.2 亿册，出版图书 6.6 亿册。

卫生事业扎实推进。2022 年末全省共有各类卫生机构 36997 个，其中医院 2087 个，疾病预防控制中心 115 个，妇幼卫生保健机构 118 个。截至 2022 年末共有卫生技术人员 71.1 万人，其中执业医师、执业助理医师 27.9 万人，注册护士 31.8 万人；疾病预防控制中心卫生技术人员 0.9 万人，妇幼卫生保健机构卫生技术人员 1.8 万人。各类卫生机构拥有病床 56.3 万张，其中医院拥有病床 44.4 万张。

体育事业全面发展。成功举办江苏省第二十届运动会，运动会共计 62 个项目、107 项次，3 万多名运动员参赛。江苏健儿在重大国际国内比赛中表现优异：北京冬奥会中获 1 枚金牌；田径世锦赛中获男子跳远金牌，实现我国男子跳远项目历史性突破；全国一类比赛中获得 33 金 25 银 23 铜共 81 枚奖牌，金牌和奖牌数分别列全国第 2 位、第 3 位。公共体育服务水平持续提升，全省人均体育场地面积达 3.48 平方米，全年新建改建体育公园（广场）112 个、新建健身步道 786 公里，推动 120 个大型体育场馆向社会免费或低收费开放，室外健身设施完好率提高至 92.2%。

三、环境保护

生态环境质量持续向好。2022 年全年 $PM_{2.5}$ 平均浓度降至 31.5 微克/立方米，空气优良天数比例 79%，国考断面优Ⅲ比例 91%，比上年提升 3.9 个百分点，生态环境质量创新世纪以来最好水平。长江大保护取得显著成效，生态岸线占比提高至 64.1%，长江干流江苏段水质连续 5 年保持Ⅱ类；太湖蓝藻水华平均面积、最大面积分别下降 10.3%和 46.8%，连续 15 年实现“两个确保”；长江、太湖流域及入海排污口整治完成年度任务。全省林木覆盖率、自然湿地保护率分别达 24.1%

和 64.3%。

城乡环境持续优化。全省城市污水集中处理率 92.5%，比上年提高 2 个百分点。城市生活垃圾无害化处理率保持 100%。国家级县域节水型社会达标建成率 87%，实现省级节水型社会示范县全覆盖，累计完成 3000 余个取水口规范化建设，124 个重点大中型灌区内建成 577 个渠首计量监测站。国家生态文明建设示范市县增至 31 个，比上年增加 4 个，生态文明示范区（生态工业园区）增至 26 个，比上年增加 3 个，国家生态园林城市和国家森林城市均达 9 个。

四、人口、人民生活和社会保障

人口总量保持正增长。2022 年末全省常住人口 8515 万人，比上年末增加 10 万人，增长 0.1%。男性人口 4320 万人，女性人口 4195 万人；0～14 岁人口 1205 万人，15～64 岁人口 5788 万人，65 岁及以上人口 1522 万人。全年人口出生率 5.23‰，人口死亡率 7.04‰，人口自然增长率 -1.81‰。新型城镇化建设步伐加快，年末常住人口城镇化率达 74.4%，比上年末提高 0.5 个百分点。

居民收支平稳增长。2022 年全年全省居民人均可支配收入 49862 元，增长 5%。其中工资性收入 28124 元，增长 5.2%；经营净收入 6421 元，增长 3.3%；财产净收入 5352 元，增长 0.7%；转移净收入 9965 元，增长 7.8%。按常住地分，城镇居民人均可支配收入 60178 元，增长 4.2%；农村居民人均可支配收入 28486 元，增长 6.3%。城乡居民收入比值为 2.11，比上年缩小 0.05。全省居民人均消费支出 32848 元，比上年增长 4.4%。按常住地分，城镇居民人均消费支出 37796 元，增长 3.4%；农村居民人均消费支出 22597 元，增长 6.9%。

社会保障体系不断完善。2022 年末全省参加城乡基本养老保险人数 6014.6 万人；参加基本医疗保险人数 8119.5 万人，参保率 98.5%；参加失业、工伤、生育保险人数分别为 2027.1 万人、2401 万人、2156.4 万人。年末领取失业保险金人数 28.3 万人。商业补充保险“江苏医惠保 1 号”全年投保人数 322.2 万人，赔付人群 6.2 万人、25.8 万人次，截至年底赔付总金额 6.9 亿元。

社会服务能力加快提升。2022 年末全省共有各类注册登记提供住宿的社会服务机构 2626 个，其中养老机构 2469 个，儿童服务机构 51 个。社会服务床位 45.8 万张，其中养老服务床位 44.2 万张，儿童服务床位 0.4 万张。年末共有社区服务中心 2502 个，社区服务站 1.2 万个。

第三节　2022 年主要工作

2022 年，全省上下以迎接党的二十大、学习宣传贯彻党的二十大精神为主线，切实担起“勇挑大梁”重大责任，扎实做好“六稳”“六保”工作，经济运行呈现持续恢复、回稳向好态势。重点做了以下工作：

全力以赴稳住经济基本盘。把稳增长放在更加突出的位置，超前谋划、主动作为，多措并举促进发展质量稳步提升。加强经济运行调度，实行月分析、季调度制度，扎实做好能源物资保供、重点产业链供应链保畅工作，电力运行经受住了夏季负荷比 2021 年提前 19 天“破亿”、全年 86 天“过亿”的严峻考验。全面落实国务院“稳经济 33 条”和“19 项接续政策”，制定出台“苏政 40 条”“苏政办 22 条”等多项政策，加大惠企纾困力度，新增减税降费及退税缓税缓费超过 4500 亿元。全年新增贷款 2.63 万亿元，普惠小微贷款增速约为各项贷款平均增速的 2 倍。着力扩大内需，用足用好国家政策性开发性金融工具，实际投放江苏省 128 个项目、金额达 470.5 亿元。累计发行新增专项债券 1760 亿元，带动有效投资超过 1.1 万亿元。一批百亿级产业项目和重大基础设施项目开工建设，227 个省重大项目完成投资超 6400 亿元。出台“促消费 23 条”等政策措施，举办“苏新消费”“水韵江苏”文旅消费推广季等系列促消费活动，持续提振大宗消费，推动生活服务消费加快回补，规模居全国第二。推动外贸保稳提质、外资保稳促优，制定实施“促进外贸保稳提质12条”等政策措施，成功举办东盟—中日韩（10+3）产业链供应链合作论坛暨东亚企业家太湖论坛，规模继续保持全国首位。大力提升产业竞争力，成功举办2022全国专精特新中小企业发展大会，习近平总书记发来重要贺信；培育创新型企业集群；扎实推进战略性新兴产业融合集群发展，工业战略性新兴产业、高新技术产业产值占规模以上工业比重分别达40.8%、48.5%；加快推进“531”产业链递进培育工程，特高压设备、晶硅光伏等7条产业链达到中高端水平；全年新增48家国家制造业单项冠军和424家国家专精特新“小巨人”企业，新增4个国家先进制造业集群、新增数居全国第一；优化信贷结构，全省制造业贷款连续27个月实现两位数增长。科创板、北交所上市公司分别新增25家和14家，总数分别达96家和27家。积极培育数字经济新增长点，实施制造业智能化改造和数字化转型三年行动计划，全年3万家规模以上工业企业启动改造项目、1万家完成改造任务，新增国家智能制造示范工厂9家、工业互联网标杆工厂79家。

坚持不懈保障和改善民生。采取多项举措惠民生、暖民心、解民忧，全面完成年初安排的12类50件民生实事。加大稳就业工作力度，认真落实援企稳岗各项政策措施，精准帮扶高校毕业生、农民工、退役军人等重点群体就业，实施更加积极的就业政策，促进多渠道创业就业，城镇调查失业率为5%。不断优化基本公共服务，加强重大民生政策统筹协调，实施民生支出清单管理，教育、医疗等重点支出增幅均高于财政支出总体增幅。加快补齐养老托育服务短板，全年累计新增托位数4万个，完成适老化改造3.6万家，“15分钟医保服务圈”覆盖95%以上的乡镇和街道。强化民生商品保供，健全多层级储备调控和预期管理体系，重要民生商品保持量足价稳，全年居民消费价格上涨2.2%、控制在预期目标内。着力帮扶困难群体，开展特殊困难群体救助帮扶和妇女儿童权益保障问题专项排查整治行动，保障城乡低保对象64.14万人、特困人员20.2万人，发放价格补贴资金3.78亿元、惠及困难群众455万人次。

坚决守牢安全发展底线。始终保持“时时放心不下”的责任意识，下先手棋、打主动仗，不断提升风险预测预警预防能力，切实增强高水平安全保障能力。科学精准抓好常态化疫情防控，及时优化调整防控措施，果断处置省内多起局部聚集性疫情，提升重大疫情防控救治能力，最大限度保护人民生命安全和身体健康，最大限度减少疫情对经济社会发展的影响；坚持全国“一盘棋”，先后派出21批次17646名医务人员，支援海南、四川、西藏、新疆、天津等地抗疫，全力支持打赢大上海保卫战，为全国抗疫大局作出江苏重要贡献。一着不让狠抓安全生产，深化提升安全生产专项整治“三年大灶”，深入开展安全生产百日攻坚行动，坚决遏制重特大事故，各类生产安全事故起数和死亡人数在前两年大幅下降的基础上又分别比上年下降33.67%和30.32%。坚决扛稳粮食安全重任，划定永久基本农田5345万亩，高标准新建400万亩旱涝保收、高产稳产“吨粮田”，科学调度水源应对持续干旱，全省粮食总产量达753.8亿斤、再创历史新高。推进重点领域风险隐患排查化解，持续化解存量政府性债务，稳妥处置大型企业债务风险，全力做好“保交楼”工作，扎实开展“信访突出问题攻坚化解年”行动，有力保障了经济社会大局稳定，为党的二十大胜利召开营造了良好环境。

第三章　2022 年安徽省经济社会发展情况

2022 年，安徽省全面贯彻新发展理念，坚持高质量发展，积极稳妥应对超预期因素冲击，经济稳定向好，社会大局稳定，安徽发展实现“皖美”跃升，现代化美好安徽建设迈出坚实步伐。

第一节　经济发展基本情况

一、综合概况

2022 年，全省完成地区生产总值 45045 亿元，增长 3.5%（图 1-3-1）。其中第一产业增加值 3513.7 亿元，增长 4%；第二产业增加值 18588 亿元，增长 5.1%；第三产业增加值 22943.3 亿元，增长 2.2%。三次产业结构比由上年的 7.9∶40.5∶51.6 调整为 7.8∶41.3∶50.9（图 1-3-2）。工业增加值占地区生产总值比重由上年的 30.1%提升至 30.6%，其中制造业增加值占地区生产总值比重由 26.2% 提升至 26.5%。全年全员劳动生产率 140722 元/人，比上年增加 8900 元/人。按常住人口计算，人均地区生产总值 73603 元（折合 10943 美元），比上年增加 3927 元。

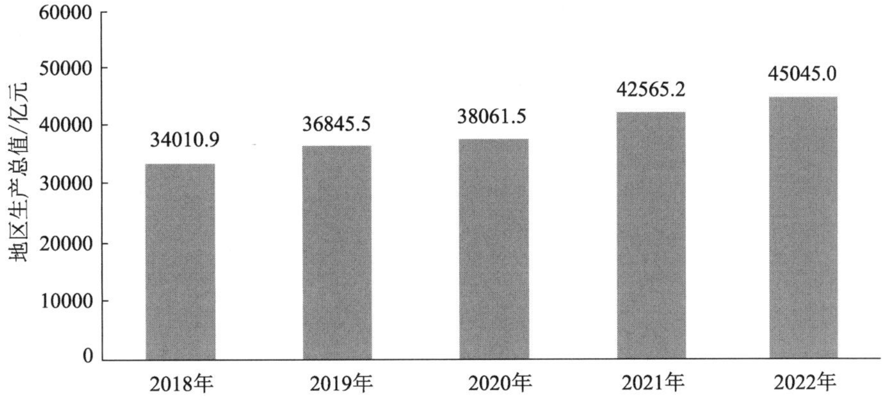

图 1-3-1　2018—2022 年安徽省地区生产总值

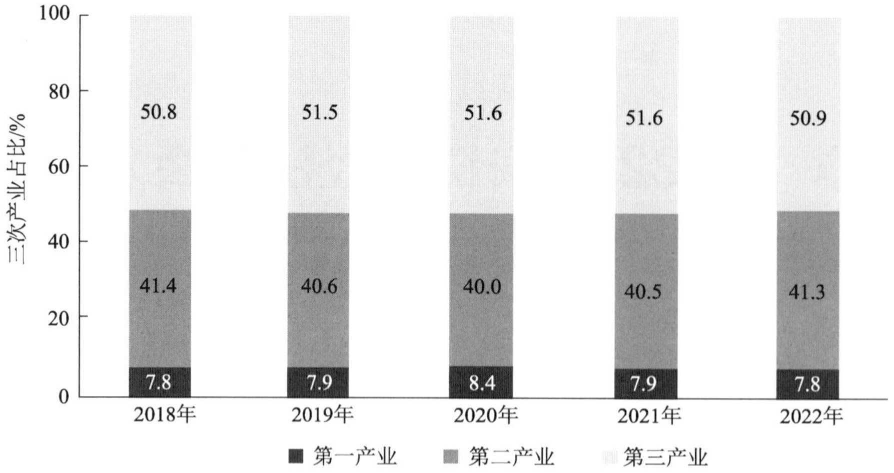

图 1-3-2　2018—2022 年安徽省三次产业增加值占全省地区生产总值比重

2022 年末全省常住人口 6127 万人，比上年末增加 14 万人；常住人口城镇化率为 60. 2%，提高 0. 8 个百分点。2022 年末安徽省常住人口及其构成见表 1-3-1。2018—2022 年末安徽省常住人口数见图 1-3-3。

表 1-3-1　2022 年末安徽省常住人口及其构成

指标	年末数/万人	比重/%
常住人口	6127	100. 0
其中：城镇	3686	60. 2
乡村	2441	39. 8
其中：男性	3127	51. 0
女性	3000	49. 0
其中：0~15 岁（含不满 16 周岁）	1183	19. 3
16~59 岁（含不满 60 周岁）	3728	60. 8
60 周岁及以上	1216	19. 8
其中：65 周岁及以上	968	15. 8

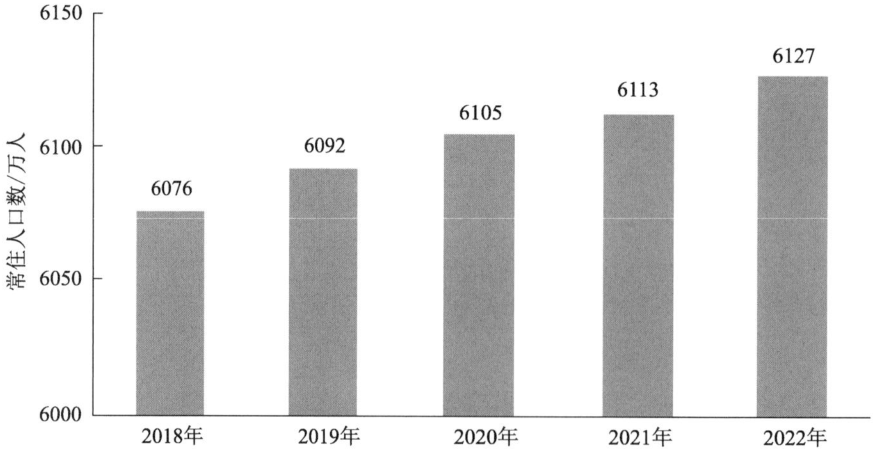

图 1-3-3　2018—2022 年末安徽省常住人口数

全年城镇新增就业69万人，失业人员再就业29.7万人。全省农民工总量1996.6万人，增长0.8%。其中外出农民工1264万人，下降3.6%。

全年居民消费价格上涨2%，其中食品烟酒价格上涨2.7%。商品零售价格上涨2.7%。工业生产者出厂价格上涨3.2%。工业生产者购进价格上涨4%。农产品生产者价格上涨2.8%。2022年安徽省居民消费价格比上年涨跌幅度见表1-3-2。

表1-3-2　2022年安徽省居民消费价格比上年涨跌幅度

单位:%

指标	全省		
		城市	农村
居民消费价格	2.0	2.1	1.8
其中：食品烟酒	2.7	3.0	2.2
衣着	1.3	1.0	1.9
居住	-0.2	-0.2	-0.4
生活用品及服务	1.0	1.1	0.9
交通通信	5.3	5.4	5.2
教育文化娱乐	2.8	3.1	2.1
医疗保健	0.9	0.6	1.5
其他用品及服务	2.0	2.0	1.9

新兴动能不断增强。全年高技术制造业增加值增长10.3%，占规模以上工业增加值比重为14.2%；装备制造业增加值增长12.8%，占规模以上工业增加值比重为35.2%；工业战略性新兴产业产值增长13.8%，其中新能源产业、新能源汽车产业产值分别增长59%和33.6%。网上零售额3435.6亿元，增长9.5%。其中实物商品网上零售额3019亿元，增长11.4%。高技术产业投资增长37.6%，其中高技术制造业投资增长44.8%。全年新登记市场主体118.5万户，日均新登记企业1101户，年末市场主体总数达729.8万户。

二、农业

全年粮食播种面积10971.4万亩，比上年增加7万亩；粮食产量4100.1万吨，比上年增产0.3%。其中夏粮1722.4万吨，增产1.3%；早稻101.1万吨，增产1.9%；秋粮2276.6万吨，减产0.5%。油料产量173.4万吨，增产3.8%。棉花产量2.6万吨，减产12.2%。2022年安徽省主要农产品产量及其增长速度见表1-3-3。

表1-3-3　2022年安徽省主要农产品产量及其增长速度

产品名称	产量/万吨	比上年增长/%
粮食	4100.1	0.3
油料	173.4	3.8
其中：花生	72.4	0.8
油菜籽	96.4	5.9
棉花	2.6	-12.2
烤烟	2.2	8.1
茶叶	14.2	3.2
蔬菜	2537.7	3.8
水果	798.3	2.6

年末全省生猪存栏1655.8万头，增长4.6%；全年生猪出栏2920.9万头，增长4.4%。猪牛羊禽肉产量474.3万吨，增长4.2%。禽蛋产量186.7万吨，增长5.4%。牛奶产量50.7万吨，增长6.7%。水产品产量245.5万吨，增长3.8%。

年末全省农业机械总动力7070万千瓦，增长2.1%。主要农作物耕种收综合机械化率83%。全年新增高标准农田514.5万亩，新增节水灌溉面积30万亩。

三、工业和建筑业

年末全省规模以上工业企业20565户，比上年末增加1012户。全年规模以上工业增加值增长6.1%。分经济类型看，国有控股企业增加值增长4.8%；股份制企业增长6.3%，外商及港澳台商投资企业增长1.8%；私营企业增长3.9%。分门类看，采矿业增加值增长4.2%，制造业增长5.6%，电力、热力、燃气及水生产和供应业增长14.4%。分行业看，41个工业大类行业中有24个增加值保持增长。其中汽车制造业增长22%，电气机械和器材制造业增长21.1%，电力、热力生产和供应业增长17%，计算机、通信和其他电子设备制造业增长8.7%。工业产品中，汽车、太阳能电池（光伏电池）、集成电路产量分别增长17.4%、33.6%和100.5%。2022年安徽省规模以上工业主要产品产量及其增长速度见表1-3-4。

表1-3-4　2022年安徽省规模以上工业主要产品产量及其增长速度

产品名称	单位	产量	比上年增长/%
饮料酒	亿升	12.2	6.5
卷烟	亿支	1220.3	0.2
微型计算机设备	万台	2950.2	-20.2
移动通信手持机	万台	92.3	-1.9
工业机器人	套	11450.0	8.7
家用电冰箱	万台	2633.6	10.6
房间空气调节器	万台	2691.1	-20.5
家用洗衣机	万台	2545.2	-3.1
彩色电视机	万台	1026.3	-16.2
原煤	万吨	11176.9	-0.9
发电量	亿千瓦时	3135.0	6.2
十种有色金属	万吨	320.4	7.7
水泥	万吨	14210.9	-5.4
平板玻璃	万重量箱	4213.3	-9.1
化学肥料总计（折纯）	万吨	228.6	9.9
合成洗涤剂	万吨	105.8	3.0
汽车	万辆	174.7	17.4
其中：新能源汽车	万辆	42.2	67.5
电力电缆	百万米	1679.7	-9.3

全年煤炭产能13016万吨。发电装机容量9219万千瓦，其中燃煤火电装机容量5377.7万千瓦，新能源和可再生能源发电装机容量3611.1万千瓦。

全年规模以上工业企业利润2449.7亿元，下降8.5%。分经济类型看，国有控股企业利润643.1亿元，下降20.8%；股份制企业2039.7亿元，下降8.5%，外商及港澳台商投资企业339.8

亿元，下降 12.8%；私营企业 756.9 亿元，下降 5.7%。分门类看，采矿业利润 282.4 亿元，增长 4.8%；制造业 2048.4 亿元，下降 13.8%；电力、热力、燃气及水生产和供应业 118.9 亿元，增长 2.9 倍。全年规模以上工业企业每百元营业收入中的成本为 86.7 元，比上年增加 1.4 元；营业收入利润率为 5%，下降 0.9 个百分点。

2022 年安徽省工业企业 100 强榜单见表 1-3-5。

表 1-3-5　2022 年安徽省工业企业 100 强榜单

序号	企业名称	2021 年营业收入/万元
1	安徽海螺集团有限责任公司	25607469.00
2	铜陵有色金属集团控股有限公司	22905863.00
3	马钢（集团）控股有限公司	20932777.00
4	联宝（合肥）电子科技有限公司	15552960.00
5	中铁四局集团有限公司	11306845.66
6	奇瑞控股集团有限公司	10611251.00
7	全威（铜陵）铜业科技有限公司	9514281.79
8	美的集团芜湖公司	8841236.90
9	安徽建工集团控股有限公司	7671462.11
10	淮北矿业（集团）有限责任公司	7208606.00
11	合肥百货大楼集团股份有限公司	6002690.00
12	淮河能源控股集团有限责任公司	5959275.00
13	美的集团合肥公司	5517535.50
14	六安钢铁控股集团有限公司	5181186.00
15	合肥海尔工业园	5111947.62
16	中国石化销售股份有限公司安徽石油分公司	4630658.00
17	中国石油化工股份有限公司安庆分公司	4598305.00
18	安徽省交通控股集团有限公司	4512248.72
19	安徽江淮汽车集团控股有限公司	4031356.55
20	中国十七冶集团有限公司	4018058.01
21	安徽省皖北煤电集团有限责任公司	3936299.64
22	安徽楚江科技新材料股份有限公司	3734960.00
23	金鹏控股集团有限公司	3365794.63
24	合肥维天运通信息科技股份有限公司	3363799.56
25	文一投资控股有限公司	3308002.00
26	山鹰国际控股股份公司	3303280.90
27	安徽省能源集团有限公司	2785266.70
28	安徽天大企业（集团）有限公司	2747690.00
29	合肥市建设投资控股（集团）有限公司	2743753.54
30	合肥鑫晟光电科技有限公司	2435958.00
31	阳光电源股份有限公司	2413660.00

续表

序号	企业名称	2021 年营业收入/万元
32	合肥长安汽车有限公司	2054641.00
33	芜湖新兴铸管有限责任公司	1988208.65
34	合肥京东方显示技术有限公司	1985391.20
35	安徽鸿路钢结构（集团）股份有限公司	1951481.00
36	安徽辉隆投资集团有限公司	1926793.93
37	铜陵精达特种电磁线股份有限公司	1832978.00
38	科大讯飞股份有限公司	1831361.00
39	长虹美菱股份有限公司	1803296.00
40	中煤矿山建设集团有限责任公司	1778036.00
41	合肥晶澳太阳能科技有限公司	1756931.65
42	安徽出版集团有限责任公司	1750324.43
43	安徽丰原集团有限公司	1733940.60
44	铜陵化学工业集团有限公司	1688248.16
45	联合利华服务（合肥）有限公司	1671830.00
46	安徽天康（集团）股份有限公司	1669253.00
47	安徽新华发行（集团）控股有限公司	1649730.00
48	三七互娱网络科技集团股份有限公司	1621649.00
49	滁州惠科光电科技有限公司	1565980.00
50	安徽叉车集团有限责任公司	1536494.00
51	中安华力建设集团有限公司	1503582.00
52	安徽建工建材科技集团有限公司	1448863.04
53	安徽古井集团有限责任公司	1412447.11
54	安徽省贵航特钢有限公司	1411478.00
55	安徽中鼎控股（集团）股份有限公司	1395281.00
56	安徽华源医药集团股份有限公司	1384754.00
57	安徽灵通集团控股有限公司	1363132.00
58	晶宫控股集团有限公司	1310246.00
59	安徽昊源化工集团有限公司	1290711.00
60	国药控股安徽有限公司	1271039.67
61	中国化学工程第三建设有限公司	1264015.00
62	中煤新集能源股份有限公司	1248859.02
63	安徽天星医药集团有限公司	1240010.00
64	安徽环新集团股份有限公司	1224421.00
65	中建四局第六建设有限公司	1197312.03
66	联合利华（中国）有限公司	1136714.00

续表

序号	企业名称	2021 年营业收入/万元
67	芜湖市富鑫钢铁有限公司	1127573.00
68	安徽宝业建工集团有限公司	1125000.00
69	中国能源建设集团安徽电力建设第一工程有限公司	1076776.36
70	合肥京东方光电科技有限公司	1063424.30
71	申洲针织（安徽）有限公司	1042016.00
72	国轩高科股份有限公司	1035608.12
73	安徽鸣华投资集团	1034586.00
74	安徽省众城集团	1023620.00
75	格力电器（合肥）有限公司	1021676.50
76	合肥华泰集团股份有限公司	1003885.00
77	中盐安徽红四方股份有限公司	999814.88
78	安徽鲁班建设投资集团有限公司	962144.00
79	铜陵泰富特种材料有限公司	862515.10
80	安徽皖维集团有限责任公司	850790.86
81	中国能源建设集团安徽电力建设第二工程有限公司	849157.66
82	安徽永安建设集团股份有限公司	837549.48
83	安徽华文国际经贸股份有限公司	823019.00
84	安徽富煌建设有限责任公司	795868.45
85	铜陵市富鑫钢铁有限公司	782730.08
86	安徽省盐业投资控股集团有限公司	759903.08
87	铜陵市旋力特殊钢有限公司	757638.52
88	合肥城建发展股份有限公司	755729.57
89	安徽金煌建设集团有限公司	747275.00
90	安徽友进冠华新材料科技股份有限公司	741616.00
91	安徽伟达建设集团有限公司	731441.00
92	安徽金瑞投资集团有限公司	729002.00
93	安徽省高速石化有限公司	701996.00
94	芜湖长信科技股份有限公司	701843.00
95	安徽亚夏实业股份有限公司	681843.00
96	安徽众源新材料股份有限公司	677979.00
97	合肥市产业投资控股（集团）有限公司	670158.91
98	安徽国信建设集团有限公司	639231.00
99	淮南东辰集团有限责任公司	639117.00
100	安徽华米信息科技有限公司	639001.58

全年建筑业增加值 4819. 4 亿元，增长 5. 6%。年末具有资质等级的总承包和专业承包建筑业企业 8913 家，比上年末增加 1639 家。全年房屋建筑施工面积 49670. 7 万平方米，比上年减少 4217. 9 万平方米；房屋竣工面积 14856. 9 万平方米，增加 844 万平方米。

四、服务业

全年批发和零售业增加值 4240. 8 亿元，增长 2. 4%；交通运输、仓储和邮政业增加值 2171. 7 亿元，下降 1. 3%；住宿和餐饮业增加值 825. 9 亿元，增长 1%；金融业增加值 2935. 1 亿元，增长 7. 5%；房地产业增加值 2937. 1 亿元，下降 5. 7%；信息传输、软件和信息技术服务业增加值 1063 亿元，增长 7. 6%；租赁和商务服务业增加值 1451 亿元，增长 4. 2%。全年规模以上服务业企业营业收入增长 5. 6%，其中以互联网信息技术、商务服务等新兴行业为代表的其他营利性服务业营业收入增长 15. 9%。

全年货物运输量 39. 4 亿吨，下降 1. 8%；货物运输周转量 11236. 5 亿吨公里，增长 1. 9%（表 1-3-6）。全年港口货物吞吐量 6. 1 亿吨，增长 4. 2%。全年旅客运输量 1. 5 亿人次，下降 46. 9%；旅客运输周转量 500. 4 亿人公里，下降 36. 2%（表 1-3-7）。全省民航机场旅客吞吐量 707. 1 万人次，下降 35. 7%，其中合肥新桥机场旅客吞吐量 571. 3 万人次，下降 35%。

表 1-3-6　2022 年安徽省主要运输方式完成货物运输量及其增长速度

指标	单位	绝对数	比上年增长/%
货物运输量	亿吨	39. 4	-1. 8
其中：铁路	亿吨	0. 8	2. 0
公路	亿吨	24. 6	-5. 0
水运	亿吨	14. 0	4. 2
货物运输周转量	亿吨公里	11236. 5	1. 9
其中：铁路	亿吨公里	803. 6	2. 7
公路	亿吨公里	3696. 0	-0. 9
水运	亿吨公里	6736. 8	3. 4

表 1-3-7　2022 年安徽省主要运输方式完成旅客运输量及其增长速度

指标	单位	绝对数	比上年增长/%
旅客运输量	万人次	14695. 4	-46. 9
其中：铁路	万人次	7201. 4	-34. 5
公路	万人次	7283. 6	-55. 3
水运	万人次	87. 3	-45. 9
旅客运输周转量	亿人公里	500. 4	-36. 2
其中：铁路	亿人公里	406. 7	-32. 6
公路	亿人公里	75. 6	-48. 8
水运	万人公里	1055. 2	-50. 5

年末全省民用汽车拥有量 1129. 7 万辆，增长 6. 1%，其中私人汽车 1004. 9 万辆，增长 6. 9%。民用轿车拥有量 640. 3 万辆，增长 7. 1%，其中私人轿车 612. 3 万辆，增长 7. 2%。年末全省高速公路 5477 公里、一级公路 6752 公里、铁路营业里程 5264. 6 公里。高速铁路营业里程 2522 公里。

全年邮政行业寄递业务量累计完成 49. 9 亿件，增长 12. 3%。其中快递业务量完成 35. 3 亿件，增长13%。电信业务总量608.7亿元，增长21.3%。年末全省电话用户总数7132.8万户，其中移动电话用户6611.4万户，移动电话普及率108.2部/百人。固定互联网宽带接入用户2710.1万户，比上年末增加326.2万户，其中固定互联网光纤宽带接入用户2477.7万户，增加292.5万户。全年移动互联网用户接入流量96.4亿GB，增长17.1%。

2022年全年全省接待国内游客5亿人次，下降14.6%。国内旅游收入4640.2亿元，下降16.8%。年末全省有A级及以上旅游景点（区）683处。

五、固定资产投资

2022年全年固定资产投资（不含农户）增长9%。分产业看，第一产业投资增长22.5%，第二产业投资增长21.8%，第三产业投资增长2.5%。工业投资增长21.8%，其中制造业投资增长21.5%。基础设施投资增长19.6%。民间投资增长3.2%。社会领域投资增长14.5%。

2022年安徽省分行业固定资产投资（不含农户）增长速度见表1-3-8。

表1-3-8　2022年安徽省分行业固定资产投资（不含农户）增长速度

行业	比上年增长/%
农、林、牧、渔业	20.3
采矿业	30.1
制造业	21.5
电力、热力、燃气及水生产和供应业	22.7
建筑业	-31.6
批发和零售业	-22.6
交通运输、仓储和邮政业	22.5
住宿和餐饮业	8.2
信息传输、软件和信息技术服务业	2.4
金融业	-21.4
房地产业	-7.3
租赁和商务服务业	21.4
科学研究和技术服务业	24.1
水利、环境和公共设施管理业	18.7
居民服务、修理和其他服务业	7.0
教育	1.9
卫生和社会工作	39.5
文化、体育和娱乐业	2.8
公共管理、社会保障和社会组织	-5.1

全年房地产开发投资6811.7亿元，下降6.2%。商品房销售面积7471.3万平方米，下降28.6%；商品房销售额5487.9亿元，下降32.6%。年末商品房待售面积1882万平方米，增长9.8%。

全年新开工重点项目4877个、竣工2562个。合肥科大讯飞人工智能研发生产基地、马鞍山中联重科智能装备制造产业基地、阜阳中科海钠年产10GWh钠离子电池、合肥至南京高速铁路安徽段、天天高速公路无为至安庆段等项目开工建设，滁州晶科年产16GW高效太阳能组件、芜湖太赫兹与毫米波技术研究中心、铜陵浩源恒方5G陶瓷介质滤波器生产、长白山制药（亳州）产业基地、淮北师范大学信息学院新校区等项目竣工。

六、国内贸易

2022年全年社会消费品零售总额21518.4亿元，增长0.2%（图1-3-4）。按经营地统计，城镇消费品零售额18094.4亿元，增长0.2%；乡村消费品零售额3424亿元，增长0.5%。按消费类型统计，商品零售额18757.1亿元，增长0.2%；餐饮收入2761.3亿元，增长0.6%。

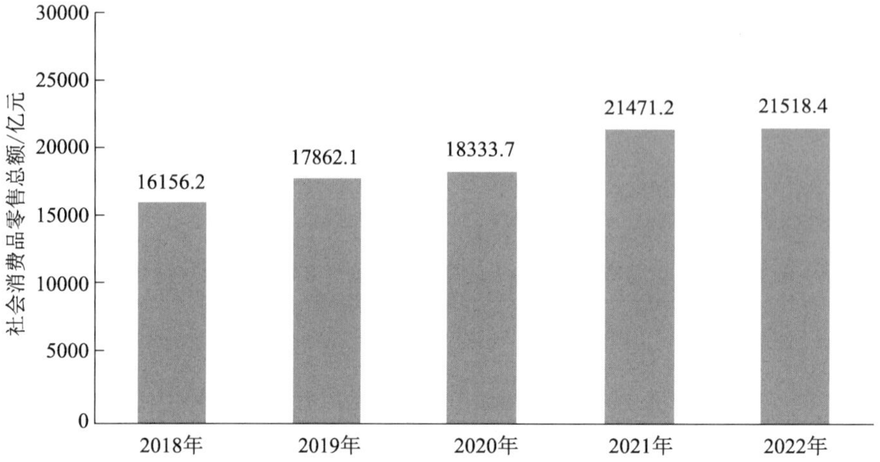

图1-3-4　2018—2022年安徽省社会消费品零售总额

限额以上单位商品零售额中，粮油类零售额增长10.5%，肉禽蛋类增长5.5%，服装、鞋帽、针纺织品类下降8.6%，日用品类增长12.1%，家用电器和音像器材类下降1.2%，中西药品类增长13%，家具类下降16.7%，通讯器材类下降16.6%，建筑及装潢材料类下降17.5%，汽车类增长1.4%，石油及制品类增长4.6%。

七、开放型经济

2022年全年进出口总额7530.6亿元，增长8.9%。其中出口4763.7亿元，增长16.4%；进口2766.9亿元，下降1.9%（图1-3-5）。从出口商品看，机电产品、农产品出口分别增长18.5%和15.3%。对“一带一路”沿线国家进出口2094.7亿元，增长17%。其中出口1521.7亿元，增长18.3%；进口573亿元，增长13.5%。

2022年安徽省出口主要分类及地区分布见表1-3-9。

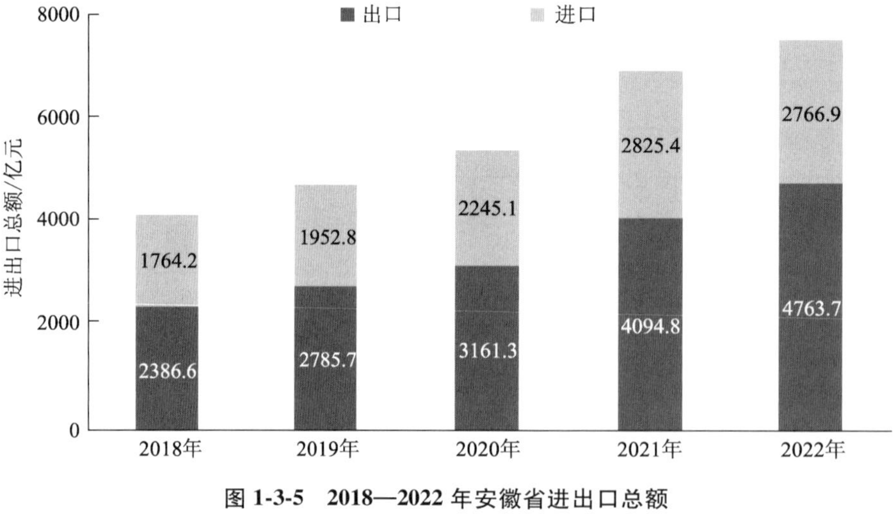

图1-3-5　2018—2022年安徽省进出口总额

表 1-3-9　2022 年安徽省出口主要分类及地区分布

指标	绝对数/亿元	比上年增长/%
出口额	4763.7	16.4
其中：机电产品	2994.9	18.5
农产品	117.3	15.3
其中：一般贸易	3685.3	17.0
加工贸易	737.4	-7.1
其中：对亚洲	1882.9	17.0
对欧洲	1126.0	17.3
对北美洲	889.6	18.6
对非洲	241.3	22.8
对拉丁美洲	519.0	4.2
对大洋洲	105.0	30.1

全年新设外商投资企业 475 家。合同外资 42.9 亿美元，实际使用外商直接投资 21.6 亿美元，增长 17.8%。年末 89 家世界（境外）500 强企业在安徽省设立 180 家企业。

全年对外承包工程新签合同金额 54.6 亿美元，增长 23%；完成营业额 23.9 亿美元，增长 0.3%；当年外派劳务人员 5330 人，下降 18.2%。全年实际对外投资 17 亿美元，增长 12.2%，其中对“一带一路”沿线国家和地区投资 6.2 亿美元，增长 71.9%。

八、自贸区建设

2022 年，中国（安徽）自由贸易试验区以不到全省千分之一的面积，贡献了全省 1/4 的进出口额、1/3 的实际使用外资额，实现进出口 1861.9 亿元、增长 26%，增速高于全国平均水平 18.3 个百分点。其中出口 1266 亿元、增长 29.4%，高于全国平均水平 18.9 个百分点；实际使用外资 6.7 亿美元；新增注册企业 1.6 万家，增长 23%，高于全省平均增速 22.9 个百分点。已探索形成 124 项制度创新成果，经评估有 18 项为全国首创；总体方案（2020—2025 年）需完成的 112 项试点任务已落地见效 102 项，预计提前两年完成全部试点任务。

主要建设成效包括四个方面。

（一）突出便利自由，开放引领有效彰显

对标国际国内先进水平，重点围绕投资、贸易、金融等领域，加快推进便利化自由化改革。

一是贸易便利度大幅提升。全国首创跨境电商保税零售进口退货管理新模式、竹木草出口检验新模式，大幅提升通关效率。探索完成新型易货贸易首单试点，率先建立“试点企业+试点商品”“双白名单”制度。完成芜湖港液化天然气（LNG）加注站为荷兰航运公司首单国际航行船舶加注。开通合肥首条对欧盟固定货运航线（合肥—阿姆斯特丹），合肥国际货运航线增至 7 条（合肥至伦敦、洛杉矶、芝加哥、大阪、仁川、阿姆斯特丹、亨茨维尔）。开通中欧班列 113 条国际线路、覆盖 18 个国家，基本实现对欧洲的全覆盖。深化自贸试验区和综合保税区功能叠加，合肥片区综合保税区提升至全国第 11 位，芜湖片区综合保税区进出口增长 34%，蚌埠片区市场采购贸易额增长 1.8 倍。

二是投资便利度明显改善。实施外商投资准入前国民待遇加负面清单管理模式，加强重大外资项目协调服务，提升国际医疗服务、教育等生活配套水平。推动蔚来汽车、睿力集成电路、信义光伏等重点企业增资扩股。

三是金融服务实体经济便利度加快提升。推动首单合格境外有限合伙人（QFLP）试点落地芜湖，总规模 4 亿元，其中外资 3000 万美元。推动长三角区域首单专精特新知识产权证券化（ABS）产品在合肥发行，助力企业融资 1.3 亿元。推动首单公募不动产投资信托基金（华夏合肥高新

REITs）获批注册，发行规模13.7亿元。建立科创企业贷投批量联动模式，试点银行授信额4.1亿元。推动国家外汇便利化6项试点扩面增效，开展资本项目收入支付便利化业务492笔、涉及金额6.3亿美元。

（二）突出增势赋能，主导产业加速集聚

坚持“科创+产业”战略定位，开展差异化探索，以制度创新促进主导产业集聚。

一是主导产业开放创新初见成效。按照“听意见、列清单、研究透、见成效”工作路径，围绕主导产业开放创新需求，推出集成电路、新能源和智能网联汽车、量子信息、生物医药等4个产业的76项创新举措，解决了一批企业关注的堵点痛点。比如，拓展长三角特殊货物检查作业一体化监管试点，18家企业720项商品纳入试点清单。2022年，全区新签约亿元以上项目370个，协议引资额3036亿元。

二是科创成果转化强劲赋能。在全国率先推出横向课题结余经费出资科技成果转化新模式，10余家企业入选试点；深化产业化经费股权投资改革试点，产业化经费投资超过8000万元，带动引进社会资本投资20亿元；拓展科研人员职务科技成果所有权试点，实现职务科技成果的批量转化。推动大众中国首个新能源汽车研发测试场（合肥）、全国首家肿瘤原代细胞“活体”生物样本库（中科普瑞昇）、首个量子计算工程研究中心（本源量子）、首个无人配送车场景（合肥）等一批新技术、新产品、新场景落户自贸试验区。提升国际人才“一网通办”功能，建立引进海外高层次人才和急需紧缺人才职称评审绿色通道，累计引进127名高层次人才。

三是科创平台建设步伐加快。依托合肥科大硅谷、中科大科技商学院、中国科学院合肥创新院、国际人才城等平台，推动开展国际科技合作交流以及科技成果转化新模式等试点，多路径推进科技成果转化。依托芜湖智能网联产业研究院、机器人产业联盟等平台，探索全产业链开放创新，加快推动片区主导产业集聚。依托蚌埠市场采购贸易等平台，探索推进市场采购与跨境电商融合发展等新模式，推动对外贸易新业态加速发展。

（三）突出赋权提效，营商环境持续优化

坚持问需问计问效于企于基层，努力打造市场化、法治化、国际化营商环境。据第三方组织的营商环境建设问卷调查，市场主体对办理建筑施工许可、政府采购、政务服务等事项持有较高满意度。

一是片区赋权应赋尽赋。建立实施了自贸试验区特别清单，推动向片区下放25个部门的212项管理权限，惠及近万家企业。

二是高效服务惠企利企。推动全面落实“证照分离”改革，实施自贸试验区版54项便利化举措，探索推出企业开办“一业一证一码”“证照并销”等市场准入、准营、退出的全流程改革措施。加快推进环评与排污许可“两证合一”等改革，审批周期由60个工作日压缩到5个工作日。创新实施低效用地全流程处置模式，已完成近2400亩低效土地处置盘活。

三是法治护航亲商安商。颁布实施《中国（安徽）自由贸易试验区条例》，为自贸试验区建设提供了坚强法治保障。制定首个片区强化竞争政策实施试点意见。编印两批106个面向市场主体的政策案例。3个片区均设立自贸试验区人民法庭，商事仲裁、商事调解等多元纠纷化解机制持续完善。

（四）突出协同联动，辐射带动作用凸显

立足服务国家战略，复制推广制度创新经验，积极推进产业、科技、通关等领域协同创新。

一是复制推广应推尽推。国家278项制度创新成果已落地实施258项，除客观地理条件限制无法复制外，实现应复制尽复制。比如，落地“中欧班列进口货物分段计税”运费机制改革，2022年为企业减税128万元。对标先发地区自贸试验区，实施商事主体确认制、软件增值税即征即退等创新经验。积极开展省级复制推广工作，芜湖港与洋山港“联动接卸、视同一港”监管模式推广至全省各港口。

二是区域协同多点突破。积极服务长三角一体化发展战略，5项案例入选长三角自贸试验区制度创新案例。创新片区产业合作机制，组建了长三角G60科创走廊产业技术创新联盟，探索推动

了政策标准共制、创新资源共享。与上海共建了长三角创新飞地与研发创新平台，形成了“研发在上海、产业化在安徽”的协同发展模式。在3个自贸片区以外的13个省辖市设立了联动创新区，实施了支持联动创新区建设10项举措。联动创新区积极复制推广全国和省级改革试点经验，推动形成了“区域评估”机制、林业碳汇模式、散装出口沥青产地检验模式等10项创新成果。

三是推进机制不断健全。制定出台了自贸片区考核细则，纳入安徽省委、省政府综合考核。建立信息发布机制，定期举办自贸试验区建设专题新闻发布会，有序开展了自贸试验区专题推介、政银企对接及政策宣讲等活动，形成比学赶超的浓厚氛围。

九、财政和金融

2022年全年一般公共预算收入3589.1亿元，扣除留抵退税因素后，增长9.9%（图1-3-6）。其中税收收入2246.6亿元，增长5%；一般公共预算支出8378.9亿元，增长10.4%。重点支出项目中，科学技术支出增长22.2%，社会保障与就业支出增长16%，卫生健康支出增长10.3%，教育支出增长8%，住房保障支出增长6.4%。全年20项民生实事和10项暖民心行动累计投入财政资金920.7亿元。新增减税降费及退税缓税缓费1276.9亿元。其中累计退到纳税人账户的增值税留抵退税款超790亿元，新增减税降费超250亿元，办理缓税缓费超230亿元。

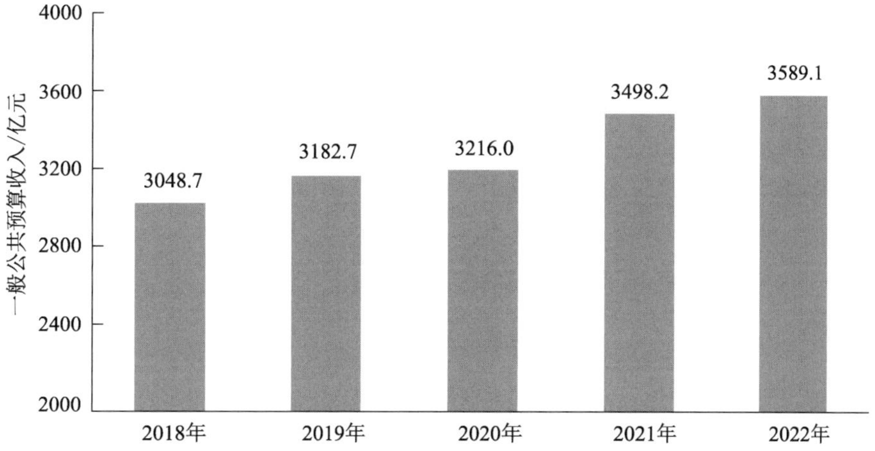

图1-3-6　2018—2022年安徽省一般公共预算收入

全年社会融资规模增量11803.4亿元，增加2091.3亿元。年末全省金融机构本外币各项存款余额75196.1亿元，比上年末增加8327.5亿元，增长12.5%；本外币各项贷款余额67466.2亿元，比上年末增加8796.4亿元，增长15%（表1-3-10）。

表1-3-10　2022年末安徽省金融机构本外币各项存贷款余额及其增长速度

指标	年末数/亿元	比上年增长/%
各项存款	75196.1	12.5
其中：非金融企业存款	18410.5	3.5
住户存款	41441.9	20.4
机关团体存款	10035.2	4.1
各项贷款	67466.2	15.0
其中：境内短期	16451.9	15.6
境内中长期	45953.9	14.4
其中：企（事）业单位贷款	40563.1	19.5
住户贷款	26662.6	8.8

全年上市公司通过境内市场累计筹资 476.7 亿元。其中首次公开发行 A 股 13 只（含 3 只首次在北交所公开发行股票），筹资 116 亿元；A 股再筹资（包括配股、公开增发、非公开增发、认股权证）133.8 亿元；上市公司通过发行可转债、公司债筹资 226.9 亿元。年末全省有 A 股上市公司 161 家，上市公司市价总值 17985 亿元。

全年保险业原保险保费收入 1418.2 亿元，增长 2.8%。其中财产险业务原保险保费收入 487 亿元，增长 11.5%；人身险业务原保险保费收入 931.3 亿元，下降 1.2%。赔付支出 562.5 亿元，增长 8.3%。其中财产险业务赔付支出 319.1 亿元，增长 8.7%；人身险业务赔付支出 243.4 亿元，增长 7.9%。

第二节 社会发展基本情况

一、人民生活和社会保障

2022 年全年全省居民人均可支配收入 32745 元，增长 6%，扣除价格因素实际增长 3.9%。人均消费支出 22542 元，增长 2.9%。恩格尔系数为 34.1%。

按常住地分，城镇居民人均可支配收入 45133 元，增长 4.9%，扣除价格因素实际增长 2.8%。城镇居民人均消费支出 26832 元，增长 1.3%。城镇居民恩格尔系数为 33.3%。年末城镇居民人均住房建筑面积 42.4 平方米，比上年末增加 0.1 平方米。

全年农村居民人均可支配收入 19575 元，增长 6.5%，扣除价格因素实际增长 4.7%。农村居民人均消费支出 17980 元，增长 4.8%。农村居民恩格尔系数为 35.3%。年末农村居民人均住房建筑面积 54.7 平方米，与上年持平。

2018—2022 年安徽省城乡居民人均可支配收入见图 1-3-7。

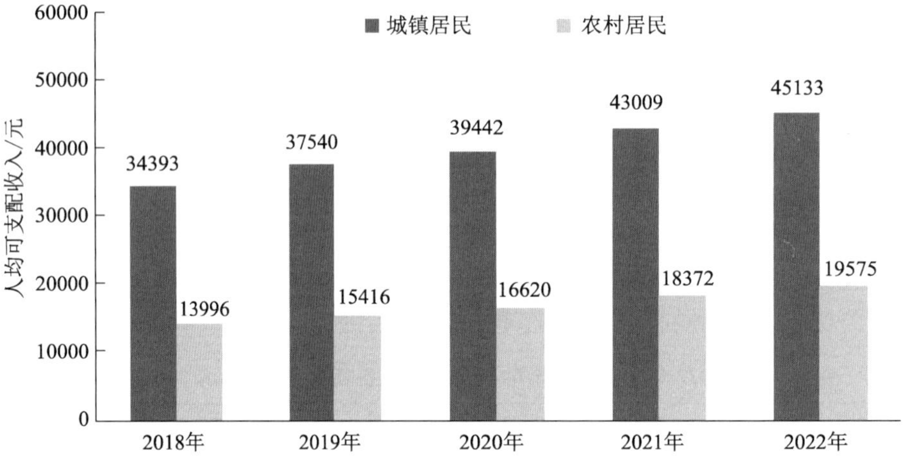

图 1-3-7 2018—2022 年安徽省城乡居民人均可支配收入

年末全省参加城镇职工基本养老保险人数为 1580.9 万人。参加城乡居民基本养老保险人数为 3428.8 万人。参加基本医疗保险人数为 6506.7 万人。参加失业保险人数为 663.6 万人，全年为 16.2 万名失业人员发放了不同期限的失业保险金。参加工伤、生育保险人数分别为 818.1 万人和 757.1 万人。年末 27.6 万人享受城市居民最低生活保障，169.9 万人享受农村居民最低生活保障，农村特困供养对象 32.4 万人。

年末全省有各类提供住宿的社会工作机构 2714 个，床位 37.7 万张，收养救助人员 13.3 万人；不提供住宿的社会工作机构和设施 2.7 万个，其中社区服务站 1.6 万个。全年销售社会福利彩票 48.1 亿元，筹集社会福利资金 15.7 亿元。

二、教育和科学技术

2022年末全省有研究生培养单位21个，在学人数11.1万人。普通高校（含独立学院）121所，在校生155.4万人。各类中等职业教育学校（不含技工学校）249所，在校生72.8万人。普通高中679所，在校生120.1万人。初中2780所，在校生228.8万人，初中阶段适龄人口入学率100%。小学6509所，在校生470.3万人，小学学龄儿童入学率100%。2022年安徽省各阶段教育学生情况见表1-3-11。

表1-3-11　2022年安徽省各阶段教育学生情况

指标	招生数/万人	在校生数/万人	毕业生数/万人
研究生	3.9	11.1	2.4
普通高校	46.2	155.4	41.9
中等职业教育	27.6	72.8	23.9
普通高中	42.1	120.1	38.1
初中	75.4	228.8	76.9
小学	75.7	470.3	75.0

年末全省专业技术人才总量477万人，其中高层次人才49.7万人。全省共有科研机构7267个。从事研发活动人员35万人。

全省已建成全超导托卡马克、稳态强磁场、同步辐射等3个国家大科学装置。有国家重点实验室（含国家研究中心）12个，省重点实验室171个；有省级以上工程技术研究中心521家，其中国家级9家；有省级以上高新技术产业开发区20个，其中国家级8个。

全年登记科技成果23049项，其中各类财政资金支持形成的科技成果1252项。授权专利15.7万件，增长2%。年末全省有效发明专利14.5万件。全年输出技术合同成交额2216.7亿元，增长26.3%；吸纳技术合同成交额3070.8亿元，增长41.1%。

年末全省有获得资质认定的检验检测机构1714个，国家质量监督检验中心23个；产品、服务、管理体系认证机构74个（包含在皖分部、分公司），获得强制性产品认证的企业1314个；法定及授权计量检定技术机构226个，全年强制检定计量器具810.2万台（件）。累计主导或参与制定国际标准59项、国家标准4045项，制定、修订地方标准3672项。累计拥有国家地理标志产品85个、有效注册商标118.1万件。

三、文化、卫生健康和体育

2022年末全省拥有文化馆123个，公共图书馆133个，博物馆225个（含非国有博物馆），乡镇街道综合文化站1512个。全国重点文物保护单位175处，省级重点文物保护单位915处。入选国家级非物质文化遗产名录99项，入选省级名录626项。

年末全省有广播电视台78座，广播节目综合人口覆盖率99.95%，电视节目综合人口覆盖率99.94%。有线电视实际用户794万户。全年出版报纸85种，总印数5.1亿份；期刊（杂志）181种，总印数0.3亿册；图书9905种，总印数3.2亿册。年末全省共有各级国家综合档案馆125个，馆藏档案资料6104万卷（件、册），档案馆总建筑面积64.3万平方米。

年末全省有医疗卫生机构30176个，其中医院1338个，基层医疗卫生机构28205个，专业公共卫生机构475个，其他卫生机构158个。基层医疗卫生机构中，卫生院1347个，社区卫生服务中心（站）1827个，村卫生室15601个；专业公共卫生机构中，疾病预防控制中心124个，专科疾病防治院（所、站）41个，妇幼保健机构127个，卫生监督所（中心）112个。截至年末有卫生技术人员47.1万人，其中执业（助理）医师18.6万人，注册护士22万人。乡村医生和卫生员2.5万人。医疗卫生机构床位44.5万张，其中医院33.9万张，基层医疗卫生机构9.3万张。全年医疗卫生机构共诊疗3.7亿人次。2018—2022年安徽省卫生技术人员人数见图1-3-8。

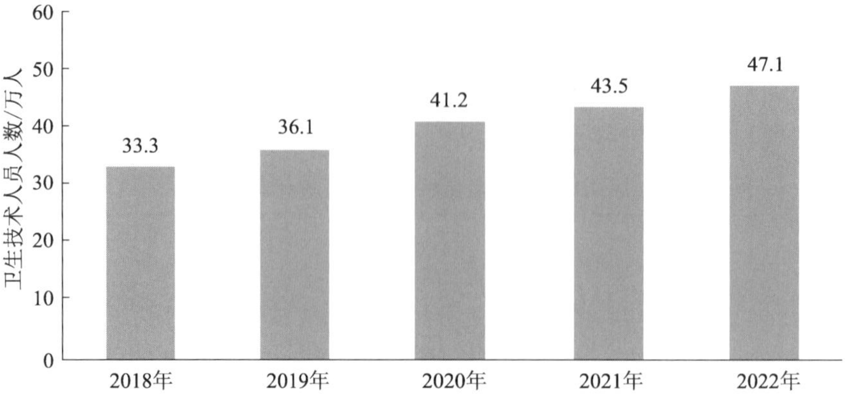

图1-3-8　2018—2022年安徽省卫生技术人员人数

全年在国际国内重大比赛中，安徽省运动健儿共获得金牌34枚、银牌37枚、铜牌46枚。全省参加体育赛事活动达523万人次。人均体育场地面积2.6平方米。全年销售体育彩票101.9亿元。

四、生态环境和应急管理

2022年，全省已建成国家级自然保护区8个，省级自然保护区33个。当年完成人工造林面积22.7千公顷。

年末全省共有省、市、县级生态环境监测机构86个。全省$PM_{2.5}$年均浓度为34.9微克/立方米，连续两年达到国家二级标准。全省16个省辖市空气质量平均优良天数比例为81.8%。

全省地表水总体水质状况为良好。长江干流安徽段水质为Ⅱ类，总体水质状况为优；主要支流总体水质状况为优。淮河干流安徽段水质以Ⅱ类为主，总体水质状况为优；主要支流总体水质状况为良好。巢湖湖区平均水质为Ⅳ类，总体水质状况为轻度污染，主要环湖支流总体水质状况为良好。新安江干、支流总体水质状况为优。全省城市集中式饮用水水源地水量达标率为99.1%。

全年全省生产安全事故死亡人数为759人，煤矿百万吨死亡人数为0.0716人。全年发生道路交通事故8668起。

第三节　2022年主要工作

2022年，安徽省实现了经济稳定向好和社会大局稳定。

一、深入推进“一改两为”，统筹疫情防控和经济社会发展有力有效

扎实开展“新春访万企、助力解难题”“优环境、稳经济”活动，全省“为企服务”平台收集办理企业诉求25.6万件、办结率98.7%。出台支持市场主体纾困发展、金融助企等系列举措，新增减税降费及退税缓税缓费1276.9亿元，发放稳岗返还资金20.62亿元。因时因势优化调整防控措施，疫情防控进入新阶段后，全力以赴保健康、防重症，以有效的疫情防控有力保障经济社会发展。加强物流保通保畅，动态建立重点企业“白名单”。应对历史罕见高温天气，扎实做好能源保供。金融服务实体经济成效明显，小微企业贷款占比达36.8%、居全国前列，制造业中长期贷款增长80%左右、高于全国平均水平40个百分点以上。实施“徽动消费”系列行动，新能源汽车销售增长2.8倍，限额以上网上商品零售额增长8%以上。

二、扭住扩大有效投资，打出招商引资、招才引智新攻势

落实季末工作会议和季首重大项目开工制度，

深化投资“赛马”、“管行业必须管投资”、多部门常态化要素会商等机制，全方位大抓投资的工作格局进一步形成。坚持把招商引资、招才引智作为投资工作主抓手，建立覆盖十大新兴产业的主题基金和商协会，基本建成市场化、专业化招商力量体系，形成产业链招商主形态，推出场景招商新模式。通过招商引资，全省制造业投资增长20%以上，新开工50亿元以上制造业项目56个、比上年增加51个，其中百亿元以上制造业项目10个、比上年增加8个。加大基础设施投资力度，沿江高铁合肥至上海段、池州长江公铁大桥、和县至襄阳高速、怀洪新河灌区等项目开工建设，昌景黄高铁安徽段、阜阳华润电厂二期等项目建成。发行新增政府专项债券1707亿元，214个项目获国家政策性开发性金融工具支持。

三、大力实施科技创新“栽树工程”，科技创新势能加快向发展动能转化

战略科技力量再添新军，深空探测实验室设立运行，合肥先进光源、空地一体量子精密测量实验设施获批建设，认知智能、压缩机及系统技术实验室入选全国重点实验室。研究与试验发展经费投入强度2.5%左右，每万人口有效发明专利拥有量23.7件。科技成果转化成效显著，吸纳技术合同成交额增长40%左右。为打造科技体制改革“试验田”，推动科创与产业融合发展，“科大硅谷”启动运行。为培养“懂科技、懂产业、懂资本、懂市场、懂管理”的复合型科技产业组织人才，中国科学技术大学科技商学院挂牌成立。企业科技创新主体地位得到加强，净增国家级高新技术企业3900家左右，新增国家企业技术中心4家。滁州、安庆高新区升级为国家级高新区。人才队伍持续加强，115人入选国家级人才计划，新增高技能人才12.8万人。

四、加快推进三次产业高质量协同发展，现代化产业体系建设取得重要进展

一产“两强一增”成效显著，建成高标准农田514.5万亩，“小田变大田”改造510.9万亩，选任科技特派员17229名，水稻种子出口全国第一，主要农作物耕种收综合机械化率达83%。绿色食品产业全产业链产值突破1万亿元，举办首届长三角绿色食品加工业大会，签约项目总投资669.7亿元。二产“提质扩量增效”成果丰硕，新增规模以上工业企业3036户、总数突破2万户，高技术制造业增加值增长10.3%左右，新增国家级专精特新“小巨人”企业256家、总数居全国第7位。三产“锻长补短”扎实推进，规模以上生产性服务业营业收入增长8%左右，软件产业主营业务收入增长20%左右，快递业务量增长10%左右，蚌埠市获批国家骨干冷链物流基地、生产服务型国家物流枢纽。工业互联网平台体系加快建设，科大讯飞图聆晋级国家级双跨平台，羚羊工业互联网获评全国工业互联网年度最佳平台，入驻用户24.2万户、服务企业55.7万次。

五、持续深化改革扩大开放，市场活力进一步增强

国企改革三年行动全面完成，省属企业国有资产证券化率超50%，省交控、能源集团国有资本投资公司试点改革全面实施，千亿规模省级国资股权投资基金组建运营。深入开展万家企业资本市场业务培训，参训企业4.83万家。新增上市公司（含过会待发）30家，居全国第7位。基础设施REITs发行规模居全国第2位。成立省国有金融资本投资管理有限公司，组建省新兴产业引导基金；推行零基预算改革，压减预算支出项目482个，财政资源配置方式实现重塑。全面推开“亩均论英雄”改革，“标准地”覆盖开发区总出让产业土地的86%。推动出台安徽自贸试验区条例，联动创新区实现省域全覆盖。对“一带一路”沿线国家和RCEP成员国进出口分别增长16%和10%。新增3个跨境电商综合试验区，建设使用海外仓322个，跨境电商交易额增长35%。芜湖获批国家进口贸易促进创新示范区，安庆综合保税区封关运行。举办世界制造业大会和集成电路、新材料、光伏等国际化展会。建成一站式服务的外贸综合服务平台。外事、侨务、对台、港澳工作取得新成效，出色完成第七次“1+6”圆桌对话会、第三次阿富汗邻国外长会两大主场外交服务保障任务，开放大气的徽风皖韵在国际平台上魅力绽放。

六、大力推进绿色低碳发展，生态环境质量持续改善

建立碳达峰碳中和“1+N”政策体系。推进能源综合改革创新试点，国内首座兆瓦级氢能综合利用示范站投入运行，新增可再生能源发电装机647万千瓦。污染防治成效得到巩固，空气质量总体稳定向好，长江流域国考断面水质优良比例达94.8%，巢湖湖区蓝藻水华累计发生面积下降50.1%，整治农村黑臭水体826个。中央及省级生态环保督察反馈问题、生态环境警示片披露问题有效整改。完成“三区三线”划定。新增人工造林34万亩，环巢湖十大湿地全面建成。

七、着力稳就业保基本民生，人民群众获得感不断增强

聚焦人民群众急难愁盼，投入财政资金920.7亿元实施20项民生实事和10项暖民心行动，群众满意度达91%。皖北地区9个县（区）群众喝上引调水。推出“53353”拓岗政策，开发就业岗位39.5万个，确保高校毕业生、失业人员、就业困难人员有岗可上。创业安徽行动启动实施，全国“双创”活动周主会场活动在皖举办。入选国家义务教育优质均衡先行创建县（市、区）5个。根据发展需要，实施高校学科专业结构改革，撤销本专科专业点461个，新增270个。16个市传染病专科医院（院区）、61个县级医院传染病救治能力提升项目全面推进，儿童、创伤国家区域医疗中心建成运营。实施中医药振兴发展行动，国家中医药传承创新中心获批建设。退休人员养老金、居民基础养老金稳步提高，低保、特困供养标准得到提升。妇女、儿童、老人、残疾人合法权益得到有效保障，红十字等事业持续发展。民族宗教、援藏援疆等工作取得新成绩。文化事业发展取得新成果，《觉醒年代》等3部作品荣膺精神文明建设“五个一工程”优秀作品奖，明中都遗址考古发掘入选“全国十大考古新发现”。哲学社会科学、参事文史、档案方志等工作持续加强。举办第十五届省运会、第八届省残运会和第九届少数民族运动会。

八、有效防范化解重大风险，社会大局保持稳定

推进地方金融风险攻坚，妥善处置村镇银行风险。“保交楼”专项行动取得重要进展。深入开展自建房、城镇燃气等专项治理，安全生产事故总量下降29.5%。气象、地震、防灾减灾工作得到加强。推行食品生产企业风险分级分类监管。持续开展“守护平安”系列行动，常态化机制化推进扫黑除恶斗争，圆满完成党的二十大期间全省安保维稳任务。落实领导干部接访下访、阅批群众来信制度，完善闭环跟踪落实机制，信访事项一次性化解率达93.7%，进京访人次下降86%、创2002年有信访统计以来最好成绩。支持国防和军队现代化建设，国防动员、双拥共建、退役军人事务、人民防空等工作取得新进步。

第四章　2022年南京都市圈经济社会发展总体情况

在国家战略的激励与促进下，南京都市圈各市发展活力与发展后劲不断增强，初步呈现出了区域协同合作对地区经济发展的强力推动作用。

第一节　地区生产总值情况

地区生产总值是衡量一个地区总体发展水平的重要指标之一，近年来，南京都市圈地区生产总值持续增长。

2022年南京都市圈各地地区生产总值见图1-4-1，2018—2022年南京都市圈各地地区生产总值见表1-4-1。

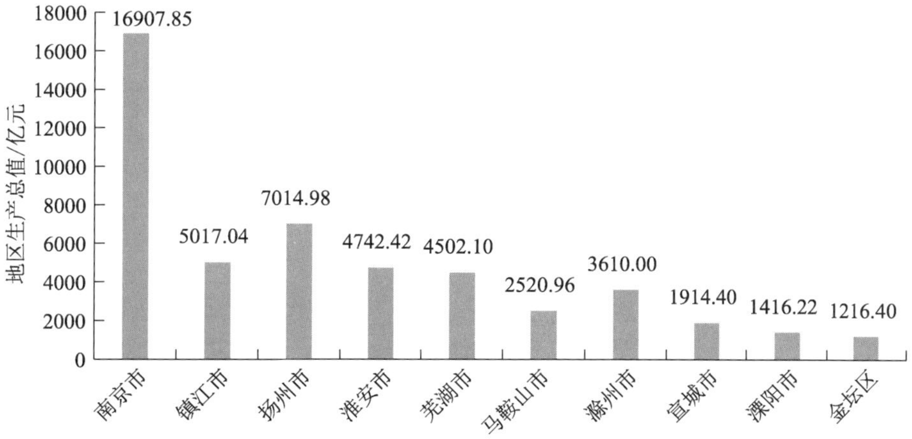

图1-4-1　2022年南京都市圈各地地区生产总值

表1-4-1　2018—2022年南京都市圈各地地区生产总值

单位：亿元

地区	2018年总值	2019年总值	2020年总值	2021年总值	2022年总值
南京市	12820.40	14050.00	14817.95	16355.30	16907.85
镇江市	3487.80	4077.30	4185.10	4763.40	5017.04
扬州市	5466.20	5799.10	6048.30	6696.40	7104.98
淮安市	3615.00	3840.20	4025.40	4550.10	4742.42
芜湖市	3282.00	3586.50	3714.10	4302.60	4502.13
马鞍山市	1923.70	2085.60	2102.70	2439.30	2520.96
滁州市	2594.10	2909.10	2946.80	3362.10	3610.00

续表

地区	2018 年总值	2019 年总值	2020 年总值	2021 年总值	2022 年总值
宣城市	1418. 90	1557. 40	1591. 40	1833. 90	1914. 40
溧阳市	935. 51	1010. 54	1086. 36	1261. 3	1416. 22
金坛区	801. 90	908. 60	973. 20	1101. 10	1216. 40

2022 年，南京市都市圈各市（区）地区生产总值中，南京市总量继续保持全国前十位置。

2022 年，镇江市实现超 5000 亿元。

2022 年，扬州市迈上 7000 亿元台阶，相比 2021 年增长了 408. 55 亿元，名义增长速度为 6. 1%。按可比价计算，实际同比增长 4. 3%。分产业来看，第一产业增加值为 326. 62 亿元，增长 2. 4%；第二产业增加值 3470. 02 亿元，增长 5. 7%；第三产业增加值 3308. 34 亿元，增长 3. 1%。

2022 年，淮安市按不变价格计算，比上年增长 3. 6%。分产业看，第一产业增加值 445. 42 亿元，增长 4. 2%；第二产业增加值 2011. 9 亿元，增长 5. 4%；第三产业增加值 2285. 1 亿元，增长 1. 9%。按常住人口计算，全市人均地区生产总值 104054 元。

2022 年，芜湖市比上年增长 4. 1%。分产业看，第一产业增加值 179. 25 亿元，增长 4. 3%；第二产业增加值 2135. 58 亿元，增长 5. 3%；第三产业增加值 2187. 3 亿元，增长 3%。

2022 年，马鞍山市比上年增长 4. 6%，高于全省 1. 1 个百分点，居全省第 3 位。其中第一产业增加值 109. 68 亿元，增长 3. 9%；第二产业增加值 1239. 36 亿元，增长 6. 6%；第三产业增加值 1171. 92 亿元，增长 2. 7%。

2022 年，滁州市比上年增加 247. 9 亿元。

2022 年，宣城市按不变价格计算，比上年增长 4. 2%。其中第一产业增加值 179. 6 亿元，增长 4. 4%；第二产业增加值 937. 3 亿元，增长 6. 3%；第三产业增加值 797. 5 亿元，增长 1. 9%。第一、二、三次产业增加值的比例为 9. 4∶48. 9∶41. 7。按常住人口计算，人均地区生产总值 76853 元（折合 11426 美元），增长 4. 4%。

2022 年，溧阳市比上年增长 4. 1%。其中第一产业增加值 55. 15 亿元，增长 3. 9%；第二产业增加值 753. 04 亿元，增长 5%；第三产业增加值 599. 69 亿元，增长 3. 1%。按户籍人口计算，全市人均地区生产总值 178308 元；按常住人口计算，全市人均地区生产总值 141867 元。三次产业增加值的比例由 2021 年的 4. 0∶52. 6∶43. 4 调整为 3. 9∶53. 5∶42. 6。公共财政预算收入占地区生产总值的比重达到 5. 1%。

2022 年，金坛区按可比价计算，同比增长 6. 8%。其中第一产业增加值 43. 49 亿元，增长 5. 5%；第二产业增加值 669. 2 亿元，增长 11. 7%；第三产业增加值 503. 71 亿元，增长 1. 4%。三次产业增加值比例为 3. 6∶55. 0∶41. 4。

第二节　产业发展情况

一、南京市产业发展情况

（一）新兴动能支撑强，规模以上高技术制造业产值同比增长 10. 9%

新兴产业蓬勃发展。2022 年南京高技术产业投资保持 5. 8%的平稳增长，高于全部固定资产投资 2. 3 个百分点。高技术产业投资拉动相关产业快速增长：2022 年，全市规模以上高技术制造业实现产值 4347. 33 亿元，增长 10. 9%，高于规模以上工业增速 5 个百分点。2022 年 1—11 月，规模以上高技术服务业营业收入增长 5. 2%，高于规模以上服务业增速 1. 8 个百分点。新能源汽车、锂离子电池、工业机器人、光纤等新产品产量增势良好，全年分别同比增长 184.3%、43%、25.4%、19.7%。

新兴业态释放活力。传统零售业数字化转型升级持续推进，消费场景和消费体验不断拓展提升，实体店铺商品零售保持增长，网络零售规模不断壮大。限额以上单位通过公共网络实现的商品零售额增长 21%，占商品零售额的比重为 27.2%，比上年提高 4.8 个百分点。在外贸环境复杂严峻的形势下，外贸新业态快速发展，展现出较强活力，全年数字贸易增长 17%，跨境电商规模占全省比重达 47.2%。

创新效能逐步释放。全市有效期内高新技术企业总数突破 9000 家，科技型中小企业 20215 家，增长 20.3%。知识产权创造数量和质量再提升，全市万人发明专利 120.75 件，其中万人高价值发明专利达 48.73 件。全市新增国家制造业单项冠军企业 4 家、国家专精特新“小巨人”企业 62 家、省级专精特新中小企业 362 家。

（二）结构优化步伐稳，现代服务业能级提升，绿色发展底色更亮

2022 年，服务业对全市经济增长贡献率为 68.1%，成为南京经济发展的“压舱石”。全市服务业增加值 10522.65 亿元，增长 2.2%，占全市地区生产总值比重达 62.2%，高于第二产业 26.3 个百分点。其中金融业、信息软件业等现代服务业能级有效提升，成为支撑经济增长的重要力量。

2022 年，金融业实现增加值 2199.95 亿元，增长 7.8%，高于地区生产总值增速 5.7 个百分点，占地区生产总值比重达 13%，较上年提升 0.8 个百分点。金融本外币存贷款余额、证券交易额、保费收入等再创新高，稳居全省首位。全年新增境内外上市企业 18 家，创历史新高，其中新增境内上市企业 14 家，专精特新板块企业 8 家。软件名城提质升级行动计划落实有力，全年信息传输、软件和信息技术服务业增加值增长 7%，增速位居各行业前列。

随着“双碳”战略加速落地，全市绿色发展步伐持续加快，经济“含绿量”不断提高。

切实落实能耗“双控”政策，占全市规模以上工业综合能耗 94% 的五大高耗能行业综合能耗下降 5.4%，降幅高于规模以上工业 0.6 个百分点；高耗能行业投资规模继续收缩，下降 5.3%。钢铁、石化等重化工产业占比持续降低，全年增加值占规模以上工业比重为 31%。

发电结构持续改善，新能源发电较快增长，风力和太阳能发电量分别比上年增长 2.7% 和 12.4%。

二、镇江市产业发展情况

（一）各产业增加值及增长情况

第一产业：2022 年增加值 163.87 亿元，增长 3.1%。表明镇江市农业等第一产业仍在稳步发展。

第二产业：2022 年增加值 2471.61 亿元，增长 3.5%。说明镇江市工业等第二产业发展势头较强，对整体经济贡献较大。

第三产业：2022 年增加值 2381.56 亿元，增长 2.2%。表明镇江市服务业等第三产业发展速度相对较慢，但仍保持稳定增长。

（二）产业结构调整

镇江市 2022 年三次产业比例调整为 3.3∶49.3∶47.4。说明镇江市正逐步优化产业结构，第二产业和第三产业占比较大，经济发展趋于多元化。

三、扬州市产业发展情况

2022 年，扬州市工业生产稳步增长，持续完善重点优势产业发展“十个一”工作机制，服务业发展提质增效，农业生产保持稳定，实现粮食生产“十九连丰”。

（一）农业生产保持稳定

粮食生产保持平稳。2022 年，全市粮食播种面积 583 万亩，增长 0.3%。粮食总产 287.62 万吨，增长 0.2%。生猪产能基本恢复。全市年末生猪存栏 60.76 万头，其中能繁母猪存栏 6.53 万头。累计出栏生猪 110.69 万头。蔬菜生产平稳增长。全市蔬菜播种面积 95.5 万亩，增长 2.9%；蔬菜总产 242.04 万吨，增长 3.1%。

（二）工业生产稳步增长

2022 年，全市规模以上工业增加值增长 8.7%

增幅居全省第 3 位，规模以上工业总产值增长 12.7%。34 个行业大类中，28 个行业实现增长，增长面达 82.4%。其中电气机械和器材制造业工业总产值增长 31.5%，铁路、船舶、航空航天和其他运输设备制造业增长 23.6%，计算机、通信和其他电子设备制造业增长 22.1%。

（三）服务业恢复向好

2022 年，全市规模以上服务业实现营业收入 706.4 亿元，增长 14.5%。其中文化、体育和娱乐业持续向好，增长 69.2%；租赁和商务服务业、科学研究和技术服务业保持较快增长，分别增长 24.9%、24.1%。

四、淮安市产业发展情况

（一）产业结构

第一产业（农业）：2022 年增加值 445.42 亿元，增长 4.2%。表明淮安市农业产出保持稳定，有利于地区粮食安全与供给。

第二产业（工业、建筑业）：2022 年增加值 2011.9 亿元，增长 5.4%。说明淮安市工业生产和建筑业得到了较好发展，为整体经济增长作出了较大贡献。

第三产业（服务业）：2022 年增加值 2285.1 亿元，增长 1.9%。尽管增长速度相对较慢，但第三产业在总体经济中占比最高，反映出淮安市服务业在经济中的重要地位。

（二）产业结构比例

2022 年，全市三次产业结构比例优化调整为 9.4∶42.4∶48.2。表明淮安市经济结构正在逐步优化，服务业占比提高，有利于提升经济发展质量。

五、芜湖市产业发展情况

（一）农业生产形势平稳，粮食产量再创新高

2022 年，全市实现农林牧渔业总产值 328.15 亿元，增长 4.5%。主要农产品中，粮食产量 139.6 万吨，增长 0.8%；蔬菜产量 179.04 万吨，增长 4%；水产品产量 18.49 万吨，增长 5%；肉类产量 18.48 万吨，增长 4.3%。

（二）工业经济持续发展，重点产业增长较快

2022 年，全市规模以上工业增加值增长 6.6%，比全省高 0.5 个百分点。四大支柱产业增加值增长 9.5%，其中汽车及零部件产业增长 28.6%。战略性新兴产业产值增长 15.6%，比全省高 1.8 个百分点；高技术制造业增加值增长 47.6%，比全省高 37.3 个百分点。主要工业产品中，汽车产量为 111.1 万辆，增长 36.5%，其中新能源汽车产量增长 125.8%。全市规模以上工业企业实现营业收入 6320.6 亿元，增长 9.9%；营收利润率达 6%，均高于全省平均水平。

（三）服务业占比提升，优势领域增势良好

2022 年，全市服务业增加值增长 3%，比全省高 0.8 个百分点；服务业占地区生产总值比重达 48.6%，比上年提高 0.2 个百分点。全市规模以上服务业营业收入 1002.13 亿元，增长 8.7%。以信息传输、软件和信息技术服务业、商务服务业为代表的规模以上其他营利性服务业营业收入占全省 24.1%。

六、马鞍山市产业发展情况

（一）农业生产保持稳定，畜牧业产量平稳增长

2022 年，全市实现农业总产值 191.34 亿元，增长 4.3%。粮食产量实现“十九连丰”，达 106.8 万吨，增长 0.7%。畜牧业产量平稳增长，禽肉产量 5.2 万吨，增长 1.3%；禽蛋产量 3.5 万吨，增长 6.8%；牛奶产量 5.8 万吨，增长 4.9%。

（二）工业经济较快增长，企业效益下滑

2022 年，全市规模以上工业增加值增长 7.7%。36 个工业大类行业中，有 22 个行业增长，行业增长面 61.1%。22 个行业规模以上工业增加值增长 18%，拉动全市规模以上工业增加值增长 10.7 个百分点。其中增速较快的行业有仪器仪表制造业（增长 2.1 倍），皮革、毛皮、羽毛及其制品和制鞋业（91.5%），燃气生产和供应业（58.4%）等。从三大门类看，采矿业规模以上工

业增加值增长 12.3%，制造业增长 6.7%，电力、热力、燃气及水生产和供应业增长 17.5%。从经济类型看，国有控股企业增加值增长 8.8%，股份制企业增长 5.7%，外商及港澳台商投资企业增长 8.5%。

（三）服务业运行态势良好，新增企业势头强劲

2022 年 1—11 月，全市规模以上服务业企业营业收入比上年同期增长 11.5%，高于全省 4.8 个百分点；十大行业门类营业收入有 70%呈正增长，其中增速较高的有水利、环境和公共设施管理业（增长 73%）、科学研究和技术服务业（38.7%）等。新增企业发展势头强劲。全市新增 44 家规模以上服务业企业，营业收入增长 52.9%，高于全部规模以上服务业企业营收 41.4 个百分点，拉动规模以上服务业企业营收增长 2.8 个百分点；实现营业利润增长 77.4%，高于全部规模以上服务业企业营业利润增速 106.3 个百分点，拉动规模以上服务业企业营业利润增长 1.3 个百分点。

七、滁州市产业发展情况

（一）农林牧渔业总产值平稳增长

2022 年，全市共实现农林牧渔业总产值 540.2 亿元，增长 4.2%，低于全省平均增幅 0.3 个百分点，居全省第 10 位，总量占全省农林牧渔业总产值的 8.6%。其中第一产业产值 494.6 亿元，增长 3.8%。

（二）工业方面

2022 年，滁州市已经形成光伏、半导体、汽车及装备制造、新能源电池、医药器械、智能家电、新型化工、健康食品等八大产业链。支柱产业企业数 1441 家，占全市规模以上工业企业数的 67.5%，实现产值 3650 亿元，占全市规模以上工业总产值的 77.9%。2020—2022 年，连续三年战略性新兴产业综合考核均居全省前列。滁州市致力于打造“世界光伏之都”，已建立硅片、光伏玻璃、光伏电池、光伏组件、逆变器、光伏边框、封装胶膜、光伏背板等日趋完整的产业链，2022 年产值突破 800 亿元，占全省半壁江山。

滁州市积极构建现代服务业体系，深入推进先进制造业和现代服务业深度融合，重点发展商贸流通、文化创意、休闲旅游、健康养生、现代物流、金融服务、商务服务、科技服务、电子商务九大服务业。与此同时，积极推动服务业集聚发展。

八、宣城市产业发展情况

（一）农产品产量保持稳定，畜牧业生产稳定增长

2022 年，粮食总产量 126.8 万吨，比上年下降 1.5%。其中夏粮产量 22.3 万吨，增长 1%；早稻产量 8.6 万吨，增长 2.1%；秋粮产量 95.9 万吨，下降 2.4%。蔬菜产量 59.4 万吨，增长 3.3%；油料产量 7.1 万吨，增长 5.7%；茶叶产量 3.8 万吨，增长 1.8%。肉类总产量 32.9 万吨，增长 4.3%。其中猪肉产量 7.3 万吨，增长 4.2%；禽肉产量 25.1 万吨，增长 4.3%。禽蛋产量 5.8 万吨，增长 6.1%。

（二）工业生产增长较快，高技术和装备制造业增势良好

2022 年，规模以上工业增加值增长 9.2%，比全省高 3.1 个百分点，居全省第 4 位。分经济类型看，国有控股企业增加值增长 11.4%，股份制企业增长 9.3%，外商及港澳台商投资企业增长 7.6%。分三大门类看，采矿业增加值增长 5.1%，制造业增长 8.6%，电力、热力、燃气及水生产和供应业增长 18.9%。高技术制造业增加值增长 8.1%，其中医疗仪器设备及仪器仪表制造业、电子及通信设备制造业增加值分别增长 28.3% 和 15.8%。装备制造业增加值增长 16.1%，比全省高 3.3 个百分点，增加值占规模以上工业增加值比重由上年的 35.2%提升至 36.2%。

（三）服务业保持增长，重点行业活力释放

2022 年，服务业增加值增长 1.9%。其中金融业、批发和零售业增加值分别增长 8%和 4.6%。1—11 月，规模以上其他营利性服务业企业营业收入 22.2 亿元，增长 14.5%。其中软件和信息技术服务营业收入增长 35.6%，科学研究和技术服务

营业收入增长 24.4%。

九、溧阳市产业发展情况

（一）大力发展现代农业

2022 年，新建高标准农田 2 万亩以上，农业规模化、产业化、品牌化发展水平不断提升。以现代农业产业园为核心，全力打造“研发+种植+加工+营销”全产业链开发的城乡产业协同平台，实施农业生产“三品一标”提升行动，全力培育国家级农业龙头企业，强化农产品品牌建设，推进电子商务与农产品生产加工、乡村旅游、乡村文化等农村产业融合发展。深化“三产融合”，因地制宜助力乡村旅游、休闲农业、文化体验、电子商务等新产业新业态蓬勃发展。

（二）加快发展工业经济

2022 年，实现工业总产值 3064.27 亿元，增长 30.8%；营业收入 3503.34 亿元，增长 38.2%。其中动力电池、绿色精品钢、智能电网、智能装备等“2+2+X”重点产业产值占规模以上工业总产值比重提升至 80.4%，动力电池产业产值突破千亿，增长 126.6%。

以打造特色“2+2+X”产业集群和培育韧性产业链为抓手，坚持招引“精、美、优”高质量项目和培育自主品牌与本土企业相结合，产业治理迈入新阶段。全市工业经济总量创造历史新高，规模以上工业总产值增幅位列常州市第一，先进制造产业比重稳步上升，其中“2+2+X”产业产值占规模以上总产值比重 80.4%，产业能级大幅提升。全市充分发挥链主及龙头企业牵引优势，紧盯强链补链环节，大力开展产业链招商和科技招商，强化上下游配套企业招引和建设，建成溧阳首个千亿级动力电池产业集群，高端不锈钢、智能电网、智能装备制造等产业规模分别向 1000 亿元、600 亿元和 300 亿元迈进。

突出数字经济发展关键增量，以建设全省首批制造业高质量发展示范区为抓手，加快重点企业“智改数转”步伐，促进数实深度融合，制造业转型升级步伐加快。持续加大市级专项扶持资金兑现力度和省级专项扶持资金申请力度，助力企业装备升级、小升规、数字化建设，高新技术企业和入选省级专精特新的中小企业数量持续增加。深化工业企业效益综合评价工作，强化结果运用“腾笼换鸟”，加快融入主导产业链供应链。实施工业园区更新行动，深化治理“危污乱散低”企业和出清“困境企业”，将用地、服务、资金等资源要素向企业的优势项目倾斜，为产业焕新、新兴产业发展集聚要素资源。

十、金坛区产业发展情况

（一）产业跃升，规模以上工业总产值增速位居全市前列

2022 年，工业经济势头强劲。全区实现规模以上工业增加值 553 亿元，增长 22.4%，增速位居常州第一。规模以上工业总产值 1971 亿元，增长 28.4%，增速位居常州前列，其中新能源汽车产业产值增长 138.8%，新能源产业产值增长 32.3%。工业用电量 67.95 亿千瓦时，增长 19.1%，增速位居常州第一。2023 年，始终以“五大行动”为抓手，坚持“项目为王”，聚焦招引主攻方向，集中力量培育新能源、新能源汽车两大千亿级地标产业。

（二）创新驱动，汇聚高质量发展动能

2022 年，在江苏独角兽企业评估结果中，金坛区的中创新航、厚生新能源等 7 家企业跻身省（潜在）独角兽企业名单，入选企业数量创历史新高。共有国家级载体 2 家、省级载体 5 家、市级载体 15 家。

2022 年，高新技术产业产值 1366 亿元，增长 54.9%；战略性新兴产业产值 1185 亿元，增长 65.9%。

第三节 财政收入情况

财政收入的多少，决定了一个地区经济发展的水平与质量。近年来，南京都市圈在经济发展的基础上，经济发展形势逐步好转，但由于受新冠疫情的影响，各地财政收入都有一定的波动。2018—2022年南京都市圈各地一般公共预算收入见表1-4-2。

表1-4-2 2018—2022年南京都市圈各地一般公共预算收入

单位：亿元

地区	2018年	2019年	2020年	2021年	2022年
南京市	1470.00	1580.00	1637.30	1729.50	1558.20
镇江市	301.50	306.85	311.74	327.56	303.96
扬州市	340.03	328.79	337.27	344.00	325.49
淮安市	247.30	257.30	264.20	297.00	300.08
芜湖市	318.10	321.79	331.37	361.20	388.40
马鞍山市	270.66	284.62	300.70	196.50	204.90
滁州市	324.50	357.10	371.80	250.90	277.85
宣城市	240.10	254.70	168.40	182.80	188.50
溧阳市	61.40	62.00	64.02	71.11	81.09
金坛区	56.55	57.73	55.82	60.03	51.30

2022年，南京都市圈各地一般公共预算收入中，南京市完成1558.2亿元，同口径增长0.1%，其中税收收入1208.9亿元，同口径下降5.9%。全年退减免缓税费708亿元（其中留抵退税470亿元），惠及市场主体75万户。

镇江市一般公共预算收入受到留抵退税因素影响，相比2021年有所下降。

扬州市一般公共预算收入同比下降5.4%。税收收入238.14亿元，下降13.3%，税收占一般公共预算收入比重为73.2%。主体税种中，增值税89.48亿元，下降24%；企业所得税39.37亿元，下降10.5%；个人所得税12.65亿元，增长16.7%。

淮安市一般公共预算收入同比增长1%，同口径增长7.9%，其中税收收入完成210亿元，税收占比70%。

芜湖市一般公共预算收入增长9.5%。全年完成一般公共预算支出582.88亿元，增长15.8%。其中农林水事务支出47.26亿元，增长16.9%；教育支出88.94亿元，增长5.4%；社会保障和就业支出74.02亿元，增长23.1%；卫生健康支出53.26亿元，增长17.3%；科学技术支出73.04亿元，增长4.1%；交通运输支出16.55亿元，增长49.6%。

马鞍山市一般公共预算收入比上年增长6.9%。其中税收收入138.9亿元，增长1.5%，占一般公共预算收入比重为67.8%。财政支出317.82亿元，增长10.6%。其中民生支出264.29亿元，增长7.7%；社会保障和就业支出40.94亿元，增长10.4%。

滁州市一般公共预算收入扣除留抵退税因素后，增长13.3%。从收入来源结构看，各项税收完成148.5亿元，扣除留抵退税因素后，增长5.1%，占全部一般公共预算收入的53.5%。

宣城市一般公共预算收入扣除留抵退税因素后，增长4.9%，按自然口径计算增长3.1%。其中税收收入120.1亿元，扣除留抵退税因素后增长8.7%，按自然口径计算增长5.8%。一般公共预算支出348.3亿元，增长10.6%。其中交通运输支出增长36.2%，一般公共服务支出增长32.9%，社会保障和就业支出增长16.4%，教育支出增长5.2%，农林水事务支出增长5.1%，卫生健康支出增长3.8%。

溧阳市一般公共预算收入同口径增长6%，税收占比为83.4%。收入总量、同口径增幅、税比分列常州市第三、第一和第四位。财政总收入（含政府性基金收入、国有资本经营收入和上划中央四税）完成410.87亿元，同口径增长1.6%。

金坛区一般公共预算收入扣除留抵退税后增长5%。税收收入41.03亿元，占一般公共预算收入的比重为80%。其中个人所得税4.87亿元，增长55.8%；企业所得税7.43亿元，增长10.4%；增值税5.54亿元，下降62.2%。

第四节　居民收入情况

为了让居民从改革发展中获得更多的福利，南京都市圈各地都在积极谋划分配方式与分配比例的改善，让更多的人都能不断提高收入水平，并不断改善生活质量。2018—2022年南京都市圈各地居民人均可支配收入见表1-4-3。

表1-4-3　2018—2022年南京都市圈各地居民人均可支配收入

单位：元

地区	2018年	2019年	2020年	2021年	2022年
南京市（城）	59308	64372	67553	73593	76643
南京市（农）	25263	27636	29621	32701	34664
镇江市（城）	48903	52713	54572	59204	61552
镇江市（农）	24687	26785	28402	31354	33129
扬州市（城）	41999	45550	47202	50947	53673
扬州市（农）	21457	23333	24813	27354	29332
淮安市（城）	35828	38952	40318	43954	46041
淮安市（农）	17058	18567	19730	21884	23404
芜湖市（城）	38397	42064	44588	48668	51481
芜湖市（农）	20649	22745	24473	27202	29210
马鞍山市（城）	45108	49010	51804	56440	59420
马鞍山市（农）	21267	23473	25421	28331	30363
滁州市（城）	31230	34091	36051	39025	41043
滁州市（农）	13127	14487	15732	17400	18630
宣城市（城）	36554	39975	42134	46115	48596
宣城市（农）	16013	17542	18928	20565	22060
溧阳市（城）	49489	53478	55478	60560	63152
溧阳市（农）	25908	28292	30083	33371	35306
金坛区（城）	50770	54933	57097	62316	65120
金坛区（农）	26283	28701	30518	33796	35776

2022年，南京市全体居民人均可支配收入69039元，增长4.4%。其中工资性收入43105元，增长4.1%；经营净收入7212元，增长3.7%；财产净收入7063元，增长2.9%；转移净收入11659元，增长6.9%。按照常住地分，城镇居民人均可支配收入76643元，增长4.1%；农村居民人均可支配收入34664元，增长6%。全体居民人均消费支出40313元，增长3.1%。按常住地分，城镇居民人均消费支出43629元，增长2.7%；农村居民人均消费支出25322元，增长5.5%。全体居民恩格尔系数为26%，其中城镇为25.5%，农村为29.8%。

2022年，镇江市全体常住居民人均可支配收入52615元，增长4.5%。其中工资性收入32745元，增长4.8%；经营净收入6978元，增长2.7%；财产净收入4854元，增长1.6%；转移净收入8038元，增长6.6%。全体常住居民人均消费支出32079元，增长4.2%。按常住地分，城镇常住居民人均可支配收入61552元，增长4%；城镇常住居民人均消费支出35071元，增长3.2%。农村常住居民人均可支配收入33129元，增长5.7%；农村常住居民人均消费支出25556元，增长7%。

2022年，扬州市全体居民人均可支配收入44828元，增长6%。其中工资性收入27003元，增长6.2%；经营净收入7084元，增长4.8%；财产净收入3503元，增长4%；转移净收入7238元，增长7.5%。城镇居民人均可支配收入53673元，增长5.4%。其中工资性收入32419元，增长5.5%；经营净收入7267元，增长4.1%；财产净收入5115元，增长3.5%；转移净收入8872元，增长6.8%。农村居民人均可支配收入29332元，增长7.2%。其中工资性收入17514元，增长7.4%；经营净收入6763元，增长6.1%；财产净收入679元，增长3.3%；转移净收入4376元，增长8.8%。全体居民人均消费支出27581元，增长5.7%。城镇居民人均消费支出30888元，增长4.4%。农村居民人均消费支出21786元，增长8.7%。

2022年，淮安市全体居民人均可支配收入36706元，增长5.7%。其中工资性收入20615元，增长5.9%；经营净收入7259元，增长3.5%；财产净收入2844元，增长1.5%；转移净收入5988元，增长10%。按常住地分，城镇居民人均可支配收入46041元，增长4.7%；农村居民人均可支配收入23404元，增长6.9%。城乡居民收入比值为1.97，较上年缩小0.04。全体居民人均消费支出20826元，增长4.9%。分常住地看，城镇居民人均消费支出24785元，增长3.6%；农村居民人均消费支出15184元，增长7%。

2022年，芜湖市全体居民人均可支配收入43145元，增长6.5%。按常住地分，城镇常住居民人均可支配收入51481元，增长5.8%；人均消费支出29518元，增长1%。城镇居民的恩格尔系数为31.1%，人均住房建筑面积36.6平方米。农村常住居民人均可支配收入29210元，增长7.4%；人均消费支出19086元，增长6.1%。农村居民的恩格尔系数为34.6%，人均住房建筑面积44.1平方米。

2022年，马鞍山市全体居民人均可支配收入49377元，增长6.1%。其中城镇居民人均可支配收入59420元，居全省首位，增长5.3%；农村居民人均可支配收入30363元，居全省首位，增长7.2%。城乡差距进一步缩小，城乡居民收入比为1.96，比上年缩小0.03。

2022年，滁州市城镇居民人均可支配收入41043元，增长5.2%；人均消费性支出21318元，比上年增长0.8%。城镇居民的恩格尔系数为30.9%。全年农村居民人均可支配收入18630元，增长7.1%；人均生活消费支出15079元，增长3.8%。农村居民的恩格尔系数为34.1%。

2022年，宣城市全体居民人均可支配收入35897元，增长6.5%，扣除价格因素实际增长4.1%。按常住地分，城镇居民人均可支配收入48596元，增长5.4%，扣除价格因素实际增长3%。农村居民人均可支配收入22060元，增长7.3%，扣除价格因素实际增长4.9%。城乡居民人均可支配收入比值为2.2，比上年缩小0.04。城镇居民人均消费支出29259元，增长5%，扣除价格因素实际增长2.6%；农村居民人均消费支出17089元，增长6.2%，扣除价格因素实际增长3.8%。

2022年，溧阳市全体居民人均可支配收入51904元，增长4.8%。其中城镇居民人均可支配收入63152元，增长4.3%；农村居民人均可支配收入 35306 元，增长 5.8%。城乡居民收入比 1.79，较上年缩小 0.02。

2022 年，金坛区全体居民人均可支配收入 53546 元，增长 5%。其中城镇居民人均可支配收入 65120 元，农村居民人均可支配收入 35776 元，分别增长 4.5%和 5.9%，农村居民收入增幅高出城镇居民 1.4 个百分点，城乡居民收入差距不断缩小。

第二篇

市域经济社会发展

第一章　南京市经济社会发展情况

2022年，南京市经济社会发展总体实现稳中有进，创新驱动形成标杆，产业结构持续优化，环境质量日趋改善，民生事业扎实推进，切实扛起“争当表率、争做示范、走在前列”光荣使命，“强富美高”新南京现代化建设迈出坚实步伐。

第一节　经济发展基本情况

一、综合概况

经济总量继续扩大。全市全年实现地区生产总值16907.85亿元，按可比价格计算同比增长2.1%。2018—2022年南京市地区生产总值及其增长速度见图2-1-1。其中第一产业增加值315.56亿元，增长3.4%；第二产业增加值6069.64亿元，增长1.7%；第三产业增加值10522.65亿元，增长2.2%。三次产业结构比调整为1.9∶35.9∶62.2，见图2-1-2。人均地区生产总值178781元，增长1.1%。2022年南京市辖各区经济发展情况见图2-1-3。

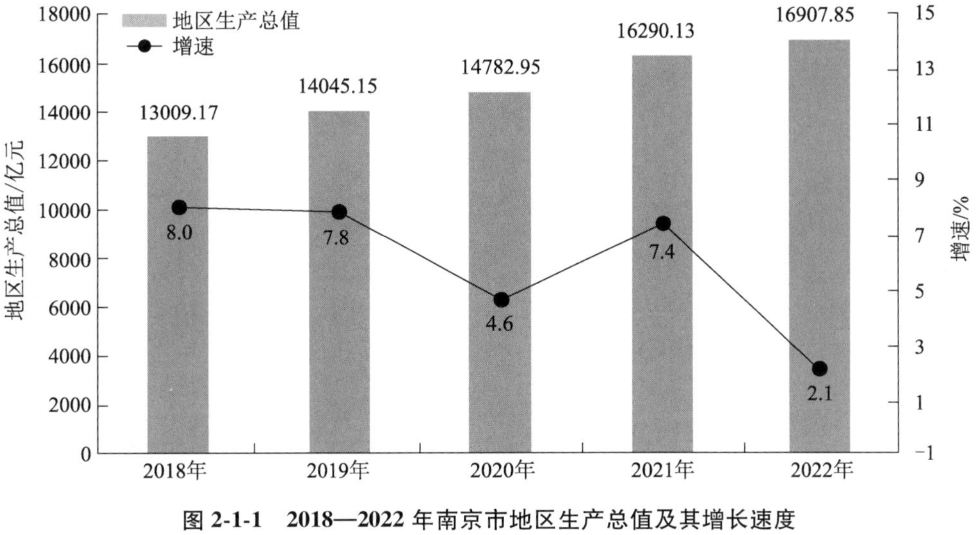

图2-1-1　2018—2022年南京市地区生产总值及其增长速度

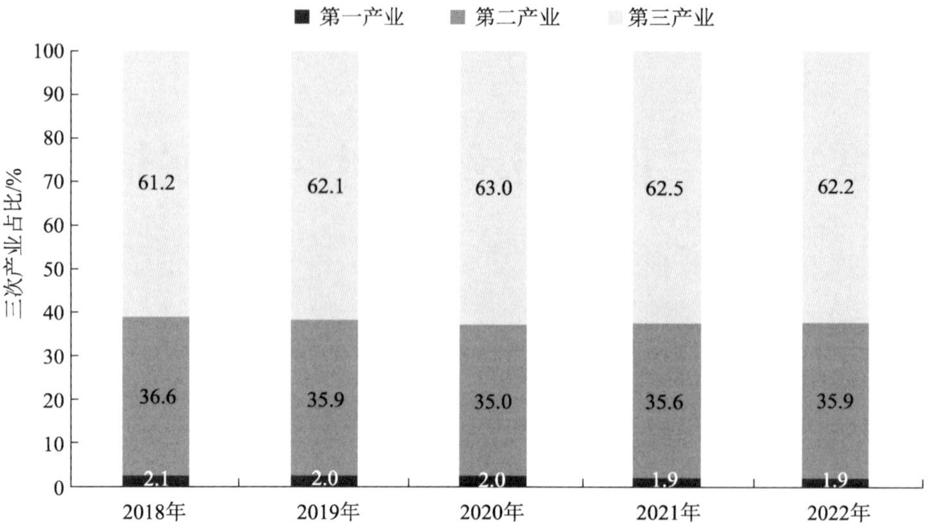

图 2-1-2　2018—2022 年南京市三次产业结构比例

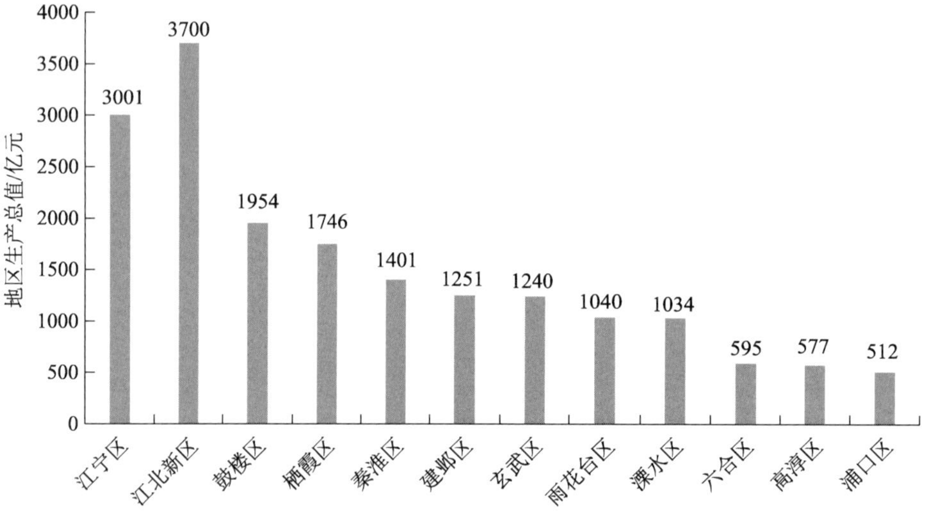

图 2-1-3　2022 年南京市辖各区经济发展情况

常住人口保持增长。年末全市常住人口 949.11 万人，比上年末增加 6.77 万人，增长 0.72%。其中城镇人口 825.8 万人，占总人口比重（常住人口城镇化率）87.01%，比上年提升 0.11 个百分点。全年常住人口出生率为 6.01‰，死亡率为 4.58‰，自然增长率为 1.43‰。

就业形势基本稳定。全年城镇新增就业 21.85 万人。年末城镇登记失业率控制在省定标准内。全年支持成功自主创业人数达 5.09 万人，引领大学生创业 6113 人，新增就业参保大专以上人群 37.69 万人。

居民消费价格温和上涨。全年居民消费价格上涨 2.2%。分类别看，食品烟酒类上涨 2.7%，衣着类上涨 1.4%，居住类上涨 0.8%，生活用品及服务类上涨 2.9%，交通通信类上涨 4.1%，教育文化娱乐类上涨 2.1%，医疗保健类上涨 2.6%，其他用品及服务类上涨 1.8%。全年工业生产者出厂价格上涨 2.7%。其中轻工业上涨 0.3%，重工业上涨 3.2%；生产资料价格上涨 3.7%，生活资料价格下跌 1.1%。工业生产者购进价格上涨 4.7%。2022 年南京市居民消费价格月度涨跌幅度见图 2-1-4，全年居民消费和商品零售价格涨跌幅度见表 2-1-1。

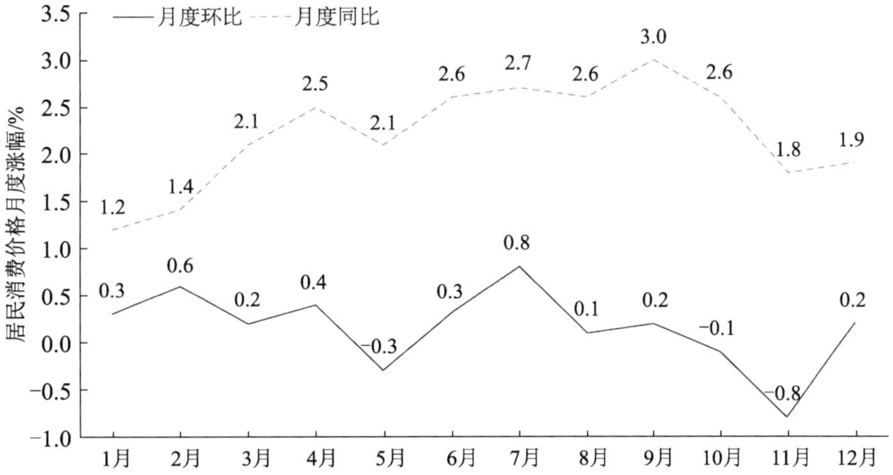

图 2-1-4　2022 年南京市居民消费价格月度涨跌幅度

表 2-1-1　2022 年南京市居民消费和商品零售价格涨跌幅度

指标	2021 年涨跌幅度/%	2022 年涨跌幅度/%
居民消费价格	1.5	2.2
# 食品烟酒	1.4	2.7
衣着	1.0	1.4
居住	1.0	0.8
生活用品及服务	1.5	2.9
交通通信	4.0	4.1
教育文化娱乐	0.5	2.1
医疗保健	0.9	2.6
其他用品及服务	1.4	1.8
商品零售价格	2.1	2.6

市场主体总量提升。年末各类市场主体累计 172.8 万户，比上年末增长 8.6%。其中外商投资企业 1.02 万户，增长 2.5%；个体工商户 105.9 万户，增长 10.7%。全年经工商登记新设立各类市场主体 25.65 万户，其中新设立企业 9.32 万户。

二、农业

农业生产稳步推进。全年农林牧渔业总产值 525.65 亿元，增长 4.3%。其中农业产值 282.57 亿元，增长 4.1%；林业产值 24.02 亿元，增长 7.1%；牧业产值 26.34 亿元，增长 25.3%；渔业产值 149.58 亿元，下降 0.4%；农林牧渔专业及辅助性活动产值 43.14 亿元，增长 11.1%。

粮食产量稳中有增。全年粮食播种面积 207.32 万亩，增加 2.44 万亩；粮食总产量 99.03 万吨，增产 0.6%。其中夏粮播种面积 65.4 万亩，增加 1.44 万亩；夏粮总产量 21.64 万吨，增产 3%；秋粮播种面积 141.92 万亩，比上年增加 1 万亩；秋粮总产量 77.39 万吨，减产 0.1%。蔬菜播种面积 121.29 万亩，比上年增加 0.47 万亩；总产量 279.29 万吨，增产 0.4%。

现代农业较快发展。全年新增高标准农田 3.37 万亩，耕地质量提升综合示范区 1 万亩以上，设施蔬菜园艺 1.26 万亩，新培育市级以上示范家庭农场 96 家，累计发展市级以上龙头企业 236 家。全年休闲农业接待游客 3400 万人次，实现综合收入达 140 亿元。

三、工业和建筑业

工业规模站上新台阶。全年规模以上工业总

产值15320.88亿元，增长5.9%，企业产销率达98.8%。分经济类型看，国有控股企业产值增长3.3%，股份制企业增长6.9%，外商及港澳台商投资企业增长2.8%，私营企业增长8.7%。分门类看，采矿业增长33.1%，制造业增长5.1%，电力、热力、燃气及水生产和供应业增长31.7%。分规模看，大中型企业增长6.7%，小微型企业增长4.1%。

新动能持续增强。规模以上高技术制造业产值占全市规模以上工业总产值比重为28.4%，比上年提高0.7个百分点。其中电子及通信设备制造业增长12.6%，计算机及办公设备制造业增长11.8%。装备制造业产值增长7.8%，占全市规模以上工业总产值比重为52.5%，比上年提高0.9个百分点，其中电气机械及器材制造业增长24.1%。新能源汽车、锂离子电池、工业机器人等绿色、智能产品产量增长较快，分别比上年增长184.3%、43%、25.4%。规模以上工业战略性新兴产业产值占规模以上工业总产值比重达41.4%。2022年南京市主要工业产品产量情况见表2-1-2。

表2-1-2　2022年南京市主要工业产品产量情况

产品名称	计量单位	绝对数	比上年增长/%
水泥	吨	6400703	-12.5
生铁	吨	16526241	-5.5
粗钢	吨	18699972	4.7
钢材	吨	17898475	-5.3
汽车用发动机	千瓦	59321350	-13.3
医疗仪器设备及器械	台	1300925	-19.1
工业机器人	套	27906	25.4
汽车	辆	363399	1.9
#新能源汽车	辆	154999	184.3
城市轨道车辆	辆	1377	-37.5
民用钢质船舶	载重吨	536400	410.6
光纤	千米	5856252	19.7
光缆	芯千米	12976549	-8.7
锂离子电池	只	2549856565	43.0
电子计算机整机	台	758046	-5.1
显示器	台	6521240	-19.8
智能电视	台	1746863	5.2
集成电路	万块	573771	9.5
光电子器件	万只（片、套）	13574	-35.6
电子元件	万只	524070	6.1

建筑业保持平稳增长。全年列入统计具有资质等级的总承包和专业承包建筑业企业完成建筑业总产值5083.02亿元，增长3.4%，其中土木工程建筑业增长14.1%，建筑安装业增长4.8%。全年建筑业企业签订的合同总额为10555.17亿元，增长3.2%；房屋施工面积31090.5万平方米，增长17.5%。

四、固定资产投资和房地产业

投资规模平稳增长。全年完成固定资产投资5874.92亿元，增长3.5%。分产业看，第一产业投资下降50.9%；第二产业投资增长11.1%，其中工业投资增长11%；第三产业投资增长1.9%。

投资结构持续优化。高技术投资增长5.8%，占固定资产投资比重达17.8%，比上年提升0.4个百分点。其中航空航天器及设备制造业、电子及通信设备制造业、电子商务服务、研发与设计服务分别增长22.4%、14.6%、48.2%和17.2%。民生领域投资加强，全年教育行业投资同比增长26.2%，卫生和社会工作投资增长3.3%。

房地产市场有所承压。全年完成房地产开发投资2758.77亿元，增长1.4%。其中住宅投资2052.38亿元，增长6.2%。全年商品房销售面积942.32万平方米，比上年下降37.6%。其中住宅销售面积791.96万平方米，下降42.3%。年末商品房待售面积263.67万平方米，其中商品住宅待售面积96.72万平方米，比上年末减少20.54万平方米。全年建成保障房383万平方米，筹集保障性租赁住房5.1万余套（间）。

五、国内贸易

消费品市场逐步恢复。全年完成社会消费品零售总额7832.41亿元，比上年下降0.8%。实体店铺商品零售继续恢复，全年限额以上零售业实体店商品零售额增长1.3%，其中专业店、专卖店商品零售额分别增长2.7%和7.6%。全年限额以上单位商品零售额中，汽车类同比增长11.3%，化妆品类、体育及娱乐用品类、家用电器和音像器材类分别增长15.4%、29.6%和9.8%（表2-1-3）。

表2-1-3　2022年南京市按商品分类限额以上批发零售企业消费品零售情况

指标	绝对数/亿元	比上年增长/%
粮油、食品类	457.51	-22.7
饮料类	54.03	1.6
烟酒类	159.68	7.6
服装、鞋帽、针纺织品类	339.55	-3.4
化妆品类	78.32	15.4
金银珠宝类	146.79	1.4
日用品类	325.61	-9.9
五金、电料类	32.68	-18.9
体育及娱乐用品类	37.67	29.6
书报杂志类	111.97	0.6
电子出版物及音像制品类	7.75	594.3
家用电器和音像器材类	562.96	9.8
中西药品类	102.72	5.0
文化办公用品类	210.35	-10.6
家具类	19.40	-32.0
通讯器材类	219.51	-11.0
石油及制品类	388.29	9.2
建筑及装潢材料类	96.91	-25.5
机电产品及设备类	16.98	-8.6
汽车类	921.38	11.3

绿色智能产品持续旺销。全年智能手机零售额增长268.9%，智能家用电器和音像器材增长205.8%，新能源汽车同比增长171.3%。全市限额以上单位通过公共网络实现的商品零售额为

1188.47亿元，增长21%，占商品零售额的比重为27.2%，份额比上年提升4.8个百分点。

六、交通、邮电和旅游业

交通运输业承压前行。全年货物运输总量45758.32万吨，比上年下降7.3%；货物周转量3848.75亿吨公里，增长0.1%。其中公路货物运输量下降14.7%，水运货物运输量增长2.5%，民航货物运输量下降26.3%（表2-1-4）。全年旅客运输总量8625.46万人次，下降24.9%；旅客运输周转量106.92亿人公里，下降32.9%（表2-1-5）。全年新增地铁线路长度22.4公里，总长达449公里。全年地铁实现客运量7.67亿人次，下降12.8%，地铁线网日均客流量为212.98万乘次，单日最高客流量为358.3万乘次。

表2-1-4　2022年南京市各种运输方式完成货物运输量情况

指标	计量单位	绝对数	比上年增长/%
货物运输总量	万吨	45758.32	-7.3
公路	万吨	20834.34	-14.7
水运	万吨	19455.58	2.5
铁路	万吨	600.20	-12.3
民航	万吨	4.25	-26.3
管道	万吨	4863.95	-7.5
机场货邮吞吐量	万吨	37.79	5.2
港口货物吞吐量	万吨	27226.50	1.1
其中：外贸吞吐量	万吨	2955.25	-7.9
港口集装箱吞吐量	万标箱	320.02	2.9
货物运输周转量	万吨公里	38487473.37	0.1
公路	万吨公里	2898163.06	-11.9
水运	万吨公里	35087424.48	1.3
铁路	万吨公里		
民航	万吨公里	6511.91	-23.1
管道	万吨公里	495373.92	1.9

注：2020年开始，铁路货运量统计口径调整为货物发送量，表中货物运输周转量合计中不包括铁路货运周转量。

表2-1-5　2022年南京市各种运输方式完成旅客运输量情况

指标	计量单位	绝对数	比上年增长/%
旅客运输总量	万人次	8625.46	-24.9
公路	万人次	4870.80	-13.2
铁路	万人次	3180.60	-36.5
水运	万人次	58.80	39.2
民航	万人次	515.26	-37.6
机场旅客吞吐量	万人	1214.05	-31.1
旅客运输周转量	万人公里	1069220.87	-32.9
公路	万人公里	303320.40	-31.1

续表

指标	计量单位	绝对数	比上年增长/%
铁路	万人公里		
水运	万人公里	271.50	102.1
民航	万人公里	765628.97	-33.6

注：2020年开始，铁路客运量统计口径调整为旅客发送量，表中旅客运输周转量合计中不包括铁路客运周转量。

机动车保有量稳步增加。年末全市机动车保有量（不包含拖拉机）320.33万辆，比上年末增长4.7%，增加14.37万辆。民用汽车306.54万辆，比上年末增长4.4%，增加12.92万辆，其中本年新注册28.47万辆。私人汽车233.4万辆，增长4.7%，增加10.55万辆；私人汽车中轿车157.23万辆，增长3.1%，增加4.79万辆，其中本年新注册轿车15.95万辆。

邮电业务量持续扩大。全年完成邮电业务总量（按2020年价格计算）305.47亿元，增长13.1%。其中邮政业务总量117.42亿元，下降0.3%；电信业务总量188.05亿元，增长23.4%。全年完成邮电业务收入（按现价计算）321.93亿元，增长9.2%。其中邮政业务收入134.15亿元，增长6.1%；电信业务收入187.78亿元，增长11.6%。全年完成国际国内快递业务量9.16亿件，下降0.1%。

旅游业有待恢复。全年接待境内外游客1.03亿人次，下降4.6%；旅游总收入1946.18亿元，下降8.6%。其中接待入境过夜游客11.62万人次，下降13.3%；旅游外汇收入2.31亿美元，下降12.6%。国内游客10329.02万人次，下降4.6%；国内旅游收入1930.27亿元，下降8.6%。

七、财政和金融

重点支出保障有力。全年一般公共预算支出1828.7亿元，增长0.6%。其中社会保障和就业支出234.9亿元，增长4.9%；教育支出330.3亿元，增长2.4%；卫生健康支出170.9亿元，增长13.7%；科学技术支出112亿元，增长3.5%；农林水支出95.6亿元，增长0.3%。

信贷规模持续扩大。年末金融机构本外币各项存款余额49531.31亿元，比上年末增长10.8%，比年初增加4822.63亿元。其中住户存款13289.68亿元，比上年末增长22.7%，比年初增加2458.92亿元。年末金融机构本外币各项贷款余额48760.23亿元，比年初增加5454.83亿元，增长12.6%。其中住户贷款16711.05亿元，比年初增加1242.1亿元。2022年南京市金融机构本外币存贷款情况见表2-1-6。

表2-1-6　2022年南京市金融机构本外币存贷款情况

指标	绝对数/亿元	比上年末增长/%
金融机构本外币存款余额	49531.31	10.8
其中：住户本外币存款余额	13289.68	22.7
金融机构人民币存款余额	48372.91	11.1
其中：住户人民币存款余额	13078.05	23.0
金融机构本外币贷款余额	48760.23	12.6
其中：住户本外币贷款余额	16711.05	8.0
金融机构人民币贷款余额	48201.43	12.8
其中：住户人民币贷款余额	16710.37	8.0

保险业保持稳步增长。全年实现保费收入957.37亿元，增长6.9%。分类型看，寿险收入576.17亿元，增长3.5%；财产险收入242.97亿元，增长18.2%；健康险收入123.38亿元，增长7%；意外险收入14.85亿元，下降16.7%。

企业上市取得新突破。全年新增境内外上市

公司新增境内外股权融资额237亿元。其中新增境内上市公司境内首发融资额125亿元，增长81.3%；新增科创板上市公司6家，累计12家；新增北交所上市公司3家，累计4家。年末共有境内外上市公司155家，其中境内上市公司126家。全年累计实现证券交易额43.27万亿元，增长16.7%，占全省44%。

第二节　社会发展基本情况

一、科学技术和教育

创新平台建设有序。全市拥有省级以上重点实验室91家，其中国家级31家；拥有省级以上工程技术研究中心549家，其中国家级15家。全年新认定市级工程技术研究中心176家，省级工程技术研究中心71家。新增城市硅巷载体17家，新增备案面积49万平方米。全市国家科技企业孵化器绩效评价获优秀数量连续3年位居全国城市首位。

科创活力持续增强。全年全社会研发经费支出占地区生产总值比重超3.7%。有效期内高新技术企业总数达9068家，入库科技型中小企业20173家。高新技术产业产值占规模以上工业总产值比重达54.5%。全年新型研发机构及其孵化引进企业营业收入达450.39亿元。年末在宁“两院”院士97名，其中中国科学院院士52人，中国工程院院士45人。

创新成果不断涌现。全年专利授权量86900件，比上年下降5.5%，其中发明专利授权28291件，增长31.2%。年末有效发明专利拥有量113788件，比上年末增长28%。全年技术合同成交额856.7亿元。紫金山实验室发布“6G太赫兹100/200Gbps实时无线传输通信实验系统”等多项重大创新成果，成功创建国家集成电路设计自动化技术创新中心。国家创新型城市创新能力指数居全国第2位，全国城市创新能力居全国第4位。

教育事业稳步发展。全市在宁普通高等学校51所（不含部队院校），在校学生（不含研究生）77.77万人，比上年增加2.03万人。在宁高校及研究生培养机构在学研究生19.5万人，比上年增加1.71万人。全市普通中学270所，在校学生30.25万人，比上年增加1.4万人；中等职业学校22所，在校学生6.34万人，增加0.17万人；特殊教育学校15所，在校生0.2万人，增加0.02万人；小学391所，在校学生52.93万人，增加2.92万人；幼儿园1047所，在园幼儿27.84万人，减少0.5万人；新改扩建幼儿园30所，新开办义务教育学校（校区）15所。全市义务教育学校标准化达标率达100%。

二、文化、卫生和体育

文化供给能力提升。全市共有市级以上文化产业园区146家，其中国家级12家，省级31家，市级103家。年末全市共有文化馆14个，公共图书馆15个，文化站101个，博物馆74个，市级以上文物保护单位615处；拥有国家级历史文化街区2个，省级历史文化街区9个，国家级历史文化名镇（村）3个。达到省级标准的社区综合性文化服务中心1201个。年末全市拥有规模以上文化企业1887家，初步测算文化产业增加值占地区生产总值比重达6.62%。

卫生事业扎实推进。年末全市拥有卫生机构3607个。其中医院、社区卫生服务中心及卫生院429个，妇幼保健院（所、站）14个，专科疾病防治院（所、站）4个。全市各类卫生机构拥有病床7.07万张，其中医院、社区卫生服务中心及卫生院6.85万张。卫生技术人员10.83万人，其中执业（含助理）医师4.06万人，注册护士4.95万人。

体育事业蓬勃发展。全年新改建体育公园8个、灯光球场50片，建设健身步道107.67公里，新改建20个百姓健身房，完成600套全民健身工程（点）老旧健身器材更新。江苏省第二十届运动会南京市体育代表团共取得293.5枚金牌、168.5枚银牌、162.5枚铜牌，勇夺金牌数全省第一。

三、人民生活和社会保障

居民收支平稳增长。2018—2022 年南京市全体居民人均可支配收入及其增长速度见图 2-1-5，2022 年南京市全体居民人均消费支出构成情况见表 2-1-7。

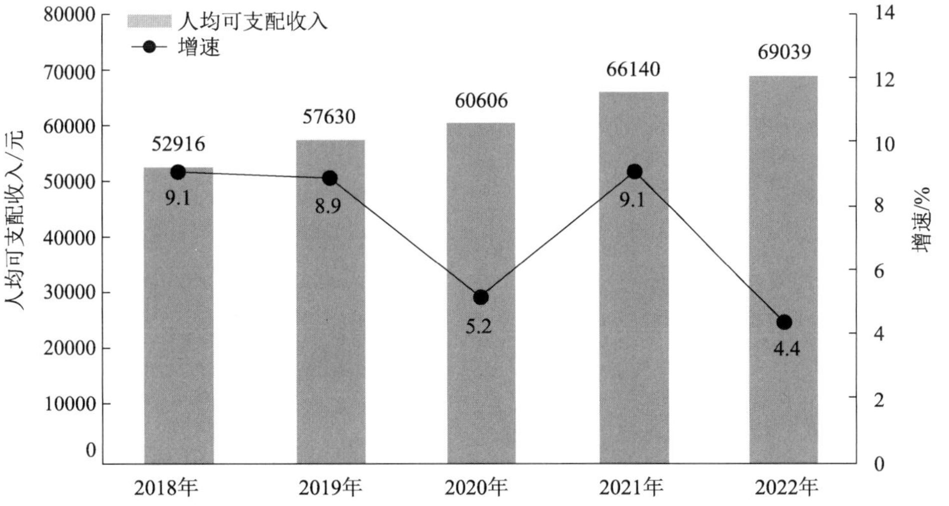

图 2-1-5　2018—2022 年南京市全体居民人均可支配收入及其增长速度

表 2-1-7　2022 年南京市全体居民人均消费支出构成情况

指标	绝对数/元	比上年增长/%
居民人均消费支出	40313	3.1
食品烟酒	10482	2.9
衣着	2642	1.6
居住	9300	6.0
生活用品及服务	2562	5.0
交通通信	5572	4.7
教育文化娱乐	6000	-3.1
医疗保健	2482	3.0
其他用品及服务	1273	6.8

社会保障体系更加完善。年末参加企业职工基本养老保险人数 377.66 万人，参加城镇职工基本医疗保险人数 539.49 万人，参加失业保险人数 348.79 万人，参加工伤保险人数 398.63 万人，参加生育保险人数 363.21 万人。企业职工最低工资标准 2280 元/月，企业退休人员养老金标准 3351 元/月，城乡最低生活保障标准 1030 元/月。城乡居民享受最低生活保障人数 4.23 万人。

四、资源、环境和安全生产

能源消费基本平稳。全年单位生产总值能耗下降 3.7%。全社会用电量 724.46 亿千瓦时，增长 6%。规模以上工业综合能源消费量 3701.44 万吨标准煤，下降 4.8%。从消耗主要能源品种看，煤炭消费量 3134.57 万吨，增长 1.2%；原油加工量 2655.15 万吨，下降 11.5%；工业天然气消费量 25.89 亿立方米，增长 0.9%。全年规模以上工业发电量 465.72 亿千瓦时。其中传统火力发电 463.84 亿千瓦时，下降 1.3%；风力和太阳能发电量分别为 0.83 亿千瓦时和 1.05 亿千瓦时，分别增长 2.7%和 15.7%，发电量合计占比 0.4%，较上年提高 0.04 个百分点。

生态环境持续向好。全市 42 个国考、省考断面累计均值水质优良比例（达到或好于Ⅲ类水质）达 100%，水环境质量保持全省第一。空气质量优良天数比例为 79.7%，同比减少 2.5 个百分点；

$PM_{2.5}$平均浓度28微克/立方米，同比改善3.4%。全市林木覆盖率达31.95%，自然湿地保护率达70.7%。

安全生产持续稳定。全年共发生生产安全事故90起，死亡52人，分别比上年下降13.46%、11.86%。

第三节　2022年主要工作

2022年，面对多重超预期困难挑战，南京全市上下以迎接党的二十大、学习宣传贯彻党的二十大精神为主线，切实担负起勇挑大梁的重大政治责任，承压前行、苦干实干，顶住了冲击，稳住了大局。

一、全力保增长、稳大盘，经济运行实现企稳向好

积极应对多轮疫情冲击和异常严峻经济形势，着力实施稳增长、促发展“六大行动”“八项举措”，切实稳住经济基本盘。多措并举保市场主体，用好用足中央、省助企纾困政策，及时推出市级助企纾困20条，以及稳工业、促消费等一揽子举措，深入开展“服务企业面对面”活动，确保惠企政策直达快享、应享尽享。全力以赴抓项目建设，建立专项协调会办机制，加快417个省、市重大项目和313个工业“双百工程”项目建设，龙电华鑫、华天存储等一批项目建成投产。加大重大项目招商引资力度，实际使用外资增幅超过10%。多方联动促消费回补，举办南京国际消费节，推出1000余场线上线下融合促消费活动，着力推动汽车、家电等大宗商品消费，打造1000个消费新场景，新增商业品牌首店近300家，新街口商圈入选全国首批示范智慧商圈，熙南里街区入选第二批国家级夜间文旅消费集聚区，消费拉动作用稳步增强。

二、聚力抓创新、强产业，转型发展动能更加强劲

推动科创产业和产业科创双向发力，引领性国家创新型城市建设成效明显。着力推进关键核心技术攻关与转化，紫金山实验室发布“全球首个广域确定性网络系统”等4项重大创新成果，成功创建国家集成电路设计自动化技术创新中心，信息高铁试验设施等加快建设。大力实施高新技术企业培育工程，净增高新技术企业超1000家。入选国家科技人才评价改革试点城市。出台创新型产业体系行动计划，加快打造万亿级软件信息、五千亿级智能电网产业集群，积极布局基因技术等产业新赛道，创新型产业业务收入增长15%左右。实施智能化改造和数字化转型项目2896个，覆盖规模以上企业2264家，新增省级智能制造示范工厂10家、国家和省级工业互联网平台7个。成功举办2022全国专精特新中小企业发展大会。获批建设国家科创金融改革试验区。

三、大力推改革、促开放，机制活力持续优化提升

建立“一区一特色、一部门一课题”改革推进机制，统筹实施116项优化营商环境重点项目，在全省率先高质量完成国企改革三年行动任务。获批国家知识产权强市建设示范城市，质量工作和服务中小微企业“质量小站”分别获得国务院督查激励和通报表扬。成功举办2022全球服务贸易大会暨首届国际数字贸易峰会。服务外包示范城市评价居全国第二，跨境电商综合试验区入选全国十佳。积极参与共建“一带一路”，深度融入长江经济带、长三角一体化，获国务院批准开展服务业扩大开放综合试点工作。南京都市圈协同发展得到加强，宁滁产业合作园区、宁淮科创走廊启动建设。对标RCEP等高标准经贸规则，深入推进自贸区制度型开放，生物医药全产业链开放创新试点工作加快推进，在全国首推自贸协定惠企“一键通”平台，自贸区建设实现提质增效。

四、着力提品质、优功能，城乡环境面貌不断改善

编制国土空间总体规划，划定“三区三线”，

城市空间格局进一步优化。宁宣高速、宁马高速等建成通车，禄口国际机场T1航站楼南指廊完成改扩建，南沿江铁路主体工程完工，宁芜铁路扩能改造全面实施，新生圩长江大桥、北沿江高铁等一批重大工程有序推进。地铁S8南延线、1号线北延线、7号线北段等投入运营，红山路—和燕路快速化改造主线通车，打通岱山东路北延等4条主城跨区“断头路”，完成15处拥堵节点改造，新建主城区公共停车场18处、泊位4500余个。完成200条背街小巷整治、128个老旧小区改造。全面实施大气、水、土壤等污染治理，$PM_{2.5}$平均浓度持续下降，长江禁渔成效明显。加快落实中央生态环保督察反馈问题整改。粮食产量稳中有升，休闲农业综合收入达140亿元。成功创建14个省级特色田园乡村，完成151公里农村公路提档升级，乡村振兴迈出新步伐。

五、致力补短板、惠民生，群众生活水平稳步提高

推动民生项目落地见效，全面完成10类43项民生实事。全力以赴稳就业、促创业、防失业，开展“宁聚”10项行动，筹集高校毕业生就业岗位40万个，城镇新增就业22.2万人。推进义务教育紧密型集团化办学，南师附中奥南校区、中华中学雨花校区等建成投用。医联体、紧密型医共体建设扎实推进，综合医改取得阶段性成果。深入开展社保扩面征缴专项行动，完善基本医保政策体系，全面落实生育保险支持政策。举办公共文化服务活动2200余场，新建体育公园8个、健身步道100公里，成功创建国家绿色出行城市。支持刚性和改善性购房需求，建成保障房383万平方米，筹集保障性租赁住房5.1万余套（间）。制定实施“一老一小”整体解决方案，建设12个普惠养老项目和27个普惠托育项目，新改扩建幼儿园30所，普惠性、兜底性养老托育服务保障持续增强。

六、强力守底线、防风险，社会大局保持和谐稳定

深入开展统筹发展和安全“大走访、大排查、大攻坚”行动，牢牢守住城市安全发展底线。坚持以快制快、果断处置，努力以最短时间、最低成本阻断疫情传播，最大限度减少疫情对经济社会发展的影响。根据疫情防控新形势新要求，认真落实党中央决策部署，及时将工作重心从“防感染”转向“保健康、防重症”，加强重点人群保护，全力抓好医疗救治，保障群众就医和用药需求。严格落实国务院安委会安全生产“15条硬措施”，深入开展“治本攻坚”大会战等专项整治行动，全面排查整治消防、危化品等重点领域安全隐患，坚决遏制各类事故发生。大型企业债务风险化解工作依法有序推进，涉众型投资风险持续压降，涉险房企监管得到有效加强。加快推动政务服务“一网通办”、城市运行“一网统管”，市、区两级城市运行管理中心正式启用。持续加强基层治理，建立微网格治理机制，实施社工和网格员队伍一体管理，为基层赋能提质、减负增效。

第二章　镇江市经济社会发展情况

2022 年，镇江市全面贯彻“疫情要防住、经济要稳住、发展要安全”的重大要求，高效统筹疫情防控和经济社会发展，经济运行总体稳中有进、人民生活稳步提高、社会事业稳健有序、高质量发展稳中提质，社会主义现代化新征程迈出坚实步伐。

第一节　经济发展基本情况

一、综合概况

2022 年全市实现地区生产总值 5017.04 亿元，按可比价格计算同比增长 2.9%。2018—2022 年镇江市地区生产总值见图 2-2-1。全市人均地区生产总值达 15.58 万元，增长 2.7%。2022 年镇江市辖各市区经济发展情况见图 2-2-2。

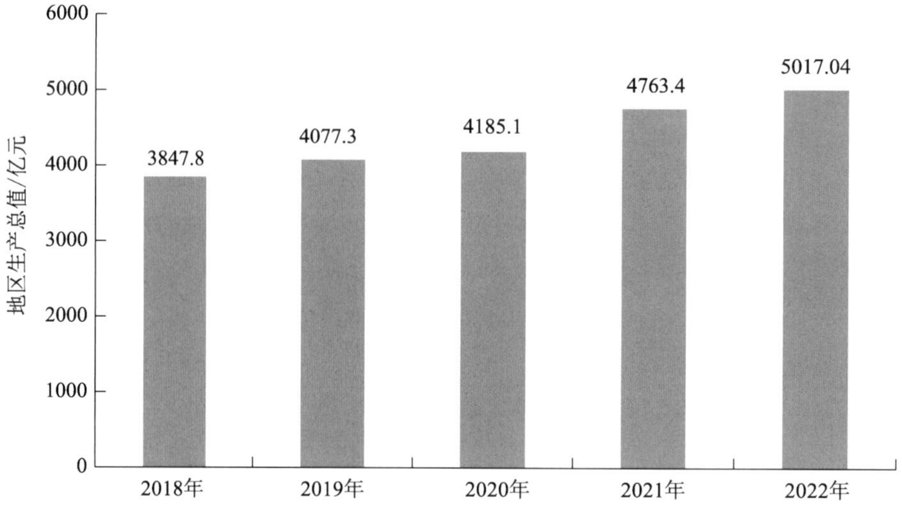

图 2-2-1　2018—2022 年镇江市地区生产总值

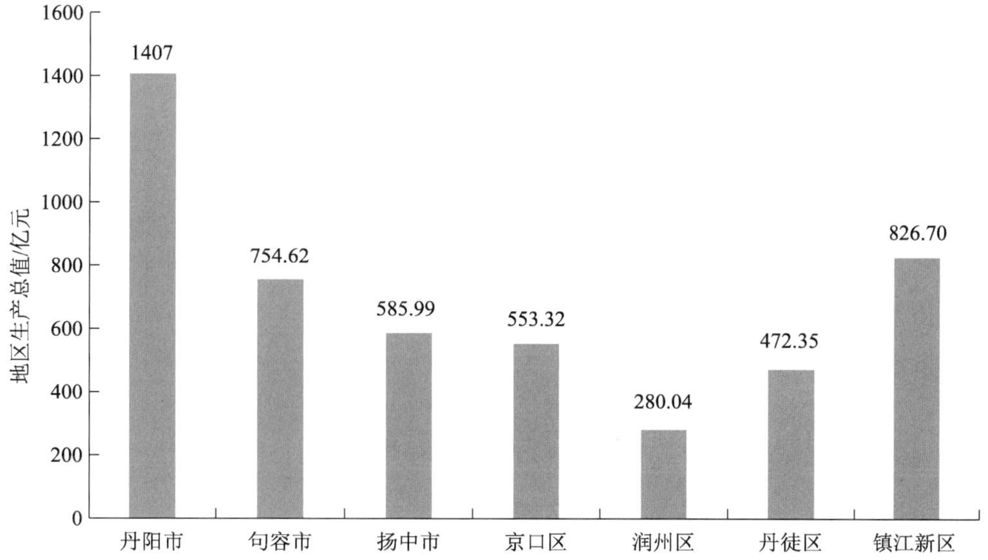

图 2-2-2　2022 年镇江市辖各市区经济发展情况

全年居民消费价格指数 102，比上年上涨 2%。其中消费品价格指数 102.6，上涨 2.6%；服务项目价格指数 101.2，上涨 1.2%。分类别看，食品烟酒类上涨 2%，衣着类上涨 2.4%，居住类上涨 0.9%，生活用品及服务类上涨 2%，交通和通信类上涨 4.6%，教育文化和娱乐类上涨 2%，医疗保健类上涨 1.2%，其他用品和服务类上涨 1.5%，见表 2-2-1。食品中，粮食上涨 1.5%，食用油上涨 7.5%，鲜菜上涨 2.6%，蛋类上涨 6.4%，干鲜瓜果上涨 11.3%；水产品下跌 3.9%，畜肉下跌 2.3%。

表 2-2-1　2022 年镇江市居民消费价格指数

指标	价格指数（以上年为 100）	比上年增长/%
居民消费价格总指数	102.0	2.0
# 食品烟酒	102.0	2.0
衣着	102.4	2.4
居住	100.9	0.9
生活用品及服务	102.0	2.0
交通和通信	104.6	4.6
教育文化和娱乐	102.0	2.0
医疗保健	101.2	1.2
其他用品和服务	101.5	1.5

二、农林牧渔业

全年粮食播种面积 203.55 万亩，比上年增加 1.77 万亩，增长 0.9%。全年粮食总产量 96.3 万吨，比上年增加 0.28 万吨，增长 0.3%。其中夏粮总产量 25.04 万吨，增加 0.72 万吨，增长 2.9%；秋粮总产量 71.27 万吨，减少 0.43 万吨，下降 0.6%。全年油料总产量 3.98 万吨，下降 7.6%。蔬菜总产量 100.61 万吨，增长 3.9%；瓜果类总产量 11.98 万吨，增长 0.9%。

主要畜产品中，肉类总产量 8.25 万吨，增长 3.3%。其中猪肉产量 2.2 万吨，增长 1.6%；禽肉产量 5.99 万吨，增长 4%。禽蛋产量 3.32 万吨，下降 23.3%；牛奶总产量 1.02 万吨，增长 6.9%。

全年生猪出栏量28.11万头，增长2.8%；家禽出栏量3695.64万只，增长4.6%。水产品产量9.89万吨，增长2.2%。

2022年镇江市主要农产品产量及其增长速度见表2-2-2。

表2-2-2　2022年镇江市主要农产品产量及其增长速度

产品名称	产量/万吨	比上年增长/%
粮食	96.30	0.3
油料	3.98	-7.6
# 油菜籽	3.69	-7.6
花生	0.18	-0.9
肉类	8.25	3.3
水产品	9.89	2.2

农作物耕种收综合机械化水平达到89.5%，主要粮食作物耕种收综合机械化水平达到97%，特色农业机械化率达到71%。年末拥有省级以上农业产业化龙头企业47家、省级示范家庭农场188家，全市建成省级特色田园乡村6个，市级特色田园乡村10个、绿美村庄21个。全市共有农产品地理标志4个，绿色食品302个，有机农产品54个。句容市白兔镇唐庄村等7个村入选2022年全国乡村特色产业超亿元村。

三、工业和建筑业

全年规模以上工业增加值增长5.6%，其中大中型企业增长11.3%。分轻重工业看，轻工业增长16.9%，重工业增长2.4%。分经济类型看，国有及国有控股企业增长9.8%；集体企业下降21.4%；股份制企业增长8.5%；外商及港澳台商投资企业下降5.4%；民营企业增长8.4%，其中私营企业增长4.7%。全年规模以上工业企业营业收入增长6%；利税总额下降17.2%。年末成本费用利润率4.5%，下降1.8个百分点。工业产品销售率96.6%，下降1.3个百分点。

全年规模以上工业高技术制造业增加值增长35.3%，其中医药制造业增长22.2%，航空、航天器及设备制造业增长35.2%，电子及通信设备制造业增长51.1%。高新技术产品产量增长较快，其中新能源汽车产量增长177.6%，多晶硅片增长137.7%。新增国家级单项冠军企业和专精特新“小巨人”企业19家、省级122家，数量超前3年总和。新增省级服务型制造示范企业、工业设计中心9家。年末拥有省级智能工厂8家，省级智能车间95个。

2022年镇江市重点工业产品产量及其增长速度见表2-2-3。

表2-2-3　2022年镇江市重点工业产品产量及其增长速度

产品名称	单位	产量	比上年增长/%
食醋	万吨	30.83	1.7
复合木地板	万立方米	2930.08	-31.5
机制纸及纸板	万吨	268.80	4.3
冰乙酸	万吨	115.86	8.9
多晶硅片	万片	198980.00	137.7
水泥	万吨	1387.96	-9.3
钢材	万吨	434.67	-19.4
铝材	万吨	82.42	-5.7

续表

产品名称	单位	产量	比上年增长/%
金属切削工具	亿件	9.26	-14.8
汽车	辆	18016.00	177.6
汽车仪器仪表	万台	153.54	-11.0
电子元件	亿只	17.47	-12.7
眼镜成镜	万副	1389.37	-3.3
发电量	亿千瓦时	482.92	-2.9
母线	万米	207.35	11.7

全年实现建筑业总产值675.15亿元，增长5.7%。其中建筑安装工程产值75.74亿元，增长5.1%；竣工产值389.84亿元，增长0.2%，竣工率为57.1%。年末拥有资质以上建筑业企业572家，建筑业全员劳动生产率为44.85万元/人，增长10.3%。

四、固定资产投资

全年固定资产投资增长0.1%，其中国有及国有控股投资增长26.2%，港澳台及外商投资增长5.5%，民间投资下降5.3%。分三次产业看，第一产业投资下降41.3%；第二产业投资增长5.3%，其中制造业投资增长4.7%；第三产业投资下降3.5%。全年分别完成高技术产业投资和工业技术改造投资181.76亿元、130.44亿元，分别占工业投资比重33.8%、24.3%，分别下降5.6%、5.7%。

全年完成房地产开发投资336.83亿元，下降18.6%，其中住宅投资282.93亿元，下降17.4%。商品房施工面积2872.94万平方米，下降1.4%，其中住宅施工面积2391.36万平方米，下降0.2%。商品房竣工面积477.8万平方米，增长26.6%，其中住宅竣工面积415.76万平方米，增长27.8%。商品房销售面积529.27万平方米，下降23.9%，其中住宅销售面积462.5万平方米，下降30.1%。商品房销售额452.29亿元，下降26%，其中住宅销售额384.38亿元，下降33.9%。

五、国内贸易

全年实现社会消费品零售总额1364.02亿元，增长1.3%。按消费形态分，批发业零售额226.53亿元，下降0.8%；零售业零售额1009.58亿元，增长2.2%；餐饮业零售额121.34亿元，下降2.5%；住宿业零售额6.57亿元，增长1%。限额以上批发零售业通过网络实现的商品零售额增长100.1%。

在限额以上批发和零售业零售额中，粮油食品、饮料烟酒类增长34.3%，化妆品类增长81.9%，金银珠宝类增长62.7%，日用品类增长78%，家用电器和音像器材类下降6.8%，文化办公用品类增长22.1%，通讯器材类下降0.3%，石油及制品类增长2.8%，汽车类下降5.4%，建筑及装潢材料类下降11.7%。

六、交通和邮电业

年末拥有公路总里程6895.05公里，其中高速公路210.48公里。年末全市机动车保有量83.94万辆，增长9.3%，其中私人汽车保有量64.14万辆，增长8.2%。年末市区拥有公交线路143条，其中当年新辟优化13条；拥有公共交通车1384辆，其中当年新购40辆。全年公路客运量1063.98万人，下降36%。公路旅客周转量4.49亿人公里，下降37.6%。公路货运量5380.9万吨，下降14.4%；水路客运量577.7万人，下降7.5%。水路旅客周转量1082.7万人公里，下降5.1%；水路货运量1238.11万吨，增长13.1%。公路货物周转量86.27亿吨公里，下降11%；水路货物周转量43.24亿吨公里，下降11.4%。全年完成港口货物吞吐量2.33亿吨，下降5.4%，其中长江港口吞吐量2.25亿吨，下降4.9%；港口集装箱吞吐量37.8万标箱，下降13.1%。

全年完成邮政电信业务总量79.65亿元，增长

17.5%。其中邮政业务总量34.71亿元，增长9.4%；电信业务总量44.93亿元，增长24.5%。实现邮政电信业务收入78.02亿元，增长7.4%。其中邮政业务收入35.64亿元，增长3.9%；电信业务收入42.38亿元，增长10.5%。全年完成快递业务量2.82亿件，增长2.5%；实现快递业务收入28.04亿元，增长1.6%。截至2022年12月31日，镇江移动电话用户数388万户，其中5G用户132.7万户。年末互联网宽带接入用户182.38万户，下降1.7%。

七、财政和金融

全年实现税收收入239.1亿元，下降9.9%；非税收入104.7亿元，增长46.4%。从主要税种看，增值税下降10.5%，企业所得税下降13.7%，个人所得税下降10.2%。全年实现一般公共预算支出535.6亿元，下降1.4%。其中一般公共服务50.8亿元，增长4.2%；教育支出77亿元，下降8.7%；社会保障和就业支出66.2亿元，增长1.2%；医疗卫生支出40.1亿元，增长5.8%。2022年镇江市一般公共预算收入和支出分项情况见表2-2-4。

表2-2-4　2022年镇江市一般公共预算收入和支出分项情况

指标	绝对数/亿元	比上年增长/%
一般公共预算收入	343.8	2.1
# 税收收入	239.1	-9.9
# 增值税（50%）	110.3	-10.5
企业所得税（40%）	33.9	-13.7
个人所得税（40%）	10.9	-10.2
房产税	14.5	15.5
印花税	3.6	-6.5
契税	23.6	-13.2
一般公共预算支出	535.6	-1.4
# 一般公共服务	50.8	4.2
教育	77.0	-8.7
科技	12.6	-12.2
社会保障和就业	66.2	1.2
医疗卫生	40.1	5.8
环境保护	12.1	-12.9

年末金融机构人民币存款余额7344.33亿元，比年初增加651.67亿元，其中住户存款3679.81亿元，比年初增加585.86亿元。年末金融机构人民币贷款余额7921.03亿元，比年初增加962.76亿元。其中短期贷款2259.31亿元，比年初增加313.74亿元；中长期贷款5167.39亿元，比年初增加522.04亿元。年末全市拥有银行业金融机构36家，其中政策性银行1家，国有银行4家，股份制商业银行11家，城市商业银行3家，外资银行1家，农商行10家，邮储银行1家，村镇银行5家。2022年末镇江市金融机构人民币存贷款情况见表2-2-5。

表 2-2-5　2022 年末镇江市金融机构人民币存贷款情况

指标	绝对数/亿元	比年初增减额/亿元
金融机构人民币存款余额	7344.33	651.67
# 住户存款	3679.81	585.86
非金融企业存款	2571.40	-36.58
金融机构人民币贷款余额	7921.03	962.76
# 住户贷款	2130.77	79.85
企（事）业单位贷款	5787.08	882.34

2022 年末，上市挂牌企业总数 732 家，其中当年新增 291 家；上市 24 家（境内 19 家，境外 5 家）；新三板挂牌 27 家；区域股权交易中心挂牌 681 家。年末拥有保险机构 63 家。全年实现保费收入 152.68 亿元，增长 3.5%。其中财产险 31.74 亿元，增长 10.1%；人身险 120.95 亿元，增长 1.9%。全年赔付额 44.15 亿元，增长 8.8%。其中财产保险赔付 18.44 亿元，下降 5.7%；人身保险赔付 25.71 亿元，增长 22.4%。

第二节　社会发展基本情况

一、科学技术和教育

全年研究与试验发展（R&D）经费支出占地区生产总值的比重达 2.5%，高新技术产业产值占规模以上工业总产值比重达 48.5%，科技进步贡献率达 67%，全国创新型城市创新能力评价列第 24 位。全年获国家、省科技计划项目立项 407 项，增长 18.3%；获省科学技术奖 34 项，其中一等奖 6 项、二等奖 10 项、三等奖 18 项。全年新认定高新技术企业 533 家，申报通过率列全省前三，有效期高新技术企业数达 1339 家。全年共建有企业院士工作站 5 家、省重点实验室 5 家、省产研院企业联合创新中心 21 家、省列入统计的新型研发机构 16 家、省企业工程技术研究中心 226 家。国家、省级科技企业孵化器 36 家，国家、省级众创空间 36 家，省级众创社区 6 家、省级科技企业加速器 4 家。

全年专利授权量 20139 件，其中发明专利授权量 3273 件。年末全市有效发明专利拥有量 18735 件，比上年增加 20.4%；万人有效发明专利拥有量 58.23 件，比上年增加 20.2%。完成知识产权质押 19.46 亿元，增长 270%；项目数达 114 件，增长 180%。新增 3 家国家知识产权示范企业、9 家国家知识产权优势企业。新获批国家级标准化试点项目 1 项、省级标准化试点项目 7 项。

年末共有普通高校 9 所，本专科招生 3.64 万人，在校生 11.71 万人，毕业生 2.85 万人；研究生教育招生 0.62 万人，在校生 1.88 万人，毕业生 0.44 万人；中等职业学校 8 所，在校生 1.99 万人；普通中学 110 所，在校生 11.75 万人，毕业生 3.66 万人；小学 115 所，在校生 17.27 万人，毕业生 2.55 万人。九年义务教育巩固率 100%，高中阶段教育毛入学率 100%。全市共有幼儿园 286 所，比上年增加 2 所，在园幼儿 8.02 万人。2022 年镇江市各级各类教育发展情况见表 2-2-6。

表2-2-6　2022年镇江市各级各类教育发展情况

指标	学校数/所	毕业生数/人	招生数/人	在校生数/人
高等教育学校（机构）	9	48896	61225	172572
#普通高校（不含成人教育）	9	32902	42554	135825
中等职业学校	8	6557	6694	19855
普通中学	110	36612	40816	117532
高中阶段	20	13248	14992	43100
初中阶段	90	23364	25824	74432
普通小学	115	25499	29106	172705
特殊教育学校	5	114	92	621
幼儿园	286	28991	23675	80188

二、文化和旅游

年末共有艺术表演团体4个，文化馆8个，公共图书馆9个，文化站59个，博物（纪念）馆14个，美术馆2个。年末有线电视用户55.24万户，其中数字电视用户54.43万户。年末拥有省级以上重点保护文物单位67处，其中全国重点文物保护单位13处。全年完成“城乡文艺播种”志愿辅导1300场；针对“一老一小”重点人群开展场馆社教活动超1000场；全民艺术普及“六进”活动近3000场，“送戏下乡”演出近200场。成功举办2022（第十六届）中国镇江金山文化艺术·国际旅游节。润州区（高新区）创成省级全域旅游示范区。

年末拥有A级及以上景区31个，其中AAAAA级景区2家，AAAA级景区7家，AAA级景区12家。拥有省级旅游度假区3家，省星级乡村旅游区72家。拥有星级旅游饭店16家，其中五星级旅游饭店3家；拥有旅行社123家，其中星级旅行社35家。全年实现旅游业总收入272.16亿元，接待国内游客2354.38万人次，实现国内旅游收入270.5亿元；接待入境过夜游客1.2万人次，实现旅游外汇收入2404.67万美元。

三、卫生和体育

2022年末拥有各类卫生机构（医疗卫生机构）1151个，其中医院61个，卫生院37个，社区卫生服务中心31个，疾病预防控制中心7个，妇幼保健机构8个，村卫生室302个，社区卫生服务站104个。年末拥有卫生机构床位1.8万张，其中医院1.36万张，卫生院0.18万张，社区卫生服务中心0.13万张。年末拥有卫生技术人员2.42万人，其中执业医师及执业助理医师9522人，注册护士10565人。新建省级健康镇1个、省级健康村（社区）39个、省级卫生村4个。新增2个省农村区域性医疗卫生中心、2家省社区医院、10个甲级村卫生室。新增普惠托育机构21家，其中省级示范2家。增挂2所老年医院，新增1家护理院，新建3个全国示范性老年友好型社区。镇江市蝉联“全国健康城市建设样板市”称号。

全年共更新和安装了563套健身路径、210张乒乓球桌、255副篮球架、8个体育公园、25公里健身步道。在省运会上获得37金、29银、49铜，奖牌总数115枚，团体总分1480分。举办包括全国2022年“全民健身日”主题示范活动暨第六届“宁镇扬”全民健身大联动、第四届城市业余联赛、健身指导进机关进乡村进企业等300多场次全民健身赛事活动。完善“体育大市口”智慧服务平台，推广居家健身方法，助力“全民动起来”。

四、城建和环保

全市实施城建项目168个，完成投资85.6亿元；改造老旧小区74个，面积95万平方米；加快推进危房解危，完成城镇危房解危3.4万平方米；完成农村住房改善1091户。全年新增各类城市绿地面积266.85公顷，人均公园绿地面积16.03平方米。林木覆盖率、建成区绿化覆盖率分别达25.6%、40.2%。全年全社会用电量298.47亿千瓦时，增长 1.2%，其中城乡居民生活用电量 40.92 亿千瓦时，增长 17.2%。全市建成区面积 239.02 平方公里，比上年增加 2.79 平方公里。全市拥有区域供水厂 8 座，总供水能力 126 万吨/日，其中市区自来水供水能力 70 万吨/日。市区管道天然气供气总量 5.71 亿立方米，家庭天然气用户 32.09 万户，家庭液化气用户 7.67 万户。完成 247 个四分类达标小区和 135 个省达标小区建设任务，垃圾分类投放设施覆盖 1079 个小区；新增停车泊位 3317 个；新建、改建公厕 25 座。

全年国控站点 $PM_{2.5}$ 平均浓度为 35 微克/立方米，比上年下降 2.8%；空气质量优良天数比例 74.8%，比上年下降 4.4 个百分点。全年地表水国考断面、省考断面优Ⅲ比例均达 100%；清理整治长江干流岸线违法违规项目 165 个，排查整治黑臭水体 10 条；主要入江支流均优于Ⅲ类，国考断面优Ⅲ比例连续 3 年持续保持 100%、无劣Ⅴ类断面。

五、人口和就业

年末全市常住人口 322.22 万人，比上年增加 0.5 万人，其中城镇人口 258.55 万人，常住人口城镇化率 80.2%，常住人口中 60 岁及以上人口占比为 25.2%，比上年提升 1.3 个百分点。常住人口出生率 4.16‰，死亡率 8.17‰，自然增长率 −4.01‰。

年末全市户籍人口 266.86 万人，比上年减少 1.24 万人；出生人口 1.09 万人，死亡人口 2.36 万人，户籍人口出生率 4.1‰，死亡率 8.9‰，自然增长率−4.8‰。户籍人口中男性 131.46 万人，减少 0.7 万人；女性 135.4 万人，减少 0.5 万人。

全年新增城镇就业人数 5.49 万人，帮扶城镇失业人员再就业人数 4.04 万人，就业困难人员再就业人数 1.57 万人。全年扶持成功创业 1.75 万人。全年新增登记注册私营企业从业人员 3.26 万人，个体工商户从业人员 6.47 万人。创新开展“先锋联千企、聚力保用工”行动，引进外来优质劳动力 5.2 万人，实施大学生“聚镇”和青年人才“归雁”计划，引进大专以上学历人才 4.04 万人，设立人才工作站 292 家。开展各类职业培训 8.24 万人次，引培技能人才 3.59 万人。

六、人民生活和社会保障

2018—2022 年镇江市居民收入情况见图 2-2-3。

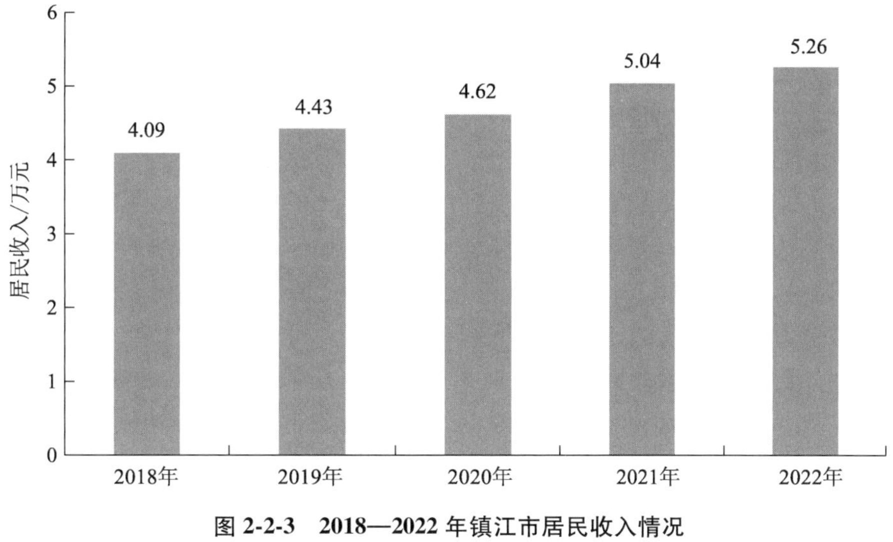

图 2-2-3　2018—2022 年镇江市居民收入情况

全年完成一般公共预算民生类支出 396.1 亿元，占一般公共预算支出比重达 74%。全市职工最低工资标准为 2280 元/月，城乡居民基础养老金标准提高至每人每月 243 元，城乡最低生活保障标准每人每月 820 元，失业保险金最低标准每人每月 1230 元。全市有 0.96 万户、共计 1.33 万人享受低保，全年发放低保金 1.15 亿元。年末全市企业职工养老保险在职参保人数 73.9 万人；城镇职工基本医疗保险参保人数 112.97 万人，比上年增加 2.27 万人；失业保险、工伤保险、生育保险参保人数分别为 60.14 万人、72.19 万人、65.52 万人。年末全市共有养老机构 132 家，养老机构床位数

18036 张，完成 1000 户特殊困难老年人“菜单式”居家适老化改造，实施养老护理员培训 3000 人次，新改造提升标准化农村区域性养老服务中心 6 个，困难老年人定期探访服务实现常态化。福利彩票全年销售 2.83 亿元，同比增长 24.5%。

第三节　2022 年主要工作

2022 年，镇江市深入贯彻习近平新时代中国特色社会主义思想，在省委、省政府和市委的坚强领导下，保持了经济平稳运行和社会和谐稳定。主要经济指标绝大多数增速达到或超过全省平均，既定的 110 多项重点工作任务得到了较好落实。

一、面对复杂严峻的内外部环境，坚持党的全面领导，确保经济社会发展始终沿着正确方向坚定前行

市委、市政府对标对表“国之大者”，保持战略定力，坚定必胜信心，自觉把镇江发展融入全国、全省发展大局，主动扛起服务国家和全省战略的使命担当，创造性推动党中央、国务院和省委、省政府决策部署落地见效。针对中央生态环保督察反馈的问题，铁腕推进整改，持续巩固长江禁渔成果，拆除违法建设、江滩复绿面积超过 200 万平方米，新增造林绿化近 1.5 万亩，长江镇江段生态系统加速修复。扬中市以前所未有的决心和力度立行立改，沿江一公里范围内园区外化工企业实现清零。坚决扛起粮食安全责任，严守耕地保护红线，有效落实藏粮于地、藏粮于技战略，新建“吨粮田”4.4 万亩，整改“非农化”田地 4800 余亩，全年粮食总产量超过上年，实现“三连增”。有力推动市委重大决策落到实处，对开发园区整合、土地片区开发、惠才措施扩容、招商引资政策规范、违法违规用地整治等重大事项进行谋划推进，一批发展瓶颈实现破题，一批历史遗留问题得到化解。

二、面对延宕反复的疫情形势，坚持人民至上、生命至上，尽心竭力保障了人民群众生命安全和身体健康

严格执行国家防疫政策规定，发扬连续作战精神，慎终如始抓好常态化疫情防控，果断处置多起输入性疫情。按照省委、省政府统一部署，选派多批医务人员支援上海、海南、新疆等地抗疫，圆满完成涉疫地区外转人员集中隔离任务，为全国、全省抗疫大局作出了镇江贡献。进入 12 月，随着新冠病毒致病性减弱，按照国家最新要求，因时因势调整优化防控策略，工作重心由防感染转向保健康、防重症。该放的放到位，根据情况变化取消一切不必要的核酸检测和健康查验措施；该备的备充足，储备各种必要的医疗物资和医务力量；该守的守牢固，摸清重点人群健康情况，实行分类分级诊疗，最大限度保护人民生命安全和身体健康，减少疫情对经济社会发展的影响。值得一提的是，广大医务人员和基层工作者奋战在抗疫第一线，非常辛苦，作出了特别重大的贡献，赢得了全社会的广泛赞誉。

三、面对经济运行“三重压力”，坚持稳中求进工作总基调，稳住了经济基本盘

高效落实国家和省稳经济政策，结合实际追加出台“纾困解难 24 条”措施，全年新增减税降费、缓税、留抵退税 127 亿元，助力企业渡难关、提信心、稳增长。持续做强产业支撑，把大力发展制造业作为重中之重，深入实施金融支持实体经济“扬帆计划”“云帆计划”和“甘露行动”，推动制造业发展稳中转优，“四群八链”主导产业应税销售增长 12%，省、市重大产业项目完成年度投资 443.4 亿元，新签约亿元以上产业项目列入统计投资 115 亿元，新认定省独角兽企业和瞪羚企业 15 家，新增应税销售收入超百亿元企业 2 家，总数达到 12 家，丹阳市新增规模以上工业企业 122 家，占镇江全市比重约 40%；推动服务业发展稳中增效，新增规模以上服务业企业 120 家，规模以上服务业企业营业收入增长 2%；推动特色农业发展稳中提质，落实金融支持乡村振兴“金穗行

动”，实施农业龙头企业“金凤行动”，新增农业品牌36个，句容市7个村入选“2022年全国乡村特色产业亿元村”。持续汇聚创新动能，入选省创新型领军企业9家，新增国家级单项冠军和专精特新企业19家、国家级科技孵化载体4家、省级以上研发机构45家，省船舶与海洋工程设计研究院获批落户镇江高新区。润州区官塘创新社区完成基础设施专项规划编制，创新实施特许经营权项目。人才“镇兴”行动扎实推进，累计引进高层次领军人才178人；实施“揭榜挂帅”项目16个，达成产学研合作项目超500项。面对数字经济蓬勃发展的时代浪潮，大力培育数字产业，新增智能化改造、数字化转型企业133家，数字经济核心产业营业收入突破600亿元。华为（镇江）数字联合创新中心、阿里云创新中心正式运营。京口区大禹山创意新社区入选省信息技术应用创新先导区。持续改善营商环境，用心护航企业发展，着力提升政务服务效能，在全省率先建成重大项目审批服务平台，“一网通办”“一端通办”覆盖率达到98%；尽心帮助企业排忧解难，为3709家企业完成信用修复，城市信用排名提升至全国第19位；深入实施外贸培优扶强行动，获批国家级跨境电子商务综合试验区。优化营商环境激发了市场活力，新增市场主体6万家，新业态、新模式不断涌现。

四、面对人民群众美好期待，坚持在发展中保障和改善民生，增强了人民群众的获得感幸福感

坚决兜牢基本民生底线，抓好就业这一最基本的民生，发放稳岗返还和创业贷款担保资金6.1亿元，零就业家庭保持动态清零。做好弱势群体兜底保障，困难群众保障“扩面扩围”，住房租赁补贴“降标扩面”，财政困难群体救助帮扶资金达到4.3亿元，城乡居民基础养老金实现“十二连增”。调整重特大疾病医疗保险和救助政策，医疗救助范围首次覆盖全体参保人员。社会保险主要险种覆盖率提升至98%以上。有效应对高温、干旱、台风等极端天气，重要农产品保供和能源电力保供安全有力。镇江市着力推动公共服务优质均衡发展，政府坚持过“紧日子”，更好节用裕民，40项市政府民生实事和47项列入省政府民生实事的项目按照序时进度落实到位。教育“双减”工作入选全国优秀案例，教育信息化发展综合指数居全省第2位，丹徒区创成省高质量平安校园建设区；公立医院高质量发展提速加力，蝉联“全国健康城市建设样板市”称号；新建成全国示范性老年友好型社区3个、普惠型托育机构21家，“一老一幼”配套服务日益完善；文化体育事业蓬勃发展，全国文明城市创建工作扎实推进。顺应人民群众对优美生态生活环境的期待，持续打好蓝天、碧水、净土保卫战，开展突出环境问题五大专项整治行动，新建“绿岛”项目4个，全市生态环境质量持续改善，完成老旧小区改造95万平方米。坚持农业农村优先发展，大力推进富民强村帮促行动，70%以上的经济相对薄弱村集体稳定性收入超过120万元。城乡交通运输一体化发展综合评价获省最高5A等级。

五、面对交织叠加的矛盾风险，坚持统筹发展和安全，营造了安全稳定的社会环境

深入贯彻总体国家安全观，坚持底线思维，增强忧患意识，严密防范各领域重大风险，确保人民安居乐业、社会安定有序。特别是针对金融债务风险，强化“化债也是政绩”的理念，深入推进“脱红”“破冰”“削峰”“强基”4项计划，年度目标任务全面达成，金融生态持续向好。针对安全生产风险，增强“隐患无处不在，成绩每天归零”的危机意识，深入开展专项整治和攻坚行动，生产安全事故起数和死亡人数继续“双下降”。深入推进市域社会治理现代化试点创新，常态化开展扫黑除恶斗争，强调“新官必须理旧账”，深入开展“信访突出问题攻坚化解年”行动，有效化解了一批疑难复杂信访问题，问题楼盘得到妥善处置，群众安全感达到99.4%。

老龄、妇女儿童、青少年、残疾人、工会、红十字、慈善、志愿服务、关心下一代等事业迈上新台阶，司法行政、民族宗教、审计、统计、外事、对台事务、港澳、侨务、行政学院、机关事务、哲学社会科学、文史、档案、地方志、防震、气象、供销、科普等工作取得新进步，国家安全、国防动员、双拥共建、退役军人事务、人民防空、援藏援疆援陕等工作实现新进展。

第三章　扬州市经济社会发展情况

2022 年，扬州市高效统筹疫情防控和经济社会发展，着力打响“九大攻坚战”，奋力谱写中国式现代化扬州新篇章，经济社会发展保持了稳中有进、稳中向好的良好态势。

第一节　经济发展基本情况

一、综合概况

全市全年实现地区生产总值 7104. 98 亿元，按可比价格计算同比增长 4. 3%。2018—2022 年扬州市地区生产总值见图 2-3-1，2022 年扬州市辖各县市区经济发展情况见图 2-3-2。

2022 年，全市新登记市场主体 11. 44 万户，其中新登记企业（含分支机构）3. 14 万户，新登记个体工商户 8. 28 万户，新登记农民专业合作社 101 户。全市实有市场主体 69. 41 万户，增长 11. 6%。其中各类企业 21. 59 万户，增长 4. 6%；个体工商户 47. 6 万户，增长 15. 2%；农民专业合作社 2259 户，下降 1. 2%。

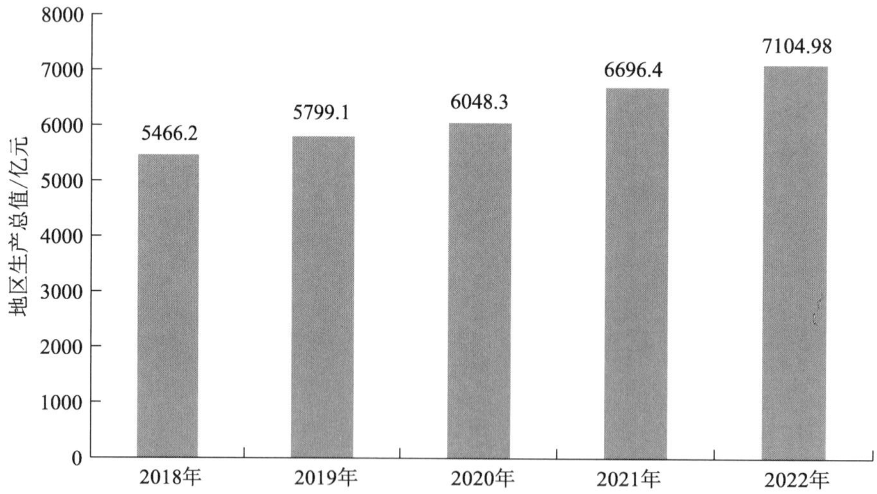

图 2-3-1　2018—2022 年扬州市地区生产总值

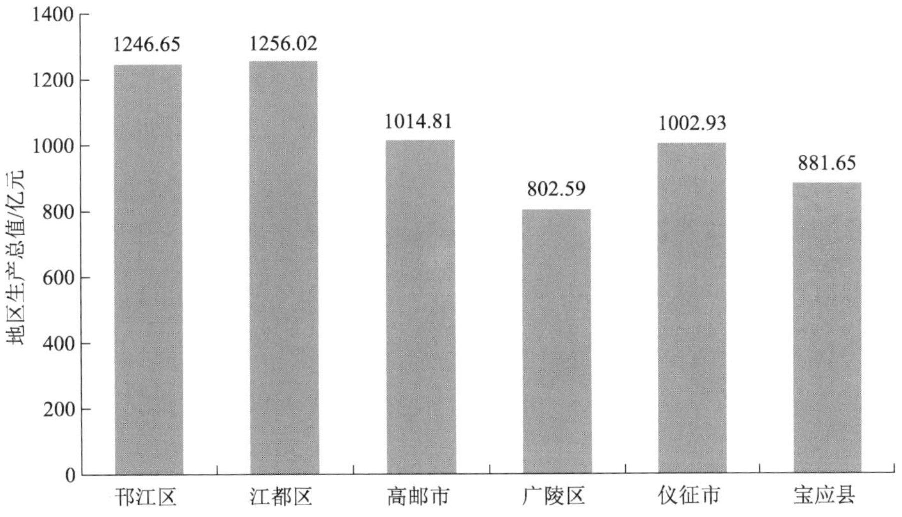

图 2-3-2　2022 年扬州市辖各县市区经济发展情况

全年城镇新增就业 57296 人，新增转移农村劳动力 5200 人，完成城乡劳动者就业技能培训 2.13 万人次，创业带动就业 52665 人。期末城镇登记失业人数 4.21 万人，城镇调查失业率达标，年末领取失业保险金人数 2.3 万人。

全年居民消费价格上涨 2.2%，其中食品烟酒价格上涨 2.3%，非食品烟酒价格上涨 2.2%。八大类消费品及服务项目价格呈现上涨趋势，其中交通和通信价格上涨 6%，医疗保健价格上涨 2.7%，食品烟酒价格上涨 2.3%，教育文化和娱乐价格上涨 1.8%，居住价格上涨 0.9%，生活用品及服务价格上涨 0.9%，衣着价格上涨 0.7%，其他用品和服务价格上涨 3.3%。

二、农林牧渔业

全年粮食亩产 497.1 公斤，下降 0.1%。其中夏粮亩产 382.4 公斤，增长 0.8%；秋粮亩产 584 公斤，下降 0.5%。全市夏粮总产 102.42 万吨，增长 1.3%；秋粮总产 185.2 万吨，下降 0.4%。全年猪牛羊禽肉产量 15.68 万吨，下降 3.7%。禽蛋产量 7.71 万吨，增长 2.8%。牛奶总产量 2.22 万吨，下降 7.1%。水产品总产量 41 万吨，增长 1.8%。

全市新建高标准农田 17.23 万亩，农作物耕种收综合机械化率 86.2%。创建农业产业化国家重点龙头企业 5 家，全国“一村一品”示范村镇 13 家。高邮市四河四路现代农业产业高质量发展示范园、仪征市现代农业产业高质量发展示范园入选首批省级现代农业产业高质量发展示范园，宝应现代农业产业园获国家级认定。

三、工业和建筑业

全市规模以上工业企业 3550 家，其中轻工业增加值增长 8.2%，重工业增加值增长 8.9%。按门类分，制造业增加值增长 9.1%，电力、热力、燃气及水生产和供应业增加值增长 0.4%，采矿业增加值下降 0.9%。按经济类型分，国有工业增长 20.9%，集体工业下降 0.9%，股份制工业增长 11.4%，外商及港澳台商投资工业下降 3.5%。

先进制造业产值增长 13.9%，对全部规模以上工业总产值的贡献率达 66.7%。分产业看，汽车及零部件（含新能源汽车）产业增长 2.6%，食品产业增长 11.3%，海工装备和高技术船舶产业增长 21.3%，新型电力装备产业增长 34.7%，生物医药和新型医疗器械产业增长 3.7%，高端装备产业增长 5.8%，高端纺织服装产业增长 7.6%，电子信息产业增长 10.6%，航空产业下降 28.9%。

规模以上工业企业营业收入增长 6.1%，利润下降 27.7%。规模以上工业企业营业收入利润率、成本费用利润率分别为 3.9%、4.2%。规模以上工业企业资产负债率为 54.7%，总资产贡献率为 6.7%。全年规模以上工业企业产销率为 93.8%。

全社会用电量 313.61 亿千瓦时，增长 8.2%。其中第一产业用电量 4.57 亿千瓦时，增长 15.7%；第二产业用电量 203.34 亿千瓦时，增长 5.2%，其中工业用电 200.15 亿千瓦时，增长 5.6%；第三产业用电量 52.29 亿千瓦时，增长 11.8%；城乡居民生活用电53.41亿千瓦时，增长16.9%。

全年建筑业实现总产值5258.3亿元，增长7.7%。房屋建筑施工面积33006.6万平方米，增长1.5%，其中新开工面积12119.6万平方米，下降1.8%。竣工产值2712.2亿元，下降32.3%。竣工面积11019.2万平方米，下降3.2%。

四、固定资产投资

全年固定资产投资增长10%，其中第一产业投资增长0.5%，第二产业投资增长25.6%，第三产业投资下降0.9%。

房地产开发投资完成717.32亿元，下降14.8%。商品房施工面积3045.8万平方米，下降9.4%；竣工面积350.62万平方米，下降14.8%。全年商品房销售面积671.9万平方米，下降19%；商品房销售额729.17亿元，下降21%。

五、国内贸易

全市社会消费品零售总额1518.91亿元，增长2.6%，其中限额以上社会消费品零售总额727.37亿元，增长17.4%。按销售单位所在地分，限额以上城镇消费品零售额695.87亿元，增长17%；限额以上乡村消费品零售额31.5亿元，增长30.3%。分类别看，粮油、食品类零售额61.35亿元，增长33%；饮料类零售额7.24亿元，增长8%；烟酒类零售额24.18亿元，增长3.7%；服装鞋帽、针纺织品类零售额65.58亿元，增长27.6%；日用品类零售额27.98亿元，增长37.8%；家用电器和音像器材类零售额32.97亿元，增长15%；中西药品类零售额30.42亿元，增长24.4%；通讯器材类零售额16.75亿元，下降31%；石油及制品类零售额86.38亿元，增长19%；汽车类零售额217.18亿元，增长17.3%。

六、交通、邮电和旅游业

全市货运总量和货物周转量分别完成1.8亿吨和717.93亿吨公里，分别增长8.3%、16.8%；客运量和旅客周转量完成571.23万人和2.53亿人公里，分别下降15.9%、41.6%；完成港口货物吞吐量1.5亿吨，集装箱吞吐量60.92万标箱。扬泰机场新开通一个国内通航点，累计开通通航点64个，其中国内50个，国际（地区）14个；机场累计完成旅客吞吐量139.4万人次，下降37.3%；完成货邮吞吐量0.88万吨，下降18%。全市新增汽车73432辆；全市机动车保有量109.2万辆，增长5.2%；全市机动车驾驶人总数169.6万人。

全市邮政通信业务收入105.1亿元，增长13.1%。其中通信业务收入61.85亿元，增长13.2%；邮政业务收入43.25亿元，增长13%。年末电话用户630.3万户，其中移动电话用户550.88万户，增长5.3%。互联网宽带接入用户241.98万户，增长11.3%。

全年共接待国内外游客5066.27万人次，其中国内旅游人数5065.3万人次。全年实现旅游总收入685.37亿元。全市拥有国家A级及以上景区58家，总量位居全省第一。省级全域旅游示范区1个，省级及以上旅游度假区4个，省级以上夜间文旅消费集聚区4个，省级以上乡村旅游重点村10个。

七、财政和金融

2022年扬州市财政收入情况见表2-3-1。

表2-3-1　2022年扬州市财政收入情况

指标	绝对数/亿元	比上年增长/%
一般公共预算收入	325.49	-5.4
#税收收入	238.14	-13.3
#增值税	89.48	-24.0
企业所得税	39.37	-10.5
个人所得税	12.65	16.7
城市维护建设税	14.93	-16.5
房产税	13.02	8.6

续表

指标	绝对数/亿元	比上年增长/%
印花税	4.07	-12.9
城镇土地使用税	7.00	4.7
契税	33.58	3.1
# 非税收入	87.36	25.7
# 行政事业性收费	12.90	-2.1
附：政府性基金预算收入	656.41	-0.4

全市一般公共预算支出699.17亿元，增长2.1%。其中一般公共服务支出84.34亿元，增长5.5%；公共安全支出46.44亿元，增长5.5%；教育支出107.05亿元，下降7.9%；科学技术支出14.59亿元，下降1%；文化旅游体育与传媒支出14.28亿元，下降3.3%；社会保障和就业支出94.53亿元，增长8.4%；卫生健康支出60.75亿元，增长8.1%；节能环保支出10.77亿元，下降37.1%；农林水支出59.83亿元，增长2.3%；交通运输支出38.59亿元，增长18.7%；资源勘探信息等支出17.92亿元，下降4.7%；住房保障支出43.88亿元，增长39.4%；政府性基金预算支出587.67亿元，下降1.8%。

年末金融机构人民币存款余额8903.02亿元，增长8.6%，其中住户存款余额5006.37亿元，增长20.6%。人民币贷款余额8115.69亿元，增长13.9%，其中住户贷款余额2611.37亿元，增长3.7%。非金融企业及机关团体贷款余额5503.9亿元，增长19.5%，其中制造业贷款余额876.78亿元，增长18.2%。2022年末扬州市金融机构人民币存贷款情况见表2-3-2。

表2-3-2　2022年末扬州市金融机构人民币存贷款情况

指标	绝对数/亿元	比上年增长/%
人民币各项存款	8903.02	8.6
住户存款	5006.37	20.6
非金融企业存款	2593.70	-9.1
广义政府存款	1201.23	8.7
人民币各项贷款	8115.69	13.9
住户贷款	2611.37	3.7
其中：个人消费贷款	1893.69	-1.6
住房贷款	1642.00	-4.4
非金融企业及机关团体贷款	5503.90	19.5
其中：票据融资	470.58	8.3
制造业贷款	876.78	18.2

全市证券资金账户数107.8万户，比上年增加10.7万户，增长11.1%。客户交易结算资金余额39.1亿元，下降5.4%。证券交易额18365.8亿元，比上年减少395.4亿元，下降2.1%。股票（A、B股）交易额10174.7亿元，下降19.6%。其中A股交易额10172.4亿元，比上年减少2474亿元，下降19.6%，占交易额的55.4%；基金交易额2753.1亿元，比上年增加786.6亿元，增长40%，占交易额的15%。

全市各类保险机构实现保费收入190.9亿元，增长9.7%。其中财产险保费收入43.1亿元，增长9.8%；寿险保费收入116.68亿元，增长11.7%；

健康险保费收入26.54亿元，增长4.8%；意外伤害险保费收入4.57亿元，下降7.6%。累计赔付支出54.56亿元，下降0.7%。其中财产险赔付支出26.63亿元，下降1.4%；寿险赔付支出14.53亿元，增长4.9%；健康险赔付支出11.58亿元，下降6.9%；意外伤害险赔付支出1.81亿元，增长12.4%。

第二节　社会发展基本情况

一、科学技术和教育

全市完成专利授权量23219件，其中发明专利授权量2543件。PCT国际专利申请量101件。新增地理标志商标8件，地理标志商标总量达40件。全市有效发明专利量12270件，其中维持年限在10年以上的有效发明专利量2095件。每万人发明专利拥有量26.81件。

全年认定国家高新技术企业712家，有效高新技术企业累计数达1774家。2930家企业通过国家科技型中小企业认定。全年高新技术产业产值占规模以上工业产值比重达51.2%。

全市共有普通高校8所。普通高等教育招生4.1万人，在校生12.72万人，毕业生3.23万人，其中研究生教育招生0.47万人，在校生1.44万人，毕业生0.3万人。高中阶段教育毛入学率达100%。中等职业教育在校生2.92万人（不含技工学校）。特殊教育学校招生0.01万人，在校生0.09万人。全市小学在校生23.17万人，普通中学在校生17.4万人。全市共有幼儿园384所，比上年增加6所；在园幼儿10.32万人，比上年减少0.64万人。学前三年教育毛入园率达99%以上。

二、文化、体育和卫生

全市共有文化馆7个，公共图书馆8个，国有登记注册博物馆17个，电影院70家。全市共有广播电视播出机构5家，广播综合人口覆盖率和电视综合人口覆盖率均达100%。建成开放城市书房63家、村（社区）综合文化服务中心1333个。

全市新建（改建）体育设施497处，公共体育设施完好率达97%；推动全市6家大型体育场馆向社会提供免费或低收费开放服务近70万人次；全市建成健身步道90多公里、生态体育公园7个；组织参加第二十届省运会，青少年部共获64.5枚金牌。

年末全市共有各类卫生机构1926个，其中医院95个，疾病预防控制中心7个，妇幼卫生保健机构7个。各类卫生机构拥有病床27438张，其中医院拥有病床20123张。全市共有卫生技术人员33475人，其中医院卫生技术人员17997人，疾病预防控制中心卫生技术人员612人，妇幼卫生保健机构卫生技术人员1332人。全市共有乡镇卫生院55个，床位数4288张，乡镇卫生技术人员5358人，乡村医生1185人。

三、城乡建设和生态环境

全市新增城市道路57.28公里。江平快速路、运河快速路、江广快速路、润扬快速路全线贯通，城市快速内环全面形成。新建（提升）各类公园8个。改造老旧小区164个，棚户区改造新开工8822套（户），基本建成9120套（户）；保障性租赁住房新开工3843套（间），基本建成3149套（间）。新增污水处理能力9万吨/日，新建（改建）污水管网183公里。新建成省级特色田园乡村12个、市级特色田园乡村24个。

全市$PM_{2.5}$年均浓度31.9微克/立方米，下降3.9%；空气质量优良天数277天，空气质量优良天数比例达75.9%，首次实现有监测记录以来全年消除重污染天。15个国考断面水质达标率为100%，优Ⅲ类断面比例为86.7%。47个省考断面水质达标率为100%，优Ⅲ类断面比例为95.7%，同比上升2.1个百分点，达到有监测记录以来最优水平。全市县级以上集中式饮用水源地水质达到或优于Ⅲ类标准比例为100%，水质达到Ⅱ类标准比例为77.8%。

四、人口、人民生活和社会保障

年末全市户籍人口 448.46 万人，下降 0.7%。年末常住人口 458.29 万人，增长 0.1%。常住人口城镇化率为 72.01%，比 2021 年末上升 0.59 个百分点。城镇地区常住人口 330.01 万人，增加 3.12 万人；乡村地区常住人口 128.28 万人，减少 2.53 万人。

2018—2022 年扬州市居民收入情况见图 2-3-3。

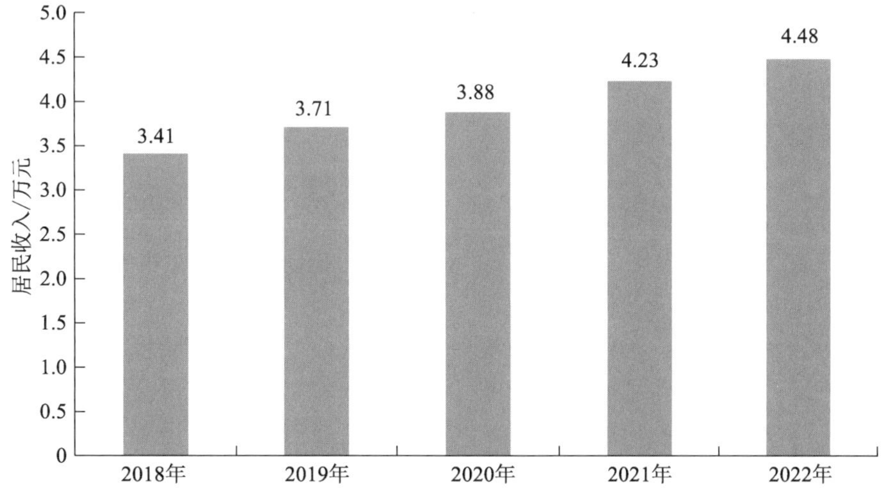

图 2-3-3　2018—2022 年扬州市居民收入情况

年末全市城乡基本养老、医疗、失业、工伤和生育保险参保人数分别为 323.35 万人、426.5 万人、80.2 万人、99.29 万人和 94 万人。城乡居民基本养老保险基础养老金最低标准由每人每月 205 元提高到 210 元。城乡居民医保人均财政补助最低标准提高到每人每年 650 元。全市城乡低保月人均标准提高到 770 元，累计发放低保资金 1.35 万人次、0.98 亿元。

第三节　2022 年主要工作

2022 年，扬州市坚决筑牢疫情防线，有效守护人民群众生命安全和身体健康。严格落实“早发现、快处置、强能力”各项举措，迅速闭环处置多起散发疫情，对照国家、省标准全面提升应急处置能力，派出近 3000 名医务人员支援外地，接收外市隔离人员近万人，因时因势优化调整防控措施，为经济社会平稳有序运行奠定了基础。

一、坚持抓投资促消费，经济运行稳中向好

项目建设成效显著。打好招商引资“擂台赛”，新招引重大产业项目 446 个，100 亿元、50 亿元以上项目均创历史新高。健全重大项目全生命周期管理和常态化推进机制，17 个列省、466 个市级重大项目超额完成年度投资计划，工业投资增长 25%。北沿江高铁、宁扬城际、仪禄高速一期、扬泰机场二期等启动开工。消费潜能持续释放。开展“好地方·好生活”系列消费促进活动，发放消费券超亿元，汽车、家电零售额分别增长 18%、10%。举办国际创意美食博览会、“扬州的夏日”文旅消费季等活动，瘦西湖入选国家级夜间文旅消费集聚区。开放型经济提速发展。美华国际在美国纳斯达克上市。完成仪征沿江海事监管事权划转回归。

二、坚持抓创新优环境，实体经济加快发展

产业集群不断壮大。完善重点优势产业发展“十个一”工作机制，新增国家级制造业单项冠军企业 3 家、专精特新“小巨人”企业 19 家，海工装备和高技术船舶集群入选“国家队”，全市规模以上工业增加值增长 9%，江都入选省首批制造业

高质量发展示范区建设地区，市经开区工业开票销售突破千亿元。完成智能化改造数字化转型项目 2372 项，新增国家级智能制造示范工厂和优秀场景 2 家、省工业互联网标杆工厂 6 家。服务业增加值超 3500 亿元，扬州软件园获评省级创业孵化示范基地，广陵新城获评江苏软件名园。建筑业荣获 3 个鲁班奖。创新动能不断积蓄。制定实施“科技创新 10 条”，新引进科技型企业 534 家，新增省潜在独角兽企业和瞪羚企业 17 家、省研发型企业 2 家，全社会研发投入增长 10%。成立长三角国家技术创新中心（扬州）服务中心、北京机电研究所扬州创新中心。入选国家知识产权强市建设试点城市。出台“人才新政 15 条”，建成投用人才公寓 3843 套（间），入选国家重大人才工程 29 人。举办首届产业工人节。扬州创新生态指数首次跻身长三角城市前 10 位。改革步伐不断加快。制定实施优化提升营商环境“2 号文件”和“1+1+*N*”助企纾困政策，减税降费及退税缓税 170 亿元，政府采购信用承诺制度全国推广。工程建设项目平均审批时长压缩 51%，53 个项目实现“拿地即开工”。不动产登记交易纳税平均办理时限压缩 70%。国金投资集团、建工控股集团、农投集团完成重组，联环集团入选全国“科改示范企业”。

三、坚持抓融合提品质，城乡面貌稳步改善

城市空间布局更优。“三区三线”获批启用，新增城镇建设用地 7.4 万亩。累计盘活开发园区存量土地 1.6 万亩，超额实现“三年任务、两年完成”目标。京沪高速扩容改造、龙潭过江通道、345 国道等工程有序推进，扬子津路西延一期、江都南路南延等建成通车。城市功能品质更好。制定实施历史文化名城保护和有机更新“1+8”系列方案，皮市街、广陵路、小秦淮河、仁丰里入选省级城市更新试点。征迁房屋 245 万平方米，改造老旧小区 189 万平方米、棚户区（危旧房）8822 套（户）、“城中村”15 个。完善市政配套设施，新建供水管网 50 公里，新改扩建城镇污水管网 129 公里、城市燃气管道 274 公里，建成投运北山污水处理厂一期、市污泥处置及资源化利用项目二期。新增机动车停车位 4000 个。乡村振兴步伐更快。有效应对夏季极端高温干旱，粮食生产实现“十九连丰”。“扬麦 33”入选中国农业农村重大新产品，宝应现代农业产业园晋升“国家级”。启动乡村振兴示范带建设，新建高标准农田 17.2 万亩、农村生态河道 615 公里，新改建农村公路 150 公里、农桥 25 座，改善农民住房 4700 户，农村生活污水治理率达 42%。

建成省级绿美村庄 43 个，仪征入选全国休闲农业重点县，高邮清真村入选全国乡村旅游重点村，邗江长塘村创成中国美丽休闲乡村。

四、坚持抓治理促整改，生态环境稳定趋好

污染防治攻坚扎实推进。完成 953 项列省大气污染防治重点任务，淘汰国三及以下柴油货车 9193 辆。开展重点断面溯源整治，建成区污水处理提质增效达标区覆盖率达 40%。持续抓好中央和省生态环保督察反馈问题整改，运河三湾生态修复项目入选中央生态环境保护督察整改正面典型案例。生态屏障建设持续加强。新增生态安全缓冲区 2 个、城市绿地 234.5 万平方米，成片造林 3297 亩，修复湿地 1440 亩，建成幸福河湖 55 条（个）。北湖湿地公园晋升“国家级”，7 个项目入选“国家山水工程”。绿色循环经济加快发展。实施绿色化改造项目 105 项，获批省级以上绿色工厂 15 家，新增绿色建筑 720 万平方米。通过国家节水型城市复查。入选国家废旧物资循环利用体系建设重点城市。扬州市作为全国唯一城市代表，受邀参加联合国气候变化大会。

五、坚持抓创建育特色，文化实力更加彰显

大运河、长江国家文化公园建设亮点纷呈。世界运河城市论坛升格为“国家级”并成功举办，扬州被授予“运河城市实施联合国 2030 可持续发展议程样板城市”。系统实施大运河文化带建设“七个一”行动，广泛评选推广“运河十二景”，启动古运河综合整治示范段工程，北护城河文旅集聚区建设取得阶段性成果。入选全省长江国家文化公园重点项目 2 个。凤凰岛创成 AAAA 级景区，高邮入选首批省级文旅产业融合发展示范区。长三角文旅一体化合作发展峰会、《大运河画传》出版座谈会在扬举行。文明城市建设纵深推进。践行社会主义核心价值观，宝应县农业农村局荣获全国“人民满意的公务员集体”，蜀冈—瘦西湖

风景名胜区分局旅游警察大队获评全国学雷锋活动示范点。实施文明典范城市创建十大工程，清理城市“六乱”2.5万处，新增生活垃圾“四分类”达标小区228个。文体事业繁荣发展。深化“书香城市”建设，国内首部城市书房条例正式施行，新开放城市书房5个。举办文体惠民、全民阅读、全民健身等活动3600余场。歌曲《面朝东方》入围中宣部“五个一工程”。“富春茶点制作技艺”入选联合国非物质文化遗产名录。

六、坚持抓完善快提质，民生福祉持续增进

居民收入和社会保障水平稳步提升。开展“三个一切”稳就业专项行动，城镇居民人均可支配收入增长5.5%。深入推进富民强村帮促行动，村级非经营性债务全面清零。城乡居民低保标准提高至770元。完成失业保险市级统筹，启动职业伤害保障试点。基本建成15分钟医保服务圈。公共服务持续加强。建成市妇女儿童医院一期主体工程、市公共卫生应急指挥中心，新改扩建基层医疗卫生机构13家，新增省级普惠托育机构4家，蝉联全国健康城市建设样板市。新改扩建幼儿园12所、中小学11所。新建颐养社区41个、街道养老综合体8个、农村区域性养老服务中心9个，入选全国居家和社区基本养老服务提升行动项目地区。在全省率先出台基层退役军人服务站建设标准。治理能力显著增强。实施“精网微格”工程，细分微网格30178个，“网格+代办”两员融合工作经验在全省推广。深入开展妇女儿童权益保障问题排查整治、打击整治养老诈骗、夏季治安整治等专项行动。市档案馆创成全国示范数字档案馆。台湾事务、侨务、民防、科普、民族宗教、仲裁、残联、慈善、红十字等工作取得新进展。

第四章　淮安市经济社会发展情况

2022年，淮安市坚决落实“疫情要防住、经济要稳住、发展要安全”的重大要求，以敢为善为、勇挑大梁的坚定自觉，积极有效应对各种风险挑战，全市经济社会发展呈现出大局稳定、动能增强、预期改善的良好局面。

第一节　经济发展基本情况

一、综合概况

全市综合实力持续增强。全年实现地区生产总值4742.42亿元，按可比价格计算同比增长3.6%。全年人均地区生产总值104054元，按可比价格计算增长3.6%，按当年平均汇率折算为15470美元。2018—2022年淮安市地区生产总值见图2-4-1，2022年淮安市辖各县区经济发展情况见图2-4-2。

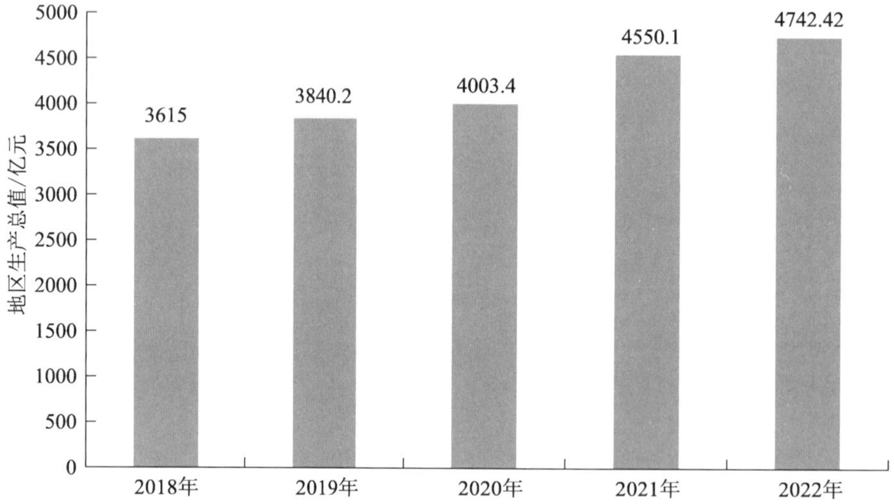

图2-4-1　2018—2022年淮安市地区生产总值

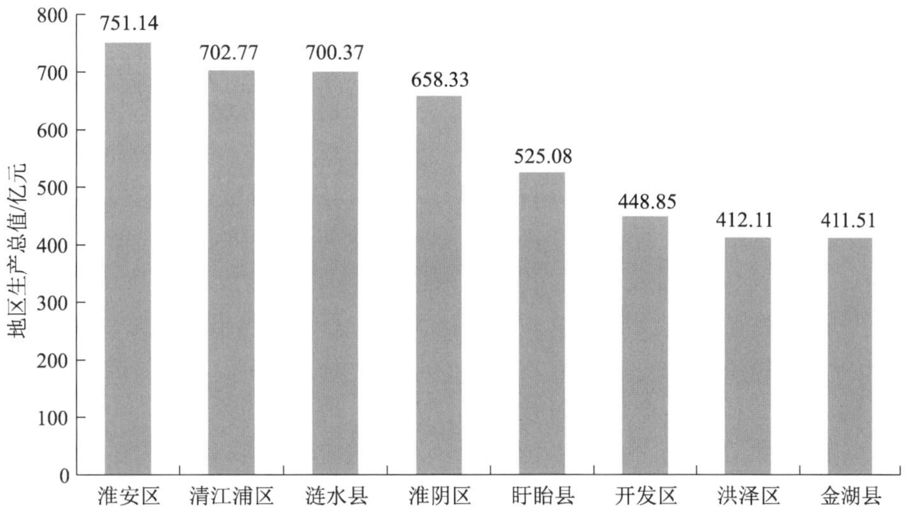

图 2-4-2 2022 年淮安市辖各县区经济发展情况

就业创业总体稳定。全年城镇新增就业 6.29 万人，失业人员再就业 5.23 万人，城乡就业困难人员就业 1.41 万人，新增公益性岗位托底安置就业困难人员 850 人。发放富民创业贷款 6030 笔，贷款金额 11.06 亿元。培育打造省级劳务品牌 5 个，完成城乡劳动者就业技能培训 3.31 万人，创业培训 2.14 万人，扶持城乡创业 2.43 万人。

消费价格温和上涨。全年居民消费价格上涨 1.9%。分类别看，食品烟酒价格上涨 2.7%，衣着价格上涨 1.7%，居住价格上涨 1.1%，生活用品及服务价格上涨 2.3%，交通通信价格上涨 3.1%，教育文化娱乐价格上涨 1.5%，医疗保健价格上涨 0.2%，其他用品及服务价格上涨 1.7%。在食品烟酒价格中，猪肉价格下降 1.9%，粮食价格上涨 0.4%，食用油价格上涨 3.8%，鲜菜价格上涨 5.8%，鲜果价格上涨 14.9%，鸡蛋价格上涨 8.1%，禽肉价格上涨 3%。

二、农林牧渔业

粮食生产再获丰收。全年粮食总产量 492.93 万吨，比上年增加 1.2 万吨，增长 0.2%。其中夏粮产量 185.21 万吨，增长 0.8%；秋粮产量 307.72 万吨，下降 0.1%。粮食单产 481.04 公斤/亩，增长 0.2%。全年粮食播种面积 1024.73 万亩，比上年增加 0.69 万亩。

林牧渔业平稳增长。全年完成造林面积 2.67 万亩。年末生猪存栏 155.96 万头，比上年下降 2.1%。生猪出栏 250.2 万头，增长 2.7%；家禽出栏 7619.67 万只，增长 9%。猪牛羊禽肉产量 33.44 万吨，增长 2.7%；水产品总产量 31.86 万吨，增长 5.3%。

现代农业加速发展。新增优质稻米基地 24 万亩，改造提升绿色蔬菜保供基地 1.8 万亩，高标准农田 59.1 万亩。江苏盱眙国家现代农业产业园、省级现代农业产业示范园通过验收认定，淮安区、洪泽区获批建设省级现代农业产业高质量发展示范园，塔集镇被列入国家级农业产业强镇。

三、工业和建筑业

工业生产较快增长。全年规模以上工业增加值增长 8.2%。从三大门类看，采矿业增加值下降 7.8%，制造业增长 9.3%，电力、热力、燃气及水生产和供应业下降 10.7%。分行业看，34 个工业行业大类中，28 个行业增加值保持增长，行业增长面 82.4%。其中有色金属冶炼和压延加工业，酒、饮料和精制茶制造业，化学原料和化学制品制造业，计算机、通信和其他电子设备制造业等四大行业分别增长 77.9%、24.2%、22.1%、10.9%。规模以上工业企业实现利润总额 189.84 亿元，增长 2.9%；每百元营收成本 81.5 元，较上年减少 0.2 元。

建筑业稳定健康发展。全年签订建筑合同额 1489.5 亿元，比上年增长 2%；实现建筑业总产值 1690.8 亿元，增长 7.1%。建筑业企业房屋建筑施工面积 13804.4 万平方米，增长 9.1%，其中新开工面积 3361.2 万平方米，增长 3.9%。建筑业企业实现利润总额84.7亿元，增长13.9%。

四、固定资产投资

有效投资快速增长。全年规模以上固定资产投资增长9.7%，其中工业投资增长20.7%，拉动规模以上固定资产投资增长10.4个百分点。高技术产业投资增长46.7%，其中仪器仪表制造业、计算机通信和其他电子设备等行业投资保持较快增长，分别增长76.9%、46.6%。民间投资增长8.9%，占全部投资的80.1%。持续聚焦项目攻坚突破，新签约亿元以上项目789个，协议引资额4045亿元，其中亿元以上工业项目533个，50亿元以上项目31个，玻纤新材料、天合光能高效光伏电池和组件等百亿级项目7个。

五、国内贸易

消费市场总体平稳。全年实现社会消费品零售总额1820.19亿元，下降0.4%。分消费形态看，限额以上单位商品零售额549.92亿元，增长4.7%；餐饮收入42.39亿元，增长7.4%。分商品类别看，基本生活消费保持平稳，限额以上单位粮油食品类、烟酒类商品零售额分别增长7.5%、6.6%；升级类消费需求加快释放，家用电器和音像器材类、金银珠宝类商品零售额分别增长14.7%、13.9%。

六、交通、邮电和旅游业

交通运输业承压前行。全年完成公路货运量0.49亿吨，周转量160.91亿吨公里，分别下降16.2%和14.1%。水路货运量0.66亿吨，周转量230.66亿吨公里，分别增长13.2%和11.3%。内河港口集装箱吞吐量47.29万标箱，总量位居全省第一，增长52.2%。铁路客运量678.77万人次，下降31.6%；铁路货运量235.63万吨，增长2%。民用航空客运量80.85万人次，下降42.4%；货邮运量1.54万吨，下降21.4%。宁淮铁路、京沪高速扩建、淮安港三期、机场三期等重大交通项目加快建设。

邮电通信业较快发展。全年完成邮政业务总量42.42亿元，增长7.6%。邮政业务收入35.83亿元，增长10.6%，其中快递业务收入25.13亿元，增长9.1%。完成快递业务量3.06亿件，下降0.3%。其中同城业务量0.28亿件，下降36.1%；异地业务量2.78亿件，增长5.7%。完成电信业务收入44.8亿元，增长10.5%。年末移动电话用户504.8万户，增长4.1%；固定电话用户29.9万户，下降4.5%；固定互联网宽带接入用户212.9万户，增长2.9%。

旅游业发展有待恢复。全年实现旅游业总收入280.85亿元，下降30.7%。其中国内旅游收入280.02亿元，下降30.7%；旅游外汇收入1212.49万美元，下降22.7%。全年接待境内外游客2493.55万人次，下降24.3%。其中国内游客2492.86万人次，下降24.3%；入境过夜游客0.7万人次，下降23.5%。全市共有国家A级及以上旅游景区36家，AAAAA级景区1家，AAAA级景区20家；星级旅游饭店20家；旅行社127家；持有电子导游证导游1747人。

七、金融和保险业

财政收支保持稳定。全年完成一般公共预算支出660.43亿元，增长7.7%。其中民生类支出506.5亿元，占一般公共预算支出比重76.7%。

金融市场稳健运行。年末，金融机构本外币各项存款余额5836.68亿元，增长8%。其中住户存款余额2845.86亿元，增长20.3%；企业存款余额1946.25亿元，下降0.9%。金融机构本外币各项贷款余额6461.76亿元，增长16.7%。其中制造业贷款434.5亿元，增长22.9%，增速为2012年以来最高水平。

保险行业平稳发展。全年实现保费收入107.61亿元，增长7.7%。其中财产险收入44.23亿元，增长10.8%；人身险收入63.38亿元，增长5.5%。累计赔付支出40.66亿元，增长7.6%。其中财产险赔付支出27.92亿元，增长3.6%；人身险赔付支出12.74亿元，增长17.3%。

第二节　社会发展基本情况

一、科学技术和教育

创新能力不断增强。全年新增专利授权量11624件，其中发明专利授权量1095件，增长12.4%。年末有效发明专利5427件，比上年增加1053件，增长24.1%。万人发明专利拥有量11.9件，比上年增加2.31件，增长24%。全年新批高新技术企业297家，有效期内高新技术企业670家。成功入选首批国家知识产权强市建设试点城市。

人才队伍持续壮大。全市拥有专业技术人才45.4万人，当年新增3.6万人；高技能人才20.9万人，当年新增0.9万人。共有省级以上技能大师工作室项目10个，高技能人才公共实训基地项目6个，省首席技师项目67个。海外留学回国人员635人，其中当年新增95人。享受国务院政府特殊津贴专家117名，省级突出贡献中青年专家61名。国家级博士后科研工作站10家，省级博士后创新实践基地27家。

教育事业稳步发展。全市共有各级各类学校960所，比上年减少24所；在校生89.4万人，比上年减少3.15万人；专任教师6.57万人，比上年减少0.09万人。其中成规模幼儿园492所，在园幼儿12.57万人，教师0.96万人；小学232所，小学生34.63万人，教师2.33万人；初中169所（含42所九年一贯制学校），初中生16.94万人，教师1.54万人；普通高中39所，高中生10.61万人，教师0.96万人；中等职业学校13所，学生4.43万人，教师0.28万人；高校8所，大学生13.46万人，教师0.5万人；特殊教育学校7所，学生0.11万人，教师0.02万人。

二、文化、卫生和体育

文化服务体系不断健全。全市有市级、县（区）级文化馆8个，公共图书馆9个，美术馆2个。其中国家一级文化馆8个、公共图书馆7个。乡镇街道文化站95个，行政村（社区）综合性文化服务中心覆盖率100%，公共数字文化服务乡村覆盖率100%。广播电视综合人口覆盖率100%，有线数字电视有效用户数49.64万户。

卫生事业扎实推进。全市共有各类卫生机构（不含村卫生室）878个，其中疾病预防控制机构8个、卫生监督机构9个、综合医院40个、专科医院16个、中医院7个、妇幼保健机构8个、卫生院80个、社区卫生服务中心（站）78个。各类卫生机构实有病床31322张，其中医院20225张、卫生院7946张。卫生技术人员3.82万人，其中执业（助理）医师14582人、注册护士17323人，疾病预防控制机构卫生技术人员612人，卫生监督机构卫生技术人员194人，妇幼保健机构卫生技术人员1944人。

体育事业全面发展。全市共有体育场地数量14156片，总面积1854.21万平方米，人均体育场地面积4.06平方米。新建体育公园10个、健身步道125公里。高质量举办第十四个“全民健身日”系列活动，开展102场科学健身大讲堂、103场体育培训、1023场群体性体育活动。1413名运动员参加第二十届省运会，共获得金牌107枚、奖牌280枚。

三、环境保护

生态环境明显改善。全年新创成省级生态文明建设示范乡镇（街道）2个、示范村（社区）16个。水环境国考、省考断面优Ⅲ比例94.7%，比上年提升5.2个百分点；$PM_{2.5}$平均浓度34.8微克/立方米，比上年下降3.3%，首次达到国家空气质量二级标准，空气质量优良天数比例82.5%，比上年提升0.9个百分点，是全省唯一实现$PM_{2.5}$浓度、空气质量优良天数比例“双改善”“双达标”的设区市。

四、人口、居民生活和社会保障

常住人口小幅减少。年末常住人口455.31万人，比上年减少0.91万人。其中城镇常住人口304.29万人，常住人口城镇化率66.83%。全年人口出生率4.78‰，死亡率3.82‰。年末户籍人口

551.11万人，其中男性282.69万人、女性268.42万人。

2018—2022年淮安市全体居民人均可支配收入情况见图2-4-3。

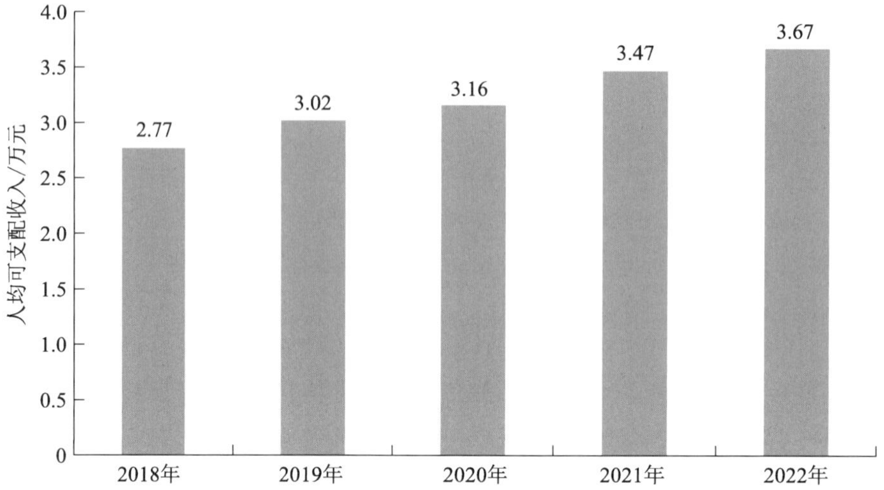

图2-4-3　2018—2022年淮安市全体居民人均可支配收入情况

社保体系持续完善。年末全市城乡居民基本养老保险参保人数197.35万人，职工养老保险参保人数117.64万人（含离退休待遇领取人数），工伤保险参保职工人数80.53万人，失业保险参保人数58.15万人，无雇工的个体工商户、灵活就业人员企业职工基本养老保险参保人数21.59万人。全年共支出企业职工基本养老保险112亿元，机关事业单位养老保险49.98亿元，城乡居民基本养老保险23.33亿元。养老金按时足额100%社会化发放，其中城镇居民社会养老保险60岁以上参保老人每月增加14元基础养老金，实现“十一连增”。

第三节　2022年主要工作

一、疫情防控和稳定增长双战双赢

坚持人民至上、生命至上，不折不扣贯彻落实中央和省疫情防控方针政策，多轮突发疫情均以最小代价、在第一时间得到有效控制。因时因势优化调整防控措施，加强老年人等重点群体和学校、医院等重点机构防护，提升应急处置和诊治服务能力，实现平滑有序过渡。认真落实中央和省稳增长政策措施，制定助企纾困“45条”“20条”和稳增长“15条”等一揽子政策，加强经济运行监测调度，发挥12345热线企业保障服务专班、驻厂员等作用，用足用好国家政策性开发性金融工具，投放额度居全省第四、苏北第一，推动组合式税费政策直达快享，累计办理退税、缓税、减税107亿元，制造业贷款增速高于各项贷款增速。全市主要经济指标增速持续位居全省前列。

二、项目攻坚和产业培育突破成势

成功举办食博会暨金洽会等系列活动，新签约亿元以上项目789个，协议引资额4045亿元，其中亿元以上工业项目533个，50亿元以上项目31个，玻纤新材料、天合光能高效光伏电池和组件等百亿级项目7个，全面完成“3530”项目招引任务。一年来，围绕招商引资这一头号工程，全市人民同心同向、聚智聚力，各地各部门争先恐后、尽锐出战，300名专职招商干部长年在外不辞辛劳、奋力拼抢，广大客商对淮安信任有加、与淮安精诚合作，形成了中流奋楫、竞相迸发的淮安大招商生动局面，这充分表明“项目为王、环境是金”工作导向更加深入人心，已成为全市上下的思想共识和行动自觉！为保障项目引得进、建得快，淮安市着力完善重大项目要素保障和服务机制，各县区均储备了500亩以上集中连片工业用地，百亿级项目从签约到落地，由100天到70天，再由52天到32天，不断刷新“淮安加速度”。完成工业投资920亿元，新开工亿元以上工业项目310个、新竣工201个，同比分别增加64个和22个，其中新开工50亿元以上工业项目10个，较好实现了项目建设“1320”目标。省重大项目数量、年度投资较上年分别翻了一番和两番，市重大产业项目数量、年度投资分别增长70%和62%。工业经济快速增长，出台推动制造业高质量发展实施意见，整合设立工业强市发展专项资金，四大主导产业开票销售同比增长8.5%，新增销售超150亿元、超80亿元工业企业各2户，淮钢特钢通过国家两化融合管理体系AAA级认证，今世缘酒业获2022年江苏省省长质量奖，天一超细金属粉末获评国家制造业单项冠军企业，纽泰格、威博液压成功上市，新增国家级专精特新“小巨人”企业2家。现代服务业提档升级，商贸物流业加快转型，完成内河集装箱吞吐量47.3万标箱，增长52%，放大“世界美食之都”品牌效应，打造3个省级夜间文旅消费集聚区，涟水创成省全域旅游示范区，淮安区入选全国红色旅游融合发展试点单位，方特东方欲晓开园。现代农业提质增效，加快建设五大产业集群，粮食生产实现丰收，绿色优质农产品占比达70%，小龙虾产业入选全国优势特色产业集群，金湖入选新一轮国家制种大县，淮阴区获批省级农业现代化先行区，洪泽区、淮安区获批建设省级现代农业产业高质量发展示范园。

三、改革创新和扩大开放互促并进

持续推进“淮上关爱一件事”改革，简化厂房和仓储类项目审批，推行工业用地供应管理权限委托试点，“数字化联合审图”入选全国典型案例，“拿地即开工”项目占比、招投标不见面交易率居全省第一，创新推出惠企“码上贷”。在全省率先编制市级部门职责边界清单，开发园区去行政化系列改革深入推进。实现行政事业单位经营性资产集中统一管理，完成国企改革三年行动预定目标。整合利用存量土地资源3.13万亩，获省用地指标奖励。扎实推进国家创新型城市建设，全社会研发投入增长10%以上。天士力药业创成国家企业技术中心，淮安精密配件特色产业基地获批国家火炬特色产业基地。入选首批国家知识产权强市建设试点城市，技术合同成交额200亿元。新增省级质量标杆企业200户，实现企业参与国际标准修订零的突破。与南京大学、东南大学开展战略合作，新备案省级校企联盟102家。出台“人才强市22条”，举办人才发展云推介、创新创业大赛等活动，引进高层次人才团队和创业领军人才项目77个、“揭榜挂帅”项目15个。开放合作水平持续提高，举办淮安城市发展上海推介月、淮河华商大会、对日投资环境说明会等活动，加快对接实施长三角区域一体化发展、大运河文化带、淮河生态经济带等国家战略。启动宁淮科创走廊和自贸区联动创新发展区建设，新能源动力系统等20个项目落户宁淮智能制造产业园，总投资133亿元。建立政企互通台商台胞服务机制，淮昆台资经济协同发展成效显著，整体通关效率保持在全省前列。

四、城市建设和乡村建设融合发展

实施十大类249个城建重点项目，完成投资315亿元。中央活力区建设步伐加快，华信商业综合体正式运营，金融中心二期竣工交付，华润万象城开工建设。大运河百里画廊渐次展开，先导段和示范区建设入选全国大运河文化保护传承利用十件大事，建成里运河文化长廊“四行”系统和东港体育公园，中国水工科技馆有序实施，萧湖旅游度假区、板闸遗址公园主体竣工，环洪泽湖公路基本贯通。宜居水平不断提升，都天庙、“新旅”周边片区入选城市更新省级试点，新开工棚户区改造住房1.92万套，改造老旧小区156个，创成省级宜居示范居住区10个，建成15个城市绿色小客厅，古黄河生态休闲带全线贯通，竣工人防工程40个。全力打造“不淹不涝”城市，整治易积易涝点81个。建成主城区控源截污、餐厨废弃物收运处理扩建、建筑垃圾资源化利用等项目，获批“无废城市”建设试点。开展“超期过渡安置”攻坚行动，惠及4457户群众。有序推进住宅小区安装新能源汽车充电设施，实行机关事业单位停车泊位错时对外开放。初步建成智慧城市一体化基础支撑和城市运行“一网统管”平台，数字政府建设入选智慧长三角数字化转型优秀案例。

文明城市建设迈向高水平，建立“六化、四高”城市长效综合管理机制，出台小区物业管理“1+7”政策，提请市人大常委会审议通过《淮安市农贸市场管理条例》《淮安市建筑垃圾管理条例》，开展城市“无裸土”整治行动，全面推进停车、疏导点和“城市家具”示范路试点，城市更加干净整洁有序。扎实推进乡村建设行动，完成“三级先导”区域“多规合一”村庄规划编制，建成美丽宜居村庄103个，创建省级特色田园乡村12个，培育48个省级生态宜居美丽示范村，新改善6000多户农民群众住房条件。全面开展乡村公共空间治理，共整治160个先导村3万多个问题，有力促进了资源资产高效利用和集体经济增收。推动灌区与高标准农田建设有效衔接，建设改造农村公路170公里、桥梁68座，新建农村生态河道644公里，改造农村供水管网895公里，提标改造12座建制镇污水处理厂，改造提升农村卫生厕所3.1万座，淮阴区入选全国水系连通及水美乡村建设试点县。

五、枢纽建设和绿色发展相得益彰

积极打造全国性综合交通枢纽城市，完成交通基础设施投入101.5亿元。建成宁淮铁路先开段，高铁东站宁淮场加快建设。实施机场三期改扩建工程，其中货站国际区竣工投用，航站区改扩建工程开工，开通淮安至成都季节性全货机航线。开工建设淮河入海水道二期工程、淮安港三期、黄码港、洪泽新港产业园码头，与上港、省港集团合资成立上港（淮安）国际集装箱码头公司。京沪高速扩建工程淮安段主体建成，长深高速扩建工程连淮段有序推进，331省道金湖东段开工建设，建成420省道洪泽段、344国道淮河大桥、白马湖景区连接线。坚持生态优先、绿色发展，进一步完善国土空间规划体系，高质量完成“三区三线”划定工作，为未来发展留足空间。开展环境基础设施提升行动，完成投资33.3亿元，实施95个重点项目。基本完成中央生态环保督察反馈问题年度整改任务。开展“三源整治”和秋冬季空气质量改善六大行动，创成全国绿色出行城市。深入实施生态碧水三年行动，完成12个污水处理提质增效达标区和96条幸福河湖建设，市区城市生活污水集中收集率较上年提升7个百分点。白马湖被推荐列入国际重要湿地名录，金湖入选生态产品价值实现机制省级试点。建立“两高”项目动态清单，创成省级绿色工厂20户。

六、民生保障和社会治理统筹推进

全面完成十大类50件民生实事。防返贫保险、重点帮促村集体经济收入保险实现全覆盖。城乡居民基础养老金标准实现“十一连增”，出台“一老一小”整体解决方案，社区养老服务设施“五统一”做法获评全国改革试点优秀案例，困境妇女儿童“一户一策”精准微关爱服务项目入选省级改革试点。基本医保覆盖率达98.3%，困难群众住院费用实际报销比例达80%以上，医保公共服务专项评价居全省第一，医保支付方式改革入选国家示范点。新改扩建中小学幼儿园20所，新增学位1.5万个，稳步推进“双减一规范”工作，入选省推动基础教育高质量发展实验区。加快县域高中振兴步伐。高等教育、职业教育快速发展，校地合作成效显著提升。深入学习贯彻习近平总书记重要回信精神，儿童剧《新安旅行团》在全国引发热烈反响，全国青少年思政教育核心基地投入使用。市一院在全国公立医院绩效考核中位居全省前列，市妇幼保健院新院区即将交付使用，市三院创成三级甲等医院，建成4个农村区域性医疗卫生中心，获评全国健康城市样板市。提档升级95个镇街书房，改革组建市文化艺术中心，6部作品获评省“五个一”工程奖。成功承办中国女子排球超级联赛淮安赛区比赛，省运会取得优异成绩，群众体育蓬勃发展。实体化运行市域社会治理现代化指挥中心。社会治安防控体系不断完善，推动扫黑除恶长效常治，刑事案件和治安案件实现“双下降”，公众安全感指数位列全省第三。圆满完成党的二十大安保维稳任务。信访突出问题攻坚化解质效稳居全省前列。基层综合执法规范化建设、包容审慎执法和“八五”普法走深走实，公共法律服务入选国家综合标准化试点，“品质仲裁”影响力持续提升。用好纪巡审贯通协同机制，充分发挥审计的监督、服务和保障作用。安全生产专项整治“三年大灶”顺利收官，市、县、镇三级安委会全面推行“双主任”制，创新建立县级党政领导“四包一落实”工作机制，“厂中厂”整治、基层消防力量建设等经验在全国推广，生产安全事故起数和死亡人数全省最少，“双下降”幅度居全省第二。食品安全监管工作保持在全省前列。全面完成政府性债务化解年度目标，金融环境平稳有序。国防动员、退役军人事务工作迈出新步伐，5 个县区被命名为省双拥模范城。援疆等对口支援合作工作成效显著。国家安全、民族宗教、机关事务、统计、外事、气象、供销、档案、公积金、地方志、边检等工作取得新成效，工会、老龄、慈善、红十字、残疾人等事业实现新发展。

第五章　芜湖市经济社会发展情况

2022 年，芜湖市完整、准确、全面贯彻新发展理念，坚持高质量发展，积极稳妥应对超预期因素冲击，经济稳定向好，社会大局稳定，现代化新芜湖建设迈出坚实步伐。

第一节　经济发展基本情况

一、综合概况

全市实现地区生产总值 4502.1 亿元，按可比价格计算同比增长 4.1%。三次产业增加值比例由上年的 4.0∶47.2∶48.8 调整为 4.0∶47.4∶48.6。工业增加值占地区生产总值比重由上年的 37.1% 提升至 37.3%，其中制造业增加值占地区生产总值比重由 35.1%提升至 35.4%。按常住人口计算，人均地区生产总值 121630 元（折合 18083 美元），比上年增加 5060 元。2018—2022 年芜湖市地区生产总值见图 2-5-1，三次产业增加值占全市地区生产总值比重见图 2-5-2；2022 年芜湖市辖各县市区经济发展情况见图 2-5-3。

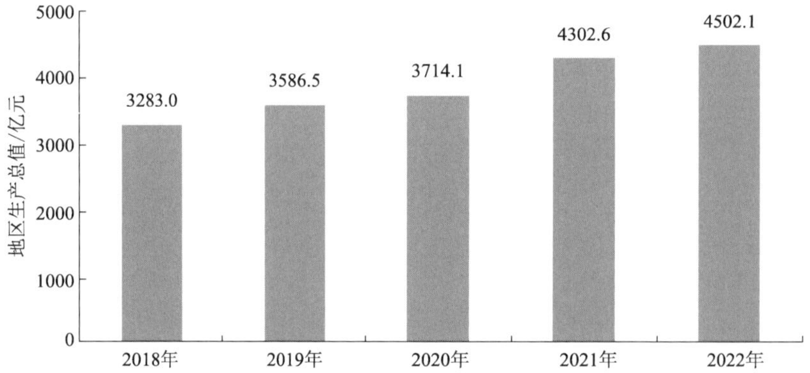

图 2-5-1　2018—2022 年芜湖市地区生产总值

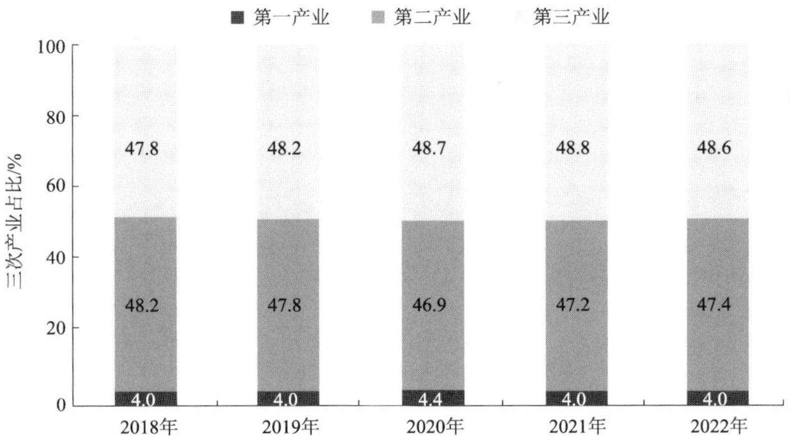

图 2-5-2　2018—2022 年芜湖市三次产业增加值占全市地区生产总值比重

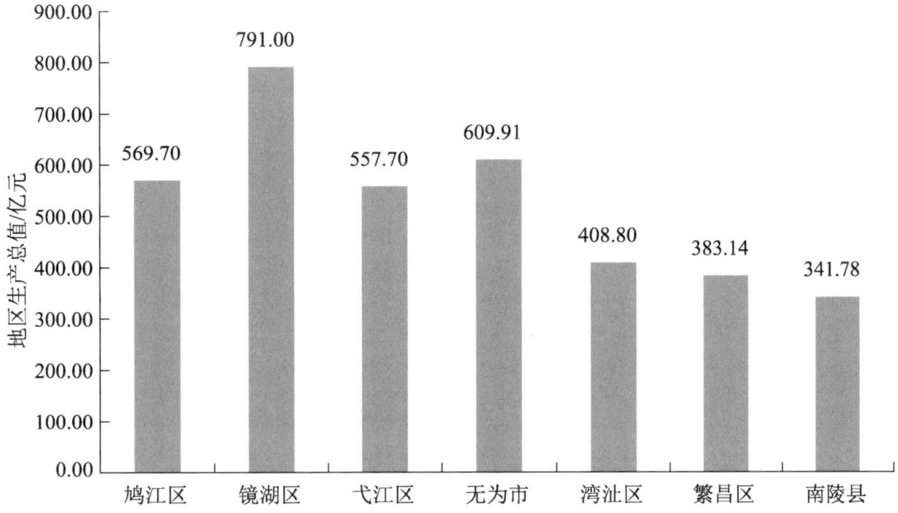

图 2-5-3　2022 年芜湖市辖各县市区经济发展情况

年末全市常住人口 373. 1 万人，比上年末增加 5. 9 万人；常住人口城镇化率为 73. 55%，比上年提高 0. 56 个百分点。2022 年末芜湖市常住人口及其构成见表 2-5-1，2018—2022 年末芜湖市常住人口数见图 2-5-4。

表 2-5-1　2022 年末芜湖市常住人口及其构成

指标	年末数/万人	比重/%
常住人口	373. 1	100. 00
其中：城镇	274. 4	73. 55
乡村	98. 7	26. 45
其中：男性	192. 1	51. 48
女性	181. 0	48. 52
其中：0~14 岁（含不满 15 周岁）	51. 3	13. 75
15~59 岁（含不满 60 周岁）	244. 8	65. 60
60 周岁及以上	77. 0	20. 65
其中：65 周岁及以上	63. 0	16. 89

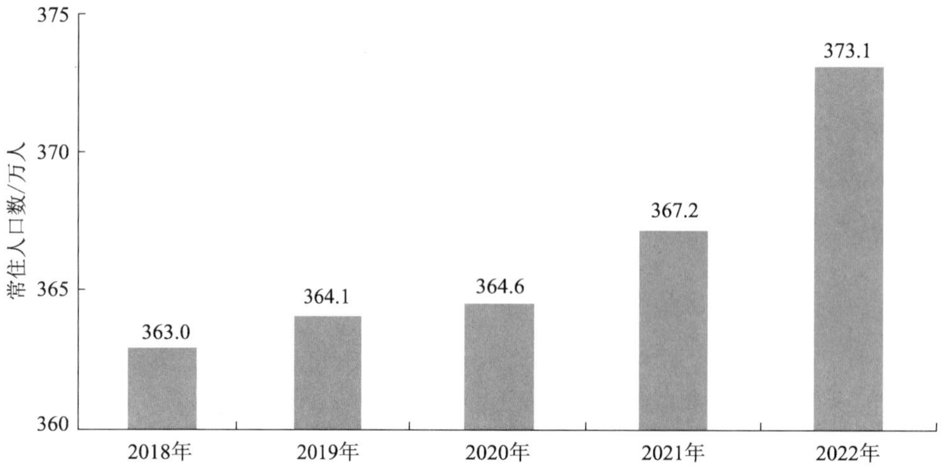

图 2-5-4　2018—2022 年末芜湖市常住人口数

全年新增城镇就业人员 7.27 万人，其中失业人员再就业 2.78 万人。

全年居民消费价格上涨 2.4%。其中消费品价格上涨 3.2%，服务价格上涨 1.3%；非食品价格上涨 2.2%，食品价格上涨 3.3%。

新兴动能不断增强。全年高技术制造业增加值增长 47.6%，占规模以上工业增加值比重为 10.5%；工业战略性新兴产业产值增长 15.6%，其中新能源产业、新能源汽车产业产值分别增长 34.7%和 61.7%。限额以上网上零售额 337.67 亿元，增长 11%。高技术产业投资增长 33.2%，其中高技术制造业投资增长 48.8%。

二、农业

全年粮食种植面积 222.7 千公顷，油料种植面积 35.6 千公顷。2022 年芜湖市主要农产品产量及其增长速度见表 2-5-2。

表 2-5-2　2022 年芜湖市主要农产品产量及其增长速度

产品名称	计量单位	产量	比上年增长/%
粮食	万吨	139.6	0.6
棉花	万吨	0.3	-24.6
油料	万吨	10.0	1.8
烤烟	吨	5484.0	8.9
茶叶	吨	2672.0	0.3
水果	万吨	20.1	5.8
蔬菜	万吨	179.0	4.0
肉类	万吨	18.5	4.3
生猪（出栏数）	万头	60.6	2.0
家禽（出栏数）	万只	7629.6	2.1
水产品	万吨	18.4	4.5

当年完成造林面积 2425.5 公顷。年末，全市拥有绿色食品认证 286 个，有机农产品认证 64 个，农产品地理标志 10 个。年末拥有省级及以上农业产业化龙头企业 64 家。拥有农业机械总动力 234.4 万千瓦，农用拖拉机 4.92 万台。

三、工业和建筑业

全年规模以上工业企业实现增加值比上年增长6.6%。其中国有企业占规模以上工业比重为12.1%，增加值增长10.7%；股份制企业占比71.6%，增加值增长7.3%；外商及港澳台商投资企业占比16.1%，增加值增长1.4%。工业产品销售率达到98%。

2022年芜湖市规模以上工业主要产品产量及其增长速度见表2-5-3。

表2-5-3　2022年芜湖市规模以上工业主要产品产量及其增长速度

产品名称	单位	产量	比上年增长/%
卷烟	亿支	327.8	0.2
服装	万件	11861.0	-11.4
橡胶轮胎外胎	万条	453.4	-1.7
水泥	万吨	2138.7	4.1
平板玻璃	重量箱	2231.8	0.0
钢材	万吨	513.0	-15.4
铜合金	万吨	45.2	38.0
铜材	万吨	24.3	-20.2
汽车用发动机	万千瓦	7043.0	2.6
制冷设备用压缩机	万台	6210.0	12.1
模具	套	16835.0	2.6
工业机器人	套	8356.0	14.3
服务机器人	套	399.0	23.5
汽车	万辆	111.1	36.5
基本型乘用车（轿车）	万辆	12.1	12.4
运动型多用途乘用车（SUV）	万辆	77.4	26.8
新能源汽车	万辆	21.6	125.8
城市轨道车辆	辆	224.0	6.2
民用钢质船舶	万载重吨	34.1	2.6
电动机	万千瓦	220.5	-20.8
高压开关设备	台	7941.0	-11.5
电力电缆	万千米	60.6	9.9
锂离子电池	万只（自然只）	5539.0	40.4
房间空气调节器	万台	1691.0	-24.3
发电量	亿千瓦小时	235.0	3.3
自来水生产量	万立方米	26962.0	5.1

全年规模以上工业实现营业收入比上年增长9.9%；利润总额比上年增长5.7%。

全年建筑业增加值471.13亿元，增长4.7%。资质以上建筑业企业完成总产值989.49亿元，增长10.5%；全年房屋建筑施工面积3295.19万平方米，比上年增加126.09万平方米；房屋建筑竣工面积1377.05万平方米，比上年减少8.51万平方米。

四、服务业

全年批发和零售业增加值499.9亿元，增长2.9%；交通运输、仓储和邮政业增加值208.64亿元，增长1%；住宿和餐饮业增加值73.53亿元，增长2.8%；金融业增加值206.16亿元，增长7.2%；房地产业增加值234.81亿元，下降2%。全年以互联网信息技术、商务服务等新兴行业为代表的其他营利性服务业营业收入增长16.9%。

全年公路客运量575万人，下降26.2%；公路货运量7192万吨，下降5.3%。铁路旅客发送量706.28万人，下降32.3%；铁路货物发送量312.53万吨，增长21.7%。水路货运量2.4亿吨，增长0.2%。港口货物吞吐量1.35亿吨，与上年大体持平。其中外贸货物吞吐量442.2万吨，增长40.3%；港口集装箱吞吐量125万标准箱，增长8.6%。

年末民用汽车拥有量69.83万辆，增长6.1%，其中私人汽车拥有量65.11万辆，增长5.8%。民用船舶拥有量4056艘。公路里程11317公里，其中等级公路11317公里。在等级公路中，高速公路328公里，一级公路427公里，二级公路662公里。

全年邮政业务总量37.93亿元，增长8.84%。快递服务企业完成业务量3.59亿件，增长7.85%。年末本地固定电话用户34.49万户，比上年减少1.66万户；移动电话用户430.1万户，减少2.01万户。年末计算机互联网用户达到185.36万户，新增19.87万户。

五、固定资产投资

全年完成固定资产投资（不含农户）增长5.4%。分产业看，第一产业投资下降6.9%，第二产业投资增长7%，第三产业投资增长4.6%。工业投资增长7%，其中制造业投资增长6.8%。基础设施投资增长13.7%。民间投资增长0.6%。2022年芜湖市分行业固定资产投资（不含农户）增长速度见表2-5-4。

全年房地产开发投资549.44亿元，下降1%。商品房销售面积635.89万平方米，商品房销售额460.54亿元。

表2-5-4　2022年芜湖市分行业固定资产投资（不含农户）增长速度

行业	比上年增长/%
农、林、牧、渔业	-4.7
采矿业	-22.9
制造业	6.8
电力、热力、燃气及水生产和供应业	23.5
建筑业	
批发和零售业	-65.2
交通运输、仓储和邮政业	-18.9
住宿和餐饮业	15.9
信息传输、软件和信息技术服务业	-52.0
金融业	256.8
房地产业	-1.3
租赁和商务服务业	24.1
科学研究和技术服务业	108.2
水利、环境和公共设施管理业	35.4
居民服务、修理和其他服务业	16.4
教育	13.4

续表

行业	比上年增长/%
卫生和社会工作	21.5
文化、体育和娱乐业	-19.2
公共管理、社会保障和社会组织	-4.7

全市新开工项目1575个，比上年增加355个；新开工亿元以上项目888个，比上年增加95个。其中10亿元以上项目68个，50亿元以上16个，100亿元以上3个。新开工计划总投资超80亿元制造业项目10个：海创年产50万吨磷酸铁锂项目、江北智能网联汽车项目、佳纳三元前驱体项目、耀石石英玻璃纤维研制基地项目、弗迪新能源动力电池项目、隆基光伏产业园项目、天马新型显示模组生产线项目、得壹新型高性能电池项目、普立思聚乳酸项目和永臻科技铝合金光伏项目。

六、贸易和旅游业

全年实现社会消费品零售总额1995.12亿元，增长1.1%。按经营地统计，城镇零售额1783.49亿元，增长0.9%；乡村零售额211.63亿元，增长3.2%。按行业类型统计，批发和零售业零售额1775.26亿元，增长1.1%；住宿和餐饮业零售额219.86亿元，增长1.2%。2018—2022年芜湖市社会消费品零售总额见图2-5-5。

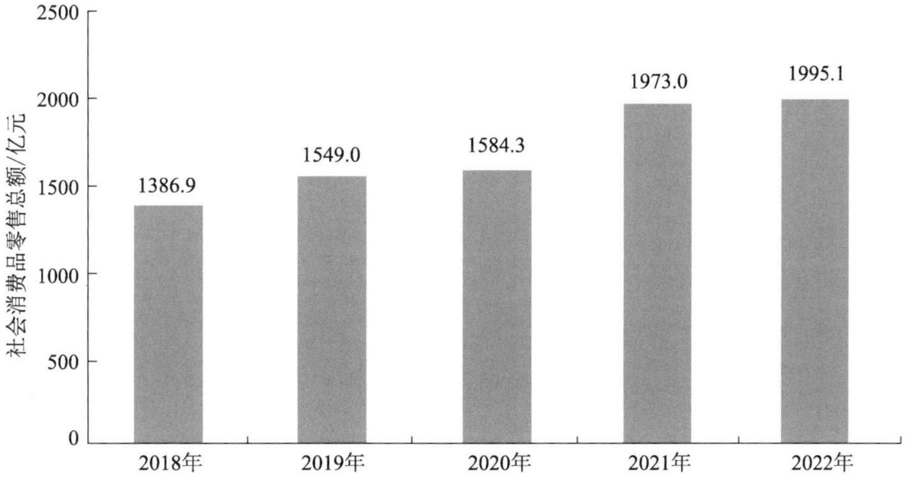

图2-5-5　2018—2022年芜湖市社会消费品零售总额

全年限额以上单位商品零售额中，粮油、食品类零售额增长6.4%，服装、鞋帽、针纺织品类下降6.5%，日用品类增长51.1%，家用电器和音像器材类增长5.6%，中西药品类增长14.5%，家具类增长7%，通讯器材类下降37.5%，建筑及装潢材料类下降32.6%，汽车类增长12.6%，石油及制品类下降4.1%。

全年全市共接待国内游客4227.87万人次，实现国内旅游收入505.92亿元；年末共有旅行社95家；三星级及以上饭店21家；A级及以上旅游景点（区）34处，其中AAAA级及以上12处，AAAAA级景区1处。

七、财政和金融

2022年实现一般公共预算收入388.6亿元，增长9.5%。2018—2022年芜湖市一般公共预算收入见图2-5-6。

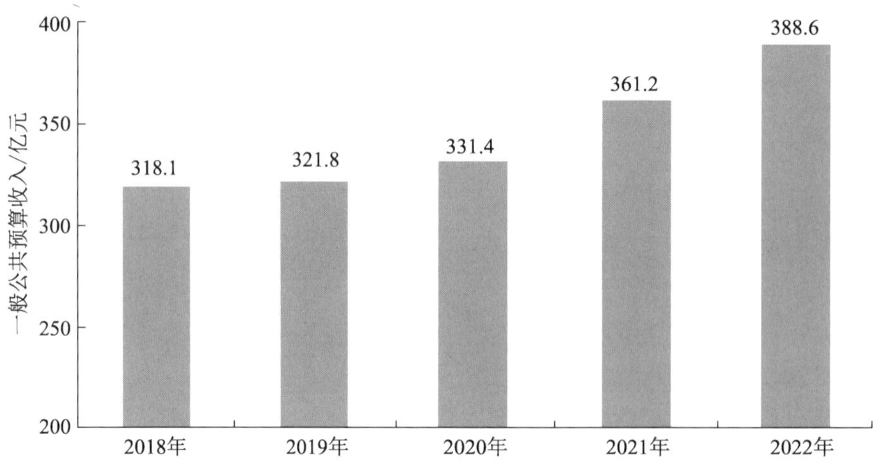

图 2-5-6　2018—2022 年芜湖市一般公共预算收入

年末金融机构本外币存款余额 5848.44 亿元，比年初增加 594.38 亿元，增长 11.3%。金融机构本外币贷款余额 5285.24 亿元，比年初增加 568.94 亿元，增长 12.1%。

全年全市保费收入 90.53 亿元，比上年下降 0.4%。其中人身险 54.72 亿元，下降 8.4%；财产险 35.8 亿元，增长 15%。赔款及给付支出 37.05 亿元。其中人身险 15.22 亿元，财产险 21.83 亿元。

第二节　社会发展基本情况

一、人民生活、就业和社会保障

全年全市居民人均可支配收入 43145 元，比上年增长 6.5%。全市居民人均消费支出 29518 元，增长 1%。2018—2022 年芜湖市城乡居民人均可支配收入见图 2-5-7。

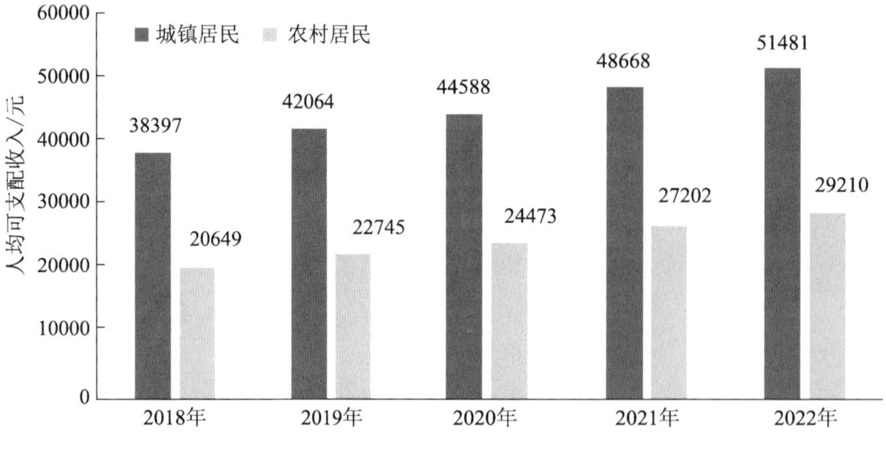

图 2-5-7　2018—2022 年芜湖市城乡居民人均可支配收入

年末全市企业职工基本养老保险（含离退休）参保人数 120.29 万人。城镇职工基本医疗保险（含生育保险）参保人数 97.79 万人。失业保险参保人数 59.87 万人。工伤保险参保人数 74.31 万人。城乡居民养老保险参保人数 155.07 万人。城乡居民参加基本医疗保险人数 272.01 万人。有 2.8 万名城镇居民、6.12 万名农村居民享受最低生活保障。市区最低工资标准达到 1500 元/月，失业保险金标准达到1350元/月；企业离退休人员人均养老金2450.65元/月，提高101.74元/月。

年末全市拥有各类福利机构149个，床位1.92万张，收养各类人员0.69万人。全年销售社会福利彩票3.43亿元，筹集社会福利资金4052万元。直接接收慈善捐款1184.09万元。

二、教育和科学技术

年末全市拥有普通高等院校10所，在校生16.74万人；普通中学210所，在校生15.95万人；中等职业学校14所，在校生3.3万人；小学236所，在校生21.23万人；幼儿园580所，在园幼儿10.04万人。小学学龄儿童入学率100%，初中阶段适龄人口入学率100%。

年末全市拥有省级及以上工程技术研究中心70个；国家级企业技术中心16个；省级及以上重点（工程）实验室15个；省级及以上质检中心5个，其中国家级3个；院士工作站10个。拥有高新技术企业1641家，其中当年新认定406家；拥有省级高新技术产品1957个，其中当年新认定508个。

全年组织实施市级以上科技项目383项，其中国家级7项；全年获省级以上科技奖37项。专利授权量16836件，其中发明专利2879件。万人有效发明专利拥有量60.2件。拥有中国驰名商标44件。

三、文化、卫生健康和体育

年末全市拥有国有艺术表演团体1个，文化馆9个，公共图书馆10个。全国重点文物保护单位13处，省级重点文物保护单位32处。列入国家级非物质文化遗产名录3项，列入省级名录30项。

年末全市共有广播电台5座，电视台5座，广播综合人口覆盖率和电视综合人口覆盖率均达到99.98%，数字电视用户33.74万户。综合档案馆9个，向社会开放档案数20.18万件。

年末全市共有各类卫生机构1059个（不含村卫生室），其中医院98所，基层医疗卫生机构918所，专业公共卫生机构34所。基层医疗卫生机构中，社区卫生服务中心（站）142所，乡镇卫生院52所，门诊部144所，诊所、卫生所和医务室580所。专业公共卫生机构中，疾病预防控制中心10所，卫生监督机构9所，妇幼保健机构9所。卫生机构拥有床位27634张，其中医院拥有床位23820张。卫生技术人员29050人，其中执业（助理）医师11642人，注册护士13622人。

全市举办各级各类全民健身活动3100次，参加活动人员60万人次。全年全市新建健身步道43公里，全民健身设施场地409个。全市共有体育场地10878个，人均场地面积2.62平方米。销售体育彩票约7.57亿元。

四、环境保护

年末，全市共有省、市、县级生态环境监测机构6个。全市$PM_{2.5}$平均浓度为34微克/立方米，连续3年达到国家二级标准。市区环境空气质量优良天数为293天，空气质量平均优良天数比例为80.3%。

第三节　2022年主要工作

一、产业发展实现更高质量

“提质扩量增效”行动全面实施。四个支柱产业增加值增长9%。奇瑞汽车成为全省首家年产销过百万辆车企，新能源汽车销量增长148%，出口再创纪录，全国每4辆车出口中就有1辆奇瑞造。海螺位列世界500强第353位，获中国工业大奖。楚江新材上榜中国民营企业500强，实现芜湖零的突破。战略性新兴产业产值增长15.3%。新能源和智能网联汽车产业链规模企业达369家，“电池—电机—电控—芯片—智能驾驶—整车”全产业链初步构建，比亚迪产业园实现当年投产、当年产值过百亿；光伏产业吸引永臻科技、协鑫集成等头部企业落户，光伏玻璃、电池片、胶膜、单晶组件等产业链重点环节在芜集聚。天马微电子等项目落地，新型显示产业加快形成“基板—靶材

—元器件—显示模组—终端应用”完整产业链。航空航天产业链集聚规模企业120余家，华夏云天航空发动机维修等一批项目开工。芜湖数据集群签约项目10个、总投资2200亿元，珑腾智算互联网产业园等百亿级项目开工，在“东数西算”国家战略中标识度越来越高、吸引力越来越强。迈入全国数字城市建设50强。新增规模工业企业356家。新增绿色工厂7家、国家级智能制造示范工厂2家。神剑新材料和鑫科铜业获批国家级制造业单项冠军企业（产品）。

“锻长补短”行动成效显著。开展“皖美消费”行动，发放消费券1.3亿元，带动社会消费超10亿元。新增限额以上商贸单位1295家。引导美的、飞科等制造企业扩大线上销售，全市网络零售额增长11%。新获批省级服务业集聚区、集聚示范区占全省四分之一。江北新区、新芜经开区获批省“两业融合”发展试点区域，三山经开区多式联运、镜湖区平台经济获批省“十四五”首批服务业改革创新试点。建成12个“周末剧场”舞台，芜湖古城、方特旅游区入选国家级夜间文化和旅游消费集聚区，欢乐芜湖提档升级。

“两强一增”行动全面推动乡村振兴。防止耕地非农化、非粮化，粮食产量稳中有升。建设高标准农田46.2万亩，主要农作物耕种收综合机械化率达88%、农业科技进步贡献率达67%，农村居民可支配收入增长7%。农业科技特派员实现行政村全覆盖，新增省级农业产业化龙头企业24家，建设全程机械化综合农事服务中心15个、数字农业工厂及应用场景110个。建成智慧芜湖大米示范基地15万亩，亩均效益提高30%，中联智慧农业示范基地入选全国典型案例。在全省率先全域推行党组织领办合作社，首批70个试点村实现集体收入6285万元，增长1倍以上。巩固“三保障”成果，新识别监测对象全部落实帮扶措施。新增省级美丽乡村中心村70个。完成农村改厕1.4万户，城乡环卫一体化全面实现。繁昌区入选国家乡村振兴示范县。湾沚区殷港艺创小镇和航空小镇入选“中国特色小镇50强”。南陵县烟墩镇获评全国乡村旅游重点镇。

“双招双引”形势喜人。形成任务有清单、落实成闭环、专员带专班、考核在一线的工作机制，新签约亿元以上项目620个，总投资4257亿元、增长33.6%，其中百亿元以上项目8个、较上年翻一番。建立重点项目“三级调度”“红黄绿”亮牌预警机制，新开工亿元以上招商项目568个，其中海创正极材料、道氏前驱体、耀石新材料等百亿元以上项目3个，取得历史性突破。信义玻璃、美的厨电当年投产、当年新增工业产值70亿元。完善“紫云英人才计划”，搭建人才服务平台，汇集23项支持政策，兑现人才补贴2.7亿元。建设人才驿站10个。举办“紫云英”人才日、人才周活动，创新发放3000万元城市体验券，近万名大学生来芜参访。新引进就业大学生6.6万人，是上年的2倍，高端人才1870人、领军人才154人、高层次科技人才团队106个。

二、创新发展积蓄更强动能

创新载体加快建设。新获批国家级孵化器1家、众创空间4家。市重点研发平台达56个，新型研发机构占全省四分之一。省新能源汽车和智能网联汽车产业研究院揭牌。国家航空产业知识产权营运中心、省机器人及智能装备产业计量测试中心启动建设。数字经济产业园、梦溪科创走廊、湾谷科技园等首批十大创新园开工。

创新生态持续优化。组建省水泥工业二氧化碳捕集转化应用创新联合体。设立5亿元大学生创业基金、5亿元双创孵化基金等，全面推进创业良种库和“雏鹰”计划。发放创业担保贷款18.8亿元，增长45%。政府性投资基金新增投资项目138个、投资额超91亿元，累计撬动社会资本约400亿元。省新能源汽车和智能网联汽车产业主题基金、中部六省首家公募基金兴合基金落户芜湖。海螺环保、雅葆轩、福赛科技、优升新能源4家企业获批上市。建成海行云全国首个5G+汽车行业定制平台。入选首批国家知识产权强市建设示范城市。登记科技成果增长142%。全社会研发投入占地区生产总值比重达3.48%，居全省第一。

创新活力不断释放。净增高新技术企业322家，增长24.8%。新增国家专精特新“小巨人”企业35家，增长66.7%。新增国家企业技术中心1家。上线“三首产品馆”，培育省级首台套重大技术装备33个、首版次软件14个、首批次新材料6项。53个项目列入国家、省科技攻关计划，增长10.4%。5项创新成果获省科技进步一等奖。万人有效发明专利拥有量达 59.5 件，连续 11 年居全省第一。海螺获国家技术创新示范企业称号，入选全国首批“数字领航”企业。哈特三维 3D 打印的主火炬点亮北京冬奥会开幕式。联合飞机参与保障“神舟十四”成功发射。

三、改革开放迈出更快步伐

重点领域改革纵深推进。深化“放管服”改革，新设企业全部实现“一日办结”，市场主体总数突破 50 万户。城市综合信用指数居全国 261 个地级市第 4 位。建立投资“赛马”、“管行业必须管投资管融资”机制，积极争取专项债项目，用好政策性开发性金融工具，推动重大项目实施。完成“三区三线”划定。实施节约集约用地 15 条改革举措，处置土地 1.46 万亩。推行“亩均论英雄”、开发区“标准地+承诺制”改革，规模以上工业亩均税收居全省第二、营收居全省第三；“标准地”出让面积占新增工业用地 84.6%。全面完成国企改革三年行动任务，市建投完成战略改组，新增投资 45 亿元。深化低空空域改革，率先开通省内 3 条短途运输直达航线。成立城市排水综合管理机构，统筹城市排涝、水环境治理、海绵城市建设等多项职能。建立数据资源局统筹的城市运行管理中心、大数据公司“三位一体”智慧城市管理机制。

营商环境聚力优化。推出应对疫情稳定七大行业发展政策和稳经济政策 36 条。顶格减免授权地方的税种，累计办理“退免减降缓”各项税费 115 亿元，其中小微企业占比 91.5%。惠企政策网上超市累计兑现资金 23.5 亿元，惠及企业 20 万家。“依法兑现公共政策创优法治化营商环境”入选全国法治政府建设示范项目。做实“1%”工作法，构建“畅聊早餐会”、“企业家接待日”、企业服务中心、企业服务联席会议“四位一体”为企服务生态圈，用好“为企服务”平台，解决企业各类问题近 1.7 万个，规模工业企业利润增长 8.2%，居全省第四，排名提升 7 位；营收利润率 6.1%，居全省第三，排名提升 4 位。中小微企业信用贷款余额超 570 亿元，增长 52.5%。

开放平台拓展新领域。自贸片区制度创新案例入选省级 17 项，全国首创 5 项，长江支线运输航线共舱管理新模式入选长三角自贸区创新案例，改革试点任务实施率居全省第一。吸引入驻企业主体 2250 家。全省首支合格境外有限合伙人基金落地。全市进出口总额超 130 亿美元，增长 15%。跨境电商交易额增长 50%。芜湖港集装箱量突破 125 万标箱。用好 RCEP 协定，签发海关原产地证书 7934 份，为企业减免关税 3.3 亿元。经开区入选国家进口贸易促进创新示范区。鸠江区建成全市首个跨境电商 9610 海关监管中心。

江北新区发展驶入“快车道”。全面推进江北新区大规划、大招商、大建设、大发展。鸠江区政府驻地迁至江北。48 个重大项目快速推进，华为云、联云世纪等百亿级项目签约落地，奇瑞超级二工厂、隆基光伏等百亿级项目开工建设，新能源和智能网联汽车、智算和节能环保产业集群加速形成。建筑科技产业园等创新平台开工建设，城南过江隧道盾构机“双线并进”，楚江大道东段等道路建成通车，皖江学院新校区、省公共卫生临床中心主体完工。

长三角一体化发展深度融入。成功举办长三角科技论坛暨长三角一体化院士论坛。与长三角 9 城共同发起数字长三角共建联盟。钻石飞机等 3 家企业获 G60 科创走廊突出贡献奖。合作共建安徽创新中心宁波人才飞地和浙江创新中心芜湖人才飞地。会同 10 个市（区）共建长三角应急管理城市联盟。新建 5 个长三角绿色农产品生产加工供应基地。

四、人民城市展现更新面貌

疫情防控有力有效。坚定不移落实“外防输入、内防反弹”总策略，打造智慧化的信息系统和扁平化的指挥体系，全市上下众志成城，打赢“3·24”“4·17”两场疫情阻击战。组建健康医疗集团，建立企业“白名单”制度，最大限度保护了人民生命安全和身体健康，最大限度减少了疫情对经济社会发展的影响。

城市功能不断完善。“双百攻坚”“四促攻坚”成效显著，长江路高架、峨山路一期、八里湾大桥等项目完工，G5011 芜合高速芜湖至林头段改扩建全线建成通车，徽州路快速化、九华南路快速化等项目开工。芜宣机场客运航线增至 34 条，航线数量跃居全省第二。建成增花添彩工程及 50 个“芜小园”口袋公园，新增绿地 170 万平方米。民生工程请群众“出题打分”，“最不干净”公共场所评选、“小老树”征集、公园座椅捐赠等活动得到市民的广泛参与和点赞。新建、续建城市次支道路93条，构建“三网融合”通勤体系。打造5条全域旅游廊道。15个“宜邻中心”项目开工。建成城市阅读空间72个，其中“芜湖书房”40个，“全民共读”参与人次超200万，城市书香味日渐浓厚。

生态环境持续优化。$PM_{2.5}$平均浓度降至32.9微克/立方米，空气质量优良天数比例81.2%。10个国考断面水质优良率达100%，10个县级以上集中式饮用水水源地水质全部达到或优于Ⅲ类标准。长江芜湖河段整治工程开工建设，持续推进长江经济带生态环境警示片问题整改，长江生态环境持续改善，国宝江豚频频现身。

五、民生福祉得到更多改善

“10+3”暖民心行动扎实推进。建成运营老年助餐点508个，服务老年人超80万人次。新增托位5457个，基本实现普惠入托费二孩减半、三孩全免。“三心工程”惠及26万名学生。主城区新增公共停车泊位3500余个，创新为群众提供共享停车位1.2万余个。以席地而坐的标准打造最干净城市。推行“放心家政安心卡”，培训家政服务人员3.2万人次。新增文明菜市37个。居民小区物业服务基本实现全覆盖。暖民心行动群众满意度超过90%。

社会事业全面进步。新建、改扩建公办幼儿园14所、中小学18所，增加学位3.2万余个。义务教育优质资源覆盖率达60%，完善“双减”配套措施，实施校外培训机构预收费管理。芜湖职业技术学院升本列入教育部“十四五”高校设置规划。国家区域医疗中心北京天坛医院安徽医院项目开工建设。组建5个紧密型城市医联体和8个紧密型县域医共体。入选全国城市一刻钟便民生活圈试点。新建健身步道43公里、全民健身场地设施400余个，群众在家门口就能享受运动乐趣。省运会金牌数首次“破百”，居全省第三。

保障体系更加完备。医保惠民保障功能进一步彰显，药品耗材集中带量采购为群众节约费用3.6亿元。全市低保标准统一提高到794元/月，探索将非本市户籍的共同生活家庭成员纳入低保。筹建保障性租赁住房6700多套。改造老旧小区125个、棚户区3300多户。养老待遇领取资格认证完成率达99%。

六、治理水平取得更大提升

上线智慧督查系统，政府工作闭环管理更加有力。建立常态化对标沪苏浙工作机制。智库平台上线参与决策论证，入库专家达700余名。办理人大议案建议154件、政协提案256件。开展信访积案化解“百日攻坚”专项行动，化解率达95%，全市进京、赴省访量分别同比下降87%、41%，信访工作考评居全省前列。开展“人民调解为人民”专项行动，百姓评理说事点达880处。成功化解涉企、涉众、涉教、房地产等领域风险隐患，社会大局和谐稳定。南陵县入选全国法治政府建设示范县。城市生命线安全工程一期建成使用。安全生产形势稳中向好，事故起数和死亡人数分别下降16.3%、21.2%。认真做好退役军人服务管理工作。国防动员、外事侨台、民族宗教、妇女儿童、史志档案、科普、人防、残疾人、关心下一代等工作取得新成效。

第六章　马鞍山市经济社会发展情况

2022年，马鞍山市高效统筹疫情防控和经济社会发展，坚持稳中求进工作总基调，紧紧围绕打造安徽的“杭嘉湖”、长三角的“白菜心”，扎实开展制造业三年倍增“突破年”活动，迎难而上、劈波斩浪，经济实力持续提升，发展动能持续增强，就业物价总体稳定，人民生活持续改善，交出了一份逆势上扬的优异答卷，闯出了高质量发展的新天地。

第一节　经济发展基本情况

一、综合概况

经济总量稳步提升。2022年，全市实现地区生产总值2520.96亿元，按可比价格计算同比增长4.6%。全年三次产业增加值比例为4.3∶49.2∶46.5。人均地区生产总值11.61万元，增长4%。2018—2022年马鞍山市地区生产总值及其增长速度见图2-6-1，三次产业增加值占地区生产总值比重见图2-6-2；2022年马鞍山市辖各县区经济发展情况见图2-6-3。

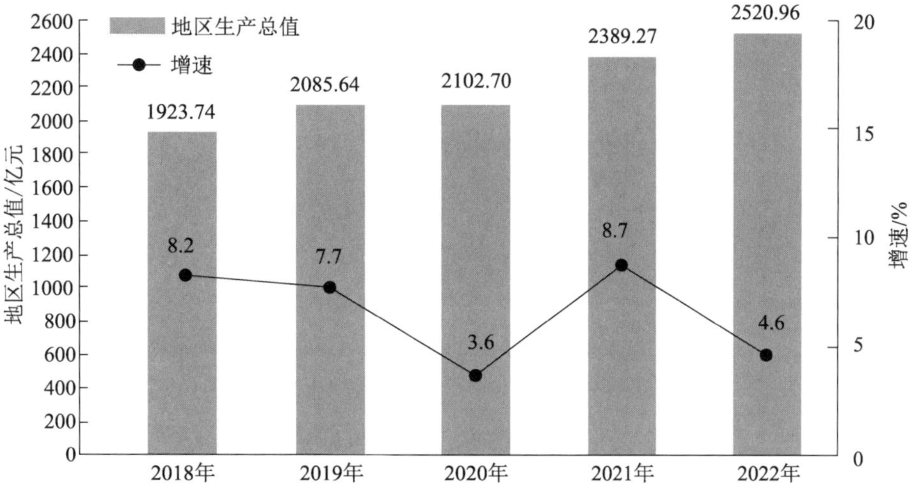

图2-6-1　2018—2022年马鞍山市地区生产总值及其增长速度

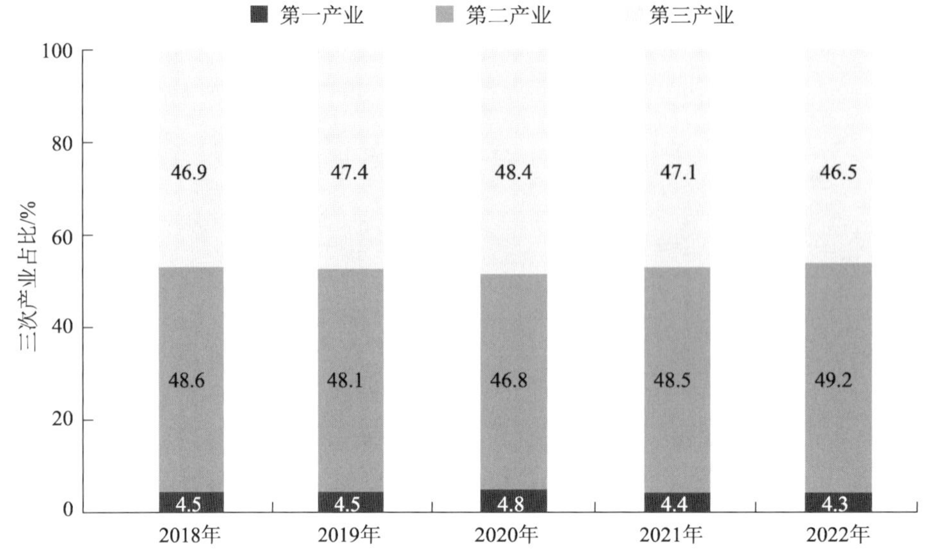

图 2-6-2　2018—2022 年马鞍山市三次产业增加值占地区生产总值比重

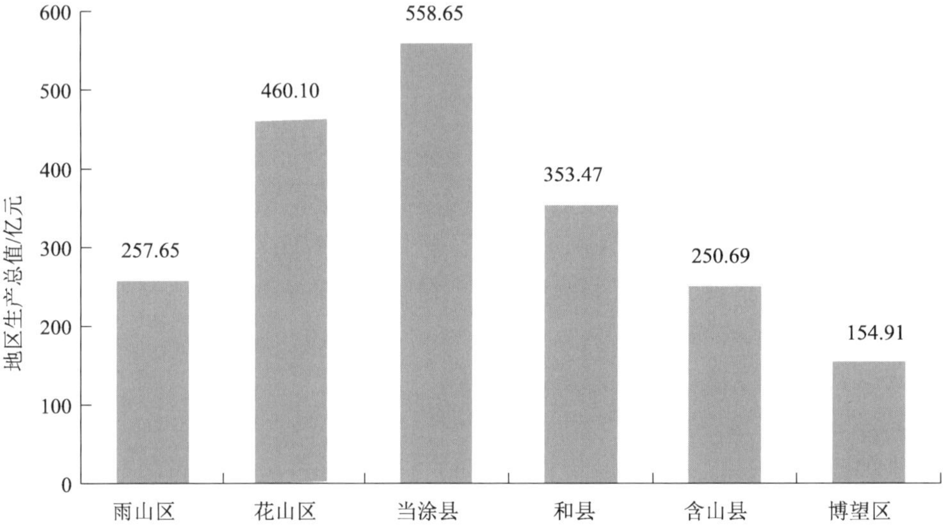

图 2-6-3　2022 年马鞍山市辖各县区经济发展情况

市场物价温和上涨。全年居民消费价格指数上涨 1.8%。八大类消费品及服务价格指数呈“七涨一跌”态势。其中交通通信类（5.1%）涨幅靠前；教育文化娱乐类（2.4%）、食品烟酒类（2.1%）、医疗保健类（1.3%）、其他用品及服务类（1.3%）、生活用品及服务类（1.1%）、居住类（0.4%）均有不同程度的上涨；衣着类（-0.1%）价格下跌。

二、工业和建筑业

战略性新兴产业发展较快。全年战略性新兴产业产值增长 20.6%。八大战略性新兴产业全面增长，其中涨幅靠前的行业有节能环保业（32.5%）、新能源汽车业（27.6%）、新一代信息技术业（17.3%）、新材料业（16.6%）、生物产业（12.6%）等。

高技术产业高速增长。全年高技术产业增加值增长 49.6%。五大高技术产业全面增长，其中涨幅靠前的行业有航空、航天器及设备制造业（2.5 倍），医疗仪器设备及仪器仪表业（1.6 倍），计算机及办公设备制造业（44.1%），电子通信设备制造业（34.4%）等。

工业企业产销基本衔接。全年规模以上工业企业产品销售率为 97.2%。部分工业产品产量下滑。2022 年马鞍山市主要工业产品产量及其增长速度见表 2-6-1。

表 2-6-1　2022 年马鞍山市主要工业产品产量及其增长速度

产品名称	单位	产量	比上年增长/%
生铁	万吨	1790.85	-2.5
粗钢	万吨	2000.38	-4.6
钢材	万吨	2023.09	-2.7
水泥	万吨	2059.71	-0.8
改装汽车	辆	2991.00	-70.3
汽车及底盘	辆	11792.00	-23.6
机制纸及纸板	万吨	203.65	-1.5
啤酒	千升	112002.00	7.9
纱	吨	3608.00	-35.4
服装	万件	3312.00	2.0
泵	台	15585.00	20.5
阀门	吨	35564.00	-1.1

建筑业发展较快。全年实现建筑业增加值 251.05 亿元，按可比价格计算，比上年增长 10.7%。房屋建筑施工面积 1269.9 万平方米，房屋竣工面积 208 万平方米。

三、农业

农业生产再获丰收。粮食播种面积 17.66 万公顷，下降 0.1%；粮食总产量 106.8 万吨，增长 0.7%；蔬菜产量 89.4 万吨，增长 4.5%。

畜牧业稳定发展。全年生猪出栏 43.97 万头，增长 1.5%。肉类总产量 9.2 万吨，增长 1.4%。

四、固定资产投资

固定资产投资较快增长。全年固定资产投资增长 13.2%。其中第一产业投资增长 26.9%，第二产业投资增长 23.3%，第三产业投资增长 4.5%。

基础设施投资高速增长。全年基础设施投资增长 27.4%，增速比全市固定资产投资高 14.2 个百分点，拉动全市投资增长 5.1 个百分点。

重点项目建设如火如荼。全市 1032 个亿元以上重点项目完成投资 1297 亿元。其中百亿元以上重点项目 19 个，50 亿元以上 43 个，10 亿元以上 258 个。蜂巢新能源二期等 343 个省重点项目开工建设，天能电池一期等 212 个省重点项目竣工投产，格力智能产业园等 5 个项目列入省领导联系推进重大制造业项目，占全省的 45%。

五、国内贸易

消费品市场稳定恢复。全年实现社会消费品零售总额 958.24 亿元，增长 2.2%。分城乡看，城镇社会消费品零售总额 870.29 亿元，增长 2%；乡村社会消费品零售总额 87.95 亿元，增长 3.8%。分消费形态看，商品零售额 825.55 亿元，增长 1.2%；餐饮收入 132.69 亿元，增长 8.4%。2017—2022 年马鞍山市社会消费品零售总额及其增长速度见图 2-6-4。

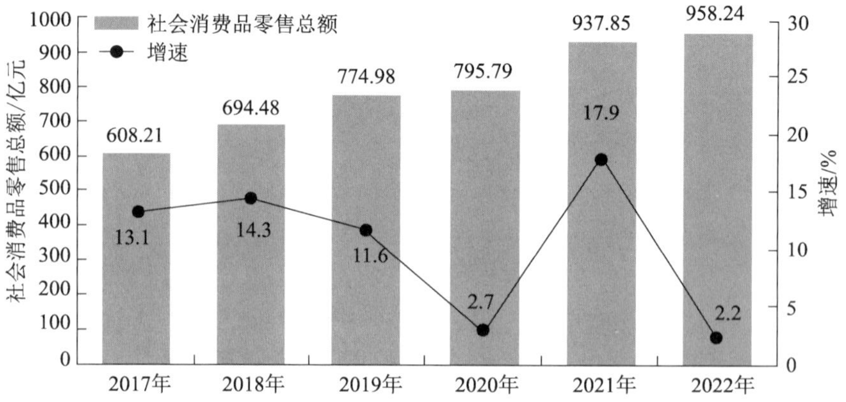

图 2-6-4　2017—2022 年马鞍山市社会消费品零售总额及其增长速度

六、交通、邮电和旅游业

交通运输体系持续完善。全年铁路客运量 449.22 万人，其中旅客发送量 224.83 万人，旅客到达量 224.39 万人；铁路货运量 1699.87 万吨，其中货物发送量 436.82 万吨，货物到达量 1263.05 万吨。公路客运量 335.08 万人，公路货运量 4568.3 万吨；港口货物吞吐量 11638.53 万吨，集装箱吞吐量 10.91 万标箱。郑蒲港至福州江阴港江海直达航线正式通航，市快捷物流省级多式联运项目和马钢物流国家级多式联运项目顺利通过省级验收。邮电通信持续推进。全年邮电业务收入 30.08 亿元，比上年增长 14.1%。年末固定电话用户 16.8 万户。移动电话用户 251.8 万户；其中 5G 用户 116.3 万户，增长 46.7%。宽带用户 103.6 万户，增长 10.7%。

旅游产业逐步恢复。全年旅游业总收入 211.3 亿元，其中国际旅游外汇收入 0.01 亿美元。接待海外旅游者 0.17 万人次。有五星级饭店 2 家，四星级饭店 5 家。现有 A 级及以上景区 34 处，其中 AAAAA 级景区 1 处，AAAA 级景区 8 处。凌家滩国家考古遗址公园正式挂牌，长江不夜城建成运营。

七、财政、金融和保险业

财政收支平稳增长，金融市场平稳运行。年末全市金融机构人民币存款余额 3392.01 亿元，增长 10.5%。其中单位存款 1307.30 亿元，增长 0.8%；个人存款 2005.73 亿元，增长 19.6%。金融机构人民币贷款余额 2900.77 亿元，增长 14.4%。其中短期贷款 675.28 亿元，增长 11.1%；中长期贷款 1867.84 亿元，增长 18.1%。保险事业发展较快。全市各类保险机构 29 家。全年保费总收入 54.8 亿元，增长 8.2%。其中财产险保费收入 27.1 亿元，增长 10%；人身险保费收入 27.7 亿元，增长 6.4%。

第二节　社会发展基本情况

一、城市建设

城乡融合发展持续深化。秀山片区功能持续完善，阳湖片区路网建设全面启动，高铁新城规划及建设前期基本完成。新改建绿地 164.2 万平方米、绿道 14.6 公里，烟墩山遗址公园等建成开放。十七冶技术中心大厦、农商行总部大楼等成为新地标。新建美丽乡村省级中心村 20 个，创建美丽庭院超万户，含山太湖村入选全国乡村旅游重点村，博望百峰村入选中国美丽休闲乡村。

城市宜居环境不断美化。全年完成老旧小区整治改造 106 个，城镇棚户区和“城中村”改造 4159 户。全面启动“最干净城市”建设，海绵城市建设完成投资 18.6 亿元。建成区绿地面积 4461 公顷，城区公园绿地面积 1169 公顷，建成区绿化覆盖率 44.7%。城区等级物业管理覆盖率达 99%。

二、科学技术和教育

科技创新取得新突破。全市高新技术企业 872 家，增长 22.5%；有效发明专利拥有量 10483 件，增长 19.3%。承担实施省级以上科技计划项目 45 项，建成省级以上科技企业孵化器 11 家、省级以上众创空间 15 家。新增省级以上研发平台 25 个，规模以上工业企业研发机构覆盖率 48.1%，居全省首位；新增高新技术企业 160 家、备案科技型中小企业 517 家，均创历史新高；技术合同成交额 145 亿元，登记科技成果 1945 项。高水平主办第二届南京都市圈创新合作大会，24 项产学研合作项目在南京都市圈创新合作大会签约。

教育事业均衡发展。全年财政用于教育的支出 42.4 亿元，增长 5%。全市高等院校 6 所；中小学及其他各类学校 594 所，其中幼儿园 301 所，小学 179 所，特殊教育学校 4 所，普通中学 104 所。省一类幼儿园 10 所，省示范高中 11 所，省特色初中 1 所，省特色小学 2 所，国家重点职业学校 5 所。中小学及其他各类学校在校生 30.12 万人、教职工 2.57 万人。高中阶段在校生 5.97 万人，高中阶段教育毛入学率 109.7%。实施“安心托幼”行动，普惠性幼儿园覆盖率超过 90%；实施“老有所学”行动，基本实现老年教育办学网络“市、县、乡、村”四级全覆盖。开展中职学校分类达标示范建设，建成省级达标示范学校 5 所，新增全省 B 类达标学校 1 所。

人才队伍建设有效推进。大力实施“诗城英才”计划，引进培养各类人才 3 万人；本地高校应届毕业生留马就业率提升 5.8 个百分点，达 25.9%。推进省级“一室一中心”建设，新增省级以上创新平台 24 个、博士后工作站 3 家，人才平台承载力持续增强。蝉联最具人才吸引力全国百强城市。

三、文化、卫生和体育

公共文化服务能力进一步提升。成功举办第三十四届李白诗歌节。全市年末拥有公共图书馆 7 家，藏书 258 万册，增长 4.5%；文化馆 6 家；综合档案馆 7 家，总建筑面积 3.3 万平方米，增长 4.3%；档案资料 284.9 万卷（册），增长 9.7%。广播人口覆盖率、电视人口覆盖率均为 100%。

卫生事业健康发展。全市共有卫生机构 1089 个，增长 3%。其中医院、卫生院 103 个，社区卫生服务机构 98 个，标准化村卫生室 429 所。全市有病床 1.55 万张，卫生技术人员 1.68 万人。以乡镇为单位，四苗、五苗接种率 99.58%，乙肝疫苗首针接种率 99.94%。2022 年再次蝉联“国家卫生城市”。

体育竞技水平稳步提高。全年参加省常规项目比赛获得奖牌 310 枚，其中金牌 105 枚、银牌 94 枚、铜牌 111 枚。参加第十五届全运会再获佳绩。组织开展“活力四百”运动季活动，完成省级全民健身场地和市级慈湖河体育公园项目建设。

四、资源、环境和安全生产

矿产资源丰富。全市已发现 40 种矿种，其中金属矿产 9 种，非金属矿产 29 种，水汽矿产 2 种。查明资源储量的矿种共计 27 种，其中金属矿产 3 种。

生态底色持续擦亮。纵深推进污染防治。整改“1+1+N”突出生态环境问题 91 个。在全省率先建成运行“智慧环保”平台。$PM_{2.5}$平均浓度 34.6 微克/立方米，保持国家二级标准，PM_{10}平均浓度改善幅度居全省第 1 位。空气质量优良天数比例 78.6%。国控断面水质优良比例 100%，县级及以上饮用水水源地水质达标率 100%；入选国家“无废城市”建设名单，危废安全处置率 100%。

安全生产形势良好。全年亿元地区生产总值生产安全事故死亡人数 0.02 人，没有较大及以上生产安全事故发生。

五、人口、人民生活和社会保障

人口总量保持稳定。据抽样调查，全市年末常住人口 218.6 万人。其中城镇人口 159.4 万人，比上年增加 3.3 万人，增长 2.1%；乡村人口 59.2 万人，比上年减少 0.4 万人，下降 0.7%。城镇化率 72.9%，比上年提升 0.5 个百分点。人口出生率为 6.84‰，死亡率为 6.9‰，自然增长率为 −0.06‰。

2018—2022 年马鞍山市居民收入情况见图 2-6-5。

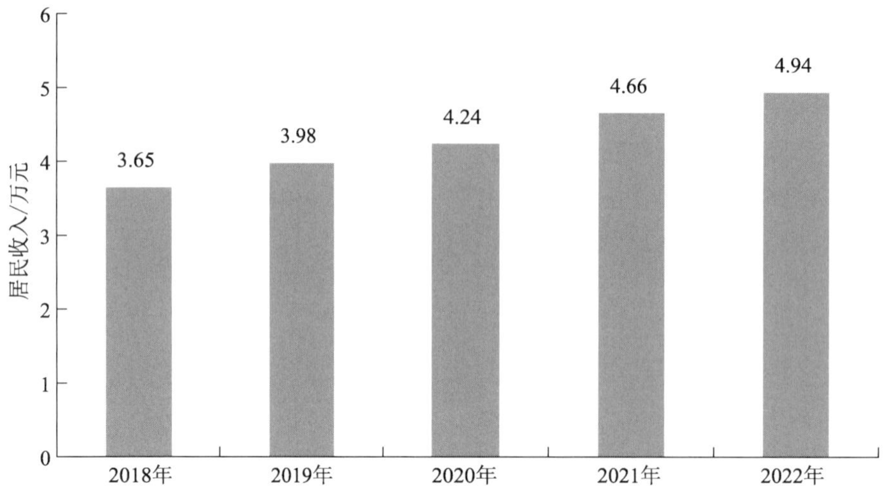

图 2-6-5　2018—2022 年马鞍山市居民收入情况

社会保障体系日臻完善。全年新增就业 4.2 万人，下岗失业人员再就业 0.88 万人，“4050”人员等困难群体再就业 0.24 万人，城镇登记失业率 2.49%，保持在 3%以下低水平。城镇职工养老保险参保人数 77.09 万人，失业保险参保人数 31.91 万人，工伤保险参保人数 38.31 万人。城镇居民医疗保险参保人数 155.65 万人，城乡居民基本养老保险参保人数 90.88 万人，参保率 99.71%。被征地农民养老保障实现即征即保，参保人数 18.11 万人。城镇职工养老保险待遇实现“十八连增”。

社会福利事业扎实推进。全年城乡最低生活保障救助 71.4 万人次，支付低保金 4.28 亿元。城镇拥有各种社区服务设施 539 处；便民利民服务网点 800 个、社会收养性福利床位数 2.36 万张。福利彩票销售 1.71 亿元，筹集福利彩票公益金 0.56 亿元。完成城乡低保和特困供养标准提标工作，从 7 月起，马鞍山市城乡低保标准由户月人均 678 元提高到 730 元，并按照新低保标准的 1.3 倍同步提高特困人员供养标准，保障水平位居全省前列。全市“四项机制扩大社区养老服务设施与服务供给”案例获评民政部“全国居家和社区养老服务改革试点工作优秀案例”。

第三节　2022 年主要工作

一、面对不断加大的下行压力，抓服务、扩内需，经济运行持续稳固

强化助企纾困。落实稳经济一揽子政策和接续措施，大力推行“即申即享”“免申即享”，兑现新的组合式税费支持政策资金 69 亿元、产业扶持资金 4.9 亿元；完善综合金融服务平台，新增信贷 365 亿元，推出全省首笔“亩均英雄贷”，普惠型小微企业贷款利率全省最低。开展“新春访万企、助力解难题”等活动，常态化举办企业接待日等“采石会客厅”活动 51 场，收集企业诉求 1.4 万个、办结率 99.9%。强化投资拉动。推进“七未”项目攻坚，马钢新特钢、和胜新能源等 467 个项目加快建设。爱柯迪新能源、中南光电等 450 个亿元以上项目签约落地，实际利用内资 1350 亿元，居全省第 4 位。谋划入库项目 1140 个，总投资超万亿元。新增工业用地超万亩，增长 110%，全部“标准地”出让；清理闲置低效用地 2.8 万亩，获省级以上用地计划奖励 3250 亩，为历年最多。争取专项债 51.4 亿元；获批政策性开发性金融工具项目 78 个，投放基金 52.2 亿元，均居全省首位。强化消费回补。组织“皖美消费·马上购”等促消费活动，发放 4 轮消费券超 3000

万元，放大消费倍数近40倍。积极拓展消费新场景，新增首店、社区生活超市20个，秀山星悦广场开业。优化公积金使用政策，完成商品房销售面积210.7万平方米。新增电商260家，总数达5400家，实现网销额65.6亿元，增长16%。

二、面对转型升级的迫切任务，抓倍增、促协同，产业支撑持续增强

促进工业“提质扩量增效”。新增规模以上工业企业187家。宝武马钢实现营业收入2179亿元，高速车轮成功装配“复兴号”动车组。雨山磁性材料产业园入围全省首批特色产业园。实施亿元以上技改项目255个，技改投资增长15%。大力发展工业互联网，入选省重点平台6个，建成市级以上智能工厂、数字化车间和生产线54个，马钢交材入选国家级智能制造优秀场景。新培育省级以上专精特新企业34家。新增上市辅导备案企业2家、挂牌企业15家。2家企业获省政府质量奖提名奖。完成建筑业产值690.9亿元。促进农业“两强一增”。在全省率先实现科技特派员服务行政村全覆盖，新增省级种业新品种10个，主要农作物综合机械化率达84.5%，含山入选全国主要农作物生产全程机械化示范县。以“小田变大田”为统领，实施“农田四变”专项行动，出台20条政策，探索保护耕地、多种粮种好粮的“马鞍山模式”，找回耕地3.3万亩，新建高标准农田8.8万亩，中央改革办《改革情况交流》刊登马鞍山市经验。完成义城圩堤防加固、牛屯河治理等重点水利工程10个，人工增雨263点次。新增新型农业经营主体289家、省级龙头企业13家、省级长三角绿色农产品生产加工供应基地6个，农业总产值达192亿元，增长5%。当涂获评国家农业现代化示范区。促进服务业“锻长补短”。新增规模以上服务业企业44家，实现服务业增加值1200亿元。在全省率先组建现代服务业联盟。皖江公铁水联运通用码头等232个服务业项目加快建设，新增省级“两业融合”试点区域2个。顺丰智慧物流园获批省级示范，新增A级物流企业8家。马鞍山软件园营业收入突破90亿元。长江不夜城建成运营。

三、面对“慢进是退”的竞争态势，抓开放、强动能，发展活力持续释放，拓展对外合作新局面

宁马高速“四改八”进度过半，S205围乌路一期基本建成，宁和高速等省际快速通道加快推进，新增跨省公交线路10条。浦和产业合作示范区等建设提速。市经开区、慈湖高新区、当涂经开区产值分别突破830亿元、680亿元、740亿元。郑蒲港—福州江阴港江海直达航线正式通航。在全省率先实现国际商会载体全覆盖。外事、侨务、对台工作扎实开展。掀起创新创业新热潮。每万人口有效发明专利拥有量达48.2件；技术合同成交额145亿元，登记科技成果1945项。打响“立马创业”城市品牌，新增创业孵化平台9家、市场主体3万户。塑造深化改革新优势。纵深推进“放管服”改革，动态调整权责清单3651项，行政许可事项平均承诺时限缩减至1.3个工作日。推出“一件事一次办”主题集成服务套餐196个，74项高频服务实现自助办、预约办、随时办。开发园区、经济发达镇管理体制和综合行政执法改革扎实推进。国企改革三年行动圆满收官，江东控股集团改革发展取得新成效。

四、面对城乡融合的必然要求，抓统筹、补短板，协调发展持续深化，加大规划建设力度

精心编制国土空间总体规划，“三区三线”划定成果通过验收，采石风景区整合优化成效显著。秀山片区功能持续完善，阳湖片区路网建设全面启动，高铁新城规划及建设前期基本完成。湖北路过江通道启动可研编制。330个城乡建设“四合一”项目完成投资500亿元，秀山大道改造等通车，九华路东段等9条城区“断头路”贯通。加强城市精细治理。全面启动“最干净城市”建设，完成205国道沿线环境综合整治，改造提升背街小巷10条、农贸市场18个，新增生活垃圾分类收集点81个，实现生活垃圾零填埋。城区等级物业管理覆盖率达99%。开展渣土车等专项治理行动。建成新时代文明实践示范站所14个。全面推广大管家信息综合服务平台，初步实现“一网统管”。加快乡村振兴步伐。脱贫攻坚成果持续巩固，脱

贫群众人均收入居全省第 2 位。乡镇政府驻地生活污水处理设施、农村生活垃圾无害化处理均实现全覆盖，卫生厕所普及率达 92%。实施农村公路提质改造工程 140 公里，行政村快递服务基本实现全覆盖，当涂入选“四好农村路”全国示范县。集体经济年经营性收入 50 万元以上的村达 60%。

五、面对“只能更好”的环境质量，抓治理、重长效，生态底色持续擦亮，纵深推进污染防治

在全省率先开展国省控断面“一断一策”水质提升攻坚行动和省级以上工业园区排水管网排查，整治长江入河排污口 1346 个、农村黑臭水体 15 个，系统推进生态修复。完成沿江 15 公里范围内废弃露天矿山生态修复治理，化工园区整治和转型发展加快推进，法治护航“十年禁渔”典型经验在全国推广。向山地区综合整治 43 个项目开工，累计完成投资 18.4 亿元。修复湿地 1900 亩，新增造林 7800 亩、省级幸福河湖 4 条。凹山地质文化公园、长江西岸浮沙圩湿地公园建成开园，成为新晋网红打卡地。扎实推进绿色发展。出台碳达峰、碳中和实施意见，新增省级以上绿色工厂 6 家，腾出铸造产能 139 万吨、用能空间 13 万吨标煤，单位地区生产总值能耗下降 4%。新增可再生能源发电装机容量 21 万千瓦。建成充电桩 7176 个、绿色建筑 242 万平方米，新投放新能源公交车 178 辆。

六、面对广大群众的美好期盼，抓实事、增福祉，惠民成效持续彰显，致力暖民心

民生支出 244.5 亿元，占财政支出的 77.5%。改造城镇老旧小区 106 个、棚户区 4159 套，化解“难安置”项目 108 个，处置风险楼盘 8 个，整治自建房 1499 栋。新增停车泊位 1.8 万个，建成交通路口遮阳棚 61 个。新增养老服务机构 28 个，建成老年助餐服务设施 273 个，居家和社区养老服务入选全国改革优秀案例。社会保障和救助水平保持全省前列。致力惠民生。新增普惠性托位 2857 个，新建和改扩建幼儿园 14 所、中小学 8 所；全面落实“双减”，持续强化学科类校外培训机构整治。市人民医院东院二期、市健康驿站主体完工，紧密型医联体实现城区全覆盖。凌家滩国家考古遗址公园正式挂牌。话剧《炉火照天地》入选省重点文艺项目；广播电视、新闻出版、科普、档案史志等工作取得新成绩。新建改造全民健身设施 187 个，居第十五届省运会奖牌榜第 2 位。工会、共青团、妇女儿童、慈善、红十字等事业取得新进步。致力保民安。扎实开展安全生产风险隐患排查整治，事故起数、死亡人数实现“双下降”。大力实施“解民忧、清积案、防风险”专项行动，落实领导干部阅批群众来信、定期下访、开门接访制度，信访总量下降 5.1%。常态化机制化开展扫黑除恶斗争，社会治安形势持续向好。食品药品安全监管得到强化。启动国防动员改革，国防教育、人民防空进一步加强，退役军人权益得到有效保障，全省双拥模范城实现“九连冠”。民族宗教、地震等工作得到新加强。

七、面对奋勇争先的职责使命，抓落实、勇担当，政府效能持续提升，坚持忠诚尽职

全面学习宣传贯彻党的二十大精神，持续学懂弄通做实习近平新时代中国特色社会主义思想，创造性贯彻落实中央和省委决策部署。坚持依法行政。全省法治政府建设示范市创建扎实推进。提请审议法规 2 件，制定修改规章 3 件，审查重大行政决策 170 件。在全省率先出台干预执法记录通报等制度，率先完成行政复议体制改革。行政机关负责人出庭应诉率保持 100%。党政主要负责人专题述法评议工作受到中央依法治国办肯定。强化府院、府检联动，政府履约践诺等专项行动深入推进，解决法院判决执行难长效机制做法在全国推广。自觉接受人大、政协和各方面监督，办理市人大议案建议 162 件、市政协提案 280 件，满意率均达 100%。坚持勤廉干事。创新举办市政府班子专业化提升大讲堂。深入推进“一改两为”，坚决纠治“四风”，市政府会议、文件和督查考核数量持续下降。政府系统党风廉政建设和意识形态工作得到加强。坚持过“紧日子”，压减一般性支出 7%。审计监督、公共资源交易促进增收节支 66.7 亿元。政务公开扎实推进，12345 热线回复满意率 99%。

第七章　滁州市经济社会发展情况

2022年，滁州市统筹发展和安全，坚持稳中求进工作总基调，完整、准确、全面贯彻新发展理念，服务新发展格局，扎实推动长三角一体化和高质量发展，全市经济社会发展大局总体稳定，主要经济指标增长平稳，现代化新滁州建设迈出坚实步伐。

第一节　经济发展基本情况

一、综合概况

全市全年实现地区生产总值3610亿元，按可比价格计算同比增长5.5%。其中第一产业增加值301.5亿元，增长3.7%；第二产业增加值1808亿元，增长7.7%；第三产业增加值1500.5亿元，增长3.5%。三次产业结构比调整为8.3∶50.1∶41.6，其中工业增加值占地区生产总值的比重为40.1%。按常住人口计算，人均地区生产总值89800元（折合13351美元），增长4.8%。2018—2022年滁州市地区生产总值见图2-7-1，三次产业增加值占地区生产总值比重见图2-7-2；2022年滁州市辖各县市区经济发展情况见图2-7-3。

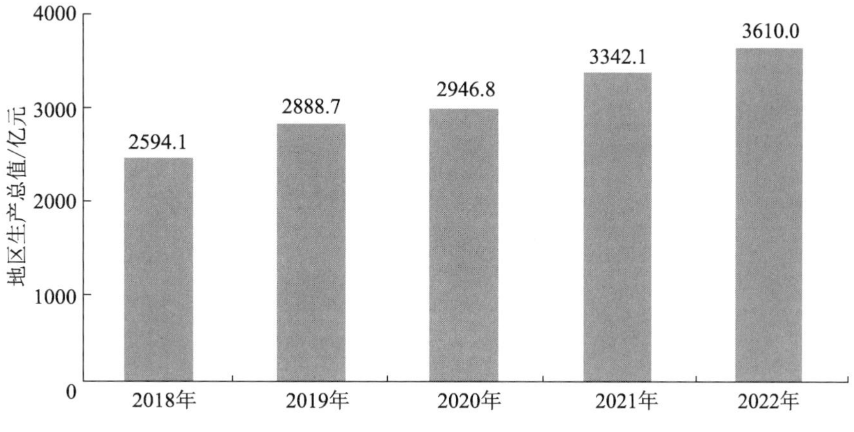

图2-7-1　2018—2022年滁州市地区生产总值

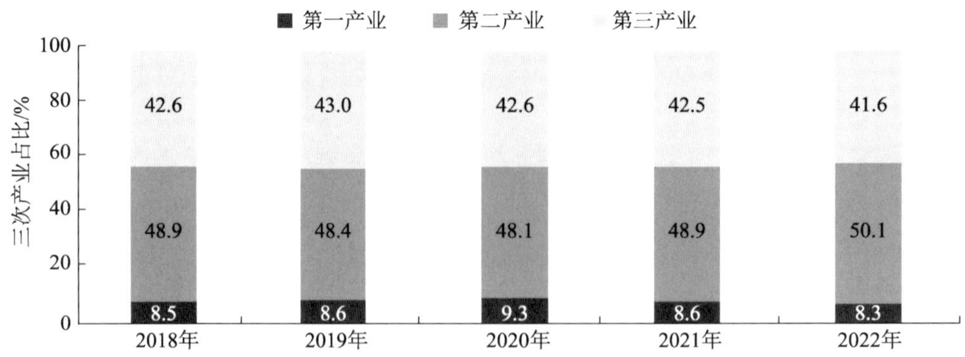

图 2-7-2　2018—2022 年滁州市三次产业增加值占地区生产总值比重

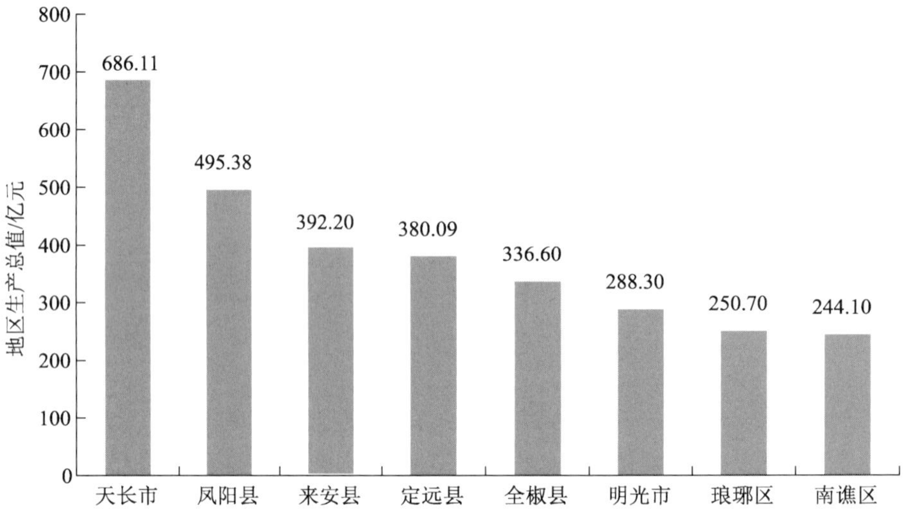

图 2-7-3　2022 年滁州市辖各县市区经济发展情况

年末常住人口 405 万人，常住人口城镇化率 63. 1%。全年城镇新增就业 13. 42 万人，失业人员再就业 1. 48 万人。

全年居民消费价格累计上涨 2. 1%，涨幅高于上年 1. 1 个百分点。从构成类别看，八大类商品和服务价格全部上涨。其中交通通信价格上涨 5. 1%，教育文化娱乐价格上涨 4. 1%，食品烟酒价格上涨 2. 1%，医疗保健价格上涨 1. 8%，其他用品及服务价格上涨 1. 8%，生活用品及服务价格上涨 1. 1%，衣着价格上涨 0. 8%，居住价格上涨 0. 2%。2022 年滁州市城镇居民消费价格变动情况见表 2-7-1。

表 2-7-1　2022 年滁州市城镇居民消费价格变动情况

指标	比上年增长/%
居民消费价格	2. 1
其中：食品烟酒	2. 1
衣着	0. 8
居住	0. 2
生活用品及服务	1. 1
交通通信	5. 1
教育文化娱乐	4. 1
医疗保健	1. 8
其他用品及服务	1. 8

二、农业

全年农作物播种面积91.1万公顷。其中粮食作物播种面积82.5万公顷；油料作物播种面积4万公顷；蔬菜播种面积3.2万公顷。

全年粮食总产量465.9万吨。其中夏粮182.7万吨，秋粮283.2万吨。经济作物中，棉花产量96.6吨，蔬菜产量109.5万吨，水果产量27.4万吨，油料产量12.8万吨。

全年肉蛋奶总产量55.3万吨，同比增长4.37%。其中肉类产量40.8万吨，增长4.33%；禽蛋产量13.6万吨，增长4.5%；牛奶产量0.85万吨，增长4.68%。水产品产量38.7万吨，增长3.85%。

全市农业机械总动力740万千瓦，增长0.5%；农作物耕种收综合机械化水平达到85%，同比提高1.6个百分点；拖拉机39万台，其中大中型3.8万台。农田有效灌溉面积49.1万公顷，全年完成重点水利工程91项，基建工程当年完成投资63.3亿元。

三、工业和建筑业

全年规模以上工业增加值增长10.1%。在规模以上工业中股份合作企业、国有企业增长较快，增速分别为71.9%、13.4%（表2-7-2）。

表2-7-2　2022年滁州市规模以上工业增加值增长速度

指标	比上年增长/%
规模以上工业	10.1
其中：国有企业	13.4
集体企业	3.9
股份合作企业	71.9
股份制企业	13.0
外商及港澳台商投资企业	-9.4
其他类型企业	3.8
其中：大中型工业企业	10.5

规模以上工业34个大类行业中，25个行业增加值实现增长。其中黑色金属矿采选业增长76.6%，电气机械和器材制造业增长47.3%，通用设备制造业增长41.1%，医药制造业增长35.5%，黑色金属冶炼和压延加工业增长31.1%，燃气生产和供应业增长30.5%，食品制造业增长26.9%，金属制品业增长23.2%。

主要工业产品产量方面，农用化肥16.6万吨，增长30%；多晶硅2471.6吨，增长26.4%；空调83.6万台，增长12%；白酒701.4万升，增长3.2%；光缆201.1万芯千米，增长2.1%（表2-7-3）。

表2-7-3　2022年滁州市主要工业产品产量及其增长速度

名称	单位	绝对数	比上年增长/%
原盐	吨	1281504	-9.4
大米	吨	1363040	0.9
白酒	千升	7014	3.2
卷烟	万支	1398450	0.2
复合木地板	平方米	9262139	-42.3
农用化肥	吨	165879	30.0
水泥	吨	12722129	-11.5

续表

名称	单位	绝对数	比上年增长/%
商品混凝土	立方米	13338742	-17.1
多晶硅	千克	2471557	26.4
发动机	千瓦	24119138	-7.3
钢化玻璃	平方米	1280211	-11.2
光缆	芯千米	2011013	2.1
冰箱	台	5405824	-2.7
空调	台	836442	12.0

全年规模以上工业企业实现营业收入 4652 亿元，实现利税总额 407.4 亿元。

全年建筑业增加值增长 8.1%。资质以上建筑企业 793 户，全年共完成建筑业总产值 787.3 亿元，增长 11.3%；实现利润总额 14.1 亿元，增长 15.6%。全年房屋建筑施工面积 2963.4 万平方米，其中当年新开工面积 1497.1 万平方米，房屋竣工面积 1404.7 万平方米。

四、固定资产投资

全年固定资产投资增长 16.5%。按产业分，第一产业投资增长 43%，第二产业投资增长 34.8%，第三产业投资增长 5.3%。分行业看，制造业投资增长 31.2%，交通运输、仓储和邮政业投资增长 18.6%，房地产业投资下降 0.1%，水利、环境和公共设施管理业投资增长 24%，教育投资增长 15.9%，卫生和社会工作投资增长 3.8%。

全年完成房地产开发投资 586.9 亿元。房屋施工面积 3180.2 万平方米，其中新开工面积 694.1 万平方米，房屋竣工面积 289.1 万平方米。

全市省重点项目新开工 474 个，竣工 226 个，分别居全省第 2 位、第 3 位；续建和新开工项目共计 1004 个，年度完成投资 1808.1 亿元，居全省第 3 位。

五、国内贸易

全年实现社会消费品零售总额 1556 亿元，增长 4%；其中限额以上消费品零售额 304.7 亿元，增长 6.8%。分区域看，城镇实现消费品零售额 1240.4 亿元，增长 3.9%；乡村实现消费品零售额 315.6 亿元，增长 4.5%。分构成看，商品零售额 1409.7 亿元，增长 4.2%；餐饮收入 146.3 亿元，增长 2.8%。2018—2022 年滁州市社会消费品零售总额见图 2-7-4。

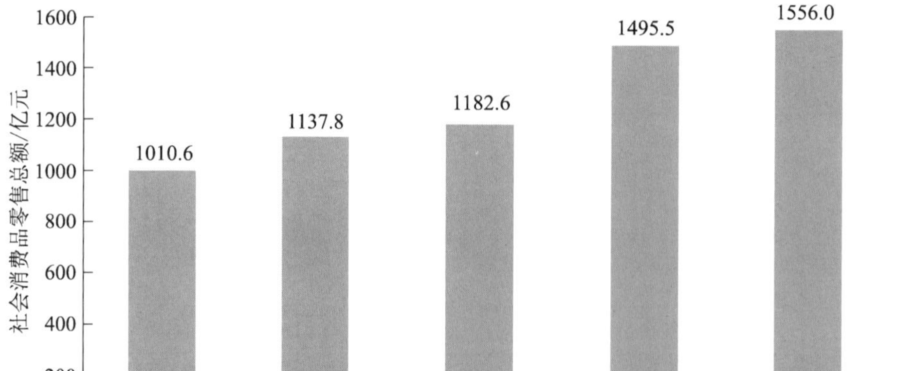

图 2-7-4　2018—2022 年滁州市社会消费品零售总额

从限额以上单位商品零售分类完成情况看，食品类商品零售额 76.1 亿元，增长 13.7%；衣着类商品零售额 7.6 亿元，下降 1.6%；生活用品类商品零售额 191.4 亿元，增长 5%，其中日用品类增长 57.4%，家用电器和音像器材类下降 23.7%，中西药品类增长 21.4%，石油及制品类增长 17.3%，建筑及装潢材料类增长 14.7%，汽车类下降 13%。

六、旅游业

全市共接待游客 2089.6 万人次，旅游业总收入 180 亿元，同比恢复率分别为 89.2%、87.1%。其中国内游客 2089 万人次，国内旅游收入 179.9 亿元；入境游客 5612 人次，入境旅游收入 200.7 万美元。全市共有 A 级旅游景区 43 个、星级饭店 11 家、星级旅游餐馆 14 家、星级农家乐 188 家、旅行社 75 家、旅行社分社 27 个、旅行社服务网点 182 个。

七、交通和邮电业

全年货物运输周转量 387 亿吨公里，其中公路货物运输周转量 324.7 亿吨公里，水运货物运输周转量 62.3 亿吨公里。全年旅客周转量 3.8 亿人公里。

2022 年末，全市民用汽车拥有量 63.3 万辆，增长 7.2%。其中私人汽车拥有量 60.4 万辆，增长 6.4%；私人轿车拥有量 50.1 万辆，增长 7.7%。

全市邮政行业业务收入累计完成 19 亿元，增长 11.1%；其中邮政寄递服务业务收入为 1.5 亿元，增长 14.1%。全行业业务总量累计完成 20.9 亿元，增长 11.6%。邮政寄递服务业务量为 10896 万件，增长 17.1%；其中快递包裹 6212 万件，增长 32.6%。快递业务量累计完成 16111 万件，增长 10.9%。全年电信业务总量 39 亿元。年末，全市拥有电话用户 435.6 万户，增长 1.3%。其中固定电话用户 36.5 万户，下降 5%；移动电话用户 399.1 万户，增长 1.9%。年末固定互联网宽带接入用户 168.8 万户。2018—2022 年滁州市移动、固定电话用户数见图 2-7-5。

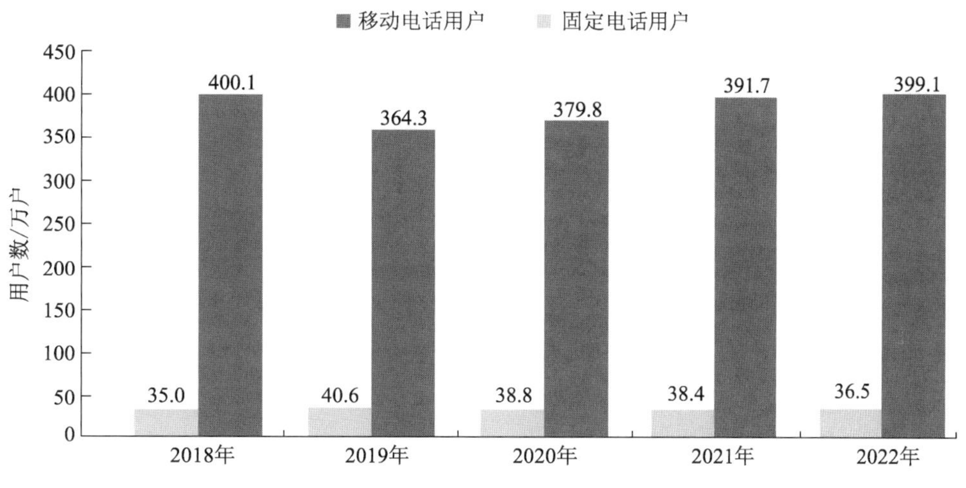

图 2-7-5　2018—2022 年滁州市移动、固定电话用户数

八、财政、金融和保险业

全年实现一般公共预算支出 512.9 亿元，增长 11.1%。其中教育支出 84.1 亿元，增长 6.3%；农林水支出 79.8 亿元，增长 12.5%；社会保障和就业支出 77.7 亿元，增长 13%；卫生健康支出 56.5 亿元，增长 16.6%；城乡社区支出 52 亿元，下降 13.4%；交通运输支出 19.7 亿元，增长 12.1%；住房保障支出 16.6 亿元，增长 52.9%。用于民生方面支出 423.6 亿元，占总支出的 82.6%。

金融业务快速发展。全市金融机构人民币各项存款余额 4028.6 亿元，比年初增加 458.7 亿元，增长 12.9%。其中境内非金融企业存款余额 900.2 亿元，比年初增加 45.8 亿元；境内住户存款余额

2526.5亿元，比年初增加454.3亿元。金融机构各项贷款余额4022.7亿元，比年初增加606.3亿元，增长17.7%。从贷款期限看，短期贷款余额1131.2亿元，比年初增加181.2亿元；中长期贷款余额2598.4亿元，比年初增加335.6亿元。

新增过会待注册企业1家，新增注册待发行企业1家，新增省区域股权交易中心挂牌企业25家，新增辅导备案企业5家。全市有境内外上市企业14家，“新三板”挂牌企业14家，省区域股权交易中心挂牌企业555家。

全市共有财产险、人身险市级公司45家，其中财产险公司23家、人身险公司22家。全年保费收入79.7亿元，增长7.1%。财产保险保费收入36亿元，增长12.4%；人身保险保费收入43.6亿元，增长3.1%。支付赔款（给付）30.3亿元，增长19.4%。其中财产险赔款21.1亿元，增长3.7%；人身险支付赔款（给付）9.2亿元，增长83.7%。

第二节　社会发展基本情况

一、科学技术和教育

全市拥有省级以上研发平台246家；国家高新技术企业1036家，比上年增加246家；国家级科技孵化器2家、国家级众创空间4家、省级孵化器6家、省级众创空间14家、市级众创空间10家、省级院士工作站9家；国家农业科技园区2个、国家级高新区1个、省级高新区1个。全年获省级科技成果登记3220项、省级科技进步奖16项。

全市各级各类学校（不含高等教育）共有1157所，在校生60.4万人，教职工4.9万人，专任教师4.1万人。其中幼儿园662所，在园幼儿12.7万人，教职工1.4万人，专任教师0.8万人；小学227所，在校生24.9万人，教职工1.3万人，专任教师1.5万人；普通中学252所，在校生18.6万人，教职工2.1万人，专任教师1.6万人；中等职业教育学校10所，在校生4万人，教职工0.2万人，专任教师0.2万人。特殊教育学校6所，在校生839人，教职工161人，专任教师138人。

二、文化、卫生和体育

全市公共图书馆藏书量269.9万册，电子图书427.7万册。全市广播电视台7个。全市广播综合覆盖率100%，电视综合覆盖率100%。广播全年播放时间4.9万小时，其中自办栏目播放时间2.7万小时；电视全年播放时间5.6万小时，其中自办栏目播放时间1.4万小时。

全市共有卫生机构1983个。其中医院、卫生院163个，疾病控制中心9个，妇幼保健机构9个。全市卫生机构实有床位28515张，比上年增加2488张，其中医院、卫生院实有床位27115张，比上年增加2148张。卫生机构从业人员3.63万人。其中医院、卫生院技术人员2.46万人，执业医师7474人，注册护士12199人。

全市全年新增体育场地1751个，面积150.7万平方米。全市共有体育场地15445个，面积1046.6万平方米，人均体育场地面积2.58平方米。新成立体育社团7个，共有体育协会数200个，俱乐部62个。新增社会体育指导员965个，共有社会体育指导员12898人，其中国家级33人，一级1892人，二级1292人，三级9681人。

全市共有国家级体育传统特色学校133所，国家级特色幼儿园20所，省级体育传统项目学校15所，市级体育传统特色学校192所。国家级青少年体育俱乐部12所，省级青少年体育俱乐部25所。全年输送后备人才123人。举办中小学体育比赛23次，开展传统体育进校园活动21场次。全年省锦标赛共获得金牌83枚、银牌48枚、铜牌76枚。承接2022年全国青年男女U18手球锦标赛和全省排球、足球、手球、体操锦标赛，组织33支代表队426人参加21项省级以上锦标赛，共获得奖牌83枚。体育彩票销售5.5亿元。

三、城市建设与环境保护

重点工程建设方面，全年市本级共承建重点项目69个，总投资25.2亿元。

续建项目35个，总投资18.4亿元。其中市政道桥18个，园林景观、市容卫生、环境治理8个，房建、公建项目9个。滁州中学新校区、龙蟠河三期堤岸整治、菱溪路上跨世纪大道立交、创业北路改造，高铁站区6条道路照明、雨污分流、昌盛路周边路网、龙兴路绿廊等22个项目已完工。

新建项目34个，总投资6.9亿元。其中市政道桥项目21个，园林景观、市容卫生、环境治理项目4个，房建、公建项目9个。凤阳路南段新建工程、桑梓路、涧北公园、龙蟠河三期堤岸整治、安置小区微更新、道路交通安全整治提升、环城水系观光水道及浮桥、二污厂网一体化、省十五运重点部位花卉布置、创业北路改造、滁宁快通担子段市政化改造工程、县府西巷停车场、洪武路（阳明路—马滁扬）提升改造、铜陵路维修改造、市政道路沥青大修、2022年人行道提升、2022年管网病害调查及处置、2022年城区公园和道路绿化改造、洪武路（滁州大道—马滁扬）绿化提升等19个项目已完工。

市辖区建成区面积120平方公里，比上年末增加10平方公里。年末自来水日生产能力达到40万立方米。全年天然气供气总量2.43亿立方米，比上年增加471.7万立方米。

全市公路通车里程30471公里。全市公交运营线路123条，比上年增加3条，实有公交车辆1351辆，比上年减少26辆，全年公共汽车客运量7291.3万人次。全市城乡公交运营线路229条，比上年增加4条，实有公交车辆812辆，比上年增加7辆，全年公共汽车客运量2569.7万人次。全市巡游出租汽车3145辆，网约车1643辆。

全市共有自然保护区2个。完成人工造林面积2860公顷。全市共有环境监测站和监察大（支）队18个。市区环境空气质量总体上属于良好水平，全市环境空气质量符合《环境空气质量标准》（GB 3095—2012）一级标准的天数为62天，符合二级标准的天数为229天，符合一、二级标准的天数总计为291天，占比79.7%。全年轻度污染70天，中度污染2天，重度污染2天，污染天数占比20.3%。

四、人民生活及其他

2018—2022年滁州市居民人均可支配收入见图2-7-6。

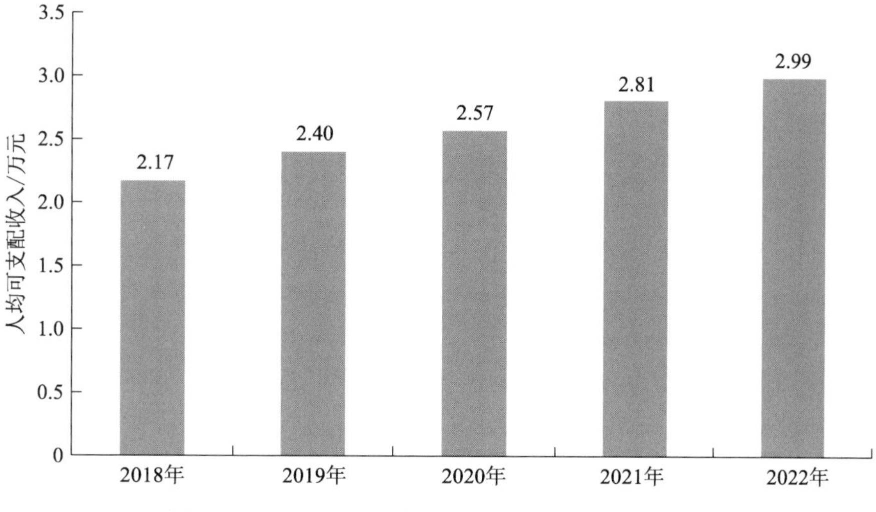

图2-7-6 2018—2022年滁州市居民人均可支配收入

全市基本养老保险参保人数333.5万人，其中企业职工养老保险参保人数75.4万人，机关事业养老保险参保人数13.1万人，城乡居民养老保险参保人数244.9万人。失业保险参保人数为33.8万人，工伤保险参保人数为46.6万人。全市基本医疗保险参保人数409.9万人，其中城乡居民基本医疗保险346.6万人，职工基本医疗保险63.3万人，基本医疗保险参保率102.8%。

全市共有养老服务机构151个，床位18122张。农村特困供养人数2.15万人，下降2.3%。城镇社区各种养老服务设施1249个。城镇社区公共服务设施2003个，农村社区公共服务设施4443个。全年福利彩票销售总额达3.23亿元。

第三节　2022 年主要工作

一、聚焦争创一流，主要经济指标走在前列

落实季度赛马机制，经济运行连续四个季度居全省第一，营商环境连续三个季度居全省第一、年度总评居全省第一，信访工作年度总评居全省第三，实现“满堂红”。全市总量指标：地区生产总值、一般公共预算收入稳居全省第三，社会消费品零售总额居全省第四。动态指标：地区生产总值、规模以上工业增加值居全省第二，固定资产投资、社会消费品零售总额居全省第一，一般公共预算收入增速居全省第三。

二、聚焦“双招双引”，百亿项目县域全覆盖

牢固树立“项目为王”理念，深入实施“双招双引”质量突破年、有效投资攻坚年行动，全力扩大有效投资。招大引强：坚持产业链招商、基金招商、以商招商、商协会招商并举，疫情期间做到联系、洽谈、跟踪、感情、责任“五个不断”，全力以赴拼抢项目，争分夺秒建设项目；全市亿元以上项目新签约 478 个、新开工 480 个、新竣工 310 个、新投产 320 个；天合光能、亿晶光电、旭合光电等 8 个百亿项目签约落地，尚德、国轩、力神等一批项目开工建设，弗迪电池、中润光能、九州工业等一批项目竣工投产，在全省率先实现百亿项目县域全覆盖；参加全省集中开工动员项目 383 个、总投资 2561 亿元、年度计划投资 531 亿元，分别居全省第一、第三、第二。招才引智：实施招才引智“十大举措”升级版，建立八大产业链人才需求目录，组织开展“千企百校・智汇滁州”大学生云招引、揭榜挂帅系列人才活动；新引进高层次科技人才团队 82 个，院士、博士等高层次人才 322 名，大学生 1.6 万名。新培育省级以上领军人才数居全省第二，获评全国“最佳引才城市”。

三、聚焦转型升级，三次产业协同发展

及时出台一揽子政策措施，全力做强做优做大实体经济。一产“两强一增”成效明显。坚决扛稳粮食安全政治责任，新建成高标准农田 70 万亩、居全省第一，农业“大托管”面积达 100 万亩，粮食生产实现“十九连丰”。成功举办长三角绿色食品加工业（小岗）大会，全市规模以上农产品加工企业发展到 280 家，农产品加工业产值突破千亿元。科技特派员实现行政村全覆盖，成功创建全国主要农作物生产全程机械化示范市。定远县获批全国仓储保鲜冷链设施建设整县试点。二产“提质扩量增效”成果丰硕。新增规模以上工业企业 375 家，总数达 2213 家，居全省第二；产值百亿元以上企业新增 3 家，总数达 8 家。战略性新兴产业产值增长 23%。连续两年举办中国光伏行业大会，加快打造“世界光伏之都”，光伏产业产值实现翻番，高端装备制造业产值超千亿，智能家电等产业实现新发展。2 个基地入选国家火炬特色产业基地，3 家企业通过工信部两化融合贯标 3A 认证。2 家企业入选全国民营企业 500 强，27 家企业获评国家级专精特新“小巨人”企业，分别位居全省第一、第三。三产“锻长补短”扎实推进。开展“皖美消费・乐享亭城”专项行动，千方百计促消费。新增限额以上单位 616 家，总数达 2105 家。各项存贷款余额双双突破 4000 亿元。成功承办安徽自驾游大会，江淮分水岭风景道、南谯区分别获评全省首批旅游风景道、全域旅游示范区。

四、聚焦改革开放，创新活力加速释放

改革再创新佳绩。新增 10 项国家级改革试点、11 项省级改革试点。农村改革试验区、农村集体产权制度和农村宅基地制度改革 3 项“国字号”整市试点扎实推进。全国首笔“宅改贷”金融创新产品、全国首批气候投融资试点落地滁州，全省首批林业碳票在滁发放并完成首单交易，在全省率先开展高标准农田质量保险试点工作。“亩均论英雄”改革全域推进，开发区“标准地”出让占比达 96%，居全省前列。综合医改品牌持续擦

亮，县域医共体和城市医联体建设全省领先。开放迈出新步伐。顶山—汊河、浦口—南谯新型功能区一期6平方公里布满企业，二期9平方公里基础设施加快建设。捷泰、飞利浦、博晶等项目建成投产。推进沪苏浙城市结对合作帮扶，定远、凤阳、明光与南京共建的3个合作园区启动建设。创新取得新成果。新增高新技术企业250家，总数突破1000家，稳居全省第三。成立中国光伏材料创新应用研究中心、安徽省半导体与智能传感产业共性技术研究中心。新申报7家院士工作站、居全省前列；新增国家级企业技术中心1家、省级19家，省级工业设计中心7家。全社会研发经费占地区生产总值比重超2%。入选中国数字城市、数字经济“双百强”。国家创新型城市获批建设。区域创新能力连续3年进位，增速居全省第一。

五、聚焦融合发展，城乡面貌持续改善

城市建管。滁城实施重点项目280个，完成投资220亿元。1.9平方公里城市更新示范片区建设全面展开。首条城市高架启动建设，奥体中心投入使用，龙兴路、紫薇路下穿京沪铁路立交、菱溪路上跨世纪大道立交等一批道路建成通车。全市人均公园绿地面积居全省第一。以全国第六、全省第一的成绩通过全国文明城市首次复评，获批国家森林城市。6个县城实施重点城建项目153个。

乡村振兴。巩固拓展脱贫攻坚成果同乡村振兴有效衔接，全省巩固拓展脱贫攻坚成果后评估评价为“好”。推进“百亿小岗”示范创建，设立首期10亿元的全国首个村级乡村振兴产业基金；完成省级美丽乡村中心村年度建设任务。明光人居环境整治“陆郢模式”获批国家标准化试点。南谯井楠村入选中国美丽休闲乡村。

基础设施。沪渝蓉高铁开工，合新高铁、宁淮铁路加快建设，滁宁城际滁州段工程基本完工。滁合高速第二通道开工建设，明巢、来六、宁洛改扩建等加快推进，滁天高速建成通车。明光、天长通用机场开工建设。汊河船闸重建工程主体完工，窑河—高塘湖复航工程前期工作进展顺利。累计建成开通5G基站近6000个。

要素保障。统筹划定“三区三线”，全市域开发边界总面积847.5平方公里，其中新增城镇开发边界133.3平方公里。获批各类建设用地8.1万亩，居全省前列；获批发行专项债188.2亿元，居全省第二。成功组建注册资本30亿元的八大产业链母基金，国调战略性新兴产业基金落户滁州。

六、聚焦民生福祉，人民生活品质不断提高

深入实施暖民心行动。超额完成10项暖民心行动年度任务，群众满意度测评居全省第一。城区道路畅通工程等10件实事全面完成。面对五十年一遇的特大旱情，及时启动“引江入滁”应急补水、高邮湖高塘湖应急调水，全力以赴抗旱情，多措并举保供水。扎实做好迎峰度夏电力保供，全力保障生产生活有序运行。社会保障更加有力。新增转移农村劳动力8万人。全民参保计划深入实施，退休人员养老金水平稳步提升。全省首批退役军人、其他优抚对象优待证在滁颁发。社会事业繁荣发展。以创建学前教育普及普惠和义务教育优质均衡为契机，持续加大投入，新建、改扩建公办幼儿园30所，新增学位1万多个，公办园在园幼儿占比超55%；新建、改扩建中小学14所，新增学位1.7万个。滁州中学新校区建成使用。推动职业教育校企合作、产教融合，新设立与主导产业相关专业25个，培养技能型人才2万余人。安徽科技学院滁州校区启动建设，滁州学院“申硕更大”10条举措扎实推进。推进长三角优质医疗资源扩容，新建专科联盟7个，新增省级重点学科3个，滁州市第一人民医院获评全国改善医疗服务示范医院，滁州市中西医结合医院获批建设省级中医区域中心，医学影像互联互通在全省率先实现全覆盖，全市基层卫生标准化建设全部达标。圆满承办第十五届省运会，获得金牌超180枚，从上届全省第五跃居第二。成功承办第八届省残运会、第九届少数民族运动会。举办纪念建市30周年系列活动。7家文化馆获评国家一级馆，居全省第一，明中都遗址入选“全国十大考古新发现”。生态环境持续优化。中央和省环保督察交办突出环境问题整改全面有序推进，全市$PM_{2.5}$改善幅度居全省第一，为有监测记录以来最好水平，20个断面水质符合国家考核要求，县级以上饮用水水源地水质达标率100%，污染防治攻坚战考核获全省优秀等次。滁城106公里主干网雨污分流改造工程全面完成。第二污水处理厂完成提标改造，第

三污水处理厂主体完工。皇庆湖等 8 个河湖创成省级幸福河湖，明湖获国家级幸福河湖建设试点。

七、聚焦守住底线，社会大局安全稳定

疫情防控有力有效。坚持以快制快，科学果断处置关联输入疫情，加大公共卫生投入，最大限度保护人民生命安全和身体健康，最大限度减少疫情对经济社会发展的影响。全市平战转换及时有力，“差异化精准防控，保证生产生活平稳有序”做法被央视报道。平安建设提质提效。圆满完成党的二十大安保维稳工作任务，常态化推进扫黑除恶斗争，群众安全感和满意度保持全省前列。市消防救援指挥中心建成启用，全省消防救援队伍初战机制改革现场会在滁召开。开展自建房安全专项整治，拉网式、地毯式大排查，实现城乡全覆盖，清单化、闭环式抓好整改。城市生命线安全工程在全省率先启用。深入开展安全生产专项整治三年行动，安全生产事故起数、死亡人数、受伤人数、较大事故数同比实现“四个下降”。社会治理更加高效。全面落实“党建+信访”“清单+闭环”等工作机制，扎实开展信访突出问题“百日攻坚”活动，坚持开门接访、带案下访、阅批来信，实行月调度，进京访、赴省访同比实现“两个下降”，信访总量降幅全省第一，党的二十大召开期间实现“零进京”。深化市域社会治理现代化试点，在全省率先建成“多网合一”的网格化服务管理平台。健全军地联席会议制度，倾心倾力为部队解难题、办实事，荣膺全省双拥模范城“九连冠”。建立“府院”“府检”联动工作机制，加强行政执法与刑事司法有效衔接。国防动员、人民防空等工作取得新成效，民族宗教、对台、外事侨务、地震、气象、供销社、工会、共青团、妇联、文联、残联、科协等工作再上新台阶，红十字会、慈善、老龄、关心下一代等工作得到新加强。

八、聚焦“一改两为”，政府自身建设得到加强

依法行政水平进一步提升。自觉接受人大法律监督、工作监督和政协民主监督，全年共办理人大议案 3 件、建议 193 件和政协提案 384 件，满意率均超 99%。深入实施“八五”普法规划，“政务服务标准化”获评全省法治政府建设示范项目，建成全省首家网络普法阵地。营商环境进一步优化。贯彻省“一改两为”大会精神，落实“十做到”“十严禁”正负面清单，开展“优环境、稳经济”等系列活动，深入联企、深度助企，企业诉求办理情况和市场主体满意度均居全省第一。深化“双对标”行动，出台“150 条”优化营商环境举措，“诊千企、优环境、促和谐”活动获评全国工商联系统年度实践创新奖。在全省率先推行 365 天“不打烊”服务，率先设立涉企服务专窗和“办不成事”反映窗口，率先推进镇村综合窗口改革，率先建成“皖企通”滁州分厅。新增减税降费及退税缓税缓费超 100 亿元；新增市场主体近 9 万户，增速居全省前列。作风建设进一步改进。坚决落实中央八项规定精神及省市有关规定，力戒“虚、推、拖、胡”，市政府发文、会议、督查检查均同比下降。严格落实全面从严治党主体责任，重点领域廉政风险有效防控，持续营造风清气正的政治生态。

第八章　宣城市经济社会发展情况

2022年，宣城市坚持稳中求进工作总基调，全市经济社会保持平稳健康运行，改革发展稳定各项工作取得积极成效，长三角中心区现代化城市建设迈出坚实步伐。

第一节　经济发展基本情况

一、综合概况

2022年全市实现地区生产总值1914.4亿元，按不变价格计算同比增长4.2%。其中第一产业增加值179.6亿元，增长4.4%；第二产业增加值937.3亿元，增长6.3%；第三产业增加值797.5亿元，增长1.9%。第一、二、三次产业增加值的比例为9.4∶48.9∶41.7。按常住人口计算，人均地区生产总值76853元（折合11426美元），增长4.4%。

2018—2022年宣城市地区生产总值见图2-8-1，三次产业增加值占地区生产总值比重见图2-8-2；2022年宣城市辖各县市区经济发展情况见图2-8-3。

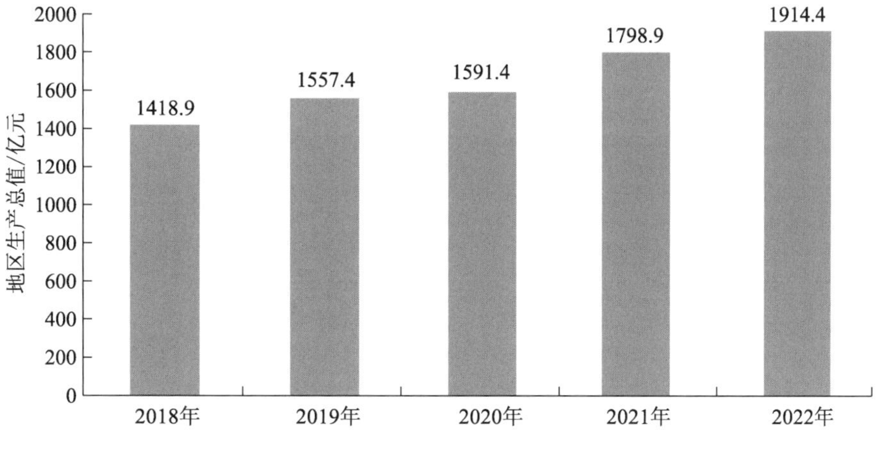

图2-8-1　2018—2022年宣城市地区生产总值

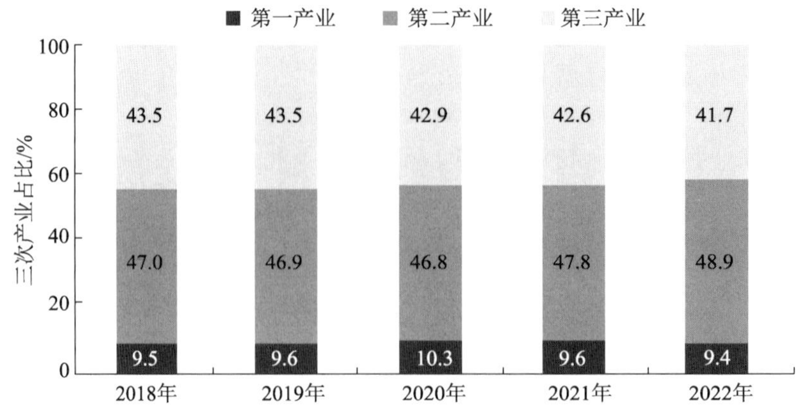

图 2-8-2　2018—2022 年宣城市三次产业增加值占地区生产总值比重

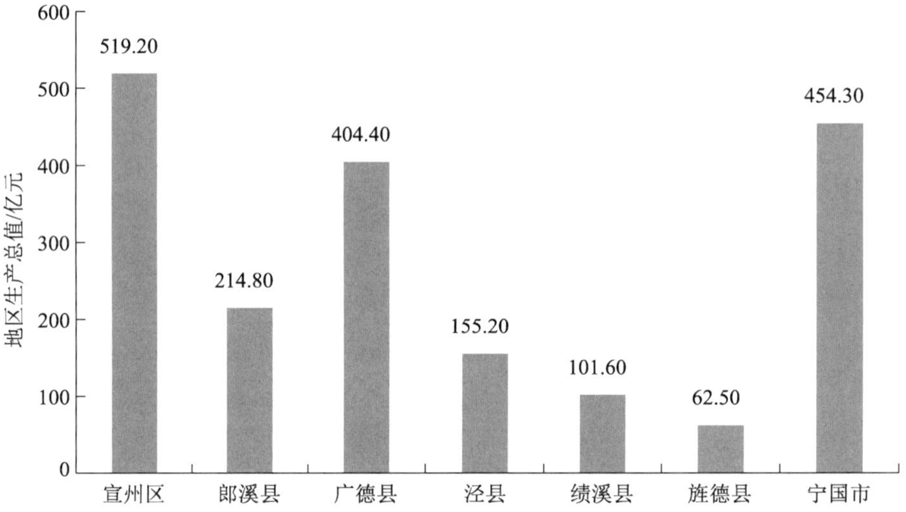

图 2-8-3　2022 年宣城市辖各县市区经济发展情况

年末，全市常住人口 249.5 万人，比上年增加 0.8 万人，其中城镇常住人口 156.2 万人，城镇化率为 62.6%，比上年提高 0.85 个百分点。全年出生人口 1.56 万人，出生率为 6.26‰；死亡人口 2.36 万人，死亡率为 9.47‰；自然增长率为 -3.21‰。2018—2022 年宣城市常住人口及城镇化率见图 2-8-4。

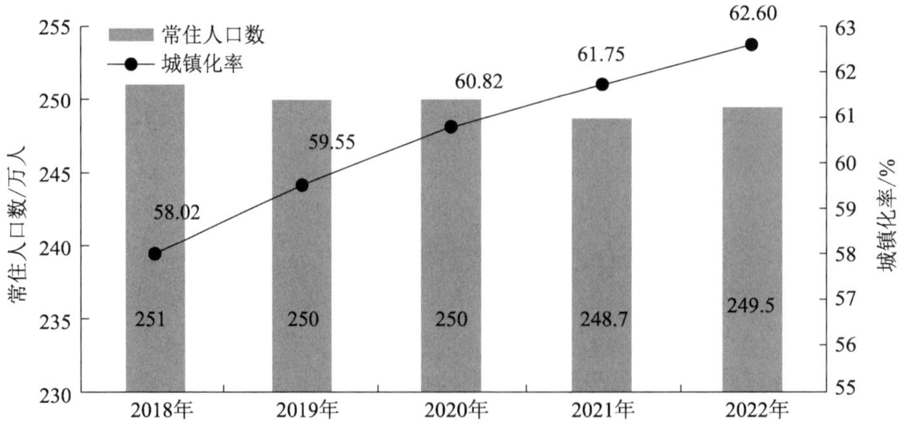

图 2-8-4　2018—2022 年宣城市常住人口及城镇化率

全年城镇新增就业4.7万人，完成目标任务的104.74%。全年帮助失业人员实现再就业1.9万人，就业困难人员实现再就业0.6万人。全年新增技能人才3万人，开展职业技能培训4.4万人次，分别完成目标任务的176%、113%。

全年新登记企业1.02万户，个体户3.08万户。年末各类市场主体总数30.6万户，比上年增长8.9%。全年新增“四上”企业528家，其中新增规模以上工业企业330家，规模以上服务业企业34家，限额以上批零住餐企业74家。

全年居民消费价格比上年上涨2.3%。分类别看，八大类商品及服务价格“七升一降”，食品烟酒类上涨4.5%，衣着类上涨0.8%，生活用品及服务类上涨0.7%，交通通信类上涨6.9%，教育文化娱乐类上涨0.1%，医疗保健类上涨2.4%，其他用品及服务类上涨2.9%，居住类下降1.2%（表2-8-1）。

表2-8-1　2022年宣城市居民消费价格比上年涨跌幅度

指标	比上年增长/%
居民消费价格指数	2.3
其中：食品烟酒	4.5
衣着	0.8
居住	-1.2
生活用品及服务	0.7
交通通信	6.9
教育文化娱乐	0.1
医疗保健	2.4
其他用品及服务	2.9

二、农业

全年粮食播种面积329万亩，比上年下降0.3%。油料播种面积43.1万亩，增长7.1%。蔬菜播种面积39.4万亩，增长2.8%。园林水果种植面积9.9万亩，增长0.8%。茶园面积50.1万亩，增长0.7%。烟叶种植面积9.5万亩，增长6.3%。

2022年宣城市主要农产品产量及其增长速度见表2-8-2。

表2-8-2　2022年宣城市主要农产品产量及其增长速度

产品名称	绝对数/万吨	比上年增长/%
粮食	126.8	-1.5
油料	7.1	5.7
其中：油菜籽	6.4	8.5
蔬菜	59.4	3.3
园林水果	3.3	3.7
茶叶	3.8	1.8
烟叶	1.4	7.9

年末生猪存栏44.4万头，增长0.5%；全年生猪出栏91.3万头，增长4.7%。

全年水产品产量11.7万吨，增长3.8%。其中养殖水产品产量10.6万吨，增长4.3%；捕捞水产品产量1.1万吨，下降1.1%。

全市农业机械总动力256万千瓦，增长1.9%。

全年化肥施用量（折纯）10.5万吨，下降0.5%。主要农作物耕种收综合机械化率83.3%，比上年提高5.1个百分点。全年建成高标准农田16.1万亩。

三、工业和建筑业

全年全部工业增加值724.6亿元，增长6.4%。全年规模以上工业增加值增长9.2%。在规模以上工业中，分经济类型看，国有控股企业增加值增长11.4%，股份制企业增长9.3%，外商及港澳台商投资企业增长7.6%。分门类看，采矿业增加值增长5.1%，制造业增长8.6%，电力、热力、燃气及水生产和供应业增长18.9%。

全年规模以上高技术制造业增加值增长8.1%，其中医药制造业增长16.5%，电子及通信设备制造业增长5.1%，计算机及办公设备制造业增长130.4%，医疗仪器设备及仪器仪表制造业增长20.3%。全年装备制造业增加值增长16.1%，占规模以上工业增加值比重由上年的35.2%提高到36.2%。其中汽车制造业增长49.3%，电气机械和器材制造业增长19%，专用设备制造业增长14.2%。

新能源、汽车零部件、节能环保装备三大主导产业增加值增长24.4%，占规模以上工业增加值比重由上年的24.2%提高到27.2%。其中新能源产业增长16.7%，汽车零部件产业增长30.9%，节能环保装备产业增长9.4%。

2022年宣城市规模以上工业主要产品产量及其增长速度见表2-8-3。

表2-8-3　2022年宣城市规模以上工业主要产品产量及其增长速度

产品名称	单位	产量	比上年增长/%
饲料	万吨	78.7	-6.9
饮料酒	万升	4060.4	-0.5
精制茶	万吨	1.2	-15.3
服装	万件	1212.9	1.5
塑料制品	万吨	51.4	27.0
复合木地板	万平方米	670.6	6.8
机制纸及纸板	万吨	12.2	-15.6
磷酸一铵	万吨	65.2	-27.1
玻璃纤维布	万米	7219.2	12.7
耐火材料制品	万吨	6.7	2.2
粗钢	万吨	193.7	51.8
钢材	万吨	301.3	8.1
铸铁件	万吨	59.2	-3.1
泵	万台	21.7	23.8
液压元件	万件	12.1	92.0
滚动轴承	万套	12131.5	-30.6
水泥	万吨	1068.4	-5.5
灭火器	万台	82.4	22.7
灯具及照明装置	万套（台、个）	144.8	-43.7
电子元件	万只	108829.4	45.0
印制电路板	万平方米	728.4	4.5
电工仪器仪表	万台	12.5	-30.9

全年规模以上工业企业实现营业收入2561.2亿元，增长10.2%；实现利润总额138.1亿元，下降10.4%。规模以上工业企业每百元营业收入中的成本为86.5元，比上年增加1.4元；营业收入利润率5.4%，下降1.2个百分点。

全年建筑业增加值212.9亿元，增长6.1%。年末在库资质以上建筑业企业398家，比上年增加54家；实现营业收入265.7亿元，增长12.6%。全年房屋建筑施工面积1782.1万平方米，房屋竣工面积207.5万平方米。

四、服务业

全年批发和零售业增加值180.4亿元，增长4.6%；交通运输、仓储和邮政业增加值97.1亿元，下降0.8%；住宿和餐饮业增加值29.9亿元，下降2.7%；金融业增加值103.2亿元，增长8%；房地产业增加值77.5亿元，下降9.5%。

全年规模以上服务业企业实现营业收入85.6亿元，下降2%，其中规模以上其他营利性服务业营业收入24.5亿元，增长9.4%。商务服务业营业收入增长11%，专业技术服务业增长19.6%。

全年货物运输量2.7亿吨，增长0.2%；货物运输周转量1828.5亿吨公里，下降3.8%。旅客运输量176.1万人次，下降73.7%；旅客运输周转量1.4亿人公里，下降64.3%。全年港口货物吞吐量923.4万吨，下降12%。

年末民用汽车保有量54.5万辆，增长4.9%，其中新注册3.6万辆。私人汽车保有量49.5万辆，增长4.9%，其中私人轿车30.2万辆，增长5%。

全年完成邮政业务总量13.5亿元，增长2.4%。邮政业全年完成函件业务量25.7万件，包裹业务量3.4万件，快递业务量10451.3万件；快递业务收入7.8亿元，增长5.1%。电信业务总量25.5亿元，增长13.4%。年末全市电话用户总数309.1万户，其中移动电话用户282.6万户。固定互联网宽带接入用户122.2万户，其中光纤宽带接入用户111.8万户；手机上网用户238.6万人，全年移动互联网用户接入流量2.3亿GB，增长15%。

年末全市有A级旅游景点（区）61处。全年接待国内游客2621.4万人次，下降14.3%；国内旅游收入223.6亿元，下降16.2%。

五、固定资产投资

全年固定资产投资增长10%。其中国有经济投资增长24.8%；民间投资增长2.8%；港澳台、外商经济投资下降16.5%。分产业看，第一产业投资增长52.7%，第二产业投资增长20.5%，第三产业投资增长1.3%。工业投资增长14.3%，其中制造业投资增长25%，高技术制造业投资增长58.7%。基础设施投资增长26.9%；社会领域投资增长40.8%。2022年宣城市分行业固定资产投资增长速度见表2-8-4。

表2-8-4　2022年宣城市分行业固定资产投资增长速度

行业	比上年增长/%
农、林、牧、渔业	55.9
采矿业	-23.2
制造业	25.0
电力、热力、燃气及水的生产和供应业	-10.9
建筑业	-100.0
批发和零售业	20.3
交通运输、仓储和邮政业	38.5
住宿和餐饮业	36.8
信息传输、软件和信息技术服务业	30.3
金融业	-100.0
房地产业	-24.2

续表

行业	比上年增长/%
租赁和商务服务业	43. 4
科学研究和技术服务业	106. 4
水利、环境和公共设施管理业	22. 4
居民服务、修理和其他服务业	102. 2
教育	34. 2
卫生和社会工作	92. 1
文化、体育和娱乐业	12. 4
公共管理、社会保障和社会组织	-20. 1

全年房地产开发投资 223. 8 亿元，下降 24. 5%。商品房销售面积 262. 5 万平方米，下降 43. 9%；商品房销售额 177. 4 亿元，下降 42%；年末商品房待售面积 116. 3 万平方米，增长 22. 3%。

六、国内贸易

全年社会消费品零售总额 776. 2 亿元，增长 2. 5%。按经营地分，城镇消费品零售额 612. 4 亿元，增长 2. 4%；乡村消费品零售额 163. 8 亿元，增长 2. 9%。按消费类型分，商品零售 702. 5 亿元，增长 3. 4%；餐饮收入 73. 7 亿元，下降 5%。2018—2022 年宣城市社会消费品零售总额见图 2-8-5。

限额以上单位商品零售额中，粮油、食品类增长 10. 5%，饮料类增长 9. 3%，烟酒类增长 9. 4%，服装、鞋帽、针纺织品类增长 6. 9%，金银珠宝类下降 47. 8%，日用品类增长 10. 5%，家用电器和音像器材类增长 16%，石油及制品类增长 3. 7%，汽车类增长 4%。全年限额以上批发零售企业通过公共网络实现商品零售额 19. 2 亿元，比上年增长 17. 2%，占限额以上单位消费品零售额比重为 11. 2%。

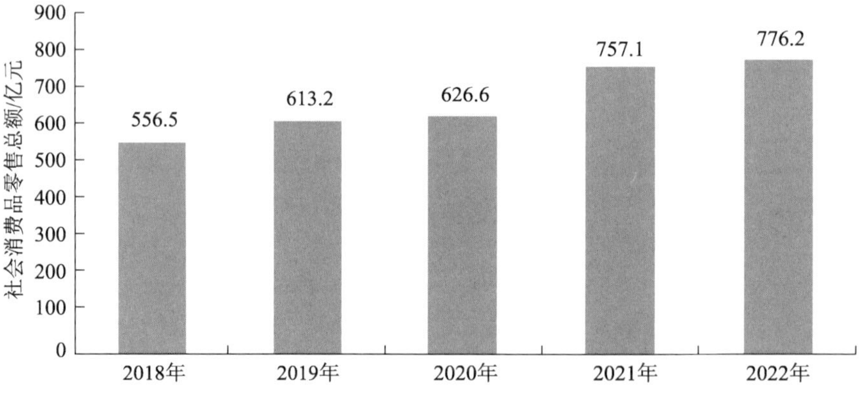

图 2-8-5　2018—2022 年宣城市社会消费品零售总额

七、财政和金融

全年一般公共预算收入 188. 5 亿元，扣除留抵退税因素后，比上年增长 4. 9%，按自然口径计算增长 3. 1%。其中税收收入 120. 1 亿元，扣除留抵退税因素后增长 8. 7%，按自然口径计算增长 5. 8%。一般公共预算支出 348. 3 亿元，比上年增长 10. 6%。其中交通运输支出增长 36. 2%，一般公共服务支出增长 32. 9%，社会保障与就业支出增长 16. 4%，教育支出增长 5. 2%，农林水事务支出增长 5. 1%，卫生健康支出增长 3. 8%。

2018—2022 年宣城市一般公共预算收入见图 2-8-6。

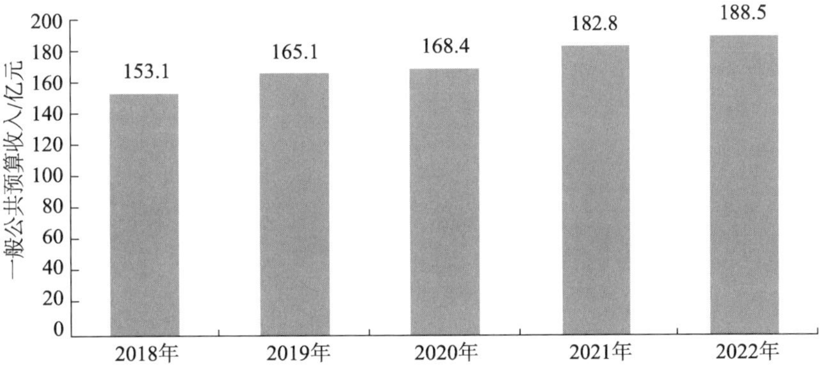

图 2-8-6　2018—2022 年宣城市一般公共预算收入

年末金融机构本外币各项存款余额 2779.6 亿元，增长 11.1%，其中住户存款余额 1804.3 亿元，增长 19.1%。各项本外币贷款余额 2411.1 亿元，增长 17.2%，本年新增贷款 353.9 亿元。

全年保险公司保费收入 63.6 亿元，增长 6.1%。其中财产险保费收入 26 亿元，增长 8.8%；人身险保费收入 37.6 亿元，增长 4.4%。赔付支出 26.3 亿元，增长 7.5%。其中财产险赔付支出 18.7 亿元，增长 12.8%；人身险赔付支出 7.6 亿元，下降 3.6%。

第二节　社会发展基本情况

一、人民生活和社会保障

全年全体居民人均可支配收入 35897 元，比上年增长 6.5%，扣除价格因素实际增长 4.1%。按常住地分，城镇居民人均可支配收入 48596 元，增长 5.4%，扣除价格因素实际增长 3%；农村居民人均可支配收入 22060 元，增长 7.3%，扣除价格因素实际增长 4.9%。城乡居民人均可支配收入比值为 2.2，比上年缩小 0.04。城镇居民人均消费支出 29259 元，增长 5%，扣除价格因素实际增长 2.6%；农村居民人均消费支出 17089 元，增长 6.2%，扣除价格因素实际增长 3.8%。

2018—2022 年宣城市城乡居民人均可支配收入见图 2-8-7。

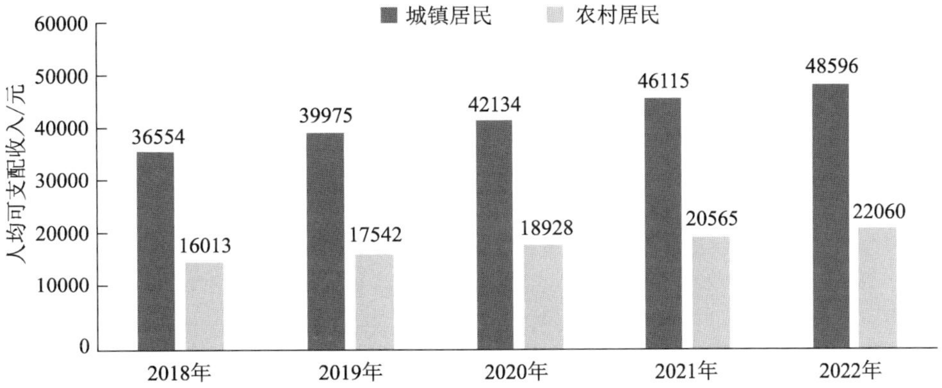

图 2-8-7　2018—2022 年宣城市城乡居民人均可支配收入

年末全市参加城镇职工基本养老保险 76.1 万人，增长 7.1%。参加城乡居民基本养老保险 144.1 万人，下降 1%。参加失业保险 31.8 万人，增长 8.8%；参加工伤保险 45.5 万人，增长 22.1%。参加生育保险 37.7 万人，增长 8.5%。年末城镇职工基本医疗保险参保人数 50.1 万人，城乡居民基本医疗保险参保人数210.3万人。年末全市有0.8万人享受城市最低生活保障，5.85万人享受农村最低生活保障。

全市有各类提供住宿的社会服务机构169个，其中养老机构158个。社会服务床位1.98万张，其中养老服务床位1.92万张。年末共有社区服务中心151个，城市社区综合服务设施覆盖率达到100%。

二、教育和科学技术

全年中等职业学校招生0.93万人，在校生2.66万人，毕业生0.79万人。普通中学招生3.36万人，在校生10.19万人，毕业生3.55万人。普通小学招生2.15万人，在校生13.25万人，毕业生2.13万人。幼儿园在园幼儿7.07万人。宣城职业技术学院招生4914人，在校生11112人，毕业生2557人。合肥工业大学宣城校区招生2659人，在校生10148人，毕业生2221人。

全年登记科技成果300项，其中应用技术类297项，达到产业化应用水平97项。全年专利授权6251件，其中发明专利授权634件。年末拥有有效发明专利4993件；每万人口发明专利拥有量20.1件，增长12.3%。全市有高新技术企业566家，净增106家。备案国家科技型中小企业479家，增长76.1%。全年签订技术合同1592个。

全市有获得资质认定的检验检测机构93个，国家质量监督检验中心1个，强制性产品认证企业72家。全年制定、修订地方标准6项，累计95项。全市共有国家地理标志产品7个、有效注册商标3.6万件。全年制造业产品质量合格率为98.4%。

三、文化、卫生健康和体育

全市有艺术表演团体34个，文化馆8个，博物馆13个，剧场、影院20个。公共图书馆8个，馆藏书量133.36万册；综合档案馆8个，馆藏档案资料279.4万卷（件、册）。广播电视台7座，广播综合人口覆盖率和电视综合人口覆盖率分别为99.97%和99.96%。

全市有全国重点文物保护单位19处，省级重点文物保护单位101处。国家级非物质文化遗产10项，省级79项。

全市有医疗卫生机构1485个，其中医院59个，基层医疗卫生机构1395个，专业公共卫生机构29个。基层医疗卫生机构中，卫生院80个，社区卫生服务中心60个，村卫生室827个；专业公共卫生机构中，疾病预防控制中心9个，妇幼保健院（站、所）8个，专科疾病防治院（站、所）1个，卫生监督所8个。卫生技术人员19147人，其中执业（助理）医师7255人，注册护士9180人。医疗卫生机构床位17573张，其中医院13507张，卫生院3294张，社区卫生服务中心593张。全年医疗卫生机构总诊疗2020.6万人次。

全市有体育场地9750个，体育场地面积710.1万平方米。人均体育场地面积2.86平方米。全年新增一级运动员21名，二级运动员37名。在全省第十五届运动会上，宣城市代表团青少年部获得金牌61.5枚、银牌39枚、铜牌32枚，7人打破全省青少年纪录；群体部获得金牌4枚、银牌3枚、铜牌7枚。

四、资源、环境和应急管理

全年总降水量1199.1毫米，较历年偏少。年末全市水库蓄水总量3.98亿立方米，比上年减少12.9%。

全年全社会用电量186.1亿千瓦时，增长7.8%。其中工业用电量132.2亿千瓦时，增长4.5%。全年规模以上工业综合能源消费量461.4万吨标准煤，增长3.7%；单位工业增加值能耗0.817吨标准煤/万元，下降5.04%。

全市在16个国家考核断面中，Ⅰ～Ⅲ类水质断面比例为100%，其中Ⅰ、Ⅱ、Ⅲ类水质的断面比例分别为11.8%、64.7%和23.5%。全市在用县级以上城市集中式生活饮用水水源地水质达标率100%。

全市有市、县级生态环境监测机构8个。全年$PM_{2.5}$平均浓度为32微克/立方米，空气质量优良天数比例为91.5%。

全年发生各类安全事故46起，死亡46人，直接经济损失额1650万元，分别比上年下降27%、23.3%和59.3%。全年发生道路交通事故360起，死亡138人，经济损失额216.13万元，分别比上年增长16.9%、0.7%和29.6%。

第三节　2022 年主要工作

一、精准施策稳增长，全市经济承压前行

积极应对超预期因素冲击，落实疫情防控优化措施，快速规范处置突发疫情，全力保畅通、保产业链供应链稳定，应急处置和公共卫生服务能力得到提升，最大限度减少疫情对经济社会发展影响。千方百计助企纾困，贯彻落实中央及省稳经济一揽子政策和接续措施，加密出台扎实稳经济若干举措，退缓减免税额 64 亿元，兑现各类惠企奖补资金 22.1 亿元，减免房租 1.2 亿元。常态化开展“访千企、解难题、优环境”活动，解决企业反映问题 1.2 万个。抓实助企便民融资服务，直接融资 138.2 亿元。拓山重工主板上市。开展就业促进行动，兑现失业保险稳岗返还、社保费减免、一次性就业补贴等政策 2 亿余元，解决企业用工 4.4 万人。实施有效投资攻坚行动，固定资产投资增长居全省第 6 位。689 个省重点项目完成投资 908.1 亿元，投资完成率居全省第 2 位。争取专项债券资金 67.4 亿元。开展“皖美消费·乐享宣城”消费促进活动，带动消费 7.8 亿元，社会消费品零售总额增长居全省第 3 位。

二、坚定不移促创新，三次产业协同发展

实施科技创新“双倍增”行动，新认定高新技术企业 227 家，新建省级以上创新平台 26 个，高新技术产业增加值占规模以上工业比重达 57.8%，位居全省前列。创成省级创新型城市，创新能力居全省第 4 位。宁国通过国家首批创新型县（市）验收，宁国、广德分别入选国家知识产权强县建设示范县、试点县。宛陵科创城新入驻企业 28 家，市软件产业园揭牌。实施一产“两强一增”行动，建设高标准农田 16.1 万亩。实现科技特派员服务行政村全覆盖，转化应用农业“四新”科技成果 379 项，主要农作物耕种收机械化率达 82%。15 家农民合作社进入 2022 中国农民合作社 500 强。规模以上农产品加工业产值增长 10%，位居全省前列。实施制造业提质扩量增效行动，规模以上工业增加值增长 9.2%，居全省第 4 位。新增国家专精特新“小巨人”企业 12 家、省级专精特新冠军企业 7 家。新能源、汽车零部件、节能环保装备三大主导产业增加值增长 24.4%，战略性新兴产业产值增长 14%。创成省行业级工业互联网平台 1 个、企业级平台 5 个，新增省级智能工厂、数字化车间 14 个。实施三产“锻长补短”行动，新增规模以上服务业企业 34 家、限额以上商贸企业 74 家，获批省级先进制造业和现代服务业融合发展试点单位 2 个、服务业改革创新首批试点单位 1 个。宣城数字经济产业园获批省级服务业集聚区，长三角智慧物流产业基地一期暨快递分拣中心建成运营。积极融入“大黄山”（皖南）国际休闲度假旅游目的地建设，开展“嗨游宣城”和文旅系列推介活动，广德、绩溪创成首批省级全域旅游示范区。

三、持之以恒增后劲，开放合作持续深化

深度融入长三角一体化发展，加快苏皖合作示范区、“一地六县”合作区建设，开工亿元以上项目 194 个。举办长三角 G60 科创走廊质量标准论坛。大力开展“双招双引”，定期举办“宣向未来”企业家沙龙和新落户企业座谈活动，设立 50 亿元产业链投资引导基金，新建亿元以上省外投资项目 508 个，居全省第 1 位，其中 10 亿元以上项目 31 个，同比增加 9 个。出台教育、医疗人才引进和培养政策。落实产业人才政策“宣八条”，兑现人才补贴 4800 余万元，新增技能人才 3 万人。加强大学生“三实”基地建设，吸引 1.5 万名大学生来宣实践实习实训。启动批而未供、闲置和工业低效土地处置攻坚行动，消化批而未供土地 3.6 万亩，处置闲置土地 6010 亩，规模以上工业企业亩均税收增长 25.8%。

四、抢抓机遇补功能，城乡建设品质提升

启动城市功能品质提升三年行动计划，实施城市更新和双修行动，完成中心城市建设投资 150

亿元。东部新城、高铁站片区、中央生态绿地二期等城市名片启动建设，19条城市道路如期完工。积极推进城市供水设施完善工程。完成老城区47个小区、11条路段雨污分流和12条道路拥堵点改造，建成口袋公园4个，改造提升公厕35座。完成城市生命线一期工程建设，敬亭圩污水处理厂三期加快推进。开展“难安置”专项治理，完成6299套安置任务。改造老旧小区120个。强化“保交楼、保民生、保稳定”，时代大世界、恒大悦澜湾等项目复工。荣获2022年度中国领军智慧城市大奖，“城市大脑”入围2022世界智慧城市大奖中国区“治理大奖”。完成交通投资147亿元，宣绩高铁和宣泾高速一期、宣广高速改扩建工程加快推进，启动G329孙埠至大汪村等改建工程，完成农村公路提质改造工程432公里，建设美丽公路150公里。水阳江航运综合开发工程全面建成使用。主城区至郎溪、泾县、宁国3条城际公交开通试运行。成为全国首批“四好农村路”建设市域突出单位。完成水利投资30.8亿元，港口湾水库灌区和水阳江中游防洪治理工程顺利推进。巩固拓展脱贫攻坚成果，脱贫人口、监测对象无一人返贫致贫。高起点规划并启动建设23个乡村振兴示范片区，完成农村人居环境专项整治改善行动，经济强村占比达38%。

五、坚持不懈优生态，环境质量持续改善

落实能耗“双控”制度，加强用能预算管理。加快制造业绿色发展，新增省级绿色工厂6家。推进省级光伏建筑应用城市试点建设。污染防治攻坚战成效显著，空气质量综合指数、优良天数比例均居全省第2位，水质指数排名全省前列，建设用地安全利用率达100%。完成突出生态环境问题整改163个，生态修复废弃矿山94个。建成省级幸福河湖4个。定埠港荣获全省首个“零碳码头”称号。启用“三区三线”划定成果。完成营造林46万亩，规划建设国家储备林260万亩，林长制工作获得国务院督查激励。创成全省首个全域“中国天然氧吧”。旌德被命名为国家生态文明建设示范区，绩溪创成国家林业产业示范园区。

六、聚力为民办实事，民生福祉保障有力

省定民生实事和市政府10件民生实事顺利完成，10项暖民心行动位居全省前列，城镇居民、农村居民人均可支配收入增长分别居全省第6位和第4位。社会保障体系不断完善，13.8万孤老残幼等困难群体基本生活得到保障。编制中心城区中小学幼儿园布点规划，新建、改扩建公办幼儿园12所，“民转公”15所，全市公办园在园幼儿占比达55.7%，中心城区公办园学位占比达70%。绩溪被认定为全国学前教育普及普惠县。新建、改扩建中小学校8所，新增学位9300个。“双减”工作提质增效，高考综合改革平稳落地。出台推动职业教育高质量发展的意见。宣城高级技工学校新校区开工建设。基层医疗服务能力持续提升，3家县级公立医院通过三级医院执业登记准入验收，村卫生室标准化建设全面完成。医保支付方式改革成效明显，多元复合式医保支付方式体系基本建立。建成市、县、镇、村四级公共文化网络和应急广播系统，村级综合文化服务中心实现全覆盖。举办第三届长三角城市非遗特展。参加省第十五届运动会、省第八届残运会、省第九届民族运动会，均取得历史最好成绩。出台优化生育政策。新建、改扩建托育机构20个，140所幼儿园开设托班，50个“儿童服务站·公益小课堂”建成运行。居家养老服务条例批准施行，建设城乡老年食堂（助餐点）257个。整治改造菜市场23个，新增家政服务人员6144人。101个乡镇（街道）社工站建设实现全覆盖。市残疾人康复中心投入运营。在全省率先颁布实施第四轮妇女儿童发展规划。社会福利、公益慈善和红十字等事业进一步发展，民族、宗教、外事、侨务、对台、档案、地方志、地震、科普、机关事务管理、公共资源交易管理、住房公积金管理等工作得到加强。

有效防范应对低温雨雪冰冻、持续旱情等自然灾害，最大限度降低损失。实施地质灾害隐患点搬迁避让攻坚三年行动，完成搬迁87户242人。落实安全生产15条硬措施，推进安全生产专项整治三年行动巩固提升，开展城镇燃气、自建房、道路交通等专项整治，安全生产事故起数、死亡人数实现“双下降”。食品药品安全监管得到加强。严格落实领导干部接访下访、包案化解、阅批群众来信和接听群众来电等制度，开展初信初访提质增效和“四重”攻坚巩固提升行动，信访

形势平稳向好。常态化机制化推进扫黑除恶斗争，群众安全感和政法机关执法满意度一直保持在全省前列。实现创建全省双拥模范城“五连冠”。国家安全、国防教育、人民防空等工作取得新进步。

七、驰而不息改作风，自身建设得到加强

扎实做好迎接党的二十大和学习宣传贯彻党的二十大精神各项工作，以实际行动衷心拥护“两个确立”、忠诚践行“两个维护”。扎实推进全省法治政府建设示范市创建，行政机关负责人出庭应诉率保持100%。自觉接受人大法律监督、工作监督和政协民主监督，办理市人代会议案1件、人大代表建议135件和市政协提案262件、协商建议45件。落实“一改两为五做到”要求，深入开展“五聚焦五查找”作风建设集中整治和市直单位百名科长“五比五评”活动，全心全意服务群众、服务市场主体，努力为经济社会发展创造良好的环境。实行限时办结制、工作反馈制，增强政府工作计划性和执行力。严格执行厉行节约、坚持“过紧日子”12条措施，“三公”经费支出持续下降。加强审计监督，促进增收节支2.6亿元。深入推进党风廉政建设，支持纪检监察机关监督执纪问责，坚决整治群众身边的腐败和作风问题。

第九章　常州溧阳市经济社会发展情况

2022年，是“十四五”全面展开、奋楫笃行之年，溧阳市上下坚持以习近平新时代中国特色社会主义思想为指导，深入学习贯彻党的二十大精神和中央经济工作会议精神，全力争创“五个示范”、争当“三项表率”，经济发展稳中见韧，发展动能提速升档，城市品质优化提升，生态环境持续改善，民生福祉更有质感，苏南绿色崛起品质城市建设迈出坚实步伐，为奋力谱写中国式现代化溧阳新篇章打下坚实基础。

第一节　经济发展基本情况

一、综合概况

2022年，溧阳市实现地区生产总值1416.22亿元，名义增速12.28%，按可比价格计算同比增长6.2%。分产业看，第一产业完成增加值57.48亿元，增长0.2%；第二产业完成增加值767.58亿元，增长11.3%；第三产业完成增加值591.16亿元，增长0.9%。三次产业增加值比例为4.1∶54.2∶41.7，近5年地区生产总值一直保持较快增长。全市人均地区生产总值达17.61万元，增长10.96%。

2018—2022年溧阳市地区生产总值及其增长速度、人均地区生产总值分别见图2-9-1和表2-9-1。

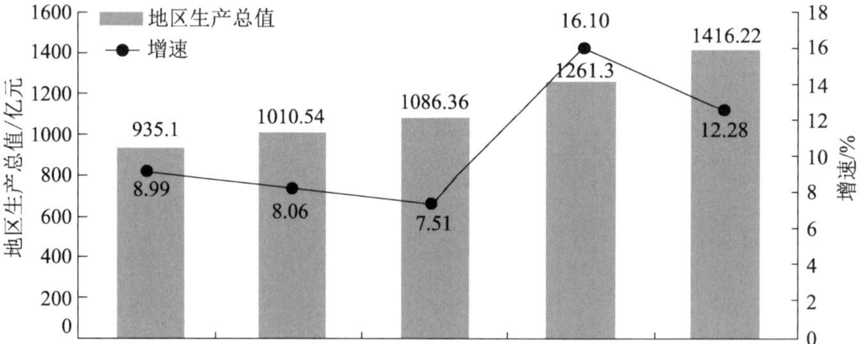

图2-9-1　2018—2022年溧阳市地区生产总值及其增长速度

表2-9-1　2018—2022年溧阳市地区生产总值

指标	2018年	2019年	2020年	2021年	2022年
地区生产总值/亿元	935.1	1010.54	1086.36	1261.3	1416.22
地区生产总值可比价增速/%	8	7.8	4.6	10.1	6.2

续表

指标	2018 年	2019 年	2020 年	2021 年	2022 年
人口/万人	79.53	79.07	79.01	79.48	80.43
人均地区生产总值/万元	11.75	12.78	13.75	15.87	17.61

乡镇经济发展。溧阳是江苏省辖县级市，南京都市圈成员，由常州市代管，位于江苏省南部、常州市西南部，地处长三角西南部的苏皖两省交界处，东邻宜兴市，西与南京市高淳区、溧水区毗邻，南与安徽省的广德市、郎溪县接壤，北接句容市、金坛区，总面积1535.87平方公里，是长江三角洲北翼中心和国家级苏南现代化建设示范区重要组成部分。1983年3月实行市管县体制后，溧阳县属常州市管辖。1990年8月经国务院批准，撤销溧阳县，设立县级溧阳市。截至2022年10月，溧阳市辖3个街道、9个镇，市人民政府驻溧城街道南环路18号。2022年溧阳市各辖镇（街道）人口数量与地区生产总值见表2-9-2和图2-9-2。

表 2-9-2　2022 年溧阳市各辖镇（街道）人口数量与地区生产总值

镇/街道	地理位置	人口数量/万人	地区生产总值/万元
昆仑街道	溧阳市中部	9.90	3792876
溧城街道	溧阳市东部，市政府	18.20	3058109
古县街道	溧阳市南部	8.02	950438
埭头镇	溧阳市区东北郊	2.65	503144
上黄镇	溧阳市东北部	2.65	477035
戴埠镇	苏、浙、皖三省交界处	3.82	549768
天目湖镇	溧阳市南部，北距市区 8 公里	7.80	523610
别桥镇	溧阳市北部，东濒长荡湖	7.14	771761
上兴镇	溧阳市西北部	7.30	955005
竹箦镇	溧阳市西北部	6.60	535901
南渡镇	溧阳市地理中心	6.98	704357
社渚镇	溧阳三大古镇之一，溧阳市西南部，苏皖门户重镇	7.60	1339872

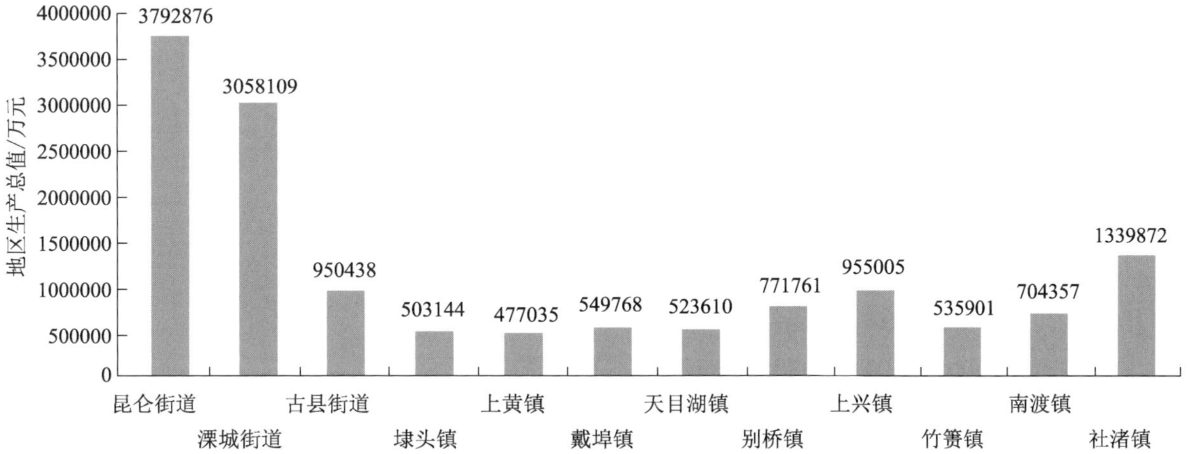

图 2-9-2　2022 年溧阳市各辖镇（街道）地区生产总值

财政收支。2022年，全市税收收入完成676061万元，非税收入完成134856万元。全市一般公共预算支出完成1276655万元。

2022年溧阳市一般公共预算及其增长速度见表2-9-3。

表2-9-3　2022年溧阳市一般公共预算及其增长速度

指标	绝对数/万元	比上年增长/%
一般公共预算收入	810917	6.00
# 税收收入	676061	4.30
非税收收入	134856	8.20
一般公共预算支出	1276655	13.00
# 一般公共服务	121548	-0.50
教育	251382	8.36
科技	66943	104.09
社会保障和就业	170149	10.09
医疗卫生	152341	34.10
环境保护	24943	74.05

物价指数。消费价格基本稳定，工业生产者价格涨幅回落。全年居民消费价格指数累计上涨1.9%。分类别看，食品烟酒类上涨2.2%，衣着类上涨0.6%，居住类上涨0.7%，生活用品及服务类上涨2.6%，交通和通信类上涨5.2%，教育文化和娱乐类上涨0.9%，医疗保健类上涨1.1%，其他用品和服务类上涨2.8%（表2-9-4）。全年工业生产者出厂价格指数累计上涨1.6%，12月份同比下降3.2%；工业生产者购进价格累计上涨3.6%，12月份同比下降1.6%。

表2-9-4　2022年溧阳市消费价格指数及其增长速度

指标	价格指数	比上年增长/%
居民消费价格总指数	101.9	1.9
# 食品烟酒	102.2	2.2
衣着	100.6	0.6
居住	100.7	0.7
生活用品及服务	102.6	2.6
交通和通信	105.2	5.2
教育文化和娱乐	100.9	0.9
医疗保健	101.1	1.1
其他用品和服务	102.8	2.8

固定资产投资。2022年，溧阳市固定资产投资增长10.1%。其中工业投资增长15.9%，服务业投资增长0.6%。5000万元以上项目投资额占比95.5%，高技术投资占比24.9%。计划总投资10亿元以上项目（不含房地产）63个，增长14.5%，完成投资增长17.8%，占固定资产投资额比重46.5%。

二、农林牧渔业

2022年，溧阳市实现农林牧渔业总产值97.78亿元，增长4.6%。其中农业53.52亿元，林业2.49亿元，牧业3.66亿元，渔业30亿元，农林牧渔服务业8.12亿元。实现农林牧渔业增加值62.86亿元，按可比价计算增长3.5%。其中农业39.12亿元，林业0.93亿元，牧业1.51亿元，渔业15.92亿元，农林牧渔服务业5.38亿元。全年粮食播种面积82.66万亩，粮食总产量40.92万吨。全市农机总动力58.58万千瓦，农机专业合作社185家。

三、工业和建筑业

2022年，溧阳市实现利税总额249.39亿元，增长1.9%；利润总额199.52亿元，增长6.8%。其中规模以上工业总产值2905.49亿元，增长32.8%；营业收入3346.74亿元，增长40.5%。

全年新增制造业单项冠军企业（产品）3家，国家级专精特新“小巨人”企业4家，省级专精特新中小企业55家，净增规模以上工业企业104家。

拥有建筑业资质企业644家，其中特级企业2家，一级企业66家，二级企业283家。全年完成施工总产值达1112.3亿元，下降1%。

房地产施工面积442.13万平方米，下降18.8%；新开工面积60.71万平方米，下降68%；商品房销售面积84.4万平方米，下降26.8%；实现销售额82.2亿元，下降29.8%；房屋待售面积40.56万平方米，下降15.1%。

2022年溧阳市工业企业主要产品产量及其增长速度见表2-9-5，工业总产值领先企业见表2-9-6。

表2-9-5　2022年溧阳市工业企业主要产品产量及其增长速度

产品名称	单位	产量	比上年增长/%
水泥	万吨	2177.0	-1.6
水泥熟料	万吨	1913.3	-0.2
石灰石	万吨	3363.4	-9.3
电力电缆	万千米	198.4	53.4
钢材	万吨	223.5	24.4
服装	万件	2258.5	-13.5
啤酒	千升	195736.0	29.0
变压器	万千伏安	11293.4	19.1
锂电子电池	万只（自然只）	20956.3	174.3
充电桩	个	5706.0	146.2

表2-9-6　2022年溧阳市工业总产值领先企业

企业名称	主营行业	总部属地	营业收入/亿元
江苏金峰水泥集团有限公司	水泥建材、房地产	社渚镇	432.56
江苏国强镀锌实业有限公司	金属表面处理及热处理加工	上兴镇	312.14
江苏上上电缆集团有限公司	电线电缆专业性生产	溧城街道	304.17
苏华建设集团有限公司	建筑工程施工总承包，机电工程施工总承包	溧城街道	130.34
江苏瑞昕金属制品科技有限公司	金属制品	南渡镇	110.50
江苏天目建设集团有限公司	建筑工程施工总承包	天目湖镇	72.55
龙海建设集团有限公司	建筑工程施工总承包	天目湖镇	77.41
江苏华鹏变压器有限公司	变压器电气	昆仑街道	45.50
江苏正昌集团有限公司	饲料机械加工设备和整厂工程制造商	昆仑街道	28.50
江苏时代新能源	蓄电池	昆仑街道	19.71

四、服务业

国内贸易。2022 年，溧阳市实现社会消费品零售总额 379.88 亿元，下降 2.3%。其中限额以上社会消费品零售总额 96.06 亿元，下降 7.7%。分行业看，限额以上批发和零售业实现社会消费品零售总额 87.09 亿元，下降 6.1%；限额以上住宿和餐饮业实现社会消费品零售总额 8.97 亿元，下降 20.1%。

交通运输和邮电。2022 年，溧阳市完成新改建农村公路 295 公里，桥梁改造 65 座，农村公路安全生命防护工程 1065 公里，超额完成省政府下达的民生实事重点任务目标，取得了实实在在的成效。

旅游业。2022 年，溧阳市接待游客 2065.52 万人次，增长 10.9%，恢复到 2019 年的 98% 以上；实现旅游总收入 254.54 亿元，同比增长 11%，恢复到 2019 年的 98.2%。

金融、保险和证券。全辖金融机构本外币各项存款余额 2165.97 亿元，比年初增加 433.77 亿元，增长 25%；其中住户存款 1076.32 亿元，比年初增加 197.16 亿元，增长 22.4%。全辖金融机构本外币各项贷款余额 1614.29 亿元，比年初增加 288.52 亿元，增长 21.8%。年末共有银行 20 家，小贷公司 13 家，证券公司 5 家，保险公司 43 家。全年保费收入 23.68 亿元，增长 3.2%。

房地产业。2022 年，溧阳市拥有建筑业资质企业 644 家，其中特级企业 2 家，一级企业 66 家，二级企业 283 家。全年完成施工总产值达 1112.3 亿元，下降 1%。

2022 年，溧阳市房地产施工面积 442.13 万平方米，下降 18.8%；新开工面积 60.71 万平方米，下降 68%；商品房销售面积 84.4 万平方米，下降 26.8%；实现销售额 82.2 亿元，下降 29.8%；房屋待售面积 40.56 万平方米，下降 15.1%。

第二节　社会发展基本情况

一、人口和人民生活

2022 年，溧阳市户籍人口 78.19 万人，总户数 27.03 万户。年内出生 3754 人，人口出生率为 4.79‰，死亡人口 6513 人，死亡率为 8.311‰，户籍人口自然增长率为-3.521‰。男女性别比为 100.18。溧阳市常住人口 80.6 万人，其中城镇人口 52.07 万人，城镇化率 64.6%。

二、就业和社会保障

2022 年，溧阳市城镇新增就业人数 15600 人，城镇失业人员再就业 4020 人，就业困难人员再就业 2630 人，支持成功自主创业 4713 人，引领大学生创业人数 284 人，扶持农村劳动力自主创业 3992 人。城镇登记失业率 1.1%。

2022 年，溧阳市城镇职工基本养老、医疗和失业“三大保险”综合覆盖率均超 98%。城镇企业职工基本养老保险参保 21.24 万人，新增参保人数 1.62 万人，城乡居民养老参保 6.7 万人；职工基本医疗保险参保 30.33 万人（生育保险参保人数 18.54 万人），城乡居民基本医疗保险参保 45.22 万人；失业保险参保人数 15.39 万人；工伤保险参保 27.19 万人。全市共有农村特困对象 1773 人，其中集中供养 371 人、分散供养 1402 人。

三、教育和科技创新

2022 年，溧阳市拥有有效高新技术企业 242 家，高新技术产业产值增长 68.1%，占规模以上工业产值比重达 51.6%，较上年提升 12.8 个百分点。全市建成国家火炬特色产业基地 2 个，拥有省级以上“三站三中心”180 家，常州市级以上众创空间、孵化器、加速器 34 家。

2022 年，溧阳市共有各类学校 158 所，学生数 99583 人（含幼儿），专任教师 7603 人（含编外）。中学 34 所（完全中学 1 所），其中高中 7 所（含民办 1 所）、初中 27 所。初中在校生 19449 人，高中在校生 10995 人。小学 45 所，在校生 43963 人。特殊教育学校 1 所，学生 162 人。中专 2 所，在校生 4634 人。幼儿园 76 所，其中民办 23 所，在园幼儿 20542 人。另有青少年活动中心 1 所。

四、文化、卫生与体育

2022 年，溧阳市完成送书下乡 3 万册，送戏下乡 96 场，送电影下乡 3744 场，组织开展各类社会教育活动 80 场，公益培训 40 场。累计接待线下读者约 94.63 万人次，线上读者 12 万人次，外借图书 267575 册次，办理读者证 12402 张，开展阅读推广活动 30 余项共 110 余场次。建成 4 家“溧书房”。

2022 年，溧阳市现有各级各类医疗机构 307 家，其中市级以上公立医院 3 家，民营医院 11 家，乡镇卫生院 17 家，其他社会办医疗机构 79 家，村卫生室（含社区卫生服务站）180 家。溧阳市三级综合性医院 1 家。全系统卫健从业人员 4874 人，其中卫技人员 4143 人，每千常住人口执业（助理）医师数 3.02 人，每万常住人口全科医生数 8.37 人，每千常住人口医疗卫生机构床位数 5.64 张。

成功举办 2022 中国国际标准舞（体育舞蹈）青少年锦标赛。改扩建体育公园 1 个、笼式篮球场 12 片，新建健身步道 6 公里，更新公共健身场所 30 个，全市城市公园、绿地配建体育设施达 100%。

五、城乡建设

2022 年，实施公共服务拓展工程，推进“电动溧阳”建设。建设市儿童青少年视力健康科普中心。实施城镇供水提质增效工程。

实施文旅融合深化工程，挖掘溧阳历史文化元素，对城区内红旗水厂、书院巷、费家巷等区域历史古街区进行改造提升，打造新型文旅聚集地。落实景区惠民，免费为溧阳市民办理天目湖山水园和南山竹海两大核心景区年卡。

实施交通设施优化工程，实施通镇村公交道路“黑色化”改造。打通城市“断头路”，完成码头街西延伸、西后街西延伸建设。拓展区域路网，新建 341 省道竹箦段改扩建工程二期、石街头至汤桥互通、社梅合作先导区连接线。

实施城乡环境美化工程，新建市建筑垃圾转运综合体。扮靓城区河道，整治提升湾溪河、城中河、护城河、北环河、燕山河 5 条河道。

实施城市品质跃升工程，深化老旧小区整治，对美景天城、业丰家园、阳光巴黎、中央花园、中央华庭、燕山美林、屏峰花园、清溪花园、古道巷、荷花新村、南安新村、平陵东苑等 12 个老旧小区实施提升改造。

六、生态建设

2022 年，溧阳市 $PM_{2.5}$ 为 32.9 微克/立方米，空气质量优良天数比例为 80.3%。10 个国省控考核断面优Ⅲ比例达 100%，其中大溪水库湖心、沙河水库库中等 5 个断面达到Ⅱ类标准。完成湿地修复 500 亩，新增造林 727 亩、封山育林 3000 亩、低效林改造 1500 亩。

2022 年，溧阳市规模以上工业企业综合能源消费量 373.59 万吨标准煤，在规模以上工业产值增长 32.8%的情况下，能耗下降 10.96%。规模以上工业产值能耗为 0.1286 吨标准煤/万元，下降 34.7%。

第三节　2022 年主要工作

一、坚持强实体、促转型，全力以赴稳增长，打造产业发展新高地

项目引建提质增效。深化招商引资“月通报、夺红旗”活动，建立项目集体会审制度，全年通过会审签约亿元以上项目 66 个，其中百亿元项目 1 个，30 亿元以上项目 2 个，10 亿元以上项目 21 个。优化产业项目全流程服务管理，7 个省级重大项目完成年度投资计划的 125.4%；新入库常州市重大项目 13 个，新开工项目 12 个，38 个常州市重大项目完成年度投资计划的 122.8%。时代上汽二期、德龙高端不锈钢、金鹰莱赛尔、长盈精密

等重大项目稳步投产。产业能级大幅跃升。动力电池产业集群入选国家中小企业特色产业集群公示名单。荣获国家级产业基地2个，入选全省首批制造业高质量发展示范区。时创科创板IPO过会。新增省级智能制造示范工厂2家，省工业互联网标杆工厂3家。开展旅游利民惠民活动，文旅复苏领跑常州，跑赢全省。创成省级文化和旅游消费示范单位、省文化和旅游产业融合发展示范区，“红色水西片区融合发展项目”获评省红色旅游融合发展示范项目，天目湖滨湖核心区获评省级夜间文化和旅游消费集聚区。天目湖旅游公司荣膺省长质量奖。建筑业完成施工总产值1200亿元、税收30亿元，分别增长7.9%和9.1%，摘得省级及以上优质工程16项。龙海、苏华和天力荣获省建筑业“双百强”。营商环境持续优化。千方百计助企纾困，减税降费超40亿元。“放管服”改革持续推进，“溧即办”政务服务不断优化，新政务服务中心正式启用。“巡纪联动”优化营商环境成效明显，政务服务管理省级标准化试点高分通过验收。入选省县级创新信用管理与服务试点。金融支持实体力度不断加大，开展“行长园区行”活动，新增制造业贷款79.04亿元，增长34.57%，增速高于常州平均12.26个百分点，增量、增速以及目标完成率均居常州前列。“两个健康”先行区创建稳步推进，市工商联获评全国“五好”标杆县级工商联。

二、坚持抓改革、谋创新，锲而不舍促发展，探索改革创新新路径

改革试点蹄疾步稳。县域新型城镇化、城乡融合发展试验区等试点有序推进，“践行‘两山’理念，推动生态发展”等3项经验入选全省现代化建设实践经验典型。农村宅基地改革试点获农业农村部通报表彰。整治“危污乱散低”企业和出清“困境企业”共计188家，盘活土地6244亩。获批新增建设用地3743.8亩。完成新一轮市属国企战略性重组。实施财政事权与支出责任划分改革，进一步理顺市镇财政分配关系。创新驱动成效明显。全社会研发经费占比达3.23%，认定高新技术企业88家、省级以上“三站三中心”及省级联创中心17家、常州市级工程技术研究中心19家。上上、安靠、金源获评国家级制造业单项冠军企业（产品），天目先导、铭丰电子等4家企业获评国家级专精特新“小巨人”企业。科华、兴锻荣获省科学技术奖。新增省级专精特新中小企业55家。实施新一轮“天目湖英才榜”三年行动计划，入选省“双创博士”5人、常州“龙城英才计划”双创人才34人。引进各类人才1.2万余人，对接产业工人3万余人，培养高技能人才1922人，每万名劳动者中高技能人才超1200人。载体功能有效增强。溧阳高新区实现省级高新区综合评价“四连冠”，入选省双碳科技成果转化基地。经开区工业总量再上新台阶，园区、景区、镇区联动发展愈发协调。毛明院士工作站获批，重庆大学智慧城市研究院、长三角物理研究中心入选省级新型研发机构，华朋等4家行业龙头与省产业技术研究院建立联合创新中心。南航天目湖校区南区启动建设。

三、坚持拓功能、重治理，城乡统筹抓建设，展现宜居城市新面貌

城市品质巩固提升。完成“三区三线”划定，推动全市乡镇控规编制全覆盖，启动编制“两湖”创新区溧阳片区概念规划。深化文明典范城市创建，城市长效管理稳居常州第一方阵。新增市镇精品街道14条，打造口袋公园20处。对城区247个产权地问题点位开展环境整治，拆除违建11.8万平方米。完成181个小区“飞线”充电和122处城区“空中缆线”整治。新增停车泊位3778个，电动车充电位1161个、新能源汽车充电桩338个。溧宁高速溧阳段建成通车，增设南渡、周城、社渚互通。实施芜申线溧阳城区段航道整治，溧阳港一期主体完工，焦尾琴隧道主体建成。新改建智能化公交站亭217个，省内率先开行省际毗邻公交。乡村振兴步伐加快。积极应对高温干旱，全力守稳“米袋子”“菜篮子”，建设高标准农田9000亩，主要粮食作物耕种收综合机械化水平达98%。入选全国休闲农业重点县公示名单。曹山现代农业产业示范园被认定为省级现代农业产业示范园，南渡镇入选国家农业产业强镇建设名单。戴埠镇创成全国乡村旅游重点镇。全市拥有省级以上乡村旅游重点村8家，位列全省第一。创成省级农村物流达标县。改造提升现代化宜居农房2440套，新增7个省特色田园乡村，总数达18

个，位居全省县（市、区）第二。生态建设扎实有效。深入打好污染防治攻坚战，严实推进中央环保督察反馈问题整改。完成152个入河（湖）排污口整治。天目湖镇获评“中国生态文明奖先进集体”。持续加强露天矿山环境综合整治，建成城区建筑垃圾转运中心和8座新型乡镇环卫综合体，全市垃圾分类集中处理率达93.2%。以$PM_{2.5}$与臭氧协同治理为重点，开展VOCs（Volatile Organic Compounds，一般挥发性有机物）“一企一策”综合治理，全市空气质量优良天数比例达80.3%，位居常州前列。

四、坚持增福祉、补短板，不遗余力惠民生，绘就幸福生活新画卷

民生保障更加温暖。打造“溧即助”社会救助品牌，发放各类救助资金1.6亿元，惠及困难群众1.6万余人。城乡低保标准提高到每人每月1000元，农村特困人员供养标准提高到每人每月1300元。积极推进市级特困人员供养中心建设，完成400户特殊困难家庭居家适老化改造。累计打造110间“梦想小屋”，为困境青少年点亮“微心愿”、实现“微幸福”。深入开展特殊困难群体救助帮扶和妇女儿童权益保障问题专项排查整治，完善严重精神障碍患者监护机制。全年棚户区改造开工5164套，保障性租赁住房开工6366套，人才公寓开工4299套，建成和在建既有住宅加装电梯31台。“省双拥模范城”实现八连冠。社会事业更加普惠。南师大实小实幼等9所新建、改扩建学校建成投用，新增学位5610个。高考再创佳绩，清华、北大共计录取5人。深入推进“双减”，课后服务提档升级，通过省义务教育优质均衡发展县现场评估。省人民医院溧阳分院成功入选全国首批“千县工程”医院，省中医院溧阳分院新院主体封顶，上沛等3家乡镇卫生院新建项目全面竣工，高标准农村卫生室实现行政村全覆盖。升级改造敬老院4家，新建如意小食堂（助餐点）41家。公共安全更加牢固。深入开展安全生产专项整治“三年大灶”，深入排查整治危化品、自建房、燃气等领域风险隐患，安全生产形势保持平稳。着力防范化解金融、房地产等领域风险，依法严厉打击非法集资、电信网络诈骗、养老诈骗等犯罪。全面推行“全科社工”服务模式，深化“百姓议事堂”等品牌建设。实施“精网微格”工程，开展“信访突出问题攻坚化解年”行动。市信访局获评“全国信访系统先进集体”，市司法局获评“全国司法行政系统先进集体”，竹箦派出所获评全国“枫桥式公安派出所”。成为全省首个创成全国法治政府建设示范市的县市，公众安全感稳居全省第一方阵。

第十章　常州金坛区经济社会发展情况

2022年是党的二十大胜利召开之年，也是新一届政府履职的开局之年。面对国内外多重风险挑战，金坛区高举习近平新时代中国特色社会主义思想伟大旗帜，系统贯彻“532”发展战略，扎实推进“五大行动”，“美丽常州新样板”建设迈出坚实步伐。

第一节　经济发展基本情况

一、综合概况

2022年，金坛区实现地区生产总值1216.4亿元，按可比价计算同比增长6.8%。其中第一产业增加值43.49亿元，增长5.5%；第二产业增加值669.2亿元，增长11.7%；第三产业增加值503.71亿元，增长1.4%。三次产业增加值比例为3.6∶55.0∶41.4。

2018—2022年金坛区地区生产总值及其增长速度、人均地区生产总值分别见图2-10-1和表2-10-1。

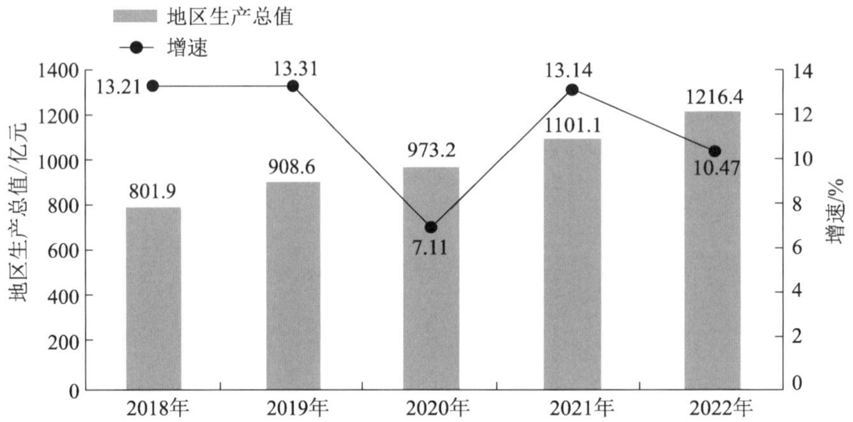

图2-10-1　2018—2022年金坛区地区生产总值及其增长速度

表2-10-1　2018—2022年金坛区地区生产总值

指标	2018年	2019年	2020年	2021年	2022年
地区生产总值/亿元	801.90	908.60	973.20	1101.10	1216.40
地区生产总值可比价增速/%	11.1	10.8	5.5	9.5	6.8
常住人口/万人	56.20	56.40	58.50	59.30	59.50
人均地区生产总值/万元	14.27	16.11	16.64	18.57	20.44

乡镇经济发展。金坛区隶属于江苏省常州市，地处江苏省南部，为宁（南京）、沪（上海）、杭（杭州）地理中心，总面积 975.46 平方公里。金坛区属北亚热带季风性湿润气候，四季分明，日照充足，雨量充沛，无霜期长。截至 2022 年 12 月，金坛区下辖 3 个街道、6 个镇、37 个居委会和 92 个村委会，区人民政府驻西城街道。

2022 年金坛区各辖镇（街道）人口数量与地区生产总值见表 2-10-2 和图 2-10-2。

表 2-10-2　2022 年金坛区各辖镇（街道）人口数量与地区生产总值

镇/街道	地理位置	人口数量/万人	地区生产总值/亿元
东城街道（经济开发区）	地处金坛城区东部，北与丹阳市导墅镇毗邻，东与丹阳市皇塘镇毗邻，南与尧塘街道（金武快速路）接壤，西与西城街道（东环二路）接壤。行政区域面积 74.49 平方公里，下辖行政村（社区）21 个	12.29	430.96
西城街道	金坛区政府所在地。街道总面积 74.97 平方公里，西依北靠金城镇，东接开发区，南连指前镇，下辖 6 个行政村、16 个社区居委会	10.50	84.91
尧塘街道（华罗庚高新区）	地处金坛区东南，隶属于江苏省金坛经济开发区，东邻武进，南望宜兴，北接丹阳	7.15	208.63
金城镇	地处金坛区中部，东邻尧塘镇，南濒长荡湖，西南连指前镇，西接朱林镇、直溪镇。行政区域面积 92.8 平方公里	12.50	97.77
儒林镇	地处金坛区东南，东连武进区湟里镇，南邻宜兴市新建镇，西南接溧阳市上黄镇，西濒长荡湖，北接尧塘镇，行政区域面积 105 平方公里	2.29	79.03
直溪镇	地处金坛区西北，东连金城镇，南邻朱林镇，西接薛埠镇，北接镇江市丹徒区延陵镇，行政区域面积 106.52 平方公里	5.80	101.90
朱林镇	地处金坛区西部，东邻金城镇，南连指前镇，西接薛埠镇，北接直溪镇，行政区域面积 46.68 平方公里	3.65	58.45
薛埠镇（茅山旅游度假区）	地处金坛区、溧阳市、句容市和丹徒区交界处，为全国重点镇、常州的西大门，也是苏锡常都市圈与南京都市圈交界处的节点区域，东邻直溪镇、指前镇，南连溧阳市后周镇，西接镇江市句容市茅山镇，北接镇江市丹阳市延陵镇，行政区域面积 234.7 平方公里	6.62	79.31
指前镇	地处金坛区西南，东濒长荡湖，南连溧阳市别桥镇，西南界溧阳市竹箦镇，西邻薛埠镇，北接金城镇、朱林镇，行政区域面积 105.14 平方公里	3.50	54.92

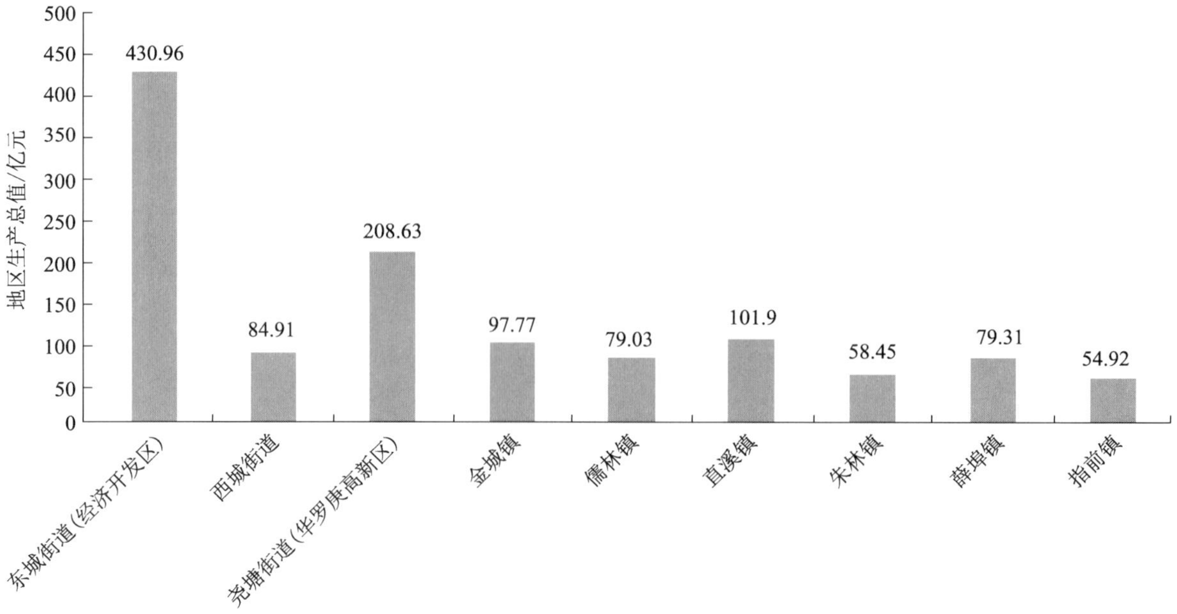

图 2-10-2　2022 年金坛区各辖镇（街道）地区生产总值

财政收支。2022 年，金坛区实现一般公共预算收入 51.27 亿元，扣除留抵退税后增长 5%。税收收入 41.03 亿元，占一般公共预算收入的比重为 80%。其中个人所得税 4.87 亿元，增长 55.8%；企业所得税 7.43 亿元，增长 10.4%；增值税 5.54 亿元，下降 62.2%。

2022 年度全年实现一般公共预算支出 90.48 亿元，增长 0.3%，其中教育、卫生健康、住房保障等民生支出分别为 13.98 亿元、10.42 亿元和 8.6 亿元，分别增长 6.5%、14.9%和 49.8%。

2022 年金坛区一般公共预算及其增长速度见表 2-10-3。

表 2-10-3　2022 年金坛区一般公共预算及其增长速度

指标	绝对数/亿元	比上年增长/%
一般公共预算收入	51.27	5.0
# 税收收入	41.03	6.1
非税收收入	10.24	-1.2
一般公共预算支出	90.48	0.3
# 一般公共服务	8.17	10.0
教育	13.98	6.5
卫生健康	10.42	14.9
住房保障	8.60	49.8

物价指数。2022 年度消费价格基本稳定，市场价格总体走势平稳。成品粮价格稳中微涨，食用油价格环比不变，成品油和液化石油气价格上升，肉蛋价格下滑，水产价格上涨，蔬菜价格涨跌互现。具体价格指数及其增长速度见表 2-10-4。

表 2-10-4　2022 年金坛区价格指数及其增长速度

指标	价格指数	比上年增长/%
居民消费价格总指数	101.9	1.9
# 食品烟酒	102.2	2.2
衣着	100.6	0.6
居住	100.7	0.7
生活用品及服务	102.6	2.6
交通和通信	105.2	5.2
教育文化和娱乐	100.9	0.9
医疗保健	101.1	1.1
其他用品和服务	102.8	2.8

固定资产投资。2022 年，金坛区全社会固定资产投资额增长 8.2%。高技术产业投资发展形势迅猛，完成投资额增长 75.5%。计划投资亿元及以上的项目完成投资额增长 23.2%。其中计划总投资 5000 万元以上的项目数量增长 14.1%，完成投资额增长 20.6%。装卸搬运和仓储业、黑色金属冶炼和压延加工业、软件和信息技术服务业 3 个行业发展速度较快，分别增长 753.3%、686.3% 和 404.1%。

工业投资引领发展。第二产业完成投资增长 18.8%，比全部投资高出 10.6 个百分点，占全部投资比重为 53.4%。其中技改投入完成额增长 27.9%，设备工器具投入增长 9.5%。中创新航三期四期、蜂巢能源三期、恩捷隔膜和当升科技锂电池等项目不断加快资金投入，为全区工业投资的高速增长提供了重要支撑。

招商引资积蓄发展。全年累计签约引进工业项目 138 个，协议投资总额超 600 亿元。其中新增供地项目 24 个，协议投资总额 394.36 亿元；外资项目 17 个，协议投资总额 7.2 亿美元；累计签约引进超 10 亿元或 1 亿美元项目 16 个，超 30 亿元或 3 亿美元项目 3 个，超 50 亿元项目 1 个，超 100 亿元项目 1 个。

二、农林牧渔业

2022 年，金坛区农业生产稳中有增。全年实现农林牧渔业总产值 79.76 亿元，增长 6.3%；实现农林牧渔业增加值 49.25 亿元，按可比价计算，增长 5.1%。全年粮食总产量 17.24 万吨，较上年增加 1648 吨。其中夏粮总产量 4.34 万吨，较上年增加 3383 吨；秋粮总产量 12.9 万吨，较上年减少 1735 吨。2022 年金坛区主要农产品产量及其增长速度见表 2-10-5。

现代农业提档升级。全区粮食生产全程机械化水平达 97.05%，特色农业机械化率达 68%，位居全市前列。新建市级特色农机示范基地 5 个、集中育供秧及全程机械化示范基地 8 个，完成 2 家“全程机械化+综合农事”服务中心建设，2 家特色农机示范基地分别荣获“省级畜禽养殖全程机械化标杆基地”和“省级水产养殖全程机械化标杆基地”称号。

表 2-10-5　2022 年金坛区主要农产品产量及其增长速度

产品名称	产量/万吨	比上年增长/%
粮食	17.24	0.96
油料	0.35	-63.10
# 油菜籽	0.30	-66.20
花生	0.03	-13.80

续表

产品名称	产量/万吨	比上年增长/%
肉类总产量	3.09	-10.90
水产品	3.42	-1.40

三、工业和建筑业

工业发展增势强劲。全年实现规模以上工业总产值1970.63亿元，增长28.4%，其中高新技术产业产值1366.28亿元，增长54.9%，占规模以上工业的比重为69.3%。全年实现规模以上工业增加值553.89亿元，按可比价计算，增长22.4%。

主导产业支撑明显。全年规模以上七大支柱产业实现产值1925.81亿元，增长28.4%。“两新”动能加快壮大，高新技术产业产值1366.28亿元，增长54.9%；战略性新兴产业产值1185.02亿元，增长65.9%。“五新产业”发展呈蓬勃之势，其中新能源汽车产业表现最为亮眼，尤其是动力电池子产业，全年动力电池产业实现产值571.65亿元，增长121.7%，对规模以上工业产值增长的贡献率达71.9%，拉动规模以上工业产值增长20.5个百分点，是全区工业经济高速发展的主要引擎。

2022年金坛区工业总产值代表性企业见表2-10-6。

表2-10-6　2022年金坛区工业总产值代表性企业

企业名称	主营行业	总部属地	营业收入/亿元
中创新航	动力电池领域	东城街道	166.38
蜂巢能源	动力电池领域	常州金坛	125.80
当升科技	光伏	常州金坛	83.91
亿晶光电	光伏	西城街道	106.21
东方日升	光伏	直溪镇	59.27
江苏金升控股有限公司	高端智能制造	常州金坛	51.16
中盐金坛盐化有限责任公司	化工	常州金坛	13.08
健尔康	医疗	直溪镇	10.78

四、服务业

国内贸易。2022年，金坛区实现消费市场稳步复苏。全区限额以上单位批零住餐四行业实现销售（营业）额428.83亿元，增长12%，增幅位列全市第一。限额以上批发业拉动作用明显，实现销售额382.43亿元，增长19.9%。限额以上金属材料类、煤炭及制品类、石油及制品类销售额同比增长较快。实现社会消费品零售总额265.28亿元。

交通运输和邮电。2022年，金坛区交通运能持续改善。全年实现交通基础设施投资15.04亿元。全区公路总里程达1161公里，航道总里程达300公里。全年公路客运量906万人次；交通部门货运量3669万吨，其中公路货运量2549万吨，水路货运量1120万吨。交通部门货物周转量531698万吨公里。港口吞吐量97万吨，内河港口吞吐量1042万吨，船舶总吨位42万吨，全社会船舶拥有量618艘，公共汽（电）车客运总量569.4万人次。

旅游业。2022年，金坛区旅游产业多点开花。承接常州文旅中轴建设，以打造长三角休闲度假中心“最美窗口”为中心，在文旅融合上开拓创新。有序推进茅山旅游综合开发、原丘生态农业、美池凯莱温泉度假酒店等项目建设。承办第十三届江苏省乡村旅游节，推动薛埠镇创成首批全国乡村旅游重点镇，持续完善金坛全域旅游服务体系。

金融、保险和证券。2022年，金坛区金融市场稳中有进。年末金融机构人民币各项存款余额

1742.01亿元，较年初增加232.63亿元，增长15.4%。其中住户存款687.77亿元，较年初增长22.2%；单位存款1054.24亿元，较年初增长11.4%。金融机构人民币各项贷款余额1580.16亿元，较年初增加369.75亿元，增长30.6%。其中短期贷款517.42亿元，较年初增长19.2%；中长期贷款1022.46亿元，较年初增长33.2%。详见表2-10-7。

表2-10-7　2022年金坛区金融机构人民币存贷款情况

指标	绝对数/亿元	比年初增减额/亿元
金融机构人民币存款金额	1742.01	232.63
# 住户存款	687.77	124.95
非金融企业存款	920.19	106.02
金融机构人民币贷款余额	1580.16	369.75
# 短期贷款	517.42	83.34
中长期贷款	1022.46	254.95

房地产业。全区房地产项目完成投资101.18亿元，同比下降17.76%。全区商品房销售面积121.85万平方米，下降27.12%；其中住宅销售面积95.18万平方米，下降35.74%。商品房销售额79.73亿元，下降55.77%；其中住宅销售额65.18亿元，下降61.58%。

建筑领域低位运行。受疫情和行业发展不景气影响，全区建筑业发展遭受较大压力。全年完成建筑业总产值371.94亿元，下降13.6%。特级、一级资质企业在推动建筑业发展中发挥重要作用，以江苏城东建筑工程有限公司为首的特级资质企业以及全区45家一级资质企业全年共实现建筑业总产值326.72亿元，占全区建筑业总产值的87.8%；签订合同额439.46亿元，占全区签订合同额的89.1%，其中本年新签合同额255.39亿元，占全区本年新签合同额的87.8%。

第二节　社会发展基本情况

一、人口和人民生活

2022年，金坛区人口规模略有上升。年末常住人口59.46万人，其中城镇人口39.92万人，城镇化率达到67.13%，比上年末提高0.65个百分点。年末户籍人口53.96万人，其中男性26.56万人，女性27.39万人，男女性别比为97∶100。户籍人口出生率4.22‰，人口死亡率8.83‰，人口自然增长率为-4.61‰。

城乡收入稳步提高。全年全体居民人均可支配收入53546元，同比增长5%，其中城镇居民人均可支配收入65120元，农村居民人均可支配收入35776元，同比分别增长4.5%和5.9%，农村居民收入增幅高出城镇居民1.4个百分点，城乡居民收入差距不断缩小。

二、就业和社会保障

2022年，金坛区民生工程有序推进。全年实现一般公共预算支出90.48亿元，增长0.3%，其中教育、卫生健康、住房保障等民生支出分别为13.98亿元、10.42亿元和8.6亿元，分别增长6.5%、14.9%和49.8%。改造提升春风一村、虹桥新村、古石林小区等11个老旧小区，共惠及278幢、7370户居民，面积71万平方米，以“综合改一次为目标”延伸完善“一老一小”、充电桩等配套服务，累计增设105个电动自行车车棚、1650个充电端口，成立老旧小区改造党建联盟，发布“金砖映红·旧改赋能”党建品牌。

2022年，金坛区社会保障更趋协调。实施社保费缓缴及普惠性失业保险稳岗返还、留工扩岗等一系列稳就业政策。累计发放稳岗返还、留工培训、扩岗补助9680余万元，惠及企业10893家，免征失业保险费8836余万元，帮助市场主体稳岗留工。发放失业保险金及就业困难人员灵活就业社保补贴1.09亿元，实现就业困难人员就业3923人。分类施策推进中小企业职工、农民工、灵活就业人员、新业态从业人员等群体参保，全区企业职工养老保险净增参保11192人，企业职工养老保险基金征缴收入21.95亿元，完成养老待遇资格认证19.3万名。

三、教育和科技创新

2022年，金坛区教育工作提质增效。金坛区编制全区教育设施布局规划，全面提升区域教育资源配置的科学性和契合性。全区教育财政总投入39.29亿元，较上年增加28.7%。年末拥有各级各类学校108所，在校学生71119人，专任教师5516人。全年共交流教师414人，其中骨干教师161人。拥有各级幼小衔接试点园校26所，成功创建市“新优质”学校2所、省优质园3所，新增省基础教育前瞻性项目1项、市级内涵发展项目11项，省教学成果奖3项、省市规划课题39项，成功举办华罗庚中学建校100周年高品质发展大会。

四、文化、卫生与体育

2022年，金坛区文化事业繁荣发展。年末拥有综合性图书馆1座，藏书71.7万册，接待读者30.8万人次。通过文化元素赋能全域旅游，以江苏省儿童艺术剧院（华罗庚艺术团）为依托，推动精品现代儿童剧创作。推动非遗传承，完成非遗研学馆和非遗展示馆建设，积极推动非遗进景区。开展文物保护，建设三星村遗址公园，建立社科院考古研究所金坛工作站，完成三星村遗址四至范围的考古调查勘探，提升金坛文旅的历史底蕴。

2022年，金坛区医疗服务保障有力。年末拥有各类医疗卫生机构233家，其中区属医院2家、卫生院11家、城市社区服务中心2家、民营医院8家；拥有卫生技术人员3931人，其中执业（助理）医师1737人，注册护士1987人；新增市级中医重点临床专科2个，省级基层特色科室建设单位1个，市级基层特色科室6个。区第一人民医院院府合作成效初显，升格为三级乙等综合医院；区中医医院与江苏省第二中医院签订专科联盟框架协议；区妇幼保健院与常州市第二人民医院共建医联体。

2022年，金坛区体育事业稳步发展。以自行车元素串联全区文化旅游资源，举办中国山地自行车公开赛（常州·金坛站），加速推动全民健身场地设施建设，为争创“国际自行车慢城之都”打下良好基础。

五、城乡建设

2022年，金坛区基础设施逐步完善。金坛高铁枢纽7条配套道路基本完成，匝道桥正在进行上部结构施工；钱资新城路网完善5条道路均已完工；完成人民医院东门、吾悦广场周边、市民中心周边等市政道路交通安全隐患整治工作。

六、生态建设

2022年，金坛区生态环境不断优化。大气环境质量方面，全区$PM_{2.5}$平均浓度为33微克/立方米，下降2.9%，连续2年达到国家二级标准；空气质量优良天数为286天，优良天数比例为78.4%。水环境质量方面，11个国考、省考断面优Ⅲ率为90.9%，连续5年均达到考核要求，其中长荡湖心断面总磷、氨氮分别下降18.2%、14.9%。

第三节　2022年主要工作

金坛区抢抓新一轮高质量发展最好的“时与势”，坚决扛起“两湖”创新区主战场重任，一体推进“三城”建设，河海大学常州新校区、金坛高铁枢纽等一批标志性工程提速推进，空间格局顺势打开，城市能级全面提升。美丽金坛新画卷积极践行“绿水青山就是金山银山”理念，坚持生态优先、绿色发展，推动山水林田湖草一体化保护和系统治理，金坛的天更蓝、山更绿、水更清，城市知名度、美誉度和影响力持续攀高。一年来，金坛书写民生福祉新答卷，坚持把老百姓的“关键小事”当作政府的“头等大事”，围绕人大代表票决的16件民生实事项目，持续加大对教育、医疗、养老等社会事业的投入，加快补齐基本公共服务短板，人民群众获得感、幸福感、安全感不断增强。金坛展现担当作为新气象。大力弘扬“自强不息、勇攀高峰、甘为人梯、家国情怀”的华罗庚精神，广大党员干部苦干实干、敢为善为，全区上下政通人和、团结一心，汇聚起干事创业、奋力拼搏的强大能量。

一、攻坚重大项目，综合实力全面增强

坚持“项目为王”，狠抓重大产业项目，持续开展攻坚突破行动，全力扩大有效投资。成功举办高工锂电产业峰会、2022“对话德国”、乡贤大会等活动，蜂巢能源四期、华耀光电等一批重大项目落户金坛。新增开票销售超100亿元企业3家、纳税超亿元企业13家，创历史新高。创健医疗、赛尔交通、鹿山新材料获评国家专精特新“小巨人”企业。经开区、中创新航获“江苏制造突出贡献奖”。强化重大项目建设，完成工业投资超200亿元，贝特瑞正极材料、恩捷隔膜等36个省市重大项目顺利推进，中创新航三期、卡迈锡等9个省市重大项目竣工投产。“532”发展战略、“两湖”创新区重点项目完成年度目标。世界首个非补燃压缩空气储能电站——金坛盐穴压缩空气储能国家试验示范项目一号机组并网投运。推动助企纾困政策直达快享，落实组合式税费新政44.5亿元，其中办理增值税留抵退税36.8亿元，为各类中小企业缓交税费6.1亿元。全面深化“放管服”改革，系统打造“金钥匙”政务服务品牌。巩固提升“一网通办”“一件事一次办”等改革成效，最大限度压缩办理时限，精测智能装备、兴禾智能装备等一批项目实现“拿地即开工”。

二、创新微笑经济，新旧动能接续转换

深入实施创新驱动发展战略，精心培育“微笑园区”“微笑平台”“微笑企业”。加快建设华罗庚创新中心、中德城镇节能示范园区等平台载体，华大工程生物学长荡湖研究所建成投用，新增永臻科技等省级以上企业研发机构7家。强化企业创新主体地位，净增高新技术企业58家，认定科技型中小企业330家，蜂巢能源、厚生新能源等7家企业跻身省（潜在）独角兽企业，汤姆森智能装备、易控汽车电子等53家企业获评瞪羚企业。新增省智能制造示范工厂2家、省智能制造示范车间9家。全面深化与河海大学、省产业技术研究院等大学大院大所合作，成立河海大学金坛华罗庚技术转移中心。参与制定国家标准、行业标准28项，创历史新高。优化升级“金礼遇·才无忧”高层次人才服务体系，发放人才金融服务卡1077张，入选省“333工程”8人、省“双创博士”5人。新建（筹集）人才公寓6467套，产业园区保障性租赁住房建设经验获住建部推广。新增股权融资超155亿元，新增上市报会企业5家、报辅导企业2家；中创新航在香港联交所主板上市交易，成为常州历史上最大IPO项目。

三、发展全域旅游，环境面貌焕然一新

坚持以全域旅游的理念、标准和举措创建一流环境，山水林田湖草生态保护修复经验做法获全省推广。全年$PM_{2.5}$浓度降至33微克/立方米，空气质量优良天数达286天，生态环境状况指数连续两年位居全市第一。通济南河整治等工程全面完工，儒林污水处理厂建成投用，完成白鹭湖景观提升、上阳公园绿地等工程。全面落实中央生态环保督察反馈问题整改。“五乱”治理工作大见成效，城乡环境短板加速补齐。“江东福地、乐道金坛”品牌持续叫响，第十三届江苏省乡村旅游节在金坛开幕，上阮美丽乡村开园，仙姑村获评中国美丽休闲乡村。全年接待游客达794.6万人次，旅游总收入达103.8亿元。成功举办中国山地自行车公开赛、全国公路自行车锦标赛，在第二十届省运会上勇夺金牌55枚。深入实施中华文明探源工程，完成三星村遗址考古勘探，《常州市三星村新石器时代遗址保护条例》被列为市人大立法调研项目。高标准推进全国文明典范城市创建，建成区新时代文明实践中心，全新推出城市形象视觉识别系统和外宣用语。儿童剧《野蜂飞舞》荣获省“五个一工程”奖。

四、做强城市能级，功能品质加速蝶变

深入推进常金同城化、城乡一体化，启动“两湖”创新区金坛组团封闭运作，全力打造“生态创新区、未来科创城”。“多规合一”国土空间总体规划通过审议，“三区三线”划定成果正式启用。新增空间规模指标3879亩，新增建设用地指标2987亩。南沿江城际铁路金坛段完成铺轨，金坛站房内饰工程加快推进。城乡公交一体化改革稳步实施，常金公交88路正式开通。开辟金坛至上海洋山港河海直达航线，“汉唐金坛”集装箱船正式下水。金沙科技金融中心建成投用，万豪国际酒店、万枫酒店、亚朵酒店开业运营。河海大学常州新校区完成单体建筑验收，教职工住宅全部封顶。新建改造市政雨污水管网20.5公里，改造提升春风一村、古石林等老旧小区11个，河滨（北戴）小区创成省级宜居示范居住区。虹桥、南门学苑等8处口袋公园竣工投用。打造南环一路、南门大街等11条精品街道。隆重举行华罗庚中学建校100周年高品质发展大会，推行基础教育集团化办学，创成省级义务教育优质均衡发展区。“院府合作”成果显现，第一人民医院升格为三级乙等综合医院，中医医院完成整体搬迁改造，妇幼保健院与常州二院共建医联体。城区“15分钟医保服务圈”基本形成。城乡居民基础养老金标准提高至391元/月，被征地农民养老补助金提高至816元/月。建成区级人力资源产业园，扶持创业2000人以上。

五、促进城乡融合，乡村振兴全面推进

严防耕地“非农化”“非粮化”，建成高标准农田7000亩，实现粮食生产面积36.4万亩，获评省夏粮生产贡献突出单位。全力推动国家农业科技园区实体化运作，省级现代农业产业高质量发展示范园获批建设，薛埠镇、指前镇通过中央农业产业强镇验收。池塘蟹虾养殖“金坛模式”获省标准创新贡献奖。全面深化国家城乡融合发展试验区建设，出台农村宅基地改革系列配套文件，稳妥有序推进农村集体经营性建设用地入市。探索资源禀赋和生态产品价值转换，整区屋顶分布式光伏开发试点稳步推进，《围绕“两水一茶”优势特色产业发展智慧农业》等3个典型案例获全省推广。加快建设新时代鱼米之乡，首个社会资本单体投资超10亿元的中天黄金大农场项目成功签约。新增区级以上示范家庭农场100家、示范合作社20家。农村居民人均可支配收入达3.6万元，增长6.6%，增幅继续高于城镇居民。农村人居环境整治纵深推进，打造幸福河湖48条，建成现代化宜居农房超1000套。金城镇获评省级生态宜居美丽乡村示范镇，东浦村创成省级特色田园乡村。

六、强化综合统筹，行政效能不断提升

健全区政府领导牵头专班工作机制，修订完善政府工作规则，邀请人大代表、政协委员列席区政府常务会议。自觉接受区人大及其常委会工作监督、法律监督和区政协民主监督，办理人大代表建议和政协委员提案366件。依托“12345”政务服务热线办理群众诉求17.3万件。牢固树立政府过“紧日子”思想，加强“三公”经费管理，一般性支出压减10%。抢抓政策机遇，全年向上争取各类资金18亿元。抓好省委涉粮问题专项巡视整改，推进综合行政执法体制改革，扎实做好规范性文件合法性审核，持续加大对重点领域、关键环节审计监督力度。深入推进安全生产“百日攻坚”行动，安全生产专项整治“三年大灶”圆满收官，生产安全事故起数和死亡人数实现“双下降”。扎实做好党的二十大维稳安保工作，深入开展“信访突出问题攻坚化解年”行动，全区群众安全感和政法队伍满意度分别达99.5%、98.4%，创历史新高，居全市第一。积极应对房地产市场下行压力，全力防范化解政府隐性债务。国企改革三年行动顺利收官，形成“2+3”区管国有企业体系。始终坚持人民至上、生命至上，严格执行第九版防控方案，扎实落实“二十条”“新十条”优化措施，科学精准做好疫情防控，有力保障人民群众生命安全和身体健康。此外，海关、气象、消防、烟草、融媒体、人民银行、住房公积金等部门认真履职，取得了新的成绩；史志侨台、人民武装、邮电通信、工会供销、妇女儿童、民族宗教、红十字会等单位扎实工作，作出了新的贡献。

第三篇

县域经济发展

第一章　南京市辖各区经济发展情况

第一节　江宁区 2022 年经济发展情况

面对复杂严峻的宏观环境和前所未有的风险挑战，全区上下坚持以习近平新时代中国特色社会主义思想为指导，以迎接党的二十大、学习宣传贯彻党的二十大精神为主线，认真落实国家、省、市各项决策部署，坚决扛起“争当表率、争做示范、走在前列”光荣使命，全面贯彻“疫情要防住、经济要稳住、发展要安全”重大要求，全区综合实力再攀新台阶，结构转型实现新突破，发展动能彰显新优势，生态环境持续改善，城市品质不断提升，民生福祉更有质感，为实现奋力谱写中国式现代化江宁新篇章目标迈出坚实步伐。

一、综合经济发展情况

2022 年江宁区综合经济发展情况见表 3-1-1。

表 3-1-1　2022 年江宁区综合经济发展情况

类别	指标	计量单位	绝对数	占比/%	比上年增长/%
经济总量	全区地区生产总值	亿元	3000. 55		2. 10
	其中：第一产业增加值	亿元	74. 69	2. 49	3. 20
	第二产业增加值	亿元	1659. 79	55. 32	5. 20
	第三产业增加值	亿元	1266. 07	42. 19	-1. 70
财政收支	一般公共预算收入	亿元	202. 96		-23. 50
	其中：税收收入	亿元	173. 65		-22. 90
	非税收收入	亿元	29. 31		-27. 10
	一般公共预算支出	亿元	251. 45		
	其中：民生领域	亿元	188. 60		
固定资产投资	全区固定资产投资	亿元	900. 93		2. 40
	其中：基础设施投资	亿元	94. 08		-20. 70
	工业投资	亿元	223. 66		2. 90
	其中：高新技术产业投资	亿元	161. 48		7. 40
	高技术制造业投资	亿元	131. 75		6. 10
	服务业投资	亿元	676. 99		0. 50
	房地产开发投资	亿元	333. 31		-12. 50
	建安投资	亿元	126. 37		-20. 60

续表

类别	指标	计量单位	绝对数	占比/%	比上年增长/%
固定资产投资	土地购置费	亿元	187.59		-6.70
	商品房销售额	亿元	359.08		-44.50
农业	实现农林牧渔业总产值	亿元	126.99		4.70
	其中：农业产值	亿元	80.23		3.70
	林业产值	亿元	3.72		4.30
	牧业产值	亿元	5.11		68.20
	渔业产值	亿元	26.39		-2.10
	农林牧渔专业及辅助性活动产值	亿元	11.55		11.20
	全年粮食种植面积	万亩	42.82		1.10
	全年粮食总产量	万吨	22.00		0.20
工业	全年规模以上工业增加值				5.10
	规模以上工业总产值	亿元	4003.40		7.00
	其中：计算机、通信和其他电子设备制造业				9.70
	电气机械和器材制造业				17.50
	新能源汽车				15.80
	新一代信息技术				13.50
	智能电网				9.60
	高端智能设备				6.80
	新型节能环保				4.90
	全年规模以上工业企业营业收入	亿元	4081.83		6.20
	利润总额	亿元	348.33		14.00
建筑业	全年实现建筑业增加值	亿元	248.57		0.20
	具有资质等级的总承包和专业承包建筑业企业完成建筑业总产值	亿元	718.06		5.80
	全年房屋施工面积	万平方米	2055.74		3.70
	竣工面积	万平方米	620.28		9.70
	建筑业企业签订合同额	亿元	1104.27		4.70
国内贸易	全年实现社会消费品零售总额	亿元	1033.05		0.10
	其中：限额以上社会消费品零售额	亿元	598.88		-3.40
	汽车类实现零售额	亿元	349.92		30.50
	其中：新能源汽车实现零售额	亿元	168.16		127.00
	日用品类实现零售额	亿元	35.33		-9.40
	全年实物商品网上零售额	亿元	269.82		54.10

续表

类别	指标	计量单位	绝对数	占比/%	比上年增长/%
交通运输业	全年公路和水路货物运输总量	万吨	3102.26		
	货物周转量	万吨公里	625254.27		
	公路旅客运输量	万人	227.21		
	公路旅客周转量	万人	5317.05		
	年末城市公共汽车运营线路网长度	公里	2782.80		3.10
旅游业	全年接待海内外旅游者	万人次	3437.20		
	实现旅游综合收入	亿元	286.10		
金融业	全年实现金融业增加值	亿元	95.91		6.60
	年末金融机构人民币存款余额	亿元	3654.30		11.00
	其中：住户存款	亿元	1780.40		23.50
	年末金融机构人民币贷款余额	亿元	3242.16		10.20
	年末拥有境内外上市企业	家	46		
开放型经济	全年实现外贸进出口总额	亿元	1658.20		8.70
	其中：出口总额	亿元	1214.10	73.22	1.90
	进口总额	亿元	444.10	26.78	33.20
	全年新设立外商投资企业	家	91		2.20
	实际利用外资	亿美元	9.36		-10.40
	合同使用外资	亿美元	12.23		51.90
	累计引入亿元以上签约项目	个	445		
	签约项目投资总额	亿元	3024.00		
人口	年末全区常住人口	万人	196.99		
	其中：城镇人口	万人	154.33		
	人口出生率	‰	6.42		
	人口死亡率	‰	3.11		
	人口自然增长率	‰	3.31		
	年末全区户籍总人口	万人	126.83		1.30
	其中：女性	万人	64.16		1.80
	暂住人口	万人	108.25		-3.40
就业	全年新增城镇就业	万人	2.97		
	全年新增大学生参保	万人	4.36		
	援助困难人员就业	万人	0.53		
	城镇失业人员就业	万人	2.56		
	全年培育自主创业	万人	1.04		
	其中：农民自主创业	万人	0.18		

续表

类别	指标	计量单位	绝对数	占比/%	比上年增长/%
人民生活	全年全体居民人均可支配收入	元	63010.00		4.40
	其中：工资性收入	元	44111.00		4.00
	经营性收入	元	5785.00		4.80
	财产净收入	元	5894.00		3.60
	转移净收入	元	7220.00		7.10
	城镇居民人均可支配收入	元	73786.00		3.90
	农村居民人均可支配收入	元	35367.00		5.90
环境保护	全年区域大气环境质量优良天数	天	278		
	$PM_{2.5}$ 年平均值	微克/立方米	27.10		-9.40
	全年降尘量均值	吨/（平方公里·月）	2.79		
	国有林场数目	个	3		
	涉林街道数目	个	9		
	林木总面积	万亩	73.86		
	林木覆盖率	%	31.90		
	高标准建设各类义务植树基地	个	5		
	更新绿化造林	亩	1164.00		

二、科技创新发展情况

2022 年江宁区科技创新发展情况见表 3-1-2。

表 3-1-2　2022 年江宁区科技创新发展情况

指标	计量单位	绝对数	比上年增长/%
全年专利授权量	件	21429	
其中：发明专利授权	件	7278	
有效发明专利	件	27476	
其中：高维持年限有效发明专利	件	2940	
全年完成技术合同成交额	亿元	158.86	23.00
当年新认定高新技术企业	家	310	
累计高新技术企业	家	2090	17.40

第二节　鼓楼区 2022 年经济发展情况

2022 年，全区上下在区委、区政府的坚强领导下，以习近平新时代中国特色社会主义思想为指导，认真全面贯彻党的二十大精神，坚决落实上级各项决策部署，坚持稳中求进工作总基调，高效统筹疫情防控和经济社会发展，持续强化各类政策协调配合，有效应对各项挑战，经济发展稳步前行。

综合经济发展情况

2022 年鼓楼区综合经济发展情况见表 3-1-3。

表 3-1-3 2022 年鼓楼区综合经济发展情况

类别	指标	计量单位	绝对数	占比/%	比上年增长/%
经济总量	全区地区生产总值	亿元	1953.94		1.50
	其中：第一产业增加值	亿元	0	0	0
	第二产业增加值	亿元	146.30	7.49	-0.90
	第三产业增加值	亿元	1807.64	92.51	1.70
财政收支	一般公共预算收入	亿元	174.18		4.70
	一般公共预算支出	亿元	123.37		7.80
固定资产投资	全区完成固定资产投资				0.20
	第二产业完成投资				-69.90
	其中：工业投资				-64.00
	第三产业完成投资				73.00
工业	全年规模以上工业总产值	亿元	271.61		28.60
	规模以上工业增加值				12.60
	销售产值	亿元	270.76		29.40
	其中：出口交货值	亿元	22.49		24.60
	利税总额	亿元	9.00		
	其中：利润总额	亿元	8.37		
	税金	亿元	0.63		
建筑业	全年实现建筑业总产值				-9.60
	其中：外省完成建筑业总产值	亿元	204.47		-38.70
	全年建筑业企业签订合同总额	亿元	1481.84		-18.80
	全年房屋施工面积	万平方米	245.69		-44.60
	竣工产值	亿元	360.63		-22.60
国内贸易	全区实现社会消费品零售总额	亿元	1149.23		1.70
	限额以上社会消费品零售总额	亿元	606.56		6.50
交通运输建设	交通运输、仓储和邮政业营业收入	亿元	562.62		13.40
邮电业	信息传输、软件和信息技术服务业营业收入	亿元	209.35		20.60
房地产业	全年完成房地产投资	亿元	141.90		-29.10
	其中：住宅投资	亿元	78.16		-3.40
	全年实现商品房销售面积	万平方米	30.45		-55.70
	其中：住宅销售面积	万平方米	16.61		-66.90
	年末商品房待售面积	万平方米	14.90		
	其中：住宅待售面积	万平方米	1.04		155.80

续表

类别	指标	计量单位	绝对数	占比/%	比上年增长/%
开放型经济	全年完成外贸进出口总额	亿元	508.80		-12.80
	其中：出口总额	亿元	337.60	66.35	-14.40
	进口总额	亿元	171.20	33.65	-9.60
	实际利用外资	亿美元	4.50		
人口	全区常住人口	万人	94.20		
	其中：0~14岁人口	万人	11.33		
	其中：15~59岁人口	万人	57.92		
	其中：60岁及以上人口	万人	24.95		
	常住人口出生率	‰	4.67		
	人口死亡率	‰	5.95		
	人口自然增长率	‰	-1.28		
	城镇化率	%	100.00		
人民生活	城镇居民人均可支配收入	元	84173.90		4.30
	居民家庭人均消费支出	元	47916.60		2.60
	恩格尔系数	%	24.90		-0.10
	全区百户家庭汽车拥有量	辆	66		
	百户家庭电脑拥有量	台	118.50		
	百户家庭电话拥有量	部	257.50		
	其中：移动电话	部	237.00		
	人均住房面积	平方米	533.30		

第三节　栖霞区2022年经济发展情况

2022年，面对复杂严峻的外部环境和多重超预期的困难挑战，全区上下坚持以习近平新时代中国特色社会主义思想为指导，认真贯彻落实党中央、国务院决策部署，坚持稳中求进工作总基调，高效统筹疫情防控和经济社会发展，全区经济顶住压力持续发展，经济总量稳中有升，人民生活持续改善，高质量发展取得新成效。

一、综合经济发展情况

2022年栖霞区综合经济发展情况见表3-1-4。

表3-1-4　2022年栖霞区综合经济发展情况

类别	指标	计量单位	绝对数	占比/%	比上年增长/%
经济总量	全区地区生产总值	亿元	1746.43		1.50
	其中：第一产业增加值	亿元	8.02	0.46	3.30
	第二产业增加值	亿元	1026.15	58.76	3.50
	第三产业增加值	亿元	712.26	40.78	-1.20

续表

类别	指标	计量单位	绝对数	占比/%	比上年增长/%
财政收支	财政收入	亿元	243.36		
	其中：一般公共预算收入	亿元	140.79		-3.12
	财政支出	亿元	174.88		-30.48
	其中：一般公共预算支出	亿元	93.11		-9.19
固定资产投资	全区固定资产投资				5.20
	其中：工业投资				1.00
	高新技术产业投资				-11.70
	第三产业完成投资				5.20
农业	实现农林牧渔业总产值	亿元	11.65		3.40
	其中：农业产值	亿元	8.38		1.30
	林业产值	亿元	0.18		89.90
	牧业产值	亿元	1.08		12.20
	渔业产值	亿元	1.36		3.00
	农林牧渔服务业产值	亿元	0.65		6.20
	全年粮食种植面积	万亩	6.43		2.60
	全年粮食总产量	万吨	2.56		1.20
工业	规模以上工业企业总产值	亿元	3717.00		10.30
	全区规模以上工业实现营业收入	亿元	3976.40		6.80
	实现利税	亿元	352.20		-17.30
	实现利润总额	亿元	148.70		-24.90
	全区制造业累计完成产值	亿元	3614.89		10.30
	采矿业累计产值	亿元	4.18		-3.80
	电力、热力、燃气及水生产和供应业累计完成产值	亿元	97.88		12.00
	内资企业实现工业总产值	亿元	1960.02		15.59
	港澳台商投资企业实现工业总产值	亿元	162.71		4.77
	外商投资企业实现工业总产值	亿元	1594.23		4.92
	全区战略性新兴产业企业完成产值	亿元	1903.74		3.30
	全区高技术产业企业完成产值	亿元	1631.42		5.20
建筑业	全年实现建筑业总产值	亿元	900.07		15.50
	建筑工程产值	亿元	831.03		14.20
	安装工程产值	亿元	44.32		-54.20
	其他产值	亿元	24.72		425.90
国内贸易	全年实现社会消费品零售总额	亿元	513.04		0.20
	其中：限额以上企业零售额	亿元	298.87		-1.80

续表

类别	指标	计量单位	绝对数	占比/%	比上年增长/%
交通运输业	交通道路总里程	公里	466.915		
	公路网密度	公里/百平方公里	118.37		
	国省干线公路总里程	公里	80.32		
	农村公路总里程	公里	386.595		
旅游业	全年接待海内外旅游者	万人次	538.90		-19.90
	实现旅游综合收入	亿元	74.50		-10.10
房地产业	全年完成房地产投资	亿元	370.84		2.70
	施工面积	万平方米	1090.50		-3.00
	其中：住宅	万平方米	713.91		-2.70
	新开工各类房屋面积	万平方米	142.43		-35.20
	其中：住宅	万平方米	102.01		-33.40
	房地产销售面积	万平方米	77.72		-55.20
	房地产销售额	亿元	209.41		-57.50
开放型经济	全年实现进出口总额	亿元	1014.20		0.10
	其中：出口总额	亿元	487.90	51.89	-5.40
	进口总额	亿元	526.30	48.11	6.00
	完成实际使用外资	亿美元	6.96		
	完成对外承包工程营业额	亿美元	2.24		
人口	全区常住人口	万人	100.58		0.84
	人口出生率	‰	4.89		
	人口死亡率	‰	3.19		
	人口自然增长率	‰	1.70		
	城镇化率	%	93.77		0.02
就业	全区城镇新增就业	人	22151		
	城镇失业人员就业	人	15712		
	新增大学生就业参保	人	25101		
	就业困难人员就业	人	2235		
	支持成功自主创业	人	9453		
	扶持大学生创业	人	658		
	扶持农民自主创业	人	1673		
	新增公益性岗位安置就业困难人员	个	30		
	累计青年大学生创业企业	户	11801		
人民生活	城镇居民人均可支配收入	元	75107.00		4.20
	其中：居民人均工资性收入	元	44689.00		5.30
	居民人均经营性收入	元	7863.00		3.10

续表

类别	指标	计量单位	绝对数	占比/%	比上年增长/%
人民生活	居民人均财产净收入	元	7923.00		5.60
	居民人均转移净收入	元	14632.00		1.10
	城镇居民生活消费支出	元	42755.00		
环境保护	优良天数	天	278		
	全年空气优良率	%	78.90		
	$PM_{2.5}$ 年均值	微克/立方米	26.20		-4.00
	区域环境噪声均值	分贝	53.80		
	全区危废产生量	吨	5206.4954		-14.82

二、科技创新发展情况

2022 年栖霞区科技创新发展情况见表 3-1-5。

表 3-1-5 2022 年栖霞区科技创新发展情况

指标	计量单位	绝对数	比上年增长/%
累计下拨各级科技扶持资金	亿元	3.21	
授信总额	亿元	32.92	
入库科技型中小企业	家	2034	18.81
全区完成技术合同登记额	亿元	67.27	
全区新型研发机构及孵化引进企业当年营收	亿元	85.60	
新研母体和孵化企业营收	亿元	15.53	
累计建有市级以上工程技术研究中心	家	167	
市级人才定制实验室	家	5	
院士工作站	家	4	
入选市级高水平新型研发机构培育对象	家	6	
重点平台型新型研发机构培育对象	家	3	

第四节 秦淮区 2022 年经济发展情况

2022 年，面对日趋复杂的国内外环境和新冠疫情的反复冲击，全区上下坚持以习近平新时代中国特色社会主义思想为指导，全面贯彻党的二十大精神，坚决落实国家、省、市各项决策部署，坚持稳中求进工作总基调，按照“疫情要防得住、经济要稳住、发展要安全”的重要要求，高效统筹疫情防控和经济社会发展，经济运行稳健恢复，产业能级不断提升，民生保障有力有效，生态文明建设持续推进。

一、综合经济发展情况

2022 年秦淮区综合经济发展情况见表 3-1-6。

表 3-1-6　2022 年秦淮区综合经济发展情况

类别	指标	计量单位	绝对数	占比/%	比上年增长/%
经济总量	全区地区生产总值	亿元	1401.47		5.20
	其中：第一产业增加值	亿元	0	0	0
	第二产业增加值	亿元	95.69	6.83	0
	第三产业增加值	亿元	1305.78	93.17	5.50
财政收支	财政收入	亿元	203.42		9.10
	其中：一般公共财政预算收入	亿元	109.13		9.10
	一般公共财政预算支出	亿元	100.85		12.20
固定资产投资	全区固定资产投资				18.50
	其中：服务业投资	亿元	306.44		19.30
	工业投资	亿元	5.66		-13.80
工业	全区规模以上工业总产值	亿元	169.18		-3.90
	轻工业产值	亿元	20.72		-0.60
	重工业产值	亿元	148.46		4.30
	规模以上工业企业实现利税总额	亿元	12.58		-12.20
	利润总额	亿元	8.95		-22.20
建筑业	全区资质以上建筑业企业	家	135		
	其中：一级资质企业	家	27		
	二级资质企业	家	47		
	三级及其他资质企业	家	61		
	实现建筑业总产值	亿元	147.13		-4.00
国内贸易	全区实现社会消费品零售总额	亿元	989.82		-1.50
	其中：限额以上零售额	亿元	728.98		-5.80
	全区实现全口径贸易业销售额	亿元	3146.66		5.00
	其中：批发业销售额	亿元	2170.87		6.20
	零售业销售额	亿元	837.97		3.30
	住宿业销售额	亿元	13.77		2.50
	餐饮业销售额	亿元	124.05		-4.00
旅游业	全区共有文化馆	个	1		
	全区共有公共图书馆	个	1		
	全区共有博物馆	个	12		
	全区实现旅游总收入	亿元	555.75		
	游客量	万人次	4399.32		
	全区文化和旅游资源普查共收集文旅资源	处	48301		
房地产业	全年完成房地产投资	亿元	212.59		41.90
	其中：住宅投资	亿元	128.82		33.20

续表

类别	指标	计量单位	绝对数	占比/%	比上年增长/%
房地产业	全年商品房销售面积	万平方米	72.96		43.50
	其中：住宅销售面积	万平方米	64.99		29.00
开放型经济	全年实现外贸进出口总额	亿元	770.50		0.30
	其中：出口总额	亿元	438.50	56.91	7.10
	进口总额	亿元	332.00	43.09	-7.40
	全区实际利用外资	万美元	12364.00		-58.90
人口	年末全区常住人口	万人	74.21		0.10
	年末全区户籍人口	万人	67.57		
	其中：男性	万人	32.81		
	女性	万人	34.75		
	人口出生率	‰	4.36		
	人口死亡率	‰	8.17		
	人口自然增长率	‰	-3.81		
就业	全年新增城镇就业	万人	2.78		
	城镇失业人员就业	万人	1.97		
	援助困难人员就业	人	2794		
	新增大学生就业参保	万人	8.58		
	全年培育自主创业	人	5125		
	大学生创业	人	833		
人民生活	全区城镇居民人均可支配收入	元	77729.90		4.20
	其中：工资性收入	元	42068.50		4.20
	经营性收入	元	7259.60		4.20
	财产净收入	元	7652.80		3.60
	转移净收入	元	20749.00		4.40
	城镇居民人均生活消费支出	元	44248.00		2.60
环境保护	全年空气质量优良天数	天	291		-1.90
	$PM_{2.5}$年平均值	微克/立方米	29.20		-6.40
	区域内降尘均值	吨/平方公里·月	3.32		

二、科技创新发展情况

2022 年秦淮区科技创新发展情况见表 3-1-7。

表 3-1-7　2022 年秦淮区科技创新发展情况

指标	计量单位	绝对数
全年新增发明专利授权量	件	2259
高维持年限（十年以上）发明专利数量	件	1552
有效发明专利拥有量	件	10757
全年通过科技型中小企业评价企业数	家	1240

第五节　建邺区 2022 年经济发展情况

面对需求收缩、供给冲击、预期转弱三重压力，以及疫情多轮冲击，在区委、区政府的坚强领导下，全区上下坚持以习近平新时代中国特色社会主义思想为指导，全面学习贯彻党的二十大精神，始终坚持稳中求进工作总基调，高效统筹疫情防控和经济社会发展，持续推动稳经济挑大梁一揽子政策措施落地见效，主动作为、攻坚克难，经济运行顶住压力持续恢复，主要经济指标保持增长。

一、综合经济发展情况

2022 年建邺区综合经济发展情况见表 3-1-8。

表 3-1-8　2022 年建邺区综合经济发展情况

类别	指标	计量单位	绝对数	占比/%	比上年增长/%
经济总量	全区地区生产总值	亿元	1250.59		2.50
	其中：第一产业增加值	亿元	0	0	0
	第二产业增加值	亿元	380.49	30.42	1.10
	第三产业增加值	亿元	870.10	69.58	3.10
财政收支	一般公共预算收入	亿元	159.70		5.20
	其中：区本级	亿元	121.80		5.20
固定资产投资	全区固定资产投资	亿元	468.03		2.40
	基本建设投资	亿元	132.80		16.40
	其中：工业投资	亿元			105.20
	高新技术产业投资	亿元			39.10
	房地产开发投资	亿元			-10.60
工业	全年全部工业实现工业总产值	亿元	373.90		5.60
	利税总额	亿元	265.60		5.70
	利润总额	亿元	56.60		7.80
	销售产值	亿元	363.60		8.20
建筑业	全年实现建筑业总产值	亿元	1002.90		4.80
	建安工程投资				-0.40

续表

类别	指标	计量单位	绝对数	占比/%	比上年增长/%
国内贸易	全年实现社会消费品零售总额	亿元	458.46		1.60
	其中：限额以上社会消费品零售额	亿元	308.21		4.60
	全区限额以上销售额	亿元	2341.50		16.90
	其中：批发业零售额	亿元	2079.40		18.40
	零售业零售额	亿元	239.50		5.70
	住宿业零售额	亿元	9.50		13.40
	餐饮业零售额	亿元	13.00		11.10
	全年新开品牌首店	家	113		
	其中：全国首店	家	7		
	华东首店	家	2		
金融业	全区累计集聚金融类机构	家	1700		
	其中：金融法人总部	家	16		
	省级以上总部	家	154		
	其中：新增省级以上持牌金融机构	家	16		
	集聚各类股权投资机构	家	1500		
	新增基金管理机构	家	174		
	基金	只	150		
房地产业	全年完成房地产投资	亿元	335.20		-10.60
	商品房施工面积	万平方米	938.99		-8.50
	其中：新开工面积	万平方米	138.80		8.90
	商品房销售面积				-30.00
开放型经济	全年实现外贸进出口总额	亿元	229.20		15.80
	全年实际使用外资	亿美元	2.08		
人口	年末全区常住人口	万人	54.85		
	常住人口出生率	‰	5.47		
	人口死亡率	‰	3.28		
	人口自然增长率	‰	2.19		
人民生活	全年新增城镇就业	万人	1.70		
	全年新增大学生就业	万人	2.10		
	全区城镇居民人均可支配收入	元	74816.10		4.30
	人均消费支出	元	43980.00		2.50
	新增参保单位户数	户	3214		
	企业职工基本养老保险净增缴费人数	人	4110		
	完成三项社会保险费征收	万元	387759.00		
	本市户籍中断缴费人员续保	人	4138		

二、科技创新发展情况

2022 年建邺区科技创新发展情况见表 3-1-9。

表 3-1-9　2022 年建邺区科技创新发展情况

指标	计量单位	绝对数
新增省级专精特新企业	家	13
培育江苏独角兽企业	家	2
江苏高新区瞪羚企业	家	6
新增国家级众创空间备案	家	1
新增省级备案	家	4
新增国家级博士后科研工作站	家	2
入选国家“海外引才”计划	人	2

第六节　玄武区 2022 年经济发展情况

一年来，面对复杂严峻的国内外形势和多重超预期因素冲击，全区上下在区委的坚强领导下，在区人大、区政协的监督支持下，全面落实“疫情要防住、经济要稳住、发展要安全”重大要求，围绕建设“四最”城区目标，坚持稳中求进的工作总基调，以最大努力争取最好结果，经济社会大局保持稳定，人居环境持续改善，民生保障有力有效。

综合经济发展情况

2022 年玄武区综合经济发展情况见表 3-1-10。

表 3-1-10　2022 年玄武区综合经济发展情况

类别	指标	计量单位	绝对数	比上年增长/%
经济总量	全区地区生产总值	亿元	1240.00	2.50
财政收支	一般公共财政预算收入	亿元	84.90	3.60
固定资产投资	全区固定资产投资			12.00
国内贸易	全区实现社会消费品零售总额	亿元	1130.00	
开放型经济	全年实现外贸进出口总额	亿元	702.00	-12.90
	服务贸易额	亿美元	4.60	
	实际利用外资	亿美元	3.24	
就业	全年新增城镇就业	万人	2.10	
	全年新增大学生就业	万人	2.90	
人民生活	全年居民人均可支配收入	万元	8.50	
环境保护	$PM_{2.5}$ 年平均值	微克/立方米	28.20	
	空气质量优良天数比例	%	79.70	

第七节　雨花台区 2022 年经济发展情况

2022 年，全区全面落实“疫情要防住、经济要稳住、发展要安全”重大要求，紧扣“全面创新、全域高新”目标定位，全力打造新滨江、建设数字城，有效应对疫情冲击、极端高温、电力保供等严峻挑战，顶住了经济下行的巨大压力。

一、综合经济发展情况

2022 年雨花台区综合经济发展情况见表 3-1-11。

表 3-1-11　2022 年雨花台区综合经济发展情况

类别	指标	计量单位	绝对数	占比/%	比上年增长/%
经济总量	全区地区生产总值	亿元	1040.22		1.60
	其中：第一产业增加值	亿元	0.15	0.01	33.40
	第二产业增加值	亿元	190.00	18.27	3.40
	第三产业增加值	亿元	850.07	81.72	1.10
财政收支	一般公共预算收入	亿元	96.80		
	一般公共财政预算支出	亿元	102.30		10.70
	其中：教育支出	亿元	17.70		
	科学技术支出	亿元	17.20		
	文化体育和传媒支出	亿元	0.60		
	社会保障和就业支出	亿元	6.70		
	卫生健康支出	亿元	7.50		
固定资产投资	全区固定资产投资				11.90
	其中：服务业投资				12.00
	国有及国有控股经济投资				61.10
	外商及港澳台经济投资				-25.60
	民间投资				-19.40
农业	实现农林牧渔业总产值	亿元	2451.00		34.70
	其中：农业产值	亿元	2104.00		42.50
	林业产值	亿元	275.00		8.70
	渔业产值	亿元	72.00		-20.00
工业	全区规模以上工业企业	家	123		
	全区实现工业总产值	亿元	566.02		-9.40
	主营业务收入	亿元	588.62		-6.20
	利润总额	亿元	2.97		-94.30
	专用设备制造业产值	亿元	26.49		32.90
	仪器仪表制造业产值	亿元	15.29		30.10
	黑色金属冶炼产值	亿元	372.60		-14.00
	非金属矿物制品业产值	亿元	51.70		-7.10

续表

类别	指标	计量单位	绝对数	占比/%	比上年增长/%
建筑业	全年实现建筑业总产值	亿元	125.10		
	其中：外省完成建筑业总产值	亿元	31.60		
国内贸易	全年实现社会消费品零售总额	亿元	716.55		-2.00
	其中：限额以上社会消费品零售额	亿元	394.78		-6.80
旅游业	旅游营业收入	亿元	1.09		
	全年接待海内外旅游者	万人次	278.5248		
	国家等级旅游景区	家	3		
	其中：AAAA级旅游景区	家	2		
	AAA级旅游景区	家	1		
	各类旅行社（含服务网点和分社）	家	53		
房地产业	商品房销售面积	万平方米	83.47		-10.80
	商品房销售额	亿元	283.42		3.00
开放型经济	完成外贸进出口总额	亿元	343.90		-4.90
	实际利用外资	万美元	37094.00		1.40
人口	年末全区户籍总人口	万人	33.40		2.20
	年末常住人口	万人	62.35		1.20
人民生活	城镇居民人均可支配收入	元	74558.40		4.00
	其中：工资性收入	元	55453.00		4.00
	经营性收入	元	4781.00		3.80
	财产净收入	元	11135.00		3.20
	转移净收入	元	3189.40		7.20
	城镇居民人均消费支出	元	42443.00		2.90
环境保护	全年区域大气环境质量优良天数	天	288		
	$PM_{2.5}$年平均值	微克/立方米	24.70		-6.20
	酸雨率	%	12.70		
	功能区噪声达标率	%	93.80		
	交通噪声昼间平均等效声级	分贝	66.50		
	区域环境噪声昼间平均值	分贝	54.90		

二、科技创新发展情况

2022年雨花台区科技创新发展情况见表3-1-12。

表3-1-12　2022年雨花台区科技创新发展情况

指标	计量单位	绝对数
全区完成专利授权	件	4294
其中：发明专利授权	件	1521

续表

指标	计量单位	绝对数
发明专利有效量	件	5487
国家外国专家入选	人	2
南京市紫金山英才高峰计划外国专家入选	人	1
国家重点人才工程科技创新创业领军人才入选	人	2
高新技术企业通过认定	家	441
市级以上孵化器新增孵化面积	平方米	7507.95

第八节　溧水区 2022 年经济发展情况

全区上下坚持以习近平新时代中国特色社会主义思想为指导，深入学习贯彻党的二十大精神，全面落实“疫情要防住、经济要稳住、发展要安全”重大要求，全区经济总量持续增长、发展动能持续增强、民生福祉持续增进，高质量发展迈出新的坚实步伐。

一、综合经济发展情况

2022 年溧水区综合经济发展情况见表 3-1-13。

表 3-1-13　2022 年溧水区综合经济发展情况

类别	指标	计量单位	绝对数	占比/%	比上年增长/%
经济总量	全区地区生产总值	亿元	1034.01		2.60
	其中：第一产业增加值	亿元	53.74	5.20	3.10
	第二产业增加值	亿元	544.46	42.15	5.00
	第三产业增加值	亿元	435.81	52.66	-0.40
财政收支	一般公共预算收入	亿元	57.20		
	其中：税收收入	亿元	37.23		
	一般公共预算支出	亿元	103.56		
	其中：民生领域	亿元	85.13		
固定资产投资	全区固定资产投资	亿元	405.73		3.10
	其中：第一产业完成投资				-70.00
	第二产业完成投资				8.60
	其中：工业投资				8.60
	第三产业完成投资				0.90
	其中：房地产投资				-1.70
	高技术产业投资	亿元	97.81		12.90
	高新技术投资	亿元	93.93		8.80
	民间投资	亿元	239.11		13.80

续表

类别	指标	计量单位	绝对数	占比/%	比上年增长/%
农业	实现农业总产值	亿元	89.57		4.10
	其中：农业产值	亿元	50.99		3.70
	林业产值	亿元	4.11		9.00
	牧业产值	亿元	5.85		19.40
	渔业产值	亿元	20.38		-2.00
	全年粮食种植面积	万亩	43.09		
	全年粮食总产量	万吨	20.71		
	其中：夏粮产量	万吨	4.43		0.50
	秋粮产量	万吨	16.28		-0.10
工业	全年工业总产值	亿元	1146.90		15.20
	规模以上工业产值				15.40
	汽车制造业产值				59.70
	电气机械和器材制造业产值				40.30
	通用设备制造业产值				0.80
	高新技术产业产值				16.50
	装备制造业产值				13.80
	新型电子、新能源汽车、高端智能设备、生物医药与节能环保产业四大主导产业产值				16.80
建筑业	实现建筑业增加值	亿元	76.95		1.50
	全年实现建筑业总产值	亿元	317.70		14.30
	房屋建筑业总产值				9.90
	土木工程建筑业总产值				3.70
	全年建筑业企业签订合同额	亿元	393.76		
	房屋施工面积	万平方米	1232.73		
国内贸易	全年实现社会消费品零售总额	亿元	399.31		0.30
	其中：限额以上社会消费品零售额	亿元	190.71		1.30
	其中：化妆品类				972.30
	文化办公用品类				140.00
	体育娱乐用品类				30.10
	汽车类、石油及制品类				9.20
	全年限额以上单位通过公共网络实现零售额	亿元	66.65		83.90
交通运输业	全年提档升级农村公路	公里	47.00		
	改造农路桥梁	座	3		
	建成安全生命防护工程	公里	0.80		
	建成村组对外连接道路	公里	40.00		
	全年优化公交线路	条	29		
	新辟公交线路	条	3		

续表

类别	指标	计量单位	绝对数	占比/%	比上年增长/%
邮电业	全年邮电业务收入	亿元	7.45		6.70
	其中：邮电业务收入	亿元	1.39		14.50
	电信业务收入	亿元	6.06		5.00
旅游业	全域旅游全年接待	万人次	1382.10		1.60
	实现旅游总收入	亿元	152.20		-3.60
金融业	全区金融机构人民币存款余额	亿元	1085.72		1.10
	其中：住户存款余额	亿元	496.30		19.70
	全区金融机构人民币贷款余额	亿元	1368.05		15.00
	其中：住户存款余额	亿元	385.88		6.20
开放型经济	全年实现外贸进出口总额	亿元	128.90		-12.50
	实际利用外资	亿美元	1.80		-36.50
	新增注册外资企业	家	34		
	合同利用外资	万美元	14162.00		
人口	年末全区常住人口	万人	50.94		1.60
	其中：城镇人口	万人	33.89		
	人口出生率	‰	6.93		
	人口死亡率	‰	5.94		
	人口自然增长率	‰	0.99		
就业	全年城镇新增就业	人	7151		
	全年支持成功自主创业	人	1035		
	引领大学生创业	人	242		
	扶持农民自主创业	人	622		
	发放富民创业担保贷款	万元	7955.00		
人民生活	全体居民人均可支配收入	元	53200.00		4.60
	其中：城镇	元	67214.00		3.60
	农村	元	34018.00		6.20
	全体居民人均消费支出	元	32660.00		3.70
	其中：城镇	元	38262.00		2.60
	农村	元	24850.00		5.50
环境保护	空气质量优良天数比例	%	80.00		
	PM_{10} 平均浓度	微克/立方米	48.00		-17.20
	臭氧年平均值	微克/立方米	165.00		-7.80

二、科技创新发展情况

2022年溧水区科技创新发展情况见表3-1-14。

表3-1-14　2022年溧水区科技创新发展情况

指标	计量单位	绝对数	比上年增长/%
全年实施智能化改造和数字化转型项目	个	293	
净增高新技术企业	家	57	
高新技术产业投资			20.30
全年完成技术合同成交额	亿元	19.38	
新增市级以上工程技术研究中心	家	18	
实施产学研合作项目	个	138	
全年入选省“科技副总”项目	人	15	
国家重点人才工程A类专家	人	5	

第九节　六合区2022年经济发展情况

全区上下坚持以习近平新时代中国特色社会主义思想为指导，深入贯彻党的十九大、十九届历次全会和党的二十大、二十届一中全会精神，认真贯彻习近平总书记对江苏工作重要指示精神和党中央、省市委决策部署，全面落实“疫情要防住、经济要稳住、发展要安全”重大要求，完整、准确、全面贯彻新发展理念，加快服务构建新发展格局，坚定不移推动高质量发展，高效统筹疫情防控和经济社会发展，统筹发展和安全，全区改革发展稳定各项工作取得新的成效。

综合经济发展情况

2022年六合区综合经济发展情况见表3-1-15。

表3-1-15　2022年六合区综合经济发展情况

类别	指标	计量单位	绝对数	占比/%	比上年增长/%
经济总量	全区地区生产总值	亿元	594.59		3.20
	其中：第一产业增加值	亿元	72.76	12.24	3.40
	第二产业增加值	亿元	230.65	38.79	8.30
	第三产业增加值	亿元	291.18	48.97	-0.50
财政收支	一般公共预算收入	亿元	45.78		-13.20
	其中：税务部门完成收入	亿元	29.74		-28.50
	财政部门完成收入	亿元	16.04		44.40
	一般公共预算支出	亿元	93.68		5.40
	其中：教育支出	亿元	22.61		0.40
	医疗卫生支出	亿元	9.13		39.60
	社会保障和就业支出	亿元	10.52		130.70
	城乡社区事务支出	亿元	9.20		17.30

续表

类别	指标	计量单位	绝对数	占比/%	比上年增长/%
固定资产投资	全区固定资产投资				12.70
	其中：房地产投资				3.30
	第二产业完成投资				13.00
	其中：工业投资				13.00
	第三产业完成投资				-7.60
农业	实现农林牧渔业增加值	亿元	78.02		4.00
	实现农林牧渔业总产值	亿元	117.13		4.10
	其中：农业产值	亿元	68.89		3.60
	林业产值	亿元	6.57		8.40
	牧业产值	亿元	6.42		14.70
	渔业产值	亿元	26.46		0.00
	农林牧渔专业及辅助性活动产值	亿元	8.78		11.70
	全年粮食种植面积	万亩	134.17		
	全年粮食总产量	万吨	40.98		
工业	全年规模以上工业实现总产值	亿元	474.37		
	其中：民营企业总产值	亿元	347.27		
	年末全区拥有产值10亿元以上规模工业企业实现产值	亿元	134.37		
	全区规模以上工业企业实现主营业务收入	亿元	427.92		
	全区规模以上企业实现利税总额	亿元	25.81		
	其中：利润总额	亿元	13.71		
	电气电子仪器仪表业实现主营业务收入	亿元	116.12		
	机械设备制造业实现主营业务收入	亿元	76.42		
建筑业	全区资质以上建筑业企业	家	246		
	全年实现建筑业总产值	亿元	140.29		24.30
	竣工产值	亿元	77.27		12.20
	实现建筑业增加值	亿元	40.69		4.10
	全年建筑施工面积	万平方米	331.98		
	竣工面积	万平方米	157.38		
	其中：住宅竣工面积	万平方米	70.97		
	营业收入	亿元	107.87		
	利润总额	亿元	3.28		
国内贸易	实现社会消费品零售总额	亿元	299.34		1.80
	年末限额以上单位	家	705		
	限额以上单位实现限额以上销售额	亿元	224.33		22.10
	实现批发和零售业增加值	亿元	66.24		0.90
	实现住宿和餐饮业增加值	亿元	9.00		-8.40

续表

类别	指标	计量单位	绝对数	占比/%	比上年增长/%
交通运输业	公路通车里程	公里	2368.06		
	内河通航里程	公里	92.14		
	全年公路客运量	万人次	2449.00		
	公路货运量	万吨	1246.00		
旅游业	全年接待国内外旅游者	万人次	1320.71		
	实现旅游总收入	亿元	126.53		
金融业	全区金融机构年末存款余额	亿元	1748.53		8.80
	其中：住户存款余额	亿元	900.49		16.90
	全区金融机构年末贷款余额	亿元	1634.19		7.10
	其中：短期贷款	亿元	257.50		28.00
	中长期贷款	亿元	1343.34		2.60
	其中：住户贷款	亿元	604.70		-2.60
房地产业	房地产开发房屋施工面积	万平方米	432.23		
	全年商品房销售面积	万平方米	66.73		-39.20
	商品房销售额	亿元	90.36		-44.60
	商品房住宅销售套数	套	5183		
开放型经济	服务贸易进出口实现	万美元	3844.00		
	服务外包执行额	万美元	17813.80		
	其中：离岸外包执行额	万美元	7348.90		
	全区实际利用外资	万美元	23447.00		-31.50
	协议注册外资	万美元	20996.00		
	新设外商投资项目	个	23		
	增资项目	个	6		
	其中：3000万美元以上项目	个	3		
人口	全区居民总户数	万户	24.36		
	年末户籍总人口	万人	68.13		
	全年出生人口	人	3913		
	人口出生率	‰	5.74		
	死亡人口	人	5007		
	人口死亡率	‰	7.35		
	人口自然增长率	‰	-1.61		
人民生活	全体居民人均可支配收入	元	53707.00		4.90
	其中：城镇居民人均可支配收入	元	69100.00		4.10
	农村居民人均可支配收入	元	34007.00		6.20
	城镇居民人均生活消费支出	元	39335.00		

续表

类别	指标	计量单位	绝对数	占比/%	比上年增长/%
人民生活	城镇恩格尔系数	%	26.20		
	农村居民人均生活消费支出	元	24841.00		
	农村恩格尔系数	%	30.00		

第十节　高淳区2022年经济发展情况

2022年，面对复杂严峻的外部环境和多重超预期的困难挑战，高淳区坚持以习近平新时代中国特色社会主义思想为指导，紧扣迎接和学习贯彻党的二十大精神这条主线，在市委、市政府和区委的坚强领导下，在区人大、区政协的监督支持下，沉着应对各种风险挑战，一体推进疫情防控、经济发展、安全稳定“三件大事”，经济社会发展保持稳中向好态势，社会大局和谐稳定。

一、综合经济发展情况

2022年高淳区综合经济发展情况见表3-1-16。

表3-1-16　2022年高淳区综合经济发展情况

类别	指标	计量单位	绝对数	占比/%	比上年增长/%
经济总量	全区地区生产总值	亿元	576.71		2.20
	其中：第一产业增加值	亿元	50.54		3.80
	第二产业增加值	亿元	251.47		2.20
	第三产业增加值	亿元	274.70		1.80
财政收支	一般公共财政预算收入	亿元	38.80		
	其中：税收收入	亿元	30.67	79.00	
	全年一般公共财政预算支出	亿元	82.18		
固定资产投资	全区固定资产投资				-3.00
	其中：工业投资				4.50
	高新技术投资	亿元	29.04		
	房地产开发投资	亿元	61.22		-11.90
	全年商品房销售面积	万平方米	33.42		-50.10
农业	实现农业总产值	亿元	87.96		4.00
	实现农业增加值	亿元	54.37		4.10
	其中：种植业产值	亿元	21.70		4.90
	林业产值	亿元	2.58		5.40
	畜牧业产值	亿元	3.57		49.70
	渔业产值	亿元	53.92		0.80
	农林牧渔服务业产值	亿元	6.20		10.10

续表

类别	指标	计量单位	绝对数	占比/%	比上年增长/%
工业	全区完成规模以上工业总产值	亿元	234.31		6.70
	实现主营业务收入	亿元	237.20		9.80
建筑业	全区233家资质建筑企业完成总产值	亿元	434.52		10.80
	全年建筑新开工面积	万平方米	604.44		0.90
	其中：竣工面积	万平方米	574.23		-13.50
	新增一级资质建筑企业	家	3		
国内贸易	全年限额以上批零住餐销售额				18.80
	其中：限额以上批发业				29.00
	限额以上零售业				-26.50
	限额以上住宿业				-1.50
	限额以上餐饮业				-29.20
邮电业	全年实现营业收入	亿元	5.36		10.06
	其中：邮政业务	亿元	9162.40		-2.90
	三大运营商实现营业收入	亿元	4.44		12.98
	年末拥有固定电话用户	万户	4.91		
	移动电话用户	万户	51.54		
	年末互联网用户数	万户	20.21		
	家庭用户	万户	17.89	88.52	11.53
金融业	全区人民币各项存款余额	亿元	729.74		
	其中：住户存款	亿元	404.78		19.53
	全区人民币各项贷款余额	亿元	808.05		
房地产业	全年完成房地产投资	亿元	72.67		-6.70
	完成商品房施工面积	万平方米	595.30		0.30
	完成商品房竣工面积	万平方米	82.25		28.60
	全年实现商品房销售面积	万平方米	108.96		-22.30
	实现商品房销售额	亿元	97.06		-12.50
对外贸易	全年完成实际投资	亿元	62.40		
	实际利用外资	亿美元	1.72		
	协议投资总额	亿元	392.00		
	亿元以上签约项目数	个	116		
	完成亿元以上注册项目	个	92		
	亿元以上开工项目	个	87		
	亿元以上投产项目	个	71		
人口	年末常住人口	万人	43.71		
	常住人口城镇化率	%	58.38		1.51
	户籍人口	万人	45.08		

续表

类别	指标	计量单位	绝对数	占比/%	比上年增长/%
人民生活	全区全体居民人均可支配收入	元	53785.88		4.40
	其中：城镇居民人均可支配收入	元	67774.05		3.60
	农村居民人均可支配收入	元	34636.79		5.80
	城镇居民人均生活消费支出	元	38580.90		2.20
	城镇恩格尔系数	%	25.90		
	农村居民人均生活消费支出	元	25301.70		5.40
	农村恩格尔系数	%	29.80		

二、科技创新发展情况

2022 年高淳区科技创新发展情况见表 3-1-17。

表 3-1-17　2022 年高淳区科技创新发展情况

指标	计量单位	绝对数	比上年增长/%
新增高新技术企业	家	63	
净增高新技术企业	家	19	
高新技术企业总数	家	318	
科技型中小企业入库	家	699	26.40
已获立项	个	42	
其中：省级重点研发项目立项	个	3	

第十一节　浦口区 2022 年经济发展情况

2022 年，面对错综复杂的外部环境和超预期因素影响，全区上下坚持以习近平新时代中国特色社会主义思想为指导，深入学习贯彻党的二十大精神，按照党中央、国务院和省市区委、省市区政府决策部署，全面落实“疫情要防住、经济要稳住、发展要安全”重大要求，坚持稳中求进工作总基调，更好统筹疫情防控和经济社会发展，更好统筹发展和安全，全区主要经济指标稳步提升，基本民生保障有力，居民生活水平稳步提高，高质量建设“现代化新浦口”迈出坚实步伐。

一、综合经济发展情况

2022 年浦口区综合经济发展情况见表 3-1-18。

表 3-1-18　2022 年浦口区综合经济发展情况

类别	指标	计量单位	绝对数	占比/%	比上年增长/%
经济总量	全区地区生产总值	亿元	512.13		3.20
	其中：第一产业增加值	亿元	48.49	9.47	3.60
	第二产业增加值	亿元	181.57	35.45	6.40
	第三产业增加值	亿元	282.07	55.08	1.20

续表

类别	指标	计量单位	绝对数	占比/%	比上年增长/%
财政收支	一般公共预算收入	亿元	60.28		-22.90
	其中：税收收入	亿元	37.28		
	一般公共预算支出	亿元	108.41		35.00
	其中：教育支出	亿元	15.92		
	社会保障和就业支出	亿元	12.43		
	卫生健康支出	亿元	9.26		
固定资产投资	全区固定资产投资	亿元	582.83		5.20
	其中：第一产业投资	亿元	1.16		223.00
	第二产业投资	亿元	165.38		48.40
	第三产业投资	亿元	416.29		-10.90
	工业投资	亿元	164.43		47.80
	基础设施投资	亿元	57.94		-39.40
	服务业（不含房地产）投资	亿元	131.09		-23.40
	建安工程投资	亿元	269.02		-3.50
农业	实现农林牧渔业总产值	亿元	81.26		4.50
	其中：农业产值	亿元	43.78		5.90
	林业产值	亿元	6.63		6.20
	牧业产值	亿元	3.56		-0.10
	渔业产值	亿元	20.04		-0.50
	农林牧渔专业及辅助性活动产值	亿元	7.25		12.30
	全年粮食种植面积	万亩	7.33		1.10
	全年粮食总产量	万吨	3.24		0.60
工业	全区 265 家规模以上工业企业完成产值	亿元	434.30		14.20
	规模以上工业增加值增速				12.90
	全区规模以上工业企业中产值亿元及以上企业数	家	60		
	全区规模以上工业企业中产值亿元及以上企业产值	亿元	359.90		
	全区支柱产业产值	亿元	347.61		22.70
	计算机、通信和其他电子设备制造业产值				64.30
	先进制造业完成产值	亿元	353.73		21.00
	其中：集成电路完成产值	亿元	215.15		66.70
	高新技术产业完成产值	亿元	264.24		46.60
	战略性新兴产业完成产值	亿元	202.32		25.90
建筑业	全区资质以上建筑业企业	家	135		
	其中：超亿元企业	家	22		

续表

类别	指标	计量单位	绝对数	占比/%	比上年增长/%
建筑业	全区资质以上建筑业企业总产值	亿元	256.61		12.60
	其中：超亿元企业产值	亿元	237.13		12.70
国内贸易	全区实现社会消费品零售总额	亿元	148.60		-1.00
	其中：限额以上社会消费品零售总额	亿元	58.20		-5.30
	全区限额以上单位商品零售额	亿元	55.25		-3.50
	餐饮收入	亿元	2.95		-29.20
	全年批发零售业公共网络实现的商品零售额	亿元	7.90		24.50
交通运输业	全区公路总里程	公里	970.22		
	公路网密度	公里/百平方公里（以国土面积计算）	135.69		
	等级公路	公里	970.21		
	桥梁（座）/桥梁（延米）	座/延米	249/16793.80		
旅游业	全区重点文旅项目	个	9		
	总投资	亿元	22.18		
	当年完成投资	亿元	6.58		
	全区累计实现旅游人次	万人次	1571.00		58.00
	旅游收入	亿元	65.27		20.80
金融业	金融机构存款余额	亿元	3109.15		12.10
	其中：居民储蓄存款	亿元	1126.83		25.90
	金融机构贷款余额	亿元	3445.39		29.90
	住户类短期贷款业务中消费贷款余额	亿元	29.11		9.40
	住户类中长期贷款业务中消费贷款余额	亿元	812.55		11.60
房地产业	全年完成房地产投资	亿元	285.20		-3.70
	其中：住宅	亿元	242.89		7.00
	全年实现商品房销售面积	万平方米	98.30		-36.90
	其中：住宅	万平方米	86.81		-42.10
开放型经济	全年实现外贸进出口总额	亿元	295.80		36.50
	其中：出口总额	亿元	117.40		-8.80
	进口总额	亿元	178.40		102.70
	全区实际使用外资	万美元	30005.00		-16.50
	全区新设及增资外资项目	家	37		
	新增合同利用外资	万美元	3965.00		
	新设总投资新增或净增资3000万美元以上大项目	个	2		
	合同外资	万美元	2917.00		

续表

类别	指标	计量单位	绝对数	占比/%	比上年增长/%
人口	常住人口	万人	41.16		
	户籍总人口	万人	35.13		
	人口出生率	‰	7.10		
	人口死亡率	‰	5.14		
	人口自然增长率	‰	1.96		
就业	新增城镇就业	人	4682		
	大学生就业参保	人	8440		
	援助困难人员就业	人	1355		
	城镇失业人员就业	人	3766		
	支持成功自主创业	人	1213		
	引领大学生创业	人	154		
	扶持农民自主创业	人	893		
人民生活	全区全体居民人均可支配收入	元	58376.50		4.80
	其中：城镇居民人均可支配收入	元	70871.40		4.40
	农村居民人均可支配收入	元	35133.00		6.00
	全体居民人均生活消费支出	元	35212.00		
	其中：食品消费支出	元	9531.00		0.10
	城镇居民人均生活消费支出	元	40344.00		
	其中：食品消费支出	元	10489.00		0.00
	农村居民人均生活消费支出	元	25664.00		
	其中：食品消费支出	元	7750.00		0.30
环境保护	$PM_{2.5}$年均浓度	微克/立方米	24.50		
	空气质量优良天数比例	%	80.30		

二、科技创新发展情况

2022年浦口区科技创新发展情况见表3-1-19。

表3-1-19　2022年浦口区科技创新发展情况

指标	计量单位	绝对数
实现有效发明专利拥有量	件	1445
净增高新技术企业	家	66
规模以上工业高新技术企业	家	26
技术合同成交额完成	亿元	19.70
全年新型研发机构及孵化引进企业营业收入	亿元	49.51

第二章　镇江市辖各市区经济发展情况

第一节　丹阳市 2022 年经济发展情况

在市委、市政府的正确领导下，面对新冠疫情、减税降费的叠加压力，全市同舟共济、砥砺前行，全面落实“疫情要防住、经济要稳住、发展要安全”重大要求和“生态要提升”紧迫任务，统筹推进社会和经济双发展，深入践行“1+3”总体战略部署，经济发展保持良好态势，高质量完成全市各项目标任务。

一、综合经济发展情况

2022 年丹阳市综合经济发展情况见表 3-2-1。

表 3-2-1　2022 年丹阳市综合经济发展情况

类别	指标	计量单位	绝对数	占比/%	比上年增长/%
经济总量	全市地区生产总值	亿元	1407.88		4.10
	其中：第一产业增加值	亿元	55.15	3.92	3.90
	第二产业增加值	亿元	753.04	53.49	5.00
	第三产业增加值	亿元	599.69	42.60	3.10
财政收支	财政总收入	亿元	211.65		-1.00
	其中：中央财政收入	亿元	40.37		-12.70
	地方财政收入	亿元	171.28		2.30
	一般公共财政预算收入	亿元	71.93		1.20
	其中：税收收入	亿元	55.55		-8.90
	其中：增值税	亿元	25.82		
	企业所得税	亿元	7.04		
	个人所得税	亿元	2.43		
	财政总支出	亿元	228.50		19.80
	其中：一般公共财政预算支出	亿元	112.06		4.20
物价指数	全年居民消费价格				1.90
	其中：食品烟酒类				2.60
	衣着类				1.80
	居住类				0.50
	生活用品及服务类				1.30

续表

类别	指标	计量单位	绝对数	占比/%	比上年增长/%
物价指数	交通和通信类				4.20
	教育文化和娱乐用品类				0.20
	医疗保健类				1.50
	其他用品和服务类				2.10
固定资产投资	全市完成固定资产投资	亿元	247.91		13.40
	其中：第一产业完成投资	亿元	0.98	0.40	-49.40
	第二产业完成投资	亿元	150.55	60.73	21.20
	第三产业完成投资	亿元	96.38	38.88	4.20
	完成高技术产业投资	亿元	38.68	15.60	13.30
农业	实现农业总产值	亿元	94.77		
	实现农业增加值	亿元	64.08		4.00
	全年粮食种植面积	万亩	87.29		0.10
	全年粮食总产量	万吨	42.75		0.20
	油料种植面积	万亩	3.89		3.90
	油料总产量	万吨	0.69		4.10
	蔬菜总产量	万吨	30.71		5.00
	全年生猪出栏量	万头	10.45		0.60
	羊出栏量	万只	1.46		5.20
	家禽出栏量	万只	1312.65		8.20
	全年肉类总产量	万吨	3.02		6.70
	禽蛋产量	吨	10413.00		-22.80
	全年水产品产量	万吨	4.67		2.90
工业	全年全部工业实现工业总产值	亿元	2071.76		7.30
	年末全市拥有年销售 2000 万元以上规模工业企业	家	855		
	年末全市拥有年销售 2000 万元以上规模工业企业增加值按可比价比上年增长	%	6.90		
	全部工业企业实现销售收入	亿元	1900.32		-0.50
	全部工业企业实现利税总额	亿元	135.29		-9.80
	全年工业用电量	亿千瓦时	76.48		-5.20
建筑业	全市列入统计资质以上建筑业企业	家	98		
	其中：一级资质企业	家	8		
	二级资质企业	家	30		
	全年实现建筑业总产值	亿元	76.38		14.20
	实现建筑业增加值	亿元	38.34		9.20
	全年建筑施工面积	万平方米	407.93		-3.10
	全年建筑新开工面积	万平方米	218.33		117.40

续表

类别	指标	计量单位	绝对数	占比/%	比上年增长/%
国内贸易	全市实现社会消费品零售总额	亿元	362.54		1.30
	其中：城镇	亿元	333.90		1.20
	农村	亿元	28.64		1.80
交通运输建设	公路客运量	万人次	453.00		-10.70
	公路货运量	万吨	1303.00		-8.60
	港口吞吐量	万吨	550.00		-4.10
	年末全市公路总里程	公里	2263.66		
	其中：高速公路里程	公里	56.84		
	一级公路里程	公里	353.33		
	二级公路里程	公里	350.37		
	全市民用汽车保有量	万辆	24.78		5.00
	其中：私人汽车保有量	万辆	23.52		3.10
邮电业	全年实现邮电业务总量	亿元	18.11		
	年末拥有固定电话用户	万户	10.45		
	移动电话用户	万户	114.91		
	互联网宽带接入用户数	万户	47.98		
	邮电行业业务收入	亿元	16.51		
金融业	金融机构本外币各项存款余额	亿元	1833.13		11.60
	其中：住户存款余额	亿元	1097.17		17.80
	金融机构本外币各项贷款余额	亿元	1704.73		15.10
	其中：短期贷款	亿元	638.67		15.10
	中长期贷款	亿元	995.20		13.90
	个人住房、汽车、教育等消费贷款	亿元	273.09		3.10
保险业	全年保费业务收入	亿元	37.25		7.70
	其中：财产保险保费收入	亿元	10.44	28.03	12.70
	人身保险保费收入	亿元	26.82	72.00	5.90
	保险业务赔款和给付	亿元	10.88		5.10
	其中：财产保险赔付	亿元	6.78	62.32	6.70
	人身保险赔付	亿元	4.10	37.68	2.60
房地产业	全年完成房地产投资	亿元	72.67		-6.70
	完成商品房施工面积	万平方米	595.30		0.30
	其中：住宅	万平方米	465.44		-1.00
	完成商品房竣工面积	万平方米	82.25		28.60
	其中：住宅	万平方米	71.32		40.00
	全年实现商品房销售面积	万平方米	108.96		-22.30

续表

类别	指标	计量单位	绝对数	占比/%	比上年增长/%
房地产业	其中：住宅	万平方米	88.85		-34.50
	实现商品房销售额	亿元	97.06		-12.50
	其中：住宅	亿元	79.32		25.80
开放型经济	全年实现进出口总额	亿美元	39.60		5.60
	其中：进口总额	亿美元	3.90		5.00
	出口总额	亿美元	35.70		5.70
	其中：一般贸易出口	亿美元	34.53		6.00
	加工贸易出口	亿美元	1.13		-2.90
	新批外商投资项目	个	18		
	实际利用外资	亿美元	1.37		-17.50
	其中：实际利用制造业外资	亿美元	1.02		-14.50
人口	全市户籍人口	万人	78.96		
	人口出生率	‰	3.70		
	人口死亡率	‰	9.10		
	人口自然增长率	‰	-5.40		
就业	全市城乡从业人员	万人	62.83		
	其中：第一产业从业人员	万人	6.28		
	第二产业从业人员	万人	28.56		
	第三产业从业人员	万人	27.99		
人民生活	城镇居民人均可支配收入	元	61519.00		4.20
	城镇居民人均生活消费支出	元	33076.00		3.10
	农村常住居民人均可支配收入	元	34374.00		5.60
	农村常住居民人均生活消费支出	元	30506.00		7.00
环境保护	人均公园绿地面积	平方米	12.58		
	建成区绿化覆盖率	%	41.82		
	污水处理厂污水处理能力	万立方米/日	13.00		
	年污水处理总量	万立方米	3794.00		
	污水处理率	%	95.23		
	生活垃圾无害化处理率	%	100.00		

二、科技创新发展情况

2022 年丹阳市科技创新发展情况见表 3-2-2。

表 3-2-2　2022 年丹阳市科技创新发展情况

指标	计量单位	绝对数	比上年增长/%
全市新增高新技术企业	家	51	
全年授权专利	个	5223	-14.40
其中：发明专利	个	356	

第二节　句容市 2022 年经济发展情况

2022 年，全市上下坚持以习近平新时代中国特色社会主义思想为指导，全面贯彻党的二十大和中央经济工作会议精神，认真落实“疫情要防住、经济要稳住、发展要安全”重大要求，坚持稳中求进工作总基调，高效统筹疫情防控和经济社会发展，经济运行平稳，综合经济实力不断壮大。

一、综合经济发展情况

2022 年句容市综合经济发展情况见表 3-2-3。

表 3-2-3　2022 年句容市综合经济发展情况

类别	指标	计量单位	绝对数	占比/%	比上年增长/%
经济总量	地区生产总值	亿元	754.62		1.00
	其中：第一产业增加值	亿元	57.16	7.57	1.70
	第二产业增加值	亿元	340.96	45.18	0.40
	第三产业增加值	亿元	356.50	47.24	1.30
财政收支	一般公共财政预算收入	亿元	39.82		-30.90
	其中：税收收入	亿元	26.37		-45.50
	非税收收入	亿元	13.45		45.20
	财政支出	亿元	228.50		19.80
	其中：一般公共预算支出	亿元	80.00		-6.80
固定资产投资	全市完成固定资产投资	亿元	226.26		-16.60
	其中：第一产业完成投资	亿元	1.02	0.45	-68.50
	第二产业完成投资	亿元	64.66	28.58	-16.80
	第三产业完成投资	亿元	160.57	70.97	-15.60
农业	实现农林牧渔业总产值	亿元	93.99		4.20
	其中：实现农业产值	亿元	57.54		3.60
	实现林业产值	亿元	5.14		-2.30
	实现牧业产值	亿元	9.08		1.50
	实现渔业产值	亿元	10.20		0.90

续表

类别	指标	计量单位	绝对数	占比/%	比上年增长/%
农业	实现农林牧渔服务业产值	亿元	12.02		15.80
	实现农林牧渔业增加值	亿元	63.32		3.00
	全年粮食种植面积	万亩	57.03		0.90
	全年粮食总产量	万吨	25.85		0.10
	全年水果总产量	万吨	23.48		-1.10
	茶叶总产量	万吨	0.09		5.90
	生猪出栏量	万头	4.98		-21.00
	家禽出栏量	万只	1224.07		18.40
	水产品产量	万吨	2.55		0.10
工业	全年工业用电量	亿千瓦	18.27		1.20
	实现规模以上工业产值	亿元	514.22		1.30
	全年实现规模以上工业增加值	亿元	148.01		0.60
	规模以上工业营业收入	亿元	476.80		-2.70
	利税总额	亿元	21.93		-20.00
	利润总额	亿元	5.86		-56.90
建筑业	全年实现建筑业总产值	亿元	141.01		10.50
	竣工产值	亿元	51.45		28.30
	竣工率				40.40
国内贸易	全年实现社会消费品零售总额	亿元	179.01		0.70
	批发业销售额	亿元	265.64		7.30
	零售业销售额	亿元	147.27		2.70
	住宿业营业额	亿元	2.21		-1.70
	餐饮业营业额	亿元	25.34		-5.60
交通运输建设	年末拥有公路总里程	公里	2376.62		
	全年公路客运量	万人次	528.00		78.40
	公路旅客周转量	万人公里	25747.00		179.40
	公路货运量	万吨	1209.00		28.30
	水路货运量	万吨	185.72		-26.30
	公路货物周转量	万吨公里	135024.00		-7.20
	水路货物周转量	万吨公里	64859.30		
	长江港口完成货物吞吐量	万吨	2632.40		
邮电业	全年邮政业务总量	亿元	7.42		15.80
	其中：快递业务量累计	万件	5339.29		16.50
	快递业务收入	亿元	3.96		15.80
旅游业	拥有A级及以上景区数	家	8		
	其中：AAAAA级	家	1		

续表

类别	指标	计量单位	绝对数	占比/%	比上年增长/%
旅游业	AAAA 级	家	2		
	AAA 级	家	5		
	拥有省级旅游度假区	家	1		
金融业	金融机构各项本外币存款余额	亿元	1085.08		2.10
	金融机构各项本外币贷款余额	亿元	1556.62		7.00
	其中：制造业贷款	亿元	78.95		4.70
房地产业	全年完成房地产开发投资	亿元	101.19		-15.70
	商品房施工面积	万平方米	1155.72		12.40
	其中：住宅施工面积	万平方米	1052.53		15.50
	商品房竣工面积	万平方米	255.49		117.70
	其中：住宅竣工面积	万平方米	233.13		138.40
	商品房销售面积	万平方米	195.95		-12.00
	其中：住宅销售面积	万平方米	193.40		-12.20
	商品房销售额	亿元	159.68		-18.90
	其中：住宅销售额	亿元	157.84		-18.90
开放型经济	全年实现进出口总额	亿元	48.30		-8.80
	其中：出口总额	亿元	11.80	24.43	-7.40
	进口总额	亿元	36.50	75.57	-9.30
	全年实际利用外资	万美元	9043.30		-7.40
	协议利用外资	亿美元	1.43		-69.20
人口	全市常住人口	万人	64.20		0.20
	其中：城镇常住人口	万人	42.23		
	农村常住人口	万人	19.97		
	常住人口城镇化率	%	65.78		
	人口出生率	‰	3.66		
	人口死亡率	‰	9.18		
	全市户籍人口	万人	57.97		
人民生活	新增城镇就业	万人	1.37		
	新增城镇失业人员再就业	万人	0.52		
	新增就业困难人员再就业	万人	0.33		
	城镇登记失业率	%	1.32		
	扶持成功创业	万人	0.35		
	其中：大学生创业	人	430		
	农村劳动力自主创业	人	2277		
	城乡劳动者职业技能培训	人次	3053.00		

续表

类别	指标	计量单位	绝对数	占比/%	比上年增长/%
人民生活	全年常住居民人均可支配收入	元	46507. 30		4. 50
	其中：工资性收入	元	27687. 00		4. 00
	经营净收入	元	7006. 10		1. 30
	财产净收入	元	3685. 60		5. 00
	转移净收入	元	8128. 60		9. 00
	常住居民人均消费支出	元	28947. 00		4. 50
	城镇常住居民人均可支配收入	元	59371. 80		3. 70
	城镇常住居民人均消费支出	元	32962. 50		2. 90
	农村常住居民人均可支配收入	元	29982. 50		5. 60
	农村常住居民人均消费支出	元	23788. 90		6. 90
环境保护	全年 $PM_{2.5}$ 平均浓度	微克/立方米	32. 80		-4. 40
	空气质量优良天数比例	%	76. 20		
	打捞水生植物	吨	9500. 00		
	完成农村生活污水治理	户	9000. 00		

二、科技创新发展情况

2022年句容市科技创新发展情况见表3-2-4。

表3-2-4　2022年句容市科技创新发展情况

指标	计量单位	绝对数
全年共有高新技术企业	家	141
新增高新技术企业培育入库	家	27
省科技型中小企业	家	307
国家级科技企业孵化器	家	5
国家级众创空间	家	2
省级科技企业加速器	家	2
省级众创社区	家	1
新增国家级众创社区	家	1
镇江市级科技企业孵化器	家	1
镇江市众创空间	家	2
镇江市级工程技术研究中心	家	12

第三节　扬中市2022年经济发展情况

2022年，全市上下坚持以习近平新时代中国特色社会主义思想为指导，全面贯彻党的二十大和中央经济工作会议精神，认真落实“疫情要防住、经济要稳住、发展要安全”重大要求，坚持稳中求进工作总基调，高效统筹疫情防控和经济社会发展，经济运行平稳，综合经济实力不断壮大。

一、综合经济发展情况

2022 年扬中市综合经济发展情况见表 3-2-5。

表 3-2-5　2022 年扬中市综合经济发展情况

类别	指标	计量单位	绝对数	占比/%	比上年增长/%
经济总量	地区生产总值	亿元	585.99		5.00
	其中：第一产业增加值	亿元	18.47	3.15	4.20
	第二产业增加值	亿元	317.99	54.27	6.10
	第三产业增加值	亿元	249.53	42.58	3.70
财政收支	一般公共预算收入	亿元	36.15		4.61
	其中：税收占比	%	74.44		
	一般公共预算支出	亿元	61.22		2.13
固定资产投资	全市完成固定资产投资	亿元	122.85		13.00
	其中：制造业投资	亿元	83.13	67.70	13.30
	服务业投资	亿元	36.01	29.30	4.60
农业	全年完成农林牧渔业总产值	亿元	33.53		5.67
	其中：种植业产值	亿元	18.17		7.13
	林业产值	亿元	1.79		2.87
	牧业产值	亿元	3.82		2.96
	渔业产值	亿元	5.80		3.57
	全年粮食播种面积	千公顷	10.39		2.67
	全年粮食总产量	万吨	7.40		1.65
	油料种植面积	千公顷	0.79		1.28
	油料总产量	吨	2169.00		2.50
	蔬菜种植面积	千公顷	4.12		4.13
	全年肉类总产量	吨	3906.00		0.59
	家禽出栏量	万只	74.11		0.24
	禽蛋产量	吨	3485.00		-4.76
	全年水产放养面积	万亩	1.62		
	全年水产品总产量	吨	7702.00		2.90
	农用化肥施用量	吨	3170.00		-0.60
	农膜使用量	吨	176.71		6.20
	农药使用量	吨	182.00		-1.10
工业	全市规模以上工业企业实现产值	亿元	879.05		20.57
	完成工业增加值	亿元	216.12		9.00
	规模以上工业企业实现销售收入	亿元	850.29		
	利税	亿元	52.36		

续表

类别	指标	计量单位	绝对数	占比/%	比上年增长/%
工业	全年全社会用电量	亿千瓦	19.02		4.08
	其中：工业用电量	亿千瓦时	11.34		2.11
建筑业	全市资质以上建筑业企业	家	45		3.00
	全年实现建筑业总产值	亿元	41.40		-0.90
	建筑业企业房屋建筑施工面积	万平方米	155.04		
国内贸易	全年实现社会消费品零售总额	亿元	158.76		1.50
	批发业商品销售额				8.50
	零售业商品销售额				3.10
	住宿业营业额				-1.90
	餐饮业营业额				-7.20
	限额以上批发业销售额	亿元	106.07		8.70
	限额以上零售业销售额	亿元	20.17		2.80
金融业	金融机构本外币存款余额	亿元	888.10		9.87
	其中：居民存款余额	亿元	510.55		18.92
	金融机构本外币贷款余额	亿元	878.95		19.68
	其中：短期贷款	亿元	317.92		11.65
	中长期贷款	亿元	511.00		22.37
保险业	年末全市拥有保险业金融机构	家	34		
	全年保险收入	亿元	17.11		14.68
	其中：财产险收入	亿元	3.31		20.15
	人身险收入	亿元	13.80		13.43
	赔付额	亿元	3.99		3.91
	其中：财产险赔付	亿元	1.80		-11.20
	人身险赔付	亿元	2.19		20.61
房地产业	全市在库房地产企业	家	35		
	全年完成房地产开发投资	亿元	23.81		-20.00
	完成商品房施工面积	万平方米	145.30		-26.70
	完成商品房竣工面积	万平方米	3.24		-89.20
	全年实现商品房销售面积	万平方米	53.40		5.50
	实现商品房销售额	亿元	55.14		24.40
开放型经济	全年实现进出口总额	亿元	45.70		10.00
	其中：出口总额	亿元	41.80		9.60
人口	全市常住人口	万人	31.61		0.20
	全市户籍人口	人	278213		
	出生人口	人	1149		

续表

类别	指标	计量单位	绝对数	占比/%	比上年增长/%
人口	人口出生率	‰	4.13		
	死亡人口	人	2552		
	人口死亡率	‰	9.17		
人民生活	全体居民人均可支配收入	元	56310.20		4.80
	其中：城镇居民人均可支配收入	元	67926.50		4.10
	农村居民人均可支配收入	元	37935.70		5.90
	人均生活消费支出	元	31585.00		4.60
	其中：城镇居民人均消费支出	元	34558.00		3.20
	农村居民人均消费支出	元	26882.00		7.30
城市建设	新改建农村公路	公里	16.60		
	危桥改造	条	1		
	安全生命防护工程	公里	94.00		
	新增停车泊位	个	500		
	建成省级垃圾分类达标小区	个	9		
	建成垃圾分类四分类小区	个	34		
环境保护	$PM_{2.5}$ 平均浓度	微克/立方米	32.20		
	空气质量优良天数比例	%	76.70		
	完成长江排口整治	个	1862		
	修复、清淤污水管网	公里	25.40		

二、科技创新发展情况

2022 年扬中市科技创新发展情况见表 3-2-6。

表 3-2-6　2022 年扬中市科技创新发展情况

指标	计量单位	绝对数
通过全国科技型中小企业评价企业数	家	466
通过国家高新技术企业认定企业数	家	104
全市高新技术企业数	家	311
实施年度市级科技创新专项	项	46

第四节　丹徒区 2022 年经济发展情况

2022 年，面对复杂严峻的国际国内环境，丹徒区上下高效统筹疫情防控和经济社会发展，有效应对内外部挑战，经济运行总体稳定，主要指标继续稳步恢复。

一、综合经济发展情况

2022 年丹徒区综合经济发展情况见表 3-2-7。

表3-2-7　2022年丹徒区综合经济发展情况

类别	指标	计量单位	绝对数	比上年增长/%
经济总量	全区地区生产总值	亿元	472.35	1.50
	其中：第一产业增加值	亿元	24.11	3.30
	第二产业增加值	亿元	246.51	1.40
	第三产业增加值	亿元	201.74	1.30
财政收支	一般公共财政预算收入	亿元	23.15	5.00
固定资产投资	第一产业完成投资	亿元	3.56	-39.30
	第二产业完成投资	亿元	34.96	-21.80
	第三产业完成投资	亿元	49.60	-6.00
	基础设施行业完成投资	亿元	12.93	24.50
农业	全区农林牧渔业总产值	亿元	45.05	5.00
	全年粮食种植面积	万亩	28.55	
	全年粮食总产量	万吨	13.40	0.50
	其中：夏粮总产量	万吨	2.58	6.20
	秋粮总产量	万吨	10.82	-0.70
	油料总产量	万吨	0.84	4.70
	蔬菜总产量	万吨	12.29	3.00
	肉类总产量	万吨	2.54	0.20
	水产品总产量	万吨	1.60	0.10
	禽蛋总产量	万吨	0.65	-33.40
	牛奶总产量	万吨	0.44	15.30
	茶叶总产量	吨	354.00	2.30
工业	规模以上工业企业完成总产值	亿元	529.70	13.30
	规模以上工业增加值			5.90
	规模以上工业企业实现营业收入	亿元	544.30	17.70
	支柱产业“3+2产业”产值	亿元	397.20	15.10
	其中：新能源汽车及零部件产业产值			134.50
	新材料产业产值			15.60
	食品医药产业产值			15.40
服务业	全区规模以上服务业核算行业累计实现营业收入	亿元	13.06	-9.10
	信息传输、软件和信息技术服务业			8.00
	文化、体育和娱乐业实现营业收入			4.50
	租赁和商务服务业			31.60
	交通运输、仓储和邮政业			4.20
	居民服务、修理和其他服务业			7.80
	科学研究和技术服务业行业			-38.40

续表

类别	指标	计量单位	绝对数	比上年增长/%
国内贸易	全区社会消费品零售总额	亿元	73.23	0.40
	其中：限额以上批发业销售额	亿元	149.00	-12.00
	限额以上零售业销售额	亿元	16.50	0.70
	限额以上住宿业实现营业额	亿元	0.63	-1.00
	限额以上餐饮业实现营业额	亿元	1.05	-17.50
人民生活	全区居民人均可支配收入	元	47133.40	4.60
	其中：城镇居民	元	60150.70	3.80
	农村居民	元	29811.70	5.50

二、科技创新发展情况

2022 年丹徒区科技创新发展情况见表 3-2-8。

表 3-2-8　2022 年丹徒区科技创新发展情况

指标	计量单位	绝对数
申报省产学研合作项目	项	3
申报揭榜挂帅项目	项	3
申报省外国专家工作室项目	项	1
获批省科技副总合作企业数	家	8
立项省、市科技计划项目	个	23
获批省、市工程技术研究中心	家	25
认定高新技术企业	家	72
科技型中小企业入库	家	215
获得国家级备案	家	1
认定省级专精特新企业	家	10
市级专精特新企业	家	12
完成“阳光体育”改造	所	6
新园交付使用	所	2

第五节　京口区 2022 年经济发展情况

京口区坚持以习近平新时代中国特色社会主义思想为指导，全面贯彻落实习近平总书记重要指示批示和党中央决策部署，高效统筹疫情防控和经济社会发展，扎实做好改革发展稳定各项工作，有力保障了经济社会平稳健康发展。

一、综合经济发展情况

2022 年京口区综合经济发展情况见表 3-2-9。

表 3-2-9　2022 年京口区综合经济发展情况

类别	指标	计量单位	绝对数	占比/%	比上年增长/%
经济总量	全区地区生产总值	亿元	553.32		3.60
	其中：第一产业增加值	亿元	0.87	0.16	4.00
	第二产业增加值	亿元	164.45	29.72	3.50
	第三产业增加值	亿元	388.00	70.12	3.60
财政收支	一般公共财政预算收入	亿元	20.10		
	其中：税收收入	亿元	13.40		
	一般公共财政预算支出	亿元	30.50		
固定资产投资	全区完成固定资产投资	亿元	98.80		-15.10
	其中：第二产业完成投资	亿元	34.04	34.45	-13.70
	第三产业完成投资	亿元	64.74	65.53	-15.80
	其中：工业技改投资	亿元	10.11		7.00
	产业投资	亿元	54.18		-15.80
	高技术产业投资	亿元	25.81	26.12	10.80
农业	全区农林牧渔业总产值	亿元	1.65		5.00
	其中：实现农业总产值	亿元	1.27		4.10
	实现林业总产值	亿元	0.04		33.90
	实现渔业总产值	亿元	0.11		11.50
	实现农林牧渔服务业总产值	亿元	0.23		3.30
	全年粮食种植面积	万亩	2.40		1.20
	全年粮食总产量	万吨	0.9822		0.90
	油料种植面积	万亩	0.44		1.50
	油料总产量	万吨	0.0866		2.90
	蔬菜种植面积	万吨	0.41		10.00
	蔬菜总产量	万吨	0.932		15.80
工业	全区规模以上工业企业	家	75		
	其中：规模以上工业增加值				3.00
	规模以上工业企业完成总产值	亿元	529.70		3.50
	分规模：大中型工业企业	亿元	475.56		2.10
	小微型企业	亿元	51.13		-7.40
	分经济类型：国有控股和集体控股企业产值合计	亿元	256.07		7.40
	私人控股企业产值	亿元	246.40		-6.80
	澳台商控股及外商控股企业产值	亿元	24.25		33.10
	分行业门类：全区规模以上工业行业个数	个	20		
	其中：实现产值同比增长的行业个数	个	6		30.00
	电力、热力生产和供应业产值	亿元	67.83		20.60

续表

类别	指标	计量单位	绝对数	占比/%	比上年增长/%
工业	农副食品加工业产值	亿元	117.32		15.90
	有色金属冶炼和压延加工业产值	亿元	157.06		7.10
	经营方面：规模以上工业企业实现营业收入	亿元	544.40		1.10
	规模以上工业企业实现利润总额	亿元	15.64		-55.50
	规模以上工业企业资产总计	亿元	452.95		15.50
建筑业	全区资质以上建筑业企业	家	82		
	全年实现建筑业总产值	亿元	46.31		26.10
	其中：建筑安装工程产值	亿元	46.04		26.30
	竣工产值	亿元	21.93		18.30
	建筑业房屋施工面积	万平方米	60.05		45.19
	其中：新开工面积	万平方米	4.50		-85.20
	签订合同额	亿元	119.62		24.20
	年平均从业人员	人	9843		-5.20
国内贸易	全年实现社会消费品零售总额	亿元	290.89		1.80
	限额以上单位：批发业实现零售额	亿元	0.30		-13.40
	零售业实现零售额	亿元	88.23		15.90
	住宿业实现零售额	亿元	0.17		-48.80
	餐饮业实现零售额	亿元	3.26		-42.40
房地产业	全年完成房地产投资	亿元	30.28		-36.80
	施工面积	万平方米	189.58		-15.40
	竣工面积	万平方米	38.91		-12.20
	全年实现房地产销售面积	万平方米	31.27		-52.40
	其中：住宅销售面积	万平方米	26.02		-56.90
开放型经济	全年实现进出口总额	亿元	112.00		18.50
	其中：出口总额	亿元	80.90	72.23	15.20
	进口总额	亿元	31.10	27.77	28.30
人民生活	城镇居民人均可支配收入	元	61891.00		4.00
	其中：工资性收入	元	35876.00		3.70
	经营净收入	元	7039.00		2.50
	财产净收入	元	7353.00		2.60
	转移净收入	元	11623.00		6.80
	城镇居民人均消费支出	元	37742.00		4.10
	其中：食品烟酒				9.40
	居住				5.00
	生活用品及服务				0.60

续表

类别	指标	计量单位	绝对数	占比/%	比上年增长/%
人民生活	交通通信				6.80
	医疗保健				0.60
	其他用品和服务				24.70
	衣着				-2.90
	教育文化娱乐				-7.30
环境保护	$PM_{2.5}$ 平均浓度	微克/立方米	34.00		-2.90
	空气质量优良天数比例	%	73.90		
	太湖排口整治率	%	87.50		
	长江排口整治率	%	83.30		

二、科技创新发展情况

2022年京口区科技创新发展情况见表3-2-10。

表3-2-10　2022年京口区科技创新发展情况

指标	计量单位	绝对数
全区规模以上工业研发经费	亿元	9.79
科技型中小企业备案数	家	110
新增省级科技孵化载体	家	1
新增省级工程技术研究中心	家	1
全年高新技术企业总数	家	55
省市级科技项目立项	个	12
达成产学研合作协议	个	37

第六节　润州区2022年经济发展情况

2022年，在市委、市政府和区委、区政府的坚强领导下，全区坚持以习近平新时代中国特色社会主义思想为指导，认真贯彻党的二十大和中央经济工作会议精神，深入落实习近平总书记视察江苏、镇江重要讲话指示精神，牢记“镇江很有前途”的殷殷嘱托，团结依靠全区人民，攻坚克难、苦干实干，不断推动城市经济和各项事业高质量发展，努力为镇江“十四五”贡献润州力量。

一、综合经济发展情况

2022年润州区综合经济发展情况见表3-2-11。

表 3-2-11　2022 年润州区综合经济发展情况

类别	指标	计量单位	绝对数	占比/%	比上年增长/%
经济总量	全区地区生产总值	亿元	280. 04		1. 30
	其中：第一产业增加值	亿元	0. 45	0. 16	4. 00
	第二产业增加值	亿元	54. 53	19. 47	4. 00
	第三产业增加值	亿元	225. 06	80. 37	0. 70
财政收支	一般公共财政预算收入	亿元	16. 00		11. 30
	其中：税收收入	亿元	12. 50		0. 80
	一般公共财政预算支出	亿元	37. 83		66. 50
固定资产投资	全区完成固定资产投资	亿元	59. 15		4. 60
	其中：民间投资	亿元	28. 24		-38. 00
	第二产业完成投资	亿元	4. 43		670. 60
	第三产业完成投资	亿元	54. 72		2. 80
	完成高技术产业投资	亿元	2. 47		78. 30
农业	全区农林牧渔业总产值	万元	7955. 00		3. 90
	农林牧渔业增加值	万元	4803. 00		3. 90
	全年农作物播种面积	公顷	635. 51		-0. 80
	其中：粮食播种面积	公顷	130. 73		5. 40
	蔬菜播种面积	公顷	455. 51		-0. 40
	全年粮食总产量	吨	1024. 12		
	蔬菜及食用菌总产量	吨	11381. 52		5. 10
工业	年末拥有规模以上工业企业	家	10		
	全年规模以上工业企业完成总产值	亿元	36. 05		15. 43
	大中型工业企业	亿元	30. 35		20. 46
	全年规模以上工业企业实现营业收入	亿元	38. 62		16. 20
	全年规模以上工业企业实现利税	亿元	6. 12		-16. 70
	全年规模以上工业企业实现利润	亿元	4. 78		-20. 20
	全年规模以上工业企业成本费用利润率	%	13. 73		
	全年规模以上工业企业产品销售率	%	105. 40		
建筑业	年末在库的具有资质等级的建筑业企业	家	87		
	从事建筑业活动的平均人数	人	26991		
	签订合同额	亿元	173. 98		40. 20
	其中：本年新签合同额	亿元	126. 03		58. 50
	建筑业房屋施工面积	万平方米	273. 96		46. 80
	全年实现建筑业总产值	亿元	106. 73		16. 10
	竣工产值	亿元	62. 87		7. 20

续表

类别	指标	计量单位	绝对数	占比/%	比上年增长/%
国内贸易	社会消费品零售总额	亿元	136.82		1.70
	限额以上单位实现零售额				
	其中：批发业	亿元	19.64		-6.02
	零售业	亿元	63.47		41.58
	住宿业	亿元	0.28		10.38
	餐饮业	亿元	3.15		-15.29
	限额以上批发和零售业消费品实现零售额				
	其中：石油及制品类	亿元	21.98		-17.56
	服装、鞋帽、针纺织品类	亿元	0.31		-7.01
	家用电器和音像器材类	亿元	0.51		4.70
	日用品类	亿元	33.01		79.47
	粮油食品类	亿元	9.22		64.87
	中西药品类	亿元	0.62		41.09
	年末拥有亿元贸易市场	个	2		
	其中：实现成交额	亿元	36.35		
房地产业	年末在库从事房地产开发经营业企业	家	27		
	其中：完成房地产投资	亿元	33.07		-28.40
	房屋施工面积	万平方米	238.39		-4.80
	房屋竣工面积	万平方米	41.04		-20.50
	本年商品房销售面积	万平方米	49.65		-34.60
	其中：住宅	万平方米	44.44		-38.50
	本年商品房销售额	亿元	48.11		-46.30
	待售面积	万平方米	28.96		69.90
开放型经济	进出口总额	亿元	25.80		40.30
	其中：出口总额	亿元	21.00		25.30
	进口总额	亿元	4.70		202.10
	全年全区实际利用外资	万美元	1580.00		
人民生活	城镇居民人均可支配收入	元	60395.00		3.90
	其中：工资性收入	元	34909.00		4.40
	经营净收入	元	7037.00		1.60
	财产净收入	元	6969.00		1.20
	转移净收入	元	11480.00		5.40
	城镇常住居民人均消费支出	元	38061.00		4.00
	其中：食品烟酒				5.10
	居住				8.10

续表

类别	指标	计量单位	绝对数	占比/%	比上年增长/%
人民生活	生活用品				1.30
	交通通信				9.20
	医疗保健				1.40
	其他用品及服务				18.90
	衣着				-1.10
	教育文化娱乐				-7.00
	城镇常住居民消费倾向	%	63.00		0.10
	全区新增城镇就业人员	人	6040		
	帮助城镇失业人员再就业	人	5825		
	全区城乡基本社会保险覆盖率	%	98.00		
	享受城乡居民基础养老金	人	7627		
环境保护	空气质量优良天数比例	%	72.10		
	$PM_{2.5}$ 平均浓度	微克/立方米	34.10		
	全区集中式饮用水水质达标率	%	100.00		
	全区共完成造林总面积	亩	530.00		
	其中：新增造林	亩	30.00		
	低效林改造	亩	500.00		
	林木覆盖率	%	32.79		

二、科技创新发展情况

2022年润州区科技创新发展情况见表3-2-12。

表3-2-12 2022年润州区科技创新发展情况

指标	计量单位	绝对数
年末拥有国家高新技术企业	家	19
其中：2022年认定的国家级高新技术企业	家	9
年末拥有科技型中小企业入库	家	60
年末拥有高新技术企业培育入库	家	31
新增市级工程技术研发中心	家	4
年末拥有省级工程技术中心	家	1
年末拥有市级工程技术中心	家	12
获批省级专业型众创空间	家	1
获批市级众创空间培育点	家	1
年末拥有市级孵化器	家	1
年末拥有省级众创空间	家	3
年末拥有市级众创空间	家	3

第三章　扬州市辖各县市区经济发展情况

第一节　邗江区 2022 年经济发展情况

2022 年，面对复杂严峻的外部环境和超预期因素叠加冲击，全区上下认真贯彻落实国家、省、市稳住经济大盘的系列决策部署，坚定不移以工作的确定性应对形势的不确定性，统筹推进经济发展和疫情防控，全区经济运行继续保持平稳恢复态势，主要经济指标逐步回稳，高质量发展迈出了坚实步伐。

一、综合经济发展情况

2022 年邗江区综合经济发展情况见表 3-3-1。

表 3-3-1　2022 年邗江区综合经济发展情况

类别	指标	计量单位	绝对数	占比/%	比上年增长/%
经济总量	地区生产总值	亿元	1246.65		3.30
	其中：第一产业增加值	亿元	23.53	1.89	0.40
	第二产业增加值	亿元	505.27	40.53	4.60
	第三产业增加值	亿元	717.85	57.58	2.60
财政收支	一般公共财政预算收入	亿元	45.49		-2.60
	其中：税收收入	亿元	34.08		-10.70
	其中：增值税	万元	12.21		-30.60
	企业所得税	万元	5.30		-4.70
	个人所得税	万元	2.10		163.50
固定资产投资	全区完成固定资产投资				10.10
	其中：第一产业完成投资				-54.40
	第二产业完成投资				30.20
	第三产业完成投资				-26.00
农业	粮食作物：全年粮食播种面积	万公顷	1.83		0.35
	全年粮食总产量	万吨	12.67		0.40
	畜牧业：全年肉类总产量	万吨	0.47		-22.95
	其中：禽蛋产量	吨	0.41		7.89
工业	规模以上工业企业产值				8.60
	战略性新兴产业工业总产值				12.50

续表

类别	指标	计量单位	绝对数	占比/%	比上年增长/%
工业	“三主”产业				5.10
	“三特”产业				10.40
	高技术产业：工业用电			15.20	
建筑业	全年实现建筑业总产值	亿元	532.81		6.60
	全年建筑施工面积	万平方米	2396.94		1.60
	全年建筑新开工面积	万平方米	1016.08		-20.20
	竣工产值	亿元	482.07		0.80
	竣工面积	万平方米	1122.04		-0.10
国内贸易	全区实现社会消费品零售总额	亿元	268.59		2.00
	其中：城镇实现社会消费品零售总额	亿元	217.46	80.96	12.20
	农村实现社会消费品零售总额	亿元	1.69	0.63	59.70
交通运输建设	全区境内公路货运量	万吨	600.64		
	全区境内公路货物周转率	万吨/公里	99095.40		
	全区拥有各类货运车辆	辆	3886		
	新增货车	辆	428		
	货运车辆总吨位数	吨	55053.00		
	新增货车总吨位数	吨	5991.00		
旅游业	星级宾馆	家	3		
	旅行社	家	125		
	景区	家	6		
房地产业	全年完成房地产投资	亿元	164.60		-25.50
	完成商品房施工面积	万平方米	686.00		-13.00
	完成商品房竣工面积	万平方米	74.83		39.90
	全年实现商品房销售面积	万平方米	134.29		-36.30
	实现商品房销售额	亿元	180.07		-35.20
开放型经济	全年实现进出口总额	亿元	217.80		19.00
	其中：出口总额	亿元	194.34	89.23	22.20
	进口总额	亿元	23.46	10.77	-2.20
	实际利用外资	万美元	30049.00		-9.80
	其中：制造业利用外资	万美元	8692.00		2051.49
	高技术产业利用外资	万美元	11054.00		2142.19
	对外直接投资额	万美元	5109.14		196.53
	中方协议投资额	万美元	12900.00		2643.17
人口	全区（含蜀冈-瘦西湖景区）总户数	万户	21.40		
	其中：户籍人口	万人	64.90		

续表

类别	指标	计量单位	绝对数	占比/%	比上年增长/%
人口	常住人口	万人	85.89		
	全区（剔除蜀冈-瘦西湖景区）总户数	万户	17.37		
	其中：户籍人口	万人	53.44		0.70
	常住人口	万人	72.62		-0.50
	常住人口城镇化率	%	87.80		0.03
	城镇地区常住人口	万人	63.76		
	乡村地区常住人口	万人	8.86		
人民生活	全体居民人均可支配收入	元	55977.00		5.70
	城镇居民人均可支配收入	元	60026.00		5.20
	农村居民人均可支配收入	元	32453.00		6.90
	全体居民人均消费支出	元	39159.00		4.80
	城镇居民人均消费支出	元	41417.00		4.20
	农村居民人均消费支出	元	26044.00		8.20
环境保护	全区 $PM_{2.5}$ 平均浓度	微克/立方米	31.70		
	降尘量均值	吨/平方公里	2.30		
	断面水质达到或好于Ⅲ类水体比例	%	85.40		

二、科技创新发展情况

2022年邗江区科技创新发展情况见表3-3-2。

表3-3-2　2022年邗江区科技创新发展情况

指标	计量单位	绝对数
完成专利授权量	件	4426
其中：发明专利授权量	件	392
PTC国际专利申请量	件	14
地理标志商标	件	1
有效发明专利量	件	1902
其中：维持10年以上有效	件	337
每万人发明专利拥有量	件	26.17
全年认定国家高新技术企业	家	144
有效高新技术企业	家	353
认定国家科技型中小企业	家	610

第二节　江都区 2022 年经济发展情况

2022 年，全区上下始终坚持以习近平新时代中国特色社会主义思想为指导，全面贯彻落实党的二十大精神，坚持稳中求进工作总基调，在区委、区政府的强有力领导下，以“五区”同创好地方，重振“江北第一县”辉煌为目标，高效统筹疫情防控和经济社会发展，全区经济循环更加畅通，民生持续改善，高质量发展步伐更加坚实。

一、综合经济发展情况

2022 年江都区综合经济发展情况见表 3-3-3。

表 3-3-3　2022 年江都区综合经济发展情况

类别	指标	计量单位	绝对数	占比/%	比上年增长/%
经济总量	地区生产总值	亿元	1256.02		3.10
	其中：第一产业增加值	亿元	77.07	6.14	2.40
	第二产业增加值	亿元	649.93	51.75	3.00
	第三产业增加值	亿元	529.02	42.12	3.10
财政收支	一般公共预算收入	亿元	55.87		-1.80
	其中：税收收入	亿元	40.86		-12.60
	其中：增值税、企业所得税、个人所得税合计	亿元	25.93		-17.00
固定资产投资	全区固定资产投资				11.30
	其中：第一产业完成投资				-44.00
	第二产业完成投资				22.80
	第三产业完成投资				3.30
	完成高技术产业投资占全部投资比重	%	10.70		
农业	实现农林牧渔总产值	亿元	129.98		2.70
	全年粮食播种面积	万亩	136.00		0.10
	全年粮食总产量	万吨	65.73		0.10
	年末生猪存栏量	万头	19.60		-15.00
工业	规模以上工业企业营业收入				-1.00
	利税				-16.70
	利润				-2.90
	全社会用电量	亿千瓦	52.08		6.60
	其中：工业用电量	亿千瓦	32.24		-0.10
建筑业	全区实现建筑业总产值	亿元	1435.28		11.00
	建筑工程产值	亿元	1184.88		12.10
	安装工程产值	亿元	243.50		6.90
	全区资质以上施工总承包、专业承包建筑业企业	家	194		-8.90

续表

类别	指标	计量单位	绝对数	占比/%	比上年增长/%
国内贸易	全年实现社会消费品零售总额	亿元	285.65		3.10
	其中：批发业实现销售额	亿元	495.32		9.40
	零售业实现销售额	亿元	267.58		7.30
	住宿业实现营业额	亿元	5.08		-1.20
	餐饮业实现营业额	亿元	36.25		6.10
	实现限额以上消费品零售总额	亿元	101.08		27.50
交通运输建设	公路客运量	万人次	5.40		-77.60
	其中：客运周转量	万人公里	833.70		-86.10
	公路货运量	万吨	2016.00		-42.60
	其中：货运周转量	亿吨公里	2.03		-51.80
	完成水路货运量	万吨	2125.00		201.20
	其中：货物周转量	亿吨公里	21.58		238.50
	港口货物吞吐量沿江	万吨	6403.60		
	其中：内河	万吨	75.60		
邮电业	全年实现邮电业务收入	亿元	2.99		14.40
	实现邮政业务总量	亿元	2.30		-23.90
金融业	年末金融机构人民币存款余额	亿元	1651.47		12.00
	其中：住户存款余额	亿元	1117.32		17.70
	年末金融机构人民币贷款余额	亿元	1266.52		20.90
	其中：中长期贷款	亿元	737.80		26.70
	个人消费贷款	亿元	237.23		1.80
房地产业	全区商品房销售面积	万平方米	83.35		-34.00
	其中：住宅销售面积	万平方米	61.38	73.60	-13.20
	商品房销售额	亿元	74.47		-31.60
	其中：住宅销售额	亿元	63.09	84.70	-18.40
开放型经济	全年实现外贸进出口总额	亿美元	35.80		
	对外直接投资	万美元	6352.00		
	实际利用外资	亿美元	2.00		
人口	全区常住人口	万人	92.87		
	常住人口城镇化率	%	62.10		
	户籍人口	万人	100.50		
	登记出生人口	人	3245.00		
	人口出生率	‰	3.20		
	死亡人口	人	10333.00		
	人口死亡率	‰	10.30		
	人口自然增长率	‰	-7.00		

续表

类别	指标	计量单位	绝对数	占比/%	比上年增长/%
人民生活	全区全体居民人均可支配收入	元	44819.00		6.20
	城镇居民人均可支配收入	元	55225.00		5.50
	农村居民人均可支配收入	元	31546.00		7.20
	全体居民人均消费支出	元	29740.00		5.90
	城镇居民人均消费支出	元	33507.00		4.10
	农村居民人均消费支出	元	24938.00		8.80
环境保护	$PM_{2.5}$ 平均浓度	微克/立方米	30.00		
	空气质量优良天数比例	%	77.00		
	完成土壤污染状况调查	个	33		
	受污染耕地安全利用率	%	100.00		
城乡建设	征迁	万平方米	16.00		
	拆违	万平方米	4.80		
	新增城市绿地	万平方米	25.50		

二、科技创新发展情况

2022 年江都区科技创新发展情况见表 3-3-4。

表 3-3-4　2022 年江都区科技创新发展情况

指标	计量单位	绝对数
获批国家高新技术企业	家	186
科技型中小企业	家	600
省科技计划项目	个	12
净增发明专利授权	件	233

第三节　高邮市 2022 年经济发展情况

2022 年，面对复杂严峻的外部环境和多重超预期困难挑战，全市上下坚持以习近平新时代中国特色社会主义思想为指导，全面贯彻党的二十大和中央经济工作会议精神，认真落实党中央、国务院决策部署和省委、省政府工作要求，在市委、市政府的坚强领导下，上下齐心、攻坚克难，积极应对风险挑战，持续巩固经济社会发展成果，全年经济总量迈上千亿新台阶，高质量发展迈出坚实步伐。

一、综合经济发展情况

2022 年高邮市综合经济发展情况见表 3-3-5。

表 3-3-5　2022 年高邮市综合经济发展情况

类别	指标	计量单位	绝对数	占比/%	比上年增长/%
经济总量	全市地区生产总值	亿元	1014.81		4.80
	其中：第一产业增加值	亿元	96.08	9.47	3.00
	第二产业增加值	亿元	509.31	50.19	5.80
	第三产业增加值	亿元	409.42	40.34	3.90
财政收支	一般公共财政预算收入	亿元	40.09		2.79
	其中：税收收入	亿元	30.88		-3.09
	一般公共财政预算支出	亿元	94.76		7.50
固定资产投资	全市完成固定资产投资				11.90
	其中：第一产业完成投资				21.00
	第二产业完成投资				16.80
	第三产业完成投资				3.40
	5000 万元及以上重大项目完成投资	亿元	38.68	15.60	15.80
	全年新增列入统计 5000 万元及以上项目	个	191		
	新开工亿元项目	个	132		
	其中：50 亿元	个	1		
	40 亿元	个	1		
	10 亿~25 亿元	个	15		
	竣工亿元以上项目	个	106		
	其中：10 亿元及以上	个	4		
农业	农林牧渔业总产值	亿元	171.32		3.20
	其中：农业总产值	亿元	65.63		4.70
	林业总产值	亿元	1.88		4.30
	牧业总产值	亿元	19.44		0.30
	渔业总产值	亿元	73.27		1.42
	粮食产量	吨	844549.00		0.10
	油料产量	吨	15530.00		3.90
	蔬菜产量	吨	695675.00		5.00
	水产品产量	吨	236293.00		2.50
	生猪出栏量	万头	26.80		22.90
	家禽出栏量	万只	2330.92		-9.40
	新建高标准农田	万亩	10.30		
	高效节水灌溉	万亩	0.36		
	主要农作物农机化水平	%	95.00		
	绿色优质农产品占比	%	91.04		

续表

类别	指标	计量单位	绝对数	占比/%	比上年增长/%
农业	“三田”融合规模	万亩	9.26		
	农作物秸秆综合利用率	%	98.50		
	粪肥和秸秆产业规模	亿元	1.20		
	粪肥沼液还田	万亩	10.11		
	新入选农业品牌目录（省级）	个	1		
	省级农业品牌	个	7		
	绿色食品品牌	个	17		
工业	规模以上工业企业	家	686		
	产值超亿元企业	家	191		
	其中：超10亿元企业	家	15		
	实现营业收入	亿元	1112.30		10.00
	利税总额	亿元	60.66		-9.30
	利润总额	亿元	37.69		-10.00
	营业收入利润率	%	3.40		
	规模以上工业产销率	%	95.80		
	工业入库税收	亿元	27.70		0.60
	工业开票销售	亿元	1310.64		12.30
	全年新增规模以上工业企业	家	75		
建筑业	全年实现建筑业总产值	亿元	1528.00		
	实现建筑业总产值	亿元	1341.00		2.60
	实现税收收入	亿元	8.33		
	产值超10亿元企业	家	16		
	其中：产值超百亿元企业	家	4		
	外埠施工产值	亿元	983.00		
	装配式施工面积	万平方米	32.30		
	各类资质建筑业企业	家	793		
	其中：特级总承包资质企业	家	3		
	一级总包企业	家	17		
	二级总包企业	家	44		
国内贸易	全市实现社会消费品零售总额	亿元	188.72		1.90
	限额以上社会消费品零售额	亿元	68.14		11.60
	限额以上主要商品零售中日用品类				125.60
	限额以上主要商品零售中粮油及食品类				81.20
	限额以上主要商品零售中服装、鞋帽、针纺织品类				22.40
	限额以上主要商品零售中文化办公用品类				39.40

续表

类别	指标	计量单位	绝对数	占比/%	比上年增长/%
金融业	金融机构年末各项本外币存款余额	亿元	1016.42		13.14
	其中：非金融企业存款	亿元	197.27		-7.13
	住户存款	亿元	694.79		19.17
	金融机构年末各项本外币贷款余额	亿元	849.98		15.42
	其中：短期贷款	亿元	290.34		7.98
	中长期贷款	亿元	516.27		19.31
	票据融资	亿元	43.32		24.52
房地产业	全市实现房地产开发投资	亿元	63.49		-26.90
	其中：住宅投资	亿元	53.31		-31.50
	商业营业用房投资	亿元	4.87		25.20
	办公用房投资	亿元	2.80		1.40
	其他用房投资	亿元	2.51		6.40
	全市商品房竣工面积	万平方米	39.13		-14.70
开放型经济	全市实现进出口总额	亿美元	7.76		15.40
人民生活	全体居民人均可支配收入	元	37775.00		6.30
	其中：工资性收入	元	22621.00		6.40
	经营净收入	元	6677.00		5.20
	财产净收入	元	2617.00		4.20
	转移净收入	元	5860.00		7.80
	城镇居民人均可支配收入	元	47517.00		5.40
	农村居民人均可支配收入	元	27559.00		7.10
	全市居民人均消费支出	元	25737.00		6.30
	城镇居民人均消费支出	元	30443.00		4.40
	农村居民人均消费支出	元	20802.00		8.90
环境保护	全市 $PM_{2.5}$ 平均浓度	微克/立方米	32.00		
	降尘量年均值	吨/平方公里·月	2.30		
	受污染耕地安全利用率	%	93.00		

二、科技创新发展情况

2022 年高邮市科技创新发展情况见表 3-3-6。

表 3-3-6　2022 年高邮市科技创新发展情况

指标	计量单位	绝对数
全市当年新认定国家高新技术企业	家	111
有效高新技术企业总数	家	297

续表

指标	计量单位	绝对数
新获批省高新技术企业培育入库培育企业	家	78
省科技型中小企业备案	家	564
科技企业上市培育计划	家	1
获批省级科技计划项目	项	10
省科学技术奖	项	2
扬州市级科技计划项目	项	19
获批省级企业工程技术研究中心	家	1
省科技副总	个	27
获批扬州市企业工程技术研究中心	家	27
获批扬州市企业重点实验室	家	2

第四节 广陵区 2022 年经济发展情况

2022 年，在面对复杂严峻的国内外形势和多重超预期因素冲击下，区委、区政府团结带领全区人民，高效统筹疫情防控和经济社会发展，全面落实稳经济一揽子政策措施，迎难而上、干中求成，经济运行承压前行、稳中向好，总量再上新台阶、结构实现新优化、质效得到新提高，交出了一份克难奋进、量质齐升的精彩答卷。

一、综合经济发展情况

2022 年广陵区综合经济发展情况见表 3-3-7。

表 3-3-7 2022 年广陵区综合经济发展情况

类别	指标	计量单位	绝对数	占比/%	比上年增长/%
经济总量	地区生产总值	亿元	802.59		3.20
	其中：第一产业增加值	亿元	9.16		0.90
	第二产业增加值	亿元	301.02		5.50
	第三产业增加值	亿元	492.41		2.10
财政收支	一般公共财政预算收入	亿元	31.75		-24.40
	其中：税收收入	亿元	27.64		-27.30
	财政支出	亿元	98.34		
	其中：一般预算支出	亿元	47.67		
固定资产投资	全区固定资产投资				12.30
	其中：第一产业投资				-88.80
	第二产业投资				10.30
	其中：制造业投资				9.10
	工业技改投资				-25.00
	工业技改投资占工业投资比重	%	31.60		
	第三产业投资				13.90

续表

类别	指标	计量单位	绝对数	占比/%	比上年增长/%
固定资产投资	高技术投资			16.80	22.30
	全年完成房地产开发投资	亿元	145.15		0.70
	其中：住宅投资	亿元	131.11		
	商品房销售面积	万平方米	95.89		
	其中：住宅面积	万平方米	85.70		
	商品房销售额	亿元	139.61		
	其中：住宅销售额	亿元	124.46		
农林牧渔业	农林牧渔业现价总产值	亿元	20.18		2.86
	其中：农业总产值	亿元	11.70		
	林业产值	亿元	0.19		
	牧业产值	亿元	1.35		
	渔业产值	亿元	5.47		
	农林牧渔业增加值	亿元	9.72		1.00
工业	全年新增规模以上工业企业	家	30		
	年末规模以上工业企业	家	291		
	实现主营业务收入	亿元	547.62		
	利润总额	亿元	25.10		3.90
	规模以上工业增加值				8.60
	全区规模以上工业企业完成产值	亿元	617.01		12.90
	亿元以上企业	个	78		
	其中：5 亿元企业	个	17		
	10 亿元企业	个	7		
	百亿元企业	个	1		
	全部工业开票销售	亿元	644.00		
	完成工业投资	亿元	88.53		10.30
建筑业	资质以上企业完成建筑业总产值	亿元	755.50		6.60
	竣工产值	亿元	604.59		-4.50
	房屋建筑施工面积	万平方米	4720.46		-5.00
	其中：新开工面积	万平方米	1307.59		-14.90
国内贸易	全区实现社会消费品零售总额	亿元	293.33		2.20
	批零住餐业销售额	亿元	483.85		
	住宿餐饮业营业额	亿元	39.35		
	全区实现规模以上服务业营业收入	亿元	63.90		8.00
开放型经济	全年实现进出口总额	亿美元	15.32		20.20
	其中：出口总额	亿美元	14.39		

续表

类别	指标	计量单位	绝对数	占比/%	比上年增长/%
开放型经济	进口总额	亿美元	0.93		
	全年实际利用外资	万美元	10749.00		
人口	全区总人口	万人	42.29		
	其中：女性	万人	21.55	51.00	
	人口出生率	‰	4.00		
	人口死亡率	‰	8.70		
	人口自然增长率	‰	-4.70		
人民生活	全体居民人均可支配收入	元	54069.00		5.50
	城镇居民人均可支配收入	元	57241.00		5.10
	农村居民人均可支配收入	元	39257.00		7.10
	城乡居民人均消费支出	元	41030.00		4.90
城镇建设	新增城市绿地	万平方米	21.70		
	创成生活垃圾“四分类”达标小区	个	35		
	实施老旧小区改造	万平方米	31.00		
	新增城镇污水管网	公里	5.00		
环境保护	全年 $PM_{2.5}$ 平均浓度	微克/立方米	32.00		
	国考、省考断面优Ⅲ比例	%	100.00		

二、科技创新发展情况

2022 年广陵区科技创新发展情况见表 3-3-8。

表 3-3-8　2022 年广陵区科技创新发展情况

指标	计量单位	绝对数
招引科技型企业	家	104
新增国家高新技术企业	家	42
科技型中小企业	家	280
高新产值占比	%	76

第五节　仪征市 2022 年经济发展情况

2022 年，全市上下坚持以习近平新时代中国特色社会主义思想为指导，全面贯彻党的二十大和中央经济工作会议精神，认真落实“疫情要防住、经济要稳住、发展要安全”重大要求，坚持稳中求进工作总基调，高效统筹疫情防控和经济社会发展，全市经济运行平稳，综合经济实力不断壮大。

一、综合经济发展情况

2022 年仪征市综合经济发展情况见表 3-3-9。

表 3-3-9　2022 年仪征市综合经济发展情况

类别	指标	计量单位	绝对数	占比/%	比上年增长/%
经济总量	地区生产总值	亿元	1002.93		4.60
	其中：第一产业增加值	亿元	24.51	2.44	3.00
	第二产业增加值	亿元	525.85	52.43	5.80
	第三产业增加值	亿元	452.57	45.12	3.30
财政收支	一般公共财政预算收入	亿元	46.65		-3.20
	其中：税收收入	亿元	37.00	79.30	-5.10
物价指数	全年居民消费价格				2.20
	食品烟酒类				2.30
	非食品烟酒类				2.20
	交通和通信价格				6.00
	医疗保健价格				2.70
	食品烟酒价格				2.30
	教育文化和娱乐价格				1.80
	居住价格				0.90
	生活用品及服务价格				0.90
	衣着价格				0.70
	其他用品和服务价格				3.30
固定资产投资	全市完成固定资产投资	亿元	247.91		13.40
	其中：完成民间投资	亿元	194.05		12.50
	第一产业完成投资	亿元	0.98		-49.40
	第二产业完成投资	亿元	150.55		21.20
	其中：制造业完成投资	亿元	141.63		19.90
	第三产业完成投资	亿元	96.38		4.20
	其中：完成高技术产业投资	亿元	38.68		13.30
农业	全年粮食总产量	万吨	26.61		4.20
	其中：夏粮总产量	万吨	5.76		3.60
	秋粮总产量	万吨	20.85		-2.30
	油料总产量	万吨	0.67		1.50
	蔬菜总产量	吨	32.49		0.90
	全年粮食种植面积	万亩	55.70		15.80
	油料种植面积	万亩	3.90		3.00
	蔬菜种植面积	万亩	12.19		0.90
	生猪饲养量	万头	23.75		-0.80
	肉类总产量	吨	14881.00		0.10
	牛奶总产量	吨	1975.00		0.90

续表

类别	指标	计量单位	绝对数	占比/%	比上年增长/%
农业	禽蛋总产量	万吨	1.00		2.20
	水产品总产量	吨	7850.00		3.10
工业	全市规模以上工业实现产值	亿元	1374.78		9.40
	规模以上石化无纺产业实现产值	亿元	468.84		3.90
	规模以上汽车及零部件产业实现产值	亿元	391.43		7.90
	全市工业开票销售收入	亿元	1410.37		7.00
	全社会用电量	亿千瓦	57.02		5.90
	其中：第一产业用电量	亿千瓦	0.18	0.32	4.30
	第二产业用电量	亿千瓦	44.31	77.71	2.80
	其中：工业用电量	亿千瓦	43.97		3.10
	第三产业用电量	亿千瓦	6.07	10.65	19.50
	其中：城乡居民生活用电量	亿千瓦	6.45	11.31	18.20
建筑业	全年建筑业实现总产值	亿元	428.70		6.60
	竣工产值	亿元	367.43		14.20
	建筑业企业房屋建筑施工面积	万平方米	2467.08		-0.20
	竣工面积	万平方米	914.14		32.50
交通运输建设	年末全市公路里程	公里	1599.85		
	公路客运量	万人次	29.14		
	公路货运量	万吨	613.01		
	水路货运量	万吨	2357.90		
	铁路货运量	万吨	13.60		
	全市民用汽车拥有量	辆	127098.00		14.60
	其中：私人汽车拥有量	辆	113640.00		12.40
邮电业	全年邮政业务收入	亿元	0.32		9.80
	电信业务收入	亿元	5.85		25.60
	全市电话用户	万户	82.01		0.50
	其中：固定电话用户	万户	11.81		-0.30
	移动电话用户	万户	70.20		0.70
	互联网宽带接入用户数	万户	32.26		1.00
金融业	年末金融机构人民币存款余额	亿元	923.59		6.40
	其中：住户存款	亿元	566.64		17.80
	企业存款	亿元	398.58		13.80
	年末金融机构人民币贷款余额	亿元	791.71		10.80
	其中：短期贷款	亿元	263.93		2.51
	中长期贷款	亿元	490.18		13.70

续表

类别	指标	计量单位	绝对数	占比/%	比上年增长/%
开放型经济	全年实现进出口总额	亿美元	21.34		9.40
人口	全市户籍人口	人	543444		0.20
	人口出生率	‰	4.00		
	人口死亡率	‰	8.79		
	人口自然增长率	‰	-4.79		
	全市常住人口	万人	53.86		
人民生活	全体居民人均可支配收入	元	42859.00		6.50
	全体居民人均消费支出	元	25959.00		6.30
	城镇居民人均可支配收入	元	55024.00		5.70
	城镇居民人均消费支出	元	30261.00		4.80
	农村居民人均可支配收入	元	28302.00		7.30
	农村居民人均消费支出	元	20812.00		8.40
城镇建设	危房解危	万平方米	1.00		
	改造老旧小区	万平方米	12.20		
环境保护	全年 $PM_{2.5}$ 平均浓度	微克/立方米	30.60		
	空气质量优良天数比例	%	79.20		
	绿化造林	亩	3400.00		
	林木覆盖率	%	29.60		
	湿地保护率	%	70.00		

二、科技创新发展情况

2022年仪征市科技创新发展情况见表3-3-10。

表3-3-10　2022年仪征市科技创新发展情况

指标	计量单位	绝对数
规模以上工业研发经费占营业收入	%	2.56
高新技术产业产值占规模以上工业产值	%	36.50
科技型企业	家	65
国家高新技术企业	家	109
完成智能化改造项目	个	32
“上云用数”项目	个	105
“数字画像”诊断项目	个	170

第六节　宝应县 2022 年经济发展情况

2022 年，全县上下坚持以习近平新时代中国特色社会主义思想为指导，全面贯彻党的二十大和中央经济工作会议精神，认真落实“疫情要防住、经济要稳住、发展要安全”重大要求，坚持稳中求进工作总基调，高效统筹疫情防控和经济社会发展，经济运行平稳，综合经济实力不断壮大。

一、综合经济发展情况

2022 年宝应县综合经济发展情况见表 3-3-11。

表 3-3-11　2022 年宝应县综合经济发展情况

类别	指标	计量单位	绝对数	占比/%	比上年增长/%
经济总量	地区生产总值	亿元	881.65		4.60
	其中：第一产业增加值	亿元	93.53	10.61	2.30
	第二产业增加值	亿元	434.18	49.25	6.10
	第三产业增加值	亿元	353.93	40.14	3.50
财政收支	财政总收入	亿元	81.61		0.30
	其中：一般公共财政预算收入	亿元	24.48		-2.60
	其中：税收收入	亿元	17.40		-10.70
	非税收入	万元	70802.00		25.20
固定资产投资	全县完成固定资产投资				16.90
	其中：第一产业完成投资				70.80
	第二产业完成投资				22.00
	第三产业完成投资				4.90
农业	全年粮食播种面积	万亩	169.77		0.20
	其中：夏粮播种面积	万亩	81.42		0.10
	秋粮播种面积	万亩	88.35		0.30
	全年粮食亩产	公斤	514.00		0.00
	其中：夏粮亩产	公斤	408.00		0.70
	秋粮亩产	公斤	612.00		-0.60
	全年粮食总产	万吨	87.30		0.00
	其中：夏粮总产	万吨	33.21		0.80
	秋粮总产	万吨	54.09		-0.30
	全年生猪出栏量	万头	34.80		-7.60
	其中：年末生猪存栏量	万头	22.58		
	其中：能繁母猪存栏量	万头	2.20		8.20
	水产养殖面积	万亩	36.00		-2.40
	其中：全年水产品产量	万吨	15.10		1.30
	高标准农田	万亩	2.41		

续表

类别	指标	计量单位	绝对数	占比/%	比上年增长/%
农业	设施农业	万亩	1.70		
	生态化改造池塘	万亩	4.00		
	年末有效灌溉面积	万亩	116.07		
	旱涝保收面积	万亩	101.51		
工业	年末全县规模以上工业企业总数	家	574		
	营业收入	亿元	903.70		-0.20
	利润总额	亿元	24.23		-7.40
	利税总额	亿元	43.02		2.40
	全部工业开票销售	亿元	960.25		2.30
	全县规模以上工业企业总产值	亿元	975.24		10.00
	全社会用电量	亿千瓦	30.38		8.20
	其中：第一产业用电量	亿千瓦	1.52		34.00
	第二产业用电量	亿千瓦	17.20		4.00
	其中：工业用电量	亿千瓦	17.02		3.00
	第三产业用电量	亿千瓦	4.78		5.60
	其中：城乡居民用电量	亿千瓦	6.88		17.20
建筑业	全县各级各类资质建筑业企业	家	288		
	全年实现建筑业总产值	亿元	690.82		7.10
	全年建筑施工面积	万平方米	9454.09		29.50
	全年建筑新开工面积	万平方米	4454.77		40.40
	竣工产值	亿元	681.73		22.60
	竣工面积	万平方米	3123.01		19.70
国内贸易	实现社会消费品零售总额	亿元	175.06		2.70
	限额以上社会消费品零售总额	亿元	48.61		15.50
交通运输建设	公路客运量	万人次	69.80		-77.60
	旅客周转量	亿人公里	0.30		-86.10
	公路货运量	万吨	385.60		-42.60
	公路货运周转量	亿吨公里	5.90		-51.80
	水路货运量	万吨	2165.30		201.20
	水路货运周转量	亿吨公里	107.00		238.50
邮电业	全年实现邮电业务总量	万元	18118.00		8.20
	电信业务收入	亿元	6.53		13.60
	年末移动用户	万户	72.06		5.00
	互联网宽带接入用户数	万户	31.59		13.70
旅游业	AAAA 景区	家	2		
	AAA 景区	家	1		

续表

类别	指标	计量单位	绝对数	占比/%	比上年增长/%
旅游业	乡村旅游重点村	家	2		
	旅游企业	家	3		
	全年旅游收入	亿元	32.50		8.00
	国内外入住游客	万人次	55.30		8.40
金融业	年末金融机构各项人民币存款余额	亿元	805.68		15.20
	其中：住户存款余额	亿元	545.40		18.80
	年末金融机构各项人民币贷款余额	亿元	646.11		17.30
房地产业	房地产开发投资项目	个	47		
	全年完成房地产投资	亿元	34.29		-14.80
	其中：住宅投资	亿元	26.01		-12.30
	非住宅投资	亿元	8.28		-21.70
	完成商品房竣工面积	万平方米	42.13		-9.60
	全年实现商品房销售面积	万平方米	48.57		-28.20
开放型经济	全县实际到账外资	万美元	7387.00		
	进出口总额	万美元	90829.00		
	其中：出口总额	万美元	76322.00		
	进口总额	万美元	14507.00		
人口	全县户籍人口	万人	84.85		
	户籍出生人口	万人	0.30		
	人口出生率	‰	3.54		
	户籍死亡人口	万人	0.97		
	人口死亡率	‰	11.43		
	人口自然增长率	‰	-7.89		
	全县常住人口	万人	67.85		
	常住人口城镇化率	%	58.51		0.89
人民生活	全体居民人均可支配收入	元	34342.00		6.20
	全体居民人均消费支出	元	21652.00		6.50
	城镇居民人均可支配收入	元	40695.00		5.20
	城镇居民人均消费支出	元	23895.00		4.50
	农村居民人均可支配收入	元	27723.00		7.50
	农村居民人均消费支出	元	23895.00		4.50
环境保护	绿化造林	亩	2200.00		
	修复湿地	亩	950.00		
	建成省级绿美村庄	个	8		
	林木覆盖率	%	21.23		

二、科技创新发展情况

2022年宝应县科技创新发展情况见表3-3-12。

表3-3-12　2022年宝应县科技创新发展情况

指标	计量单位	绝对数
全县授权专利	件	2096
其中：发明专利	件	119
发明专利保有数	件	825
每万人发明专利拥有量	件	12
新增注册商标	件	2628
国际注册商标	件	5
全年获批国家高新技术企业	家	70
省科技企业上市培育入库企业	家	1
获认定国家科技型中小企业	家	280
新招引科技型企业	家	65
获批省级工程技术研究中心	家	1
引进高层次领军人才	人	34

第四章　淮安市辖各县区经济发展情况

第一节　淮安区 2022 年经济发展情况

2022 年，全区上下坚持以习近平新时代中国特色社会主义思想为指导，坚决落实党中央“疫情要防住、经济要稳住、发展要安全”的重大要求，紧紧围绕上级党委政府和区委、区政府的决策部署，扎实推进“四大工程”，坚持稳中求进工作总基调，有效应对风险挑战，更好统筹疫情防控和经济社会发展，交出了一份特质鲜明的成绩单。

一、综合经济发展情况

2022 年淮安区综合经济发展情况见表 3-4-1。

表 3-4-1　2022 年淮安区综合经济发展情况

类别	指标	计量单位	绝对数	占比/%	比上年增长/%
经济总量	地区生产总值	亿元	751.14		4.00
	其中：第一产业增加值	亿元	84.51	11.25	4.70
	第二产业增加值	亿元	323.98	43.13	5.50
	第三产业增加值	亿元	342.65	45.62	2.60
财政收支	全年实现财政总收入	亿元	53.47		3.60
	其中：完成一般公共预算收入	亿元	34.88		8.30
	其中：税收收入	亿元	24.57		-11.40
	全年上划中央四税	亿元	18.58		0.80
	政府性基金收入	亿元	62.17		-13.40
	全区公共财政预算支出	亿元	91.88		-11.10
	其中：教育支出	亿元	17.07		3.70
	社会保障和就业支出	亿元	17.03		-5.30
	住房保障支出	亿元	10.87		2.20
	一般公共服务支出	亿元	8.90		-22.80
	农林水支出	亿元	8.49		-23.30
固定资产投资	全区规模以上固定资产投资	亿元			15.80
	其中：建筑安装工程投资	亿元			22.80
	项目投资	亿元			23.10
	工业投资	亿元			24.20
	房地产开发投资	亿元			-25.30

续表

类别	指标	计量单位	绝对数	占比/%	比上年增长/%
农业	全年全区粮食作物播种面积	万亩	199.20		
	全年粮食总产量	万吨	98.00		0.20
	其中：小麦总产量	万吨	37.95		0.90
	水稻总产量	万吨	58.27		-0.30
	夏粮播种面积	万亩	96.95		-0.30
	夏粮总产量	万吨	37.97		0.90
	秋粮播种面积	万亩	102.26		0.30
	秋粮总产量	万吨	60.03		-0.20
	全年粮食平均亩产量	公斤	491.96		0.20
	年末生猪存栏	万头	29.85		1.80
	其中：出栏	万头	53.71		4.50
	猪牛羊禽肉产量	万吨	5.57		2.60
	禽蛋总产量	万吨	2.58		28.60
	水产品总产量	万吨	4.93		
	其中：淡水养殖	万吨	4.58		
	淡水捕捞	万吨	0.36		
工业	全年规模以上工业总产值	亿元			10.00
	其中：轻工业总产值	亿元			13.20
	重工业总产值	亿元			6.40
	集体工业	亿元			-34.20
	股份制工业	亿元			10.50
	外商港澳台投资工业	亿元			-8.00
	民营企业	亿元			12.20
	其中：私营工业	亿元			19.20
	全年规模以上工业增加值	亿元			10.80
	全年新增规模以上工业企业	家	36		
	国家电网中全部工业用电量	亿千瓦时	16.14		9.40
	已培育国家级专精特新“小巨人”企业	户	1		
	已培育省级专精特新“小巨人”企业	户	11		
	已培育市级专精特新“小巨人”企业	户	35		
	累计创成省级工业互联网标杆工厂	家	3		
	新增星级上云企业	家	44		
	全年规模以上工业企业实现主营业务收入	亿元	351.52		4.10
	实现营业利润	亿元	17.80		43.50
	年末亏损企业	家	46		
	规模以上工业应税开票销售额	亿元	333.10		

续表

类别	指标	计量单位	绝对数	占比/%	比上年增长/%
建筑业	全年实现有资质建筑业企业总产值	亿元	422.86		8.30
	竣工产值	亿元	278.43		30.80
	全区有资质建筑企业实现利润总额	亿元	12.90		0.00
	建筑业企业房屋建筑施工面积	万平方米	4952.32		1.40
	其中：新开工面积	万平方米	971.70		17.00
	竣工面积	万平方米	1103.26		62.00
	其中：住宅竣工面积	万平方米	945.55		78.80
国内贸易	全年实现社会消费品零售总额	亿元	251.97		-0.80
	其中：限额以上社会消费品零售总额	亿元	23.06		-1.80
	批发业实现销售额	亿元	324.74		9.80
	零售业实现销售额	亿元	217.99		5.40
	住宿业实现营业额	亿元	7.15		1.20
	餐饮业实现营业额	亿元	49.54		4.00
金融业	全年全区人民币存款余额	亿元	729.46		11.50
	其中：居民储蓄存款余额	亿元	474.86		16.60
	全年全区人民币贷款余额	亿元	675.30		21.00
房地产业	全年商品房销售面积	万平方米	100.93		-23.70
	其中：住宅销售面积	万平方米	71.97		-24.60
开放型经济	全区外贸进出口总额	亿美元	4.83		2.00
	全年协议注册外资额	万美元	30517.80		-73.60
	注册外资实际到账	万美元	16102.20		-5.20

二、科技创新发展情况

2022 年淮安区科技创新发展情况见表 3-4-2。

表 3-4-2　2022 年淮安区科技创新发展情况

指标	计量单位	绝对数
全区发明专利授权量	件	48
发明专利拥有量	件	443
万人有效发明专利拥有量	件	5.56
国家高新技术企业数	家	81

第二节　清江浦区2022年经济发展情况

在区委、区政府的坚强领导下，全区上下以喜迎党的二十大、学习宣传贯彻党的二十大精神为主线，以习近平新时代中国特色社会主义思想为指导，全面落实“疫情要防住、经济要稳住、发展要安全”重大要求，坚决担起“勇挑大梁”政治责任、扛起“跨越赶超”使命担当，高效统筹疫情防控和经济社会发展，高品质现代化中心城区建设迈出坚实步伐。

一、综合经济发展情况

2022年清江浦区综合经济发展情况见表3-4-3。

表3-4-3　2022年清江浦区综合经济发展情况

类别	指标	计量单位	绝对数	占比/%	比上年增长/%
经济总量	全区地区生产总值	亿元	702.77		3.70
	其中：第一产业增加值	亿元	14.79	2.10	5.10
	第二产业增加值	亿元	176.32	25.09	7.00
	第三产业增加值	亿元	511.66	72.81	2.70
财政收支	公共财政预算收入	亿元	33.90		-7.40
	其中：税收收入	亿元	23.83		-19.20
	非税收入	亿元	10.07		41.40
	公共财政预算支出	亿元	44.48		-7.70
	其中：一般公共服务支出	亿元	3.71		-27.70
固定资产投资	全区规模以上固定资产投资				20.10
	其中：项目投资				53.60
	房地产开发投资				-5.90
	工业投资				45.20
	建安工程				34.90
农业	农林牧渔业总产值	亿元	26.64		6.80
	其中：农业总产值	亿元	18.20		-0.30
	其中：粮食作物播种面积	万亩	19.33		0.10
	粮食单产	公斤	491.56		0.70
	粮食总产量	万吨	9.50		0.80
	蔬菜播种面积	万亩	10.18		1.90
	蔬菜及食用菌总产量	万吨	37.16		4.00
	林业总产值	亿元	0.25		7.30
	畜牧业总产值	亿元	4.14		54.30
	渔业总产值	亿元	1.71		-0.90
工业	规模以上工业总产值	亿元	189.99		14.60
	其中：私营企业产值占比	%	72.60		

续表

类别	指标	计量单位	绝对数	占比/%	比上年增长/%
工业	实现营业收入	亿元	167.96		12.20
	实现利润	亿元	13.86		-29.40
	规模以上工业增加值	亿元	135.29		10.90
建筑业	具有资质等级的总承包和专业承包建筑业企业	户	168		
	建筑业总产值同比增长	%	6.80		
	签订合同额同比增长	%	11.30		
	实现建筑业增加值	亿元	61.03		
	可比价增幅	%	8.50		
国内贸易	社会消费品零售总额	亿元	559.01		-0.40
	其中：批发业	亿元	371.49		6.80
	零售业	亿元	440.93		3.40
	住宿业	亿元	9.09		-0.40
	餐饮业	亿元	57.87		2.40
房地产业	商品房销售面积	万平方米	195.45		-31.00
	商品房销售额	亿元	177.17		-32.20
开放型经济	注册外资实际到账	万美元	6006.90		-64.20
	新设外资项目	个	11		
	其中：3000 万美元以上项目	个	6		
	实际到账台资	万美元	513.25		
人口	全区户籍总人口	万人	59.43		
	全年出生人口	人	3534		
	出生率	‰	5.95		
	全年死亡人口	人	4083		
	死亡率	‰	6.87		
	年末常住人口	万人	58.97		
	其中：城镇常住人口	万人	54.05		
	城镇人口出生率	‰	5.80		
	城镇人口死亡率	‰	6.14		
人民生活	全体居民人均可支配收入	元	52788.00		4.70
	其中：城镇居民	元	55512.00		4.50
	农村居民	元	28971.00		6.80
	全体居民人均生活消费支出	元	27691.00		4.30
	其中：城镇居民	元	28417.00		4.10
	农村居民	元	21340.00		6.90

续表

类别	指标	计量单位	绝对数	占比/%	比上年增长/%
环境保护	$PM_{2.5}$ 平均浓度	微克/立方米	34.30		-3.90
	空气质量优良天数比例	%	80.80		-1.10
	地表水达到或好于Ⅲ类水质比例	%	100.00		
	期末危废库存量	吨	112.02		

二、科技创新发展情况

2022 年清江浦区科技创新发展情况见表 3-4-4。

表 3-4-4　2022 年清江浦区科技创新发展情况

指标	单位	绝对数
研发投入	亿元	6.39
科技项目资金	万元	725.58
全区新增高新技术企业	家	17
科技型中小企业培育入库	家	138
各类专业技术人员	万人	2.11
其中：高技能人才	人	12984
中级以上职称	人	2533
新增高技能人才	人	1009

第三节　涟水县 2022 年经济发展情况

2022 年，面对新冠疫情的严重冲击和复杂严峻的外部环境，涟水县坚持以习近平新时代中国特色社会主义思想为指导，深入学习贯彻党的二十大精神，锚定“站稳第一方阵，争取第一位次”工作目标，众志成城、团结一心，勇挑大梁、笃定前行，高质量发展成效显著。

一、综合经济发展情况

2022 年涟水县综合经济发展情况见表 3-4-5。

表 3-4-5　2022 年涟水县综合经济发展情况

类别	指标	计量单位	绝对数	占比/%	比上年增长/%
经济总量	全县地区生产总值	亿元	700.37		4.10
	其中：第一产业增加值	亿元	78.33	11.18	4.30
	第二产业增加值	亿元	314.15	44.85	6.50
	第三产业增加值	亿元	307.89	43.96	1.90
财政收支	一般公共财政预算收入	亿元	30.02		18.20
	其中：税收收入	亿元	20.84		-5.20
	其中：企业所得税				14.70

续表

类别	指标	计量单位	绝对数	占比/%	比上年增长/%
财政收支	个人所得税				155.70
	一般公共财政预算支出	亿元	78.99		6.40
	其中：科技支出				54.90
	农林水支出				28.20
	教育支出				10.50
固定资产投资	全县完成固定资产投资	亿元	246.89		21.90
	其中：完成民间投资	亿元	207.63		
	第一产业完成投资	亿元	8.07		
	第二产业完成投资	亿元	167.48		
	第三产业完成投资	亿元	71.41		
	完成高技术产业投资	亿元	37.03		
农业	农林牧渔业总产值	亿元	136.20		5.20
	农林牧渔业增加值	亿元	82.88		5.10
	粮食作物总产量	万吨	97.00		0.18
	其中：夏粮总产	万吨	37.25		0.95
	秋粮总产	万吨	59.74		-0.29
	粮食作物亩产	公斤	456.90		0.04
	其中：夏粮亩产	公斤	380.30		0.61
	秋粮亩产	公斤	522.70		-0.27
	油料作物总产量	万吨	2.90		0.50
	油料作物亩产	公斤	238.27		0.00
	蔬菜总产量	万吨	111.80		5.67
	新增造林面积	亩	3050.00		
	四旁植树	万株	80.00		
	实现林业产值	亿元	4.02		7.30
	生猪出栏量	万头	51.50		1.50
	家禽出栏量	万只	1251.67		14.90
	肉类总产量	万吨			6.70
	禽蛋产量	吨	22100.00		27.40
	水产品产量	万吨	2.82		21.20
	水产品放养面积	万亩	4.37		8.71
工业	新增规模以上工业企业数	户	61		
	规模企业总数	户	263		
	规模以上工业企业实现总产值	亿元	464.40		14.80
	规模以上工业增加值	亿元			13.20

续表

类别	指标	计量单位	绝对数	占比/%	比上年增长/%
工业	规模以上工业实现应税开票销售收入	亿元	327.88		10.70
	工业入库税金	亿元	22.50		3.60
	全年工业用电量	亿千瓦时	12.97		2.10
	全年产值超亿元企业数	户	91		11.00
	开票销售超亿元企业数	户	65		
	入库税金超千万元企业数	户	15		
建筑业	建筑业总产值	亿元	292.03		8.10
	建筑业企业实现利润总额	亿元	20.76		27.90
	商品房销售面积	万平方米	148.67		
国内贸易	社会消费品零售总额	亿元	224.45		-0.10
	限额以上贸易企业及大个体销售收入	亿元	291.17		16.00
	其中：批发业销售收入	亿元			15.30
	零售业销售收入	亿元			19.00
	住宿业销售收入	亿元			1.40
	餐饮业销售收入	亿元			15.10
	新增规模以上服务业企业数	户	38		
	年末规模以上服务业企业总数	户	141		
	规模以上服务业企业实现营业收入	亿元	62.00		14.20
	其中：其他营利性服务业营业收入	亿元	51.98		30.20
交通运输建设	拥有高速公路	条	2		
	拥有高速国道	条	1		
	拥有高速省道	条	6		
	拥有高速县道	条	27		
	其中：农村公路通车里程	公里	1910.35		
	通航航道	条	9		
	其中：干线	条	3		
	航道通航里程	公里	170.90		
	其中：干线通航里程	公里	88.75		
	交通运输、仓储和邮政业增加值	亿元	32.29		
金融业	年末金融机构本外币存款余额	亿元	625.26		16.60
	年末金融机构本外币贷款余额	亿元	515.37		14.20
开放型经济	进出口总额	亿美元	4.58		23.00
	其中：出口总额	亿美元	4.09	89.30	29.00
	进口总额	亿美元	0.49	10.70	

续表

类别	指标	计量单位	绝对数	占比/%	比上年增长/%
人口	年末全县总户数	万户	31.70		
	户籍总人口	万人	108.29		
	年末常住人口	万人	81.82		
	其中：城镇人口	万人	46.68		
	全年人口出生率	‰	4.99		
	人口死亡率	‰	9.86		
	人口自然增长率	‰	-4.87		
人民生活	居民人均可支配收入	元	30145.00		5.90
	其中：城镇居民	元	38273.00		4.80
	农村居民	元	21848.00		7.00
	居民人均消费性支出	元	18116.00		5.20
	其中：城镇居民	元	22677.00		3.70
	农村居民	元	13461.00		7.20
环境保护	全年空气质量优良天数	天	302	82.70	
	$PM_{2.5}$ 平均浓度	微克/立方米	32.00		
	国考、省考断面水质优Ⅲ比例	%	83.30		

二、科技创新发展情况

2022 年涟水县科技创新发展情况见表 3-4-6。

表 3-4-6　2022 年涟水县科技创新发展情况

指标	计量单位	绝对数
全县新增注册商标企业数	家	486
新培育国家高新技术企业数	家	35
全年授权专利数	个	1305
建成 5G 基站数	个	560
获批省级星级上云企业数	户	17

第四节　淮阴区 2022 年经济发展情况

2022 年，面对复杂严峻的国内外发展环境、持续加大的经济下行压力和疫情的反复冲击等多重超预期考验，淮阴区始终坚持以习近平新时代中国特色社会主义思想为指导，深入学习贯彻党的十九大、十九届历次全会及二十大精神，认真落实“疫情要防住、经济要稳住、发展要安全”重大要求，坚决担起“勇挑大梁”重大责任，在市委、市政府和区委的正确领导下，在区人大、区政协的监督支持下，紧密团结和依靠全区人民，攻坚克难、苦干实干，统筹推进经济社会各项事业健康发展，迈出了争创“全国百强区、全国百强高新区”的坚实步伐。

一、综合经济发展情况

2022年淮阴区综合经济发展情况见表3-4-7。

表3-4-7　2022年淮阴区综合经济发展情况

类别	指标	计量单位	绝对数	占比/%	比上年增长/%
经济总量	地区生产总值	亿元	658.33		4.20
	其中：服务业增加值	亿元	306.00	46.48	4.00
财政收支	一般公共预算收入	亿元	31.99		7.50
	工业入库税金	亿元	11.60		27.00
固定资产投资	固定资产投资	亿元			21.50
	规模以上固定资产投资	亿元	220.00		20.00
农业	新增土地流转	万亩	13.50		
	新建高标准农田	万亩	7.90		
	省级优势特色种苗中心	个	3		
	优质稻米订单基地	万亩	5.50		
	能繁母猪存栏量	万头	3.00		
	规模猪场	家	80		
工业	新增规模以上工业企业	家	43		
	新增市级以上专精特新企业	家	17		
	技改项目	个	42		
国内贸易	社会消费品零售总额	亿元	194.91		-1.10
	新招引亿元以上项目	个	116		
	协议引资额	亿元	669.00		
交通运输建设	新建农路	公里	54.00		
	新建农桥	座	11		
	完成农路安全生命防护工程	公里	629.00		
开放型经济	注册外资实际到账	万美元	12885.85		-1.90
	对外直接投资	万美元	3000.00		
人民生活	居民人均可支配收入	元	32515.00		5.90
	新增城镇就业	人	5100		
	建成“梦想小屋”	间	120.00		
	企业职工养老保险参保人数	万人	7.20		
	城乡居民养老保险参保人数	万人	23.20		
	医保城乡居民参保率	%	98.50		
	医保困难群体参保率	%	100.00		

续表

类别	指标	计量单位	绝对数	占比/%	比上年增长/%
环境保护	空气质量优良天数				4.90
	$PM_{2.5}$平均浓度				-5.30
	生态环境基础设施项目	个	22		
	城区污水处理能力	万吨/日	11.20		
	排查、清淤城区排水管网	公里	100.00		
	建成污水处理提质增效达标区	平方公里	9.46		
	改造提升户厕	座	9239		
	铺设建制镇生活污水管网	公里	35.00		
	镇级污水集中处理率	%	80.00		
	恢复洪泽湖水面	平方公里	4.50		
	其中：增加库容	万立方米	700.00		
	完成废铝灰（渣）无害化处置	吨	4300.00		
	提前淘汰国三及以下标准柴油车	辆	1149		
	建成幸福河湖	条	10		

二、科技创新发展情况

2022年淮阴区科技创新发展情况见表3-4-8。

表3-4-8 2022年淮阴区科技创新发展情况

指标	计量单位	绝对数
获批高新技术企业	家	39
获批科技型中小企业	家	343

第五节 盱眙县2022年经济发展情况

2022年，面对复杂的外部环境和新冠疫情散发多发影响，全县上下在县委、县政府的坚强领导下，认真落实“疫情要防住、经济要稳住、发展要安全”重大要求，全面实施国家、省、市稳经济一揽子政策，有效应对内外部挑战，全县经济运行走出了“平稳开局、承压见韧、快速修复、持续向好”的非常历程，经济发展呈现新面貌，结构转型实现新突破，发展动能彰显新优势，高质量发展迈出新步伐。

一、综合经济发展情况

2022年盱眙县综合经济发展情况见表3-4-9。

表3-4-9　2022年盱眙县综合经济发展情况

类别	指标	计量单位	绝对数	占比/%	比上年增长/%
经济总量	地区生产总值	亿元	525.08		3.80
	其中：第一产业增加值	亿元	81.87	15.59	5.30
	第二产业增加值	亿元	203.14	38.69	5.50
	第三产业增加值	亿元	240.07	45.72	2.10
财政收支	一般公共预算收入	亿元	20.47		-0.70
	其中：税收收入	亿元	11.84		-28.60
	增值税	亿元	3.67		-35.90
	企业所得税	亿元	1.57		-15.80
	个人所得税	亿元	0.46		2.10
	一般公共预算支出	亿元	70.23		6.10
	其中：教育支出	亿元	9.20	13.10	7.00
	社会保障和就业支出	亿元	12.58	17.91	8.30
	卫生健康支出	亿元	7.80	11.11	2.70
物价指数	居民消费价格				2.20
	食品烟酒类				2.50
	衣着类				3.30
	居住类				0.20
	生活用品及服务类				3.10
	交通和通信类				3.10
	教育文化和娱乐用品类				4.90
	医疗保健类				0.40
	其他用品和服务类				3.40
固定资产投资	全县完成固定资产投资	亿元	167.34		
	其中：第二产业完成投资	亿元	121.24	72.45	
	第三产业完成投资	亿元	44.70	26.71	
农业	农林牧渔业总产值	亿元	139.71		6.19
	农林牧渔业增加值	亿元	85.01		6.40
	其中：农业产值	亿元	68.77		0.72
	农业增加值	亿元	46.43		8.10
	林业产值	亿元	1.94		1.77
	林业增加值	亿元	0.45		-5.70
	牧业产值	亿元	28.00		21.31
	牧业增加值	亿元	8.51		-23.69
工业	全部工业增加值	亿元	184.39		5.70
	规模以上工业企业总产值				10.80

续表

类别	指标	计量单位	绝对数	占比/%	比上年增长/%
工业	规模以上工业企业营业收入	亿元	135.29		-3.37
	利润总额	亿元	76.48		-27.22
建筑业	建筑业增加值	亿元	18.81		3.80
	房屋建筑新开工面积	万平方米	151.45		83.67
	房屋建筑竣工面积	万平方米	87.88		37.40
国内贸易	批发和零售业增加值	亿元	25.99		1.40
	住宿和餐饮业增加值	亿元	18.93		0.20
	社会消费品零售总额	亿元	180.75		-0.30
	限额以上批发业销售额	亿元	177.69		9.00
	限额以上零售业销售额	亿元	149.56		3.50
	城镇限额以上住宿业营业额	亿元	4.16		2.50
	农村限额以上餐饮业营业额	亿元	27.66		2.70
交通运输建设	水路货运量	万吨	287.32		-11.62
	水路货运周转量	亿吨公里	4.57		-1.87
	全年客运量	万人	1817.90		-4.10
	客运周转量	亿人公里	2.89		
	公路客运量	万人	174.80		-27.28
	公路总里程	公里	2831.41		
邮电业	邮政业务收入	亿元	1.22		9.90
	电信业务收入	亿元	1.51		6.80
	年末固定电话用户	万户	2.34		
	移动电话用户	万户	55.53		
	互联网宽带接入用户数	万户	22.58		17.41
金融业	年末金融机构各项存款余额	亿元	532.11		7.70
	其中：住户存款余额	亿元	368.23		19.07
	年末金融机构各项贷款余额	亿元	584.32		12.10
	其中：短期贷款	亿元	163.37		
	中长期贷款	亿元	399.75		
	商业银行户数	户	15		
建筑业	完成商品房施工面积	万平方米	328.39		-6.73
	其中：住宅	万平方米	292.59		-7.51
	完成商品房竣工面积	万平方米	62.62		8.85
	其中：住宅	万平方米	59.63		10.84
	全年实现商品房销售面积	万平方米	105.79		-30.40
	其中：住宅	万平方米	102.31		-29.67
	全年房地产开发投资	亿元			-33.20

续表

类别	指标	计量单位	绝对数	占比/%	比上年增长/%
开放型经济	全年实现进出口总额	亿美元	2.15		3.90
	其中：出口总额	亿美元	2.05	95.35	8.50
	进口总额	亿美元	0.10	4.65	
	新批外资项目	个	11		5.60
	其中：3000 万美元以上项目	个	7		5.70
	协议注册外资额	亿美元	3.49		6.00
旅游业	2022 年接待游客数	万人次	586.40		
	旅游总收入	亿元	55.54		
人口	年末户籍总人口	万人	77.74		
	常住人口	万人	60.39		
	其中：城镇人口	万人	37.52		
	农村人口	万人	22.87		
	人口出生率	‰	3.63		
	人口死亡率	‰	10.69		
	人口自然增长率	‰	-7.07		
人民生活	人均可支配收入	元	35152.20		5.77
	其中：城镇居民	元	46182.36		4.66
	农村居民	元	23539.34		6.87
环境保护	$PM_{2.5}$ 平均浓度	微克/立方米	31.90		
	二氧化硫年平均值	微克/立方米	9.00		
	二氧化氮年平均值	微克/立方米	19.00		
	空气质量优良天数	天	307	84.11	
	新增造林面积	公顷	117.03		
	林木覆盖率	%	27.07		

二、科技创新发展情况

2022 年盱眙县科技创新发展情况见表 3-4-10。

表 3-4-10　2022 年盱眙县科技创新发展情况

指标	单位	绝对数
专利授权量	件	909
其中：发明专利授权量	件	43
有效发明专利量	件	392
每万人发明专利拥有量	件	6.46
获批国家级高新技术企业	家	27
有效期内国家级高新技术企业	家	64

第六节　洪泽区 2022 年经济发展情况

2022 年，全区上下坚持以习近平新时代中国特色社会主义思想为指导，坚持稳中求进工作总基调，科学统筹常态化疫情防控和经济社会发展，与时俱进创新工作方式方法，笃行不怠谋求高质量发展，全区经济运行呈现稳定恢复、持续向好的良好态势。

一、综合经济发展情况

2022 年洪泽区综合经济发展情况见表 3-4-11。

表 3-4-11　2022 年洪泽区综合经济发展情况

类别	指标	计量单位	绝对数	占比/%	比上年增长/%
经济总量	地区生产总值	亿元	412. 11		4. 00
	其中：第一产业增加值	亿元	48. 05	11. 66	4. 40
	第二产业增加值	亿元	172. 45	41. 85	5. 90
	第三产业增加值	亿元	191. 61	46. 49	2. 60
财政收支	财政总收入	亿元	37. 94		4. 80
	其中：一般公共财政预算收入	亿元	23. 90		7. 90
	其中：增值税	亿元	6. 48		
	财政支出				
	其中：一般公共财政预算支出	亿元	61. 95		22. 46
	其中：一般公共服务支出	亿元	4. 54		-11. 33
固定资产投资	全区完成固定资产投资	亿元	128. 23		20. 10
	其中：第一产业完成投资	亿元	9. 73	7. 59	120. 60
	第二产业完成投资	亿元	70. 85	55. 25	42. 30
	第三产业完成投资	亿元	37. 56	29. 29	69. 30
	项目投资	亿元	118. 14		25. 00
农业	农林牧渔业总产值	亿元	83. 54		5. 90
	其中：农业总产值	亿元	45. 46		6. 20
	林业总产值	亿元	4. 49		5. 20
	牧业总产值	亿元	10. 80		3. 70
	渔业总产值	亿元	18. 24		4. 20
工业	规模以上工业企业完成工业总产值	亿元	286. 40		10. 30
	规模以上工业企业实现主营业务收入	亿元	260. 00		5. 50
	全年用电量	亿千瓦时	22. 03		14. 00
	其中：工业用电量	亿千瓦时	15. 72		13. 40
建筑业	资质以上建筑企业完成总产值	亿元	88. 30		6. 80
	建筑施工面积	万平方米	368. 21		-1. 60

续表

类别	指标	计量单位	绝对数	占比/%	比上年增长/%
国内贸易	社会消费品零售总额	亿元	125.78		-1.70
	批发业销售总额	亿元	191.00		8.40
	零售业销售总额	亿元	122.00		2.80
	住宿业营业额累计	亿元	5.50		3.90
	餐饮业营业额累计	亿元	31.70		1.30
交通运输建设	公路客运量	万人次	295.00		-16.90
	港口吞吐量	万吨	758.25		14.26
	年末拥有公路总里程	公里	1602.29		0.80
邮电业	邮政业务收入	万元	8096.70		10.40
	电信业务收入	亿元	2.6126		12.61
	年末拥有固定电话用户	万户	3.817		-10.76
	移动电话用户	万户	36.14		3.91
	互联网宽带接入用户数	万户	13.59		9.86
金融业	年末全区金融机构存款余额	亿元	343.56		3.28
	其中：住户存款余额	亿元	203.18		19.39
	非金融企业存款	亿元	93.61		-17.28
	年末全区金融机构贷款余额	亿元	383.81		23.61
	其中：住户贷款	亿元	121.21		13.41
	其中：短期贷款	亿元	65.85		24.95
	中长期贷款	亿元	55.36		2.18
	非金融企业及机关团体贷款	亿元	262.60		28.97
	其中：短期贷款	亿元	57.48		22.19
	中长期贷款	亿元	184.02		32.59
	票据融资	亿元	21.09		18.62
房地产业	商品房销售面积	万平方米	35.18		-10.10
	其中：住宅	万平方米	25.03		-6.00
	实现商品房销售额	亿元	20.53		-10.50
	其中：住宅	亿元	16.47		0.12
开放型经济	实现进出口总额	亿美元	5.05		26.30
	其中：出口总额	亿美元	4.43		30.70
	新签外资项目	个	20		-4.76
	协议注册外资	亿美元	6.11		16.50
	注册外资实际到账	亿美元	1.06		46.20
人口	人口出生率	‰	2.82		
	人口死亡率	‰	7.40		

续表

类别	指标	计量单位	绝对数	占比/%	比上年增长/%
人口	人口自然增长率	‰	-2.81		
	常住人口	万人	28.32		
	户籍人口	万人	35.22		
人民生活	人均可支配收入	元	36153.00		6.00
	其中：城镇居民	元	46154.00		5.10
	农村居民	元	25603.00		6.70
环境保护	$PM_{2.5}$平均浓度	微克/立方米	32.40		
	空气质量优良天数比例	%	82.20		
	水环境质量优Ⅲ比例	%	90.00		
	水源地水质	%	100.00		
	涉农行政村农村生活污水治理率	%	36.40		
	建设用地安全率	%	100.00		

二、科技创新发展情况

2022年洪泽区科技创新发展情况见表3-4-12。

表3-4-12　2022年洪泽区科技创新发展情况

指标	计量单位	绝对数
专利授权量	件	745
其中：发明专利授权量	件	112
全区有效发明专利拥有量	件	423
万人有效发明专利拥有量	件	14.94
获批国家高新技术企业	家	22

第七节　金湖县2022年经济发展情况

2022年，面对百年变局和世纪疫情交织叠加的复杂局面，在市委、市政府和县委坚强领导下，县政府团结依靠全县人民，以习近平新时代中国特色社会主义思想为指导，以迎接党的二十大、学习宣传贯彻党的二十大精神为主线，全面落实“疫情要防住、经济要稳住、发展要安全”重大要求，统筹疫情防控和经济社会发展，统筹发展和安全，较好完成县十五届人大一次会议确定的各项目标任务。

一、综合经济发展情况

2022年金湖县综合经济发展情况见表3-4-13。

表 3-4-13　2022 年金湖县综合经济发展情况

类别	指标	计量单位	绝对数	占比/%	比上年增长/%
经济总量	地区生产总值	亿元	411.51		4.50
	其中：第一产业增加值	亿元	52.95	12.87	6.00
	第二产业增加值	亿元	174.62	42.43	6.00
	第三产业增加值	亿元	183.94	44.70	2.90
财政收支	全县实现财政总收入	亿元	44.88		5.00
	其中：一般公共财政预算收入	亿元	27.28		7.80
固定资产投资	全县规模以上固定资产投资	亿元	177.42		20.10
	其中：工业投资	亿元	142.96		28.00
	高技术占规模以上固定资产投资比重	%	17.20		
	民间投资占规模以上固定资产投资比重	%	88.80		
	全县建筑安装工程投资				25.20
	通过市认定签约项目	个	146		
	通过市认定开工项目	个	73		
	通过市认定竣工项目	个	51		
农业	全县实现农林牧渔业总产值	亿元	91.54		6.30
	全县实现农林牧渔业增加值	亿元	55.70		6.20
	全年粮食播种面积	万亩	113.64		0.10
	全年粮食总产量	万吨	57.33		0.30
	其中：夏粮总产量	万吨	21.27		0.10
	秋粮总产量	万吨	36.06		
	蔬菜总产量	万吨	25.63		4.90
	全年生猪出栏量	万头	16.92		18.40
	家禽出栏量	万只	291.45		0.50
	猪牛羊禽肉产量	万吨	1.85		10.10
	全年水产品总产量	万吨	5.69		2.60
	新建高标准农田	万亩	6.52		
	新发展高效设施农业	亩	3185.00		
	绿色蔬菜保供基地	亩	4568.00		
	国家级生猪产能调控基地	个	6		
	生态化改造养殖池塘	亩	5500.00		
	新增稻（藕）虾综合种养示范基地	个	1		
工业	全县规模以上工业实现总产值	亿元	450.51		12.10
	其中：工业战略性新兴产业总产值占工业总产值比重	%	52.40		14.50
	全部工业增加值	亿元	153.97		6.10

续表

类别	指标	计量单位	绝对数	占比/%	比上年增长/%
工业	其中：规模以上工业增加值				10.40
	制造业增加值占地区生产总值比重	%	35.20		1.60
	全部工业实现应税开票销售收入	亿元	486.24		16.10
	其中：规模以上工业实现开票销售	亿元	395.00		14.00
	工业用电量	亿千瓦时	12.18		11.90
	新增规模以上工业企业数	家	37		
建筑业	全年建筑业增加值	亿元	20.70		5.70
	在库 42 家总专业承包企业完成建筑业产值	亿元	123.49		7.20
国内贸易	全县实现贸易总额	亿元	326.44		6.70
	社会消费品零售总额	亿元	130.42		-1.00
	其中：批发业实现销售额	亿元	157.65		9.60
	零售业实现销售额	亿元	136.92		4.80
	批发和零售业占贸易总额的比重	%	90.20		
	住宿餐饮业累计实现营业额	亿元	31.87		1.40
	住宿餐饮业占贸易总额的比重	%	9.80		
金融业	金融机构人民币存款余额	亿元	429.84		22.30
	金融机构人民币贷款余额	亿元	415.77		25.50
	其中：制造业贷款余额			14.50	
	银行机构贷款余额	亿元	425.30		
开放型经济	全年进出口总额	亿美元	6.03		-3.40
	其中：出口总额	亿美元	5.84		-5.40
	进口总额	亿美元	0.19		171.90
	注册到账外资	亿美元	1.20		-13.50
交通运输建设	全县邮政业务网点	个	25		
	全年邮政业务收入	亿元	0.79		
	固定电话用户数	万户	1.99		
	移动电话用户数	万户	31.42		
	互联网用户数	万户	14.52		
人民生活	居民人均可支配收入	元	36538.80		5.80
	其中：工资性收入	元	23948.50		5.50
	经营净收入	元	5864.30		4.50
	财产净收入	元	1826.70		0.50
	转移净收入	元	4899.30		11.10
	城镇居民人均可支配收入	元	46600.90		4.60
	农村居民人均可支配收入	元	25789.40		7.30

续表

类别	指标	计量单位	绝对数	占比/%	比上年增长/%
人民生活	城镇居民人均居住面积	平方米	56.70		
	农村居民人均居住面积	平方米	65.10		
	城镇居民人均消费支出	元	28395.00		4.00
	城镇恩格尔系数	%	29.90		
	农村居民人均消费支出	元	20895.00		6.00
	农村恩格尔系数	%	31.20		
	社保综合覆盖率	%	98.60		
	基本医保覆盖率	%	97.70		
人口	年末全县常住人口数	万人	28.77		
	常住人口城镇化率	%	61.25		
	全县户籍人口数	万人	33.57		
	人口出生率	‰	3.72		
	人口死亡率	‰	9.42		
	人口自然增长率	‰	-5.70		
环境保护	完成大气治理项目数	个	109		
	空气质量优良天数	天	293		
	$PM_{2.5}$ 平均浓度	微克/立方米	30.90		
	清理疏通雨污管网	公里	15.00		
	新建农村污水处理设施	个	352		
	建成生态河道	条	19		
	建成幸福河湖	条	11		
	完成重点地块土壤污染状况调查	个	49		
	清洁能源发电量	亿千瓦时	17.10		
	新设新能源充电设施	套	615		
	新能源公交车占比				8.10

二、科技创新发展情况

2022年金湖县科技创新发展情况见表3-4-14。

表3-4-14　2022年金湖县科技创新发展情况

指标	计量单位	绝对数
新认定国家高新技术企业数	家	35
有效国家高新技术企业数	家	131
新增省级专精特新“小巨人”企业数	家	25
培育省级以上专精特新“小巨人”企业数	家	2

续表

指标	计量单位	绝对数
引进高层次人才团队	个	2
引进高层次人才	名	40
创建省“科创飞地”	个	1
建成省级企业研发中心	家	4
实施千企技改项目	个	97
其中：亿元以上项目	个	15
入库科技型中小企业数	家	259
净增国家高新技术企业数	家	17
入选省新技术新产品目录	个	11
通过省首台（套）重大装备及关键部件认定数	项	1
新增专利授权数	件	1272
获批省级院士工作站	家	1
新增省级企业研发中心	家	9

第五章　芜湖市辖各县市区经济发展情况

第一节　鸠江区 2022 年经济发展情况

2022 年，面对复杂严峻的外部环境，全区上下以习近平新时代中国特色社会主义思想为指导，深入学习贯彻党的二十大精神，坚持稳中求进工作总基调，主动服务和融入新发展格局，统筹疫情防控和经济社会发展，全力以赴拼经济搞建设，坚定应对各类风险挑战，全区经济持续发展，社会大局保持稳定。

一、综合经济发展情况

2022 年鸠江区综合经济发展情况见表 3-5-1。

表 3-5-1　2022 年鸠江区综合经济发展情况

类别	指标	计量单位	绝对数	占比/%	比上年增长/%
经济总量	地区生产总值（小口径）	亿元	569.70		0.50
	其中：第一产业增加值	亿元	23.20	4.07	4.70
	第二产业增加值	亿元	210.70	36.98	-5.00
	第三产业增加值	亿元	335.70	58.93	4.20
	地区生产总值（大口径）	亿元	1224.42		3.60
	其中：第一产业增加值	亿元	24.14	1.97	4.50
	第二产业增加值	亿元	710.89	58.06	4.10
	第三产业增加值	亿元	489.39	39.97	2.90
财政收支	一般公共财政预算收入	亿元	40.50		9.00
	其中：税收收入	亿元	55.55		-8.90
	其中：增值税	亿元	13.60		2.00
	企业所得税	亿元	3.20		19.00
	个人所得税	亿元	1.80		82.00
	城镇土地使用税	亿元	1.80		10.00
	契税	亿元	5.60		-7.00
	财政总支出	亿元	48.79		11.98
	其中：一般公共财政预算支出	亿元	3.59		7.80
固定资产投资	全区完成固定资产投资				1.80
	其中：第一产业完成投资				-47.10

续表

类别	指标	计量单位	绝对数	占比/%	比上年增长/%
固定资产投资	第二产业完成投资				-41.60
	第三产业完成投资				31.20
农业	全年粮食种植面积	公顷	20335.00		
	全年粮食总产量	万吨	9.96		0.03
	油料种植面积	公顷	6707.00		
	油料总产量	万吨	1.91		10.90
	蔬菜总产量	万吨	52.71		5.70
	全年肉类总产量	万吨	2.96		
	全年水产品产量	万吨	0.87		
工业	规模以上企业				-20.90
	其中：国有及国有控股企业			6.00	-30.70
	股份制企业			86.90	-43.30
	外商及港澳台商投资企业			6.40	-9.00
	其他类型企业			0.70	-25.60
建筑业	全年建筑业完成总产值	亿元	321.52		9.90
	其中：房屋建筑施工面积	万平方米	535.30		
	房屋建筑竣工面积	万平方米	143.10		
	全年实现建筑业总产值	亿元	76.38		14.20
	实现建筑业增加值	亿元	38.34		9.20
	全年建筑施工面积	万平方米	407.93		-3.10
	全年建筑新开工面积	万平方米	218.33		117.40
国内贸易	全区实现社会消费品零售总额	亿元	432.90		1.90
	其中：限额以上社会消费品零售总额	亿元	119.23		3.60
	批发业零售额	亿元	8.17	6.85	
	零售业零售额	亿元	106.22	89.09	
	住宿业零售额	亿元	0.39	0.33	
	餐饮业零售额	亿元	4.46	3.74	
开放型经济	全年实现进出口总额	万美元	94526.00		24.99
	其中：出口总额	万美元	68682.00	72.66	20.79
	进口总额	万美元	25843.00	27.34	37.72
	签约产业项目总投资	亿元	633.30		55.40
人口	年末常住人口	万人	55.60		
	全年出生人口	人	2713		
	其中：人口出生率	‰	5.11		
	自然增长率	‰	1.14		

续表

类别	指标	计量单位	绝对数	占比/%	比上年增长/%
人口	政策符合率	%	99.93		
	出生人口性别比	%	112.12		
	全区已婚育龄妇女	人	95581		
就业	各类职业技能培训班	期	155		
	培训人员	人	5919		
	其中：培训补贴资金	万元	365.72		
	新增发放创业担保贷款	万元	24086.00		
	兑付创业扶持资金	万元	753.88		
	城镇新增就业人数	人	15963		
	城镇失业人员再就业人数	人	6966		
	就业困难人员就业人数	人	1811		
	城镇登记失业率	%	<3.5		
人民生活	全体居民人均可支配收入	元	45478.00		6.20
	城镇常住居民人均可支配收入	元	51746.00		5.60
	农村常住居民人均可支配收入	元	31255.00		7.10
城市建设	升级改造农村公路	公里	7.84		
	建制村通双车道项目	公里	2.581		
	自然村通硬化路和联网路项目	公里	22.54		
	全区保障性住房累计发放补贴	万元	125.14		
	发放补助资金	万元	282.00		
	老旧小区改造项目	个	4		
	其中：总建筑面积	万平方米	20.96		
	总投资	万元	8384.00		
环境保护	“大绿化”项目完成总绿化面积	万平方米	40.60		
	其中：新增绿化面积	万平方米	36.00		
	绿化提升面积	万平方米	4.60		
	绿道建设	公里	2.00		

二、科技创新发展情况

2022年鸠江区科技创新发展情况见表3-5-2。

表3-5-2　2022年鸠江区科技创新发展情况

指标	计量单位	绝对数	比上年增长/%
高新技术产业产值	亿元	333.70	−32.00
高新技术产业增加值	亿元	69.77	−34.70
发明专利授权量（大口径）	件	1268.00	

续表

指标	计量单位	绝对数	比上年增长/%
其中：有效发明专利拥有量	件	11368.00	10.41
万人有效发明专利拥有量	件	157.56	10.41
发明专利授权量（小口径）	件	583.00	
其中：有效发明专利拥有量	件	4293.00	11.40
万人有效发明专利拥有量	件	79.40	11.39

第二节　镜湖区 2022 年经济发展情况

2022 年，镜湖区坚持以习近平新时代中国特色社会主义思想为指导，全面落实“疫情要防住、经济要稳住、发展要安全”要求，深入践行“一改两为五做到”，经济社会保持了平稳健康发展。

综合经济发展情况

2022 年镜湖区综合经济发展情况见表 3-5-3。

表 3-5-3　2022 年镜湖区综合经济发展情况

类别	指标	计量单位	绝对数	占比/%	比上年增长/%
经济总量	地区生产总值	亿元	791.00		2.50
	其中：第一产业增加值	亿元	2.85	0.36	3.30
	第二产业增加值	亿元	116.31	14.70	5.50
	第三产业增加值	亿元	671.84	84.94	1.90
财政收支	财政总收入	亿元	39.40		5.20
	一般公共财政预算支出	亿元	39.60		8.40
固定资产投资	全区完成固定资产投资				5.20
	其中：项目类投资				45.70
	房地产项目投资				-20.10
农业	实现农业增加值	亿元	28470.00		3.30
	其中：全年粮食总产量	万吨	3.07		
	油料总产量	吨	1535.00		-1.30
	棉花总产量	吨	3.00		
	全年肉类总产量	吨	827.60		0.50
	全年水产品产量	吨	4198.00		4.60
工业	全年全部工业实现工业总产值				13.90
	全部工业企业实现营业收入	亿元	166.00		19.20
	全部工业企业实现利税总额	亿元	15.40		-33.60
建筑业	全区有资质等级的总承包与专业承包建筑单位数	家	144		
	全年实现建筑业总产值	亿元	57.30		9.90
	期末从业人员数	万人	1.37		29.20

续表

类别	指标	计量单位	绝对数	占比/%	比上年增长/%
人口	年末常住人口	万人	48.70		1.20
人民生活	城镇常住居民人均可支配收入	元	55794.00	5.70	
	农村常住居民人均可支配收入	元	35778.00	7.30	

第三节　弋江区 2022 年经济发展情况

2022 年，弋江区坚持以习近平新时代中国特色社会主义思想为指导，认真贯彻落实党的十九大、十九届历次全会和党的二十大精神，全面贯彻落实习近平总书记系列重要讲话与重要指示批示精神，高效统筹疫情防控和经济社会发展，“双招双引”成效显著，高质量发展步伐更加坚实，全区经济运行保持稳步向好发展态势。

一、综合经济发展情况

2022 年弋江区综合经济发展情况见表 3-5-4。

表 3-5-4　2022 年弋江区综合经济发展情况

类别	指标	计量单位	绝对数	占比/%	比上年增长/%
经济总量	地区生产总值	亿元	557.70		3.90
	其中：第一产业增加值	亿元	3.45	0.62	0.40
	第二产业增加值	亿元	302.26	54.20	5.10
	第三产业增加值	亿元	251.97	45.18	2.60
固定资产投资	全区完成固定资产投资				1.30
	其中：建筑安装投资				7.50
农业	实现农业总产值	亿元	5.60		
	全年粮食种植面积	公顷	4801.00		
	全年粮食总产量	吨	26990.00		
	全年蔬菜种植面积	公顷	1063.10		
	全年蔬菜总产量	吨	31045.00		
	肉类总产量	吨	422.00		
	生猪出栏量	头	4603.00		
	猪肉产量	吨	290.00		-36.50
	水产品产量	吨	6293.00		
	渔业产值	亿元	2.30		
工业	战略性新兴产业产值				35.80
	高新技术产业产值				23.40
	全区产值过亿元企业产值				27.80
建筑业	全区建筑业总产值	亿元	73.56		
	其中：建筑工程产值	亿元	60.75		8.90

续表

类别	指标	计量单位	绝对数	占比/%	比上年增长/%
建筑业	建筑装饰装修产值	亿元	2.60		
	其他建筑产值	亿元	7.22		156.90
国内贸易	全区实现社会消费品零售总额	亿元	338.50		0.80
	其中：限额以上商贸企业实现零售额	亿元	209.20	61.80	10.60
	限额以上批发零售业实现零售额	亿元	204.50	97.90	10.80
	限额以上住宿餐饮业实现零售额	亿元	4.72		11.90
开放型经济	全年实现进出口总额	万美元	52881.00		23.00
	其中：出口总额	万美元	9812.00	18.55	-7.40
	进口总额	万美元	43069.00	81.45	42.90
人口	全区常住人口	万人	43.80		
	全年出生人口	人	1527		
	其中：男孩数量	人	819		
	女孩数量	人	708		
	人口出生率	‰	6.05		
就业	新增城镇就业	万人	1.76		
	城镇登记失业率	%	1.98		
人民生活	城镇居民人均可支配收入	元	52883.00		5.80
城市建设	农村道路完成改造提升	公里	10.60		
	老旧小区改造	个	3		
环境保护	全年新增提升绿化面积	万平方米	88.12		

二、科技创新发展情况

2022 年弋江区科技创新发展情况见表 3-5-5。

表 3-5-5　2022 年弋江区科技创新发展情况

指标	计量单位	绝对数
新认定高新技术企业	家	104
新备案国家科技型中小企业	家	456
万人有效发明专利拥有量	件	103.90
全年新增国家级创新平台	家	1
省级创新平台	家	12
省级以上创新平台总数	家	105
全年新增国家级孵化器、众创空间	家	2
全区现有市级以上孵化器、众创空间	家	22

第四节　无为市2022年经济发展情况

2022年，全市坚持稳中求进工作总基调，科学统筹疫情防控和经济社会发展，狠抓稳经济一揽子政策措施落地实施，全市经济延续恢复性增长态势，经济总量迈上新台阶，高质量发展取得新成效。

一、综合经济发展情况

2022年无为市综合经济发展情况见表3-5-6。

表3-5-6　2022年无为市综合经济发展情况

类别	指标	计量单位	绝对数	占比/%	比上年增长/%
经济总量	全市地区生产总值	亿元	609.91		5.20
	其中：第一产业增加值	亿元	63.44	10.40	4.50
	第二产业增加值	亿元	296.65	48.64	6.00
	第三产业增加值	亿元	249.81	40.96	4.50
财政收支	全年一般公共预算收入	亿元	30.77		8.50
	全年一般公共预算支出	亿元	70.84		8.60
	其中：社会保障和就业支出				10.40
固定资产投资	全市固定资产投资				11.10
	其中：第一产业投资				-20.00
	第二产业投资				25.40
	第三产业投资				7.60
	工业投资				25.40
	其中：新开工制造业投资				91.70
	基础设施投资				4.80
	民间投资				16.40
	房地产开发投资				1.40
农业	全市农林牧渔业实现增加值	亿元	65.83		4.60
	农林牧渔业实现总产值	亿元	122.45		4.80
	全年粮食种植面积	千公顷	82.52		-0.90
	其中：稻谷	千公顷	55.93		-1.60
	蔬菜	万公顷	2.16		4.30
	油料	万公顷	1.22		3.40
	全年粮食产量	万吨	55.04		-1.00
	油料产量	万吨	3.52		3.00
	其中：油菜籽产量	万吨	3.28		-1.20
	棉花产量	万吨	0.19		-28.10
	茶叶产量	万吨	0.03		1.30

续表

类别	指标	计量单位	绝对数	占比/%	比上年增长/%
农业	蔬菜产量	万吨	52.21		4.30
	园林水果产量	万吨	2.95		0.50
	肉类产量	万吨	3.88		11.50
	水产品产量	万吨	7.12		4.90
工业	全市工业实现增加值	亿元	166.32		8.20
	其中：规模以上工业增加值				12.00
	规模以下工业增加值				5.30
建筑业	全市建筑业实现增加值	亿元	130.52		3.10
	全市具有资质建筑业企业总产值	亿元	109.88		10.30
	建筑安装工程投资				2.10
交通运输建设	全市交通运输、仓储和邮政业实现增加值	亿元	28.09		-0.10
	全市货运周转量	万吨公里	120306.00		-0.20
	年末市内等级公路里程	公里	4498.00		
	区域内长江航道	公里	56.00		
	内河航道	公里	155.40		
	旅客运输周转量	万人公里	47868.00		
邮电业	全年实现邮电业务总量	亿元	2.52		-3.40
	快递业务量	万件	819.00		-34.40
	快递业务收入	万元	7900.00		
	年末固定电话用户	万户	2.00		
	移动电话用户	万户	77.40		
	互联网宽带接入用户	万户	27.40		
金融业	全市金融业实现增加值	亿元	15.97		14.70
	金融机构各项人民币存款余额	亿元	758.95		21.90
	金融机构各项人民币贷款余额	亿元	489.59		13.90
	金融机构本外币存贷款余额				18.80
	金融机构本外币贷款余额				13.90
	保费收入				23.50
开放型经济	新签约亿元以上项目	个	122		17.30
	其中：超10亿元项目	个	20		
	超80亿元项目	个	2		
	总投资	亿元	616.40		26.30
	新开工亿元以上项目	个	112		53.40
	其中：超10亿元项目	个	11		
	超80亿元项目	个	2		
	总投资	亿元	421.20		46.40

续表

类别	指标	计量单位	绝对数	占比/%	比上年增长/%
环境保护	修复整治废弃矿山	处	4		
	全市土壤污染地块安全利用率	%	90.00		
	水源水质达标率	%	100.00		
	完成森林抚育面积	亩	9700.00		
	新造林面积	亩	730.00		
房地产业	房地产业总产值	亿元	36.58		0.10
人口	年末户籍人口	万人	117.95		
	其中：城镇	万人	44.37	37.60	
	乡村	万人	73.58	62.40	
	其中：0~17岁	万人	18.95	16.10	
	18~34岁	万人	26.36	22.30	
	35~59岁	万人	49.58	42.00	
	60岁及以上	万人	23.06	19.60	
	本年出生人口	万人	0.61		
	本年死亡人口	万人	0.68		
人民生活	全年常住居民人均可支配收入	元	35376.00		6.90
	其中：城镇	元	46968.00		5.90
	农村	元	25921.00		7.40

二、科技创新发展情况

2022年无为市科技创新发展情况见表3-5-7。

表3-5-7　2022年无为市科技创新发展情况

指标	计量单位	绝对数	比上年增长/%
新认定国家高新技术企业	家	25	22.50
完成技改投资	亿元	70	187.00

第五节　湾沚区2022年经济发展情况

2022年，面对疫情、高温等多重超预期因素影响，在区委、区政府坚强领导下，全区上下求真务实、真抓实干，攻坚克难，经济社会保持平稳发展的态势。

一、综合经济发展情况

2022年湾沚区综合经济发展情况见表3-5-8。

表 3-5-8　2022 年湾沚区综合经济发展情况

类别	指标	计量单位	绝对数	占比/%	比上年增长/%
经济总量	地区生产总值	亿元	408.80		6.00
	其中：第一产业增加值	亿元	25.70	6.29	4.60
	第二产业增加值	亿元	213.60	52.25	7.00
	第三产业增加值	亿元	169.50	41.46	4.90
财政收支	财政收入	亿元	59.50		6.10
	其中：一般公共预算收入	亿元	37.80		10.10
	其中：增值税	亿元	17.70		13.20
	契税	亿元	1.60		0.00
	企业所得税	亿元	1.60		-21.50
	城市维护建设税	亿元	1.90		-16.70
	土地增值税	亿元	0.60		-51.90
	一般预算支出	亿元	58.90		13.80
	其中：教育支出	亿元	13.60		0.00
	社会保障和就业支出	亿元	7.10		18.50
	农林水事务支出	亿元	6.90		14.10
	住房保障支出	亿元	2.60		3.40
	卫生健康支出	亿元	3.60		61.00
	城乡社区事务支出	亿元	1.50		-80.50
固定资产投资	全区固定资产投资				11.70
	其中：第一产业投资				28.90
	第二产业投资				25.80
	其中：工业投资				25.80
	第三产业投资				-4.30
	其中：房地产投资				-22.80
	工业技改投资				43.80
	民间投资				12.00
农业	全年粮食种植面积	公顷	31323.20		
	全年粮食总产量	万吨	21.40		4.40
	油料种植面积	公顷	5450.50		
	油料总产量	万吨	1.60		1.50
	蔬菜总产量	万吨	19.90		4.10
	棉花种植面积	公顷	6.50		
	棉花总产量	吨	5.10		20.00
	肉类总产量	万吨	1.70		0.01
	水产品产量	万吨	3.20		4.70

续表

类别	指标	计量单位	绝对数	占比/%	比上年增长/%
工业	规模以上工业企业总产值				3.10
	规模以上工业企业增加值				9.90
	战略性新兴产业产值				10.80
	高新技术产业增加值				12.60
	航空临空产业产值				43.40
	电子电器及健康生活家居产业产值				8.90
	汽车零部件及高端装备制造产业产值				-5.70
	全年规模以上工业实现营业收入	亿元	551.90		3.30
	实现利润总额	亿元	42.50		29.20
建筑业	全年具有资质等级的总承包和专业承包建筑业企业	家	139		
	总产值	亿元	116.00		11.20
	实现利润	亿元	5.20		
	房屋建筑施工面积	万平方米	475.60		14.00
	房屋竣工面积	万平方米	293.80		11.20
国内贸易	全区实现社会消费品零售总额	亿元	118.40		2.50
	其中：城镇	亿元	69.10	58.36	2.40
	农村	亿元	49.30	41.64	2.60
交通运输建设	全年公路客运量	万人	78.00		
	公路货运量	万吨	971.00		
	水路货运量	万吨	14984.00		
	年末民用船舶	艘	2085		
	年末民用汽车拥有量	辆	65744		0.80
	全区公路里程	公里	1403.00		
	其中：高速公路	公里	49.00		
	一级公路	公里	57.90		
	二级公路	公里	81.60		
邮电业	全年实现邮电业务总量	万元	8804.00		
	国内函件总数	万件	30.20		
金融业	金融机构本外币存款余额	亿元	449.30		
	城乡住户储蓄存款	亿元	276.60		
	金融机构本外币贷款余额	亿元	403.60		
	金融机构本外币存贷款余额	亿元	852.90		
保险业	全年实现保费收入	亿元	7.30		
	其中：人身险收入	亿元	4.10		
	财产险收入	亿元	3.30		

续表

类别	指标	计量单位	绝对数	占比/%	比上年增长/%
开放型经济	全年实现进出口总额	亿美元	4.80		-18.00
	其中：出口总额	亿美元	4.50	93.75	-17.00
	进口总额	亿美元	0.31	6.46	-34.00
	全年实际利用外资	万美元	1085.00		22.73
	实际利用省外资金	亿美元	275.00		10.00
人口	全区常住人口	万人	35.20		
人民生活	城镇常住居民人均可支配收入	元	48578.00		6.10
	农村常住居民人均可支配收入	元	31763.00		7.70
	全体居民人均可支配收入	元	39440.00		7.10

二、科技创新发展情况

2022 年湾沚区科技创新发展情况见表 3-5-9。

表 3-5-9　2022 年湾沚区科技创新发展情况

指标	计量单位	绝对数
年末拥有高新技术企业	家	286
全年授权专利	件	2423

第六节　繁昌区 2022 年经济发展情况

2022 年，面对新冠疫情、减税降费的叠加压力，全区同舟共济、砥砺前行，全面落实“疫情要防住、经济要稳住、发展要安全”重大要求和“生态要提升”紧迫任务，统筹推进社会和经济双发展，深入践行“1+3”总体战略部署，经济发展保持良好态势，高质量完成全市各项目标任务。

一、综合经济发展情况

2022 年繁昌区综合经济发展情况见表 3-5-10。

表 3-5-10　2022 年繁昌区综合经济发展情况

类别	指标	计量单位	绝对数	占比/%	比上年增长/%
经济总量	全市地区生产总值	亿元	383.14		5.90
	其中：第一产业增加值	亿元	14.08	3.67	2.00
	第二产业增加值	亿元	222.66	58.11	7.60
	第三产业增加值	亿元	146.40	38.21	3.70
财政收支	全年实现财政收入	亿元	57.30		-6.20
	一般公共财政预算收入	亿元	38.87		6.80
	其中：税收收入	亿元	24.48		-6.40
	非税收入	亿元	14.39		41.70

续表

类别	指标	计量单位	绝对数	占比/%	比上年增长/%
财政收支	其中：增值税	亿元	12.71		-13.00
	企业所得税	亿元	2.53		-24.80
	一般公共财政预算支出	亿元	51.06		9.30
	其中：城乡社区支出	亿元	4.80		
	教育支出	亿元	5.80		
	社会保障与就业支出	亿元	5.50		
	医疗卫生支出	亿元	4.60		
	科学技术支出	亿元	1.60		
	节能环保支出	亿元	0.50		
固定资产投资	全区固定资产投资				11.70
	其中：第一产业投资			3.80	-30.00
	第二产业投资			60.80	7.90
	第三产业投资			35.30	27.80
	其中：房地产投资	亿元	20.02		-0.20
农业	农林牧渔业总产值	亿元	27.10		
	全年农作物总播种面积	公顷	21631.50		-2.00
	其中：粮食作物种植面积	公顷	15533.40		0.50
	油料种植面积	公顷	1463.50		-14.00
	蔬菜种植面积	公顷	4611.30		3.50
	全年粮食总产量	吨	82881.00		
	油料产量	吨	4244.40		-18.40
	蔬菜产量	吨	111663.00		3.60
	全年生猪出栏量	万头	4.30		
	家禽年出栏量	万只	505.00		
	肉类总产量	吨	9993.00		0.30
	水产品产量	吨	13126.00		4.70
工业	全年工业实现增加值				10.30
	规模以上工业总产值				5.80
	其中：战略性新兴产业产值			20.20	7.50
	高新技术产业产值			30.80	27.30
	规模以上工业增加值				10.30
	四大支柱产业产值				11.40
	其中：新型建材产业			27.60	1.50
	医药食品产业			8.60	9.20
	轻纺服装产业			5.00	10.70

续表

类别	指标	计量单位	绝对数	占比/%	比上年增长/%
工业	冶金机械产业			38.80	20.30
	规模以上工业企业实现利税	亿元	38.92		-46.50
	规模以上工业企业实现利润	亿元	28.25		-51.90
	规模以上工业企业累计亏损额	亿元	2.11		143.10
建筑业	全区完成建筑业增加值	亿元	43.50		8.60
	109家资质等级建筑施工企业实现施工产值	亿元	58.90		11.30
	房屋建筑施工面积	万平方米	204.40		-2.10
	全区在建项目	个	345		
	其中：亿元以上项目	个	215		
	新开工亿元以上制造业项目	个	71		
	房地产项目	个	37		
国内贸易	全市实现社会消费品零售总额	亿元	86.85		0.10
	其中：城镇	亿元	49.69	57.21	0.10
	农村	亿元	37.16	42.79	0.10
	批发零售业	亿元	66.32	76.36	0.10
	住宿餐饮业	亿元	20.53	23.64	0.10
交通运输建设	年末全区公路总里程	公里	920.00		
	其中：高速公路	公里	39.00		
	民用汽车	万辆	4.30		1.90
	全年交通运输业实现增加值	亿元	29.40		
	全社会客运量	万人	77.60		
	旅客周转量	万人公里	854.90		
保险业	全区参加城镇养老保险人数	人	80582		
	其中：参保职工	人	47650		
	离退休人员	人	32932		
	参加农村养老保险人数	人	133888		
	基本医疗保险人数	人	58996		
	参加失业保险的人数	人	36174		
	年末全区领取失业保险金人数	人	296		
	参加工伤保险的人数	人	38165		
	参加生育保险的人数	人	29099		
	全年商业保险机构实现保费收入	亿元	3.30		
	其中：财产险业务保费收入	亿元	1.90		
	人身险业务保费收入	亿元	1.40		
	财险所占市场份额	%	56.70		

续表

类别	指标	计量单位	绝对数	占比/%	比上年增长/%
保险业	寿险所占市场份额	%	43.30		
	全年各类赔付支付	亿元	1.30		
金融业	年末全区金融机构人民币存款余额	亿元	351.39		10.80
	其中：住户存款余额	亿元	257.22		
	年末金融机构人民币贷款余额	亿元	236.28		4.80
	其中：中长期贷款	亿元	156.58		21.80
房地产业	商品房销售面积	万平方米	31.70		4.30
	销售额	亿元	22.08		-0.90
人口	年末全区常住人口	万人	25.20		
	户籍总人口	万人	27.00		
	其中：女性	万人	13.20		
	出生人口	人	1317		
	出生率	‰	4.87		
	死亡人口	人	1643		
	死亡率	‰	6.08		
	自然增长率	‰	-1.21		
	出生人口性别比		110.70		
人民生活	全区城乡居民可支配收入	元	39855.00		6.90
	其中：城镇居民人均可支配收入	元	48391.00		6.00
	农村居民人均可支配收入	元	31583.00		7.60
	城乡居民人均消费性支出	元	25633.00		

二、科技创新发展情况

2022年繁昌区科技创新发展情况见表3-5-11。

表3-5-11　2022年繁昌区科技创新发展情况

指标	计量单位	绝对数
新增高新技术企业	家	45
获评省级工业设计中心	家	2
省级新产	个	2
“登云”企业	家	75

第七节　南陵县 2022 年经济发展情况

2022 年，面对疫情冲击和经济下行压力，全县上下认真贯彻落实县委、县政府决策部署，积极学习党的二十大精神，勠力同心，奋勇争先，全县经济运行总体平稳，高质量发展取得积极进展，主要指标稳中向好。

综合经济发展情况

2022 年南陵县综合经济发展情况见表 3-5-12。

表 3-5-12　2022 年南陵县综合经济发展情况

类别	指标	计量单位	绝对数	占比/%	比上年增长/%
经济总量	全县地区生产总值	万元	3417839.00		6.20
	其中：第一产业增加值	万元	407070.00	11.91	4.50
	第二产业增加值	万元	1406924.00	41.16	7.50
	第三产业增加值	万元	1603845.00	46.93	5.50
财政收支	全年实现一般公共预算收入	万元	236708.00		1.50
	全年完成一般公共预算支出	万元	430385.00		2.90
固定资产投资	全县完成固定资产投资				9.30
	第一产业投资				93.50
	第二产业投资				9.40
	其中：工业投资				9.40
	第三产业投资				5.30
	其中：房地产开发投资				14.30
农业	实现农林牧渔业总产值	亿元	66.23		4.80
	全年粮食种植面积	万亩	85.17		
	全年粮食总产量	万吨	35.90		1.20
	油料种植面积	万亩	7.21		
	油料总产量	万吨	1.19		48.40
	蔬菜总产量	万吨	16.67		4.20
	肉类产量	万吨	7.72		2.70
	水产品产量	万吨	3.79		4.70
	造林面积	公顷	968.00		
	农用化肥施用量	吨	30508.00		
工业	全县规模以上工业企业总产值				10.00
	规模工业增加值				14.10
	其中：采矿业增加值				26.40
	制造业增加值				13.40
	电力、热力、燃气及水生产和供应业增加值				14.60

续表

类别	指标	计量单位	绝对数	占比/%	比上年增长/%
工业	农副食品加工业增加值				69.30
	计算机、通信和其他电子设备制造业增加值				37.70
	汽车制造业增加值				37.60
建筑业	在库资质以上建筑业企业	家	96		
	全年总产值	亿元	219.60		10.80
	全年签订合同额	亿元	277.50		14.20
国内贸易	全县实现社会消费品零售总额	万元	1434314.00		3.40
	其中：城镇	万元	768722.00	53.60	3.30
	农村	万元	665592.00	46.40	3.50
	批发零售业	万元	1247578.00	86.98	3.40
	住宿餐饮业	万元	186736.00	13.02	3.40
金融业	金融机构各项存款余额	万元	4108832.00		
	其中：住户存款	万元	3343538.00		
	金融机构各项贷款余额	万元	2930343.00		
	其中：短期贷款	万元	287987.00		
	中长期贷款	万元	878781.00		
开放型经济	进出口总额	万美元	16626.80		41.40
	其中：出口总额	万美元	15640.80	94.07	44.20
	进口总额	亿美元	986.00	5.93	7.90
	全年实际利用外资	万美元	2400.00		
	全年新引进项目	个	129		
	其中：亿元以上项目	个	80		
	5亿元以上项目	个	14		
	10亿元以上项目	个	8		
人口	全县户籍人口	人	539929		
	其中：男性人口	人	279886		
	女性人口	人	260043		
	人口出生率	‰	4.60		
	人口死亡率	‰	5.60		
	人口自然增长率	‰	-1.00		
人民生活	城镇居民人均可支配收入	元	46400.00	4.20	5.90
	城镇居民人均生活消费支出	元	30688.00	3.10	3.00
	农村常住居民人均可支配收入	元	31683.00	5.60	7.40
	农村常住居民人均生活消费支出	元	14230.00	7.00	

第六章 马鞍山市辖各县区经济发展情况

第一节 雨山区2022年经济发展情况

2022年，雨山区在市委、市政府的坚强领导下，认真落实“疫情要防住、经济要稳住、发展要安全”工作总要求，努力克服了超预期因素带来的经济下行压力，持续推动全区经济高质量发展。

一、综合经济发展情况

2022年雨山区综合经济发展情况见表3-6-1。

表3-6-1 2022年雨山区综合经济发展情况

类别	指标	计量单位	绝对数	占比/%	比上年增长/%
经济总量	地区生产总值	亿元	257.65		3.50
	其中：第一产业增加值	亿元	2.67	1.04	3.70
	第二产业增加值	亿元	95.80	37.18	11.50
	第三产业增加值	亿元	158.17	61.39	-0.40
	一般公共预算收入	亿元	16.11		8.91
	财政支出	亿元	16.87		7.03
固定资产投资	全区固定资产投资增幅	%	16.10		
农业	全年实现农业总产值	亿元	4.91		4.10
	粮食总产量	万吨	1.13		0.01
	其中：小麦产量	万吨	0.123		
	稻谷产量	万吨	0.989		0.01
	农副产品				
	其中：肉类产量	万吨	0.0797		1.31
	水产品产量	万吨	0.0828		4.94
	禽蛋产量	万吨	0.0487		111.69
工业	全区实现规模以上工业增加值增幅	%	16.80		
	全区战略性新兴产业实现产值				8.10
建筑业	全年建筑业总产值	亿元	28.40		1.90
国内贸易	全年实现社会消费品零售总额	亿元	100.15		0.60

续表

类别	指标	计量单位	绝对数	占比/%	比上年增长/%
开放型经济	全年完成进出口总额	亿元	1.83		74.00
人口	年末全区户籍人口	万人	25.5834		
	其中：农业人口	万人	3.0122		
	非农业人口	万人	22.5712		
人民生活	城镇居民人均可支配收入	元	73994.00		
	农村居民人均可支配收入	元	40157.00		

二、科技创新发展情况

2022年雨山区科技创新发展情况见表3-6-2。

表3-6-2　2022年雨山区科技创新发展情况

指标	计量单位	绝对数
全年新增高新技术企业	家	17
专精特新企业	家	6
累计授权专利	件	1457
发明专利授权	件	338

第二节　花山区2022年经济发展情况

2022年，花山区在市委、市政府的坚强领导下，坚持以习近平新时代中国特色社会主义思想为指导，坚持稳中求进工作总基调，全区上下高效统筹疫情防控和经济社会发展，在承压前行、攻坚克难中推动经济运行稳中有进、稳步提升。

综合经济发展情况

2022年花山区综合经济发展情况见表3-6-3。

表3-6-3　2022年花山区综合经济发展情况

类别	指标	计量单位	绝对数	占比/%	比上年增长/%
经济总量	地区生产总值	亿元	460.10		3.10
	其中：第一产业增加值	亿元	1.82	0.40	3.90
	第二产业增加值	亿元	137.46	29.88	6.30
	第三产业增加值	亿元	320.73	69.71	1.70
固定资产投资	全区完成固定资产投资	亿元	88.48		
	其中：建安工程完成	亿元	61.85		
农业	农林牧渔业总产值			0.10	4.20
工业	规模以上工业增加值	亿元	54.03		11.00
	规模以上采矿业增加值				12.30

续表

类别	指标	计量单位	绝对数	占比/%	比上年增长/%
工业	规模以上制造业增加值			6.90	-2.00
	规模以上电力、热力、燃气及水生产和供应业增加值			6.70	20.00
	规模以下工业增加值			1.10	0.20
建筑业	建筑业总值	亿元	417.27		11.70
	其中：十七冶建筑业总产值	亿元	401.20	96.10	19.50
国内贸易	社会消费品零售总额	亿元	272.68		0.20
	其中：限额以上社会消费品零售额	亿元	57.82		4.90
交通运输建设	公路客运周转量	万人次		3.00	-0.20
	仓储和其他运输业营业收入	万元		0.20	-5.40
	邮政业务总量			0.20	6.60
金融业	金融机构本外币存贷款余额	亿元		6.60	7.60
	金融机构本外币贷款余额	亿元		0.10	7.80
	证券交易额	亿元		0.10	3.20
	保费收入	亿元		1.10	8.20
房地产业	全年完成房地产投资	亿元	48.74		-8.70
开放型经济	进出口总额	亿美元	1.95		19.10
人民生活	城镇居民人均可支配收入	元	70955.00		5.30
	农村常住居民人均可支配收入	元	40909.00		7.10

第三节　当涂县 2022 年经济发展情况

2022 年，当涂县委、县政府带领全县人民全面落实“疫情要防住、经济要稳住、发展要安全”重大要求，知重负重、攻坚克难、砥砺奋进，高效统筹疫情防控和经济社会发展，全力稳住了经济基本盘，全县经济运行呈现出总体平稳、稳中有进良好态势。

一、综合经济发展情况

2022 年当涂县综合经济发展情况见表 3-6-4。

表 3-6-4　2022 年当涂县综合经济发展情况

类别	指标	计量单位	绝对数	占比/%	比上年增长/%
经济总量	地区生产总值	亿元	558.65		6.20
	其中：第一产业增加值	亿元	38.14	6.83	3.80
	第二产业增加值	亿元	286.36	51.26	8.60
	第三产业增加值	亿元	234.14	41.91	4.00
	全年完成地方一般预算收入	亿元	36.60		7.40

续表

类别	指标	计量单位	绝对数	占比/%	比上年增长/%
经济总量	其中：税收收入	亿元	24.50		6.40
	全年一般预算支出	亿元	56.20		4.50
	其中：农林水利事务	亿元	8.06		
	科学技术	亿元	1.19		
	卫生健康	亿元	2.60		
固定资产投资	全县固定资产投资	%	21.00		
	其中：工业投资增长	%	44.90		
	技改投资增长	%	35.30		
农业	实现农业总产值	亿元	61.39		4.31
	其中：农业产值	亿元	18.51		-1.06
	林业产值	亿元	0.64		2.46
	牧业产值	亿元	8.14		6.37
	渔业产值	亿元	31.10		6.65
	农林牧渔服务业产值	亿元	3.00		8.03
	全年粮食作物种植面积	万亩	78.22		
	其中：粮食产量	万吨	31.24		
	油料作物种植面积	万亩	12.72		
	其中：油料作物产量	万吨	2.39		2.80
	蔬菜播种面积	万亩	7.40		
	其中：蔬菜产量	万吨	12.00		5.10
	水果产量	万吨	0.93		3.10
	全县农业机械总动力	万千瓦时	33.60		
工业	全县规模以上工业企业	家	322		
	规模以上工业增加值				10.80
	规模以上工业总产值				9.20
	全年战略性新兴产业产值				32.90
	高新技术产业增加值				21.50
	全县规模以上工业企业实现主营业务收入	亿元	622.20		10.00
	利税	亿元	29.50		27.50
	其中：利润总额	亿元	11.60		58.40
建筑业	全年全社会建筑业增加值	亿元	10.53		8.90
	房屋建筑施工面积	亿元	194.90		
	其中：新开工面积	亿元	108.40		
国内贸易	全年实现社会消费品零售总额	亿元	187.52		2.90
	其中：限额以上社会消费品零售总额	亿元	23.81		2.80

续表

类别	指标	计量单位	绝对数	占比/%	比上年增长/%
交通运输建设	全县境内等级公路里程	公里	1985.00		
	其中：高速公路	公里	27.00		
	民用汽车拥有量	辆	96691		
	其中：个人汽车	辆	90519		
邮电业	完成邮政业务总量	万元	22105.00		23.50
	本地电话用户数	万户	3.03		
	移动电话用户	万户	36.70		
	国际互联网用户	万户	16.20		
金融业	金融机构各项本外币存款余额	亿元	502.49		
	其中：本外币住户存款余额	亿元	375.26		
	金融机构各项本外币贷款余额	亿元	406.70		
开放型经济	进出口总额	万元	35114.00		15.90
	其中：进口总额	万元	386.00		
	出口总额	万元	34728.00		
人口	全县户籍人口	万人	47.46		
	其中：男性人口	万人	31.00		
	女性人口	万人	23.15		
	出生人口	人	2866		
	死亡人口	人	3639		
	人口出生率	‰	6.00		
	人口死亡率	‰	7.70		
	人口自然增长率	‰	-1.70		
人民生活	城镇居民人均可支配收入	元	50144.00		5.60
	农村居民人均可支配收入	元	34569.00		7.10
环境保护	工业废水排放量达标率	%	100.00		
	工业烟尘排放量达标率	%	100.00		
	县城生活垃圾无害化处理率	%	100.00		
	城市水环境功能区水质达标率	%	100.00		

二、科技创新发展情况

2022 年当涂县科技创新发展情况见表 3-6-5。

表 3-6-5　2022 年当涂县科技创新发展情况

指标	计量单位	绝对数	比上年增长/%
新培育高新技术企业	家	34	
高技术产业增加值			11.60

续表

指标	计量单位	绝对数	比上年增长/%
净增有效发明专利	个	127	
省级专精特新冠军企业	家	2	

第四节　和县 2022 年经济发展情况

2022 年，和县坚持以习近平新时代中国特色社会主义思想为指导，深入贯彻习近平总书记系列重要讲话与重要指示批示精神，科学统筹疫情防控和经济社会发展，聚焦重点领域精准发力，促进投资活力持续释放，持续聚力改善民生，不断增进人民福祉，绘就了高质量发展的生动画卷。

一、综合经济发展情况

2022 年和县综合经济发展情况见表 3-6-6。

表 3-6-6　2022 年和县综合经济发展情况

类别	指标	计量单位	绝对数	占比/%	比上年增长/%
经济总量	全县地区生产总值	亿元	353.47		6.40
	其中：第一产业增加值	亿元	31.29	8.85	4.10
	第二产业增加值	亿元	153.97	43.56	9.00
	第三产业增加值	亿元	168.21	47.59	4.80
财政收支	一般公共财政预算收入	亿元	29.88		9.50
	其中：税收收入	亿元	22.03		5.80
	财政支出	亿元	57.81		1.80
固定资产投资	全县固定资产投资				22.60
	其中：制造业投资			37.80	
	技术改造投资			14.30	
	房地产投资				−22.00
农业	实现农业总产值	亿元	56.98		4.50
	实现农业增加值	亿元	32.68		4.30
	全年粮食总产量	万吨	38.87		1.20
	油料总产量	万吨	1.95		8.70
	蔬菜总产量	万吨	55.35		4.50
	全年肉类总产量	万吨	3.97		2.40
	全年水产品产量	万吨	2.40		4.80
交通运输建设	年末全县公路总里程	公里	2208.36		
	其中：高速公路里程	公里	64.00		
	一级公路里程	公里	94.04		

续表

类别	指标	计量单位	绝对数	占比/%	比上年增长/%
邮电业	全年实现邮电业务总量	亿元	4.04		
	移动电话用户	万户	3.40		
	互联网宽带接入用户数	万户	45.80		
	邮电行业业务收入人民币	亿元	22.40		
金融业	年末金融机构各项人民币存款余额	亿元	440.21		14.90
	年末金融机构各项人民币贷款余额	亿元	341.66		23.10
保险业	全年保费业务收入	亿元	4.32		
	其中：财产保险保费收入	亿元	2.79	64.58	
	人身保险保费收入	亿元	1.53	35.42	
	保险业务赔款和给付	亿元	2.02		
	其中：财产保险赔付	亿元	1.83	90.59	
	人身保险赔付	亿元	0.19	9.41	
房地产业	实现商品房销售面积	万平方米	51.49		-20.00
	实现商品房销售额	亿元	29.77		-25.60
开放型经济	全县进出口总额	亿美元	20.06		17.40
人口	全县户籍人口	万人	53.39		
	人口出生率	‰	6.15		
	人口死亡率	‰	7.69		
人民生活	城乡居民人均可支配收入	元	35909.00		6.30
	城镇居民人均可支配收入	元	43667.00		5.30
	农村常住居民人均可支配收入	元	27081.00		7.30

二、科技创新发展情况

2022 年和县科技创新发展情况见表 3-6-7。

表 3-6-7　2022 年和县科技创新发展情况

指标	计量单位	绝对数
全县新增高新技术企业	家	124
全年授权专利	个	1328
其中：发明专利	个	256

第五节　含山县 2022 年经济发展情况

2022 年，含山县坚持稳中求进工作总基调，全面落实“疫情要防住、经济要稳住、发展要安全”总要求，认真落实省委“一改两为”要求，抓机遇、转作风、提效能、优环境，高效统筹疫情防控和经济社会发展，聚焦制造业三年倍增行动，克服疫情、旱情等不利因素影响，在多重压力下，全县经济运行总体平稳，经济总量实现稳步提升，现代化幸福美好含山建设迈出坚实步伐。

一、综合经济发展情况

2022 年含山县综合经济发展情况见表 3-6-8。

表 3-6-8　2022 年含山县综合经济发展情况

类别	指标	计量单位	绝对数	占比/%	比上年增长/%
经济总量	全县地区生产总值	亿元	250.69		7.00
	其中：第一产业增加值	亿元	25.38	10.12	3.80
	第二产业增加值	亿元	107.52	42.89	11.30
	第三产业增加值	亿元	117.78	46.98	4.40
财政收支	一般公共财政预算收入	亿元	16.53		
	地方税收收入	亿元	11.36		
	一般公共预算支出	亿元	42.50		
	民生支出	亿元	37.25		
固定资产投资	全县固定资产投资				16.20
	其中：第一产业投资				-19.90
	第二产业投资				-3.60
	第三产业投资				43.20
农业	实现农业总产值	亿元	48.60		4.40
	实现农业增加值	亿元	29.16		4.20
	全县农作物播种面积	公顷	50110.49		
	粮食种植面积	公顷	39624.78		
	其中：稻谷种植面积	公顷	27563.49		
	小麦种植面积	公顷	9683.11		
	玉米种植面积	公顷	289.37		
	棉花种植面积	公顷	155.57		
	油料种植面积	公顷	7563.21		
	糖料种植面积	公顷	41.27		
	蔬菜种植面积	公顷	2412.09		
	全年粮食产量	万吨	25.86		
	蔬菜产量	万吨	13.05		
	全年生猪出栏量	万头	14.87		2.30

续表

类别	指标	计量单位	绝对数	占比/%	比上年增长/%
农业	年末生猪存栏量	万头	6.81		
	全年肉类总产量	吨	21445		2.00
工业	全县实现工业增加值	亿元	80.23		9.70
	年末全县规模以上工业企业	家	180		
建筑业	全县列入统计资质以上建筑业企业	家	37		
	全年实现建筑业总产值	亿元	35.52		12.40
	实现建筑业增加值	亿元	27.29		16.30
	全年建筑施工面积	万平方米	164.30		-13.40
	房屋竣工面积	万平方米	45.50		-14.10
交通运输建设	公路客运量	万人次	1560.60		
	公路货运量	万吨	5911.80		
	旅客运输量	万人	260.10		
	年末全县公路总里程	公里	2190.90		
	全县民用汽车拥有量	辆	54118		
	其中：汽车拥有量	辆	34259		
邮电业	全年实现邮政行业业务总量	亿元	1.02		
	全年实现邮电业务总量	万件	734.00		
	年末全县电话用户	万户	35.27		
	移动电话用户	万户	33.56		
	互联网宽带接入用户数	万户	13.88		
金融业	年末金融机构各项本外币存款余额	亿元	330.65		16.20
	其中：居民存款	亿元	256.26		19.20
	年末金融机构各项本外币贷款余额	亿元	590.33		18.80
	其中：中长期贷款	亿元	168.35		25.90
房地产业	全年完成房地产开发投资				0.50
	全年实现商品房销售面积	万平方米	21.05		-12.40
	实现商品房销售额	亿元	11.07		-20.40
	年末商品房待售面积	万平方米	113.95		3.10
开放型经济	全年完成外贸进出口总额	万美元	6063.00		
	全年实际利用外商直接投资	万美元	350.00		
人口	全县总户籍	户	136901		
	全县户籍人口	人	439345		
	其中：城镇户籍	人	176199		
	农村户籍	人	263146		
	全年城镇新增就业人数	人	7299		

续表

类别	指标	计量单位	绝对数	占比/%	比上年增长/%
人口	失业人员再就业率	%	92.20		
	就业困难人员就业帮扶率	%	93.20		
	城镇登记失业率	%	2.70		
人民生活	城乡常住居民人均可支配收入	元	33749.00		6.60
	城镇居民人均可支配收入	元	42326.00		5.50
	农村常住居民人均可支配收入	元	26891.00		7.40
环境保护	全年全县 $PM_{2.5}$ 平均浓度	微克/立方米	33.20		
	环境空气全年达标天数	天	302		
	工业二氧化硫排放量	吨	266.70		
	氮氧化物排放量	吨	1081.90		
	全县森林覆盖率	%	35.00		

二、科技创新发展情况

2022年含山县科技创新发展情况见表3-6-9。

表3-6-9　2022年含山县科技创新发展情况

指标	单位	绝对数
高新技术企业	家	90
上报规模以上工业研究与试验发展（R&D）经费支出	亿元	6
全年授权专利	件	482
其中：发明专利	件	174
实用新型专利	件	284
外观设计专利	件	24
年末有效发明专利拥有量	件	891

第六节　博望区2022年经济发展情况

2022年，博望区坚持以习近平新时代中国特色社会主义思想为指导，以学习宣传贯彻党的二十大精神为主线，高效统筹疫情防控和经济社会发展，踔厉奋发、勇毅前行，为大力推动高质量一体化跨越式发展，奋力打造“四区一极”新博望，加快建成现代化“明珠博望、智造新城”交出了一份优异答卷。

一、综合经济发展情况

2022年博望区综合经济发展情况见表3-6-10。

表 3-6-10　2022 年博望区综合经济发展情况

类别	指标	计量单位	绝对数	占比/%	比上年增长/%
经济总量	地区生产总值	亿元	154. 91		3. 30
	其中：第一产业增加值	亿元	10. 33	6. 67	3. 80
	第二产业增加值	亿元	82. 28	53. 11	4. 10
	第三产业增加值	亿元	62. 30	40. 22	2. 20
固定资产投资	全区完成固定资产投资	亿元	75. 73		18. 20
	其中：第一产业完成投资				0. 40
	第二产业完成投资				126. 30
	第三产业完成投资				32. 20
农业	实现农业总产值	亿元	16. 61		4. 20
	粮食总产量	万吨	9. 36		
	稻谷产量	万吨	6. 94		
	全年肉类产量	万吨	0. 76		
	牛奶产量	万吨	5. 76		
	水产品产量	万吨	1. 33		
工业	全年规模以上工业增加值				6. 60
建筑业	全年实现建筑业总产值	千元	65165. 00		14. 30
国内贸易	全年实现社会消费品零售总额	亿元	52. 15		3. 80
	实现限额以上零售额	亿元	2. 94		2. 90
	批发业实现销售额	亿元	114. 68		1. 40
	零售业实现销售额	亿元	53. 77		7. 40
	住宿业实现营业额	亿元	0. 77		17. 30
	餐饮业实现营业额	亿元	4. 85		2. 40
金融业	全区银行本外币存款余额	亿元	140. 00		
	全区银行本外币贷款余额	亿元	80. 28		
人口	全区户籍人口	万人	18. 91		
	常住人口	万人	16. 20		
人民生活	全体居民人均可支配收入	元	44840. 00		6. 40
	城镇居民人均可支配收入	元	55153. 00		5. 40
	农村居民人均可支配收入	元	33463. 00		7. 30

二、科技创新发展情况

2022 年博望区科技创新发展情况见表 3-6-11。

表 3-6-11　2022 年博望区科技创新发展情况

指标	计量单位	绝对数	比上年增长/%
全年新认定高新技术企业	家	25	
全区有效发明专利拥有量	件	620	9. 30

第七章 滁州市辖各县市区经济发展情况

第一节 天长市2022年经济发展情况

2022年，全市上下高效统筹疫情防控和经济社会发展，深入推进“一改两为”，凝心聚力、真抓实干，有效应对各类风险挑战，全市经济保持良好发展态势，三次产业高质量协同发展，民生保障有力有效，高质量发展取得新成效。

一、综合经济发展情况

2022年天长市综合经济发展情况见表3-7-1。

表3-7-1 2022年天长市综合经济发展情况

类别	指标	计量单位	绝对数	占比/%	比上年增长/%
经济总量	全市地区生产总值	万元	6861118.00		7.30
	其中：第一产业增加值	万元	440200.00	6.42	4.40
	第二产业增加值	万元	4190283.00	61.07	8.00
	第三产业增加值	万元	2230636.00	32.51	6.50
财政收支	财政总收入	万元	686301.00		7.40
	其中：中央财政收入	万元	154182.00		4.00
	一般公共财政预算收入	万元	467416.00		6.00
	其中：增值税	万元			9.30
	企业所得税	万元			-2.90
	个人所得税	万元			13.90
	城镇土地使用税	万元			98.10
	出口货物退增值税	万元	64173.00		30.10
	财政支出	万元	736695.00		4.70
	其中：一般公共财政预算支出	万元	47456.00		18.30
	公共安全支出	万元	39443.00		17.80
	教育支出	万元	141736.00		5.00
	科学技术支出	万元	27681.00		10.70
	社会保障和就业支出	万元	107329.00		4.70
	城乡社区事务支出	万元	82517.00		26.40
	节能环保支出	万元	14694.00		4.40

续表

类别	指标	计量单位	绝对数	占比/%	比上年增长/%
固定资产投资	全市完成固定资产投资				17.20
	其中：第一产业完成投资				24.00
	第二产业完成投资				13.90
	第三产业完成投资				20.30
农业	全年粮食种植面积	公顷	141953.00		
	全年粮食总产量	吨	846113.00		-1.00
	油料种植面积	公顷	864.00		
	油料总产量	吨	2323.00		33.20
	蔬菜种植面积	公顷	4915.00		
	林木种植面积	公顷	413.00		
	肉类总产量	吨	20549.00		6.90
	禽蛋总产量	吨	33778.00		1.40
	水产品总产量	吨	79350.00		3.50
工业	规模工业企业总产值				15.30
	股份制企业				15.30
	外商和港澳台商投资企业				39.50
	其他企业				18.90
	规模工业增加值				11.40
建筑业	全市列入统计资质以上建筑业企业总产值	万元	1303349.00		17.20
	资质以上建筑企业完成建筑业实现利润总额	万元	26512.00		34.50
	实现建筑业增加值	万元	461190.00		12.80
	房屋建筑施工面积	万平方米	665.00		20.50
	房屋竣工面积	万平方米	261.00		7.90
国内贸易	全市实现社会消费品零售总额	万元	2430916.00		6.10
	其中：城镇	万元	1984376.00	81.63	5.80
	农村	万元	446540.00	18.37	7.80
	限额以上消费品零售额	万元	381664.00	15.70	28.60
	限额以下消费品零售额	万元	2049252.00	84.30	2.90
	商品零售额	万元	2085172.00	85.78	6.40
	餐饮收入	万元	345744.00	14.22	4.80
交通运输建设	全年交通运输、仓储和邮政业实现增加值	万元	155146.00		-1.70
邮电业	全年实现邮政业务总量	万元	11633.00		3.00
	邮电行业业务收入	万元	47807.00		3.60
	年末拥有固定电话用户	万户	4.40		

续表

类别	指标	计量单位	绝对数	占比/%	比上年增长/%
邮电业	移动电话用户	万户	68.30		
	互联网宽带接入用户数	万户	28.50		
金融业	年末金融机构各项本外币存款余额	万元	6634466.00		22.30
	其中：住户存款余额	万元	4770667.00		23.50
	年末金融机构各项本外币贷款余额	万元	6030408.00		23.60
保险业	全年保费业务收入	万元	49393.00		12.20
	其中：财产保险保费收入	万元	23742.00	48.07	18.90
	人身保险保费收入	万元	25651.00	51.93	6.60
	各项赔款收入	万元	19849.00		3.40
房地产业	全年房地产开发投资	万元	643840.00		16.40
	商品房销售额	万元	770217.00		-2.20
开放型经济	全年实现进出口总额	万美元	133734.00		42.20
	其中：出口总额	万美元	126779.00	94.80	44.80
	其中：生产企业出口	万美元	81952.00	64.64	29.00
	外商企业出口	万美元	44827.00	35.36	86.70
	进口总额	万美元	6955.00	5.20	
	实际利用外商直接外资	万美元	39.00		
	实际利用省外资金	亿元	236.00		
人口	全市户籍人口	万人	62.80		
	年末常住人口	万人	61.20		
	常住人口城镇化率	%	72.80		0.05
人民生活	城镇居民人均可支配收入	元	43892.00		6.30
	农村居民人均可支配收入	元	25960.00		7.20
	农村居民人均生活消费支出	元	19324.00		7.00
	其中：居住支出	元	3477.00		
	交通和通信支出	元	3007.00		
	衣着支出	元	2040.00		

二、科技创新发展情况

2022年天长市科技创新发展情况见表3-7-2。

表3-7-2　2022年天长市科技创新发展情况

指标	计量单位	绝对数
全年用于科技活动的经费支出	亿元	2.60
授权发明专利	项	363
其中：万人发明专利	件	35

续表

指标	计量单位	绝对数
省级以上科技成果	项	946
有高新技术企业	家	245

第二节　凤阳县 2022 年经济发展情况

2022 年，凤阳县坚持以习近平新时代中国特色社会主义思想为指导，按照中央、省、市和县委的决策部署，牢牢把握稳中求进工作总基调，高效统筹疫情防控和经济社会发展，主动担当、真抓实干，取得了来之不易的新成绩。

一、综合经济发展情况

2022 年凤阳县综合经济发展情况见表 3-7-3。

表 3-7-3　2022 年凤阳县综合经济发展情况

类别	指标	计量单位	绝对数	占比/%	比上年增长/%
经济总量	地区生产总值	万元	4953793.00		5.60
	其中：第一产业增加值	万元	490216.00	9.90	3.20
	第二产业增加值	万元	2222003.00	44.85	7.00
	第三产业增加值	万元	2241573.00	45.25	4.80
	一般公共财政预算收入	万元	405000.00		45.10
	其中：税收收入	万元	208001.00		11.00
	财政支出	万元	647623.00		17.60
	其中：民生支出	万元	4547079.00		15.60
	一般公共服务支出				35.30
	教育支出				5.00
	科学技术支出				0.30
	社会保障和就业支出				40.00
	医疗卫生和计划生育支出				48.30
	城乡社区事务支出				23.30
	农林水事务支出				17.70
	交通运输支出				26.30
	住房保障支出				75.60
固定资产投资	全县完成固定资产投资	亿元			18.00
	其中：第一产业完成投资	亿元			79.00
	第二产业完成投资	亿元			42.60
	其中：工业技术改造投资	亿元			18.60
	第三产业完成投资	亿元			-2.10
	民营经济（含房地产投资）累计完成投资	亿元			17.60

续表

类别	指标	计量单位	绝对数	占比/%	比上年增长/%
农业	全县农作物播种面积	万亩	219.58		-0.57
	其中：稻谷播种面积	万亩	92.94		
	小麦播种面积	万亩	94.43		
	油料播种面积	万亩	14.40		
	蔬菜播种面积	万亩	5.19		
	粮食总产量	吨	833919.00		-0.89
	油料产量	吨	32916.00		3.60
	蔬菜产量	吨	122278.00		3.60
	瓜果产量	吨	19912.00		3.20
	园林水果产量	吨	34794.00		3.30
	全县生猪存栏量	头	170000		-6.59
	全年生猪出栏量	头	346542		4.38
	全年肉类总产量	吨	52468.00		3.77
	禽蛋产量	吨	27262.00		4.85
	水产品产量	吨	57967.00		3.20
工业	实现规模以上工业总产值				17.80
	实现规模以上工业增加值				9.50
	全县工业总产值超亿元企业	家	67		
	其中：产值超 10 亿元企业	家	8		
	产值在 5 亿~10 亿元企业	家	10		
	产值在 1 亿~5 亿元企业	家	49		
建筑业	全社会建筑业增加值	万元	614306.00		7.50
	资质以上建筑企业	家	101		
	其中：全年完成总产值	千元	9109183.00		14.50
	实现利润总额	千元	135877.00		
	房屋建筑施工面积	万平方米	332.30		
	房屋竣工面积	万平方米	266.00		
国内贸易	全县实现社会消费品零售总额	万元	2489856.80		4.30
	其中：城镇	万元	1775479.10		4.90
	农村	万元	714377.70		3.00
交通运输建设	年末全县民用汽车拥有量	万辆	7.40		4.40
	其中：私人汽车	万辆	6.90	3.80	
	私人轿车	万辆	4.40		4.20
邮电业	全年邮电业务总量	万元	71118.00		8.60
	电信业务总量	万元	39308.00		6.50

续表

类别	指标	计量单位	绝对数	占比/%	比上年增长/%
邮电业	邮政业务量	万元	31810.00		11.30
	本地固定电话用户	万户	3.36		
	移动电话用户	万户	54.70		
金融业	年末金融机构各项本外币存款余额	万元	4203979.00		19.30
	其中：住户存款余额	万元	3110852.00		20.80
	非金融企业存款余额	万元	697031.00		11.50
	年末金融机构各项本外币贷款余额	万元	3620322.00		24.90
	其中：短期贷款	万元	1071708.00		22.50
	中长期贷款	万元	2418278.00		26.30
保险业	年末全县参加城镇职工基本养老保险人数（不含离退休人员）	万人	4.97		37.00
	参加城镇职工基本医疗保险人数	万人	5.80		16.30
	参加失业保险人数	万人	3.96		51.60
	参加工伤保险人数	万人	4.45		23.00
	参加城乡居民养老保险人数	万人	44.50		-0.70
	参加城乡居民基本医疗保险人数	万人	61.10		-4.10
开放型经济	进出口总额	万美元	37409.00		21.90
	其中：出口总额	万美元	35737.00		22.70
	进口总额	万美元	1672.00		6.30
	全年实际利用外资	万美元	15.00		-98.50
	全年招商引资到位资金	亿元	200.45		5.00
人口	全县年末总户数	户	212712		
	年末户籍总人口	人	792692		
	其中：男性	人	421308		
	女性	人	371384		
	全县年末常住人口	万人	63.90		
人民生活	城乡常住居民人均可支配收入	元	23259.00		6.90
	其中：城镇常住居民人均可支配收入	元	33947.00		6.00
	农村常住居民人均可支配收入	元	16434.00		7.10
环境保护	全县空气质量平均优良天数比例	%	80.50		
	全年工业二氧化硫排放量				22.90
	氮氧化物排放量				-6.60
	烟（粉）尘排放量				-27.40
	年末森林面积	千公顷	41.30		
	造林面积	公顷	113.50		
	活立木总蓄积量	万立方米	501.50		
	森林蓄积量	万立方米	285.60		

二、科技创新发展情况

2022 年凤阳县科技创新发展情况见表 3-7-4。

表 3-7-4　2022 年凤阳县科技创新发展情况

指标	计量单位	绝对数	比上年增长/%
年末全县有各类专业技术人员	人	9087	0. 62
科研机构	所	107	
大中型工业企业办机构	所	21	
从事研发活动人员	人	2678	
年末拥有高新技术企业	家	82	
全年专利授权量	件	1255	3. 03
其中：发明专利授权量	件	122	-26. 50
实用新型专利授权量	件	879	4. 30

第三节　来安县 2022 年经济发展情况

2022 年，来安县以习近平新时代中国特色社会主义思想为指导，认真学习贯彻党的二十大精神，全面贯彻落实习近平总书记系列重要讲话与重要指示批示精神，全面贯彻落实中央、省、市委决策部署，统筹疫情防控和经济社会发展，坚持稳中求进工作总基调，立足新发展阶段，服务新发展格局，扎实推动长三角一体化和高质量发展。全县主要经济指标实现平稳较快增长，经济运行保持稳中向好的良好态势。

一、综合经济发展情况

2022 年来安县综合经济发展情况见表 3-7-5。

表 3-7-5　2022 年来安县综合经济发展情况

类别	指标	计量单位	绝对数	占比/%	比上年增长/%
经济总量	全县地区生产总值	亿元	392. 20		6. 60
	其中：第一产业增加值	亿元	29. 20	7. 45	4. 50
	第二产业增加值	亿元	195. 60	49. 87	11. 40
	第三产业增加值	亿元	167. 40	42. 68	1. 80
财政收支	财政总收入	亿元	34. 00		-0. 80
	其中：一般公共财政预算收入	亿元	25. 40		11. 40
	上划中央收入	亿元	8. 30		26. 00
	财政支出	亿元	42. 00		4. 30
	其中：一般公共财政预算支出	亿元	2. 70		0. 10
	公共安全支出	亿元	1. 80		26. 60
	教育支出	亿元	7. 00		5. 00
	科学技术支出	亿元	0. 60		6. 10

续表

类别	指标	计量单位	绝对数	占比/%	比上年增长/%
财政收支	社会保障和就业支出	亿元	8.30		26.10
	卫生健康支出	亿元	3.40		6.70
	节能环保支出	亿元	1.10		2.00
	城乡社区支出	亿元	4.40		15.00
	全年民生方面支出	亿元	36.90		
固定资产投资	全县完成固定资产投资				16.10
	其中：第一产业完成投资				102.90
	第二产业完成投资				54.40
	第三产业完成投资				0.20
农业	全年粮食种植面积	公顷	77858.00		0.40
	全年粮食总产量	公顷	46.60		0.05
	油料种植面积	公顷	3924.00		18.70
	油料总产量	万吨	11587.50		14.00
	棉花种植面积	公顷	14.50		-40.10
	棉花总产量	吨	11.00		42.10
	蔬菜总产量	公顷	8924.00		3.80
	全年肉蛋总产量	万吨	7.70		3.70
	全年肉类总产量	万吨	6.70		0.74
	禽蛋产量	吨	1.10		24.49
	全年水产品产量	万吨	3.10		2.55
工业	全年全部工业实现工业总产值	亿元	170.80		
	工业产品产量				
	其中：冻肉	吨	61384.00		
	纯苯	吨	86524.00		
	塑料制品	吨	106512.00		
	钢结构	吨	8894.00		
	模具	套	1186315.00		
	电子元件	万只	279.00		
	规模以上工业企业	家	289		
	规模以上工业企业实现营业收入	亿元	532.20		
	其中：实现利润总额	亿元	31.90		
	利税总额	亿元	39.20		
	高技术制造业企业	家	15		
	战略性新兴产业企业	家	82		
	亿元以上工业企业	家	41		

续表

类别	指标	计量单位	绝对数	占比/%	比上年增长/%
建筑业	全年建筑业完成增加值	亿元	9.30		106.70
	资质以上建筑企业	家	108		
	全年共完成建筑业总产值	亿元	35.10		10.30
	完成房屋建筑施工面积	万平方米	120.70		-20.30
	房屋竣工面积	万平方米	56.40		-32.00
国内贸易	全县实现社会消费品零售总额	亿元	153.40		4.70
	其中：城镇	亿元	119.50		3.40
	农村	亿元	34.00		14.00
交通运输建设	全县出租车拥有量	辆	205		
	客车拥有量	辆	192		
	公交车拥有量	辆	175		
	运营线路网长	公里	995.80		
	年客用总量	辆	588		
	年末全县民用汽车拥有量	万辆	5.60		
	其中：私人汽车拥有量	万辆	5.20		
	民用轿车拥有量	万辆	4.40		
	其中：私人轿车拥有量	万辆	4.20		
邮电业	全县拥有固定电话用户	万户	2.10		-12.50
	移动电话用户数	万户	37.60		-3.10
	年末互联网宽带接入用户	万户	17.40		16.80
	全年全社会用电量	万千瓦时	286664.00		23.20
	第一产业用电量	万千瓦时	7665.00		31.50
	第二产业用电量	万千瓦时	210584.00		23.10
	第三产业用电量	万千瓦时	27747.00		18.20
	城乡居民生活用电量	万千瓦时	40668.00		25.90
金融业	金融机构各项本外币存款余额	亿元	354.40		10.40
	住户存款余额	亿元	254.10		20.30
	金融机构各项本外币贷款余额	亿元	428.60		17.70
	其中：住户贷款	亿元	177.10		
	非金融企业及机关团体贷款	亿元	251.10		
保险业	全县城乡居民基本养老保险参保人数	万人	29.00		
	企业职工养老保险参保人数	万人	6.90		
	机关事业养老保险参保人数	万人	1.20		
	失业保险参保人数	万人	3.10		
	工伤保险参保人数	万人	4.30		

续表

类别	指标	计量单位	绝对数	占比/%	比上年增长/%
保险业	全县城镇职工医疗保险参保人数	万人	6.10		
	城乡居民基本医疗保险参保人数	万人	36.00		
	城镇居民低保人数	人	3451		
	农村居民低保人数	人	11740		
房地产业	全年完成房地产开发投资	亿元	66.30		-4.20
	房屋施工面积	万平方米	228.40		-54.20
	新开工面积	万平方米	45.00		-52.20
	房屋竣工面积	万平方米	121.70		-91.20
	商品住宅销售额	亿元	63.60		-29.20
开放型经济	全年实现进出口总额	万美元	87045.00		43.40
	其中：出口总额	万美元	78887.00		50.20
	进口总额	万美元	8157.00		-0.40
人口	全县户籍人口	万人	48.10		
	常住人口	万人	42.40		
	常住人口城镇化率	%	58.88		0.19
人民生活	城乡全体居民人均可支配收入	元	29676.00		7.20
	城镇居民人均可支配收入	元	43113.00		6.20
	农村居民人均可支配收入	元	18612.00		7.40

二、科技创新发展情况

2022 年来安县科技创新发展情况见表 3-7-6。

表 3-7-6　2022 年来安县科技创新发展情况

指标	计量单位	绝对数	比上年增长/%
专利授权量	件	1074	2.80
其中：发明专利授权量	件	151	
实用新型专利授权量	件	861	
外观设计专利授权量	件	62	

第四节　定远县 2022 年经济发展情况

2022 年，全县坚持以习近平新时代中国特色社会主义思想为指导，紧紧围绕县委、县政府工作重心，认真落实县委、县政府工作部署，各项工作顺利开展，全县经济平稳增长，社会民生保障有力，实现党的二十大良好开局。

一、综合经济发展情况

2022 年定远县综合经济发展情况见表 3-7-7。

表 3-7-7　2022年定远县综合经济发展情况

类别	指标	计量单位	绝对数	占比/%	比上年增长/%
经济总量	全县地区生产总值	万元	3800875.00		4.10
	其中：第一产业增加值	万元	775148.00	20.39	4.20
	第二产业增加值	万元	1226228.00	32.26	3.60
	第三产业增加值	万元	1799499.00	47.34	4.30
财政收支	一般公共财政预算收入	万元	258047.00		10.00
	其中：税收收入	万元	93081.00		16.70
	财政支出	万元	682848.00		6.10
	其中：教育支出	万元	105633.00		13.10
	城乡社区支出	万元	11828.00		-86.70
	农林水事务支出	万元	184526.00		18.60
	社会保障和就业支出	万元	131715.00		19.60
	卫生健康支出	万元	56107.00		36.20
	交通运输支出	万元	56799.00		79.30
	住房保障支出	万元	15757.00		25.10
固定资产投资	全县完成固定资产投资				15.80
	其中：第一产业完成投资				-28.40
	第二产业完成投资				76.00
	第三产业完成投资				-9.70
农业	全县农作物播种面积	公顷	224033.20		-0.08
	其中：粮食作物播种面积	公顷	208020.00		-0.87
	油料播种面积	公顷	7413.70		7.04
	蔬菜播种面积	公顷	5524.00		3.60
	粮食总产量	吨	1169030.20		-0.86
	油料产量	吨	23903.00		6.24
	蔬菜产量	吨	210149.20		4.00
	全县生猪存栏量	头	703697		
	全年生猪出栏量	头	1266191		4.40
	全年肉类总产量	吨	133343.20		7.09
	其中：猪肉产量	吨	109971.50		4.74
	禽蛋产量	吨	23574.20		-1.98
	水产品产量	吨	42848.00		4.57
工业	规模以上工业企业	家	153		
	规模以上工业企业实现营业收入	万元	2600098.00		14.50
	实现利税	万元	148097.00		38.10
	利润	万元	83255.00		-48.50

续表

类别	指标	计量单位	绝对数	占比/%	比上年增长/%
建筑业	全县列入统计资质以上建筑业企业	家	98		
	其中：一级资质企业	家	8		
	二级资质企业	家	30		
	全年实现建筑业总产值	亿元	76.38		14.20
	实现建筑业增加值	亿元	38.34		9.20
	全年建筑施工面积	万平方米	407.93		-3.10
	全年建筑新开工面积	万平方米	218.33		117.40
国内贸易	全县实现社会消费品零售总额	万元	1919620.00		2.10
	其中：城镇	万元	1280146.00		2.20
	农村	万元	639474.00		1.80
交通运输建设	全县公交运营线路总长	公里	3439.00		
	实有公交车辆	辆	312		
	全年公共汽车客运总量	万人次	1080.00		
	年末全县出租车总量	辆	456		
金融业	金融机构各项人民币存款余额	万元	4154297.00		17.80
	其中：住户存款余额	万元	3244064.00		20.70
	金融机构各项人民币贷款余额	万元	3293131.00		29.30
保险业	城镇职工养老保险参保人数	万人	5.62		
	城乡居民养老保险参保人数	万人	45.30		
	失业保险参保人数	万人	2.75		
	工伤保险参保人数	万人	3.84		
	职工基本医疗保险参保人数	万人	5.39		
	城乡居民基本医疗保险参保人数	万人	76.78		
房地产业	全年完成房地产投资	亿元	312235.00		-18.90
	完成商品房施工面积	万平方米	183.70		8.60
	其中：新开工面积	万平方米	35.70		-34.00
	商品房销售面积	万平方米	48.80		-26.20
	实现商品房销售额	万平方米	252002.00		-30.40
开放型经济	全县进出口总额	万美元	15719.00		73.03
	实际利用外资	万美元	189.00		74.20
人民生活	城镇常住居民人均可支配收入	元	37039.00		6.10
	农村常住居民人均可支配收入	元	17313.00		6.80

二、科技创新发展情况

2022 年定远县科技创新发展情况见表 3-7-8。

表 3-7-8　2022 年定远县科技创新发展情况

指标	计量单位	绝对数
新增市级专精特新企业	家	7
国家高新技术企业	家	9
新增战略性新兴企业	家	18

第五节　全椒县 2022 年经济发展情况

2022 年，全县认真贯彻中央、省委和市委决策部署，坚决落实“疫情要防住、经济要稳住、发展要安全”要求，以敢为善为、勇挑大梁的坚定自觉，积极有效应对各种风险挑战，全县经济社会发展呈现出大局稳定、动能增强、民生持续改善的良好局面，高质量跨越式发展迈出坚实步伐。

一、综合经济发展情况

2022 年全椒县综合经济发展情况见表 3-7-9。

表 3-7-9　2022 年全椒县综合经济发展情况

类别	指标	计量单位	绝对数	占比/%	比上年增长/%
经济总量	全县地区生产总值	亿元	336.60		4.30
	其中：第一产业增加值	亿元	31.20	9.27	2.70
	第二产业增加值	亿元	152.60	45.34	8.10
	第三产业增加值	亿元	152.80	45.40	1.30
财政收支	财政总收入	亿元	32.90		-8.40
	其中：一般公共财政预算收入	亿元	24.50		8.20
	其中：税收收入	亿元	19.10		-25.20
	一般公共财政预算支出	亿元	45.10		14.00
	其中：教育支出	亿元	6.87		2.30
	科技支出	亿元	0.97		4.90
	社会保障和就业支出	亿元	7.29		16.50
	城乡社区事务支出	亿元	5.63		27.30
	医疗卫生支出	亿元	3.66		9.60
	交通运输支出	亿元	1.54		12.90
	住房保障支出	亿元	0.80		77.10
固定资产投资	全县完成固定资产投资	亿元	217.50		16.60
	其中：完成民间投资	亿元	159.30		16.60
	第一产业完成投资	亿元	5.10		226.70

续表

类别	指标	计量单位	绝对数	占比/%	比上年增长/%
固定资产投资	第二产业完成投资	亿元	52.50		226.70
	其中：技改项目	亿元	52.50		36.30
	电力、热力、燃气及水生产和供应业	亿元			884.40
	第三产业完成投资	亿元	119.10		-6.80
	其中：基础设施项目				-4.20
	道路运输业				28.40
	水利管理业				5.60
	公共设施管理				49.90
	房地产业	亿元	73.00		0.10
	完成高技术产业投资	亿元	24.60		301.80
农业	农作物播种总面积	公顷	83239.00		0.05
	全年粮食种植面积	公顷	74595.00		
	全年粮食总产量	万吨	42.70		-0.80
	油料种植面积	公顷	3615.00		
	油料总产量	万吨	9591.00		2.50
	蔬菜播种面积	公顷	2613.00		
	蔬菜总产量	万吨	9.10		3.00
	肉类总产量	万吨	5.60		6.50
	禽蛋总产量	万吨	1.10		-0.02
	水产品总产量	万吨	7.10		9.60
工业	全年工业增加值				6.20
	工业企业增加值				10.20
	规模工业中战略性新兴产业企业	家	51	47.70	2.30
	规模工业中高新技术产业企业	家	152	54.20	4.70
	全县规模工业企业年末从业人员	万人	2.90		4.80
建筑业	全县在库资质以上建筑企业	家	86		16.90
	签订合同额	亿元	167.70		23.10
	实现主营业务收入	亿元	49.20		28.90
	实现利润总额	亿元	1.60		23.10
	房屋建筑施工面积	万平方米	448.40		8.40
	竣工产值	亿元	57.90		59.50
	新开工面积	万平方米	195.60		4.50
国内贸易	全县实现社会消费品零售总额	亿元	181.90		4.10
	城镇实现社会消费品零售总额	亿元	138.40		4.00
	农村实现社会消费品零售总额	亿元	43.50		4.60

续表

类别	指标	计量单位	绝对数	占比/%	比上年增长/%
邮电业	全社会用电量	亿千瓦时	20.30		8.90
	居民生活用电量	亿千瓦时	3.30		20.20
	第一产业用电量	亿千瓦时	0.90	4.60	12.60
	第二产业用电量	亿千瓦时	12.50	61.50	5.90
	第三产业用电量	亿千瓦时	3.60	17.60	3.90
金融业	金融机构各项人民币存款余额	亿元	366.10		14.00
	其中：住户存款余额	亿元	274.00		
	金融机构各项人民币贷款余额	亿元	362.40		14.40
	其中：短期贷款	亿元	122.30		
	中长期贷款	亿元	232.30		
	单位贷款	亿元	178.80		
保险业	全县城镇职工养老保险参保人数	万人	4.60		
	机关事业养老保险参保人数	万人	1.20		
	城乡居民基本养老保险参保人数	万人	11.90		
	失业保险参保人数	万人	3.60		
	工伤保险参保人数	万人	3.90		
	全县城镇职工医疗保险参保人数	万人	6.00		
	城乡居民基本医疗保险参保人数	万人	34.10		
	享受城市最低生活保障人数	人	3180		17.30
	享受农村最低生活保障人数	人	10878		9.10
	城乡低保人均月补差	元	689.00		556.00
房地产业	全年完成房地产投资	亿元	369.50		43.30
	完成商品房施工面积	万平方米	18.20		56.10
	商品房销售面积	万平方米	96.40		39.40
	商品房销售额	亿元	47.30		42.80
	商品房销售均价	元/平方米	5003.00		5.70
	其中：住宅销售均价	元/平方米	4920.00		6.90
	商业营业用房均价	元/平方米	7296.00		14.20
开放型经济	全年实现进出口总额	万美元	39666.00		9.50
	其中：出口总额	万美元	36119.00		7.80
	进口总额	万美元	3547.00		30.30
人民生活	城乡居民人均可支配收入	元	29350.00		6.70
	全年城镇居民人均可支配收入	元	38677.00		5.90
	全年农村居民人均可支配收入	元	19032.00		7.10

续表

类别	指标	计量单位	绝对数	占比/%	比上年增长/%
环境保护	全县城区公园绿地面积	公顷	315.20		
	建成区绿地面积	公顷	1102.00		
	绿地率	%	39.30		
	绿化覆盖面积	公顷	1142.00		
	绿化覆盖率	%	40.70		
	新增绿道长度	公里	1.50		

二、科技创新发展情况

2022 年全椒县科技创新发展情况见表 3-7-10。

表 3-7-10　2022 年全椒县科技创新发展情况

指标	计量单位	绝对数
全县专业技术人员	个	4856
全年登记科技成果	个	600
有效发明专利	个	1069
全县拥有国家高新技术企业	家	116
省级院士工作站	所	1
省级博士后工作站	所	4
省级企业技术中心	所	17
省级工业设计中心	所	7

第六节　明光市 2022 年经济发展情况

2022 年，明光市坚决贯彻党中央“疫情要防住，经济要稳住，发展要安全”重要决策，认真落实省委“一改两为五做到”重要要求，围绕“工业强市、产业兴市、生态立市”。紧扣“进前列、上台阶”，聚力实施“六拼行动”，全力推进明光高质量发展。

一、综合经济发展情况

2022 年明光市综合经济发展情况见表 3-7-11。

表 3-7-11　2022 年明光市综合经济发展情况

类别	指标	计量单位	绝对数	占比/%	比上年增长/%
经济总量	全市地区生产总值	亿元	288.30		4.80
	其中：第一产业增加值	亿元	45.60	15.82	3.20
	第二产业增加值	亿元	82.00	28.44	6.40
	第三产业增加值	亿元	160.70	55.74	4.50

续表

类别	指标	计量单位	绝对数	占比/%	比上年增长/%
财政收支	财政总收入	亿元	28.20		6.50
	其中：中央财政收入	亿元	5.60		-8.30
	一般公共财政预算收入	亿元	22.40		10.00
	财政支出	亿元	51.60		7.20
	其中：一般公共财政预算支出	亿元	4.10		16.00
	教育支出	亿元	8.30		6.60
	社会保障和就业支出	亿元	9.70		10.70
	卫生健康支出	亿元	4.10		15.70
固定资产投资	全市完成固定资产投资				15.20
	其中：第一产业完成投资				100.10
	第二产业完成投资				12.10
	第三产业完成投资				16.60
	技术改造投资				44.10
	新开工制造业投资				-18.40
农业	实现农林牧渔业总产值	亿元	80.30		3.90
	农作物播种面积	万亩	231.36		
	其中：全年粮食种植面积	万亩	198.68		
	全年粮食总产量	万吨	67.34		
	油料种植面积	万亩	19.58		
	油料总产量	万吨	4.49		2.40
	蔬菜总产量	万吨	12.56		3.30
	全年生猪出栏量	万头	34.50		
	家禽出栏量	万只	1358.00		
	全年肉类总产量	万吨	5.54		2.40
	禽蛋产量	吨	2.43		1.10
	全年水产品产量	万吨	7.89		3.30
工业	规模以上工业企业	家	165		
	规模以上工业增加值				10.00
	其中：国有企业增加值				239.90
	股份制企业增加值				13.70
	外商和港台投资企业增加值				-3.20
	高新技术产业企业	家	59		
	高新技术产业产值				14.00
	高新技术产业增加值				11.70
	战略性新兴产业企业	家	34		
	战略性新兴产业产值				3.80

续表

类别	指标	计量单位	绝对数	占比/%	比上年增长/%
建筑业	全市列入统计资质以上建筑业企业	家	77		
	全年实现建筑业总产值	亿元	64.25		14.10
	建筑工程产值	亿元	51.10		
	全年房屋建筑施工面积	万平方米	202.60		-0.90
国内贸易	全市实现社会消费品零售总额	亿元	178.28		4.20
	其中：城镇	亿元	112.62		4.20
	农村	亿元	41.29		5.50
交通运输建设	各类运营车辆	辆	62		
	公交车	辆	244		
	出租车	辆	251		-1.30
邮电业	全市用电量	亿千瓦时	12.40		12.30
	城乡居民生活用电量	亿千瓦时	4.10		25.20
	第一产业用电量	亿千瓦时	0.32		15.80
	第二产业用电量	亿千瓦时	4.90		0.19
	第三产业用电量	亿千瓦时	2.20		18.21
金融业	全年接待国内外旅游人次	万人	237.00		20.20
	旅游业总收入	亿元	14.40		21.10
	年末共有旅行社	家	6		
	星级饭店	家	2		
	A级及以上旅游景点	处	3		
房地产业	全年完成房地产开发投资	亿元	48.40		14.80
	房屋施工面积	万平方米	229.20		-38.40
	新开工面积	万平方米	88.00		53.70
	房屋竣工面积	万平方米	84.40		-32.00
	商品住宅销售额	亿元	28.90		-35.10
金融业	金融机构各项存款余额	亿元	351.40		11.80
	其中：居民储蓄存款	亿元	267.20		19.70
	金融机构各项贷款余额	亿元	314.50		14.30
开放型经济	全市累计完成进出口	万美元	22890.00		50.53
	累计出口	万美元	22539.30		54.38
	累计进口	万美元	350.60		-42.12
人口	全市户籍人口	万人	64.00		
	城镇户籍人口	万人	24.00		
	乡村户籍户口	万人	40.00		
	当年出生人口	万人	0.36		
	当年死亡人口	万人	0.35		

续表

类别	指标	计量单位	绝对数	占比/%	比上年增长/%
人民生活	全市城乡居民人均可支配收入	元	27000.00		6.70
	城镇居民人均可支配收入	元	37466.00		5.70
	农村居民人均可支配收入	元	17278.00		7.30
环境保护	全市林地面积	万亩	80.14		
	林木绿化率	%			37.26
	活立木蓄积量	万立方米	329.00		
	当年人工造林面积	公顷	241.75		

二、科技创新发展情况

2022 年明光市科技创新发展情况见表 3-7-12。

表 3-7-12　2022 年明光市科技创新发展情况

指标	计量单位	绝对数
国家级高新技术企业	家	82
省级及以上创新创业平台	个	24
院士工作站	个	1
博士后科研工作站	个	2
获授权发明专利	件	117
实用新型专利	件	595
外观设计专利	件	151

第七节　琅琊区 2022 年经济发展情况

2022 年，全区上下坚持以习近平新时代中国特色社会主义思想为指导，按照“疫情要防住、经济要稳住、发展要安全”总体要求，聚焦“一改两为”，聚力“九问九争”，抓实“六稳”“六保”，砥砺奋进、拼搏实干，实现琅琊经济社会平稳健康有序发展。

综合经济发展情况

2022 年琅琊区综合经济发展情况见表 3-7-13。

表 3-7-13　2022 年琅琊区综合经济发展情况

类别	指标	计量单位	绝对数	占比/%	比上年增长/%
经济总量	全区地区生产总值	亿元	250.70		4.10
	其中：第一产业增加值	亿元	4.20	1.68	2.20
	第二产业增加值	亿元	110.30	44.00	6.90
	第三产业增加值	亿元	136.20	54.33	2.10

续表

类别	指标	计量单位	绝对数	占比/%	比上年增长/%
财政收支	财政总收入	万元	159625.00		-9.70
	其中：中央财政收入	万元	39962.00		-36.60
	一般公共财政预算收入	万元	119663.00		5.30
	财政支出	万元	187859.00		9.70
	其中：一般公共财政预算支出	万元	18987.00		34.20
	教育支出	万元	60808.00		0.10
	科学技术支出	万元	7256.00		1.30
	节能环保支出	万元	3918.00		
	社会保障和就业支出	万元	30981.00		9.10
	卫生健康支出	万元	15745.00		62.10
固定资产投资	全区完成固定资产投资				17.20
	其中：第一产业完成投资				59.00
	第二产业完成投资				64.40
	第三产业完成投资	亿元	96.38	38.88	8.40
农业	全年粮食种植面积	公顷	4342.00		4.40
	全年粮食总产量	吨	21383.00		0.30
	油料种植面积	公顷	297.00		19.80
	油料总产量	吨	764.00		19.90
	蔬菜总产量	吨	33340.00		3.80
	蔬菜种植面积	公顷	1046.00		3.70
	棉花总产量	吨	1.10		-37.50
	水果总产量	吨	4400.00		3.90
	肉类产量	吨	2449.00		3.10
	禽蛋产量	吨	1001.00		25.40
	全年水产品产量	吨	3525.00		0.30
工业	规模以上工业增加值				6.00
	其中：股份制企业				-4.20
	外商和港澳台投资企业				8.20
	其他类型企业				-15.80
	规模以上工业企业总产值				6.20
	其中：销售产值				5.00
	营业收入				-1.30
	战略性新兴产业产值				14.00
建筑业	全区列入统计资质以上建筑业企业	家	75		10.30
	期末从业人员	人	17078		25.20
	全年实现建筑业总产值	亿元	79.90		15.20

续表

类别	指标	计量单位	绝对数	占比/%	比上年增长/%
国内贸易	全区社会消费品零售总额	亿元	175.35		3.40
	其中：限额以上消费品零售额	亿元	85.73		3.00
	城镇实现社会消费品零售总额	亿元	174.81	99.69	3.40
	农村实现社会消费品零售总额	亿元	0.54	0.31	-12.00
房地产业	全年完成房地产投资	亿元	83.70		12.30
	房屋施工面积	万平方米	386.70		-16.30
	新开工面积	万平方米	126.50		8.10
	房屋竣工面积	万平方米	11.00		-80.90
	商品房销售面积	万平方米	140.40		-38.80
	商品房销售额	亿元	88.20		-14.50
开放型经济	全年实现进出口总额	万美元	16622.00		3.10
	其中：出口总额	万美元	13593.00	81.78	1.50
	进口总额	万美元	3029.00	18.22	10.50
	实际利用外资	万美元	210.00		-21.10
人民生活	全区全体居民人均可支配收入	元	48673.00		1.20
	城镇居民人均生活消费支出	元	50211.00		1.00
	农村居民人均可支配收入	元	19769.00		6.70
	全区城乡居民基本养老保险参保人数	万人	6.49		
城市建设	提升农村公路里程	公里	56.00		
	改造地下雨污分流管网	公里	60.00		
	增设城市停车泊位	个	8558		
	整治改造老旧小区	个	7		
	提升改造背街小巷	条	58		
	治理违法建筑	万平方米	4.50		

第八节　南谯区 2022 年经济发展情况

2022 年，全区上下坚持以习近平新时代中国特色社会主义思想为指导，深入学习宣传贯彻党的二十大精神，全面落实“疫情要防住、经济要稳住、发展要安全”重要要求，高效统筹疫情防控和经济社会发展，奋力实现经济运行稳中向好。

一、综合经济发展情况

2022 年南谯区综合经济发展情况见表 3-7-14。

表 3-7-14　2022 年南谯区综合经济发展情况

类别	指标	计量单位	绝对数	占比/%	比上年增长/%
经济总量	全区地区生产总值	亿元	244.10		5.70
	其中：第一产业增加值	亿元	20.70	8.48	3.20
	第二产业增加值	亿元	90.00	36.87	11.50
	第三产业增加值	亿元	133.30	54.61	2.40
财政收支	一般公共财政预算收入	万元	200196.00		5.30
	一般公共财政预算支出	万元	287209.00		15.50
	其中：教育文化科技支出	万元	94702.00		7.80
	社会保障和就业支出	万元	42826.00		11.70
	卫生健康支出	万元	20422.00		4.70
	农林水事务支出	万元	36453.00		17.10
固定资产投资	全区完成固定资产投资				17.40
	其中：新开工制造业投资				799.30
	技改投资				22.60
	高技术制造业投资				21.20
农业	全区农林牧渔总产值				4.10
	其中：农业产值				1.30
	林业产值				7.60
	畜牧业产值				4.70
	渔业产值				4.80
	农林牧渔服务业产值				17.80
	全年粮食种植面积	千公顷	38.70		
	其中：小麦种植面积	千公顷	11.90		
	稻谷种植面积	千公顷	23.60		
	玉米种植面积	公顷	2569.00		
	全年粮食总产量	万吨	22.05		
	其中：稻谷产量	万吨	14.20		
	小麦产量	万吨	6.50		
	玉米产量	万吨	1.20		
	全年油料作物总产量	吨	2395.00		
	肉类总产量	万吨	2.20		
	禽蛋产量	吨	4287.00		
	奶类产量	吨	3242.00		
	生猪年出栏量	万头	15.90		2.30
	牛羊年出栏量	万头	9.20		
	家禽年出栏量	万只	510.00		11.00

续表

类别	指标	计量单位	绝对数	占比/%	比上年增长/%
农业	水产品产量	万吨	2.20		
	水产品产值	亿元	4.30		
工业	全年全部工业实现工业总产值	亿元	189.50		13.90
	其中：家具制造业产值				106.90
	电气机械和器材制造业产值				64.60
	文教、工美、体育和娱乐用品制造业产值				59.90
	高技术制造业产值				294.90
	其中：智能家电产业产值				35.10
建筑业	全年实现建筑业总产值	亿元	55.50		15.30
	完成房地产投资	亿元	93.40		7.20
国内贸易	全区实现社会消费品零售总额	亿元	96.90		5.80
	实现限额以上消费品零售额	亿元	42.20		10.80
	其中：城镇	亿元	41.80	99.05	11.10
	农村	亿元	0.40	0.95	-12.50
房地产业	全年完成房地产投资				7.20
	全年计划总投资10亿元及以上非房地产重大项目投资				60.00
	计划总投资10亿元及以上非房地产重大项目	个	15		
开放型经济	全年实现进出口总额	万美元	14971.00		23.70
	其中：出口总额	万美元	14690.00	98.12	30.10
	进口总额	万美元	281.00	1.88	
	新签约亿元以上项目	个	39		
	其中：50亿元以上项目	个	2		
	30亿元以上项目	个	4		
	10亿元以上项目	个	9		
就业	新增城镇就业	人	8015		
	转移农业劳动力	人	3337		
	城镇失业率	%	2.20		
城市建设	新增人行道	公里	10.40		
	改造提升港湾式公交站台	个	20		
	改造主要交通通行路口交通电子警察	处	16		
	完成改厕	户	24125.61		
	其中：卫生厕所普及率	%	91.40		
环境保护	人工造林面积	亩	6036.00		
	抚育森林面积	万亩	2.00		

续表

类别	指标	计量单位	绝对数	占比/%	比上年增长/%
环境保护	创成省级森林村庄	个	5		
	森林覆盖率	%	40.70		
	林木绿化率	%	51.60		

二、科技创新发展情况

2022 年南谯区科技创新发展情况见表 3-7-15。

表 3-7-15　2022 年南谯区科技创新发展情况

指标	计量单位	绝对数	比上年增长/%
全区新增高新技术企业	家	21	31.80
战略性新兴产业	家	22	
其中：实现产值	亿元	49.20	0.90
全年专利授权量	件	1047	
每万人口高价值发明专利拥有量	件	4.77	48.60
研发经费投入	亿元	4.40	24.00

第八章　宣城市辖各县市区经济发展情况

第一节　宣州区 2022 年经济发展情况

2022 年，全区上下坚持以习近平新时代中国特色社会主义思想为指导，全面贯彻新发展理念，融入新发展格局，全面落实“疫情要防住、经济要稳住、发展要安全”的要求，聚焦项目、聚焦稳定、聚焦作风转变，忠诚履职、奋勇争先，全区经济社会发展后劲越来越足，产业质态越来越优，内生动力越来越强，向高质量发展迈出坚实步伐。

一、综合经济发展情况

2022 年宣州区综合经济发展情况见表 3-8-1。

表 3-8-1　2022 年宣州区综合经济发展情况

类别	指标	计量单位	绝对数	占比/%	比上年增长/%
经济总量	全区地区生产总值	亿元	519.20		2.70
	其中：第一产业增加值	亿元	53.60	10.32	4.70
	第二产业增加值	亿元	210.80	40.60	4.50
	第三产业增加值	亿元	254.80	49.08	1.00
财政收支	一般公共财政预算收入	亿元	33.30		6.00
	其中：税收收入	亿元	19.10		
	非税收收入	亿元	14.30		
	一般公共预算支出	亿元	61.20		18.00
	其中：民生工程支出	亿元	55.40		
	其中：农林水支出	亿元	16.50		
	社会保障和就业支出	亿元	11.90		
	教育支出	亿元	9.40		
	卫生健康支出	亿元	4.90		
固定资产投资	全区固定资产投资				10.40
	第一产业				19.70
	第二产业				22.10
	第三产业				4.30

续表

类别	指标	计量单位	绝对数	占比/%	比上年增长/%
农业	实现农业总产值	亿元	95.50		5.20
	实现农业增加值	亿元	56.30		5.00
	全年粮食种植面积	万亩	130.50		
	全年粮食总产量	万吨	49.23		-1.00
	油料总产量	万吨	1.43		9.50
	蔬菜总产量	万吨	17.55		3.60
	全年生猪出栏量	万头	11.40		4.80
	家禽出栏量	万只	5944.60		6.50
	全年肉类总产量	万吨	10.20		5.20
	禽蛋产量	吨	11000.00		10.10
	全年水产品产量	万吨	6.90		4.00
建筑业	年末在库资质内建筑业企业	家	106		
	实现建筑业增加值	亿元	56.00		3.30
	全年建筑施工面积	万平方米	867.70		-15.60
	房屋竣工面积	万平方米	94.00		-50.54
国内贸易	全区实现社会消费品零售总额	亿元	252.60		1.70
	其中：城镇	亿元	194.50		1.50
	农村	亿元	58.10		2.30
交通运输业	年末全区公路总里程	公里	3841.45		2.30
	其中：高速公路里程	公里	146.71		
	全区民用汽车保有量	万辆	18.01		5.10
	其中：私人汽车保有量	万辆	16.19		5.00
邮电业	全年实现邮电业务总量	亿元	5.30		
	年末全区电话用户	万户	101.20		
	移动电话用户	万户	90.70		
	固定互联网宽带接入用户数	万户	39.70		
金融业	金融机构各项人民币存款余额	亿元	969.40		6.30
	其中：住户存款	亿元	558.10		21.70
	金融机构各项人民币贷款余额	亿元	884.40		12.10
房地产业	全年完成房地产开发投资	亿元	77.30		-21.50
	全年实现商品房销售面积	万平方米	58.20		-65.00
	实现商品房销售额	亿元	40.30		-61.00
	年末商品房待售面积	万平方米	80.10		50.60
开放型经济	全年进出口总额	万美元	31110.00		18.40
	其中：出口总额	万美元	22972.00		3.70

续表

类别	指标	计量单位	绝对数	占比/%	比上年增长/%
开放型经济	进口总额	万美元	8138.00		98.00
	全区实际利用外商投资	万美元	57.30		
人口	全区户籍人口	万人	86.06		
	其中：城镇人口	万人	28.03		
	乡村人口	万人	58.03		
	常住人口	万人	77.30		
人民生活	城乡居民人均可支配收入	元	36605.00		
	全区居民人均消费支出	元	20139.00		
	城镇居民人均可支配收入	元	48984.00		
	城镇居民人均生活消费支出	元	24889.00		
	农村常住居民人均可支配收入	元	22383.00		
	农村常住居民人均生活消费支出	元	14681.00		

二、科技创新发展情况

2022 年宣州区科技创新发展情况见表 3-8-2。

表 3-8-2　2022 年宣州区科技创新发展情况

指标	计量单位	绝对数	比上年增长/%
全区新增高新技术企业	家	31	
年末高新技术企业	家	100	44.90
全年授权专利	件	1092	
其中：发明专利	件	100	
年末拥有有效发明专利	件	1092	
全年签订技术合同	项	492	59.70
技术合同交易额	亿元	75.30	45.70
登记科技成果	项	112	23.10
全年商标申请	件	1484	
全年商标注册	件	1150	
累计有效注册商标	个	7566	

第二节　郎溪县 2022 年经济发展情况

2022 年，郎溪县坚持以习近平新时代中国特色社会主义思想为指导，深入学习贯彻党的二十大精神，高效统筹疫情防控和经济社会发展，有力有效应对超预期因素冲击，经济运行韧性彰显，高质量发展取得新的阶段性成就，民生保障持续加强，经济社会持续健康发展。

一、综合经济发展情况

2022 年郎溪县综合经济发展情况见表 3-8-3。

表 3-8-3　2022 年郎溪县综合经济发展情况

类别	指标	计量单位	绝对数	占比/%	比上年增长/%
经济总量	全县地区生产总值	亿元	214.80		3.90
	其中：第一产业增加值	亿元	21.00	9.78	4.20
	第二产业增加值	亿元	116.90	54.42	5.50
	第三产业增加值	亿元	76.90	35.80	1.10
财政收支	一般公共财政预算收入	亿元	22.05		5.10
	其中：税收收入	亿元	13.10		10.90
	财政支出	亿元	35.50		
固定资产投资	全县固定资产投资				4.90
	其中：第一产业投资				43.80
	第二产业投资				15.50
	第三产业投资				-10.00
农业	实现农业总产值	亿元	36.04		
	粮食作物种植面积	公顷	49556.00		
	经济作物种植面积	公顷	6699.00		
	全年粮食总产量	万吨	27.50		
	油料总产量	吨	8656.30		
	蔬菜产量	吨	58831.80		
	年末生猪存栏量	头	40815.00		
	年末生猪出栏量	头	74373.00		
	肉类总产量	万吨	1.99		0.45
	禽蛋产量	万吨	1.30		4.05
	水产品产量	万吨	2.69		4.07
工业	规模以上工业企业实现利润总额	亿元	10.58		
建筑业	全年实现建筑业总产值	亿元	32.50		
	全县建筑业增加值	亿元	22.40		7.60
	年末具有资质登记的总承包和专业承包建筑业企业	家	90		
	房屋建筑施工面积	万平方米	195.80		
	竣工面积	万平方米	75.50		
国内贸易	全县实现社会消费品零售总额	亿元	77.80		2.50
	其中：城镇	亿元	57.20		2.00
	农村	亿元	20.60		3.90

续表

类别	指标	计量单位	绝对数	占比/%	比上年增长/%
交通运输业	年末全县公路总里程	公里	2202.80		
	其中：国道	公里	101.20		
	省道	公里	146.00		
	县道	公里	456.90		
	乡道	公里	560.20		
	年末全县机动车保有量	辆	50913		
	其中：私人汽车保有量	辆	46786		
邮电业	年末拥有固定电话用户	万户	1.27		
	移动电话用户	万户	40.80		
	互联网宽带接入用户数	万户	15.52		
旅游业	全年国内旅游总收入	亿元	29.73		
	全年接待旅客	万人次	325.35		
金融业	金融机构各项人民币存款余额	亿元	279.40		13.30
	其中：住户存款余额	亿元	192.60		18.10
	金融机构各项人民币贷款余额	亿元	248.50		20.00
	其中：短期贷款	亿元	85.10		30.00
	中长期贷款	亿元	156.90		18.20
房地产业	全年完成房地产开发投资	亿元	18.80		-36.70
	全年实现商品房销售面积	万平方米	39.20		-30.70
	实现商品房销售额	亿元	23.60		-32.30
	房屋施工面积	万平方米	131.80		-20.40
开放型经济	全年实现进出口总额	万美元	48356.00		
	其中：进口总额	万美元	1143.00		
	出口总额	万美元	47213.00		
	实际利用外资直接投资	万美元	301.70		-35.00
人口	全县户籍人口	人	345137		
	人口出生率	‰	5.51		
	人口自然增长率	‰	-1.38		
就业	全县城镇新增就业	人	8910		
	失业人员再就业	人	1990		
	就业困难人员再就业	人	925		
人民生活	城乡居民人均可支配收入	元	32052.00		5.70
	城镇居民人均可支配收入	元	47419.00		5.40
	城镇居民人均消费支出	元	31118.00		
	农村常住居民人均可支配收入	元	21295.00		6.70
	农村常住居民人均消费支出	元	19479.00		

续表

类别	指标	计量单位	绝对数	占比/%	比上年增长/%
环境保护	当年造林面积	公顷	196.30		
	活立木总蓄积量	万立方米	122.89		
	森林覆盖率	%	35.37		
	全县水质监测断面达标率	%	100.00		
	PM_{10} 平均浓度	微克/立方米	58.00		
	$PM_{2.5}$ 平均浓度	微克/立方米	33.00		
	全年空气质量优良天数	天	300		
	空气质量优良天数比例	%	78.40		
	全县工业废水排放量达标率	%	100.00		
	工业烟尘排放量达标率	%	100.00		

二、科技创新发展情况

2022 年郎溪县科技创新发展情况见表 3-8-4。

表 3-8-4　2022 年郎溪县科技创新发展情况

指标	单位	绝对数
全县新增高新技术企业	家	25
全县专利授权量	项	65

第三节　广德市 2022 年经济发展情况

2022 年，全市上下坚持稳中求进工作总基调，认真落实党中央“疫情要防住、经济要稳住、发展要安全”重大要求，聚焦高质量发展，主动调结构促转型，全市经济运行稳中有进、逐季向好，全年经济走势呈现“三季度好于二季度、四季度好于三季度”的特点，向好态势进一步巩固。

一、综合经济发展情况

2022 年广德市综合经济发展情况见表 3-8-5。

表 3-8-5　2022 年广德市综合经济发展情况

类别	指标	计量单位	绝对数	占比/%	比上年增长/%
经济总量	全市地区生产总值	亿元	404.40		5.80
	其中：第一产业增加值	亿元	29.70	7.35	4.20
	第二产业增加值	亿元	202.90	50.19	8.20
	第三产业增加值	亿元	170.60	42.20	3.30
财政收支	一般公共预算收入	亿元	35.90		10.00
	其中：税收收入	亿元	26.20		9.60
	财政支出	亿元	61.30		19.30

续表

类别	指标	计量单位	绝对数	占比/%	比上年增长/%
财政收支	其中：社会保障和就业支出	亿元	8.80		
	卫生健康支出	亿元	6.50		
	教育支出	亿元	8.40		
	农林水支出	亿元	6.90		
固定资产投资	全市固定资产投资				17.10
	其中：第一产业投资				32.60
	第二产业投资				27.90
	第三产业投资				7.80
农业	全年粮食种植面积	万亩	55.40		-0.43
	全年粮食总产量	万吨	22.99		-2.58
	油菜籽种植面积	亩	81516.60		
	棉花种植面积	亩	28.50		
	蔬菜种植面积	亩	65427.87		
	全年生猪出栏量	万头	28.78		5.96
	全年生猪存栏量	万头	13.45		2.05
	全年肉类总产量	万吨	8.35		2.70
	禽蛋产量	吨	2.30		11.77
工业	年末全市拥有年销售2000万元以上规模工业企业	家	468		
	年末全市拥有年销售2000万元以上规模工业企业增加值按可比价				10.00
	全部工业企业实现营业收入	亿元	712.70		6.10
	全部工业企业实现利润总额	亿元	52.50		21.80
建筑业	全市列入统计资质以上建筑业企业	家	63		
	房屋竣工面积	万平方米	12.30		-51.30
	全年建筑施工面积	万平方米	356.40		-12.70
	全年建筑新开工面积	万平方米	57.90		9.30
国内贸易	全市实现社会消费品零售总额	亿元	168.60		3.70
	其中：城镇	亿元	133.90		3.60
	农村	亿元	34.70		4.10
交通运输业	公路客运量	万人次	18.00		-77.70
	货物运输量	万吨	4704.00		-5.25
	旅客运输周转量	万人公里	2516.00		-68.98
	货物运输周转量	万吨公里	335829.00		-0.88
	年末全市公路总里程	公里	3406.439		
	其中：高速公路里程	公里	73.10		

续表

类别	指标	计量单位	绝对数	占比/%	比上年增长/%
交通运输业	一级公路里程	公里	119.117		
	二级公路里程	公里	146.619		
邮电业	全年实现邮电业务总量	万元	19736.00		
	邮电行业业务收入	万元	65493.00		
	年末拥有固定电话用户	户	30558		
	移动电话用户	户	571208		
	互联网宽带接入用户数	万户	41.56		
旅游业	全年国内旅游人数	万人次	886.00		12.80
	接待旅游入境者	人次	950.00		8.60
	旅游总收入	亿元	27.30		11.60
	旅游外汇收入	万美元	1078.00		6.50
	国内旅游收入	亿元	26.60		8.60
金融业	金融机构各项本外币存款余额	亿元	495.87		14.14
	其中：住户存款余额	亿元	311.54		18.33
	非金融企业存款	亿元	112.40		12.02
	金融机构各项本外币贷款余额	亿元	476.09		19.64
	其中：境内住户贷款	亿元	254.47		10.70
	非金融企业及机关团体贷款	亿元	221.61		31.87
保险业	全年保费业务收入	亿元	8.60		
	其中：财产保险保费收入	亿元	3.26		
	人身保险保费收入	亿元	5.34		
	保险业务赔款和给付	亿元	3.42		
	其中：财产保险赔付	亿元	2.65		
	人身保险赔付	亿元	0.77		
房地产业	全年完成房地产开发投资	亿元	59.70		-20.70
	全年实现商品房销售面积	万平方米	70.10		-28.30
	商品房销售额	亿元	51.60		-29.60
	年末商品房待售面积	万平方米	7.80		-57.90
	房地产行业从业人员工资总额	万元	7142.00		-10.30
开放型经济	进出口总额	万美元	113895.00		18.49
	其中：出口总额	万美元	107557.00		20.18
	进口总额	万美元	6338.00		-4.37
	化工类产品实现进出口	万美元	33268.00		186.35
	轻工类实现进出口	万美元	47413.00		178.19
	机械电子类实现进出口	万美元	29488.00		8.38

续表

类别	指标	计量单位	绝对数	占比/%	比上年增长/%
开放型经济	新批外商投资企业	家	7		
	全市利用外资	万美元	2031.10		79.40
	合同利用外资	万美元	6445.70		746.40
人口	全市户籍人口	万人	51.40		
	人口出生率	‰	5.51		
	人口自然增长率	‰	-0.10		
就业	新增就业人数	人	14997		
	城镇失业人员再就业率	%	87.85		
	就业困难人员帮扶率	%	100.00		
人民生活	城乡居民可支配收入	元	39569.00		6.40
	城镇居民人均可支配收入	元	52912.00		5.30
	城镇居民人均生活消费支出	元	32084.00		4.10
	农村常住居民人均可支配收入	元	25049.00		7.50
	农村常住居民人均生活消费支出	元	20588.00		7.70
环境保护	全年 $PM_{2.5}$ 平均浓度	微克/立方米	29.00		
	空气质量优良天数比例	%	83.60		
	当年人工造林面积	亩	2000.00		
	年末森林面积	万公顷	10.40		
	活立木总蓄积量	万立方米	216.00		

二、科技创新发展情况

2022 年广德市科技创新发展情况见表 3-8-6。

表 3-8-6　2022 年广德市科技创新发展情况

指标	单位	绝对数
年末全市规模以上工业企业自办研发机构	个	187
从事研发活动人员	人	6560
全年用于研发与试验发展经费支出	亿元	16.95
年末高新技术企业	家	99

第四节　泾县 2022 年经济发展情况

2022 年，全县同舟共济、砥砺前行，全面落实“疫情要防住、经济要稳住、发展要安全”重大要求和“生态要提升”紧迫任务，统筹推进社会和经济双发展，深入践行“1+3”总体战略部署，经济发展保持良好态势，高质量完成全县各项目标任务。

一、综合经济发展情况

2022 年泾县综合经济发展情况见表 3-8-7。

表 3-8-7　2022 年泾县综合经济发展情况

类别	指标	计量单位	绝对数	占比/%	比上年增长/%
经济总量	全县地区生产总值	亿元	155.20		4.00
	其中：第一产业增加值	亿元	22.10	14.24	4.80
	第二产业增加值	亿元	64.90	41.82	5.60
	第三产业增加值	亿元	68.20	43.94	2.20
财政收支	一般公共财政预算收入	亿元	16.60		2.10
	其中：税收收入	亿元	9.20		7.90
	一般公共预算支出	亿元	33.00		-4.10
	其中：一般公共服务支出	亿元	2.50		
	教育支出	亿元	6.10		
	科技支出	亿元	0.40		
	农林水支出	亿元	6.40		
	卫生健康支出	亿元	2.40		
	社会保障和就业支出	亿元	6.70		
固定资产投资	全县固定资产投资				11.00
	其中：第一产业投资				25.60
	第二产业投资				28.30
	第三产业投资				7.90
农业	全年粮食播种面积	万亩	29.60		
	粮食产量	吨	5871.00		-3.20
	油料产量	吨	8240.00		7.10
	棉花产量	吨	2.80		-2.80
	年末全县生猪存栏量	头	44200		2.50
	全年生猪出栏量	头	103498		8.20
	猪牛羊禽肉产量	吨	31666.60		8.20
	禽蛋产量	吨	4739.00		1.00
工业	全年规模以上工业企业	户	139		
	全年规模以上工业企业利润	万元	47768.10		17.30
建筑业	全年建筑业增加值	亿元	22.30		8.30
	年末在库资质以内建筑业企业	家	30		
	全年建筑施工面积	万平方米	93.60		
	房屋竣工面积	万平方米	69.10		

续表

类别	指标	计量单位	绝对数	占比/%	比上年增长/%
国内贸易	全县实现社会消费品零售总额	亿元	84.00		2.20
	其中：城镇	亿元	61.30		6.60
	农村	亿元	22.70		-8.00
交通运输	全县民用汽车拥有量	辆	52685		
	年末全县公路总里程	公里	2119.00		
	其中：国道	公里	54.50		
	省道	公里	278.60		
	县道	公里	392.40		
	乡道	公里	502.90		
	村道	公里	890.60		
邮电业	全年邮政行业寄递业务量累计完成	万件	447.20		
	邮电行业业务收入	万元	6741.50		
旅游业	年末全县拥有全国重点文物保护单位	处	6		
	省级重点文物保护单位	处	18		
	全年旅游接待人次	万人次	373.70		
	旅游收入	亿元	58.50		
金融业	金融机构各项人民币存款余额	亿元	283.10		
	金融机构各项人民币贷款余额	亿元	169.50		
房地产业	全年完成房地产开发投资	亿元	23.10		23.00
	全年实现商品房销售面积	万平方米	12.80		-28.90
	实现商品房销售额	亿元	8.30		-40.70
开放型经济	全年进出口总额	万美元	5680.00		-22.80
	其中：出口总额	万美元	5674.00		-22.60
	进口总额	万美元	6.00		73.40
人口	年末全县常住人口	万人	27.10		
就业	全年城镇新增就业	人	54408		
	失业人员再就业	人	1942		
	困难人员再就业	人	1406		
	外出务工人数	万人	6.80		
人民生活	城镇居民人均可支配收入	元	39862.00		5.60
	农村常住居民人均可支配收入	元	19753.00		7.20
环境保护	全年 $PM_{2.5}$ 平均浓度	微克/立方米	28.00		3.70
	空气质量优良天数比例	%	95.10		

二、科技创新发展情况

2022 年泾县科技创新发展情况见表 3-8-8。

表 3-8-8　2022 年泾县科技创新发展情况

指标	计量单位	绝对数
全年授权专利	件	364
其中：发明专利	件	30
实用新型专利	件	247
外观设计专利	件	87

第五节　绩溪县 2022 年经济发展情况

2022 年，面对复杂严峻的国内外发展形势和多重超预期风险挑战，全县上下在县委、县政府坚强领导下，坚持稳中求进工作总基调，高效统筹疫情防控和经济社会发展，逐步克服多重不利因素影响，部分指标持续改善，全年经济保持了稳定恢复态势，但受需求不足、价格下跌、预期偏弱和同期基数等因素影响，全年经济仍存较大压力。

一、综合经济发展情况

2022 年绩溪县综合经济发展情况见表 3-8-9。

表 3-8-9　2022 年绩溪县综合经济发展情况

类别	指标	计量单位	绝对数	占比/%	比上年增长/%
经济总量	全县地区生产总值	亿元	101. 60		0. 40
	其中：第一产业增加值	亿元	15. 50	15. 26	4. 10
	第二产业增加值	亿元	45. 30	45. 30	-1. 50
	第三产业增加值	亿元	40. 80	40. 80	0. 90
财政收支	一般公共财政预算收入	亿元	8. 90		6. 80
	财政支出	亿元	17. 90		-2. 50
固定资产投资	全县固定资产投资				-19. 80
	工业固定资产投资				-45. 40
	房地产投资				-33. 70
农业	实现农业总产值	亿元	30. 50		4. 60
	农林牧渔服务业总产值	亿元	1. 40		13. 80
	粮食生产种植面积	公顷	6639. 00		
	粮食产量	吨	36860. 00		
	全年生猪出栏量	万头	7. 50		5. 30
工业	全县规模以上工业企业	户	80		
	规模以上工业企业实现主营业务收入	亿元	96. 50		

续表

类别	指标	计量单位	绝对数	占比/%	比上年增长/%
工业	规模以上工业企业实现利润总额	亿元	8.10		
	规模以上工业企业产品销售率	%	97.56		
建筑业	全县建筑业实现产值	亿元	14.67		
国内贸易	全县实现社会消费品零售总额	亿元	36.90		
交通运输业	公路客运量	万人次	32.20		-10.00
	公路货运量	万吨	131.00		-3.00
	旅客周转量	万人公里	1519.00		
	货运周转量	万吨公里	15982.00		
	年末全县公路总里程	公里	1125.80		
	其中：高速公路里程	公里	46.30		
	一级公路里程	公里	13.90		
	二级公路里程	公里	84.40		
邮电业	年末拥有固定电话用户	万户	0.70		
	移动电话用户	万户	15.80		
	互联网用户	万户	6.60		
旅游业	全年全县实现旅游综合收入	亿元	32.10		
	全县接待游客	万人次	327.10		
金融业	金融机构各项人民币存款余额	亿元	170.10		17.20
	其中：居民储蓄存款余额	亿元	126.80		18.00
	金融机构各项人民币贷款余额	亿元	152.00		16.80
开放型经济	全年实现进出口总额	万美元	18465.00		
	全年实际到位国外资金累计	万美元	506.60		
人口	全市户籍人口	万人	17.10		
	常住人口	万人	13.70		
	人口出生率	‰	4.30		
	人口死亡率	‰	3.80		
	户籍人口自然增长率	‰	0.50		
人民生活	城乡居民人均可支配收入	元	30586.00		6.70
	城镇居民人均可支配收入	元	43373.00		5.80
	农村常住居民人均可支配收入	元	18249.00		7.00

二、科技创新发展情况

2022 年绩溪县科技创新发展情况见表 3-8-10。

表 3-8-10　2022 年绩溪县科技创新发展情况

指标	单位	绝对数
全县高新技术企业	家	26
备案科技型中小企业数	家	25
全县事业单位专业技术人员	人	2547

第六节　旌德县 2022 年经济发展情况

2022 年，全县以习近平新时代中国特色社会主义思想为指导，全面贯彻党的二十大精神，深入贯彻落实“疫情要防住、经济要稳住、发展要安全”总体要求，积极践行“一改两为五做到”，围绕“12345”工作思路，大力弘扬“三看三比三争”精神，忠诚尽职、奋勇争先，经济社会保持平稳健康发展，实现了“十四五”发展良好开局。

一、综合经济发展情况

2022 年旌德县综合经济发展情况见表 3-8-11。

表 3-8-11　2022 年旌德县综合经济发展情况

类别	指标	计量单位	绝对数	占比/%	比上年增长/%
经济总量	全县地区生产总值	亿元	62.50		4.00
	其中：第一产业增加值	亿元	9.30	14.26	3.90
	第二产业增加值	亿元	27.40	42.02	5.60
	第三产业增加值	亿元	28.50	43.71	2.50
财政收支	一般公共财政预算收入	万元	67977.00		
	其中：税收收入	万元	34073.00		
	非税收收入	万元	33904.00		
	一般公共预算支出	万元	181270.00		
	其中：教育支出	万元	18775.00		
	社会保障与就业支出	万元	32300.00		
	卫生健康支出	万元	13422.00		
	农林水支出	万元	29702.00		
固定资产投资	全县固定资产投资				4.80
	其中：第一产业投资				17.30
	第二产业投资				52.10
	第三产业投资				4.60
农业	全年粮食播种面积	万亩	12.36		
	粮食产量	万亩	5.21		-4.00

续表

类别	指标	计量单位	绝对数	占比/%	比上年增长/%
农业	油料产量	吨	2627.00		43.50
	年内全县生猪存栏量	万头	2.82		-17.80
	生猪出栏量	万头	5.98		2.97
	肉类总产量	吨	7112.00		0.13
工业	全年规模以上工业企业增加值				7.50
	全年规模以上工业企业利润	亿元	1.10		-23.00
建筑业	实现建筑业增加值	亿元	8.33		10.60
	年末在库资质以上建筑业企业	家	23		
	全年房屋建筑施工面积	万平方米	41.50		
	房屋竣工面积	万平方米	15.40		
国内贸易	全县实现社会消费品零售总额	亿元	22.70		2.30
	其中：城镇	亿元	17.40		4.50
	农村	亿元	5.30		-4.40
交通运输业	长途班线客运量	万人次	22.70		
	长途班线客运周转量	万人公里	630.00		
	公交客运量	万人次	178.56		
	公交客运周转量	万人公里	2678.40		
金融业	金融机构各项人民币存款余额	亿元	128.66		
	其中：住户存款余额	亿元	97.73		
	金融机构各项人民币贷款余额	亿元	94.30		
	其中：中长期贷款	亿元	45.89		
房地产业	全年完成房地产开发投资	亿元	7.25		7.40
	商品房销售面积	万平方米	14.20		1.40
	商品房销售额	亿元	7.66		4.10
	商品房待售面积	万平方米	2.87		-26.10
开放型经济	全县进出口总额	万美元	2696.00		8.72
	其中：出口总额	万美元	2681.00		
	进口总额	万美元	15.00		
就业	全年城镇新增就业	人	4506		
	失业人员再就业	人	1815		
	就业困难人员帮扶	人	375		
	离校未就业高校毕业生帮扶	人	218		
人民生活	全县居民人均可支配收入	元	25397.00		6.60
	全县居民人均消费支出	元	18504.00		5.70
	城镇居民人均可支配收入	元	34785.00		5.70

续表

类别	指标	计量单位	绝对数	占比/%	比上年增长/%
人民生活	城镇居民人均消费支出	元	24484.00		2.40
	农村常住居民人均可支配收入	元	17630.00		6.90
	农村常住居民人均消费支出	元	13555.00		5.10
环境保护	全年 $PM_{2.5}$ 平均浓度	微克/立方米	19.00		-5.00
	空气质量优良天数比例	%	97.50		
	人工造林面积	公顷	66.67		

二、科技创新发展情况

2022 年旌德县科技创新发展情况见表 3-8-12。

表 3-8-12　2022 年旌德县科技创新发展情况

指标	计量单位	绝对数
全年授权专利	个	221
其中：发明专利	个	11

第七节　宁国市 2022 年经济发展情况

2022 年，全市全面贯彻“疫情要防住、经济要稳住、发展要安全”要求，坚持稳中求进工作总基调，高效统筹疫情防控和经济社会发展，全市经济发展稳中见韧，城市品质优化提升，民生福祉不断改善，为打造长三角中心区现代化中小城市奠下坚实基础，向谱写现代化美好宁国建设新篇章迈出坚实步伐。

一、综合经济发展情况

2022 年宁国市综合经济发展情况见表 3-8-13。

表 3-8-13　2022 年宁国市综合经济发展情况

类别	指标	计量单位	绝对数	占比/%	比上年增长/%
经济总量	全市地区生产总值	亿元	454.30		6.00
	其中：第一产业增加值	亿元	28.50	6.27	4.60
	第二产业增加值	亿元	269.10	59.23	8.40
	第三产业增加值	亿元	156.70	34.49	2.20
财政收支	一般公共财政预算收入	亿元	37.20		7.00
	其中：税收收入	亿元	25.20		4.00
	财政支出	亿元	54.60		20.60
固定资产投资	全市固定资产投资				14.90
	其中：第一产业投资				182.20
	第二产业投资				34.70
	第三产业投资				-5.40

续表

类别	指标	计量单位	绝对数	占比/%	比上年增长/%
农业	实现农业总产值	亿元	48.80		5.00
	粮食总产量	万吨	6.60		-0.40
	油料总产量	万吨	1.10		0.80
	蔬菜总产量	万吨	7.20		3.90
	年末生猪存栏量	万头	8.60		7.20
	全年生猪出栏量	万头	19.80		1.70
	肉类总产量	吨	7.70		4.60
	水产品产量	吨	6429.00		0.40
建筑业	全市资质内建筑企业	家	54		
	全市资质内建筑企业完成建筑业总产值	亿元	78.10		9.30
	全年建筑施工面积	万平方米	250.50		42.20
	房屋竣工面积	万平方米	93.10		31.90
交通运输业	年末全市民用车辆拥有量	万辆	9.50		
	其中：私人汽车	万辆	8.40		
邮电业	邮电行业业务收入	亿元	4.20		
	年末拥有固定电话用户	万户	3.70		
	移动电话用户	万户	53.30		
	国际互联网用户数	万户	21.00		
金融业	年末金融机构人民币各项存款余额	亿元	441.30		12.60
	其中：住户存款余额	亿元	287.10		17.10
	年末金融机构人民币各项贷款余额	亿元	384.50		24.20
保险业	全年保费业务收入	亿元	4.20		
	其中：财产保险保费收入	亿元	2.50		
	人身保险保费收入	亿元	1.60		
	保险业务赔款和给付	亿元	1.70		
	其中：财产保险赔付	亿元	1.50		
	人身保险赔付	亿元	0.20		
人民生活	城乡居民人均可支配收入	元	44461.00		6.20
	城镇居民人均可支配收入	元	53512.00		5.50
	农村常住居民人均可支配收入	元	24806.00		7.10
环境保护	饮用水源地水质达标率	%	100.00		
	空气质量优良天数比例	%	93.40		
	当年人工造林面积	公顷	69.70		
	年末森林面积	千公顷	196.30		
	活立木总蓄积量	万立方米	1017.60		

续表

类别	指标	计量单位	绝对数	占比/%	比上年增长/%
环境保护	森林蓄积量	万立方米	1011.40		
	森林覆盖率	%	79.60		

二、科技创新发展情况

2022 年宁国市科技创新发展情况见表 3-8-14。

表 3-8-14　2022 年宁国市科技创新发展情况

指标	计量单位	绝对数
年末全市省级以上研发机构	家	74
年末全市拥有高新技术企业	家	141
全年授权专利	件	1244
发明专利	件	1225

第四篇

创新发展

第一章　创新发展理论与实践

南京都市圈秘书处2022年5月印发实施《南京都市圈2022年度工作要点》，坚持“各扬所长、优势互补”和“互利共赢、协同共进”的基本理念，充分发挥各城市比较优势，突出合作园区建设、智慧都市圈建设、跨区域执法监管及生态联保共治等重点。具体包括9个方面：

一是提升基础设施互联互通水平。共建“轨道上的都市圈”，优化完善通达公路网络，加强供水基础设施协同。二是促进都市圈协同创新。共建国家区域科技创新中心，增强区域协同创新能力，加强都市圈校地融合、校企合作。三是促进城市间产业分工协作。引导跨区域产业协同发展，增强中心城市服务带动能力，推动城市间产业分工协作。四是促进更高水平开放合作。共同塑造都市圈开放优势，加强都市圈园区合作交流，打造高水平对外开放平台。五是加快建设统一市场。加强知识产权区域合作，推动检验检测结果互认，推动金融资本市场协同发展，提升都市圈政务服务水平。六是推进公共服务便利共享。健全都市圈就业创业服务，加强城市间人力资源合作，共同培养都市圈社工专业人才，推动建立南京都市圈统一卫生信息平台。七是强化生态环境共保联治。共同加强跨界河流治理，共推“无废城市”建设。八是率先实现城乡融合发展。共同搭建城乡融合平台，探索生态产品价值实现机制。九是健全同城化发展体制机制。组建南京都市圈建设办公室，推动苏皖合作示范区建设，加快省际毗邻地区发展。

第一节　南京市创新发展理论与实践

2022年，南京市创新发展理论与实践重点在经济、社会、文化教育、绿色发展、乡村振兴5个方面：一是围绕新发展格局下的南京经济发展，从开放型经济、双向投资、数字经济、民营经济、国企数字化转型等方面进行了研判。二是从社会建设角度对卫生健康事业、社区治理、创新人才汇聚、儿童友好城市建设、城镇住房发展等方面进行了研究。三是关注文化教育方面取得的成效，对文化产业、教育事业及“双减”政策实施进行了研讨。四是紧盯绿色发展，从新兴产业发展、新能源相关产业及高新区绿色发展等方面进行了剖析。五是聚焦乡村振兴，对城乡融合发展、城乡产业融合、现代农业发展、农村就业等方面进行了探索。

一、产业高质量发展理论创新

一是围绕四大支柱产业，持续增强电子信息产业核心竞争力，推进汽车产业结构优化调整，加快石化产业转型升级，推动钢铁产业高端化、智能化、绿色化发展。二是围绕“2+6+6”创新型产业集群，增强软件和信息服务、新型电力（智能电网）两大产业集群全球竞争力，拼夺新能源汽车、智能制造装备、集成电路、生物医药、新型材料、航空航天六大产业集群国内制高点，抢占新一代人工智能、第三代半导体、基因与细胞、元宇宙、未来网络与先进通信、储能与氢能6个未来产业新赛道。三是围绕现代服务业，推动生产性服务业高效赋能制造业、生活性服务业更好满足生活需求、新兴服务经济增强发展新动能。四是坚持全市“一盘棋”，统筹南京市各区产业特点和功能定位，推动江北产业倍增、东部融合发展、南部一体化发展、主城产业能级跃升、西部板块崛起五大区域协调发展，进一步优化各区产业空间布局。

二、战略科技力量发展理论创新

一是着力建设国家区域科技创新中心，争创综合性国家科学中心。务实推进国家第三代半导体技术创新中心（南京）建设，支持紫金山实验室优化体制机制，承担更多国家战略任务。二是跟进集成电路设计自动化、水生态安全与健康、健康食品智能制造等国家技术创新中心申建，推进生物育种钟山实验室、光电技术创新中心建设，争取在交通、医药等领域建设全国重点实验室，力争更多国家级创新平台落地南京。三是加快推动未来网络试验设施、高效低碳燃气轮机南京基础研究基地和数字仿真中心等建设，依托信息高铁综合试验基础设施，积极融入“东数西算”工程。四是高标准建设麒麟科技城、紫金山网络通信科技城，深化与中国科学院的创新合作，推动集聚更多顶尖科研机构和一流研究团队，加快打造战略科技力量承载区。

三、双向开放经济循环理论创新

2022年，南京市着力畅通经济循环，打造双向开放新高地。坚定实施扩大内需战略，更好地利用两个市场、两种资源，加快建设服务构建新发展格局示范区。一是打造完整有韧性的内需体系。发挥投资对经济增长的关键作用，落实《南京市扩大有效投资稳定经济发展若干措施》，聚焦“两新一重”领域，持续推进420个省、市重大项目，完成投资2360亿元；推进290个工业“双百项目”，工业投资增长10%；推进399个城乡建设项目，完成投资745.5亿元。二是壮大开放型经济能级。推进“一带一路”交汇点重要枢纽城市建设，加快形成有影响力的合作范例。南京市着力构建“自贸试验区+联动创新区+辐射带动区”的全域自贸格局，推动全板块复制推广自贸改革创新成果。三是积极融入长三角一体化发展的推进。坚持项目化推进，抓好《〈长江三角洲区域一体化发展规划纲要〉南京实施方案》年度重点工作。积极融入长三角科技创新共同体，协同打造沿沪宁产业创新带，开展技术联合攻关和创新合作。推动宁杭生态经济带发展，持续推进溧水宁杭合作试验区建设。

第二节　镇江市创新发展理论与实践

2022年，随着“一带一路”建设、长江经济带发展、长三角一体化发展、宁镇扬一体化发展的推进，各类重大战略机遇在镇江交汇叠加，一系列政策红利、改革红利和发展红利加速释放，为镇江市的发展注入了强劲的战略动能。镇江市以宁镇扬一体化为重要支点，积极融入南京都市圈，宁镇扬“小三角”全面融入长三角“大三角”，宁镇扬“中循环”全面助推全国“大循环”。

一、聚焦“四群八链”

2022年，镇江市举办“第七届中国创新挑战赛（镇江）暨2022年高校院所走进镇江产学研合作大会”等产学研对接活动，聚焦“四群八链”产业需求，突出科技政策、资源和服务“组合发力”“精准滴灌”，推动产业链高质量发展。常态化、动态化开展企业技术需求征集行动，累计达成产学研合作项目232项，合作金额超1.45亿元。大力推进镇江苏南国家自创区建设，镇江国家高新区动力船舶创新型产业集群成功入选首批江苏省创新型产业集群建设名单，丹阳高新区“慧创脑科学医疗装备长三角协同创新中心”成功揭牌。

二、强化创新要素资源整合

2022年，镇江市深入贯彻落实国家和省市助企纾困各项举措，积极宣传落实各项科技政策，推动科技政策扎实落地，加快打造“科创森林”。一是抢抓国家重点实验室重组契机，成立市级工作专班，出台专项支持政策，全力支持江苏大学争创“智慧农业全国重点实验室”，将驻镇高校学科优势与镇江市特色产业相结合，助推镇江市智能农机产业链高质量发展。二是依托江苏科技大学学科优势和镇江市船舶海工产业优势，筹建江苏省船舶与海洋工程设计研究院，主攻高技术船舶、海工装备及绿色船舶三大研究方向，打造全国船舶海工产业研发设计平台、成果转化中心和人才培养基地。三是推动镇江市产业技术研究院实体化运作，按照“总院+专业所”的模式，遴选新型研发机构纳入专业所管理并给予政策、经费支持，推动新型研发机构与市场紧密对接，加快研发成果转化落地。

三、创新科技计划项目

2022 年，镇江市科技计划项目共分为四大类，分别是重点研发计划、政策引导计划、创新能力建设计划、“碳达峰碳中和”专项计划。2022 年科技计划项目指南中，镇江响应“碳达峰碳中和”战略部署，新增“双碳”专项。2022 年的科技计划项目指南紧紧围绕产业强市暨优化营商环境大会要求，紧盯“创新创业福地”和“特色产业创新高地”建设目标，聚焦产业链自主可控，聚焦企业自主创新能力提升，聚焦高层次研发平台建设，聚焦社会发展和民生关切，进一步激发创新动力，加快打造科技成果转移转化重要基地。其中“碳达峰碳中和”科技创新专项资金，主要用于设立“重大科技专项”“产业前瞻与共性关键技术攻关”“农业农村领域关键技术攻关”“社会发展领域关键技术攻关”4 个子项目，通过不同领域、不同阶段的项目引领，助力镇江经济社会绿色低碳转型。

第三节　扬州市创新发展理论与实践

2022 年，扬州市积极推动长三角航空产业发展，全力打造南京都市圈经济高质量发展的新增长点，持续推动产业集群协同发展、科教资源交流合作、重大交通基础设施建设、公共服务共建共享，为高质量推进南京都市圈协同创新发展作出“扬州贡献”。扬州锚定产业科创名城建设“主航道”，全力推进构建“323+1”先进制造业集群，先后引进沈阳飞机设计研究所扬州协同创新研究院、中航机载系统共性技术有限公司、中国航空研究院等，集聚航空产业企业 48 家、高层次人才 400 余人。

一、高质量发展理论创新

一是瞄准“指挥棒”，始终坚持以新发展理念为指引。2022 年，扬州市坚决把新发展理念贯彻到扬州发展全过程各方面，聚焦产业科创名城、文化旅游名城、生态宜居名城建设，争做长三角一体化高质量发展、大运河文化带建设、“水韵江苏”建设的示范。二是树立“风向标”，有效统筹质的稳步提升和量的合理增长。扬州市围绕优化存量，加快企业技改，推进现有产业向产业链、价值链高端攀升；围绕扩大增量，大力招商引资，引进落地更多大项目、好项目；围绕提升质量，聚焦“亩均产出”，更加注重创新能力、环境影响、税收贡献、就业质量等指标，不断提升产业发展的“含金量”“含新量”“含绿量”。三是做强“动力源”，坚定不移推进改革开放。扬州市坚持向改革要动力，着力推进行政审批体制、财税金融体制、国企管理运行等方面的改革，持续优化营商环境，全力打响“好地方、事好办”政务服务品牌；坚持以开放添活力，项目化落实“一带一路”、长三角一体化、宁镇扬一体化等战略，在高水平对内对外开放中不断提升扬州竞争力。

二、扬州生态科技新城创新

扬州生态科技新城推动生态环境“常青常绿”，将“两山”理念践行于“四个中心”建设全过程，共护一片蓝天、一江碧水、一方净土，持续擦亮新城生态底色、绿色本色。一是持续改善大气质量，全面推进年度大气治理项目，完成 5 个产业结构调整优化项目、1 个能源结构调整项目，完成 95 家包装印刷企业源头替代，严格落实 75 项秋冬季大气重污染天气应急减排方案和在建工地扬尘管控措施。二是推动城乡环境“各美其美”，既加快城市更新，完善路网、水网、绿网体系，建设有文化、有灵魂、有现代设计美感的精品片区，又统筹乡村振兴，将好山好水好风光融入城市，建设“望得见山、看得见水、记得住乡愁”的宜居胜地。三是紧抓关键节点，为新城产业项目发展聚集新能量，催生新动能。扬州软件园一期项目、杭集中学一期改扩建项目已完工并投入使用；印象馆、里下河农科所、扬州智慧能源产业园等项目均按序时推进。

三、产业强链建设理论创新

一是制定“产业强链”三年行动计划，建立重点产业链“十个一”推进机制，加快发展数字经济，提升江苏信息服务产业基地、扬州软件园等大数据平台质态，广陵新城入围省级软件名园培育试点。二是持续壮大创新型企业梯队，出台推进高新技术企业高质量发展的若干政策，科创载体能级持续提升，江都获批筹建省级高新区，杭集高新区获批第二批国家级消费品标准化试点，扬州大学科技园被认定为国家大学科技园，北京机电所精密成形技术创新中心、国汽轻量化技术研究院等科创平台成功落地。三是以“数字化、智能化、高端化”为方向，突出补链强链、大力招引增量，精准实施一批高端装备项目；同时，聚焦智数赋能、狠抓技术改造，加速推进装备企业转型升级。

第四节　淮安市创新发展理论与实践

2022年，淮安市改革创新提质增效，在重点改革上不断突破，创新发展动能持续增强，区域合作持续深化，加快对接实施长三角区域一体化发展、大运河文化带建设、淮河生态经济带建设等国家战略，盱眙县、涟水县与南京江北新区、溧水区建立结对合作关系，启动宁淮科创走廊和自贸试验区联动创新发展区建设，建成宁淮铁路先开段，加快建设高铁东站宁淮场。

一、加速产业转型升级

2022年，淮安市产业发展加速转型，综合实力不断提升。一是深入推进“智改数转”三年行动，全年实施“智改数转”项目80个；施塔德电梯通过国家两化融合贯标，获评省级工业互联网标杆工厂、省级智能制造工厂。二是康乃馨织造入选工业和信息化部重点培育纺织服装百家品牌名单（2022版）；双环齿轮、建工尼龙、文善电子等被评为第七批江苏省服务型制造示范企业；百斯特鲜食、淮安市水泥厂通过省级企业技术中心认定。加大企业扶持力度，对97家表现突出的企业发放奖补资金1316.33万元；为永安制药等33家企业争取工业强市发展专项资金2075.17万元。三是淮安市服务业引擎作用凸显，支持企业做大做强，共创草坪获评第一批省级现代服务业高质量发展领军企业，苏食肉品、共创草坪等5家企业入选第二批江苏省两业融合试点企业。

二、创新发展道路

2022年，淮安市改革创新活力迸发，发展动能持续释放。一是重点改革走深走实。淮安市首推“企业迁移一件事”改革，新登记法人企业3351户，全流程办结率占比达98.51%；全面深化“淮上关爱一件事”暖心服务，累计办理各类“一件事”6200余件。二是搭建项目全流程审批绿色通道，昆淮智创园等5个项目实现“拿地即开工”，全面打响“海棠代办”政务服务品牌。探索实行建设工程、政府采购等项目全流程“不见面交易”。三是创新发展势能凸显。发展壮大高新技术企业，鼓励企业加大研发投入，2022年淮安市获批国家高新技术企业39家，预计技术合同成交额25亿元。四是加强科创载体建设，淮安专用设备精密配件特色产业基地入选2022年度国家火炬特色产业基地名单，荣安智创园成功获批市级孵化器。加大科技金融扶持力度，“淮科贷”累计放贷104笔，金额达4.99亿元。

三、进行城乡融合生态创新

2022 年，淮安市加快城乡融合步伐，生态魅力充分彰显。一是城市建管更具品质，328 省道漕运段 6 公里大修工程完工，348 省道范集段及白马湖段主体工程完成，入海水道二期先导段开工建设，京沪高速改扩建、上河作业区、绿色现代航运等工程稳步实施。全面开展“清洁家园”专项行动，整改市容乱象 885 处，排查“飞线充电”问题 216 处；新增 400 个公共停车泊位，新建 150 处单车驿站点位；新旅片区城市更新项目入选第一批省级城市更新工作试点项目。二是美丽乡村更加宜居。淮安市扎实推进农房改善项目建设，大胡庄二期等 12 个项目年内竣工交付，通过多种途径改善 1150 户农民群众住房条件；创成省级特色田园乡村 3 个，新建省级绿美示范村 15 个、省级生态宜居美丽示范村 11 个。三是生态环境更有魅力。2022 年，淮安市完成成片造林 2868. 15 亩，新建和完善高标准农田林网 4. 6 万亩。深入开展国控站点“48+12”专项攻坚行动，强化重点区域水环境整治，国省考断面水质优Ⅲ比例达 100%，全面消除劣Ⅴ类水体。

第五节 芜湖市创新发展理论与实践

2022 年，芜湖市立足新发展阶段、贯彻新发展理念、构建新发展格局，坚持创新驱动发展、科技自立自强，加快构建科技创新攻坚力量体系，不断深化科技体制机制改革，全面提升科技创新治理能力，狠抓科技政策扎实落地，抢抓国家科技成果转移转化示范区建设机遇，以科技成果转化为落点下好创新“先手棋”，促进科技创新势能转化为更多高质量发展新动能，力争在全省科技创新攻坚力量和科技成果转化应用体系中发挥更大作用。

一、共建长三角科技创新共同体

一是深化长三角科技创新共同体和 G60 科创走廊创新合作，积极主动对接沪苏浙创新资源，争取高校科研院所及国家技术转移中心来芜设立技术转移机构或分支机构。二是积极组织参加长三角国际创新挑战赛等赛事活动，吸引更多的长三角科技成果在芜转化。三是提升区域创新承载能力，支持国家高新区高质量发展，发挥高新区技术、人才优势，强化科研投入，在全国高新区综合排序中争先进位。四是推进自贸试验区芜湖片区创新事项改革举措实施。支持县（市）区结合地方优势开展创新推进创新型县（市）建设。

二、科技金融深度融合发展

一是进一步建立健全与科创相匹配的管理机制，扩大优质信贷资源供给，完善多样化金融服务模式，加快构建覆盖科技创新全链条的金融体系。进一步推进中小微企业信用体系建设，发挥征信赋能作用。二是加大重点领域信贷投放力度，完善金融服务实体经济机制。紧盯沪宁主导产业，加大配套产业的招商力度，对高新企业、高端制造业、民营小微企业等产业升级中的重点领域、关键环节进行分类谋划，引导金融机构加大信贷投放力度和金融服务保障力度。三是全力推进金融体系创新、金融服务创新、融资模式创新和协调监管体制创新，激活区域经济活力。加强芜湖与长三角城市群金融交流合作，学习借鉴上海自贸区金融改革创新经验，充分利用安徽自贸试验区芜湖片区战略契机，健全金融产业体系，集聚各类金融要素，推动金融创新发展。

三、打造双创生态环境

一是组织开展军民科技协同创新研究，促进军民融合深度发展。激发全社会创新创业潜能，组织开展第十一届中国创新创业大赛芜湖市赛和第二届“智汇中江”芜湖市大学生科技创新创业大赛，推动创新、创业、就业良性循环。二是积极开展科学研究和技术研发，对在科技创新、智库建设、规划服务、成果转化和技术转移应用方面产生明显成效，在校企合作机制创新方面取得较大突破的团队或个人进行激励。三是整合学校各类科研平台，充分利用学校的人才与智力优势，吸引政府和企业的政策、资金、人才、设备、场地等资源。学习借鉴长三角地区高校的先进经验，积极拓展与长三角地区的产学研合作，全面推进校校合作、校企合作，创新合作方式，加大合作力度。

第六节　马鞍山市创新发展理论与实践

马鞍山市深入学习贯彻习近平总书记考察安徽重要讲话指示精神，坚持司法行政跨区协作，聚焦开放联动高水平，紧紧围绕打造安徽的“杭嘉湖”、长三角的“白菜心”新发展定位，以创建经济社会发展全面绿色转型示范区为抓手，深入实施生态环保、产业转型、一体化发展、城乡融合、社会治理“五大提升行动”，扎实推进长三角一体化高质量发展，与南京都市圈各地在地域互联、功能互补、政策互鉴、项目互通、资源互享等方面加大合作力度。

一、区域协调发展理论创新

一是区域融合扎实推进。交通基础设施互联互通全面提速，巢马城际铁路江北段开工，宁马城际铁路、宁马高速“四改八”、宁和高速等项目进入全面建设阶段。加强园区合作共建，浦和产业合作示范区等建设提速，签约引进长三角地区项目290个，首期投资830亿元。全年实际利用省外亿元以上项目到位资金1350亿元，增长5%，招引亿元以上项目中来自沪苏浙的项目数占65%。30个项目兑付长三角科技创新券资金385.83万元，带动中小企业研发投入超千万元。主办第二届南京都市圈创新合作大会，签约24项产学研合作项目。二是城乡功能品质提升。科学编制国土空间总体规划，高质量完成“三区三线”划定工作。完成高铁南站片区规划及建设前期工作，启动湖北路过江通道可研编制，持续完善秀山片区功能，推进阳湖片区开发建设，完成采石风景区整合优化。三是加快城市基础设施建设，城市更新G205沿线片区等项目加快建设，实施老旧小区改造106个、棚户区改造4159套、农村危房改造280户，住房和城乡建设“四合一”项目完成投资500亿元，九华路东段等9条城区“断头路”贯通。

二、绿色转型理论创新

一是节能降碳积极推进。印发“碳达峰碳中和”实施意见，推动重点领域节能降碳技术改造，预计全年节约能耗13万吨标煤，单位地区生产总值能耗下降4%。新增可再生能源发电装机21万千瓦。争取碳减排支持工具和支持煤炭清洁高效利用专项再贷款等绿色金融资金2.3亿元。全市共3家企业入选再生资源综合利用行业规范企业名单，33家重点企业完成碳排放报告核查。二是“两山”理念深入践行。稳步推进长江经济带建设，抓好长江大保护，完成91个“1+1+N”突出生态环境问题整改销号。与南京市、镇江市协同立法，共同实施加强长江江豚保护行动，法治护航“十年禁渔”典型经验在全国推广。实施长江生态廊道建设工程、国土绿化提升行动，完成人工造林0.78万亩、退化林修复1.59万亩、森林抚育3.72万亩、封山育林2.08万亩。三是污染防治持续攻坚。开展大气污染防治专项攻坚行动，$PM_{2.5}$平均浓度34微克/立方米，保持国家二级标准，PM_{10}平均浓度改善幅度居全省第1位，秸秆禁烧保持“零火点”。完成省级以上工业园区排水管网排查及污水处理设施评估，并开展整改。对全市4823个入河排污口进行溯源，实现全过程信息化管理，完成整治1346个。10个国控断面水质均值达标率、优良比例和3个县级及以上水源地水质达标率均为100%。

三、产业协同融合发展

一是制造业三年倍增稳健开局。扎实推进制造业三年倍增突破年活动，“1+3+N”产业集群实现产值3400亿元，钢铁及先进结构材料、装备制造等主导产业集聚度达57%，战略性新兴产业产值增长20%。加快宝武马钢“1+8”产业基地建设。实施亿元以上技改项目 255 个，预计全年技改投资增长 15%。搭建智能制造公共服务平台，为全市 450 家规模以上工业企业提供线下智能化诊断服务。

二是产业技术创新蓄势聚能。顺利通过国家创新型城市建设评估验收，在全国 17 个参评城市中居第 3 位。新增高新技术企业 160 家，获科技部备案科技型中小企业突破 500 家，新增国家级众创空间 1 家，新认定马钢矿业国家企业技术中心等省级以上研发平台 25 个、新产品 67 项，新增省级智能工厂 3 个、数字化车间 12 个。全市规模以上工业企业研发机构覆盖率达 48.1%，居全省首位。全年实现技术合同成交额 145 亿元，登记科技成果 1945 项。马鞍山市入围国家知识产权强市建设示范市名单，和县、当涂县获批国家知识产权强县建设试点县，每万人口有效发明专利拥有量达 48.2 件，居全省第 3 位。

三是实施农业“两强一增”行动，现代农业发展卓有成效。主要农作物综合机械化率达 84.5%，积极构建含山大米、和县蔬菜、当涂水产等“一县一特”全产业链，全市农业全产业链产值突破 700 亿元，新增省级种业新品种 10 个。新增新型农业经营主体 289 家、省级龙头企业 13 家、长三角绿色农产品生产加工供应基地 6 个，预计全年实现农业总产值 192 亿元，增长 5%。当涂县获评国家农业现代化示范区。

第七节　滁州市创新发展理论与实践

2022 年，滁州市以学习宣传贯彻党的二十大精神为主线，靠着“功成不必在我”的精神境界和“功成必定有我”的历史担当，“一张蓝图绘到底，一任接着一任干”，强力“双招双引”，聚力“多链协同”，牢固树立“项目为王”理念，持续创优“亭满意”营商环境，以产业集聚夯实高质量发展“四梁八柱”，按照“奋力推动滁州在参与长三角一体化发展上走在前列、争创一流”的明确要求，以“争”的劲头、“拼”的精神、“创”的勇气大抓招商、大建项目、大兴产业。

一、双招双引，百日攻坚

2022 年，滁州市委、市政府坚定不移把“双招双引”作为经济工作的主战场、主抓手，有力推进招商引资“百日攻坚”行动，全力打造一流“亭满意”营商环境。疫情期间坚持“线下招”与“云上引”相结合，所采取的“五个不断”的做法获得了省委、省政府主要负责同志的肯定和推广，营商环境评议连续三个季度居全省第一，打出了招商引资新攻势，一批投资体量大、带动能力强、市场前景好的重大项目纷至沓来，目前包括光伏项目在内的百亿元项目已经实现县域全覆盖。2022 年，滁州市全市新签约亿元项目 478 个、新开工项目 480 个、新竣工项目 310 个、新投产项目 320 个。

二、高质量发展理论创新

一是积极招才引智。2022 年，滁州市新引进高层次科技人才团队 82 个，院士、博士等高层次人才 322 名，大学生 1.6 万名。新培育省级以上领军人才数居全省第二，获评全国“最佳引才城市”。二是人才与产业深度融合、城市与人才相互成就，滁州支柱产业壮大、新兴产业集聚、城市能级提升，向深化改革要活力，向扩大开放要空间。三是加速融入合肥都市圈、南京都市圈、长三角城市群。作为安徽开放发展的“桥头堡”和“东大门”，滁州紧扣“一体化”和“高质量”两个关键词，充分发挥区位、资源等优势，以省际毗邻地区新型功能区启动区建设为突破口，在开放中寻求机遇，在合作中破解难题，深度融入长三角一体化发展。

三、下好发展“一盘棋”

下好发展“一盘棋”，实现融合“一家亲”。2022 年起，宁滁结对合作帮扶的“触角”已经从“市与市”延伸到更基层。2022 年 11 月 12 日，南京市和滁州市共同在明光市举行宁滁皖北省际产业合作园区集中揭牌仪式，南京经济技术开发区凤阳省际合作园区、江宁—明光合作产业园、南京江北新材料科技园定远合作产业园正式揭牌亮相，两市合作取得新的突破，共有6个项目集中签约，涵盖高端锂电材料、光伏、汽车配件、大型钢结构件生产制造等项目，总投资超100亿元。

一体化的红利还体现在实打实的民生获得感中。第一，无论在交通、教育还是医疗、生态等方面，滁州抢抓机遇，乘势而上，打开更广阔的发展空间；深化改革上，滁州当仁不让、大胆探索，重点领域和关键环节改革取得明显成效。第二，争创了一批试点，新增10项国家级、11项省级改革试点；打造了一批亮点，凤阳县小岗村乡村振兴、明光市农村宅基地制度改革等做法获省委主要领导批示肯定。第三，南谯区推进省际毗邻地区新型功能区建设做法被省委改革办《安徽改革信息》刊载；探索了一批经验，滁州市林业局在全国林长制工作推进会上做经验交流。全省新时代文明实践中心建设座谈交流现场会在全椒县召开。滁州市就天长市深化农村改革、明光市推进“亩均论英雄”改革、定远县推深做实“田长制”改革等一批经验在全省会议上做了经验交流。

第八节　宣城市创新发展理论与实践

2022年以来，宣城市坚持新发展理念，完善创新平台体系，持续提升创新能力，为全市经济高质量发展提供了坚实的科技支撑。2022年，宣城市打造科技创新“策源地”，打造以共性技术研发平台为内核、以企业创新平台为基石、以宛陵科创城为载体、以宣城（上海）科创中心为外延、以创新型城市为网络的“五个一”创新平台体系，成功创建安徽省创新型城市，宣城光伏先进技术研究院建成省级新型研发机构，宁国市、广德市申报国家特色产业基地，入围科技部答辩名单。

一、打造高质量发展“新高地”

一是攀登产业创新“新高地”。完善“科技型中小企业→高新技术培育企业→国家高新技术企业→创新型领军企业”培育机制，加快形成“链主式企业+骨干型企业+高成长企业”的高新技术企业“雁阵梯队”。2022年，全市备案国家科技型中小企业479家，同比增长76.1%，居全省第3位；全市高新技术企业达566家，净增106家，创历史新高；规模以上高新技术产业增加值占全市规模以上工业增加值比重57.5%，居全省第3位；战略性新兴产业产值占规模以上工业总产值比重46.9%，居全省第4位；高新技术产业产值突破1000亿元，居全省第5位。二是聚力技术创新“主阵地”。聚焦关键核心技术“倒逼、引领、替代、转化”4张清单，建立动态企业技术需求库，首批摸排产业链创新链中存在的技术难题23项，入围省应用研究倒逼基础研究项目库1项、省第二批“揭榜挂帅”项目发榜方任务清单2项。三是聚力绿色发展，大力推进减污降碳协同增效，强化生态保护、环境治理、绿色转型，不断提升生态文明建设水平。聚力共同富裕，强化城乡统筹，高水平建设23个乡村振兴示范片区。

二、全面提升科技创新能力

一是着力推进制度创新，主要创新指标从“单项争先”向“全面提升”转变。宣城市委、市政府坚持把科技创新摆在发展全局的核心位置，深化科技创新体制机制改革，加快科技成果转化应用体系建设，进一步增强科技创新活力和要素市场活力。2022年，宣城市创成省级创新型城市，创新能力居全省第4位，创新潜力居全省第5位，科技创新指数居全省第6位；全社会研发经费支出占地区生产总值比重2.17%，居全省第6位；支持引导行业骨干企业新建省级创新平台26个，全市累计建成省级以上创新平台263个，居全省第6位。二是着力推进技术创新，创新成果产出从“单点发力”向“多点突破”转变。遵循科技规律、市场规律，坚持以需求为牵引、以产业化为目的、以企业为主体，加快科技成果转化应用体系建设，设立了2.6亿元的安徽省科技成果转化引导基金宣城市子基金。2022年，宣城市全市企业吸纳技术合同成交额突破200亿元，居全省第4位；宣城市91.5%招商引资企业成长为高新技术企业；博瑞特热能获得安徽省科技进步奖一等奖，实现宣城市科技奖项历史性突破；广信农化获安徽省科技重大专项“揭榜挂帅”项目立项（全省仅9项），解决了我国四氯化锡还原技术“卡脖子”难题。

三、点线面推动数字化转型

一是“点”上发力，聚力培育标杆工厂。把推进宣城“工业大脑”、中鼎集团、捷圆电子等重点工业互联网平台建设，作为推动区域内、行业内中小微企业规模化转型的重要依托，积极打造工业互联网“标杆工厂”。在市级及以上工业互联网标杆和示范企业中，遴选一批优秀应用案例推广复制。举办走进“标杆工厂”系列活动，带动中小微企业学标杆、当标杆。2022年，在安徽省数字经济发展考核中，宣城市居第4位。全市创成国家级、省级工业互联网示范项目和平台数量均位列安徽省第一方阵。二是“线”上出招，分类实施协同推进。围绕宣城市“2+3+4”产业链和36个不同行业的中小微企业，根据行业特点和工业机理模型，分类制定数字化诊断工作方案，分类设立工作专班和专家团队，分类诊断、推进。三是“面”上突破，率先开展转型评估。率先建立制造业数字化转型评价指标体系，包括企业上云、设备连接、5G场景、低碳降耗和数据治理五大方面、24个指标。对宣城市所有规模以上工业企业数字化成熟度进行测评，充分利用好评估成果，按照企业数字化转型程度分类施策。

第九节　溧阳市创新发展理论与实践

2022年，溧阳市坚持稳字当头、稳中求进，主要经济指标逆势上扬，保持20%左右增幅。其中规模以上工业总产值完成335亿元，同比增长17.5%；工业应税销售收入突破400亿元，同比增长32.8%；高新技术产值72亿元，同比增长21.6%；实际利用外资和进出口总额分别迈上1亿美元和10亿元大关；公共财政预算收入（扣除留抵退税影响）完成4.57亿元。全年净增规模以上企业12家，江苏国强、江苏友发成为园区销售破百亿企业，其中江苏国强位列中国民营企业500强第380位。

一、科技创新加速赋能

溧阳市始终坚持把项目建设作为转型发展的“主阵地”，以扩充项目数量、提高项目质量、加快项目建设的大突破促进经济发展的大跨越。溧阳市紧盯高端装备制造、新能源、休闲食品和会议会展四大主导产业，国越储能、中技储能、新拓不锈钢、卤江南食品等一批总投资超10亿元项目签约落地，曹山未来城、瓦屋山低碳城两个超200亿元重大项目依次落户，绝味、马赫、金纬等一批有行业影响力的企业加快建设，国强兴晟、长盈精密、嘉盛环境、威乃达等重大项目竣工投产。

溧阳市致力在优质创新资源聚集、企业研发能力提升、创新创业氛围培育等方面持续发力，全力以赴推动创新平台建设。东大创新中心投运在即，中航气动院南方分院即将开工，南京域外孵化器年内投运。得益于创新平台的建设，溧阳市高新技术企业规模进一步扩大，2022年，新增高新技术企业10家，入选江苏省专精特新中小企业5家，江苏省五星级上云企业1家；征集常州“智改数转”项目25个，完成“智改数转”诊断25家。

二、产城融合步伐“大提速”

2022年，溧阳市抢抓机遇，始终坚持规划引领，按照“先城后产、产城融合”发展理念，立足“接轨南京第一城”发展定位，以更加开放的姿态主动融入南京都市圈发展，先后落地曹山未来城、瓦屋山低碳城、九洲康养城等大型综合体项目。“三城同建”的同时，七彩曹山旅游名片持续擦亮，优美的自然风光、诗意的田园乡村和丰富的运动休闲吸引了大量游客，园区、镇区、景区“三区共创”为区域发展提供新动能。此外，与南京农高区签订友好园区战略合作协议，与东南大学土木工程学院党委打造共建联盟，内外联动、双向互济的区域联动发展格局初步形成，更多南京方向的优质资源要素向经开区涌动。

三、创新发展理念

溧阳市创新发展理念，紧紧围绕打造“苏南绿色崛起品质城市”的目标定位，针对发展中的难点堵点，全力实施重大项目提质、产业集群提升、乡村建设提标、富民强村提速等“十项工程”，在绿色发展中培育出了一批特色产业，着力打造高质量发展“溧阳样板”。在提升产业层次和城市品质上，溧阳注重发挥生态优势，坚持“开放包容、创新创业”，在加快传统产业绿色转型升级的同时，出台“一揽子”科技产业政策，重点布局规划一批特色新兴产业，搭建一批高能级创新平台，引进一批高层次创新创业人才，培育一批高新技术企业，加速打造千亿级、百亿级产业集群，再创发展新优势。中国科学院物理所、重庆大学、东南大学等一流科创研发平台抢滩溧阳，形成吸引高端人才集聚的“强磁场”，助推“苏南绿色崛起品质城市”建设迈上新台阶。作为全球动力电池中心，溧阳通过布局“链式”发展，已领跑新能源产业“新赛道”。截至2022年，溧阳集聚动力电池上下游龙头企业70余家，在建和规划产能160千兆瓦时，动力电池出货量占全国15%、全省38%，规模实现全国县域第一。

第十节　金坛区创新发展理论与实践

常州市金坛区深入落实常州“532”发展战略，奋力抢抓长三角一体化、常金同城化等重大历史机遇，锚定“最美新城区、最强增长极”发展定位，以“五大行动”为引领，勇当“两湖”创新区主战场，争做“新能源之都”主力军，以同城化、现代化为现实路径，全力打造最美新城区、最强增长极，成为美丽常州新样板。

一、持续推进高质量发展

金坛始终坚持“产业强区、工业立区、项目兴区”不动摇，持续加快项目招引、项目建设，引育更多“微笑园区”“微笑平台”“微笑企业”，“经济强”的基础更加厚实。一是产业地标越发清晰。抢抓新能源产业发展风口，提前布局落子，竞逐新兴赛道，培育新能源汽车、光伏新能源两大地标产业，已成为长三角新能源汽车、光伏产业链最长最强地区之一。仅动力电池建成和在建产能就超115千兆瓦时，拥有两家头部企业——中创新航、蜂巢能源，拥有规模以上企业超110家。2022年两大地标产业工业总产值突破1000亿元。中创新航2022年在香港联交所主板上市交易，成为港股动力电池第一股，是全省年度最大IPO项目，也是常州历史上最大IPO项目。二是对外开放成效显著。高起点规划建设中德（常州）创新产业园，持续开展“对话德国企业、对标德国城市、对接德国项目”活动，全力打造长三角对德创新合作新高地、中德全面交流合作新样板。截至2022年底，园区落户德语区企业达53家，总投资超20亿欧元。三是经济增长势头强劲。2022年，实现地区生产总值增长6.8%，规模以上工业总产值增长28.4%，规模以上工业增加值增长22.4%，工业应税销售收入增长54.6%，工业用电量增长19.1%，多项主要经济指标增幅位列常州第一、苏南乃至全省前列。

二、“宜居城市”建设争先锋

一是繁荣城区。一体化推进金沙老城、钱资新城、科教名城“三城”建设，坚持把中心城区功能做优、品质做高、环境做美。随着图书馆、城市形象馆、金沙科技金融中心、钱资湖大桥、钱资湖北岸风光带等一批重点项目建成投用，金坛正成为“创新创业创造高地、宜居宜业宜游福地”。二是融通全区。一路通，百业兴。近年来，金坛“补课式”加快交通工程建设，G233国道、S265省道、金武快速路、长荡湖旅游大道、茅山旅游大道等主干道路相继通车，沪宁沿江高铁金坛站投用在即。精心打造“绿野仙踪”精品农路品牌，获评“四好农村路”全国示范县。新增一级公路127公里、二级公路67公里，构筑起“高普快”互联互通的交通运输体系。三是优化小区。总投资7.6亿元，完成老旧小区改造30个，面积达226万平方米，惠及居民2.16万户。以“绣花精神”启动精品街道、美丽街区、口袋公园建设，推动既有住宅加装电梯35部。持续推进小区物业管理提升，创成省级垃圾分类达标小区71个。建立“城市管家”机制，全面提升城市精细化管理水平，有效破解停车难、交通拥堵等“城市病”。

三、大力推进绿色生态文明建设

一是向新而生，从“吃山耗水”转向“治山理水”。累计筹集投入93亿元开展长荡湖综合整治工作，拆除网围5.8万亩、清理废弃船只5611条、清淤34平方公里，长荡湖水质恢复至Ⅲ类，成功创成国家湿地公园，实现由“生产型湖泊”向“生态型湖泊”蝶变。开展茅山地区建材行业出清提升，关停整顿建材企业15家，对5座矿山宕口进行生态修复，全区林木覆盖率位居常州各辖市区第一。二是向绿而兴，从“守绿待金”走向“添绿增金”。围绕美丽环境、美丽经济、美好生活“三美”融合，提速建设“陌上花开”都市田园风光带、公路花园及长荡湖休闲运动公园等一批重大生态项目，空气质量率先达到国家二级标准。深入推进城乡污水处理“厂、网、站”一体化建设，水环境改善幅度位居全省前列，获评国家生态园林城市、国家森林城市。三是向高而攀，从“生态福地”迈向“旅游胜地”。积极践行全域旅游理念，依托茅山福地，用山水造景，推动农文康体旅深度融合。先后建成东方盐湖城、花谷奇缘、茅山森林世界等AAAA级旅游景区3个，培育“半边山下”民宿等多个乡村旅游聚集带。丰富的旅游业态带动居民增收致富，处处“绿水青山”成为共富路上的“金山银山”。

第二章　政策创新

党的二十大报告指出："深入实施区域协调发展战略、区域重大战略、主体功能区战略、新型城镇化战略，优化重大生产力布局，构建优势互补、高质量发展的区域经济布局和国土空间体系。"南京都市圈作为国家发改委批复建设的首个跨省都市圈，是以中心城市为核心带动相邻地域一体化发展的城镇体系，在区域人口高质量发展、全体人民共同富裕、物质文明和精神文明相协调等方面具有重要作用，是推进中国式现代化建设的重要空间载体。依据《长江三角洲区域一体化发展规划纲要》，按照《国家发展改革委关于培育发展现代化都市圈的指导意见》要求，《南京都市圈发展规划》得到国家发改委批复并正式公布，标志着南京都市圈历经多年推动建设后正式上升到国家层面。《南京都市圈发展规划》出台的目的在于推动南京都市圈高质量发展，建设具有国际影响力的现代化都市圈。

自《南京都市圈发展规划》获得批复以来，南京都市圈在创新资源共建共享、创新平台提质增效、创新成果转化、产业有效对接等方面取得显著成效，同时也面临着中心城市引领作用不突出、创新平台共建共享不深入、科技创新成果转化不顺畅、产业整体协同效应不显著等制约因素。为加快南京都市圈协同创新，应以高质量的同城化建设完善创新集成机制，以高效率的产业链分工促进要素流动流通，以高能级的创新联合体推动资源高效配置，以高标准的统一大市场助力成果转化转移。要建立有效的协同创新机制，为实现跨区域资源共享与产业链重构提供示范作用，以争创国家区域科技创新中心和综合性国家科学中心为目标导向，紧抓引领性国家创新型城市建设，形成创新合力，打造更加高效的科技创新共同体。

第一节　南京市的政策创新

"十四五"时期，是南京市深入贯彻习近平新时代中国特色社会主义思想、全面建设人民满意的社会主义现代化典范城市的关键时期。为深入贯彻落实习近平总书记关于市场主体发展的系列重要讲话精神，最大限度释放社会创业创新潜力，促进市场主体高质量发展，南京市政府办公厅印发《南京市"十四五"期间市场主体培育方案》（以下简称《方案》）。《方案》紧扣支持市场主体发展这个中心目标，围绕社会群众关切的热点焦点，针对市场主体发展的堵点痛点，制定了一系列力度大、范围广、效果实的政策举措，旨在为奋力谱写"强富美高"新江苏现代化建设南京新篇章筑起主体"蓄水池"、培养创新主力军，进一步增强经济发展的底气和韧性。

一、社会保障

2022年，南京市人社系统深入贯彻党的二十大精神，认真落实党和国家及省市决策部署，切实做好"六稳""六保"工作，强化责任担当，创新思路举措，全力以赴惠民生、促发展、防风险、保稳定，高质量完成各项目标任务。

（一）就业创业

南京市城镇新增就业21.85万人，实现再就业

14.48 万人。培育自主创业者 5.09 万人，其中大学生创业者 6113 人。扶持农民自主创业者 7495 人。举办各类招聘会 2278 场，提供岗位 48.3 万个次。新增公益性岗位安置就业困难人员 566 人。加强职业技能培训，2022 年开展各类补贴性职业技能培训 30.97 万人次。深入实施就业优先战略和积极就业政策，重点抓好高校毕业生、就业困难人员等群体就业。离校未就业高校毕业生 2022 年末就业率达到 97.1%。援助困难人员就业 2.73 万人，零就业家庭持续保持“动态清零”。

（二）居民保障

2022 年基本养老、失业、工伤保险基金总收入 874.41 亿元，同比增加 121.68 亿元，增长 16.2%。基金总支出 663.9 亿元，同比增加 58.29 亿元，增长 9.6%。

1. 基本养老保险

2022 年末南京市基本养老保险参保人数 445.38 万人，比上年末增加 2.45 万人，其中企业职工基本养老保险参保人数 377.66 万人，机关事业单位基本养老保险参保人数 16.7 万人，城乡居民基本养老保险参保人数 51.02 万人。享受基本养老保险待遇人数 180.4 万人，比上年末增加 7.54 万人，其中企业职工基本养老保险参保人数 114.54 万人，机关事业单位基本养老保险参保人数 10.09 万人，城乡居民基本养老保险参保人数 55.77 万人。南京市基本养老保险基金总收入 822.21 亿元，同比增长 15.9%；基本养老保险基金总支出 624.29 亿元，同比增长 10.2%。

2. 失业保险

2022 年末南京市失业保险参保人数 348.79 万人，比上年末增加 2.9 万人。南京市失业保险基金总收入 34.01 亿元，同比增长 23.6%；失业保险基金总支出 26.54 亿元，同比减少 5.6%。南京市失业金待遇支付水平最低为 1545 元/月，最高为 2280 元/月。

3. 工伤保险

2022 年末南京市工伤保险参保人数 398.63 万人，比上年末增加 3.45 万人。南京市工伤保险基金总收入 18.2 亿元，同比增长 14.8%；工伤保险基金总支出 13.07 亿元，同比增长 18%。

（三）人才人事

南京市新增专业技术人员 12.25 万人，专业技术人员总量累计达 181.52 万人。新增取得职业资格证书或职业技能等级证书 16.1 万人次，新增取得高级工以上职业资格证书或职业技能等级证书 2.37 万人次，取得高级工以上职业资格证书或职业技能等级证书 52.72 万人次。

南京市新增省级留学人员创业园 1 家、市级留学人员创业园 2 家，南京市留学人员创业园达 25 家。新增留学回国人员 7306 人，留学回国人员累计达 5.85 万人。

新增南京市博士后创新实践基地 39 个，新招收博士后 276 人。新增技能大师工作室 7 个。新认定 39 个区级企业专家工作室、19 个市级企业专家工作室。

南京市共有各类技工院校 15 所，2022 年招生 10547 人，毕业生人数为 12271 人，毕业生总体就业率达 98%以上。

2022 年公开招聘事业单位编制内工作人员 4691 人。南京市组织实施各类人事考试 28 项、73.73 万科次，报考考生 33.78 万人次，人事考试项目规范管理达标率 100%。

二、产业空间发展

第一，构建以江南主城区为“主核”、江北新区为“主城拓展极”、紫东地区为“创新引领极”、南部片区为“新兴增长极”的“一核三极”重点功能布局，着力建设制造强市。建设制造业重点承载区，市级层面加强产业规划和空间布局统筹，区级层面加强项目准入统筹，促进产业集聚发展。加快建设以工业设计、系统集成、检验检测等为主的都市型工业新载体。加快制造业高质量发展试验区建设，支持建设滨江千亿级先进制造业新高地。支持国防科技工业布局，建设江北新区、江宁、秦淮、玄武等国防科技工业集聚区。

第二，加快推进“先进制造业+现代服务业+未来产业”的主导产业发展体系，并将新能源汽车、集成电路、人工智能、软件和信息服务、生物医药等作为地标产业来重点打造。南京将现有七大类 14 个战略性新兴产业优化为“4+4+1”主导产业体系，整合全市科技园区，设立 15 个高新园区，争创国家综合性科技中心城市。第一个“4”是打造四大先进制造业：新型电子信息、绿色智能汽车、高端智能装备、生物医药与节能环保新材料。第二个“4”是打造四大服务业主导产业：软件和信息服务、金融和科技服务、文旅健康、现代物流与高端商务商贸。“1”指围绕具有重大产业变革前景的颠覆性技术及其新产品、新业态，布局人工智能、未来网络、增材制造，以及前沿新材料、生命健康等交叉应用领域。

第三，加强目标总部企业储备。聚焦全球经济、产业和前沿技术动态，加强重点产业和重点企业研究，按照引进和培育两大方向分别建立目标企业名录。抢抓北京疏解非首都功能和央企总部迁离机遇，梳理储备一批央企二级以上（含二级）总部、区域总部；围绕城市能级提升，梳理储备一批国内外优质头部企业和瞪羚企业、独角兽企业等高成长企业；围绕引领性国家创新型城市建设，梳理储备一批拥有核心技术的国内外高端研发机构和专精特新企业；围绕区域合作发展，梳理储备一批“一带一路”中国中西部节点城市、长三角和南京都市圈知名企业。

第二节　镇江市的政策创新

镇江市发改委印发《2022年新型城镇化和城乡融合发展重点任务》，加快推动镇江新型城镇化和城乡融合高质量发展，共制定了25项重点任务，全面落实国家和江苏省推进新型城镇化和城乡融合发展有关决策部署，围绕江苏省新型城镇化高质量发展激励政策与镇江市《“十四五”新型城镇化规划》重点任务和主要指标进行年度任务分解，在重点工程、重要举措和发展目标等方面明确具体任务。

一、社会保障

镇江市进一步强化体制机制保障、载体支撑保障、要素政策保障等，迭代项目建设“赛马”机制，制定完善相应的制度办法。镇江市紧扣医疗卫生、“一老一小”、就业创业、交通便利、城乡环境等人民群众关注度高的领域，编排了一批民生实事项目。

（一）就业保障

2022年，镇江市各级人社服务平台累计成功扶持创业1.75万人，完成年度目标的206%，带动就业6.02万人；发放富民创业担保贷款4.06亿元，惠及2629人。相继出台《镇江市青年人才“归雁”计划》《关于印发镇江市2022年离校未就业高校毕业生服务攻坚行动实施方案的通知》等政策，通过创业项目支持、创业社保补贴、创业带动就业补贴等多元化政策礼包，加大对高校毕业生、退役军人、农民工、就业困难人员等重点群体的就业帮扶力度，2022年累计发放各类创业补贴1063万元。

（二）居民保障

2022年镇江市完成一般公共预算民生类支出396.1亿元，占一般公共预算支出比重达74%。镇江市职工最低工资标准为2280元/月，城乡居民基础养老金标准提高至每人每月243元，城乡最低生活保障标准每人每月820元，失业保险金最低标准每人每月1230元。镇江市有0.96万户、共计1.33万人享受低保，2022年发放低保金1.15亿元。2022年末镇江市企业职工养老保险在职参保人数73.9万人；城镇职工基本医疗保险参保人数112.97万人，比上年增加2.27万人；失业保险、工伤保险、生育保险参保人数分别为60.14万人、72.19万人、65.52万人。2022年末镇江市共有养老机构132家，养老机构床位数18036张，完成1000户特殊困难老年人“菜单式”居家适老化改造，实施养老护理员培训3000人次，新改造提升标准化农村区域性养老服务中心6个，困难老年人定期探访服务实现常态化。福利彩票2022年销售额为2.83亿元，同比增长24.5%。

（三）医疗政策

根据江苏省政府办公厅印发的《关于实施基

本医疗保险和生育保险市级统筹的意见》（苏政办发〔2019〕79号），镇江市（含辖市）自2022年1月1日起，基本实现以基本制度、待遇标准、基金管理、经办管理、定点管理、信息系统“六统一”为目标的医疗保障市级统筹，目前已经完成平台切换、政策梳理等工作。推进健康示范市建设，深入开展爱国卫生运动，力争实现省级卫生村全覆盖；全面实现医保市级统筹，抓好临床专科“补短板”项目，深化药品（耗材）集采制度改革；加快建设县域医共体，提高基层医疗卫生机构就诊率；推动中医药传承创新发展。

二、产业空间发展

（一）产业布局

依托镇江市“一体两翼”的发展新布局，探索形成市（区）、中心镇（街道）、中心村层级明显的分工体系，优化城乡产业布局；推动主导产业做大做强，重点打造高端装备制造、生命健康、数字经济和新材料四大产业集群，实施集群短板突破、集群质量品牌建设等重大工程，促进产业集群品牌化、特色化、协同化发展，加快推进镇江制造向价值链中高端迈进；围绕“四群八链”，聚焦生产性服务业和生活性服务业的重点领域，聚焦服务业细分领域的新兴产业，加快构建具有镇江特色、较强区域竞争力的“535”现代服务产业新体系。

（二）产业强市

2022年，镇江市推进园区整合优化，建立差异化考评机制，突出项目招引建设导向，通过考核“指挥棒”激励各开发园区聚焦项目、争先进位，进一步建强产业发展载体；部门联动“育动能、扩市场、强服务”，助推镇江外贸首次跑进“1000亿元俱乐部”，增幅位居全省第二；上线重大项目审批服务平台，完善全生命周期服务机制，助力产业项目建设提速增效；举办金融赋能镇江高质量发展大会，北交所上市企业实现“零的突破”，以“白名单”制度、“金链行动”等助力产业强市；以百所高校大学生集中云招引和中国创新挑战赛（镇江）活动为抓手，加大招才引智力度，加速集聚创新资源，为产业高质量发展聚智赋能；创新信用修复机制，优化法治化营商环境。

第三节　扬州市的政策创新

2022年，扬州市积极应对疫情，稳定经济增长；统筹推进三次产业协调发展；积极促进创新资源要素集聚，制定实施“科技创新10条”，出台“人才新政15条”；持续推进重大项目攻坚突破；协同联动促进消费领域恢复；坚定不移全面深化改革开放；稳步推进环境治理和城乡建设；用心用情保障改善人民生活。

一、社会保障

（一）养老保障与居民保障

扬州市根据人力资源社会保障部、财政部《关于2022年调整退休人员基本养老金的通知》（人社部发〔2022〕27号）精神，确保安置到地方工作且已参加基本养老保险的企业退休军转干部基本养老金不低于当地企业退休人员基本养老金平均水平。扬州市严格按照该通知执行，不自行提高调整水平、突破调整政策、增加倾斜对象。城乡居民基本养老保险基础养老金最低标准由每人每月205元提高到210元。城乡居民医保人均财政补助最低标准提高到每人每年650元。城乡低保月人均标准提高到770元，累计发放低保资金1.35万人次共0.98亿元。

（二）就业保障

2022年以来，扬州市围绕“全力以赴稳就业保民生”，在助企纾困、扩大就业、稳定岗位等方面“下足功夫”，保持了就业局势总体稳定。2022年1—9月，扬州市城镇新增就业4.23万人。在助企纾困方面，扬州市通过扩岗补助、稳岗补贴等措施缓解了企业压力，稳定了员工队伍。扬州市实施一次性扩岗补助政策，招用本年度普通高校毕业生且签订劳动合同并为其缴纳失业保险费 1 个月以上的企业，可获得每名毕业生 1500 元的补助。推动失业保险市级统筹制度改革，全市释放稳岗资金 1.91 亿元，增加返还市场主体超 2 万家。在稳定就业方面，扬州市创新运行“线上线下”招才活动，在全省率先开通“扬州人才市场”抖音号，定期组织用人单位开展“直播带岗”等“屏对屏”招聘；借助“夜市经济”东风，举办“人才夜市”活动专场招聘，推动新产业、新业态、新商业等诸多元素赋能就业工作。

（三）创业保障

扬州市按照《省人力资源社会保障厅 省教育厅 省科技厅 团省委 省妇联 省工商联关于开展 2022 年“创响江苏”创业就业服务高校行活动的通知》（苏人社函〔2022〕107 号）文件要求，结合《省人力资源社会保障厅关于开展 2022 年“创响江苏”主题系列活动的通知》（苏人社函〔2022〕145 号），开展 2022 年“创响扬州”创业服务系列活动暨 2022 年度“创业领航计划”活动。在持续做好就业创业服务的同时，通过宣传创业政策、发掘优质项目、完善创业载体、开展创业指导、组织创业培训等方式，丰富创业服务形式，优化创业服务内容，激发全社会的创业热情，营造新一波创业热潮，实现创业带动就业的倍增效应。

二、产业空间发展

（一）产业布局

扬州市构建“一核两心、一带两轴、两地三区”的市域国土空间总体格局，统筹全域国土空间保护、开发、利用、修复，形成网络化、多中心、开放式、集约型的国土空间总体格局。“一核”指由扬州市区和仪征城区组成的扬州大都市区；“两心”指高邮、宝应两个县域中心；“一带”指沿江科创产业发展带；“两轴”分别指“宁—扬”科技创新与城镇发展复合轴、“淮—扬—镇”生态保护与文化传承复合轴；“两地”指高邮湖—邵伯湖—渌洋湖生态绿心地带和江淮生态绿心地带；“三区”指西部生态农业区、东部粮食养殖农业区和南部沿江经济农业区。

（二）现代产业体系构建

扬州市加快现代产业体系构建，构建具有扬州特色、在全国有影响力的产业集群，“323+1”先进制造业集群竞争力大幅提升。重点巩固提升汽车及零部件、高端装备、新型电力装备等优势支柱产业，培育做大软件和信息服务、生物医药和新型医疗器械、航空等新兴产业，转型提升高端纺织和服装、食品等传统特色产业。

第四节　淮安市的政策创新

淮安市先后出台《强化科技支撑推动高质量发展的若干政策》《淮安市创建国家创新型城市实施方案（2022—2023 年）》，充分释放政策红利，强化科技引领力，加强部门协调联动。淮安专用设备精密配件特色产业基地成功获批国家火炬特色产业基地，实现了淮安市近四年国家火炬特色产业基地评审“零的突破”。

一、社会保障

（一）养老保险

社保体系持续完善。2022 年末淮安市城乡居民基本养老保险参保人数 197.35 万人，职工养老保险参保人数 117.64 万人（含离退休待遇领取人数），工伤保险参保职工人数 80.53 万人，失业保险参保人数 58.15 万人，无雇工的个体工商户、灵活就业人员企业职工基本养老保险参保人数 21.59

万人。2022年，淮安市共支出企业职工基本养老保险112亿元，机关事业单位养老保险49.98亿元，城乡居民基本养老保险23.33亿元。养老金按时足额100%社会化发放，其中城居保60岁以上参保老人每人每月增加14元基础养老金，实现“十一连增”。

（二）创业政策

淮安市2022年制定了人才创新创业政策，创新创业团队给予150万~500万元资助，500万~1亿元股权投资；顶尖人才给予最高1亿元综合资助；创业人才给予100万~200万元资助，300万~3000万元股权投资；创新人才符合条件的按照年薪3%或者报酬30%给予补贴；中国·淮安创新创业大赛获奖的项目，最高给予300万元资助；申报入选省级以上重点人才计划创业项目，给予1∶1配套补贴；全职引进的医疗卫生领军团队，最高分别给予团队领头人200万元、其他成员每人80万元安家费；全职引进的医疗卫生领军人才，最高给予50万元补贴；入选江苏省“双创博士”的人才，给予10万元奖补。

（三）人才安居保障

淮安市坚持“分级保障、精准实施，政府主导、市场主体，按需筹集、稳妥实施”的建设筹集和分配管理原则，加快实施“人才安居工程”，切实发挥住房在吸引集聚人才方面的作用，为淮安高质量发展提供人才支撑。淮安市主要采取提供专家住房、人才公寓，发放购房补贴，以及提供共有产权房、保障性租赁住房、发放公租房租赁补贴等方式，做好人才安居保障工作。专家住房是指向淮安市顶尖人才、急需高层次人才提供的住房；人才公寓是指向来淮创业就业的各类人才提供的政策性周转住房；购房补贴是指对符合条件的人才购房发放货币补贴；共有产权房是指符合条件的人才在购房时与政府按出资比例共同拥有房屋产权的住房（政府出资份额最高为保障标准的50%）；保障性租赁住房是指由政府给予政策支持，主要面向在淮符合条件的新市民、青年人等人才供应的租赁住房；公租房租赁补贴是指对符合条件的人才自行租房时发放货币补贴。各类人才住房（除共有产权房外）原则上只提供租住，不得出售。

二、产业空间发展

淮安市强化全域全要素统筹，加强生态、农业、城镇空间的整体谋划，拓展区域城镇联系，优化市域空间组织，促进中心城市集聚，以发展带与发展轴联系要素、集聚人口、推进新型城镇化，优化城乡资源配置，优化全域国土空间总体格局。形成“两带三片区、一核一走廊”的国土空间总体格局。两带：大运河文化带、淮河生态经济带；三片区：北部田园、中部都市、南部水乡；一核：淮洪涟一体化都市区核心；一走廊：宁淮城镇发展走廊。目前，淮安市拥有2个国家级经济技术开发区，分别为淮安高新技术产业开发区、淮安经济技术开发区；拥有7个省级开发区，分别为洪泽经济开发区、盱眙经济开发区、涟水经济开发区、淮安经济开发区、江苏淮安清江浦经济开发区、淮安工业园区、金湖经济开发区。

淮安市围绕优化产业结构、提升产业层次，以产业链和先进制造业集群为抓手，深化产业结构调整。构建“3+*N*”制造业发展新体系，围绕构建现代食品产业体系，聚力发展绿色食品优势特色产业，打造长三角绿色农产品及健康食品生产基地；顺应科技革命和产业变革趋势，抢抓5G、“互联网+”等新技术新业态机遇，大力发展新一代信息技术、新型装备制造等重点产业，打造战略性新兴产业增长引擎。

第五节　芜湖市的政策创新

2022年，芜湖市坚持以习近平新时代中国特色社会主义思想为指导，大力营造支持产业发展的浓厚氛围，坚持创新引领产业发展，加快构建现代化产业体系，结合中央、省产业政策新趋势，秉持“市场的逻辑、资本的力量、平台的思维”理念，进一步发挥政府作用，促进优质资源要素集聚，更好地服务于“双招双引”和高质量发展，牵头各产业政策主管部门修订了《芜湖市扶持产业发展政策（2022—2023年）》。

一、社会保障

（一）养老保障与福利

2022年开年芜湖市再度上调城乡居民养老保险待遇，从2022年1月起对全市城乡居保年满65周岁（含）的人员每人加发高龄基础养老金，即年龄在65~69周岁的加发5元、70~79周岁的加发10元、80周岁及以上的加发15元。2022年末芜湖市企业职工基本养老保险（含离退休）参保人数120.29万人。城镇职工基本医疗保险（含生育保险）参保人数97.79万人，失业保险参保人数59.87万人，工伤保险参保人数74.31万人。城乡居民养老保险参保人数155.07万人，城乡居民参加基本医疗保险参保人数272.01万人。芜湖市有2.80万城镇居民、6.12万农村居民享受最低生活保障。芜湖市区最低工资标准达到1500元/月，失业保险金标准达到1350元/月，企业离退休人员人均养老金标准达到2450.65元/月。

（二）高校毕业生在芜就业补贴政策

1. 一次性就业补贴

毕业年度高校毕业生与小微企业签订6个月以上劳动合同，并依法缴纳社会保险费的，由就业补助资金给予高校毕业生每人3000元的一次性就业补贴。

2. 高校毕业生吸纳引进生活补贴

自2013年起，应届高校本科及以上毕业生在芜湖市企业稳定就业、连续参加社会保险满3年，由就业补助资金给予10000元的一次性生活补贴，分2年发放到位。该政策与高校毕业生稳定就业补贴不可同时享受。

3. 高校毕业生稳定就业补贴

对2018年及以后取得本科及以上学历、在芜湖市企业稳定就业6个月以上、签订劳动合同、参加社会保险的应届高校本科毕业生，由就业补助资金按每人每年5000元标准给予补贴，补贴期限为2年。该政策与高校毕业生吸纳引进生活补贴不可同时享受。

（三）社会保险

芜湖市调整2022年度社会保险缴费基数，个人社会保险月缴费基数上限为19160元，下限为3832元。自2022年1月至2022年12月，核定芜湖市职工社会保险缴费基数依据的2021年度全省全口径城镇单位就业人员年平均工资（以下简称全口径社平工资）为76642.92元，月平均工资为6386.91元；个人社会保险月缴费基数上限为19160元，下限为3832元。

1. 单位职工

单位职工以本人上年度月平均工资为缴费基数，参保单位缴费基数按本单位全部参保人员缴费基数之和确定。职工个人缴费基数高于上限的，按上限计缴；低于下限的，按下限计缴。

2. 个体参保人员

个体参保人员基本养老保险月缴费基数，依据2021年度全口径社平工资的60%、70%、80%、90%、100%、150%、200%、250%、300%分为9个档次，各档次月缴费基数分别为3832元、4470.84元、5109.53元、5748.22元、6386.91元、9580.37元、12773.82元、15967.28元、19160元，按20%费率计算9个档次的月缴费分别为766.4元、894.17元、1021.91元、1149.64元、1277.38元、1916.07元、2554.76元、3193.46元、3832元。2022年芜湖市人力资源和社会保障主要数据见表4-2-1。

表 4-2-1　2022 年芜湖市人力资源和社会保障主要数据

类别	序号	统计指标	单位	数量
就业和再就业	1	城镇新增就业人数	万人	7.27
	2	城镇失业人员再就业人数	万人	2.78
	3	就业困难人员就业人数	万人	0.56
城镇职工基本养老保险	4	参保人数	万人	120.29
	5	基金收入	亿元	90.46
	6	基金支出	亿元	104.64
城镇居民基本养老保险	7	参保人数	万人	155.07
	8	基金收入	亿元	32.06
	9	基金支出	亿元	11.14
失业保险	10	参保人数	万人	59.87
	11	基金收入	亿元	3.78
	12	基金支出	亿元	3.35
工伤保险	13	参保人数	万人	74.31
	14	基金收入	亿元	2.03
	15	基金支出	亿元	1.92

二、产业布局发展

芜湖市推进“5+4+10+6+10”的产业布局体系。根据《芜湖市国民经济和社会发展第十四个五年规划和 2035 年远景目标纲要》，全市农业、工业、服务业全面发展。一是全面推进乡村振兴战略，加快一、二、三产业融合，重点发展休闲食品、休闲农业，做大做强“芜湖大米”，积极发展果蔬种植和畜禽养殖，引导农业项目和新型经营主体向园区集中，加快发展现代农业。二是以开发区为载体，构建“4+10+6”的工业发展格局。“4”即做大做强汽车及零部件、电子电器、材料、电线电缆四大支柱产业；“10”即机器人及智能装备、新能源及智能汽车、现代农机及智慧农业、轨道交通装备、航空产业、微电子、新材料、新型显示、节能环保、线上经济十大战略性新兴产业；“6”即布局量子信息、下一代人工智能、虚拟现实、区块链、靶向药物、基因检测等具有重大引领带动作用的未来产业。三是以专业化、品质化为导向，重点发展现代物流、金融服务、新型信息服务、工业设计、工业互联网、检验检测等十大服务业，推动服务业向价值链高端不断延伸。

芜湖市构建“4+10+6”的工业发展格局，逐步形成“一主两副”工业组群建设，充分发挥龙头企业辐射带动作用，引导产业向开发区集聚，完善产业发展生态，打造若干具有国际竞争力的产业集群。“一主”指以龙湖区为核心，打造主城区优化引领极，重点发展绿色消费型经济和航空产业集聚，打造现代宜居城市。“两副”为无为市和南陵县。无为市，主要发展特种电缆、健康食品等产业，打造芜湖市域江北副中心。南陵县，围绕快递物流、智能装备、新材料、特色农业，打造芜湖市域江南副中心。

第六节　马鞍山市的政策创新

2022年马鞍山市为进一步优化营商环境，加快推动经济社会高质量发展，统一规范全市产业扶持政策资金投入、运作和管理，充分发挥财政资金引导和激励作用，提高财政资金使用效益，出台了以制造业为主体促进现代产业高质量发展“1+*N*+*X*”政策体系。

一、社会保障

（一）养老保险与福利

社会保障体系日臻完善。2022年新增就业4.2万人，下岗失业人员再就业0.88万人，“4050”人员等困难群体再就业0.24万人，城镇登记失业率2.49%，保持在3%以下低水平。城镇职工养老保险参保人数77.09万人，失业保险参保人数31.91万人，工伤保险参保人数38.31万人。城镇居民医疗保险参保人数155.65万人，城乡居民基本养老保险参保人数90.88万人，参保率99.71%。被征地农民养老保障实现即征即保，参保人数18.11万人。城镇职工养老保险待遇实现“十八连增”。社会福利事业扎实推进。2022年城乡最低生活保障救助71.4万人次，支付低保金4.28亿元。城镇拥有各种社区服务设施539处，便民利民服务网点800个，社会收养性福利床位数2.36万张。

（二）就业保障

2022年马鞍山市制定了《马鞍山市就业促进行动方案》，聚焦就近就业、精准匹配，认真谋划真招实措，拿出“真金白银”，阶段性举措与长期举措、常规举措与突破性举措相结合，着力解决社区“三公里”内困难群体就业不充分、市域范围内劳动用工信息不对称等问题，为劳动者和用工企业提供更多暖心服务，促进更加充分更高质量就业。深入贯彻习近平总书记考察安徽重要讲话指示精神，突出做好高校毕业生就业工作，进一步支持高校毕业生来马鞍山市就业创业，提出以下支持高校毕业生在马就业创业措施：（1）鼓励来马就业；（2）支持校企合作；（3）拓宽就业渠道；（4）加强创业扶持；（5）强化就业帮扶；（6）扩大见习规模；（7）实施技能培训；（8）提升服务能力；（9）规范资金管理。

（三）创业保障

印发《关于聚力打造人才高地推进创新驱动发展的实施意见（2022年修订版）》（马发〔2022〕6号）的通知，支持大学生创业。马鞍山市每年遴选10名左右具有发展潜力的优秀青年创业人才（团队），在3年设立期内每年给予10万元资助。对在马鞍山市创业的大学毕业生，分阶段给予首担、首贷、首投、首补支持。制定大学生创业免除反担保贴息贷款办法，择优扶持一批大学生创业，被扶持大学生可申请首担10万元以内的创业贷款担保，并享受贴息。按马鞍山市创业天使资金引导基金、政府投资引导基金、高层次科技人才团队创新创业扶持资金等管理办法，给予创业大学生贷款、投资、后补助支持。

二、产业布局发展

马鞍山市按照市县一体、城乡一体发展理念，进一步提升全域跨江融合发展水平。集聚两岸人力资源、农副产品、旅游资源、技术及产业等多元优势，统筹长江以东地区和长江以西地区协调发展，促进一江两岸间产业的合作协同，加速城市功能的互补整合、城乡的统筹建设，实现市县一体化发展。一是以雨山区、花山区、博望区、新蒲新区为中心在主城区重点建设高端装备制造中心和研发中心、新能源新材料研发中心、电子信息等产业基地，打造未来城市实践区。二是推进含山县、和县、当涂县高质量发展，聚焦绿色智能铸造、智能家电、新材料等产业，推动县域特色产业集群（基地）建设，提升县域经济整体实力。

马鞍山市大力发展优质粮油、生态水产、特色畜禽、精品果木、精细蔬菜等优势产业，聚焦“一县一特”全产业链，打造长三角地区绿色农产品生产加工供应基地；并以开发区为载体，构建

“5+3+N+4”现代工业体系，促进“一江两岸”协调发展。以融合、创新、集聚发展为引领，推进现代服务业优质化发展，聚焦现代物流、科技服务、软件与信息服务、新型专业市场、文化旅游、运动休闲、健康养老七大领域，不断提升服务业综合竞争力。马鞍山市制造业十大产业集群具体情况见表 4-2-2。

表 4-2-2　马鞍山市制造业十大产业集群具体情况

十大产业	发展目标与发展行业
钢铁	发展目标：到 2025 年，打造一个 2400 万吨级的精品钢生产基地
	发展行业：特种冶金、优特钢等
轨道交通	发展目标：到 2025 年，总投资 130 亿元
	发展行业：新型轨道交通车辆及关键零部件等
新材料	发展目标：到 2025 年，打造产值 150 亿元的新材料产业基地
	发展行业：化工新材料、高分子材料、前沿性新材料等
智能制造	发展目标：到 2025 年，年产值突破 500 亿元，打造智能家电产业集群
	发展行业：机器人、智能空调、中央空调、智能小家电等
先进装备制造	发展目标：到 2025 年，转型为“智能工厂建设解决方案供应商”集群
	发展行业：高端数控机床、制冷设备等
食品加工	发展目标：到 2025 年，打造百亿级食品产业集群
	发展行业：休闲食品、调味品、乳制品、绿色食品等
新能源	发展目标：到 2025 年，总投资 100 亿元，打造新能源及汽车产业集群
	发展行业：新能源汽车等
机械制造	发展目标：到 2025 年，打造工程机械产业基地
	发展行业：旋挖钻机、液压抓斗、压桩机、三轴钻机等
节能环保	发展目标：到 2025 年，力争产值达 500 亿元
	发展行业：环保设备、节能材料等
新一代信息技术	发展目标：到 2025 年，打造长三角地区具有影响力的半导体产业集群
	发展行业：半导体、CPU、应用软件、集成电路封装测试及相关配套等

第七节　滁州市的政策创新

为贯彻落实《安徽省深化科技创新体制机制改革加快科技成果转化应用体系建设行动方案》（皖政〔2022〕64 号）精神，推进滁州市国家创新型城市建设工作，加快构建科技成果转化体制机制，育强创新主体和转化主体，下好科技创新“先手棋”，2022 年滁州市结合实际，制定了育强企业创新主体、打造高能级研发平台等措施。此外，滁州市出台《关于促进高校毕业生和高技能人才来滁就业创业“六免六补六优化”政策》，进一步营造“才聚皖东 · 乐业滁州”就业创业生态，促进高校毕业生和高技能人才来滁就业创业。

一、社会保障

（一）养老保障与福利

2022 年滁州市民政局制定了《滁州市 2022 年

养老服务和智慧养老实施方案》，健全老年福利补贴制度、支持家庭承担养老功能、完善城市三级中心建设等政策。2022年滁州市基本养老保险参保人数333.5万人，其中企业职工养老保险参保人数75.4万人，机关事业养老保险参保人数13.1万人，城乡居民养老保险参保人数244.9万人。失业保险参保人数为33.8万人，工伤保险参保人数为46.6万人。滁州市基本医疗保险参保人数409.9万人，其中城乡居民基本医疗保险参保人数346.6万人，职工基本医疗保险参保人数63.3万人，基本医疗保险参保率为102.8%。

（二）人才政策

2022年滁州市根据《关于大力支持高校毕业生筑梦江淮的若干措施》（皖人社发〔2022〕13号），进一步营造“才聚皖东·乐业滁州”就业创业生态，促进高校毕业生和高技能人才来滁就业创业，特制定“六免六补六优化”政策。在尊重劳动者自主择业的同时，进一步发挥政府促进、市场调节作用，形成“政府主抓、园区主责、企业主体、市场主导、高校主场”工作格局，通过“挖掘潜力、外引扩容、吸引回流、提技增能、线上线下”五条路径，大力提升人力资源配置水平，积极化解就业难、招工难等结构性矛盾。着力解决社区“三公里”范围内困难群体就业不充分、市域范围内劳动力用工信息不对称等问题，织密就业帮扶“一张网”，为劳动者和用工企业提供更加便捷的暖心服务。

二、产业布局发展

（一）产业体系

滁州市实行“1+5+6+6+10+4+5”的产业布局体系。一是全面深入实施乡村振兴战略，积极布局“1+5+6”的农业农村产业体系。“1”即围绕优质稻米、生猪、家禽、专用面粉、稻虾、食用菌、林产品、经果、道地药材、蔬菜十大产业打造“一县一特”百亿产业集群；“5”即建设50个农产品加工基地；“6”即农产品销售额达600亿元。二是以开发区为载体，构建“6+10”制造业发展格局。“6”即重点发展智能家电、先进装备、硅基材料、绿色能源、新型化工、健康食品六大千亿级支柱产业；“10”即发展培育智能仪器仪表、轨道交通装备、新型功能纺织材料、凹凸棒基新材料、智能出行装备、绿色涂料、人工智能、半导体、生物医药、燃料电池等十大新兴产业和未来产业。三是构建“4+5”现代服务业发展体系。“4”即商贸流通、文化创意、休闲旅游、健康养生四大生活性服务业。“5”即现代物流、金融服务、商务服务、科技服务、电子商务五大生产性服务业。滁州市三大产业布局体系见表4-2-3，滁州市制造业六大千亿级产业集群具体情况见表4-2-4。

表4-2-3　滁州市三大产业布局体系

三大产业	布局体系
十大农业产业	优质稻米、生猪、家禽、专用面粉、稻虾、食用菌、林产品、经果、道地药材、蔬菜
“6+10”工业体系	智能家电、先进装备、硅基材料、绿色能源、新型化工、健康食品六大支柱产业；智能仪器仪表、轨道交通装备、新型功能纺织材料、凹凸棒基新材料、智能出行装备、绿色涂料、人工智能、半导体、生物医药、燃料电池十大新兴产业和未来产业
九大重点服务业	商贸流通、文化创意、休闲旅游、健康养生、现代物流、金融服务、商务服务、科技服务、电子商务

表4-2-4　滁州市制造业六大千亿级产业集群具体情况

六大集群	发展目标与发展行业
智能家电	发展目标：到2025年，力争规模以上企业达到300家，产值超1000亿元
	发展行业：智能芯片、智能家电等

续表

六大集群	发展目标与发展行业
先进装备	发展目标：到 2025 年，力争规模以上企业超过 600 家，产值突破 1500 亿元
	发展行业：汽车装备及零部件制造、轨道交通装备、智能装备、输变电设备等
硅基材料	发展目标：到 2025 年，力争规模以上企业超过 100 家，产值超 1000 亿元
	发展行业：光电玻璃、汽车玻璃、电子玻璃、医药和化学玻璃等特种玻璃
绿色能源	发展目标：到 2025 年，力争规模以上企业达 100 家，产值超 1000 亿元
	发展行业：新能源汽车、动力电池等
新型化工	发展目标：到 2025 年，规模以上企业超过 200 家，产值突破 1000 亿元
	发展行业：盐化工、精细化工、石油化工、水性涂料、电子新材料等
健康食品	发展目标：到 2025 年，规模以上企业超过 300 家，产值突破 1000 亿元
	发展行业：休闲食品、功能饮料、保健品等

（二）产业空间

滁州市进一步优化产业空间布局，逐步形成“一主四副”工业组群。“一主”指以中心城区、琅琊城、南谯区、来安县城、全椒县城、滁州经开区等九大板块为核心，重点发展城市消费型经济。“四副”即建设天长、明光、定远、凤阳四个副中心城市。天长，重点发展传统产业、新兴产业、现代农业。明光，全力打造中国绿色涂料发展样板区、全国重要的战略性新材料产业基地、长三角绿色农产品供应基地、省际区域性物流基地。定远，力争建成长三角重要的新型化工产业基地。凤阳，重点打造“千亿硅谷智汇大基地”。

第八节　宣城市的政策创新

2022 年，宣城市坚持以习近平新时代中国特色社会主义思想为指导，认真贯彻党的十九大、十九届历次全会和党的二十大精神，采取精准施策稳增长、坚定不移促创新、抢抓机遇补功能、坚持不懈优生态、聚力为民办实事、驰而不息改作风等政策，综合实力实现新突破，地区生产总值 1914.4 亿元，增长 4.2%，居全省第 4 位；规模以上工业企业总数突破 2000 家，居全省第 4 位。

一、社会保障

（一）养老保障与福利

2022 年，宣城市出台了《宣城市 2022 年最低生活保障实施方案》，不断完善低保制度，将符合条件的困难群众全部纳入低保范围，做到应保尽保。宣城市参加城镇职工基本养老保险 76.1 万人，比上年增长 7.1%；参加城乡居民基本养老保险 144.1 万人，下降 1%；参加失业保险 31.8 万人，增长 8.8%；参加工伤保险 45.5 万人，增长 22.1%；参加生育保险 37.7 万人，增长 8.5%。2022 年末城镇职工基本医疗保险参保人数 50.1 万人，城乡居民基本医疗保险参保人数 210.3 万人。2022 年末宣城市有 0.8 万人享受城市最低生活保障，5.85 万人享受农村最低生活保障。

（二）创业保障

2022 年，宣城市出台了《宣城市人民政府关于印发推进创业宣城建设行动方案的通知》（简称“宣创 14 条”），具体包括 5 个方面：

（1）做强产业支持体系，依托产业赋能创业。主要是结合实际，围绕宣城市“2+8”特色产业、产业链短板、“四新”经济、大众创业四个领域，分别提出打造重点产业发展集聚区，推深做实产业链“链长制”、产业集群“群长制”，培育一批“链主”“群主”企业，引导支持创业者在传统产业新型化、工业互联网、现代农业、智慧康养等方面开展创新创业；鼓励城乡劳动者创办各类投资小、见效快、易转型、风险小的小规模经济实体，突出“新农人”“金徽厨”“金皖嫂”创业品牌建设等相关举措。

（2）做优人才支持体系，汇聚英才支撑创业。主要是构建“3+N”产业人才集聚“雁阵”格局，建设核心产业人才“集聚区”、优势产业人才“活力区”、特色产业人才“引领区”和N个创新人才“磁力场”。全面优化升级重点人才计划，实行全方位的政策扶持保障。鼓励科研人员创业，鼓励在宣高校院所等事业单位科研人员在宣兼职创业、离岗创业。

（3）做深平台支持体系，激活创新引领创业。主要是建设高水平创业孵化平台，实施创新平台倍增行动和规模以上工业企业研发机构“清零”行动。开辟大众创业孵化空间。因地制宜建设一批特色“创业咖啡”、孵化器、加速器，重点支持新技术、新产业、新业态、新模式创业，吸引产业链中小微企业集聚发展。用好工业互联网平台，拓展工业互联网场景应用，建设一批体验中心、推广中心等。

（4）做大资金支持体系，集聚资本驱动创业。主要是整合设立50亿元的市产业链投资引导基金，通过直投或设立子基金的方式，支持创新创业。充分发挥安徽省科技成果转化引导基金宣城市子基金作用，加大基金“扶早”“扶小”“扶优”力度。畅通多元融资渠道，支持产业链、供应链“链主”企业牵头设立创投风投基金，引导金融机构设立“科创贷”“人才贷”等创新产品。加大政策性支持力度，对符合条件的初创企业给予最高300万元创业担保贷款。鼓励各地对在境内外公开市场首发上市的创业企业给予奖励。

（5）做实服务保障体系，优化生态助推创业。主要是加强组织领导，成立由市政府主要领导担任组长的创业宣城行动工作领导小组，办公室设在市人社局，指导各地建立相应工作体系，建立创业宣城建设评价指标体系，市县协同发力，统筹推进创业宣城行动。丰富创业服务形态。打造多位一体的培训、培育和服务体系，积极举办各类创业大赛，以比赛挖掘优质项目，促成落实落地。以“人社服务快办行动”为载体，实行创业“打包一件事”服务，开展创业型城市创建，优化适合创业者和年轻人的城乡环境和社会环境，营造鼓励创业、宽容失败的良好氛围。

（三）医疗保障

2022年，宣城市制定城乡医疗救助办法，指出要坚持以下原则：坚持托底线、救急难、可持续的原则；坚持政府救助与社会扶助相结合的原则；坚持救助水平与经济社会发展水平相适应的原则；坚持医疗救助与基本医疗保险、大病保险相衔接的原则；坚持应救尽救的原则；坚持公开、公平、公正、及时的原则。落实积极生育支持措施，健全3岁以下婴幼儿照护服务体系；保障妇女儿童合法权益，推进残疾人福利体系建设；发展社会福利和公益慈善、红十字等事业，健全社会救助主动发现机制，兜牢兜好基本民生底线。

二、产业发展布局

宣城市推行“8+2+2+8”的产业体系。一是深入实施乡村振兴战略，加快推进农业农村现代化，大力发展粮油、畜禽、蔬菜、茶叶、山核桃、中药材、特种水产、优质烟叶等特色优势产业，打造皖南山区现代特色农业样板区。二是以开发区为载体，加快构建“2+8”特色产业链。“2”即聚焦汽车零部件、新能源等两大核心产业；“8”即电子信息、节能环保装备、新材料、大数据、文旅产业、精细化工、绿色食品、大健康等优势产业。三是以专业化、品质化为引领，重点聚焦现代物流、电子商务、科技服务、商贸服务、现代金融、教育培训、养老托育、体育文化等领域，推动服务业向价值链高端延伸。

宣城市推进“一核两区”的产业空间布局。“一核”即中心城区综合发展核，重点发展先进制造业和现代服务业，不断提升综合承载力，增强核心区域辐射带动效应。“两区”：郎广宁智造经济发展区，重点打造高端装备制造、电子信息、新能源新材料等新兴产业集群；泾旌绩美丽经济发展区，着力发展旅游、文化、大健康、生态农业等美丽经济。

第九节　溧阳市的政策创新

2022年，溧阳市紧紧围绕建设“苏南绿色崛起品质城市”目标，坚决贯彻落实“疫情要防住、经济要稳住、发展要安全”重大要求，社会层面和谐稳定，经济运行稳中向好，主要指标高位运行，新旧动能加快转换，民生福祉不断改善，全市经济社会呈现高质量发展态势。

一、社会保障

（一）养老保障

2022年，溧阳市全面落实各项社保政策，稳步提高困难群体、城乡居民保障水平，积极支持就业困难人员多渠道就业。溧阳市城镇职工基本养老保险、医疗保险和失业保险“三大保险”综合覆盖率均超过98%。城镇企业职工基本养老保险参保人数21.24万人，新增参保人数1.62万人，城乡居民养老保险参保人数6.7万人；职工基本医疗保险参保人数30.33万人（生育保险参保人数18.54万人），城乡居民基本医疗保险参保人数45.22万人；失业保险参保人数15.39万人；工伤保险参保人数27.19万人。溧阳市共有农村特困对象1773人，其中集中供养371人，分散供养1402人。2022年，溧阳市全体居民人均可支配收入1904元，同比增长4.8%。其中城镇居民人均可支配收入63152元，同比增长4.3%；农村居民人均可支配收入35306元，同比增长5.8%。城乡居民收入比为1.79，较上年下降0.02。

（二）就业保障

2022年，溧阳市财政安排资金10624万元用于对就业困难人员的社保补贴、创业补助和各项技能培训补贴等，大大缓解了就业困难群体的生活和就业压力，提升了他们就业的技能水平，搭建了多层次的就业平台，促进全市就业环境保持良好发展态势。2022年，溧阳市新增城镇就业15600人，对接劳务用工30000多人，支持成功自主创业4713人，支持农民成功创业3992人。

（三）医疗保障

2022年，溧阳市调整了城乡居民基本医疗保险（以下简称居民医保）筹资标准。第一，2022年溧阳市居民医保筹资标准调整为老年居民、非从业居民1800元，未成年居民、高校大学生1400元，其中老年居民、非从业居民、未成年居民、高校大学生个人缴费标准分别为700元/人、700元/人、360元/人、200元/人；老年居民、非从业居民、未成年居民政府补助分别为1100元/人、1100元/人、1040元/人；高校大学生省财政补助为1200元/人。第二，当年度居民医保基金出现支付不足时，由同级财政予以补足。

二、产业发展布局

2022年溧阳市坚持“科创+产业”模式，通过创新链赋能产业链，打造具有国际影响力、全国最完备的动力电池产业集群。截至2022年，溧阳市已集聚江苏时代、上汽时代、璞泰来、科达利、联赢激光等60余家动力电池产业链上下游企业，构建起从电池正负极、隔膜材料、电池单体到电池系统的完整产业链，形成“链式发展”格局。依托“链式发展”格局，打通产业链上下游，强化动力电池、智能电网、智能制造产业互联互通，加速大中小企业融通创新，形成从创新端到制造端、从发电端到储能端的体系合力，营造系统完备、互联共生、创新活跃的产业生态。

溧阳市不断完善支持科技创新的政策体系，着力优化科技创新环境，制定了一系列有针对性的帮扶措施。相关部门深入企业开展面对面服务，实打实出招，切实为他们排忧解难；挨家挨户上门开展“一对一”服务，争取企业高新技术企业评定高效率通过；积极与全国知名高校和科研院所沟通联系，帮助企业牵线搭桥，为企业发展注入创新活力，带动一批企业不断实现转型升级；深入实施人才引进计划，大力引进创新人才，加大对现有人才的奖励和薪酬激励力度，让更多的人才“留得住、扎下根”，更好地服务高新技术企业发展。

第十节　金坛区的政策创新

2022年，在区委、区政府的坚强领导下，金坛区上下深入贯彻“532”发展战略，全力聚焦“五大行动”，踔厉奋发、勇毅前行，奋力书写“美丽常州新样板”的精彩篇章。围绕“疫情要防住、经济要稳住、发展要安全”的要求，高效统筹疫情防控和经济社会发展，经济总体回升向好，发展动能展现优势，社会事业取得进展，民生改善不断突破。

一、社会保障

（一）民生保障

医疗服务保障有力。2022年末金坛区拥有各类医疗卫生机构233家，其中区属医院2家，卫生院11家，城市社区服务中心2家，民营医院8家；拥有卫生技术人员3931人，其中执业（助理）医师1737人，注册护士1987人；新增市级中医重点临床专科2个，省级基层特色科室建设单位1个，市级基层特色科室6个。区第一人民医院院府合作成效初显，升格为三级乙等综合医院；区中医院与江苏省第二中医院签订专科联盟框架协议；区妇幼保健院与常州市第二人民医院共建医联体。

民生工程有序推进。2022年金坛区实现一般公共预算支出90.48亿元，同比增长0.3%，其中教育、卫生健康、住房保障等民生支出分别为13.98亿元、10.42亿元和8.6亿元，同比分别增长6.5%、14.9%和49.8%。金坛区改造提升春风一村、虹桥新村、古石林小区等11个老旧小区，共惠及278幢、7370户居民，改造面积71万平方米，以“综合改一次为目标”延伸完善“一老一小”、充电桩等配套服务，累计增设105个电动自行车车棚、1650个充电端口，成立老旧小区改造党建联盟，发布“金砖映红·旧改赋能”党建品牌。

社会保障更趋协调。累计发放稳岗返还、留工培训、扩岗补助9680余万元，惠及企业10893家，免征失业保险费8836余万元，帮助市场主体稳岗留工。发放失业保险金及就业困难人员灵活就业社保补贴1.09亿元，实现就业困难人员就业3923人。分类施策推进中小企业职工、农民工、灵活就业人员、新业态从业人员等群体参保，全区企业职工养老保险净增参保11192人，企业职工养老保险基金征缴收入21.95亿元，完成养老待遇资格认证19.3万名。

（二）就业保障

2022年，金坛区精准施策、多措并举打好稳就业、促就业“组合拳”，不断提升就业服务质量，全区城镇新增就业14000余人，失业人员再就业3584人，城镇登记失业率1.82%，就业形势持续稳中向好。金坛区积极落实就业补助政策。实施社保费缓缴及普惠性失业保险稳岗返还、留工扩岗等一系列稳就业政策，为27家企业缓缴社保费700余万元。发放失业保险金、失业补助金3000余万元。

金坛区加大就业创业扶持力度。宣传落实“苏岗贷”“富民贷”，发放创业担保贷款1.12亿元，配合金坛中行为27家企业授信1.8亿元，支持成功自主创业2347人，引领大学生创业172人，创业带动就业3362人。

二、产业发展布局

（一）产业发展

2022年，金坛区紧盯现代产业发展趋势，坚持产业强区不动摇，持续布局“五新产业”和“五型经济”，加快高质量项目发展，坚持以重大项目突破行动和“微笑经济”创新行动为抓手，以“五新”产业为主体，铸链强链引链补链，着力构建现代化产业体系，加快推动产业结构优化升级，切实提升产业链供应链稳定性和竞争力，工业经济保持发展强劲韧性，产业运行协同推进，工业经济呈现高速增长态势。

2022年，金坛区推动实施“智改数转”项目500个以上，累计建成省级智能制造示范工厂项目2个，获评省、市级智能制造示范车间65个；围绕数字化免费诊断、企业上云上标识、智能化技术改造等行动，引导鼓励企业转型升级，打造标杆示范，构建技术支撑体系，完善数字基础设施。聚焦企业的难点痛点堵点，以“十百千计划”培育为抓手，通过链主带动协同强链、领军企业示范引领、应用场景案例推广，强化政策引导、人才保障、金融赋能、基建先行、技术支撑和生态营造，推动传统制造模式变革，确保全区制造业“智改数转”取得实效。

（二）产业布局

金坛区坚持“产业强区、工业立区、项目兴区”，积极承接南京智能装备、数字经济产业溢出，大力开展项目承接和科技成果转化，推动区域产业合理布局和上下游联动发展，让新能源、新基建、新能源汽车、新医药、新智能“五新产业”优势更优、特色更特、强项更强。同时彰显以中创新航、蜂巢能源等为代表的动力电池产业集群的优势，力争成为全国甚至全球的高原和高峰，更好服务南京都市圈产业“集群强链”发展。金坛区推进交通互联互通，发挥镇宣铁路与南沿江城际铁路十字共站优势，大力发展枢纽经济，全力打造重要物流基地，以枢纽建设大提速带动城市功能大提升，全力把金坛建设成为承南启北、东融西联的枢纽之城。

第三章　文化创新

第一节　南京市的文化创新

一、创新传承非遗文化

（一）发布数字非遗平台

2022 年 8 月，南京市发布了“南京非遗数字保护与应用平台”项目，致力于打造南京市非遗数字化实践基地，开展非遗资源数字化采集、创意产品研发、常态化交流等活动。数字化战略为南京非遗的传播插上了科技的“翅膀”。“南京非遗数字保护与应用平台”有力地推动了非遗数字资源的产业转化和活化应用，助力非遗实现数字化共享、智能化发展、活态化传承，打造一批真正能够链接当代生活，深受年轻人喜爱的非遗文创 IP，让南京非遗“活”起来、“火”起来。

（二）聚焦非遗体验中心

2022 年 6 月，南京市非遗体验中心为迎接文化和自然遗产日举办了丰富多彩的活动，让人们了解非遗、体验非遗，感受中华传统文化的魅力。非遗体验中心以非遗传承交流、互动体验、活化利用、展示展销为核心，积极发挥传播、展示、研究、交流等功能。馆内展陈集图文、实物、视听、手作和交流于一体，通过“剧本杀”“非遗探秘”等方式，促进非遗融入市民生活，推动中华优秀传统文化创造性转化、创新性发展。非遗体验馆内汇集 135 项非遗项目的介绍展示和体验互动，其中 42 项列入人类非遗，93 项列入国家级、省区级非遗。

（三）开启非遗线上传播

2022 年 6 月 11 日，南京非物质文化遗产社会化传播以“多彩非遗，品‘栀’生活”为主题的非遗宣传展示线上活动全面展开。活动依托紫金山新闻云空间，打造“云上非遗”交互平台，设置了“宁听·非遗”“宁看·非遗”“宁赏·非遗”“宁游·非遗”四大板块（表 4-3-1），利用视频直播、线上展陈、短视频等云传播方式，集中展示南京非遗保护的最新成果。

表 4-3-1　南京市“云上非遗”平台四大板块内容

板块名称	内容
宁听·非遗	推出“非遗留声机·南京民间故事”栏目，打造非遗的音频传播平台
宁看·非遗	推出“非遗视界”“非遗合伙人”栏目，打造南京非遗传播交流平台
宁赏·非遗	推出“非遗作品展”“非遗在社区”栏目，以图文形式进行线上展览，充分展示南京非遗保护传承成果
宁游·非遗	以非遗美食直播、非遗旅游直通车的形式，将丰富的非遗资源推广到市民身边

二、推动文化强市战略

（一）高举思想引领大旗

2022 年，南京市开展“我和我的祖国”“永远跟党走”“强国复兴有我”等群众性文化宣传教育活动，进一步激发爱党、爱国、爱社会主义文化情感。南京市高质量开展党史学习教育、“四史”宣传教育，协调推动全国首个市级红色资源保护利用条例出台实施，加强对全市 160 余处红色资源点的保护传承利用，打造出“中国南京红色文化在线平台”，推出“红色研学”课程，赓续红色血脉，传承红色基因。

（二）推进文化之风建设

南京市加强未成年人思想道德建设，扎实开展“新时代好少年”学习宣传，完成 206 家乡村“复兴少年宫”建设。常态化开展文明城市创建，先后荣膺第五届、第六届“全国文明城市”称号。在 2022 年全国文明城市复查测评中，位列全国同类城市第三。截至 2022 年，南京市建成 12 个新时代文明实践中心、102 个实践所、1227 个实践站、296 个实践基地和 2808 个实践点，实现全域全覆盖。南京市不断深化“志愿之城”建设，开展各类文明实践活动近 20 万场，受众超 2000 万人次。

（三）创新公共服务文化

南京市坚持以人民为中心的发展思想，秉持文化惠民理念，不断创新公共文化服务，着力满足市民群众需求。2022 年，南京市覆盖城乡的四级公共文化服务设施网络基本建成。截至 2022 年，南京市文化馆和金陵图书馆均为国家一级馆；全市 12 个区共建有文化馆 12 个、公共图书馆 13 个；全市 95 个街道和 6 个镇全部建有综合文化站，1214 个村和社区实现综合文化服务中心全覆盖。南京市在各区布局金陵小剧场，截至 2022 年建有规范小剧场 107 个，有稳定演出团队并有常态演出的小剧场 50 个。在全市各市民广场、博物馆、书店等文化活动场所设立“梅赞金陵”梅花戏剧角，让群众看戏观剧更加方便。建成乡镇固定放映点（影院）654 个，每年放映农村公益电影 7500 场以上，年均观影人数超过 65 万人次。

（四）开辟红色旅游精品路线

2022 年，南京市多家景区、博物馆、美丽乡村深挖“红色家底”，创新推出丰富多彩的红色旅游产品线路。红色旅游与沉浸式产业、乡村生态游等融合发展，呈现出百花齐放的勃勃生机，吸引着越来越多的年轻人前来打卡。在线旅游平台发布的《2022 年上半年红色旅游大数据》报告显示，南京跻身 2022 年上半年全国红色旅游目的地搜索热度第三名。

2022 年 8 月 31 日，南京市文化和旅游局围绕“缅怀革命先烈、赓续红色血脉、传承红色基因、见证时代进步”主题，精心遴选南京多处红色印迹、美丽乡村、文博场馆、网红打卡点等，串点成线、串珠成链，公布了南京文旅 20 条精品旅游线路。这些线路，串联起南京一批具有代表性的“红色地标”，广袤乡村中分布着的红色资源点，以及近年来南京具有代表性的新景新貌、网红打卡点等，让游客在游玩中感受时代进步和历史变迁，从革命精神中凝聚前行力量，汲取奋进力量。南京市 2015—2022 年文旅产业发展状况见图 4-3-1。

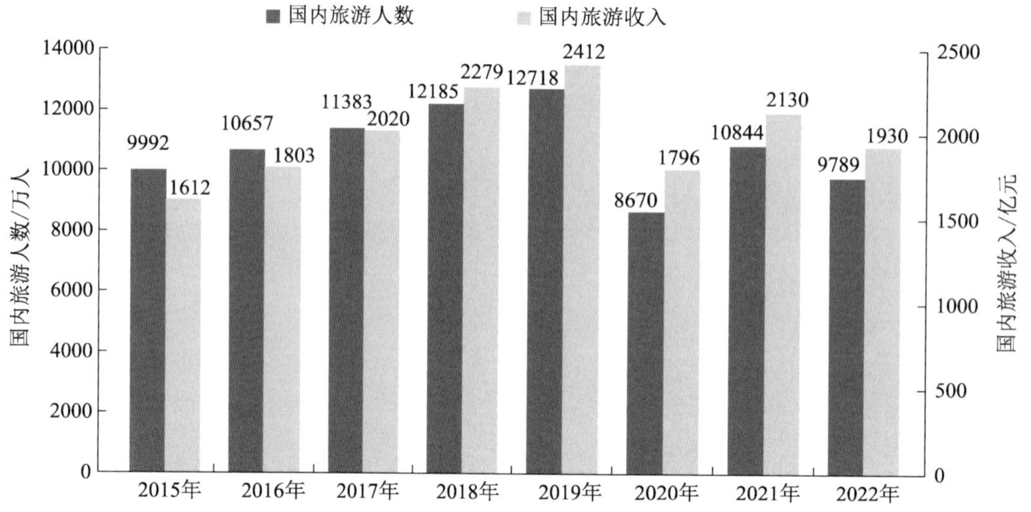

图 4-3-1　南京市 2015—2022 年文旅产业发展状况

（五）培育文旅消费新模式

2022 年，南京市入选文化产业和旅游产业工作督查激励地方名单，探索建立并推出了一整套促进文化和旅游消费的政策体系、工作机制和具体举措，形成了可持续、可推广、可借鉴的文化和旅游消费模式。在全面深化国家文化和旅游消费示范城市建设及国际消费中心城市建设上，打造文旅消费智能综合服务平台，开放线上文化消费总入口，建成文化消费数据中心。组织开展“南京礼道”系列主题的南京文旅特色商品评选活动和“南京特色文旅商店、街区、研发基地”评审认定工作，率先建立南京全域旅游服务平台和南京市旅游纠纷调解仲裁中心，让游客购物无忧。创新促进消费补贴方式，精准界定财政资金补贴行业，有效促进游客二次消费，以消费促进产业发展，促进文旅消费提质扩容，形成了可借鉴、可复制、可推广的文旅消费“南京模式”。

（六）擦亮夜间文旅特色品牌

2022 年，南京市积极推进出台《关于夜间文旅消费的实施意见》，打造“夜泊金陵”夜间文旅品牌。推出“夜购、夜食、夜宿、夜游、夜娱、夜读、夜健”精品消费线路，加强夜间消费载体打造、场景搭建。2022 年 6 月 2 日，“极美南京 · 夜之金陵”文旅消费推进暨甘熙故居夜间演艺项目启动仪式在南京大板巷举行，启动仪式现场发布了南京市大众喜爱的夜间文化和旅游消费空间、南京夜间文化和旅游消费活动名单，并对南京首批 10 个市级夜间文化和旅游消费集聚区进行授牌。截至 2022 年，南京市共有国家级夜间文化和旅游消费集聚区 3 家，省级夜间文化和旅游消费集聚区 5 家，市级夜间文化和旅游消费集聚区 17 家，位居全省第一、全国前列。

第二节　镇江市的文化创新

一、文旅全面复苏，激发消费潜力

（一）积极举办国际旅游节

2022 年 11 月 3 日，镇江市政府召开全市旅游高质量发展大会暨 2022 第十六届中国镇江金山文化艺术 · 国际旅游节新闻发布会。旅游节期间，开展包括开幕式、闭幕式和“诗画江山”“雅韵名城”“群文舞台”“多彩福地”“美妙云端”五大板块共 35 项子活动，整合全市资源，丰富文化生活，激发文旅消费，提升旅游品质。举办 2022“米芾杯”国际青少年书法大会、“友城绘”青少年国际绘画展等活动，邀请在镇国际友人观摩开幕式，参与文化艺术旅游节子活动，深入体验镇江美食美景和风土人情，使旅游节庆活动更富国际色彩。镇江市2016—2022年文旅产业发展状况见图4-3-2。

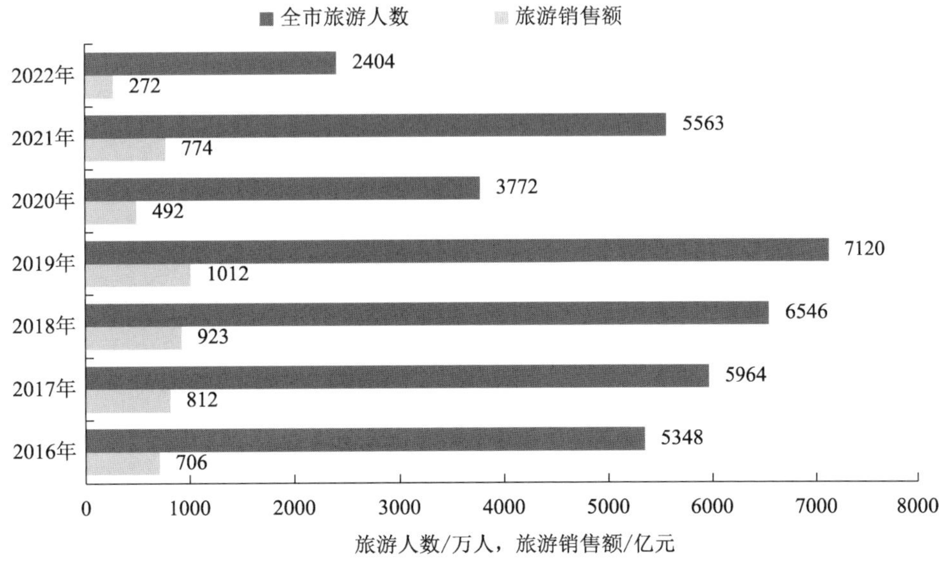

图4-3-2　镇江市2016—2022年文旅产业发展状况

（二）开启文旅消费季活动

2022年9月29日，镇江市启动金秋文旅消费季。金秋文旅消费季活动以“畅享生活‘镇’实惠”为主题，由镇江市文广旅局、商务局、旅游协会、新华日报镇江分社联合主办，旨在进一步释放文旅市场活力，促进文旅消费回暖。金秋文旅消费季期间，镇江市通过“镇江文旅”和“宜游镇江”微信公众号，采取直播抢券、线上领券等形式，共发放25万张总价值超5000万元的文旅电子消费券，涵盖美食购物、休闲娱乐、旅游住宿、景点门票四大类90个品种，游客可通过“玩转镇江”抖音直播间或“宜游镇江”微信公众号抢券。

2022年，镇江市开展一批文旅消费促进活动，镇江市各辖市区联动开展文博场馆体验、特色展演等56场消费促进活动，集展示、推介、促销于一体，串联全市各大重点商圈、热门景区、美食街区，为消费者带来更多物美价廉的产品，激发消费潜力。

二、推进大众文化，营造多彩生活

（一）丰富青年文化生活

2022年，镇江博物馆和镇江市图书馆联合开展的“2022文博素质体验营活动”首次跨馆联手，共同助力“从小爱场馆”活动的外延和拓展，通过资源共享、优势互补，打造青少年“文化场馆全体验”。镇江市民艺馆开展的“关爱留守儿童，非遗伴我成长”活动，聚焦留守儿童的暑期生活，通过参观镇江民间文化艺术馆、体验“面塑”“中国结编织”等非遗项目，让青少年在寓教于乐中感受传统文化之美。镇江市文广旅局全力打造“我们身边的场馆”文化活动，拓宽服务群体，加快公共文化场馆服务模式创新发展，满足群众不断升级的文化需求。

（二）走进艺术学习课堂

2022年，由镇江市文广旅局、市委市级机关工委主办的2022年度“全民艺术普及进机关”培训班在镇江市文化馆开课，全市近200名机关人员在工作之余，走进“艺术课堂”接受艺术熏陶。镇江市持续举办“全民艺术普及进机关”培训班，邀请群众文化辅导专家为学员授课，指导广大学员通过课程学习，了解所学艺术的基础知识，掌握基本技能，产生学习兴趣。镇江市全面推进全民艺术普及，以全民艺术普及进校园、进机关、进企业、进军营、进乡村、进社区“六进”服务为抓手，坚持以群众艺术需求为导向，开展各艺术门类的免费公益培训、讲座、展演，同时针对老年人、少年儿童、残疾人等特殊群体，提供相应的艺术普及产品和服务。通过实施全民艺术普及项目，带领更多的人走进艺术殿堂，提升文化品位，让城乡居民享有更加充实、更加丰富、更高质量的精神文化生活。

（三）举办非遗文创活动

2022年6月3日至4日，由镇江市委宣传部、市大运河文化带和大运河长江国家文化公园建设工作领导小组办公室、镇江市文广旅局主办，镇江市文化馆、非遗保护中心承办的“运河·非遗·展演”镇江非遗文创集市端午专场活动在苏宁广场举行，采用“市集+表演+互动”三种形式来宣传推广镇江的运河非遗文化。活动现场分三大板块：主舞台进行了非遗文化演出；活动现场设置文创展卖区，部分具有镇江代表性的文创企业（镇江醋文化博物馆、镇江南京设计廊金山店、镇江南田文化、镇江宜人紫砂陶艺）到场展示了精美的文创产品；在非遗体验互动区，镇江市非遗传承人进行了现场展演，展演有端午元素的太平泥叫叫、剪纸、面塑、铜版彩画、中国结、丝网花等。

第三节　扬州市的文化创新

一、做好顶层设计，助推文旅融合

（一）大力推进文旅项目建设

2022年，扬州全市推进文旅项目建设，2022世界运河城市论坛大运河（扬州）文旅发展推介大会44个项目集中签约，投资总额近350亿元；大会中的12个项目入选江苏省“十四五”时期重点文化产业项目。瘦西湖景区创成国家级夜间文旅消费集聚区，东关街创成第二批国家级旅游休闲街区，高邮菱塘清真村入选全国乡村旅游重点村，凤凰岛生态旅游区成功创成国家AAAA级景区，高邮、江都入选长三角高铁旅游小城。扬州市还出台了国内首部城市书房条例，新建成开放城市书房5座；加大文旅惠民力度，全年举办“绿杨人家”社区艺术节等各类文化惠民活动2000场，全市各级各类公共文化场馆服务人次突破2200万。

（二）强化文创产业发展

2022年，扬州依托优秀传统文化，通过“文化+创意”“文化+旅游”“文化+科技”等多种文化跨界互动，致力于丰富文化产业的内涵，扩大文化产业的外延，为文化增添了丰富多彩的展示空间及消费形态。“扬州486”非遗集聚区成为人们体验扬州传统工艺魅力的“打卡地”，人们可以现场欣赏非遗大师的精彩展演，充分领略传统文化魅力。在扬州瘦西湖景区，古风创意的“清二十四景”记事本、多彩的瘦西湖纸胶带、小巧玲珑的瘦西湖风格零钱包等文创产品备受游客青睐。在商业街区、星级酒店、民宿、车站机场等，均有文创产品入驻。文创与旅游产生了喜人的“化学效应”，传统文化为文化产业提供了丰富的内涵，文创产业也让优秀传统文化以崭新面貌“飞入”千万家。

（三）出台夏季旅游优惠政策

2022年6月20日，扬州市正式发布扬州文旅夏季促消费政策奖励，让“淡季不淡”，让文旅消费“旺”起来。2022年7月至8月，扬州瘦西湖、个园、何园等21家收费景区，针对在校大中小学生实行日间免费开放，宝应湖国家湿地公园等景区实施门票挂牌价5折优惠。扬州各县市还立足各地情况，通过发放消费券、免门票、打折等方式，推出更多优惠措施。

除此之外，扬州还出台多项措施引客来扬。针对过夜游客，对达标企业最高给予20元每人次奖励；乘坐专列、包机的一次性组织旅游团队，符合要求的，按照5000元/次的标准给予组团社奖励；演出活动方面，最高给予20万元的活动补贴，并对大学、中学、小学学生实行半价优惠；特色活动方面，对符合要求的，最高给予 20 万元的活动补贴。2018—2022 年扬州市旅游业发展状况见图 4-3-3。

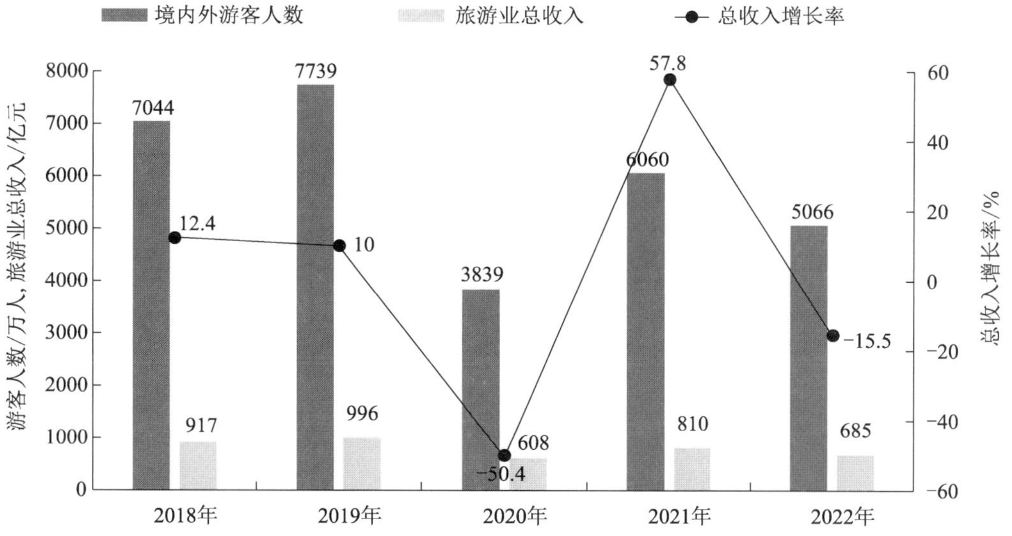

图 4-3-3　扬州市 2018—2022 年旅游业发展状况

（四）创新文旅推广模式

2022 年扬州市举办“金牌导游说扬州”系列比赛，打造了一批示范性“网红导游”，提升全市导游专业素养和服务质量。策划实施“文旅促消费·网红导游助推计划”，引导导游通过新媒体短视频，开展扬州旅游商品、景点等直播带货，吸引游客到扬州旅游，提升经济效益。同时用好用足“东亚文化之都”“世界美食之都”对外文化交流平台，邀请境外旅行商、媒体到扬州采风、对接合作，推出更多适应境外游客需求的旅游产品、线路和服务；推广“四季旺游　品味扬州”精品旅游线路产品；深化与喜马拉雅等平台合作，拍摄推出扬州旅游宣传片和专题片，丰富扬州旅游品牌推广体系。

二、弘扬运河文化，推动非遗传承

（一）保护非物质文化遗产

2022 年 11 月 17 日，“云赏非遗，匠心传艺——2022 扬州运河文化·非遗大师精品展”在扬州运河大剧院开幕。展览集中展出了 152 件国礼、珍品重器和 1000 余件文创工艺美术精品，全面展示了扬州近年来非物质文化遗产传承保护与艺术创新的优秀成果，让市民朋友们大饱眼福。展览采取线上线下、展演展示相结合的方式，并设立直播带货区、大师展示互动区。琳琅满目的非遗珍品、多姿多彩的非遗展演、沉浸式的非遗体验，让扬州非遗产业发展的风采、魅力和精彩可触、可品、可观。展览打开了非遗产品销售新通道，让非遗产品走进了寻常百姓家。2022 年扬州市非物质文化遗产种类及数量见表 4-3-2。

表 4-3-2　2022 年扬州市非物质文化遗产种类及数量

类型	数目/名称
世界级非遗项目	3 项（古琴艺术、中国雕版印刷技艺、中国剪纸）
国家级非遗项目	20 项
省级非遗项目	61 项
市级非遗项目	231 项

（二）打造非遗文化名城

2022年6月27日，扬州市大运河文化带和大运河长江国家文化公园建设工作领导小组办公室牵头，启动扬州“运河十二景”评选和建设工作。历时22天的网络票选，吸引了36万多人次踊跃投票、5万多名热心网友献计献策，最终确定了扬州“运河十二景”的入选名单（表4-3-3），并于2022年8月10日晚在扬州运河大剧院发布。

表4-3-3　扬州“运河十二景”名单

序号	名称	序号	名称
1	瘦西湖	7	盂城驿
2	运河三湾	8	北湖湿地
3	七河八岛	9	平山堂
4	明清古城	10	邵伯古镇
5	茱萸湾	11	瓜洲古渡
6	双宁古韵	12	高旻禅寺

第四节　淮安市的文化创新

一、文旅融合推陈出新

（一）建设文旅消费示范城市

2022年，淮安市聚力国家文旅消费示范城市建设，全面实施淮安文旅消费月系列行动，统筹市内各大景区、酒店、影院、书店等文旅资源，贯穿元旦、春节、劳动节、端午节、5·19中国旅游日、国庆节等高消费热度节点，推出群众喜闻乐见的优质文旅产品和系列惠民活动，全年累计发放文旅消费券60余万张，惠民力度近1.2亿元，累计发放文旅惠民卡5.6万余张。

（二）强化文旅推介合作交流

2022年1月9日至13日，淮安市文化广电和旅游局组织全市代表景区和旅行社，赴宿迁、徐州、连云港、盐城和泰州等五市，开展2022淮安文化旅游推介活动，向周边城市发出新年首批“醉美”淮安文旅“邀请函”，为春节和春季淮安文旅市场预热。淮安市充分利用五市全媒体资源，精准划分各类用户群体，集中发布“醉美”淮安文旅形象、优质文旅产品和特色优惠活动，推进活动流量向游客量转化。此次推介活动通过20余家主流媒体发布，微信等新媒体收听、收看、阅读量超700万人次，同时线上推出“淮安西游乐园/方特东方欲晓双主题乐（公）园+酒店”等淮安自由行产品，“运河三千里，醉美是淮安”文旅品牌影响力进一步提升。

（三）推动红色文旅融合发展

2022年，淮安市以大运河“百里画廊”红色旅游融合发展带试点为主题入选全国红色旅游融合发展试点单位，成为全国10个上榜单位中江苏省唯一上榜单位。淮安市坚持丰富供给，着力灌注“赓续红色血脉”发展动能。推进红色旅游融合发展，刘老庄村、太山村分别创建全国、省乡村旅游重点村。依托华强方特前沿技术的支持，将淮安方特东方欲晓建成江苏旅游示范性红色文旅科技项目。打磨儿童剧《新安旅行团》等精品剧目，建立精品剧场，丰富红色旅游供给。加强文创产品开发设计和推广，对在“紫金奖”文创大赛中获奖及获得国家、省旅游商品大赛的作品予以奖励。

二、打造淮安文化品牌

（一）聚焦特色文创产品

2022年4月17日，2022淮安马拉松暨全国马拉松锦标赛（淮安站）·世锦赛及亚运会选拔赛如约而至。2.5万余名参赛选手相聚淮安，见证“伟人故里、运河之都、美食之都、文化名城”的魅力形象，充分展示“挑战自我、超越极限、坚忍不拔、永不放弃”的精神斗志。淮安市文旅集团用有趣新颖的文创产品、色味俱佳的淮安美食、丰富多彩的旅游资源，给数万名跑者带来了别样的马拉松体验，展现了不一样的淮安风情。此次马拉松赛事开发的文创产品涵盖玩具、服装配饰、食品、文具、节庆用品、商务礼品等八大类。通过结合不同产品的特性，将设计元素融入合适的产品载体，传播文化及其背后的精彩故事。

（二）推动文化产业高质发展

2022年6月28日，“文化赋能　产业兴淮”2022淮安文化产业嘉年华在华强方特东方欲晓主题乐园拉开帷幕。此次文化产业嘉年华是淮安贯彻落实全省会议精神的先手棋、当头炮，既为推动淮安文化产业高质量发展提供了强引擎，又为促进文旅消费提质扩容、稳住经济大盘增添了新动能。通过开展系列活动，全面展示淮安特色文化、特色文化产业、特色文化企业，进一步集聚资源、聚焦产业，凝聚发展共识，优化产业发展环境，加快推动淮安文化产业高质量发展。

（三）保护运河文化遗产

2022年，淮安主动接轨国家战略，统筹做好保护、传承、利用三篇“文章”，努力在全省乃至全国大运河文化带建设中体现淮安担当、打造淮安样板，让“运河之都”焕发新时代风采。淮安坚持把运河文化遗产保护放在第一位，同时延续传统格局，展现传统风貌，植入公共文化功能，全景展示大运河百里画廊沿线深厚历史文化底蕴。2022年，淮安市先后开展两批历史建筑普查，设立统一展示标识，对历史建筑进行挂牌保护。建成运河非遗文化展示厅，打造吴鞠通中医馆和南宋水工地下博物馆，引入地方民族乐团，让运河沿线中医药文化、河工文化焕发时代魅力。淮安通过举办洪泽湖大闸蟹节、盱眙龙虾节、蒋坝螺蛳节等节庆活动，全方位展示地方特色风情。

第五节　芜湖市的文化创新

一、开辟文化产业发展新模式

（一）狠抓数字创意文化产业

2022年，芜湖市成立了芜湖市数字创意产业推进组，明确了数字创意产业链“1+8+1+1”的工作内容，即编制1个重点产业规划，确定动漫游戏、创意设计、影视演艺等8个招商重点，形成1个招商项目库，建立1套招商手册。成立芜湖市数字创意产业协会，芜湖市领导率队外出招商。实施“紫云英”人才计划，举办“云上双选会”，先后赴重庆大学、西南大学等高校开展百校宣讲招聘活动。

（二）推动动漫创意产业集聚发展

2022年11月11日，第六届中国国际动漫创意产业交易会在芜湖鸠兹古镇开幕。本届动漫交易会以“数字赋能发展，动漫创意未来”为主题，以“成就、前沿、创意、体验”为特色，以体现“品牌融合、区域融合、业态融合、产城融合”为导向，旨在展示动漫产业最新成果，搭建原创项目与资本相联结、招商引资与招才引智相促进、文化创意与科技创新相融合的平台，推进动漫产业集聚发展。芜湖市积极探索开创“动漫+创意+数字化”的产业发展新模式，培育了多个知名产业园区，孕育出一批动漫游戏领航企业，在全国范围内彰显特色并具有较大的影响力。芜湖市不仅集聚了华强方特、三七互娱、松鼠娱乐等动漫行业头部企业，还创作出熊出没、三只松鼠等国内知名的动漫 IP，并先后获批国家数字出版基地、国家动漫产业发展基地，形成了龙头带动、特色鲜明、多点支撑、多业融合的产业发展格局。

（三）推进重点文旅项目建设

2022 年，芜湖市抢抓长江国家文化公园建设契机，协调推进滨江旅游亮化、滨江旅游码头、中国（芜湖）长江渔文化博物馆等项目建设，遴选 18 个项目录入省旅游项目运行监测平台。芜湖市滨江特色文化体验主题公园、芜湖市古工业文化遗址公园项目分别被省文旅厅推荐为长江国家文化公园重点储备项目和一般储备项目。举办第三届芜湖铁画作品创意设计大赛，组织铁画企业参加“新疆是个好地方”19 省市对口援疆非遗展、大运河非遗展等国家级展览。大力发展夜间经济，芜湖古城入选第二批国家级夜间文化和旅游消费集聚区。加快空间整合，推进城东文化旅游集聚区建设。

（四）助力乡村旅游示范发展

2022 年，芜湖市出台首个旅游类市级地方标准《芜湖市乡村旅游集聚示范区评定标准》，制定印发《芜湖市乡村旅游高质量发展行动计划（2022—2024）》等文件，筹措配套 398 万元发展资金，大力实施精品民宿、“双微”改造提升点等乡村旅游七大行动。积极开发农业观光、农耕体验、农事节庆、生态康养、民俗演艺、红色旅游、大地艺术、运动休闲、采摘垂钓等特色鲜明的乡村旅游产品。加强乡村生态环境和文化遗存保护，发展具有历史记忆、地域特点的主题村落，积极打造“一村一品”“一村一韵”。湾沚区入选首批安徽省全域旅游示范区，南陵县烟墩镇入选全国乡村旅游重点镇，“繁昌慢谷”旅游风景道入选省级风景道，无为市开城镇都督村等 4 村入选省级“美食村”，官巷环湖慢道示范点等 5 家入选省百佳乡村旅游示范点。

（五）强化文旅市场规范监督

2022 年，芜湖市为加强疫情环境下文旅市场秩序综合治理，营造公平竞争市场环境，从 4 个方面对文旅市场进行管控与监督。芜湖市管控文旅市场的“4 个方面”具体见表 4-3-4。

表 4-3-4　芜湖市管控文旅市场的“4 个方面”

4 个方面工作	实施举措
推进“四送一服”，优化营商环境	组织召开企业发展座谈会，联系走访企业 80 余家次，畅通企业了解政策和反映问题的渠道，及时为企业排忧解难。扎实开展 7×24 小时不打烊“随时办”服务和创优“四最”营商环境工作，系统梳理全局 136 个事项，将文旅部门政务服务事项平均提交材料数压缩为 1.92 件，平均承诺时间为 1 日，四级事项占比提高到 100%
加强行业市场监管	采取“四不两直”的方式对文化和旅游市场开展隐患排查，定期组织实施跨部门联合“双随机”抽查监管工作，加强法治宣传，推动养老诈骗专项行动长效常治，严肃查处未经许可经营旅行社业务、“不合理低价游”、私设“景点”等侵害消费者权益的违法经营行为，大力开展校园周边文化市场专项整治
抓实安全生产工作	印发《市文旅局关于开展“防风险、保安全、迎二十大”文化旅游市场综合督查工作的通知》，对全市安全生产、疫情防控、文明创建、文物安全、消防安全等工作的落实情况开展督查检查。扎实推进文旅系统深化全国文明城市创建工作，加强引导文明旅游发挥示范作用
严密部署开展疫情防控	严格落实国家、省、市“从严从紧”的防控要求，深入开展文旅场所疫情防控督查检查，扎实筑牢宣传发动、落实制度、应急处置“三条防疫线”，圆满完成上海转运来芜 6089 人隔离工作，配合防疫办高标准完成滞额济纳旗 87 名游客的转运隔离管理、赴张家界 169 名游客身份摸排等多项紧急任务

二、文化普惠民众

（一）传播芜湖好人文化

芜湖市大力推进“好人芜湖”品牌提升行动，加快好人文化主题公园、好人大道等建设。无为市建成其市内首个好人文化主题园，以红色为主基调，将好人元素融入园中，集中展示、宣传各级好人典型事迹，让广大市民在休闲娱乐中潜移默化地受到教育，充分领略“好人”精神内涵，培育和弘扬社会主义核心价值观。芜湖市充分利用市级、各县区文化馆及文艺团队等资源，发挥好文艺骨干的作用，利用丰富多彩的文体活动方式将道德模范和“身边好人”事迹加以宣传；同时，利用遍布全市的道德讲堂，道德模范与身边好人现场交流、基层巡讲等活动，邀请道德模范和“好人”走进机关、社区、学校、企业等，与居民面对面讲述亲身经历，同居民心连心分享人生感悟，通过实实在在的事迹感动人、教育人、鼓舞人，让广大居民在参与中受到教育和启发，自觉以“身边好人”为榜样，使“好人”精神的正能量传递到社会最基层，拉近了“好人”与群众的距离。

（二）阅读促进文化振兴

“15 分钟阅读圈”建设是 2022 年安徽省 20 项民生实事之一，是增进民生福祉的重要工作。随着“15 分钟阅读圈”建设的有效推进，越来越多的市民在家门口就可以享受到该建设带来的便捷和阅读的快乐。2022 年，芜湖市共建成开放城市阅读空间 72 个，其中建成开放“芜湖书房”45 个（2022 年建成开放 24 个）。共接待读者超过 170 万人次，借阅图书超过 30 万册次，办理读者证近 4 万张；截至 2022 年建有读者群 68 个，吸纳近 2. 5 万名读者，极大地满足了市民随时享受阅读的需求。截至 2022 年底，“芜湖书房”举办阅读分享、绘本导读、亲子活动、主题展览等阅读活动近 3000 场次，将热爱读书引领成新风尚。

第六节　马鞍山市的文化创新

一、全面提升文化“软实力”

（一）弘扬中医药文化

2022 年 9 月 25 日，由马鞍山市卫健委和雨山区政府共同举办的 2022 年马鞍山市中医药宣 传周暨“中医药健康你我他”大型主题活动在半山花园广场举行。活动现场共有中医药文化表演区、健康义诊区、科普区、药膳药茶饮区、互动体验区、中医药文化展示区等六大板块，系统全面地展示了中医药文化的魅力，吸引了众多市民参与。此次活动营造了浓郁的中医氛围，进一步推动了中医药健康文化传播，提升了群众中医药健康文化素养，为中医药事业发展营造了良好氛围。

（二）深入实施文化惠民工程

2022 年，马鞍山市以满足群众文化需求为导向，深入实施文化惠民工程，积极推动城乡公共文化服务体系建设，大力开展丰富多彩的群众文化活动，不断满足人民群众的精神文化需求，切实提高文化生活获得感、幸福感和满意度。2022 年开展“马鞍山文化惠民消费全城行”系列活动，市民仅需 80 元即可购买一张价值 320 元的文化惠民卡，花 10 元即可观看 50 场国内精品演出。活动总计发售惠民票 2 万余张，累计带动消费 80 万元。

二、文旅融合助推乡村振兴

（一）围绕红色文化，传承革命基因

2022 年，马鞍山市为弘扬红色精神，促进村庄共同发展，以当地红色资源为核心建设文物展示空间、研学空间和交互空间，让这些红色资源活化生动起来，为党史学习教育提供“生动教材”，为乡村振兴发展锻造“强力引擎”。积极引导村民参与红色资源的保护和红色文化的传承，如成立话剧社团将红色故事搬上舞台，提高村民

的参与感。通过讲述红色故事，加强对周边环境的整治，营造庄重肃穆的氛围，让游客体验红色文化。利用红色资源打造爱国主义教育阵地，鼓励村集体与长春市中小学联合举办爱国主义教育活动，开展红色研学夏（冬）令营实践教育，使青少年近距离感悟红色精神。

（二）深挖农耕文化，共享乡村生活

2022年，马鞍山市利用现有民居院落进行改造设计，还原质朴农耕生活场景，通过筛选民俗文化要素，在建筑样式和材质选择上就地取材，突出关东文化特色。利用公共空间打造民俗文化长廊，展示民俗文化，修建游客休憩场所和文化活动场所。开辟文化广场作为举办文化活动的场所，打造露天美食街区进行乡村美食售卖，促进游客与村民之间的交流互动，利用闲置空地打造综合休闲活动场所作为展示乡村生活和文化的窗口。通过引导游客深入体验农事耕作的过程，利用作物耕种、节庆活动等让游客更好融入当地生活，体验农耕价值，为马鞍山传统民俗的传承创造机会，丰富乡村文化生活。

（三）整合传统资源，促进产业转型升级

2022年，马鞍山市加强非遗保护和传统工艺振兴，传承发展特色民俗文化、非物质文化遗产、传统手工技艺、传统戏剧曲艺等，共有非物质文化遗产项目262项；大力发展乡村文化旅游，不断丰富乡村旅游业态和产品，其中三棵树庄园民宿获评国家乙级民宿，含山县太湖村、当涂县松塘村入选省级精品主题村，花山区南池村入选省级特色美食村，和县“茗闻天下”生态园入选省级后备箱工程基地。同时，借助互联网技术拓宽营销手段，建立数字化信息服务平台，拓展目标客群市场，为游客提供多样的信息渠道。通过微博等社交平台在官方账号推介历史文化和旅游主题宣传活动；面向社会征集特色产品创意设计、文化符号设计方案，以产品邮寄的方式激发各方积极参与；依托各时节开展特色节庆活动，形成全时全域文旅体验，并通过短视频记录乡村生活、节庆文化、自然风光；组织拍摄旅游度假宣传片和采风摄影集，提升乡村知名度。

第七节　滁州市的文化创新

一、助力文旅市场复苏

（一）开发特色旅游商品

2022年，“中国旅游日”滁州市主题活动暨“亭城有礼”滁州市旅游商品大赛在滁州顺利举办。滁州市以旅游商品为抓手，在“亭城有礼”滁州市旅游商品大赛中开设非遗主题，力求将文化更好地融入现代设计和现代生活，丰富旅游商品，参与全国活动。以“中国旅游日”为契机，创新举办乡村抖音大赛、讲解员（导游）大赛等子活动，营造浓厚热烈氛围。在主推江淮分水岭风景道的前提之下，滁州多面出击，非遗、自驾、文创等领域全面开花，“亭城”从多个角度向公众展示当地文旅的底蕴内涵，吸引更多游客来滁州游玩。

（二）发挥线上宣传优势

2022年，滁州市为推介本地热门文旅资源，开设平台矩阵，发挥微信公众号、抖音号等旅游宣传矩阵优势，开展微信朋友圈广告投放和周边市民定向推送，集中制作发布游客喜闻乐见的文旅热点视频、美图和旅游攻略。全网相关词条浏览量超200万，广大旅游从业者通过自媒体平台参与互动，积极开展“万名导游带您云旅游”直播活动，立体化、全媒体宣传推介滁州文旅，展现滁州文旅人自信新风采。

（三）打造精品旅游风景线

2022年，滁州市围绕着“江淮分水岭·滁州江淮岭脊线”风景道，投入了大量的人力、物力、精力，力争将其打造成一条兴业富民的振兴道。

在这条风景道上，琅琊山、碧云湖、明皇陵、小岗村等景区景点及村落镶嵌其中，呈现出“星罗棋布”的发展格局。更有美食村镇遍布沿途，游客可以品尝到琅琊酥糖、全椒马厂羊肉面、半塔全羊汤、三和千张、天长芡实等特色美食。滁州市每个区域的美食各具特色，游客在滁州可以享受到截然不同的美食盛宴。2015—2022 年滁州市文旅产业发展状况见图 4-3-4。

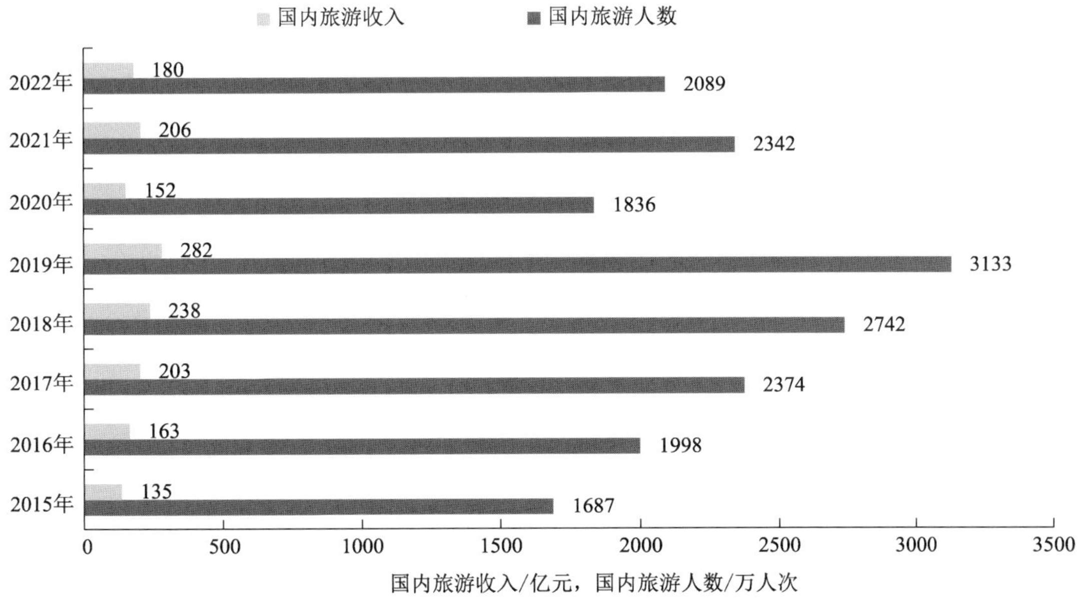

图 4-3-4　2015—2022 年滁州市文旅产业发展状况

（四）合作共创文明旅游

2022 年，滁州全市多地同步开展“感悟中华文化，享受美好旅程”文明旅游“六进”活动，活动现场设置宣传台、LED 屏，活动现场志愿者累计向 5000 余名市民游客发放文明旅游十大提醒语、中国公民文明旅游公约、滁州旅游地图等宣传提示资料上万份，引导和推动全社会文明旅游、安全旅游、诚信经营、理性消费；充分调动全市旅游从业者积极性，组织开展“万名导游带您云旅游”、“旅游人”话题推广主题活动，金牌导游、资深旅游从业者们借助直播、视频传播、互动传播等方式，营造文明旅游氛围；滁州市出台惠民政策增强市场活力，借助景区降价、免费，旅游助老、助残，对抗疫工作者、劳动模范等先进群体实施旅游奖励等措施，欢迎、鼓励来自五湖四海的朋友畅游滁州，欣赏“亭城”的秀美风光。

二、创新传承非遗文化

（一）开展线上直播活动

2022 年 6 月 11 日，是我国第 17 个“文化和自然遗产日”。为进一步提高人民群众非物质文化遗产保护意识，传承、弘扬优秀传统文化，营造非物质文化遗产保护的良好社会氛围，2022 年 6 月 10 日至 11 日，滁州市文化和旅游局举办了“2022 年文化和自然遗产日”滁州市线上直播推介活动。非遗线上直播推介活动围绕“连接现代生活 绽放迷人光彩”主题，以展示展销相结合的方式，集中呈现滁州非遗保护传承成果，推动全民参与，助力纾困惠企。

（二）上线数字非遗平台

2022 年“文化和自然遗产日”期间，“滁州数字非遗”线上平台和“非遗互动墙”线下体验设备正式投入使用。“滁州数字非遗”线上平台依托“滁州智慧文旅”大数据中心，采用“1+8”模式，围绕滁州市国家级、省市级非遗代表性项目，设置了“手绘非遗地图”“非遗项目介绍”“非遗传承人简介”“非遗 VR 展馆”“非遗产品”“非遗文创”等模块，提供“学、听、看、购、玩”等智慧化线上服务。“非遗互动墙”数字化体验设备通过文字、图片、视频等方式，全面介绍滁州市国家级、省市级非遗保护代表性项目，参观体验者可通过触摸和手势隔空操作从视觉和听觉多角度体验非物质文化遗产的魅力。

第八节　宣城市的文化创新

一、开创文化建设新格局

（一）推进基层文化建设

宣城市积极整合文化资源，推进基层建设。截至2022年，宣城市拥有文化馆8个、乡镇（街道）综合文化站95个，整合建设村（社区）综合文化服务中心860个，覆盖率100%，市、县、乡镇（街道）综合文化站（服务中心）及村（社区）综合文化服务中心四级公共文化设施网络体系搭建完成。

（二）充实群众文化队伍

2022年，宣城市实施基层“文化三员”（文化协管员、文化辅导员、文物保护员）制度，有效充实基层文化队伍。在95个乡镇的试点村设置文化协管员，各村明确专人负责综合文化服务中心的开放及文化活动的开展。持续推进安徽文化云建设，线上线下同频共振，群众足不出户享受“文化大餐”，从“云端”到“指尖”，使公共文化服务更加便捷、更加“对味”。

（三）聚焦文艺精品创造

2022年3月4日，宣城市文联召开“宣文化”舞台类作品创作研讨会，锚定争获省级以上荣誉奖项的目标，对未来一个时期的文艺创作进行了研讨。本次研讨会紧密结合喜迎党的二十大隆重召开、纪念抗美援朝战争胜利70周年等重大时间节点，围绕持续推进宣城市舞台表演类文艺精品创作等开展。充分融入“宣文化”元素，打磨一批具有鲜明地域特征、时代特色的文艺作品，推出一批具有一定规模和影响力的文艺活动，为弘扬“宣文化”和推进“文化名市”建设作出贡献。

（四）弘扬安徽戏曲文化

2022年，宣城市始终坚持推陈出新，让皖南花鼓戏走入民间地头，重焕生机。送戏曲下乡，培农村文化振兴厚土。举办了879场“送戏进万村”活动，以戏曲形式增强乡村文化软实力，挖掘本土传统文化资源并创新形式；借助送戏下乡活动，在乡间地头形成了共观戏曲的风尚，同时将好政策、好传统带到群众身边，形成文明乡风，呈现出一幅“生态优、农民富、农村美、风气佳”的乡土画卷，为乡村振兴高质量发展凝聚力量。

二、厚植文旅融合底蕴

（一）打造宣城文旅品牌

2022年，宣城市以高规格、高品位、高标准举办文房四宝文化旅游节、湘鄂赣皖四省非遗联展、长三角非遗特展等大型活动，全面打响“中国文房，诗意宣城”文化旅游品牌。2022年6月安徽省举办“大地欢歌·美好安徽”全国夏季“村晚”皖美畲乡示范展示活动，现场近2000人观看，线上直播累计播放量达100万人次，直播带货电商平台成交金额103万元。打造主客共享的文化盛宴，向外地游客展示文化，提升景区内涵，丰富游览内容，延长游客逗留时间，拉伸旅游产业链条，让“游客”变“留客”。2022年宣城市被确定为全省“送戏进万村促进文旅融合”示范市。

（二）构建全域旅游格局

2022年宣城市依托皖南国际文化旅游示范区、长三角一体化合作联盟、苏皖合作区、浙闽皖赣国家级生态旅游协作区、“一地六县”等高端合作平台，积极推进区域文旅一体化发展。突出抓好“宣泾”城市休闲景观廊道、皖南“川藏线”自驾廊道、杭黄世界级自然生态和文化旅游廊道三大旅游廊道建设，通过旅游廊道优化文旅产业总体发展布局。结合各县市区资源、区位优势打造特色鲜明的文旅板块。

（三）深耕文旅目的市场

2022年，宣城市立足“长三角文旅新高地”的区域定位，锁定长三角地区杭州都市圈、南京都市圈的重点目的地城市，精准发力，高效率撬动市场，让城市形象宣推和文旅产品营销互融互联。联合打造自驾旅游、红色旅游、休闲疗养旅游等长三角黄金旅游线路，加强文旅IP打造，加强“创意+科技”赋能旅游营销、网红营销、热门营销。聚焦营销工作创新，针对旅游市场需求提出更有创新性的线路、产品推广营销举措，将旅游和美食、购物、演出等元素紧密结合，打造推广数字旅游、美食旅游、夜间经济等新产品、新线路、新业态、新品牌。

第九节 溧阳市的文化创新

一、加快文旅融合进程

（一）上线“有时溧阳”智慧文旅平台

2022年12月28日，溧阳市文体广电和旅游局打造的“有时溧阳”智慧文旅平台上线试运行。游客可以通过手机畅游溧阳，打卡各大景区景点，购买文旅和农产品，体验无障碍、沉浸式的出游服务。“有时溧阳”智慧文旅平台是溧阳首个面向游客的一站式线上服务平台，体现了数字化的方向，运用大数据、增强现实（AR）、人工智能（AI）等新技术，通过基于微信、支付宝、抖音、小红书等平台的终端个性化设计，全面触达游客，为游客提供“一机化、跨区域、全覆盖”的高品质溧阳游服务。游客只需登录上述平台的小程序，就可享受“行前、行中、行后”的全过程旅游服务。

（二）打造“溧阳茶旅”金字招牌

2022年，溧阳市充分利用“茶旅融合”的良好资源，努力实现茶产业与旅游的融合，积极探索二者有机融合的路径，带动茶产业的转型升级。通过旅游增进企业与社会的沟通，供人休闲聊天、洽谈业务、品茗体验、购茶纪念；在茶叶基地，生态茶园、生产车间可供游览观光，游客可以体验采茶和手工制茶等；在茶农开设的农家乐，可享受吃农家饭、喝生态茶、住山里房的淳朴服务。通过“茶旅一体化”大力实施品牌化战略，做大做强“溧阳茶旅”金字招牌。

（三）创新乡村文旅消费服务模式

2022年溧阳市通过打造“清风朗月·溧阳茶舍”精品民宿品牌IP，让游客既能感受到乡村生活，又能体验到时尚新潮。2022年6月23日，溧阳市举办了主题为“去溧阳，享夏天”的文旅宣传推广活动，结合应季主题和产品，联动飞猪、去哪儿、新浪、抖音、微信等线上平台，推出多项旅游活动，旅游种草攻略、达人带货推介，让人生发说走就走的冲动。同时加强与全国性媒体，省、市主流媒体及网站、客户端等新媒体合作，对重点线路、亮点活动、核心场景等进行全媒体、多方位、广角度宣传，进一步提升溧阳文旅的知晓度、关注度、参与度。

二、积极开展文化惠民工程

（一）开设传统文化教育中心

2022年7月3日，溧阳市文化馆“七彩夏日”暑期青少年公益体验课程正式开始，涉及朗诵、科学、传统文化等各个方面。不仅设置了素描、儿童线描、儿童合唱等有意思的艺术课程，而且重点设置了围棋、古筝、古琴、书法、茶礼、葫芦丝等中华传统文化课程，让孩子们更好地了解和学习优秀传统文化。此外，为了落实教育公平原则，节约公共资源，让更多的孩子参与到课程中，还采用了“活动制”教学方法，在航模制作、万花筒制作、陶艺制作等课程中以每周报名的形式增加孩子参与的机会，提高孩子们上课的积极性。

（二）提高公共文化服务效能

2022 年，为了加强公共文化产品和服务供给，促进公共文化服务效能不断提升，溧阳市财政着力加大投入力度，优化调整支出结构。2022 年，累计投入资金 1. 1 亿元，推动现代公共文化服务高质量发展，让溧阳人民享有更加充实、更为丰富、更高质量的精神文化生活。2022 年溧阳市财政局提高公共服务文化效能措施见表 4-3-5。

表 4-3-5　2022 年溧阳市财政局提高公共服务文化效能措施

项目	具体措施
丰富内涵，服务惠民	溧阳市以全市基层综合性服务中心为阵地，广泛开展覆盖全市的群众性主题文化活动，不断优化面向基层的公共文化服务，丰富群众的精神文化生活。精准实施“文化三送”，送书下乡 30000 册，送戏下乡 96 场，送电影下乡 3744 场。组织开展各类社会教育活动 87 场，公益培训 20 场
打造品牌，铸造精品	2022 年溧阳市声乐协会等 3 支团队成功入选 2022 江苏省“千支优秀群众文化团队培育计划”，“溧书房・溧城印象”和“秋白书苑・溧书房平陵中路馆”成功入选 2022 年江苏省“千个最美公共文化空间打造计划”。新增“溧书房・天目湖馆”“溧书房・昆仑街道馆”等 4 家城市书房
数字转型，走向云端	积极推进公共文化服务数字化建设，通过强化基础保障、运营推广和活动组织，有效提升公共数字文化服务覆盖率，完成图书馆、文化馆、博物馆、12 个乡镇（街道）综合文化站在省公共文化云平台申报入驻工作，率先在常州地区实现“地区覆盖率”“人群覆盖率”“服务覆盖率”3 项覆盖率 100%。加强公共数字文化建设，打造数字文化馆，积极开展云直播活动，加强慕课鉴赏等数字资源建设，推出云端公共文化服务

第十节　金坛区的文化创新

一、创新保护非遗文化传承

（一）重启非遗考古工作

2022 年 6 月，金坛区的三星村遗址考古工作重启，有利于更好厘清其聚落布局和形态，保护传承历史文脉。此次考古工作由国家、省文物局采取高湿度测量、无人机拍摄等手段，对遗址核心区周边 10 万多平方米堆土进行前期勘探。

（二）整合馆藏文物资源

2022 年，金坛区博物馆充分挖掘和整合丰富的馆藏文物资源，在推动中华优秀传统文化传承、文创产品的开发利用、非物质文化遗产传承保护等方面下足了功夫。金坛区博物馆 1000 余件精品文物连接着过去与未来，其中“远古之光”展厅陈列了三星村遗址考古出土的重要成果，“巧夺天工”展厅展示了馆藏的各类珍贵文物。博物馆以文物搭配场景复原，将文物背后的故事娓娓道来。

（三）非遗与文旅融合发展

2022 年，江苏省金坛茅山旅游度假区不断挖掘非物质文化遗产资源，在保护与传播中激发“非遗+旅游”发展活力，让游客有更多机会认识非遗、了解非遗、体验非遗、喜欢非遗，把非遗产品带回家。在仙姑村，拥有金坛刻纸、蛋雕、面塑等多个金坛区非遗项目的“鹅村艺术工作室”，在周末总能迎来一批又一批慕名而来的游客。2022 年金坛区非遗文化种类及数量见表 4-3-6。

表 4-3-6　2022 年金坛区非遗文化种类及数量

类型	数目/名称
文化遗产	192
非遗项目	55
国家级非遗	金坛刻纸
	金坛抬阁
	董永传说
	金坛封缸酒传统酿造技艺
	直溪巨龙

（四）扩展非遗传承基地

2022 年，金坛区积极寻求非遗与其他领域合作交流，推动产品开发与推广，运用创意设计、科技创新等手段进行产品开发与营销。金坛刻纸研究所与常州工学院合作，出品了国韵系列和衍生系列刻纸产品，运用 VR 全景技术搭建 1.0 版在线刻纸展厅，利用 3D 全息投影捕捉刻纸工艺步骤，全方位展现金坛刻纸的艺术特色。非遗产品通过网络销售，金坛刻纸、金坛面塑、金坛封缸酒等非遗项目创建了微信公众号、微博公众平台，入驻了抖音抖店，使非遗产品搭上“互联网+”快车，让非遗传承成功走上了网络创新之路。

二、推进全域文旅创建行动

（一）打造创新智慧之城

2022 年，金坛区在文旅、科技、服务、金融等方面与南京都市圈内其他城市实现深度交流对接，充分发挥金坛茅山和长荡湖两大旅游度假区的开发优势，发展全域旅游，打造产业更有活力的创新智慧之城、生态更有魅力的江南山水之城。2018—2022 年金坛区文旅产业发展状况见图 4-3-5。

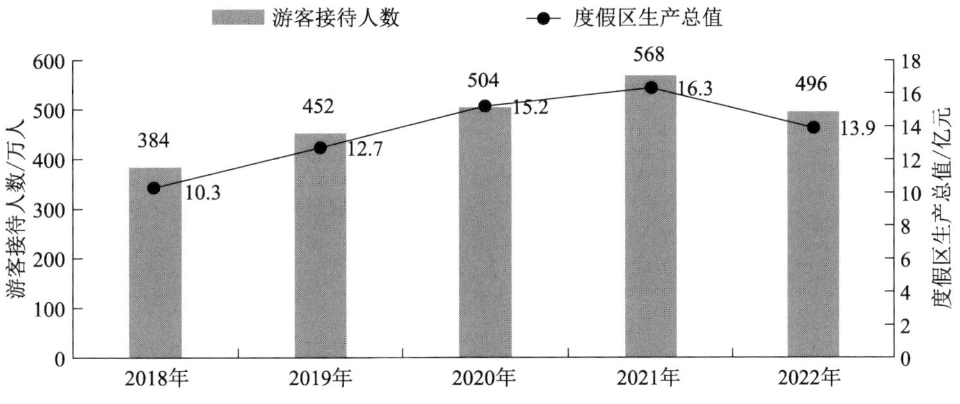

图 4-3-5　2018—2022 年金坛区文旅产业发展状况

（二）助推文旅品牌创建

2022 年，金坛茅山旅游度假区持续秉持“生态优先、文化挖掘、创新创意、产业融合、全域发展”理念，坚持以融合发展为主线，以改革创新为动力，以提供更丰富的文旅产品为重点，统筹推进文化和旅游全领域、全方位、全链条深度融合，彰显“金坛茅山，逍遥江南”文旅品牌魅力，打造资源聚集、业态丰富、运营有序、创新示范的文旅融合高质量发展旅游度假区。

（三）传承金坛历史文脉

2022 年，金坛区结合发展实际，将“挖掘文化资源　传承历史文脉”推进全域旅游创建行动专题讲座的内容融入工作的生动实践。一是做到高站位、宽视野，充分认识到全域旅游创建行动对于金坛区扛起江苏省“争当表率、争做示范、走在前列”光荣使命，系统贯彻常州“532”发展战略的重要意义；二是做到强短板、优特点，发挥好“两山两水六分田”的资源禀赋优势，系统推进全域旅游大提升；三是做到聚合力、强责任，各板块树立“一盘棋”的思想，上下齐心，左右联动，广泛凝聚推进合力，全力开创全域旅游发展新格局。

第四章　科技创新

第一节　南京市的科技创新

一、创新实力

（一）知识产权专利指标

2022年，南京市专利授权量为86900件，较上年下降5.5%；PCT（Patent Cooperation Treaty）专利申请量为952件，较上年下降61.35%；发明专利授权量28291件，较上年增长31.2%；万人发明专利拥有量29.81件，比上年上涨12.36%。2022年，南京市参加第23届中国专利评选，共获奖项34项，其中专利金奖4项、优秀奖28项，外观设计优秀奖2项。

（二）科技创新活力指标

2022年，南京市按照知识产权强企行动计划要求，以高新技术企业、规模以上企业、上市企业和涉军企业为重点，推进“贯标绩效评价”本地化工作。截至2022年底，南京市参与贯标的企业有543家，97家为绩效评价合格单位，186家企业通过国际认证。

众创空间是一种创新创业平台，具有低成本、便利化、全要素和开放的特点。科技部火炬中心国家级众创空间的评定，旨在推动科技创新创业载体体系化、专业化建设，持续优化国家备案众创空间一体化布局，加快科技创新创业高质量发展。2022年，南京市共新增33家省级备案众创空间（表4-4-1）。

表4-4-1　2022年南京市新增省级备案众创空间名单

序号	众创空间名称	设区地	类型
1	智银众创空间	南京市	综合
2	光华智拓众创空间	南京市	综合
3	中山坊金果树众创空间	南京市	综合
4	创元之星众创空间	南京市	综合
5	苏创众创空间	南京市	综合
6	润冉创客空间	南京市	综合
7	金川硅巷众创空间	南京市	综合
8	边缘智能众创空间	南京市	综合
9	南京大数据众创空间	南京市	综合
10	南京创星工坊众创空间	南京市	综合

续表

序号	众创空间名称	设区地	类型
11	青梧桐滨江众创空间	南京市	综合
12	智泉众创空间	南京市	综合
13	京航优创空间	南京市	综合
14	北京大学创业训练营南京众创空间	南京市	综合
15	智豆众创空间	南京市	综合
16	牛立方硅巷空间	南京市	综合
17	棠邑工坊	南京市	综合
18	凤凰智慧教育众创空间	南京市	综合
19	药智汇众创空间	南京市	专业
20	介孔空间	南京市	专业
21	江岛·创智空间	南京市	专业
22	云想 Work 众创空间	南京市	专业
23	乾堃创业吧众创空间	南京市	专业
24	爱冠区块链众创空间	南京市	专业
25	京科新材料众创空间	南京市	专业
26	同宁众创空间	南京市	专业
27	明德至善众创空间	南京市	专业
28	中科数智众创空间	南京市	专业
29	垒途智能众创空间	南京市	专业
30	博睿众创空间	南京市	专业
31	南京 PUSH 众创	南京市	专业
32	南京工业互联网众创空间	南京市	专业
33	创新奇智众创空间	南京市	专业

资料来源：江苏省科技厅网站检索资料整理。

科技企业孵化器作为引育高技术人才的强阵地、培育科技型企业的主战场和孵育新兴产业的磁力场，是最具活力的创新主体。2022 年，南京市新增 8 家省级科技孵化器（表 4-4-2）。

表 4-4-2　2022 年南京市新增省级科技孵化器名单

序号	孵化器名称	设区地	类型
1	南京市科创城科技企业孵化器	南京市	综合
2	中南谷科技企业孵化器	南京市	综合
3	三玖彩虹谷科技企业孵化器	南京市	综合
4	南京智慧计算研究院创熠空间孵化器	南京市	综合
5	南京天安数码城科技创新中心	南京市	专业
6	高创数据孵化器	南京市	专业

续表

序号	孵化器名称	设区地	类型
7	图灵 AI 企业孵化器	南京市	专业
8	软件谷创智软件科技企业孵化器	南京市	专业

资料来源：江苏省科技厅网站检索资料整理。

二、创新市场

（一）全年技术交易合同额与合同量

2022 年，南京市技术交易合同额与合同量整体稳步上涨。南京市技术成交合同额为 856.73 亿元，比 2021 年上涨 13.87%，技术成交合同量为 37345 项。

（二）高新技术产业产值

2022 年，南京市高新技术产业产值为 4347.33 亿元，高新技术产业产值占南京市规模以上工业总产值 28.38%。

（三）上市企业

截至 2022 年底，南京市共有 155 家上市企业（表 4-4-3），新增境内外上市企业 18 家，分别为北路智控、美埃科技、腾亚精工、灿能电力、国博电子、磁谷科技、麦澜德、弘业期货、嘉环科技、联迪信息、药康生物、通行宝、亚信安全、沪江材料、汇通达网络、高华科技、通达海和茂莱光学。截至 2022 年，南京市 A 股上市企业为 118 家，其中上交所 65 家，深交所 49 家，北交所 4 家。

表 4-4-3　2022 年南京市上市企业名单

企业类型	序号	地区	企业名称	性质	上市/挂牌地点
境内上市企业	1	江宁区	前沿生物-U	外资	上交所科创板（688221）
	2		宁通信 B	国有	深交所 B 股（200468）
	3		国旅联合	国有	上交所主板（600358）
	4		埃斯顿	民营	深交所主板（002747）
	5		中电环保	民营	深交所主板（300172）
	6		泉峰汽车	民营	上交所主板（603982）
	7		宝色股份	国有	深交所主板（300402）
	8		国电南瑞	国有	上交所主板（600406）
	9		中材科技	国有	深交所主板（002080）
	10		中材国际	国有	上交所主板（600970）
	11		健友股份	国有	上交所主板（603707）
	12		寒锐钴业	民营	深交所主板（300618）
	13		苏博特	民营	上交所主板（603916）
	14		国电南自	国有	上交所主板（600268）
	15		新联电子	民营	深交所主板（002546）
	16		孩子王	民营	深交所主板（301078）
	17		金智科技	民营	深交所主板（002090）
	18		迈拓股份	民营	深交所主板（301006）
	19		科思股份	民营	深交所主板（300856）
	20		音飞储存	民营	上交所主板（603066）

续表

企业类型	序号	地区	企业名称	性质	上市/挂牌地点
境内上市企业	21	江宁区	佳力图	民营	上交所主板（603912）
	22		金埔园林	民营	深交所主板（301098）
	23		万德斯	民营	上交所主板（688178）
	24		航天晨光	国有	上交所主板（600501）
	25		沪江材料	民营	上交所主板（870204）
	26		大烨智能	民营	深交所主板（300670）
	27		科远智慧	民营	深交所主板（002380）
	28		奥联电子	民营	深交所主板（300585）
	29		华脉科技	民营	上交所主板（603042）
	30		三超新材	民营	深交所主板（300554）
	31		我乐家居	民营	上交所主板（603326）
	32		多伦科技	民营	上交所主板（603528）
	33		ST 光一	民营	深交所风险警示板（300356）
	34		北路智控	民营	深交所主板（301195）
	35		美埃科技	民营	上交所主板（688376）
	36		腾亚精工	民营	深交所主板（301125）
	37		灿能电力	民营	北交所主板（870299）
	38		国博电子	民营	上交所主板（688375）
	39		磁谷科技	民营	上交所主板（688448）
	40		麦澜德	民营	上交所主板（688273）
	41		科远智慧	民营	深交所主板（002380）
	42		茂莱科技	民营	上交所主板（688502）
	43	建邺区	越博动力	民营	深交所创业板（300742）
	44		南京公用	民营	深交所主板（000421）
	45		江苏租赁	民营	上交所主板（600901）
	46		紫金银行	民营	上交所主板（601860）
	47		苏垦农发	国有	上交所主板（601952）
	48		苏交科	民营	深交所主板（300284）
	49		测绘股份	民营	深交所主板（300826）
	50		天泽信息	民营	深交所创业板（300209）
	51		弘业期货	民营	深交所创业板（001236）
	52	浦口区	ST 宏图	民营	上交所风险警示板（600122）
	53		盛航股份	民营	深交所主板（001205）
	54		久吾高科	民营	深交所主板（300631）
	55		南微医学	民营	上交所主板（688029）

续表

企业类型	序号	地区	企业名称	性质	上市/挂牌地点
境内上市企业	56	玄武区	江苏国信	国有	深交所主板（002608）
	57		苏宁易购	民营	深交所风险警示板（002024）
	58		东华能源	民营	深交所主板（002221）
	59		新能泰山	国有	深交所主板（000720）
	60		南京银行	国有	上交所主板（601009）
	61		苏美达	国有	上交所主板（600710）
	62		江苏有线	国有	上交所主板（600959）
	63		江苏新能	国有	上交所主板（603693）
	64	雨花台区	江苏舜天	国有	上交所主板（600287）
	65		莱绅通灵	民营	上交所主板（603900）
	66		诚迈科技	民营	深交所主板（300598）
	67		南京医药	国有	上交所主板（600713）
	68		亿嘉和	民营	上交所主板（603666）
	69		亚信安全	民营	上交所主板（688225）
	70		伟思医疗	民营	上交所主板（688580）
	71		润和软件	民营	深交所主板（300339）
	72		嘉环科技	民营	上交所主板（603206）
	73		联迪信息	民营	北交所主板（839790）
	74	高淳区	ST 红太阳	民营	深交所风险警示板（000525）
	75		红宝丽	民营	深交所主板（002165）
	76		国睿科技	国有	上交所主板（600562）
	77	秦淮区	奥特佳	民营	深交所主板（002239）
	78		江苏银行	民营	上交所主板（600919）
	79		南纺股份	民营	上交所主板（600250）
	80		南京新百	民营	上交所主板（600682）
	81		华设集团	国有	上交所主板（603018）
	82		汇鸿集团	国有	上交所主板（600981）
	83		锦泓集团	民营	上交所主板（603518）
	84		中央商场	民营	上交所主板（600280）
	85		弘业股份	国有	上交所主板（600128）
	86		云创数据	民营	北交所主板（835305）
	87	栖霞区	幸福蓝海	民营	深交所主板（300528）
	88		宁沪高速	国有	上交所主板（600377）
	89		南京高科	民营	上交所主板（600064）
	90		诺唯赞	民营	上交所主板（688105）

续表

企业类型	序号	地区	企业名称	性质	上市/挂牌地点
境内上市企业	91	栖霞区	康尼机电	民营	上交所主板（603111）
	92		栖霞建设	国有	上交所主板（600533）
	93		龙蟠科技	民营	上交所主板（603906）
	94		海辰药业	民营	深交所主板（300584）
	95		冠石科技	民营	上交所主板（605588）
	96		美思德	民营	上交所主板（603141）
	97		南京熊猫	国有	上交所主板（600775）
	98		金陵药业	民营	深交所主板（000919）
	99		南京港	国有	深交所主板（002040）
	100		通行宝	民营	深交所主板（301339）
	101		高华科技	民营	上交所主板（688539）
	102	六合区	金浦钛业	民营	深交所主板（000545）
	103		三六五网	民营	深交所主板（300295）
	104		基蛋生物	民营	上交所主板（603387）
	105		南大环境	民营	深交所主板（300864）
	106		南钢股份	国有	上交所主板（600282）
	107		中旗股份	民营	深交所主板（300575）
	108		南京化纤	国有	上交所主板（600889）
	109	鼓楼区	苏宁环球	民营	深交所主板（000718）
	110		招商南油	民营	上交所主板（601975）
	111		金陵饭店	民营	上交所主板（601007）
	112		大千生态	民营	上交所主板（603955）
	113		凤凰传媒	国有	上交所主板（601928）
	114		商络电子	民营	深交所主板（300975）
	115		全信股份	国有	深交所主板（300447）
	116		凤凰股份	国有	上交所主板（600716）
	117		南京证券	国有	上交所主板（601990）
	118		通达海	民营	深交所主板（301378）
	119	溧水区	本川智能	民营	深交所主板（300964）
	120		云海金属	民营	深交所主板（002182）
	121	江北新区	药石科技	民营	深交所主板（300725）
	122		焦点科技	民营	深交所主板（002315）
	123		雷尔伟	民营	深交所主板（301016）
	124		药康生物	民营	上交所主板（688046）
	125		迪威尔	民营	上交所主板（688377）
	126		南京聚隆	民营	深交所主板（300644）

续表

企业类型	序号	地区	企业名称	性质	上市/挂牌地点
境外上市企业	127	江宁区	金斯瑞生物科技	外资	港交所主板（01548. HK）
	128		中电光伏	民营	美国纳斯达克证券交易所（CSUN）
	129		中国高速传动	民营	港交所主板（00658. HK）
	130		华瑞服装	民营	美国纳斯达克证券交易所（EVK）
	131		泉峰控股	民营	港交所主板（02285. HK）
	132		协众国际	民营	港交所主板（03663. HK）
	133	建邺区	雨润食品	民营	港交所主板（01068. HK）
	134		GHW Intl	民营	港交所主板（09933. HK）
	135		稻草熊娱乐	民营	港交所主板（02125. HK）
	136		华泰证券	国有	香港联交所（06886）
	137	浦口区	弘阳地产	民营	港交所主板（01996. HK）
	138		银城生活服务	民营	港交所主板（01922. HK）
	139		中国擎天软件	民营	港交所主板（01297. HK）
	140		明发集团	民营	港交所主板（00846. HK）
	141		先声药业	民营	港交所主板（02096. HK）
	142	玄武区	中生联合	民营	港交所主板（03332. HK）
	143		途牛	民营	美国纳斯达克证券交易所（TOUR）
	144		汇通达网络	民营	港交所主板（09878. HK）
	145	雨花台区	朗诗地产	国有	港交所主板（00106. HK）
	146		丰盛控股	民营	港交所主板（00607. HK）
	147		中国育儿网络	民营	港交所主板（01736. HK）
	148	秦淮区	千百度	民营	港交所主板（01028. HK）
	149		金鹰贸易集团	外资	港交所主板（03308. HK）
	150	栖霞区	三宝科技	民营	港交所主板（01708. HK）
	151		冠捷科技	台资	香港联交所（00903. HK）
	152	六合区	东方文化	民营	美国纳斯达克证券交易所（OCG）
	153	鼓楼区	银城国际控股	民营	港交所主板（01902. HK）
	154		金轮天地控股	民营	港交所主板（01232. HK）
	155		南大苏富特	民营	港交所创业板（08045. HK）

资料来源：南京市统计局检索资料整理。

三、创新企业

（一）高新技术企业

2022 年南京市高新技术产业保持快速发展，全年规模以上工业总产值 15320.88 亿元，比上年增长 5.9%，企业产销率达 98.8%。分经济类型看，国有控股企业产值增长 3.3%，股份制企业增长 6.9%，外商及港澳台商投资企业增长 2.8%，私营企业增长 8.7%。分门类看，采矿业增长

33.1%，制造业增长5.1%，电力、热力、燃气及水生产和供应业增长31.7%。分规模看，大中型企业增长6.7%，小微型企业增长4.1%。

规模以上高技术制造业产值比上年增长10.9%，占全市规模以上工业总产值比重为28.4%，比上年提高0.7个百分点。其中电子及通信设备制造业增长12.6%，计算机及办公设备制造业增长11.8%。装备制造业产值比上年增长7.8%，占全市规模以上工业总产值比重为52.5%，比上年提高0.9个百分点。其中电气机械及器材制造业增长24.1%。新能源汽车、锂离子电池、工业机器人等绿色、智能产品产量增长较快，分别比上年增长184.3%、43%、25.4%。规模以上工业战略性新兴产业产值占规模以上工业总产值比重达41.4%。

2022年全年新增境内外上市公司18家，新增境内外股权融资额237亿元。其中新增境内上市14家，境内首发融资额125亿元，同比增长81.3%；新增科创板上市公司6家，累计12家；新增北交所上市公司3家，累计4家。2022年末共有境内外上市公司155家，其中境内上市公司126家，保持全国第七。全年累计实现证券交易额43.27万亿元，比上年增长16.7%，占全省44%。

2022年全年全社会研发经费支出占地区生产总值比重超3.7%。有效期内高新技术企业总数达9068家，入库科技型中小企业20173家。高新技术产业产值占规模以上工业总产值比重达54.5%。2022年全年新型研发机构及其孵化引进企业营业收入达450.39亿元。

（二）独角兽企业

南京市召开2022年度独角兽、瞪羚企业发布会，发布2022年全市独角兽、培育独角兽和瞪羚企业榜单。南京市独角兽企业17家，分别为世和基因、帝基生物、芯驰科技、芯华章、好享家、赛特斯、连尚文学、福佑卡车、浩鲸科技、众能联合、艾佳生活、传奇生物、蓬勃生物、T3出行、中汽创智、国博电子、新康众。2022年新晋独角兽企业6家，分别为芯驰科技、芯华章、赛特斯、浩鲸科技、蓬勃生物、中汽创智，其中芯驰科技、芯华章、赛特斯、中汽创智4家企业由2021年培育独角兽企业成功晋升为独角兽企业。2022年培育独角兽企业187家，其中新晋培育独角兽企业71家，这中间以五采智电、慧尔视、明捷医药为代表的众多企业，由2021年瞪羚企业成长而来。

（三）瞪羚企业

南京市2022年度入选的市级瞪羚企业有331家（表4-4-4）。南京市高成长性企业飞速增长，可见对于高成长性企业的系统性培育卓有成效。

表4-4-4　2022年南京市瞪羚企业名单

序号	企业名称	地区
1	江苏南钢鑫洋供应链有限公司	江北新区
2	南京数族信息科技有限公司	江北新区
3	南京安伦化工科技有限公司	江北新区
4	南京小牛智能科技有限公司	江北新区
5	南京派格测控科技有限公司	江北新区
6	南京敦先化工科技有限公司	江北新区
7	江苏博瑞思康生物科技有限公司	江北新区
8	南京嘉翼数字化增材技术研究院有限公司	江北新区
9	南京五采智电电力科技有限公司	江北新区
10	南京明捷生物医药检测有限公司	江北新区
11	南京实践医学检验有限公司	江北新区
12	南京诺尔泰复合材料设备制造有限公司	江北新区

续表

序号	企业名称	地区
13	南京浦镇轨道车辆电器有限公司	江北新区
14	南京东万生物技术有限公司	江北新区
15	南京江北新区生物医药公共服务平台有限公司	江北新区
16	南京海鲸药业有限公司	江北新区
17	南京丰道电力科技有限公司	江北新区
18	南京懂玫驱动技术有限公司	江北新区
19	南京正方电气有限公司	江北新区
20	南京微测生物科技有限公司	江北新区
21	南京聚锋新材料有限公司	江北新区
22	江苏迈达新材料股份有限公司	江北新区
23	南京苏美达智能技术有限公司	江北新区
24	南京南大药业有限责任公司	江北新区
25	南京亿高微波系统工程有限公司	江北新区
26	南京讯联智能科技有限公司	江北新区
27	南京美新诺医药科技有限公司	江北新区
28	南京屹特博医学科技发展有限公司	江北新区
29	南京英锐创电子科技有限公司	江北新区
30	南京大翼航空科技有限公司	江北新区
31	南京同仁堂康普生物技术有限公司	江北新区
32	南京洛菲特数码科技有限公司	江北新区
33	南京骏威创新精工机械有限公司	江北新区
34	南京吴中自控工程有限公司	江北新区
35	南京康友医疗科技有限公司	江北新区
36	南京大石电子科技有限公司	江北新区
37	南京康德祥医药科技有限公司	江北新区
38	南京朝科路桥工程技术有限公司	江北新区
39	南京信业能源科技有限公司	江北新区
40	南京金禾益康生物科技有限公司	江北新区
41	江苏盛恩祥生物技术有限公司	江北新区
42	南京迈塔光电科技有限公司	江北新区
43	南京博纳能源环保科技有限公司	江北新区
44	南京传唱软件科技有限公司	玄武区
45	南京格奥光电科技有限公司	玄武区
46	南京誉葆科技股份有限公司	玄武区
47	江苏策腾智能科技有限公司	玄武区

续表

序号	企业名称	地区
48	南京矽力微电子技术有限公司	玄武区
49	南京睿辰欣创网络科技股份有限公司	玄武区
50	江苏开博科技有限公司	玄武区
51	南京拓曼思电气科技有限公司	玄武区
52	南京法默凯医药科技有限公司	玄武区
53	江苏先声医学诊断有限公司	玄武区
54	南京冰鉴信息科技有限公司	鼓楼区
55	南大环境规划设计研究院（江苏）有限公司	鼓楼区
56	南京瀚星信息科技有限公司	鼓楼区
57	南京铁马信息技术有限公司	鼓楼区
58	南京莫愁智慧信息科技有限公司	鼓楼区
59	南京欣网互联网络科技有限公司	鼓楼区
60	村鸟网络科技有限责任公司	秦淮区
61	南京龙盾智能科技有限公司	秦淮区
62	南京陆加壹智能科技有限公司	秦淮区
63	联通物联网有限责任公司	秦淮区
64	江苏金陵智造研究院有限公司	秦淮区
65	南京广电猫猫新媒体有限公司	秦淮区
66	南京亿合尤讯信息技术有限公司	秦淮区
67	南京莱斯电子设备有限公司	秦淮区
68	镜界网络科技（南京）有限公司	秦淮区
69	江苏捷世智通信息科技有限公司	秦淮区
70	南京易自助网络科技有限公司	秦淮区
71	南京仁晶信息科技有限公司	秦淮区
72	南京工大开元环保科技有限公司	秦淮区
73	南京感动科技有限公司	秦淮区
74	江苏航泰电子科技有限公司	秦淮区
75	南京利弘晟电气设备有限公司	秦淮区
76	小米有品科技有限公司	建邺区
77	南京金贝网络科技有限公司	建邺区
78	江苏雄联信息技术有限公司	建邺区
79	江苏海平面数据科技有限公司	建邺区
80	南京尚哲智能科技有限公司	建邺区
81	南京西西里文化传媒有限公司	建邺区
82	江苏驭道数据科技有限公司	建邺区

续表

序号	企业名称	地区
83	南京公诚节能新材料研究院有限公司	建邺区
84	南京华飞数据技术有限公司	建邺区
85	南京晟迅信息科技有限公司	建邺区
86	江苏锦花电子股份有限公司	建邺区
87	江苏金寓信息科技有限公司	建邺区
88	江苏天辰海洋工程技术股份有限公司	建邺区
89	南京威翔科技有限公司	建邺区
90	江苏创威电子有限公司	建邺区
91	南京虎牙信息科技有限公司	建邺区
92	南京萨特科技发展有限公司	栖霞区
93	江苏奥尼斯环保科技有限公司	栖霞区
94	南京丹迪克电力仪表有限公司	栖霞区
95	南京海疆创智科技有限公司	栖霞区
96	江苏艾德露环保科技有限公司	栖霞区
97	南京亿莱瑞恩光电科技有限公司	栖霞区
98	江苏易联瑞智科技发展有限公司	栖霞区
99	匠人智慧（江苏）科技有限公司	栖霞区
100	南京一粹信息科技有限公司	栖霞区
101	江苏宝威机械科技有限公司	栖霞区
102	南京鑫长江制药设备有限公司	栖霞区
103	南京博知源环境科技有限公司	栖霞区
104	江苏百绿园林集团有限公司	栖霞区
105	南京泽恒医药技术开发有限公司	栖霞区
106	南京京达生物技术有限公司	栖霞区
107	江苏未迟数字技术有限公司	栖霞区
108	江苏省港口集团物流有限公司	栖霞区
109	南京仁迈生物科技有限公司	栖霞区
110	南京永为科技有限公司	栖霞区
111	南京快轮智能科技有限公司	栖霞区
112	南京牧镭激光科技有限公司	栖霞区
113	南京光宝光电科技有限公司	栖霞区
114	南京酷科电子科技有限公司	栖霞区
115	南京乐汇光电科技有限公司	栖霞区
116	江苏吉诺思美精准医学科技有限公司	栖霞区
117	南京合信自动化有限公司	栖霞区

续表

序号	企业名称	地区
118	南京智必达自动化科技有限公司	栖霞区
119	烽火云科技有限公司	栖霞区
120	南京威斯顿光纤科技有限公司	栖霞区
121	南京泰普森自动化设备有限公司	栖霞区
122	江苏梦之和网络科技有限公司	栖霞区
123	南京中科拜尔医学技术有限公司	栖霞区
124	南京飞翰网络科技有限公司	雨花台区
125	江苏展芯半导体技术有限公司	雨花台区
126	南京蜂泰互联网科技有限公司	雨花台区
127	江苏多飞网络科技有限公司	雨花台区
128	南京中科创达软件科技有限公司	雨花台区
129	江苏健帆信息技术有限公司	雨花台区
130	南京飞搏智能交通技术有限公司	雨花台区
131	江苏米特物联网科技有限公司	雨花台区
132	佳源科技股份有限公司	雨花台区
133	南京隆远电气技术有限公司	雨花台区
134	江苏征途电气科技有限公司	雨花台区
135	南京苏弘智能仓储设备有限公司	雨花台区
136	江苏初见信息科技有限公司	雨花台区
137	江苏谷德运维信息技术有限公司	雨花台区
138	江苏红网技术股份有限公司	雨花台区
139	南京浦上信息科技有限公司	雨花台区
140	南京福康通健康产业有限公司	雨花台区
141	南京翼辉信息技术有限公司	雨花台区
142	江苏极地熊冷链有限公司	雨花台区
143	江苏铭之博信息科技有限公司	雨花台区
144	南京双元电气有限公司	雨花台区
145	南京中旭电子科技有限公司	雨花台区
146	南京卓胜自动化设备有限公司	雨花台区
147	南京正驰科技发展有限公司	雨花台区
148	南京正泽科技股份有限公司	雨花台区
149	艾德克斯电子（南京）有限公司	雨花台区
150	江苏思威博生物科技有限公司	浦口区
151	南京中孚信息技术有限公司	浦口区
152	江苏肯菲特新能源有限公司	浦口区

续表

序号	企业名称	地区
153	江苏果麦环保科技有限公司	浦口区
154	江苏同风能源科技有限公司	浦口区
155	南京澳林生物科技有限公司	浦口区
156	江苏宁亚特新能源科技有限公司	浦口区
157	欣铨（南京）集成电路有限公司	浦口区
158	南京南车电气科技有限公司	浦口区
159	江苏深农智能科技有限公司	浦口区
160	南京鼎典科技有限公司	江宁区
161	南京众核电子科技有限公司	江宁区
162	南京智达自动化集团有限公司	江宁区
163	南京容测检测技术有限公司	江宁区
164	南京品臻精密模具有限公司	江宁区
165	南京家泉烟草机械配件有限公司	江宁区
166	南京泷逸环保科技有限公司	江宁区
167	南京华银医学检验所有限公司	江宁区
168	南京擎科生物科技有限公司	江宁区
169	南京新捷中旭微电子有限公司	江宁区
170	南京尹特利微电子科技有限公司	江宁区
171	蓝舰信息科技南京有限公司	江宁区
172	南京震冠电子科技有限公司	江宁区
173	南京蓝芯电力技术有限公司	江宁区
174	江苏参拾参信息技术有限公司	江宁区
175	南京控维通信科技有限公司	江宁区
176	南京荣港电气技术有限公司	江宁区
177	南京万形电气有限公司	江宁区
178	南京新频点电子科技有限公司	江宁区
179	南京荧火泰讯信息科技有限公司	江宁区
180	南京耀泽电子科技有限公司	江宁区
181	江苏力汇振控科技有限公司	江宁区
182	南京艾科美热能科技有限公司	江宁区
183	南京百米需供应链管理有限公司	江宁区
184	南京中久机械设备有限公司	江宁区
185	南京丰浩华食品供应链管理有限公司	江宁区
186	南京华脉软件技术有限公司	江宁区
187	南京冉思电子科技有限公司	江宁区

续表

序号	企业名称	地区
188	南京越升挤出机械有限公司	江宁区
189	南京净环热冶金工程有限公司	江宁区
190	南京天人环保设备有限公司	江宁区
191	江苏拓嘉工程设计研究院有限公司	江宁区
192	南京永成分子筛有限公司	江宁区
193	南京大陆豪薄膜开关技术有限公司	江宁区
194	南京航迅机电有限公司	江宁区
195	南京信远船用压缩机有限公司	江宁区
196	南京博达迅金属科技有限公司	江宁区
197	江苏省协同医药生物工程有限责任公司	江宁区
198	西尼尔（南京）过程控制有限公司	江宁区
199	南京科远驱动技术有限公司	江宁区
200	南京驰韵科技发展有限公司	江宁区
201	南京瑞洁特膜分离科技有限公司	江宁区
202	南京锦隆金属制品有限公司	江宁区
203	南京元朗电子科技发展有限公司	江宁区
204	南京金城轨道交通设备有限公司	江宁区
205	江苏新蓝天钢结构有限公司	江宁区
206	南京三一光电科技有限公司	江宁区
207	南京昊拓电子科技有限公司	江宁区
208	南京绿索电子科技有限公司	江宁区
209	南京博冠光电仪器有限公司	江宁区
210	南京戎光软件科技有限公司	江宁区
211	迈拓仪表股份有限公司	江宁区
212	南京地平线网络科技有限公司	江宁区
213	南京宏景智能电网科技有限公司	江宁区
214	江苏科思机电工程有限公司	江宁区
215	南京博斯威尔工业通信技术有限公司	江宁区
216	南京能迪电气技术有限公司	江宁区
217	福尼斯（南京）表面工程技术有限公司	江宁区
218	南京海兴电网技术有限公司	江宁区
219	南京智屯达科技有限公司	江宁区
220	南京劲拓机械有限公司	江宁区
221	光大水务科技发展（南京）有限公司	江宁区
222	江苏宇诚汇通电力设备有限公司	江宁区

续表

序号	企业名称	地区
223	南京欧美达应用材料科技有限公司	江宁区
224	南京博风采网络科技有限公司	江宁区
225	江苏万贤环境工程有限公司	江宁区
226	南京芯瑞电力技术有限公司	江宁区
227	南京孚奥智能技术有限公司	江宁区
228	南京博晟宇网络科技有限公司	江宁区
229	江苏南高智能装备创新中心有限公司	江宁区
230	南京高精轨道交通设备有限公司	江宁区
231	南京未来网络产业创新有限公司	江宁区
232	南京濠曝通讯科技有限公司	江宁区
233	南京美均电子科技有限公司	江宁区
234	南京文斯特新材料有限公司	江宁区
235	南京淡水谷电力科技有限公司	江宁区
236	南京大全自动化科技有限公司	江宁区
237	南京杰科丰环保技术装备研究院有限公司	江宁区
238	南京磁谷科技股份有限公司	江宁区
239	南京信江物联网技术有限公司	江宁区
240	南京和邦能源科技有限公司	江宁区
241	南京木木西里科技有限公司	江宁区
242	光大环境科技（中国）有限公司	江宁区
243	南京川流精密塑胶科技有限公司	江宁区
244	南京川流汽车零部件有限公司	江宁区
245	南京南大波平电子信息有限公司	江宁区
246	南京环保产业创新中心有限公司	江宁区
247	南京亨瑞光电科技有限公司	江宁区
248	南京保立隆包装机械有限公司	江宁区
249	南京鸿加源机械科技有限公司	江宁区
250	信联科技（南京）有限公司	江宁区
251	南京杰森光电科技有限公司	江宁区
252	南京慧尔视防务科技有限公司	江宁区
253	南京立博达工程设备有限公司	江宁区
254	海乂知信息科技（南京）有限公司	江宁区
255	和通智能仓储科技（南京）有限公司	江宁区
256	江苏天辰智能装备有限公司	江宁区
257	南京锐控机电制造有限公司	江宁区

续表

序号	企业名称	地区
258	南京乐鹰商用厨房设备有限公司	江宁区
259	江苏君立华域安全测评有限公司	江宁区
260	南京矽景自动化技术有限公司	江宁区
261	南京斯夫特安全工程有限公司	江宁区
262	明澜（南京）电子有限公司	江宁区
263	江苏老虎云电材股份有限公司	江宁区
264	南京大漠大航空科技有限公司	江宁区
265	南京中舜能源科技有限公司	江宁区
266	南京海康威视数字技术有限公司	江宁区
267	南京博曼环保设备有限公司	江宁区
268	南京优倍自动化系统有限公司	江宁区
269	拓速乐汽车销售服务（南京）有限公司	江宁区
270	江苏新世纪江南环保股份有限公司	江宁区
271	南京尽善化工技术有限公司	江宁区
272	江苏久智环境科技服务有限公司	江宁区
273	垒途智能教科技术研究院江苏有限公司	江宁区
274	南京思来机器人有限公司	江宁区
275	南京诺齐生物科技有限公司	江宁区
276	南京久驰机电实业有限公司	江宁区
277	国电南瑞南京控制系统有限公司	江宁区
278	南京泉峰科技有限公司	江宁区
279	江苏舜维环境工程有限公司	江宁区
280	南京南瑞水利水电科技有限公司	江宁区
281	南京东华智能转向系统有限公司	江宁区
282	江苏可兰素环保科技有限公司	溧水区
283	南京沃特电机有限公司	溧水区
284	江苏丽泽节能科技有限公司	溧水区
285	南京三叶金鹰摩托车有限公司	溧水区
286	南京籍升机电制造有限公司	溧水区
287	南京高喜电子科技有限公司	溧水区
288	南京我乐家居智能制造有限公司	溧水区
289	南京正锐电力科技有限公司	溧水区
290	南京优乐泉生物科技有限公司	溧水区
291	南京云天波管补偿器有限公司	溧水区
292	江苏尤里卡生物科技有限公司	溧水区

续表

序号	企业名称	地区
293	南京仁创建筑科技有限公司	溧水区
294	南京鼎立筛业有限公司	溧水区
295	南京皓焜自动化科技有限公司	溧水区
296	南京全弗精密机械有限公司	溧水区
297	南京百泽机械有限公司	溧水区
298	江苏凯泉泵业制造有限公司	溧水区
299	南京天界三塔节能装备有限公司	溧水区
300	南京天行智能系统有限公司	溧水区
301	南京先河工程技术股份有限公司	溧水区
302	一出科技集团有限公司	溧水区
303	南京缔杰机械制造有限公司	溧水区
304	南京舜欣新型建材有限公司	溧水区
305	南京百田机械制造有限公司	溧水区
306	南京钢研工模具材料有限公司	溧水区
307	南京三科智控科技有限公司	溧水区
308	尤孚泵业集团有限公司	溧水区
309	南京欧瑞卡数码科技有限公司	溧水区
310	南京施密特光学仪器有限公司	溧水区
311	南京金邦动力科技有限公司	溧水区
312	南京德普瑞克催化器有限公司	溧水区
313	南京军理科技股份有限公司	溧水区
314	南京科润新材料技术有限公司	溧水区
315	南京铭客传动系统有限公司	溧水区
316	南京跃贝新材料科技有限公司	溧水区
317	南京福贝尔五金制品有限公司	溧水区
318	江苏勇乾信息科技有限公司	溧水区
319	南京卓能机械设备有限公司	溧水区
320	南京汉泰新材料科技有限公司	溧水区
321	南京茂泽新能源设备有限公司	六合区
322	南京允正工业设备有限公司	六合区
323	南京固华机电科技有限公司	六合区
324	南京速锋数控技术有限公司	六合区
325	南京艾德森水务有限公司	六合区
326	南京万漉过滤器制造有限公司	六合区
327	南京兰江水处理设备有限公司	六合区

续表

序号	企业名称	地区
328	南京天诗新材料科技有限公司	六合区
329	南京海川电子有限公司	六合区
330	南京双京电器集团有限公司	六合区
331	南京勒佳电气有限公司	六合区

资料来源：南京市人民政府网站。

（四）专精特新“小巨人”企业

2022年，江苏省工信厅发布了《关于江苏省第四批专精特新“小巨人”企业和第一批专精特新“小巨人”复核通过企业名单的公示》，南京市共62家企业进入第四批专精特新“小巨人”公示名单（表4-4-5），占全省14.6%，专精特新“小巨人”企业累计达到106家。

表4-4-5　2022年南京市专精特新“小巨人”企业通过审核名单

序号	企业名称
1	江苏长晶科技股份有限公司
2	南京大全电气有限公司
3	南京高立工程机械有限公司
4	南京万德斯环保科技股份有限公司
5	南京埃斯顿自动化股份有限公司
6	江苏可兰素环保科技有限公司
7	中铁宝桥（南京）有限公司
8	南京港机重工制造有限公司
9	南京依柯卡特排放技术股份有限公司
10	佳源科技股份有限公司
11	南京世和基因生物技术股份有限公司
12	天华院（南京）智能制造有限公司
13	江苏中圣管道工程技术有限公司
14	南京伟思医疗科技股份有限公司
15	中路交科科技股份有限公司
16	南京亿高微波系统工程有限公司
17	江苏集萃药康生物科技股份有限公司
18	南京茂莱光学科技股份有限公司
19	南京达迈科技实业有限公司
20	南京巨鲨显示科技有限公司
21	南京科润工业介质股份有限公司
22	南京东润特种橡塑有限公司
23	南京普爱医疗设备股份有限公司

续表

序号	企业名称
24	南京开关厂有限公司
25	南京康尼精密机械有限公司
26	南京天诗新材料科技有限公司
27	江苏坤泽科技股份有限公司
28	南京华电节能环保股份有限公司
29	南京恒电电子有限公司
30	江苏本川智能电路科技股份有限公司
31	南京沁恒微电子股份有限公司
32	南京肯特复合材料股份有限公司
33	南京博兰得电子科技有限公司
34	南京高华科技股份有限公司
35	南京甄视智能科技有限公司
36	南京志卓电子科技有限公司
37	南京电气高压套管有限公司
38	江苏冠军科技集团股份有限公司
39	南京诺尔曼生物技术股份有限公司
40	南京高光半导体材料有限公司
41	南京轩凯生物科技股份有限公司
42	南京工大数控科技有限公司
43	中苏科技股份有限公司
44	南京牧镭激光科技有限公司
45	南京碧盾环保科技股份有限公司
46	南京宁庆数控机床制造有限公司
47	南京大树智能科技股份有限公司
48	南京时恒电子科技有限公司
49	南京恒天领锐汽车有限公司
50	南京萨特科技发展有限公司
51	中国科学院南京天文仪器有限公司
52	南京宏泰半导体科技有限公司
53	南京中远海运船舶设备配件有限公司
54	南京中旭电子科技有限公司
55	和鼎（南京）医药技术有限公司
56	南京春辉科技实业有限公司
57	南京艾布纳密封技术股份有限公司
58	中船重工鹏力（南京）超低温技术有限公司

续表

序号	企业名称
59	南京硅基智能科技有限公司
60	南京中网卫星通信股份有限公司
61	南京控维通信科技有限公司
62	速度时空信息科技股份有限公司

数据来源：江苏省工业和信息化厅网站。

（五）制造业单项冠军企业

2022年10月24日，工信部委托各省（自治区、直辖市）及计划单列市，发布了第七批制造业单项冠军企业（产品）公示名单，南京市南京工艺装备制造有限公司、南京南瑞继保电气有限公司、中车南京浦镇车辆有限公司、南京天加环境科技有限公司4家企业入选，南京市获得国家制造业单项冠军企业认定总数达21家。

南京工艺装备制造有限公司创建于1952年，是我国规模最大的滚动功能部件研发制造基地。南京工艺展品成功出镜，科研能力和制造水平获得国家级认可，企业的品牌影响力和核心竞争能力进一步提升。南京工艺装备制造有限公司的产品具有高精度、高效率、高寿命、绿色环保等特点，已为国内外精密卧式加工中心、精密立式加工中心、五轴龙门加工中心等高档数控机床提供批量配套。

南京南瑞继保电气有限公司主要从事电网、电厂和各类工矿企业的电力保护控制及智能电力装备的研发和产业化，是国内电力控制和电力自动化领域的龙头企业，产品广泛应用于特高压、智能电网、三峡输变电等国家重点工程。2021年，南瑞继保电气有限公司实现营业收入122.6亿元，近十年公司营业收入复合增长率达到14.3%。

中车南京浦镇车辆有限公司是全国首批城市轨道车辆定点企业，在轨道交通整车集成、系统解决方案、数字化运维等技术领域发挥着行业领军作用。截至2022年，该公司科技人才中高级及以上职称人员占比达到26.2%，高技能人才占比达64%，公司荣获国家科技进步奖一等奖3次、国家专利优秀奖5次。南京浦镇车辆有限公司近年来在承接南京、深圳、无锡等多个城市及地区的城市轨道车辆项目的同时，积极探索数字轨道胶轮电车（DRT）、无人驾驶地铁列车、160公里双流制市域车等新领域。

南京天加环境科技有限公司专注于工业空气洁净极端环境领域及建筑制冷系统节能应用，是国内首家同时获得AHRI认证和欧洲生态标识认证的企业。该公司的空气洁净处理产品连续13年国内市场销量第一，其中ISO1级超净环境集成系统达到国际洁净度标准最高水平，打破了国外技术垄断，荣获中国机械工业科学技术奖一等奖。

（六）研究机构

工程技术研究中心是由南京市有关行业或领域内科技实力较强的重点科研机构、市级以上高新技术企业和高等院校组建的科研开发实体，其设立旨在引导企业通过建立工程化研究进一步促进技术创新和成果转化。该资格的评选对申报单位的研发场地、研发人员数量、经费投入规模、研发装备及研发业务能力等都有着严格的要求，即申报单位需要在本行业、领域具备较强的科技创新能力、较好的研发基础条件。2022年，共176家公司的研究中心被认定为南京市工程技术研究中心（表4-4-6）。

表4-4-6　2022年度南京市工程技术研究中心名单

序号	中心名称	依托单位	主管部门
1	南京市功率器件工程技术研究中心	江苏长晶科技股份有限公司	江北新区
2	南京市个人防护装备工程技术研究中心	泰克曼（南京）电子有限公司	江北新区

续表

序号	中心名称	依托单位	主管部门
3	南京市车路协同工程技术研究中心	华录易云科技有限公司	江北新区
4	南京市数字化解决方案工程技术研究中心	江苏中车数字科技有限公司	江北新区
5	南京市小分子创新药物工程技术研究中心	药捷安康（南京）科技股份有限公司	江北新区
6	南京市精准高通量测序工程技术研究中心	纳昂达（南京）生物科技有限公司	江北新区
7	南京市物联网工程技术研究中心	南京大鱼半导体有限公司	江北新区
8	南京市生物试剂原料工程技术研究中心	南京基蛋生物医药有限公司	江北新区
9	南京市合成润滑新材料工程技术研究中心	南京威尔生物科技有限公司	江北新区
10	南京市海量单细胞测序工程技术研究中心	新格元（南京）生物科技有限公司	江北新区
11	南京市基因组精准医疗工程技术研究中心	南京世和医疗器械有限公司	江北新区
12	南京市超高精密棒线材工程技术研究中心	江苏三鑫特殊金属材料股份有限公司	江北新区
13	南京市超高速硅光集成工程技术研究中心	希烽光电科技（南京）科技有限公司	江北新区
14	南京市远程医疗方案工程技术研究中心	南京巨鲨医疗科技有限公司	江北新区
15	南京市智慧财税一体化工程技术研究中心	南京擎天全税通信息科技有限公司	江北新区
16	南京市氢燃料电池测试工程技术研究中心	南京宝雅气体有限公司	江北新区
17	南京市 5G+智慧杆件工程技术研究中心	江苏未来城市公共空间开发运营有限公司	江北新区
18	南京市射频芯片测试工程技术研究中心	南京派格测控科技有限公司	江北新区
19	南京市智能数据管理工程技术研究中心	南京云信达科技有限公司	江北新区
20	南京市量子智能供水工程技术研究中心	南京尔顺科技发展有限公司	江北新区
21	南京市病原多平台检测工程技术研究中心	南京实践医学检验有限公司	江北新区
22	南京市车用传感器工程技术研究中心	南京英锐创电子科技有限公司	江北新区
23	南京市低温细胞生物学工程技术研究中心	南京三生生物技术股份有限公司	江北新区
24	南京市票据交易平台工程技术研究中心	江苏银承网络科技股份有限公司	江北新区
25	南京市隔离器、环行器工程技术研究中心	南京拓邦微电子有限公司	江北新区
26	南京市数字孪生选煤厂工程技术研究中心	南京业恒达智能系统股份有限公司	江北新区
27	南京市多组学临床转化工程技术研究中心	南京品生医疗科技有限公司	江北新区
28	南京市含盐废液焚烧工程技术研究中心	南京博纳能源环保科技有限公司	江北新区
29	南京市抗病毒类医药工程技术研究中心	南京康立瑞生物科技有限公司	江北新区
30	南京市体外诊断工程技术研究中心	江苏先声医学诊断有限公司	玄武区
31	南京市智慧交通智能网联工程技术研究中心	南京智慧交通信息股份有限公司	玄武区
32	南京市超宽带定位系统工程技术研究中心	南京沃旭通讯科技有限公司	玄武区
33	南京市数智零售服务平台工程技术研究中心	汇通数科智能科技有限公司	玄武区
34	南京市无线通信工程技术研究中心	南京英锐祺科技有限公司	玄武区
35	南京市伺服控制工程技术研究中心	南京晨光集团有限责任公司	秦淮区
36	南京市空降空投工程技术研究中心	宏光空降装备有限公司	秦淮区
37	南京市防护装具工程技术研究中心	南京际华三五二一特种装备有限公司	秦淮区

续表

序号	中心名称	依托单位	主管部门
38	南京市智能伺服控制工程技术研究中心	江苏金陵智造研究院有限公司	秦淮区
39	南京市碳中和建筑设计工程技术研究中心	南京市第二建筑设计院有限公司	秦淮区
40	南京市网络内容安全工程技术研究中心	南京莱斯网信技术研究院有限公司	秦淮区
41	南京市无废城市建设工程技术研究中心	南京环境集团有限公司	秦淮区
42	南京市污水厂脱氮除磷工程技术研究中心	南京市给排水工程设计院有限公司	秦淮区
43	南京市有机固废资源化工程技术研究中心	江苏琥珀环境技术有限公司	秦淮区
44	南京市废水资源化处理工程技术研究中心	南京霖厚环保科技有限公司	秦淮区
45	南京市航空电子测试系统工程技术研究中心	南京芯传汇电子科技有限公司	秦淮区
46	南京市大数据智能分析工程技术研究中心	南京华飞数据技术有限公司	建邺区
47	南京市全生物降解低碳材料工程技术研究中心	南京五瑞生物降解新材料研究院有限公司	建邺区
48	南京市 AIOps 智慧运维工程技术研究中心	南京星邺汇捷网络科技有限公司	建邺区
49	南京市数据中心节能工程技术研究中心	南京群顶科技有限公司	建邺区
50	南京市电力安全监测与评价工程技术研究中心	南京千智电气科技有限公司	建邺区
51	南京市智慧应急安防工程技术研究中心	中通服网盈科技有限公司	建邺区
52	南京市降碳节能新材料工程技术研究中心	南京公诚节能新材料研究院有限公司	建邺区
53	南京市卫星遥感工程技术研究中心	江苏铨铨信息科技有限公司	建邺区
54	南京市数字化项目管理工程技术研究中心	江苏省华厦工程项目管理有限公司	鼓楼区
55	南京市管网健康诊断修复工程技术研究中心	南大环境规划设计研究院（江苏）有限公司	鼓楼区
56	南京市远控分散式一体化污水处理工程技术研究中心	江苏南大生态环境建设有限公司	鼓楼区
57	南京市装配式桥梁工程技术研究中心	中建八局第三建设有限公司	栖霞区
58	南京市城市级网络安全工程技术研究中心	江苏开博科技有限公司	栖霞区
59	南京市应急技术工程技术研究中心	江苏中安科技服务有限公司	栖霞区
60	南京市绿色洗化工程技术研究中心	中国石化集团金陵石化有限责任公司	栖霞区
61	南京市 CCUS 工程技术研究中心	中石化南京工程有限公司	栖霞区
62	南京市眼部给药工程技术研究中心	南京佰麦生物技术有限公司	栖霞区
63	南京市专用设备制造工程技术研究中心	南京中拓科技有限公司	栖霞区
64	南京市生态环境监测工程技术研究中心	江苏润环环境科技有限公司	栖霞区
65	南京市缓控释制剂工程技术研究中心	南京卡文迪许生物工程技术有限公司	栖霞区
66	南京市智能物流装备工程技术研究中心	南京华瑞德物流装备有限公司	雨花台区
67	南京市智能穿梭车及系统工程技术研究中心	江苏智库智能科技有限公司	雨花台区
68	南京市智能制造工程技术研究中心	南京维拓科技股份有限公司	雨花台区
69	南京市车联网工程技术研究中心	南京绛门信息科技股份有限公司	雨花台区
70	南京市火灾智能化防控工程技术研究中心	钟星建设集团有限公司	雨花台区
71	南京市高端电源管理芯片工程技术研究中心	江苏展芯半导体技术有限公司	雨花台区
72	南京市微波探测系统工程技术研究中心	南京雷电信息技术有限公司	雨花台区

续表

序号	中心名称	依托单位	主管部门
73	南京市能源物联网平台工程技术研究中心	南京上古网络科技有限公司	雨花台区
74	南京市站房智慧运行工程技术研究中心	南京征途信息技术有限公司	雨花台区
75	南京市地方金融科技工程技术研究中心	江苏金农股份有限公司	雨花台区
76	南京市综合能源应用工程技术研究中心	南京电力设计研究院有限公司	雨花台区
77	南京市应急通讯工程技术研究中心	南京高达软件有限公司	雨花台区
78	南京市信息安全攻防工程技术研究中心	南京聚铭网络科技有限公司	雨花台区
79	南京市融合通信终端工程技术研究中心	南京汉隆科技有限公司	雨花台区
80	南京市分户式三恒系统工程技术研究中心	南京慧和建筑技术有限公司	雨花台区
81	南京市大数据可视化工程技术研究中心	智器云南京信息科技有限公司	雨花台区
82	南京市金融大数据工程技术研究中心	江苏红网技术股份有限公司	雨花台区
83	南京市北斗工程技术研究中心	江苏泰达机电设备有限责任公司	雨花台区
84	南京市物联网智慧养老工程技术研究中心	南京迈特望科技股份有限公司	雨花台区
85	南京市创新生物制品工程技术研究中心	正大天晴药业集团南京顺欣制药有限公司	江宁区
86	南京市无纺布滤料工程技术研究中心	南京际华三五二一环保科技有限公司	江宁区
87	南京市海洋水利工程技术研究中心	南京图信新材料科技有限公司	江宁区
88	南京市高分子橡塑复合材料工程技术研究中心	南京正隆顺达高分子材料有限公司	江宁区
89	南京市受控电弧增材工程技术研究中心	江苏烁石焊接科技有限公司	江宁区
90	南京市新型路用高分子材料工程技术研究中心	南京兴佑交通科技有限公司	江宁区
91	南京市精密汽车零部件工程技术研究中心	胡连电子（南京）有限公司	江宁区
92	南京市新能源智慧运维工程技术研究中心	江苏未来智慧信息科技有限公司	江宁区
93	南京市智能转向传动工程技术研究中心	南京驰力汽车传动装置有限公司	江宁区
94	南京市新一代移动通信工程技术研究中心	南京典格通信科技有限公司	江宁区
95	南京市数字化智能设备工程技术研究中心	南京丰浩华食品供应链管理有限公司	江宁区
96	南京市电机智能化产线工程技术研究中心	南京同尔电子科技有限公司	江宁区
97	南京市建筑安全智慧工程技术研究中心	江苏拓嘉工程设计研究院有限公司	江宁区
98	南京市口腔智能制造工程技术研究中心	南京前知智能科技有限公司	江宁区
99	南京市智能真空系统工程技术研究中心	南京真空泵厂有限公司	江宁区
100	南京市智能病理诊疗工程技术研究中心	南京迪安医学检验所有限公司	江宁区
101	南京市冷连轧装备应用工程技术研究中心	南京荣鑫机械制造有限公司	江宁区
102	南京市家具智能化制造工程技术研究中心	南京威乃达家具有限公司	江宁区
103	南京市差异化仿创药工程技术研究中心	南京济群医药科技股份有限公司	江宁区
104	南京市微流体工程技术研究中心	南京润泽流体控制设备有限公司	江宁区
105	南京市病理检验工程技术研究中心	南京华银医学检验所有限公司	江宁区
106	南京市代谢与生殖多肽工程技术研究中心	南京康舟医药科技有限公司	江宁区
107	南京市实验动物食品工程技术研究中心	江苏省协同医药生物工程有限责任公司	江宁区

续表

序号	中心名称	依托单位	主管部门
108	南京市分子影像工程技术研究中心	米度（南京）生物技术有限公司	江宁区
109	南京市新型螺栓紧固件工程技术研究中心	南京国强紧固件制造有限公司	江宁区
110	南京市轨道交通数智化工程技术研究中心	南京景曜智能科技有限公司	江宁区
111	南京市直流配电工程技术研究中心	南京国臣直流配电科技有限公司	江宁区
112	南京市水质在线监测工程技术研究中心	南京市仪器仪表工业供销有限公司	江宁区
113	南京市政务信息化工程技术研究中心	南京安夏电子科技有限公司	江宁区
114	南京市智能车灯工程技术研究中心	江苏缤致光电科技有限公司	江宁区
115	南京市弹簧及弹性元件工程技术研究中心	南京弹簧有限公司	江宁区
116	南京市热处理工程技术研究中心	南京善工信机械有限公司	江宁区
117	南京市轨道交通电气系统工程技术研究中心	南京志卓电子科技有限公司	浦口区
118	南京市高端存储芯片封测工程技术研究中心	华天科技（南京）有限公司	浦口区
119	南京市智能电网设备工程技术研究中心	南京大吉铁塔制造有限公司	浦口区
120	南京市半导体测试工程技术研究中心	南京宏泰半导体科技有限公司	浦口区
121	南京市先进计算应用工程技术研究中心	中科曙光（南京）计算技术有限公司	浦口区
122	南京市高密度先进封装工程技术研究中心	江苏芯德半导体科技有限公司	浦口区
123	南京市显示器壳体工程技术研究中心	南京桓耀昌电子科技有限公司	六合区
124	南京市医学影像工程技术研究中心	南京诺源医疗器械有限公司	六合区
125	南京市数控导轨磨床工程技术研究中心	南京南特精密机械有限公司	六合区
126	南京市智能育鸽与精养工程技术研究中心	南京东晨鸽业有限公司	六合区
127	南京市精密数控设备工程技术研究中心	南京颖元科技有限公司	六合区
128	南京市高精密波纹管工程技术研究中心	南京柔科航空设备科技有限公司	溧水区
129	南京市改性工程塑料工程技术研究中心	南京真宸科技有限公司	溧水区
130	南京市智能变电设备工程技术研究中心	东盟电气集团南京股份有限公司	溧水区
131	南京市 3D 数码打印机工程研究中心	南京欧瑞卡数码科技有限公司	溧水区
132	南京市金属制品新材料工程技术研究中心	南京先河工程技术股份有限公司	溧水区
133	南京市锂电智能自动化产线工程技术研究中心	南京华经设备科技有限公司	溧水区
134	南京市智能流体装备工程技术研究中心	江苏凯泉泵业制造有限公司	溧水区
135	南京市智能化预制工程技术研究中心	南京奥特自动化有限公司	溧水区
136	南京市机电抗震工程技术研究中心	江苏壹鼎崮机电科技有限公司	溧水区
137	南京市超临界挤出发泡工程技术研究中心	南京创博机械设备有限公司	溧水区
138	南京市新能源汽车 BMS 工程技术研究中心	南京金邦动力科技有限公司	溧水区
139	南京市汽轮机辅机工程技术研究中心	南京汽轮电机集团电站配件制造有限公司	溧水区
140	南京市睿实智能消防工程技术研究中心	南京睿实智能安全科技有限公司	溧水区
141	南京市风力发电精密件工程技术研究中心	江苏沃元精密机械有限公司	溧水区
142	南京市超精密光学镜片工程技术研究中心	南京施密特光学仪器有限公司	溧水区

续表

序号	中心名称	依托单位	主管部门
143	南京市电力系统工程技术研究中心	南京讯汇科技发展有限公司	高淳区
144	南京市智慧供应链工程技术研究中心	南京英诺森软件科技有限公司	高淳区
145	南京市汽车零部件工程技术研究中心	南京冠盛汽配有限公司	高淳区
146	南京市地下建筑管控工程技术研究中心	南京军理科技股份有限公司	高淳区
147	南京市绿色建筑幕墙工程技术研究中心	南京武家嘴门窗装饰有限公司	高淳区
148	南京市心血管医疗器械工程技术研究中心	南京友德邦医疗科技有限公司	高淳区
149	南京市高速包装机工程技术研究中心	南京恒昌包装机械有限公司	江宁开发区
150	南京市网络信息体系工程技术研究中心	北方信息控制研究院集团有限公司	江宁开发区
151	南京市智能柔性折弯机床工程技术研究中心	南京蓝昊智能科技有限公司	江宁开发区
152	南京市堆焊工艺及应用工程技术研究中心	福尼斯（南京）表面工程技术有限公司	江宁开发区
153	南京市抗菌新材料与评价工程技术研究中心	同曦集团有限公司	江宁开发区
154	南京市 5G+行业应用工程技术研究中心	南京濠暻通讯科技有限公司	江宁开发区
155	南京市大功率半导体工程技术研究中心	南京晟芯半导体有限公司	江宁开发区
156	南京市输电线路设备研发工程技术研究中心	江苏宇诚汇通电力设备有限公司	江宁开发区
157	南京市城市照明智能化工程技术研究中心	南京理控物联技术有限公司	江宁开发区
158	南京市宽带移动通信工程技术研究中心	江苏集萃移动通信技术研究所有限公司	江宁开发区
159	南京市高端智能装备工程技术研究中心	江苏优智享智能制造有限公司	江宁开发区
160	南京市动力电池梯次利用工程技术研究中心	江苏华友能源科技有限公司	江宁开发区
161	南京市光通信系统工程技术研究中心	南京智电达科技有限公司	江宁开发区
162	南京市非球面玻璃透镜工程技术研究中心	南京迈得特光学有限公司	江宁开发区
163	南京市软件定义网络工程技术研究中心	南京优速网络科技有限公司	江宁开发区
164	南京市新能源电站运维工程技术研究中心	旻投电力发展有限公司	江宁开发区
165	南京市智能汽车电子零部件工程技术研究中心	南京美均电子科技有限公司	江宁开发区
166	南京市泽慧光伏工程技术研究中心	南京泽慧能源科技有限公司	江宁开发区
167	南京市一二次融合智能配电系统工程技术研究中心	南京蓝园精瑞电气有限公司	江宁开发区
168	南京市海洋机械装备工程技术研究中心	南京劲拓机械有限公司	江宁开发区
169	南京市复杂曲面金属工程技术研究中心	南京筑新技术集团有限公司	江宁开发区
170	南京市智慧校园工程技术研究中心	南京南邮信息产业技术研究院有限公司	经济技术开发区
171	南京市晶升半导体设备工程技术研究中心	南京晶升装备股份有限公司	经济技术开发区
172	南京市体外诊断新技术工程技术研究中心	南京诺唯赞医疗科技有限公司	经济技术开发区
173	南京市迪瓦永磁科技工程技术研究中心	南京迪瓦永磁科技有限公司	经济技术开发区
174	南京市电动滑板车应用工程技术研究中心	南京快轮智能科技有限公司	经济技术开发区
175	南京市柔性化智能装备工程技术研究中心	南京合信自动化有限公司	经济技术开发区
176	南京市数字出海云平台工程技术研究中心	江苏未迟数字技术有限公司	经济技术开发区

数据来源：南京市科学技术局检索资料整理。

四、研发投入

（一）科学研究与试验发展经费支出

2022年，南京市科学研究与试验发展（R&D）经费投入为626亿元，位居江苏省第二，比上年增长了8.15%。从近5年的R&D经费投入来看，南京市R&D经费保持了稳步增长，投入强度也持续提升，全市R&D经费投入相对于地区生产总值的比重继续提高，已超3.7%。

（二）重点实验室

重点实验室以服务国家重大科技需求为使命，为高质量发展赋能，截至2022年共建设国家和省级重点实验室190个。其中国家级重点实验室中以南京大学为依托单位的重点实验室数量最多，共有7家。

（三）科技公共服务平台

2022年，南京市科技局开展2022年市级科技公共服务平台绩效评估工作，将南京沃谱瑞环境研究院有限公司、江苏集萃药康生物科技股份有限公司、南京南智先进光电集成技术研究院有限公司、南京南邮信息产业技术研究院有限公司、南京亿科人群健康研究院有限公司、南京景瑞康分子医药科技有限公司、江苏集萃先进高分子材料研究所有限公司、中科曙光（南京）计算技术有限公司等8家单位纳入市级科技公共技术服务平台管理。

第二节　镇江市的科技创新

一、创新实力

（一）知识产权专利指标

2022年，镇江市专利授权量为20139件，较上年下降11.26%；PCT专利申请量为121件，较上年增加98.63%；发明专利授权量3273件，较上年下降47.01%；万人发明专利拥有量58.23件，比上年上涨20.2%。2022年，镇江市参加第22届中国专利奖评选，共获奖项6项，其中专利金奖1项、专利优秀奖5项。

（二）科技创新活力指标

镇江市深入开展知识产权强国建设试点示范工作。国家知识产权局以打造国家知识产权试点示范园区升级版为目标，按照“试点促普及推广、示范促深化发展”的思路，经园区申报、地方推荐、专家评审、结果公示等程序，认定镇江经济开发区为国家级知识产权强国建设试点园区；镇江市京口区、句容市、扬中市为国家知识产权强县建设试点县，镇江市丹阳市为镇江知识产权强县建设示范县。2022年，镇江市按照知识产权强企行动计划要求，以高新技术企业、规模以上企业、上市企业和涉军企业为重点，推进贯标绩效评价本地化工作，截至2022年底，镇江市参与贯标企业有127家，35家为绩效评价合格单位，61家企业通过国际认证；镇江市新增1家省级众创空间，为镇江数字技术融合创新中心；镇江市新增省级科技孵化器2家，分别为智备流体科技企业孵化器和云时代中心科技企业孵化器。

二、创新市场

（一）全年技术交易合同额与合同量

2022年，镇江市技术交易合同额与合同量整体稳步上涨。镇江市技术成交合同额为80.44亿元，比2021年上涨19.03%，技术成交合同量为3518项。

（二）高新技术产业产值

2022年，镇江市高新技术产业产值为3587.8亿元，高新技术产业产值占镇江市规模以上工业总产值54.1%。

（三）上市企业

镇江市2022年拥有上市企业24家（表4-4-7），包括境内上市企业19家、境外上市企业5家，其中新增上市企业2家，分别为骏成科技和三维股份。

表4-4-7　2022年镇江市上市企业名单

企业类型	序号	地区	企业名称	性质	上市/挂牌地点
境内上市企业	1	丹阳	大亚圣象	民营	深交所主板（000910）
	2		恒宝股份	民营	深交所主板（002104）
	3		丹化科技	国有	上交所主板（600844）
	4		鱼跃医疗	民营	深交所主板（002223）
	5		花王股份	民营	上交所主板（603007）
	6		图南股份	民营	深交所创业板（300855）
	7		同力日升	民营	上交所主板（605286）
	8		明月镜片	民营	深交所创业板（301168）
	9	句容	骏成科技	民营	深交所创业板（301106）
	10	扬中	威腾电气	民营	上交所科创板（688226）
	11		通灵股份	民营	深交所创业板（301101）
	12	丹徒	恒顺醋业	国有	上交所主板（600305）
	13	京口	江苏索普	国有	上交所主板（600746）
	14		鼎胜新材	民营	上交所主板（603876）
	15	镇江新区	大港股份	国有	深交所主板（002077）
	16		东方电热	民营	深交所创业板（300217）
	17		正丹股份	民营	深交所创业板（300641）
	18		吉贝尔	民营	上交所科创板（688566）
	19		三维股份	民营	北交所（831834）
境外上市企业	20	丹阳	沃得精机	民营	新加坡交易所主板（B49）
	21		天工国际	民营	香港联交所（0826. HK）
	22		海昌	台资	台湾证交所（8406. TWO）
	23	句容	谭木匠	民营	香港联交所（0837. HK）
	24	扬中	大全能源	民营	美国纽交所（DQ）

数据来源：镇江市统计局网站检索资料整理。

三、创新企业

（一）高新技术企业

2022年，镇江市创新动能稳步增强，全年规模以上工业增加值比上年增长5.6%，其中大中型企业增长11.3%。分轻重工业看，轻工业增长16.9%；重工业增长2.4%。分经济类型看，国有及国有控股企业增长9.8%，集体企业下降21.4%，股份制企业增长8.5%，外商及港澳台商投资企业下降5.4%；民营企业增长8.4%，其中私营企业增长4.7%。

2022年全年规模以上工业高技术制造业增加值比上年增长35.3%，其中医药制造业增长

22.2%，航空、航天器及设备制造业增长35.2%，电子及通信设备制造业增长51.1%。高新技术产品产量增长较快，其中新能源汽车产量增长177.6%，多晶硅片增长137.7%。新增国家级“单项冠军”和专精特新“小巨人”企业19家、省级122家，数量超前三年总和。新增省级服务型制造示范企业、工业设计中心9家。年末拥有省级智能工厂8家，省级智能车间95个。

2022年末上市挂牌企业总数732家，其中2022年新增291家。上市企业24家（境内19家，境外5家），新三板挂牌27家，区域股权交易中心挂牌681家。年末拥有保险机构63家。全年实现保费收入152.68亿元，比上年增长3.5%。其中财产险31.74亿元，增长10.1%；人身险120.95亿元，增长1.9%。全年赔付额44.15亿元，比上年增长8.8%。其中财产保险赔付18.44亿元，下降5.7%；人身保险赔付25.71亿元，增长22.4%。

（二）独角兽企业

江苏省生产力促进中心发布2022年江苏省独角兽、潜在独角兽评估结果，镇江市江苏美科太阳能科技股份有限公司入选省独角兽企业，镇江矽佳测试技术有限公司、镇江海姆霍兹传热传动系统有限公司入选省潜在独角兽企业。截至2022年，镇江市累计培育省独角兽企业3家、潜在独角兽企业4家。

（三）瞪羚企业

2022年，镇江市共12家企业入选江苏省瞪羚企业名单，分别为雷朋电气集团有限公司、倍德力能源装备（江苏）有限公司、镇江大全金属表面处理有限公司、镇江苏博特新材料有限公司、江苏和正特种装备有限公司、江苏联博精密科技有限公司、江苏拓海煤矿钻探机械有限公司、北汽蓝谷麦格纳汽车有限公司、江苏金海星导航科技有限公司、江苏英思达科技有限公司、镇江赛尔尼柯自动化有限公司和江苏凯德电控科技有限公司。

（四）专精特新“小巨人”企业

2022年，江苏省工业和信息化厅公布了江苏省入选国家级第四批专精特新“小巨人”企业名单，镇江市有18家企业成功入选（表4-4-8）。

表4-4-8　2022年镇江市专精特新“小巨人”企业名单

序号	名称
1	江苏仅一联合智造有限公司
2	江苏亿阀股份有限公司
3	镇江三维输送装备股份有限公司
4	江苏金斯瑞生物科技有限公司
5	镇江贝斯特新材料股份有限公司
6	中船动力镇江有限公司
7	江苏磁谷科技股份有限公司
8	江苏美科太阳能科技股份有限公司
9	江苏华强新能源科技有限公司
10	江苏和成显示科技有限公司
11	江苏兆鋆新材料股份有限公司
12	长江三星能源科技股份有限公司
13	丹阳丹耀光学股份有限公司
14	江苏乐能电池股份有限公司
15	江苏金合能源科技有限公司

续表

序号	名称
16	江苏锋芒复合材料科技集团有限公司
17	江苏金茂制链有限公司
18	江苏华昌工具制造有限公司

数据来源：江苏省工业和信息化厅网站检索资料整理。

（五）制造业单项冠军企业

2022 年 10 月 24 日，工信部委托各省（自治区、直辖市）及计划单列市，发布了第七批制造业单项冠军企业（产品）公示名单。镇江市的江苏威尔曼科技有限公司、镇江大力液压马达股份有限公司、建华建材（中国）有限公司等企业成功入选全国制造业单项冠军示范企业名单。

江苏威尔曼科技有限公司成立于 2000 年，是华宏科技旗下专业从事电梯智慧交互的国际化公司，专注于为客户提供人机界面、智能楼宇、多媒体、按钮等系列产品，与迅达、通力、日立、三菱等电梯品牌进行战略合作，业务遍及亚洲、非洲、南美洲、北美洲、欧洲等的多个国家和地区。

建华建材（中国）有限公司，混凝土制品与技术综合服务商、国家住宅产业化基地、单项冠军示范企业，创建于 1992 年，前身是建华管桩。自创立之日起，建华建材始终坚持“走正道、负责任、心中有别人”的企业文化，遵循“以人为本，无为而治”的管理理念，弘扬“求实、务实，提高办事效率，参与市场竞争”的企业精神。经过 30 余年砥砺奋进，建华建材紧抓“长三角”“珠三角”“环渤海湾”三大区域经济增长点，在国内 19 个省（广东、福建、江苏、安徽、湖北、河南、湖南、山西、山东、辽宁、吉林、河北、四川、黑龙江、江西、浙江、陕西、海南、甘肃）、2 个直辖市（上海、天津）、2 个自治区（广西壮族自治区、内蒙古自治区）成立了 70 多家生产基地、300 多个服务网点，共有员工 30000 余人。

（六）研究机构

江苏省工程研究中心是依托江苏省有关行业或领域内科技实力较强的重点科研机构、省级以上高新技术企业和高等院校组建的科研开发实体。2022 年，镇江市共有省级工程研究中心 6 家（表 4-4-9）。

表 4-4-9　2022 年度镇江市省级工程研究中心名单

序号	平台名称	依托单位
1	江苏省新型智能扶梯驱动系统工程研究中心	江苏申阳电梯部件有限公司
2	江苏省水陆交通安全防控高端装备工程研究中心	江苏金海星导航科技有限公司
3	江苏省航空航天增材制造工程研究中心	中国航发北京航空材料研究院
4	江苏省工业碳系统分析工程研究中心	江苏大学
5	江苏省海洋智能感知工程研究中心	江苏科技大学
6	江苏省混合动力增压直喷汽油机工程研究中心	蜂巢动力系统（江苏）有限公司

数据来源：江苏省发展和改革委员会网站检索资料整理。

四、研发投入

（一）科学研究与试验发展经费支出

2022 年，镇江市科学研究与试验发展（R&D）经费投入为 126 亿元，位居江苏省第十，保持较快增长，比上年增长了 10. 22%。从近 5 年的 R&D 经费投入来看，镇江市 R&D 经费保持了稳步增长，投入强度也持续提升，全市 R&D 经费投入相对于地区生产总值的比重继续提高，达到了 2. 5%

左右。

（二）重点实验室

镇江市拥有省级重点实验室5家，分别为依托于江苏大学的江苏省汽车工程重点实验室、江苏省材料摩擦学重点实验室、江苏省动力机械清洁能源与应用重点实验室和依托于江苏科技大学的江苏省船舶先进设计制造技术重点实验室、江苏省先进焊接技术重点实验室。

（三）科技公共服务平台

截至2022年，镇江市开设了镇江市知识产权公共服务平台、镇江科技资源云平台、镇江科技创新服务网、镇江公共资源交易服务平台、镇江市中小企业公共服务平台等一系列科技公共服务平台。

第三节　扬州市的科技创新

一、创新实力

（一）知识产权专利指标

2022年，扬州市专利授权量为23219件，较上年下降19.77%；PCT专利申请量为101件，较上年增长27.85%；发明专利授权量2543件，较上年增长30.54%；万人发明专利拥有量26.81件，比上年上涨65.27%。

（二）科技创新活力指标

2022年，扬州市经园区申报、地方推荐、专家评审、结果公示等程序，认定扬州国家高新技术产业开发园为国家级知识产权强国建设试点园区；截至2022年底，扬州市参与贯标的企业有141家，7家为绩效评价合格单位，39家企业通过国际认证。2022年，扬州市新增6家省级众创空间，分别为五亭龙e空间、启迪之星（扬州）众创空间、云媒数字空间、赛德车创谷、亿茂软件信息众创空间和AG创客汇。2022年，扬州市新增省级科技孵化器1家，为扬州北大科技园。

二、创新市场

（一）全年技术交易合同额与合同量

2022年，扬州市技术交易合同额与合同量整体稳步上涨。扬州市技术成交合同额为218.15亿元，比2021年上涨28.46%，技术成交合同量为6503项。

（二）高新技术产业产值

2022年，扬州高新技术产业产值为3326.67亿元，高新技术产业产值占扬州市规模以上工业总产值51.2%。

（三）上市企业

扬州市2022年度共有上市企业20家（表4-4-10），其中新增上市企业1家，为嵘泰股份。

表4-4-10　2022年扬州市上市企业名单

企业类型	序号	地区	企业名称	性质	上市/挂牌地点
境内上市企业	1	广陵区	扬农化工	国有	上海证券交易所（600486）
	2		宝胜股份	国有	上海证券交易所（600973）
	3		亚星客车	民营	上海证券交易所（600213）
	4		倍加洁	民营	上海证券交易所（603059）
	5		联环药业	国有	上海证券交易所（600513）
	6		鸿达兴业	民营	深圳证券交易所（002002）

续表

企业类型	序号	地区	企业名称	性质	上市/挂牌地点
境内上市企业	7	邗江区	亚普股份	国有	上海证券交易所（603013）
	8		扬杰科技	民营	深圳证券交易所（300373）
	9		海昌新材	民营	深圳证券交易所（300885）
	10		艾迪药物	民营	上海证券交易所（688488）
	11	江都区	长青股份	民营	深圳证券交易所（002391）
	12		亚威股份	国有	深圳证券交易所（002559）
	13		嵘泰股份	国有	上海证券交易所（605133）
	14		苏奥传感	民营	深圳证券交易所（300507）
	15	高邮市	传艺科技	民营	深圳证券交易所（002866）
	16	宝应县	晨化股份	国有	深圳证券交易所（300610）
境外上市企业	17	广陵区	泰和小贷	民营	香港证券交易所（01915. HK）
	18		美华国际	民营	美国纳斯达克证券交易所（MHUA）
	19	邗江区	奇点国际	民营	香港证券交易所（01280. HK）
	20		罗思韦尔	民营	韩国科斯达克证券交易所（900260）

数据来源：扬州市统计局网站检索资料整理。

三、创新企业

（一）高新技术企业

2022 年，扬州市 3550 家规模以上工业企业增加值增长 8.7%，其中轻工业增长 8.2%，重工业增长 8.9%。按门类分，制造业增加值增长 9.1%，电力、热力、燃气及水生产和供应业增加值增长 0.4%，采矿业增加值下降 0.9%。按经济类型分，国有工业增长 20.9%，集体工业下降 0.9%，股份制工业增长 11.4%，外商及港澳台商投资工业下降 3.5%。

先进制造业产值增长 13.9%，对全部规模以上工业总产值的贡献率达 66.7%。分产业看，汽车及零部件（含新能源汽车）产业增长 2.6%，食品产业增长 11.3%，海工装备和高技术船舶产业增长 21.3%，新型电力装备产业增长 34.7%，生物医药和新型医疗器械产业增长 3.7%，高端装备产业增长 5.8%，高端纺织服装产业增长 7.6%，电子信息产业增长 10.6%，航空产业下降 28.9%。

2022 年认定国家高新技术企业 712 家，有效高新技术企业累计数达 1774 家。2930 家企业通过国家科技型中小企业认定。全年高新技术产业产值占规模以上工业产值比重达 51.2%。

（二）独角兽企业

2022 年，江苏省生产力促进中心发布江苏独角兽企业暨高新区独角兽企业评估结果，扬州市高新区朗森特科技入选潜在独角兽企业。

（三）瞪羚企业

2022 年，扬州市 16 家企业入选高新区瞪羚企业（表 4-4-11）。

表 4-4-11　2022 年扬州市瞪羚企业名单

序号	企业名称
1	江苏亚开电气有限公司
2	江苏恒佳自动化设备有限公司

续表

序号	企业名称
3	扬州牧丰环保机械有限公司
4	江苏智绿充电科技有限公司
5	江苏安宇环保科技有限公司
6	尚鼎环境科技（江苏）有限公司
7	扬州思普尔科技有限公司
8	扬州维邦园林机械有限公司
9	江苏江扬特种电缆有限公司
10	朗森特科技有限公司
11	扬州昌祥新材料有限公司
12	江苏中航百慕新材料技术有限公司
13	江苏合瑞精密制造有限公司
14	江苏科迈液压控制系统有限公司
15	扬州阔图制冷设备有限公司
16	江苏稻源微电子有限公司

数据来源：江苏省生产力促进中心网站检索资料整理。

（四）专精特新“小巨人”企业

2022年，江苏省工业和信息化厅公布了江苏省入选国家级第四批专精特新“小巨人”企业名单，扬州市有19家企业成功入选（表4-4-12）。

表4-4-12　2022年扬州市新增专精特新“小巨人”企业名单

序号	企业名称
1	扬州富威尔复合材料有限公司
2	扬州海昌新材股份有限公司
3	扬州惠通科技股份有限公司
4	江苏双汇电力发展股份有限公司
5	风帆（扬州）有限责任公司
6	扬州华光新材料股份有限公司
7	永道射频技术股份有限公司
8	扬州亚光电缆有限公司
9	扬州市伏尔坎机械制造有限公司
10	江苏兴洋管业股份有限公司
11	江苏润华电缆股份有限公司
12	江苏舜天国际集团江都工具有限公司
13	江苏嘉和热系统股份有限公司
14	江苏永一泵业科技集团有限公司
15	江苏科迈液压控制系统有限公司

续表

序号	企业名称
16	扬州尼尔工程塑料有限公司
17	扬州市金鑫电缆有限公司
18	扬州万润光电科技股份有限公司
19	江苏省南扬机械制造有限公司

数据来源：江苏省工业和信息化厅网站检索资料整理。

（五）制造业单项冠军企业

2022 年，工业和信息化部、中国工业经济联合会联合发布第七批制造业单项冠军及通过复核的第一批、第四批制造业单项冠军企业（产品）名单，扬州市新增 3 家企业榜上有名。其中江苏扬农锦湖化工有限公司入选单项冠军示范企业，招商局金陵鼎衡船舶（扬州）有限公司的灵便型化学品船、中国石化仪征化纤有限责任公司的膜级聚酯切片入选单项冠军产品。截至 2022 年底，全市累计获批制造业单项冠军示范企业 4 家、单项冠军产品 6 项。

江苏扬农锦湖化工有限公司主要生产液体、固体溶剂型、溴化及特种四大系列 20 多种环氧树脂，现正致力于生产销售无卤、水性和风力发电等环境友好型环氧树脂，产品广泛应用于电子电工、涂料、材料、胶黏剂等多个领域。经过公司全体员工的努力，公司已成为中国行业内五大环氧树脂生产企业之一。

招商局金陵鼎衡船舶（扬州）有限公司致力于高端不锈钢化学品船、双燃料动力船、液货船等特种船舶建造，迄今共有 6 个船型填补中国造船业空白，中小型化学品船在手订单量排名世界第一。该公司已经形成了不锈钢焊接技术和液货系统技术的核心竞争力，领先于国内外同类产品建造厂家。

中国石化仪征化纤有限责任公司是中国石化中高端聚酯生产基地和特种纤维生产基地，是国家标准《膜级聚酯切片》（GB/T 17932）的主起草单位。公司聚酯产品差别化率达到 99% 以上，质量处于国内领先地位，其中涤纶短纤产销量居全球第一。高性能聚乙烯纤维和对位芳纶为完全自主知识产权，高性能聚乙烯纤维采用国内唯一干法工艺技术。

（六）研究机构

2022 年扬州市共有江苏省工程研究中心 7 家（表 4-4-13）。

表 4-4-13　2022 年扬州市省级工程研究中心名单

序号	平台名称	依托单位
1	江苏省绿色园艺工程研究中心	扬州大学
2	江苏省路桥隧数字化建造工程研究中心	江苏瑞沃建设集团有限公司
3	江苏省智能电网超特高压配套器件工程研究中心	江苏双汇电力发展股份有限公司
4	江苏省建筑垃圾循环利用工程研究中心	扬州市职业大学
5	江苏省新材料塑性成形智能化应用工程研究中心	扬州工业职业技术学院
6	江苏省舰船用光电复合电缆研发及应用工程研究中心	扬州中大电缆有限公司
7	江苏省超特高压直流 GIL 系统工程研究中心	江苏金鑫电器有限公司

数据来源：江苏省发展和改革委员会网站检索资料整理。

四、研发投入

（一）科学研究与试验发展经费支出

2022年，扬州市科学研究与试验发展（R&D）经费投入为180亿元，位居江苏省第七，保持较快增长，比上年增长了13.1%。从近5年的R&D经费投入来看，扬州市R&D经费保持了稳步增长，投入强度也持续提升，全市R&D经费投入相对于地区生产总值的比重继续提高，达到近2.5%。

（二）重点实验室

扬州市拥有省级重点实验室7家，均依托于扬州大学，分别为江苏省作物栽培生理重点实验室、江苏省动物预防医学重点实验室、江苏省水利动力工程重点实验室、江苏省动物遗传繁育与分子设计重点实验室、江苏省植物功能基因组学重点实验室、江苏省环境材料与环境工程重点实验室和江苏省人兽共患病学重点实验室。

（三）科技公共服务平台

扬州市高度重视科技公共服务平台建设工作，已建成市级以上科技公共服务平台36家，其中省级科技公共服务平台16家，数量居全省第5位。

第四节　淮安市的科技创新

一、创新实力

（一）知识产权专利指标

2022年，淮安市专利授权量为11624件，较上年下降21.62%；PCT专利申请量为57件，较上年下降12.3%；发明专利授权量1095件，较上年增长12.4%；万人发明专利拥有量11.9件，比上年上涨24%。

（二）科技创新活力指标

2022年，经淮安市园区申报、地方推荐、专家评审、结果公示等程序，认定淮安经济开发开发园为国家级知识产权强国建设试点园区；截至2022年底，淮安市参与贯标企业有41家，2家为绩效评价合格单位，22家企业通过国际认证；2022年，淮安市新增2家省级众创空间，分别为淮安青创C空间和晶创空间。

二、创新市场

（一）全年技术交易合同额与合同量

2022年，淮安市技术交易合同额与合同量整体稳步上涨。淮安市技术成交合同额为200亿元，比2021年上涨201%，技术成交合同量为7711项。

（二）高新技术产业产值

高新技术产业发展是产业转型升级达到高技术含量、高市场占有率和高产业附加值的过程。2022年淮安市高新技术产业产值为1187.76亿元，高新技术产业产值占淮安市规模以上工业总产值37.5%。

（三）上市企业

2022年，淮安市共有上市企业18家，均为境内上市企业（表4-4-14），其中新增上市企业2家，分别为江苏威博液压股份有限公司和江苏纽泰格科技集团股份有限公司。

表 4-4-14　2022 年淮安市上市企业名单

企业类型	序号	地区	企业名称	性质	上市/挂牌地点
境内上市企业	1	涟水县	今世缘	国有	上海证券交易所（603369）
	2		永创医药	民营	新三板（833453）
	3	淮安区	苏盐井神	民营	上海证券交易所（603299）
	4		共创草坪	民营	上海证券交易所（605099）
	5		建纬检测	民营	新三板（872620）
	6		威博液压	民营	上交所主板（871245）
	7	清江浦区	柴米河	民营	新三板（873369）
	8		金象传动	国有	新三板（830802）
	9		世昌集团	民营	新三板（832302）
	10		山河生态	国有	新三板（870283）
	11	淮阴区	恒信诺金	民营	新三板（870066）
	12		纽泰格	民营	深交所主板（301229）
	13	洪泽区	海拜科技	民营	新三板（833287）
	14		洪泽生物	民营	新三板（871357）
	15		华晨股份	国有	新三板（872692）
	16	金湖县	祥豪实业	民营	新三板（838211）
	17		政轩股份	民营	新三板（873351）
	18	盱眙县	华洪新材	民营	新三板（839981）

数据来源：淮安市统计局网站检索资料整理。

三、创新企业

（一）高新技术企业

2022 年，淮安市拥有高新技术企业 670 家、科技型中小企业入库 2100 家，高新技术产业产值占比 30%，全市企业研发投入超 80 亿元。获批国家级众创空间、企业技术中心和火炬特色产业基地各 1 个。入选首批国家知识产权强市建设试点城市，技术合同成交额 200 亿元，实现企业参与国际标准修订“零的突破”。新备案省级校企联盟 102 家，引进高层次人才团队和创业领军人才项目 77 个、“揭榜挂帅”项目 16 个。

（二）独角兽企业

江苏省生产力促进中心发布 2022 年省级独角兽企业名单，淮安市获批数量取得新突破，江苏视科新材料股份有限公司获批省级潜在独角兽企业。

（三）瞪羚企业

2022 年淮安市共有 3 家企业获批省级瞪羚企业（表 4-4-15）。

表 4-4-15　2022 年淮安市瞪羚企业名单

序号	企业名称
1	江苏迈尔汽车零部件有限公司
2	江苏纽泰格科技股份有限公司
3	江苏辰威生物科技有限公司

数据来源：江苏省生产力促进中心网站检索资料整理。

（四）专精特新“小巨人”企业

淮安市大力支持中小微企业发展，实施专精特新“小巨人”企业培育行动。江苏省工业和信息化厅公布的2022年度江苏省专精特新“小巨人”企业名单中，2家淮安企业列居榜上（表4-4-16）。

表4-4-16　2022年淮安市新增专精特新“小巨人”企业名单

序号	企业名称
1	江苏麒祥高新材料有限公司
2	江苏科圣化工机械有限公司

数据来源：江苏省工业和信息化厅网站。

（五）制造业单项冠军企业

2022年，江苏省工信厅公示了江苏省入围国家第七批制造业单项冠军企业（产品）名单，淮安市江苏天一超细金属粉末有限公司被评为示范企业，实现全市国家制造业单项冠军“零的突破”。

江苏天一超细金属粉末有限公司专注微纳米金属材料技术领域研发、生产20余年，持续进行羰基金属络合物、微纳米金属材料的研发与规模化生产及产品应用。该公司现拥有年产4万余吨五羰基铁并以此为原料制取1万吨以上微纳米羰基铁粉及镍铁包石墨等复合材料的规模化生产能力，为全球大规模的微纳米羰基铁粉生产者。该公司拥有年产1万吨超高压水雾化和高压气雾化非晶、合金粉的生产能力。高精度数控磁流变抛光设备及磁流变抛光液正在开启智能抛光时代，磁流变液及智能减振阻尼器产业化项目正在实施中。六羰基钨、六羰基钼、九羰基二铁、十二羰基三铁已形成产业化生产能力。

（六）研究机构

2022年淮安市共有江苏省工程研究中心9家（表4-4-17）。

表4-4-17　2022年淮安市省级工程研究中心名单

序号	平台名称	依托单位
1	江苏省酿酒微生物工程研究中心	江苏食品药品职业技术学院
2	江苏省工业云边协同技术工程研究中心	江苏电子信息职业学院
3	江苏省高性能流体控制装置工程研究中心	西派集团有限公司
4	江苏省药用真菌生物工程研究中心	江苏神华药业有限公司
5	江苏省儿科呼吸系统药物工程研究中心	江苏正大清江制药有限公司
6	江苏省新型光电功能材料与应用工程研究中心	淮阴工学院
7	江苏省高性能质子交换膜工程研究中心	江苏科润膜材料有限公司
8	江苏省卫生用品智能化柔性生产装备工程研究中心	江苏金卫机械设备有限公司
9	江苏省特种聚氨酯新材料工程研究中心	江苏利宏科技发展有限公司

数据来源：江苏省发展和改革委员会网站。

四、研发投入

（一）科学研究与试验发展经费支出

2022年，淮安市科学研究与试验发展（R&D）经费投入为119亿元，位居江苏省第十二，保持较快增长，比上年增长了13.1%。从近5年的R&D经费投入来看，淮安市R&D经费保持了稳步增长，投入强度也持续提升，全市R&D经费投入相对于地区生产总值的比重继续提高，达到了2.5%左右。

（二）重点实验室

淮安市拥有省级重点实验室2家，分别为江苏省国土资源利用重点实验室及由数字化制造技术应用研究室和数字化测控与工业网络技术应用研究室组成的江苏省数字化制造技术重点实验室，依托单位均为淮阴工学院。

（三）科技公共服务平台

淮安市充分认识科技公共服务平台建设的重要性，通过搭平台、引人才、出政策、优服务等措施大力推进全市科技公共服务平台建设工作，江苏省淮安物流公用信息技术服务中心、江苏省淮安设施农业智能化公共技术服务中心、江苏省淮安盐化工产品分析检测公共技术服务中心、江苏省淮安教学具产业数字化公共技术服务中心、江苏省淮安软件测试及技术公共服务平台等多家科技公共服务平台顺利通过省科技公共服务平台绩效评估。

第五节　芜湖市的科技创新

一、创新实力

（一）知识产权专利指标

2022年，芜湖市专利授权量为21114件，较上年增长24.47%；PCT专利申请量为71件，较上年下降19.32%；发明专利授权量7809件，较上年增长136.92%；万人发明专利拥有量56.59件，比上年上涨5.78%。

（二）科技创新活力指标

2022年，经地方申报推荐、材料审查、专家评审等程序，芜湖市鸠江区、弋江区被认定为芜湖知识产权强县建设示范县；截至年底，芜湖市参与贯标的企业有124家，33家为绩效评价合格单位，67家企业通过国际认证；新增8家省级众创空间，分别为安徽师范大学众创空间、梦溪众创空间、AIIT众创空间、四叶草众创空间、萤火虫众创空间、易恒云创众创空间、云工享众创空间和全领众创空间；新增省级科技孵化器3家，分别为启迪之星（芜湖）孵化器、中皖智优科技企业孵化器和起航科技企业孵化器。

二、创新市场

（一）全年技术交易合同额与合同量

2022年，芜湖市技术交易合同额与成交合同量整体大幅上涨。芜湖市技术成交合同额为706.98亿元，比2020年上涨87.01%，技术交易成交合同量为1939项。

（二）高新技术产业产值

2022年，芜湖市高新技术产业产值为2677.37亿元，高新技术产业产值占芜湖市规模以上工业总产值46.1%。

（三）上市企业

截至2022年，芜湖全市共有境内外上市公司26家（表4-4-18），新增境内外上市企业3家，分别为海螺环保、福赛科技和雅葆轩。

表4-4-18　2022年芜湖市上市企业名单

企业类型	序号	地区	企业名称	性质	上市/挂牌地点
境内上市企业	1	鸠江区	楚江新材	民营	深圳证券交易所（002171）
	2		富春染织	民营	上海证券交易所（605189）
	3		淮河能源	国有	上海证券交易所（600575）
	4		鑫科材料	民营	上海证券交易所（600255）

续表

企业类型	序号	地区	企业名称	性质	上市/挂牌地点
境内上市企业	5	鸠江区	瑞鹄模具	民营	深圳证券交易所（002997）
	6		埃夫特	民营	上海证券交易所（688165）
	7		众源新材	民营	上海证券交易所（603527）
	8		神剑股份	国有	深圳证券交易所（002361）
	9		三七互娱	民营	深圳证券交易所（0025555）
	10		中电兴发	民营	深圳证券交易所（002298）
	11		长信科技	国有	深圳证券交易所（300088）
	12		伯特利	民营	上海证券交易所（603596）
	13		皖江物流	国有	上海证券交易所（600575）
	14		福赛科技	民营	深圳证券交易所（301529）
	15	弋江区	三只松鼠	民营	深圳证券交易所（300783）
	16		海螺新材	国有	深圳证券交易所（000619）
	17		三联锻造	民营	深圳证券交易所（001282）
	18	繁昌区	海螺水泥	国有	上海证券交易所（600585）
	19	无为市	丰原药业	民营	深圳证券交易所（000153）
	20	镜湖区	中公教育	民营	深圳证券交易所（002667）
	21	南陵县	雅葆轩	民营	北交所主板（870357）
境外上市企业	22	鸠江区	信义光能	民营	香港证券交易所（00968. HK）
	23		信义能源	民营	香港证券交易所（03868. HK）
	24	弋江区	海螺创业	国有	香港证券交易所（00586. HK）
	25		海螺环保	国有	香港证券交易所（00587. HK）
	26	繁昌区	倍搏集团	民营	香港证券交易所（08331. HK）

数据来源：芜湖市统计局网站检索资料整理。

三、创新企业

（一）高新技术企业

2022年，新兴动能不断增强。芜湖市全年高技术制造业增加值比上年增长47.6%，占规模以上工业增加值比重为10.5%；工业战略性新兴产业产值增长15.6%，其中新能源产业、新能源汽车产业产值分别增长34.7%和61.7%。限额以上网上零售额337.67亿元，增长11%。高技术产业投资增长33.2%，其中高技术制造业投资增长48.8%。

2022年末全市拥有省级及以上工程技术研究中心70个、国家级企业技术中心16个、省级及以上重点（工程）实验室15个、省级及以上质检中心5个（含国家级质检中心3个）、院士工作站10个。拥有高新技术企业1641家，其中当年新认定406家；拥有省级高新技术产品1957个，其中当年新认定508个。

（二）瞪羚企业

截至2022年，芜湖市共有18家瞪羚企业（表4-4-19）。

表 4-4-19　2022 年芜湖市瞪羚企业名单

序号	企业名称
1	三只松鼠股份有限公司
2	信义光能控股有限公司
3	联合卡车
4	伯特利控股集团
5	芜湖安瑞光电有限公司
6	芜湖勤惠科技有限公司
7	芜湖宏景电子股份有限公司
8	芜湖跃飞新型吸音材料股份有限公司
9	芜湖飞驰汽车零部件有限公司
10	芜湖金安世腾汽车安全系统有限公司
11	芜湖卓越线束系统有限公司
12	芜湖三联锻造股份有限公司
13	广东美芝制冷设备有限公司
14	芜湖航飞科技股份有限公司
15	芜湖天弋能源科技有限公司
16	芜湖杰诺瑞汽车电器系统有限公司
17	安徽达尔智能控制系统股份有限公司
18	华仁药业股份有限公司

数据来源：芜湖市统计局网站检索资料整理。

（三）专精特新“小巨人”企业

2022 年，安徽省经济和信息化厅公布了第四批国家级专精特新“小巨人”企业名单，其中芜湖市有 35 家企业成功入选（表 4-4-20）。

表 4-4-20　2022 年芜湖市新增专精特新“小巨人”企业名单

序号	企业名称
1	安徽华能电缆集团有限公司
2	芜湖禾田汽车工业有限公司
3	芜湖航天特种电缆厂股份有限公司
4	中电科芜湖钻石飞机制造有限公司
5	新亚特电缆股份有限公司
6	安徽华宇电缆集团有限公司
7	安徽华夏光电股份有限公司
8	芜湖楚江合金铜材有限公司
9	博耐尔汽车电气系统有限公司
10	安徽鼎恒实业集团有限公司

续表

序号	企业名称
11	安徽明远电力设备制造有限公司
12	中安达电气科技股份有限公司
13	安徽凌宇电缆科技有限公司
14	芜湖仅一机械有限公司
15	安徽佑赛科技股份有限公司
16	安徽龙庵电缆集团有限公司
17	安徽海螺信息技术工程有限责任公司
18	芜湖跃飞新型吸音材料股份有限公司
19	芜湖荣基密封系统有限公司
20	芜湖三联锻造股份有限公司
21	芜湖诚拓汽车部件股份有限公司
22	安徽蓝翔电器成套设备有限公司
23	安徽国电电缆股份有限公司
24	芜湖市容川机电科技股份有限公司
25	安徽森源电器有限公司
26	芜湖强振汽车紧固件有限公司
27	芜湖泰和管业股份有限公司
28	芜湖聚飞光电科技有限公司
29	芜湖长鹏汽车零部件有限公司
30	芜湖通和汽车管路系统有限公司
31	芜湖天海电装有限公司
32	凌云工业股份（芜湖）有限公司
33	芜湖东光奥威汽车制动系统有限公司
34	芜湖卓越空调零部件有限公司
35	芜湖侨云友星电气工业有限公司

数据来源：工信部、安徽省科学技术厅网站检索资料整理。

（四）制造业单项冠军企业

芜湖市格外注重制造业单项冠军企业培育，2022年对安徽神剑新材料股份有限公司、安徽鑫科铜业有限公司等企业进行了制造业单项冠军企业培育。

安徽神剑新材料股份有限公司是全球主要的聚酯树脂生产厂家，在化工新材料领域专业从事粉末涂料专用聚酯树脂系列产品的生产、销售和研发，是国内粉末涂料原材料专业供应商，产销量连续多年位居行业前列。

安徽鑫科铜业有限公司是安徽鑫科新材料股份有限公司的控股子公司，位于中国（安徽）自由贸易试验区芜湖片区，是芜湖市前100强重点企业之一。该公司是一家专业从事铜合金带材技术研究、开发和产业化应用的高新技术企业。公司主导产品被广泛应用于大规模集成电路、5G通讯、智能终端、新能源等高技术领域。该公司“新型镀锡铜带材”产品技术全国领先，打破了国外镀锡带生产技术垄断。发展至今，鑫科已成为中国高端铜板带市场领军企业；该企业芜湖基地新生产线 80%以上产品替代德国、日本进口；核心产品新型镀锡铜带为国内首创，市场占有率居全球第三、国内第一。

（五）研究机构

2022 年，芜湖市新增省级工程研究中心 7 家（表 4-4-21），全市共获批 31 家省工程研究中心。

表 4-4-21　2022 年芜湖市新增省级工程研究中心名单

序号	平台名称	依托单位
1	安徽省航空航天照明工程研究中心	安徽华夏光电股份有限公司
2	安徽省车载显示集成系统工程研究中心	安徽工程大学
3	安徽省高效低碳燃料内燃机及装备工程研究中心	玉柴联合动力股份有限公司
4	安徽省航空螺旋桨工程研究中心	安徽劲旋风航空科技有限公司
5	安徽省口腔材料与应用转化工程研究中心	皖南医学院
6	安徽省分子检测与诊断工程研究中心	安徽师范大学
7	安徽省智能学习技术与系统工程研究中心	安徽师范大学

数据来源：安徽省发展和改革委员会网站检索资料整理。

四、研发投入

（一）科学研究与试验发展经费支出

2022 年，芜湖市科学研究与试验发展（R&D）经费投入为 149. 7 亿元，位居安徽省第二，保持较快增长，比上年增长了 30. 95%。从近 5 年的 R&D 经费投入来看，芜湖市 R&D 经费保持了稳步增长，投入强度也持续提升，全市 R&D 经费投入相对于地区生产总值的比重继续提高，达到了 3. 48%。

（二）重点实验室

芜湖市拥有省级及以上重点实验室 15 家。其中依托安徽师范大学的重点实验室有 6 家，依托安徽工程大学的实验室 4 家。其余的 5 家实验室均依托于芜湖市的企业，分别为安徽华东光电技术研究所有限公司、奇瑞汽车股份有限公司、国营芜湖机械厂、奇瑞新能源汽车股份有限公司与芜湖哈特机器人产业技术研究院有限公司。

（三）科技公共服务平台

2022 年，芜湖市支持打造企业服务应用场景及典型案例；主动对接县（市、区）级企业服务中心，积极开展公益性服务，不断提高服务能力和组织带动社会服务资源的能力，经自愿申报、县区推荐、专家评审、公示等程序，认定芜湖赛宝机器人产业技术研究院有限公司、芜湖赛宝信息产业技术研究院有限公司、芜湖通全科技有限公司、安徽瑞谱检测技术有限公司、安徽誉特双节能技术有限公司、南陵县生产力促进中心有限公司、芜湖市江川人力资源有限责任公司、芜湖江城人力资源服务产业园有限公司等 8 家中小企业入选公共服务示范平台名单。

第六节　马鞍山市的科技创新

一、创新实力

（一）知识产权专利指标

2022 年，马鞍山市专利授权量 9669 件，较上年增长 13. 73%；PCT 专利申请量为 50 件，较上年增长 6. 38%；发明专利授权量 2156 件，较上年增长 19. 05%；万人发明专利拥有量 60. 69 件，比 2020 年上涨 49. 12%。

（二）科技创新活力指标

2022年，马鞍山市按照知识产权强企行动计划要求，以高新技术企业、规模以上企业、上市企业和涉军企业为重点，推进贯标绩效评价本地化工作。截至2022年底，马鞍山市参与贯标的企业有36家，3家为绩效评价合格单位，19家企业通过国际认证。2022年，马鞍山市新增3家省级众创空间，分别为精工智创智能制造空间、马鞍山东创社众创空间和马鞍山综合保税区跨境众创空间。2022年，马鞍山市新增省级科技孵化器1家，为当涂创新港科技孵化器。

二、创新市场

（一）全年技术交易合同额与合同量

2022年，马鞍山市技术交易合同额与合同量整体稳步上涨。马鞍山市技术成交合同额为145亿元，比2021年上涨28.17%，技术成交合同量为695项。

（二）高新技术产业产值

2022年，马鞍山市高新技术产业产值为1723.88亿元，高新技术产业产值占马鞍山市规模以上工业总产值37.2%。

（三）上市企业

2022年，马鞍山市的上市企业有10家，其中境内上市9家，境外上市1家（表4-4-22）。

表4-4-22　2022年马鞍山市上市企业名单

企业类型	序号	地区	企业名称	性质	上市/挂牌地点
境内上市企业	1	雨山区	马钢股份	国有	上海证券交易所（600808）
	2		中钢天源	国有	深圳证券交易所（002057）
	3		汉马科技	民营	上海证券交易所（600375）
	4		泰尔股份	国有	上海证券交易所（002347）
	5		华菱星马	民营	深圳证券交易所（600375）
	6		华骐环保	国有	深圳证券交易所（300929）
	7	花山区	山鹰国际	民营	上海证券交易所（600567）
	8		新光圆成	国有	深圳证券交易所（002147）
	9	含山县	同兴环保	国有	深圳证券交易所（003027）
境外上市企业	10	博望区	现代牧业	民营	香港证券交易所（01117.HK）

数据来源：马鞍山市统计局网站检索资料整理。

三、创新企业

（一）高新技术企业

2022年，马鞍山市高技术产业增加值比上年增长49.6%。五大高技术产业全面增长，其中涨幅靠前的行业有航空、航天器及设备制造业（2.5倍），医疗仪器设备及仪器仪表业（1.6倍），计算机及办公设备制造业（44.1%），电子通信设备制造业（34.4%），等等。工业企业产销基本衔接，全年规模以上工业企业产品销售率为97.2%。

全市高新技术企业872家，比上年增长22.5%；有效发明专利拥有量10483件，增长19.3%。承担实施省级以上科技计划项目45项，建成省级以上科技企业孵化器11家、省级以上众创空间15家。新增省级以上研发平台25个，规模以上工业企业研发机构覆盖率48.1%，居全省首位；新增高新技术企业160家、备案科技型中小企业517家，均创历史新高；技术合同成交额145亿元，登记科技成果1945项。

（二）瞪羚企业

2022年，马鞍山市不断创新合作模式、加强合作力度、拓宽合作辖域、提高合作水平。马鞍山市重视凭借创建新模式或构建新业态等方式取得高速成长的瞪羚企业，积极引导鼓励瞪羚企业的成长与发展。

（三）专精特新“小巨人”企业

2022年，安徽省经济和信息化厅公布了第四批国家级专精特新“小巨人”企业名单，其中马鞍山市有21家企业成功入选（表4-4-23）。

表4-4-23　2022年马鞍山市新增专精特新“小巨人”企业名单

序号	企业名称
1	马鞍山市粤美金属制品科技实业有限公司
2	安徽威达环保科技股份有限公司
3	中钢天源股份有限公司
4	马鞍山南实科技有限公司
5	安徽瑞邦生物科技有限公司
6	马鞍山市鑫洋永磁有限责任公司
7	马鞍山利尔开元新材料有限公司
8	马鞍山经纬回转支承有限公司
9	东科半导体（安徽）股份有限公司
10	安徽桑瑞斯环保新材料有限公司
11	安徽菲利特过滤系统股份有限公司
12	马鞍山市广源法兰环件有限公司
13	马鞍山新康达磁业有限公司
14	安徽莱特气弹簧有限公司
15	圆融光电科技股份有限公司
16	迈特诺（马鞍山）特种电缆有限公司
17	中钢集团马鞍山矿院新材料科技有限公司
18	安徽紫江复合材料科技有限公司
19	马鞍山市天工科技股份有限公司
20	马鞍山市兴达冶金新材料有限公司
21	和县科嘉阀门铸造有限公司

数据来源：工信部、安徽省经济和信息化厅网站检索资料整理。

（四）制造业单项冠军企业

2022年，马鞍山市安徽国星生物化学有限公司成功入选全国制造业单项冠军企业名单。马鞍山市企业顺利入选全国制造业单项冠军企业名单，既是对企业长期专注于特定细分产品市场的创新、产品质量的提升和品牌培育的充分肯定，也从一个侧面反映出近年来马鞍山市工业经济加速发展、加快转型所取得的显著成效。

安徽国星生物化学有限公司成立于2007年1月，是一家专注于杂环“三药”（医药、农药、兽药）及“三药”中间体的研发、制造、销售的环保型国家火炬计划重点高新技术企业。该公司自成立以来，坚持走“专特优精”发展道路，围绕“生态链、产品链和循环经济链”的节能减排、循环经济模式建设项目，不断拓展下游产品，建成了世界唯一、规模最大、上下游一体、拥有自主创新的人称杂环类“三药”及“三药”中间体“芯片”的吡啶碱产业，并主导制定吡啶碱系列国家、行业标准 7 项，成为世界吡啶碱行业领导者。目前，安徽国星生物化学有限公司拥有 5 万吨每年的吡啶碱系列产品生产能力，排名世界第一。

（五）研究机构

2022 年，马鞍山市共有 5 家省级工程研究中心获批（表 4-4-24）。

表 4-4-24　2022 年马鞍山市新增省级工程研究中心名单

序号	平台名称	依托单位
1	安徽省绿色墙材智能装备工程研究中心	安徽科达机电股份有限公司
2	安徽省冶金装备制造与服务工程研究中心	安徽马钢重型机械制造有限公司
3	安徽省低温脱硝工程研究中心	同兴环保科技股份有限公司
4	安徽省冶金固废绿色建造工程研究中心	安徽工业大学
5	安徽省冶金工业软件技术工程研究中心	飞马智科信息技术股份有限公司

数据来源：安徽省发展和改革委员会网站检索资料整理。

四、研发投入

（一）科学研究与试验发展经费支出

2022 年，马鞍山市科学研究与试验发展（R&D）经费投入为 90 亿元，位居安徽省第六，保持较快增长，比上年增长了 10.17%。从近 5 年的 R&D 经费投入来看，马鞍山市 R&D 经费保持了稳步增长，投入强度也持续提升，全市 R&D 经费投入相对于地区生产总值的比重继续提高，达到了 3.6%。

（二）重点实验室

马鞍山市拥有国家级重点实验室 1 家，为金属矿山安全与健康国家重点实验室。拥有省级重点实验室 3 家，分别为金属矿山安全与健康安徽省重点实验室、高性能轨道交通新材料及安全控制安徽省重点实验室和重型专用车发动机安徽省重点实验室。

（三）科技公共服务平台

2022 年，马鞍山市加快产学研服务平台建设，强化“政产学研用金”一体化服务，加强与省内外高校科研院所合作，搭建高质量科技服务平台。依托安徽工业大学，充分发挥政校企合作平台作用，精准对接主导产业重点企业的技术需求，加快高校科研成果的转移转化。支持企业与高校院所建设共性研发平台，为企业提供创新服务。鼓励引导企业对照省、市级研发机构建设标准，自主创建或与高校科研院所联合组建高水平研发平台。

第七节　滁州市的科技创新

一、创新实力

（一）知识产权专利指标

2022 年，滁州市专利授权量为 13431 件，较上年增长 8.49%；PCT 专利申请量为 65 件，较上年增长 54.76%；发明专利授权量 1498 件，较上年增加 8.79%；万人发明专利拥有量 23.7 件，比上年上涨 12.9%。

（二）科技创新活力指标

2022 年，滁州市按照知识产权强企行动计划要求，以高新技术企业、规模以上企业、上市企业和涉军企业为重点，推进贯标绩效评价本地化工作，滁州市参与贯标的企业有 11 家，2 家为绩效评价合格单位，3 家企业通过国际认证。2022 年，滁州市新增 1 家省级众创空间，为滁州颐高万创空间；新增省级科技孵化器 2 家，分别为滁州中关村信息谷雨林空间孵化器和启迪之星（滁州琅琊）孵化器。

二、创新市场

（一）全年技术交易合同额与合同量

2022 年，滁州市技术交易合同额与合同量整体大幅上涨。滁州市技术成交合同额为 428. 4 亿元，比 2021 年上涨 17. 67%，技术成交合同量为 1632 项。

（二）高新技术产业产值

2022 年，滁州市高新技术产业产值为 2187. 57 亿元，高新技术产业产值占滁州市规模以上工业总产值 49. 7%。

（三）上市企业

截至 2022 年底，滁州市共有境内外上市公司 12 家，其中境内上市企业 11 家，境外上市企业 1 家（表 4-4-25）。

表 4-4-25　2022 年滁州市上市企业名单

企业类型	序号	地区	企业名称	性质	上市/挂牌地点
境内上市企业	1	琅琊区	金春股份	民营	深圳证券交易所（300877）
	2		浩淼科技	民营	北京证券交易所（831856）
	3		开润股份	民营	深圳证券交易所（300577）
	4		嘉美包装	民营	深圳证券交易所（002969）
	5		龙利得	民营	深圳证券交易所（300883）
	6	全椒县	全柴动力	国有	上海证券交易所（600218）
	7	来安县	金禾实业	民营	深圳证券交易所（002597）
	8	定远县	华塑股份	国有	上海证券交易所（600935）
	9	凤阳县	德力股份	民营	深圳证券交易所（002517）
	10	南谯区	超越科技	民营	深圳证券交易所（301049）
	11	天长市	鑫铂股份	民营	深圳证券交易所（003038）
境外上市企业	12	南谯区	宝申控股	民营	香港证券交易所（08151. HK）

数据来源：滁州市统计局网站检索资料整理。

三、创新企业

（一）高新技术企业

2022 年，滁州市拥有省级以上研发平台 246 家；国家高新技术企业 1036 家，比上年增加 246 家；国家级科技孵化器 2 家、国家级众创空间 4 家、省级孵化器 6 家、省级众创空间 14 家、市级众创空间 10 家、省级院士工作站 9 家；国家农业科技园区 2 个、国家级高新区 1 个、省级高新区 1 个。全年获省级科技成果登记 3220 项、省级科技进步奖 16 项。

（二）瞪羚企业

2022 年，滁州市积极鼓励与扶持成长性企业，帮助该类企业跨过初生期，促成其成长与发展。2022 年，总投资 15 亿元的华睿生物制品研发生产项目在滁州市开工，该项目用地面积约 142 亩，计划 2023 年底实现投产，全面达产后，预计将实现年产值超 20 亿元，税收亿元以上。

（三）专精特新“小巨人”企业

2022 年，安徽省经济和信息化厅公布了第四批国家级专精特新“小巨人”企业名单，滁州市有 27 家企业成功入选（表 4-4-26）。

表 4-4-26　2022 年滁州市新增专精特新“小巨人”企业名单

序号	企业名称
1	安徽格锐新材料科技有限公司
2	南京工大开元环保科技（滁州）有限公司
3	滁州市康达叉车零部件制造有限公司
4	安徽鲲鹏装备模具制造有限公司
5	安徽信盟装备股份有限公司
6	滁州天鼎丰非织造布有限公司
7	滁州银兴新材料科技有限公司
8	金锋馥（滁州）科技股份有限公司
9	安徽寒锐新材料有限公司
10	安徽沛愉包装科技有限公司
11	滁州金桥德克新材料有限公司
12	安徽秀朗新材料科技有限公司
13	安徽旭能电力股份有限公司
14	安徽擎天伟嘉装备制造有限公司
15	安徽浦创轨道车辆装备有限责任公司
16	安徽金元素复合材料有限公司
17	安徽扬子安防股份有限公司
18	安徽立光电子材料股份有限公司
19	安徽鑫民玻璃股份有限公司
20	明光利拓智能科技有限公司
21	安徽省金盾涂料有限责任公司
22	安徽承顺铜业有限公司
23	安徽省康利亚股份有限公司
24	安徽众鑫科技股份有限公司
25	安徽埃克森科技集团有限公司
26	安徽天彩电缆集团有限公司
27	安徽天康集团数据线缆有限公司

数据来源：工信部、安徽省经济和信息化厅网站检索资料整理。

（四）制造业单项冠军企业

安徽省经济和信息化厅公布了 2022 年制造业单项冠军培育企业名单。该活动旨在为推动安徽省制造业高质量发展贡献力量，上榜企业皆是各细分市场领头企业，拥有较高的市场份额。滁州市 8 家企业成功入选，分别为安徽金禾实业股份有限公司、安徽天康（集团）股份有限公司、天长缸盖有限公司、全椒县全动机械有限公司、安徽众博新材料有限公司、安徽福莱特光伏玻璃有限公司、滁州惠科光电科技有限公司和安徽电缆股份有限公司。

（五）研究机构

2022 年，滁州市共有 8 家省级工程研究中心获批（表 4-4-27）。

表 4-4-27　2022 年滁州市新增省级工程研究中心名单

序号	平台名称	依托单位
1	安徽省作物智慧种植与加工技术工程研究中心	安徽科技学院
2	安徽省智能微电网控制系统工程研究中心	安徽尚特杰电力技术有限公司
3	安徽省石英砂纯化和光伏玻璃工程研究中心	安徽科技学院
4	安徽省核级电缆工程研究中心	安徽电缆股份有限公司
5	安徽省液晶面板回收利用工程研究中心	滁州惠科光电科技有限公司
6	安徽省滁菊种植与深加工工程研究中心	滁州学院
7	安徽省体外诊断抗体原料工程研究中心	安徽环球基因科技有限公司
8	安徽省公路低碳材料工程研究中心	滁州学院

数据来源：安徽省发展和改革委员会网站检索资料整理。

四、研发投入

（一）科学研究与试验发展经费支出

2022 年，滁州市科学研究与试验发展（R&D）经费投入为 67.7 亿元，位居安徽省第三，保持较快增长，比上年增长了 19.82%。从近 5 年的 R&D 经费投入来看，滁州市 R&D 经费保持了稳步增长，投入强度也持续提升，全市 R&D 经费投入相对于地区生产总值的比重继续提高，达到了 2.01%。

（二）重点实验室

2022 年，滁州市拥有省级重点实验室 2 家，分别为依托于滁州学院的实景地理环境安徽省重点实验室和依托于安徽鲲鹏装备模具制造有限公司的塑料真空成型装备及模具安徽省重点实验室。

（三）科技公共服务平台

2022 年，滁州市开展中小企业公共服务平台及滁州市小微企业创业创新示范基地的认定工作。经企业自愿申报、各县（市、区）及园区审核推荐、市直有关部门及市经信局评审，认定滁州臻善知识产权服务有限公司、安徽匡正项目管理有限公司、滁州哲士信息科技服务有限公司、安徽卓力信息科技有限公司、滁州政通中小企业服务中心有限公司、安徽京程信息技术发展有限公司等 6 家为 2022 年滁州市中小企业公共服务示范平台。

第八节　宣城市的科技创新

一、创新实力

（一）知识产权专利指标

2022 年，宣城市专利授权量为 6251 件，较上年下降 9.68%；PCT 专利申请量为 8 件，较上年下降 33.33%；发明专利授权量 634 件，较上年下降 12.91%；万人发明专利拥有量 20.1 件，比上年上涨 12.3%。

（二）科技创新活力指标

2022 年，宣城市按照知识产权强企行动计划要求，以高新技术企业、规模以上企业、上市企业和涉军企业为重点，推进贯标绩效评价本地化工作。截至2022年底，宣城市参与贯标的企业有15家，2家为绩效评价合格单位，7家企业通过国际认证。

二、创新市场

（一）全年技术交易合同额与合同量

2022年，宣城市技术交易合同额与合同量整体大幅上涨。宣城市技术成交合同额为271.3亿元，比2021年上涨65.8%，技术成交合同量为1592项。

（二）高新技术产业产值

2022年，宣城市高新技术产业产值为1407.9亿元，高新技术产业产值占宣城市规模以上工业总产值57.8%。

（三）上市企业

2022年，宣城市拥有8家上市企业，均为境内上市企业，新增上市企业1家，为拓山重工（表4-4-28）。

表4-4-28 2022年宣城市上市企业名单

企业类型	序号	地区	企业名称	性质	上市/挂牌地点
境内上市企业	1	宁国市	中鼎股份	民营	深圳证券交易所（000887）
	2		香农芯创	民营	深圳证券交易所（300475）
	3		江南化工	民营	深圳证券交易所（002226）
	4	郎溪县	华菱精工	民营	上海证券交易所（603356）
	5	宣州区	司尔特	国有	深圳证券交易所（002538）
	6	广德市	广信股份	民营	上海证券交易所（603499）
	7		拓山重工	民营	深圳证券交易所（001226）
	8	旌德县	黄山胶囊	民营	深圳证券交易所（002817）

数据来源：宣城市统计局网站检索资料整理。

三、创新企业

（一）高新技术企业

2022年，宣城市全年规模以上高技术制造业增加值增长8.1%，其中医药制造业增长16.5%，电子及通信设备制造业增长5.1%，计算机及办公设备制造业增长130.4%，医疗仪器设备及仪器仪表制造业增长20.3%。全年装备制造业增加值增长16.1%，占规模以上工业增加值比重由上年的35.2%提高到36.2%，其中汽车制造业增长49.3%，电气机械和器材制造业增长19%，专用设备制造业增长14.2%。

2022年规模以上工业企业实现营业收入2561.2亿元，比上年增长10.2%；实现利润总额138.1亿元，下降10.4%。规模以上工业企业每百元营业收入中的成本为86.5元，比上年增加1.4元；营业收入利润率5.4%，下降1.2个百分点。

新能源、汽车零部件、节能环保装备三大主导产业增加值增长24.4%，占规模以上工业增加值比重由上年的24.2%提高到27.2%，其中新能源产业增长16.7%，汽车零部件产业增长30.9%，节能环保装备产业增长9.4%。

全年新登记企业1.02万户，个体户3.08万户。年末各类市场主体总数30.6万户，比上年增长8.9%。全年新增“四上”企业528家，其中新增规模以上工业企业330家，规模以上服务业企业34家，限额以上批零住餐企业74家。

（二）瞪羚企业

宣城市十分重视凭借创建新模式或构建新业态等方式取得高速成长的瞪羚企业，积极引导鼓励宣城市企业向瞪羚企业发展。

（三）专精特新“小巨人”企业

2022 年，安徽省经济和信息化厅公布了第四批国家级专精特新“小巨人”企业名单，宣城市有 12 家企业成功入选（表 4-4-29）。

表 4-4-29　2022 年宣城市新增专精特新“小巨人”企业名单

序号	企业名称
1	安徽皖南新维电机有限公司
2	宣城托新精密科技有限公司
3	安徽瑞泰新材料科技有限公司
4	安徽弘雷金属复合材料科技有限公司
5	安徽省宁国市东波紧固件有限公司
6	宣城晶瑞新材料有限公司
7	安徽卧龙泵阀股份有限公司
8	宁国市华丰耐磨材料有限公司
9	安徽强邦新材料股份有限公司
10	安徽涌诚机械有限公司
11	固德威电源科技（广德）有限公司
12	广德东威科技有限公司

数据来源：工信部、安徽省经济和信息化厅网站检索资料整理。

（四）制造业单项冠军企业

安徽省经济和信息化厅公布了 2022 年制造业单项冠军培育企业名单。滁州市 6 家企业成功入选，分别为安徽新涛光电科技有限公司、安徽广信农化股份有限公司、安徽中鼎减震橡胶技术有限公司、安徽皖南电机股份有限公司、安徽黄山恒久链传动有限公司和安徽申兰华色材有限公司。

（五）研究机构

2022 年，宣城市共有省级工程研究中心 2 家：安徽省高端不锈钢材料工程研究中心，依托单位为安徽富凯特材有限公司；安徽省钙钛矿光伏技术工程研究中心，依托单位为宣城先进光伏技术有限公司。

四、研发投入

（一）科学研究与试验发展经费支出

2022 年，宣城市科学研究与试验发展（R&D）经费投入为 43 亿元，位居安徽省第十一，保持较快增长，比上年增长了 14.09%。从近 4 年的 R&D 经费投入来看，宣城市 R&D 经费保持了稳步增长，投入强度也持续提升，全市 R&D 经费投入相对于地区生产总值的比重继续提高，达到了 3%左右。

（二）科技公共服务平台

宣城市把积极培育示范平台作为健全中小企业服务体系的重要内容，通过加强业务指导，建立示范平台培训和交流机制，总结宣传推广服务中小企业的典型做法，不断提升示范平台为企服务能力和社会影响力，同时对示范平台服务数量和质量、服务满意度等进行不定期检查，推动更多优质服务直达中小企业。工信部公布 2022 年度国家中小企业公共服务示范平台名单，宣城市安徽拓维检测服务有限公司继 2019 年首次获得国家中小企业公共服务示范平台称号后，2022 年再次通过复评。

第九节　溧阳市的科技创新

一、创新实力

（一）知识产权专利指标

溧阳市知识产权创造结构不断优化，知识产权创造能力持续提升。2022年，溧阳市专利授权量为3764件，较上年增长5.88%；PCT专利申请量为44件，较上年增加37.5%；发明专利授权量127件，较上年增加5.83%；万人发明专利拥有量27.55件，比2020年上涨74.15%。

（二）科技创新活力指标

2022年，溧阳市按照知识产权强企行动计划要求，以高新技术企业、规模以上企业、上市企业和涉军企业为重点，推进贯标绩效评价本地化工作。截至2022年底，溧阳市参与贯标的企业有11家，1家为绩效评价合格单位，5家企业通过国际认证。

二、创新市场

（一）全年技术交易合同额与合同量

2022年，溧阳市技术交易合同额与合同量整体稳步上涨。溧阳市技术成交合同额为23.84亿元，比2021年上涨10.22%，技术成交合同量为371项。

（二）高新技术产业产值

2022年，溧阳市高新技术产业产值为1197亿元，高新技术产业产值占溧阳市规模以上工业总产值41.2%。

（三）上市企业

2022年，溧阳拥有3家A股上市企业，分别为江苏安靠智能输电工程科技股份有限公司、江苏天目湖旅游股份有限公司与科华控股股份有限公司（表4-4-30）。这3家企业各具特色，在各自所属领域绩效卓越。

表4-4-30　2022年溧阳市上市企业统计

企业类型	序号	地区	企业名称	性质	上市/挂牌地点
境内上市企业	1	溧阳市	安靠智电	民营	深圳证券交易所（300617）
	2		天目湖旅游	国有	上海证券交易所（603136）
	3		科华控股	民营	上海证券交易所（603161）

数据来源：溧阳市统计局网站检索资料整理。

三、创新企业

（一）高新技术企业

2022年，溧阳市动力电池、绿色精品钢、智能电网、智能装备等“2+2+X”重点产业产值占规模以上工业总产值比重提升至80.4%，其中动力电池产业产值为1016.1亿元，成为千亿级产业集群，同比增长126.6%。全年新增制造业单项冠军企业（产品）3家，国家级专精特新“小巨人”企业4家，省级专精特新中小企业55家，净增规模以上工业企业104家。

（二）独角兽企业

2022年，江苏省生产力促进中心公布了2022年江苏独角兽企业、潜在独角兽企业评价结果，溧阳共有1家企业入选，为溧阳天目先导电池材料科技有限公司。

（三）瞪羚企业

2022 年溧阳市共有 5 家企业获批省级瞪羚企业（表 4-4-31）。

表 4-4-31　2022 年溧阳市瞪羚企业统计

序号	企业名称
1	常州金纬管道设备制造有限公司
2	常州汉德机车工业有限公司
3	江苏省奥谷生物科技有限公司
4	常州时创能源股份有限公司
5	江苏卓高新材料科技有限公司

数据来源：江苏省生产力促进中心网站检索资料整理。

（四）专精特新“小巨人”企业

2022 年，工信部公示了第四批国家专精特新“小巨人”企业，溧阳市共有 4 家企业入选（表 4-4-32）。

表 4-4-32　2022 年溧阳市国家级专精特新“小巨人”企业名单

序号	企业名称
1	江苏铭丰电子材料科技有限公司
2	溧阳天目先导电池材料科技有限公司
3	江苏卓高新材料科技有限公司
4	江苏翔能科技发展有限公司

数据来源：工信部网站检索资料整理。

（五）制造业单项冠军企业

2022 年，江苏省工业和信息化厅官方网站公示了江苏省第七批国家级制造业单项冠军企业名单，其中溧阳市江苏金源高端装备股份有限公司被认定为第七批国家级制造业单项冠军示范企业。

江苏金源高端装备股份有限公司始建于 1997 年 5 月，多年来专注于高速重载齿轮的研发、生产、销售，产品主要涵盖电力、海洋工程、轨道交通、矿山机械等领域。公司现有各类生产设备 600 余台套，包括处于国内技术领先水平的 80MN 模锻压力机、数控操作机、智能化数控辗环机及其配套设备，处于国际领先水平的程控式温控天然气炉窑台、智能化热处理炉台、各类大小锤锻设备，可生产最大锻件 30 吨，年生产能力 10 万吨。公司建有江苏省企业技术中心、江苏省 3MW 及以上级风电精密齿坯工程中心、江苏省大型锻件成形与控制工程技术研究中心，以及一个配备可完成金相、力学、探伤、化学分析的国家认可（CNAS）实验室。公司通过自主研发以及和南京理工大学、江苏大学等国内知名院校的产学研合作，成功开发了多项高新技术产品和江苏省名牌产品，拥有多项授权专利技术、专有技术，多个项目获得省市级科技奖项。

（六）研究机构

2022 年，溧阳市共有省级工程研究中心 3 家，分别为江苏省新能源传动机械工程研究中心、江苏省先进固态电池工程研究中心和江苏省动力与储能锂电池智能制造技术工程研究中心。

四、研发投入

（一）科学研究与试验发展经费支出

2022年，溧阳市科学研究与试验发展（R&D）经费投入为85亿元，保持较快增长，比上年增长了15.65%。从近5年的R&D经费投入来看，溧阳市R&D经费保持了稳步增长，投入强度也持续提升，全市R&D经费投入相对于地区生产总值的比重继续提高，达到了近6%。

（二）科技公共服务平台

2022年，溧阳市落实“532”发展战略，紧跟常州市加快打造长三角创新中轴和产业科技创新中心的工作总目标，以深化“四大清单”科技服务机制为抓手，推进科研设备深度开放共享，提升科技服务机构服务水平，完善科技服务机构支持方式，分类优化评价指标体系，发布科技服务机构绩效评价优秀清单，支持并引导科技服务机构规范化、专业化、品牌化发展。

第十节　金坛区的科技创新

一、创新实力

（一）知识产权专利指标

2022年，金坛区专利授权量为6751件，较上年增长31.06%；PCT专利申请量为113件，较上年增加109.26%；发明专利授权量259件，较上年增长37.04%；万人发明专利拥有量113.46件，比上年上涨18.91%。

（二）科技创新活力指标

2022年，金坛区按照知识产权强企行动计划要求，以高新技术企业、规模以上企业、上市企业和涉军企业为重点，推进贯标绩效评价本地化工作。截至2022年底，金坛区参与贯标的企业有18家，3家为绩效评价合格单位，8家企业通过国际认证。

二、创新市场

（一）全年技术交易合同额与合同量

技术合同成交额是衡量科技成果转化的重要指标。2022年，金坛区技术交易合同额与合同量整体稳步上涨。金坛区技术成交合同额为22.47亿元，比2021年上涨19.65%，技术成交合同量为489项。

（二）高新技术产业产值

2022年，金坛区高新技术产业产值为1366亿元，高新技术产业产值占金坛区规模以上工业总产值69.32%。

（三）上市企业

2022年，金坛区拥有亿晶光电、天龙光电、朗博科技3家上市企业（表4-4-33）。

表4-4-33　2022年金坛区上市企业统计

企业类型	序号	地区	企业名称	性质	上市/挂牌地点
境内上市企业	1	金坛区	亿晶光电	民营	上海证券交易所（600537）
	2		天龙光电	民营	深圳证券交易所（300029）
	3		朗博科技	民营	上海证券交易所（603655）

数据来源：金坛区统计局网站检索资料整理。

三、创新企业

（一）高新技术企业

2022 年，金坛区规模以上七大支柱产业实现全年产值 1925.81 亿元，同比增长 28.4%。“两新”动能加快壮大，高新技术产业产值 1366.28 亿元，增长 54.9%；战略性新兴产业产值 1185.02 亿元，增长 65.9%。“五新产业”发展呈蓬勃之势，其中新能源汽车产业表现最为亮眼，尤其是动力电池子产业。2022 年动力电池产业实现产值 571.65 亿元，同比增长 121.7%，对规模以上工业产值增长的贡献率达 71.9%，拉动规模以上工业产值增长 20.5 个百分点，是全区工业经济高速发展的主要引擎。高技术产业投资发展形势迅猛，完成投资额同比增长 75.5%。其中计划投资亿元及以上的项目完成投资额同比增长 23.2%，计划总投资 5000 万元以上的项目数量增长 14.1%，完成投资额增长 20.6%。装卸搬运和仓储业、黑色金属冶炼和压延加工业、软件和信息技术服务业 3 个行业发展速度较快，产值分别比上年增长 753.3%、686.3%和 404.1%。

（二）独角兽企业

江苏省生产力促进中心发布 2022 年江苏独角兽企业及潜在独角兽企业评估结果。此次评估中金坛区共有 3 家企业获评江苏省独角兽企业，分别为中创新航科技股份有限公司、江苏牛创新能源科技有限公司和蜂巢能源科技股份有限公司。江苏厚生新能源科技有限公司、常州锂源新能源科技有限公司、永臻科技股份有限公司和江苏创健医疗科技有限公司 4 家企业获评 2022 年江苏省潜在独角兽企业。

（三）瞪羚企业

2022 年，金坛区共 4 家企业获批省级瞪羚企业（表 4-4-34）。

表 4-4-34　2022 年金坛区瞪羚企业统计

序号	企业名称
1	江苏汤姆森智能装备有限公司
2	江苏万纳普新材料科技有限公司
3	常州易控汽车电子股份有限公司
4	凯博能源科技有限公司

数据来源：江苏省生产力促进中心网站检索资料整理。

（四）专精特新“小巨人”概况

2022 年，工信部公示了第四批国家专精特新“小巨人”企业，金坛区共有 3 家企业入选（表 4-4-35）。

表 4-4-35　2022 年金坛区国家级专精特新“小巨人”企业名单

序号	企业名称
1	江苏创健医疗科技有限公司
2	常州市赛尔交通器材有限公司
3	江苏鹿山新材料有限公司

数据来源：工信部网站检索资料整理。

（五）研究机构

2022 年，金坛区共有省级工程研究中心 1 家，为江苏省电热耦合综合能源系统工程研究中心，依托单位为常州金坛金能电力有限公司。

四、研发投入

（一）科学研究与试验发展经费支出

2022年，金坛区科学研究与试验发展（R&D）经费投入为79亿元，保持较快增长，比上年增长了13.8%。从近5年的R&D经费投入来看，金坛区R&D经费保持了稳步增长，投入强度也持续提升，全区R&D经费投入相对于地区生产总值的比重继续提高，达到了6%左右。

（二）科技公共服务平台

金坛区集聚资源要素，打造科技创新平台。集中政策资源建设“一区七园”，构建了宽领域、多层次的载体平台体系。金坛区加快建设华罗庚产业科技创新中心和各镇科技创业园，为定向招引高质量科技型中小项目打造一批区域载体平台。

第十一节　南京都市圈的域内合作

一、科学技术奖

2022年，江苏省共评选省级科学技术奖一等奖45项，安徽省共评选省级科学技术奖一等奖43项，其中有8项奖项由南京都市圈2个及2个以上的设区市共同完成（表4-4-36）。南京都市圈在吸收部分江苏城市的同时，又纳入部分安徽城市，以南京为中心形成一个经济区域带。在这个区域带里这些城市共同发展，共同做强做大，即以一个城市为龙头来带动一大批城市及周围城镇发展。

表4-4-36　2022年南京都市圈联合省级科学技术奖一等奖

序号	项目名称	完成单位	设区市	完成人
1	大型固体火箭发动机全复合材料燃烧室的关键技术研发及应用	江苏新扬新材料股份有限公司，湖北航天技术研究院总体设计所，大连理工大学，江苏科技大学，沈阳航空航天大学，南京航空航天大学	扬州市，镇江市，南京市	李俊，杨恒，赵飞，张彬，凌宏杰，陈平，李邦旭，熊需海，李飘，汤伟，郭传航
2	高性能电液伺服控制关键技术及系统应用	南京晨光集团有限责任公司，南京理工大学，中航工业南京伺服控制系统有限公司，北京航空航天大学，江苏金陵智造研究院有限公司，淮阴工学院	南京市，淮安市	姚建勇，袁勇，葛声宏，焦宗夏，李茂盛，邓文翔，王南，石胡健，韩国庆，陈元章，朱夏林
3	高性能复杂构件激光沉积复合制造关键技术及工程应用	江苏大学，浙江工业大学，大连理工大学，沈阳航空航天大学，南京中科煜宸激光技术有限公司，山东能源重型装备制造集团有限责任公司	镇江市，南京市	鲁金忠，张群莉，马广义，卢海飞，钦兰云，王梁，蒋士春，陈波，徐祥，周思雨
4	基于直流母线电压信息的规模化光伏储能变换器控制关键技术及工程应用	河海大学，清华大学，爱士惟新能源技术（扬中）有限公司，特变电工新疆新能源股份有限公司，爱士惟科技（上海）有限公司	南京市，镇江市	张犁，孙凯，周洪伟，卢盈，李永东，肖曦，王文波，龚元平，刘淇
5	复杂荷载-环境耦合作用下桥梁多灾害推演及防控关键技术与应用	东南大学，华设设计集团股份有限公司，中铁桥隧技术有限公司，江苏科技大学，天津大学，江苏容大减震科技股份有限公司	南京市，镇江市	郭彤，朱劲松，熊文，张文明，丁幼亮，韩大章，刘中祥，张志强，刘兴旺，潘志宏，张敏

续表

序号	项目名称	完成单位	设区市	完成人
6	水稻重大病害稻曲病成灾机制及其绿色防控技术创新与应用	江苏省农业科学院，中国农业大学，江苏省植物保护植物检疫站，浙江大学，江苏省苏科农化有限责任公司，南京南农农药科技发展有限公司，淮阴工学院	南京市，淮安市	刘永锋，孙文献，朱凤，于俊杰，俞咪娜，孙以文，胡东维，宋天巧，潘夏艳，张兵，王云鹏
7	食用菌采后减损保质关键技术开发与应用	南京财经大学，南京农业大学，东南大学，中国药科大学，南京林业大学，江苏江南生物科技有限公司，江苏香如生物科技股份有限公司，江苏华绿生物科技股份有限公司，灌南县金凯包装有限公司	南京市，镇江市	胡秋辉，杨文建，赵立艳，裴斐，方东路，赵林度，曹崇江，马宁，徐相如，杨华平，耿志青
8	自身免疫病与工程化细胞干预的基础研究	南京鼓楼医院，东南大学，江苏大学，南京大学	南京市，镇江市	孙凌云，赵远锦，钱晖，侯亚义，王丹丹，冯学兵，耿林玉，姚根宏，袁欣然

数据来源：江苏省人民政府网站检索资料整理。

二、专利合作

（一）专利合作概况

2013 年至 2022 年，由南京都市圈内 2 个及 2 个以上设区市共同完成的专利申请量为 263 件，专利授权量为 161 件，总授权占比 61.22%（图 4-4-1）。其中专利授权率表明申请的有效率及最终获得授权的提交申请成功率。自 2013 年以来，南京都市圈内设区市共同完成的专利申请量整体有所起伏，在 2019 年曾达到峰值，申请量为 61 件。

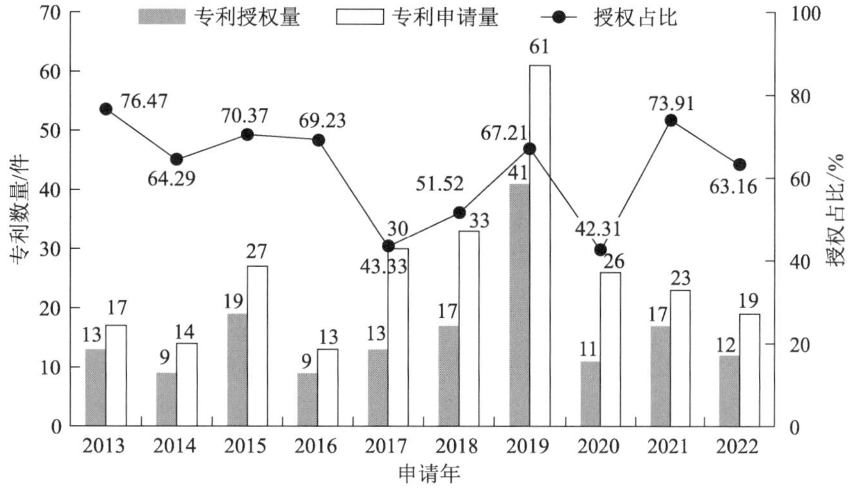

图 4-4-1　2013—2022 年南京都市圈设区市共同完成的专利申请量

（二）简单法律状态

2013 年至 2022 年，在南京都市圈设区市共同完成的 263 件专利中，专利合作条约（PCT）指定期内专利 8 件，占比 3.04%；PCT 指定期满专利 47 件，占比 17.87%；有效专利 120 件，占比 45.63%；审中专利 17 件，占比 6.46%；同时，有 71 件专利已经失效，占比 27%（图 4-4-2）。

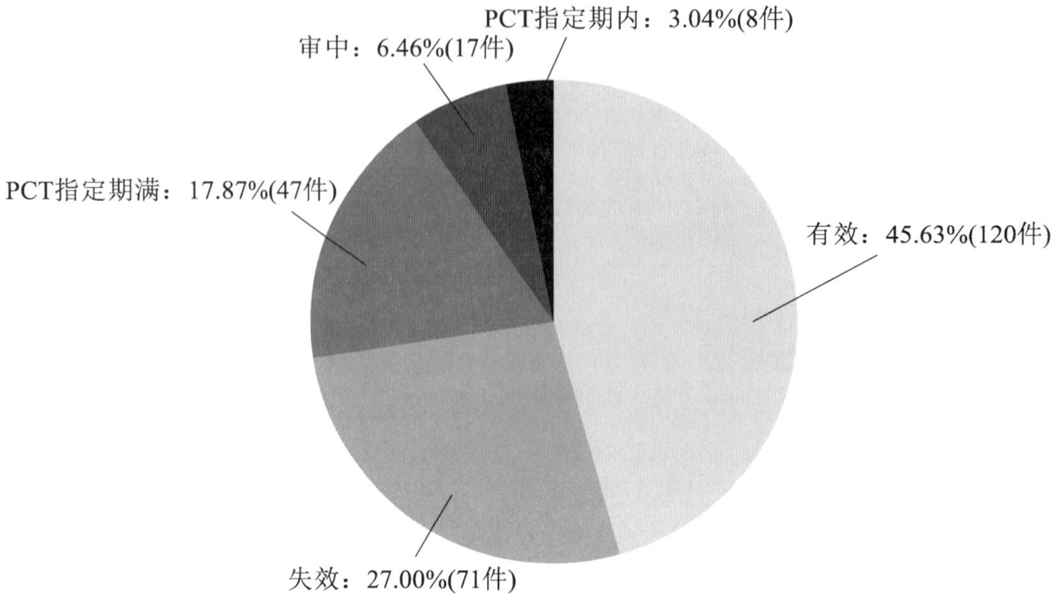

图 4-4-2　南京都市圈设区市共同完成的专利简单法律状态

（三）专利类型

2013 年至 2022 年，南京都市圈设区市共同完成的 263 件专利中，外观设计专利 15 件，占比 5.7%；实用新型专利 61 件，占比 23.19%；发明专利 187 件，占比 71.1%（图 4-4-3）。这说明南京都市圈内各城市创新程度较高。

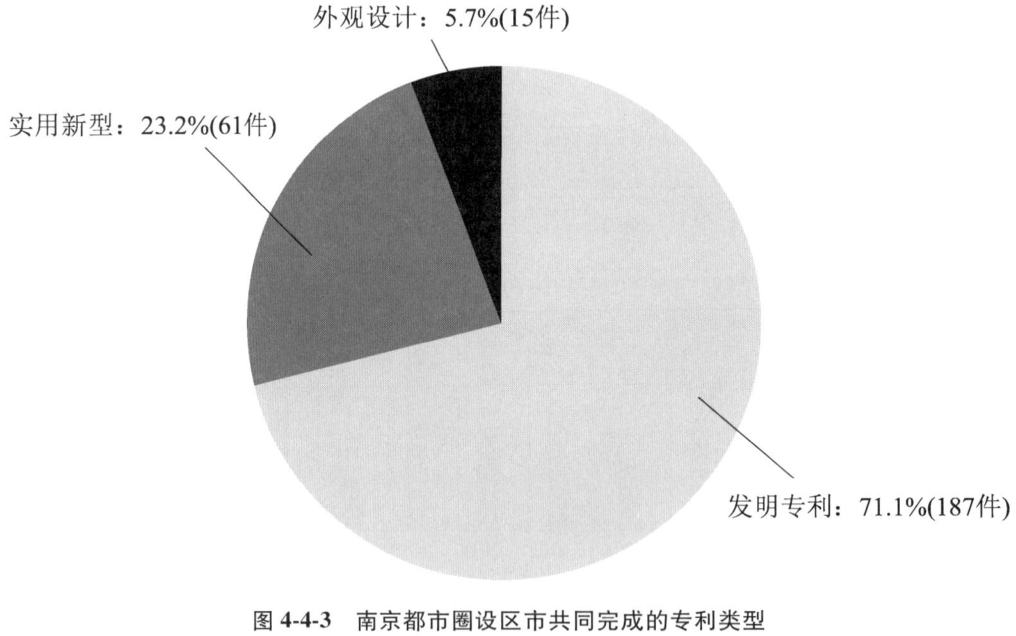

图 4-4-3　南京都市圈设区市共同完成的专利类型

（四）技术主题分析

2013 年至 2022 年，南京都市圈设区市共同完成的 263 件专利中，相关技术排名前三的是 H02J3、G06Q50 和 G06Q10 领域，专利数量分别为 28 件、22 件、21 件（图 4-4-4）。

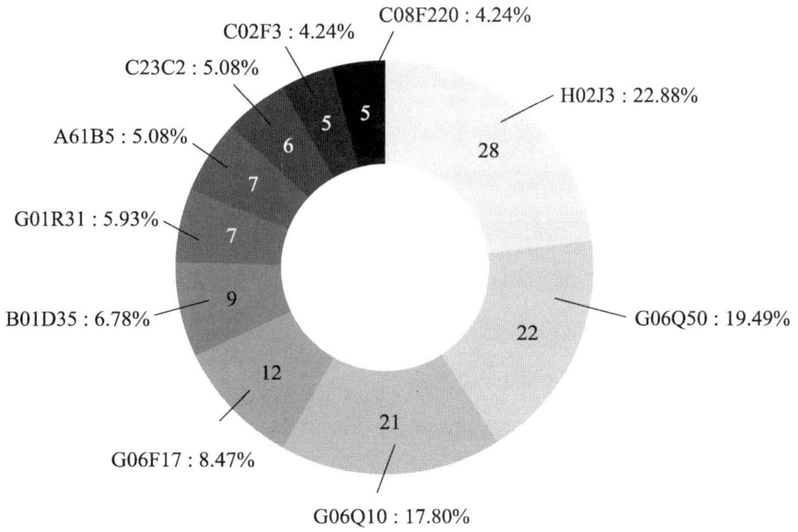

图 4-4-4　南京都市圈设区市共同完成的专利技术主题

（五）申请人排名分析

2013 年至 2022 年，南京都市圈设区市共同完成的 263 件专利中，专利申请人排名前三的分别是东南大学、东南大学溧阳研究院和江苏大学，专利申请量分别为 86 件、71 件、14 件（图 4-4-5）。

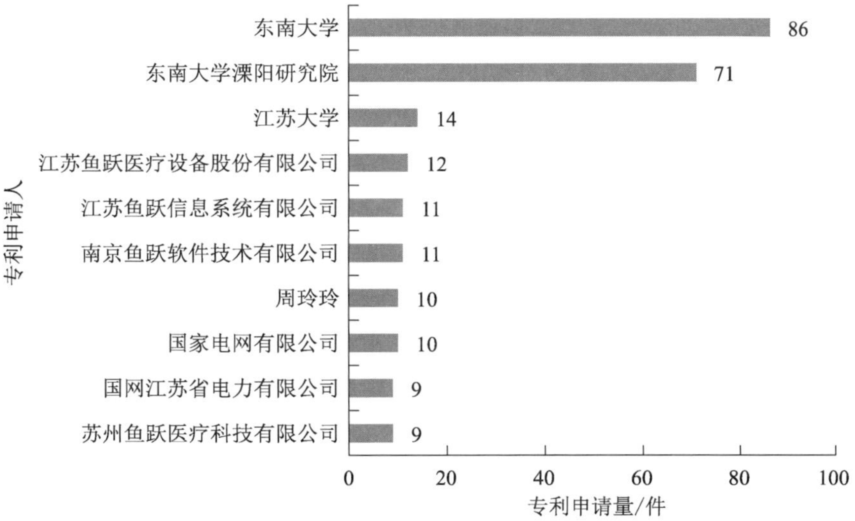

图 4-4-5　南京都市圈设区市共同完成的专利申请人排名

（六）发明人排名分析

2013 年至 2022 年，南京都市圈设区市共同完成的 263 件专利中，专利数量最高的发明人是汤奕，专利数量为 16 件；其次是顾伟，专利数量为 12 件（图 4-4-6）。

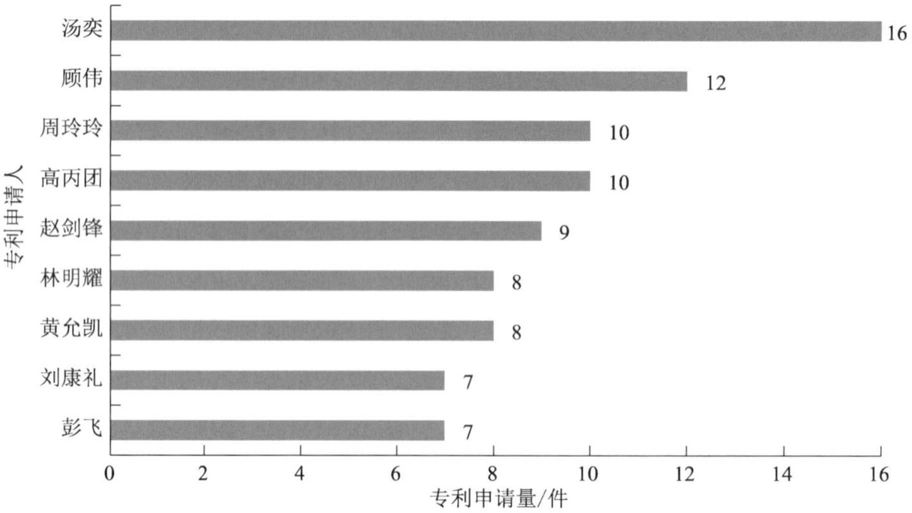

图 4-4-6　南京都市圈设区市共同完成的专利发明人排名

（七）重点专利

2013 年至 2022 年，南京都市圈设区市共同完成的 263 件专利，按每组简单同族一个专利代表的去重规则进行统计，一共可分为 136 族，专利总价值为 6891200 美元，且价值区间主要分布在 1 美元至 3 万美元和 3 万美元至 30 万美元之间，由此可见南京都市圈内共同完成的专利价值一般。

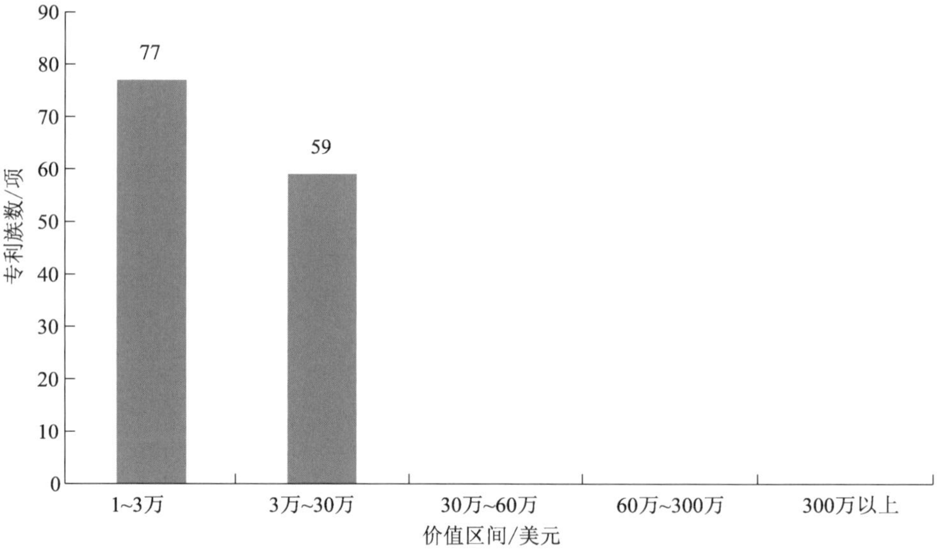

图 4-4-7　南京都市圈设区市共同完成的专利价值分布

（八）热门技术

2013 年至 2022 年，南京都市圈设区市共同合作完成的 263 件专利中，最热门的技术主题词为电力系统、控制器、滤水器、预测方法、热镀锌，除此之外，电池、化合物、控制策略、储存装置、变压器等主题词出现频次也较多。

第五篇

开放发展

第一章　对外经济贸易

第一节　南京都市圈对外经济发展情况

2022 年，南京都市圈实现外贸进出口 11565.21 亿元，增长 7.72%，占全国比重 2.75%，占长三角比重 7.67%。其中出口 7611.6 亿元，增长 7.76%，增幅低于全国 2.74 个百分点；出口总额占全国比重 3.17%，占长三角比重 8.36%。进口 3774.08 亿元，增长 2.74%。实际利用外资 94.2 亿美元，下降 15%，增幅低于全国 23 个百分点。

党的二十大报告强调，“中国坚持对外开放的基本国策，坚定奉行互利共赢的开放战略”，“推进高水平对外开放”。2022 年，南京都市圈各城市积极贯彻党的二十大精神，持续推进扩大开放。一是集成实施国家级试点政策，打造制度型开放新高地。有效利用国家级新区、自贸试验区、国家级开发区等政策，深化高标准国际经贸规则研究，提升市场准入水平和制度创新能力，推动了对外开放向高水平迈进。二是在巩固和发展原有市场的基础上，深度融入共建“一带一路”大格局。与“一带一路”沿线国家和地区的经贸合作不断迈上新台阶。三是充分发挥开发区（高新区）等载体作用，聚焦重点领域和新兴产业精准招商。重点打造高新技术产业集群。四是坚持“走出去”，广泛开展境外投资和国际合作。对外投资领域扩大，质量提高。五是优化服务，营造一流营商环境。通过改革创新，工作效能得到新的提升。

第二节　各市（区）对外经济发展情况

一、南京市对外经济发展

2022 年，**外贸市场基本平稳**。据海关统计，实现外贸进出口 6292.13 亿元，增长 0.3%。其中出口 3827.9 亿元，下降 1.8%；进口 2464.2 亿元，增长 3.6%。从商品构成看，机电产品出口下降 0.2%，高新技术产品出口下降 8.6%；高新技术产品进口增长 10.8%，农产品进口增长 15.2%。从贸易方式看，一般贸易进出口下降 0.1%，加工贸易进出口下降 9.8%。从企业主体看，国有企业进出口下降 0.8%，外商投资企业进出口增长 4.1%，民营企业进出口下降 1.9%。从市场结构看，新兴市场中，对“一带一路”国家和地区市场进出口增长 8.1%，占全市比重 29.4%，较上年提升 2.1 个百分点。传统市场中，对欧盟、东盟、韩国进出口分别比上年增长 1.3%、9.4%、10.8%，对美国、日本进出口分别比上年下降 5.2%、3.4%，五者合计占全市进出口总额 64.3%。成功举办 2022 全球服务贸易大会暨首届国际数字贸易峰会，数字贸易总额增长 17%。服务外包执行额 203.4 亿美元，增长 3.8%，服务外包示范城市评价居全国第二。跨境电商综合试验区入选全国十佳。2022 年南京市对主要国家（地区）贸易情况见表 5-1-1。

表5-1-1　2022年南京市对主要国家（地区）贸易情况

国别和地区	出口额/亿元	比上年增长/%	进口额/亿元	比上年增长/%
合计	3827.9	-1.8	2464.2	3.6
一、亚洲	1675.7	-0.7	1446.9	10.9
日本	146.1	-19.1	307.9	6.5
韩国	270.3	-2.0	494.7	19.4
东南亚国家联盟	601.9	7.0	356.0	13.7
二、非洲	213.5	-7.5	105.9	19.5
三、欧洲	875.4	3.2	505.4	-5.2
欧洲联盟	693.0	7.9	422.1	-8.0
四、拉丁美洲	270.0	-0.4	89.5	-0.6
五、北美洲	692.9	-8.9	157.9	-7.0
美国	633.0	-8.5	123.9	16.4
六、大洋洲	100.5	1.0	156.4	-17.0

资料来源：南京市商务局

外资规模稳步提升。实际利用外资48.5亿美元，增长10.5%。分产业看，第二产业使用外资8.8亿美元，增长3%，其中制造业使用外资8.16亿美元，增长18.4%；第三产业使用外资39.7亿美元，增长12.3%。吸收外商直接投资新设立企业503家，下降26.9%。新增合同外资79.5亿美元，增长13.8%。

对外投资有序推进。新增境外投资项目104个，中方协议投资额5.5亿美元。新签对外承包工程合同额16.6亿美元，下降11.8%；完成营业额21.1亿美元，下降12.5%。在“一带一路”沿线25个国家和地区，完成营业额14.4亿美元。2022年南京市辖市（区）对外经济发展情况见表5-1-2。

表5-1-2　2022年南京市辖市（区）对外经济发展情况

序号	辖市（区）	工作情况
1	江宁区	外贸进出口1658.20亿元，增长8.7%。其中出口1214.10亿元，增长1.9%；进口444.10亿元，增长33.2%。新设立外商投资企业91个，增长2.2%。实际利用外资9.36亿美元，下降10.4%。合同利用外资12.23亿美元，增长51.9%。当年引入亿元以上签约项目445个，总投资3024亿元
2	栖霞区	外贸进出口1014.2亿元，增长0.1%。其中进口526.3亿元，增长6%；出口487.9亿元，下降5.4%。实际利用外资6.96亿美元，占全市比重14.4%。新设立外资项目69个，增资项目18个，其中净增资3000万美元以上项目3个。完成对外承包工程营业额2.24亿美元
3	鼓楼区	外贸进出口508.8亿元，下降12.8%。其中出口337.6亿元，下降14.4%；进口171.2亿元，下降9.6%。实际利用外资4.5亿美元
4	玄武区	外贸进出口702亿元，下降12.9%，降幅较上半年收窄6.3个百分点；实际利用外资3.24亿美元；完成服务贸易额4.6亿美元
5	秦淮区	外贸进出口770.5亿元，增长0.3%。其中进口332亿元，下降7.4%；出口438.5亿元，增长7.1%。实际利用外资12364万美元，下降58.9%
6	浦口区	外贸进出口295.8亿元，增长36.5%。其中出口117.4亿元，下降8.8%；进口178.4亿元，增长102.7%。实际利用外资30005万美元，下降16.5%。新设及增资外资项目37家，新增合同利用外资3965万美元；其中净增资3000万美元以上项目2个，合同外资2917万美元
7	建邺区	外贸进出口229.2亿元，增长15.8%。实际利用外资2.08亿美元，下降83.6%

续表

序号	辖市（区）	工作情况
8	雨花台区	外贸进出口343.9亿元，下降4.9%。实际利用外资37094万美元，增长1.4%
9	六合区	外贸进出口92.20亿元，增长7.3%。其中进口18.2亿元，下降6.4%；出口74亿元，增长11.3%。新设外商投资项目23个，增资项目6个，其中3000万美元以上项目3个，实际利用外资23447万美元，下降31.5%；协议注册外资20996万美元
10	高淳区	外贸进出口104亿元，增长3.2%；实际利用外资1.72亿美元，下降18.8%
11	溧水区	外贸进出口128.9亿元，下降12.5%；实际利用外资1.81亿美元，下降36.5%；新增注册外资企业34家，合同利用外资14162万美元。跨境电商全年进口单量突破250万单

二、镇江市对外经济发展

2022年，**外贸首次跑进“1000亿元俱乐部”**。据海关统计，实现外贸进出口1038.8亿元，增长24.5%，增幅位居全省第二。其中出口774.48亿元，增长26.2%；进口264.39亿元，增长7.7%。主要是传统出口优势产品稳健增长，新动能产品出口效能快速释放，国际大宗商品价格高位运行，较大程度上拉动进口值增长。从贸易方式看，外贸自主性强，以一般贸易方式进出口793.6亿元，增长14.9%，占外贸总值76.4%，比全国均值高12.7个百分点。加工贸易进出口147.9亿元，增长56.6%，占比14.2%；保税物流贸易进出口95.6亿元，增长91.6%。从贸易对象看，国际市场结构不断优化。对东盟、欧盟、美国进出口分别为201亿元、162.7亿元、151.3亿元，分别增长52.4%、35.4%、10.8%。其中欧盟、东盟两大贸易伙伴合计对进出口增长的贡献率超50%，是外贸增长的主要拉动力量。对“一带一路”沿线国家和地区市场进出口增长36.6%，对RCEP贸易伙伴进出口增长31%。从进出口产品看，出口方面，机电产品出口391.3亿元，增长40.2%，占出口总值50.5%，其中太阳能电池、锂离子蓄电池等绿色低碳产品出口48.3亿元，增长4.5倍。进口方面，进口集成电路产品50.1亿元，增长83.4%，拉动全市外贸进口增长9.5个百分点，对外贸增长的贡献率超80%。进口大豆18.5亿元，增长3.1倍，拉动全市外贸进口增长5.8个百分点。全市共有3139家企业有进出口外贸实绩，比上一年增加65家，民营企业、外商投资企业、国有企业等三大类外贸主体充分发挥各自优势，进出口运行表现稳健。全年服务外包合同总额41.70亿美元，增长10.5%，其中离岸外包合同总额14.89亿美元，增长13.1%。执行总额36.52亿美元，增长14.5%，其中离岸外包执行额13.43亿美元，增长15.0%。

利用外资稳定发展。新注册外商投资企业67家，其中新批千万美元以上项目14个。实际利用外资5.68亿美元，增长2.9%，外资确认数连续3年保持正增长，其中高技术产业到位外资2.6亿美元，增长151%，占全市总量45.1%，占比高于全省平均10.3个百分点。协议利用外资4.21亿美元，下降79.2%。完成境外实际投资16497万美元。2022年镇江市辖市（区）对外经济发展情况见表5-1-3。

表5-1-3 2022年镇江市辖市（区）对外经济发展情况

序号	辖市（区）	工作情况
1	丹阳市	外贸进出口263.76亿元，增长8.9%，增速分别高于全国、全省1.2、4.1个百分点，占镇江市进出口总值25.4%。其中出口237.66亿元，增长8.9%；进口26.10亿元，增长8.7%。实际利用外资13729万美元。完成境外实际投资6645.7万美元
2	句容市	外贸进出口48.3亿元，下降8.8%。其中进口11.8亿元，下降7.4%；出口36.5亿元，下降9.3%。工商新注册外资企业14家，其中新批千万美元以上项目3个。实际利用外资9043.3万美元，下降7.4%；协议利用外资1.43亿美元，下降69.2%。完成境外实际投资10.2万美元
3	扬中市	外贸进出口45.7亿元，增长10%。其中出口41.8亿元，增长9.6%；进口4亿元，增长16.4%。实际利用外资4545万美元。完成境外实际投资659.9万美元

续表

序号	辖市（区）	工作情况
4	丹徒区	外贸进出口87.6亿元，增长29.1%。其中出口79亿元，增长25.6%；进口8.6亿元，增长73.9%。实际利用外资1701万美元。完成境外实际投资626.6万美元
5	京口区	外贸进出口112亿元，增长18.5%。其中出口80.9亿元，增长15.2%；进口31.1亿元，增长28.34%。实际利用外资2887万美元。完成境外实际投资4083万美元
6	润州区	外贸进出口25.8亿元，增长40.3%。其中出口21亿元，增长25.3%；进口4.7亿元，增长202.1%。实际利用外资1580万美元。完成境外实际投资139.6万美元

三、扬州市对外经济发展

2022年，**外贸规模首次突破千亿大关**。实现外贸进出口1101.1亿元，增长13.9%。其中出口870.8亿元，增长22.3%；进口230.4亿元，下降9.6%。新增外贸市场主体600家以上，获批国家级跨境电商综试区。从进出口主体看，民营企业和国有企业进出口585.1亿元和184亿元，分别增长22.7%和3.1%，占全市进出口总值69.8%；外商投资企业进出口332.1亿元，增长6.5%，占比30.2%。从贸易方式看，一般贸易进出口876.7亿元，增长14.7%，占比79.6%；加工贸易进出口185.8亿元，增长19.7%，占比16.9%。从重点市场看，对欧盟、美国、大洋洲、东盟和中国台湾分别进出口219.3亿元、169.2亿元、114.4亿元、94.7亿元和57.1亿元，增长33.8%、11.5%、11.6%、11.6%和1.9%；对“一带一路”沿线国家和地区进出口228.8亿元，增长23.4%；对RCEP其他成员国进出口277.8亿元，增长1.6%。从出口产品看，机电产品出口505.8亿元，增长20.1%，占出口总值58.1%。其中二极管及类似半导体器件、太阳能电池、船舶和电工器材出口分别为84.8亿元、70.2亿元、50.8亿元和46.1亿元，分别增长118%、145.7%、11.4%和14.2%，合计拉动全市出口增长13.8个百分点。另外，出口劳动密集型产品140.6亿元，增长21.9%，占出口总值16.1%。其中出口纺织服装61.4亿元，增长17.9%。出口新能源产品75.6亿元，增长146.9%，拉动全市出口增长6.3个百分点。

利用外资稳中求进。实际利用外资15.3亿美元，下降14.3%，新招引世界500强及跨国公司项目6个。从产业分布看，制造业利用外资4.82亿美元，增长318%；高技术产业利用外资3.92亿美元，增长387.6%。从新批项目看，新设外商投资项目107个，新增协议外资28.74亿美元。

对外合作得到拓展。完成对外投资总额4.5亿美元，增长47.2%。从业务板块看，新批对外投资项目26个，中方协议投资额2.43亿美元，增长389.8%；对外直接投资额1.96亿美元，增长106.9%；对外承包工程企业完成营业额2.15亿美元，增长23.3%；对外输出劳务人员实际收入4243万美元，增长8.7%。2022年扬州市辖市（区）对外经济情况见表5-1-4。

表5-1-4　2022年扬州市辖市（区）对外经济发展情况

序号	辖市（区）	工作情况
1	邗江区	外贸进出口217.8亿元，增长19%。其中出口194.34亿元，增长22.2%；进口23.46亿元，下降2.2%。实际利用外资3亿美元，下降9.8%。新设外商投资项目21个，协议外资2.3亿美元。对外直接投资5109.14万美元，增长196.53%；新批对外投资项目12个，中方协议投资额1.29亿美元
2	广陵区	外贸进出口15.4亿美元，增长20%。美华国际登陆纳斯达克，成为“中国医疗耗材美股上市第一股”。举办航空产业招商恳谈会、软件和信息服务产业推介会等特色招商活动19场，共新签项目72个，总投资252.8亿元
3	江都区	外贸进出口35.8亿美元，增长1.9%。实际利用外资2亿美元，下降50.5%；对外直接投资6352万美元；新签对外承包工程项目2个，正在实施项目19个。嵘泰精密压铸（墨西哥）增资4250万美元，为全区最大境外投资项目

续表

序号	辖市（区）	工作情况
4	宝应县	外贸进出口 90829 万美元，下降 5.6%。其中出口 76322 万美元，下降 1.7%；进口 14507 万美元，下降 26.4%。实际到账外资 7387 万美元，下降 103.6%。期末实有外商投资企业 108 家。对外直接投资 1500 万美元
5	高邮市	外贸进出口 7.76 亿美元，增长 15.4%。新签招商项目 162 个，其中 10 亿元以上重特大项目 14 个、百亿元项目 1 个。新设外资企业 18 家，外资到账 1.3 亿美元，制造业外资到账占比 31.3%。电商交易额 125 亿元，增长 25%
6	仪征市	外贸进出口 21.34 亿美元，增长 9.4%。实际利用外资 2.55 亿美元，增长 10.9%

四、淮安市对外经济发展

2022 年，**外贸规模再创新高**。实现外贸进出口 428.32 亿元，增长 12.4%，首破 400 亿大关，新增有进出口实绩的外贸企业 185 家，其中出口 321.4 亿元，增长 15.5%；进口 106.9 亿元，增长 4.3%。从产品看，机电产品出口 156.7 亿元，增长 10.8%，其中电子信息产品、汽车零配件、蓄电池出口分别增长 4.0%、22.2%、1.9%。从地区看，对欧盟、东盟和美国前三大贸易伙伴进出口分别为 75.2 亿元、74.6 亿元和 60 亿元，分别增长 14.3%、7.5%和 17.9%；对 RCEP 区域国家进出口 148.8 亿元，增长 14.6%。跨境电商创新发展。实施跨境电商综合试验区建设三年行动方案，招引头部企业和专业服务商来淮合作，淮安区盘古跨境电商产业园建设初见成效，新增跨境电商企业 50 户，跨境电商交易额近 16 亿元，增长 29 倍，初步形成“1+1+4+5”的全市域跨境电商产业总体布局。服务贸易稳步提升。完成服务贸易进出口 2.94 亿美元，增长 9.7%。

实际利用外资量质提升。新设外商投资项目 142 个，协议外资 38.3 亿美元；完成实际到账外资 10.2 亿美元，增长 7.13%。从重大项目看，新设及增资 3000 万美元以上外商投资项目 67 个，其中超亿美元项目 5 个。从产业类别看，新设外商投资项目中二、三产项目分别为 48 个、93 个，其中制造业项目 38 个。全市完成制造业利用外资 3.6 亿美元，增长 39%，占全市到资总量 35.2%，较上年提高 13.7 个百分点；高技术产业利用外资 2.6 亿美元，增长 67.5%，占全市到资总量 25.5%，较上年提高 9.4 个百分点。江苏和兴汽车科技有限公司、江苏施塔德电梯有限公司被认定为 2022 年第一批江苏省外资研发中心；淮安威灵电机制造有限公司被认定为江苏省第十三批跨国公司功能性机构。

对外投资步伐加快。举办 RCEP、“一带一路”等政策宣传会，鼓励企业用好国内、国际两个市场加快“走出去”步伐，新设对外投资企业 7 家，江苏盛弘包装有限公司成为全市首家入驻西哈努克经贸合作区企业。全年对外直接投资额完成 7869 万美元，创历史新高，增长 249%，增速居全省第二、苏北第一。完成外经营业额 3081 万美元。2022 年淮安市辖市（区）对外经济发展情况见表 5-1-5。

表 5-1-5　2022 年淮安市辖市（区）对外经济发展情况

序号	辖市（区）	工作情况
1	淮安区	外贸进出口 4.7 亿美元，增长 1.51%。实际利用外资 1.6 亿美元，增长 9.59%
2	淮阴区	外贸进出口 20.29 亿元，全区拥有超 500 万美元重点外贸企业 9 家。新招引亿元以上项目 116 个，协议引资额 669 亿元。实际利用外资 1.29 亿美元。对外直接投资 3000 万美元
3	清江浦区	外贸进出口 6.28 亿美元。新签约亿元以上项目 80 个，新批外商投资企业 10 家。实际利用外资 6000 余万美元
4	洪泽区	外贸进出口 5.05 亿美元，增长 26.3%。其中出口 4.43 亿美元，增长 30.7%。新签外商投资项目 20 个，协议注册外资 6.11 亿美元，增长 16.5%。实际利用外资 1.06 亿美元，增长 46.2%

续表

序号	辖市（区）	工作情况
5	涟水县	外贸进出口30.8亿元，增长16.7%，进出口额超500万美元企业15家。新设外商投资项目7个，实际利用外资1.6亿美元，增长4.3%。实际利用台资连续7年位居全市前列
6	盱眙县	外贸进出口14.43亿元，增长3.9%。其中出口13.76亿元，增长8.5%。新批外商投资项目11个，其中3000万美元以上项目7个。协议注册外资3.49亿美元，增长3.1%
7	金湖县	外贸进出口41亿元，增长5%，15家企业获批RCEP原产地证书。新设外资企业14个，其中总投资3000万美元以上企业5个。实际利用外资1.41亿美元，增长2%

五、芜湖市对外经济发展

2022年，**对外开放不断深化**。实现外贸进出口136.1亿美元，增长18.2%，比全省高12.5百分点。其中出口94.68亿美元，增长25%；进口41.42亿美元，增长5%。跨境电商交易额43亿元，增长50%；规模跨境电商产业园达7个，位居全省第一。使用海外仓50个，分布欧美、亚洲等21个国家。新批外商投资企业79家，合同利用外资4.54亿美元。实际利用外资2.39亿美元，增长104.4%；实际利用省外资金1766.7亿元，增长6.1%。

区域合作走深走实。与长三角9城共同发起数字长三角共建联盟，会同10个市（区）共建长三角应急管理城市联盟，成功举办长三角科技论坛暨长三角一体化院士论坛。“飞地”建设取得新成效，安徽创新中心宁波人才飞地、浙江创新中心芜湖人才飞地正式启用。

新兴产业不断壮大。启动实施十大新兴产业聚焦发展行动，全面提升产业集群竞争力。战略性新兴产业产值增长15.3%，占规模以上工业比重38.1%。资金、技术、应用场景等产业生态不断优化，获上级产业扶持资金3.8亿元，省新能源汽车和智能网联汽车产业主题基金落户。政府性投资基金新增投资项目138个，投资额超91亿元，撬动社会资本约400亿元。新能源汽车基地、通航基地获省级基地考核评估A等。新增国家企业技术中心1家、省工程研究中心7家，成立省新能源汽车和智能网联汽车产业研究院。出台加氢站布点规划，启动建设中国航空产业知识产权营运中心。

营商环境持续改善。举办“畅聊早餐会”40场，解决企业问题113个。在全国率先发布“7×24”小时政务大厅地方标准，实现企业开办移动端智能审批，市场主体突破50万户，其中企业主体增长13.4%。提高金融服务实体经济能力，3家企业获批上市，新增直接融资338.5亿元。开展依法推进公共政策兑现和政府履约践诺专项行动，解决公共政策兑现问题285个，兑现资金5.2亿元。“依法兑现公共政策创优法治化营商环境”入选全国法治政府建设示范项目。2022年芜湖市（区）对外经济发展情况见表5-1-6。

表5-1-6　2022年芜湖市辖市（区）对外经济发展情况

序号	辖市（区）	工作情况
1	镜湖区	外贸进出口4.48亿美元，增长25.33%。新增实绩外贸企业8家，累计97家。新引进外商投资项目1个，新设外商投资企业8个。合同利用外资128万美元
2	弋江区	外贸进出口52881万美元，增长23.0%。其中进口9812万美元，下降7.4%；出口43069万美元，增长42.9%。签约招商项目110个，总投资503.1亿元，其中亿元以上项目76个，10亿元以上项目14个，总部项目27个
3	鸠江区	外贸进出口9.75亿美元，增长25%。跨境电商交易额22.9亿元，总量居全市第一，占全市52.21%。入选安徽自贸试验区2022年创新举措5项。新签约产业项目202个，总投资633.3亿元。悠派等企业建立海外仓，全区累计28家
4	湾沚区	外贸进出口5.1亿美元。新增外贸实绩企业19家。实际利用外资1085万美元，增长22.73%；实际利用省外资金251亿元，增长20%。跨境电商交易额4.01亿元

续表

序号	辖市（区）	工作情况
5	繁昌区	1—11月，外贸进出口2.12亿美元，增长30.7%。其中出口1.6亿美元，增长23.4%；进口0.52亿美元，增长60%。全年外贸进出口增长20%。新签招商项目137个，其中亿元以上项目95个，10亿元以上项目12个
6	南陵县	外贸进出口1.56亿美元，增长32.2%。新增电商经营主体300余家，农产品电商销售额14.3亿元。锚定构建“一首四新”现代产业体系，持续招大引强培优，新签招商项目129个，总投资361亿元，其中亿元以上项目81个
7	无为市	外贸进出口1.6亿美元，增长45%。新签亿元以上项目122个，总投资616.4亿元。总投资80亿元的比亚迪新能源汽车零部件、总投资30亿元的楚江导体产业园、总投资20亿元的上海凯波高分子线缆特材等一批项目相继落户

六、马鞍山市对外经济发展

2022年，**对外贸易提质增效**。实现外贸进出口444.2亿元，位居全省第四，下降8.0%。其中进口233.5亿元，下降15.6%；出口210.7亿元，增长2.1%。新增外贸实绩企业40家。从区域分布看，全市进出口增长强劲的是马鞍山综合保税区、慈湖高新区、马鞍山经开区。其中马鞍山综合保税区进出口114.9亿元，增长25.3%；慈湖高新区进出口35.3亿元，增长11.1%；马鞍山经开区进出口28.6亿元，增长100.7%。从贸易方式看，一般贸易进出口、加工贸易进出口都有所下降，但保税物流进出口倍增。其中一般贸易进出口340.1亿元，下降13.3%，占比76.6%；加工贸易进出口59.1亿元，下降1.1%；保税物流进出口44.8亿元，增长168.6%。从企业类型看，民营企业进出口占比较高并实现增长。其中，民营企业进出口217.5亿元，增长20.1%，占比49%；外资企业进出口190.4亿元，下降16.5%；国有企业进出口36.4亿元，下降39.7%。从进出口产业类型看，传统钢铁产业进出口减少，半导体制造设备进口激增。出口钢材72.4万吨，减少13.9%，价值44.5亿元，下降1%；出口集成电路16.4亿元，增长50%。进口铁矿砂1434.7万吨，减少13.2%，价值121.3亿元，下降35.7%；进口半导体制造设备17.2亿元。从进出口国家和地区看，对东盟进出口68.6亿元，增长28.1%；对澳大利亚和巴西进出口为87亿元和46.3亿元，分别下降35%和19.4%；对美国进出口32.6亿元，增长69.1%；对欧盟进出口26.1亿元，下降1.5%；对“一带一路”沿线国家和地区进出口113.2亿元，增长14.5%。

推进“双招双引”。实际利用外商直接投资1.44亿美元，增长30.4%。新签约20亿元以上项目48个，其中百亿级项目3个，爱柯迪新能源、中南光电等450个亿元以上项目签约落地。实际利用省外亿元以上项目到位资金1350亿元，增长5%。青浦工业园获省政府授牌首批“安徽省际产业合作园区”。获国务院批准设立中国（马鞍山）跨境电子商务综合试验区。开通郑蒲港—福州江阴港江海直达航线。签发区域全面经济伙伴关系协定（RCEP）原产地证书41份。宝武马钢通过中欧班列向境外发运11趟。在全省率先实现国际商会载体全覆盖。新签外经合同额超6800万美元，实现对外承包工程营业额超8700万美元。2022年马鞍山市辖市（区）对外经济发展情况见表5-1-7。

表5-1-7　2022年马鞍山市辖市（区）对外经济发展情况

序号	辖市（区）	工作情况
1	花山区	外贸进出口1.95亿美元，增长19.1%。新签约亿元以上项目12个，实际利用省外亿元以上项目资金46亿元、外资3.05亿美元；一批重点项目签约落地，8个项目建成运营
2	雨山区	外贸进出口1.83亿美元，增长74%。新签约亿元以上工业项目40个，其中20亿元以上重大项目4个。宝武集团特种冶金基地、广西国网绿色再制造、深圳海光集团磁感元器件等一批央企、国企、上市公司项目落户集聚

续表

序号	辖市（区）	工作情况
3	博望区	外贸进出口 18277 万美元，增长 19.4%。其中出口 17058 万美元，增长 17.4%；进口 1219 万美元，增长 54.5%。新签约亿元以上项目 36 个，总投资 260 亿元。实际利用外资 646.13 万美元，增长 268.6%
4	当涂县	全县（不含市示范园区）外贸进出口 35114 万美元，增长 15.9%。其中进口 386 万美元，出口 34728 万美元。新签约亿元以上项目 70 个，其中超 20 亿元项目 8 个
5	含山县	外贸进出口 6063 万美元，增长 6.2%。实际利用外商直接投资 350 亿美元，下降 59.4%。新签约爱柯迪、铭利达、贝斯特等亿元以上工业项目 70 个，其中 20 亿元以上项目 6 个
6	和县	外贸进出口 20.06 亿美元，增长 17.4%。新签约亿元以上项目 76 个，其中 20 亿元以上项目 6 个。实际利用省外亿元以上项目到位资金 194 亿元，增长 4.9%；实际利用外商直接投资 1300 万美元，增长 56.4%

七、滁州市对外经济发展

2022 年，新增外贸实绩企业 170 家，总数达 1066 家；租赁海外仓 31 个，使用面积超 60 万平方米。实现外贸进出口 62.6 亿美元，增长 4.2%，总量居全省第 5 位，增速居全省第 10 位。其中出口 51.9 亿美元，增长 4.3%，总量居全省第 3 位，增速居全省第 12 位；进口 10.7 亿美元，增长 3.4%，总量居全省第 7 位，增速居全省第 5 位。从进出口经营主体看，内资生产企业完成 49.1 亿美元，增长 2.5%；外商投资企业完成 13.6 亿美元，增长 10.2%。2022 年滁州市进出口额主要分类及地区分布见表 5-1-8。

表 5-1-8　2022 年滁州市进出口额主要分类及地区分布

指标及分类	绝对数/亿美元	比上年增长/%
进出口总额	62.6	4.2
其中：一般贸易	52.7	5.2
加工贸易	9.8	-1.3
其中：对美国	9.6	-2.8
对欧盟（不含英国）	10.8	52.5
对日本	2.9	-1.8
对“一带一路”沿线国家和地区	19.8	1.3

资料来源：滁州市商务局

深入实施“双招双引”质量突破年、有效投资攻坚年行动，坚持产业链招商、基金招商、以商招商、商协会招商并举，疫情期间做到联系、洽谈、跟踪、感情、责任“五个不断”。全市新设外商投资企业 28 家，总数累计 295 家，投资总额累计 54.4 亿美元，实现外商直接投资 1.63 亿美元，总量居全省第 3 位，增长 23.4%，增幅高于全省平均增幅 5.6 个百分点。完善重点企业（项目）名录，共计 13 家外商投资企业办理增资手续，增资金额累计 1.2 亿美元。全市新备案对外投资企业 9 家，对外投资资金到位 1828 万美元。2022 年滁州市辖市（区）对外经济发展情况见表 5-1-9。

表 5-1-9　2022 年滁州市辖市（区）对外经济发展情况

序号	辖市（区）	工作情况
1	琅琊区	外贸进出口 16622 万美元，增长 3.1%。其中出口 13593 万美元，增长 1.5%；进口 3029 万美元，增长 10.5%。实际利用外资 210 万美元（2022 年 5 月起商务部公布口径），下降 21.1%

续表

序号	辖市（区）	工作情况
2	南谯区	外贸进出口 14971 万美元，增长 23.7%，高于全市 19.6 个百分点。实际利用外资 5421 万美元，增长 418.8%，增幅排名全市第一
3	来安县	外贸进出口 87045 万美元，增长 43.4%。其中出口 78887 万美元，增长 50.2%；进口 8157 万美元，下降 0.4%。实际利用外商直接投资 287 万美元，下降 42.5%
4	全椒县	外贸进出口 39666 万美元，增长 9.5%。其中出口 36119 万美元，增长 7.8%；进口 3547 万美元，增长 30.3%。外商直接投资 21 万美元，下降 99.2%
5	定远县	外贸进出口 15719 万美元，增长 73%，增速居全市第一。其中出口 14720 万美元，增长 68.4%；进口 999 万美元，增长 191%。实际利用外资 189 万美元，下降 74.2%
6	凤阳县	外贸进出口 37409 万美元，增长 21.9%。其中出口 35737 万美元，增长 22.7%；进口 1672 万美元，增长 6.3%。实际利用外资 15 万美元，下降 98.5%
7	天长市	外贸进出口 13.3734 亿美元，增长 42.2%。其中出口 12.6779 亿美元，增长 44.8%；进口 6955 万美元，增长 6.61%。实际利用外商直接外资 39 万美元；实际利用省外资金 236 亿元
8	明光市	外贸进出口 22890 万美元，增长 50.53%，新增外贸进出口实绩企业 7 家。新签约、新开工、新投产亿元以上工业项目分别为 46 个、49 个、32 个，到位资金 119.5 亿元

八、宣城市对外经济发展

2022 年，实现外贸进出口 33.4 亿美元，增长 18%，比全省高 12.3 个百分点，居全省第 5 位。其中出口 30.7 亿美元，增长 17.8%，比全省高 5.1 个百分点，居第 6 位；进口 2.7 亿美元，增长 21.5%，比全省高 25.9 个百分点，居第 2 位。全市共有进出口企业 770 余家，1 亿美元以上企业 4 家，1000 万美元以上企业 72 家。汽车零部件、卫浴、羽绒羽毛等 4 个国家转型升级基地完成进出口 12.5 亿美元。中国（宣城）跨境电商综合试验区获批，建成跨境电商线上综合服务平台，推动中鼎、婉饰琳 2 家企业 3 个海外仓成功入驻“海外智慧物流平台”，建成 9610 海关监管场所，走通 9710 业务，跨境电商交易额 13 亿元，增长 78%。组织 180 余家企业参加线上广交会、进口博览会等各类展会，与 172 个国家和地区实现贸易往来，与“一带一路”沿线国家和地区进出口达 10.4 亿美元，增长 20.9%。

全年新签亿元以上项目 600 个，比上年增加 47 个；新建亿元以上省外投资项目 500 个，居全省第 1 位，其中 10 亿元以上项目 35 个。新设外商投资企业 32 家，比上年增加 1 家，外商及港澳台商投资企业增长 7.6%。全市实际利用外资 6078.2 万美元，下降 26.1%。亿元以上实际到位省外资金 1208.6 亿元，增长 9.8%。

全市 31 家投资主体累计在境外投资企业 53 家，对外直接投资完成 1.6 亿美元，增长 74%，总量、增幅均列全省第 3 位，再创历史新高。新拓展日本 RCEP 成员国市场，投资总额 300 万美元。截至 2022 年底，全市共有 11 个境外企业在 5 个“一带一路”沿线国家对外直接投资。新批 1 个对“一带一路”国家（柬埔寨）投资项目，协议投资总额 2.58 亿美元，创历史新高。

表 5-1-10　2022 年宣城市辖市（区）对外经济发展情况

序号	辖市（区）	工作情况
1	宣州区	外贸进出口 31110 万美元，增长 18.4%。其中出口 22972 万美元，增长 3.7%；进口 8138 万美元，增长 98.0%。实际利用外资 57.3 万美元
2	郎溪县	外贸进出口 48356 万美元，增长 19.74%。其中进口 1143 万美元，下降 31.26%；出口 47213 万美元，增长 21.93%。实际利用外资 301.7 万美元，下降 35%
3	泾县	外贸进出口 5680 万美元，下降 22.8%。其中进口 6 万美元，下降 73.4%；出口 5674 万美元，下降 22.6%。新建亿元以上省外投资项目 31 个，实际到位省外资金 73 亿元

续表

序号	辖市（区）	工作情况
4	绩溪县	外贸进出口18465万美元，增长24.4%。新签约项目34个，总投资137.48亿元，亿元以上项目实际到位省外资金64.9亿元。实际利用外资506.6万美元
5	旌德县	外贸进出口2696万美元，增长8.72%。其中出口2681万美元，进口15万美元。新建亿元以上省外投资项目21个，到位资金40.6亿元，鼎新和卡尔本2个10亿元项目顺利投产
6	宁国市	外贸进出口7.8亿美元，增长11.5%。新签约亿元以上项目67个，新开工项目92个，新投产项目73个。实际利用外资2120万美元，下降33.7%
7	广德市	外贸进出口113895万美元，增长18.49%。其中出口107557万美元，增长20.18%；进口6338万美元，下降4.37%。实际利用外资2031.1万美元，增长79.4%。新批外商投资企业7家，合同利用外资6445.7万美元，增长746.4%

九、溧阳市对外经济发展

2022年，**对外贸易量稳质升**。实现外贸进出口152.27亿元，增长34.5%。其中出口108.17亿元，增长18.6%；进口44.10亿元，增长100.2%。实际利用外资4.03亿美元，增长11.3%。

千方百计助企纾困，支持企业拓展国际市场，帮助企业减税降费超40亿元，新增制造业贷款79.04亿元，增长34.57%。深化招商引资“月通报、夺红旗”活动，全年通过会审签约亿元以上项目66个，其中百亿元项目1个，30亿元以上项目2个，10亿元以上项目21个。全市形成动力电池和绿色储能、精品不锈钢2个千亿级产业集群，智能电网、智能装备制造2个500亿级产业集群，以及新材料、新能源、新型智慧等百亿级特色产业集群。

十、金坛区对外经济发展

2022年，**对外贸易再创佳绩**。实现外贸进出口384.30亿元，增长43.6%，创历史新高。其中出口318.6亿元，增长52.4%；进口65.8亿元，增长12.4%。进出口和出口增幅均位列常州市第1位。

招商引资积蓄发展。全年累计签约引进工业项目138个，协议投资总额超600亿元，其中新增供地项目24个，协议投资总额394.36亿元；外商投资项目17个，协议投资总额7.2亿美元；超10亿元或1亿美元项目16个，超30亿元或3亿美元项目3个，超50亿元项目1个，超100亿元项目1个。

对外合作稳步推进。实现实际利用外资4.42亿美元。亿晶光电、东方日升、北电爱思特和当升科技等企业的出口总量稳居全市前10位。人均货物和服务贸易总额、人均高技术产品出口额、人均知识密集型服务进出口额等高质量发展考核指标实现“全优”，领跑全市，创历史最好成绩。

第二章　国家级新区发展

第一节　南京都市圈国家级新区发展情况

南京都市圈内国家级新区，只有一个南京江北新区，是2015年6月27日由国务院批复设立的第13个国家级新区，也是江苏省唯一的国家级新区。江北新区位于南京市长江以北，包括浦口区、六合区部分区域和栖霞区八卦洲街道，规划面积788平方公里。其中直管区面积386平方公里。根据国务院批复，战略定位为“三区一平台”，即逐步建设成为自主创新先导区、新型城镇化示范区、长三角地区现代产业集聚区、长江经济带对外开放合作重要平台。2019年8月，中国（江苏）自由贸易试验区获批设立，南京片区面积39.55平方公里，全部位于江北新区范围，江北新区进入国家级新区与自贸试验区“双区联动”发展新时期。全域地区生产总值从2015年1465.8亿元跃升至2021年3619.7亿元，GDP占全市比重超过1/5，较成立之初提高7.5个百分点。其中直管区地区生产总值从2017年的1211亿元跃升至2021年的2561.7亿元。

第二节　南京江北新区发展情况

2022年，全域地区生产总值突破3700亿元，占南京市比重22.1%，较8年前提升7个百分点。其中直管区地区生产总值2628.5亿元，占南京市比重超15.5%；规模以上工业总产值3974亿元；全社会固定资产投资827.7亿元，增长7.7%；城镇居民可支配收入增长4.5%。全区综合实力跃居国家级新区第7位。

一、发展现代产业，打造产业之城

发挥国家级新区、自贸试验区“双区叠加”优势，紧扣“三区一平台”战略定位，把发展“现代产业”和提升“产业集聚”作为经济发展的主攻方向，推动了新材料、高端装备制造、汽车及轨道交通等优势产业迈向高端化、智能化、绿色化，释放集成电路、生命健康、高端现代服务业等新兴产业发展动能。在此基础上，加快数字基础设施建设，积极布局元宇宙、类脑智能、清洁能源等前沿技术产业，打造以5G、AI、大数据为底座的互联网核心区，加速引聚全球高端人才要素，力争在未来产业赛道上领跑。

全区已形成新材料、智能制造、汽车及轨道交通三大优势产业。其中新材料产业已形成石化、碳一两大主导产业链，成为全球最大的醋酸及其衍生物生产基地、EO/PO及其衍生物生产基地，建成投产企业100余家，包括中国石化、德国BASF、美国空气化工、塞拉尼斯等28家世界500强、全球化工50强及细分市场领先企业；智能制造产业已培育迪威尔高端制造、工大数控等具有行业影响力和发展潜力的“链主”企业，全区已拥有2家国家级制造业单项冠军企业、19家国家级专精特新“小巨人”企业，数量位居全市前列；汽车及轨道交通产业依托中车浦镇车辆厂为龙头，形成集整车制造、大部件制造、零配件制造、轨道交通服务等的产业链。此外，新能源汽车产业依托上汽集团新区基地，形成集整车制造、零部件生产和服务保障的自主品牌乘用车产业链。

二、提升核心竞争力，打造创新之城

把创新作为承载和打造“新的重要增长极”的抓手，建立全链条式高新技术企业培育体系，把EDA（Electronic Design Automation，电子设计自动化）作为产业突破口布局，已建成EDA计算中心，举办全国首个EDA竞赛，成立南京集成电路培训基地，集聚培养EDA产业人才，建设高质量的开源EDA开放生态系统。引入国内外顶尖团队资源，吸引华大九天、芯行纪等EDA龙头企业集聚，并与知名企业建起联合实验室。2022年12月，科技部正式批复国家集成电路设计自动化技术创新中心（“EDA国创中心”），该中心成为我国集成电路设计领域第一个国家技术创新中心。全区高新技术企业数量从2017年273家跃升至2022年1621家。建成市级新型研发机构87家、国家工程技术研究中心2家和省级工程技术研究中心119家。

围绕集成电路、生命健康、现代服务业三大新兴产业，精心培育全链条发展，加速构建“3+3+*X*”现代产业体系。集成电路领域，已集聚新思科技、长晶科技、展讯半导体、创意电子等一批行业领军企业（超500家），初步形成以IC（Integrated Circuit，集成电路）设计为核心，以光电子芯片和射频芯片为特色，涵盖制造、封测、材料、应用等产业链上下游的产业链结构，培育了众多独角兽企业和国家专精特新“小巨人”企业。2022年，规模以上企业142家，实现营业收入270亿元，占据南京全市半壁江山；芯驰半导体和芯华章进入全球独角兽榜单。生命健康领域，已集聚先声药业、中科麒麟刀、南微医学、驯鹿生物等大企业1000余家，初步形成以生物制药、化学药和医疗器械为主体，以基因检测、第三方检验服务为特色，以诊断试剂、精准医疗、细胞治疗等领域为潜力的产业体系。

2022年，生命健康、软件和信息服务产业链增长10%以上，世和基因以69亿元估值登上2023全球独角兽榜单；人工智能、轨道交通、新能源汽车产业链增速超过30%。截至2022年，全区集聚10名院士、300余名高端人才，累计走出5家上市企业，40家独角兽、瞪羚企业；累计推进实施省、市重大项目469个，总投资1.2万亿元。

三、优化营商环境，打造品质之城

以打造“管理效率最高、服务水平最优、运营成本最低”的国家级新区和自贸区为目标，对标国际一流，坚持创新突破，持续优化营商环境。2022年，列入省、市重大项目64个，总投资2380.57亿元，开工率超过90%。

创新重大项目推进方式，实施提前介入，全程跟踪服务，建立“江北新区直管区重大项目常态化会办推进机制”，完善《江北新区直管区重大项目推进管理办法》，聚焦要素抓保障，以“闭环化”的管理模式加速重大项目稳步推进。不断延伸服务内涵和提升服务水平，以市场主体为根本，针对企业进行政策满意度调研，形成优化营商环境监督员制度，先后出台“三个一批”、《优化营商环境30条》、“纾困16条”等优化营商环境创新举措。通过深化政务服务改革、构建精准监管体系、提升企业全生命周期管理服务、提高市场开放透明度、促进创新要素集聚、创新国际化法律服务，让营商“软环境”转化为发展“硬实力”。

加快补齐高端医疗、教育等短板，推动新主城建设焕然一新。先后引进中大医院江北院区、鼓楼江北国际医院、南医大四附院等一批大医院，填补江北缺少公立三甲医院的空白。建成投入使用教育项目56个，新增学位5.7万个。积极发挥国家智能社会治理实验基地优势，探索数字化治理新模式，系统推进城市运行“一网统管”“全要素网格组团”服务模式，不断壮大网格力量，推动综治网格、综合执法网格、警格等“多网合一”，促进服务、管理、资源、力量向网格集聚。

第三章　自由贸易区发展

第一节　南京都市圈自由贸易试验区发展情况

南京都市圈内，现有中国（江苏）自由贸易试验区南京片区和中国（安徽）自由贸易试验区芜湖片区。其中南京片区，2019 年 8 月批准设立，规划范围 39. 55 平方公里，全部位于国家级南京江北新区范围内，重点发展集成电路、生命健康、现代金融等产业，建设具有国际影响力的自主创新先导区、现代产业示范区和对外开放合作重要平台。芜湖片区，2020 年 9 月经国务院批准设立，位于芜湖市东北部，总规划面积 35 平方公里，包含芜湖综合保税区和国家一类开放口岸芜湖港，涵盖芜湖经济技术开发区、鸠江区部分区域。

2021 年 9 月，江苏省政府在自由贸易试验区南京、苏州、连云港 3 个片区之外，明确 43 家开发区（高新区）入选自贸试验区联动创新区（简称联创区）建设主体名单，赋予其省级管理事项 14 项。43 家开发区（高新区）中，涉及南京都市圈城市开发区（高新区）11 家（表 5-3-1）。

表 5-3-1　南京都市圈江苏自由贸易试验区联动创新发展区建设主体名单

序号	名称
1	南京经济技术开发区
2	江宁经济技术开发区
3	淮安经济技术开发区（淮安台资企业产业转移集聚服务示范区）
4	扬州经济技术开发区
5	镇江经济技术开发区
6	南京高新技术产业开发区
7	淮安高新技术产业开发区
8	扬州高新技术产业开发区
9	镇江高新技术产业开发区
10	金坛经济开发区［中德（常州）创新产业园］
11	南京生态科技岛经济开发区（中新南京生态科技岛）

2021 年 9 月，安徽省政府在自由贸易试验区合肥、芜湖、蚌埠 3 个片区之外，明确第一批 6 个联创区，涉及南京都市圈滁州、马鞍山、宣城 3 个城市。

南京都市圈自贸试验区南京和芜湖 2 个片区，以及各联创区主体，聚焦“开放型经济发展先行区、实体经济创新发展和产业转型升级示范区”战略定位，坚持“国内一流、国际公认”自我追求，不断深化改革创新。一是坚持以制度创新为核心，突出可复制可推广，深化首创性、集成化、差别化改革探索，形成了一批含金量高、受企业欢迎的制度创新成果。二是聚焦重点领域和关键环节，扎实推动高水平制度型开放，提升贸易投资便利化水平，开放型经济发展质态得到明显提升。三是推动开放与创新深度融合，不断做强创新链、做优产业链、提升价值链，形成了各具特色、各具优势的发展格局。四是加快转变政府职能，深化“放管服”改革，努力营造市场化、法治化、国际化一流营商环境，市场主体获得感和满意度显著增强。五是充分利用地理相邻、产业互补优势，在战略理念、制度政策、承载功能、基础设施、产业项目、人才技术、具体行动等方面形成有效对接，释放联动发展的潜力和动能。

第二节　中国（江苏）自由贸易试验区南京片区发展情况

南京片区获批 3 年以来，紧扣建设具有国际影响力的自主创新先导区、现代产业示范区和对外开放合作的重要平台战略定位，推动国家级新区和自贸试验区共融共建，着力打造一流的创新生态、产业形态和开放业态，累计形成 160 多项针对性强、受企业欢迎的制度创新成果，90 余项首创性制度成果复制推广。

一、在有效配置创新要素上寻求突破

构建了创新主体的培育体系。设立新型研发机构 87 家，孵化科技型中小企业 1100 多家，打造了 4 家独角兽与 64 家培育独角兽企业，近 20 家科创企业具备上市条件，高新技术企业 3 年实现翻倍增长。创新人才评价综合改革。将社会化风险投资、经济贡献等作为人才的评价标准，举荐各类高层次人才超过 260 人。出台国际性的人才职业资格认定办法，推出首批 57 项国际职业资格比照认定的目录，集聚海外高层次人才与归国留学生 1 万多人。推进知识产权全链条运营。打造“互联网+金融+知识产权”服务模式，知识产权质押项目数量在全国占比超过 10%。建成全国首个知识产权资产数字化交易平台，发行了全省最大规模的知识产权证券化项目，实现了知识产权运用的不断拓展。

二、在服务构建现代产业上寻求突破

紧扣优势产业和新兴产业发展，聚焦市场主体需求，探索系统集成改革。开展生物医药全产业链开放创新试点。在药物研发、临床转化、药械审评、大数据应用等领域改革创新，累计形成 16 项制度创新成果，生物医药集中监管模式和健康医疗大数据转化应用 2 项成果在全国复制推广。优化产业公共服务平台的支撑。组建科学仪器开放共享服务联盟，整合 1 万多台设备，以市场化机制实现共享。在全国首创生命健康多组学科创新技术服务平台，服务 900 多家生物医药重点企业及科研院所。搭建国内首个新金融基础设施——扬子江数字金融平台，开发的区域性股权市场区块链建设标准获得证监会推广。促进产融高效结合。搭建“科创数金”政企银一体化数字金融服务平台，在全国首创基于区块链的智能保理平台，累计实现供应链融资 70 多亿元，通过“科技增信”为企业融资赋能。

三、在提升开放合作水平上寻求突破

累计出台各类支持政策 80 多项，全力促进开放合作。提升了贸易投资的便利化水平。在全省率先复制推广进境实验动物检疫监管模式，SPF 鼠进境隔离期由 30 天缩减到 14 天。搭建“海外仓离境融”服务平台，企业出口退税资金到账的时间由 180 天缩短到 3 个工作日。落地了江苏首批 5000 万美元的 QDLP 基金、南京首批 30 亿元的 QFLP 基金，推出了全国首个 FTA 惠企“一键通”的智慧平台，注册企业达到 4000 多家。促进了区域合作与联动发展。落实长江经济带战略，“生态眼助力长江大保护”入选第四批全国自贸试验区最佳实践案例。参与长三角自贸试验区联盟建设，与宁淮智能制造园区联动发展。强化法治营商环

境建设。成立江苏自贸试验区南京仲裁院和全省首个自贸试验区法庭，落户江苏自贸试验区首家境外律师事务所的代表处，在全国首创境内外机构合作设立第三方调解组织，为市场主体提供“一站式”跨法域的法律服务。

第三节　中国（安徽）自由贸易试验区芜湖片区发展情况

2022年，新注册企业2250家，增长20%；新签约项目130个，增长54.8%。新入选省制度创新案例17项，其中5项成果为全国首创。全省首只合格境外有限合伙人基金成功落地。全年实现外贸进出口532亿元，增长38.2%；完成实际利用外资10086万美元，是成立前年利用外资881万美元的11.4倍；新增企业2449家，增长30.7%。

一、积极培育外贸新业态

一是强化政策支持。出台外贸倍增行动方案，从壮大外贸主体等10个方面确定工作路径。制定重点外贸企业帮扶方案，帮助企业保订单、保市场。制定汇率风险管理等系列政策，减小结汇风险。完善市级外贸促进政策、二手车出口政策、出口信保政策等，兑现资金5000余万元，受惠企业363家次。**二是挖掘增长点。**全面梳理外贸企业，加强对企宣传服务，加强龙头企业培育，2022年芜湖片区新增进出口实绩企业49家，新增进出口额过亿美元企业2家。奇瑞汽车完成出口45万辆，增长67.7%，连续20年位居中国品牌乘用车出口第一。**三是深挖发展潜能。**充分发挥跨境电商综合试验区、自贸试验区等政策功能叠加优势，建成跨境电商9610海关监管中心。加快重点市场海外仓布局，全市19家企业使用海外仓50个、7.26万平方米。

二、坚持改革创新

为发挥服务全国改革开放“试验田”作用，芜湖片区大胆探索，在全省3个片区率先开展相对集中行政许可权改革，所有赋权事项审批独立自主开展，做到“一颗印章管审批”。将省、市、区级赋权事项融合为“一套清单”，设立省内首个“无差别受理”综合窗口，382项清单事项实现“一站式”办理。创新实施市场主体登记确认制，企业开办仅需半天。建成跨境电子商务综合试验区、智慧城市基础设施与智能网联汽车协同发展试点城市、进口贸易促进创新示范区等国家级试点平台。

三、主动承接省级赋权权限

设立芜湖片区知识产权维权援助工作站、公证办理点、仲裁服务点。联动法院、检察院、市监局提供知识产权保护咨询和申诉渠道，完善知识产权纠纷多元解决机制。批复首个省级目录的建设项目环境影响报告书——奇瑞汽车智能网联超级一工厂技改项目；首次行使重大项目核准权限；审批首个省级辐射类环评项目；试行芜湖片区首个环评、排污许可“两证合一”项目审批。致力打造战略性新兴产业先导区、江海联运国际物流枢纽区。

第四节　中国（安徽）自由贸易试验区联动创新区发展情况

一、滁州市联动创新区发展

涵盖滁州市区和天长市相关地域。已形成滁州市、天长市、工作专班三级工作架构，制订联动创新区实施方案和三年行动计划（2021—2024年）并获省批准实施，向省自贸办申报130项自贸试验区特别清单（权利事项65项、公共服务事项35项、中介服务事项30项）和35项涉企经营许可事项清单。率先向省自贸办报送了1项改革创新经验。2022年，签约亿元以上项目15个，其中百亿元项目 2 个；新开工亿元以上项目 8 个。

二、马鞍山市联动创新区发展

实施范围 60 平方公里，涵盖郑蒲港新区 30 平方公里（含马鞍山综合保税区 2 平方公里）、马鞍山经开区 30 平方公里。2022 年，制定印发中国（安徽）自由贸易试验区马鞍山联动创新区建设实施方案。全面完成可复制推广的 137 项改革试点经验，复制推广率 100%。探索形成制度创新成果、最佳实践案例 9 项。联动创新试验区 2 个片区，实现外贸进出口 23 亿美元，占全市比重 34.5%。实际利用外资 9936.7 万美元。

三、宣城联动创新区发展

实施范围 59.78 平方公里，包括宣城经济技术开发区和广德经济开发区 2 个区块，其中宣城经开区区块总面积 29.8 平方公里，广德经开区区块总面积 29.98 平方公里。2022 年，制发宣城联动创新区建设实施方案和重点任务分工方案，从 9 个方面细化量化了 81 项重点工作任务，逐项明确具体责任单位和完成时限。完成起步区一期基础设施建设，总投资 6 亿元。持续推进国务院前期集中复制推广改革试点经验和最佳实践案例，全面完成首批改革试点任务，复制推广创新经验做法 130 余项，改革试点经验复制推广率居全省联动创新区前列。与安徽自贸试验区芜湖片区建立战略合作关系。

第四章　省级以上经济技术开发区发展

第一节　南京都市圈省级以上经济技术开发区发展情况

2022年，南京都市圈有正式批准的省级以上经济技术开发区65家，其中国家级10家，省级55家。65家中，南京市11家，其中国家级2家、省级9家（含筹建南京空港经济开发区）；镇江市6家，其中国家级1家、省级5家；扬州市8家，其中国家级1家、省级7家；淮安市8家，其中国家级1家、省级7家；芜湖市8家，其中国家级1家、省级7家；马鞍山市6家，其中国家级1家、省级5家；滁州市8家，其中国家级1家、省级7家；宣城市8家，其中国家级2家、省级6家；溧阳市省级1家；金坛区省级1家。商务部对217家国家级经开区2021年度综合发展水平情况进行考核评价，南京都市圈内江宁经济技术开发区列综合排名第8位、东部地区第7位；南京经济技术开发区列综合排名第12位；芜湖经济技术开发区列综合排名第20位、中部地区第2位。

2022年，南京都市圈各省级以上开发区坚持以习近平新时代中国特色社会主义思想为指导，认真学习宣传党的二十大精神，按照中央、省、市关于推动经开区高质量发展部署要求，立足新发展阶段、贯彻新发展理念、构建新发展格局，推动高质量发展，较好地完成年度重点目标任务。**一是经济发展稳中有进。**总体呈现稳中提质的良好态势。**二是开放带动作用显著。**各开发区坚持高水平对外开放，有效发挥稳外贸、稳外资的“主力军”作用，推动了经济高质量发展。**三是科技创新实力增强。**各开发区把科技创新放在重要位置，大力加强国家级、省级孵化器、研发机构建设，着力发展数字化、智能化高新技术产业。**四是绿色发展成效明显。**各开发区共同实施长江大保护，严抓规模以上工业企业单位工业增加值能耗、水耗和COD（Chemical Oxygen Demand，化学需氧量）排放，生态环境不断改善，主要入长江支流全部消除劣V类水体。**五是协调发展扎实推进。**南京都市圈城市之间、开发区之间相互协作。南京市深化“省内通办”“跨省通办”，建立政务服务跨省、跨市办理机制，优化业务协同；组建都市圈知识产权保护联盟、都市圈知识产权调解中心，推动跨区域联合执法；推广“南京金服”平台在都市圈范围内应用，为都市圈开发区、企业提供路演、融资等综合金融服务。浦口区与南谯区合作建设1000亩“一体化发展共建合作园区”等。开发区建设展现一体化融通发展新优势。

第二节　国家级经济技术开发区发展情况

一、南京经济技术开发区发展

2022年，完成一般公共预算收入101亿元，下降2.7%，其中税收收入93.3亿元，非税收入7.7亿元，税收收入占比为92.3%。完成政府性基金收入33.4亿元，其中国有土地使用权出让上级补助收入31.2亿元，占比93.4%；城市基础设施配套费收入2.2亿元，占比6.6%。

强化科技创新。不断引导企业加大研发投入，鼓励企业建设研发机构，促进技术研发和成果转化，不断提升企业自主创新能力。依托国家级新港高新园等产业创新平台，厚植创新企业发展沃土，擦亮企业服务招牌，建立“创新链—产业链”协调发展机制，打造全生命周期的企业服务体系，通过数据研判、画像分析，精准匹配企业成长轨迹，建立园区企业梯度培育体系，一批批独角兽企业、瞪羚企业已经成为园区创新高成长性企业的代表，对区域经济发展和产业集聚的引领带动作用日益显著。2022年1—10月，全区新增市级以上工程技术研究中心13家，其中市级7家、省级6家，累计建设市级以上工程技术研究中心77家，其中国家级2家、省级42家、市级33家，形成了国家、省、市三级企业研发机构梯队培育的技术创新体系。当年17家企业登上江苏“独角兽”“瞪羚”榜。南京康尼机电累计获得发明专利200余件，核心发明专利多次荣获“中国专利优秀奖”。

推动“制造”向“智造”飞跃。发布制造业“智改数转”三年行动计划，对标世界和国内智能制造领先水平，推动智能化改造和数字化转型，依托新型显示、生物医药、智能制造装备、智能电网等产业优势，培育创建一批智能制造示范工厂（车间）。南京熊猫装备园研发了6个系列8款工业机器人产品。2022年，经开区入选省级“互联网+先进制造业”特色产业基地；杉金光电等2家企业获得省级智能工厂认定，2家企业申报省级工业互联网标杆工厂。截至2022年底，有工业互联网产业规模以上企业45家；入选省、市智能化改造和数字化转型服务资源池企业5家、国家级/省市级工业互联网平台专项项目2个；培育国家制造业单项冠军企业3家，拥有国家级专精特新“小巨人”企业11家、省级专精特新中小企业31家。

推进质量和标准化工作。树立质量第一的强烈意识，构建质量强区工作框架体系，建立由管委会牵头，15个主要部门为成员单位的经开区质量发展委员会，制定奖励扶持办法，发挥政策激励作用，各部门齐抓共管，整体推进，鼓励园区企业按经开区、市级、省级和国家级逐级培育，梯度发展。2022年，3家企业产品获评江苏精品，2家企业获质量信用AAA级，1家企业获批国家标准化工作试点；9家企业获得经开区质量奖；5家企业进入市长质量奖现场评审，1家企业获市长质量奖，1家企业获提名奖；2家企业正在分别申报中国质量奖、省长质量奖。

扩大外贸出口和利用外资。近3年来，较好地实现了外贸进出口稳中提质、结构新优化。2020—2022年连续3年外贸进出口总额递增，分别达868亿元、904亿元、906亿元。保税物流、跨境电商业务进出口大幅增长。围绕光电显示、高端装备制造和生物医药等主导产业和链主企业，实施产业链供应链招商。鼓励外商投资企业充分利用南京的科教人才资源、市场辐射优势，设立研发中心、销售中心。近5年，累计实际利用外资33.58亿美元，占全市比重15.6%，其中制造业占比85.7%，高新技术产业实际利用外资年均增长率超过30%。引进了总投资5.5亿美元的LG新能源电池三期、总投资3亿美元的LG麦格纳电机、总投资1亿美元的丹麦丹佛斯IGBT半导体模块等一批外商投资大项目；引进了安百拓中国区总部、博世汽车售后中国区总部、艾欧史密斯中国区总部、博西华全球研发中心、夏普全球研发中心等外资企业总部和研发中心。

二、江宁经济技术开发区发展

1992年6月创办，1993年被批准为省级开发区，1997 年经国家科委批准设立国家级高新技术工业园，2010 年被批准为国家级经济技术开发区。2022 年，实现外贸进出口 1334 亿元，在全市园区板块中名列前茅。实际利用外资 8 亿美元。累计引入 46 个国家和地区的 4000 多个项目，其中世界 500 强投资企业近百家，涵盖智能制造、绿色智能汽车、智能电网、新一代信息技术等开发区重点发展产业领域。从 1992 年启动建设至 2022 年，江宁开发区已走过 30 个年头，成为开放创新发展的一面旗帜。

产业为根，筑牢发展根基。把发展着力点放在实体经济上，把招商引资作为生命线。坚持严把项目关，瞄准“4+5+3+1”产业体系，精选优选入驻项目，产业步步升级。适时推动“块状经济”向“柱状经济”转型，着力打造“竖起来的经开区”。成功接洽并引进菲尼克斯、爱立信熊猫、南瑞集团、长安马自达汽车等一大批国内外知名企业和中电科五十五所、中船重工七二四所、中航六〇九所等一批大院大所。相继引入 46 个国家和地区的 4000 多个项目，其中世界 500 强投资企业达 96 家。2021 年，全区楼宇经济已集聚 3500 余家企业，税收占江宁区楼宇税收总量的 70% 以上。

创新为魂，蓄积高质量发展的不竭动能。坚持创新在高质量发展中的核心战略地位，推动园区从江宁制造向江宁智造加速转型。抢抓引领性国家创新型城市建设机遇，明确将新型研发机构作为科技成果转化的生力军。累计建成省级以上众创空间和孵化器 63 个，科技孵化项目 2000 多个。为促进科技成果就地转化、缩短产业化周期，还在国外累计设立海外研发机构 11 个、离岸孵化器 20 个。全区拥有高新技术企业 1066 家，高新技术产业占工业经济比重达 70%。建成“国家海外人才离岸创新创业基地”和院士工作站 8 家，博士后工作站 64 家、研究生工作站 63 家。累计引进诺奖、菲尔兹奖得主 11 人，海内外院士（含两院院士）64 人；引育国家重点人才计划专家 111 人，高端人才资源总量在国家级经开区中名列前茅。

改革为桨，打造与时俱进的营商环境。始终以改革为根本动力，将深化改革与园区优势充分嫁接，构建高效精简的政务架构和亲商安商的营商环境。专门成立“马上办办公室”，做到“答复不过夜、办事不隔天”。近年来，紧跟大数据时代步伐，江宁开发区设立“预先介入服务平台”，对进区企业提炼审批识别要素，完成个性化定制，同步上线政务服务手机 App，畅通“一次注册、单点登录、多处互认、全网畅行”的网上审批渠道，推动“马上办”升级为“码上办”，做到“办事不出门、程序全搞定”。为提高审批效率，专门设立代办服务中心。大胆探索“陪伴员+集成化精准服务”新模式，对企业实行全生命周期的陪伴式服务，将原来仅限于审批环节的“半程跑”服务模式，升级为企业发展全过程的“全程跑”服务模式。发动以“去行政化”为导向的“自我革命”，聚焦“发展经济”的主责主业，加大经济职能比重，全面实行企业化管理，打通纵向流动、横向交流渠道，聚焦能上能下的考核机制，充分保障园区管理高效运转。

三、镇江经济技术开发区发展

2022 年，实现地区生产总值 826.7 亿元，增长 3.2%；固定资产投资增长 8.6%；工业应税销售完成 1220 亿元，规模以上工业总产值增长 10.9%；一般公共预算收入完成 55.98 亿元；实现外贸进出口 391.9 亿元，增长 42.6%。实际利用外资 2 亿美元，其中产业类实际到位外资增长 39.6%。在新能源、新材料、航空航天、生命健康、高端装备等产业领域汇聚了一批具有代表性的重点企业，区内工商注册外资企业超过 445 家，30 余家世界 500 强和国际知名企业，以及 10 余家中央企业在此投资兴业。

加强统筹谋划，促进经济发展稳中有升。加强考核引领。围绕高质量考核指标体系、开发区综合评价重点考核指标，科学排定 2022 年新区重点指标体系及目标任务，制定绩效考核办法，发挥考核的“指挥棒”“风向标”“助推器”作用，不断提升招引项目质量，持续优化产业发展结构。坚持统筹调度。围绕月度综合评价及高质量考核季度监测评估，完善经济运行分析报送制度，建立重点指标“考前培训解读、考中监测预警、考后结果分析”的监测评价模式；完善经济运行跟踪监测机制，常态化开展走访调研，从产量、价格、能耗、物流、效益等多方面全方位研判企业运行质态，强化指标的提前预警和企业靠前服务，坚持全局谋划，突出问题导向，精准分类施策，确保各项指标运行在合理区间。建立外贸企业运行监测制度，强化 30 强企业运行分析研判，全力挖掘孚能科技、南华糖业等外贸新增长点。

完善推进机制，助力项目建设提质增量。进一步优化完善项目准入评估办法，从行业准入、项目成熟度、资源配套等方面，对拟评估项目在前期进行充分论证，提高项目引进质量和主导产业集聚水平。提升项目推进效能。完善网格帮办、集成交办、调度会办和督查督办“四项机制”，以“专人专班+要素保障”形式有力保障蓬勃生物、日丰管、中节能等重大项目开工建设。省、市重大项目提前一个月全部开工。实施政府投资项目规范管理。将完成项目建议书与可行性研究报告审批书作为政府投资项目计划的前置条件。2022 年，累计召开区级调度会 24 次，协调解决各类企业问题。

主动靠前服务，推动营商环境优化升级。强化资源要素保障。稳妥推进“双碳”和能耗“双控”工作，建立“部门+专家”会商机制，提高项目节能评审效率，强化能耗指标保障。指导常青树、中交等优质“两高”项目通过省、市节能报告专家评审，累计帮助企业寻找能耗指标超 4 万吨标煤。创新电力接入政企共担机制，爱宠族（江苏）科技有限公司电力接入土建工程建设项目成为全市首个核准立项的电力政企共担项目。发挥圌山沙龙平台功能，围绕政银企对接、减税降费、企业信用等主题开展交流活动。加大对上争取工作，天奈科技、贝斯特获得省战略性新兴产业项目资金支持，获批项目数占全市三分之一；航发优材高温合金获批省工程研究中心。提升金融支持力度，推进金融服务实体经济，先后举办政银企对接会、金融惠企推进季新区专场、金融惠企沙龙等多场活动。磁谷科技绿色低碳项目获得全市首笔“苏碳融”绿色贷款，三维输送成为全市首家北交所上市企业，天奈科技入围上证科创板新材料指数。开展“百团进百万企业千万员工”“安全生产月”等活动，推动监管行业企业树牢安全意识、普及安全理念、提高安全素质、落实安全责任。

四、扬州经济技术开发区发展

2022 年，完成地区生产总值 730. 2 亿元，增长 8%；实现规模工业总产值 1005 亿元，增长 31%；实现工业开票销售 1075. 6 亿元，增长 25%；实现外贸进出口 37. 9 亿美元，增长 9%；实际利用外资 4. 1 亿美元，与上年持平。

奋勇争先，加快经济发展。坚持强链补链、智能化改造和数字化转型的路径，出台《先进制造业招大引强扶持政策意见》等文件，实施“211”龙头企业培育工程（力争 5 年内全区培育 300 亿级企业 2 个以上，百亿级企业 10 个以上，亿元以上企业 100 个以上），加速产业转型升级步伐。新引进车规级智能芯片、阿特斯新能源产业园、20GW 高效光伏电池片等 3 个 100 亿元级项目。建成华鹏光伏等一批 50 亿元项目。总投资 100 亿元的晶澳太阳能电池、领益智造等重特大项目实现当年签约、当年投产。科霸生物、惠通科技、泰胜风能、中集新能源产业园等一批重大项目加速实施。新签先进制造业项目 60 个、服务业项目 120 个，新实施工业项目 132 个、列省投资库 5000 万元以上项目 139 个，52 个城建项目全部开工。全区形成新能源、绿色光电、汽车及零部件等百亿级产业集群。

围绕宜居宜业，推进魅力新城建设。加快基础设施建设，改造提升维扬路、施沙路、古津路等 7 条基础路网，扬子津路西延建成通车。全年新增绿地 22 万平方米；完成主城区基本农田流转 1960 亩和 8 个老旧小区计 46 万平方米改造工程；建成投用党史文化公园、经开区展示馆、企业家公园、产业工人公园。南部新城“一体两翼”发展框架全面呈现，全区“双轴 · 三带 · 五城 · 七园”的发展轮廓更加明确。兜牢底线，增强人民群众幸福感。医疗集团实质化运行，公共卫生服务中心正式运营，3 家社区卫生服务中心全部建成使用。在全市率先实现城乡学校集团化办学全覆盖，中小学校、幼儿园整体布局更加优化。

深化改革，实施创新驱动。加快布局“一廊四核”科创集聚区。国汽轻量化研究院、扬州大学国家大学科技园、碳中和技术创新中心等一批创新载体签约落户。完善“1+*N*”人才政策体系，建成交付人才公寓 1200 余套。实施科技创新“五个一”工程，出台科技新政10条。全区拥有高新技术企业102家。实施改革创新。“1+5+N”国企改革架构基本搭建完成，区镇财政体制、统计体制改革，区镇（街）财权、事权改革等重点事项顺利实施。实行“一网通办”，推行重大项目建设“4+”工作法，公共资源交易100%电子化，企业开办实现半日办结常态化，厂房建设从开工到交付最短5个月，“签约即服务”“五证联发”“拿地即开工”成为常态，“竣工即交付”“领照即经营”逐步推开，亲商安商富商的营商环境持续优化。

强化组织领导，为高质量发展提供有效保障。全面落实党建责任制，强化党工委总揽全局、协调各方，管委会抓统筹、保落实的领导机制。深化干部人事管理体制改革，出台干部选拔任用工作操作规程。牢固树立大抓基层导向，推进“先锋领航·益企同行”园区党建工作，开展“攻坚突破、担当有我”能力作风提升行动，深化“三个一线”突击行动，以园区大党建赋能园区大发展。

五、淮安经济技术开发区发展

2022年，实现地区生产总值448.85亿元，城镇居民人均可支配收入52407元，增长4.3%；实现一般公共预算收入30.01亿元，其中税收收入25.17亿元，税收占比83.88%；累计增值税留抵退税12.76亿元；总量全市第一；新签约亿元以上项目57个，计划总投资334.9亿元，其中10亿元项目13个，占比22.8%；实现规模以上工业总产值584.47亿元，增长8.2%，规模以上工业增加值增幅9.5%；实现外贸进出口194.36亿元，占全市比重45%，总量全市第一。实际利用外资2.02亿美元，总量保持全市领先；完成规模以上工业应税开票553.6亿元，增长10.43%，实现全部工业入库税金16.2亿元，总量、增量均保持全市领先。

主导产业特色彰显。以富士康、鹏鼎科技、韩泰轮胎等名企为代表，形成IT、新能源汽车及零部件、智能装备等特色产业集群，是江苏省新能源汽车产业基地、江苏省智能装备制造产业基地。以航空货运枢纽建设为推动，着力打造航空制造、航空服务等临空产业，互联网、跨境电商等新业态加速崛起。现有规模以上新型装备制造企业48户，2022年实现应税开票77.63亿元，增长4.12%，总量占全区比重达14.02%。随着金丰机械、康普斯顿、高锋机械等项目落户，实现从零部件到整机生产、从分散到集约集群质的突破。已培育威灵电机、卧龙电气等应税开票超10亿元企业1户、超亿元企业15户。2022年，全区生命健康产业列统企业18户，应税开票13.15亿元，增长0.1%，总量占全区比重2.38%，已培育应税开票超亿元企业4户。全区盐化新材料产业列统企业31户，应税开票119.15亿元，增长25.24%，总量占全区比重21.52%。已培育总产值超40亿元企业1户（实联化工）、超10亿元企业2户、超亿元企业17户。

营商环境持续优化。围绕服务企业“全生命周期”，着力打造“公平、诚信、法治、高效”的营商环境。全面推行“2330”审批新流程，设立产业发展引导基金，企业高质量发展奖励办法等系列惠企政策有效助力企业做大做强。深化经济网格化工作，启动运行智慧网格企业服务平台，网格服务品牌深受企业好评。围绕打造宜居、宜商、宜业、宜游的现代化园区，高标准规划建设西游记文化体验园、汇金云谷等城市地标，打造智慧谷、创新创业园等孵化平台；现有工业、财经、食品、建筑等各类大中专院校10所，在校学生总数超10万人，可提供充足的产业工人和技术研究人才；新引进北京师范大学、上海瑞慈医疗等优质资源，进一步提高了民生保障水平。

多元发力优塑形象。在全市率先完成人事薪酬制度改革，推行全员竞聘上岗，形成“三能三个不一样”良性机制；天合光能项目用时32天实现全面开工，是迄今为止全市百亿级项目落地转化的最快速度。106个区中心城市建设项目开复工率95.3%，完成投资72.18亿元，城市长效综合管理指标位居全市第一。持之以恒抓党建、固根本，“创五星 强堡垒”先锋领航工程被评为星级党组织，“红亲亭·温馨驿站”被授予全市首批“翔宇先锋”称号。全区42个村平均集体经济收入超过90万元，增长14%。

六、芜湖经济技术开发区发展

2022年，实现地区生产总值685亿元，增长8.5%；实现规模以上工业产值2220亿元，增长18.7%；实现固定资产投资260亿元，增长16%；

实现规模以上服务业营业收入174亿元，增长18.9%。入选国家进口贸易促进创新示范区，获中国家电智能制造基地、省级智能网联汽车特色产业园等称号。在全省126家省级以上开发区综合考评中位列第三。

重点企业快速成长。奇瑞汽车连续19年位居中国品牌乘用车出口第一，美的集团位居中国家电行业第一，信义集团成为全球第一光伏玻璃巨头，长信科技成为中国ITO导电玻璃行业领军者，楚江集团铜板带产销规模位居全国第一。美的厨卫、美智空调2家企业分别揭榜入选2022年国家智能制造示范工厂、国家智能制造优秀场景，入选企业数占全市50%；神剑新材料和鑫科铜业入围2022年国家级制造业单项冠军企业（产品），有效助力芜湖市在该项工作中实现“零”的突破。

项目建设加快推进。签约亿元以上项目94个，总投资784.2亿元，其中10亿元以上项目12个，百亿元以上项目3个；开工亿元以上项目60个，总投资539.5亿元。奇瑞超一工厂项目主体工程竣工，奇瑞超二工程项目四大工艺车间全面进入钢结构施工阶段，海创磷酸铁锂项目进入试生产阶段，信义七期项目部分投产，隆基一期项目部分厂房已基本建成，道氏一期项目部分厂房封顶。有重点在谈项目72个，总投资约1500亿元，其中包括东旭高新标显示用载板玻璃、亿纬锂能动力储能电池等百亿级项目。

创新动能不断增强。2022年，实现高新技术企业增加值319.4亿元，增长18.1%，占全市43.7%；拥有国家级科技企业孵化器2家，国家级众创空间2家，孵化面积近20万平方米，科技型中小企业242家，专精特新培育企业59家；万人有效发明专利拥有量达598.9件，居全省经开区领先地位，其中奇瑞汽车连续8年荣居安徽省发明专利百强排行榜榜首。

营商环境不断优化。组建企业服务中心和企业诉求办理中心，派遣13名专员入驻中心办公，与自贸区综合服务中心实现“一窗通办”无缝对接，推动1924家企业入驻芜湖自贸区，实现“一证一业一码”、24小时“不打烊”的行政审批服务；加快推进企业上市，新增映日科技、信义光能2家上市在审企业，新增埃泰克、中鼎恒盛2家上市后备企业完成股改，新增信义光能、埃泰克、张恒春药业、中鼎恒盛4家企业完成上市辅导备案。

七、马鞍山经济技术开发区发展

2022年，实现总产值816亿元，规模以上制造业增加值增长13.4%，一般公共预算收入14.5亿元，新增规模以上工业企业31家。实现外贸进出口42651.72万美元，增长93.3%。其中出口35866.43万美元，增长133.8%；进口6785.29万美元，增长0.9%。实际利用外商直接投资9661.6万美元。园区经济社会高质量发展基础更加坚实、动力更加强劲、态势更加向好。

招大引强成效明显。紧盯优势主导产业，招商引资、招新引优。作为全省首批省际产业合作园区，马鞍山青浦工业园现已入驻颐海智慧工厂、中钢粉体、中南高科、汇源食品包装等11个项目，占地1448亩，总投资196亿元，完成投资36.3亿元。2022年，全区共新签约项目59个，其中50亿元以上项目2个，20亿元以上项目8个。

项目建设提速提效。创新建立“一三五”推进机制，即主要领导每周“一线调度”、“三级包保”即时协调、“五个一”强力推进，狠抓项目落地见效。2022年，格力产业园、青鸟消防安全产业园等56个重点项目开工建设，开工率130%；中钢矿院先进粉体材料产业园、颐海智慧工厂等35个重点项目竣工投产，竣工率175%。

创新活力不断增强。坚持把创新摆在现代化建设的核心位置，新建成、新落户马鞍山大学科技园、北大长三角智慧装备研究院、化合物半导体创新中心等创新平台17个，累计培育高新技术企业143家。鼓励企业开展技改练好“内功”，推动制造业高端化、智能化、绿色化发展。2022年，实施亿元以上技改项目83个；引进“三马”工程人才506人。

营商环境持续优化。全面推行《企业服务专员工作标准》，专职“保姆”一对一高效服务企业，帮助企业解决实际问题331个。全力确保惠企政策精准直达快享，2022年累计兑现企业奖补资金近7亿元，减税降费6.56亿元。全面开展金融服务“五进”活动，政金企紧密对接帮助企业融资13.8亿元。持续做好企业上市服务，新培育上市后备企业13家。人力资源产业园正式投入运营，通过市场化方式有效解决企业用工难问题。

八、安徽滁州经济技术开发区发展

2022年，总产值突破1200亿元，占全市比重26.4%，规模以上工业增加值增长9.3%，固定资产投资增长15.4%，实现外贸进出口21.3亿美元，利用外资增长622.9%，连续6年被评为全省园区非公党建先进单位。全区现有产值百亿元工业企业6家，上市公司3家。

产业集聚，锻铸工业强区新引擎。以高质量招商引资工作成效形成区域产业裂变之势，汇集区域高质量发展新动能。通过“以商招商”“产业链招商”等模式，实现“链式发展”。2022年新签约天合光能等亿元项目41个，其中百亿元项目2个，完成年度目标任务102.5%，协议总投资323.74亿元。当年签约、当年开工项目29个，转化率70.7%，创历年新高。全区聚集了东菱电器、立讯精密、永强汽车、盼盼、东鹏、东方日升等一批大企业，已形成智能家电及电子信息、先进装备制造、绿色食品、光伏新能源四大主导产业。2022年1月至7月，光伏规模以上工业产值总量同比增长138%。

创新驱动，激发转型升级新潜能。着力营造创新氛围，通过出台创新政策、搭建创新平台、强化人才支撑等举措，聚焦创新驱动，助推转型升级。鼓励企业加大研发力度，增强自主创新能力，持续扩大市场份额。加强公共服务平台建设，新建运营的中国轻工产业高端服务平台项目，将成为华东地区最大的综合性轻工业高端科技服务平台。全区现有国家级高新技术企业2家，创新型试点企业3家，省级及以上研发平台5个，省级企业技术中心3个。

优化服务，促使营商环境再升级。健全常态化走访企业机制，每季度开展一次企业遍访活动，倾听企业诉求，助企纾困解难。坚持分类指导、对症下药，针对企业个性化诉求及问题，实行“一企一策、一事一策”。支持企业上市，对全区规模以上工业企业、高新技术企业、专精特新企业、省股交中心挂牌企业进行全面调查摸底，并根据企业上市意向及上市条件成熟度，建立梯次推进计划。截至2022年末，完成直接融资总额83.84亿元，实现直接融资净额31.54亿元，在全市各县（市、区）中排名第一。

九、宣城经济技术开发区发展

2022年，实现一般公共预算收入12.15亿元，增长13.4%，增速居全市第一；规模以上工业增加值增长13.7%，增速居全市第一；工业技改投资增长63.1%，增速居全市第二；高技术工业增加值增长13.6%；战略性新兴产业产值增长11.9%；固定资产投资增长3.6%。实现外贸进出口增长37%。实际利用外资1061.5万美元，增长528.1%。

项目建设推出新举措。构建“1+3+3”全员招商工作机制，以鲜明的导向、严格的考核推动招商工作提质增效。当年签约项目88个（含新备案），协议引资229亿元，其中亿元以上项目60个，5亿~10亿元项目8个，10亿元以上（含10亿元）项目6个。招引项目与主导产业契合率达84.2%。坚持“围绕项目转，紧盯项目干”。2022年，新开工项目64个，其中亿元以上50个；新竣工投产项目50个，其中亿元以上35个。对52个在建项目完善“三抓”工作机制，铭博、天宏基、碳一、海螺建材等项目落地建设，华晟高效异质结全产业链项目顺利开工，为做大做强主导产业奠定基础。

要素保障拓展新空间。全力推动“一区一圈三中心”建设，加快完善园区道路路网系统，完成污水处理中心招投标工作，着力补齐配套短板。220KV甘露变电站工程启动建设，110KV致和变、长桥变和35KV华威铜箔变电站及输配线路建成投运；征收土地1675亩、房屋454户；筹措3.22亿元购买增减挂指标，保障企业用电和项目用地。搭建跨境电商和“铁海联运”对接平台，助企拓展海外市场。投资3300万元启动企业亮化、楼宇亮化、环境美化工程，改善园区人居环境，提升对外形象。

体制改革实现新突破。构建“管委会+公司”管理运营体系，深化体制机制改革，部门总数由22个精简至16个，实行全员竞聘上岗，重塑薪酬绩效考核体系，推行按绩计酬。聚焦园区运营、招商服务、投资咨询等服务发展薄弱环节，组建经开集团。调整宛陵科创城管理体制和运营机制，逐一腾退非科创类、非软件类的项目，吸引优质项目和团队入驻。开盛集团成功获评主体信用 AA+。积极开展股权、债权、产权“三权清理”，收回和盘活资金 2 亿元，提高企业盈利能力。

为企服务彰显新作为。组建营商环境促进中心，统筹推进“优环境”工作。在全市率先推出“免申即享”“即申即享”政策清单，实行政策兑现一站式办理，2022 年，共计兑现各类奖补资金 2.62 亿元。推行工业投资建设项目“容缺制”审批服务，提高办事效率。抓实雇员联系企业工作，对 149 家规模以上企业进行跟踪帮扶。创新推出“园区贷”，助力小微企业解决融资难题。常态推进“2+*N*”就业招聘，组织各类招聘会 81 场，达成就业意向 2000 余人。

十、宁国经济技术开发区发展

2022 年，实现规模以上工业总产值增长 17.1%；固定资产投资增长 12.5%；税收收入增长 8.35%；外贸进出口增长 15.6%。在 2021 年度安徽省省级以上开发区综评中居第 17 位（共 131 家）。在 2022 年国家级经开区综评中居全国第 45 位、全省第 3 位。

项目建设释放新动能。围绕“建链、延链、补链、强链”环节，加强产业配套招商。2022 年完成新开工项目 58 个，新竣工项目 54 个，新投产项目 43 个。新签约项目 95 个，协议总投资 251 亿元，其中 3 亿元以上项目 17 个。投资 72 亿元的吉利 12GWh 动力电池项目、投资 52 亿元的鼎瑜智能汽车底盘制造项目、投资 15.6 亿元的石药集团中药制剂和投资 15 亿元的海螺生物质燃料等项目相继签约落户，初步形成了项目“开、竣、投”梯次接续、滚动发展的良好局面。

载体建设展现新面貌。2022 年，城市建设项目共 31 个，总投资约 30 亿元，当年完成投资 11.76 亿元。新建道路 130620 平方米，新增绿化 56000 平方米，完成供电工程 54 个、供水工程 30 个、企业雨污水纳管工程 20 个。港口园区生物质热电联产项目场平工程，正在进行设备基础、场内道路及管网建设，开展三大主机、八大设备采购。

创新发展迸发新活力。以中鼎、司尔特、保隆等自主研发能力强、核心竞争力强、产业拉动作用大的行业龙头骨干企业为依托，支持加大研发投入，提升自主创新能力。引导企业与高校及科研院所合作建立企业创新平台，提升自主创新能力。全区拥有高新技术企业 128 家，国家级博士后科研工作站 1 家，国家级企业技术中心 2 家，省级重点实验室、工程技术研究中心等各类研发机构 61 家，国家级专精特新“小巨人”企业 6 家，省级专精特新冠军企业 7 家，省级专精特新企业 48 家。2022 年，累计盘活闲置低效用地面积 801.65 亩。

营商环境取得新优化。持续深化“互联网+政务服务”改革，完善“网格化”联企服务体系，继续完善项目落地“全程帮办”机制，助力项目建设提速提效。向银行推送“白名单”企业共计 49 家，其中 19 家企业已完成尽调，累计享受“园区贷”资金支持 10200 万元。积极开展招商项目银企对接会，分别与宁国市中小企业融资担保有限公司、宁国农商银行签订“贷投批量联动”业务合作协议。积极推行“免申即享”财政扶持政策，受惠企业 51 家。通过对接有资质的劳务派遣公司，累计为 107 家企业解决用工 2000 余人。

第三节　省级经济开发区发展情况

一、南京市省级经济开发区发展

2021 年南京市省级经济开发区发展概况见表 5-4-1。

表 5-4-1　2021 年南京市省级经济开发区发展概况

指标	浦口经济开发区	溧水经济开发区	六合经济开发区	高淳经济开发区	雨花经济开发区	江宁滨江经济开发区	生态科技岛经济开发区	南京化学工业园区	南京空港经济开发区（筹）
签约亿元以上项目/个	137.00	106.00	109.00	70.00	24.00	56.00	18.00	26.00	—
签约项目总投资/亿元	637.87	634.94	557.30	350.20	186.90	646.28	121.00	260.00	—
地区生产总值/亿元	423.03	596.01	—	334.40	415.08	591.00	16.43		32.12
增幅/%	5.04	1.95	—	11.90	—	14.20	—	1338.80	—
规模以上工业总产值/亿元	361.00	733.13	—	159.90	—	923.00	—	—	—
增幅/%	26.21	10.64	—	9.00	—	20.30	—	—	—
全社会固定资产投资/亿元	456.30	390.61	—	—	139.10	182.00	76.13	180.90	17.66
一般公共预算收入/亿元	—	63.72	—	35.50	42.18	33.20	4.50	112. 90	2.70
增幅/%	—	14.36	—	12.20	—	7.10	105.60	—	—
进出口/亿元	—	141.80	—	95.70	41.94	132.10	—	—	—
增幅/%	—	18.60	—	16.90	—	20.10	—	—	—
到位外资/亿美元	2.62	2.84	—	—	0.8643	1.25	0.1021	1.0159	—

二、镇江市省级经济开发区发展

2021 年镇江市省级经济开发区发展概况见表 5-4-2。

表 5-4-2　2021 年镇江市省级经济开发区发展概况

指标	丹阳经济开发区	句容经济开发区	扬中经济开发区	丹徒经济开发区	京口经济开发区
签约亿元以上项目/个	13.00	—	15.00	—	6.00
签约项目总投资/亿元	137.80	—	76.00	—	—
地区生产总值/亿元	369.70	151.30	—	—	—
增幅/%	11.20	8.80	—	—	—
规模以上工业总产值/亿元	472.00（应税销售）	134.80（应税销售）	227.00（应税销售）	175.00	160.00
增幅/%	—	8.40	80.00	—	50.00
全社会固定资产投资/亿元	37.40（工业）	60.50	24.00（工业）	19.10	7.40（工业）
一般公共预算收入/亿元	20.70	17.50	4.80	4.00	1.46
增幅/%	8.00	10.60	10.00	—	—
到位外资/亿美元	0.6235	0.58696	—	0.1049	0.45

三、扬州市省级经济开发区发展

2021 年扬州市省级经济开发区发展概况见表 5-4-3。

表 5-4-3　2021 年扬州市省级经济开发区发展概况

指标	扬州维扬经济开发区	广陵经济开发区	江都经济开发区	高邮经济开发区	仪征经济开发区	扬州化学工业园区	宝应经济开发区
签约亿元以上项目/个	12.00	20.00 以上	—	12.00	—	—	9.00
签约项目总投资/亿元	100.00 以上	—	—	40.00 以上	—	80.00（历年累计民资注册资本）	—
地区生产总值/亿元	—	—	217.58	172.00	—	80.00（基础设施历年累计）	135.95
增幅/%	—	—	13.10	7.50	—	—	23.45
规模以上工业总产值/亿元	216.00（开票销售）	143.00	622.80（开票销售）	395.00	479.10（开票销售）	—	425.00（开票销售）
增幅/%	20.45	7.90	23.60	27.80	—	—	20.06

续表

指标	扬州维扬经济开发区	广陵经济开发区	江都经济开发区	高邮经济开发区	仪征经济开发区	扬州化学工业园区	宝应经济开发区
全社会固定资产投资/亿元	102.43	55.00	51.70	79.50	97.00	—	—
一般公共预算收入/亿元	4.65	4.60	7.85	7.10	11.70	—	6.85
增幅/%	—	—	—	10.90	—	—	4.01
进出口/亿元	—	—	—	8.72（增长 13%）	—	—	—
到位外资/亿美元	0.9126	—	—	—	0.72534	18.00（历年累计）	1.07203

四、淮安市省级经济开发区发展

2021 年淮安市省级经济开发区发展概况见表 5-4-4。

表 5-4-4　2021 年淮安市省级经济开发区发展概况

指标	江苏淮安经济开发区	江苏洪泽经济开发区	江苏淮安工业园区	淮安清江浦经济开发区	涟水经济开发区	金湖经济开发区	盱眙经济开发区
签约亿元以上项目/个	18.00	18.00	26.00	13.00	41.00	18.00	10.00
签约项目总投资/亿元	100.00	270.00	100.00	80.00	211.30	—	—
规模以上工业总产值/亿元	406.00（开票销售）	233.17（开票销售）	232.90	119.27	111.60	58.80	177.04（开票销售）
增幅/%	31.40	25.96	—	32.50	—	39.00	30.81
全社会固定资产投资/亿元	—	—	—	38.29（工业）	—	18.40（规模以上企业）	—
一般公共预算收入/亿元	首次开始独立核算	4.75	4.03	10.75	2.6002	—	—
增幅/%	—	50.00	—	—	—	—	
进出口/亿元	—	—	2.96	—	—	—	12.55
到位外资/亿美元	—	—	0.07512	0.9964	—	—	—

五、芜湖市省级经济开发区发展

芜湖市原有省级经济开发区 8 家。2018 年 7 月，安徽省政府撤销原芜湖承接产业转移集中示范园区、安徽芜湖三山经济开发区，将其整体并入安徽芜湖长江大桥经济开发区，使用“安徽芜湖三山经济开发区”名称。2020 年 7 月，国务院区划调整批复同意撤销三山区，原三山区行政区域委托安徽芜湖三山经济开发区管理。芜湖市现有省级经济开发区 7 家。2022 年芜湖市省级经济开发区发展概况见表 5-4-5。

表 5-4-5　2022 年芜湖市省级经济开发区发展概况

序号	名称	工作情况
1	芜湖三山经济开发区	地区生产总值 191 亿元，增长 3.4%；一般公共预算收入 15.53 亿元，增长 1.4%；规模以上工业增加值 97.9 亿元，增长 5.3%；固定资产投资 129.8 亿元，增长 6.2%；高新技术产业增加值 17.1 亿元，增长 11%；社会消费品零售总额 61.2 亿元，增长 3.4%；城乡居民人均可支配收入 37380 元，增长 6.7%
2	皖江江北新兴产业集中区	固定资产投资 154.6 亿元，增长 118%，其中建安投资 124.6 亿元，增长 138%；建筑业产值 25.9 亿元，增长 426%；商贸销售 420 亿元，增长 39%；财政收入 28.9 亿元，增长 36%。新签项目 57 个，新开工产业项目 13 个，总投资 805 亿元。新增市场主体 1000 户
3	无为经济开发区	新签招引超亿元项目 35 个，其中产业类项目 30 个；新开工亿元以上项目 22 个，其中超 20 亿元项目 4 个；新竣工亿元以上项目 15 个，其中超 5 亿元项目 5 个；新投产亿元以上项目 12 个，其中土建项目 10 个，厂房租赁项目 2 个。新增规模以上工业企业 13 家
4	南陵经济开发区	规模以上工业企业产值 92.54 亿元，增长 7.7%；工业增加值 16.7 亿元，增长 11.3%；新增规模以上工业企业 29 户；固定资产投资 79.13 亿元，增长 29.8%；新签落户项目 33 个，总投资 244.6 亿元；社会消费品零售额 29850 万元，增长 0.5%
5	鸠江经济开发区	税收 15 亿元，增长 15%；固定资产投资 51.31 亿元；工业产值 343.12 亿元；新增“四上”企业 43 户，其中工业 24 户；新建项目 39 个，总投资 437.11 亿元，其中在建项目 13 个，总投资 70.5 亿元，已签约未开工 26 个，总投资 366.61 亿元。新签约天马微电子等项目 18 个
6	新芜经济开发区	地区生产总值 685 亿元，增长 8.5%左右；规模以上工业产值 2220 亿元，增长 18.7%；固定资产投资 260 亿元，增长 16%；规模以上服务业营业收入 174 亿元，增长 18.9%；高新技术企业增加值 319.4 亿元，增长 18.1%，占全市 43.7%；签约亿元以上项目 94 个，总投资 784.2 亿元；新引进领军人才 11 人
7	繁昌经济开发区	新签总投资 82 亿元的瑞晶新能源光伏电池片、30 亿元的奇瑞新能源汽车用 DHT 生产基地等招商项目 33 个，总投资 238.3 亿元，其中 10 亿元以上项目 6 个，5 亿元以上项目 7 个，1 亿元以上项目 12 个。推荐 21 家企业获得融资 2.3 亿元。42 家企业被认定为高新技术企业

六、马鞍山市省级经济开发区发展

2022 年马鞍山市省级经济开发区发展概况见表 5-4-6。

表 5-4-6　2022 年马鞍山市省级经济开发区发展概况

序号	名称	工作情况
1	安徽含山经济开发区	工业总产值突破 33 亿元；规模以上制造业增加值 24 亿元。承接长三角产业转移基地 EPC 项目完成年度投资 15.6 亿元，建成标准化厂房 17 万平方米、人才及职工公寓 836 套。集聚长三角转移企业 50 多家，总投资 300 多亿元
2	安徽和县经济开发区	完成浦和毗邻合作区“三项规划”，启动建设 12.8 万平方米配套服务区，高标准建成 13 万平方米标准化厂房，招引长三角地区亿元以上工业项目 25 个、总投资 138.7 亿元。40 个项目开工建设，32 个续建项目建成投产。开工建设明发江湾新城医院
3	安徽当涂经济开发区	规模以上制造业增加值增长 20%。围绕智能制造、生物医药、智慧物流三大主导产业大力招商引资，培育特色产业集群，新签约亿元以上项目 27 个，总投资额 316 亿元，超 50 亿元项目 2 个，超 20 亿元项目 7 个，累计入驻企业超 1000 家

续表

序号	名称	工作情况
4	安徽马鞍山雨山经济开发区	累计吸引360多家境内外企业入驻开发区投资，其中规模以上企业50余家；注册经营贸易类企业200多家。初步形成装备制造、电子信息、节能环保、现代物流、文化创意、休闲旅游等六大产业集群。正在建设游戏动漫产业基地和钢铁物流产业园
5	郑蒲港新区现代产业园区	成功签约中南光电、云启智能制造产业园等50个亿元以上工业项目。中兴聚力等4家企业获批市级企业技术中心。新增入孵企业25家，累计72家。实施"四合一"计划项目13个，总投资19.34亿元；续建项目6个，总投资10.69亿元，完成投资10.5亿元，累计完成18.87亿元

七、滁州市省级经济开发区发展

2022年滁州市省级经济开发区发展概况见表5-4-7。

表5-4-7　2022年滁州市省级经济开发区发展概况

序号	名称	工作情况
1	安徽明光经济开发区	规模以上工业总产值119.02亿元；固定资产投资48.29亿元；经营（销售）收入167.9亿元；税收7.12亿元。27家战略性新兴产业企业产值57.54亿元，增长3.87%；53家高新技术产业企业产值74.09亿元，增长13.99%
2	安徽全椒经济开发区	经营收入385.7亿元；规模以上工业总产值287.1亿元；实施基础设施建设项目20个，总投资23.14亿元；规模以上工业企业217家，产值超亿元企业46家；主导产业产值104.1亿元，产业集聚度为40%
3	安徽来安经济开发区	规模以上工业产值376亿元，增长42.7%。新型功能区招引总投资126亿元的捷泰高效太阳能电池片、10亿元的和美药业创新药产业基地、10亿元的海能包装新材料、10亿元的聚隆科技复合新材料等亿元以上项目11个，协议总投资近270亿元
4	安徽定远经济开发区	经营性（销售）收入267.02亿元，增长22.28%；规模以上工业总产值209.53亿元，增长24.38%；税收7.94亿元，增长23.86%；固定资产投资71.67亿元，增长8.34%。新签项目45个，总投资262.73亿元
5	安徽凤阳经济开发区	引进正泰集团高效太阳能电池，福莱特四、五期光伏盖板玻璃及深加工等长三角地区亿元以上重点项目23个，总投资184.2亿元；新开工尚德太阳能、瞩日能源科技等项目23个。南京经济技术开发区凤阳省际合作园区在滁州市明光正式揭牌亮相，重点发展光电配套和绿色食品产业
6	安徽滁州琅琊经济开发区	42家规模以上工业企业产值超过60亿元；38个固定资产项目累计投资超过25亿元，增幅超60%。引进亿元以上项目23个，总投资182亿元，形成以金春股份、九华药业、元气森林等企业为主导的非织造新材料、光电新材料、生物医药及健康食品三大核心产业链
7	安徽滁州南谯经济开发区	招引亿元以上项目12个，新开工项目11个，新竣工项目9个。华瑞微晶圆制造、博晶LED背光显示模组、恒昌、亚芯微等项目落户。形成智能家电和电子信息、汽车及先进装备、绿色食品及农副产品深加工、新能源与新材料等主导产业

八、宣城市省级经济开发区发展

2022年宣城市省级经济开发区发展概况见表5-4-8。

表 5-4-8　2022 年宣城市省级经济开发区发展概况

序号	名称	工作情况
1	安徽广德经济开发区	一般公共预算收入 9.24 亿元，增长 9.5%；可用财力 5.6 亿元。政府性基金收入 2.48 亿元。“一区多园”已落户企业 690 余家，年产值超 716 亿元，税收收入 21.2 亿元。累计拥有规模以上工业企业 371 家
2	安徽郎溪经济开发区	规模以上工业产值 328.89 亿元，增长 11.49%；固定资产投资 107.14 亿元，增长 21.19%。拥有工业企业 565 家，其中规模以上工业企业 309 家，国家级高新技术企业 58 家，省专精特新企业 26 家
3	安徽泾县经济开发区	规模以上工业企业产值 74.94 亿元，增长 9%。其中高新技术产业产值 39.18 亿元，增长 17%；战略性新兴产业产值 32.96 亿元，增长 7%。形成电机、泵阀和新能源新材料三大产业
4	安徽绩溪经济开发区	一般公共预算收入 619.3 万元。政府性基金预算收入 40 万元。基础设施配套投入 40 万元。有入园企业 308 家，其中规模以上企业 72 家。形成机械制造、健康食品医药两大主导产业
5	安徽旌德经济开发区	新签约项目 21 个，协议总投资 38.5 亿元，新增亿元工业企业 2 家，规模以上工业总产值突破 18.7 亿元，增长 50.8%；税收 2.08 亿元，增长 17.5%
6	安徽宣城宣州经济开发区	累计利用省外资金 230 亿元，完成固定资产投资 116 亿元。规模以上工业总产值 26.3 亿元，相比 2012 年翻了 4 倍。全社会固定资产投资完成 17.7 亿元

九、江苏溧阳经济开发区发展

2022 年，主要经济指标保持 20%以上的增速，完成规模以上工业总产值 335 亿元，增长 17.5%；工业应税销售突破 400 亿元，增长 32.8%；高新技术产值 72 亿元，增长 21.6%；外贸进出口和实际利用外资分别迈上 10 亿元和 1 亿美元台阶。公共财政预算收入（扣除留抵退税影响）4.57 亿元。全年净增规模以上企业 12 家。

加快推进新兴产业发展。以国家级应急产业示范园建设为引领，大力支持国强镀锌、友发钢管等龙头企业做强做优，应急安全产业规模突破 400 亿元。加快推进时创光伏电池、长盈新能源等一批大项目建设，精准招商补链，推动光伏产业集聚成势。围绕长盈精密、威乃达家居、嘉盛新能源、金纬装备制造、绝味食品等项目，补强产业链，提升价值链。全区形成智能制造、新能源、大健康食品、会议会展四大主导产业。

持续推动科技创新。在优质创新资源积聚、企业研发能力提升、创新创业氛围培育等方面持续发力。加快推进东大创新中心、中航气动院南方分院、南京域外孵化器建设，同时加大人才引育力度。2022 年，成功申请“天目湖英才榜”人才资助奖励资金 477.12 万元，并以四星级标准打造北湖人才公寓；新增高新技术企业 10 家；入选省专精特新中小企业 5 家；省五星级上云企业 1 家。

聚力提升市场环境软实力。近年来，打造“上兴事　上心办”政务服务品牌，创建溧阳首个乡镇“一件事”服务专窗、常州市首个开发区惠企政策兑现专窗、全省首个镇级“水电气一窗通办”窗口；设立“企业服务经理人”，点对点为项目提供从设立到投产一站式集成服务。江苏友发在 2021 年当年签约、当年开工、当年投产的基础上，2022 年销售额破百亿，成为开发区继江苏国强之后第二个“百亿企业”。

十、江苏金坛经济开发区发展

2022 年，实现工业开票销售收入 1076.71 亿元，规模以上工业总产值 889.59 亿元，工业实际投入 84.37 亿元。在省级经济开发区高质量发展综合考核评价中位列第一方阵，并被省委、省政府授予“‘江苏制造突出贡献奖’先进单位”荣誉称号。

精准施策为企服务。完成 29 家微笑企业、2 家微笑园区、3 家微笑平台的系统申报。推进“智改数转”入库企业 41 家，完成“智改数转”诊断企业 120 家。开展“危污乱散低”综合治理，对 55 家企业 300 亩土地进行全面清理。深入推进闲置和低效工业用地提质增效，盘活企业闲置厂房8.3万平方米。鼓励企业做大做强，创健医疗、赛尔交通、鹿山新材成功入选工信部第四批专精特新“小巨人”企业，实现“国字号”专精特新企业零的突破。2022年签约18个项目，10个项目达到开工标准，当年签约、当年开工率55.6%。

持续推进中德（常州）创新产业园和新材料科技产业园规划布局深化发展。启动策划中德孵化中心二期建设方案、德国小镇及云湖科创谷城市设计方案。加快推进金城大道改造工程建设，完成良湖路等13条道口河道新建改造，对全区交通安全和导识系统进行更新整治，着力提升园区环境品质。有序开展金坛新材料科技产业园整治提升，配合做好园区安全风险评估等级复核工作。

打造德资企业集聚区。依托中德（常州）德国中心平台，顺利举办德国文化周嘉年华、江苏“对话德国”等系列活动，成功举办中德经济论坛暨中德（常州）创新产业园法兰克福推介会。加快推进外商投资企业孵化中心平台建设，3家德企签约入驻。正式签订首个中德跨境电商项目。系统推进中德城镇节能示范园区建设，加快推进金沙紫东公寓4号楼被动房节能试点建筑建设及海目星二期工业厂房被动房建设。

第五章 省级以上高新技术产业开发区发展

第一节 南京都市圈省级以上高新技术产业开发区发展情况

2022 年，南京都市圈共有省级以上高新技术产业开发区 24 家，其中国家级 7 家，省级 17 家。24 家中，南京市 8 家，其中国家级 1 家、省级 7 家（包括 3 家筹建）；镇江市 3 家，其中国家级 1 家、省级 2 家；扬州市 4 家，其中国家级 1 家、省级 3 家（包括 2 家筹建）；淮安市省级 1 家；芜湖市国家级 1 家；马鞍山市 2 家，其中国家级 1 家、省级 1 家；滁州市 2 家，其中国家级 1 家、省级 1 家；宣城市省级 1 家；溧阳市省级 1 家；金坛区省级 1 家。

2022 年，南京都市圈各高新技术开发区坚持以习近平新时代中国特色社会主义思想为指导，深入贯彻党的二十大精神，牢固树立新发展理念，认真落实《国务院关于促进国家高新技术产业开发区高质量发展的若干意见》《“十四五”国家高新技术产业开发区发展规划》《企业技术创新能力提升行动方案（2022—2023 年）》，以发展高新技术产业和增强企业创新能力为重点，不断塑造发展新动能新优势，促进战略性新兴产业集群化发展，培育创新型产业集群。**一是坚持创新驱动，引领发展。**以创新驱动发展为根本路径，优化创新生态，集聚创新资源，提升自主创新能力，引领高质量发展。**二是坚持高新定位，打造高地。**牢牢把握“高”和“新”发展定位，抢占未来科技和产业发展制高点，构建开放创新、高端产业集聚、宜创宜业宜居的增长极。**三是坚持深化改革，激发活力。**以转型升级为目标，完善竞争机制，加强制度创新，营造公开、公正、透明和有利于促进优胜劣汰的发展环境，充分释放各类创新主体活力。**四是坚持合理布局，特色发展。**加强顶层设计，优化整体布局，强化分类指导，鼓励各园区探索各具特色的高质量发展模式，培育具有竞争力的创新型产业集群。

第二节 国家级高新技术产业开发区发展情况

一、南京高新技术产业开发区发展

2017 年 5 月，南京高新区党工委、管委会整建制并入江北新区党工委、管委会，南京高新区和江北新区融合发展。2017—2022 年，南京高新区（江北新区）充分发挥国家级新区、国家自由贸易试验区、国家高新区、国家级苏南自创区“四区叠加”的优势，推动园区功能、产业发展、治理模式、城市建设、体制机制“全域创新”，走出了一条具有鲜明特色的高质量发展之路。2022 年 8 月，入选赛迪“2022 园区高质量发展百强”第 16 名。

厚植“四融”创新生态，创新策源地加速崛起。5 年来，围绕建设“自主创新先导区”，通过实施“创业江北”人才计划、建立全链条式高新技术企业培育体系、布局重大创新平台等措施，促进了创新要素快速集聚，打造创新生态。**一是构建“主体融通”新平台。**开展双聘制改革，让人才能够同时服务于高校和企业，实现教育链、人才链与产业链、创新链有机衔接；打造开放共享的基因与细胞实验室，系统布局脑科学与类脑智能、集成电路设计、光电技术等一大批顶尖科创平台，重点推进EDA设计、创新药物研发等核心技术攻关突破。**二是打造“要素融汇”新枢纽。**依托科学仪器共享服务联盟集聚成员单位40余家，推动大企业创新资源向中小企业开放，共享仪器设备逾万台；打通政策供给壁垒，“政策罗盘”智能化服务平台正式启用，是全国首个依托大数据实现政策精准匹配的服务平台。**三是擦亮“文化融洽”新品牌。**建成6家“121”创新社区，在社区中率先打破资源分割，消除“创新孤岛”，“121”创新社区建设模式已作为地方标准向全省复制推广。**四是形成“全球融合”新格局。**与剑桥大学共同建设的南京科创中心，是该校建校800年来唯一在境外以学校冠名的科创中心，正逐步成为新区接轨世界创新的优秀典范。另在美国波士顿、英国伦敦等国家和地区布局建设7家海外创新中心，吸引100多个国际化项目成功落地。5年来，累计集聚诺奖获得者2名、中外院士74名；高新技术企业数量从2017年的273家增至2021年的1247家；新型研发机构从2018年的22家增至2022年的76家。2022年，“企业创新积分制”试点，奖励积分排名靠前企业1055家，奖励总额2136.5万元。

建设“两城一中心”，区域增长极作用凸显。5年来，围绕打造“芯片之城”“基因之城”和长三角“新金融中心”，实施创新驱动，不断加快产业转型升级步伐。重点加大政策创新力度，园区和平台强化服务创新，企业和人才聚焦科技创新，营造出良好的发展环境。“芯片之城”“基因之城”均实现5倍以上超高速增长，产业“生长带”上的“创新森林”枝繁叶茂。集成电路以台积电项目为龙头，聚焦IC设计、EDA等核心领域自主可控，集聚集成电路上下游企业近600家，形成涵盖芯片设计、晶圆制造、封装测试、终端制造等的完整产业链。2020年全产业链收入超500亿元，增长63%。生命健康聚焦基因测序、精准医疗、创新药物研发、高端医疗器械等方向，集聚企业超900家，成为首个产业规模突破1000亿元的新兴产业集群。由于集成电路、生命健康都属于资本密集型产业，高新区以金融资产管理、VC/PE等产融结合为重点发展方向，打造长三角“新金融中心”，助力“芯片之城”“基因之城”发展。集聚各类金融企业超900家，资本规模超过5000亿元，为企业发展提供了源头活水。

探索“产城人”融合发展，“江北新主城”跃然而生。5年来，南京高新区（江北新区）改变偏重产业发展、轻视城市建设的传统思路，不断探索“产城人”融合发展，实现生产空间集约高效、生活空间宜居适度、生态空间山清水秀，让“江北新主城”的建设从美好蓝图变成现实图景。在中央商务区，地面上，城市新地标绿地国际金融中心高高耸立，囊括10个地块的“新金融中心”形成产业集聚；地面下，总建筑面积约为148万平方米的地下空间，最深处直抵地下7层，集商业、交通大平层、城市综合管廊、地下车库及4条地铁线路站厅于一身。市民中心、扬子江国际会议中心、南京美术馆新馆、江北图书馆等一幢幢地标建筑拔地而起，不断刷新着“江北新主城”的颜值，“产城人”融合的一体化发展格局逐步形成。5年来，城建累计投资超1000亿元，新城形象逐步展现；民生累计投入超400亿元，民生福祉显著提升；实现11条通道连接长江两岸，骨干快速路网基本成形，交通出行更加便捷。

二、镇江高新技术产业开发区发展

2022年，完成地区生产总值128.81亿元；一般公共预算收入增长3%，规模以上工业增加值增长6%，增幅分别位列全市第3、4位，研究与试验发展（R&D）占比3.4%；外贸实绩企业79家，完成进出口9.5亿美元；新设外商投资企业27家，总投资9.6亿美元，合同利用外资2亿美元，实际到位外资3785万美元，实现翻一番目标，创近年最好水平；完成政府性基金收入8357万元。

突出产业强区，工业运行稳中向好。2022年，工业应税销售增长15%，增幅位列全市第三，船舶海工产业链应税销售增长45%以上，半导体及通信产业园入园企业规模以上覆盖率达到60%。签约亿元以上产业项目22个，总投资124.4亿元。总投资1亿美元的鹰普集团液压研发生产基地项目、总投资20亿元的哈电储能技术创新产业基地项目签约落地。18个市级重点产业项目超序时完成年度投资计划，沪东重机船用低速级柴油发动机项目竣工试产，华电新能源电池材料、激光发生器研发及制造等7个项目当年签约、当年开工，全年工业投资实现翻一番。全面落实国家和省、市一揽子政策，扎实开展暖企大走访活动，有力有序畅通产业链供应链，建立年轻干部“接车”专班和“白名单”企业服务机制，推动产业链上下游、大中小企业复工复产、稳产满产。实施企业分类培育行动，新增专精特新“小巨人”企业13家，中船动力列入国家级专精特新“小巨人”企业，矽佳测试、海姆霍兹入围江苏省“潜在独角兽”企业，惠龙易通连续5年获评“中国独角兽企业”。

强化创新驱动，产业结构不断优化。2022年，高新技术产业产值占比达到68%，战略性新兴产业销售占比达到50%，分别高于全市22和8个百分点。制造业投资增长75%，技改投资增长60%，制造业投资占固定资产投资比重提升10个百分点，制造业税收贡献同比提高4个百分点。创新能力不断增强。企业创新积分制工作正式启动，获批2022年度江苏省知识产权建设示范（园区）；睿泰数字产业园获批国家级科技企业孵化器，江苏省船舶与海洋工程设计研究院获批建设，镇江南京邮电大学研究院落地并加快建设，新型研发机构全年完成技术服务收入超过1亿元。人才引育质效不断提升。成功举办“镇江高新区杯”创新创业大赛、高校院所走进镇江高新区等“双创”活动，精准实施第四批“团山英才”计划，引进海内外各类高层次人才20人。国家高创中心全年在孵企业增长30%。

打好人才“组合拳”，让人才“活水”奔流涌动。2021年，出台《加快打造人才集聚创新发展活力标杆17条》，打造“镇兴”人才行动“升级版”。2022年，持续放大“团山英才”“‘镇江高新区杯’创新创业大赛”“高校院所走进镇江高新区”三大引才品牌效应，聚焦“创新在高校、创业在园区”，推动高校成果落地转化，打造经济增长新引擎。自2017年实体化运作以来，高新区获批全国首批国家级“双创”特色载体、全国创新型特色园区试点园区、国家创新积分制试点园区，为人才创新构建了最优生态，累计引育各类高层次人才（团队）280人（个）；落户40个项目获市级以上科技人才扶持资金超5000万元，32个落户项目获各类银行、创投机构授信额度超1亿元。2022年，2人被评选为镇江市企业首席专家；1个首席专家工作室（中船动力镇江有限公司）获批镇江市企业首席专家工作室。

持续改善投资环境，功能配套优化完善。2022年，全力助推G312快速化、G346城市化改造，“‘城市绿肺’绿地系统&高质量建设污水处理”成为全国“2022年民生示范工程”案例，高质量创成江苏省全域旅游示范区。19项民生实事基本完成，赛博电子地块城市更新项目加快推进，龙门片区、金牛山片区人居环境综合整治工作基本完成，龙门港路改造工程顺利通车，春晓路基本建成具备通车条件，彭公山路北段等道路建设加速推进。治理能力不断提升。聚焦党建引领社会治理，搭建“党小组+网格”组织架构，完善四级治理体系，形成社会治理10分钟服务圈。组建社会治理现代化指挥中心，深化“智慧+网格”模式，抓实信访维稳、社会治安等领域风险防范，推进国家治理体系和治理能力现代化。

三、扬州高新技术产业开发区发展

2021年，实现工业开票销售283.7亿元，增长15.8%；实现全部工业入库税收10.98亿元，增长0.6%；实现固定资产投资99.8亿元，其中工业固定资产投资55.6亿元，增长9.4%；实现规模服务业企业营业收入31.7亿元，增长8.2%。2022年，围绕“产业高地、创新高地、人才高地”战略定位，主动扛起“勇挑大梁”的重大责任，各项事业发展呈现良好势头，第三次获得省政府督查激励，荣获全国火炬统计工作先进单位等荣誉称号。

突出项目建设，增强发展后劲。2021年，完成列省重大项目1个，市级新开工工业重大项目5个，竣工工业重大项目7个，达产工业重大项目4个，开工服务业重大项目2个。2022年，成功签约落户比亚迪半导体等重大项目11个，礼邦药业等17个列省列市重大项目全部实现当年开工。入驻丰尚集团、美国强凌、德国通快、德国舒勒、国机集团、联创软件等知名企业4000多家，其中规模以上企业400余家，国家高新技术企业322家，形成了以智能装备、生物健康、半导体新材料为主导，以科创研发为支撑的产业发展格局，战略性新兴产业、高新技术产业占比均超75%。2021年，35家装备制造产业规模以上企业全年实现开票销售149.2亿元，增长20.1%，占园区规模以上企业比重59.7%；实现入库税收3.92亿元，占园区规模以上企业比重39.7%。

建设生物健康产业园，打造生物健康产业。把生物健康产业定位为面向未来的支柱产业和优先发展的战略性新兴产业，建成以生物制药、医疗器械、制剂疫苗、健康保健产品为核心的产业集群，集聚了马来西亚完美、国药威克、联环药业、台湾联生药、上海礼邦药业、厦门力品药业、明德医药、上海鹍远基因、美国凯斯勒等知名企业。2021年，9家生物健康产业规模以上企业，实现开票销售41.4亿元，增长1.1%，占园区规模以上企业比重16.6%；实现入库税收4.36亿元，占园区规模以上企业比重44.1%。

坚持科技创新，实施创新驱动发展战略。鼓励省内外高校在园区设立成果转化服务中心或分支机构，采取计划引导、政策落实、市场应用等综合手段，形成园区引导、企业主体、市场导向、院所参与的产学研合作格局。建立高端装备制造业标准体系，制定智能成型机床子体系、农牧装备子体系框架图及明细表，搭建“扬州高新区标准服务平台”，开展标准制定（修订）辅导与标准化咨询服务。借助“科技镇长团”的高校资源优势，主动赴西安、上海等地高校开展“才聚高新·智汇园区”科技人才对接活动。2021年以来，新引进亿元以上战略性新兴产业重点项目超50个，产业集群工业总产值突破329亿元。全区有国家和省级“三站三中心”87个，省重点实验室1个，国家级众创空间2个，省级科技孵化器2个，省级众创空间1个；园区企业拥有发明专利超过500个。

四、淮安高新技术产业开发区发展

2021年，实现一般公共预算收入14.96亿元，规模以上工业企业总产值277亿元，完成工业投资25.8亿元，工业入库税金7.49亿元。2022年，获批中国（淮安）跨境电子商务综合试验区，创成13家省级特色产业园区。全区形成电子信息、盐化新材料等超百亿元和装备制造、电子电器等超50亿元产业集群；3个平台创成江苏自贸试验区联创区。

坚持政策引领，培育新动能。2021年12月，市委、市政府印发《中共淮安市委淮安市人民政府关于支持淮安高新技术产业开发区高质量发展建设全国百强高新区的意见》（淮发〔2021〕27号），这是淮安国家高新区自获批以来，市级层面首份专项支持政策，政策明确了淮安国家高新区到2025年底争取进入全国百强高新区的目标定位，给高新区注入新动能。

坚持规划引领，拓展新空间。高新区总规划面积72平方公里，目前建成区总面积33.4平方公里，空间建设以每年约1.5平方公里的规模在推进。已建成装备制造产业园、新型建材产业园、医疗健康产业园、循环经济产业园、轻工科技产业园等五大特色产业园。随着百强目标确定，该区正向新的空间进发，力争以每年约3平方公里的规模开展新的空间建设。

坚持产业引领，追求高质量。聚焦百强目标，紧跟政策和产业导向，先后委托江苏省经济和信息化研究院编制“十四五”产业规划、扬州规划院等团队编制高质量发展规划，通过产业更新和精耕细作提升园区集聚承载能力；委托江苏环保产业技术研究院股份公司等机构编制开发建设规划环境影响评价报告，进一步理清园区绿色发展、低碳发展思路。全区共有规模以上工业企业126家、科技型中小企业275家、国家高新技术企业82家、瞪羚企业3家。中天钢铁新材料、国际精密模具产业园等一大批项目正加快建设。2022年，科技部公布的国家高新区排名中，淮安国家高新区居第123位，较上一年度前进17位。

坚持智慧引领，发展新业态。加强源头管控，建立项目准入制度，锚定“高”“新”目标，引进江苏淮安启迪物联网科技园、蚂蚁链产业创新中心，通过智慧引领，提质增效，促进新业态产业落户。围绕智慧引领，加快智慧园区建设，升级园区智慧平台，通过物联网、人工智能等新兴技术，开发可视化园区地块系统平台、运用安全信息化管理平台等管理指挥中枢。智慧安全等智慧管理手段的运用有效促进了园区管理效益、经济效益的全面提升。2022 年，举办淮安新型装备制造产业技术成果对接会，发布高校院所的 443 项科技成果，达成合作意向 80 余项。

五、芜湖高新技术产业开发区发展

2022 年，实现地区生产总值 557.7 亿元，增长 3.9%；一般公共预算收入 38.8 亿元，增长 8.7%；规模以上工业增加值增长 6.8%；战略性新兴产业产值增长 35.8%，占全区总产值的比重达 73.2%，增长 12.4 个百分点；高新技术产业产值增长 23.4%，占全区总量 93.4%，增长 8 个百分点。全区产值过亿元企业 63 家，占全区规模以上工业企业总数 32.3%，产值占全区总量 95%，增长 27.8%，对全区工业总量的贡献率达到 188.8%，拉动全区规模以上工业增长 23.2 个百分点。实现外贸进出口 52881 万美元，增长 23%。其中进口 9812 万美元，下降 7.4%；出口 43069 万美元，增长 42.9%。

“双招双引”精准发力。全年新签招商项目 110 个，总投资 503.1 亿元，其中亿元以上项目 76 个，10 亿元以上项目 14 个，有影响力的总部项目 27 个，盘活土地约 1700 亩、厂房约 87 万平方米。总投资 100 亿元的华为华东数据中心（高新区）、总投资 22.1 亿元的中鼎新能源总部基地、总投资 22 亿元的博康总部基地、总投资 15 亿元的义柏半导体总部基地等一批重点项目相继落户。

制造产业发展焕发新机。芜湖新能源汽车重大新兴产业基地连续 5 年在全省评估中荣获 A 档，2022 年新能源乘用车销售超 23 万台，增长 113%。智能网联及新能源汽车产业全年实现产值 514 亿元，增长 40%。奇瑞新能源、奇瑞商用车销售额双双破 150 亿元。微电子及第三代半导体产业快速发展，产业近 3 年复合增长率超 30%，形成与智能网联及新能源汽车产业协同发展的产业格局。大数据及信息技术服务产业结构优化，节能环保及高端装备制造产业提质增效。

创新赋能成效显著。在全省高新区创新驱动发展综合评价中位列第三，创新和创业活跃度排名第二。新认定高新技术企业 104 家，总数达 270 家；新备案国家科技型中小企业 456 家，位居全市第一。航天电缆等 10 家企业获批国家级专精特新“小巨人”企业。全年新增国家级创新平台 1 家，省级创新平台 12 家，省级以上创新平台总数达 105 家。全区现有市级以上孵化器、众创空间 22 家，在孵企业 636 家，孵化总面积超 17.8 万平方米。服务外包产业园获批省级示范区。服务外包产业园共有服务外包企业 231 家，服务外包领域从业人员超 2 万人。

营商环境全面优化。完善领导包保联系重点企业、项目制度，健全产业项目专人包保服务机制。推广“全程网办”，实现企业诉求线上线下一站式受理，全年办理企业诉求 1800 余条，行政审批事项时间压缩比达 96%。提供担保增信超 5.9 亿元。

六、马鞍山慈湖国家高新技术开发区发展

2022 年，完成工业总产值 680 亿元；完成战略性新兴产业产值增长 27.2%，带动工业总产值增长 13.9%。实现外贸进出口 53543.32 万美元，增长 8.9%。其中出口 50660.12 万美元，增长 7.5%；进口 2883.2 万美元，增长 39.8%。前三季度实现地区生产总值 109.15 亿元，增长 6.1%。

攻坚克难双招双引。2022 年，深化产业发展全景图、招商线路作战图，完善节能环保及新材料、电子通信、智能制造和现代服务业“3+1”主导产业，瞄准“三类 500 强”特别是行业龙头企业、领军企业、外资企业，全力推进重点区域发展、重要产业布局、重大项目落地，狠抓产业链招商，构建具有慈湖特色的现代产业体系。全年新签约亿元以上工业项目 46 个，总投资 258.5 亿元，其中完成新投产 5000 万元以上制造业项目 20 个。新签约长三角地区项目 36 个，总投资 228.2 亿元。

有序推进重点项目建设。全年共安排重点项目 88 个，总投资 582.12 亿元，完成年度投资 76.2 亿元，完成率 115.3%，其中续建瑞斯康达、皓元医药等 28 个项目，新开 23 个项目。实施亿元以上技改项目 19 个，技改投资增速 77.3%，其中国能神皖灰场光伏发电、金星废酸净化项目等 9 个项目竣工，港口集团 9 号码头、海螺水泥年产 430 万吨水泥粉磨站节能技改等 10 个项目均已开工建设。双联科技 5G 通信等 8 个项目，总投资 22.43 亿元，入选省 2022 年第二批重点项目投资计划。

加速创新驱动发展。着力构建“创业大学—众创空间—孵化器—加速器—产业基地”全链条

创新创业生态体系，为企业提供“普惠制+定制化”服务，常态化组织培训培育活动，并根据企业规模体量、发展阶段和实际需求，提供发展规划、项目申报、政策申请、金融扶持等“菜单式”服务。2022 年，成功申报认定高新技术企业 51 家；备案科技型中小企业 73 家；新增省级研发平台 2 家、市级研发机构和平台 8 家；新登记省级科技成果 348 件。累计高新技术企业 142 家。战略性新兴产业产值占规模以上工业产值比重 68%，高新技术产业增加值占规模以上工业增加值比重 74%。

七、安徽滁州高新技术产业开发区发展

滁州高新区的前身为天长经济开发区。2022 年 6 月，升格为国家高新技术产业开发区，规划面积为 10.3841 平方公里。2021 年，全区实现工业总产值 854.60 亿元，占全市 24%；高新技术产值、战略性新兴产业产值分别占工业总产值的 62.7%、41.8%；拥有发明专利 1998 件；当年吸纳技术合同成交额 20.89 亿元；在全省各类开发区综合考核评价中排名第七，表现出较强的发展势头。2022 年，全区核心区实现规模工业总产值 541.9 亿元，规模工业增加值增长 29.1%。

加强机制建设，凝聚一体合力。拧紧责任链条，建立由党工委统一领导、非公企业和社会组织综合党委具体指导、企业各党组织狠抓落实的管理体系，将非公企业党建作为园区党工委会议必听必研重要内容，强化统筹协调，细化任务举措，倒逼责任落实，确保各项工作顺利完成。建强“一线指挥部”，单设党建办，推行“党建+网格”，为园区企业提供全程帮办服务。强化联合联动，会同经信、商务、科技、法院等部门，定期深入园区，帮助企业解决项目申报、融资等实际问题；联合工会、共青团、妇联等群团部门，开展工作共融、组织共建、四岗共创、服务共促“四共”活动，提升党群共建行动质效。

积极招商引资，推进项目建设。深入贯彻长三角一体化战略，精准开展产业集群招商和产业链招商。2022 年以来，通过以商招商引入项目 26 个，总投资 358.9 亿元。引导企业强化研发投入，持续开展专精特新培育行动，推动一批成长性好、专业化水平高、创新能力强的中小企业向“小而专、小而精、小而强”方向发展。全区初步形成以智能测控装置为主的高端装备制造业、以太阳能光伏组件制造为主的新能源产业、以有色金属和合金材料为主的新材料产业。2022 年，智能测控装备制造创新型产业集群被确定为科技部火炬高技术产业创新型产业集群。

赋能企业发展，深化“驻企服务、助企纾困”专项行动。典型经验被《组织人事报》刊载；深化党建工作指导员“问题帮办　助企发展”专项行动，协调解决企业产品生产、用工保障等困难 100 余个；建立党员示范岗、划分党员责任区 42 个，设立党员技术攻关组 20 余个，力促企业发展。发挥联盟合力，建立仪表线缆等党建联盟 3 个，开展线上线下招聘会 6 场，招聘员工近 2000 人；协调 33 家企业与金融机构签约 2.4 亿元，有效解决企业“融资难、用工荒”等难题。

第三节　省级高新技术产业开发区发展情况

一、南京市省级高新技术产业开发区发展

（一）南京白下高新技术产业开发区

2006 年，获批省级经济开发区；2017 年，更名为南京白下高新技术产业开发区，位于秦淮区东部，以软件和信息服务、智能制造为主导产业，以物联网、车联网、云计算大数据等创新产业为特色。2021 年，完成直接投资 139 亿元、社会投资 303 亿元；完成税收 16.2 亿元，增长 8%；一般公共预算收入 11.34 亿元，增长 10.1%；完成固定资产投资 40.24 亿元；实际利用外资 3416 万美元。

（二）江苏省南京徐庄高新技术产业开发区

2017 年 8 月，获批筹建省级高新区，位于南京紫金山东麓。2021 年，全区完成地方一般预算

6.82亿元（全口径总收入14.81亿元）；完成社会消费品零售总额462.39亿元，增长9.1%；完成固定资产投资67.31亿元；实际利用外资4100万美元；完成服务外包离岸执行额3.97亿美元，服务外包执行额9.2亿美元。成功入选南京市首批数字经济产业园。

（三）江苏省高淳高新技术产业开发区

2016年5月，获批筹建省级高新区。近年来，依托现有产业基础，完善创新政策，搭建创新平台，引进创新要素，全力推动各类创新资源集聚。已拥有高新技术企业191家、规模以上工业企业123家、独角兽企业1家、瞪羚企业10家。建成市级以上“三站三中心”141个，拥有科技顶尖专家2人、创新型企业家14人、市级以上人才计划人才数145人。

（四）江苏省南京白马高新技术产业开发区

2016年6月，获批省级高新区，位于南京市溧水区白马镇，是国家农业科技园区，主要由科技创新核心区、农业高新技术产业区和辐射带动区三部分组成。2021年，全区完成地区生产总值635.89亿元，增长16.96%；一般公共预算收入56.54亿元，增长16.91%；固定资产投资（不含农户）389.31亿元，增长1.49%。

（五）江苏省麒麟高新技术产业开发区（筹）

2016年5月，获批筹建省级高新区，位于南京主城东部，紧邻仙林、东山副城，北接仙林大学城，南连江宁大学城。以南京麒麟科技城为核心，打造南京市创新名城的核心区、综合性科学中心的主要承载区及江苏省的科技创新地标。2021年，全区实现地区生产总值94.54亿元；完成一般公共预算收入12.14亿元；全社会固定资产投资124亿元；新增高新技术企业70家，累计247家。

（六）江苏省南京建邺高新技术产业开发区（筹）

2021年1月，获批筹建省级高新区。2022年，科技园板块科技型中小企业公示649家，增长34%，占全区比重50%；高新技术企业总量达260家，高新技术企业净增数增长216%；高新技术产业投资额增长81.2%，高技术服务业营业收入总量增长11.97%，在全市15个高新区中排名第二；发明专利获授权332件，占全区比重73%；技术合同成交额39亿元，占全区比重70.9%。

（七）江苏省南京鼓楼高新技术产业开发区（筹）

2021年1月，获批筹建省级高新区。近年来，以构筑国际化、特色化、高端化产业集群为目标，重点开辟数字经济和绿色经济新赛道，加速推进区块链产业先导区、国家5G应用创新引领区和“双碳”创新发展集聚区建设。截至2022年，累计培育上市企业19家；培育独角兽企业6家，总部企业11家，瞪羚企业14家；培育省级以上专精特新企业11家，高新技术企业390家，科技型中小企业1095家。省级以上人才计划人才29人，技术合同成交额50亿元，发明专利获授权超2000件。

二、镇江市省级高新技术产业开发区发展

（一）丹阳高新技术产业开发区

2018年9月，正式获批省级高新区，位于丹阳市区南部。2021年，实现地区生产总值232.5亿元，增长9.6%；一般公共预算税收收入9.16亿元，增长15.9%；制造业投资9.8亿元，增长18.4%；工业应税销售125.5亿元，增长17.4%；实际利用外资6607万美元。获评镇江地区唯一的省“双创”发展生态成效先进区、国家级小微企业“双创”示范基地。

近年来，围绕高端装备制造、电子信息和生产性服务业“2+1”主导产业，先后引进50亿元的江苏力合智能制造产业园、总投资30亿元的江苏鼎一新能源等一批重点项目，以及瞪羚企业江苏视客、科技“小巨人”企业江苏慧川等一批生产性服务业项目。

（二）扬中高新技术产业开发区

2018年9月，正式获批省级高新区，位于扬中市新坝镇。2021年，完成一般公共预算收入8.4亿元，增长7.9%；固定资产投资18亿元，增长39.5%；外贸进出口10.5亿元；实际利用外资

3800万美元。入驻企业836家，高新技术企业162家。已形成以电力电气产业为主导，以智能化、高端化为发展导向，配套建设技术研发中心、科技孵化中心、质量检测中心、生产交易中心、物流配送中心和产品展示中心，拥有大全集团、有能集团、华鹏集团、现代重工等一批国内外行业知名企业，亩均投资强度达350万元/亩，其中高新技术产业规模占比超过90%。

三、扬州市省级高新技术产业开发区发展

（一）江苏省杭集高新技术产业开发区

2018年9月，正式获批省级高新区，位于扬州市生态科技新城杭集镇工业园核心区域。截至2022年底，全区打造了全球最大的以口腔护理产品和酒店日用品为核心的高端日化产业集群，产值总量为300多亿元，吸引外来就业人口3万人。全区形成了日化原料辅料生产、产品设计包装、成品制造、新零售全渠道营销平台等完整的上下游产业链，以及绿色及生物新材料、智能制造（精密模具）、现代物流等完善的配套产业体系，拥有4000余家各类企业和覆盖全球的销售网络，已成为世界级产业集群，其中高露洁、三笑、倍加洁、两面针等牙刷品牌及配套企业产品出口80多个国家和地区，国内市场占有率80%以上，国际市场占有率30%以上。

（二）江苏省高邮高新技术产业开发区（筹）

2016年5月，获批筹建省级高新区，位于高邮湖西新区核心区域，地域面积203平方公里，与送桥镇实行“区镇合一”管理模式。2021年，实现地区生产总值197.9亿元，增长9.64%；财政总收入7.75亿元，增长4.9%；公共财政预算收入4.82亿元，下降8.9%；实现规模以上工业产值227.21亿元，增长20.88%；工业开票销售301.3亿元，增长16.33%；工业入库税收5.94亿元，下降15%。已形成智慧照明、汽车核心零部件和新能源三大主导产业。

（三）江苏省江都高新技术产业开发区（筹）

2021年1月，获批筹建省级高新区，位于扬州市东部片区，规划面积8.7平方公里，其中核心区规划面积1.88平方公里。2021年完成开票销售335亿元，入库税收15.3亿元，分别增长26%和9.3%，超江都全区4个和3个百分点，其中开票销售20亿元以上企业3个、10亿元以上企业4个、亿元以上企业39个；完成规模以上工业产值265亿元，增长26%；新增天河水务、威龙印务等规模以上工业企业26家，累计162家。经济总量约占江都全区40%，是江都区工业经济规模最大、产业质态最优、综合实力最强的园区。

四、马鞍山市省级高新技术产业开发区发展

安徽马鞍山博望高新技术产业开发区：2018年7月，由安徽博望高新技术产业开发区（筹）更名为安徽马鞍山博望高新技术产业开发区，位于安徽省马鞍山市博望区。

截至2022年，全区涌现出住方智能制造产业园、乔崴进数控龙门生产项目、津上精密机床产业园、韵达（博望）产业园一期、富时科创产业园、顺博合金新材料产业园等诸多10亿元以上优质项目，为博望高新区增添了创新活力。其中博望高端数控机床产业基地拥有高新技术企业73家。全国驰名商标4个，国家专精特新“小巨人”企业4户。

五、滁州市省级高新技术产业开发区发展

中新苏滁高新技术产业开发区：原名苏滁现代产业园，2019年2月经省政府批准更名，是中新（中国、新加坡）两国、苏皖（江苏、安徽）两省、苏滁（苏州、滁州）两市合作共建园区，是苏州工业园区走出江苏省实行市场化合作共建的第一个开发园区。

2022年，获全省高新区综合评价第7名。2022年，新签约亿元以上项目38个；累计招引工业项目299个，协议总投资874.4亿元，来自长三角区域项目数占比达77.6%，其中世界500强投资项目8个、国内外上市公司投资项目39个，来自13个国家和地区的外资项目61个，当年实际利用外资7248万美元；规模以上工业企业数达127家，总产值增长30%；累计完成设施配套固定资产投资511亿元。形成新能源、新材料、生物制剂、医疗器械主导产业。

六、宣城市省级高新技术产业开发区发展

安徽宣城高新技术产业开发区：原名宣州经济开发区，成立于2002年，2006年经省政府批准为省级经济开发区。2008年经省政府批准更名为安徽宣州经济开发区，2017年更名为安徽宣城高新技术产业开发区。

2022年，实现规模以上工业总产值216.2亿元，增长10.3%，产值过亿元企业44家。累计落户企业500余家；现有规模以上工业企业146家，战略性新兴企业64家，高新技术企业60家；高端装备制造产业实现产值（销售）约83.12亿元，增长23.7%；精细化工产业实现产值96.55亿元，增长18.8%。围绕“一区两园”产业布局，形成智能装备制造、精细化工和新材料三大主导产业。

七、溧阳市省级高新区技术开发区发展

江苏省溧阳高新技术产业开发区：位于溧阳市主城区西部。2012年1月成立。2018年9月，正式获批为省级高新区。2022年，完成规模以上工业产值1847亿元，增长超64%；工业应税销售1913亿元，增长近70%；高新技术产业产值1197亿元，增幅超97%。实现外贸进出口74亿元，增长48%。完成公共财政预算收入超27亿元。拥有高新技术企业158家、规模以上工业企业182家，国家专精特新“小巨人”企业6家、潜在独角兽企业1家、瞪羚企业13家。

近年来，围绕“2+2+X”产业集群，坚持走产业高端化、集群化发展之路，持续加强科技创新，打造产业发展新高地。在江苏时代、上汽时代的龙头引领下，全区集聚了科达利、璞泰来、联赢激光、立讯精密等60多家上下游企业，拥有各细分领域TOP3龙头企业20余家，形成国内产业链完备、产出规模最大的动力电池产业基地。2022年动力电池产业产值突破1000亿元，增长130%，产量分别约占全国15%、全省38%、常州73%，规模实现全国县域第一。

八、金坛区省级高新技术开发区发展

江苏省金坛华罗庚高新技术产业开发区：2014年12月，成立金坛华罗庚科技园；2016年，设立金坛华罗庚科技产业园；2021年，获批为省级高新区并更名。高新区分为直管区和共建区，直管区总规划面积41.38平方公里，包含华罗庚科技产业园、金东现代产业园、河海大学科技园；共建区总规划面积23.95平方公里，分别为朱林现代产业园、指前现代产业园、儒林现代产业园。

2022年，全区实现工业应税销售收入超900亿元，增长185.18%，增速位列金坛区第一；实现工业开票销售收入900.69亿元；规模以上工业总产值516.63亿元；工业实际投入70.57亿元。新能源汽车、新基建两大主导产业合计实现工业应税销售收入864.3亿元，占全区总量95.9%。中创新航获江苏省创新型领军企业称号并成功在香港联交所上市。备案重点上市后备企业7家。

第六章　省级以上旅游度假区发展

第一节　南京都市圈省级以上旅游度假区发展情况

南京都市圈山水相连，河湖相通。截至2022年底，圈内共有省级以上旅游度假区22家，其中国家级2家，南京市和溧阳市各1家；省级20家，其中南京市4家、镇江市3家、扬州市4家、淮安市2家、滁州市2家、宣城市2家，溧阳市1家、金坛区2家。

2022年，南京都市圈各成员城市在推动同城化高质量发展的同时，积极克服新冠疫情的影响，共同推进旅游度假区建设，为都市圈发展“增绿添彩”。**一是都市圈“8+2”成员携手拓展旅游市场。**2022年7—8月，“共游极美都市圈　共促文旅新消费”南京都市圈文旅消费推广季启动，推出“跟着名著去旅游”“跟着考古去旅游”“跟着非遗去旅游”“都市圈红色专线”“都市圈奇妙夜”“都市圈不打烊”等一批南京都市圈文旅融合产品，上线“南京都市圈自驾游圈圈卡”平台，促进了度假区发展。**二是疫情使各度假区不断探索建设新的消费场景和消费模式。**据中国旅游研究院报告，游客出游半径和目的地游憩半径分别从2019年时的270公里和15公里缩小到2022年的100公里左右和七八公里以内。针对疫情带来的新变化，各度假区主动创新建设新的消费场景和消费模式，例如不少度假区拓展“夜游”项目，有的提供景区门票优惠，提升了公众休闲频次。**三是红色景区度假区热度持续走高。**从2021年中国共产党成立100周年到2022年党的二十大胜利召开，大众红色旅游休闲的热情被大大激发了，每逢节假日尤其国庆节，大众的家国情怀使得红色景区或靠近红色景区的度假区，如茅山湖度假区和金坛茅山度假区等迎来客流高峰。**四是度假区在推进乡村振兴和实现共同富裕中发挥重要的产业促进带动作用。**许多度假区积极结合乡村改造，开发建设新的旅游设施，既优化了环境，又推动了城乡融合发展。**五是积极拓展文旅和文体融合项目。**深挖历史文化资源，新建了一批新的主题公园、产业园。承办和举办了一系列体育竞赛，强势促进市场复苏。

第二节　国家级旅游度假区发展情况

一、南京汤山温泉旅游度假区发展

汤山温泉旅游度假区位于南京市江宁区汤山街道，集碑、泉、洞、湖、寺为一体，融人文景观与自然风光为一体，是世界著名温泉疗养区，居中国四大温泉疗养区之首，是中国唯一获得欧洲、日本温泉水质国际双认证的温泉，有“千年圣汤，养生天堂”之美誉。2012年10月世界温泉及气候养生联合会授予汤山“世界著名温泉小镇”称号，并确定汤山为“世界温泉论坛”永久会址。

2014年被评为“中国最佳休闲度假旅游目的地”；2015年10月成为首批国家级旅游度假区。

2021年，《江苏省2020年度旅游度假区总体考核评价报告》发布，汤山温泉旅游度假区排名榜首，三年蝉联第一。2022年，成功举办第十四届汤山温泉节，以“康养汤山FUN肆去玩”为主题，全景展现康养汤山的多彩生活。汤山欢乐水世界景区营业额突破2000万元，比上一年增长约40%。

看特色产业，温泉“跨界”融出无限精彩。汤山度假区围绕“温泉+”的发展思路，积极发展“温泉+文旅”“温泉+体育”“温泉+康养”“温泉+休闲”“温泉+科技”等业态，通过延伸温泉深度开发产业链，打造多元化的“新汤山”，并从原来单一的温泉发展成为产业丰富、活动精彩的“四季汤山”。

看文化振兴，让“根”和“魂”活起来。在当年考古发掘遗址之上建成汤山国家地质公园博物馆，上亿年的地质变迁、数千万年的生物演化、几十万年的文明起源，悉数浓缩在新建的5500余平方米的展厅之中，展现了汤山悠久的历史文化。相继建成金乌温泉公园、欢乐水世界、百联奥特莱斯购物广场、温泉房车露营基地等一批高人气旅游地标，链接国家地质公园博物馆、阳山碑材、汤山七坊、苏豪健康养老产业园、涵田温泉颐养中心等重点文旅项目，以及紫清湖温泉酒店等10余家精品度假酒店，多业态融合的格局大大提升旅游的可驻足性、可消费性和可回头性。

看全域旅游，主客共享美好生活目的地。近5年来，汤山完成团子尖采石宕口修复，加速推进汤山炼灰厂、青林硫磺矿等3个宕口修复，累计完成绿化造林1126亩，森林抚育20500亩。近年来，002省道扩建、城市三环、沪宁高速汤山互通、阳山互通、宁句城际建成通车，游客普遍感受“来汤山更方便了”。汤山温泉旅游度假区经历了3个时代，1.0时代就温泉谈温泉，2.0时代讲温泉产品经济、文旅融合，3.0时代围绕温泉为大家创造不一样的生活方式。2022年，汤山推出大地灯光秀、“焰遇·园博园”沉浸式音乐烟火秀和“泡泡派对”“星光冲浪秀”“海啸电音节”等活动，吸引了大批游客前往，多个景区夜场游客量、销售额占比超全天的一半，夜游成为汤山文旅经济的重要组成部分。

二、溧阳天目湖旅游度假区发展

天目湖旅游度假区成立于1992年，总规划面积320平方公里，是国内少有的同时具备“国家AAAAA旅游景区”“国家生态旅游示范区”“国家级旅游度假区”三大资质认证的旅游度假区，形成以山水竹园/南山竹海景区为核，以温泉/水世界业务为辅，酒店/旅行社及其他业务提供协同支持的业务布局，成为集吃、住、行、游、购、娱为一体的“一站式旅游目的地”。1994年被批准为省级旅游度假区，2015年获评国家级旅游度假区。2021年，接待游客约817万人次，实现旅游总收入57.96亿元，旅游直接收入20.57亿元。

生态资源优越。以丘陵山区为主，森林覆盖率达84.5%。拥有沙河和大溪2座国家2型水库，水域面积25平方公里。南山竹海位于江苏省第二大山脉、苏南第一大山脉，是江苏省分布面积最广的竹海。御水温泉是华东地区稀缺的碳酸氢钙温泉。天目湖森林公园保存了170份板栗良种资源的基因库，是全国2家重点板栗良种繁育基地之一；拥有野生植物1100多种，野生脊椎动物149种。天目湖国家湿地公园内水源丰盈、生态优良。

文化底蕴深厚。有建于明代的鸡鸣村与金宅，有江苏省迄今保存最完好的古官道；有东汉文学家、书法家蔡邕的读书台，传统音乐《蔡氏五弄》被列为江苏省非物质文化遗产；是著名的“焦尾琴故里”，以焦尾琴为代表的中国古琴是世界非物质文化遗产。还有讲述姜子牙钓鱼传奇故事的太公山，有距今已1300余年历史的龙兴寺，以及距今1400多年历史、源于佛教四报恩理念的报恩禅寺。

度假产品丰富。拥有山水园、南山竹海、御水温泉，以及悠然南山、竹海漂流等景区，有江苏省自驾游基地2家。有涵田度假村、天目湖宾馆、竹溪谷、望星谷等40多家宾馆。有欣龙生态园、翠谷庄园等众多乡村旅游点，其中全国休闲与乡村旅游点1家，全国农业旅游示范点5家，江苏省四星级乡村旅游点5家，以及100余家精品民宿。

加快项目推进。高质量项目有新突破，成功签约总投资15亿元的长三角马术小镇、10亿元的悦榕庄、10 亿元的南山小寨二期及停车场、10 亿元的安卓梅达酒店、10 亿元的阿丽拉酒店项目。文旅项目有新形象，总投资超 30 亿元的再生医学健康管理中心项目入选省级服务业重点项目，健诊中心主体框架建成，一批酒店开工建设。项目推进有新程式，组建招商专班，选配招商专员，广泛开展精准招商，确保项目攻坚始终保持快节奏，用优质项目的招引与建设，为全域旅游发展注入澎湃动能。

第三节　省级旅游度假区发展情况

一、南京市省级旅游度假区发展

（一）南京珍珠泉旅游度假区

1994 年，获批省级旅游度假区，位于南京市浦口区东北部、江北新主城腹地，是江苏省面积最大、森林覆盖率最高的国家级森林公园之一，有丰厚的历史文化底蕴，最早人类生活史可以追溯到 5000 多年前的新石器时代。近年来，秉承“生态、文化、休闲、度假”理念，打造集生态修复、科普教育、休闲度假、商业娱乐、文化演艺和创意展览等于一体的智能、生态、低碳的全室内高端旅游综合体华昌龙之谷乐园，以及南京蜂巢配套酒店。2022 年 1—9 月，全区接待游客 171. 3 万人次，增长 47. 04%，实现旅游收入 1. 55 亿元，增长 75. 22%。

（二）南京高淳国际慢城旅游度假区

2013 年 1 月，获批省级旅游度假区，位于高淳区东北部、游子山国家森林公园东麓。高淳国际慢城被国际慢城联盟组织授予“国际慢城”称号，成为中国首个国际慢城。近年来，全力推进老街—雅达—固城湖、固城湖东岸、桠溪慢城核心区、三条垄以南、游子山、通航产业园六大重点功能片区建设，建成开元芳草地酒店、越野卡丁车、树冠攀爬等项目，升级改造石墙围、吕家田园驿站等精品民宿村，克服疫情举办国际慢城金花旅游节、年货节、红枫节等节庆活动，打造长三角休闲度假旅游目的地。

（三）南京六合金牛湖旅游度假区

2015 年，获批省级旅游度假区。2021 年，成立南京金牛湖旅游度假区管理办公室，统筹推进生态环境治理与绿色文旅产业发展，持续擦亮区域生态底色，签约落地一批大项目，度假区驶入高质量发展“快车道”。2022 年全区共接待游客 392. 2 万人次，旅游总收入 41. 72 亿元，分别增长 13. 16%、16. 02%。2022 年，整治宕口 1. 6 万平方米，开启野生动物王国“夜场”模式，建成“穿越之门”等新场景，举办“苏韵乡情”生态旅游节暨南京市葡萄评优、金牛湖葡萄庄园第十届葡萄文化节等活动，对外唱响“好声音”，对内提升新内涵。

（四）江苏省南京栖霞山旅游度假区

2022 年 3 月，获批省级旅游度假区，规划总面积 8. 11 平方公里。2022 年，进一步丰富核心景区相关配套，优化景区环境，完成虎山片区综合整治，重现碧云亭建筑风貌；集合文创、餐饮、零售、住宿、休闲等业态，实施栖霞古镇 1. 9 万平方米主体建筑；打开了栖霞山片区南向大门，实现与仙林湖片区牵手；在龙山之巅复建开放的陆羽茶庄成了网红打卡点，文旅融合催发新动能。

二、镇江市省级旅游度假区发展

（一）世业洲旅游度假区

2012 年，获批省级旅游度假区，位于丹徒区世业洲，区内建有润扬大桥公园、茅以升桥梁纪念馆等。2014 年 12 月，习近平总书记视察世业洲。近几年，积极抢抓苏南现代化示范区建设机遇，倾心打造“生态田园村、欢乐音乐岛、休闲养生地、低碳示范区”。

（二）句容茅山湖旅游度假区

2012年8月，获批省级旅游度假区。近年来，坚持"生态领先，特色发展"理念，以全业态融合打造"山里问道，山边军号，湖畔养生，美丽乡村"的全域旅游发展新格局，做强"旅游+文化"品牌，精心开发集红色文化培训、道文化体验、康养休闲于一体的系列旅游产品，拉长旅游产业链，开创茅山旅游转型发展的新局面。

（三）丹阳水晶山旅游度假区

2013年2月，获批省级旅游度假区。近几年，以丹阳最高峰水晶山为自然载体，整合"山岗、清泉、古木、名刹"等特色资源，建成天地石刻园、水晶乐园、森林氧吧、健身步道等功能区，打造集生态体验、休闲度假、运动健身、文化展示为一体的高标准生态环境场所。

三、扬州市省级旅游度假区发展

（一）扬州大运河文化旅游度假区

原名扬州瘦西湖旅游度假区，2015年，获批省级旅游度假区；2018年11月，正式批准更名为扬州大运河文化旅游度假区。度假区位于扬州大运河畔，处于瘦西湖和邵伯湖之间，近年来，以大运河文化带建设为契机，充分彰显世界遗产精品资源优势，深入挖掘大运河文化，全力建设以运河文化展示、历史溯源、生态观光、休闲度假为特色的旅游度假胜地，打造中国国际运河文化旅游目的地。

（二）扬州凤凰岛生态旅游度假区

2015年6月，获批省级旅游度假区，位于江淮生态廊道和沿江生态廊道交汇处，规划面积8.36平方公里，实际管辖面积33.72平方公里，覆盖扬州城市生态中心"七河八岛"区域总面积75.61%。2021年，实施一期提升改造工程；2022年，实施二期提升改造工程，对景区内旅游景点进行景观提升、绿化提升，打造"城市湿地，度假绿岛"和"运河文化博览，生态度假家园"。

（三）仪征枣林湾旅游度假区

2012年，获批省级旅游度假区。2022年，完成新开工亿元服务业项目2个、2000万元以上服务业项目2个、农业项目1个。2021年4—10月，在度假区建成并举行2021年世界园艺博览会，开幕首日入园参观人数达2.8万人。

（四）扬州瓜洲国际旅游度假区

2014年12月，获批省级旅游度假区。近几年，以"一带、两核、三组团"为实现路径，全力推进旅游开发建设，充分彰显瓜洲"诗""渡"文化特色，年平均接待游客达100万人。

四、淮安市省级旅游度假区发展

（一）淮安盱眙天泉湖旅游度假区

2012年，获批苏北首家省级旅游度假区，位于淮安盱眙县铁山寺国家森林公园内，是江苏省保存最好、面积最大的野生动植物王国。近年来，精心打造"星空谧境夜游线路""天文主题酒店及民宿"等系列以"星空"为主题的产品，有力地推动了天泉湖生态旅游的持续发展。2021年被第七届长三角慢生活旅游峰会评为"长三角最佳悠享旅游度假区"。

（二）淮安洪泽老子山温泉旅游度假区

2016年9月，获批省级旅游度假区，位于江苏省淮安市洪泽区老子山湖滨路。2021年以来，以老子山为依托，整合当地特色旅游文化，为游客提供温泉、休闲等场所，并与商业街融合，深入挖掘当地文化内涵，体现地方旅游文化特色。老子山镇龟山村淮安市考古研学游基地被认定为2022年度淮安市研学旅行基地培育单位；老子山温泉入选"水韵江苏·冬季游"主题线路；老子山镇龟山村成功入选古村落地名。

五、滁州市省级旅游度假区发展

（一）来安县兴茂旅游度假区

2021年12月，获批省级旅游度假区，地处宁滁交汇来安汊河，融入南京半小时度假生活圈，涵盖生态科普乐园、兴茂水世界、运动文化园、酒店会议中心、研学基地、景观美居等业态。2022年，深化文旅融合，在项目打造上融入本地文化旅游元素，进一步丰富旅游内涵，提高项目品质，高标准打造有特色、有品位的精品旅游产品。

（二）滁州白鹭岛国际生态旅游度假区

2016年2月，获批省级旅游度假区，位于来安县西北部的复兴林场境内。2006年成立公司，并开发建设。2021年以来，全面更新改造，坚定信心书写“水文章”，激发生态“新活力”，发展夜旅游“新亮点”，展现新的生机。

六、宣城市省级旅游度假区发展

（一）泾县桃花潭旅游度假区

2021年12月，获批省级旅游度假区，位于泾县西南部。近年来，该区以“山、水、镇、村、田”为空间基底，按照城镇建设与旅游产业紧密联系的要求，体现“山水相间、景镇合一”的特色。

（二）宁国恩龙世界木屋村旅游度假区

2016年获批省级旅游度假区。建有大门景观、千亩银杏园、特色林果园、水上乐园、木屋别墅群、恩龙民俗风情园等主要景点和一座四星级旅游饭店贵宾楼。

七、溧阳市省级旅游度假区发展

溧阳市曹山旅游度假区：2018年1月，获批省级旅游度假区。近年来，以“七彩曹山”为主题，融生态农业、乡村文化、运动休闲、养生度假于一体，着力打造“养眼、养身、养心”三个层次的旅游产品体系，建设特色乡村旅游度假目的地。2022年，将乡村旅游与体育赛事融为一体，承办多项全国、省市竞赛事项。

八、金坛区省级旅游度假区发展

（一）江苏省金坛茅山旅游度假区

2013年2月，获批省级旅游度假区。近年来，深度融合“道文化”和“养生文化”，着力培养茅山肴、茅山居、茅山行、茅山趣、茅山阑、茅山礼、茅山道、茅山养等“八重道养”体系。2022年，实现纳税2000万元；接待游客约450万人次，营业收入13.5亿元。其中“五一”期间，接待游客11.9万人次，经营收入2760万元。

（二）金坛长荡湖旅游度假区

2015年3月，获批省级旅游度假区。代表性的景点有水街、水城、水八卦、水上丛林、普门禅寺等。近年来，坚持生态优先、绿色发展，完成长荡湖网围拆除、退圩还湖、湖底清淤、圩堤建设、来水整治、生态修复等工程，水清、岸绿、景美的生态魅力进一步彰显。2021年，长荡湖荣获“中国十大美食休闲湖泊”称号。

第七章　海关监管区发展

第一节　南京都市圈海关监管区发展情况

综合保税区，是我国开放层次高、优惠政策多、功能齐全、手续简化的海关特殊监管区域。截至2022年，南京都市圈内共有综合保税区7家，占全国综合保税区总数的4.5%，其中江苏4家，安徽3家。实际运营6家，另1家宣城综合保税区尚在建设中。

近年来，面对复杂严峻的外部环境和新冠疫情冲击，在海关的积极指导参与下，南京都市圈内各综合保税区坚持以习近平新时代中国特色社会主义思想为指导，积极贯彻落实《关于促进综合保税区高水平开放高质量发展的若干意见》《中华人民共和国海关综合保税区管理办法》，充分运用政策功能优势，稳定主导产业，为企业减负纾困，实现了较高水平开放和较高质量发展。**一是取得良好的发展业绩。**2022年，6家综合保税区实现外贸进出口995.11亿元，占全国综合保税区进出口总额6.56万亿元的1.5%，其中出口608.23亿元，占全国综合保税区出口总额37061.44亿元的1.64%；进口422.91亿元，占全国综合保税区进口总额28581.74亿元的1.5%。**二是推动创新创业。**积极稳妥地推广增值税一般纳税人资格试点，拓展两个市场。在确保海关有效监管的前提下，按现行规定对入区企业落实享受综合保税区税收政策。综合运用综合保税区政策功能优势，支持产业创新中心、技术创新中心、工程研究中心、新型研发机构等研发创新机构在综合保税区发展。**三是积极延伸产业链条。**鼓励区内企业开展高技术含量、高附加值的航空航天、工程机械、数控机床等再制造业务。支持企业开展高技术、高附加值、符合环保要求的保税检测和全球维修业务。支持第三方检验检测认证机构在区内开展进出口检验认证服务。**四是推进贸易便利化。**简化海关业务核准手续。运用智能监管手段，创新监管模式，简化业务流程，实行数据自动比对、卡口自动核放，降低运行成本，提升监管效能。**五是培育新动能新优势。**支持区内企业开展跨境电商进出口业务，逐步实现全面适用跨境电商零售进口政策。鼓励区内企业进口专业设备开展软件测试、文化创意等国际服务外包业务，促进跨境服务贸易。率先全面复制推广自贸试验区中与海关特殊监管区域相关的改革试点经验，努力打造全面深化改革开放的新高地。

第二节　各市（区）海关监管区发展情况

一、南京综合保税区发展

2012年9月，获批设立，规划面积5.03平方公里，分为龙潭片和江宁片两个片区，其中龙潭片规划面积3.83平方公里，江宁片规划面积1.2平方公里。2022年，实现外贸进出口545.0287亿元，下降6.6%。其中出口348.8651亿元，下降28%；进口196.1636亿元，增长98.5%。

（一）南京综合保税区江宁片区

2021 年，实现外贸进出口 518 亿元，增长 14.8%；完成一般公共预算收入 5747.4 万元，增长 41%。**一是项目建设量质并举。**2021 年，完成到位外资 603 万美元、到位内资 6.12 亿元，工业投入 5 亿元。落户方桥、中电材司等先进制造业产业链购地项目 6 个，总投资 103 亿元。2022 年，盛鑫大尺寸硅外延材料、芯长征科技总部及研发、鸣啸交通设备、美乐威音视频编解码设备、科思高端护理品基地 5 个项目，被列为省、区重大建设项目。**二是着力培育新兴业态。**2021 年，落户研发共生企业 4 家，保税研发功能进入红利释放的蓄水期；联合广电共同打造南京综合保税区“跨境 Mall”，推进闲置载体博览中心整改投运，创建省内第一家跨境进口商品发货仓，提升南京综合保税区江宁片区的标识度，力争建成省内前列、全国领先的跨境保税展交中心。**三是聚力改善营商环境。**加强沟通协调，切实解决企业急难问题。推进智慧卡口改造，实现省内首家无感通关、自助验核监管新模式同步推进的海关特殊监管区域，其中自助验核，全国首家通过验收。

（二）南京综合保税区龙潭片区

2021 年，监管总货值 145.37 亿美元，增长 20.75%；完成跨境电商通关 187.04 万票。**一是加强招商引资。**引进物流、贸易及电商类企业 30 余家，其中苏商保税物流中心总投资 7.2 亿元，日本京亚供应链总投资 7800 万美元，颐唐贸易及保税物流项目总投资 11 亿元。**二是推进电商平台建设。**建成跨境电商产业园，集聚各类企业 130 余家。实现跨境电商“1210”保税进口、“9610”一般出口、“9710”直接出口及“9810”海外仓出口等跨境电商模式全覆盖。**三是优化服务。**首次通过“一体化通关”模式对接中欧班列，实现综合保税区保税优势与中欧班列运输便捷的无缝对接，率先开辟南京国际铁路货物通关新模式。

二、镇江综合保税区发展

2015 年，获批整合升级。2022 年，实现外贸进出口 14.89 亿美元，增长 98.7%，占全市比重达 9.5%，较 2021 年提高了 3.7 个百分点。其中出口 64902.07 万美元，增长 256.5%；进口 83953.46 万美元，增长 48%。

发展质态明显提升。建立专班定期交流机制，充分发挥镇江市促进综合保税区发展工作专班作用，补短板促提升，为发展绩效评估工作提供有力支撑。2022 年，外贸进出口总额在全省 20 家综合保税区中排名第九，进出口增速排名第一，进出区货物总值翻番增长，园区封闭面积开发率提升 5.5 个百分点；南锦电子被认定为市级专精特新“小巨人”企业、市级企业技术中心，合瑞迈被认定为市级绿色工厂。

业态创新实现突破。企业服务平台成功建成启动，园区监管的规范性和便利性进一步提升。抢抓新一轮跨境电商发展机遇，启动建成跨境电商监管中心项目，顺利开通跨境电商“1210”保税业务首单业务，标志着跨境电商业态模式的全面开通，为全市跨境电商业务提供了一条全新的黄金通道。

安全生产基础不断夯实。建立安全生产“三包干一统筹”包干制度，发挥网格力量，宣传安全生产知识，进行安全生产检查，向全区 11 家企业推广安全生产风险点管控手册。强化危险化学品、特种设备和有限空间作业等重点领域专项整治和隐患排查治理，夯实了安全生产基础。

三、扬州综合保税区发展

2016 年 1 月，获批整合升级。2022 年，实现外贸进出口 58745.74 万美元，下降 19.3%。其中出口 36146.25 万美元，下降 48.1%；进口 22599.48 万美元，增长 626.5%。

加快产业发展。2021 年以来，围绕“保税+”，积极打造先进制造、商贸物流、创新业态“三大产业”，已形成以大数据、云计算、物联网为代表的新一代信息技术产业；以航空航天、高端装备为代表的特色产业，以及以新能源、生物医药等为代表的新兴产业集群，重点发展电子信息、生物医药、智能装备、汽车零部件、新材料等主导产业，致力于建设成为扬州开放型经济发展主平台、南京都市圈保税协同关键节点、自贸试验区联动创新发展主承载地。

推进跨境电商基础设施建设。2022 年，启动建设跨境电商监管中心，总建筑面积 2000 平方米，位于1号保税仓库内，仓库东侧为海关监管作业场地，西侧供电商企业保税仓储使用。监管作业场地内有两条含有X光机分拣线及智能系统，可实现对过线货物全流程监控和自动筛查，同时与海关业务系统对接，协助查验员完成货物验放智能通关。随着相关建设的有序推进，陆续开启跨境电商“1210”和“9610”两种运营模式。本地跨境电商商品有望实现直接从扬州出入关。

提升服务水平。与扬州港成功签订总投资50亿元的港口物流产业园合作项目，强化与扬州港、扬泰机场“区港联动”。2022年，建成总投资2亿元的保税仓库项目，建筑面积38170平方米，分7个单体仓库，6个普通仓库，1个恒温恒湿仓库。

四、淮安综合保税区发展

2012年7月，获批整合升级。2022年，实现外贸进出口63483.74万美元，下降2.6%。其中出口35044.09万美元，下降15.2%；进口28439.65万美元，增长19.4%。在2021年10月全国综合保税区发展绩效评估中，排名第83位。

扎实抓好各项政策落地落实。自2022年4月《中华人民共和国海关综合保税区管理办法》实施以来，立足淮安综合保税区实际，聚焦区内企业需求，充分发挥政策优势，助力企业尽享政策红利。2022年，获批省先进制造业和现代服务业“两业融合”试点区域。

推进跨境电商产业做大做强。招引颐利合贸易、奇辉诺贸易、卡佩希科技、云澳国际贸易、数铎国际贸易等10余家跨境企业落户。引导和兴汽车、金卫机械、庆鼎精密等50余家重点传统外贸企业顺利转型跨境电商开展进出口业务。2022年，完成跨境电商进出口2.1亿美元，增幅达636%，切实发挥了“开放主窗口”作用。

积极为企业服务。为更好利用国内国际两个市场两种资源，精心搭建联企暖企助企惠企平台，助力增值税一般纳税人资格试点、优化信用管理、便捷进出区、便利货物流转、跨境电商，以及保税维修等措施落地见效，仅增值税一般纳税人资格推广工作就发展了8家一般纳税人企业。2022年，全区实现增值税抵扣4.35亿元，惠及区内15家企业28.4亿元非报关货物。

五、芜湖综合保税区发展

2015年9月，获批整合升级。2022年，实现外贸进出口22.84亿美元，增长38%。其中出口132728.84万美元，增长60.9%；进口95670.14万美元，增长7.3%。全国综合保税区发展绩效考核排名首次进入前50名。

持续优化营商环境，充分释放政策红利。积极做好自贸区创新制度复制推广，“四自一简”“分线监督管理”等23项便利化措施在区内落地并产生实际效益；《国务院关于促进综合保税区高水平开放高质量发展的若干意见》21项举措中，已在区内落地“便利货物流转”“创新监管模式”等9项。通关时间大大压缩，企业获得感显著增强。制定的《综合保税区“增值税一般纳税人企业”海关监管细则（试行）》作为一般纳税人资格试点的海关作业规范试行版在全省推广。

精准服务、重点发力。建立企业经营动态监测机制，通过定期走访、召开关企座谈会、问卷调查等形式精准掌握企业经营发展的难点堵点，“量体裁衣”开展政策宣讲，“一企一策”制定落实方案。支持区内企业利用技术及设备优势承接境内区外委托加工，帮助企业拓展国际国内两个市场。针对区内部分企业仓储资源闲置，运营成本和管理成本较高的问题，芜湖海关积极推广“仓储货物按状态分类监管”，盘活了企业闲置的仓储资源，仓储成本和物流成本实现双双下降。

六、马鞍山综合保税区发展

2016年8月，获批设立。2022年，实现外贸进出口114.9亿元，增长25.3%。其中出口42.9581亿元，下降1.4%；进口71.9549亿元，增长49.5%。

坚持项目招商、项目建设齐发力。全面提升基础设施建设和项目落地速度，保障入驻企业平稳投产达效。世港通新兴产业园、半导体保税研发制造基地项目等重点项目快速推进，保税区内土地利用率54.95%。2021年，全区规模以上工业企业实现产值141693.7万元，规模以上企业产值增加值39625.5万元。2022年，已聚集企业130余家，其中加工贸易企业19家、物流贸易企业13家、一般贸易企业36家、跨境电商企业62家，已初步形成以电子信息、保税仓储物流、跨境电商为核心的主导产业布局。

跨境电商产业发展势头迅猛。保税区内跨境电商产业园顺利建成启用，并以综合评审排名第一的好成绩成功获批省级跨境电商产业园。保税区内跨境电商综合服务平台和跨境海关监管作业场所顺利通过海关验收，成为全省首个位于综合保税区内的“9610”出口监管作业场所；开通“1210”保税模式，签约入驻方卓供应链、亿讯科技等52个跨境电商项目。2021年，跨境电商企业完成贸易额10.13亿元，增幅76.48%，占全市跨境电商企业完成贸易额的90.76%，为全市跨境电商产业发展提供了有力支撑。2022年，新开通跨境电商网购保税进口业务。

七、宣城综合保税区发展

位于宣城综合码头西侧、宣城高新区北侧，总投资12.56亿元，占地约251.58公顷，一期起步区总用地面积约73.17公顷，先期建设卡口、查验场地、监管仓库、海关联检等基础设施，并开发一定体量保税物流、保税加工功能区。2021年12月2日举行开工仪式。2022年，基本建成分拨中心2号钢结构吊装；完成分拨中心、保税仓库基础梁、监管仓库厂房和辅房结构浇筑，开始墙体砌筑。

第六篇

绿色发展

第一章　生态环境质量

第一节　南京市生态环境质量

2022年，全市环境质量总体稳定。环境空气质量优良率为79.7%，国、省考水环境断面水质优良比例为100%，全市主要集中式饮用水水源地水质保持良好。声环境质量和辐射环境质量保持稳定。

一、环境空气状况

1. 环境空气主要指标

根据实况数据统计，全市环境空气质量达到二级标准的天数为291天，同比减少9天，达标率为79.7%，同比下降2.5个百分点。其中，达到一级标准天数为85天，同比减少6天；未达到二级标准的天数为74天（其中，轻度污染71天，中度污染3天），主要污染物为臭氧和$PM_{2.5}$。各项污染物指标监测结果：$PM_{2.5}$年均浓度为28微克/立方米，达标，同比下降3.4%；PM_{10}年均浓度为51微克/立方米，达标，同比下降8.9%；二氧化氮年均浓度为27微克/立方米，达标，同比下降18.2%；二氧化硫年均浓度为5微克/立方米，达标，同比下降16.7%；一氧化碳日均浓度第95百分位数为0.9毫克/立方米，达标，同比下降10%；臭氧日最大8小时值浓度170微克/立方米，超标0.06倍，同比上升1.2%。2022年南京市空气质量级别分布见图6-1-1，2022年南京市每季度$PM_{2.5}$均值及优良率变化见图6-1-2。

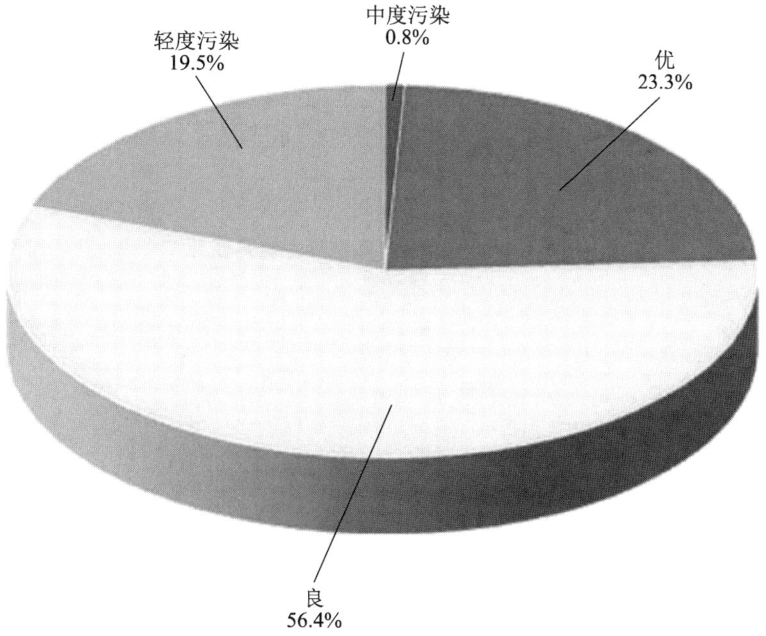

图6-1-1　2022年南京市空气质量级别分布

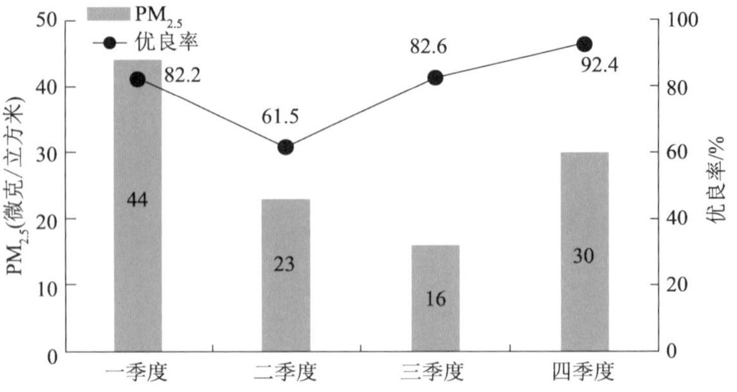

图 6-1-2　2022 年南京市每季度 PM$_{2.5}$ 均值及优良率变化

2. 降尘

全市降尘国控点年均值为 2.57 吨/平方公里·月，同比下降 25.9%。降尘量月最大值为 4.17 吨/平方公里·月，最小值为 1.80 吨/平方公里·月。全市 12 个板块降尘量年均值在 2.46 至 3.32 吨/平方公里·月之间。2022 年南京市降尘量月变化见图 6-1-3，2022 年南京市各板块降尘量年均值见图 6-1-4。

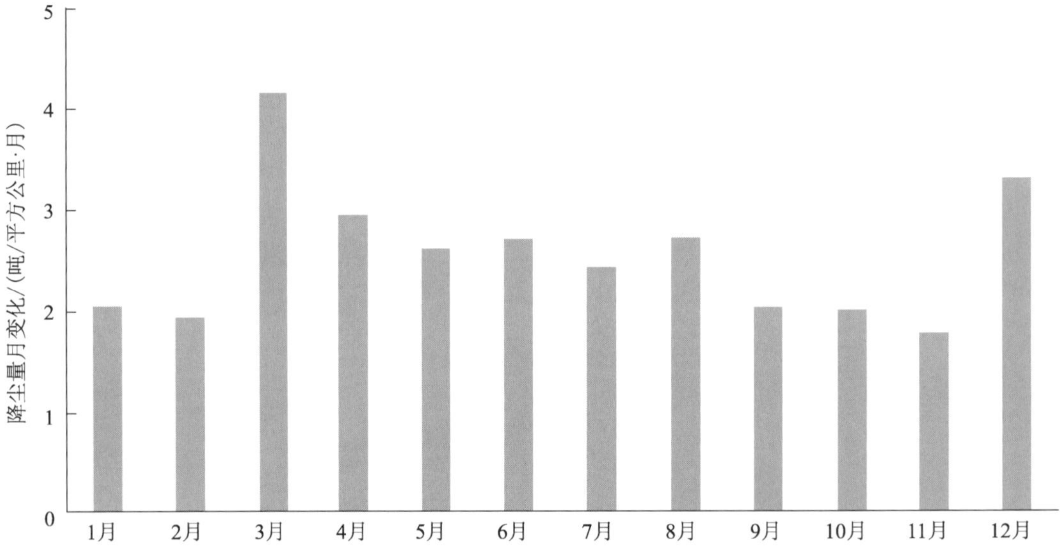

图 6-1-3　2022 年南京市降尘量月变化

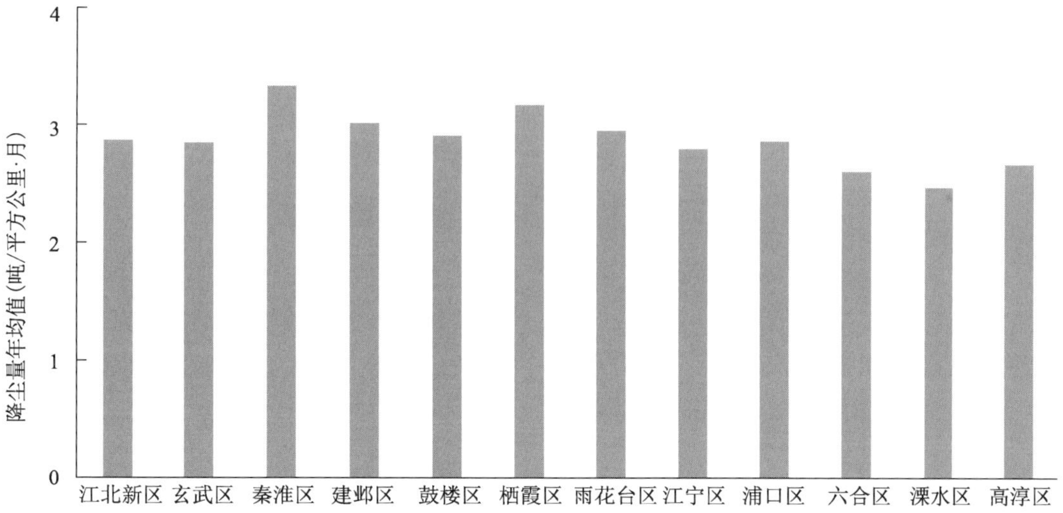

图 6-1-4　2022 年南京市各板块降尘量年均值

3. 降水

全市平均降水量为 787.4 毫米；酸雨频率 9.9%，同比下降 3 个百分点；降水 pH 均值 5.87，酸性弱于上年水平（上年同期 5.81）。城区平均降水量为 826.9 毫米；酸雨频率 12.4%，同比下降 1.4 个百分点；降水 pH 均值 5.73，酸性强于上年水平（上年同期 5.83）。郊区平均降水量为 755.9 毫米；酸雨频率 7.5%，同比下降 4.6 个百分点；降水 pH 均值 6.03，酸性弱于上年水平（上年同期 5.8）。2021—2022 年南京市酸雨频率比较见图 6-1-5。

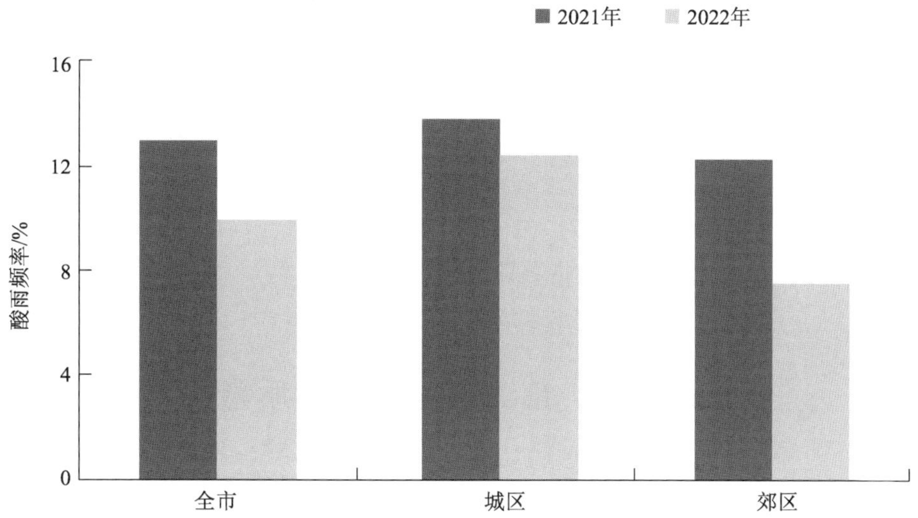

图 6-1-5　2021—2022 年南京市酸雨频率比较

二、水环境状况

1. 地表水

全市水环境质量持续优良。纳入江苏省“十四五”水环境考核目标的 42 个地表水断面水质全部达标，水质优良（《地表水环境质量标准》Ⅲ类及以上）比例为 100%，无丧失使用功能（劣Ⅴ类）断面。

2. 集中式饮用水水源地

全市主要集中式饮用水水源地水质持续保持优良，逐月水质达Ⅲ类及以上，达标率 100%。

3. 长江南京段干流

长江南京段干流水质总体状况为优，5 个监测断面水质均达到Ⅱ类。

4．主要入江支流

全市18条省控入江支流中，年均水质均达到Ⅲ类及以上，其中12条省控入江支流水质为Ⅱ类，6条省控入江支流水质为Ⅲ类。

5．秦淮河

秦淮河干流水质总体状况为优，6个监测断面中，水质达到Ⅲ类及以上断面比例为100%。与上年相比，水质状况无明显变化。

秦淮新河水质总体状况为优，2个监测断面中，水质均达到Ⅱ类。与上年相比，水质状况有所好转。

6．滁河干流南京段

滁河干流南京段水质总体状况为优，7个监测断面中，水质达到Ⅲ类及以上断面比例为100%。与上年相比，水质状况无明显变化。

7．金川河

金川河水质状况为优，水质达到Ⅱ类。与上年相比，水质状况无明显变化。

8．主要湖泊

玄武湖水质为Ⅳ类，影响水质的主要污染指标为总磷。与上年相比，水质状况无明显变化。

固城湖水质为Ⅲ类。与上年相比，水质状况无明显变化。

石臼湖水质为Ⅲ类。与上年相比，水质状况无明显变化。

9．湖泊富营养化

全市5个主要湖泊中，按综合营养状态指数评价，中营养湖泊3个，分别为金牛湖、固城湖、莫愁湖；富营养化湖泊2个，分别为玄武湖、石臼湖，均为轻度富营养化水平。与上年相比，富营养化水平均无明显变化。

三、声环境状况

全市区域噪声监测点位535个。2022年，城区区域环境噪声均值为53.8分贝，同比下降0.1分贝；郊区区域环境噪声均值为52.5分贝，同比上升0.3分贝。

全市交通噪声监测点位247个。2022年，城区交通噪声均值为67.4分贝，同比下降0.2分贝；郊区交通噪声均值为66.5分贝，同比上升0.7分贝。

全市功能区噪声监测点位28个。2022年，昼间噪声达标率为98.2%，同比上升0.9个百分点；夜间噪声达标率为93.0%，同比下降0.8个百分点。

四、辐射环境状况

全市8个电离辐射监测点，瞬时γ辐射空气吸收剂量率平均值为66.4纳戈瑞/小时，均在江苏省辐射环境本底值范围内。5个电磁辐射监测点，综合场强平均值为1.21伏特/米，远低于《电磁环境控制限值》（GB 8702—2014）规定的限值标准（12伏特/米）。

第二节　镇江市生态环境质量

一、环境空气状况

2022年，镇江市环境空气中二氧化氮、PM_{10}和$PM_{2.5}$浓度较上年均有所下降，二氧化硫、一氧化碳24小时平均第95百分位数浓度（以下简称一氧化碳浓度）较上年持平，臭氧日最大8小时滑动平均第90百分位数浓度（以下简称臭氧浓度）较上年有所上升。其中，市区$PM_{2.5}$年均浓度为35微克/立方米，较上年下降2.8%，$PM_{2.5}$年均浓度首次达到国家二级标准，市区环境空气质量优良天数比例为74.8%。2022年镇江市区环境空气质量各级别天数占比见图6-1-6。

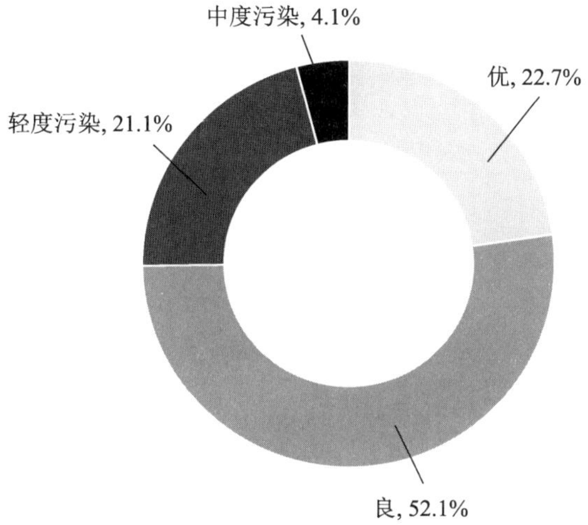

图 6-1-6　2022 年镇江市区环境空气质量各级别天数占比

1. 城市空气

镇江市区环境空气中 $PM_{2.5}$、PM_{10}、二氧化硫、二氧化氮年均浓度分别为 35 微克/立方米、53 微克/立方米、6 微克/立方米、29 微克/立方米；一氧化碳浓度、臭氧浓度分别为 0.9 毫克/立方米、184 微克/立方米。对照《环境空气质量标准》（GB 3095—2012）二级标准限值，臭氧未达要求。与上年相比，$PM_{2.5}$、PM_{10}、二氧化硫、二氧化氮和一氧化碳浓度分别下降 2.8%、8.6%、14.3%、3.3%和 10%，臭氧浓度上升 5.1%。

8 个辖市、区 $PM_{2.5}$ 浓度范围为 32～38 微克/立方米，与上年相比，均有所下降，降幅范围为 2.9%～8.6%，其中新区降幅最大。8 个辖市、区环境空气质量优良天数比率范围为 69.9%～80.2%，与上年相比，均有所下降，降幅范围为 0.1～5.8 个百分点，其中句容市降幅最大。

2022 年，全市共发生 5 次重污染天气过程（无重污染天），驻市环境监测中心共发布各类污染快报 120 期。

2. 酸雨

2022 年，全市酸雨平均发生率为 1.2%，降水年均 pH 值为 6.05。镇江市区，丹阳市、句容市、扬中市酸雨发生率分别为 0%、3.1%、0%、0%。与上年相比，全市酸雨平均发生率下降 1.8 个百分点。

二、水环境状况

2022 年，全市地表水环境质量总体为优。列入《江苏省水污染防治工作计划》地表水环境质量考核的 10 个国控断面中，水质符合《地表水环境质量标准》（GB 3838—2002）Ⅱ～Ⅲ类断面占比为 100%，水质考核达标率为 100%。省控 45 个断面中，Ⅲ类断面占比为 46.7%，Ⅱ类断面占比为 53.3%。详见图 6-1-7。

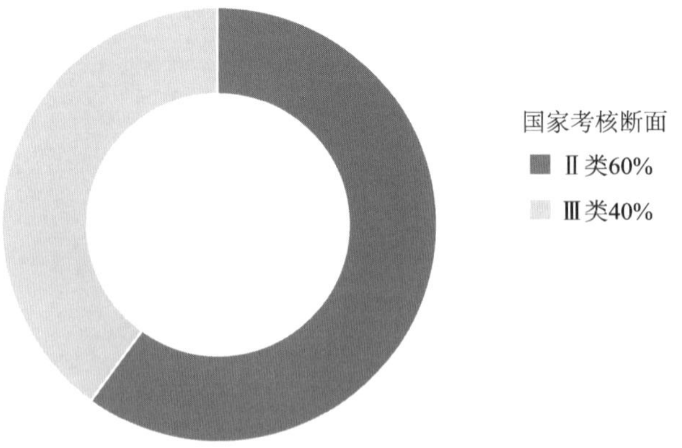

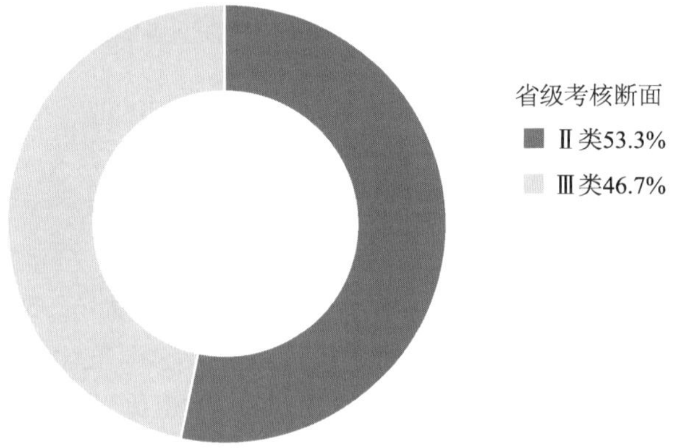

图 6-1-7　2022 年镇江市地表水国家考核断面和省级考核断面水质类别比例

与上年相比，国控断面优Ⅲ类断面占比持平，优Ⅱ类断面占比上升 20 个百分点。省控断面优Ⅲ类断面占比上升 4. 4 个百分点，优Ⅱ类断面占比上升 8. 9 个百分点。

1. 饮用水源

镇江市区金山水厂和金西水厂 2 座集中式供水厂共用的长江征润洲取水口是镇江市的主要饮用水源地，丹阳市和扬中市的城市（城镇）集中式饮用水也取自长江，句容市的城市（城镇）集中式饮用水主要取自北山水库和句容水库。

2022 年，镇江市区征润洲水源地水质达标率为 100%。全市 4 个县级集中式饮用水水源地，丹阳市长江江心洲水源地、扬中市二墩港水源地、句容市北山水库和句容水库水源地水质达标率均为 100%。与上年相比，水质保持稳定。

2. 太湖流域

2022 年，镇江市 21 个太湖流域考核断面水质达标率为 100%，较上年上升 4. 8 个百分点，优Ⅲ类断面占比为 100%，无劣Ⅴ类断面。

3. 长江流域

2022 年，镇江市长江干流水质为优，3 个监测断面水质类别均为Ⅱ类，达标率为 100%，与上年相比，水质保持稳定。主要入江支流总体水质为优，优Ⅲ类断面占比为 100%，较上年上升 6. 2 个百分点，优Ⅱ类断面占比为 81. 2%，无劣Ⅴ类断面。

三、土壤环境状况

2022 年，全市对国家土壤监测网 22 个点位开展了土壤环境质量监测。监测数据表明：土壤环境质量状况总体良好。

四、声环境状况

2022 年，全市昼间和夜间声环境质量总体稳定。

1. 区域声环境

镇江市昼间区域环境噪声平均等效声级为 57. 1 分贝，与上年相比，上升 0. 9 分贝，质量等级为三级，处于一般水平。2022 年镇江市昼间区域噪声平均等效声级见图 6-1-8。

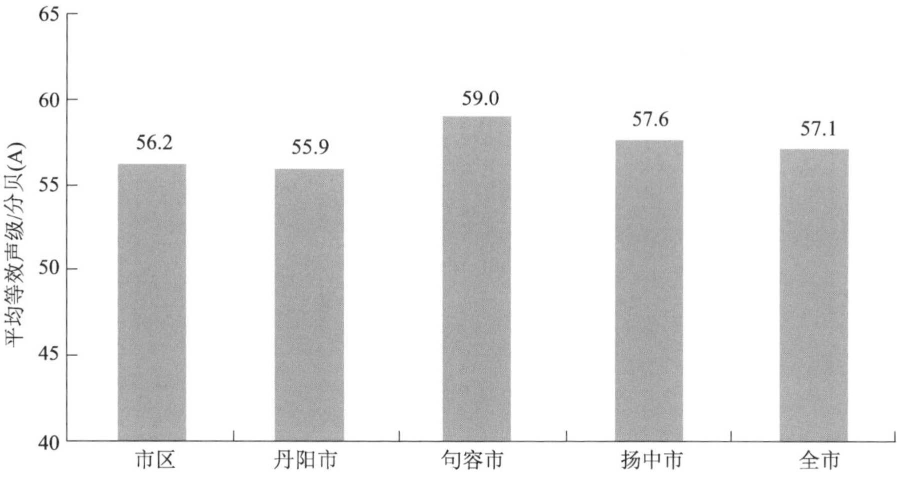

图 6-1-8　2022 年镇江市昼间区域噪声平均等效声级

2. 功能区声环境

全市 1~4 类功能区声环境昼间、夜间等效声级年均值均达国家标准，全市仅 1 类功能区昼间和夜间存在单次超标现象，点次达标率分别为 93. 8%和 81. 3%。与上年相比，1 类功能区昼间和夜间达标率有所下降，2 类功能区夜间达标率有所上升，其他功能区达标情况保持不变。详见图 6-1-9。

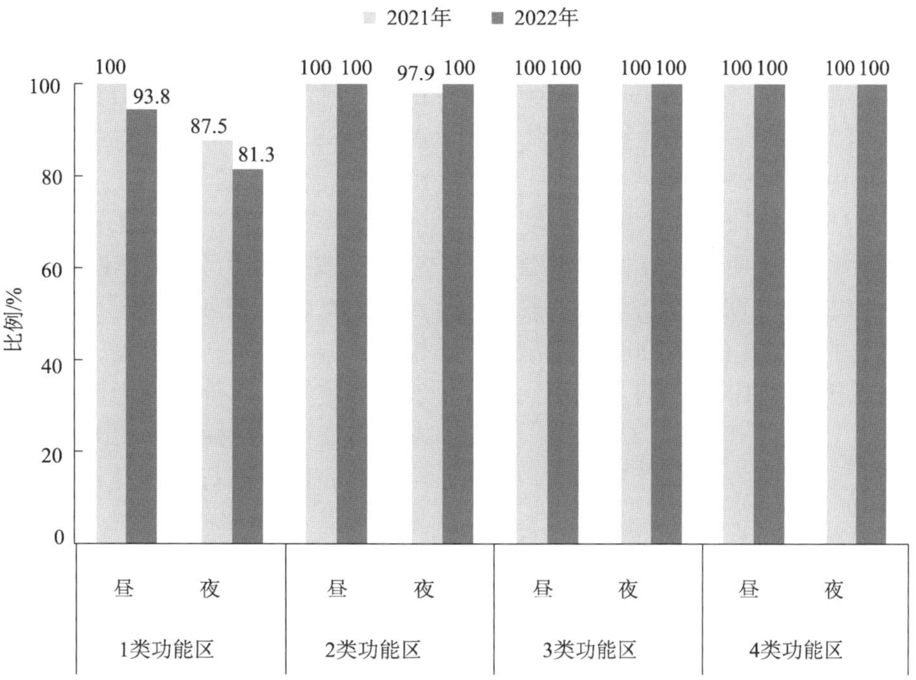

图 6-1-9　2022 年镇江市各类功能区声环境昼间、夜间达标率及与 2021 年对比

3. 道路交通声环境

全市道路交通噪声昼间平均等效声级为 63. 7 分贝，与上年相比下降了 1 分贝，质量等级为一级，评价水平为好。2022 年镇江市昼间道路交通噪声平均等效声级见图 6-1-10。

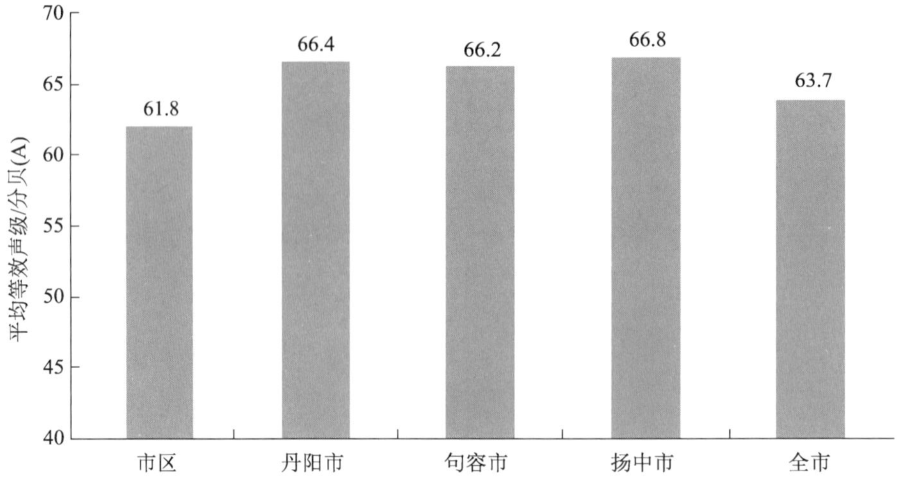

图 6-1-10　2022 年镇江市昼间道路交通噪声平均等效声级

五、生物环境状况

2022 年，对全市长江和太湖流域主要水体开展的水生生物多样性监测结果显示：全市生物环境状况总体保持稳定，2022 年镇江市地表水采集到的水生生物种类较上年相比在种群及数量上均有增加，水质情况显著转好。Shannon-wiener 生物多样性信息指数均值为 3.46，多样性级别总体处于丰富程度，水质由中污染转为清洁。

2022 年，对全市集中式饮用水源地和环境空气开展的微生物监测结果表明：主要饮用水源地水质微生物指标达标率为 100%；全市环境空气中细菌含量评价为清洁的测点比例为 100%，霉菌含量评价为清洁的测点比例为 100%；与上年相比无变化。

六、生态环境状况

生态遥感监测结果显示：2021 年镇江市生态质量指数（EQI）为 57.49，生态质量分类为二类，生态环境质量变化幅度分级为基本稳定。各辖市、区生态质量均处于二类或三类。（注：环境及各类统计数据每年下半年公布，数据来源间隔一年。）

七、农村环境状况

2022 年镇江市农村环境质量状况总体稳定。

1. 农村环境空气

2022 年，镇江市共选取 10 个村庄作为监测区域，监测点位获取的有效数据表明，空气质量优良天数比例为 76.2%。

2. 农村水环境

2022 年，镇江市千吨万人饮用水源地水质监测点位句容市后白镇二圣水库水源地、丹徒区世业镇水源地水质均达到《地表水环境质量标准》（GB 3838—2002）Ⅲ类水质标准要求。2 个农业面源污染控制断面均达到Ⅲ类水质标准要求。9 个农村县域河流湖库监测断面数据表明：优Ⅲ类断面占比为 88.9%，无劣Ⅴ类断面。2 个规模化典型农田灌区灌溉水质均达到《农田灌溉水质标准》（GB 5084—2021）标准要求。

3. 农村生活污水处理设施出水水质现状

2022 年，全市对 577 个农村生活污水处理设施开展出水水质自行监测，并抽取 20% 的设施开展执法监测，评价标准为《农村生活污水处理设施水污染物排放标准》（DB 32/3462—2020），监测数据表明：自行监测达标率为 99.8%，执法监测达标率为 99.2%。

4. 农村黑臭水体

2022 年，在句容市郭庄南河布设 3 个农村黑臭水体监测点位，各监测指标均达到非黑臭标准。

5. 农田退水水质状况

2022 年，在句容市 2 个规模化典型农田灌溉区布设了 5 个农田退水监控断面，4—9 月期间，共开展 7 次监测。农田退水监控断面中，优类断面占比为 80%，无劣Ⅴ类断面。

八、辐射环境状况

2022 年，全市辐射环境 4 个国控点和 14 个省控点监测结果表明，环境 γ 辐射吸收剂量率、土壤中主要放射性核素浓度值与江苏省环境天然放射性水平调查测量结果处于同一水平。重点饮用水水源地取水口放射性指标符合《生活饮用水卫生标准》（GB 5749—2022）要求。环境中电磁辐射监测结果均低于《电磁环境控制限值》（GB 8702—2014）中公众暴露控制限值要求。

九、危险废物

2022 年，镇江市共有 2411 家危险废物产废单位，共计申报产生危险废物 21.9 万吨，其中企业自行处置 4.2 万吨，委外处置 17.7 万吨，期末危险废物贮存量 0.5 万吨。镇江市危险废物经营单位共利用处置危险废物 24.6 万吨，其中填埋 14.6 万吨，焚烧 3.9 万吨，综合利用及其他方式处置 6.1 万吨。

第三节　扬州市生态环境质量

一、环境空气状况

1. 市区环境空气

2022 年，扬州市区 $PM_{2.5}$ 年均浓度为 32 微克/立方米，同比下降 3.0%，实现 2017 年以来“六连降”，连续两年优于环境空气质量国家二级标准，首次消除了重污染天；PM_{10} 年均浓度为 55 微克/立方米，同比下降 11.3%；臭氧日最大 8 小时滑动平均值的第 90 百分位数为 180 微克/立方米，同比上升 2.3%；二氧化氮年均浓度为 26 微克/立方米，同比下降 16.1%；二氧化硫年均浓度为 8 微克/立方米，同比下降 11.1%；一氧化碳日均值第 95 百分位数为 0.9 毫克/立方米，同比持平。

扬州市区环境空气有效监测天数 365 天，优良天数共 277 天，优良天数比例为 75.9%，同比下降 2.5 个百分点；全年共出现 88 个轻、中污染天，其中以臭氧为首要污染物的天数为 62 天，以 $PM_{2.5}$ 为首要污染物的天数为 24 天，以 PM_{10} 为首要污染物的天数为 2 天，臭氧污染的天数占比达到 70.5%。全年有 15 天受沙尘天气影响，期间空气质量有 9 天为良，有 6 天为轻度污染。

2. 县（市、区）环境空气

2022 年，宝应县优良天数比例为 78.6%、$PM_{2.5}$ 年均浓度为 33 微克/立方米；高邮市优良天数比例为 78.9%、$PM_{2.5}$ 年均浓度为 32 微克/立方米；仪征市优良天数比例为 79.2%、$PM_{2.5}$ 年均浓度为 31 微克/立方米；江都区优良天数比例为 77%、$PM_{2.5}$ 年均浓度为 30 微克/立方米。

3. 酸雨

2022 年，扬州市区酸雨发生率为 3.1%、同比下降 10 个百分点；宝应县、高邮市、仪征市、江都区均未监测到酸雨。

4. 降尘

2022 年，扬州市降尘量为 2.2 吨/平方公里·月、达标，降尘量同比下降 21.4%。其中宝应县、高邮市、仪征市、广陵区、邗江区、江都区降尘量分别为 2.3、2.2、2.7、2、2.3、2.3 吨/平方公里·月。

二、水环境状况

1. 地表水

2022 年，长江扬州段、京杭运河扬州段、新通扬运河、三阳河总体水质为Ⅱ类，古运河、仪扬河、北澄子河总体水质为Ⅲ类。宝应湖总体水质为Ⅲ类，高邮湖、邵伯湖总体水质为Ⅳ类。

15 个国考断面水质达标率为 100%，优Ⅲ类比例为 86.7%，无劣Ⅴ类水体，符合考核标准；47 个省考断面水质达标率为 100%，优Ⅲ类比例为 95.7%，无劣Ⅴ类断面，符合考核标准。

2. 饮用水源地

2022 年，全市列入考核的县级以上集中式饮用水源地共有 9 家，各饮用水源地水质达标率 100%；水源地水质达到Ⅱ类标准比例为 77.8%。

3. 地下水

2022 年，扬州市 6 个国控地下水监测井达到或优于Ⅲ类的有 5 个，7 个省控地下水监测井达到或优于Ⅲ类的有4个；各点位水质总体保持稳定。

三、声环境状况

1. 功能区噪声

2022年，市区各类功能区的昼间、夜间噪声达标率分别为100%、97.5%；江都区各类功能区的昼间、夜间噪声达标率分别为100%、96.9%；宝应县各类功能区的昼间、夜间噪声达标率分别为100%、92.9%；其他县（市、区）各类功能区的昼间、夜间噪声达标率均为100%。

2. 区域环境噪声

2022年，扬州市区、高邮市、仪征市、江都区昼间区域环境噪声平均等效声级分别为54.4分贝、55分贝、50.2分贝、50.6分贝，均为二级（较好）；宝应县昼间区域环境噪声平均等效声级为55.9分贝，为三级（一般）。

3. 交通噪声

2022年，扬州市区（广陵、邗江）昼间道路交通噪声平均等效声级为65.8分贝，为一级（好）；各县（市、区）昼间道路交通噪声平均等效声级范围为60~65.2分贝，均为一级（好）。

四、土壤环境状况

2022年，全市共设置26个国家网一般风险监控点，其中20个点位各项监测因子浓度符合农用地风险筛选值，其他6个点位各项监测因子浓度符合农用地土壤污染风险管制值。

五、生态质量

2021年，扬州市生态质量指数（EQI）为57.87，四个一级指标得分分别为：生态格局42.91、生态功能72、生物多样性67.24、生态胁迫55.52，属于“二类”地区。

六、生物环境

1. 地表水生物环境

2022年，廖家沟饮用水源地、瓜洲饮用水源地、三江营饮用水源地水生物监测结果均为良好。

2022年，着生藻类监测点位共10个，共检出着生藻类61种，优势种为颤藻属某种、舟形藻属某种。底栖动物监测点位共18个，共检出底栖动物34种，优势种为铜锈环棱螺、梨形环棱螺。浮游植物监测点位2个，共检出浮游植物51种，优势种为颤藻属某种、假鱼腥藻属某种。浮游动物监测点位2个，共检出浮游动物8种，优势种为象鼻溞属某种、裂足臂尾轮虫。

2. 空气生物环境

2022年，市区叶片氟含量、硫含量均为清洁水平。

3. 生物多样性

2022年，扬州市区共记录到鸟类174种、鱼类65种（包括虾蟹）、昆虫237种、植物653种；江都区共记录到鸟类128种、鱼类44种、蝴蝶29种、植物450种；仪征市共记录到鸟类135种、鱼类34种、昆虫213种、植物421种；高邮市共记录到鸟类178种、鱼类52种、昆虫231种、植物556种；宝应县共记录到鸟类112种、鱼类64种、昆虫122种、植物407种。

第四节　淮安市生态环境质量

一、环境空气状况

2022年淮安市空气质量持续改善，$PM_{2.5}$年均浓度2013年以来首次达到国家二级标准，创有监测记录以来最优。

1. 空气

2022年淮安市优良天数为301天，优良率为82.5%，优良天数同比增加3天，优良率同比上升0.9个百分点。轻度污染56天，中度污染7天，重度污染1天，未发生严重污染天。

2022年各县区优良率介于80.3%~89%，淮阴区最高，金湖县最低。与2021年相比，淮阴区同比上升5.2个百分点，盱眙县同比持平，其余县区均下降，降幅在1.1~3.5个百分点。

2022 年，全市 $PM_{2.5}$、PM_{10}、二氧化硫、二氧化氮年均浓度分别为 35 微克/立方米、60 微克/立方米、9 微克/立方米、24 微克/立方米；一氧化碳和臭氧浓度分别为 0.9 毫克/立方米、159 微克/立方米。与 2021 年相比，$PM_{2.5}$、PM_{10}、二氧化氮、一氧化碳降幅分别为 2.8%、10.4%、4%、10%，二氧化硫、臭氧同比上升 3 微克、6 微克，臭氧作为首要污染物且超标的天数 34 天，比 $PM_{2.5}$ 作为首要污染物天数多 7 天，臭氧作为首要超标污染物占比持续升高，2022 年达到 53.1%，首次过半，成为全年占比最高的首要超标污染物。

各县区中，$PM_{2.5}$、PM_{10}、二氧化氮、一氧化碳、二氧化硫均达标，各县区 $PM_{2.5}$ 年均浓度在 31~35 微克/立方米，其中金湖县最低，清江浦区、淮阴区最高，均达到国家二级标准。各县区臭氧作为首要污染物占比在 50.7%~68.5%，金湖县臭氧占比最高，淮阴区占比最低，各县区臭氧占比均超 50%。

2. 降尘

2022 年淮安市降尘年均浓度为 2.49 吨/平方公里·月，达标。各县区降尘量年均浓度介于 2.07~2.80 吨/平方公里·月，均达标。

3. 沙尘

2022 年淮安市共经历 6 次沙尘过程，共 10 天受到沙尘过程影响，造成 3 天污染天。与 2021 年相比，沙尘过程减少 5 次，受沙尘过程影响天数减少 14 天，受沙尘过程影响导致的污染天减少 7 天。

4. 酸雨

全市降水 pH 值在 5.84 ~ 8.79，全年未发生酸雨。

二、水环境状况

2022 年全市水环境质量总体良好，主要河流水质状况稳步提升，湖泊水质保持稳定，集中式饮用水水源地水质 100% 达标，地下水水质保持良好。

1. 国省考断面

2022 年度国省考断面 57 个（包括国考断面 11 个）达标率为 100%。其中，水质优良（达到或优于Ⅲ类标准）的断面有 54 个，占比 94.7%；水质Ⅳ类的断面有 3 个，占比 5.3%；消除了Ⅴ类和劣Ⅴ类。与 2021 年相比，省考断面水质优良（达到或优于Ⅲ类标准）断面增加了 3 个，优Ⅲ比例上升了 5.3%。入境监控断面 3 个（洪山头、龙岗桥、肖嘴）均水质优良。

纳入“十四五”国家地表水环境质量考核的 11 个国考断面达标率为 100%，水质优良（达到或优于Ⅲ类标准）的断面有 9 个（Ⅱ类断面 5 个），占比 81.8%。与 2021 年相比，优Ⅲ比例保持持平，Ⅱ类断面增加了 2 个。

2. 饮用水水源地

全市城镇饮用水以集中式供水为主。2022 年，淮安市 12 个饮用水源地取水量约 37023 万立方米，水源地水质达标率为 100%。

3. 主要河流

2022 年，淮河、苏北灌溉总渠、京杭大运河、淮河入江水道、淮沭新河、古黄河、分淮入沂水道-二河段、池河水质状况为优；里运河、盐河、淮河入海水道南偏泓、浔河、维桥河、利农河、赵公河、南淮泗河、张福河、团结河、高桥河、南六塘河、跃进河、汪木排河、草泽河、唐响河、头溪河、运西河-新河、铜龙河水质状况为良好；周桥灌区总干渠、一帆河水质状况为良；除淮河入海水道北偏泓外，其余河流均达到功能区划要求；淮河、淮河入海水道北偏泓、淮河入江水道、赵公河、南淮泗河总体水质显著好转，其余河流水质均保持稳定。

4. 湖库

（1）洪泽湖

2022 年，淮安片区洪泽湖总体水质为Ⅳ类，湖体高锰酸盐指数和氨氮平均浓度分别为Ⅲ类和Ⅰ类，总磷和总氮平均浓度为Ⅳ类，综合营养状态指数为 58.2，处于轻度富营养状态。与 2021 年相比，水质状况基本稳定，富营养化状况无明显变化。

（2）白马湖

2022 年，白马湖水质为Ⅲ类，水质状况良好，综合营养状态指数为 52.4，处于轻度富营养状态，与 2021 年相比，水质状况保持稳定，综合营养状态指数下降了 0.1，富营养化状况无明显变化。

（3）高邮湖

2022 年，淮安片区高邮湖总体水质为Ⅳ类，湖体高锰酸盐指数和氨氮平均浓度分别为Ⅲ类和Ⅰ类，总磷和总氮平均浓度为Ⅳ类和Ⅴ类，综合营养状态指数为57.6，处于轻度富营养状态。与2021年相比，水质状况保持稳定，综合营养状态指数上升了0.1，富营养化状况无明显变化。

（4）宝应湖

2022年，淮安片区宝应湖水质为Ⅲ类，水质状况良好，综合营养状态指数为52.9，处于轻度富营养状态。与2021年相比，水质状况保持稳定，综合营养状态指数上升了0.8。

（5）水库

2022年，龙王山水库水质均为Ⅲ类，水质状况良好，综合营养状态指数为51.3，处于轻度富营养状态。与2021年相比，水质状况保持稳定，综合营养状态指数降低了1.6。

化农水库水质均为Ⅲ类，水质状况良好，综合营养状态指数为47.5，处于中营养状态。与2021年相比，水质状况保持稳定，综合营养状态指数降低了1.1。

5. 地下水

2022年，淮安市7个国考地下水井达标率100%。17个省考地下水井中，水质年均值达Ⅲ类的有9个，占比52.9%；水质年均值达Ⅳ类的有7个；水质年均值为Ⅴ类的有1个。与2021年相比，地下水状况较稳定，受污染影响较小，水质年均值Ⅲ类水井增加了1个。

三、土壤环境状况

2022年，全市土壤环境质量总体较好，18个一般风险监控点土壤监测结果均低于《土壤环境质量 农用地土壤污染风险管控标准（试行）》（GB 15618—2018）风险管制值。主要河流及湖泊底质总体环境较好，41个底泥测点均满足《土壤环境质量 农用地土壤污染风险管控标准（试行）》（GB 15618—2018）管控要求。

四、生态环境状况

依据《区域生态质量评价办法（试行）》规定的区域生态质量评价指标体系、数据要求和评价方法，利用生态质量指数（EQI）及其与基准值的变化情况对本区域生态环境质量情况进行评价，淮安市2021年EQI指数值为61.92，比2020年上升0.4，生态质量类型为二类。截至2022年底，累计观测记录到各类生物共计2648种，其中维管植物1073种，陆生脊椎生物322种，陆生昆虫579种，水生生物674种。分布有国家重点保护物种72种，占江苏省国家重点保护物种分布总数的45.86%，包括东方白鹳、青头潜鸭等8种国家一级保护物种和野大豆、粗梗水蕨、乌龟、震目鸦雀、鸳鸯、中国淡水蛭等64种国家二级保护物种。《中国物种红色名录》及IUCN收录的珍稀物种达89种，列入《江苏省生物多样性红色名录》物种44种，占比52.38%，包括豹猫、獐、青头潜鸭等7种Ⅰ级红色物种和虎纹蛙、乌龟、震旦鸦雀等37种Ⅱ级红色物种。列入《江苏省生态环境质量指示物种清单》的生态环境指示物种多达75种，占总指示物种数量的63.11%。2022年淮安市生物多样性评价级别为较丰富，湖泊水产品生物残毒的监测结果达到标准要求，生态环境状况良好，生物多样性较丰富，适合人类生活。

五、农村环境状况

2022年，按照《农村环境质量综合评价技术规定》评价，淮安市农村环境质量总体较好，环境质量综合指数为87.8，指数值较2021年上升了1.5，级别良，生态环境良好。

全市农村地表水水质总体良好，地表水水质指数为76.4，达到Ⅲ类及以上标准的河流占91.9%，比2021年上升3.7个百分点；农田灌溉水质总体良好，10万亩及以上的农田灌溉区断面物化指标均达《农田灌溉水质标准》水标准，农田灌溉水质指数为100，灌溉水质保持稳定。农村生活污水处理设施出水水质指数为86.9，比2021年指数上升了13.6；农村饮用水水质指数为100，指数值同比上升8.3，水质明显改善。农村环境空气质量总体良好，环境空气质量指数为80.4，达到国家环境空气质量二级标准。33个农村环境质量土壤监控点位，各项污染物含量均低于风险筛选值，土壤污染风险低，土壤环境质量指数为100。

六、声环境状况

2022年，全市声环境质量总体稳定。区域环境噪声昼间均值为57.4分贝（A），各县区区域噪声昼间均值在53.5～62.8分贝（A），洪泽区最低，涟水县最高。全市功能区噪声昼间达标率为

85.3%，夜间达标率为77.9%；道路交通噪声昼间均值为65.2分贝（A），较上年上升0.2分贝（A），处于“好”水平。

七、固体废弃物

全市产生一般工业固废513万吨，利用处置率为99.69%；危废产生单位合计产生危废22.76万吨，期末贮存4363.57吨，利用处置率98.12%。淮安市现有危废焚烧企业3家，危废填埋企业2家，危废处置能力为11.6万吨/年。

八、辐射环境状况

全市辐射环境质量保持良好。空气吸收剂量率、大气和土壤中放射性核素浓度处于本底水平；淮河水系监测点放射性核素浓度处于本底水平；重点饮用水水源地取水口水中放射性指标低于《生活饮用水卫生标准》限值。

第五节 芜湖市生态环境质量

一、环境空气状况

1. 各污染物指标

2022年，芜湖市环境空气优良天数为293天（其中，优84天，良209天），同比2021年减少17天，优良天数比例为80.3%，同比2021年下降4.6个百分点，污染天数为72天（其中，轻度污染65天，中度污染6天，重度污染1天，无严重污染天气）。

2022年，芜湖市以二氧化氮为首要污染物的天数为12天，占比3.3%；以臭氧（日最大8小时滑动平均）为首要污染物的天数为183天，占比50.1%；以PM_{10}为首要污染物的天数为24天，占比6.6%；以$PM_{2.5}$为首要污染物的天数为66天，占比18.1%（部分天数同时存在多个首要污染物）。

各项污染物指标监测结果：$PM_{2.5}$年均浓度为34微克/立方米，同比持平，连续3年达到国家环境空气质量二级标准；PM_{10}年均浓度为55微克/立方米，同比下降3.51%；二氧化氮年均浓度为30微克/立方米，同比下降6.25%；二氧化硫年均浓度为9微克/立方米，同比持平；一氧化碳日均浓度第95百分位数为1毫克/立方米，同比下降9.09%，均达到国家环境空气质量一级标准；臭氧日最大8小时第90百分位数为162微克/立方米，同比上升6.58%。全市空气质量持续改善。

2. 降尘

2022年，全市降尘年均值为2.8534吨/平方公里·月，与2021年基本持平。

3. 降雨

2022年，芜湖市全市降水次数为174次，降水量为2233.1毫米，全市降雨pH值范围为5.61~7.86，年均值为6.17。

二、水环境状况

1. 主要河流水质状况

“十四五”期间芜湖市列入国家水质考核的10个地表水断面（长江东西梁山、漳河澛港桥、青弋江宝塔根、黄浒河荻港、裕溪河裕溪口、青山河当涂查湾、裕溪河三汊河、七星河乔木、青山河三里埂、西河入裕溪河口）水质全部达到《地表水环境质量标准》（GB 3838—2002）Ⅱ类标准，达标率100%。

2. 县级以上集中式饮用水水源水质状况

全市共有10个县级以上饮用水水源地。其中，市级饮用水水源地6个：芜湖市二水厂（长江）水源地、芜湖市四水厂（长江）水源地、芜湖市漳河备用水源地、湾沚区自来水厂（青弋江）水源地、芜湖市三山水厂繁昌芦南水厂饮用水水源地、繁昌区新港自来水厂（长江）水源地；县级饮用水水源地4个：无为市自来水公司（长江）水源地、无为市高沟（长江）水源地、无为市西河备用水源地、南陵县二水厂（青弋江）水源地。县级以上饮用水水源水质均达到《地表水环境质量标准》（GB 3838—2002）Ⅲ类标准，水质达标率为100%。

三、声环境状况

1. 道路交通噪声质量概况

2022 年全市主要交通干线噪声等效声级平均值为 66.5 分贝，低于国家标准 3.5 分贝，交通噪声等效声级平均值比 2021 年降低 1.1 分贝。

根据道路交通噪声强度等级划分，芜湖市道路交通噪声强度为一级，芜湖市的道路交通声环境质量优。

2. 区域环境噪声质量概况

2022 年全市区域声环境平均等效声级为 56.2 分贝，各类功能区噪声符合国家标准，比上年降低了 2 分贝。

3. 功能区环境噪声质量概况

2022 年共设监测点 10 个，其中：1 类标准适用区设监测点 1 个，2 类标准适用区设监测点 5 个，3 类标准适用区设监测点 2 个，4 类标准适用区设监测点 2 个。芜湖市各功能区的环境噪声声级大致是随着 1 类标准适用区 <2 类标准适用区 <3 类标准适用区 <4 类标准适用区依次递增的，这一点和功能区的区域功能划分是完全一致的。

四、土壤环境状况

全市 44 个详细规划用途变更为“两公一住”且完成土地供应的地块，全部依法落实土壤污染风险管控和修复措施，重点建设用地安全利用率为 100%。严格落实受污染耕地安全利用措施，全市受污染耕地安全利用率达 100%。

第六节　马鞍山市生态环境质量

2022 年，马鞍山市空气质量指数（AQI）范围在 25~204，空气质量状况为优的天数有 88 天，为良的天数有 199 天，环境空气质量达标天数比例为 78.6%。$PM_{2.5}$ 年均浓度为 34.6 微克/立方米，连续两年达到国家二级标准；PM_{10} 年均浓度为 52.9 微克/立方米，达到国家二级标准限值，PM_{10} 平均浓度年度改善幅度位居全省第一。

在水环境质量方面，马鞍山市地表水国控监测断面 10 个，总体水质状况为良好，达到或优于Ⅲ类水质以上比例达 100%。其中，长江马鞍山段 2 个监测断面、青山河 2 个监测断面、姑溪河监测断面、裕溪河监测断面、得胜河监测断面水质均达到《地表水环境质量标准》（GB 3838—2002）中Ⅱ类标准，水质状况优。

在声环境质量方面，2022 年，全市道路交通噪声昼间平均等效声级为 66.9 分贝（A），城市昼间道路交通噪声等效声级范围在 59.1~77.1 分贝（A），昼间道路交通声环境强度为一级“好”。2022 年，全市区域环境噪声昼间平均等效声级为 54.4 分贝（A），昼间区域环境噪声等效声级范围在 46.9~69.6 分贝（A），昼间区域声环境总体水平为二级“较好”。

第七节　滁州市生态环境质量

一、环境空气状况

1. 环境空气

根据《环境空气质量标准》（GB 3095—2012）的规定，参加评价的污染指标为 6 项，2022 年，滁州市二氧化硫年均浓度为 8 微克/立方米，符合一级标准 20 微克/立方米的要求；二氧化氮年均浓度为 25 微克/立方米，符合一级标准 40 微克/立方米的要求；PM_{10} 年均浓度为 56 微克/立方米，符合二级标准 70 微克/立方米的要求；$PM_{2.5}$ 年均浓度为 32 微克/立方米，符合二级标准 35 微克/立方米的要求；一氧化碳年评价值为 0.8 毫克/立方米，符合一级标准 4 毫克/立方米的要求；臭氧日最大 8 小时浓度年评价值为 167 微克/立方米，不符合二级标准 160 微克/立方米的要求。

2022 年，滁州市市区环境空气质量总体上属于良好水平，全市环境空气质量符合（GB 3095—2012）《环境空气质量标准》一级标准的天数为62天，符合二级标准的天数为229天，符合一、二级标准的天数总计为291天，占比79.7%。全年轻度污染70天，中度污染2天，重度污染2天，污染天数占比20.3%。

2. 降水

2022年滁州市降水pH值范围在6.2~7.1，pH年均值为6.8，在酸雨临界值（5.6）之上；全年没有出现酸雨。

3. 降尘

2022年滁州市及各县（市）共设置了10个监测点位，2021年各测点的年均值在2.3~4.1吨/平方公里·月，全部达标。

二、水环境状况

1. 集中式饮用水源地

2022年滁州市饮用水源地监测结果表明：滁州3个市级饮用水水源地水质达标率为100%，14个县级及县级备用水源地的水质达标率为100%。

2. 河流

淮河流域小柳巷断面——本断面为国控断面，水质类别符合地表水Ⅱ类，水质状况为优，与2021年相比，水质变好。

淮河流域凤阳县淮河水源地断面——本断面为省控断面，水质类别符合地表水Ⅲ类，水质状况为良好，与2021年相比，水质无明显变化。

淮河流域刘府河入天河湖口断面——本断面为国控断面，水质类别符合地表水Ⅳ类，水质状况为轻度污染，主要污染指标为化学需氧量和高锰酸盐指数，与2021年相比，水质变好。

淮河流域池河公路桥断面——本断面为国控断面，水质类别符合地表水Ⅲ类，水质状况为良好，与2021年相比，水质无明显变化。

淮河流域池河三河集断面——本断面为国控断面，水质类别符合地表水Ⅲ类，水质状况为良好，与2021年相比，水质无明显变化。

淮河流域池河南沙河断面——本断面为国控断面，水质类别符合地表水Ⅲ类，水质状况为良好，与2021年相比，水质无明显变化。

淮河流域白塔河化工厂下游断面——本断面为国控断面，水质类别符合地表水Ⅲ类，水质状况为良好，与2021年相比，水质无明显变化。

淮河流域老白塔河入湖口断面——本断面为国控断面，水质类别符合地表水Ⅲ类，水质状况为良好，与2021年相比，水质无明显变化。

淮河流域铜龙河龙岗断面——本断面为省控断面，水质类别符合地表水Ⅳ类，水质状况为轻度污染等级，主要污染指标为化学需氧量和高锰酸盐指数。

淮河流域秦栏河秦栏断面——本断面为省控断面，水质类别符合地表水Ⅳ类，水质状况为轻度污染等级，主要污染指标为化学需氧量、高锰酸盐指数和五日生化需氧量，与2021年相比，水质无明显变化。

淮河流域濠河太平桥断面——本断面为国控断面，水质类别符合地表水Ⅳ类，水质状况为轻度污染等级。主要污染指标为化学需氧量，与2021年相比，水质无明显变化。

长江流域滁河西赵村断面——本断面为国控断面，水质类别符合地表水Ⅲ类，水质状况为良好，与2021年相比，水质无明显变化。

长江流域滁河陈浅断面——本断面为国控断面，水质类别符合地表水Ⅲ类，水质状况为良好，与2021年相比，水质无明显变化。

长江流域来河-水口断面——本断面为国控断面，水质类别符合地表水Ⅳ类，水质状况为轻度污染等级，主要污染指标为高锰酸盐指数、五日生化需氧量和化学需氧量，与2021年相比，水质无明显变化。

长江流域沛河-沛河河口断面——本断面为国控断面，水质类别符合地表水Ⅲ类，水质状况为良好，与2021年相比，水质变好。

长江流域襄河化肥厂下断面——本断面为国控断面，水质类别符合地表水Ⅲ类，水质状况为良好，与2021年相比，水质无明显变化。

长江流域襄河-襄河入库口断面——本断面为省控断面，水质类别符合地表水Ⅲ类，水质状况为良好，与2021年相比，水质无明显变化。

长江流域大马厂河断面——本断面为省控断面，水质类别符合地表水Ⅳ类，水质状况为轻度污染等级，主要污染指标为化学需氧量和高锰酸盐指数，与2021年相比，水质无明显变化。

长江流域小马厂河断面——本断面为省控断

面，水质类别符合地表水Ⅳ类，水质状况为轻度污染等级，主要污染指标为化学需氧量，与2021年相比，水质无明显变化。

长江流域清流河小沙河断面——本断面为省控断面，水质类别符合地表水Ⅲ类，水质状况为良好，与2021年相比，水质无明显变化。

长江流域清流河百道河断面——本断面为国控断面，水质类别符合地表水Ⅲ类，水质状况为良好，与2021年相比，水质无明显变化。

长江流域清流河盈福桥断面——本断面为省控断面，水质类别符合地表水Ⅳ类，水质状况为轻度污染等级。主要污染指标为化学需氧量和高锰酸盐指数，与2021年相比，水质无明显变化。

长江流域清流河乌衣下断面——本断面为国控断面，水质类别符合地表水Ⅲ类，水质状况为良好，与2021年相比，水质无明显变化。

长江流域清流河清流河口断面——本断面为国控断面，水质类别符合地表水Ⅲ类，水质状况为良好，与2021年相比，水质变好。

3. 湖泊（水库）

女山湖船——国控监测点，水质类别为地表水Ⅲ类，水质状况为良好。与2021年相比，水质无明显变化。

高塘湖——国控监测点，水质类别为地表水Ⅳ类，水质轻度污染，污染指标为总磷，与2021年相比，水质无明显变化。

七里湖——国控监测点，水质类别为地表水Ⅳ类，水质轻度污染，污染指标为总磷和高锰酸盐指数，与2021年相比，水质无明显变化。

城西水库——国控监测点，水质类别为地表水Ⅲ类，水质状况为良好。与2021年相比，水质无明显变化。

高邮湖——省控监测点，水质类别为地表水Ⅳ类，水质轻度污染，污染指标为总磷和化学需氧量，与2021年相比，水质无明显变化。

釜山水库——省控监测点，水质类别为地表水Ⅳ类，水质轻度污染，污染指标为总磷，与2021年相比，水质变差。

凤阳山水库——省控监测点，水质类别为地表水Ⅲ类，水质状况为良好。与2021年相比，水质无明显变化。

屯仓水库——省控监测点，水质类别为地表水Ⅳ类，水质轻度污染，污染指标为总磷，与2021年相比，水质变差。

陈郢水库——省控监测点，水质类别为地表水Ⅲ类，水质状况为良好。与2021年相比，水质无明显变化。

平阳水库——省控监测点，水质类别为地表水Ⅲ类，水质状况为良好。与2021年相比，水质无明显变化。

蔡桥水库——省控监测点，水质类别为地表水Ⅲ类，水质状况为良好。与2021年相比，水质无明显变化。

城北水库——省控监测点，水质类别为地表水Ⅲ类，水质状况为良好。与2021年相比，水质无明显变化。

石坝水库——省控监测点，水质类别为地表水Ⅲ类，水质状况为良好。与2021年相比，水质无明显变化。

赵店水库——省控监测点，水质类别为地表水Ⅲ类，水质状况为良好。与2021年相比，水质无明显变化。

黄栗树水库——省控监测点，水质类别为地表水Ⅲ类，水质状况为良好。与2021年相比，水质无明显变化。

沙河水库——省控监测点，水质类别为地表水Ⅲ类，水质状况为良好。与2021年相比，水质无明显变化。

4. 地下水

天长地下水环境质量国控考核点（TS2和TS4）水质为地下水Ⅲ类，水质状况为良好等级。

三、声环境状况

1. 城市功能区定点噪声

在滁州市建成区按不同功能区分布情况共布设14个功能区噪声定期监测点，监测结果表明：14个功能区全年昼间达标率100.0%，夜间达标率96.4%。

2. 城市道路交通噪声

2022年度平均等效声级为63.9分贝，监测点达标率为100.0%，整体道路交通噪声环境为“好”。

3. 城市区域环境噪声

2022年度昼间对滁州市建成区按500米×500

米的网格布设了115个测点，等效声级平均值为53.8分贝，符合GB 3096—2008《声环境质量标准》中1类区（居住、医疗、文教区）环境噪声标准。

第八节　宣城市生态环境质量

一、环境空气状况

2022年，宣城市空气质量保持稳定，市区空气中$PM_{2.5}$年均浓度为32微克/立方米，环境空气质量优良天数比例为91.5%，市区空气质量连续第三年达到空气质量二级标准，空气质量排名全省第二。

2022年，宣城市区空气质量优良天数为334天，优良天数比例为91.5%，同比下降1.6个百分点。2022年宣城市区空气质量级别分布见图6-1-11。

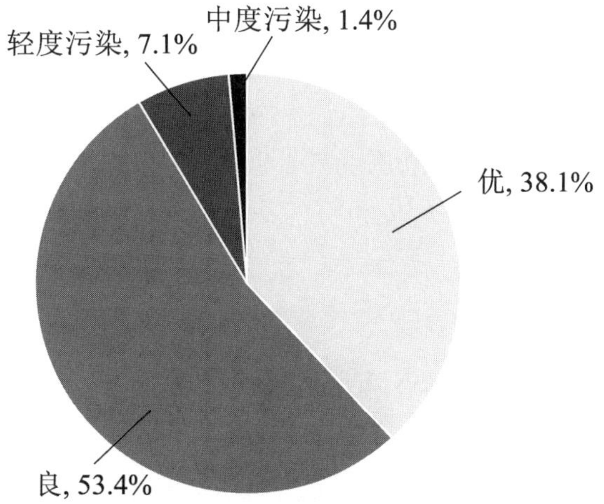

图6-1-11　2022年宣城市区空气质量级别分布

宣城市区环境空气中二氧化硫年均浓度为6微克/立方米，同比下降14.3%。二氧化氮年均浓度为23微克/立方米，同比下降11.5%。$PM_{2.5}$年均浓度为32微克/立方米，同比上升6.7%。PM_{10}年均浓度为47微克/立方米，同比上升4.4%。臭氧日最大8小时滑动平均第90百分位数浓度为140微克/立方米，同比下降1.4%。一氧化碳24小时平均第95百分位数浓度为0.9毫克/立方米，较上年持平。6项主要污染物均达到环境空气质量二级标准。2022年宣城市区空气质量月度变化见图6-1-12，2022年宣城市各县市区$PM_{2.5}$年均浓度对比见图6-1-13。

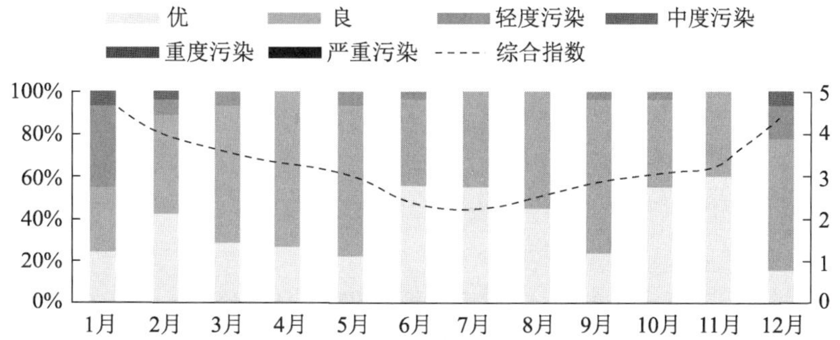

图6-1-12　2022年宣城市区空气质量月度变化

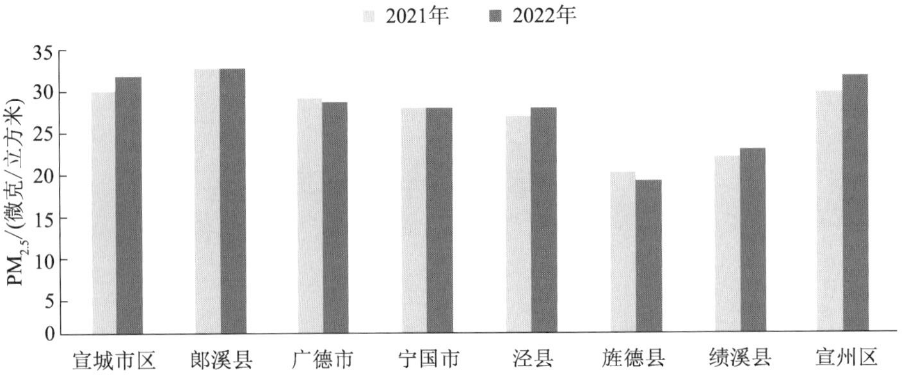

图 6-1-13　2022 年宣城市各县市区 $PM_{2.5}$ 年均浓度对比

全市县市区空气质量优良天数比例在 78.4%～97.5%，下辖 7 个县市区中除郎溪县和广德市外，其余县市区空气质量均达到环境空气质量二级标准。郎溪县、广德市空气 6 种污染物中除臭氧外，其余各项污染物均达到环境空气质量二级标准。

各县市区环境空气中 $PM_{2.5}$ 年均浓度范围为 19～33 微克/立方米，PM_{10} 年均浓度范围为 39～65 微克/立方米，二氧化硫年均浓度范围为 5~9 微克/立方米，二氧化氮年均浓度范围为 10～25 微克/立方米，臭氧日最大 8 小时滑动平均第 90 百分位数浓度范围为 118～170 微克/立方米，一氧化碳日均值第 95 百分位数浓度范围为 0.6～1.0 微克/立方米。2022 年宣城市 $PM_{2.5}$ 浓度分布见图 6-1-14，2022 年宣城市臭氧浓度分布见图 6-1-15。

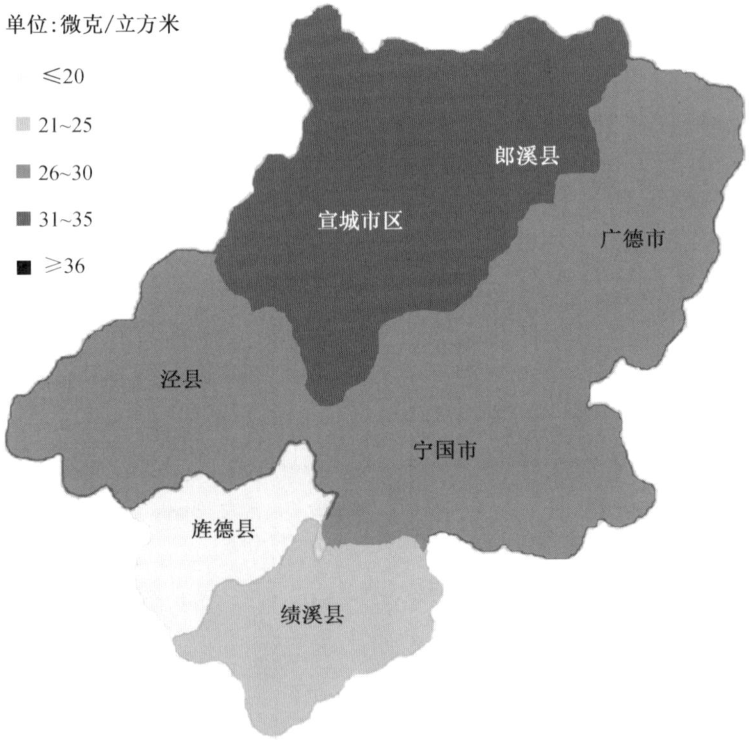

图 6-1-14　2022 年宣城市 $PM_{2.5}$ 浓度分布

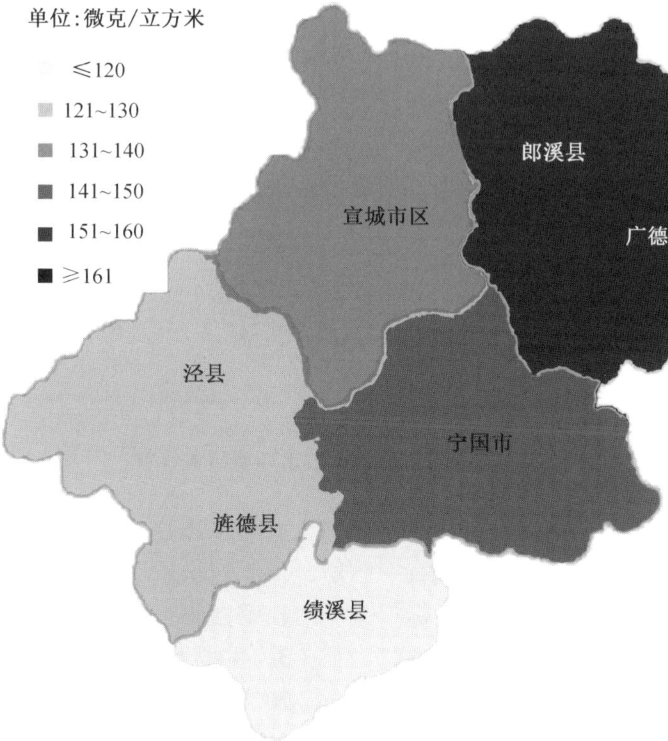

图 6-1-15　2022 年宣城市臭氧浓度分布

2022 年，全市降水 pH 均值为 6.8，未出现酸雨。

全市降水离子组成中，阳离子当量浓度高低依次为 Ca^{2+}、K^{+}、Na^{+}、Mg^{2+}、NH_4^{+}，其中 Ca^{2+} 和 Na^{+} 占总离子当量的 16.7%、7.7%，为阳离子主要成分；阴离子当量浓度高低依次为 SO_4^{2-}、NO_3^{-}、Cl^{-}、F^{-}，其中 SO_4^{2-} 和 NO_3^{-} 分别占总离子当量的 28.0%、14.3%，为阴离子主要成分（图 6-1-16）。

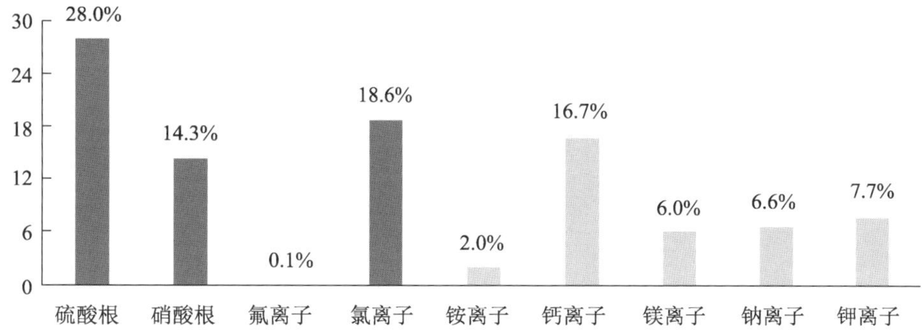

图 6-1-16　2022 年宣城市降水化学组成

二、水环境状况

2022 年，全市地表水环境质量持续为优，国控断面水质优良率、达标率首次实现“双百”。境内水阳江、青弋江、新安江水系为优，太湖水系水质总体为良好，南漪湖水质总体为良好。

1. 水环境质量状况

2022 年，全市地表水水质总体为优，监测的 35 个国控、省控地表水断面中，Ⅰ～Ⅲ类水质断面占 94.3%，Ⅳ～Ⅴ类水质断面占 5.7%（图 6-1-17）。

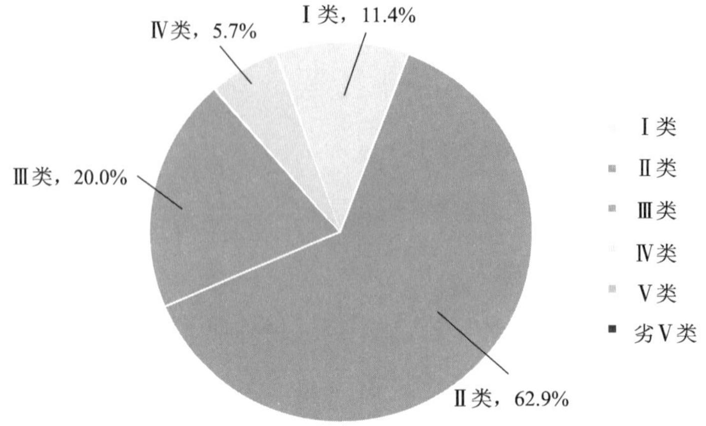

图 6-1-17　2022 年宣城市地表水环境质量状况

全市 16 个国控考核断面水质均达到考核目标，达标率 100%，其中 6 个断面水质优于考核要求；14 个省控考核断面全部达到考核要求，达标率 100%。

2. 主要河流

水阳江水系水质总体为优。其中水阳江干流、西津河、东津河、新郎川河、华阳河水质为优，无量溪河、郎川河水质良好，宛溪河水质轻度污染。

青弋江水系水质总体为优，其中青弋江干流、总干渠、玉水河、徽水河、汀溪河、渣溪河、周寒河、汤泊河水质均为优。青弋江干流水质持续稳定。

太湖水系水质总体良好。其中泗安河水质为优，梅溧河水质良好。

新安江水系水质为优。扬之河水质持续为优。

3. 主要湖库

2022 年，全市 9 个湖泊（水库）中Ⅰ~Ⅲ类水质湖泊（水库）占 88.9%，Ⅳ~Ⅴ类水质湖泊（水库）占 11.1%。其中港口湾水库、卢村水库、龙须湖水库、天子门水库、羿溪水库水质为优，南漪湖、畈村水库、粮长门水库水质良好，白沙水库水质轻度污染。南漪湖呈轻度富营养状态。其余湖库均呈中营养状态。详见图 6-1-18。

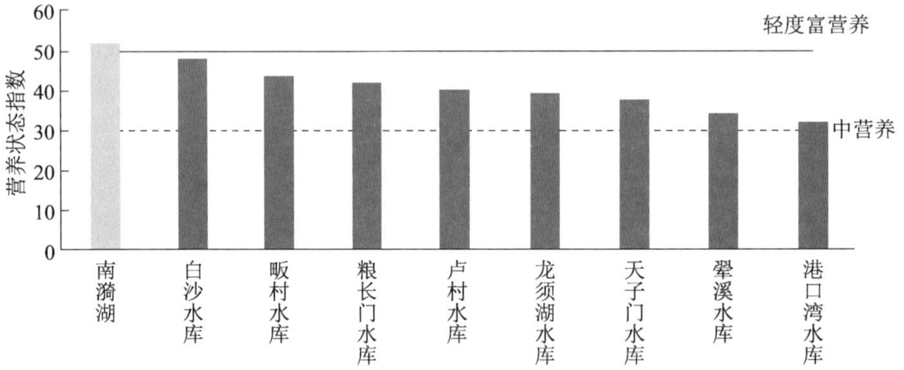

图 6-1-18　2022 年宣城市主要湖库营养状态指数情况

4. 集中式饮用水水源地

2022 年，2 个地级城市集中式饮用水水源地取水量为 5239 万吨，水源达标率及水量达标率均为 100%。全市 8 个在用县级城市集中式饮用水水源地取水总量为 11069.3 万吨，水量达标率为 100%。

三、声环境状况

2022 年，全市声环境质量总体较好。城市区域声环境和道路交通声环境质量保持稳定。

1. 区域声环境

2022 年，宣城市城市区域声环境质量有效测点 114 个，昼间等效声级范围为 44.2~74.4 分贝（A），昼间平均等效声级为 57.1 分贝（A）。2022 年宣城市区域噪声声源构成及声源强度情况见图 6-1-19。

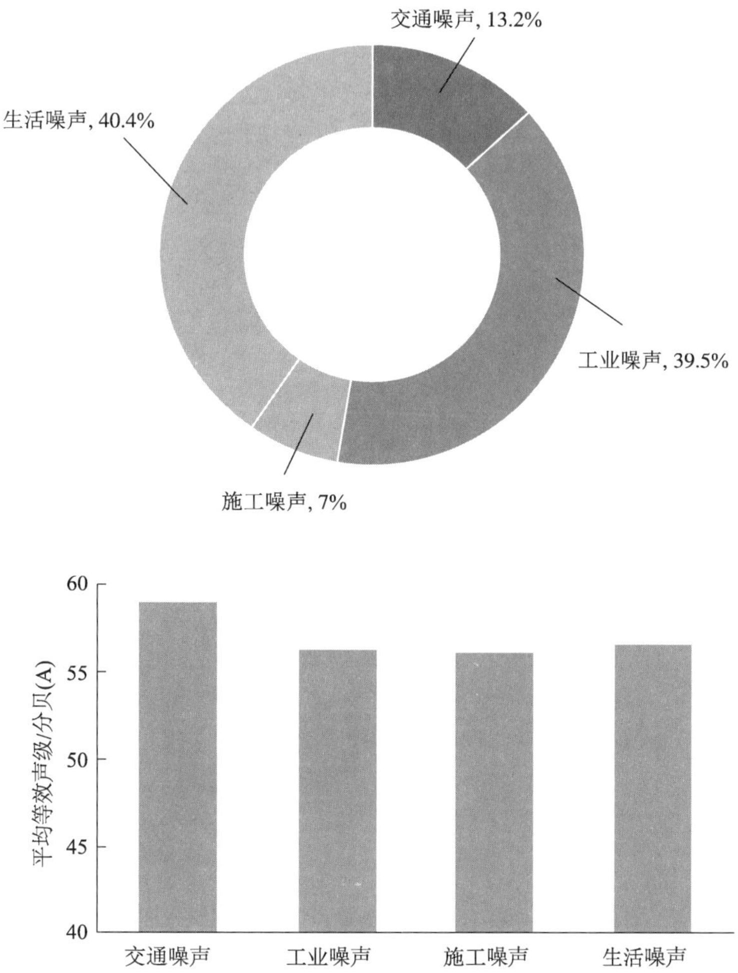

图 6-1-19　2022 年宣城市区域噪声声源构成及声源强度情况

2. 道路交通声环境

2022 年，宣城市区 34 条道路 68 个道路交通噪声点位昼间等效声级在 53.8～67.3 分贝（A），加权平均等效声级为 62.5 分贝（A），质量等级为“好”。

3. 功能区声环境

2022 年，宣城市功能区声环境质量昼间、夜间点次达标率分别为 96.4%、85.7%。

四、辐射环境状况

2022 年，全市辐射环境质量总体稳定。环境电磁辐射水平总体情况较好，环境电离辐射水平处于正常本底水平。

2022 年，全市环境电磁辐射综合场强低于《电磁环境控制限值》（GB 8702—2014）规定的公众曝露控制限值。

2022 年，全市环境地表 γ 辐射空气吸收剂量率在 73～132 纳戈瑞/小时，处于天然本底涨落范围内。

水阳江玉山水源地水质总 α、总 β 放射性均低于《生活饮用水卫生标准》（GB 5749—2006）中规定的放射性指标指导值。

土壤中放射性核素均处于正常本底水平。

五、农村环境状况

2022 年，宣城市农村环境状况总体为优。全市开展监测的 15 个村庄的空气质量平均优良天数比例为 98.7%，县域河流湖库断面水质总体为优，农村千吨万人水源地水质达标比例 100%，98.5% 的农村土壤环境监测点位处于低风险，农田灌区水质稳定达标，国家及省监管清单中的部分农村黑臭水体已完成整治。

六、生态质量状况

2022年，宣城市生态质量指数（EQI值）为70.07，居全省第三。全市生态质量状况为一类，自然生态系统覆盖比例高，人类干扰强度低，生物多样性丰富，生态结构完整、系统稳定、功能完善。2022年宣城市各县市区生态质量状况分布见图6-1-20。

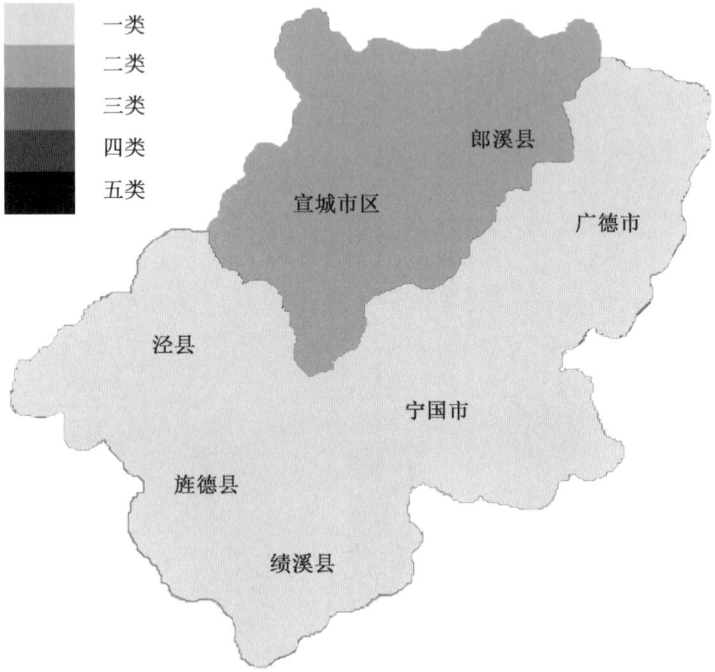

图6-1-20　2022年宣城市各县市区生态质量状况分布

第九节　溧阳市生态环境质量

一、环境空气状况

1. 环境空气

2022年，溧阳市环境空气中$PM_{2.5}$、二氧化硫、二氧化氮年均浓度分别为32.9微克/立方米、57微克/立方米、8微克/立方米和28微克/立方米；一氧化碳日均值的第95百分位数和臭氧日最大8小时滑动平均值的第90百分位数浓度分别为1.0毫克/立方米和170微克/立方米。全市空气质量优良天数293天，优良天数比例为80.3%，其中达到Ⅰ级（优）空气质量的天数为80天，达到Ⅱ级（良）空气质量的天数为213天，Ⅲ级（轻度污染）和Ⅳ级（中度污染）的天数分别为66天和6天，未出现重度污染天。与上年相比，空气质量优良天数比例降低了6.3个百分点。

2022年，全市空气质量综合指数为3.89。与上年相比，溧阳市环境空气质量综合指数上升2.6%。其首要污染物是臭氧，其次是PM_{10}。与上年相比，臭氧、PM_{10}和一氧化碳分指数在综合指数中的占比上升，$PM_{2.5}$、二氧化氮和二氧化硫分指数在综合指数中的占比下降。

2. 酸雨

2022年，溧阳市全年降水pH值范围在5.48~7.09，年均值为6.09，高于酸性降水临界值（pH=5.60）。2022年共监测到降水38次，其中酸性降水1次，酸雨频率为2.6%。与上年相比，降水pH值升高0.09，酸雨频率下降0.4个百分点。

3. 降尘

2022年，溧阳市降尘量年均值2.0吨/平方公里·月，较常州市对照点竺山湖偏低0.3吨/平方公里·月，达到年度考核目标。与上年相比，溧阳市年均降尘量下降28.6%。

二、水环境状况

1. 主要河流

2022年溧阳市主要河流水质整体状况为优，均达Ⅲ类水质标准，Ⅲ类及以上水质断面比例同比持平，氨氮和化学需氧量两项主要污染物浓度逐年改善，所监测的8条河流（丹金溧漕河、南溪河、北溪河、邮芳河、大溪河、胥河、北河和中干河）8个断面均符合Ⅲ类水质标准，其中，北溪河、邮芳河和北河达到Ⅱ类水质标准，水质优良率达100%。

2. 湖库

2022年，沙河水库、大溪水库水质达到地表水Ⅱ类标准，前宋水库、塘马水库达到地表水Ⅲ类标准。与上年相比，4个湖库水质类别均保持不变，总体水质较为稳定。4个湖库富营养状态均为中营养状态。

3. 饮用水

2022年，溧阳市2个集中式饮用水源地取水总量5887万吨，水质均达到地表水Ⅲ类标准，总体水质状况良好。与上年相比，溧阳市城市饮用水源总取水量上升276万吨。

2022年，溧阳市农村“千吨万人”饮用水水源地吕庄水库水质总体较好，达到地表水Ⅲ类标准。

4. 底泥

2022年，溧阳市地表水底泥各项指标均值均低于风险筛选值。与上年相比，常规指标中，总磷指标均值下降6.8%，总氮和有机质指标均值分别上升107%和11.4%。重金属指标中，砷、镉和铬指标均值分别下降35.8%、26.5%和4.3%，铅、汞、铜和锌指标均值分别上升344%、28.6%、15.1%和15.1%。

5. 地下水

2022年，溧阳市地下水水质达到Ⅲ类标准，与上年相比，水质类别由Ⅳ类升为Ⅲ类。按照《地下水质量标准》（GB/T 14848—2017）Ⅲ类标准评价，主要影响因子为氨氮和耗氧量。

三、声环境状况

1. 功能区噪声

2022年，溧阳市7个功能区噪声昼间、夜间等效声级达标率为100%，与上年持平。声级范围为34.2~68.3分贝（A），与上年相比，平均值呈下降趋势。受人们的作息规律影响，1—4a类功能区均呈现昼间噪声声级高、夜间噪声声级低的特征。

2. 区域环境噪声

2022年，溧阳市区域环境噪声声级范围为43.2~66.7分贝（A），平均值54.8分贝（A）。与上年相比，噪声平均值下降0.2分贝（A），处于较好水平。

3. 道路交通噪声

2022年，溧阳市道路交通噪声测点总数25个，监测路段总长50.4公里，监测期间平均车流量为896辆/小时，道路交通噪声平均值为65.2分贝（A）。与上年相比，全市道路交通平均车流量下降了5.1%，噪声平均值持平。

四、生态环境状况

1. 生态环境

2022年，溧阳市生态质量指数（EQI）为65.87，属于“二类”生态质量地区，位列常州市第一，全省第五。与上年相比，△EQI为0.43，生态质量变化分级属于“基本稳定”。

2. 生物环境

2022年，溧阳市3个水生态环境功能区分别为“Ⅰ-02溧阳南部重要生境维持-水源涵养功能区”、“Ⅲ-05溧高重要生境维持-水文调节功能区”和“Ⅲ-06溧阳城镇重要生境维持-水文调节功能区”，水生态健康状况等级分别为“良”“良”“中”，对照2030年目标，“Ⅲ-05溧高重要生境维持-水文调节功能区”暂未达标，其余均达标。

五、农村环境状况

2022年，溧阳市农村环境空气质量达标率为75.6%，首要污染物为臭氧和$PM_{2.5}$；所有村庄均实现区域集中供水，水质稳定达标；县域地表水Ⅲ类及以上水质断面比例为83.3%，同比下降8.3个百分点，主要影响因子为溶解氧和总磷；20吨以上生活污水处理设施出水超标率为8.4%，同比下降4.3个百分点，超标因子主要为总氮和总磷；农田灌溉水质满足《农田灌溉水质标准》（GB 5084—2021）灌溉水水质需求，与上年持平；各村庄土壤环境质量总体较好，各污染指标均在相应类型土壤的污染风险筛选值内，无超过污染风险筛选值测点。

六、土壤环境状况

2022年，溧阳市范围内未开展土壤环境监测，因2021年已完成5年内国家规定的所属市域范围18个国家网基础点位监测工作。监测结果表明，溧阳市土壤环境质量总体状况较好，27个点位中清洁和尚清洁比例分别为88.9%和7.4%。

七、企业排污情况

2022年，溧阳市工业煤炭消耗总量有所下降，能源消费仍以煤炭为主，非金属矿物制品业和金属制品业为煤炭消耗主要行业。溧阳市工业废气排放量有所下降，主要污染物二氧化硫、氮氧化物、颗粒物排放量均下降。与上年相比，二氧化硫、氮氧化物和颗粒物排放量分别下降13.4%、5.5%和5.9%。

2022年，溧阳市工业废水排放总量632.8万吨，工业废水中化学需氧量、总氮、氨氮和总磷排放量分别为220.2吨、38.2吨、10.6吨和1吨。工业废水中主要污染物排放量均呈下降趋势，与上年相比，化学需氧量排放量下降6.0%，总氮排放量上升4.6%，氨氮和总磷排放量持平。

2022年，溧阳市产生一般工业固体废物19.6万吨，与上年相比，减少85.3万吨；产生工业危险废物70147.1吨，与上年相比，减少604.9吨；产生医疗废物961吨，与上年相比，增加324吨：产生生活垃圾268500吨，与上年相比，增加3100吨。产生的各类固体废弃物均被处置或综合利用，固体废弃物持续保持零排放。

2022年，溧阳市重点监控企业废气有组织监督监测达标率为100%，重点监控企业废气无组织监督监测达标率为100%，重点监控企业废水监督监测达标率为100%。

第十节　金坛区生态环境质量

大气环境质量方面，全区$PM_{2.5}$年度累计浓度为33微克/立方米，同比下降2.9%，连续2年达到国家二级标准；空气质量优良天数为286天，优良率为78.4%。水环境质量方面，11个国考、省考断面优Ⅲ率为90.9%，连续5年均达到考核要求，其中长荡湖心断面总磷、氨氮分别同比下降18.2%、14.9%。

第二章　长江保护工作

习近平总书记先后于2016年、2018年、2020年和2023年在重庆市、武汉市、南京市和南昌市，就长江的保护工作进行考察。习近平总书记强调，长江是中华民族的母亲河，也是中华民族发展的重要支撑；推动长江经济带发展必须从中华民族长远利益考虑，把修复长江生态环境摆在压倒性位置，共抓大保护、不搞大开发。南京都市圈就坐落在长江经济带上，做好长江的保护工作是都市圈内各地推进绿色发展和可持续发展的重要内容。

第一节　南京市的长江保护工作

2022年，是《中华人民共和国长江保护法》正式实施一周年，南京把长江大保护摆在关键位置，牢固树立“生态优先”“共抓大保护”的发展理念，将长江大保护工作落到实处。

一是推进生态修复。累计取缔、整改226项长江岸线违法违规项目，清退生产岸线37.6公里，打造浦口区“春江十里”景观、雨花台区三山矶岸线景观、江豚广场以及江宁区滨江公园等一众沿江绿色长廊。

二是提升入江水质。紧抓入江支流整治，落实常态化维护管养，从源头上改善长江水环境。2021年，28条入江支流水质达标率为100%，其中17条主要入江支流水质全部达Ⅲ类及以上。

三是统筹规划布局。推进《南京市长江岸线保护详细规划》编制、《南京市长江岸线保护条例》立法，为生态优化加上保护层。

四是创新管理机制。不断深化宁镇扬、宁马滁宣等南京都市圈联合河湖长制，加强长江跨省市协同管护；建立长江河道段格化巡查管理机制，累计巡查岸线长度7500多公里，巡查发现并处置问题共100余起。

第二节　镇江市的长江保护工作

《2022年镇江市推动长江经济带发展工作要点》（以下简称《工作要点》）2022年7月由江苏省镇江市推动长江经济带发展领导小组印发，提出实施污染整改整治、环境保护修复、绿色转型发展和体制机制优化“四项工程”，把修复长江生态环境摆在压倒性位置，协同推进生态环境保护和经济发展，用实干创造，用奋斗作答，更高质量推动镇江市长江经济带高质量发展走在前列。

其中，坚持以问题为导向的污染整改整治工程，包括加强突出生态环境问题整改、加强城镇污水垃圾处理、推进化工污染治理、强化农业面源污染治理、推进船舶港口污染治理、推进尾矿库污染治理等6项任务。根据《工作要点》，到2022年，镇江市完成15个“污水处理提质增效达标区”建设，全年新建污水管网25公里；至2022年底，城乡生活垃圾无害化处理率持续保持

100%，垃圾分类集中处理率力争实现90%。

以打造长江经济带特色亮点工程为例。2022年，镇江市加强与三峡集团全方位合作，围绕城镇污水治理提质增效、能源结构优化、创新成果转化等方面进一步深化协作，探索创新长江镇江段水环境综合治理机制，打造长江经济带政企一体化合作新样板。同时将积极推进丹徒世业洲生态健康旅游岛等示范段工程和绿色发展特色工作，打造标识度高、代表性强、影响力大的亮点工程，引领示范长江经济带高质量发展。

同样值得关注的是，在践行“绿水青山就是金山银山”理念，落实《江苏省建立健全生态产品价值实现机制实施方案》的过程中，镇江市建立健全生态产品价值实现机制，推动生态保护修复与经济协调可持续发展的良性循环。

第三节　扬州市的长江保护工作

扬州：打造一批标志性、示范性长江大保护亮点工程。扬州超前布局，在全国首倡并依托输水廊道规划建设1800平方公里的江淮生态大走廊，系统推进生态修复，推动产业转型升级，绘就了一幅长江经济带扬州段高质量发展的新蓝图。近两年来，扬州紧紧围绕长江大保护和江淮生态大走廊两大生态建设工程，坚持系统化思维，高水平打造生态景观体系。充分发挥扬州江河湖交汇、水形态齐全、生态体系良好的优势，精心打造了一批标志性、示范性长江大保护亮点工程。江都水利枢纽、京杭大运河三湾整治工程等8个项目纳入省长江大保护和绿色发展百项特色示范工程，3个项目纳入全省20个沿江特色示范段工程，成为扬州市在全省沿江地区高质量发展的示范亮点。

2022年，长江扬州段干流水质保持Ⅱ类，主要入江支流水质优Ⅲ比例达100%，全面消除劣Ⅴ类断面。

十二圩段：岸线清理整治，还长江一个清水绿岸。长江十二圩段（原十二圩船厂—大寨河）全长约12公里，2022年，仪征全力推进十二圩段岸线主江堤背水侧堤脚外1公里范围和整个临水侧的清理整治，原先散布着的不少低效小船厂全部清理退出，关停取缔21项，腾退3300米的岸线，全部进行复绿。同时，仪征全面排查了辖区13家船舶修造企业，制定“一企一策”整改提升方案，对环境违法问题坚决予以查处。长江岸线生态环境得到有效改善，逐渐成为“堤固、岸绿、景美”的滨江风光带。

三江营：三江交汇绿色屏障。三江营位于长江、夹江和太平江的交汇处，江面宽阔，水流湍急，不仅是淮河入江核心区，更是南水北调东线工程源头。通过一系列整治提升，三江营区域所有污染源彻底清除，水源地水质指标不断提升，真正实现“水清、岸绿”，先后被纳入江苏省长江大保护和绿色发展百项特色示范工程、江苏省20个沿江特色示范段工程。

南水北调东线源头：确保一江清水永续北送。南水北调，成败在水质。水质好坏，关键看源头。扬州市积极立足源头治污，立足生态恢复，从而有效保护和修复长江生态环境，保护源头水质。

瓜洲古渡：讲好新时代“长江文化”故事。不仅推动长江生态环境保护修复，同时也讲好新时代“长江文化”故事，地处邗江区的瓜洲古渡公园就是一个生动的案例。瓜洲古渡公园被评为江苏省长江大保护和绿色发展百项特色示范工程之一。瓜洲古渡历经沧桑，文化底蕴深厚。瓜洲古渡公园既是重要的水利枢纽工程，又是风光秀美的水系公园。该公园三面临水，亭台楼榭参差有致，历史遗迹分布其间。规划复建的瓜洲古渡遗址坐落在古渡公园内，还原了瓜洲古渡历史繁华风貌。

扬州港：“绿色”成为港口发展鲜亮底色。长江是世界上最繁忙的“黄金水道”之一，扬州港口码头是落实“长江大保护”的前沿阵地，也是绿色护航的支点。以往船舶停靠港口作业期间，船上的辅助柴油发电机要24小时不间断工作，产生的水体、空气、噪声及固体废弃物污染成为港口主要污染源之一。经过近几年的整治，码头岸电系统替代船上的辅助柴油发电机，码头已经告别了滚滚的浓烟和柴油味。在加快向“绿色低碳港”转型道路上，扬州港不断加速发展方式转变，守护长江扬州段的碧水蓝天。

第四节　淮安市的长江保护工作

淮安市进一步研究细化工作措施，找准自身薄弱环节，推动各项工作迈上新台阶。狠抓生态环境突出问题整改，即知即改、立行立改，确保按期高质量完成整改任务，充分展现淮安生态文明整体发展面貌。

大力推进污染治理“4+1”工程，主动向上对接，提前谋划淮安市落实措施，推动各领域专项整治工作取得实效。同时，切实做好退捕渔民安置转产和社会保障的“后半篇文章”。

全面推进生态修复工作，加强生态空间管控，深入推进造林绿化工作，实施生物多样性保护工程，统筹推进山水林田湖草系统保护修复。

深入打好污染防治攻坚战，统筹资源力量，拿出实招硬招，坚决打赢蓝天保卫战，扎实推进碧水攻坚战，全面打好净土持久战，确保环境质量只能更好、不能变差。

着力提高绿色发展水平，牢固树立发展要素“容量”意识，坚持效益优先，推动产业转型升级，统筹做好“双碳”工作，积极开展生态产品价值实现机制试点，努力实现生态环境保护与经济发展相得益彰。

第五节　芜湖市的长江保护工作

近年来，芜湖市以智能化监管为手段，以排污口治理为抓手，推动长江沿岸生态修复，实现“三水共治”新局面。开展入河排污口排查整治工作以来，芜湖市水生态环境明显改善，全市 10 个国控断面水质长期保持优良。

一是精准溯源，排污口有了“身份证”。在芜湖市，排污口有一个专属于自己的身份标识——排污口标志牌。扫描标志牌上的二维码，就能看到排污口的详细信息。这是芜湖市长江入河排污口排查整治工作的重要成果。芜湖市拥有 194 公里长江岸线，境内河湖水网密布，入河排污口点多面广。自 2019 年启动长江入河排污口排查整治工作以来，芜湖市坚持高位推动，不等不靠、主动作为，按照“有口皆查、应查尽查”原则和“依法取缔一批、清理合并一批、规范整治一批”要求，完成全部 1532 个长江干流入河排污口排查、监测、溯源和“一口一策”整治方案编制工作。同时，芜湖市建设排污口可视化管理平台，为竖牌排污口设置二维码，扫码即可查看排污口基础信息。每个排污口的功能、性质、水质、水量、特征污染因子等“身份信息”都会被录入可视化管理平台，一旦发现河道排放异常，就能及时追溯、倒查问题。依托高密度监测网络和物联网大数据平台，构建水环境质量—排污口—污染源的全链条监管体系，实现污染源、排污口及环境质量实时响应。一旦发现水质异常，对比“身份证”就能尽快找到污染源头，为加强水污染精准执法提供有力依据，让“口子”亮明信息，让数据驱动智慧监管。

二是信息化监控，布下“天罗地网”。在芜湖市生态环境保护综合行政执法支队的监控中心点开重点污染源自动监控与基础数据库，一排排数字就会出现在屏幕上。如果小时数据超标，监控人员会提醒企业检查污染防治措施是否出现问题；如果连续 24 小时平均值超标，环境执法人员就会到现场核查排污口情况。在排污口整治过程中，芜湖市始终坚持“一口一策”，并根据多次排查的结果，将更多企事业单位纳入自动监控系统，实时监测企业超标排放数据。除了实时数据，在监控中心还能看到企业内的实时画面。通过这套系统，执法人员不用亲临现场，就可以通过网络同时对多家企业生产现场进行实时监督管理，提高了监督效率。同时，录像机 24 小时全天候录像存储，通过回放录像可以准确地再现企业现场情况，为执法工作提供依据。此外，芜湖市生态环境局设有污染源自动监控巡查系统，备案企业日常运维管理记录，登记设备故障等详细信息。对于巡查中发现问题的企业，及时填写派发电子督办单，对各县和大队提交市级终审的企业及时查看，争取做到日结。截至目前，完成随机检查超 414 家（次），超标核查超 92 家（次）。

通过污染源自动监控与基础数据库系统监控平台、污染源视频监控平台、污染源自动监控巡查系统等 3 个智慧监管平台，芜湖市对污染源的监管更加全面、立体。

三是修复生态，打造排污口治理芜湖样板。芜湖市十里江湾公园北起青弋江，南至漳港大桥，东靠长江大堤，总堤长约 7.2 公里。在 20 世纪八九十年代，长达 10.4 公里的江湾上密布着 190 多个非法码头、300 多家船舶交易中介机构，数千名从业人员在岸边种菜、修船造船，多家修造船厂将产生的废水直排入江，不仅严重影响周边居民正常生活，更威胁到芜湖市饮用水安全。

为解决这一问题，芜湖市生态环境局结合排污口整治工作，对芜湖四水厂饮用水水源地一、二级保护区范围进行清理、规整，共拆除各类违建房屋 1000 多平方米、私搭乱建 170 处、非法修造船点 17 家、土地庙 6 座，清表 30000 多平方米。

此外，芜湖市对江湾进行生态修复，建设十里江湾人民公园，昔日“脏、乱、差”的修造船点变身为展现芜湖长江文化的生态长廊，有效地保障了饮用水水源地安全。

近年来，芜湖市在“共抓大保护、不搞大开发”理念的指引下，通过整治“两埠”黑臭水体、无为大堤白玉池段等项目，打造出“为国护江、为民治江、为城建江，还江于民、还岸于民、还景于民”的生态文明芜湖样板。

第六节　马鞍山市的长江保护工作

2021 年以来，马鞍山市坚持统筹推进高水平生态保护与经济社会高质量发展，全力争做“三高地、两先锋”，奋力打造安徽的“杭嘉湖”、长三角的“白菜心”，交出了一份精彩答卷。

生态优：聚焦生态环保高水准，实施生态环保提升行动。近年来，马鞍山市全面推进长江（马鞍山段）生态环境大保护大治理大修复，全力打造生态优的“白菜心”。2021 年，全市 $PM_{2.5}$ 年均浓度为有监测记录以来历史最好水平，城市主要集中式饮用水水源地水质达标率稳定保持在 100%，荣膺全省首个省级生态文明创建示范市，统筹推进生态环境高水平保护和产业高质量发展的做法获国务院大督查通报表扬，环境质量改善获国务院督查激励。

长江生态的保护、环境的治理，最终目的是增进人民福祉。以人民为中心和不断造福人民，是构筑长江文明新形态的“魂”。马鞍山深入践行“人民保护长江、长江造福人民”，坚持把修复长江生态环境摆在压倒性位置，在生态修复中推动绿色发展，生态红利不断释放，印证了良好生态环境是最普惠的民生福祉。

产业强：聚焦经济发展高质量，实施产业转型提升行动。2021 年以来，马鞍山市突出招大引强、项目建设、技术改造三大支撑，全力推动制造业三年倍增行动，加快产业绿色转型发展，全力打造产业强的“白菜心”。坚持贯彻绿色发展理念，实现经济社会发展和生态环境保护协同共进。在马鞍山市委、市政府全力支持下，马钢集团坚持改革创新，成为马鞍山推动绿色转型、迈向高质量发展的生动写照；同时市企携手回应人民对美好生活的期盼，把长江大保护作为最普惠的民生福祉，共同打造产业与人居、生态保护与城市建设互融共生的“生态圈”。

马鞍山通过统筹推进高水平生态保护与经济社会高质量发展，既解决了环境问题，又促进了经济社会高质量发展，实现了“人民保护长江、长江造福人民”的良性循环。

活力足：聚焦开放联动高水平，实施一体化发展提升行动。近年来，马鞍山紧扣“一体化”和“高质量”两个关键词，深入推进长三角一体化发展，在基础设施互联互通、公共服务共建共享、产业协同协作、生态联防联治、跨省政务服务通办等方面，全市域、全领域与沪苏浙同频共振，推动经济社会发展全面提速增效。

坚持以系统观念推进长江经济带发展，是长三角绿色生态一体化发展的生动实践。中国宝武与马钢集团实施重组，马钢集团融入长三角一体化的重大合作项目。近年来，马鞍山市与马钢集团把融入长三角作为重要战略和主攻方向，通过在长三角一体化发展中集聚要素、配置资源、优化布局，推动了新兴产业中技术密集型产业的高速发展。

城乡美：聚焦城乡建设高颜值，实施城乡融合提升行动。近年来，马鞍山市聚焦建设长三角中心区现代化城市，推动城市能级和功能品质大幅跃升，打造乡村振兴样板区，形成一江两岸协调发展、城乡融合发展的新格局。以全省 3.1%的土地面积和 3.3%的人口，创造了全省 6%的生产总值，从单位产出看，对全省作出了贡献。在“人民保护长江、长江造福人民”指引下，马鞍山市生态环境发生蝶变，产业升级取得突破，城市能级得到提升。

同时，马鞍山市在长江大保护中，注重挖掘弘扬长江文化，赓续千年文脉，坚定文化自信，提升了城市的品质内涵。

百姓富：聚焦人民生活高品质，实施社会治理提升行动。增进民生福祉，守护百姓幸福。2021年以来，马鞍山市加快启动实施省市民生实事，围绕就业促进、“新徽菜·名徽厨”、老年助餐服务、健康口腔、安心托幼、快乐健身、便民停车、放心家政、文明菜市、老有所学等方面，扎实推进暖民心行动，不断增强全市人民群众获得感、幸福感和安全感。保护长江要从满足人民日益增长的美好生活需要出发，将生态产品作为公共产品来生产和重视。终极目标是为了让发展成果更多、更公平惠及全体人民，是为了实现最广大人民群众的根本利益。马鞍山市近年来城乡居民收入稳步提升，社会保障体系不断健全完善，是最好实践和有力证明。

第七节 滁州市的长江保护工作

一是强化自然保护地建设。持续推进自然保护地总体规划编制工作。新编制的 8 个自然保护地总规中，安徽老嘉山国家森林公园总规于 2022 年 4 月 24 日获得国家林草局批复。来安白鹭岛省级森林公园总规通过省专家评审。全椒南屏山省级森林公园总规经过省专家初审，已完善修改后重新上报。其他 5 个自然保护地总规也已上报国家林草局或省林业局进行审核审批。按照省局通知要求，开展自然保护地勘界“回头看”，进一步完善自然保护地勘界成果，重新上报全市林业部门主管 16 个自然保护地勘界成果。

二是加快湿地保护与修复。加强湿地生态岸坡修复、植被修复、巡护步道修复。积极与中国摄影协会合作，举办国际观鸟周暨池杉湖杯自然与风光国际摄影赛。进一步打造“池杉湖”旅游名片，在池杉湖公园向阳河西岸，建立乡村田园、乡居部落、杨渡湿村、稻田文化等一体生态休闲缓冲区，为湿地保护提供强有力支撑。明光女山湖省级自然保护区加强湿地保护修复宣传，继续做好保护区日常巡查巡护工作，防止违建反弹，对新增违建，联合乡镇、街道完成整改。依据保护地整合优化方案，督促编制单位修改完善《明光市女山湖省级自然保护区生态旅游规划》。保护水鸟安全，保护区管委会重点开展野生动物保护巡查，监测野生动物活动分布情况。

三是科学推进国土绿化行动。以深化新一轮林长制改革为总抓手，认真落实党中央、国务院关于科学开展大规模国土绿化和精准提升森林质量的重要部署，坚持“科学、生态、节俭”的绿化总方针，在全市开展“科学绿化推进年”活动，着力实施长江淮河生态廊道建设工程，持续推进“四旁四边四创”绿化提升行动，大力发展“三树一苗”特色林业产业，积极引导城乡绿化融合发展。截至 2022 年 5 月底，全市已完成人工造林 4. 29 万亩，占省计划任务 3. 75 万亩的 115%，其中成片造林 3. 14 万亩（含中央造补 920. 9 亩）、四旁植树折合 0. 15 万亩，完成麻栎造林 1. 68 万亩、薄壳山核桃造林 8842. 3 亩；完成封山育林 1. 58 万亩、退化林修复 2. 3 万亩、森林抚育 4 万亩。

四是扎实开展国家森林城市建设。按时完成了滁州市国家森林城市书面审评材料的收集、汇总、编辑、校对、审核工作，2022 年 5 月 20 日以市政府名义向省林业局提出国家森林城市称号申请，5 月 23 日省林业局将滁州市作为 2022 年全省唯一一个国家森林城市称号推荐城市上报国家林草局。5 月 30 日印发了《关于做好 2022 年创建国家森林城市社会氛围营造工作通知》，加大滁州市创建国家森林城市宣传力度，积极营造全方位、立体化、广覆盖的社会氛围，不断提高广大市民对森林城市建设的知晓率、支持率、满意度。

第八节　宣城市的长江保护工作

为深入贯彻落实党中央、国务院关于长江大保护的决策部署要求，宣城市于 2022 年 9 月启动了长江生态环境保护修复“一市一策”驻点跟踪研究（二期）工作，由市生态环境局对接生态环境部南京环境科学研究所牵头组成的宣城市驻点工作组，聚焦宣城市的水生态环境保护修复和痛点难点问题，重点针对南漪湖流域水生态环境现状、重点水域水质改善等方面的问题“把脉问诊”，开出“处方”，“拿药”治疗。

第九节　溧阳市和金坛区的长江保护工作

强化创建示范引领：积极探索绿色发展新路径，全面开展习近平生态文明思想实践基地和“两湖”生态修举试验区建设；鼓励支持“两山”实践创新基地创建，探索“绿水青山”与“金山银山”的双向转换通道；积极开展“无废城市”建设；继续推进环太湖有机废弃物处理利用示范区建设。

推进生态中轴建设：围绕打造“长三角生态中轴”，加快排定年度“污染防治攻坚、两湖生态优化、绿色发展转型、生态绿城深化、生态品牌建设”五大类工程项目，坚持目标化管理、项目化推进、责任化落实、节点化督查、刚性化考核，确保各项重点工程早落地、快见效。

加强基础设施建设：加快推进生态环境基础设施建设，精心编制项目规划，积极与自然资源和规划部门对接，加快实现环境基础设施与国土空间规划融合。

提升监测监控能力：进一步构建上下协同、省市县三级联网共享的生态环境监测监控系统，实现环境质量、生态质量、污染源排放监测监控全覆盖。加快建立大气治理技术支撑体系，加强 $PM_{2.5}$ 和臭氧协同监测，提升立体化大气综合观测能力。

打造创新创优品牌：坚决弘扬“勇争一流、耻为二手”的常州精神，学先进、树典型、争一流。加快建设新北区、经开区一般工业固体废弃物和危险废物集中收集体系，逐步实现固危废收集区域和种类全覆盖；实施金坛区全国农业面源污染治理与监督指导试点、新北区农村生活污水社会化治理试点，在全省、全国形成示范效应；建设全省领先的“环境监测监控、环境大数据和指挥调度”三位一体生态环境监控体系，构建基于环境大数据智慧化运用的生态环境指挥调度中心；着力推进生态环境部排污许可试点工作，加强排污许可与移动执法衔接；结合“两湖”生态修举试验区，试点建设生态岛。

第三章　绿色发展情况

坚持绿水青山就是金山银山理念，坚持尊重自然、顺应自然、保护自然，坚持节约优先、保护优先、自然恢复为主，实施可持续发展战略，完善生态文明领域统筹协调机制，构建生态文明体系，推动经济社会发展全面绿色转型，建设美丽中国。绿色发展成为实现我国可持续发展的重要模式。

第一节　南京市的绿色发展

以打造低碳先锋城市为目标，聚焦产业、能源结构“双优化”，紧抓降碳这个“牛鼻子”，全面统筹碳达峰、碳中和与经济社会发展关系，加快构建低碳发展政策体系，科学谋划好双碳实现路径，为都市圈、长三角乃至全国提供南京样本。

一是深度调整产业结构。促进人工智能、新能源汽车、智能制造装备等新兴产业快速发展，加快推进工业领域低碳工艺革新和数字化转型。积极推进能耗“双控”，坚决遏制“两高”项目盲目发展，加快钢铁、石化、建筑等行业绿色化转型，全领域推进清洁能源替代。加快构建绿色制造体系，以推动全产业链和产品全生命周期绿色发展为导向，打造一批绿色产品、绿色工厂、绿色供应链示范工程。推动互联网、大数据、人工智能、5G 等新兴技术与绿色低碳产业深度融合。

二是构建清洁低碳安全高效能源体系。优化调整能源结构，减少煤炭、石油等化石能源消耗产生的直接排放，有效提高外购电力、热力等能源利用效率，减少间接排放，加快太阳能、风能、水利、氢能等清洁能源替代进程。坚持节能优先的能源发展战略，严格控制能耗和二氧化碳排放强度，合理控制能源消费总量。持续深化工业、建筑、交通运输、公共机构等重点领域节能，提升数据中心、新型通信等信息化基础设施能效水平。

三是加强绿色低碳重大科技攻关。制定科技支撑碳达峰、碳中和行动方案，编制碳中和技术发展路线图。采用“揭榜挂帅”机制，开展低碳零碳负碳和储能新材料、新技术、新装备攻关。培育一批节能降碳和新能源技术产品研发国家重点实验室、国家技术创新中心、重大科技创新平台。实施绿色低碳技术创新成果转移转化示范项目，促进绿色低碳技术产业化应用。建设碳达峰、碳中和人才体系，鼓励高等学校增设碳达峰、碳中和相关学科专业。

四是健全工作体系和推进机制。充分发挥政府投资引导作用，严控煤电、钢铁、电解铝、水泥、石化等高碳项目投资，加大对节能环保、新能源等项目的支持力度。有序推进绿色低碳金融产品和服务开发，大力发展绿色信贷、绿色债券、绿色基金、绿色保险和绿色信托，支持符合条件的绿色低碳优势产业领域企业上市融资、发行债券。探索碳排放权市场化交易改革，积极参与全国碳排放权交易，推进重点领域碳排放配额和核证减排量交易。

第二节　镇江市的绿色发展

2012 年，镇江市被列为全国第二批低碳试点城市，10 多年来，镇江市始终把低碳发展理念融入经济社会发展全过程。作为国家低碳城市试点优良城市、全省唯一的生态文明建设综合改革试点市，镇江市瞄准“四群八链”主导产业方向，推动数字经济、生命健康、新材料、高端装备制造等产业链群优势重塑，大力培育资源循环利用、清洁能源等绿色低碳产业，持续发力促进生态提升，为实现人与自然和谐共生的现代化作出镇江贡献。

一、“双碳”引路，产业升级向“绿”而行

坚持“高、轻、优、绿”产业发展方向，推动绿色低碳优势产业高质量发展。镇江市以节能降碳和绿色转型为牵引，启动实施“智改数转”专项行动和绿色制造提升行动，实施绿色化改造项目 229 个。同时，在全国地级市中率先启动市级绿色工厂认定工作，累计培育国家级绿色工厂 17 家、省级厂 24 家、市级厂 115 家。大力推动煤电节能降耗改造、灵活性改造、供热改造“三改联动”，建成全省单机规模最大的燃气发电机组；提升清洁能源消费比重，在全省率先开展全市域屋顶分布式光伏开发；成立镇江市低碳产业技术研究院，推广低碳、零碳、负碳技术研发和示范。组织实施产业绿色低碳转型、能源绿色低碳转型、绿色低碳科技创新、节能增效水平提升等“双碳”八大行动。2022 年，全市绿色制造单位实现节能 12.1 万吨标准煤、节水 3102 万吨、综合利用一般工业固废 207 万吨。

二、抢抓机遇，竞逐能源“黄金赛道”

能源领域是推进碳达峰碳中和的主战场。镇江出台《关于推动高质量发展做好碳达峰碳中和工作的实施意见》，提出抢抓抽水蓄能发展的关键期和窗口期，打造抽水蓄能电站示范集群。同时，积极构建以新能源为主体的新型电力系统。镇江市已建成电网侧储能装机容量 10.1 万千瓦，装机容量位居全省第二。

镇江市正加速推进“新能源+储能”一体化开发，把储能作为绿电发展的重要支撑，提高绿电上网能力。同时，鼓励企业通过消费绿电获得碳排放等绿色环境认证，积极探索应对碳关税的绿电解决途径，提升外向型企业绿色贸易能力。2023 年 1—9 月，镇江共有 116 家企业参与绿电交易、同比增长 892%，交易电量 0.73 亿千瓦时、同比增长 248%。

三、久久为功，合力守护净美长江

镇江市拥有 293.8 公里的长江岸线，在全省沿江八市中位居第二，守护长江生态屏障责任重大。全面贯彻长江保护法，把修复长江生态环境摆在压倒性位置，强化追根溯源、系统治理，推动长江大保护从末梢被动管理向源头主动治理转变。研究制定《2022 年镇江市推动长江经济带发展工作要点》《全面推动长江经济带发展镇江市对照排查问题清单及改进工作方案》等系列文件，统筹推进污染治理“4+1”工程，狠抓长江生态环境突出问题整改，高质量打好长江生态保护修复攻坚战。

持续推进长江“十年禁渔”，镇江制定出台《关于长江镇江段全面禁捕长效管理的工作意见》，打造“人防+技防+机防”全天候监管模式，沿江 21 个镇（街道）落实基础网格员 221 名，打通禁渔“最后一公里”。

出台全国首部长江岸线资源保护条例，促进长江生态环境保护和资源优化配置；成立全国首个地方性江豚保护联盟，16 家成员单位共同守护“江中精灵”；11 家涉江单位组建“江盾”党建联盟，以党建合力共同奏响“长江大保护”协同曲。

第三节　扬州市的绿色发展

一、好生态成为扬州鲜明底色

截至 2022 年，扬州市相继获得国家生态市、国家水生态文明城市、国家森林城市、全国文明城市等称号，扬州市邗江区获得国家生态文明建设示范区称号，扬州市广陵区入选全国“两山”实践创新基地，扬州 3 次被省政府评为大气污染防治优秀城市。

扬州市区 $PM_{2.5}$ 浓度由 2013 年的 70 微克/立方米下降至 2021 年的 33 微克/立方米，改善幅度达 52.9%；扬州市省考以上断面优Ⅲ比例由 55.6%提高到 93.6%，全面消除了劣Ⅴ类水体，饮用水源地水质达标率为 100%；南水北调输水干线水质稳定达到Ⅱ~Ⅲ类。人民群众对生态环境的满意度由 2014 年的 87%提高到 93.6%。

扬州市将保障南水北调源头水质、推进长江大保护作为重大政治任务和民生工程，在全国首倡并规划建设江淮生态大走廊，运河三湾生态环境治理修复项目入选“中央生态环保督察整改看成效”正面典型案例。

扬州市坚持生态优先，发展绿色经济；坚持统筹发展，推进产城融合；坚持精细规划，建设宜居城市。到 2022 年底，扬州市累计创成国家级绿色工厂 10 家、绿色园区 1 家、绿色供应链企业 1 家、绿色设计产品 8 项，省级绿色工厂 17 家。宝应县创成省级生态文明建设示范县，累计建成美丽宜居村庄 156 个，获批省级特色田园乡村 7 个、传统村落 18 个。

二、城市添文明，发展增动力，群众得幸福

扬州市 2011 年创成全国文明城市之后连续四届通过复评，2020 年扬州市高邮市创成县级全国文明城市，宝应县、仪征市创成县级全国文明城市提名城市。

扬州市目前有 25 个全国文明村镇、25 个全国文明单位、2 所全国文明校园、2 户全国文明家庭。扬州市 1 人当选全国道德模范，2 人当选江苏“时代楷模”，32 人当选江苏省道德模范，67 人（组）当选“中国好人”。扬州市注册志愿者超过 91 万人，注册志愿服务组织 5300 多个，累计发布志愿服务活动 27 万余项。扬州市累计建成新时代文明实践中心 9 个、新时代文明实践所 87 个、新时代文明实践站 1387 个。

用“绣花”功夫提升城市管理水平，扬州市城管系统聚焦好环境、好形象、好生活、好服务、好管理“五好”目标，打造“最干净城市”。

三、便捷畅通，人文生态，幸福和谐

近年来，扬州城市路网结构得到有效优化。市区道路总里程达 1821.3 公里，路网密度达 9.5 公里/平方公里，道路交通循环能力不断提升。2021 年底，扬州市主城快速内环全面建成通车，快速路通车里程近 80 公里。近 3 年来，市区每年安排城市建设和环境提升重点工程 400 个以上。

过去 5 年，市区年均增加公共停车泊位 6500 个，有效缓解了停车难题。

近年来，扬州市住建部门聚焦 18.25 平方公里古城，开展一批专项行动，实施一批保护传承项目，统筹推进古城保护和有机更新，高品质塑造城市特色空间。南河下被评为“中国历史文化街区”，“仁丰里历史文化街区保护与利用工程”在中国建筑学会首次设立的“历史文化保护传承创新奖”评比中荣获一等奖，仁丰里、东关两个历史文化街区入选住建部历史文化保护与传承示范案例。

近年来，扬州市新建、改建综合公园、社区公园、口袋公园等 306 个，市区建成区绿地率达 42.1%，人均公园绿地面积达 20.1 平方米。

从 2020 年开始，扬州市推进美丽宜居城市建设，目前市级试点项目已达 34 个，总体建设进度达 80%，有 16 个项目纳入省试点范围。“十四五”期间计划建设筹集保障性租赁住房（人才公寓）1 万套间。系统实施老旧小区整治，重点解决基础设施配套不足、居住环境脏乱差、存在安全隐患等群众反响大的问题，2016 年以来累计完成老旧小区改造 547 个、1146 万平方米，惠及 11.55 万户居民。

第四节　淮安市的绿色发展

一、坚持特色之路，明确“绿色高地”目标内涵

淮安市打造“绿色高地”的关键在于“高”字，这不只是一个生态文明建设目标，而是统筹生产生活生态深度融合的系统性要求，是引领经济社会高质量发展的特色化追求。

生态环境基底“高颜值”。淮安市地处江苏美丽中轴核心板块，是大运河和淮河沿线的枢纽城市、南水北调东线工程的重要通道和水源地，拥有特殊的生态地位和独特的禀赋优势，境内水域面积占全市总面积近 1/4，拥有国家级湿地公园 2 个、省级湿地公园 1 个，自然湿地保护率达 59.2%，森林覆盖率达 18.2%。“十四五”期间将坚决守好绿色生态最大资源，传承“绿、水、文、城”相融的江淮水乡特色底蕴，强化生态基底硬约束，保障山水林田湖草多要素生态格局的原真性、完整性和稳定性，打造绿地林地湿地共融共生的生态系统，做出更多具有淮安辨识度的“绿色标杆”，打响全国闻名的“江淮绿心”特色品牌。

生态空间格局“高魅力”。“十三五”以来，淮安市发挥大运河文化带、淮河生态经济带两大国家战略交汇点优势，从市域空间布局、城市规划布局、产业发展布局等方面入手，在全省率先编制实施主体功能区规划，构建“一区两片四轴”总体空间布局和“两主四副多线”生态安全防护格局，科学划定 11 类 56 个省级生态红线区域，将白马湖、洪泽湖“纳湖入城”，充分彰显“城水相依、组团相间、生态相连、文脉相融”城市生态布局特质。“十四五”期间将以生态空间为引领，深度挖掘生态资源特色，着力塑造以水为脉、以绿为带、蓝绿交织的特色区域空间，促进美丽宜居城市、美丽特色城镇、美丽田园乡村有机贯通，形成自然灵动、水韵旖旎、人景和谐、各现其美的全域魅力空间格局。

生态绿色产业“高质量”。“十三五”以来，淮安市大力推进产业转型升级，培育壮大绿色经济，加快制造业数字化、网络化、智能化发展，着力构建以“333”为主导的绿色产业体系，创成国家级淮安高新区、国家级大学科技园等国字号创新平台，获批新能源示范市和可再生能源建筑应用示范市。“十四五”期间将统筹经济发展与环境保护、生态建设，做好生态与产业、文化融合文章，推进特色主导产业绿色化改造，探索生态产品价值实现市场化机制，推动生态资源更快更好地转化为发展资源，走出“好风景引来新经济”创新之路，成为率先实现碳达峰、碳中和的先行示范区。

生态服务供给“高品质”。“十三五”以来，淮安市严守环境保护底线，全面落实“点位长”制度，深入实施蓝天、碧水、净土“三大保卫战”，全市 $PM_{2.5}$ 浓度降至 42 微克/立方米、改善幅度达 25%，空气质量优良天数比例提升至 80% 以上，国省考断面水质全部达到或优于省定考核要求，全部消除劣Ⅴ类，公众生态环境满意率达 95.4%，位居全省第二。“十四五”期间将把群众对生态环境的感知度、舒适度、满意度作为衡量绿色高地建设的首要标准，建立健全绿色生活政策体系，形成丰富多样的生态服务优质产品供给，创造人与自然和谐共生的现代化美好生活，真正让淮安成为长三角北部地区“最养人”的绿色福地。

生态治理体系“高效能”。“十三五”以来，淮安市注重绿色制度设计，积极构建绿色生态文明建设治理体系，制定出台《永久性绿地保护条例》《古淮河保护条例》等地方性法规，将环境保护和生态建设工作列入市高质量发展考核体系，纳入领导干部实绩考核内容，使生态文明建设投入占 GDP 比重保持在 3.5%以上。“十四五”时期将实行严格的生态要素系统性保护，围绕山水林田湖草共同体，建立健全生态产品价值实现、生态环境保护利用、城乡基础设施建设高效运行等一系列制度机制，构建形成生态系统保护管理、

生态资源高效利用、生态环境修复治理、生态环境监测评估等全方位可持续的生态协同治理体系，加快实现生态治理体系和治理能力现代化。

二、实施专项行动，确立“绿色高地”关键路径

淮安市紧盯碳达峰、碳中和“3060”目标，倒逼全面绿色转型；发挥市场功能，探索生态产品价值实现方法；壮大绿色主导产业，做强生态经济支撑。

一是实施绿色主导产业突破行动，挺起生态经济脊梁。聚力打造绿色地标产业集群，重点培育发展绿色食品、生态文旅两大千亿元级绿色主导产业，发展壮大特色农副产品精深加工、酒及饮料等产业集群，同步提升农产品价值和农业生产碳汇能力。按照“生态+文化+旅游”融合发展的思路，高标准建设生态文旅水城，将淮安打造成“游京杭运河、览漕运文化、看河工奇观、赏江淮风情”的最佳目的地。聚力发展战略性绿色新兴产业，重点突出生态康养产业以及数字经济、洁净医药、电子元器件等环境敏感性产业，推动生态优势转化为产业优势。聚力打造知名生态产品品牌，坚持“全市一品牌、一县一特色”，带动相关绿色产业发展，深度挖掘各县区最有特色、最有优势、最有价值的地方产品，打造以“淮味千年”为引领的覆盖全区域、全品类区域公用品牌。

二是实施“碳达峰、碳中和”探路行动，抢占绿色发展风口。着力提升碳汇能力，坚决落实最严格的生态环境保护制度，巩固提升蓝天、碧水、净土保卫战成效，扮靓淮安生态基底，提高生态碳汇能力。大力推进实施系统治理，加大对大运河、淮河、洪泽湖、白马湖等河湖的整体保护、系统修复、综合治理，有效发挥湿地、河湖、土壤的固碳作用，提高生态系统碳汇增量。聚焦提高碳经济效率，制定碳汇产业标准，探索碳捕集、封存技术，重点培育与碳汇产业链相关的低碳技术、数字能源服务、绿色建筑等产业，加快建立产业链耦合共生、资源能源高效利用的绿色低碳循环产业体系。积极探索绿色低碳发展新路，争创中国“碳中和示范区”等国家级试点，鼓励有条件的县区、园区先行先试，有效承接中央和省高端资源。

三是实施水韵淮安展现行动，打造近悦远来的幸福宜居城市。围绕建设“水韵江苏”示范区，充分彰显江淮水乡特色，使高颜值的生态环境与高质量发展服务最终统一于高品质的美好生活，让“绿色高地”成为汇聚人气、吸引人流的“绿色磁场”和美丽家园。重点推动“一廊双圈多极点”绿心先导区、展示区建设。“一廊”：以大运河百里画廊建设为轴线，系统推进文化保护传承、生态环境修复、岸线景观塑造、绿色航运建设，在沿线片区串联建设一批江淮风情小镇、特色村落、风貌景观，打造“淮上美丽轴、运河如意洲”。“双圈”：在高铁、高架、高速进出口沿线精心打造层次丰富、色彩鲜明、绿意盎然的城市道路景观，形成环绕城市的一条靓丽“绿腰带”；紧抓江淮生态经济区“区域绿心湖群”建设契机，加快“淮河—洪泽湖”等环湖主要水体涵养生态廊道建设，打造以“美丽清纯”洪泽湖、“一见清心”白马湖为圆心的环湖绿色生态圈。“多极点”：以五河口、蒋坝等为绿心极点，串联起淮沭河、盐河、黄河故道等市域河流形成多个区域性生态廊道，连接各类风景名胜区、森林公园、湿地公园等板块，全力展现江淮水乡湿地风貌。

四是实施生态产品价值实现拓展行动，畅通“两山”转化通道。打通资源变资产、资产变资本的通道，着力构建健全完善的生态产品价值实现机制。强化生态资源整合，组织开展全面系统调查，建立全市山、水、林、田、湖、矿、湿地和集体用地等资源目录清单，研究制定生态产品价值评价体系，系统评估区域资源整体价值。积极培植生态资产市场主体，大力发展市、县区两级生态资产运作平台公司，鼓励和支持依托农村产权交易平台搭建资源产权交易平台，推动自然资源资产市场化交易。加强生态资本融资运作，通过创新融资担保、推动龙头企业上市、建立绿色产业基金、组建生态银行，以及引入保险、债券等多元金融工具，推动资本要素进入农村地域和生态资源保护开发领域，增强筹措资金、服务实体的能力。

三、巩固深化提升，丰富“绿色高地”实践意义

从淮安市打造“绿色高地”的发展实践看，

推进绿色发展必须牢固树立战略思维和系统观念，坚持从战略设计、导向指引、政策创新、制度改革等各方面，进行通盘谋划、统筹实施、整体推进。

坚持以“绿水青山就是金山银山”理念为战略指引。淮安市始终坚持在思想行动上自觉践行，保持生态优先、绿色发展的战略定力，致力生态提标提质提效，努力打造一系列具有淮安标识度的“绿色示范”。深刻认识生态保护与经济发展的辩证关系，坚持将生态保护作为“国之大者”，将践行“绿水青山就是金山银山”理念融于高质量发展全过程、各方面，切实担当起“美丽中国”“美丽江苏”建设的时代重任。

坚持将地区生产总值与生态系统生产总值协同增长作为价值追求。长期以来，地区生产总值是衡量一个地方发展水平的重要指标，但过分追求地区生产总值也给经济社会发展特别是生态环境带来不良影响。淮安市打造“绿色高地”，是要追求既要“含绿量”又要“含新量”“含金量”的更高质量发展。进入新发展阶段，不能再简单以数字增长、经济增速判断经济质效好坏，应当坚持“有所不为才能有所为”的原则，在全力提升发展质量的同时，更加注重追求绿色地区生产总值增长，从而实现地区生产总值、生态系统生产总值协同增长。

坚持将厚植生态特色优势作为路径选择。习近平总书记要求欠发达地区因地制宜、扬长补短，走出适合本地区实际的高质量发展之路。淮安市始终坚持将生态资源作为战略资源加以保护利用、把生态优势作为最大的发展优势加以培育厚植，注重拉长生态经济“长板”，切实以“绿起来”带动“强起来”。坚持从战略高度加强生态资源保护和利用，全力推动生态资源优势转化为发展比较优势，努力走出具有地方特色、更有竞争力的绿色高质量发展之路。

坚持将深化体制机制改革作为关键抓手。习近平总书记强调，生态就是资源，生态就是生产力。淮安市积极借鉴先进地区深化体制机制改革的创新做法，持续放大打造生态农产品品牌、推进生态资源产权交易等经验效应，为破解“绿水青山”可量化、可交易，以及可增值、可转化问题提供了方案。积极运用改革创新思维办法充分激活生态资源要素，围绕建立有利于生态资源保护利用的系列政策以及交易市场化机制建设方面深化改革、强化创新，推动生态产品价值实现与转化，释放更多政策制度红利。

第五节　芜湖市的绿色发展

一、建立健全绿色产业体系

推进新能源汽车产业发展。鼓励引导企业提升关键技术，开发新产品，生产推广新能源汽车。

推进工业绿色发展。强化工业节能监察，开展节能诊断及培训等节能服务活动。推进绿色制造体系建设，开展绿色工厂评价，争创国家及省绿色制造示范。培育绿色工厂 3 家以上。

持续完善绿色金融体系建设。推动绿色信贷总量的持续增长，拓宽绿色金融直接融资渠道，推动生态环保企业上市挂牌。

推动绿色建筑规模化发展。推广绿色建筑建材，新建建筑按绿色建筑标准设计建筑比例达 60%，力争装配式建筑占新建建筑比例达 15%。完善装配式建筑标准规范。推进建筑能效提升工程。加大公共建筑能耗监管项目推广力度，新增浅层地热能等可再生能源建筑应用。

优先发展公共交通。推进发展公共交通重点工程。开展省级“优先发展公共交通示范城市”创建工作。

监督检查绿色发展企业相关工作。全面做好燃煤锅炉整治、柴油车污染治理、重点产品质量监管、重点领域监督检查等，推动污染防治工作在全系统贯彻落实。

宣传引导民营企业践行绿色发展，探索低碳循环模式。开展全市民营企业履行社会责任调研等工作。收集企业践行绿色发展理念典型实践案例，发布民营企业履行社会责任报告。

加强习近平生态文明思想教育培训。将习近平生态文明思想教育培训，纳入党校（行政学院）主体班次重点培训内容。

深化各级媒体宣传。加强政策解读、舆论引导等，为推进绿色发展营造良好舆论氛围。

二、推进能源生产和消费革命

继续扩大可再生能源应用规模，推进清洁能源发展工程。加快推进抽水蓄能、风电、光伏、生物质发电等可再生能源发电项目建设，争取全年新增可再生能源发电装机 2 万千瓦以上，推动形成清洁低碳、安全高效的现代能源体系。

三、推进资源全面节约和循环利用

推进节能工作。贯彻落实《关于进一步推行合同能源管理的若干措施》。

加快推动循环低碳发展。推进循环经济壮大工程。督促推动存量园区实施循环化改造。

加强秸秆综合利用。推进秸秆综合利用工程。

推进畜禽废弃物资源化利用。加强项目推进，建立“调度监管+技术指导”等机制。争取实现非畜牧大县指标并确保三年行动计划目标。

切实抓好化肥、农药减量增效。推动测土配方施肥纵深发展，推动化肥使用量零增长向减量增效、绿色增效、持续提效升级。确保农作物重大病虫不大面积暴发成灾、重大植物疫情不继续扩散蔓延，提升全市农作物病虫害专业化统防统治和绿色防控水平，提高农药利用率。

强化取用水监管。抓好重点取水口监管，加快推进节水型社会建设，力争完成 4 个县域节水型社会达标建设任务。

加强水资源保护。抓好生态流量管控，拟定重点河湖生态流量（水位）确定与管控实施计划，抓好试点。开展地下水管护。

加大关键技术攻关力度。梳理一批关键核心技术难题，部署一批科技计划项目，引导加大绿色发展领域研发投入，集聚资源开展关键技术研发。

推动实现科技成果有效转化。激发企业积极性。为科技成果供给与需求对接搭建平台，推动绿色发展领域科技成果信息共享与发布。

推进节约集约用地。基本完成全市节约集约用地初始评价。完善节约集约用地评价考核体系。

四、倡导绿色生活，鼓励绿色消费

实施绿色生活创建行动。开展节约型机关、绿色家庭、绿色学校、绿色社区、绿色出行、绿色商场、绿色建筑等创建行动。

推进公共机构节能工作。推进第四批节约型示范单位创建活动，完成 1 家能效领跑者、4 家市级示范单位和 17 家国家级示范单位的创建目标。依据省管局出台的公共机构应用合同能源管理模式指导意见，推进合同能源管理模式。

加快城市生活垃圾分类处理及其设施建设。推进城市垃圾处理设施建设工程。提高城市生活垃圾处理减量化、资源化和无害化水平，加快县城垃圾处理设施建设。

深入倡导推进文明行动。倡导绿色生活，反对铺张浪费，引导人们崇尚自然简约的生活方式，深化文明餐桌行动、文明交通行动、移风易俗行动等。持续推进城乡环境整治。

第六节　马鞍山市的绿色发展

近年来，马鞍山市始终坚持“生态优先、绿色发展”，聚焦长江生态环境突出问题整改，强力推进“三大一强”专项攻坚行动，通过长江东岸综合治理、全市渔民退捕转产、聘用园区“环保管家”治污、向山地区生态环境综合治理等一系列硬核举措，着力打造生态文明建设马鞍山样板。

一、江河之变

“先有矿后有市、先生产后生活”的发展模式，导致马鞍山市经济结构偏重，长江生态频亮红灯。153 家非法码头散落长江干支流，704 家“散乱污”企业遍布长江岸线，4295 个入江排口溯源不清，35条黑臭水体交错市域范围。

面对严峻的形势，马鞍山市坚持问题导向，集中开展“三大一强”专项攻坚行动，举全市之力，倾全市之智，刀刃向内，动真碰硬，强力开展系统治理、源头治理、流域治理、精准治理，全力做好突出生态环境问题整改，打出组合拳，形成大合力。

非法码头和船舶修造企业整治、城市黑臭水体治理、“清废”行动、入江河流和排口治理、大气污染防治、工业园区排查、加强执法监管、创新服务方式等多项举措齐头并进，全面压实整改责任，打好污染防治攻坚战，重塑长江岸线。

二、生态之变

近年来，马鞍山市坚决将生态环境问题纳入民生优先领域，从打赢蓝天保卫战到水污染攻坚战，再到固体废弃物污染防治战，纵深突破污染防治攻坚战，全面提速生态环境保护进程。

《马鞍山市大气污染防治行动计划实施细则》《集中式饮用水水源环境保护方案》《马鞍山市土壤污染防治工作方案》等政策的出台，彰显了打响水、气、土攻坚战的决心。

率先在市级层面上专项推动“环保管家”模式；率先在全国实现长江干流及重要水域常年禁捕和渔民退捕转产。为了让全市1万多渔民上岸后“稳得住”“能致富”，全面落实有工作、有住房、有学上、有社保，心情舒畅“四有一畅”政策，创造出“禁得最早、做得最好”的马鞍山经验。

马鞍山市将中心城区16条水系、91处水体、33处黑臭水体，打包交给了全产业链一体化水环境治理的“专家能手”中冶华天，从可研、规划、设计到治理、运营全流程“把脉问诊”、精准施策。这不仅是解决城市黑臭水体和内涝问题的治本之举，也是保护长江生态的长远之策。

三、理念之变

理念之变，体现了守护长江的决心。马鞍山市以“整盘棋”思想，优化城市发展布局，实现城市绿色振兴。马鞍山市向山地区生态环境综合治理项目成功获批EOD模式试点，开启矿山生态修复治理新模式。

马鞍山市以打造全国矿区生态修复示范区和长江支流源头水环境综合整治示范区为目标，强力推动向山地区生态环境综合治理，统筹开展了向山地区生态环境修复、人居环境改善、基础设施配套提升及产业导入升级等一系列工作，着力解决向山地区的生态失衡、环境污染问题，全力以赴打造“城市花园”。

第七节　滁州市的绿色发展

2022年，滁州市继续坚持绿水青山就是金山银山的理念，坚持山水林田湖草沙一体化保护和系统治理，全方位、全地域、全过程加强生态环境保护，生态文明制度体系更加健全，污染防治攻坚向纵深推进，绿色、循环、低碳发展迈出坚实步伐，努力让滁州的天更蓝、水更清、山更绿，自然环境更优美、人民生活更幸福。

一、加快发展方式绿色转型

光伏产业是绿色产业、朝阳产业。2022年12月1日，“2022中国光伏行业年度大会暨（滁州）光伏高质量发展高峰论坛”在滁举行，成为滁州市高站位实施“双碳”战略的标志性事件之一。

依托百亿吨石英砂资源，滁州市正谋划千亿光伏产业，聚力打造世界光伏之都。通过推深做实产业链链长制，滁州市光伏产业已经呈现发展速度快、重大项目多、产业链条全的良好态势。

滁州市已建立起覆盖石英砂、硅片、光伏玻璃、光伏电池、光伏组件、逆变器、光伏边框、封装胶膜、光伏背板、光伏电站等环节的完整产业链条，隆基股份、晶科能源、福莱特、福斯特、东方日升等光伏巨头纷纷将核心基地“安家”于此。

推动经济社会发展绿色化、低碳化，是实现高质量发展的关键环节。在经济社会发展过程中，滁州市以系统观念推进“双碳”工作，立足滁州能源资源禀赋，大力发展光伏、风电、氢能源等绿色能源产业，积极培育滁州市“双碳”产业增长点，严控能耗增量，推动转型升级，提高碳汇能力，为如期实现“双碳”目标、加快绿色低碳发展，贡献更大力量。

二、深入推进环境污染防治

科技赋能保卫蓝天。作为全省唯一获批的全国首批国家气候投融资试点城市，滁州市强化科技支撑，聚焦 $PM_{2.5}$ 和臭氧协同治理，建立健全“1245”大气污染综合防控体系。即实施 1 个《滁州市空气质量限期达标规划》，开展“秋冬会战保健康”“战臭氧保优良”2 个季节性专项攻坚行动，打造空气质量、固定源、移动源、面源 4 大监控系统，建立网格化异常即时调度、固定源超标次时调度、遥感监测超标限时调度、激光雷达和走航高值实时调度、污染问题依法调度 5 层调度机制，经验在全省推广。

攻坚克难保卫碧水。2022 年，全市 19 个地表水国家考核断面水质达标，县级及以上饮用水水源地水质达标率 100%。开展“坚守断面保碧水”攻坚行动，排查 307 个入河排污口，发现问题 28 个，已全面整治完成；摸排清流河沿线 98 个点位，发现 49 个问题，形成清单并限期整改。落实与南京、合肥联防联控机制，开展跨界水体座谈协商、实地监察等工作。下发县（市）预警函 14 份，约谈县级政府 6 次，督促属地政府全力推进水质达标。申请中央水污染防治专项资金 1.79 亿元，用于天长市水生态修复工程、全椒县饮用水水源保护区规范化建设工程等 3 个项目建设，滁城污水处理厂全面完成提标改造。投入 10.6 亿元，提前 7 个月完成“两库”77 个问题整改，拆迁城西水库房屋面积 25.1 万平方米，Ⅱ类水月份增加到 5 个，“两库”主要污染物、生化需氧量均实现“双降”。

精准施策保卫净土。2022 年，全市受污染耕地安全利用率和污染地块安全利用率均保持 100%。完成全市“十四五”土壤、农业农村、固体废物 3 个专项规划编制、16 个工业地块土壤污染状况调查等。印发《滁州市突发疫情医废处置应急预案》，落实常态化疫情防控。35 个行政村农村环境综合整治、47 个行政村生活污水治理、30 个乡镇政府驻地污水处理设施提质增效任务全部完成。

2022 年，滁州市坚持精准治污、科学治污、依法治污，持续深入打好蓝天、碧水、净土保卫战。统筹水资源、水环境、水生态治理，推动重要江河湖库生态保护治理，高效推进黑臭水体治理工作。加强土壤污染源头防控，开展新污染物治理。提升环境基础设施建设水平，推进城乡人居环境整治。全面实行排污许可制，健全现代环境治理体系。

三、提升生态系统多样性、稳定性、持续性

华东最大、占地 5800 亩的池杉湖湿地公园，由森林沼泽、草本沼泽、河流湿地、运河输水河、库塘、水田等组成，分布池杉 5 万多棵。据不完全统计，公园内已发现各种野生鸟类 109 种，其中不乏世界濒危的珍稀物种青头潜鸭，以及珍稀鸟类震旦鸦雀、棉凫、绿鹭、黄嘴白鹭等，常年栖息于此和每年经此迁徙的鸟类总数超过 10 万只。

为持续提升生态系统多样性、稳定性、持续性，滁州市加快实施重要生态系统保护和修复重大工程，推进以国家公园为主体的自然保护地体系建设，科学开展大规模国土绿化行动，深化集体林权制度改革，推行草原森林河流湖泊湿地休养生息，实施好长江十年禁渔，建立生态产品价值实现机制，完善生态保护补偿制度，同时加强生物安全管理，防治外来物种侵害。

滁州市以林长制改革为牵引，以国家森林城市创建为抓手，夯实林长野生动植物保护责任，生态环境持续向好，相继发现醉翁榆、琅琊榆、东方白鹳、青头潜鸭、丘鹬等野生种群。

通过扎实开展健康森林行动，提高森林资源总量和质量，加强湿地保护，提升生物多样性。来安池杉湖湿地公园通过国家验收。滁州明湖纳入国家幸福河湖试点。通过开展跨区联保，与南京、高邮等地签订共建协议，积极融入长三角，协同开展野生动植物保护。天长市与高邮市合力守护高邮湖湿地，共同打造长三角区域候鸟迁徙绿色通道。

在保护野生动植物种群工作中，滁州市建立 3 个良种资源库，对古树名木实行挂牌保护。高规格筹建皖东树木园，纳入乡土树种等，建立种质

基因库。加强部门协作保护，以政府办名义建立联席会议制度，联合多部门开展执法行动；多形式野生动物保护宣传，全面推广野生动物致害保险，建立女山湖、高邮湖、池杉湖和皇甫山野生动物疫源疫病监测点，有力筑牢野生动物保护网。

此外，滁州市切实科学开展国土绿化和精准提升森林质量工作，坚持“科学、生态、节俭”绿化总方针，不断扩绿、增量、提质。大力实施长江淮河生态廊道建设、国家储备林项目建设等工程，全市共完成营造林总面积 34.2 万亩。聚焦乡村绿化，开展“四旁四边四创”绿化提升行动，发展特色林业产业。开通滁州市全民义务植树网，推动义务植树线上线下融合开展。

四、积极稳妥推进碳达峰碳中和

实现碳达峰碳中和是一场广泛而深刻的经济社会系统性变革。滁州市立足能源资源实际，推动能源清洁低碳高效利用，推进工业、建筑、交通等领域清洁低碳转型。深入推进能源革命，加强煤炭清洁高效利用，加快规划建设新型能源体系，统筹水电开发和生态保护，确保能源安全。完善碳排放统计核算制度，健全碳排放权市场交易制度，提升生态系统碳汇能力。

2022 年，滁州市林业部门将“开发林业碳汇项目、探索林业碳汇区域内交易”列为年度十项重点工作之一予以重点推进，积极申报建设林业碳汇试点市。

为系统推进滁州市林业碳汇工作，滁州市印发《滁州市林业碳汇工作方案（试行）》，实施碳汇森林行动。持续开展矿山复绿、廊道添绿、四旁补绿等活动，加强林木资源保护，建立健全森林抚育、森林防火、病虫害防治等管理机制，全力打造健康、稳定、高效的森林生态系统，构建优质森林碳库。

先行先试，做活“碳票”。市林业部门聘请专业机构，对试点林开展林业碳汇计量监测。在监测结果通过省林业碳汇专家组评审认定、市林业主管部门审定、生态环境主管部门备案后，林业部门制发林业碳票。同时，赋予林业碳票交易、质押、兑现、抵销等权能。

借智借力，做实“碳汇”。针对森林资源禀赋，结合正在实施的国家储备林项目，与科研院所合作开发符合滁州实际的碳汇项目方法学，为项目开发提供科学依据。与中国林科院签订协议，合作开发林业碳汇项目；与安徽农业大学、省林科院合作开展森林碳汇监测。创新林业碳汇绿色金融，积极申报国际林业碳汇项目；对接银行金融机构，开发林业碳票金融产品。

目前，滁州市已经实现全省林业碳票首发、交易，共计 3.15 万吨二氧化碳当量，预付定金 31.5 万余元。全省首发林业碳票贷款，皖东农商行以昌春木炭专业合作社所持林业碳票为质押物，循环授信 3 年期 100 万元“碳票生态贷”。明光市探索相关碳汇权证发放试点工作，发放全省首批林业碳汇权证并完成抵押贷款，成立了全省首家镇级“森林银行”。

第八节　宣城市的绿色发展

宣城市锚定绿色主旋律，持之以恒地把生态保护作为科学发展的“生命线”，大力实施“生态立市”战略，生态文明建设结出丰硕成果。先后创成第一批国家生态文明建设示范市，创成全省国家生态文明建设示范市县 5 个，“两山”实践创新基地 1 个。2018 年、2019 年宣城市和绩溪县分别被评选为“全国山水美丽城市”。2023 年宣城市入选全国生态文明督查激励地市备选名单，获得全域“中国天然氧吧”称号。

一、高位谋划，提升城市品位

宣城市委、市政府在全省率先确立“生态立市”的先导战略，生态文明建设和环境保护工作全面进入党委、政府的决策层面，形成了“党委领导、政府负责、人大政协监督支持、环保统筹、部门协作、全社会参与”的生态文明建设大格局。先后制定了《宣城市绿色发展行动方案》《宣城市生态文明建设示范市规划》《宣城市生态文明建设示范市规划（2016—2020年）实施方案》《宣城市生态文明与环境保护委员会工作规则》。扎实推进美丽长江（安徽）经济带生态环境建设，坚持保护优先、绿色发展、生态修复，完成营造林46万亩，规划建设国家储备林260万亩，生态修复废弃矿山94个。先后获得国家森林城市、国家园林城市、国家低碳试点城市、全国绿色发展优秀城市、国家节水型城市等荣誉称号。

二、改革引领，提升生态工程

不断完善生态文明体制机制。成立由市委、市政府主要负责同志任组长的市生态环境保护委员会，实施了生态环境垂直管理制度改革，完善大气、水生态保护补偿制度和生态环境损害赔偿制度，形成了以市委、市政府为领导，以市环委会为主体，以河（湖）长制、林（山）长制、环保管家服务为补充的生态文明建设格局。**推深做实各项改革。**宣城市在全省率先开展河长制、湖长制、林长制改革，建立重点生态功能区林长制社会监督员制度，市级林长制突出加强20个省级以上自然保护区、森林公园、湿地公园等重点生态功能区的保护发展，由市四大班子负责同志分别担任市级林长，构建起“大环保格局”，有力巩固拓展生态文明示范创建成果。

三、产业改革，提升发展潜能

加快绿色经济提速。坚持“科创+产业”发展思路，不断强化创新投入，催生高质量绿色发展新动能，入列长三角中心区城市和G60科创走廊重要节点城市。2022年，规模以上高新技术产业增加值占全市规模以上工业增加值比重57.5%，居全省第3位；战略性新兴产业产值占规模以上工业总产值比重46.9%，居全省第4位；高新技术产业产值突破1000亿元，居全省第5位。城镇、农村居民人均可支配收入分别位居全省第6位和第4位，切实改善民生福祉。**构建绿色节能产业。**以绿色化改造为重点，推进工业高效清洁低碳循环和可持续发展。成立宣城市节能环保产业协会，募集会员单位55家，新能源和节能环保产业落地项目数量147个，全省排名第2位，登记金额774.72亿元。充分发挥政策引导和市场机制双重作用，助推绿色节能环保产业健康快速发展。**建设绿色工业体系。**围绕传统产业绿色化改造，重点培育一批绿色园区，创建一批绿色工厂，创新一批绿色产品。建设省级绿色工厂33家，全省第二；国家绿色工厂16家，全省第四；国家绿色设计产品46种，全省第二；绿色工业园区2家，全省第二；绿色供应链管理企业3家，全省第二。

四、环境改善，提升民生福祉

加强环境综合整治。市委、市政府主要负责同志挂帅成立双组长的整改工作领导小组，紧盯问题清单，研究解决重大问题，全面推动各项整改工作。以综合治理为抓手，坚持山水林田湖草生命共同体理念，着力实施重大生态保护与修复工程。以创建为民为理念，加大投入，提升科技治污水平。2022年，投入2465万元，在重点园区、市区重点区域建立自动监测站，进一步提升全市大气污染监测、监管水平，为实现精准治污、科技治污提供技术支撑。**加强生态核心载体保护。**开展“绿盾”行动，持续推动自然保护地规范管理，开展全市2017年以来“绿盾”遥感点位“回头看”。自2017年以来，宣城市“绿盾”行动共开展13批次，总计核查3892个点位，其中，违法违规问题581个，已经完成整改414个，消除环境安全隐患。2022年完成突出生态环境问题整改164个，2021年至2022年底，全市共排查“散乱污”企业229家（取缔关闭类204家，整顿规范类25家），目前已全部完成整改。其中，2021年排查“散乱污”企业71家；2022年排查“散乱污”企业158家，2022年散乱污排查数量位居全省第二。**提升人民幸福指数。**2022年，宣城市空气质量综合指数和优良天数比例稳居全省第2位，环境空气质量连续3年全面达标。全市16个地表水国控断面水质优良率、达标率首次实现“双百”，创有监测记录以来最好水平。13个在用的县级以上集中式饮用水水源地水质达标率100%，水环境质量指数排名全省前列。重点建设用地安全利用率100%。创成全省首个全域“中国天然氧吧”。根据最新统计调查结果，宣城市公众对生态文明建设的满意度达94.14%，参与度达97.84%，创历史新高，优良的生态环境和优美的人居环境已成为宣城市经济社会发展的核心竞争力。

第九节　溧阳市的绿色发展

2022 年，溧阳市动力电池产业集群入选国家中小企业特色产业集群名单。溧阳市将继续领跑新能源产业赛道，坚持抓改革、谋创新、稳增长，打造产业发展新高地，不遗余力惠民生，为奋力书写好中国式现代化常州答卷贡献溧阳力量。

一、产业人才“双向奔赴”，储能产业高质量发展

溧阳市以产业吸引人才入驻，以人才推动产业发展。显著的产业集群优势和良好的创新创业生态，为溧阳市储能产业的可持续、高质量发展提供了强力支撑。

作为宁德时代全球三大研发基地之一，目前溧阳基地研发团队超过 1000 人，企业主导参与了多项国家、行业标准制定，拥有国际国内专利 412 件。

围绕动力（储能）电池领军企业加码布局，溧阳市现已形成以江苏时代、上汽集团为龙头，璞泰来、北星新材料、科达利、紫宸等 60 余个国内知名动力（储能）电池企业相继落户的全产业链。动力（储能）产业项目总投资超 900 亿元。

产业的可持续发展离不开技术的强有力支撑。加速生产端向创新端发力，近年来，溧阳建成长三角物理研究中心、天目湖先进储能技术研究院、重庆大学溧阳智慧城市研究院等重大科创平台 13 家，不断推动重大基础前沿领域研究；通过举办首届全国先进储能技术创新挑战赛等重要赛事，带动更多人才汇聚。

二、紧抓教育民生实事，促进资源供给全面提升

溧阳市在着力推动教育高质量发展、优化高品质公共服务供给、优化教育资源等方面，交出了一份亮眼答卷，更为新一年继续擦亮溧阳教育“名片”打下了坚实基础。

2022 年，溧阳市全面改造 244 个中小学实验室，分两年安装 980 个中小学空调教室和新建、改造 73 个学校机房。溧阳市所有中小学 100%通过省级智慧校园审核认定。

三、打造智慧文旅平台，深化“互联网+”融合发展

溧阳市通过打造“数字化文旅”新业态，持续开展旅游利民惠民活动，做强做精服务业品牌，为溧阳市更高质量发展注入了“文旅”动力。

立足山水禀赋，溧阳市还将加速打造智慧文旅。溧阳市文广旅局推出的“有时溧阳”智慧文旅平台上线试运行。游客通过平台可以畅游溧阳，打卡各大景点，购买文旅和特色农产品，还能预订场馆、门票、住宿、餐饮等，并通过智能客服系统增加互动体验。

同时，溧阳市当地商户也可以在这一平台售卖文旅及农特产品，相关职能部门则通过这一平台收集游客意见，改进服务质量，加强文旅产业监督，打造良性文旅业态。

第十节　金坛区的绿色发展

金坛区以高质量发展为抓手，大力发展战略性新兴产业，以高端化、智能化、绿色化、服务化、国际化、品牌化为方向，以新能源、新基建、新能源汽车、新医药、新智能为代表的“五新产业”蓬勃成势。全面打造以绿色工厂为特色的“绿色智造”新模式，助力制造业企业转型升级和绿色低碳发展。2022 年金坛区新增 5 家省市级绿色工厂，在晨风集团股份有限公司，分布式光伏设备每年可为企业发电 1000 余万度。

增加发展的“含绿量”就是提升发展的“含

金量”。金坛区持续开展货车限行、工地扬尘专项治理、“散乱污”企业（作坊）淘汰整治行动，围绕重点园区、企业集群、废气排放企业加大检查力度，严厉打击超标排放、偷排漏排等行为。

2021年，金坛区对88家重点挥发性有机物排放企业、12家重点氮氧化物排放企业进行整治评估，完成5个码头堆场扬尘治理项目、50个施工工地扬尘治理项目。全区 $PM_{2.5}$ 年均浓度34.2微克/立方米，达到国家二级标准，优良天数达287天。

“两山两水六分田”是金坛区独有的自然禀赋。金坛区坚持生态保护修复治理与绿色发展、文化旅游、乡村振兴融合发展，打造令人心驰神往的“诗和远方”。

绿色发展、生态修复实现了生态效益、经济效益、社会效益的共赢。儒林镇柚山村围绕“一山一湖、一宕一寺”生态资源，打造山水民宿、阡陌蟹塘等生态景点，谱写“生态蝶变”新诗篇。规模化生态蟹塘成功培育出享誉全国的“长荡湖”牌中华绒螯蟹，畅销上海、香港、台湾等地区及东南亚市场，年销售额达4500万元，村民人均年收入3万余元。优质生态供给激发乡村旅游大活力，薛埠镇仙姑村、上阮村等地村民人均年收入均超3万元，柚山村先后获得江苏特色田园乡村、常州市生态村等荣誉，成为美丽乡村最美示范窗口。

第七篇

区域协同创新发展案例

第一章　产业协同创新发展案例

第一节　南京淮安共建金湖（南京）协同创新中心

在新一轮南京都市圈建设和宁淮挂钩合作协议中，宁淮两市提出“共推科技创新”，加快宁淮两市在产学研金等方面的合作，切实解决淮安企业在研发、科创等方面的需求。2022年，在宁淮两市科技、人才、发改等部门共推下，按照江苏省科技厅“政府引导、市场运营、按需设立、合理布局”的四大原则，金湖县在宁建成了金湖（南京）科技人才离岸孵化器——科创飞地，实现“项目孵化在南京、成果转化在淮安”的格局。

1. 案例背景。近年来，金湖紧抓宁淮挂钩合作政策机遇，主动融入南京都市圈。为进一步强化与南京的多层次、宽领域、全方位对接融合，2021年10月31日，金湖县委、县政府在南京召开了淮安·金湖（南京）城市推介暨“双招双引”政策说明会，并在政策说明会上举行了金湖（南京）科技人才离岸孵化器揭牌启用仪式。省发改委、省科技厅、省民政厅、淮安市政府等省、市、县领导及部分在宁高校院所领导出席了揭牌仪式。2022年11月，第一届南京都市圈宁淮科技合作交流会在金湖召开，会上南京市科技局、淮安市科技局与金湖县政府三方就金湖（南京）科创飞地签订了共建协议。

2. 功能定位。金湖（南京）科创飞地是由淮安市金湖县结合本地发展需求，打破行政区划界限，到创新资源丰富的省会城市——南京设立的，有固定物理空间和管理人员，具备技术研发、人才招引、成果转化、企业孵化、产业联动等功能的跨区域创新合作平台。其主要功能包括：一是协同创新交流平台。金湖通过在宁设立的科创飞地，与南京常态化开展科技创新交流，通过开展各类人才及创新交流活动，助力金湖加强与在宁各领域人才、专家、科研院所、第三方机构的互动交流，打通金湖与南京科技创新资源链接的快速通道，实现资源集聚与利用能力、科研攻关与联动能力、人才引培与共享能力、产业培育与协同发展能力的显著提升。二是科技成果转化平台。依托南京科教资源优势，推动南北两地科技大联合，加快金湖本地企业关键核心技术和“卡脖子”问题攻关，加强两地科技成果供需对接；遴选一批科技含量高、市场前景好的科技项目入驻科创飞地，有效实现项目孵化在南京、成果转化在金湖，提升科创成果跨区域转移转化水平。三是产业投资服务平台。聚焦金湖智能制造、新材料、大健康等主导产业方向，将包括南京在内的苏南创新资源丰富地区的产业转移项目引荐至金湖投资落户，助推金湖工业经济发展。充分利用南京的科教人才资源及金湖的土地空间资源，因地制宜探索“总部在南京、生产在金湖”“研发在南京、制造在金湖”的共建模式，有效推动苏南产业“腾笼换鸟”和转型升级，有力带动金湖经济发展和产业落地。

3. 工作进展及成效。自2021年10月31日科创飞地揭牌以来，金湖县与南京方面开展紧密合作，并取得了一系列重要进展。

一是科创载体建成运营。金湖（南京）科创飞地位于南京市秦淮区中山东路的南工院金蝶软件园，首期面积2164平方米。科创飞地于2021年12月27日确定选址，2022年一季度进场装修，

2022年二季度建成交付正式运营。目前已备案认定淮安市级众创空间，挂牌金湖县驻宁人才工作站。

二是体制机制进一步创新。按照“政府引导、市场运营、按需设立、合理布局”的原则，金湖县创新体制机制，将科创飞地落户在南工院金蝶软件园，并委托专业化运营公司负责日常运营管理。运营公司具备独立法人资格，且注册地在金湖，目前6名专业化、市场化全职运营管理团队成员常驻科创飞地开展具体工作。

三是南北联动初有成效。2023年3月20日宁淮两市科技系统调研代表团20余人到金湖（南京）科创飞地进行了考察交流。产学研合作方面：通过科创飞地有效抓手，积极与东南大学技术转移中心、南京农业大学资源与环境科学学院、南京工业职业技术大学等5所高校建立了产学研合作；通过对接、兼职、共享等柔性引进方式，在科创飞地举办项目路演、人才交流对接等各种形式的创新创业活动超过30场次；南京农业大学高层次人才团队“植物连续自动生长监测”项目、南京金陵科技学院高层次人才团队“智慧农业机械及其作业监测系统”等项目积极参与到淮安市创新创业中，通过柔性引才等方式，推动人才链、产业链、创新链深度融合，为金湖全力打造“人才飞地”注入新的增长点。

在关键技术匹配对接方面：依托南京科教资源优势，结合金湖县“揭榜挂帅”项目榜，分批次邀请东南大学国家技术转移中心、东南大学化工学院等的专家教授团队赴金湖与爱特福、淮安侨新新材料、海科纤维等本土企业进行关键技术匹配对接，探讨技术合作。协助科创飞地孵化企业——江苏普朗睿恩与淮安农科院联合设立“植物生理组联合研究中心”，该项目已入选“国家自然科学基金”项目；协助孵化器内企业——江苏研途信息科技与东南大学建立产学研合作并签订合作协议。

宁淮两市科技局领导考察协同创新中心

在科技项目孵化方面：聚焦金湖县主导产业发展方向，孵化新企业、催生新产业、形成新业态，科创飞地目前已落户包括江苏研途信息科技、江苏普朗睿恩、淮安鑫诚物联、淮安凌帆生物等在内的科技项目12个，在淮安金湖注册落地企业10家，在南京本地解决研发办公人员50人。目前，在孵企业已申请并获得受理的有效发明专利4件，已授权实用新型专利及软件著作权近20件，科技型中小企业入库5家。此外，积极协助斯必得重工、正茂仓储等金湖本土龙头企业探讨在南京设立研发及销售中心，探索“总部在南京、生产在金湖”“研发在南京、制造在金湖”的共建模式。

普朗睿恩（凌恩生物）与南农资环合作共建根创中心

4. 未来发展规划。金湖（南京）科创飞地在省、市各级部门的领导、支持下，紧密围绕服务产业、企业、人才、科技创新等方面，促进金湖与南京开展深度合作，加快区域科技成果转化、科技企业孵化，促进产业链和创新链深度融合，实现两地共同发展。一是加强汇报强化两地协调指导。主动推动淮安市和南京市科技主管部门的协调对接，加强向两市科技主管部门的日常工作汇报，争取重大事项的协调指导，提高创新发展水平和资源利用效率。二是推动南北两地科技成果供需对接。精准摸排金湖县当地企业产业创新发展需求和关键技术需求，完善金湖县本地企业“揭榜挂帅”项目榜，并积极与在宁高校院所对接，切实帮助金湖本土企业解决关键技术需求，帮助企业拓展产学研合作渠道，推动苏南高校院所科技成果向金湖本地企业转移转化，实现南北两地的双赢多赢。三是聚焦主导产业提升孵化效果。围绕金湖装备制造、新材料、大健康等主导产业，联合孵化一批科技含量高、市场前景好的科技项目，实现研发在南京、产业在金湖，推动人才链、产业链、创新链深度融合，为南北两地全力打造“科技飞地”，为金湖高新技术企业培育和主导产业发展注入新的增长点。

[中聚互联·金湖（南京）协同创新中心供稿]

第二节 镇江市深入推动产业区域大协作

长江经济带发展、长三角一体化发展、南京都市圈建设等重大战略在镇江叠加。镇江抢抓机遇，主动对接和融入重大战略，推动区域间产业协作，共建区域产业链，共享统一大市场。

1. 共建区域协同创新共同体。镇江参与共建“南京都市圈科技创新智库联盟”；共建共享“南京都市圈科技创新生态图谱”；联合主办南京都市圈创新合作大会，推动大会发布“南京都市圈创新合作（镇江）宣言”，达成“共建科技创新共同体”“共享科技统计数据”“推动技术市场互通”“构建融合发展新格局”“打造科技创新活动品牌”“试点创新券通用通兑”等6点共识。坚持“政府搭台、企业唱戏”，举办“高校院所走进镇江产学研合作大会”“中国创新挑战赛（镇江）”“长三角（南京都市圈）科技合作对接会”“金山英才周”等产学研对接活动；2019年1月至2023年8月，牵线镇江企业与省内外160多所高校院所及其专家教授建立合作关系，累计促成各类产学研合作项目2000余项、合作金额近10亿元，共建成由企业牵头的联合创新中心（研究院）25家。

2. 共建G312产业创新走廊。镇江与南京签署《共建G312产业创新走廊框架协议》，共同谋划G312产业创新走廊，共同参与编制形成了G312产业创新走廊总体发展规划和示范区空间规划。

G312 产业创新走廊将有机串联起南京的仙林科教城、中国科学院麒麟科技城、南京经开区和镇江的高校园区、镇江高新区等重要科创载体和产业园区。2021 年 9 月，镇江启动对 312 国道宁镇段的快速化改造，预计 2024 年底前竣工通车。G312 宁镇段快速化将成为加快产业创新走廊建设的重要支撑，镇江正在有意识地引导、推动产业和科创资源向 G312 沿线布局集聚。

3. 探索共建产业合作园区。镇江主动对接长三角、融入都市圈，研究制定了《〈长江三角洲区域一体化发展规划纲要〉镇江实施方案》，提出宁镇携手共建产业合作园区三大计划：一是句容宝华镇与南京仙林科教城携手，共建全国科技创新高地、区域智慧谷；二是句容下蜀镇与栖霞龙潭街道携手，共建长江国际航运物流中心核心区、临港高端先进产业集聚区；三是句容城区街道与南京汤山街道携手，共建长三角知名休闲度假区和生态宜居城。推动园区合作共建，丹徒高新园区、句容下蜀工业集中区分别与南京栖霞高新区签订伙伴园区共建协议，探索互补性合作。

4. 共建区域产业链供应链。镇江聚力发展高端装备制造、新材料、数字经济、生命健康 4 个产业集群，重点培育新型电力/新能源装备、汽车及零部件/新能源汽车、高性能材料、医疗器械/生物医药、新一代信息技术、航空航天、船舶海工装备、智能农机装备 8 条产业链，并努力深度嵌入江苏 50 条重点产业链。围绕镇江与毗邻城市共同的主导产业，携手开展产业链协作配套，共建产业链集群；主动与长三角城市联系，搭建供需对接平台，帮助企业找订单、拓市场。2023 年 7 月，举办船舶与海洋工程装备产业链融合发展大会，吸引国内船舶与海洋工程装备领域重点企业、专精特新企业、高校院所、行业组织等近 200 个单位到会对接。镇江是南京都市圈核心层城市，因此更加注重对接南京，在融入和服务南京都市圈建设中发展镇江经济。2020 年 1 月至 2023 年 8 月，镇江累计从南京都市圈城市招引产业项目 506 个，协议投资金额达到 1790. 8 亿元，占镇江此时期引进全部内资的比重超过 44. 6%；2022 年，镇江与南京企业间结算金额达 1457. 8 亿元。

借助区域协同的优势，镇江经济发展获得蓬勃动力：2022 年，镇江全市地区生产总值突破 5000 亿元，按可比价计增长 2. 9%，超过全省平均 0. 1 个百分点；“四群八链”主导产业应税销售额增长 12%。

2022 年 8 月 19 日，第七届中国创新挑战赛（镇江）暨 2022 年高校院所走进镇江产学研合作大会现场

镇江船舶与海洋工程装备产业链融合发展大会现场

（镇江市人民政府办公室供稿）

第三节　马鞍山市加快推进宁马省际毗邻地区新型功能区建设

2021 年 7 月，马鞍山市在博望区成立“宁马省际毗邻地区新型功能区”(以下简称“功能区”)，作为推动南京都市圈城市融合发展的重要抓手。该“功能区”自成立以来各项工作稳步推进，正成为跨省合作的新范例。

宁马省际毗邻地区新型功能区一角

1. 体制机制。双方建立了常态沟通和工作推进机制。南京市在江宁区成立以江宁开发区管委会主任为指挥长的江宁—博望跨界一体化示范区指挥部，同步成立宁博合作示范区（南京）投资发展有限公司。马鞍山市挂牌成立宁马省际毗邻地区新型功能区管委会，下设“功能区”发展服务中心。由博望横望控股集团作为与江宁合作的投资方，共同搭建起“领导推进小组+管委会+投资公司”的“三层次”工作架构。

江宁、博望两区统筹推进规划编制。由江宁区牵头的《江宁—博望跨界一体化示范区协同发展规划》《江宁—博望跨界一体化示范区建设规划》已完成编制，通过宁马两市规划和自然资源部门联合组织的专家评审，规划成果分别纳入两地国土空间规划。《博望加快融入长三角一体化总体发展战略规划（2020—2035）》通过马鞍山市自然资源和规划委员会审批，相关成果将列入马鞍山市国土空间总体规划。

2. 产业发展。“功能区”紧盯南京地标产业发展配套服务，在智能装备制造、集成电路、新能源汽车、软件互联网等方面大力推动延链补链强链。坚持以“一高三新”产业集群发展为抓手，打造以“高端智能制造+科技孵化园”为重点的产业体系。建立常态化服务机制，围绕项目签约、审批、建设、验收等全流程跟踪服务对接，加大重点项目建设推进力度。

“功能区”招引了南京腾亚精工、旭淄机械等 31 个、总投资 366 亿元的重点项目，预计全部达产后产值约 498 亿元，税收约 20 亿元。2022 年，江宁、博望双方分期投资 50 亿元，撬动 1000 亩产业“园中园”宁博创智谷建设；计划 3 年累计引进 3 家，6 年累计引进 8 家，8 年累计引进 10 家国际国内知名企业投资入驻。

3. 交通及公共服务。“功能区”按照“开通外环线，打通断头路，畅通微循环”的思路，推动轨道交通、高快速路网、城乡道路无缝衔接。861 路公交线通过延伸实现了江宁、博望交通快速通达体系对接，实现了公交同城化通勤。扬镇宁马铁路（镇江至马鞍山段）明确在“功能区”设站；G4221 沪武高速增设博望互通立交；区域交通 S446 项目江宁境内完成拆迁，博望段丹新河跨界桥完成全部的桩基和立柱施工。

教育方面，江宁、博望两地签订《马鞍山市丹阳中心学校与南京市百家湖小学合作办学协议》，挂牌合作共建南京市百家湖小学博望分校。医疗方面，博望区与南京市中医院、南京市第一医院成立跨界医联体，建立绿色转诊通道。博望区 7 家医院纳入全国异地就医联网结算范围，实现了两地参保群众异地就医直接结算。

4. 社会治理。宁博两地通过签订《江宁—博望司法行政一体化发展战略合作协议》，在丹阳司法所设立江宁—博望跨界一体化公共法律服务中心、联合人民调解委员会，设立“远程会见室”，为两地群众服务。“功能区”与江宁指挥部签订《江宁—博望跨界一体化发展示范区社会治理一体化——“两省一街警务室”提档升级项目合作框架协议》，推动江宁—博望一体化社会治理中心建设。

“功能区”坚持生态联防联治、严格项目准入。一方面，建立联动机制，明确对片区内“山水林田湖草”进行整体梳理、联动保护，重点在水环境治理上建立“联合河长”制度，实施“分段包干”机制；另一方面，制定出台《江宁—博望跨界一体化发展生态治理工作方案》，共同对丹新河跨界区域的水质情况进行取样监测、研判和治理。在“功能区”内大气、水和土壤污染防治联合执法基础上，江宁、博望双方就生态联防联治、丹阳河跨界流域综合治理、森林防火防虫联防联控等工作签订了合作框架协议。

（马鞍山市社科联洪绍明供稿）

第四节　滁州市加速推进宁滁省际毗邻地区新型功能区建设

2018 年 11 月 5 日，习近平总书记在中国国际进口博览会上指出“支持长江三角洲区域一体化发展并上升为国家战略”。2019 年 5 月 30 日，党中央、国务院正式印发《长江三角洲区域一体化发展规划纲要》（以下简称《规划纲要》），提出“支持顶山—汊河、浦口—南谯等省际毗邻区域开展深度合作，共同推动跨区域产城融合发展”，标志着宁滁省际毗邻地区新型功能区纳入国家战略，在国家层面正式启动实施。为贯彻落实国家《规划纲要》，2021 年 4 月 29 日，安徽省委、省政府批复设立了滁州市宁滁省际毗邻地区新型功能区管理委员会，负责“顶山—汊河”“浦口—南谯”两个新型功能区综合开发及管理服务。2021 年 6 月 28 日，宁滁省际毗邻地区新型功能区管委会正式挂牌成立。新型功能区在滁州市委、市政府的坚强领导下，抢抓机遇，积极谋划，以启动区为突破口，紧锣密鼓地抓组建、建机制、拉框架、上项目、求突破，正式拉开建设帷幕。

1. 坚持上下联动，迅速建立组织架构。学习借鉴一体化示范区“理事会+执委会+开发者联盟”运行体制，探索建立“领导小组+管委会+开发主体”的管理运作机制。一是牵头抓总层面。宁滁两市签署共同落实长三角区域一体化发展战略合作框架协议及顶山—汊河、浦口—南谯新型功能区合作协议等“1+2”框架协议，联合成立宁滁省际毗邻地区新型功能区建设工作领导小组，两地常务副市长担任双组长，建立协调、推进、保障等10项工作机制。自功能区启动建设以来，省、市党委、政府主要负责同志多次带队赴功能区调研推进项目建设，高位推动省际毗邻地区产业协作、交通互联等重大合作事项。二是执行落实层面。安徽省批复设立宁滁省际毗邻地区新型功能区管理委员会。该管委会为滁州市政府派出机构，由市政府常务副市长兼任管委会党工委书记、管委会主任，配备选调了3名处级干部和8名工作人员，牵头协调宁滁新型功能区建设。来安县和南谯区分别成立了由县（区）政府主要负责同志任主任的片区建设管理办公室，并在全县（区）范围内抽调精干人员组成空间规划、产业协同、交通互联等多个专项工作组，全力推进启动建设。三是市场运作层面。南京江北新区与来安县按6∶4比例共同出资10亿元成立宁安开发投资有限公司。南谯区与浦口区按8∶2比例共同出资5亿元成立南浦合作开发有限公司，首期资金已投入园区标准化厂房等基础设施建设；参与设立了规模20亿元的南京都市圈国家中小企业发展子基金、10亿元的新能源产业基金、10亿元的理想产业发展基金等，着力以“基金+招商”方式引导更多社会资本参与新型功能区建设。

汊河功能区鸟瞰图

2. 快速拉开框架，全力推进启动建设。通过调整汊河镇、乌衣镇总体规划，分别调整出3平方公里建设用地作为两个片区一期启动区先行展开建设。一是征地拆迁。两个片区一期启动区累计投入11亿元，完成了11687亩土地征收、1331户征迁任务（汊河片区启动区5397亩、765户，南谯片区启动区6290亩、566户）。二是加快互联互通。全国首条跨省城际铁路滁宁城际铁路（滁州段）2023年6月底建成运营，连接南京的汊河大桥和池杉湖大桥已建成通车，来宁客运枢纽中心建成投用，黑扎营大桥完成招标，中李大桥、南浦一级公路（滁河大桥）正在加快推进前期工作。三是提升承载能力。一期启动区内总投资13.1亿元、32.1公里的路网全面建成通车，总投资6.7亿元的“一园一体”（跨界合作产业园和科创综合体）和总投资6.15亿元、占地22万平方米的南浦合作产业园标准化厂房建成使用，总投资6亿元、占地34万平方米的三、四期标准化厂房与总投资12.6亿元的3座污水处理厂和3座变电站正在加快建设。四是启动二期建设。在加快一期启动区建设的基础上，根据最新的国土空间规划“三区三线”划定成果，正在开展9平方公里二期启动区建设（汉河片区 4 平方公里、南谯片区 5 平方公里），已完成控制性详细规划和土地成片开发方案报批，正在进行征地拆迁、场地平整、路网建设等基础设施建设。

3. 围绕一体发展，全面深化产业合作。聚焦南京江北新区“两城一中心”的发展定位，以及产业集聚及技术创新优势，凭借自身资源禀赋、空间广阔等优势，甘当产业配角，着力建设南京产业的“协作区”和“承接地”。一是共建合作园区。南谯区与浦口区签订“南谯浦口一体化发展合作共建园区”协议，采取“浦口推荐、联合招商、共同研判、产业协同”的合作机制，在南谯区先行规划建设 1000 亩“飞地”，南谯和浦口按 8∶2 占股，对浦口高新区引入合作园区的项目税收区级留成部分按照 7∶3 分成。同时，南浦合作产业园纳入南京江北新区集成电路产业集群规划建设区，浦口区首个推介的总投资 30 亿元的华瑞微半导体 IDM 芯片项目建成投产，研发中心在浦口、生产基地在南谯的总投资 50 亿元的德兰明海储能项目 2023 年 3 月开工建设。来安县与南京生物医药谷合作共建“江北新区—汉河生物医药产业合作区”，规划一期占地 1000 亩的生命健康产业园已启动建设，安徽省药监局支持在汉河片区挂牌全省县域唯一的医药创新柔性服务工作站，助推生物医药产业集聚发展。二是聚力双招双引。聚焦打造电子信息、生命健康两大产业集群，延伸培育新能源、新材料、智能制造等产业，形成了“2+3”产业发展格局。宁滁省际毗邻地区新型功能区自启动建设以来，累计落户亿元以上项目 69 个，总投资 696 亿元，其中 50 亿元、100 亿元项目各 2 个，捷泰太阳能电池片、飞利浦空调、博晶半导体等一批投资体量大、科技含量高、带动能力强的重大项目建成投产，毗邻地区已成为滁州经济活跃强劲增长极。

南谯浦口共建合作园区

4. 强化要素支撑，夯实持续发展根基。坚持不等不靠，向内挖潜、向上争取两手齐发力，不断拓展毗邻地区发展空间，争取各项要素支持，有力支撑新型功能区加快建设。一是联合编制规划。学习借鉴一体化示范区“共编共研共推共议”的跨区域专项规划编制方法，宁滁两市共同聘请中国科学院南京地理与湖泊研究所等机构，高起点编制完成顶山—汊河、浦口—南谯新型功能区《国土空间规划发展策略研究》，并通过两市组织的专家评审及规委会研究，将其纳入两市国土空间总体规划前期研究成果，明确了两个新型功能区的发展战略定位、目标、空间结构、用地布局、产业发展及生态共保共治等内容。在此基础上，编制了顶山—汊河、浦口—南谯新型功能区（滁州片区）总体发展规划和国土空间布局衔接方案，并成功将其纳入安徽省国土空间规划，努力实现毗邻区域发展一张图规划、一盘棋推进、一体化管理。二是拓展发展空间。紧抓“三调”契机，最大限度利用现有政策。从 2022 年 4 月开始，滁州市坚持高标准、严要求、多举措组织推进“三区三线”调整划定工作，举全市之力优先支持保障毗邻地区发展空间，先后将三轮划定成果上报自然资源部，全力争取发展空间。根据国土空间规划“三区三线”划定最新成果，顶山—汊河省际毗邻区开发边界规模为 49.91 平方公里，新增规模 11.72 平方公里，调出永久基本农田 10.21 平方公里，预留发展用地 24 平方公里；浦口—南谯省际毗邻区开发边界规模为 55.45 平方公里，新增规模 19.39 平方公里，调出永久基本农田 10.41 平方公里，预留发展用地 17.42 平方公里。两个片区可建设用地较建设之初增加了数十倍，为宁滁新型功能区加快建设提供了有力的空间保障。三是提供资金基金支持。市级层面大力支持功能区申报中央预算内资金、专项债，并在资金额度上予以倾斜。市政府专题会议研究决定自 2022 年度开始，连续 5 年，市级对宁滁新型功能区南谯片区内产生的税收不参与分成，土地出让金返还支持片区滚动开发建设。两个片区已参与组建洪泰智造新能源、西证显示产业、爱乐致德创业投资、永阳产业发展引导等 14 只基金，总规模达 100 亿元，已投项目有博晶半导体、华瑞微半导体等一批重点项目，助力新型功能区以“基金+产业”方式导入更多新兴产业。抢抓长三角一体化发展“十四五”重大项目库中期评估“窗口期”，调整申报入库项目，新增纳入 15 个项目，累计入库项目达 44 个、总投资 588 亿元，为下一步争取国家资金支持强化项目支撑。

5. 顶格服务保障，打造最优营商环境。不断优化资源供给、强化全要素保障、营造优质营商环境，推进新型功能区重点项目早开工、早投产、早达效。一是拿地即开工。南谯片区在“标准地”出让前即完成“七通一平”配套服务，针对不同项目、不同进度、不同建设要求，建立处级领导联系帮扶、重点项目专班、推进调度等精准帮办机制。园区会同企业共同编制项目规划设计方案，同步完成项目施工图编制，报送图审、消防和人防审查工作，将项目规划设计工作前置，较传统做法缩短办理时间约 45 天。博晶半导体项目实现 2022 年 1 月签约，3 月 24 日完成土地摘牌，4 个工作日完成用地规划许可证、土地证、工程规划许可证、施工许可证办理；安徽众博新材料项目实现当天土地摘牌、当天办齐四证、当天开工建设。二是最多跑一次。汊河片区实行“一项目一专班”帮办服务机制、“24 小时不打烊”问题会商制，积极运用“重点项目直通车”政务服务，紧跟项目签约、开工、竣工到投产的全过程，当好项目落地、企业发展的“店小二”。来安县在汊河片区启用行政二号章，整合税务、不动产登记、企业服务等功能，实现“汊河事汊河办”，确保材料齐全的办事者“最多跑一次”。总投资 126 亿元的捷泰 18GW 高效太阳能电池片项目，2022 年 1 月签约，2 月 10 日开工，6 月 30 日投产，从破土动工到一期项目投产仅用了 140 天，刷新了百亿项目“滁州速度”。

6. 坚持共享发展，公共服务共建共享。提高公共服务共建能力和共享水平，进一步增强宁滁两市人民在一体化发展进程中的获得感。一是绿色发展方面。开展流域水污染联防联控，深化跨界流域横向生态补偿机制，协同治理流域水生态环境。召开滁宁跨界河湖联合河湖长制联动机制协调会，明确了“设立联合河湖长、联合会商、联合巡查、联合防控、联合管护、信息共享”等 6 项任务，共商建立宁滁两地联合河湖长制，共同打造“河畅、水清、岸绿、景美”的滁河生态经济带。二是政务服务方面。宁滁两地签订《政务服务“跨省通办”战略合作协议》，实现了涉及企业开办等 11 类项政务服务事项“跨省通办”。三是社会治理方面。探索建立两地警务信息互通、联合执法办案等协作制度，把巡逻管控、交通管理向对方辖区各延伸一公里，推动实现矛盾纠纷“一条龙”受理、“一站式”服务、“一揽子”化解，成功打造了警民联调室品牌——“刘祥工作室”。四是文旅交流方面。邀请南京浦口区文旅局在南京共同举办文旅推介会，联合编制发布了“美食之旅”“红色之旅”“研学之旅”“自驾之旅”“康养之旅”“亲子全家欢”6 条精品旅游线路。五是教育医疗方面。与南京签署《教育结对合作帮扶协议》，形成了教育信息共享、校际交流合作、师生交流互访、定期会商协议“四项机制”，南京琅琊路小学等 4 所中小学在滁设立分校，5 所学校与南京开展一对一合作，实现了学前教育、基础教育、职业教育、高等教育 4 个阶段教育合作全覆盖。每年选派百名校长、园长、教师到南京市交流培训，提升师资水平。深化医疗合作共建，滁州市与东南大学附属中大医院、南京鼓楼医院、南京市儿童医院等知名医院开展深入合作，携手共建南京医保卡在来安县第二人民医院的跨省结算平台、江苏省人民医院等医院在来安的14个重点专家工作室。全市医疗机构通过合作办院、设立分院、组建医联体或专科联盟等形式持续深化与南京等地各大医院合作，实现共建共享市域全覆盖。

宁滁新型功能区是国家长三角一体化发展规划和南京都市圈发展规划明确要求一体化发展的重点板块，是安徽省深入推进省际毗邻地区一体化发展的三大平台之一，更是滁州市经济发展的主战场、增长极。下一步，新型功能区将以宁滁两市结对帮扶为契机，持续以启动区建设为突破口，聚焦高质量，聚力一体化，全面实现功能区建设提速提效，奋力在安徽全省推进长三角一体化发展中走在前列、争创一流。

（宁滁新型功能区管委会供稿）

第五节　滁州市顶汉新型功能区实施“一体模式”和“六格战法”

一江分南北，隔水观来宁。来安县汊河镇与南京江北新区仅隔一条滁河，跨界合作有基础成果，北岸汊河已入驻轨道交通企业140多家，其中80%来自南京。随着长三角一体化发展战略的深入推进，来安县与江北新区合力打造顶山—汊河省际毗邻地区新型功能区（简称顶汉新型功能区），近中求进、美美与共，“跨”出省际毗邻“一体化”新篇章，曾经的“苏皖好邻居”正变成给力的“长三角合伙人”。

顶汉新型功能区位于来安县汊河镇，地处南京半小时都市圈和合肥1小时经济圈核心圈层，被誉为安徽东向发展的桥头堡、南京居家创业的后花园，是滁州全面融入长三角的“桥头堡”和“主战场”。

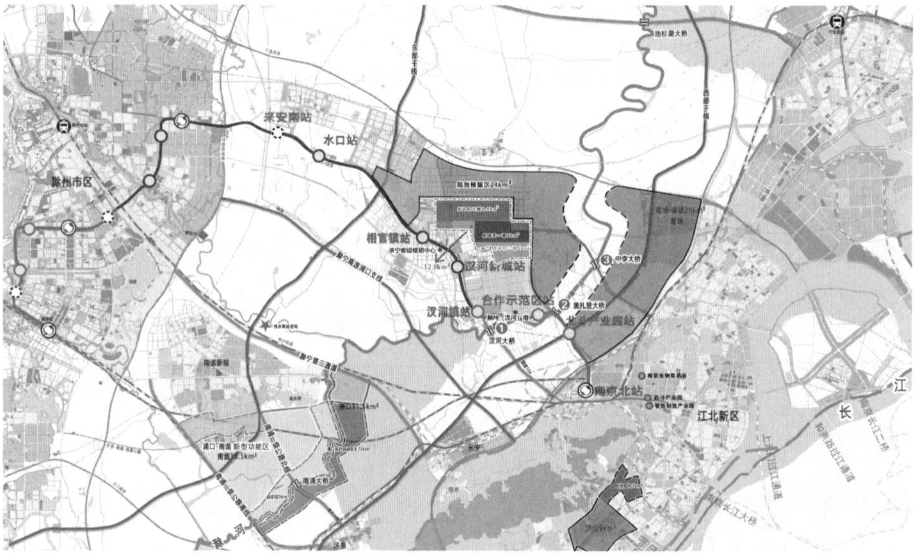

来安县与南京江北新区共编的顶山—汊河跨界一体化发展示范区国土空间规划

1. 案例背景。2019年5月，中共中央、国务院印发《长江三角洲区域一体化发展规划纲要》，明确提出“支持顶山—汊河等省际毗邻区域开展深度合作”。2019年10月，南京党政代表团访问滁州，两市召开工作座谈会，签订《南京市与滁州市共同落实长三角区域一体化发展战略合作框架协议》《来安县与南京江北新区共建顶山—汊河跨界一体化发展示范区框架协议》。随后，安徽省提出“五个区块链接”，支持共建顶山—汊河等“3+N”省际毗邻地区新型功能区。顶汉新型功能区紧紧抓住长三角一体化发展战略机遇，以“体制创新引领区、产业协同示范区、同城发展先行区”为目标，举全县之力、集全县之智，全力以赴加快发展。

2. 主要举措。一是全县“一盘棋”，保持乘势而上的“顶格”状态。苏皖两地强化顶格意识，联合成立“顶山—汊河”跨界一体化发展示范区建设工作推进小组，下设5个专题工作组，建立每月会商、每季碰头工作机制，高频推进合作共建。来安县把功能区建设列为“一号工程”，在与南京江北新区联合成立推进小组的同时，举全县之力、集全县之智，专门成立来安县顶山—汊河省际毗邻地区新型功能区指挥部，由县委书记、县长“双挂帅”，1名县委常委驻地指挥，先后从全县乡镇、县直单位抽调精兵强将近20名，从滁州市宁滁新型功能区管委会抽调8人，驻守集中办公，跨界协同发展扛起了“新使命”，跑出了“加速度”。2022年，来安县跻身长三角百强县。

二是规划“一张图”，树立比肩对齐的“同格”标杆。同饮一江水，共绘一张图。来安县借助长三角一体化政策东风，与江北新区共同规划了总面积72平方公里的顶山—汊河跨界一体化发展示范区，其中江北新区37平方公里，汊河35平方公里。

空间布局为“一心两片”：顶山街道为“一心”，江北新区盘城葛塘和来安汊河毗邻区域为“两片”。同时坚持先干在前、分步开发，汊河片区分三期：先行开发建设启动区12.9平方公里，目前启动区一期、二期的控制性详细规划和成片开发方案已获批，三期控制性详细规划也已取得初步成果。2020年4月，来安县与南京江北新区共编《顶山—汊河跨界一体化发展示范区国土空间规划发展策略研究》，规划共建“一心两片”72平方公里。

三是建设“一股劲”，激发大干快上的“提格”效率。“筹措资金67亿元，谋划基建项目24个。目前‘一园一体’已对外租赁4万平方米，另有在谈租赁厂房项目不少于10个。”自2021年3月开展启动区一期、二期建设以来，通过专项债、项目融资、财政保障等方式，总投资67.72亿元，有序新建25公里路网、9公里综合管道、2600余套安置房、4个变电站、1个污水处理厂、1个来宁公交枢纽、1个资源综合利用处理中心，以及绿化景观、水利等工程，部分项目已于2022年6月建成投入使用。一座腹地广阔、基础配套完善、承载优越的产业新区雏形初现，实现了从荒野变投资热土的飞跃。“一园一体”承接平台是功能区的重点项目，总投资6.7亿元，新建25万平方米电子信息产业园和科创综合体，包括标准化厂房、研发中心、人才公寓及配套服务设施，用于承接长三角创新资源和项目落地，目前已入驻投产深圳友立电子等3个项目，租赁面积达4万平方米。

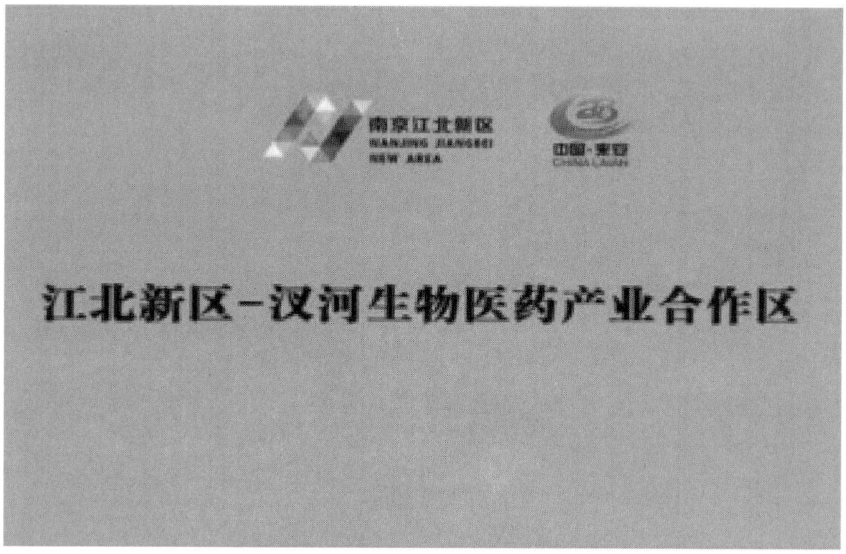

江北新区—汊河生物医药产业合作区

四是产业“一条链”，拿下拼抢争招的“真格”实绩。主动靠上去，全力融进去。来安县抢抓长三角一体化发展、南京江北新区建设、宁滁结对合作帮扶等重大政策机遇，紧跟江北新区“两城一中心”产业定位，围绕电子信息、生命健康两大地标性产业，瞄准产业链上下游龙头企业招商，加快嵌入长三角中高端产业链，打造南京产业的“协作区”和“承接地”。2021年12月设立江北新区—汊河生物医药产业合作区，2022年12月获批挂牌省内医药创新柔性服务来安工作站

（全省县级唯一）。数据显示，顶汉新型功能区自启动建设以来，累计落户亿元以上项目19个，总投资311亿元，90%的项目来自长三角和珠三角区域。

五是交通“一张网”，深耕立体多线的“满格”融入。围绕“零距离”，来安以“一轨三桥两枢纽”为媒，进一步缩短与长三角的时空距离，全方位实现跨省“无感”通勤。“一轨”：全国首条跨省城际铁路——滁宁城际铁路，全长约55公里，设站17座，从滁州站经顶汉新型功能区直达南京北站。2023年6月28日，滁宁城际铁路（滁州段）正式开通运营。“三桥”：横跨滁河的汉河大桥已双向6车道全幅通车，黑扎营大桥、中李大桥已纳入《南京都市圈发展规划》的综合交通运输通道布局。“两枢纽”：来宁公交枢纽，实现两地公交“零换乘”；滁州（汉河）港枢纽，年吞吐量达400万吨。

六是服务“一家亲”，创优共建共享的“升格”局面。产城融合，宜居宜业，是顶汉新型功能区的发展目标。来宁两地紧扣同城化，在多领域一体对接。合资互助。坚持“基础共建、功能共享、发展共赢”原则，两地合资成立南京扬子宁安开发投资有限公司，专门负责两地投融资和项目开发合作。政务互通。来安县先后与南京市浦口区、六合区及江北新区签订《政务服务“跨省通办”战略合作协议》，实现了涉及企业开办等11类项政务服务事项“跨省通办”，真正实现了两地企业异地办事“马上办、网上办、就近办、异地办”。警务互延。为推动实现矛盾纠纷“一条龙”受理、“一站式”服务、“一揽子”化解，两地打通两省界限，把巡逻管控、交通管理向对方辖区各延伸一公里，探索建立警务信息互通、联合执法办案等协作制度，成功打造了警民联调室品牌——“刘祥工作室”。2022年共调解纠纷568起，调处成功率达98.3%，回访满意率达100%。民生互促。携手共建了南京医保卡在来安县第二人民医院的跨省结算平台、江苏省人民医院等医院在来安的14个重点专家工作室、江苏省江浦高级中学等学校在来安的“名师工作室”等。如今，不论是对在南京居住、在汉河上班的南京人而言，还是对去南京购物、就医的来安人而言，“双城记”已成为他们生活方式的真实写照。

3. 经验启示。第一，顶层常态化对接是“铺好合作的路”的决定因素。顶层设计喷涌源头活水，领导重视、尽锐出战，让顶汉新型功能区进程蹄疾步稳。在与南京、江北新区对接上，滁州市、来安县高位高频主动推进，近3年来，主要领导11次赴南京高位推进合作事项，坚持从“研究对方想什么、我能做什么”出发，找准合作切入点，在多轮对接、商讨中，力破空间制约、同步不够等难题，一批协同发展的顶层设计快速出炉。2021年5月27日，滁州市、南京江北新区围绕顶山—汉河跨界一体化发展示范区共建合作事项进行交流。2019年10月，两地联合成立了顶山—汉河跨界一体化发展示范区建设工作推进小组，共同编制《顶山—汉河跨界一体化发展示范区国土空间规划发展策略研究》，先后签订《顶山—汉河跨界一体化发展示范区共建框架协议》《共建江北新区·来安科技创新示范园（区）合作协议》《公共技术平台合作框架协议》，合资成立南京扬子宁安开发投资有限公司，携手开拓了跨区域协同发展新局面。

顶山—汉河跨界一体化发展示范区工作推进交流会现场

第二，践行拓荒牛精神是“唱好自己的戏”的关键内核。习近平总书记强调要发扬拓荒牛精神。顶汉新型功能区正是“凡事先干起来”，顶住压力、拓荒攻坚，才迅速迈过了从荒野到热土的开拓阶段。保守估算，现在形成的12.9平方公里成片开发空间，未来可以装下不低于1000亿元的项目。在先行开发建设中，征收工作是“第一关”。功能区人扛着牌子主动干、抽调能手拼命干、挑灯夜战抢时干，真正做到“入得了门、说得上话、出得了点子、解决得了问题”，仅用50天时间就高质量完成了启动区一期征收目标，有力保障了功能区初步框架迅速拉开、企业项目得以“拿地即开工”。做好自己的事，筑优自身承接平台，才能增强跨界合作的优势。

第三，营商保姆式服务是“转化招商的果”的有效路径。大项目、好项目落地是园区发展之要、之急。精准定位“谋”，立足长三角一体化发展等战略，精准绘制顶汉新型功能区产业发展图谱、产业链招商图谱。多元并进“招”，选取优强商会和龙头企业作为“以商招商”成员，以上海滁州促进会、浦东企业联合会等异地商会为牵引，举办顶汉新型功能区招商推介会，打响“金字”招牌。优化环境“育”，践行帮助企业“把事办成”的理念，建立“一项目一专班”帮办服务、“24小时不打烊”问题会商等机制，当好项目落地、企业发展的“店小二”，做优“来·安心”营商环境服务品牌，获滁州捷泰公司赠送“情系企业、暖心服务”锦旗。

第四，资源全方位倾斜是“落实要素的供”的强力支撑。资金等要素是支撑功能区建设发展的“血液”。顶汉新型功能区仅启动区一期、二期、三期范围内各类基础设施项目累计将投入约67亿元。来安县坚持“没有办法可以想办法，没有资源要素可以争取国家政策”，通过项目融资、专项债、长三角中央预算内投资补助等方式争取资金近40亿元，为功能区尽快取得“标杆性进展、示范化成果”提供了强有力的要素支撑。

下一步，来安县将紧抓长三角一体发展、合宁双圈联动等政策机遇，着力打造一体化发展样板区，努力取得更多标杆性进展、示范化成果，奋力在全省长三角一体化发展中走在前列、争创一流。

（滁州市来安县供稿）

第六节　常州市金坛区蜂巢能源

1. 企业简介。蜂巢能源科技股份有限公司（简称蜂巢能源）前身是长城汽车动力电池事业部，2018年注册成立蜂巢能源科技有限公司并从长城汽车剥离独立，2021年改制为蜂巢能源科技股份有限公司，总部位于江苏常州金坛，是专业锂离子电池系统提供商，专注于新能源汽车动力电池及储能电池系统的研发、生产和销售。主要产品包括电芯、模组及电池包及储能电池系统，并可根据客户需求为其提供动力电池及储能产品整体解决方案。

蜂巢能源科技股份有限公司全景鸟瞰图

蜂巢能源科技股份有限公司一角

蜂巢能源已经经历了三代产品迭代。首代电池产品是传统的以 VDA 和 MEB 为主的产品，首先应用于 BEV、PHEV 市场，后在产品工艺改进中应用于储能市场。第二代则是首代刀片电池，其中包括 L4、L5、L6 系列。继首代刀片电池在 PHEV 市场应用后，蜂巢能源也在储能市场推出了 LFP 短刀 L600、LFP 短刀 L500 等产品。第三代产品是 2023 年首次亮相上海车展的龙鳞甲电池。蜂巢能源规划，2024 年以后，龙鳞甲电池在 BEV 市场应用之后，也将继续扩展至 PHEV 及储能市场。

蜂巢能源董事长兼 CEO 杨红新表示，新能源行业发展迅猛，市场竞争日趋激烈，想要在淘汰赛中胜出，就要有强大的实力，就要有一支专业水平高、竞争意识强、意志坚定、团结协作、敢于担当、能打硬仗的工程师队伍。蜂巢能源借助南京都市圈的宏观发展战略，在江苏和安徽多个市、区进行布局，其中与马鞍山市的合作就是一个很典型的优秀案例。

2. 合作背景。蜂巢能源在马鞍山经开区投资建设蜂巢能源项目，总投资 110 亿元，总用地面积约 1000 亩，建设研发中心、电芯及 PACK 生产基地，规划年产能 28GWh，全部达产后，预计实现年产值 150 亿元。

3. 主要做法。2020 年以来，马鞍山市聚焦“1+3+N”产业融合集群升级版，紧盯制造业三年倍增行动，创新招商思路，着力招大引强，取得良好成效。2021 年 2 月，蜂巢能源与马鞍山市签订战略合作协议，将投资 110 亿元在当地经济技术开发区建设动力锂离子电池电芯及 PACK 生产研发基地，规划年产量 20GWh。

4. 实际成效。蜂巢能源项目一期前身为泰能新能源电池项目，由多家上市公司共同投资建设，因行业发展、技术更新、客户验证等原因，一直未能释放产能。马鞍山经开区了解情况后主动对接，在深入研究新能源产业发展趋势、全面了解国内电池巨头发展动向的基础上，大胆抢抓新能源电池风口期，将“腾笼换鸟”的目标精准锁定在了蜂巢能源。

该项目 2021 年 2 月 1 日签约，3 月 17 日第一批产品下线，这个速度超出了所有人的预期。在产品下线的当天，蜂巢能源就签订了二期项目合约。2023 年无钴电池生产基地全面开工建设。产值上，蜂巢能源科技（马鞍山）有限公司将力争在 2022 年产值 12.46 亿元的基础上，实现产值翻一番的目标。

5. 重要经验。技术推广和产业升级转型相结合，马鞍山市以“1+3+N”产业集群建设为引领，大力实施产业转型提升行动，做大做强优势主导产业，培育壮大“风口”产业，推动新兴产业加速发展，不断提升现代化产业水平。蜂巢能源同时涉足动力电池、储能电池和商用车等领域，设计产线时考虑不同行业的协同与产线共用，应对几个市场需求的季节性波动，提高产能利用率。终极的生产成本得到优化，通过不断进行技术创新和流程改进，降低成本，提高盈利能力。通过投资锂矿加工厂、碳酸锂厂等上游供应链企业，形成完整的产业链布局，增强竞争优势。

（常州大学李欢供稿）

第七节　芜湖市协同共建科创飞地集聚共享创新资源

长三角G60科创走廊芜湖（上海）产业创新中心项目是安徽省内城市中首个在上海购置土地自主建设的科创飞地。该项目以政府为主导，组建运营公司，布局56个重点研发创新平台，推进“研发在上海、产业化在芜湖”产业协同创新，借助上海高端人才和科研机构集聚优势，实现跨区域科技创新资源共享。

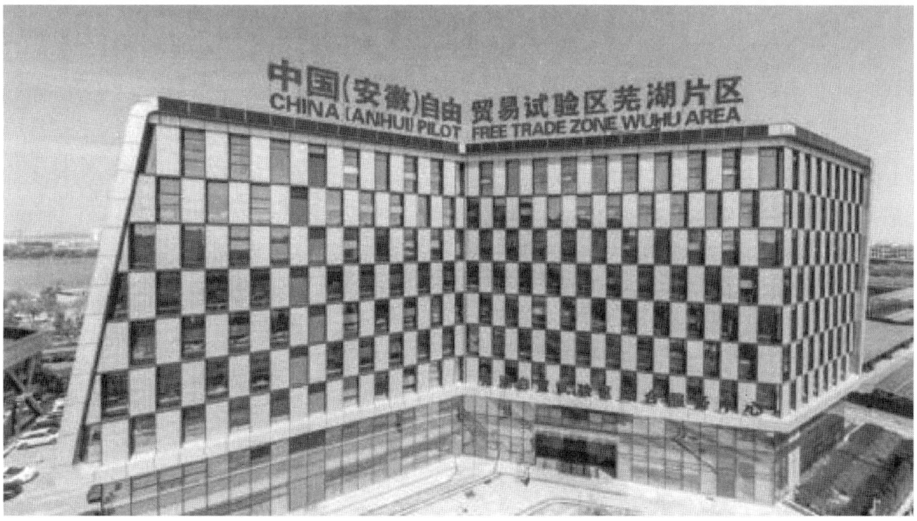

中国（安徽）自由贸易试验区芜湖片区

1. 合作背景。“创新飞地”是指由科创欠发达地区在科创发达地区设立飞地，利用当地科创资源筛选创新项目进行孵化，孵化之后导流回本地，实现“飞出地”资源、政策与“飞入地”技术、人才的有机融合。自2018年长三角一体化发展上升为国家战略后，沪苏浙皖三省一市间的协作愈发紧密。飞地，是其中的表现之一。2020年1月2日，芜湖市政府与上海市松江区政府签订《长三角G60科创走廊芜湖产业创新中心项目战略合作框架协议》，根据协议内容，长三角G60科创走廊芜湖产业创新中心项目计划总投资8亿元，通过购地自建模式建成集产业孵化、招商引资、招才引智等于一体的创新平台。科创飞地是借助上海高端人才和科研机构集聚优势，发挥芜湖产业特色鲜明、要素联系紧密优势，引导在芜企业设立研发机构，吸引海内外优秀创业团队项目入驻，带动高端研发创新资源加速向松江集聚，引导企业生产制造向芜湖集聚的协同创新模式。

2. 主要做法。一是双向合作，共建共享。双方在两地共同推进项目建设和发展，致力于打造“孵化在上海，产业化在芜湖；研发在上海，生产在芜湖；前台在上海，后台在芜湖”的两地协同创新模式。同时，科创飞地试行芜湖和上海双注册机制，入驻企业及机构可同时在两地登记注册，一方面享受芜湖针对本土企业的产业人才科技等专项政策，另一方面享受上海对本地企业的支持政策。二是政策、主体、平台积极赋能。芜湖制定了《长三角G60科创走廊芜湖产业创新中心一期入驻企业管理办法（暂行）》，明确入驻条件、入驻流程、租金补助、优惠政策、企业管理等内容，支持企业引才引智、创新发展。按照全市战略性新兴产业发展需求，每年安排规模不低于10亿元的产业创新专项资金，布局建设一批重点产业研发创新平台，通过市校共建、企校共建、企校市共建等多种协同创新模式，开展技术研发创新活动，培育引进高端人才及团队，加快推动成果转化、企业孵化和项目产业化等全链条服务进程。同时针对一些“卡脖子”技术和关键共性技术，通过创新飞地统筹引导龙头企业在上海设立研发中心，探索解决办法。

3. 实际成效。科创飞地一经推出，便受到众多科研机构和企业的青睐，极大提升了芜湖科技创新和产业创新能力，推进城市战略性新兴产业与支柱产业转型升级和集群式高质量发展。其中，奇瑞商用车公司在科创飞地设立汽车造型设计中心，已在沪招引高端研发人才18名，从事新车型研发设计；奇瑞新能源公司设立汽车造型和智能驾驶中心，就地招引人才20余名，从事汽车智能座舱和自动驾驶研发工作。截至2023年9月底，已有20余家芜湖龙头企业在上海科创飞地设立研发机构，涉及车联网、自动驾驶、新能源汽车、航空电子等产业。芜湖通过飞地招引近百名海内外高端人才为本土企业服务。2023年1月至9月，全市吸纳G60九城市技术合同成交额82亿元，同比增长250.4%；输出技术合同成交额57.3亿元，同比增长155.8%。

4. 重要经验。一是加强通力合作，完善利益共享机制。芜湖和上海在科创飞地建设中注重双向合作，共同打造产业园区和科技创新平台，实现资源共享和互利共赢。此外，双方加强沟通交流，明确科创飞地的功能定位、协商机制和运营原则，不断提升两地产业协同创新和升级的能力。二是积极研发，推动关键技术联合攻关。通过高等院校、科研院所与创新企业的强强联合，组建跨区域、跨部门、跨领域的研发团队，协同解决技术难题，提高科创飞地投入产出效率。三是聚焦自身优势，促进创新。统筹考虑自身资源禀赋、区位条件和产业基础，通过双方政策体系引导，在建设空间、金融支持、人才认定、创新券兑付等方面积极破题，推动科创飞地建设。

（安徽师范大学马骥供稿）

第二章　基础设施、公共服务共建共享案例

第一节　芜湖市创新航线共舱管理模式共建江海联运绿色示范

安徽自贸试验区芜湖片区芜湖港联合上海港，打造了“芜湖—洋山共舱暨单点挂靠航线”，由若干支线经营人共同投入船舶组成运力，舱位共享，对社会开放订舱运输服务，按照固定班期往返于芜湖港与上海洋山港。“芜湖—洋山”长江支线运输航线坚持舱位共享、五定班轮、点对点直航和空箱前置管理模式创新。

长江航道疏浚砂综合利用项目水上疏浚接驳作业现场

1. 案例背景。芜湖港作为安徽港航集团与上港集团的合资码头，业务辐射安徽全省，集装箱码头规模和箱量在安徽省内稳居第一，占全省集装箱总量的60%左右，是芜湖市主动融入长三角发展的重要平台。长期以来，由于芜湖港签约船舶支线运营公司各自经营，无统一调拨平台，芜湖—洋山进出口船舶存在驳船效率高低不一、舱位利用率低、班期不稳定等情况。为提升芜湖—上海间驳船运输效率，提升航线舱位利用率，芜湖港联合上海港共设芜湖港联合服务中心，开通“芜湖—洋山”长江共舱联盟航线。

2. 主要做法。一是创新运营模式。“芜湖—洋山”联盟共舱的主要运作模式是由若干支线经营人共同投入船舶组成运力，舱位对社会开放，按照对外公布的固定班期往返于芜湖港与上海洋山港之间的公共服务航线。随着“芜湖—洋山联盟共

舱”模式的运营，目前芜湖—上海出运船舶可实现“五定班轮”出运。共舱航线新模式实行点对点靠港，释放码头资源，运输效率大幅度提升，从芜湖始发单周次航班平均可节省2～3天。二是开启服务新模式。芜湖港深化与上港集团合作，开启“空箱前置”服务新模式，缩短用箱周期，满足企业发运需求，有效缓解芜湖及周边地区出口企业困难。这种模式一方面有利于满足企业用箱需求，货物出运选择更加灵活，缩短企业用箱周期，解企业出口燃眉之急；另一方面可为客户提供高效、便捷、经济、绿色的水上物流服务，推动芜湖港“陆改水”业务规模化快速发展。三是积极优化通航。安徽省港航集团与上港集团及两地海关等共同合作在芜湖港建立“联动接卸”海关创新监管新模式，通过实施“联动接卸、视同一港”整体监管，实现目的地为上海洋山港、接卸地为芜湖港的进出口集装箱“一次申报、一次查验、一次放行”一体化运行，可为客户节约通关时间1～2天，助推长三角区域港口一体化发展。

3. 实际成效。“芜湖—洋山”长江共舱联盟航线是安徽、上海两地港区推行长三角一体化以来首个大动作，是推动芜湖港与上海港两港共同创新港航服务供给、全面提升长江支线运输质效的重要成果。一是提升了港航质效。“联盟共舱”模式在上海港实施码头单点挂靠，为缓解港口码头拥堵、释放码头资源提供新的解决方案，同时也加速芜湖港集装箱航线整合，促进港航质效提升。自共舱航线运作以来，船舶待港时间由48小时减少到24小时，计划准点率达到100%，装载率由54%提高到77%，有效缓解了腹地企业用箱困难，充分释放了芜湖港和洋山港的码头资源。二是提升了服务企业满意度。“联盟共舱”模式以为客户提供更优质服务为使命，在港口作业效率、计划准点率、船货信息跟踪等方面将实现跨越式提升，为客户提供全方位、立体化服务。三是促进了沪芜两港“同港化”发展。“联盟共舱”模式的成功启动，为长江其他口岸港、航、货三方互联共营提供了一个可借鉴示范模板，将对持续推动长江内支线健康发展起到积极引领作用。

4. 重要经验。一是重视科技创新投入，不断创新发展模式。安徽省港航集团自成立以来，高度重视科技创新投入，不断创新发展模式，发展潜力得到释放，发展能级不断提升，发展质效显著增强。除了共设“芜湖—上海”联合服务中心、开通共舱联盟航线之外，芜湖港还开展了大量模式创新，譬如建立沪芜通关一体化“联动接卸”监管作业模式、实施区块链无纸化进口放货等，这些都为推动安徽港航高质量发展提供了强大动力。二是互利共赢是合作动力所在。“芜湖—洋山”长江共舱联盟航线是芜湖港与上海港两港深入合作的重要成果，“联盟共舱”模式的运营打破以往支线船公司自行运营航线的惯例，联盟各方以更高标准、更紧密衔接、更稳定时效、更深度嵌入全程物流链，构建芜湖港全新航运物流组织体系，提升了长江支线运输的质效。这种合作模式可以为其他港口间的合作提供借鉴。

（安徽师范大学马骥供稿）

第二节　宣城市深入推动跨省通公交让出行更便捷

1. 案例背景。宣城市素有“皖东南门户”之称，是安徽省唯一一个同时与苏浙接壤的地级市，毗邻地区地缘相近，人缘相亲，历史文化渊源颇深，群众来往密切，但公共交通出行方面长期存在短板。随着长三角一体化发展、苏皖合作示范区和“一地六县”合作区等国家、省重大发展战略的持续推进，为加快推进区域间公交互联互通，宣城市交通运输部门推动县（市）交通运输部门主动与南京都市圈成员城市对接，协商开通跨省毗邻公交，打通毗邻地区间居民公交出行的“最后一公里”，满足了毗邻区域群众“走亲访友、上下班、就医、购物”等基本出行需求。

2. 典型做法。一是加强对接协商。针对线路开行及运营过程中存在的票价不统一、免费群体执行政策不统一、车辆配置层次不对等、补贴政策不对等问题，坚持践行“创新、协调、绿色、开放、共享”发展理念，积极与毗邻区域交通运输主管部门对接，确定开通需求后，由两地联合进行线路勘查，制定运营方案。由两地各自对辖区内道路沿线安全生命防护工程及站点设施进行完善，联合交通、公安、属地乡镇等共同对线路通行条件进行实地勘察，在审核通过后签订运营协议。二是科学制定票价。在补贴与票价政策方面，对向开行毗邻公交线路执行两元一票制。免费群体由毗邻地区根据各自区域政策执行，各自进行核算补贴；为毗邻地区 70 周岁以上老年人、伤残军人等群体争取了到广德办理免费公交卡的政策支持，真正为群众办实事。三是加大财政补贴力度。为确保省际毗邻公交线路持续正常运营，郎溪县将郎溪梅渚至溧阳社渚省际毗邻公交线路纳入城市公交进行管理，对运营亏损进行兜底，由县财政进行全额补贴。投入新能源公交车运营，让乘客既享受到舒适的乘车体验又得到实惠，提升了乘客满意度，促进了毗邻地区群众的沟通与往来。

3. 主要成效。截至 2022 年，宣城市已累计开通郎溪梅渚至溧阳社渚、郎溪凌笪至溧阳天目湖、郎溪新发至高淳东坝、广德下寺至溧阳平桥、广德砖桥至溧阳横涧、宣州至南京高淳共 6 条南京都市圈跨省毗邻公交线路。毗邻公交的开通有效解决了省界群众近而不联、多次换乘的出行难题，为助推区域经济、社会、民生高质量一体化发展提供了有力的交通运输保障。毗邻地区公交线路开通后，有效解决了“非法营运”等安全隐患，提高了毗邻地区居民的幸福感和满意度。如郎溪县凌笪镇至溧阳市天目湖镇省际毗邻公交旅游专线是安徽省首条长三角旅游公交专线。该专线充分发挥“小公交、大服务”的作用，方便群众、游客出行，为推动旅游产业融合发展创造新的机遇，为探索打造长三角省际毗邻旅游公交精品线路走出了先行先试路径。同时，郎溪梅渚至溧阳社渚省际毗邻公交线路的开通，打通了毗邻区域间居民公交出行的“最后一公里”，改写了梅渚镇和社渚镇没有公交通达的历史。省际毗邻公交的开通打破了区域间行政壁垒，加强了人流物流信息流互联互通，促进了两地商贸和经济的往来，推动了区域间旅游业、现代服务业等产业深度融合发展，为助力区域经济、社会、民生高质量、一体化发展提供了有力的交通运输保障。

4. 案例经验。一是树立交通先行理念。在长三角一体化发展和南京都市圈建设过程中，交通部门切实发挥好交通“先行官”的作用，通过不断织密毗邻区域公交服务网络，及时满足省际毗邻地区间群众出行需求，为推进长三角一体化、南京都市圈和“一地六县”合作区建设提供有力支撑。二是强化主动作为意识。跨省毗邻公交的发展离不开政策、资金支持，市、县交通运输部门主动作为，积极争取相关政策、落实补助资金，有力调动公交企业开通跨省毗邻公交的积极性，并根据毗邻地区居民出行需求和出行特征，有针对性地指导公交企业科学布设公交线路和公交运力，切实解决居民出行难题。三是建立共商共建机制。为推动跨省毗邻公交开通，交通运输部门加强与毗邻地区有关部门对接会商，共商共建协调联动机制，统筹线路站点设置、补贴与票价政策、站场规划、后勤保障等，同时双方对开设线路实施联合监督检查，做到信息共享、源头管控，确保了运营过程安全、规范、有序。

（合肥工业大学谢众供稿）

第三节　宁马共建交通工程工业化建造科技中心项目

1. 项目简况。南京市交通工程工业化建造科技中心为浦口经济开发区、和县经济开发区共同招引的项目，由浦口经济开发区、和县经济开发区及投资方三方共同签订项目投资协议，在浦口经济开发区内设立总部及研发中心，构建了“研发在南京、转化在和县；总部在南京、生产在和县；龙头在南京、配套在和县”的新型合作模式。该项目总投资 22 亿元，公司注册资本 10 亿元，项目主要研发、生产、销售高性能新型钢混组合结构构件及 UHPC 新型材料；主要产品为 UHPC 桥面板、UHPC 敦柱、盖梁、UHPC 新材料，主要用于交通工程、房建工程等，具有重量轻、高强度、高抗压、高抗拉、养护费用低、施工速度快等特性。

项目分两期建设，一期投资约 5 亿元，成立位于浦口经济开发区的总部办公研发基地，在浦和示范区内建设交通工业化建造生产基地，占地面积约 249 亩，选址地块为园区破产倒闭企业——安徽天泽矿业有限公司，通过法院司法拍卖，“腾笼换鸟”。项目一期完全建成投产达效后，预计年产值不低于 7.5 亿元，年税收不低于 3750 万元。

市委、市人大、市政府、市政协主要领导视察项目

2. 主要做法。一是共同招引合力推进。为了引进建设该项目，浦口经济开发区与和县经济开发区共同成立了项目推进领导小组，由浦口经济开发区管委会主任与和县经济开发区党工委第一书记共同担任项目推进领导小组组长，由浦口经济开发区与和县经济开发区共同组织精兵强将，定期召开项目调度会、现场协调会等，进一步加快项目推进速度。和县经开区按照三方投资协议约定，每月定期督查重点项目投资进度、工程进度等推进情况，并严格按照节点及完成情况兑现协议政策。二是抓好要素保障工作。协议签订后，和县经开区立即对接浦口经开区及项目方，并安排市场、安全、环保、自规、住建等各部门提前介入项目建设，为项目快速办理项目建议书和可研、立项、安评、环评、供地、规划建设许可等各项前期手续，同时做好水、电、气、住宿等要素保障，为项目建设保驾护航。该项目于 2021 年 12 月正式签约，2022 年 5 月开工建设，2023 年 2 月主体竣工进行设备安装调试，2023 年 6 月开始试生产，创造了项目建设“新速度”。三是相互协作克服困难。该项目建设期间，正值全国疫情防控高压期，为了不对项目建设造成影响，园区安排专人对接项目部，对所有人员实行登记造册，对每日来往浦口、和县两地的人员开通绿色通道，实行闭环管理，对运送建材的物流车辆实行全程跟踪管理，最大限度保障项目建设进度不落后。此外，依托“浦和科研飞地”项目，积极帮助该项目在和县工作的南京技术人员享受和县同等人才政策。

项目竣工图

3. 主要成就。建设进度高效。该项目施工方于 2022 年 5 月进场，在园区的协调下于原有建筑物拆除的同时进行建设前期准备工作，6 月全面开工建设，12 月即竣工并安装调试设备，建设速度遥遥领先于同规模企业。成功“腾笼换鸟”。该项目所在地块原为破产倒闭企业天泽矿业集团有限公司，占地面积较大，闲置时间较长，土地利用效率低下，此次成功盘活可大大提升土地亩均效益。加强浦和合作。该项目是浦口区与和县合作的首个重点项目，是“研发在南京、转化在和县”的一次成功尝试；弥补了园区轨道交通方面的空白；对于扎实推进长三角一体化发展，全面融入南京都市圈，积极推动毗邻区域率先突破、融合发展都有着至关重要的意义。

（马鞍山市和县报送）

第三章　生态环境共治共享案例

第一节　镇江市共治跨界河湖同护绿水青山

镇江市在集中力量办好自己的事——抓好市域内的污染防范治理——的基础上，注重加强与毗邻城市的联系和协作，联动发力守护绿水青山，共建区域生态文明。

1. 全面参与南京都市圈环保合作。镇江市签署并切实落实《南京都市圈生态环境保护合作框架协议》；牵头组织召开南京都市圈环保专业委员会联席会议，推动联席会议通过了《南京都市圈燃煤电厂大气污染联防联控实施方案》《宁镇共界河道联合整治实施方案》等多个操作层面的共保共治方案，为开展和加强南京都市圈生态环境保护合作奠定了制度基础。在此顶层设计框架内，区域环保合作有力有序展开。

2. 持续探索流域共保共治机制。镇江市与毗邻的南京市、常州市签订了《跨界水体水质提升合作协议》《流域横向生态保护合作及跨界水环境区域补偿协议》，建立了“水环境质量超标补偿、达标收益”双向补偿机制。通济河是太湖流域的一条重要引排河道，又是镇江与常州的跨界河流，过去一段时期，非一致行动的单方治理总是难达预期。2023 年 7 月，通济河流经地区——镇江市下辖的丹阳市、丹徒区和常州市下辖的金坛区的有关负责同志，在江苏省生态环境厅驻镇江市环境监察专员的见证下，召开了通济河紫阳桥国考断面联防联治会议，会上确定了联合水质监测、全面问题排查、推进综合整治、强化日常管控、加强执法监管、保障生态基流 6 项重点任务，开启了从镇江、常州“各自为战”到镇江、常州“联动共治”的新阶段。

3. 全面加强跨界联合执法。镇江与南京山水相连，联系最为紧密。两地签署了《南京市与镇江市环境安全联防联控合作协议》，紧盯交叉区域等重点地段和节假日、夜间等重要时段，高频次开展联合执法行动，严厉打击非法转移倾倒固体废物危险废物、偷采偷捕等破坏生态环境行为。“长江十年禁渔”是重大政治任务，镇江市下辖的句容市和南京市下辖的栖霞区毗邻，两地农业农村部门一致行动，对长江干流句容段、栖霞区龙潭段和两地交界共管的大道河等禁捕水域联合开展“四清四无”、违法垂钓、涉渔“三无”船舶、商船携带网具等执法巡查；每年夏秋季，专项开展联合执法巡航。

4. 积极推动跨区域应急协调联动。镇江市主动参与和推动“宁镇扬”三地水污染事件联动应急演练。镇江市积极促进区域应急管理资源共享，参与共建共享“生态环境应急物资库”“生态环境应急救援处置队伍”“生态环境应急专家名单”。2022 年，镇江市新建一座 20000 平方米的环境应急物资储备库，储备 30 类环境应急物资和应急装备，全面接入区域应急物资储备网络。

5. 用力下好市域生态环境保护“一盘棋”。镇江市环境污染防治攻坚指挥办公室、河长制办公室牵头，每年梳理突出环境问题，制定重点治理项目清单；镇江市“无废城市”建设指挥部办公室牵头，编制《镇江市“十四五”时期“无废城市”建设实施方案》《镇江市“无废细胞”建设实施方案》，坚持顶层设计、顶层推动，共同下好共建共治共享市域“一盘棋”。

镇江市借力联防联控，推动生态环境质量持续改善。2015 年到 2022 年，镇江市经济总量从 3088 亿元跃升至 5017 亿元，增加了 62%，但化学需氧量和氨氮、氮氧化物、挥发性有机物等污染物排放量逐年下降，分别削减 33%、44%、30%、52%；单位地区生产总值能耗下降 22%；$PM_{2.5}$ 年均浓度下降 41%，空气优良天数比例提高 13 个百分点（2022 年升至 74.8%）；国考断面优Ⅲ比例自 2020 年以来连续三年保持 100%。特别是实行“长江禁渔”战略以来的三年成效明显：观测数据显示，长江镇江段野生动植物达到 534 种，江豚达到 25 头。

南京都市圈环保专业委员会联席会议在镇江召开

（镇江市人民政府办公室供稿）

第二节　南京、镇江、马鞍山三市首次开展协同立法保护江豚

2022 年 10 月 24 日是首个长江江豚保护宣传日（国际淡水豚日），这一天《镇江市人民代表大会常务委员会关于加强长江江豚保护的决定》（简称《决定》）正式实施。这部《决定》不设章节，全文仅 17 条，却是全国范围内首次以跨省、市协同立法的方式对单一物种进行立法保护的创新实践和有益探索，为长江经济带“共抓大保护、不搞大开发”写下生动注脚。

1. 立法的重要意义。长江江豚是极度濒危的国家一级保护动物，被誉为“水中大熊猫”。2022 年，镇江、南京、马鞍山三市人大协同开展长江江豚保护立法，这是深入贯彻习近平生态文明思想和习近平总书记“长江大保护”重要指示精神的具体落实，是提升长江水生态系统和水生物资源修复工作的法治保障，是打造“创新创业福地、山水花园名城”的有力抓手。

长江马鞍山—南京—镇江段是长江江豚主要栖息地之一，镇江市更兼有镇江长江江豚省级自然保护区。针对长江江豚生活及其生境的脆弱性等特点，三市协同开展保护立法十分必要，既有利于打破地方管理的局限，推动构建跨行政区域江豚保护体系，又有利于打造镇江市长江江豚“微笑天使”城市名片，传承弘扬长江文化。《决定》紧扣“长江江豚单一物种保护”主题，以“小快灵”方式开展精准的跨省域协同立法，对南京都市圈生态一体化建设具有重大现实意义和示范作用。

镇江市人大常委会《关于加强长江江豚保护的决定》实施宣传启动仪式

2. 立法的主要过程。2022 年初，镇江市人大与南京、马鞍山两市人大共同倡议开展长江江豚保护跨省域协同立法，并得到江苏、安徽两省人大的鼎力支持。3 月，镇江市人大常委会将《决定》列入 2022 年立法计划正式项目。4 月初，三市共同制定了立法工作方案，并就立法形式、体例、程序及核心制度等达成共识。三市人大于 5 月 18 日召开视频会议，6 月 17 日、7 月 20 日先后在镇江和南京召开座谈会，共进行三次集中修改论证。镇江市起草组多次赴长江江豚保护区实地调研，召开了专家论证会、调研座谈会。镇江市在镇江人大网、微信公众号、“0511 论坛”等平台多次向社会公众征求意见，并书面征求各辖市区及相关立法联系点等的意见建议，共收集意见建议 77 条，对其中 38 条予以采纳。7 月 15 日，报江苏省人大常委会法工委预审，省人大邀请 3 位权威专家对文本进行了论证。8 月 9 日，镇江市人大法制委员会召开会议研究论证。8 月 15 日，镇江市九届人大常委会第六次主任会议对《决定》进行了研究。8 月 18 日，镇江市委常委会听取了《决定》制定情况汇报。

3. 主要内容及特色。《决定》不分章节，共 17 条，由常委会会议一次审议通过，是典型的“小快灵”跨区域协同立法。《决定》确立了长江江豚的保护原则，明确了各级政府和相关部门的工作职责，规定了长江水域及岸线的 8 项行为规范，突出了三市的协作保护内容。其主要有以下几方面的创制性内容：

一是建立全流域、全生命周期的保护制度。充分考虑长江江豚的流动性和复杂性，对其保护从自然保护区的点延伸到长江流域的面，强调全生命周期的保护。

二是践行物种保护和生态环境保护相结合的生态理念。坚持系统思维，将长江江豚物种保护与栖息地生态系统保护相融合。

三是坚持就地保护为主、迁地保护为辅的保护原则。既考虑到镇江长江江豚省级自然保护区是就地保护的重要依托，还考虑到迁地保护的必要性，更为南京都市圈今后的迁地保护预留了制度接口。

四是健全完善以科技手段为支撑的执法联动机制。以清单形式对各部门职责予以明确，并要求市政府建立长江江豚保护执法联动机制。同时，规定运用科技力量为长江江豚及生境保护提供支撑，提高巡航巡护和监测监控能力，助力智慧守护长江江豚。

五是进一步彰显长江江豚的文化旅游价值。规定要求研究挖掘长江江豚的历史内涵，打造“镇江江豚”城市名片，明确每年 10 月 24 日（国际淡水豚日）为镇江市长江江豚保护宣传日。《决定》自 2022 年 10 月 24 日起施行。

《决定》的出台施行是继镇江与南京开展宁句轨道交通跨市域协同立法后，南京都市圈城市进一步跨省域协同立法的实践。一方面注重立法的一致性，三市在同一时间段，分别以同样程序，审议通过内容基本相同的法规文本，并在保护机制、保护措施、禁止性行为以及法规文本发布、正式施行时间等方面，采取一致规则和行动，是以跨省域制度来协调区域法律关系的创新示范；另一方面凸显各自特色，镇江市《决定》在保持主要条款与另外两市一致性的基础上，结合本市实际情况，突出工作重点，在加强联动执法、突出科技支撑、统筹社会参与、强调志愿者作用、弘扬长江文化等方面做了专门规定，更具本市特色。

（镇江市人大常委会办公室供稿）

第三节　镇江市深入推进宁镇跨界水体水质提升合作工作

宁镇两市山水相依，连成一气。2020 年以来，借宁镇扬一体化和宁镇融合发展的重大机遇，两市加强深度合作，积极开展跨界水体水质提升合作、大气污染防治联防联控等工作，为更高水平实现区域流域污染防治一体化打下了良好的基础。

1. 合作背景。2020 年 7 月 4 日，南京、镇江、扬州三市在宁召开宁镇扬党政联席会议。会上，南京市与镇江市签订了《跨界水体水质提升合作协议》，决定在加强区域产业协调、科学设置断面及监测、开展水质达标整治、实施沿河污染管控、扩大区域补偿范围等方面进行深入合作，以期在当年年底前主要跨界水体及重要支流水质有所改善，2021 年底前主要跨界水体及重要支流水质达到国家、省、市考核目标，2022 年起相关跨界水体水质稳定达标并逐年改善。

2. 工作目标。自《跨界水体水质提升合作协议》签订以来，镇江市政府专门下发通知，落实句容市和各相关部门工作任务。根据镇江市政府领导批示要求，镇江市生态环境局与句容市政府积极会同南京市生态环境局编制《落实〈南京市与镇江市跨界水体水质提升合作协议〉的工作方案》，多轮赴南京对接会商。一是明确了跨界水体水质提升目标：2020 年底前，便民河等主流水质实现消劣，句容河主流和方便水库水质稳定达Ⅲ类以上；2021 年底前，便民河等流域内重要支流水质实现消劣，句容河和方便水库重要支流水质达到Ⅲ类及以上；2022 年起，相关跨界水体水质持续改善。二是提出了科学设置断面及监测、实施流域污染调查、加强污染管控、强化应急联动等 7 项重点任务。三是编制跨界水体水质提升工作任务清单，细化重点项目和管理措施，明确时间节点、责任单位和责任人。

3. 主要措施。一是实施联合监测，开展河道水质月度监测分析和巡河工作，互通数据情况，会商分析水质状况和变化原因。二是推进排查溯源，运用无人机巡测、污染源解析及现场调查等措施，完成和平河、凤坛河等跨界河流主要污染源调查。三是完善治污工程，句容市宝华新城全面提升污水处理能力。同时，通过设置微型污水处理设施、一体化智能截流井等工程措施，减少沿线污水入河现象。四是加强排放管控，严控建筑工地等生活污水、施工废水入河，并组织专业队伍及时清理河道内的漂浮物。五是实施排口长制，完成跨界水体区域排口排查核实，并逐一落实排口长和监管机制。六是拓展区域补偿。在《江苏省水环境区域补偿工作方案》规定的补偿断面、考核因子、水质目标及补偿标准等基础上，扩大水环境区域补偿范围，通过经济杠杆提升治水成效。

4. 主要成效。截至 2023 年 5 月，镇江市水环境中，国考断面优Ⅲ比例达 100%，省考断面优Ⅲ比例达 97.8%，长江干流 4 个断面均达Ⅱ类，主要入江支流优Ⅲ比例达 100%。

（镇江市人大常委会办公室供稿）

第四节　宁马联防联控助力打造美丽长江（马鞍山段）

1. 宁马合作主要背景。马鞍山市位于安徽省东部，横跨长江，毗邻南京，境内东西两岸分别拥有长江岸线37.7公里、57.7公里。其中，马鞍山市与南京市共有长江、滁河、水阳江、石臼湖等多条跨界河湖，两市人民共饮一江水。

马鞍山市滨江全景图

水环境整治前，马鞍山市域内有153家非法码头散落长江干支流、765家“散乱污”企业遍布长江岸线，入江排口溯源不清，35条黑臭水体交错，长江生态频亮红灯。位于南京市与马鞍山市接合部的长江苏皖交界水域，洲岛面积广，经营性港口码头多，过往船舶流量大，水域形势复杂，是非法采砂多发、易发地点，也是禁渔工作执法的难点和堵点。江面上流窜两地的非法采砂船、捕捞船，被发现时经常向邻省逃窜，影响两地采砂管理秩序的稳定。

近年来，马鞍山市认真贯彻落实习近平总书记关于推动长江经济带发展、长三角一体化发展的重要战略思想及系列重要讲话精神，认真落实“共抓大保护、不搞大开发”方针，坚定不移走生态优先、绿色发展之路，以宁马合作为重要抓手，全面打造水清岸绿产业优美丽长江（马鞍山）经济带。

2. 宁马合作主要做法。一是以党建联盟为平台，充分发挥党的全面领导作用和联动协作共治作用。2021年3月12日，马鞍山市水利、农业农村、公安部门与南京市水利、农业农村、公安部门及新济洲国家湿地公园管理中心所属的13个基层党组织负责人齐聚南京市公安局水警支队三山大队，以“党建引领联动共治”为主题，签署共建协议，宣布成立长江苏皖交界水域守护党建联盟。联盟成员单位围绕一个共建目标，搭建一个共建平台，充分发挥党的全面领导作用和联动协作共治作用，实现队伍联培联教、信息资源共享、水域管控联动、执法办案互助、服务保障共抓等工作任务，提升打击水上违法犯罪和应对各种风险挑战的能力。二是以联防联控机制为重要抓手，加强长江宁马交界水域采砂管理。2020年12月，南京市江宁区水政监察大队和马鞍山市水政监察支队协商签署了《长江宁马交界水域采砂管理联防联控协议书》，设立了联合防控水域，建立了联防联控执法协作机制，落实了联防联控机制运行保障措施，切实加强长江宁马交界水域采砂管理工作，增强省际交界水域江砂禁采防控能力和打击效果，进一步完善联防联控长效管理机制，保障交界水域河势稳定、防洪安全、通航安全和生态平衡。三是以协作共管为重要抓手，加强长江流域交界处“十年禁渔”新机制落实。（1）联动执法，打造长三角协作执法新样板。马鞍山市渔政执法支队与南京市渔政、海事、公安等部门主动对接，围绕重点时段、重点时节，开展常态化联合巡航执法，推进跨界交叉巡、镇村融合巡、视频网上巡等方式，消除执法盲区，形成强大合力，有效打击、震慑非法捕捞行为。联动执法第一年，开展联合执法累计11次，参与人次达220人次，巡航里程达600公里。（2）加强联络快处置，打造长三角高效处置新标杆。在执法的过程中，马鞍山市渔政执法支队与南京市渔政主动对接，定期开展交界水域渔政执法联动，加大宁马跨境水域非法捕捞打击、规范清理社会“三无船舶”、依法整治沿江垂钓等重点工作推进力度，及时高效处置长江苏皖交界水域各类紧急突发情况。马鞍山市渔政部门牵头，与南京市等相关部门初步建立了快处置机制，做到3分钟互联互通、2小时内实现联合执法、1天内小案件速结案、2周内“行刑”快衔接。

苏皖交界水域采砂联防联控

3. 宁马合作主要收获。实现资源联享，达到苏皖交界水域共同发展目标。马鞍山市、南京市相关单位根据各自职责做好长江皖苏接合部水域管控各项工作，开展联合执法，打破了不同执法部门之间的联络不够通畅的局面，通过协调，集中时间、集中人员、联合执法，以“出门一把抓，回来再分家”破解“家家有权管，家家管不了”的乱象，建立了打击长江非法采砂、长江禁渔执法新机制。达到“共同发展、互相促进”的工作新格局。马鞍山市和南京市渔政、公安、海事等部门充分发挥各自的人员力量、科技应用、信息资源等方面的优势，以“各尽其长，优势互补，资源共享”为原则，及时发现、获取、传递有关涉及破坏水域环境违法犯罪，以及妨害水域公共安全、侵害人民群众利益等的违法违规信息，提升了打击水上违法犯罪和应对各种风险挑战的能力。

（马鞍山市社科联供稿）

第五节　宣城市推行生态环境共保联治让长三角更靓丽

1. 案例背景。郎溪、广德、溧阳三地生态同源、文化同根、发展诉求相似，是苏皖共享、协调、绿色发展的前沿区。为深化生态环境共保联治，提高流域水体保护、处置跨界环境污染纠纷和应对跨界突发环境事件的能力水平，郎溪、广德、溧阳商定建立了生态环境共保联治工作机制，定期开展跨界生态环境共保联治合作。该机制加强了工作交流和亮点借鉴，提高了跨区域执法融合度，有利于打破区域行政壁垒；有助于探索“两山”双向转化的生态产品交易机制，高质量推进苏皖合作示范区建设，打造省域交界合作创新先行区，更好服务长三角一体化发展大局。

2. 典型做法。2021年10月，苏皖合作示范区2021年度联席会议在郎溪县召开，会上郎溪县、广德市、溧阳市三地生态环境部门签订了《溧阳市—郎溪县—广德市跨界区域生态环境共保联治工作制度》（以下简称《工作制度》），从统筹保护山水林田湖生命共同体、探索创新建立生态补偿机制、加强环境联合管控提升区域环境质量、环境基础设施共建、环境信息共享、推动第三方机构跨界服务几个方面入手，建立生态环境共保联治工作制度。一是统筹协调协同推进。三地成立由生态环境局主要领导组成的生态环境共保联治工作领导小组，建立共保联治联席会议制度，统筹推进、协调、研讨共保联治领域重大事项。2022 年 4 月，郎溪县生态环境分局会同广德市生态环境分局处置跨界环境污染问题，督促整改。同年 5 月，郎溪县生态环境分局主要领导带队赴溧阳市社渚镇会同溧阳市生态环境局就两地跨区域、流域环境问题进行沟通座谈。同年 8 月，郎溪县生态环境分局与溧阳市生态环境局、社渚镇政府共同会商梅溧河水环境治理工作。二是区域执法深度合作。以《工作制度》为基，三地联合开展执法行动，有效维护边界区域环境安全和周边群众的合法权益。2021 年 12 月，常州市生态环境局、宣城市生态环境局、溧阳市生态环境局、郎溪县生态环境分局联合开展边界区域环境执法检查，就跨界区域联合执法、信息共享、流域共治等主题展开深入交流。2022 年 7 月，宣城市生态环境局与常州市生态环境局召开联席会议，开展边界区域联合执法检查，实地察看了梅溧河殷桥断面水质情况、河道两岸水污染防治情况，并现场协调解决存在的问题。三是生态环境联合监测。在郎溪—溧阳、广德—郎溪交界断面设置水质自动监测站，对跨界出境河流水质 9 项指标进行实时监测，共同建立了水质监测断面点位，定期开展流域联合排查和监测。2022 年 3 月，郎溪县生态环境监测站会同广德市生态环境监测站开展跨境断面联合采样。同年 6 月，郎溪县与溧阳市开展梅溧河殷桥断面联合采测，并就苏皖区域协作共保联治在水质监测与保护方面开展讨论。郎溪县联合广德市在新郎川河梨园口断面开展联合采样监测。

3. 主要成效。郎溪、广德、溧阳三地生态环境对接合作，进一步拓展了三地生态环境协作范围，通过交流形成良好的正面引导和执法震慑作用，梅溧河殷桥断面在“十三五”末期的Ⅳ类水质的基础上持续改善，目前已连续两年稳定达到Ⅲ类水质标准。2022 年，国控断面新郎川河梨园口断面水质达到地表水Ⅱ类水质标准。跨界区域环境污染得到有效遏制，群众信访量有所下降，环境质量持续向好，“机制共建、研判共商、信息共享、行动共治”的工作模式健康发展，形成生态环境治理的整体合力。

4. 案例经验。郎溪、广德、溧阳水系相通、地脉相连，只有齐抓共管、协同治理，才能实现生态环境系统治理与源头治理。郎溪、广德、溧阳生态环境部门将继续开展多形式、多渠道的沟通交流，加强信息互通共享，不断完善联合监测及执法监管、协同应急处置等工作机制，同时以实战练兵为契机，对边界区域出现的新情况、新问题及时进行会商，提出解决方案及处置措施，互相借鉴先进经验，探索开展更深层次、更高水平的生态环境共保联治，筑牢跨界区域生态安全屏障，助力苏皖合作示范区和“一地六县”合作区高质量发展。

（合肥工业大学谢众供稿）

第八篇

长三角都市圈发展

第一章 长三角总体发展情况

第一节 地区生产总值

自 2018 年长三角一体化发展上升为国家战略以来，沪苏浙皖一市三省地区生产总值（GDP）的全国占比逐年上升，2022 年上海市地区生产总值为 4.47 万亿元，江苏省地区生产总值为 12.29 万亿元，浙江省地区生产总值为 7.77 万亿元，安徽省地区生产总值为 4.5 万亿元。长三角地区生产总值达到 29.03 万亿元，占全国比重 23.99%，已经成为我国经济发展最强劲、最活跃的增长极。2018—2022 年长三角地区一市三省地区生产总值见表 8-1-1。

表 8-1-1 2018—2022 年长三角地区一市三省地区生产总值

单位：亿元

地区	2018 年 GDP	2019 年 GDP	2020 年 GDP	2021 年 GDP	2022 年 GDP
上海市	3.60	3.80	3.90	4.37	4.47
江苏省	9.32	9.87	10.28	11.74	12.29
浙江省	5.80	6.25	6.47	7.40	7.77
安徽省	3.40	3.68	3.81	4.26	4.50

在新冠疫情与复杂多变的国际经济环境的双重作用下，2022 年长三角地区经济发展也受到了一定的影响，地区生产总值虽然有所增长，但增速有所放缓。2021—2022 年长三角地区各省辖市地区生产总值及其增长速度见表 8-1-2、表 8-1-3。

表 8-1-2 2021 年长三角地区各省辖市地区生产总值及其增长速度

单位：亿元

排名	地区	2021 年 GDP/亿元	2020 年 GDP/亿元	实际增速/%	排名	地区	2021 年 GDP/亿元	2020 年 GDP/亿元	实际增速/%
1	苏州市	22718.3	20170.5	8.7	8	常州市	8807.6	7805.3	9.1
2	杭州市	18109.0	16106.0	8.5	9	徐州市	8117.4	7319.8	8.7
3	南京市	16335.3	14818.0	7.5	10	温州市	7585.0	6871.0	7.7
4	宁波市	14594.5	12409.0	8.2	11	绍兴市	6795.0	6001.0	8.7
5	无锡市	14003.2	12370.5	8.8	12	扬州市	6696.4	6048.3	7.4
6	合肥市	11412.8	10045.7	9.2	13	盐城市	6617.4	5953.4	7.7
7	南通市	11026.9	10036.3	8.9	14	嘉兴市	6355.2	5510.0	8.5

续表

排名	地区	2021 年 GDP/亿元	2020 年 GDP/亿元	实际增速/%	排名	地区	2021 年 GDP/亿元	2020 年 GDP/亿元	实际增速/%
15	泰州市	6025.3	5312.8	10.1	28	宿州市	2167.7	2045.0	8.5
16	台州市	5786.2	5263.0	8.3	29	蚌埠市	1989.0	2082.7	-2.1
17	金华市	5355.4	4704.0	9.8	30	亳州市	1972.7	1806.0	8.6
18	镇江市	4763.4	4220.1	9.4	31	六安市	1923.5	1669.5	11.0
19	淮安市	4550.1	4025.4	10.0	32	衢州市	1875.6	1639.0	8.7
20	芜湖市	4302.6	3753.0	11.6	33	宣城市	1833.9	1607.5	10.1
21	连云港市	3727.9	3277.1	8.8	34	丽水市	1710.0	1540.0	8.3
22	宿迁市	3719.0	3262.4	9.1	35	舟山市	1703.6	1512.0	8.4
23	湖州市	3644.9	3201.0	9.5	36	淮南市	1457.1	1337.2	5.7
24	滁州市	3362.1	3032.1	9.9	37	淮北市	1233.0	1119.1	3.4
25	阜阳市	3071.5	2805.2	9.0	38	铜陵市	1165.6	1003.7	7.2
26	安庆市	2656.9	2467.7	6.6	39	池州市	1004.2	868.9	10.2
27	马鞍山市	2439.3	2186.9	9.1	40	黄山市	957.4	850.4	9.1

表 8-1-3　2022 年长三角地区各省辖市地区生产总值

单位：亿元

排名	地区	总值	排名	地区	总值
1	苏州市	23958.30	21	宿迁市	4111.98
2	杭州市	18753.00	22	连云港市	4005.03
3	南京市	16907.85	23	湖州市	3850.00
4	宁波市	15704.30	24	滁州市	3610.00
5	无锡市	14850.82	25	阜阳市	3233.30
6	合肥市	12013.10	26	安庆市	2767.46
7	南通市	11379.60	27	马鞍山市	2520.96
8	常州市	9550.10	28	宿州市	2224.60
9	徐州市	8457.84	29	亳州市	2101.50
10	温州市	8029.80	30	六安市	2004.60
11	绍兴市	7351.00	31	衢州市	2003.44
12	扬州市	7104.98	32	蚌埠市	1988.97
13	盐城市	7079.80	33	舟山市	1951.30
14	嘉兴市	6739.45	34	宣城市	1914.40
15	泰州市	6401.77	35	丽水市	1830.87
16	台州市	6040.72	36	淮南市	1541.10
17	金华市	5562.47	37	淮北市	1302.80
18	镇江市	5017.04	38	铜陵市	1209.90
19	淮安市	4742.42	39	池州市	1078.50
20	芜湖市	4502.13	40	黄山市	1002.30

第二节　长三角地区各省辖市第一产业发展情况

总体上讲，第一产业是一个国家或地区经济发展的基础，但随着各个产业的快速发展，第一产业在整个地区经济中所占的比重在不断降低。2018—2022年长三角地区一市三省第一产业发展情况见表8-1-4。

表8-1-4　2018—2022年长三角地区一市三省第一产业发展情况

单位：亿元

地区	2018年总值	2019年总值	2020年总值	2021年总值	2022年总值
上海市	104.37	103.88	103.57	99.97	96.65
江苏省	4141.70	4297.20	4536.70	4722.40	4959.40
浙江省	1967.00	2097.00	2169.00	2205.48	2324.77
安徽省	2638.01	2915.70	3184.70	3306.60	3513.70

2022年，长三角地区各省辖市第一产业总体仍然保持平稳发展，但在地区生产总值中所占的比重略有下降。2020—2022年长三角地区各省辖市第一产业产值情况见表8-1-5、表8-1-6、表8-1-7。

表8-1-5　2020年长三角地区各省辖市第一产业产值情况

单位：亿元

排名	地区	总值	排名	地区	总值
1	徐州市	771.89	19	六安市	267.80
2	盐城市	793.80	20	安庆市	262.73
3	南通市	510.00	21	绍兴市	244.00
4	淮安市	445.42	22	苏州市	192.98
5	阜阳市	434.20	23	宣城市	179.60
6	连云港市	424.23	24	芜湖市	179.25
7	宁波市	382.00	25	温州市	177.50
8	合肥市	379.20	26	常州市	172.40
9	宿迁市	374.55	27	舟山市	170.90
10	杭州市	346.00	28	镇江市	163.87
11	宿州市	338.20	29	金华市	161.77
12	泰州市	334.41	30	湖州市	161.10
13	台州市	330.06	31	淮南市	158.10
14	扬州市	326.62	32	嘉兴市	144.01
15	南京市	315.56	33	无锡市	133.65
16	滁州市	301.50	34	丽水市	117.71
17	蚌埠市	289.40	35	马鞍山市	109.68
18	亳州市	286.60	36	池州市	98.10

续表

排名	地区	总值	排名	地区	总值
37	衢州市	93.20	39	黄山市	78.20
38	淮北市	89.20	40	铜陵市	59.16

表 8-1-6　2021 年长三角地区各省辖市第一产业产值情况

单位：亿元

排名	地区	总值	排名	地区	总值
1	徐州市	743.34	21	绍兴市	227.00
2	盐城市	735.80	22	苏州市	189.70
3	南通市	485.02	23	宣城市	172.00
4	淮安市	423.32	24	芜湖市	169.58
5	阜阳市	417.30	25	常州市	166.90
6	连云港市	398.13	26	温州市	164.30
7	宁波市	356.10	27	舟山市	158.40
8	宿迁市	353.03	28	镇江市	157.02
9	合肥市	351.05	29	淮南市	150.70
10	杭州市	333.00	30	金华市	150.30
11	宿州市	332.10	31	湖州市	148.60
12	泰州市	318.13	32	嘉兴市	132.00
13	扬州市	317.18	33	无锡市	130.33
14	南京市	303.94	34	丽水市	107.80
15	台州市	303.90	35	马鞍山市	104.23
16	滁州市	287.90	36	池州市	94.20
17	蚌埠市	272.40	37	衢州市	87.10
18	亳州市	271.40	38	淮北市	86.30
19	六安市	255.90	39	黄山市	72.30
20	安庆市	253.16	40	铜陵市	59.20

表 8-1-7　2022 年长三角地区各省辖市第一产业产值情况

单位：亿元

排名	地区	总值	排名	地区	总值
1	盐城市	793.80	7	宁波市	382.00
2	徐州市	771.89	8	合肥市	379.20
3	南通市	510.00	9	宿迁市	374.55
4	淮安市	445.42	10	杭州市	346.00
5	阜阳市	434.20	11	宿州市	338.20
6	连云港市	424.23	12	泰州市	334.41

续表

排名	地区	总值	排名	地区	总值
13	台州市	330.06	27	舟山市	170.90
14	扬州市	326.62	28	镇江市	163.87
15	南京市	315.56	29	金华市	161.77
16	滁州市	301.50	30	湖州市	161.10
17	蚌埠市	289.40	31	淮南市	158.10
18	亳州市	286.60	32	嘉兴市	144.01
19	六安市	267.80	33	无锡市	133.65
20	安庆市	262.73	34	丽水市	117.71
21	绍兴市	244.00	35	马鞍山市	109.68
22	苏州市	192.98	36	池州市	98.10
23	宣城市	179.60	37	衢州市	93.20
24	芜湖市	179.25	38	淮北市	89.20
25	温州市	177.50	39	黄山市	78.20
26	常州市	172.40	40	铜陵市	59.16

第三节　长三角地区各省辖市第二产业发展情况

长三角地区一市三省供给侧结构性改革持续深化，规模以上工业企业产能利用率提升；先进制造业增势良好，数字经济引领增长。2018—2022年长三角地区一市三省第二产业发展情况见表8-1-8。

表8-1-8　2018—2022年长三角地区一市三省第二产业发展情况

单位：亿元

地区	2018年总值	2019年总值	2020年总值	2021年总值	2022年总值
上海市	9732.54	10299.16	10289.47	11449.32	11458.43
江苏省	41248.50	44270.51	44226.40	51557.40	55888.73
浙江省	23506.00	26567.00	26413.00	29107.13	30096.78
安徽省	13842.09	15337.90	15671.70	17613.20	18588.00

在经济发展的不同阶段，各个地区的产业结构变化呈现出不同的特点。对于长三角地区而言，在前40多年的改革开放过程中，第二产业的发展速度不断加快，在地区经济总量中所占的比重不断提升。但近年来，随着长三角地区发展动能与发展空间的变化，该地区的产业结构也出现了新的变化与新的特点：一是第二产业发展速度有所放缓，所占比重基本保持不变；二是第二产业内部出现了新的特点，特别是建立在高新技术基础上的新产业发展加速。2020—2022年长三角地区各省辖市第二产业产值情况见表8-1-9、表8-1-10、表8-1-11。

表 8-1-9　2020 年长三角地区各省辖市第二产业产值情况

单位：亿元

排名	地区	总值	排名	地区	总值
1	苏州市	11521.41	21	湖州市	1966.20
2	宁波市	7413.50	22	宿迁市	1843.98
3	无锡市	7177.39	23	连云港市	1814.25
4	南京市	6069.64	24	滁州市	1808.00
5	杭州市	5620.00	25	马鞍山市	1239.36
6	南通市	5611.10	26	阜阳市	1221.30
7	常州市	4664.50	27	安庆市	1215.23
8	合肥市	4394.50	28	舟山市	950.40
9	嘉兴市	3719.61	29	宣城市	937.30
10	绍兴市	3598.00	30	衢州市	874.12
11	徐州市	3593.22	31	六安市	784.90
12	扬州市	3470.02	32	宿州市	771.60
13	温州市	3380.80	33	亳州市	732.60
14	泰州市	3158.01	34	丽水市	705.91
15	盐城市	2927.80	35	蚌埠市	661.80
16	台州市	2639.10	36	淮南市	648.90
17	镇江市	2471.61	37	铜陵市	577.09
18	金华市	2328.48	38	淮北市	570.30
19	芜湖市	2135.58	39	池州市	502.70
20	淮安市	2011.90	40	黄山市	355.20

表 8-1-10　2021 年长三角地区各省辖市第二产业产值情况

单位：亿元

排名	地区	总值	排名	地区	总值
1	苏州市	10872.80	12	扬州市	3207.37
2	宁波市	6997.20	13	温州市	3193.30
3	无锡市	6710.50	14	泰州市	2918.59
4	南京市	5902.65	15	盐城市	2686.10
5	杭州市	5489.00	16	台州市	2543.00
6	南通市	5357.93	17	镇江市	2319.73
7	常州市	4198.90	18	金华市	2208.70
8	合肥市	4171.21	19	芜湖市	2048.96
9	嘉兴市	3453.80	20	淮安市	1889.21
10	徐州市	3376.02	21	湖州市	1865.00
11	绍兴市	3228.00	22	滁州市	1644.80

续表

排名	地区	总值	排名	地区	总值
23	连云港市	1625.76	32	六安市	745.50
24	宿迁市	1613.47	33	亳州市	681.40
25	马鞍山市	1206.26	34	蚌埠市	673.60
26	安庆市	1162.36	35	丽水市	637.30
27	阜阳市	1151.20	36	淮南市	594.90
28	宣城市	890.70	37	铜陵市	577.10
29	衢州市	811.10	38	淮北市	514.30
30	宿州市	768.60	39	池州市	462.20
31	舟山市	754.70	40	黄山市	343.30

表 8-1-11　2022 年长三角地区各省辖市第二产业产值情况

单位：亿元

排名	地区	总值	排名	地区	总值
1	苏州市	11521.41	21	湖州市	1966.20
2	宁波市	7413.50	22	宿迁市	1843.98
3	无锡市	7177.39	23	连云港市	1814.25
4	南京市	6069.64	24	滁州市	1808.00
5	杭州市	5620.00	25	马鞍山市	1239.36
6	南通市	5611.10	26	阜阳市	1221.30
7	常州市	4664.50	27	安庆市	1215.23
8	合肥市	4394.50	28	舟山市	950.40
9	嘉兴市	3719.61	29	宣城市	937.30
10	绍兴市	3598.00	30	衢州市	874.12
11	徐州市	3593.22	31	六安市	784.90
12	扬州市	3470.02	32	宿州市	771.60
13	温州市	3380.80	33	亳州市	732.60
14	泰州市	3158.01	34	丽水市	705.91
15	盐城市	2927.80	35	蚌埠市	661.80
16	台州市	2639.10	36	淮南市	648.90
17	镇江市	2471.61	37	铜陵市	577.09
18	金华市	2328.48	38	淮北市	570.30
19	芜湖市	2135.58	39	池州市	502.70
20	淮安市	2011.90	40	黄山市	355.20

第四节　长三角地区各省辖市第三产业发展情况

在经济快速发展的基础上，长三角地区的发展质量与发展趋势发生了显著的变化。其中一个最明显的变化就是第三产业在区域发展中的地位越来越重要，所占的比重越来越高。2022 年，长三角地区各省辖市第三产业发展较快。2018—2022 年长三角地区一市三省第三产业发展情况见表 8-1-12，2021—2022 年长三角地区各省辖市第三产业产值情况见表 8-1-13、表 8-1-14。

表 8-1-12　2018—2022 年长三角地区一市三省第三产业发展情况

单位：亿元

地区	2018 年总值	2019 年总值	2020 年总值	2021 年总值	2022 年总值
上海市	22842.96	27752.28	28307.54	31665.56	33097.42
江苏省	47205.16	51064.70	53955.80	59866.40	62027.50
浙江省	30724.30	33688.00	36031.00	40118.00	42185.00
安徽省	17278.50	18860.40	19824.20	21985.40	22943.30

表 8-1-13　2021 年长三角地区各省辖市第三产业产值情况

单位：亿元

排名	地区	总值	排名	地区	总值
1	杭州市	12287.00	21	宿迁市	1752.51
2	苏州市	11655.80	22	连云港市	1704.03
3	南京市	10148.73	23	湖州市	1631.30
4	宁波市	7241.60	24	阜阳市	1503.00
5	无锡市	7162.41	25	滁州市	1429.40
6	合肥市	6890.54	26	安庆市	1241.36
7	南通市	5184.00	27	马鞍山市	1128.84
8	常州市	4441.80	28	宿州市	1067.00
9	温州市	4232.40	29	蚌埠市	1043.00
10	徐州市	3998.08	30	亳州市	1019.90
11	绍兴市	3340.00	31	衢州市	977.50
12	盐城市	3195.50	32	丽水市	964.90
13	扬州市	3171.87	33	六安市	922.10
14	金华市	2996.40	34	舟山市	790.50
15	台州市	2939.20	35	宣城市	771.20
16	泰州市	2788.54	36	淮南市	711.50
17	嘉兴市	2769.60	37	淮北市	622.40
18	镇江市	2286.67	38	黄山市	541.80
19	淮安市	2237.60	39	铜陵市	529.30
20	芜湖市	2048.96	40	池州市	447.80

表 8-1-14　2022 年长三角地区各省辖市第三产业产值情况

单位：亿元

排名	地区	总值	排名	地区	总值
1	苏州市	12243.95	21	宿迁市	1893.45
2	杭州市	12787.00	22	连云港市	1766.55
3	南京市	10522.65	23	湖州市	1722.70
4	宁波市	7908.80	24	阜阳市	1577.80
5	无锡市	7539.78	25	滁州市	1500.50
6	合肥市	7239.40	26	安庆市	1289.50
7	南通市	5258.50	27	马鞍山市	1171.92
8	常州市	4713.20	28	宿州市	1114.80
9	温州市	4471.50	29	亳州市	1082.30
10	徐州市	4092.73	30	蚌埠市	1061.10
11	绍兴市	3509.00	31	衢州市	1036.12
12	盐城市	3358.20	32	丽水市	1007.25
13	扬州市	3308.34	33	六安市	951.90
14	金华市	3072.22	34	舟山市	830.00
15	台州市	3071.56	35	宣城市	797.50
16	泰州市	2909.35	36	淮南市	734.10
17	嘉兴市	2875.83	37	淮北市	643.30
18	镇江市	2381.56	38	黄山市	568.90
19	淮安市	2285.10	39	铜陵市	529.33
20	芜湖市	2187.30	40	池州市	477.70

第五节　长三角地区各省辖市地方财政收入情况

在一定时期内，财政收入反映了一个地区发展的质量，经济发展质量越好，财政收入在地区生产总值中所占的比重越大。同时，随着财政收入的不断增长，其对未来发展的支撑能力也越来越强。

近年来，长三角地区总体的财政收入是不断增长的，但由于疫情的影响，国内经济发展的格局被打破。随着国内国际双循环格局的加快建立，长三角地区未来的经济发展质量仍会不断提升。2018—2022 年长三角地区一市三省财政收入情况见表 8-1-15，2021—2022 年长三角地区各省辖市财政收入情况见表 8-1-16、表 8-1-17。

表 8-1-15　2018—2022 年长三角地区一市三省财政收入情况

单位：亿元

地区	2018 年总值	2019 年总值	2020 年总值	2021 年总值	2022 年总值
上海市	7108.15	7165.10	7046.30	7771.80	7608.19
江苏省	8600.00	8802.36	9059.00	10015.20	9258.88

续表

地区	2018 年总值	2019 年总值	2020 年总值	2021 年总值	2022 年总值
浙江省	6598.00	7048.00	7248.00	8263.00	8039.00
安徽省	3048.70	3183.00	3216.00	3498.20	3589.10

表 8-1-16　2021 年长三角地区各省辖市财政收入情况

单位：亿元

排名	地区	总值	排名	地区	总值
1	苏州市	2510.00	21	淮安市	297.02
2	杭州市	2386.60	22	连云港市	274.80
3	南京市	1729.50	23	宿迁市	267.82
4	宁波市	1723.10	24	滁州市	250.86
5	无锡市	1200.50	25	马鞍山市	196.53
6	合肥市	844.22	26	阜阳市	189.61
7	南通市	710.20	27	宣城市	182.80
8	常州市	688.11	28	舟山市	180.70
9	嘉兴市	674.80	29	蚌埠市	167.30
10	温州市	657.55	30	丽水市	163.97
11	绍兴市	603.80	31	衢州市	163.93
12	徐州市	537.31	32	安庆市	156.09
13	金华市	492.32	33	宿州市	147.87
14	台州市	455.43	34	六安市	147.50
15	盐城市	451.01	35	亳州市	140.30
16	泰州市	420.29	36	淮南市	109.61
17	湖州市	413.52	37	铜陵市	93.50
18	芜湖市	361.20	38	淮北市	88.75
19	扬州市	344.07	39	黄山市	88.29
20	镇江市	327.59	40	池州市	84.28

表 8-1-17　2022 年长三角地区各省辖市财政收入情况

单位：亿元

排名	地区	总值	排名	地区	总值
1	杭州市	2451.00	8	南通市	613.00
2	苏州市	2329.20	9	嘉兴市	596.47
3	宁波市	1680.20	10	温州市	573.90
4	南京市	1558.20	11	绍兴市	540.00
5	无锡市	1133.38	12	徐州市	517.40
6	合肥市	909.25	13	金华市	489.16
7	常州市	631.80	14	盐城市	453.30

续表

排名	地区	总值	排名	地区	总值
15	台州市	440.75	28	安庆市	174.90
16	泰州市	416.65	29	蚌埠市	174.00
17	芜湖市	388.60	30	衢州市	173.10
18	湖州市	387.30	31	丽水市	170.86
19	镇江市	343.80	32	六安市	161.30
20	扬州市	325.49	33	舟山市	156.10
21	淮安市	300.08	34	宿州市	155.30
22	滁州市	277.90	35	亳州市	148.10
23	宿迁市	271.78	36	淮南市	120.30
24	连云港市	212.81	37	淮北市	101.00
25	马鞍山市	204.88	38	铜陵市	93.50
26	宣城市	188.50	39	黄山市	90.70
27	阜阳市	184.80	40	池州市	83.10

第六节　长三角地区各省辖市城镇居民人均可支配收入情况

居民收入的不断提高，既是一个地区发展质量的必然结果，同时也是改善地区财富分配格局的重要内容。只有让居民充分享受到改革发展的红利，才能实现一个地区的可持续发展。2018—2022年长三角地区一市三省城镇居民人均可支配收入情况见表8-1-18，2021—2022年长三角地区各省辖市城镇居民人均可支配收入情况见表8-1-19、表8-1-20。

表8-1-18　2018—2022年长三角地区一市三省城镇居民人均可支配收入情况

单位：元

地区	2018年总值	2019年总值	2020年总值	2021年总值	2022年总值
上海市	68034	73615	76437	82429	84034
江苏省	47200	51056	53102	57743	60178
浙江省	55574	60182	62699	68487	71268
安徽省	34393	37540	39422	43009	45133

表8-1-19　2021年长三角地区各省辖市城镇居民人均可支配收入情况

单位：元

排名	地区	总值	排名	地区	总值
1	苏州市	76888	5	绍兴市	73101
2	杭州市	74700	6	无锡市	70483
3	宁波市	73869	7	嘉兴市	69839
4	南京市	73593	8	温州市	69678

续表

排名	地区	总值	排名	地区	总值
9	舟山市	69103	25	淮安市	43954
10	台州市	68053	26	盐城市	43787
11	湖州市	67983	27	蚌埠市	42656
12	金华市	67374	28	黄山市	41882
13	常州市	65822	29	淮南市	41375
14	镇江市	59204	30	徐州市	40842
15	南通市	57289	31	连云港市	39862
16	马鞍山市	56440	32	淮北市	39688
17	衢州市	54577	33	安庆市	39416
18	泰州市	53818	34	滁州市	39025
19	丽水市	53259	35	池州市	38756
20	合肥市	53208	36	阜阳市	37379
21	扬州市	50947	37	亳州市	37319
22	芜湖市	48668	38	宿州市	37278
23	宣城市	46115	39	六安市	36793
24	铜陵市	44454	40	宿迁市	35056

表 8-1-20　2022 年长三角地区各省辖市城镇居民人均可支配收入情况

单位：元

排名	地区	总值	排名	地区	总值
1	苏州市	79537	17	衢州市	57465
2	杭州市	77043	18	泰州市	56576
3	宁波市	76690	19	合肥市	56177
4	南京市	76643	20	丽水市	55784
5	绍兴市	76199	21	扬州市	53673
6	无锡市	73332	22	芜湖市	51481
7	温州市	73326	23	宣城市	48596
8	嘉兴市	72096	24	铜陵市	46445
9	舟山市	71965	25	淮安市	46041
10	湖州市	71044	26	盐城市	45896
11	台州市	70737	27	蚌埠市	44652
12	金华市	69626	28	黄山市	43800
13	常州市	68578	29	淮南市	43353
14	镇江市	61552	30	徐州市	42610
15	南通市	59605	31	淮北市	41701
16	马鞍山市	59420	32	安庆市	41454

续表

排名	地区	总值	排名	地区	总值
33	连云港市	41282	37	阜阳市	39240
34	滁州市	41043	38	宿州市	38910
35	池州市	41035	39	六安市	38883
36	亳州市	39364	40	宿迁市	36756

第七节　长三角地区各省辖市农村居民人均可支配收入情况

随着城乡融合发展进程的加快，特别是在乡村振兴战略的持续推动下，长三角地区农村居民收入的增长速度始终保持快于地区生产总值的增长速度，有时也快于城镇居民收入的增长速度。这使得长三角地区城乡居民的收入水平一直保持比较协调的关系和比例。2018—2022 年长三角地区一市三省农村居民人均可支配收入情况见表 8-1-21，2021—2022 年长三角地区各省辖市农村居民人均可支配收入情况见表 8-1-22、表 8-1-23。

表 8-1-21　2018—2022 年长三角地区一市三省农村居民人均可支配收入情况

单位：元

地区	2018 年总值	2019 年总值	2020 年总值	2021 年总值	2022 年总值
上海市	30375	33195	34911	38521	39729
江苏省	20845	22675	24198	26791	28486
浙江省	27302	29876	31930	35247	37565
安徽省	13996	15416	16620	18368	19575

表 8-1-22　2021 年长三角地区各省辖市农村居民人均可支配收入情况

单位：元

排名	地区	总值	排名	地区	总值
1	嘉兴市	43598	13	南京市	32701
2	宁波市	42946	14	镇江市	31353
3	舟山市	42945	15	衢州市	29266
4	杭州市	42692	16	南通市	29134
5	绍兴市	42636	17	马鞍山市	28331
6	苏州市	41487	18	泰州市	27401
7	湖州市	41303	19	扬州市	27354
8	无锡市	39623	20	芜湖市	27202
9	温州市	35844	21	合肥市	26856
10	常州市	35822	22	丽水市	26386
11	台州市	35419	23	盐城市	26049
12	金华市	33709	24	徐州市	23694

续表

排名	地区	总值	排名	地区	总值
25	淮安市	21884	33	滁州市	17400
26	宿迁市	21577	34	安庆市	16975
27	连云港市	21373	35	亳州市	16769
28	宣城市	20565	36	淮南市	16706
29	黄山市	20298	37	淮北市	16504
30	蚌埠市	19538	38	六安市	16003
31	池州市	19168	39	宿州市	15913
32	铜陵市	18992	40	阜阳市	15874

表 8-1-23　2022 年长三角地区各省辖市农村居民人均可支配收入情况

单位：元

排名	地区	总值	排名	地区	总值
1	嘉兴市	46276	21	合肥市	28727
2	舟山市	45924	22	丽水市	28470
3	绍兴市	45709	23	盐城市	27794
4	宁波市	45487	24	徐州市	25210
5	杭州市	45183	25	淮安市	23404
6	湖州市	44112	26	宿迁市	23058
7	苏州市	43785	27	连云港市	22667
8	无锡市	41934	28	宣城市	22060
9	温州市	38482	29	黄山市	21712
10	常州市	37852	30	蚌埠市	20687
11	台州市	37700	31	池州市	20602
12	金华市	35630	32	铜陵市	20264
13	南京市	34664	33	滁州市	18630
14	镇江市	33129	34	安庆市	18130
15	衢州市	31468	35	亳州市	17872
16	南通市	30819	36	淮南市	17722
17	马鞍山市	30363	37	淮北市	17495
18	泰州市	29417	38	六安市	17216
19	扬州市	29332	39	宿州市	16897
20	芜湖市	29210	40	阜阳市	16871

第二章　苏锡常都市圈发展情况

苏锡常都市圈位于长江三角洲，包括苏州、无锡、常州三市。国家规划的《长江三角洲城市群发展规划》要求苏锡常都市圈全面强化与上海的功能对接与互动，加快推进沪苏通、锡常泰跨江融合发展。建设苏州工业园国家开放创新综合试验区，发展先进制造业和现代服务业集聚区，推进开发区城市功能改造，加快生态空间修复和城镇空间重塑，提升区域发展品质和形象。

第一节　苏州市经济社会发展情况

2022 年实现地区生产总值 23958.34 亿元，按可比价格计算比上年增长 2%。其中第一产业增加值 192.98 亿元，增长 3%；第二产业增加值 11521.41 亿元，增长 1.8%；第三产业增加值 12243.95 亿元，增长 2.1%。三次产业结构比为 0.8∶48.1∶51.1。按常住人口计算，人均地区生产总值 18.6 万元，比上年增长 1.3%。

全面推进产业创新集群建设。出台《苏州市推进数字经济时代产业创新集群发展指导意见》，发布《苏州市推进数字经济时代产业创新集群建设 2025 行动计划》，推动数字经济和实体经济深度融合，加快锻造产业创新集群发展领先优势。出台 25 个重点细分领域三年行动计划。全市电子信息、装备制造、生物医药、先进材料四大产业创新集群产值比上年增长 4.6%，规模以上新兴服务业营业收入比上年增长 18.2%。纳米新材料、生物医药及高端医疗器械、高端纺织被列入国家先进制造业集群。

数字赋能实体经济发展。全市数字经济核心产业增加值占地区生产总值比重达 15.8%。规模以上工业企业智能化改造和数字化转型覆盖面达 92.9%。新增 2 家国家级工业互联网双跨平台，累计 14 家。年末全市拥有国家级智能制造示范工厂 4 家，省级智能工厂 24 家，省级示范智能车间 678 个，省级领军服务机构 59 家。新增全球“灯塔工厂”1 家，累计 6 家。

持续优化营商环境。出台《苏州市优化营商环境创新行动 2022》。实现市场主体登记“全城通办通取”。全年新设市场主体 29.22 万户，其中新设企业 10.57 万户。年末全市共有各类市场主体 286.95 万户，其中企业 87.74 万户，比上年末增长 5.8%。切实落实各项助企纾困政策，全年减税降费及退税缓税缓费超过 1000 亿元。上线“苏链通”“苏货通”平台，有力维护产业链、供应链安全稳定。出台支持总部经济、楼宇经济、上市企业、新兴服务业等系列政策，在全国工商联“万家民营企业评营商环境”中，连续两年获评“营商环境最佳口碑城市”。

全年城镇新增就业人数 21.6 万人。苏州籍高校毕业生就业率达 98.1%。发放稳岗返还资金 14.2 亿元，惠及企业 21.89 万户。连续三年获评中国年度最佳促进就业城市。

全年市区居民消费价格总水平比上年上涨 2.1%。其中食品烟酒类上涨 3%，衣着类上涨 1.2%，居住类上涨 1.1%，生活用品及服务类上涨 1.5%，交通和通信类上涨 3.5%，教育文化和娱乐类上涨 1.5%，医疗保健类上涨 2.2%，其他用品和服务类上涨 0.1%。

全年实现社会消费品零售总额 9010.7 亿元，比上年下降 0.2%。其中批发和零售业零售额

8370.6亿元，增长0.7%；住宿和餐饮业零售额640.1亿元，下降10.8%。在限额以上批发和零售单位商品零售额中，粮油食品类、饮料类、日用品类和中西药品类商品零售额分别比上年增长8.3%、17.3%、2%和11.9%。升级类消费加快释放，体育娱乐用品、智能家用电器和音像器材、智能手机等商品零售额分别比上年增长44%、71.7%、122.6%。汽车类商品零售额1017.4亿元，比上年增长0.5%。其中新能源汽车零售额193.7亿元，增长129.6%；新能源汽车零售额占汽车类商品零售额的比重达19%，比上年提高11.1个百分点。限额以上批发和零售业通过公共网络实现商品零售额比上年增长17%。成功举办“苏新消费·笑拼苏州”“双12苏州购物节”“夜ZUI苏州”等活动。苏州市在中国消费者协会百城消费者满意度测评中跃居首位，观前街区、同里古镇获评国家级夜间文旅消费集聚区。

全年货物进出口总额25721.1亿元，比上年增长1.6%。其中出口15475亿元，增长4%；进口10246.1亿元，下降1.9%。全年一般贸易进出口10729.8亿元，比上年增长7.1%，高于加工贸易6.5个百分点，占进出口总额的比重达41.7%，比上年提高2.1个百分点。从经济类型看，国有企业进出口1504.9亿元，增长2.9%；民营企业进出口8271亿元，增长11.9%；外资企业进出口15944.9亿元，下降3.1%。从出口市场看，对美国、日本、欧盟（不含英国）和东盟出口分别为3231.7亿元、1173.5亿元、2887.6亿元和2069.8亿元，分别比上年增长0.5%、4.2%、6%和11.2%。对“一带一路”沿线国家和地区出口额比上年增长12.8%。全年机电产品出口12159.2亿元，比上年增长2.7%；高新技术产品出口7641亿元，比上年增长2.2%。

全年服务贸易进出口211亿美元，比上年增长4.4%。市场采购贸易额20.6亿美元，比上年增长34.5%。跨境电商进出口额167.21亿元，比上年增长41%。全年完成服务外包接包合同额139.9亿美元，比上年增长1.1%；服务外包离岸执行额58.2亿美元，增长5.5%。

全年新设外资项目1242个，实际使用外资74.18亿美元，比上年增长35.9%，其中制造业使用外资32.66亿美元，增长147.9%。年末160家世界500强跨国公司在苏州投资设立了450个项目。空中客车、西门子、飞利浦、霍尼韦尔等一批总部型、研发型外资项目落户苏州。全市新增省认定跨国公司地区总部和功能性机构20个，累计达191个，占全省的52.2%。苏州工业园区获评全省唯一外资总部经济集聚区。

全年实现一般公共预算收入2329.2亿元，扣除留抵退税因素后同口径增长0.1%，其中税收收入1897.7亿元，同口径下降3.8%，占一般公共预算收入的比重达81.5%。一般公共预算支出2588.5亿元，比上年增长0.2%，其中城乡公共服务支出2096.2亿元，占一般公共预算支出的比重达81%，比上年提高1.8个百分点。

全市常住居民人均可支配收入70819元，比上年增长3.9%。其中城镇常住居民人均可支配收入79537元，增长3.4%；农村常住居民人均可支配收入43785元，增长5.5%。全市常住居民人均消费支出42889元，比上年增长2.6%。其中城镇常住居民人均消费支出47451元，增长1.9%；农村常住居民人均消费支出28746元，增长5.5%。

第二节　无锡市经济社会发展情况

2022年，全市经济总量再创新高，综合实力持续增强，初步核算，全年实现地区生产总值14850.82亿元，按可比价格计算比上年增长3%。按常住人口计算，人均地区生产总值达到19.84万元。

分产业看，全市第一产业实现增加值133.65亿元，比上年增长1.1%；第二产业实现增加值7177.39亿元，比上年增长3.6%；第三产业实现增加值7539.78亿元，比上年增长2.4%。三次产业结构比调整为0.9：48.3：50.8。

全年城镇新增就业15.81万人，其中各类城镇下岗失业人员实现就业再就业7.72万人，援助就业困难人员再就业 3.12 万人。

全年民营经济实现增加值 9831.24 亿元，比上年增长 3.3%，占经济总量的比重为 66.2%，比上年上升 0.2 个百分点。民营规模以上工业实现产值 14269.28 亿元，比上年增长 12.8%。民间投资完成 2403.41 亿元，比上年下降 3.6%。

年末全市各级登记机关登记的各类企业 42.33 万户，其中国有及集体控股企业 3.6 万户，外商投资企业 0.7 万户，私营企业 38.04 万户，当年新登记各类企业 5.12 万户。年末个体户 66.09 万户，当年新登记 8.08 万户。

全年市区居民消费价格指数上涨 2.1%，比上年提高 0.4 个百分点（表 8-2-1）。其中服务项目价格上涨 1%，消费品价格上涨 2.9%。工业生产价格涨幅平稳，全年工业生产者出厂价格上涨 1.7%，工业生产者购进价格上涨 3.9%。

表 8-2-1　2022 年无锡市市区居民消费价格指数

指标	价格指数（以上年为 100）
居民消费价格指数	102.1
食品烟酒	102.5
衣着	100.2
居住	101.0
生活用品及服务	102.2
交通通信	105.6
教育文化娱乐	100.9
医疗保健	101.9
其他用品及服务	101.2

全年实现社会消费品零售总额 3337.6 亿元，比上年增长 1%。限额以上批发和零售业通过公共网络实现的商品零售额 210.72 亿元，比上年增长 24.4%；限额以上住宿和餐饮业通过公共网络实现的餐费收入 26.58 亿元，比上年增长 29.1%。

在限额以上批发和零售业零售额中，汽车类增长 4.4%，石油及制品类增长 2.3%，粮油、食品类增长 6.3%，通讯器材类增长 3.9%，服装、鞋帽、针纺织品类增长 2%，家具类增长 13.7%，中西药品类增长 21.8%，化妆品类增长 13.8%，金银珠宝类增长 15.3%，日用品类增长 29.4%。

对外贸易迈上新台阶，按美元计，进出口总值突破 1100 亿美元大关，全年实现进出口总值 1106.52 亿美元，比上年增长 4.7%。其中出口总值 727.88 亿美元，比上年增长 11.4%；进口总值 378.65 亿美元，比上年下降 6.1%。一般贸易实现出口总值 440.4 亿美元，占全市出口总值的 60.5%。按人民币计，全年实现对外贸易进出口总值 7373.07 亿元，比上年增长 8%。其中出口总值 4852.64 亿元，比上年增长 15%；进口总值 2520.44 亿元，比上年下降 3.3%。2022 年无锡市对主要国家和地区进口、出口总值及其增长速度见表 8-2-2。

表 8-2-2　2022 年无锡市对主要国家和地区进口、出口总值及其增长速度

出口国家和地区	出口总值/万美元	增长/%	进口国家和地区	进口总值/万美元	增长/%
韩国	1073899	33.5	日本	653186	−12.1
美国	721962	−2.3	韩国	616896	−15.7
中国香港	559551	−11.2	中国台湾	377775	−6.7
日本	415037	5.2	美国	271285	−5.0
印度	252426	15.0	澳大利亚	75328	10.1

利用外资稳步提升，全年批准外资项目447个，新增协议注册外资87.89亿美元，比上年下降23.1%。实际使用外资38.26亿美元，比上年增长3.6%。全年完成协议注册外资超3000万美元的重大外资项目66个。至2022年底全球财富500强企业中有110家在无锡市投资兴办了222家外资企业。

财政收入平稳，全市一般公共预算收入1133.38亿元，扣除留抵退税因素后比上年增长1.6%。财政支出力度加大，全年一般公共预算支出1365.84亿元，比上年增长0.6%。

全体居民人均可支配收入65823元，比上年增长4.5%。城镇常住居民人均可支配收入73332元，比上年增长4%；农村常住居民人均可支配收入41934元，比上年增长5.8%。城乡居民收入差距进一步缩小，城乡居民收入比由上年的1.78∶1缩小为1.75∶1。全体居民人均生活消费支出41381元，比上年增长3.9%。城镇常住居民人均生活消费支出45298元，比上年增长3.2%；农村常住居民人均生活消费支出28920元，比上年增长6.6%。

第三节　常州市经济社会发展情况

一、经济发展质量不断提升

综合实力迈上新台阶。2022年全市实现地区生产总值9550.1亿元，按不变价格计算增长3.5%；按常住人口计算，人均地区生产总值达17.8万元，增长2.6%。分三次产业看，第一产业实现增加值172.4亿元，增长2.1%；第二产业实现增加值4664.5亿元，增长5.4%；第三产业实现增加值4713.2亿元，增长1.8%；三次产业增加值比例调整为1.8∶48.8∶49.4。民营经济实现增加值6338.5亿元，按不变价格计算增长3.8%；民营经济增加值占地区生产总值比重达66.4%，对全市经济的贡献率为72%。

城镇就业形势良好。全年城镇新增就业11万人，扶持创业3.2万人，创业带动就业6.5万人。年末城镇登记失业率为2.3%，城镇失业人员再就业6.2万人，就业困难人员就业1.5万人，持续保持零就业家庭动态“清零”。离校未就业高校毕业生年末就业率达95%以上。城乡劳动者参与就业技能培训4.1万人，新生代农民工参与职业技能培训1.6万人。

物价水平温和可控。全年居民消费价格指数上涨1.9%，其中食品烟酒类上涨2.2%，衣着类上涨0.6%，居住类上涨0.7%，生活用品及服务类上涨2.6%，交通和通信类上涨5.2%，教育文化和娱乐类上涨0.9%，医疗保健类上涨1.1%，其他用品和服务类上涨2.8%。全年工业生产者出厂价格指数上涨1.6%，工业生产者购进价格指数上涨3.6%。

市场主体表现活跃。全年新登记各类市场主体11.8万户，其中私营企业3.1万户，个体工商户8.4万户。年末各类市场主体累计80.4万户，增长9.1%。其中内资企业25.8万户，增长6.7%；个体工商户53.9万户，增长10.4%。年末累计注册资本2.8万亿元，增长8.2%。其中内资企业2.3万亿元，增长8.8%；个体工商户572.8亿元，增长10.6%。

二、开放型经济有新的进展

对外贸易量稳质升。全年完成进出口总额3228.5亿元，增长7.5%。出口2507.4亿元，增长14.7%，其中高新技术产品、动力电池、光伏产品出口分别增长26.9%、30.4%、30.7%。一般贸易进出口占全市比重达82.1%，民营企业进出口占全市比重为54.8%。全市对“一带一路”沿线国家和地区进出口占比达31.4%，对RCEP成员国进出口占比达34.1%。全年新增3家市级跨境电商产业园、3家市级进口交易中心试点、2家省级公共海外仓、8家市级海外仓。

外资招引提质增效。全市实际到账外资28.3亿美元，增长9.8%。其中制造业和生产性服务业到账19.8亿美元，占比70%，占比较上年提升13.8个百分点。全年新增外资项目325个，其中新增制造业项目91个，新增服务业项目233个。

新增协议外资超3000万美元项目59个，超1亿美元项目22个，超3亿美元的制造业项目4个。新增美国美敦力、韩国SK、法国圣戈班3家世界500强投资项目，新增省级跨国公司地区总部2家、省外资研发中心2家、市级外资总部5家，2支QFLP基金先后完成注册。

外经外事扎实推进。全年新增对外投资项目54个，增长14.9%；新增中方协议投资11.2亿美元，增长105.9%；新增实际投资7.8亿美元，增长254%。在“一带一路”国家和地区投资项目20个，增长42.9%；中方协议投资额7亿美元，增长613.1%。民营企业新增对外投资项目42个，中方投资额7.5亿美元。全年接待外宾24批。常州与54个外国城市结为友好城市，与我国驻大阪总领事馆、驻以色列大使馆建立深化友好合作专项机制。

三、科技创新对经济发展的推动作用增强

科技实力持续增强。全年净增高新技术企业765家，有效高新技术企业数达3680家，增长26.2%。江苏省（潜在）独角兽企业累计44家，瞪羚企业累计671家。完成专利授权53163件，其中发明专利授权6712件，万人有效发明专利拥有量55.3件。全社会研究与试验发展（R&D）经费支出占地区生产总值比重达3.3%，高新技术产业产值占规模以上工业总产值的比重达53.8%，科技进步贡献率达67%。

创新载体能级提升。全年市级以上“三中心”（工程技术研究中心、企业技术中心、工程研究中心）2329家，其中国家级18家、省级898家。龙城实验室挂牌运行，碳纤维及复合材料技术创新中心获批建设省技术创新中心。市级以上创新创业载体323家，其中众创空间118家、孵化器155家、加速器50家。全省科技企业孵化器绩效评价中，获评B类以上的孵化器共34家，其中获评A类5家。在国家级孵化器绩效评价中，获评B类以上共22家，其中获评A类9家。

创新人才快速集聚。全年引进各类人才11.1万人，增长5%。其中大专及以上学历人才8.2万人，技能人才2.9万人，引进人才总量再创历史新高。新增数字技能人才2.6万人、高技能人才1.6万人，每万名劳动者中高技能人才数连续9年位居全省第一。全年累计引进制造业、科学研究和技术服务业人才5.7万人，占引进人才总数的51.4%，占比较上年提高7.3个百分点，其中科学研究和技术服务业引才比上年增加1.5万人。

四、人民生活水平有新的提高

居民生活质量稳步提升。全年居民人均可支配收入59514元，增长4.6%。其中城镇常住居民人均可支配收入68578元，增长4.2%；农村常住居民人均可支配收入37852元，增长5.7%；城乡居民人均收入比1.81∶1，比上年缩小0.03。全市居民人均生活消费支出35216元，增长3.3%。其中城镇居民人均生活消费支出39059元，增长2.7%；农村居民人均生活消费支出26031元，增长5.1%。城镇居民恩格尔系数26.3%，农村居民恩格尔系数31.3%。

社会保障有力有效。年末参加企业职工基本养老保险人数180.8万人，增长2%。参加城乡居民基本养老保险、失业保险、工伤保险人数分别达17.5万人、151.5万人、207.7万人。参加医疗保险、生育保险人数分别达442.1万人、164.4万人。居民医疗保险和大病保险实现市级统筹，“常州惠民保”成为全国优秀案例，长期护理保险惠及超2.6万人。年末全市有8227户、1.1万人被纳入低保范围，累计发放保障金1.2亿元，最低生活保障标准提高至每人每月1000元。拥有各类养老机构121个，养老机构床位数25053张，收养人数9255人。

第三章　淮海经济区发展情况

淮海经济区范围包括：江苏省的徐州市、连云港市、宿迁市，安徽省的宿州市、淮北市，山东省的枣庄市、济宁市微山县，河南省的商丘市，共涉及 8 个地级市，区域构成以江苏省境内为主体。

第一节　徐州市经济社会发展情况

2022 年全市实现地区生产总值 8457. 84 亿元，按可比价格计算比上年增长 3. 2%。其中第一产业增加值 771. 89 亿元，增长 3%；第二产业增加值 3593. 22 亿元，增长 4%；第三产业增加值 4092. 73 亿元，增长 2. 5%。三次产业结构比为 9. 1 ∶ 42. 5 ∶ 48. 4。全市人均地区生产总值 93731 元，增长 3. 6%。

新兴产业增势良好。全市“343”创新产业集群产值（营业收入）比上年增长 8. 4%，其中规模以上工业产值增长 8. 3%，规模以上服务业营业收入增长 11. 8%。分产业看，绿色低碳能源和新材料产值（营业收入）分别增长 52. 5%和 8. 9%，集成电路与 ICT、医药健康、安全应急分别增长 29. 2%、0. 9%和 19%，精品钢材、高端纺织、食品及农副产品加工分别增长 17. 1%、8. 9%、4. 1%；数字经济核心产业营业收入 1199. 5 亿元，增长 45. 7%。

市场主体不断增多。年末全市共登记市场主体 130. 05 万户，其中企业 28. 52 万户，个体经营户 101. 53 万户。全年工商新登记企业 5. 24 万户，注册资金 3089 亿元。其中新增私营企业 4. 61 万户，注册资金 2242 亿元；新增外资企业 196 户，注册资金 142. 64 亿元。新增个体户 10. 98 万户，注册资金 158 亿元。

就业形势基本平稳。全年城镇新增就业 8. 25 万人；城镇失业人员就业 6. 83 万人，城乡就业困难人员就业 2. 08 万人。支持成功自主创业 4. 9 万人，引领大学生创业 3220 人，扶持农民自主创业 3 万人。全年城乡劳动者就业技能培训 5. 01 万人，新生代农民工技能培训 1. 61 万人。新增数字技能人才 1. 2 万人。

居民消费价格温和上涨。全年城市居民消费价格比上年上涨 2. 2%。分类别看，全年八大类商品价格均有小幅上涨，食品烟酒、衣着、居住、生活用品及服务、交通与通信、教育文化娱乐、医疗保健、其他用品和服务类价格分别上涨 2%、1. 5%、0. 5%、1. 2%、5. 5%、3. 6%、2. 2% 和 1. 2%。

工业品价格涨幅回落。全年工业生产者出厂价格比上年上涨 5. 6%，涨幅较上年回落 4. 2 个百分点，其中生产资料出厂价格上涨 6. 2%，生活资料出厂价格上涨 2. 4%。全年工业生产者购进价格比上年上涨 9. 4%，涨幅较上年回落 27. 5 个百分点，其中燃料动力类购进价格上涨 19. 2%，农副产品类购进价格上涨 12. 6%。

消费品市场持续向好。全市实现社会消费品零售总额 4102. 73 亿元，比上年增长 1. 6%。按经营单位所在地分，城镇消费品零售额 3391. 2 亿元，增长 1. 5%；农村消费品零售额 711. 53 亿元，增长 2. 1%。从商品销售看，全市限额以上单位销售商品中，服装鞋帽、日用品等生活用品类消费分别增长 0. 7%和 19. 7%；石油及制品类、汽车等出行类消费分别增长 22.6%和 3.5%；金银珠宝和通讯器材等升级类消费分别下降 8.2%和 7.7%。从网络零售看，全市限额以上单位通过公共网络实现商品零售额增长 23.5%，占全部限额以上商品零售额比重为 13.8%。

对外贸易逐步恢复。全市实现进出口总额 1291.09 亿元，比上年增长 2.9%。其中出口总额 1111.96 亿元，增长 5.9%；进口总额 179.14 亿元，下降 12.2%。从出口结构看，一般贸易出口额 855.63 亿元，下降 2.2%，占出口总额比重为 76.9%；加工贸易出口额 91.57 亿元，增长 78.8%。全市服务贸易进出口总额 9.85 亿美元，占对外贸易比重为 5.1%。从出口产品看，机电产品出口额 703.81 亿元，增长 21.2%；高新技术产品出口额 807.96 亿元，增长 1.9%；农产品出口额 22.15 亿元，增长 0.9%。从出口市场看，对东盟出口 226.53 亿元，增长 25.6%；对欧盟出口 127.26 亿元，下降 3.9%；对拉丁美洲出口 117.13 亿元，增长 29.1%；对美国出口 136.18 亿元，下降 31.1%；对“一带一路”沿线国家和地区出口 476.28 亿元，增长 30.1%，占全市出口总额的比重为 42.8%。

对外合作发展稳定。全年实际使用外资 12.24 亿美元，新批协议外资 50.41 亿美元，新批及净增资 3000 万美元以上的项目 74 个，其中 1 亿美元以上的项目 11 个。新签对外承包工程合同额、新签对外承包工程完成营业额分别为 3.9 亿美元和 4596 万美元；新批境外投资项目 20 个，境外投资中方协议投资额 5579 万美元。

财政收支稳定增长。全年一般公共预算收入 517.4 亿元，扣除增值税留抵退税因素后，同口径增长 3.4%。全年一般公共预算支出 1031.8 亿元，比上年增长 2.7%；其中用于交通运输、卫生健康、社会保障和就业领域的支出分别增长 33.1%、15.2%、7.9%。

全年全市居民人均可支配收入 35950 元，比上年增长 5.1%。其中工资性收入 20180 元，增长 5.4%；经营净收入 7093 元，增长 2.6%；财产净收入 2094 元，增长 1.1%；转移净收入 6583 元，增长 8.3%。按常住地分，城镇居民人均可支配收入 42610 元，增长 4.3%；农村居民人均可支配收入 25210 元，增长 6.4%；城乡居民收入比由上年的 1.72∶1 调整为 1.69∶1，收入差距进一步缩小。全市居民人均消费支出 22277 元，增长 4.7%。按常住地分，城镇居民人均消费支出 24984 元，增长 3.5%；农村居民人均消费支出 17911 元，增长 7.1%。全市居民恩格尔系数为 29.7%，比上年上升 0.3 个百分点，其中城镇为 29.1%，农村为 30.9%。

第二节　连云港市经济社会发展情况

2022 年全市实现地区生产总值 4005.03 亿元，迈上 4000 亿元新台阶，比上年增长 2.4%。其中第一产业增加值 424.23 亿元，增长 3.2%；第二产业增加值 1814.25 亿元，增长 4.8%；第三产业增加值 1766.55 亿元，下降 0.1%。全年三次产业结构比为 10.6∶45.3∶44.1。全市人均地区生产总值 87042 元，比上年增长 2.4%。2018—2022 年连云港市地区生产总值及其增长速度见图 8-3-1。

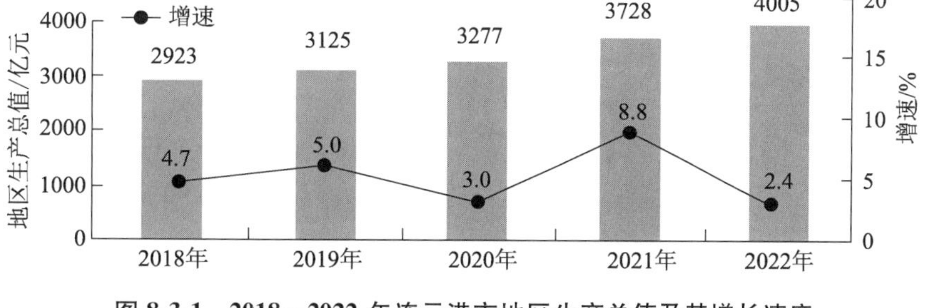

图 8-3-1　2018—2022 年连云港市地区生产总值及其增长速度

新兴动能稳步增强。全年工业战略性新兴产业产值占规模以上工业比重达40.3%，高新技术产业产值占规模以上工业比重达39%。高技术产业投资增长32.6%，占全部投资比重为14.8%，占比较上年同期提高了3.5个百分点。数字经济核心产业增加值占地区规模以上科学研究和技术服务业营业收入比重增长18.4%。全年通过公共网络实现的零售额增长25.8%。

就业形势总体稳定。全年城镇新增就业5.61万人，扶持自主创业2.18万人，离校未就业高校毕业生期末就业率95%以上，零就业家庭动态"清零"。开展招聘活动602场次，提供就业岗位41.1万个次。兑现"降、返、补、扩"等纾困资金5.5亿元。发放社保补贴2.8亿元、失业保险金1.03亿元、失业补助金2776万元，援助就业困难人员就业2.82万人，帮扶失业人员再就业1.52万人。

居民消费价格温和上涨。全年居民消费价格比上年上涨2.3%。分类别看，食品烟酒类上涨3.9%，衣着类上涨1.3%，居住类上涨0.3%，生活用品及服务类上涨2.1%，交通通信类上涨5.5%，教育文化娱乐类上涨0.8%，医疗保健类上涨1.1%，其他用品及服务类上涨1.3%（表8-3-1）。食品中，粮食上涨4.9%，食用油上涨5.8%，鲜菜上涨3.2%，水产品上涨3.5%，蛋类上涨8.2%，鲜果上涨12.1%，畜肉类下降3.6%。

表8-3-1　2022年连云港市居民消费价格指数

指标	价格指数（以上年为100）
居民消费价格总指数	102.3
一、食品烟酒	103.9
二、衣着	101.3
三、居住	100.3
四、生活用品及服务	102.1
五、交通通信	105.5
六、教育文化娱乐	100.8
七、医疗保健	101.1
八、其他用品及服务	101.3

全年社会消费品零售总额1197.69亿元，比上年下降0.5%。全年限额以上单位商品零售额412.13亿元，增长2.2%。从商品分类看，金银珠宝类增长57.6%，中西药品类增长35.2%，石油及制品类增长18%，服装、鞋帽、针纺织品类增长14.5%，化妆品类增长13.4%，通讯器材类增长6.8%，粮油、食品类下降6.9%，汽车类下降10.9%，日用品类下降11.4%。

全年外贸进出口总额1076.35亿元，比上年增长14.9%。其中出口398.4亿元，增长2.5%；进口677.96亿元，增长23.8%。从贸易方式看，一般贸易进出口694.85亿元，增长0.8%；加工贸易进出口89.93亿元，增长57.7%。从贸易市场看，美国、东盟、俄罗斯是全市前三大贸易伙伴，分别进出口180.43亿元、177.59亿元和99.89亿元，分别增长19.3%、64.1%和34.8%；对韩国、巴西、欧盟、日本分别进出口84.45亿元、72.79亿元、69.36亿元和63.15亿元，分别增长3.8%、下降28.3%、下降11.9%和增长12.6%。从出口主体看，国有企业出口额增长40.8%，外资企业出口额下降15.2%，私营企业出口额增长8.4%。从出口产品看，出口机电产品98.51亿元，下降13.5%，其中太阳能电池13.33亿元，增长35.5%；出口基本有机化学品80.16亿元，增长47.2%；出口农产品33.94亿元，增长13.4%，其中蔬菜及食用菌9.44亿元，增长13.3%；出口胶合板25.03亿元，下降26.3%。

全年新设立外商投资企业80家，比上年下降25.9%。实际使用外资7.8亿美元，增长5.7%。全年新增境外投资项目15个，中方协议投资额

5.43 亿美元。“一带一路”沿线国家和地区对外投资项目 4 个，中方协议投资额 1.62 亿美元。

全年完成一般公共预算收入 212.81 亿元，比上年下降 22.6%，扣除增值税留抵退税后同口径增长 1.7%（表 8-3-2）。其中税收收入 127.48 亿元，下降 41.5%，同口径下降 10.1%。

表 8-3-2　2022 年连云港市一般公共预算收入情况

指标	绝对数/亿元	比上年增长/%	同口径增长/%
一般公共预算收入	212.81	-22.6	1.7
# 增值税	12.20	-85.5	4.7
企业所得税	33.84	-15.6	-
个人所得税	10.65	-2.0	-
上划中央四税	111.60	-39.4	-2.7
# 国内消费税	27.31	24.3	-

全年居民人均可支配收入 33723 元，比上年增长 4.4%。其中工资性收入 17712 元，增长 4.5%；经营净收入 7083 元，增长 3.6%；财产净收入 2384 元，与上年基本持平；转移净收入 6543 元，增长 7%。按常住地分，城镇居民人均可支配收入 41282 元，增长 3.6%；农村居民人均可支配收入 22667 元，增长 6.1%。城乡居民收入差距进一步缩小，城乡居民收入比由上年的 1.87：1 缩小为 1.82：1。全市居民人均消费支出 21735 元，比上年增长 3.3%。按常住地分，城镇居民人均消费支出 25853 元，增长 2.3%；农村居民人均消费支出 15714 元，增长 5.3%。

第三节　宿迁市经济社会发展情况

2022 年全市实现地区生产总值 4111.98 亿元，按不变价格计算比上年增长 3.6%。分产业看，第一产业实现增加值 374.55 亿元，增长 3%；第二产业实现增加值 1843.98 亿元，增长 5.7%；第三产业实现增加值 1893.45 亿元，增长 1.8%。2018—2022 年宿迁市地区生产总值及其增长速度见图 8-3-2。

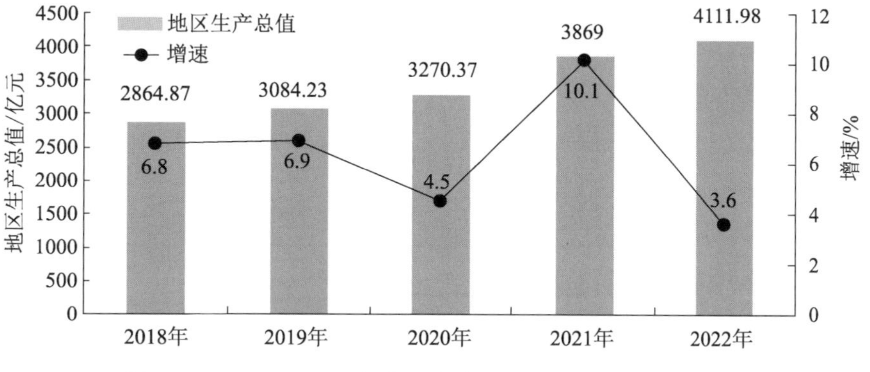

图 8-3-2　2018—2022 年宿迁市地区生产总值及其增长速度

注：2018 年为第四次经济普查修订数据；2019—2021 年为年度核算修订数据。

全市三次产业结构比调整为 9.1：44.9：46.0。其中第一产业比重与上年持平，第二产业比重提升 1.3 个百分点，第三产业比重下降 1.3 个百分点。2018—2022 年宿迁市三次产业结构情况见图 8-3-3。

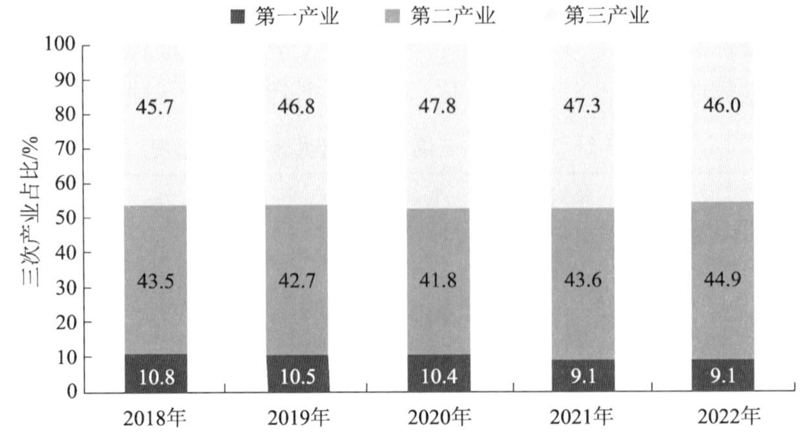

图 8-3-3　2018—2022 年宿迁市三次产业结构情况

注：2018 年为第四次经济普查修订数据；2019—2021 年为年度核算修订数据。

全市工业六大主导产值增长 14%，占规模以上工业产值比重达 85.5%。其中光伏产业表现突出，增长 88.8%。全年高新技术产业产值增长 21.8%，占规模以上工业产值比重 37.7%，比上年提高 2.5 个百分点；高耗能行业产值占比 16.2%，比上年下降 4.3 个百分点。网上零售额占限额以上单位的 42.4%，比上年提高 1.7 个百分点；规模以上互联网服务业营业收入保持 50%以上高位增长。

全年城镇新增就业 5.14 万人，发放稳岗返还资金 1.2 亿元，为 3.86 万名灵活就业人员发放社保补贴 1.72 亿元。帮助失业人员再就业 3.35 万人，零就业家庭始终保持动态“清零”。

全年居民消费价格总水平（CPI）上涨 2%，涨幅较上年提高 0.7 个百分点。八大类商品和服务消费价格呈“七涨一降”态势。其中“七涨”即交通通信类上涨 5.6%，医疗保健类上涨 3.4%，其他用品及服务类上涨 3%，食品烟酒类上涨 2.6%，教育文化娱乐类上涨 2%，生活用品及服务类上涨 1.6%，衣着类上涨 0.9%；“一降”即居住类下降 0.7%（表 8-3-3）。

表 8-3-3　2022 年宿迁市居民消费价格比上年涨跌幅度

指标	增长/%
居民消费价格	2.0
其中：食品烟酒	2.6
衣着	0.9
居住	-0.7
生活用品及服务	1.6
交通和通信	5.6
教育文化和娱乐	2.0
医疗保健	3.4
其他用品和服务	3.0

全市实现社会消费品零售总额 1465.89 亿元，比上年增长 0.4%，高于全省 0.3 个百分点。其中限额以上单位实现社会消费品零售总额 425.21 亿元，增长 4.3%，高于全省 2.9 个百分点。分商品类别看，烟酒类增长 3.1%，金银珠宝类增长 21.1%，日用品类增长 10.8%，中西药品类增长 21%，石油及制品类增长 15.9%，建筑及装潢材料类增长 13.4%。2018—2022 年宿迁市社会消费品零售总额情况见图 8-3-4，2022 年宿迁市限额以上社会消费品零售额情况见表 8-3-4。

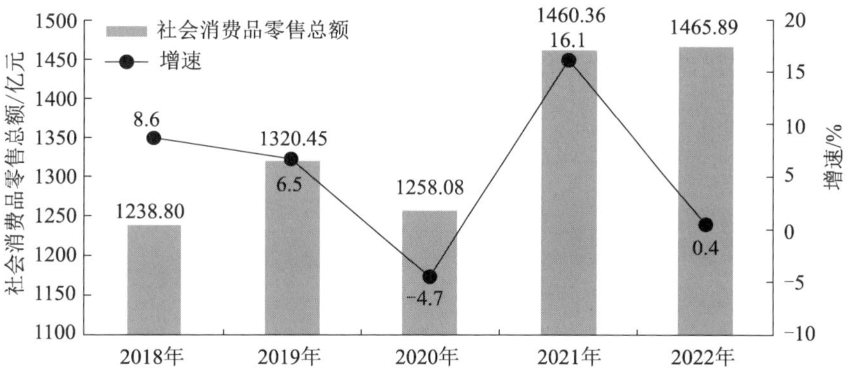

图 8-3-4　2018—2022 年宿迁市社会消费品零售总额情况

注：2018 年为四经普修正数。

表 8-3-4　2022 年宿迁市限额以上社会消费品零售额情况

指标	总量/亿元	增长/%
限额以上单位社会消费品零售总额	425. 21	4. 3
# 批发零售业	414. 25	5. 0
粮油、食品类	25. 35	-12. 7
饮料类	6. 48	-17. 4
烟酒类	13. 16	3. 1
服装、鞋帽、针纺织品类	11. 10	-15. 7
化妆品类	12. 25	-34. 7
金银珠宝类	3. 41	21. 1
日用品类	21. 95	10. 8
家用电器和音像器材类	45. 43	-30. 4
中西药品类	9. 55	21. 0
石油及制品类	65. 45	15. 9
建筑及装潢材料类	4. 45	13. 4
机电产品及设备类	1. 11	-37. 6
汽车类	97. 93	-9. 7
# 住宿餐饮业	10. 96	-17. 2

全市实现进出口总额 83. 93 亿美元，比上年增长 25. 9%。其中出口 75. 44 亿美元，增长 30. 7%；进口 8. 49 亿美元，下降 5. 1%。全年新批外商投资企业项目 59 个，实际使用外资 11. 76 亿美元，增长 48. 2%。2022 年宿迁市外贸外资情况见表 8-3-5。

表 8-3-5　2022 年宿迁市外贸外资情况

指标	总量/亿美元	增长/%
进出口总额	83. 93	25. 9
# 出口总额	75. 44	30. 7
进口总额	8. 49	-5. 1
实际使用外资	11. 76	48. 2

全市实现一般公共预算收入271.78亿元，比上年增长1.5%。其中税收收入218.45亿元，下降6%；税收占比80.4%，下降6.4个百分点。其中增值税71.04亿元，下降25.9%；企业所得税53.94亿元，增长24.9%；契税17.01亿元，下降44.3%。2022年宿迁市主要税种税收情况见表8-3-6。

表8-3-6　2022年宿迁市主要税种税收情况

指标	总量/亿元	增长/%
一般公共预算收入	271.78	1.5
其中：税收收入	218.45	-6.0
#增值税	71.04	-25.9
企业所得税	53.94	24.9
个人所得税	20.12	125.0
城市维护建设税	12.72	-16.2
土地增值税	15.22	-14.2
契税	17.01	-44.3

全体居民人均可支配收入30796元，比上年增长5.7%。按收入来源分，工资性收入16441元，增长6.1%；经营净收入7965元，增长5%；财产净收入1361元，增长3.8%；转移净收入5029元，增长6.5%。按常住地分，城镇居民人均可支配收入36756元，增长4.8%；农村居民人均可支配收入23058元，增长6.9%。全市居民人均消费支出18939元，增长5%；其中食品烟酒支出5681元，占比30%，较上年回落0.6个百分点。2018—2022年宿迁市居民收入及其增长速度见图8-3-5。

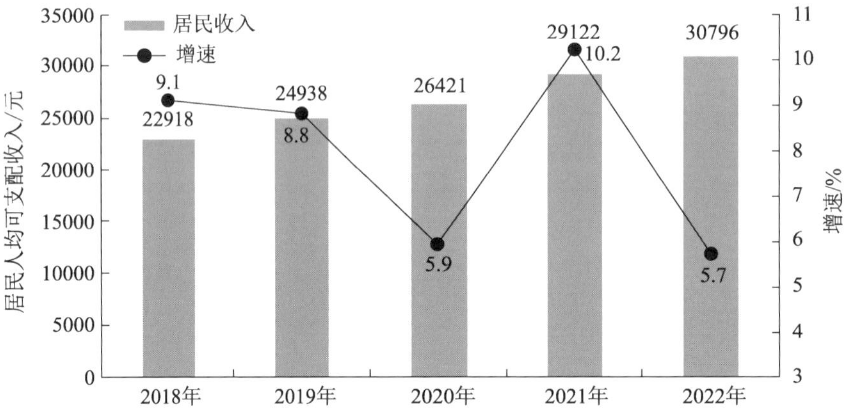

图8-3-5　2018—2022年宿迁市居民收入及其增长速度

第四节　宿州市经济社会发展情况

2022年全市实现地区生产总值2224.6亿元，按可比价格计算，增长3.9%。其中第一产业增加值338.2亿元，增长4.6%；第二产业增加值771.6亿元，增长4.5%；第三产业增加值1114.8亿元，增长3.3%。三次产业结构比为15.2∶34.7∶50.1。人均地区生产总值41875元，增长4.2%。2018—2022年宿州市地区生产总值及其增长速度见图8-3-6，2022年宿州市地区生产总值及其增长速度见表8-3-7。

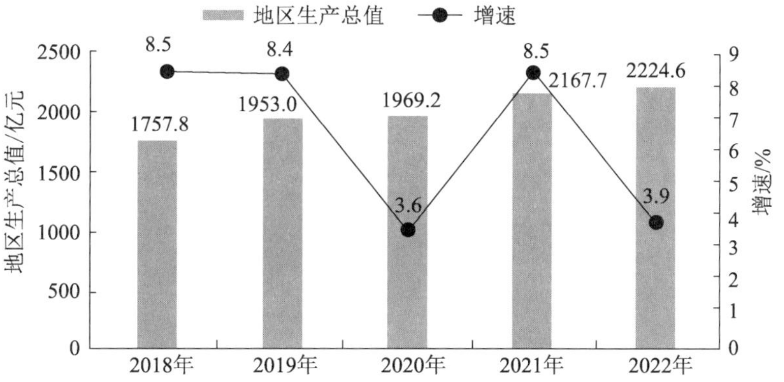

图 8-3-6　2018—2022 年宿州市地区生产总值及其增长速度

表 8-3-7　2022 年宿州市地区生产总值及其增长速度

指标	绝对数/亿元	比上年增长/%
地区生产总值	2224.6	3.9
其中：第一产业	338.2	4.6
第二产业	771.6	4.5
第三产业	1114.8	3.3
其中：农林牧渔业	396.0	5.0
工业	527.9	4.0
建筑业	243.8	5.9
批发和零售业	192.9	2.4
交通运输、仓储和邮政业	109.9	-1.7
住宿和餐饮业	47.0	3.1
金融业	123.6	7.7
房地产业	151.5	-2.8
其他营利性服务业	190.9	5.7
其他非营利性服务业	241.0	5.9

年末全市常住人口 530 万人，比上年末减少 2.5 万人；城镇化率 46.38%，比上年提高 1.35 个百分点。

就业形势总体稳定。全年城镇新增就业 2.6 万人，实现下岗失业人员及就业困难人员再就业 1.8 万人。

动力活力持续增强。全年高技术制造业增加值比上年增长 6%，占规模以上工业增加值比重为 8.3%；战略性新兴产业产值增长 9.6%，占规模以上工业比重为 17.4%；高技术产业投资增长 32.7%。新登记各类市场主体 11 万户，增长 13.5%，市场主体总量达到 58.4 万户。

居民消费价格温和上涨。全年居民消费价格比上年上涨 2.1%。其中食品烟酒价格上涨 2.6%，衣着价格上涨 1.4%，居住价格上涨 0.4%，生活用品及服务价格上涨 2.7%，交通和通信价格上涨 5.5%，教育文化和娱乐价格上涨 1.7%，医疗保健价格上涨 0.5%，其他用品和服务价格上涨 2.5%（表 8-3-8）。

表 8-3-8　2022 年宿州市居民消费价格比上年涨跌幅度

指标	涨跌幅度/%
居民消费价格	2.1
食品烟酒	2.6
衣着	1.4
居住	0.4
生活用品及服务	2.7
交通和通信	5.5
教育文化和娱乐	1.7
医疗保健	0.5
其他用品和服务	2.5

全年社会消费品零售总额 1224 亿元，比上年下降 1.3%。分城乡看，城镇零售额 918 亿元，下降 1.4%；乡村零售额 306 亿元，下降 0.8%。2018—2022 年宿州市社会消费品零售总额见图 8-3-7。

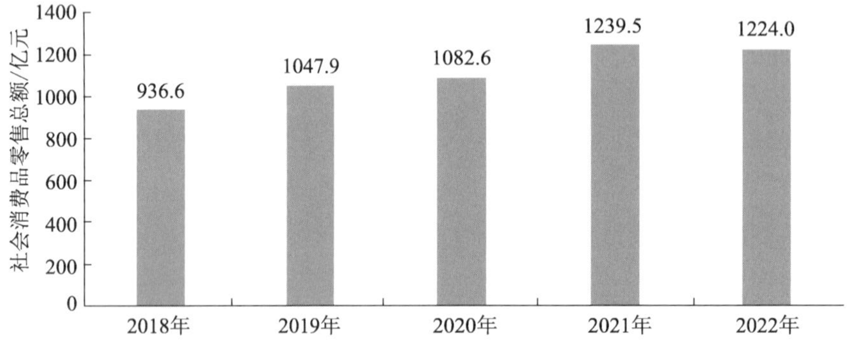

图 8-3-7　2018—2022 年宿州市社会消费品零售总额

限额以上企业（单位）商品零售额中，书报杂志类、家具类等零售额分别增长 56.9%、15.9%；日用品类、文化办公用品类、煤炭及制品类、汽车类、服装类、金银珠宝类、化妆品类、中西药类分别下降 6%、1.1%、86.2%、2.4%、11%、65.2%、4%、24.6%；限额以上单位通过公共网络实现的商品销售额增长 11.7%。

全年进出口总额 18.1 亿美元，比上年增长 8.6%。其中进口总额 1.2 亿美元，下降 17.6%；出口总额 16.9 亿美元，增长 11.2%。2018—2022 年宿州市进出口总额见图 8-3-8。

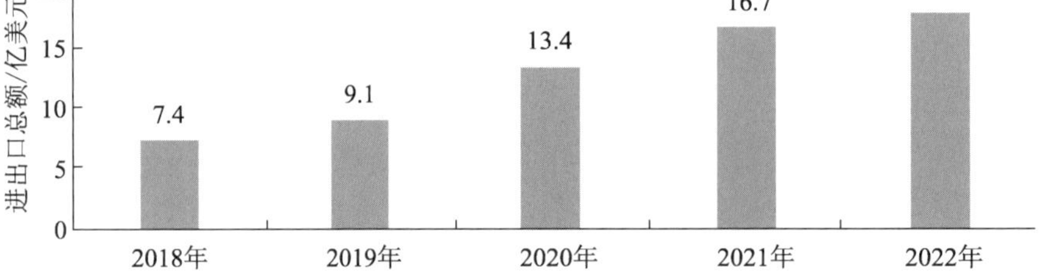

图 8-3-8　2018—2022 年宿州市进出口总额

全年引进外资项目 11 个；合同利用外资 1.06 亿美元，增长 225.2%；实际利用外商直接投资 0.2 亿美元，下降 44.6%。

全年一般公共预算收入 155.3 亿元，比上年增长 6.6%。其中税收收入 94.7 亿元，下降 0.5%；财政支出 502.1 亿元，增长 5.9%，其中民生支出 429 亿元，增长 5.7%，占财政支出的 85.4%。从重点支出项目看，教育支出增长 6.2%，城乡社区支出下降 10.9%，社会保障和就业支出增长 17.1%，卫生健康支出下降 2.8%。2018—2022 年宿州市一般公共预算收入见图 8-3-9。

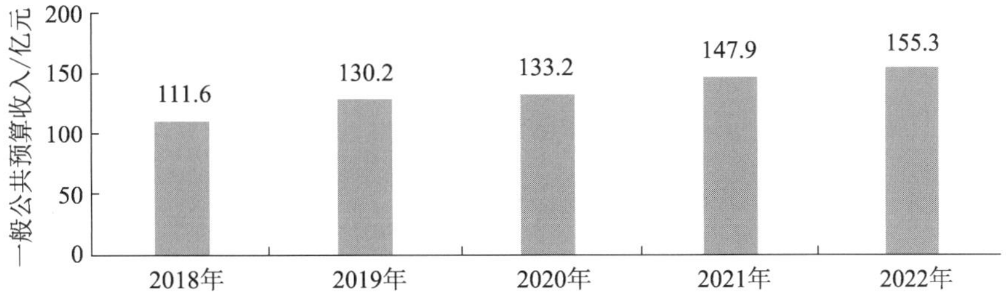

图 8-3-9　2018—2022 年宿州市一般公共预算收入

全年常住居民人均可支配收入 25666 元，比上年增长 5.7%。其中城镇常住居民人均可支配收入 38910 元，增长 4.4%；农村常住居民人均可支配收入 16897 元，增长 6.2%。2018—2022 年宿州市城乡居民人均可支配收入见图 8-3-10。

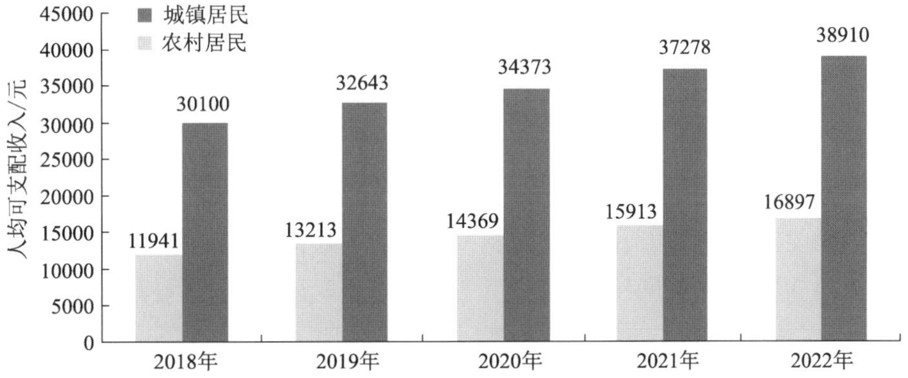

图 8-3-10　2018—2022 年宿州市城乡居民人均可支配收入

第五节　淮北市经济社会发展情况

2022 年全市实现地区生产总值 1302.8 亿元，比上年增长 0.2%。其中第一产业增加值 89.2 亿元，增长 3.7%；第二产业增加值 570.3 亿元，下降 1%；第三产业增加值 643.3 亿元，增长 0.5%（表 8-3-9）。三次产业结构比由上年的 7.1∶42.0∶50.9 调整为 6.8∶43.8∶49.4（图 8-3-11）。

表 8-3-9　2022 年淮北市地区生产总值及其增长速度

指标	完成数/亿元	比上年增长/%
地区生产总值	1302.8	0.2
其中：第一产业	89.2	3.7
第二产业	570.3	−1.0
第三产业	643.3	0.5

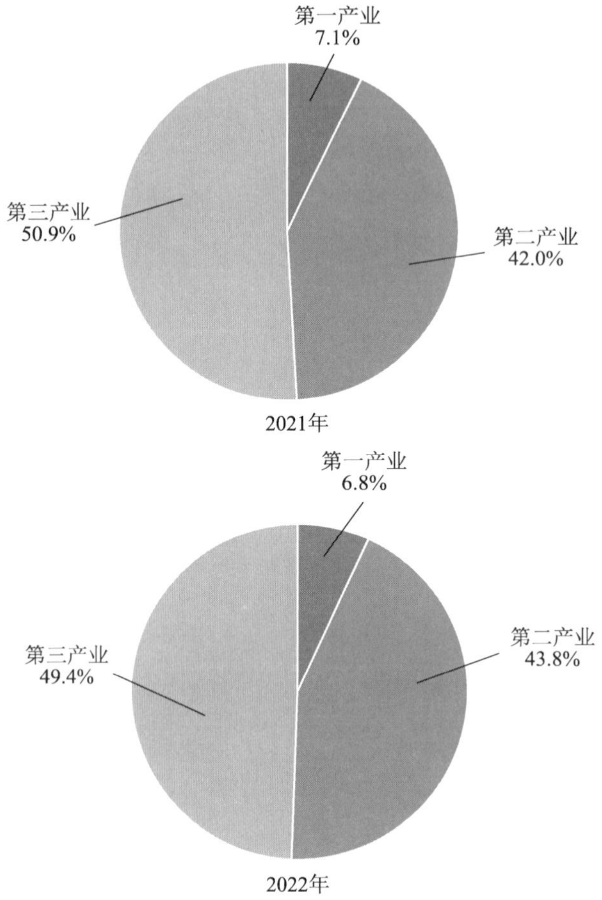

图 8-3-11　2021—2022 年淮北市三次产业结构比例

年末全市户籍人口 218.3 万人，比上年减少 2144 人，其中城镇人口 124 万人，乡村人口 94.3 万人（表 8-3-10）；常住人口 195 万人，比上年减少 2.4 万人。户籍人口城镇化率 56.8%，下降 0.1 个百分点；常住人口城镇化率 64.9%，提高 0.1 个百分点。

表 8-3-10　2022 年淮北市户籍人口情况

指标	年末数/人	比重/%
全市户籍人口	2183353	-
其中：城镇人口	1240008	56.8
乡村人口	943345	43.2
其中：男性	1120769	51.3
女性	1062584	48.7
其中：0~17 岁	464463	21.3
18~34 岁	495567	22.7
35~59 岁	848243	38.8
60 岁及以上	375080	17.2

全年居民消费价格比上年上涨 2.5%，构成居民消费的八大类商品价格均有所上涨。其中交通和通信类上涨 5.7%，衣着类上涨 2.6%，居住类上涨 0.6%，生活用品及服务类上涨 0.4%，教育

文化和娱乐类上涨 2.2%，医疗保健类上涨 1.3%，食品烟酒类上涨 3.3%，其他用品和服务类上涨 2.4%。2022 年淮北市居民消费价格指数见表 8-3-11。

表 8-3-11　2022 年淮北市居民消费价格指数

指标	价格指数（以上年为 100）
居民消费价格指数	102.5
食品烟酒	103.3
粮食	104.9
鲜菜	97.9
畜肉	98.4
水产品	97.2
蛋	104.6
鲜果	119.7
衣着	102.6
居住	100.6
生活用品及服务	100.4
交通和通信	105.7
教育文化和娱乐	102.2
医疗保健	101.3
其他用品和服务	102.4
商品零售价格指数	103.0

全年新增城镇就业 3.3 万人。全年新增私营企业 6791 户，新增注册资金 290.4 亿元；新增个体工商户 2.4 万户，新增个体从业人员 4.7 万人。年末全市实有个体工商户 15.4 万户，个体从业人员 36.2 万人；实有私营企业 4.2 万家，注册资金 2628.6 亿元。全市农民合作社 1679 个。

全年实现社会消费品零售总额 494.9 亿元，比上年下降 5.1%。按经营地统计，城镇消费品零售额 401.2 亿元，下降 5.2%；乡村消费品零售额 93.7 亿元，下降 4.7%。按消费类型统计，实现商品零售 467.1 亿元，下降 3.7%；餐饮收入 27.8 亿元，下降 23.3%。

全年实现外贸进出口总额 95.3 亿元，比上年下降 17.7%。其中出口 86.1 亿元，下降 17.7%；进口 9.2 亿元，下降 17.6%。

全年实现一般公共预算收入 101 亿元，比上年增长 11.6%。一般公共预算支出 214 亿元，增长 9.3%。其中一般公共服务支出 16 亿元，增长 7.1%；社会保障和就业支出 27.9 亿元，增长 15%；卫生健康支出 20.7 亿元，下降 2.5%；农林水事务支出 22.4 亿元，增长 14%；教育支出 39.6 亿元，增长 8.4%；节能环保支出 3.4 亿元，下降 17.5%；文化体育与传媒支出 2.2 亿元，增长 15.2%。2022 年淮北市一般公共预算收入和支出情况见表 8-3-12。

表 8-3-12　2022 年淮北市一般公共预算收入和支出情况

指标	完成数/亿元	比上年增减/%
一般公共预算收入	101.0	11.6
一般公共预算支出	214.0	9.3
一般公共服务支出	16.0	7.1

续表

指标	完成数/亿元	比上年增减/%
公共安全支出	9.0	5.9
教育支出	39.6	8.4
科学技术支出	8.9	11.7
社会保障和就业支出	27.9	15.0
卫生健康支出	20.7	-2.5
节能环保支出	3.4	-17.5
城乡社区事务支出	35.3	14.0
文化体育与传媒支出	2.2	15.2
农林水事务支出	22.4	14.0
住房保障支出	12.2	22.0

全年居民人均可支配收入32505元，比上年增加1767元，增长5.8%。城镇居民人均可支配收入41701元，增加2013元，增长5.1%。城镇居民人均消费支出20542元，增长3.9%。

第六节　枣庄市经济社会发展情况

2022年全市实现地区生产总值2039.04亿元，按可比价格计算，比上年增长4.5%。其中第一产业增加值194.32亿元，增长4.7%；第二产业增加值804.05亿元，增长4.4%；第三产业增加值1040.67亿元，增长4.4%。三次产业结构比调整为9.5：39.4：51.1。

城镇新增就业3.76万人，其中城镇失业人员再就业人数1.59万人，就业困难人员实现就业3584人。年末城镇登记失业人数2514人，低于控制目标。举办“枣庄—高校人才直通车”等招聘活动22场，落实大学生创业引领1105人、青年见习1623人。

全年居民消费价格比上年上涨1.2%（表8-3-13）。其中消费品价格上涨1.9%，服务项目价格下降0.1%。

表8-3-13　2022年枣庄市居民消费价格指数

指标	价格指数（以上年为100）
居民消费价格指数	101.2
# 食品烟酒	101.2
粮食	105.1
鲜菜	97.3
衣着	99.6
居住	100.7
生活用品及服务	100.0
交通通信	104.0
教育文化娱乐	100.1
医疗保健	101.1
其他用品及服务	101.8

年末常住人口 382.97 万人，其中城镇人口 232.5 万人。常住人口城镇化率为 60.71%，比上年末提高 0.67 个百分点。

社会消费品零售总额 1014.5 亿元，比上年下降 2.6%，其中限额以上单位消费品零售额 220.1 亿元，下降 1.8%。按经营单位所在地分，城镇消费品零售额 827.9 亿元，下降 2.8%；乡村消费品零售额 186.6 亿元，下降 1.9%。按消费类型分，餐饮收入 115.1 亿元，下降 3.9%；商品零售额 899.4 亿元，下降 2.4%。

货物进出口总额 430.96 亿元，比上年增长 42.8%。其中出口 397.46 亿元，增长 42.9%；进口 33.49 亿元，增长 42.3%。实际使用外资 6.73 亿美元，增长 48.7%。其中制造业实际使用外资 4.78 亿美元，增长 59.1%。

新签约亿元及以上项目 573 个，其中 50 亿元及以上 34 个，100 亿元及以上 16 个。新开工亿元及以上项目 490 个，其中 50 亿元及以上 25 个，100 亿元及以上 9 个。

一般公共预算收入 168.88 亿元，比上年增长 6.3%。其中税收收入 112.08 亿元，税收收入占一般公共预算收入比重达到 66.4%。一般公共预算支出 325.51 亿元，增长 18.9%，其中民生支出占一般公共预算支出比重为 79.4%，住房保障、城乡社区、科学技术、卫生健康、节能环保、农林水等支出增长较快。

居民人均可支配收入 31477 元，比上年增长 5.7%。其中城镇居民人均可支配收入 39727 元，增长 5%；农村居民人均可支配收入 20858 元，增长 6.7%。居民人均消费支出 17795 元，下降 0.6%。其中城镇居民人均消费支出 21490 元，下降 2.5%；农村居民人均消费支出 13038 元，增长 2.7%。2022 年枣庄市居民人均收入、消费支出情况见表 8-3-14，2022 年末枣庄市每百户居民家庭主要耐用消费品拥有量见表 8-3-15。

表 8-3-14　2022 年枣庄市居民人均收入、消费支出情况

指标	绝对量/元	比上年增长/%
可支配收入	31477	5.7
工资性收入	20730	5.4
经营净收入	6371	5.3
财产净收入	1378	7.5
转移净收入	2998	8.0
消费支出	17795	-0.6
食品烟酒	5338	-0.7
衣着	1413	-3.5
居住	3705	1.9
生活用品及服务	1441	-0.1
交通通信	2322	-3.9
教育文化娱乐	2014	-2.8
医疗保健	1192	5.3
其他用品和服务	369	-1.1

表 8-3-15　2022 年末枣庄市每百户居民家庭主要耐用消费品拥有量

指标	单位	数量
家用汽车	辆	50
摩托车	辆	24

续表

指标	单位	数量
电冰箱（柜）	台	100
洗衣机	台	99
热水器	台	93
空调	台	152
彩色电视机	台	113
照相机	台	19
计算机	台	61
中高档乐器	架	8
固定电话	部	11
移动电话	部	243

第七节　济宁市经济社会发展情况

2022 年全市实现地区生产总值 5316. 9 亿元，按可比价计算，同比增长 4. 4%。其中第一产业增加值 610. 9 亿元，增长 5%；第二产业增加值 2068. 1 亿元，增长 4. 6%；第三产业增加值 2637. 8 亿元，增长 4. 1%。分行业看，农林牧渔业增加值 660. 6 亿元，增长 5. 5%；工业增加值 1808. 8 亿元，增长 6. 7%；批发和零售业增加值 826. 6 亿元，增长 2. 6%；交通运输、仓储和邮政业增加值 228. 3 亿元，增长 7. 2%；住宿餐饮业增加值 88 亿元，增长 1. 7%；金融业增加值 280. 6 亿元，增长 7. 6%；房地产业增加值 222. 7 亿元，下降 0. 2%；其他服务业增加值 939. 2 亿元，增长 4. 6%。三次产业结构比由上年的 11. 6 ∶ 39. 2 ∶ 49. 2 调整为 11. 5 ∶ 38. 9 ∶ 49. 6。2018—2022 年济宁市地区生产总值及其增长速度见图 8-3-12。

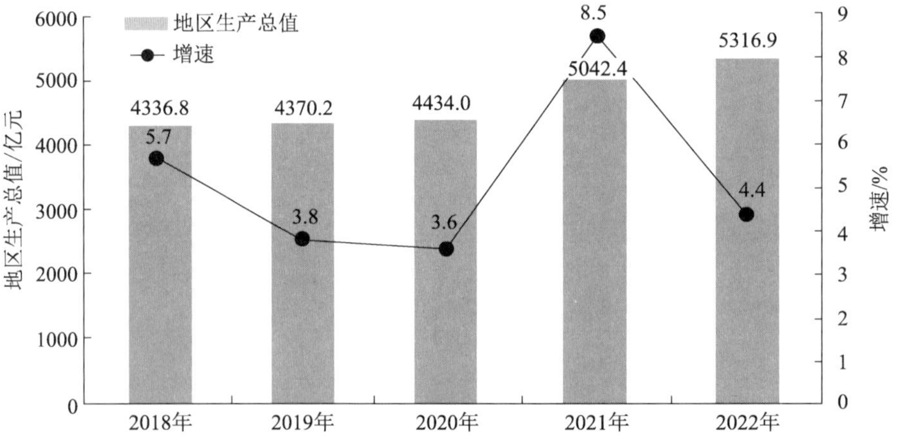

图 8-3-12　2018—2022 年济宁市地区生产总值及其增长速度

市场主体蓬勃发展。全年新增市场主体 13. 8 万户。其中新登记企业 4. 2 万户，占比为 30. 6%；新登记个体工商户 95 万户，占比为 68. 8%；新登记农民专业合作社 825 户，占比为 0. 6%。年末市场主体总量 97. 2 万户，增长 6. 8%；注册资本金 24521. 9 亿元，增长 16. 33%。其中外商投资企业

1444 户，增长 7.6%；私营企业 28.2 万户，增长 8.2%；个体工商户 66 万户，增长 6.7%。全年新增“四上”企业 2058 家，“四上”企业总数量达 7912 家。2018—2022 年济宁市市场主体期末户数及其增长速度见图 8-3-13。

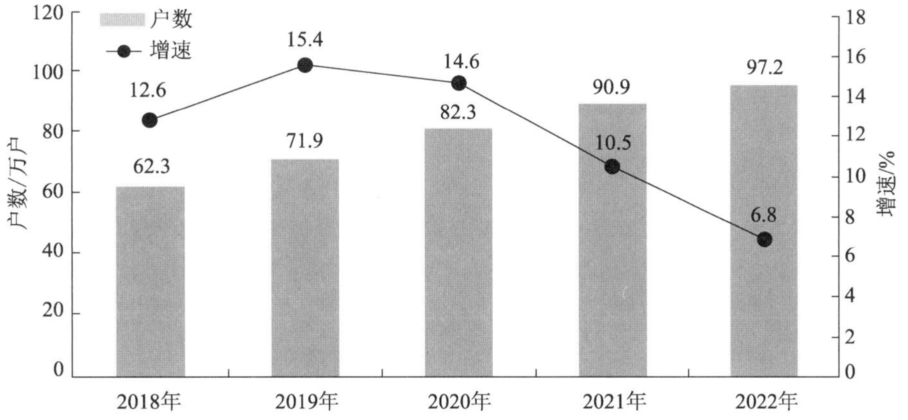

图 8-3-13　2018—2022 年济宁市市场主体期末户数及其增长速度

物价水平涨势温和。居民消费价格指数比上年上涨 1.7%。分类别看，衣着类价格指数上涨 1%，居住类价格指数下降 0.2%，生活用品及服务类价格指数上涨 1.1%，交通和通信类价格指数上涨 5.3%，教育文化和娱乐类价格指数上涨 0.5%，食品烟酒类价格指数上涨 2.6%，其他用品和服务类价格指数上涨 1.9%。2018—2022 年济宁市居民消费价格指数增长速度见图 8-3-14。

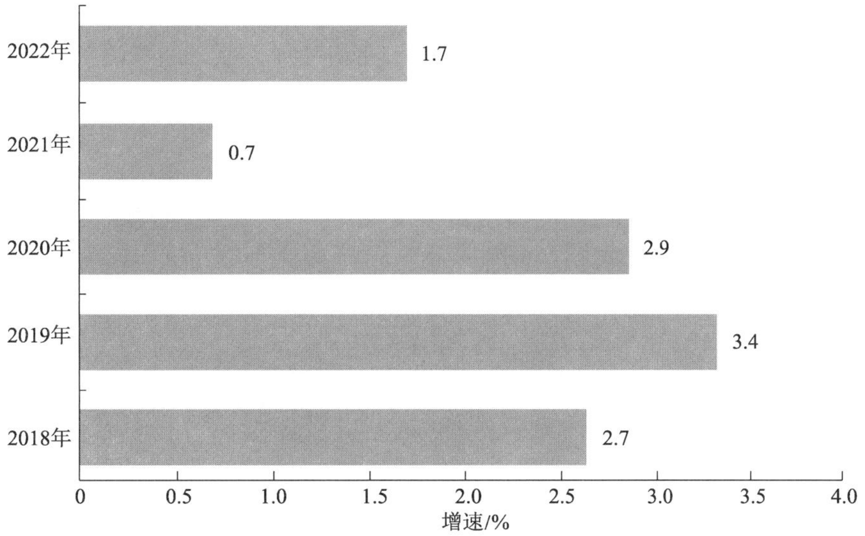

图 8-3-14　2018—2022 年济宁市居民消费价格指数增长速度

人口规模总体稳定。全市常住人口 829.06 万人，其中城镇人口 513.85 万人，农村人口 315.21 万人。年底户籍总人口 888.4 万人。其中城镇人口 452.1 万人，乡村人口 436.3 万人；男性 458 万人，女性 430.3 万人。全年出生户籍人口 6 万人，死亡人口 10.6 万人。

制造强市建设扎实推进。围绕企业攀登进阶、产业链条延伸和集群膨胀，推动攀登企业扩围提标，形成大抓产业、大抓制造业良好态势，全年 863 家攀登企业中规模以上制造业增加值同比增长 5.7%，高于全市规模以上制造业增加值增幅 2.6 个百分点。加快高成长性企业培育，新增国家专精特新“小巨人”企业 34 家，省级专精特新中小企业 171 家，省级制造业单项冠军企业（产品）22 家，省级瞪羚企业 23 家。推进数字经济与实体经济深度融合，加快制造业企业数字化改造，鼓励企业上云上平台，实施数字化改造企业超 400 家，培育工业互联网示范标杆企业 32 家，建设“5G+工业互联网”应用场景 30 个。企业获得感明显提升，帮助攀登企业解决问题诉求 3623 件，协助引进人才、技工 2.19 万人，新发放贷款 326.3 亿元。

高质量发展基础持续夯实。聚力壮大新兴产业，新一代信息技术、新能源新材料、高端装备实现快速发展，现代产业体系“四梁八柱”更加夯实，“四新”经济增加值现价增长 9.8%，规模以上高端装备制造业增加值增长 16.1%，高端化工增长 19.8%，新一代信息技术制造业增长 28.1%，新能源新材料增长 12.5%。消费新业态新模式持续蓄力，通过公共网络实现的商品零售额同比增长 80.3%，对限额以上单位商品零售额贡献率为 29.8%；新能源汽车实现零售额同比增长 103.4%，对限额以上单位商品零售额贡献率为 49.7%。牢固树立生态优先、绿色发展理念，高质量发展底色更亮，全年新能源发电 32.7 亿千瓦时，比上年同期增长 16.2%，其中生物质发电发展加快，同比增长 59.9%，占规模以上发电量的比重为 3.8%。

社会消费品零售总额实现 2463 亿元，增长 0.1%。按经营地统计，城镇实现 2095.2 亿元，增长 0.1%；乡村实现 367.8 亿元，增长 0.3%。按消费类型统计，商品零售实现 2214.1 亿元，增长 0.1%；餐饮收入实现 249 亿元，增长 0.5%。粮油食品类增长 34.7%，中西药品类增长 12.4%，家用电器和音像器材类增长 13.6%，通讯器材类增长 14.3%。

进出口总额 848.2 亿元，增长 25%。其中出口 637.8 亿元，增长 31.4%；进口 210.3 亿元，增长 8.9%。按市场主体分，前三大贸易伙伴为东盟、美国、欧盟，进出口分别为 199.4 亿元、99.9 亿元、97.4 亿元，分别增长 38.2%、15.4%、1%。对“一带一路”沿线国家和地区及 RCEP 协定国分别完成进出口 340.5 亿元、302.7 亿元，分别增长 38.5%、25.5%。按贸易方式分，一般贸易进出口 758.2 亿元，增长 23.3%；加工贸易进出口 80.8 亿元，增长 43.8%。按商品类别分，机电产品、农产品出口分别增长 42.8%、10.9%，纸浆、橡胶进口分别增长 28%、19.2%。2018—2022 年济宁市进出口总额及其增长速度见图 8-3-15。

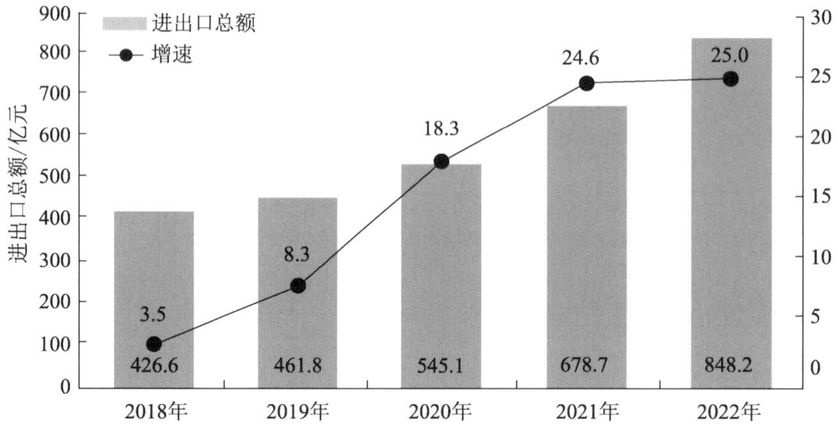

图 8-3-15　2018—2022 年济宁市进出口总额及其增长速度

一般公共预算收入完成 447.7 亿元，增长 1.6%，剔除留抵退税因素后同口径增长 8.6%。其中税收收入完成 301.7 亿元，下降 9.1%，剔除留抵退税因素后同口径增长 0.6%，同口径税收占比 70.4%。一般公共预算支出 746.9 亿元，增长 2.7%。其中教育、社保就业、卫生健康、农林水、住房保障等重点支出分别增长 10.2%、6.3%、6.5%、7%、7.8%。

居民人均可支配收入 33628 元，增长 5.6%；人均消费支出 19051 元，增长 0.1%。其中城镇居民人均可支配收入 42989 元，增长 4.2%；人均消费支出 23529 元，下降 2.2%。农村居民人均可支配收入 22137 元，增长 6.7%；人均消费支出 13554 元，增长 3.3%。城乡居民收入比由上年的

1.99 调整为 1.94。城镇居民人均住房建筑面积 34.8 平方米，农村居民人均住房建筑面积 39.9 平方米。2018—2022 年济宁市城乡居民人均可支配收入见图 8-3-16。

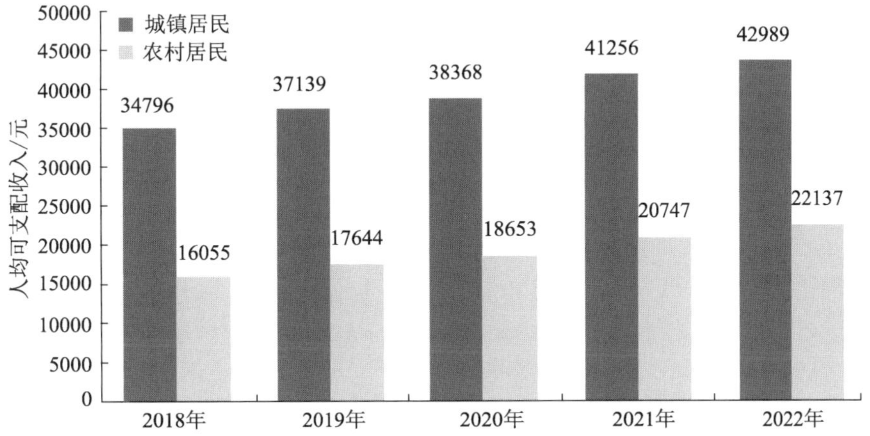

图 8-3-16　2018—2022 年济宁市城乡居民人均可支配收入

第八节　商丘市经济社会发展情况

2022 年全市实现地区生产总值 3262.68 亿元，比上年增长 5.1%。其中第一产业增加值 602.67 亿元，增长 5.2%；第二产业增加值 1235.87 亿元，增长 7.2%；第三产业增加值 1424.14 亿元，增长 3.4%。三次产业结构比为 18.5：37.9：43.6。全年人均生产总值 42227 元，比上年增长 5.7%。

年末全市常住人口 773 万人，其中城镇常住人口 369.6 万人，乡村常住人口 403.4 万人；常住人口城镇化率为 47.81%，比上年末提高 0.6 个百分点。全年出生人口 6.5 万人，人口出生率为 8.35‰；死亡人口 6.3 万人，人口死亡率为 8.17‰；人口自然增长率为 0.18‰。

全年城镇新增就业人员 8.72 万人，城镇失业人员再就业 1.9 万人，就业困难人员再就业 0.79 万人。新增农村劳动力转移就业 8.83 万人，新增返乡创业 5.03 万人，年末农村劳动力转移就业总量 246.12 万人。

全年居民消费价格比上年上涨 1.7%。商品零售价格上涨 2.4%。全年全市社会消费品零售总额 1518.31 亿元，比上年增长 1.9%。按经营地统计，城镇消费品零售额 1102.65 亿元，增长 1.9%；乡村消费品零售额 415.66 亿元，增长 1.9%。按消费类型统计，商品零售 1270.68 亿元，增长 3.3%；餐饮收入 247.63 亿元，下降 4.7%。

全年全市货物进出口总额 65.6 亿元，比上年增长 20.6%。其中出口 51.6 亿元，增长 23.3%；进口 14 亿元，增长 11.6%。

全年外商直接投资（不含银行、证券、保险）新设立企业 11 个。实际利用外资到位部口径资本金 2366 万美元，比上年增长 2090%。实际利用省外资金 841.5 亿元，增长 4.2%。

全年全市一般公共预算收入 207.33 亿元，比上年增长 9%。其中税收收入 126.9 亿元，增长 2.7%，占一般公共预算收入的比重为 61.2%。一般公共预算支出 552.6 亿元，增长 7.4%。

全年全市全体居民人均可支配收入 23895 元，比上年增长 5.3%。按常住地分，城镇居民人均可支配收入 35975 元，增长 3.5%；农村居民人均可支配收入 15868 元，增长 7.3%。城乡居民人均可支配收入比值为 2.27，比上年缩小 0.08。

第四章　杭州都市圈发展情况

2022年，杭州都市圈积极应对内外部多重风险挑战，继续深化协作、联动发展，落实稳经济一揽子政策，促进经济稳步恢复。杭州都市圈实现地区生产总值39698亿元，按可比价格计算，比上年增长2.5%。分产业看，第一产业增加值1066亿元，增长3%；第二产业增加值16133亿元，增长2.7%；第三产业增加值22500亿元，增长2.3%。三次产业结构比调整为2.7∶40.6∶56.7。

第一节　杭州市经济社会发展情况

杭州都市圈是浙江省委、省政府着重建设的都市圈之一，其范围以杭州市区为中心，以湖州、嘉兴、绍兴、衢州、黄山市市区为副中心，杭州市域5县（市）及德清、安吉、海宁、桐乡、柯桥、诸暨等杭州相邻县（市、区）为紧密层，区域总面积53441平方公里。

2007年5月，杭州都市经济圈第一次市长联席会议召开，标志着杭州都市圈启动建设。

2008年，杭州都市经济圈发展规划布局完成。

2010年，浙江省政府批复《杭州都市经济圈发展规划》。

2014年，国家发改委批复杭州都市圈经济转型升级的综合改革试点。

2016年，《长三角城市群规划》明确提出“一核五圈”，杭州都市圈为其中之一。

2018年10月，杭州都市圈第九次市长联席会议召开，浙江省衢州市、安徽省黄山市正式加入杭州都市圈。

2020年杭州都市圈市长联席会议上，杭州、湖州、嘉兴、绍兴、衢州、黄山6城市一致通过，同意宣城市自2020年11月20日起成为杭州都市圈合作发展协调会观察员城市。

2022年杭州市实现地区生产总值18753亿元，按可比价格计算，比上年增长1.5%。分产业看，第一产业增加值346亿元，增长1.8%；第二产业增加值5620亿元，增长0.4%；第三产业增加值12787亿元，增长2%。三次产业增加值结构比为1.8∶30.0∶68.2。按常住人口计算，全市人均地区生产总值为152588元（按年平均汇率折算为22686美元）。全年全员劳动生产率为24.6万元/人，规模以上工业劳动生产率为39.3万元/人。2018—2022年杭州市地区生产总值及其增长速度见图8-4-1。

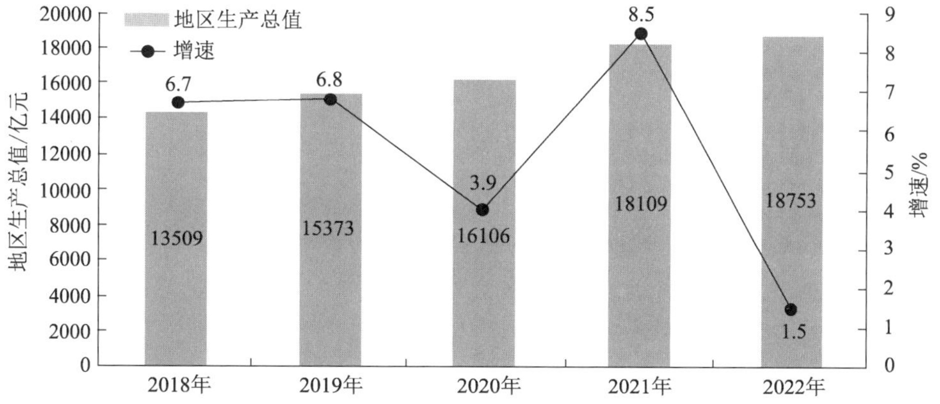

图 8-4-1　2018—2022 年杭州市地区生产总值及其增长速度

据 2022 年全市 5‰人口变动抽样调查推算，年末全市常住人口 1237.6 万人，比上年末增加 17.2 万人。其中城镇人口 1039 万人，占常住人口的 84%；常住人口出生率为 7.2‰，死亡率为 5‰，自然增长率为 2.2‰。全市户籍人口 846.7 万人。全年城镇新增就业 32.65 万人。

全年居民消费价格比上年上涨 2.4%。分类别看，食品烟酒价格上涨 2.7%，衣着价格下降 0.1%，居住价格上涨 0.9%，生活用品及服务价格上涨 1.6%，交通通信价格上涨 4.6%，教育文化娱乐价格上涨 6.4%，医疗保健价格下降 0.6%，其他用品及服务价格上涨 1.9%（表 8-4-1）。全市工业生产者出厂价格比上年上涨 3.5%，其中轻工业上涨 2.7%，重工业上涨 4%；生产资料价格上涨 4.2%，生活资料价格上涨 0.9%。工业生产者购进价格比上年上涨 6.1%。

表 8-4-1　2021—2022 年杭州市居民消费价格涨跌幅度

指标	2021 年涨跌幅度/%	2022 年涨跌幅度/%
居民消费价格	1.3	2.4
其中：食品烟酒	-0.5	2.7
衣着	1.2	-0.1
居住	1.1	0.9
生活用品及服务	1.0	1.6
交通通信	4.4	4.6
教育文化娱乐	3.6	6.4
医疗保健	0.0	-0.6
其他用品及服务	-2.3	1.9

全年经工商登记新设立各类市场主体 28.85 万户，比上年增长 4.1%，年末各类市场主体累计 167.76 万户。其中全年新设立企业 13.35 万户，年末企业累计 87.72 万户。

全年以新产业、新业态、新模式为主要特征的“三新”经济增加值占地区生产总值的比重为 39%。数字经济核心产业增加值 5076 亿元，比上年增长 2.8%。数字经济核心产业制造业增加值 1180 亿元，增长 4.4%；高新技术产业、战略性新兴产业和装备制造业增加值分别增长 1.2%、4.2% 和 0.4%，分别占规模以上工业的 70.5%、44.6% 和 50.1%。

全年民营经济增加值占地区生产总值的比重为 61%。民间投资占固定资产投资总额的 50.7%，比上年提高 1.1 个百分点。民营企业货物出口 3689 亿元，增长 12.4%，占全市货物出口的 71.8%。年末全市私营企业 79.97 万户，个体工商户 79.56 万户，分别比上年末增长 7.7%和 11.7%。

全年批发和零售业增加值1545亿元，比上年增长4.1%；住宿和餐饮业增加值226亿元，下降2.7%。

全年社会消费品零售总额7294亿元，比上年增长5.8%。按消费类型分，商品零售6122亿元，增长7.5%；餐饮收入1171亿元，下降2.5%。在限额以上批发零售单位商品零售额中，汽车类零售额增长26.1%，其中新能源汽车增长119.8%，石油及制品类零售额增长10.6%，文化办公用品类、粮油食品类零售额分别增长36.8%、5.5%，中西药品类零售额增长27.8%。限额以上批发和零售业单位通过公共网络实现的零售额增长20.2%。2018—2022年杭州市社会消费品零售总额及其增长速度见图8-4-2。

全年各类商品市场532个，全年交易额3220亿元。

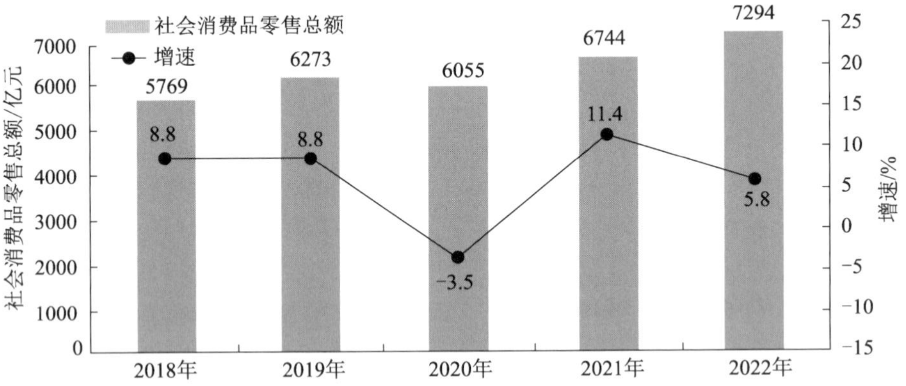

图8-4-2 2018—2022年杭州市社会消费品零售总额及其增长速度

全年货物进出口总额7565亿元，比上年增长2.7%。其中出口5141亿元，增长10.6%；进口2424亿元，下降10.8%（表8-4-2）。对“一带一路”沿线国家和地区出口1688亿元，增长12.9%。对欧盟、美国、东盟、拉丁美洲和非洲出口分别增长5.4%、6.2%、18%、13.5%和16.8%（表8-4-3）。高新技术产品出口1041亿元，增长14.7%，占全市出口总值的20.2%，比重比上年提升0.7个百分点。

全年服务贸易出口170亿美元，比上年增长11.4%。

全年跨境电商进出口总额1203亿元，比上年增长8%，其中出口1009亿元，增长18.2%。

表8-4-2 2022年杭州市货物进出口总额及其增长速度

指标	金额/亿元	比上年增长/%
货物贸易进出口额	7565	2.7
出口额	5141	10.6
其中：机电产品	2188	6.3
高新技术产品	1041	14.7
其中：民营企业	3689	12.4
进口额	2424	-10.8

表8-4-3 2022年杭州市对主要市场货物出口总额及其增长速度

地区/经济体	出口总额/亿元		比上年增长/%
	2022年	2021年	
“一带一路”沿线国家和地区	1688	1495	12.9
欧盟	1050	996	5.4

续表

地区/经济体	出口总额/亿元		比上年增长/%
	2022 年	2021 年	
美国	848	799	6.2
东盟	643	545	18.0
拉丁美洲	491	433	13.5
非洲	215	184	16.8

全年新引进外商投资项目 840 个，其中总投资 3000 万美元以上项目 97 个、1 亿美元以上项目 29 个。实际利用外资 78.1 亿美元，其中高技术产业利用外资 45.9 亿美元，比上年增长 14.2%。全年引进世界 500 强企业投资项目 9 个，累计已有 134 家世界 500 强企业来杭投资 234 个项目。

全年完成一般公共预算收入 2451 亿元，比上年增长 2.7%，扣除留抵退税因素后增长 8.4%。其中税收收入 2170 亿元，下降 2.9%，占一般公共预算收入的 88.5%。全市一般公共预算支出 2542 亿元，增长 6.2%，其中民生支出 1966 亿元，占一般公共预算支出的 77.3%。2018—2022 年杭州市一般公共预算收入及其增长速度见图 8-4-3。

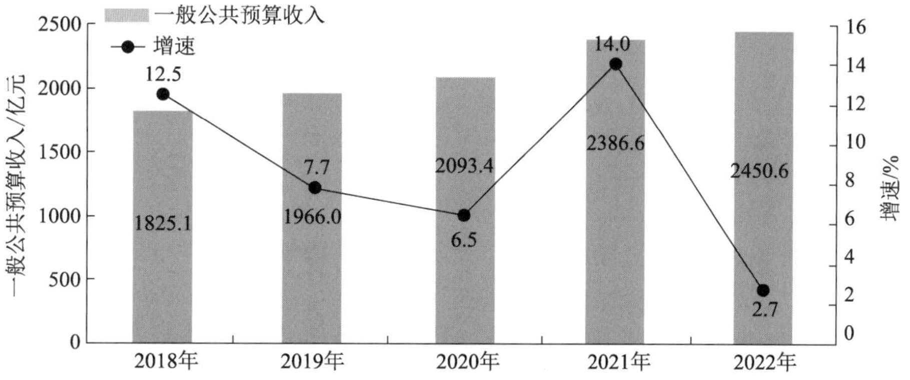

图 8-4-3　2018—2022 年杭州市一般公共预算收入及其增长速度

全年全市居民人均可支配收入 70281 元，比上年增长 3.8%，扣除价格因素实际增长 1.4%。按常住地分，城镇居民、农村居民人均可支配收入分别为 77043 元和 45183 元，分别增长 3.1% 和 5.8%，扣除价格因素实际增长 0.7% 和 3.3%（表 8-4-4）。城乡居民人均可支配收入比值为 1.71，比上年缩小 0.04。低收入农户人均可支配收入 22849 元，增长 13.5%。

表 8-4-4　2022 年杭州市居民人均收支主要指标

指标	全体居民		城镇常住居民		农村常住居民	
	绝对数/元	比上年增长/%	绝对数/元	比上年增长/%	绝对数/元	比上年增长/%
人均可支配收入	70281	3.8	77043	3.1	45183	5.8
（一）工资性收入	41170	4.5	44976	4.0	27042	5.5
（二）经营净收入	7254	3.4	6281	3.0	10866	5.5
（三）财产净收入	9360	2.4	11358	1.4	1944	8.5
（四）转移净收入	12497	2.8	14428	1.9	5331	7.1
人均消费支出	46440	4.1	50336	3.5	31980	5.8

第二节　湖州市经济社会发展情况

2022年全市实现地区生产总值3850亿元，按可比价计算，比上年增长3.3%。其中第一产业增加值161.1亿元，增长4.6%；第二产业增加值1966.2亿元，增长2.7%；第三产业增加值1722.7亿元，增长3.8%。三次产业增加值结构比调整为4.2∶51.1∶44.7。按常住人口计算的人均地区生产总值为112902元，增长2.7%。经最终核实，2021年全市地区生产总值现价总量3645.9亿元，按可比价格计算，比上年增长9.5%。

全年财政总收入674.5亿元，其中一般公共预算收入387.3亿元，同口径分别比上年增长7.5%和1.4%。一般公共预算收入中的税收收入343.5亿元，下降0.9%。从主要税种看，增值税114.8亿元，增长14.6%；企业所得税70.1亿元，增长19.5%；个人所得税32.3亿元，增长21.6%。全年财政支出601.9亿元，增长14.8%，其中民生改善支出443.6亿元，增长16%。

全年实现社会消费品零售总额1594.7亿元，比上年增长2.5%。限额以上批发零售业销售额5140.9亿元，增长12.6%；限额以上住宿餐饮业营业额63.1亿元，增长1%。

城市居民消费价格总水平比上年上涨2.3%，其中服务项目价格上涨0.5%，消费品价格上涨3.6%。从八大类商品和服务价格看，食品烟酒类上涨3.6%，衣着类上涨0.9%，居住类上涨0.7%，生活用品及服务类上涨2.3%，交通通信类上涨4.8%，教育文化娱乐类上涨1%，医疗保健类上涨1.6%，其他用品及服务类上涨1.2%。

全年实现外贸进出口总额1629.6亿元，比上年增长9.3%。其中出口1500.1亿元，增长10.6%；进口129.4亿元，下降4%。按主要市场分，对非洲出口增长较快，增长43.6%；对亚洲、欧洲、北美洲、拉丁美洲、大洋洲出口分别增长32%、-14%、1.4%、16.5%、27.5%。对“一带一路”沿线国家和地区出口额534.4亿元，增长29.7%。

全年新批准及增减资利用外资项目258个。其中增资项目70个，总投资千万美元以上项目86个。全年合同外资71.9亿美元，比上年增长31.5%。实到外资15.8亿美元，比上年增长48.9%。

全年城镇居民人均可支配收入达到71044元，比上年名义增长4.5%。其中工资性收入增长3.8%，经营净收入增长4.3%，财产净收入增长5%，转移净收入增长6.8%。人均生活消费支出44040元，增长6%。全年农村居民人均可支配收入达到44112元，比上年增长6.8%。其中工资性收入增长6.5%，经营净收入增长6.6%，财产净收入增长9.3%，转移净收入增长8.8%。人均生活消费支出29359元，增长8.2%。

第三节　嘉兴市经济社会发展情况

根据地区生产总值统一核算初步结果，2022年全市地区生产总值6739.45亿元，按可比价格计算，比上年增长2.5%。分产业看，第一产业增加值144.01亿元，增长2.4%；第二产业增加值3719.61亿元，增长2.9%；第三产业增加值2875.83亿元，增长2%。按常住人口计算，全市人均地区生产总值为121794元（按年平均汇率折算为18108美元），比上年增长1.2%。经最终核实，2021年全市地区生产总值为6388.38亿元，按可比价格计算，比上年增长8.5%，三次产业增加值结构比为2.1∶54.3∶43.6。

全年财政总收入1029.99亿元，比上年下降8.3%，其中一般公共预算收入596.47亿元，下降11.6%，扣除留抵退税因素后下降1%。全市一般公共预算支出827.71亿元，比上年增长4.3%，其中民生支出659.21亿元，占一般公共预算支出的比重达 79.6%。

全市城镇新增就业人数 14.56 万人，全年城镇调查失业率实现低于 5.5%的宏观调控目标。

供给侧结构性改革深入推进。2022 年，全市进一步深化“腾笼换鸟、凤凰涅槃”攻坚行动，全年共整治高耗低效企业 2284 家，腾退低效用地 2.76 万亩。惠企助企精准发力，减税降费成效显现，全年规模以上工业企业每百元营业收入中的费用为 8.6 元，比上年下降 0.16 元。全力实施“凤凰行动”和“上市 100”专项行动，2022 年全市新增上市公司 11 家，列全省第 2 位；累计共有上市公司 80 家，列全省第 4 位。科创动能持续增强，2022 年全市规模以上工业企业实现新产品产值 7158.76 亿元，比上年增长 11.5%；新产品产值率 50.5%，较上年提升 2.3 个百分点，且高于全省平均 8.3 个百分点，列全省第 2 位。

新产业、新业态、新模式加速成长。2022 年，全市规模以上高技术制造业、数字经济核心制造业、装备制造业、战略性新兴产业和高新技术产业增加值分别增长 19.7%、14.1%、14%、12.6%和 6.7%，增速均高于全市规模以上工业和全省同产业平均水平；占规模以上工业增加值的比重分别为 17.8%、20.7%、42.2%、44%和 70.5%，分别较上年提高 1.7 个、0.9 个、2.8 个、2.6 个和 2.8 个百分点。全年网络零售额增长 7.5%；居民网络消费增长 4.9%。全年新设市场主体 11.72 万户，年末市场主体总数达 71.61 万户，比上年增长 8.8%。

民营经济发展韧性显现。从工业看，2022 年全市规模以上民营工业企业 5975 家，占全部规模以上工业企业的 85.5%；实现增加值 1820.8 亿元，比上年增长 5.3%，增速高于全部规模以上工业 1.4 个百分点。从服务业看，2022 年全市规模以上民营服务业企业营业收入（不含贸易）832.28 亿元，占全部规模以上服务业的 70.4%，比上年增长 12.1%，增速高于全部规模以上服务业 4.1 个百分点。从市场主体看，私营企业和个体工商户合计占全部市场主体的 96.9%，占比列全省第 5 位。

2022 年，全市社会消费品零售总额 2342.73 亿元，比上年增长 3%。按消费类型分，商品零售 2169.36 亿元，比上年增长 3.1%；餐饮收入 173.37 亿元，比上年增长 1%。按经营地分，城镇消费品零售额 1967.26 亿元，增长 3%；乡村消费品零售额 375.47 亿元，增长 3.1%。2022 年末，全市拥有各类实体交易市场 245 个，全年成交额 2604.3 亿元，比上年增长 0.2%。

2022 年，嘉兴市区居民消费价格累计上涨 2.1%，其中食品烟酒类价格上涨 2.8%，工业品价格上涨 4.3%，服务项目价格下降 0.1%。2022 年，全市工业生产者出厂价格累计上涨 2.5%，工业生产者购进价格累计上涨 9.3%。

2022 年，全市居民人均生活消费支出 39146 元，增长 5.4%。按常住地分，城镇居民人均生活消费支出 44112 元，增长 4.3%；农村居民人均生活消费支出 30571 元，增长 7.2%。城乡居民家庭恩格尔系数均为 26%。年末城镇居民人均住房建筑面积 45.3 平方米；农村居民人均住房建筑面积 71.2 平方米。

2022 年，全市外贸进出口总额 4400 亿元，比上年增长 16.3%。其中出口 3213.1 亿元，增长 14.7%；进口 1186.9 亿元，增长 20.6%。出口商品结构持续优化，机电产品、高新技术产品分别出口 1661.7 亿元、684.8 亿元，分别增长 22%、49.7%，占全市出口的比重分别为 51.7%、21.3%。对“一带一路”沿线国家和地区出口 1051 亿元，增长 22.6%；对 RCEP 国家出口 836 亿元，增长 26.1%。

全市新批外商投资项目 326 个，其中新设（增资）超 1 亿美元项目 67 个，居全省第一；实际利用外资 31.58 亿美元，总量居全省第三。制造业实际利用外资 12.83 亿美元，占全市总额的 40.6%；服务业实际利用外资 18.35 亿美元，占全市总额的 58.1%。高技术产业实际利用外资 17.23 亿美元，占全市总额的 54.6%。

第四节 绍兴市经济社会发展情况

2022年全市地区生产总值7351亿元，按可比价格计算，比上年增长4.4%，增速居全省第3位。分产业看，第一产业增加值244亿元，增长3.4%；第二产业增加值3598亿元，增长5.8%；第三产业增加值3509亿元，增长3.2%。人均地区生产总值为137522元（按年平均汇率折算为20446美元），比上年增长3.8%。三次产业结构比由上年的3.3∶47.5∶49.2调整为3.3∶49.0∶47.7（图8-4-4）。

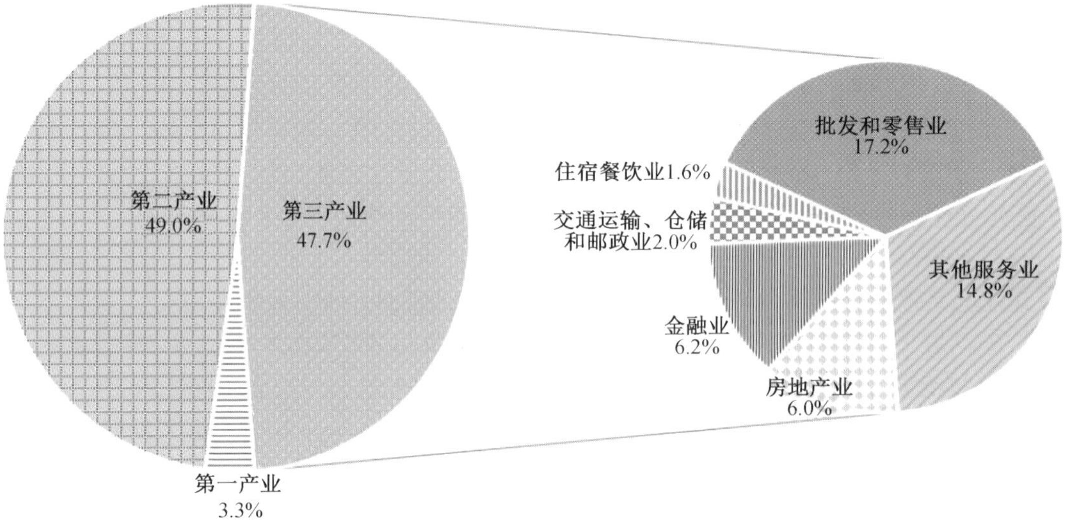

图8-4-4 2022年绍兴市各产业增加值占地区生产总值比重

财政总收入822亿元，比上年下降13.9%（剔除留抵退税因素，下降3.2%）。其中一般公共预算收入540亿元，下降10.6%（剔除留抵退税因素，下降2.1%）。一般公共预算支出805亿元，增长12.6%。其中民生支出570亿元，增长8%，占比70.8%。全年为市场主体减负纾困266亿元。

居民消费价格比上年上涨1.7%。八大类消费品价格同比“七涨一跌”，依次为：交通通信上涨4.9%，其他用品及服务上涨3.5%，生活用品及服务上涨2.4%，食品烟酒上涨2%，教育文化娱乐上涨1%，医疗保健上涨0.7%，居住上涨0.3%，衣着下降0.4%（表8-4-5）。工业生产者出厂价格比上年上涨4.3%，购进价格上涨5.1%。

表8-4-5 2022年绍兴市居民消费价格指数

指标	价格指数（以上年为100）	指标	价格指数（以上年为100）
居民消费价格	101.7	3. 烟酒	101.8
一、食品烟酒	102.0	4. 在外餐饮	101.5
1. 食品	102.2	二、衣着	99.6
# 粮食	101.3	三、居住	100.3
菜及食用菌	104.6	四、生活用品及服务	102.4
畜肉类	94.6	五、交通通信	104.9
水产品	101.3	六、教育文化娱乐	101.0
干鲜瓜果类	106.6	七、医疗保健	100.7
2. 茶及饮料	100.6	八、其他用品及服务	103.5

全年新设市场主体11.77万户。其中企业2.93万户，比上年下降8.8%；个体工商户8.83万户，增长6.5%。“个转企”2064家。年末在册市场主体73.33万户，比上年末增长6.3%。其中企业23.81万户，增长6.3%。

全年社会消费品零售总额2586亿元，比上年增长4.4%。按经营地统计，城镇、乡村消费品零售额分别增长4.5%、4%。按消费类型统计，限额以上单位商品零售额、餐饮收入分别增长6.5%、13.2%。在限额以上批发零售企业商品零售额中，按占比从高到低，汽车类零售额比上年增长8.8%，其中新能源汽车销售持续旺盛，增长293.5%；石油及制品类下降15.9%；服装、鞋帽、针纺织品类增长18.2%；家用电器和音像器材类下降13.5%；粮食、食品类增长24.7%；金银珠宝类增长18%；中西药品类下降11.9%。2022年绍兴市社会消费品零售总额见表8-4-6。

表8-4-6　2022年绍兴市社会消费品零售总额

指标		绝对数/亿元	比上年增长/%
社会消费品零售总额		2586	4.4
按销售单位所在地分	1. 城镇	1952	4.5
	2. 乡村	634	4.0
按品种分（限额以上）	1. 金银珠宝类	40	18.0
	2. 石油及制品类	84	-15.9
	3. 粮油、食品、饮料、烟酒类	77	22.0
	4. 汽车类	334	8.8

全年实现网络零售总额921亿元，比上年增长7.6%；实现居民网络消费总额897亿元，增长10.2%。

全年货物进出口总额3692亿元，比上年增长23.3%。其中出口总额3409亿元，增长23.7%；进口总额283亿元，增长19.5%。按出口贸易方式分，一般贸易出口3004亿元，加工贸易出口100亿元，其他贸易出口304亿元。其中市场采购出口303亿元，比上年增长111.6%。有进出口国家和地区218个。“一带一路”沿线国家和地区进出口1653亿元，比上年增长32.5%，其中出口1608亿元，增长33.9%。跨境电商进出口同比增长31.1%。2022年绍兴市货物进出口主要分类情况见表8-4-7。

表8-4-7　2022年绍兴市货物进出口主要分类情况

指标	绝对数/亿元	比上年增长/%
货物进出口总额	3692	23.3
一、货物出口额	3409	23.7
# 一般贸易	3004	20.6
加工贸易	100	-18.0
其他贸易	304	111.1
# 市场采购	303	111.6
# 纺织品及服装	1690	16.8
机电产品	654	14.3
化工及相关产品	266	12.8
高新技术产品	84	14.1
农产品	54	21.4

续表

指标	绝对数/亿元	比上年增长/%
二、货物进口额	283	19.5
# 一般贸易	214	15.1
加工贸易	38	4.1

实现服务进出口总额139亿元，比上年增长24.2%。其中服务出口总额133亿元，增长24.5%；服务进口总额6亿元，增长18.2%。对"一带一路"沿线国家和地区服务出口总额51亿元，增长41.7%，占服务出口总额38.7%。

全年新批外资项目231个，合同外资20.96亿美元，比上年增长7.9%。实到外资10.18亿美元，增长34%。新引进总投资亿美元以上项目12个，实到外资3000万美元以上制造业项目、5000万美元以上服务业项目共4个。

全年全市居民人均可支配收入65760元，比上年增长5.2%。其中城镇常住居民人均可支配收入76199元，增长4.2%；农村常住居民人均可支配收入45709元，增长7.2%（表8-4-8）。城乡居民收入差距缩小。城乡居民人均可支配收入比值为1.67，居全省第4位，比上年缩小0.04。

表8-4-8　2022年绍兴市居民人均可支配收入及其增长速度

指标	全体居民		城镇居民		农村居民	
	绝对数/元	比上年增长/%	绝对数/元	比上年增长/%	绝对数/元	比上年增长/%
人均可支配收入	65760	5.2	76199	4.2	45709	7.2
一、工资性收入	37184	5.5	42533	4.5	26909	7.7
二、经营净收入	13991	4.7	14614	4.0	12794	5.9
三、财产净收入	6247	3.9	8819	3.1	1307	6.0
四、转移净收入	8339	5.6	10234	4.6	4698	8.0

第五节　衢州市经济社会发展情况

2022年全市地区生产总值2003.44亿元，按可比价格计算，比上年增长4.8%。分产业看，第一、二、三产业增加值分别为93.2亿元、874.12亿元和1036.12亿元，分别比上年增长3.6%、6.2%和3.8%。第三产业中，交通运输、仓储和邮政业增加值增长0.6%，批发和零售业增加值增长5.2%，住宿和餐饮业增加值增长4.4%，金融业增加值增长9.8%，房地产业增加值下降4.5%。三次产业结构比为4.7∶43.6∶51.7。按常住人口计算，2022年全市人均地区生产总值87544元，比上年增长4.5%。经最终核实，2021年，全市地区生产总值为1894.87亿元，按可比价格计算，比上年增长8.7%，三次产业结构比为4.7∶43.5∶51.8。2017—2022年衢州市地区生产总值及其增长速度见图8-4-5。

全年市区居民消费价格比上年上涨2.5%，商品零售价格上涨3.5%（表8-4-9）。工业生产者出厂价格比上年下降0.4%，工业生产者购进价格上涨4.1%。

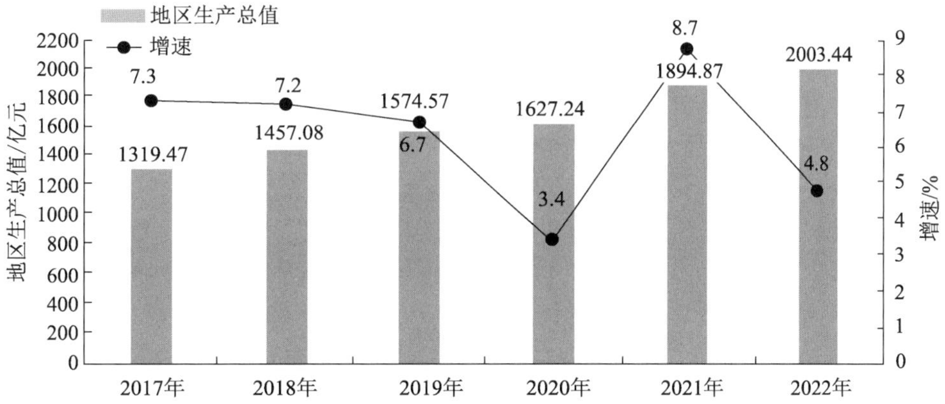

图 8-4-5　2017—2022 年衢州市地区生产总值及其增长速度

表 8-4-9　2022 年衢州市市区居民消费价格指数

指标	价格指数（以上年为 100）
居民消费价格总指数	102.5
一、食品烟酒	103.9
# 粮食	103.8
菜及食用菌	105.1
畜肉	98.7
水产品	102.1
蛋	105.1
干鲜瓜果	113.7
二、衣着	100.4
三、居住	100.9
四、生活用品及服务	102.0
五、交通和通信	106.0
六、教育文化和娱乐	101.1
七、医疗保健	100.5
八、其他用品和服务	102.0

全市城镇新增就业人数 3.08 万人，年末城镇登记失业人数 0.63 万人，比上年末下降 27.2%。

全年数字经济核心产业增加值 99.17 亿元，按现价计算比上年增长 23.7%。规模以上工业中，高技术产业、数字经济核心产业制造业、战略性新兴产业、装备制造业、文化制造业增加值分别增长 33.6%、32.1%、15.8%、14.3%、11.5%。规模以上工业新产品产值率为 41.7%。网络零售总额 606.1 亿元，增长 20.3%；居民网络消费 265.8 亿元，增长 8.1%。

全年财政总收入 277.88 亿元，比上年增长 2.1%。其中一般公共预算收入 173.1 亿元，增长 5.6%。在一般公共预算收入中实现税收收入 139.96 亿元，增长 0.1%。其中增值税 50.42 亿元，下降 6.9%；企业所得税 24.05 亿元，下降 9.9%；个人所得税 8.16 亿元，增长 48.8%。一般公共预算支出 567.7 亿元，增长 9.6%。规模以上工业企业营业收入 3077.48 亿元，增长 12.9%；规模以上服务业企业营业收入 256.41 亿元，增长 14.8%。

全年社会消费品零售总额 878.06 亿元，比上年增长 4.6%；限额以上社会消费品零售额 227.02

亿元，比上年增长11.3%。限额以上社会消费品中，按经营地统计，城镇消费品零售额223.45亿元，增长11.6%；乡村消费品零售额3.57亿元，下降4.2%。按消费类型统计，商品零售额218.31亿元，增长11.8%；餐饮收入8.71亿元，增长0.1%。

限额以上批发和零售业零售额中，中西药品类增长50.7%，烟酒类增长45.1%，饮料类增长32.6%，家用电器和音像器材类增长29.6%，石油及制品类增长27.5%，通讯器材类增长19.3%，日用品类增长15.2%，汽车类增长9.9%，粮油、食品类增长7%，书报杂志类下降3%，服装、鞋帽、针纺织品类下降27%，五金、电料类下降55%。

全年进出口总额612.51亿元，比上年增长24.3%。其中出口401.93亿元，增长27.3%；进口210.59亿元，增长19.1%。

全市有出口实绩的企业1109家，比上年增加31家，出口额在100万元以上企业816家，其中1000万元以上的企业382家，增加9家。

全市出口排前三位的市场依次是韩国、欧盟、美国。对韩国出口77.09亿元，比上年增长48.3%；对欧盟出口54.38亿元，增长29.9%；对美国出口49.36亿元，下降12.4%。对这三大主要市场出口额合计占全市出口总额的45%。对“一带一路”沿线国家和地区出口127.31亿元，增长35.9%。

在主要商品出口中，机电产品出口98.76亿元，比上年增长14.4%；基本有机化学品出口52.08亿元，增长19.8%；纸浆纸及其制品出口33.49亿元，增长43.9%；高新技术产品出口26.08亿元，增长45.7%。

全年新批外商投资企业21家，合同利用外资11.82亿美元，比上年增长231.3%；实际利用外资1.05亿美元，增长36.4%。

全年全体居民人均可支配收入45276元，比上年增长6.1%，扣除价格因素增长3.5%。按常住地分，城镇居民和农村居民人均可支配收入分别为57465元和31468元，分别增长5.3%和7.5%，扣除价格因素分别增长2.7%和4.9%。全体居民生活消费支出26981元，增长7.7%，扣除价格因素增长5.1%。按常住地分，城镇居民和农村居民人均生活消费支出分别为33630元和19450元，分别增长7%和8.8%，扣除价格因素分别增长4.4%和6.1%。2017—2022年衢州市农村常住居民人均可支配收入及其增长速度见图8-4-6，城镇常住居民人均可支配收入及其增长速度见图8-4-7。

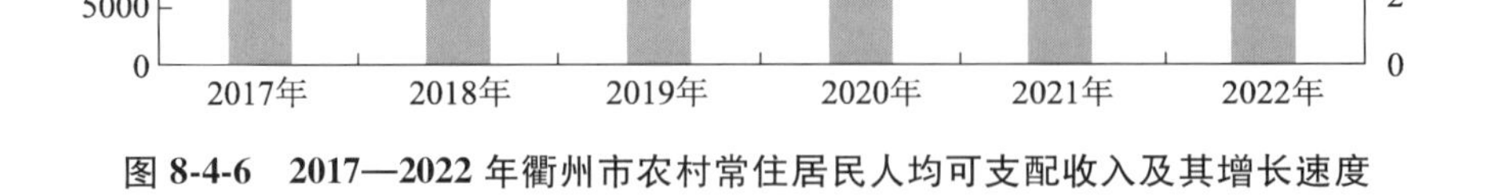

图8-4-6 2017—2022年衢州市农村常住居民人均可支配收入及其增长速度

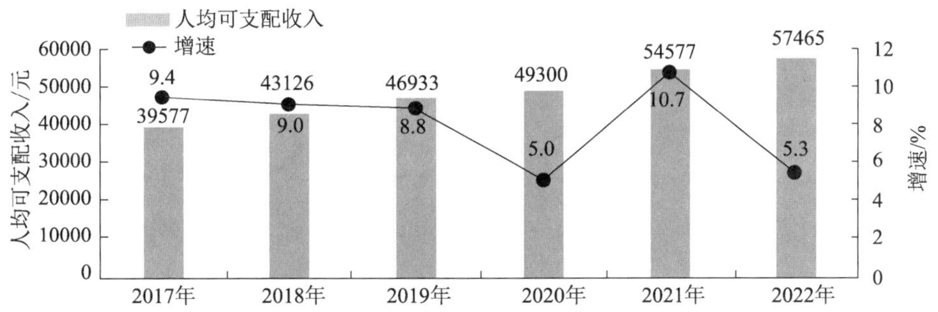

图 8-4-7　2017—2022 年衢州市城镇常住居民人均可支配收入及其增长速度

第六节　黄山市经济社会发展情况

2022 年全市实现地区生产总值 1002.3 亿元，比上年增长 0.6%。分产业看，第一产业增加值 78.2 亿元，比上年增长 4.9%；第二产业增加值 355.2 亿元，同比持平；第三产业增加值 568.9 亿元，增长 0.3%。2018—2022 年黄山市地区生产总值及其增长速度见图 8-4-8。

三次产业结构比由上年的 7.8∶35.6∶56.6 调整为 7.8∶35.4∶56.8，其中制造业增加值占地区生产总值比重为 22.1%。预计全年全员劳动生产率 130597 元/人，比上年增加 4016 元/人。按常住人口计算，人均地区生产总值 75505 元（折合 11226 美元），比上年增加 3574 元。2018—2022 年黄山市三次产业增加值占地区生产总值比重见图 8-4-9。

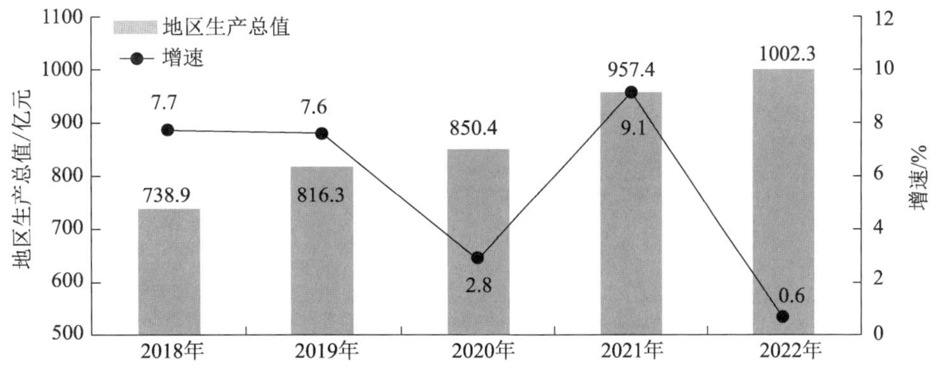

图 8-4-8　2018—2022 年黄山市地区生产总值及其增长速度

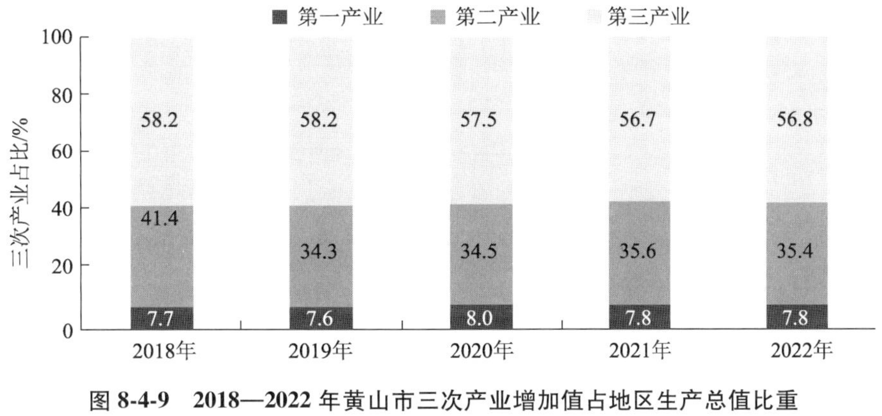

图 8-4-9　2018—2022 年黄山市三次产业增加值占地区生产总值比重

年末全市常住人口132.3万人，常住人口城镇化率59.38%，比上年提高0.13个百分点。年末全市户籍人口147.44万人，户籍人口城镇化率39.14%，比上年提高1.32个百分点。2018—2022年末黄山市常住人口数见图8-4-10。

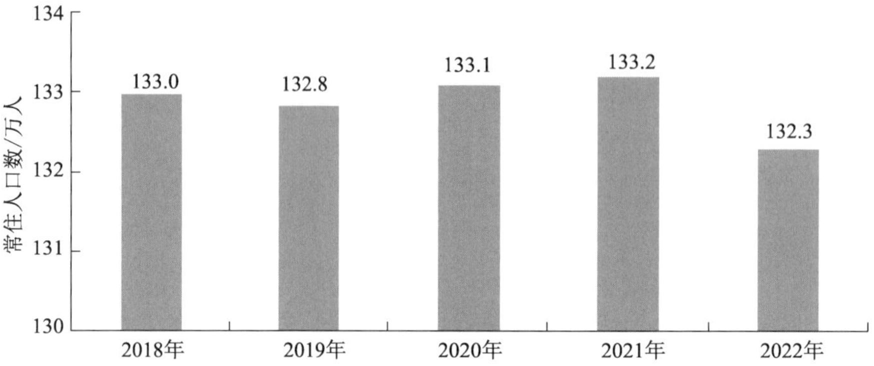

图8-4-10　2018—2022年末黄山市常住人口数

全年城镇实名制新增就业1.88万人，完成年度目标任务的104.4%，下岗失业人员再就业0.77万人。

全年新登记市场主体2.04万户，其中新登记企业0.68万户，年末在册市场主体总数达15.58万户。

全年居民消费价格比上年上涨1.9%，其中食品烟酒价格增长2.8%。商品零售价格上涨2.4%。2022年黄山市居民消费价格月度涨跌幅度见图8-4-11，全年居民消费价格比上年涨跌幅度见表8-4-10。

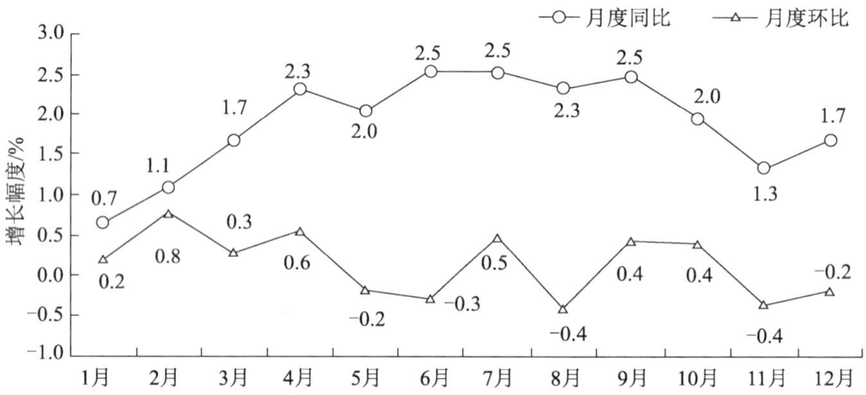

图8-4-11　2022年黄山市居民消费价格月度涨跌幅度

表8-4-10　2022年黄山市居民消费价格比上年涨跌幅度

指标	比上年增长/%
居民消费价格总指数	1.9
其中：食品烟酒	2.8
衣着	2.6
居住	-1.5
生活用品及服务	0.5
交通和通信	6.6
教育文化和娱乐	2.2
医疗保健	-0.1
其他用品和服务	2.5

全年批发和零售业增加值101.1亿元，比上年下降2.5%；交通运输、仓储和邮政业增加值48亿元，下降0.4%；住宿和餐饮业增加值23.3亿元，下降3.2%；金融业增加值60.5亿元，增长10.3%；房地产业增加值78.2亿元，下降9.5%；其他营利性服务业增加值135.6亿元，增长4.6%；非营利性服务业增加值120.5亿元，增长1.9%。

全年社会消费品零售总额509.5亿元，比上年下降4.6%。按经营地统计，城镇消费品零售额353.9亿元，下降5.1%；乡村消费品零售额155.6亿元，下降3.4%。按消费类型统计，商品零售额451亿元，下降4.5%；餐饮收入额58.5亿元，下降5.7%。2018—2022年黄山市社会消费品零售总额及其增长速度见图8-4-12。

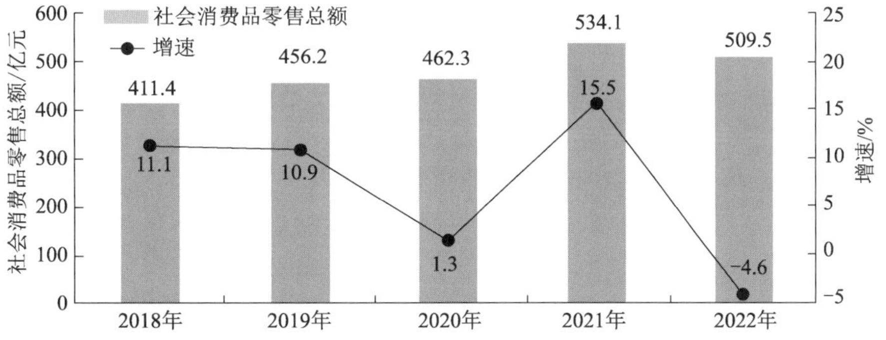

图8-4-12　2018—2022年黄山市社会消费品零售总额及其增长速度

市场销售中，网上零售额50.6亿元，增长4.6%。其中实物商品网上零售额39.1亿元，增长21.2%。

全年进出口总额18.02亿美元，比上年增长8.3%。其中出口16.36亿美元，增长11.3%；进口1.66亿美元，下降13.5%。从贸易方式看，一般贸易进出口17.23亿美元，增长8.3%；加工贸易进出口0.47亿美元，下降21.2%。从贸易区域看，对欧盟、美国进出口分别增长16.3%和0.5%。2018—2022年黄山市进出口总额及其增长速度见图8-4-13。

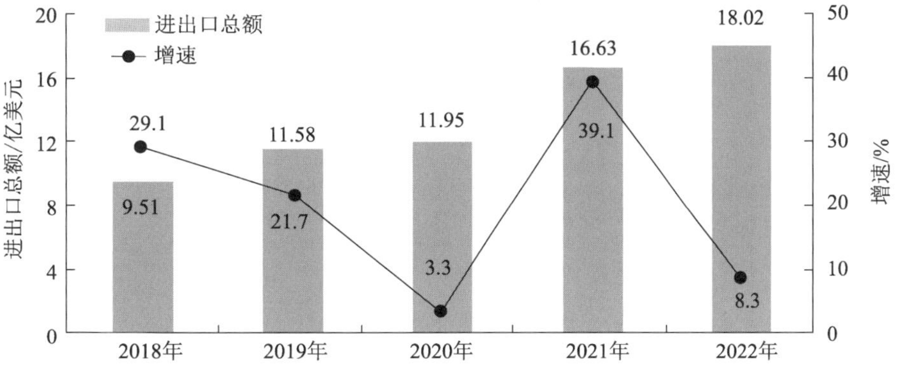

图8-4-13　2018—2022年黄山市进出口总额及其增长速度

全年新签内资项目527个，协议投资额548.7亿元，实际到位内资419.9亿元，增长10.5%。其中新签域见未来国际旅游度假区、新徽天地重整、农夫山泉黄山生产基地等亿元以上项目176个，同比增加17个，协议投资额453.1亿元。全年新设外商投资企业13家；实际使用外商直接投资417万美元，增长50%。

全年全市常住居民人均可支配收入32373元，比上年增长5.9%。人均消费支出21066元，比上年增长6%。恩格尔系数为31.9%。按常住地分，城镇居民人均可支配收入43800元，比上年增长4.6%。城镇居民人均消费支出25533元，增长4.1%。城镇居民恩格尔系数为31.7%。年末城镇居民人均住房建筑面积53.1平方米，比上年末减少0.7平方米。全年农村居民人均可支配收入21712元，比上年增长7%。农村居民人均消费支出16898元，增长8%。农村居民恩格尔系数为32%。年末农村居民人均住房建筑面积80.7平方米，比上年末增加0.3平方米。2018—2022年黄山市城乡居民人均可支配收入见图8-4-14。

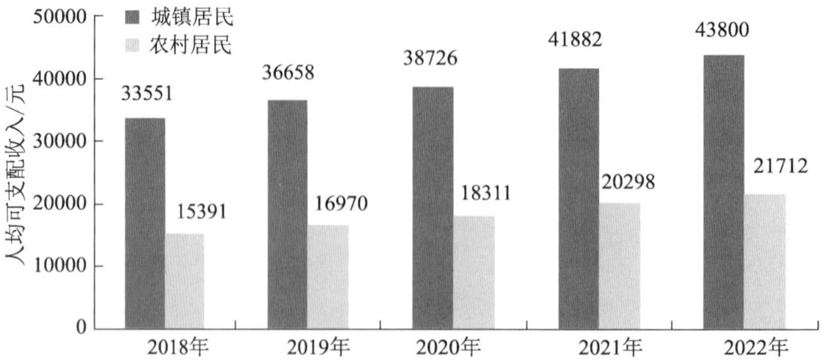

图8-4-14　2018—2022年黄山市城乡居民人均可支配收入

第七节　宣城市经济社会发展情况（详见第二篇第八章）

第五章　合肥都市圈发展情况

2006 年，安徽省委、省政府在全省第八次党代会上明确提出合肥要“提高经济首位度，形成具有较强辐射带动力的省会经济圈”。

2007 年初，安徽省十届人大五次会议上进一步确定了“规划建设以合肥为中心，以六安、巢湖为两翼”的省会经济圈。

2008 年 5 月，安徽省政府颁布实施《安徽省会经济圈发展规划纲要（2007—2015 年）》。

2009 年 8 月，安徽省委、省政府下发了《关于加快合肥经济圈建设的若干意见》，正式将“省会经济圈”更名为“合肥经济圈”，同时把淮南市和桐城市纳入经济圈范畴。

2011 年 8 月，因巢湖市行政区划调整和定远县加入，合肥经济圈的范围发生了变化，包括合肥市、淮南市、六安市、桐城市和定远县。

2013 年底，合肥经济圈建设领导小组办公室会议研究决定，同意滁州市整体加入合肥经济圈。

2016 年 2 月，安徽省十二届人大六次会议上提出了推动合肥都市圈一体化发展战略，加快合肥经济圈向合肥都市圈战略升级，努力使合肥都市圈成为全省核心增长极乃至全国有重要影响力的区域增长极。

2016 年 5 月 11 日，国务院常务会议审议通过的《长江三角洲城市群发展规划》将合肥都市圈纳入，标志着合肥都市圈上升为国家发展战略。

2016 年 12 月 3 日，安徽省人民政府办公厅印发《长江三角洲城市群发展规划安徽实施方案》，合肥经济圈升级，合肥都市圈包括合肥、芜湖、马鞍山市，完善都市圈协调推进机制，建设合肥都市圈，形成区域增长新引擎。

2019 年 9 月 5 日，蚌埠市加入合肥都市圈。

第一节　合肥市经济社会发展情况

2022 年全市地区生产总值 12013. 1 亿元，按不变价格计算，比上年增长 3. 5%。其中第一产业增加值 379. 2 亿元，增长 3. 9%；第二产业增加值 4394. 5 亿元，增长 5. 3%；第三产业增加值 7239. 4 亿元，增长 2. 4%。三次产业结构比为 3. 2 : 36. 6 : 60. 2。按常住人口计算，人均地区生产总值为 125798 元（折合 18703 美元），比上年增加 4824 元。2018—2022 年合肥市地区生产总值见图 8-5-1。

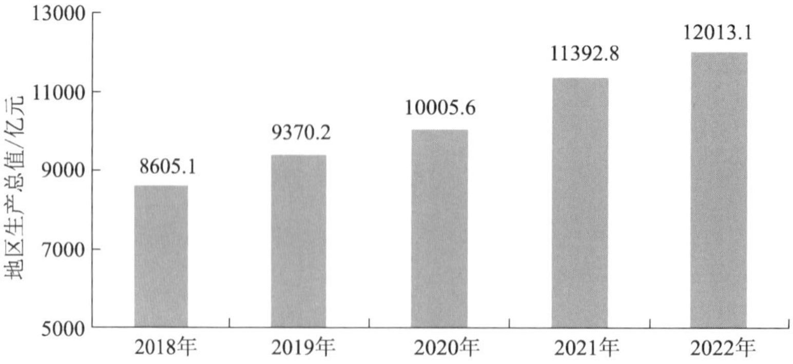

图 8-5-1 2018—2022 年合肥市地区生产总值

年末全市户籍人口 800.16 万人，比上年增加 7.49 万人。常住人口 963.4 万人，增加 16.9 万人；常住人口城镇化率 84.64%，提高 0.6 个百分点。全年出生人口 8.57 万人，出生率 8.97‰；死亡人口 5.15 万人，死亡率 5.39‰；人口自然增长率 3.58‰，比上年回落 0.14 个千分点。2022 年合肥市人口及其构成见表 8-5-1，2018—2022 年末合肥市常住人口数见图 8-5-2。

表 8-5-1 2022 年合肥市人口及其构成

指标	年末数/万人	比重/%
年末户籍人口	800.16	
年末常住人口	963.40	
其中：城镇	815.40	84.64
乡村	148.00	15.36
其中：男性	495.50	51.43
女性	467.90	48.57
其中：0~14 岁	157.40	16.34
15~59 岁	654.30	67.92
60 岁及以上	151.60	15.74
其中：65 岁及以上	122.70	12.74

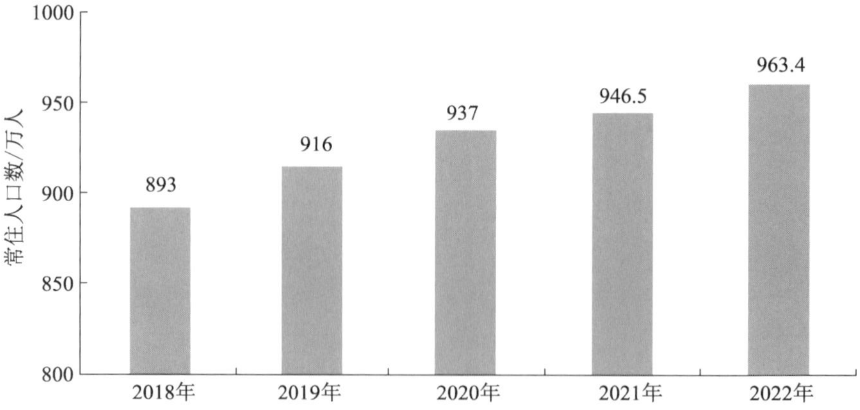

图 8-5-2 2018—2022 年末合肥市常住人口数

全年城镇新增就业 13.9 万人，失业人员再就业 4.52 万人，就业困难人员就业 0.85 万人。

全年居民消费价格比上年上涨 2.4%，其中食品烟酒价格上涨 3.6%（表 8-5-2）。

表 8-5-2　2022 年合肥市居民消费价格比上年涨跌幅度

指标	涨跌幅度/%
居民消费价格	2.4
其中：食品烟酒	3.6
衣着	1.2
居住	0.3
生活用品及服务	1.4
交通和通信	4.8
教育文化和娱乐	3.2
医疗保健	0.3
其他用品和服务	2.1

新企业新产业新模式较快成长。新增国家高新技术企业 1834 户，总数达 6412 户。新登记各类市场主体 29.19 万户，实有数达 151.35 万户，增长 12.4%。规模以上工业中，战略性新兴产业产值增长 14.3%，占规模以上工业产值比重达 56.2%，创历史同期新高。规模以上服务业中，高技术服务业企业营业收入增长 12.7%，占规模以上服务业比重 42.7%，比上年提高 2.5 个百分点。限额以上批发零售企业中，实物商品网上零售额 470.12 亿元，增长 6.1%，占限额以上零售额的比重 20.8%，比上年提高 1.6 个百分点。固定资产投资中，高技术制造业投资增长 34.7%，比上年提高 36.4 个百分点。

全年批发和零售业增加值 1177.6 亿元，比上年增长 0.3%；交通运输、仓储和邮政业增加值 558.6 亿元，与上年持平；住宿和餐饮业增加值 206.9 亿元，下降 2.7%；金融业增加值 1166.7 亿元，增长 8.7%；房地产业增加值 1011.7 亿元，下降 7.3%；其他服务业增加值 3105.4 亿元，增长 5.6%。全年规模以上服务业营业收入 2489.7 亿元，增长 5.6%，其中科学研究和技术服务业增长 24.7%，租赁和商务服务业增长 19.1%。

全年社会消费品零售总额 5021.62 亿元，比上年下降 1.8%。按经营地统计，城镇消费品零售额 4729.56 亿元，下降 1.8%；乡村消费品零售额 292.06 亿元，下降 1.2%。按消费类型统计，商品零售额 4521.16 亿元，下降 1.6%；餐饮收入 500.46 亿元，下降 3.1%。2018—2022 年合肥市社会消费品零售总额见图 8-5-3。

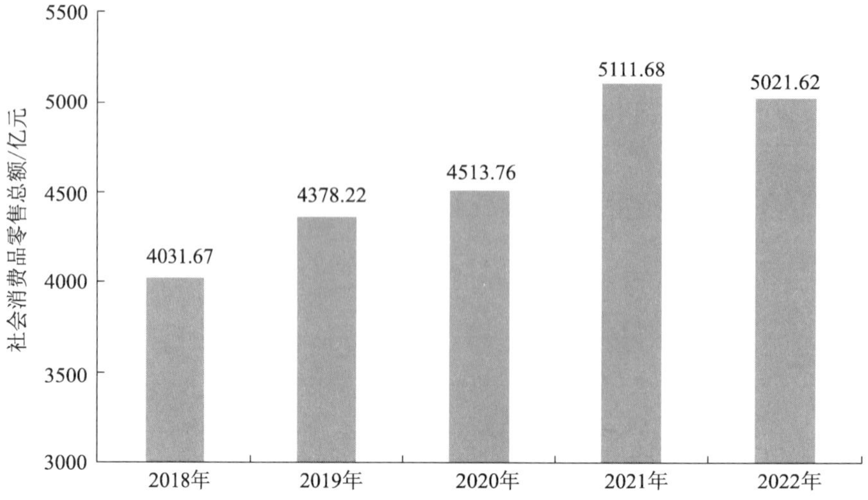

图 8-5-3　2018—2022 年合肥市社会消费品零售总额

年末限额以上批发零售和住宿餐饮企业（单位）3975 户，比上年增加 86 户。限额以上商品零售额中，中西药品类增长 31.5%，书报杂志类增长 17.1%，文化办公用品类增长 11.8%，石油及制品类增长 10%，汽车类增长 5.3%。绿色智能化商品中，新能源汽车、智能家电及音像器材、智能手机和可穿戴智能设备零售额分别增长 2.4 倍、2.9 倍、1.1 倍和 0.9 倍。

全年进出口总额 3610.95 亿元，比上年增长 8.6%。其中出口 2301.84 亿元，增长 13.4%；进口 1309.11 亿元，增长 1.1%。机电产品出口增长 14.4%。

全年新成立外商投资企业 140 户。外商直接投资 12.05 亿美元，增长 4.5%。全年对外承包工程新签合同额 46.89 亿美元，增长 40.5%；完成营业额 16.39 亿美元，增长 1.2%。劳务合作年末在外人员 4490 人，下降 49.2%。年末 49 家境外世界 500 强企业在合肥投资设立法人企业 70 家，比上年新增 1 家。中欧班列开行国际线路覆盖 18 个国家、90 个站点城市，全年开行 768 列，比上年净增 100 列。

城镇常住居民人均可支配收入 56177 元，比上年增长 5.6%。人均消费支出 32964 元，增长 1.6%。其中食品烟酒支出增长 2.5%，居住支出增长 4.2%，交通通信支出增长 3%，生活用品及服务支出增长 1.3%，教育文化娱乐支出下降 4.4%，衣着支出下降 2.8%，医疗保健支出下降 3.4%，其他商品及服务支出增长 9%。年末城镇居民人均住房建筑面积 34.05 平方米，比上年末下降 0.1 平方米。

全年农村常住居民人均可支配收入 28727 元，比上年增长 7%。人均消费支出 18044 元，增长 6.6%。其中食品烟酒支出增长 6.5%，衣着支出增长 2.6%，居住支出增长 8.8%，生活用品及服务支出增长 6.3%，交通通信支出增长 8.1%，教育文化娱乐支出增长 3.9%，医疗保健支出增长 4.6%，其他商品及服务支出增长 8%。年末农村居民人均住房建筑面积 47.43 平方米，比上年末增加 0.74 平方米。2018—2022 年合肥市城乡居民人均可支配收入见图 8-5-4。

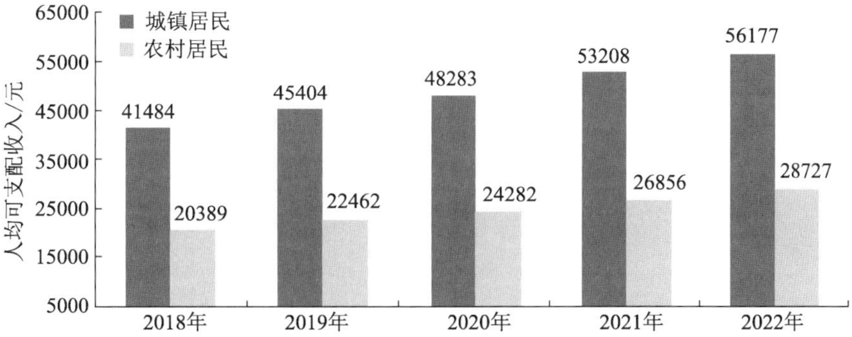

图 8-5-4　2018—2022 年合肥市城乡居民人均可支配收入

第二节　芜湖市经济社会发展情况（详见第二篇第五章）

第三节　马鞍山市经济社会发展情况（详见第二篇第六章）

第四节　滁州市经济社会发展情况（详见第二篇第七章）

第五节　蚌埠市经济社会发展情况

一、经济发展基本情况

（一）经济发展总体情况

全年地区生产总值 2012.3 亿元，按可比价格计算，比上年增长 2%。分产业看，第一产业增加值 289.4 亿元，增长 4.3%；第二产业增加值 661.8 亿元，增长 1.2%；第三产业增加值 1061.1 亿元，增长 1.8%。三次产业结构比由上年的 14.1∶33.2∶52.7 调整为 14.4∶32.9∶52.7。人均地区生产总值 60739 元（折合 9030 美元）。2022 年蚌埠市地区生产总值及其增长速度见表 8-5-3。

表 8-5-3　2022 年蚌埠市地区生产总值及其增长速度

指标	绝对数/亿元	比上年增长/%
地区生产总值	2012.3	2.0
其中：第一产业	289.4	4.3
第二产业	661.8	1.2
第三产业	1061.1	1.8
其中：农林牧渔业	299.3	4.5
工业	527.6	1.6

续表

指标	绝对数/亿元	比上年增长/%
建筑业	134.6	-0.5
批发和零售业	159.3	0.3
交通运输、仓储和邮政业	134.9	-0.1
住宿和餐饮业	38.6	-4.0
金融业	123.4	8.5
房地产业	126.2	-7.2
营利性服务业	255.5	4.6
非营利性服务业	213.0	4.8

年末全市常住人口330.9万人，常住人口城镇化率为57.92%，比上年提高1.02个百分点。全市居民消费价格上涨1.9%；商品零售价格上涨2.5%。2022年蚌埠市居民消费价格比上年涨跌幅度见表8-5-4。

表8-5-4　2022年蚌埠市居民消费价格比上年涨跌幅度

类别	涨跌幅度/%
居民消费价格	1.9
一、食品烟酒	2.2
# 粮食	0.0
食用油	5.0
菜类	1.6
畜肉类	-2.4
禽肉类	0.8
水产品	-3.1
蛋类	8.5
烟酒	4.0
二、衣着	0.4
三、居住	0.3
四、生活用品及服务	0.9
五、交通和通信	5.4
六、教育文化和娱乐	1.8
七、医疗保健	1.5
八、其他用品和服务	2.4

全年城镇新增就业3.8万人，失业人员再就业3.1万人，新增农村劳动力转移4.6万人。

（二）农业

全年粮食作物种植面积51.8万公顷，其中小麦面积25.2万公顷，稻谷面积10.4万公顷。油料种植面积5万公顷，蔬菜种植面积6万公顷。

全年粮食产量286万吨，增长0.9%。油料产量31.9万吨，增长0.3%。蔬菜产量276万吨，增长4.6%。水果产量60.3万吨，增长1%。

年末全市生猪存栏 108.4 万头，比上年增长 5.4%；全年生猪出栏 191.7 万头，增长 4.8%。肉类总产量 43.2 万吨，增长 4.6%。禽蛋产量 9.7 万吨，增长 6.8%。水产品产量 13.3 万吨，增长 3.5%。2022 年蚌埠市主要农产品产量及其增长速度见表 8-5-5。

表 8-5-5　2022 年蚌埠市主要农产品产量及其增长速度

产品名称	绝对数/万吨	比上年增长/%
粮食	286.0	0.9
夏粮	153.8	1.7
# 小麦	153.8	1.7
秋粮	132.2	0.1
油料	31.9	0.3
蔬菜	276.0	4.6
水果	60.3	1.0
肉类	43.2	4.6
禽蛋	9.7	6.8
水产品	13.3	3.5

（三）工业和建筑业

年末全市规模以上工业企业 873 户（不含烟厂、供电），全年规模以上工业增加值同比增长 1%。其中国有企业增长 13.6%，集体企业增长 9.8%。

全市主要工业行业增加值增速有增有降，其中电气机械和器材制造业增长 163.1%，皮革、毛皮、羽毛及其制品和制鞋业增长 43%，医药制造业增长 41.7%，纺织业增长 31.1%，酒、饮料和精制茶制造业下降 29.5%，计算机、通信和其他电子设备制造业下降 27%，汽车制造业下降 21.8%，通用设备制造业下降 19.1%。2022 年蚌埠市规模以上工业增加值增长速度见表 8-5-6。

表 8-5-6　2022 年蚌埠市规模以上工业增加值增长速度

指标	比上年增长/%
规模以上工业	1.0
其中：国有企业	13.6
集体企业	9.8
股份制企业	0.8
外商及港澳台商投资企业	-2.3
其他企业	-34.9
其中：国有及国有控股企业	-3.5
大中型工业企业	1.4
其中：农副食品加工业	-1.3
烟草制品业	1.0
化学原料及制品制造业	4.6
医药制造业	41.7
非金属矿物制品业	-8.5

续表

指标	比上年增长/%
汽车制造业	-21.8
计算机、通信和其他电子设备制造业	-27.0
电力、热力生产和供应业	8.1

主要工业产品产量中，表面活性剂、鞋、化学药品原药、毛机织物（呢绒）分别增长1259.2%、60.3%、46.7%、39.6%，传感器、泵、电子元件、饮料酒分别下降78.1%、67.2%、31.4%、44.6%。2022年蚌埠市规模以上工业主要产品产量及其增长速度见表8-5-7。

表8-5-7　2022年蚌埠市规模以上工业主要产品产量及其增长速度

产品名称	单位	产量	比上年增长/%
饲料	万吨	26.0	3.0
鲜、冷藏肉	万吨	6.6	-3.4
罐头	万吨	0.6	16.7
乳制品	万吨	2.1	15.4
卷烟	亿支	327.8	0.2
棉纱	万吨	3.6	20.2
机制纸及纸板	万吨	2.0	-54.5
烧碱（折100%）	万吨	7.8	100.0
水泥	万吨	345.5	-16.6
商品混凝土	万立方米	390.9	-13.6
中空玻璃	万平方米	28.6	-1.2
起重机	吨	2327.0	-2.4
气体压缩机	台	376.0	-13.4
液压元件	万件	110.3	-6.6
液晶显示模组	万套	8826.5	26.1

全市规模以上工业实现营业收入1498.6亿元，增长14.7%；实现利润总额80.8亿元，增长37.4%。

全年全社会建筑业增加值134.6亿元，比上年下降0.5%。具有资质等级建筑企业400家，完成产值605.3亿元，增长9.4%。房屋建筑施工面积3107.5万平方米，下降0.5%；房屋竣工面积991.5万平方米，增长71.3%。

（四）固定资产投资

全年固定资产投资比上年增长0.5%，其中技术改造投资增长7.7%，民间投资下降14.2%。分产业看，第一产业投资下降21.2%，第二产业投资下降3.7%，第三产业投资增长3.7%。

全年房地产开发投资407.9亿元，比上年下降5.2%；房屋销售面积388.7万平方米，下降40%；房屋销售额235亿元，下降43.3%。

宝馨高效异质结电池和光伏组件生产线制造、壹石通碳中和产业园等254个项目开工建设，开工率居全省第6位；八一年产32万吨硝基氯苯氯碱系列产品、中粮年产30万吨燃料乙醇二期等176个项目竣工投产，竣工率居全省第1位。

（五）国内贸易

全年社会消费品零售总额1256.2亿元，比上年下降2.4%。按经营单位所在地分，城镇消费品零售额1023.6亿元，下降2.5%；乡村消费品零售额232.7亿元，下降2.3%。按消费形态分，商品零售1128.6亿元，下降1.8%；餐饮收入127.7亿元，下降7.9%。

限额以上企业（单位）零售额215亿元，增长0.6%，其中批发、零售、住宿、餐饮四大行业零售额分别比上年增长14.2%、下降1.6%、下降1%、下降0.7%。粮油、食品类增长5.6%，石油及制品类增长46.6%，汽车类下降10.7%，日用品类增长37.3%，中西药品类增长4.1%，服装、鞋帽、针纺织品类下降13.4%，化妆品类下降1.9%，书报杂志类增长23.1%。

（六）对外经济和旅游业

全年进出口总额30.1亿美元，比上年增长10.4%。其中出口18.2亿美元，增长39.4%；进口11.8亿美元，下降16.4%。

全年外商直接投资1972万美元，增长211.5%。实际到位内资1209.7亿元，下降8.6%，其中省外资金1209.7亿元，下降3.3%。

全市星级饭店（宾馆）7个；旅行社67家，分社22家。

（七）交通和邮电业

全年交通运输、仓储和邮政业增加值134.9亿元，比上年下降0.1%。

全年公路客运量321万人，比上年下降70.1%；公路货运量31600万吨，下降5.1%。

年末全市汽车拥有量68.2万辆，比上年增长22.9%，其中个人汽车55.5万辆，增长20.2%。小型、微型载客汽车拥有量47.1万辆，增长8.6%，其中个人小型、微型载客汽车45.3万辆，增长8.7%。

全年邮政行业寄递业务量累计完成2.7亿件，同比增长9%。其中快递业务量累计完成19473.3万件，同比增长7%；邮政寄递服务业务量累计完成7299.6万件，同比增长14.7%。电信业务总量（收入）27.1亿元，比上年增长2%。年末全市固定电话用户数33.6万户，下降1.9%；移动电话用户数338.7万户，增长4%。

（八）财政、金融和保险业

全年一般公共预算收入174亿元，比上年增长6.1%。一般公共预算支出完成359.5亿元，增长9.3%。其中教育支出66.5亿元，增长6.7%；社会保障和就业支出55.9亿元，增长14.3%；城乡社区支出41.7亿元，增长0.6%。全市20项民生实事计划投入资金63.73亿元，实际到位资金63.81亿元，占年度计划的100.1%；全市10项暖民心行动计划投入资金3.66亿元，实际到位资金3.66亿元，占年度计划的100%。

年末全市金融机构本外币各项存款余额3010.3亿元，比上年末增加269.1亿元，增长11.8%；本外币各项贷款余额2978亿元，增加389.5亿元，增长15%。2022年末蚌埠市金融机构本外币各项存贷款余额及其增长速度见表8-5-8。

表8-5-8　2022年末蚌埠市金融机构本外币各项存贷款余额及其增长速度

指标	年末数/亿元	比上年增长/%
各项存款余额	3010.3	11.8
其中：住户存款	1948.8	22.4
非金融企业存款	606.1	-2.5
各项贷款余额	2978.0	15.0
其中：境内短期贷款	679.1	10.7
境内中长期贷款	2182.2	0.4

全年实现原保险保费收入72.9亿元，比上年增长8.3%。其中财产险原保险保费收入35.4亿元，增长12.3%；人身险原保险保费收入37.5亿元，增长4.8%。年末，全市保险公司已达51家。

二、社会发展基本情况

（一）教育和科学技术

2022 年全市共有驻蚌高校 6 所；中等职业教育学校 17 所，其中中等技术学校 13 所、中等师范学校 1 所、成人中等专业学校 3 所；普通教育学校 1488 所，其中普通中学 190 所（高中 42 所，初中 148 所）、小学 544 所、幼儿园 748 所、特殊教育学校 5 所、专门学校 1 所。

全市中等职业学校专任教师 2088 人，普通中学专任教师 14674 人，其中高中 4772 人、初中 9902 人。

全市中等职业教育学校在校学生 52015 人；普通教育学校在校学生 658501 人，其中普通中学在校学生 218160 人（高中在校学生 68101 人，初中在校学生 150059 人），小学在校学生 321655 人，幼儿园在园幼儿 117992 人，特殊教育学生 2916 人（特殊教育学校在校生 694 人）。

全市小学适龄儿童入学率 100%，初中学龄人口入学率 100%，高中阶段毛入学率 102.3%（含技校在校生）。

2022 年蚌埠市各级各类教育发展情况见表 8-5-9。

表 8-5-9　2022 年蚌埠市各级各类教育发展情况

指标	单位	招生数	在校学生数	毕业生数
各类中等职业学校	人	19739	52015	15140
普通中学	人	76132	218160	64441
其中：高中	人	24658	68101	19417
初中	人	51474	150059	45024
小学	人	49770	321655	51338

全年新认定高新技术企业 309 家，高新技术企业总数达 719 家。全市有国家重点（工程）实验室 2 个，省级重点（工程）实验室 20 个；省级以上工程（技术）研究中心 54 家，其中国家级 2 家；国家级高新技术产业开发区 1 个。全年发明专利授权量 751 件，万人发明专利拥有量达 24.45 件。

（二）文化和卫生

全市公共文化服务水平不断提升。全年送戏下乡 3663 场，开展“我们的节日”、“温馨蚌埠·欢乐珠城”、乡村村晚、“喜迎二十大 奋进新征程”优秀舞台艺术作品展演等各类群众文化活动 1800 余场。泗州戏《画红船》荣获第 26 届中国少儿戏曲“小梅花集体节目”优秀奖。《淮水情》获省社科奖。《致富路上》《改道》等 6 件作品获第三届省群星奖。6 件少儿作品参加全省调演分获一二三等奖。天津快板《红孩子》荣获北京少儿曲艺新创作品比赛一等奖。加快推进基层公共文化场馆开通免费无线上网服务，全市乡镇（街道）、村（社区）公共文化场馆无线网覆盖率达 100%。全市已建成村（社区）综合文化服务中心 1132 个，其中达到“一二三四”标准的村级中心 32 个，达到“七个一”标准的村级中心 319 个，达到“八个有”标准的村级中心 781 个，覆盖率达 100%。

年末全市有医疗卫生机构 1664 个，其中医院 112 个，基层医疗卫生机构 1523 个，专业公共卫生机构 27 个，其他卫生机构 2 个。全市卫生技术人员 27691 人，其中执业（助理）医师 10649 人，注册护士 13351 人。医疗卫生机构编制床位 20180 张，实有床位 26021 张，其中医院编制床位 16424 张，实有床位 22223 张。

（三）人民生活和社会保障

全年城镇居民人均可支配收入 44652 元，比上年增长 4.7%。人均消费支出 22108 元，增长 0.5%。其中食品支出增长 0.5%，医疗保健支出增长 0.7 %，交通和通信支出下降 4.2%，教育文化娱乐服务支出增长 1.9%。城镇居民家庭恩格尔系数为 38.8%。城镇居民人均住房建筑面积 37.2 平方米。

全年农村居民人均可支配收入20687元，比上年增长5.9%。人均消费支出14880元，增长4.6%。其中食品支出增长3.7%，医疗保健支出增长4.2%，交通和通信支出增长0.3%，教育文化娱乐服务支出增长7.9%。农村居民家庭恩格尔系数为37%。农村居民人均住房建筑面积55.4平方米。

年末全市职工基本养老、失业、医疗、工伤、生育5项社会保险参保人数分别为80.7万人、30.1万人、57.6万人、36.2万人、36.9万人，城乡居民医疗保险参保人数292.3万人，城乡居民养老保险参保人数173.8万人。企业退休人员养老金和失业人员失业金100%按时足额发放。

（四）城市建设、环境和安全生产

扎实开展棚户区改造工作，改造棚户区（城中村）40个，竣工安置房1.6万套，回迁安置1.9万户。全年环境空气质量达二级标准以上天数78.9%，区域噪声平均值53.2分贝。

全市共发生各类生产安全事故53起，死亡52人，同比分别下降28.4%和28.8%。其中道路运输事故31起，死亡28人；工矿商贸事故22起，死亡24人。事故起数和死亡人数同比“双下降”，发生较大生产安全事故1起。危险化学品、非煤矿山、燃气、烟花爆竹、农机、水上运输等重点领域未发生列统事故。

第六节　淮南市经济社会发展情况

2022年淮南市地区生产总值1541.1亿元，比上年增长2%。其中第一产业增加值158.1亿元，增长3.3%；第二产业增加值648.9亿元，增长2.3%，其中工业增加值569.1亿元，增长2.1%；第三产业增加值734.1亿元，增长1.4%。第一产业增加值占地区生产总值比重为10.3%，第二产业增加值比重为42.1%，第三产业增加值比重为47.6%。按常住人口计算，人均地区生产总值50802元，比上年增加3453元。2018—2022年淮南市地区生产总值及其增长速度见图8-5-5，三次产业增加值占地区生产总值比重见图8-5-6。

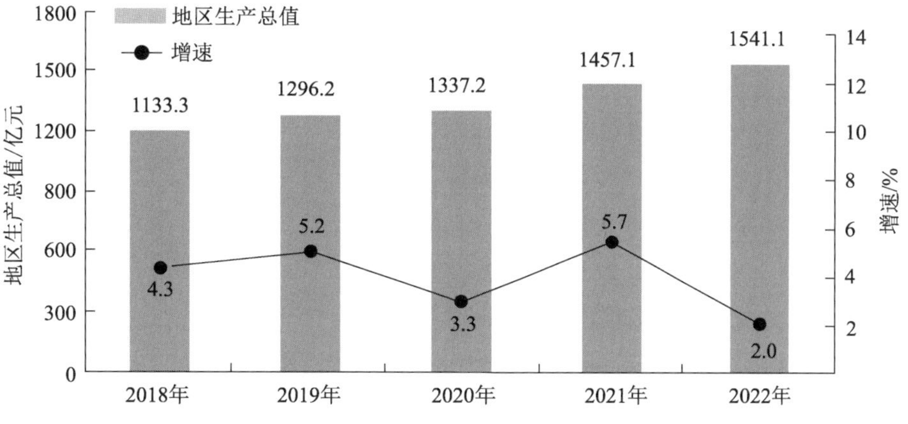

图8-5-5　2018—2022年淮南市地区生产总值及其增长速度

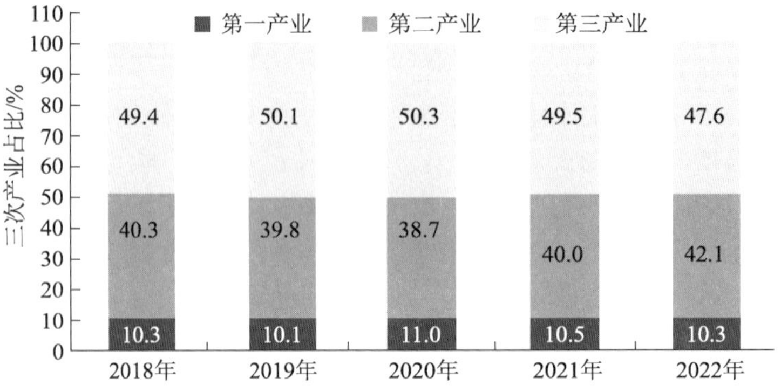

图 8-5-6 2018—2022 年淮南市三次产业增加值占地区生产总值比重

年末全市常住人口 302.7 万人，比上年末减少 1.3 万人；常住人口城镇化率为 62.05%，比上年提高 0.14 个百分点。

全年城镇实名制新增就业 3.8 万人，下岗失业人员再就业 1.2 万人。全年居民消费价格同比上涨 1.9%，其中食品烟酒价格上涨 3%，工业品价格上涨 2.2%，服务项目价格上涨 0.7%。全年商品零售价格上涨 2.6%。2022 年淮南市居民消费价格月度涨跌幅度见图 8-5-7，全年居民消费价格比上年涨跌幅度见表 8-5-10。

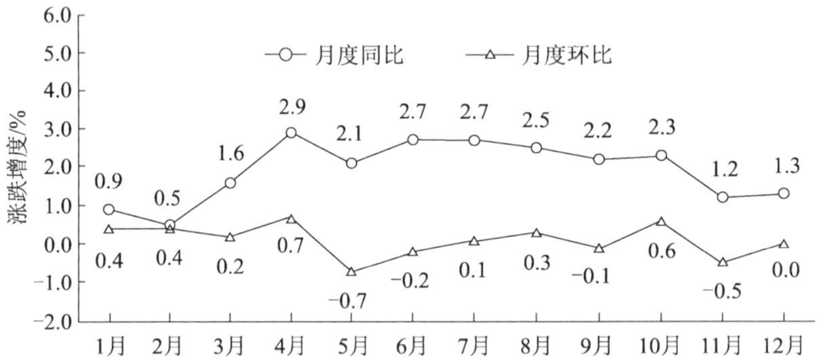

图 8-5-7 2022 年淮南市居民消费价格月度涨跌幅度

表 8-5-10 2022 年淮南市居民消费价格比上年涨跌幅度

指标	涨跌幅度/%
城市居民消费价格	1.9
其中：食品烟酒	3.0
衣着	0.1
居住	-0.3
生活用品及服务	0.2
交通和通信	5.0
教育文化和娱乐	3.1
医疗保健	0.0
其他用品和服务	0.6

新动能加快成长。规模以上高技术制造业增加值增长 17.8%，增幅高于规模以上工业 17.3 个百分点，其中医药制造业增长 21.2%，电子及通信设备制造业增长 13.5%，医疗仪器设备及仪器仪表制造业增长 17.1%。全年高技术产业投资比上年增长 64.3%。全年通过公共网络实现限额以

上商品零售额 8.7 亿元，同比增长 20.3%，高于全市限额以上消费品零售额增速 17.6 个百分点，占全市限额以上消费品零售额的比重由上年的 4.6% 提高到 5.4%。

发展活力不断显现。全年全市新增各类市场主体 4.3 万户，其中企业 1.1 万户，个体户 3.2 万户。年末全市市场主体达 28.7 万户，同比增长 16.1%，其中民营企业 6.3 万户，同比增长 17.8%。全市省级及以上园区规模以上工业企业 408 户，净增 82 户；园区规模以上工业增加值占全市规模以上工业增加值的比重为 22.6%，比上年提高了 5.8 个百分点。

全年社会消费品零售总额 883.1 亿元，比上年增长 2%。按经营地统计，城镇消费品零售额 618.2 亿元，增长 4.6%；乡村消费品零售额 264.9 亿元，下降 3.8%。按消费类型统计，商品零售额 779.1 亿元，增长 2.1%；餐饮收入 104 亿元，增长 0.5%。2018—2022 年淮南市社会消费品零售总额及其增长速度见图 8-5-8。

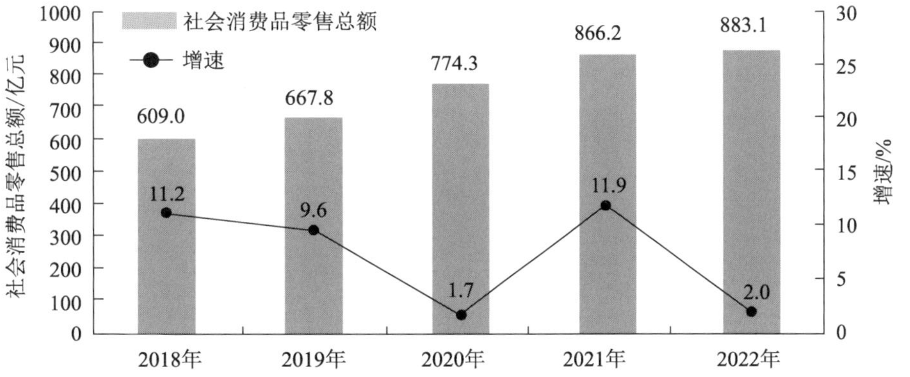

图 8-5-8　2018—2022 年淮南市社会消费品零售总额及其增长速度

全年进出口总额 119881 万美元，比上年增长 18.8%。其中出口 116394 万美元，增长 23.7%；进口 3487 万美元，下降 49.1%。2018—2022 年淮南市进出口总额及其增长速度见图 8-5-9。

全年新批（备案）外商投资项目 10 个，比上年增长 42.9%。合同利用外资 12013 万美元，增长 150%；实际利用外商直接投资额 3222 万美元，增长 32.4%。

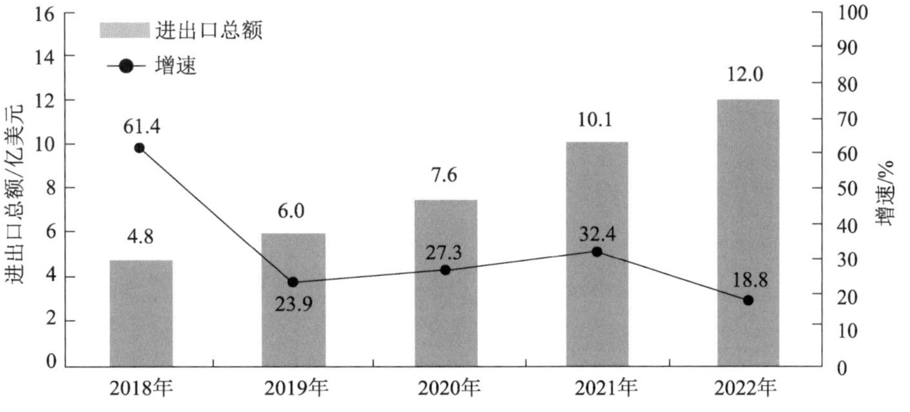

图 8-5-9　2018—2022 年淮南市进出口总额及其增长速度

第七节 六安市经济社会发展情况

2022年全市一般公共预算收入120.3亿元，扣除留抵退税因素后，比上年增长13.4%。其中税收收入75.6亿元，增长12.7%；一般公共预算支出299.5亿元，增长7.9%，其中十三大类民生支出248.9亿元，同比增长5.3%。从一般公共预算支出项目看，教育支出增长4.1%，科学技术支出增长12.6%，卫生健康支出增长7.3%。2018—2022年六安市一般公共预算收入见图8-5-10。

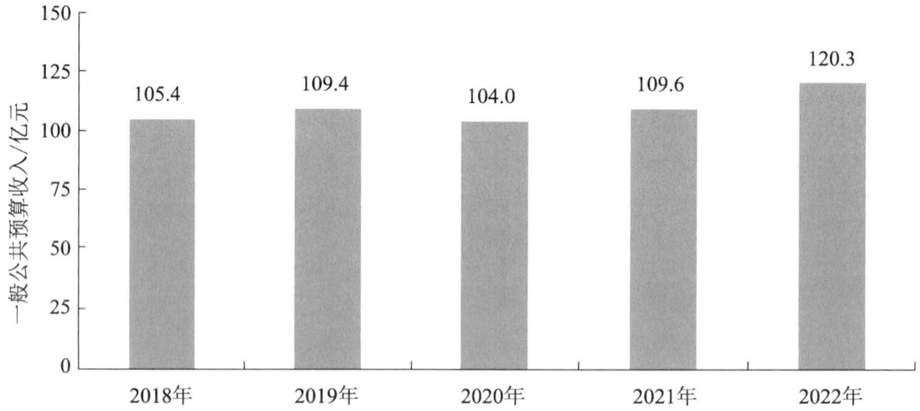

图8-5-10 2018—2022年六安市一般公共预算收入

全年全市城镇居民人均可支配收入43353元，比上年增长4.8%；人均消费支出21625元，增长4.3%。农村居民人均可支配收入17722元，比上年增长6.1%；人均消费支出14849元，增长5.5%。2018—2022年六安市城乡居民人均可支配收入见图8-5-11。

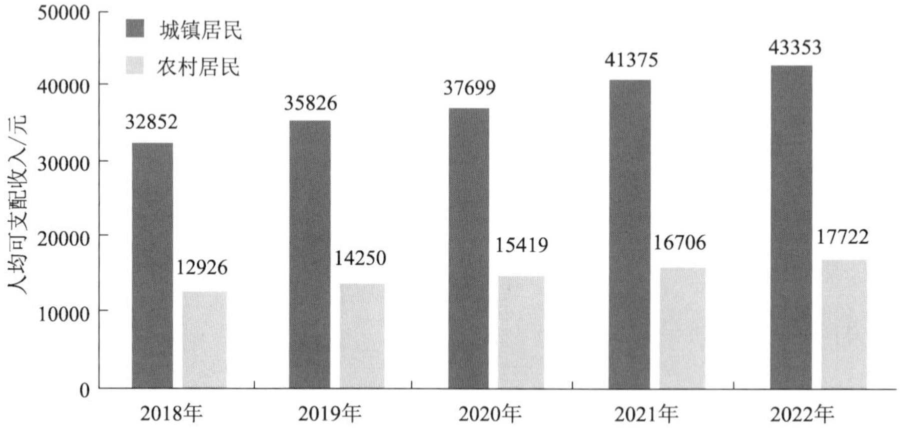

图8-5-11 2018—2022年六安市城乡居民人均可支配收入

2022年全市实现地区生产总值2004.6亿元，按不变价格计算，比上年增长4.2%。其中第一产业增加值267.8亿元，增长4.5%；第二产业增加值784.9亿元，增长7.2%；第三产业增加值951.9亿元，增长1.9%。三次产业结构比从上年的13.4∶38.5∶48.1调整为13.4∶39.1∶47.5。按常住人口计算，人均地区生产总值45643元（折合6786美元），比上年增加2179元。2018—2022年六安市地区生产总值见图8-5-12，三次产业增加值占地区生产总值比重见图8-5-13。

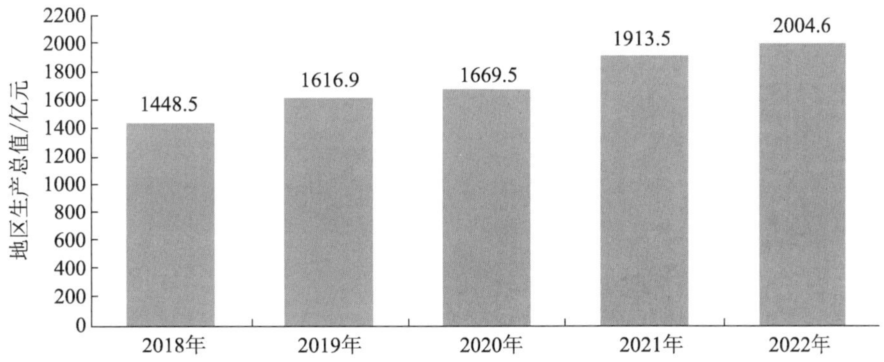

图 8-5-12　2018—2022 年六安市地区生产总值

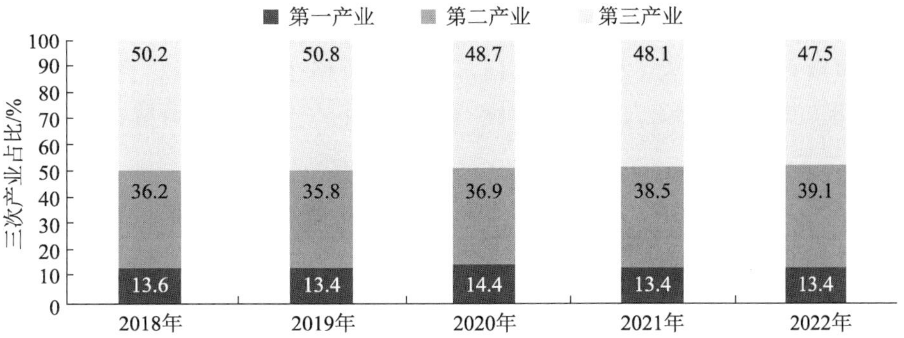

图 8-5-13　2018—2022 年六安市三次产业增加值占地区生产总值比重

年末全市常住人口 437.9 万人，比上年末减少 2.6 万人；常住人口城镇化率为 50.5%，比上年提高 1 个百分点。2022 年六安市常住人口及其构成见表 8-5-11，2018—2022 年末六安市常住人口数见图 8-5-14。

表 8-5-11　2022 年六安市常住人口及其构成

指标	年末数/万人	比重/%
常住人口	437.9	100.0
其中：城镇	221.1	50.5
乡村	216.8	49.5
其中：男性	225.7	51.6
女性	212.2	48.4
其中：0~14 岁（含不满 15 周岁）	72.3	16.5
15~59 岁（含不满 60 周岁）	267.9	61.2
60 周岁及以上	97.7	22.3
其中：65 周岁及以上	77.7	17.7

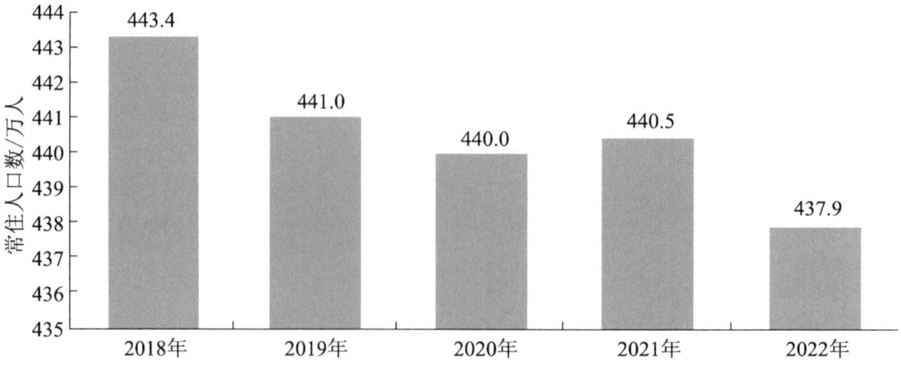

图 8-5-14　2018—2022 年末六安市常住人口数

全年城镇新增就业 3.2 万人，完成目标任务的 107.3%；失业人员再就业 1.2 万人，完成目标任务的 494%；就业困难人员就业 2863 人，完成目标任务的 190.8%。

全年居民消费价格比上年上涨 2%。其中食品烟酒价格上涨 2.7%，商品零售价格上涨 2.7%。2022 年六安市居民消费价格比上年涨跌幅度见表 8-5-12。

表 8-5-12　2022 年六安市居民消费价格比上年涨跌幅度

指标	涨跌幅度/%
居民消费价格	2.0
其中：食品烟酒	2.7
衣着	-0.1
居住	-0.1
生活用品及服务	0.5
交通通信	6.1
教育文化娱乐	3.2
医疗保健	-0.1
其他用品及服务	1.9

全年高技术制造业增加值比上年增长 28.8%，占规模以上工业增加值比重为 11.8%；装备制造业增加值增长 17.5%，占规模以上工业增加值比重为 28%。高技术产业投资增长 33%，占固定资产投资比重为 6.6%。全年通过公共网络实现商品销售增长 40.8%，占限额以上单位商品零售额比重为 5.8%。

全年社会消费品零售总额 1183.2 亿元，比上年增长 2.4%。按经营地统计，城镇消费品零售额 815.8 亿元，增长 1.3%；乡村消费品零售额 367.4 亿元，增长 4.9%。按销售类型统计，批发零售业商品零售额 1024.4 亿元，增长 2.5%；住宿餐饮业零售额 158.8 亿元，增长 1.9%。按规模分，限额以上商业实现零售额 326.9 亿元，增长 4.3%；限额以下商业实现零售额 856.3 亿元，增长 25.3%。2018—2022 年六安市社会消费品零售总额见图 8-5-15。

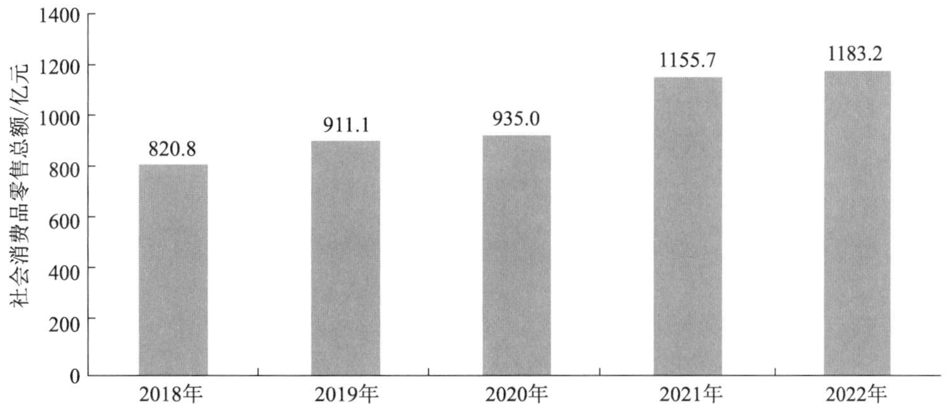

图 8-5-15　2018—2022 年六安市社会消费品零售总额

全年进出口总额 15.2 亿美元，比上年下降 0.1%。其中出口 14.2 亿美元，增长 1.8%；进口 1 亿美元，下降 19.6%。2018—2022 年六安市进出口额见图 8-5-16，2022 年六安市出口主要分类及地区分布见表 8-5-13。

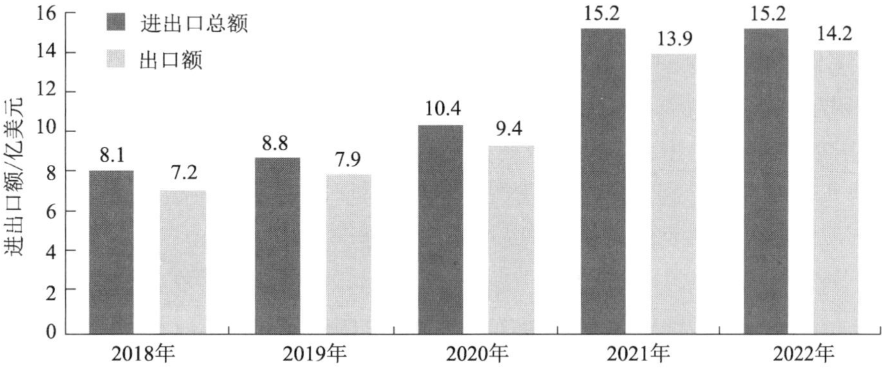

图 8-5-16　2018—2022 年六安市进出口额

表 8-5-13　2022 年六安市出口主要分类及地区分布

指标	绝对数/亿美元	比上年增长/%
出口额	14.2	1.8
其中：机电产品	4.0	-14.1
其中：一般贸易	14.2	1.8
其中：对亚洲	5.9	5.8
对欧洲	3.0	-12.4
对北美洲	3.2	0.6
对非洲	0.6	3.2
对拉丁美洲	1.2	36.7
对大洋洲	0.3	-0.8

全年新设外商投资企业 20 家。新增合同外资 5.6 亿美元；实际利用外商直接投资 1596 万美元，增长 136.8%。

全年全部财政收入 295.1 亿元，比上年增长 11.8%。其中一般公共预算收入 161.3 亿元，增长 9.3%；中央级收入 85.2 亿元，下降 3.2%。一般公共预算收入中，国内增值税 52.9 亿元，增长 8.4%；企业所得税 10.4 亿元，下降 6%。全年财政支出 528.3 亿元，增长 9%。其中城乡社区支出增长 23.2%，住房保障支出下降 19.8%，社会保障和就业支出增长 21.6%，教育支出增长 6.6%，科学技术支出增长 24.6%，交通运输支出增长 21.9%，农林水事务支出增长 5.3%。全年民生工程累计投入财政资金 453.5 亿元，民生支出占财政支出比重为 85.8%。2018—2022 年六安市一般公共预算收入见图 8-5-17。

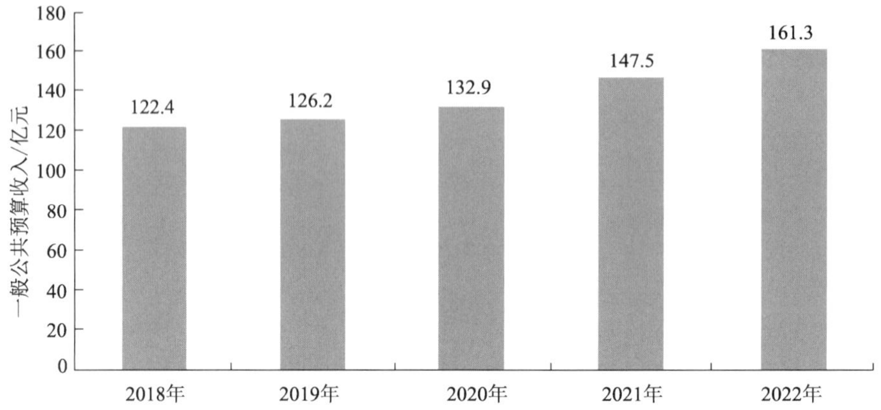

图 8-5-17　2018—2022 年六安市一般公共预算收入

全年城镇常住居民人均可支配收入 38883 元，比上年增长 5.7%。城镇居民人均消费性支出 20369 元，增长 4%，其中食品烟酒支出 6873 元，增长 4.3%，衣着支出增长 1.4%，交通通信支出增长 6.2%，教育文化娱乐支出增长 3.8%。城镇居民恩格尔系数为 33.7%，比上年提升 0.1 个百分点。

全年农村常住居民人均可支配收入 17216 元，比上年增长 7.6%。农村居民人均生活消费支出 14058 元，增长 7.5%，其中食品支出增长 7.1%，交通通信支出增长 9.2%，居住支出增长 8.2%。农村居民恩格尔系数为 34.1%，比上年下降 0.1 个百分点。

2018—2022 年六安市城乡居民人均可支配收入见图 8-5-18。

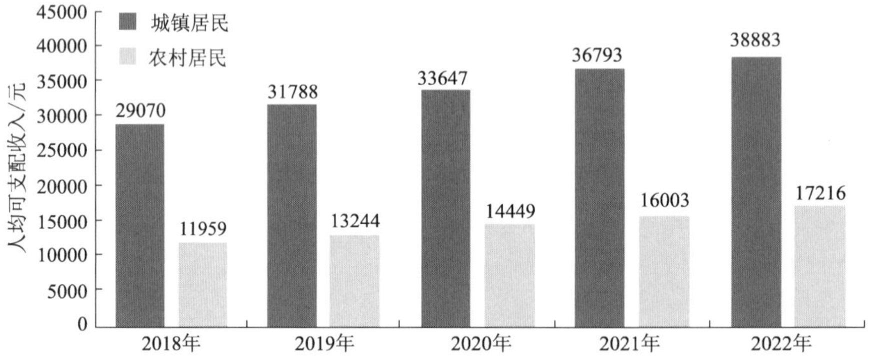

图 8-5-18　2018—2022 年六安市城乡居民人均可支配收入

第八节　定远县经济社会发展情况

一、经济发展基本情况

（一）经济发展总体情况

2022 年，定远县实现地区生产总值 3800875 万元，比上年增长 4.1%。其中第一产业增加值 775148 万元，增长 4.2%；第二产业增加值 1226228 万元，增长 3.6%；第三产业增加值 1799499 万元，增长 4.3%。三次产业结构比为 20.4∶32.3∶47.3。2022 年定远县地区生产总值构成及增长速度见表 8-5-14。2017—2022 年定远县地区生产总值及其增长速度见图 8-5-19。

表 8-5-14　2022 年定远县地区生产总值构成及增长速度

指标	绝对数/万元	比上年增长/%
生产总值	3800875	4. 1
其中：第一产业	775148	4. 2
第二产业	1226228	3. 6
第三产业	1799499	4. 3
其中：农林牧渔业	858909	4. 3
工业	789197	1. 2
建筑业	437177	8. 4
批发和零售业	460245	6. 7
交通运输、仓储及邮政业	200491	-1. 2
住宿和餐饮业	68096	5. 2
金融业	164820	14. 1
房地产业	159720	-2. 3
营利性服务业	306620	4. 2
非营利性服务业	355599	3. 3

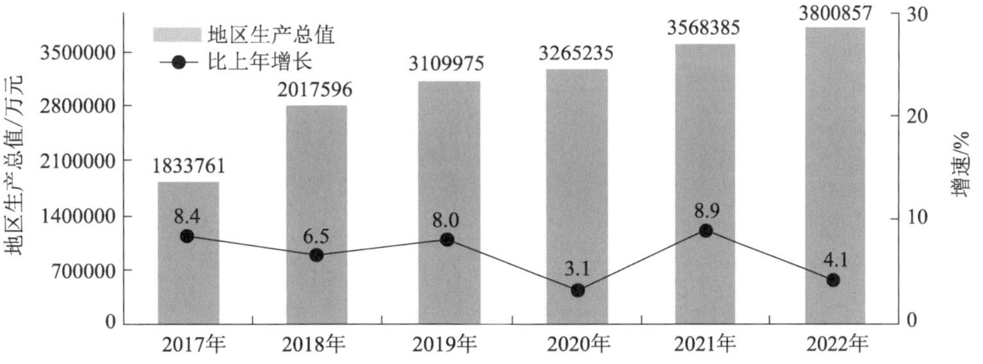

图 8-5-19　2017—2022 年定远县地区生产总值及其增长速度

2022 年末，全县总户数 265332 户，户籍总人口 978764 人，其中男性 522679 人，女性 456085 人。全年出生人口 7261 人，其中男性 3916 人，女性 3345 人。死亡人口 2990 人，其中男性 1722 人，女性 1268 人。根据 2022 年人口抽样调查结果，定远县常住人口 67. 7 万人，城镇化率 46. 29%。城镇登记失业率控制在 2. 7%以内。

（二）农业

2022 年，全县农作物播种面积 224033. 2 公顷，比上年减少 178 公顷，下降 0. 08%。其中粮食作物播种面积 208020 公顷，比上年下降 0. 87%；油料播种面积 7413. 7 公顷，增长 7. 04%；蔬菜播种面积 5524 公顷，增长 3. 6%。

全年粮食总产量 1169030. 2 吨，比上年下降 0. 86%。油料产量 23903 吨，增长 6. 24%；蔬菜产量 210149. 2 吨，增长 4%。

年末，全县生猪存栏 703697 头，全年生猪出栏 1266191 头，增长 4. 4%。全年肉类总产量 133343. 2 吨，增长 7. 09%，其中猪肉产量 109971. 5 吨，增长 4. 74%。全年禽蛋产量 23574. 2 吨，下降 1. 98%。水产品产量 42848 吨，增长 4.57%。

年末，全县农业机械总动力 179 万千瓦，比上年增加 7.5 万千瓦。大中型拖拉机保有量达 7952 台，比上年增加了 602 台。全年农用化肥施用量（折纯）81107 吨，比上年减少 36 吨。全年有效灌溉面积 124.42 千公顷。水利蓄水工程年实际供水量 51905 万立方米，农村集中式供水工程供水人口 82.45 万人，农村集中式供水工程全年供水量 6643 万立方米。

2022 年定远县主要农产品产量及其增长速度见表 8-5-15。

表 8-5-15　2022 年定远县主要农产品产量及其增长速度

名称	绝对数/吨	比上年增长/%
粮食	1169030.00	-0.86
其中：稻谷	636494.00	-1.94
小麦	451539.00	1.68
玉米	61200.00	-10.81
大豆	14198.00	12.78
油料	23903.00	6.24
其中：花生	17864.00	3.80
油菜籽	5005.00	16.60
棉花	57.00	-37.46
蔬菜	210149.20	4.00
肉类	133343.20	7.09
禽蛋	23574.20	-1.98
水产品	42848.00	4.57

（三）工业和建筑业

2022 年，全县工业领域实现增加值 789197 万元，同比增长 1.2%。其中规模以上工业比上年增长 1.9%。在规模以上工业中，股份制企业、外商及港澳台商投资企业、新建企业有所增长。2022 年定远县规模以上工业增加值增长速度见表 8-5-16，2017—2022 年定远县规模以上工业增加值增长速度见图 8-5-20。

表 8-5-16　2022 年定远县规模以上工业增加值增长速度

指标及分类	比上年增长/%
规模以上工业	1.90
其中：国有企业	-84.70
股份制企业	4.01
外商及港澳台商投资企业	24.49
其中：国有控股企业	-5.36
其中：新建企业	8.99
其中：大中型工业企业	-6.70

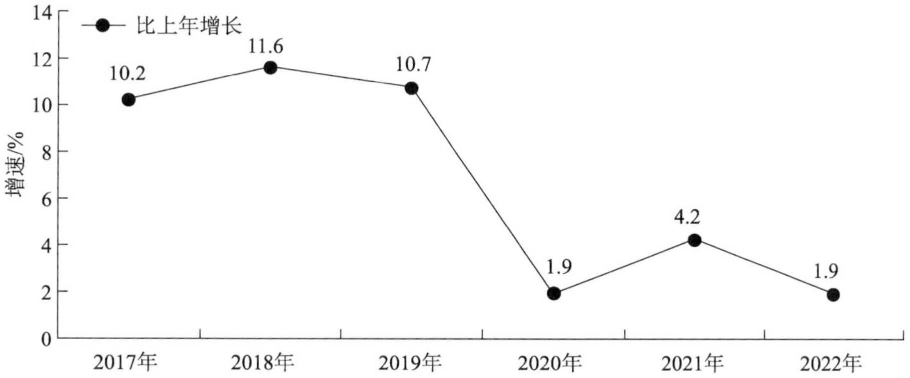

图 8-5-20　2017—2022 年定远县规模以上工业增加值增长速度

2022 年，规模以上工业中，21 个工业行业大类行业中的 15 个行业增加值实现增长，12 个行业实现两位数及以上增长。其中通用设备制造业增长 396.22%；印刷和记录媒介复制业增长 151.08%；有色金属冶炼和压延加工业增长 127.77%；专用设备制造业增长 106.77%；纺织业增长 92.32%；电气机械和器材制造业增长 51.73%；计算机、通信和其他电子设备制造业增长 50.67%；纺织服装、服饰业增长 47.09%；燃气生产和供应业增长 14.71%；电力、热力生产和供应业增长 12.59%；化学原料和化学制品制造业增长 11.92%；废弃资源综合利用业增长 10.17%；文教、工美、体育和娱乐用品制造业增长 6.18%；木材加工和木、竹、藤、棕、草制品业增长 5.53%；农副食品加工业增长 4.67%。

年末，全县共有 61 家企业列入高新技术产业行业目录，占全县规模以上工业企业单位数的 39.9%，产值累计增长 11.1%；战略性新兴产业企业 62 家，产值累计增长 20.7%。

主要工业产品产量和上年相比，大部分保持增长，其中合成氨（无水氨）、小麦粉、甲醛、大米增长较快，分别比上年同期增长 65.7%、52%、18.6%、12.3%。2022 年定远县规模以上工业主要产品产量及其增长速度见表 8-5-17。

表 8-5-17　2022 年定远县规模以上工业主要产品产量及其增长速度

产品名称	单位	绝对数	同比增长/%
原盐	吨	1281504	-9.4
大米	吨	393267	12.3
人造板	立方米	52900	3.8
盐酸（氯化氢，含量 31%）	吨	18517	8.8
烧碱	吨	456775	6.1
合成氨（无水氨）	吨	340958	65.7
初级形态塑料	吨	608641	1.0
橡胶轮胎外胎	条	341828	-40.6
塑料制品	吨	13143	2.9
水泥	吨	1335864	3.4
商品混凝土	立方米	1631284	3.8
变压器	千伏安	109100	-69.1
石灰石	吨	6130734	-28.8
小麦粉	吨	309809	52.0

续表

产品名称	单位	绝对数	同比增长/%
自来水生产量	万立方米	6983	6. 5
甲醛	吨	120941	18. 6
冷冻蔬菜	吨	4313	-49. 9
复合木地板	平方米	1790249	-10. 7
服装	万件	332	8. 3

年末，规模以上工业企业 153 家，比上年净增加 25 家。全年规模以上工业企业实现营业收入 2600098 万元，同比增长 14. 5%；实现利税 148097 万元，下降 38. 1%，其中利润 83255 万元，下降 48. 5%。

全年建筑业完成增加值 437177 万元，比上年增长 8. 4%。资质以上建筑业企业 96 家，全年实现建筑业总产值 933770. 8 万元，增长 16. 9%。完成房屋建筑施工面积 300. 3 万平方米，增长 14%；房屋竣工面积 135. 3 万平方米，下降 9. 7%。

（四）固定资产投资

2022 年，全县完成固定资产投资较上年增长 15. 8%。分产业看，第一产业投资比上年下降 28. 4%；第二产业投资比上年增长 76%；第三产业投资比上年下降 9. 7%。2017—2022 年定远县固定资产投资增长速度见图 8-5-21。

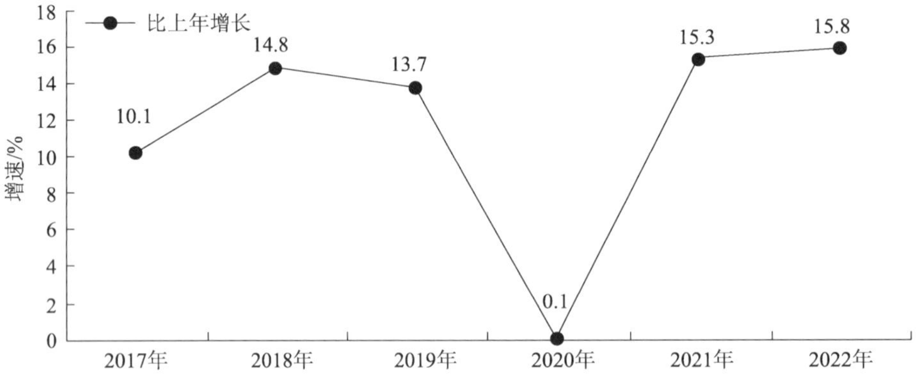

图 8-5-21　2017—2022 年定远县固定资产投资增长速度

全年完成房地产开发投资 312235 万元，比上年下降 18. 9%；房屋施工面积 183. 7 万平方米，增长 8. 6%，其中新开工面积 35. 7 万平方米，下降 34%。商品房销售面积 48. 8 万平方米，下降 26. 2%；商品房销售额 252002 万元，下降 30. 4%。

（五）国内贸易

2022 年，全县实现社会消费品零售总额 1919620 万元，比上年增长 2. 1%。分区域看，城镇实现零售额 1280146 万元，增长 2. 2%；乡村实现零售额 639474 万元，增长 1. 8%。分经营规模看，限额以上单位零售额 319265 万元，比上年增长 10. 2%；限额以下单位零售额 1600355 万元，下降 1. 1%。分消费形态看，餐饮收入实现零售额 261666 万元，同比增长 2. 3%；商品零售实现零售额 1657954 万元，同比增长 2%。在限额以上单位商品零售额中，部分商品类别增长较快，其中汽车类增长 156. 7%，石油及制品类增长 79. 8%，日用品类增长 39. 1%，金银珠宝类增长 37. 2%，体育、娱乐用品类增长 33. 4%。2017—2022 年定远县社会消费品零售总额及其增长速度见图 8-5-22。

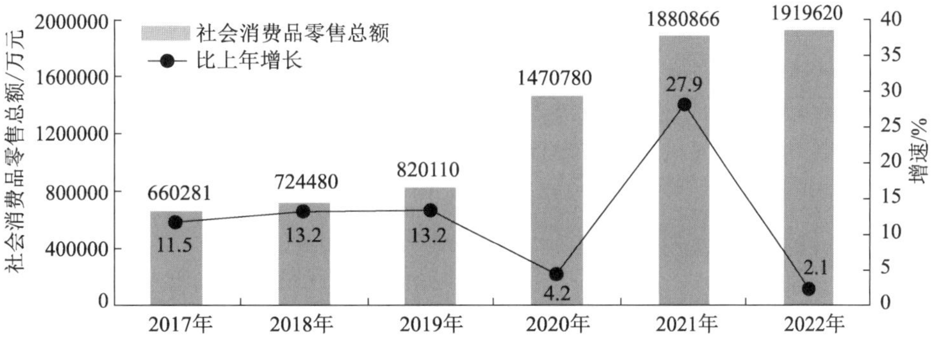

图 8-5-22　2017—2022 年定远县社会消费品零售总额及其增长速度

（六）对外经济和旅游业

2022 年，全县进出口总额 15719 万美元，比上年增长 73.03%，实际利用外资 189 万美元，同比下降 74.2%。

瓜蒌部落、岱山小苑等 6 个农文旅项目相继建成，石门槛等 5 个项目加快建设；成功举办首届线上梅白鱼文化旅游节、首届“新徽菜·名徽厨”职业技能大赛，炉桥手擀面等传统菜肴入选“皖美好味道·百县名小吃”，三眼井社区获评省级特色美食村。全年旅游人次突破 200 万，旅游综合收入 15.6 亿元，同比分别增长 11.1%、11.4%。

（七）交通和环保

2022 年，交通运输、仓储和邮政业实现增加值 200491 万元，比上年下降 1.2%。

2022 年末，全县公交运营线路总长 3439 公里，实有公交车辆 312 辆；全年公共汽车客运总量 1080 万人次。年末全县出租车 456 辆。

2022 年环境空气监测的实际天数为 364 天，全县环境空气质量符合《环境空气质量标准》（GB 3095—2012）一、二级标准的天数总计为 309 天，占 84.9%；其他天数 55 天，占 15.1%。PM_{10} 全年平均值 60 微克/立方米，$PM_{2.5}$ 全年平均值 34 微克/立方米，全年轻度污染 49 天，中度污染 5 天，重度污染 1 天。

（八）财政和金融

2022 年，全县实现一般公共预算收入 258047 万元，比上年增长 10%。从收入来源看，各项税收收入完成 93081 万元，增长 16.7%。全年财政支出 682848 万元，比上年增长 6.1%。其中教育支出 105633 万元，增长 13.1%；城乡社区支出 11828 万元，下降 86.7%；农林水事务支出 184526 万元，增长 18.6%；社会保障和就业支出 131715 万元，增长 19.6%；卫生健康支出 56107 万元，增长 36.2%；交通运输支出 56799 万元，增长 79.3%；住房保障支出 15757 万元，增长 25.1%。2017—2022 年定远县一般公共预算收入及其增长速度见图 8-5-23。

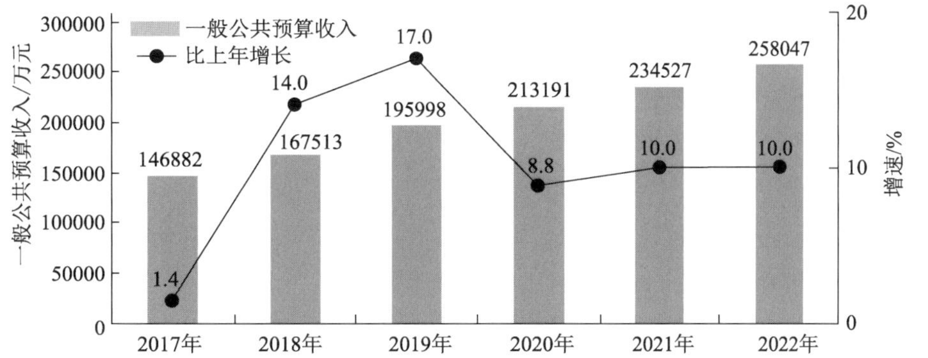

图 8-5-23　2017—2022 年定远县一般公共预算收入及其增长速度

2022年12月末，全县金融机构人民币各项存款余额4154297万元，比上年末增加629568万元，增长17.8%。其中住户存款余额3244064万元，增长20.7%。金融机构人民币各项贷款余额3293131万元，比上年末增加745652万元，增长29.3%。

二、社会发展基本情况

（一）教育和科学技术

2022年，全县共有中等职业教育学校1所，2022学年招生2627人，在校生7439人，毕业生2092人。普通高中7所（其中民办3所），招生4346人，在校生13978人，毕业生4797人。普通初中57所（其中民办6所），招生6939人，在校生22273人，毕业生8409人。小学33所（其中民办3所），招生6941人，在校生41859人，毕业生6946人。幼儿园131所（其中民办62所），招生5002人，在园幼儿20192人。小学入学率为100%，初中学龄人口入学率为100%，高中阶段毛入学率为99.09%。

以“栽树”精神，持续加大科研投入，全社会研发经费突破5亿元。中科化学定远研究院顺利组建，盐化园科创中心即将投用，思凯瑞环保等3家企业获批省研发创新平台。实施“千企升级”技术创新项目16个，科昂纳米、康源农牧获批省级重点研发项目。新增市级专精特新企业7家、国家高新技术企业9家；新增战略性新兴企业18家，居全市第一。

（二）文化、卫生和体育

2022年，全县共有艺术表演团体19个，文化馆1个，博物馆1个，公共图书馆1个，公共图书藏量55.1万册。广播电台1座，电视台1座，全县城镇有线广播电视用户1.7万户，农村有线广播电视用户1万户。年末广播综合人口覆盖率为100%，电视综合人口覆盖率为100%。

年末，全县共有卫生机构382个，其中综合医院11家、乡镇卫生院26个，卫生监督所1个，妇幼保健所1个、疾病预防控制中心1个、卫生监督所1个、社区服务中心2个、社区服务站22个、诊所和门诊部74个、村卫生室245个。全县卫生机构拥有床位5091张，其中医院3330张、基层医疗卫生机构1161张。卫生机构从业人员5246人，其中医院、卫生院卫生技术人员4719人，执业医师1963人，注册护士2343人。

全年，销售体育彩票6060.01万元，比上年增长50.85%。

（三）人民生活、社会保障及其他

全年城镇常住居民人均可支配收入37039元，比上年增长6.1%；农村常住居民人均可支配收入17313元，比上年增长6.8%。

2022年末，全县城镇职工养老保险参保人数5.62万人。城乡居民养老保险参保人数45.3万人。失业保险参保人数2.75万人，工伤保险参保人数3.84万人。职工基本医疗保险参保人数5.39万人，城乡居民基本医疗保险参保人数76.78万人。

2022年，有1289户、1728名城镇居民享受政府最低生活保障，发放低保金1342.73万元；有19425户、32737名农村居民享受政府最低生活保障，发放低保金1.68亿元。

年末，全县养老服务机构32个，其中公建民营养老机构18个，公建公办养老机构7个，民办养老机构7个。总床位数2480张，其中护理型床位数1869张。年末在院人数1029人，其中特困人员494人。全年销售社会福利彩票2516万元，比上年增加4.5%；募集公益金327.2万元，比上年增加13.8%。

第九节　桐城市经济社会发展情况

一、经济发展基本情况

2022 年全市实现地区生产总值 452 亿元，同比增长 4.5%。其中第一产业增加值 38.3 亿元，增长 3.7%；第二产业增加值 233.9 亿元，增长 4.9%；第三产业增加值 179.8 亿元，增长 4.2%。三次产业结构比例为 8.48∶51.75∶39.77。

（一）农业

农林牧渔业完成总产值 70 亿元，按可比价格计算，增长 4%；农林牧渔服务业完成总产值 0.9 亿元，按可比价格计算，增长 11.2%；实现农林牧渔业增加值 38.9 亿元，增长 3.8 %，农林牧渔服务业增加值 0.6 亿元，增长 10.9%。

全年粮食播种面积 5.3 万公顷，粮食总产量 31.7 万吨，同比增长 0.6%；油料种植面积 1 万公顷，同比增长 2.2%，油料总产量 2.6 吨，同比增长 3.9%；棉花种植面积 647 公顷，同比下降 31.5%，棉花总产量 532 吨，同比下降 30.2%。

茶园实有面积 3672.5 公顷，茶叶产量 554 吨；蔬菜种植面积 6382 公顷，同比增长 1.94%，产量 19 万吨，同比增长 3.3%；园林水果产量 1451 吨，同比增加 7.2%。

生猪出栏 26.7 万头，同比增长 1.46%；牛 0.3 万头，同比增长 19.4%；羊出栏 0.9 万只，同比增长 19.1%；家禽出栏 614 万只，同比增长 10.9%。猪肉产量 2.2 万吨，同比增长 0.7%。禽蛋产量 7.8 万吨，同比增长 7.7%。生猪存栏量 13.8 万头，同比增长 0.2%。水产品产量 4 万吨，同比增长 5%。

（二）工业和能源

全部工业总产值比上年增长 8.8%。其中规模以上工业产值增长 10%。规模以上工业中，大中型工业企业增长 14.3%。全年战略性新兴产业产值增长 26.4%。规模以上工业能源消费总量 22.7 万吨标准煤，增长 58.3%。

规模以上工业 30 个大中类行业中 20 个保持增长，其中 16 个行业增幅超过 10%。橡胶和塑料制品业、电气机械和器材制造业、印刷和记录媒介复制业、化学原料和化学制品制造业、非金属矿物制品业、专用设备制造业等 6 个主导行业工业产值分别比上年增长 -7.2%、28.9%、10.8%、24.2%、32.4%、-11.8%；六大主导行业占规模以上工业的比重达 76.2%。

全市统计的 5 种主要工业产品中，输送机械产量为 5.4 万吨，增长 29.1%；大米产量为 15.3 万吨，增长 195.6%；塑料制品产量为 98.9 万吨，增长 3.5%；无纺布产量为 3.9 万吨，增长 95%；玻璃纤维纱产量为 0.5 万吨，增长 1.9%。2022 年桐城市主要工业产品产量见表 8-5-18。

表 8-5-18　2022 年桐城市主要工业产品产量

产品名称	单位	绝对数
玻璃纤维布	万米	14520.5
玻璃纤维纱	吨	0.5
大米	吨	15.3
饲料	吨	71370.0
精制食用植物油	吨	1018.0
平板玻璃	重量箱	468888.0
无纺布（无纺织物）	吨	3.9
服装	万件	38.5

续表

产品名称	单位	绝对数
人造板	立方米	102236.0
塑料制品	吨	98.9
多色印刷品	对开色令	2400280.0
输送机械（输送机和提升机）	吨	5.4
矿山专用设备	吨	29920.0

全市规模以上工业企业实现主营业务收入635.6亿元，比上年增长11.9%；实现利润总额51.99亿元，增长19.3%。规模以上工业产销率为96.5%。

（三）投资和建筑

全市固定资产投资增长10.2%。本年500万元以上施工项目373个，计划投资总额比上年增加45.8亿元，其中5000万元以上施工项目206个，比上年减少25个。

从产业看，第一产业投资增长45.7%，第二产业投资增长17.5%，第三产业投资增长1.2%。从行业看，工业增长17.8%，其中制造业增长19.6%。

全年房地产开发完成投资32.8亿元，增长0.6%；房屋施工面积41.1万平方米，下降10.9%；商品房销售额35亿元，下降1.1%。

资质以上建筑施工企业95家，完成总产值74.9亿元，增长11.9%。其中建筑工程产值完成59.2亿元，增长23.3%；竣工产值43.6亿元，增长33.3%。签订合同金额101.2亿元，增长33.5%。建筑业劳动生产率达到35万元/人，提高5.4%。

（四）国内贸易

社会消费品零售总额160.6亿元，增长4.5%，其中限额以上消费品零售额38.1亿元，增长10.4%。全市限额以上商贸企业190家（新增63家），其中：法人单位122家，产业个体68家；批零企业129家，住餐企业61家。按消费形态分，批发零售业零售额增长9.2%，餐饮业营业额增长18.4%，住宿业营业额增长19.6%。

在限额以上企业（单位）批发零售业零售额中，粮油、食品类增长31.1%，饮料类增长27.1%，烟酒类增长12.8%，化妆品类增长33.7%，体育、娱乐用品类增长42.8%，金银珠宝类下降3.8%，日用品类增长18.5%，家用电器及音像器材类下降45.9%，服装鞋帽、针纺织品类增长22.9%，石油及制品类下降8.4%，汽车类增长12.2%。

（五）对外经济和旅游业

全年接待国内游客456万人次，下降14.5%，国内旅游收入30.4亿元。

（六）财政和金融

全年财政总收入完成42.9亿元，增长31.3%；实现省考核口径财政总收入38.5亿元，增长20.1%；地方财政收入22.3亿元，增长13.3%。财政支出60.9亿元，增长5.9%。其中农林水支出9.1亿元，增长9%；教育支出13.8亿元，增长5%；卫生健康支出3.4亿元，增长1%；社会保障和就业支出8.4亿元，增长12.3%。

年末金融机构各项存款余额682.9亿元，增长13.3%。其中住户存款余额559.9亿元，增长18.5%。金融机构各项贷款余额437.5亿元，增长16.4%。

二、社会发展基本情况

（一）教育和科学技术

拥有普通高等学校1所，普通高等教育本专科招生2526人，在校生6161人，毕业生1949人。中等职业教育学校3所，招生1076人，在校生5128人，毕业生2211人。普通中学40所，招生8554人，在校生26740人，毕业生9674人，初中升学率 99.9%，高中升学率 87.9%。普通小学 60 所，招生 5297 人，在校生 30342 人，毕业生 4569 人，小学学龄儿童入学率 100%。

全市高新技术企业 94 家，全年高新技术产业产值增长 19.5%。全年专利授权 1261 件，其中发明专利 89 件。

（二）文化、卫生和体育

全市拥有文化馆 1 个，乡镇综合文化站 15 个，剧场 1 个，影剧院 3 个，公共图书馆 1 个，图书总藏量 25.8 万册。拥有各类卫生机构 311 个，床位数 3421 张。全市卫生技术人员 3247 人，其中执业（助理）医师 1509 人，注册护师、护士 1546 人。现有体育场馆 4 个，全年全市开展大型群众性体育活动 20 次，体育馆内举办公益性体育赛事 4 次。

（三）城市建设和环境保护

新增城镇建成区面积 0.4 平方公里，年末城市人均拥有道路面积 21.12 平方米，全市当年造林完成面积 102 公顷；环境污染治理本年完成投资 6310 万元，城区空气质量优良以上天数占全年比重为 93.7%。

（四）人口、民生和社保

据公安年报，全市年末总人口 74 万人，比上年末减少 0.5 万人；当年出生人口 3883 人，比上年减少 1140 人；当年死亡人口 4569 人，比上年增加 271 人。

全年城镇常住居民人均可支配收入 40599 元，增长 5%；农村常住居民人均可支配收入 21392 元，增长 6.9%。

年末全市城乡基本养老保险参保人数 40.3 万人，城乡居民参保人数 59.9 万人，城乡居民基本医疗保险参保率 100.9%，城乡居民基本医疗保险住院实际补偿比例 58.1%；职工医保人数 5.2 万人，基本医疗保险参保人数总计为 65.1 万人。失业保险参保人数 3.5 万人，城镇居民享受最低生活保障人数 1111 人，农村居民享受最低生活保障人数 15292 人，农村五保供养人数 4001 人。

大事记

1月5日，南京都市圈公共就业创业网上服务平台正式上线。为贯彻落实南京都市圈人社一体化发展要求，推进南京都市圈城市人才交流服务资源互联共享，由南京市人社局牵头搭建的“南京都市圈公共就业创业网上服务平台”正式上线，平台整合发布南京、芜湖、镇江、马鞍山、扬州、滁州等10个都市圈市（区）人社部门发布的招聘信息，实现“一点通览”。

2月5日，南京都市圈城市春节大型融媒直播举行，“8+2”十地居民云上共品年味。南京都市圈居民依托越来越便利的跨城交通、越来越紧密的产业关联和统一开放的市场环境，在都市圈发展中实现人生梦想，收获事业成功，享受美好生活。此次大型融媒直播，展现了各地既一脉相承又别具特色的年俗年庆特色。

3月14日，南京联合镇江、扬州、淮安、滁州、马鞍山、芜湖、宣城，以及常州的溧阳、金坛等南京都市圈城市，共同举办南京都市圈第五届暨南京市第十一届文化人才专场（网络）招聘会。此次网络招聘会以“宁聚青春、凝聚梦想”为主题，面向应届毕业生和文化从业人员提供1800余个职位。

3月18日，强链补链协同推进，一体化程度持续提高，南京都市圈经济总量超4.6万亿元。《南京都市圈发展规划》正式获批已有一年。南京市统计局统计数据显示，南京都市圈10个市（区）共实现地区生产总值46665.68亿元，经济总量较上年增加4915亿元，经济发展呈现强劲韧性，彰显高质量发展特质，一体化程度持续提高，实现“十四五”发展良好开局。

5月22日，南京都市圈市长联席会议秘书处正式印发《南京都市圈2022年度工作要点》，全面推动《南京都市圈发展规划》各项任务落地落实。2022年度共明确了包括“提升基础设施互联互通、促进都市圈协同创新、促进城市间产业分工协作、促进更高水平开放合作、加快建设统一市场、推进公共服务便利共享、强化生态环境共保联治、率先实现城乡融合发展、健全同城化发展体制机制”等9个方面50项重点工作任务。

6月11日，2022南京都市圈党政联席会议在南京召开，江苏省委常委、南京市委书记韩立明及都市圈“8+2”城市领导出席会议。会议听取了南京都市圈工作推进情况报告，充分肯定了《南京都市圈发展规划》发布以来都市圈建设发展取得的新成效。南京都市圈各成员城市认真履行都市圈建设主体责任，紧扣使命任务，坚持共建共享，“压舱石”的分量更重，“轨道上的都市圈”跑得更快，跨省通办更便捷，产业创新协同的齿轮咬合更紧，生态联治共保的力度更大，疫情联防联控协调更顺畅，新的合作成效令人鼓舞。

6月11日，2022年南京都市圈科技专委会会议在南京举行。会议以“推动创新协同发展 共建区域科创中心”为主题，“8+2”城市科技部门负责同志以及国家科技发展战略研究院、长城企业战略研究所的专家出席了会议。会议对2021年南京都市圈科技专委会的工作进行了总结，对《南京都市圈科技专委会2022年度工作要点》《南京都市圈科技创新合作白皮书》进行了审议。

6月16日，马鞍山市人大常委会赴南京共商第四次南京都市圈城市人大常委会主任协商联席会议相关工作。南京市人大常委会主任龙翔、马鞍山市人大常委会主任钱沙泉及两市人大相关部门负责同志参加会议。

6月23日，南京都市圈五地上榜县域旅游综合实力“百强县”。根据第四届全国县域旅游研究成果——《全国县域旅游研究报告2022》暨

"2022 年全国县域旅游综合实力百强县"名单，常州溧阳、镇江句容和丹阳、淮安盱眙、宣城泾县入选。

7 月 15 日，为拓展南京都市圈劳动人事争议调解仲裁领域交流协作，各市（区）人社局按照有关要求和标准，遴选了第一批德才兼备的劳动人事争议调解仲裁专业化人才。

7 月 29 日，南京都市圈文旅消费推广季启动。由南京都市圈建设办公室、南京市文旅局主办的"共游极美都市圈，共促文旅新消费"2022 南京都市圈文旅消费推广季正式启动。此次推广季以"1+1+200"形式呈现，即 1 场促文旅消费线上发布活动，1 场融媒体直播接力活动，分批推出"8+2"成员城市 100 处优惠景点、100 家优惠酒店。通过一批具有代表性的南京都市圈文旅融合产品，进一步激发南京都市圈文旅消费潜力。推广季持续至 8 月 31 日。

7 月 30 日，第二届南京都市圈创新合作大会暨数字经济（人工智能）产业专场交流会在安徽省马鞍山市召开。来自南京都市圈各城市的相关领导、各成员单位领导、圈内新型研发机构代表、企业界代表出席会议。马鞍山市市长袁方到会致辞。

南京都市圈以建设"具有全国影响力的现代化都市圈"为目标，着力推进政策、市场、产业、项目、园区五大协同，促进创新主体加速"聚合"、创新要素高效"耦合"、创新制度全面"融合"，共建区域科技创新中心，推动区域经济社会高质量发展。围绕这一战略目标，南京都市圈各城市联合行动，积极搭建创新合作平台。2021 年 5 月 29 日首届南京都市圈创新合作大会在镇江召开。会议旨在推进都市圈科技创新共同体建设，构建协同创新新机制，扩大区域创新朋友圈，推动都市圈科技协同创新。会上发布"南京都市圈创新合作（镇江）宣言"。

本届大会以"共话新经济，共画都市圈"为主题，以数字经济（人工智能）产业专场交流会为重点，都市圈内各城市以创新合作大会为平台，畅通合作渠道、共享创新资源，创新合作日趋紧密，取得一系列工作成效。会上发布了《南京都市圈科技创新合作白皮书》，集中签约科技创新合作、城市人工智能项目共 20 个。国家科技发展战略研究院院长胡志坚，就"抢抓数字化发展机遇推动南京都市圈协同发展"做主旨演讲。布尔实验室主管韩磊、科大讯飞董事长刘庆峰分别就工业 4.0 与人工智能做发言。

会上举行了下一届南京都市圈创新合作大会主办城市交接仪式，扬州市接力成为 2023 年第三届"南京都市圈创新合作大会"主办城市。

8 月 1 日，遴选南京广播电视集团有限责任公司承担南京都市圈微信公众号运维工作。为认真落实"加强舆论引导，创新宣传方式，营造有利于都市圈建设的良好氛围"有关要求，充分展现南京都市圈建设成效，更好促进都市圈各市（区）交流学习，增强社会各方的认同感和积极性，南京广播电视集团有限责任公司承担南京都市圈微信公众号运维工作。

8 月 5 日，南京都市圈律师协会召开圆桌会议，助力产业转型升级。南京都市圈律师协会在南京召开律师行业协同发展圆桌会议，进一步落实战略合作框架协议，大力发展南京都市圈法律服务业，助力南京都市圈产业转型升级、经济社会协调稳定发展。

8 月 15 日，《南京都市圈城市政务服务第二批通办事项清单》正式发布。第二批通办事项清单涵盖公安、人社、医保、税务等多个领域，将进一步降低都市圈内企业群众的办事成本，提升政务服务便利度和企业群众体验感、获得感。

8 月 19 日，南京都市圈立法保护"长江微笑天使"，南京市十六届人大常委会第四十次会议审议通过了《关于加强长江江豚保护的决定》。两省（苏、皖）、三市（南京、镇江、马鞍山）共同立法保护"长江微笑天使"，此项决定属于全国首例流域性单一物种协同立法，确立每年 10 月 24 日为南京长江江豚保护宣传日。

8 月 23 日，第四次南京都市圈城市人大常委会主任协商联席会议在马鞍山召开，全面落实 2022 南京都市圈党政联席会议部署要求，进一步深化都市圈城市人大常委会协商合作机制，以更有效的举措助推南京都市圈一体化高质量发展。

8 月 24 日，南京都市圈人大代表联合调研长江江豚保护工作。南京市人大常委会主任龙翔，镇江市市长徐曙海，镇江市人大常委会主任李健，马鞍山市人大常委会主任钱沙泉等领导参加。

8月27日，首届南京都市圈“教育好故事”展示活动举行，来自南京都市圈城市马鞍山、芜湖、滁州、宣城、扬州、镇江的教师代表和南京教师代表同场交流。

8月27日，由江苏省社科联、南京市委党校共同主办，南京新时代中国特色社会主义发展研究院承办的2022年江苏青年智库学者沙龙暨第二届南京都市圈发展论坛在南京市委党校举行。论坛开幕式由南京市委党校（市行政学院）常务副校（院）长孟凡有主持，南京市发展和改革委员会副主任、二级巡视员、南京都市圈建设办公室专职副主任祝瑞波，江苏省社科联党组书记、常务副主席张新科，中央党校科研部主任林振义为论坛致辞。论坛聚焦“联通·沟通·畅通——以同城化合力释放都市圈潜能”主题，现场发布《南京都市圈发展报告（2022）》。

8月29日，南京都市圈知识产权保护协作会议在南京召开。会上，南京都市圈知识产权保护联盟、南京都市圈涉外知识产权保护联盟正式成立，南京都市圈知识产权纠纷人民调解中心揭牌，为推动南京都市圈知识产权保护协作机制深度落地、长效运行提供了机构和平台支撑。

9月1日，南京都市圈八地入选“中国美丽休闲乡村”。农业农村部网站公布2022年中国美丽休闲乡村名单，全国共有256个村落获推介，南京都市圈范围内的8个村落入选。8个村落是滁州市南谯区施集镇井楠村、南京市溧水区和凤镇吴村桥村、扬州市邗江区甘泉街道长塘村、镇江市句容市后白镇西冯村、常州市金坛区薛埠镇仙姑村、淮安市金湖县吕良镇孙集村、马鞍山市博望区丹阳镇百峰村、芜湖市繁昌区孙村镇中分村。

9月23日，南京市举行“稳增长、促供需、共发展”精品钢供应链对接会，南京都市圈30多家企业抱团发展。20余家南京本地企业和10多家来自淮安、滁州等南京都市圈城市的精品钢零部件供应链企业齐聚南钢，进一步深化产供需领域的对接与合作，促进上下游产业稳步发展。

11月25日，长三角区域南京都市圈毗邻城市道路运输联合执法第二次集中整治行动顺利开展。为进一步建立区域联合执法体系，提升区域执法监管一体化水平，南京市交通运输综合行政执法监督局牵头组织开展2022年度长三角区域南京都市圈毗邻城市（南京、镇江、扬州、淮安、滁州、马鞍山、宣城七地）道路运输联合执法第二次集中整治行动。

11月29日，南京都市圈联合河湖长制第一次联席会议顺利召开。经南京都市圈各城市河长办酝酿，由南京市河长办牵头，以“共建都市圈幸福河湖，助力长三角绿色发展”为主题的南京都市圈联合河湖长制第一次联席会议，以视频会议形式在南京召开，会议审议了《南京都市圈联合河湖长制工作规则》和《2023年度工作要点》，共同见证南京都市圈联合河湖长制正式启动，标志着南京都市圈联合河湖长制进入实质性运行阶段。

12月2日，2022年南京都市圈职业培训师资研讨班开班。为深化落实南京都市圈人社领域一体化发展工作部署要求，赋能南京都市圈职业培训高质量发展，南京都市圈职业培训师资研讨班正式开班。此次研讨班采用线上方式进行，特别邀请职业教育、企业管理及数字化人才培养等领域的专家进行授课。来自南京都市圈10个城市的近百名职业培训师进行了为期3天的研讨学习。

12月7日，南京都市圈联合河湖长制正式启动。南京都市圈联合河湖长制第一次联席会议成果公布，在苏皖两省9个城市河长办的共同见证下，南京都市圈联合河湖长制正式启动。这意味着都市圈河湖由此前的“分段治”“各管各”，正式走向“全域治”“联合治”。

12月19日，第三届两岸青年创业孵化器高峰论坛暨南京都市圈两岸青年合作交流会在南京举办，活动以“汇聚青创力量　智创美好未来”为主题，邀请众多两岸青年创业孵化器负责人、台湾企业和南京都市圈两岸青年代表云端相聚。

后 记

南京都市圈地处我国经济发达的长三角核心区域，开放程度高，创新能力强，经济发展活跃，在我国区域现代化建设中具有重要地位。2018 年，习近平总书记在上海举办的首届中国国际进口博览会上提出“支持长江三角洲区域一体化发展并上升为国家战略”。2019 年中共中央、国务院印发《长江三角洲区域一体化发展规划纲要》，它是指导长三角地区今后一个时期一体化发展的纲领性文件，为实施长三角一体化发展战略搭建起了“四梁八柱”。为推进长三角一体化发展战略，2021 年国家发展和改革委员会批复《南京都市圈发展规划》。要把都市圈宏伟规划蓝图变成美丽现实画卷，必须全面贯彻落实习近平新时代中国特色社会主义思想，统筹推进“五位一体”总体布局，协调推进“四个全面”战略布局，贯彻新发展理念，构建新发展格局，注重区域发展的系统性、整体性和协同性，加强各地区各领域互动协作。推动创新体系协同共建、产业专业化分工协作、基础设施一体高效、生态环境共保联治、公共服务共建共享、城乡融合发展，提升南京都市圈整体实力和竞争力。

为认真实施长三角一体化国家战略，推进南京都市圈高质量发展，把南京都市圈建设成为具有全国影响力的现代化都市圈，苏皖沪三省市的社科理论工作者积极行动，发挥自身优势，联合推出《南京都市圈创新与发展年鉴》。

《南京都市圈创新与发展年鉴》由江苏省社会科学院江苏区域现代化研究院、江苏华信区域经济发展研究院、安徽省社会科学院城乡经济研究所、上海品牌发展研究中心、江苏省镇江市社会科学专家协会等 5 家单位联合主办，每年出版一卷。2023 年出版了第一卷，首卷即荣获江苏省一等质量年鉴殊荣。按照主办单位要求，2024 年编辑出版第二卷《南京都市圈创新与发展年鉴（2023 卷）》。

本卷主要包括 8 个方面内容：（1）都市圈总体发展。（2）市域经济社会发展。（3）县域经济发展。（4）创新发展。（5）开放发展。（6）绿色发展。（7）区域协同创新发展案例。（8）长三角都市圈发展。第八篇是都市圈比较研究，从长三角总体发展情况，苏锡常都市圈、杭州都市圈、合肥都市圈及淮海经济区发展情况视域研究南京都市圈发展问题。本卷通过 8 个板块内容的重点展示，力求更好地反映南京都市圈全面贯彻落实习近平新时代中国特色社会主义思想，全力践行“创新、协调、绿色、开放、共享”的新发展理念的总体情况。

我们在编写体例上进行了创新与探索，把南京都市圈作为一个整体，以时间为经，以区域发展为纬，比较全面地研究了南京都市圈各地在经济发展、科技创新、社会进步、文化发展、生态环境保护等方面开展的工作及取得的成效，力求最大限度地满足社会各界对本年鉴的使用需要。

我们的研究团队是新建的，团队结构在不断优化，团队力量在进一步增强，更多的专家学者、理论工作者陆续加入。我们的研究也是初步的、循序渐进的，有待进一步完善。我们将结合南京都市圈的发展，广泛听取社会各界的诉求与建议，不断完善研究思路，优化研究框架结构，进一步提高研究成果质量。欢迎更多的社科理论工作者，为了打造国内精品年鉴目标，加入我们的研究团队。

在编写过程中，江苏、安徽、上海的相关部门和单位以及相关高校的领导与专家，高度重视，大力支持。学术指导委员会领导和成员以高度的责任感和使命感，以打造精品年鉴为己任，以科学的态度，不取报酬，切实加强学术指导。编撰委员会成员体现责任与担当，克服困难，任劳任怨，对质量严格把关。各位撰稿人员本着对编撰工作高度负责的精神与严谨的治学态度，精益求精，反复打磨，确保质量。

南京都市圈各地宣传部、研究室、发改委、科技局、统计局、党校、社科联、社科院、史志（方志）办的有关同志，不仅提出了非常好的建议与意见，还提供了大量的研究资料与研究成果，保证了我们的工作能够比较顺利地完成。江苏大学出版社组织精干力量，全力以赴保障年鉴的出版。正是有各方面的高度重视、鼎力支持，才有了首卷即获评江苏省一等质量年鉴的殊荣。镇江方志年鉴制作有限公司等企业，开拓进取，负重奋进，攻坚克难，全力做好发行销售工作。在此一并表示衷心感谢！

编　者

2024 年 1 月 18 日